DER LITERATUR BROCKHAUS
Band 5

D1727544

DER
LITERATUR
BROCKHAUS

Grundlegend überarbeitete
und erweiterte Taschenbuchausgabe
in 8 Bänden

Herausgegeben
von Werner Habicht,
Wolf-Dieter Lange und der
Brockhaus-Redaktion

Band 5: Kli – Mph

B.I.-Taschenbuchverlag
Mannheim · Leipzig · Wien · Zürich

Redaktionelle Leitung: Gerhard Kwiatkowski
Redaktionelle Bearbeitung: Ariane Braunbehrens M.A.,
Heinrich Kordecki M.A., Dr. Rudolf Ohlig,
Heike Pfersdorff M.A., Cornelia Schubert M.A.,
Maria Schuster-Kraemer M.A.,
Dr. Margarete Seidenspinner, Birgit Staude M.A.,
Marianne Strzysch

Redaktionelle Leitung der Taschenbuchausgabe:
Maria Schuster-Kraemer M.A.
Redaktionelle Bearbeitung der Taschenbuchausgabe:
Vera Buller, Dipl.-Bibl. Sascha Höning,
Rainer Jakob, Birgit Staude M.A.

Die Deutsche Bibliothek – CIP-Einheitsaufnahme
Der **Literatur-Brockhaus**: in acht Bänden / hrsg. von
Werner Habicht, Wolf-Dieter Lange und der Brockhaus-Redaktion. –
Grundlegend überarb. und erw. Taschenbuchausg. –
Mannheim; Leipzig; Wien; Zürich: BI-Taschenbuchverl.
ISBN 3-411-11800-8
NE: Habicht, Werner [Hrsg.]
Grundlegend überarb. und erw. Taschenbuchausg.
Bd. 5. Kli – Mph. – 1995
ISBN 3-411-11851-2

Satz: Bibliographisches Institut (DIACOS Siemens) und
Mannheimer Morgen Großdruckerei und Verlag GmbH
Druck: Klambt-Druck GmbH, Speyer
Bindearbeit: Augsburger Industriebuchbinderei
Printed in Germany
Gesamtwerk: ISBN 3-411-11800-8
Band 5: ISBN 3-411-11851-2

Kli

Klicpera, Václav Kliment [tschech. 'klitspɛra], * Chlumec nad Cidlinou (Ostböhm. Gebiet) 23. Nov. 1792, † Prag 15. Sept. 1859, tschech. Schriftsteller. – Hauptvertreter des historisch-romant. Dramas in der tschech. Literatur; auch Lustspiele und Lokalpossen mit lebhafter Handlung; seine histor. Novellistik ist bes. von W. Scott beeinflußt.
Literatur: JUSTL, V.: V. K. K. Prag 1960.

Klikspaan, Pseudonym des niederl. Schriftstellers Johannes † Kneppelhout.

Klíma, Ivan [tschech. 'kli:ma], * Prag 14. Sept. 1931, tschech. Schriftsteller. – Begann mit Reportagen über die Slowakei (1960), es folgten eine Monographie über K. Čapek (1962), Romane (›Ein Liebesroman‹, dt. 1973, tschech. Toronto 1979), Erzählungen (›Liebende für eine Nacht. Liebende für einen Tag‹, dt. Auswahl 1971, erweiterte Neuaufl. 1993) und Theaterstücke, darunter das Drama ›Ein Schloß‹ (1964, dt. 1965), dessen Titel und Metaphern an F. Kafka erinnern; scharfe Gesellschaftskritik; nach 1968 Publikationsverbot; beteiligt am polit. Umschwung ab Nov. 1989.
Weitere Werke: Hodina ticha (= Stunde des Schweigens, R., 1963), Konditorei Myriam (Einakter, entst. 1968, dt. UA 1969), Ein Bräutigam für Marcella (Einakter, dt. 1969), Spiele (Stück, dt. UA 1975), Machtspiele (R., dt. 1977), Der Gnadenricher (R., entst. 1978, dt. 1979), Meine fröhl. Morgen (En., Toronto 1979, dt. 1983), Liebe und Müll (R., 1988, dt. 1991).

Klíma, Ladislav [tschech. 'kli:ma], * Domažlice 22. Aug. 1878, † Prag 19. April 1928, tschech. Schriftsteller und Philosoph. – Autodidakt; radikaler subjektiver Idealismus, ausgehend von A. Schopenhauer und F. Nietzsche, Hervorhebung der Aktivität des Menschen (›Existentismus‹, ›Egodeismus‹); schrieb insbes. ›Svět jako vědomí a nic‹ (= Die Welt als Bewußtsein und Nichts, 1904).

Weitere Werke: Die Leiden des Fürsten Sternenhoch (E., 1928, dt. 1966), Postmortalien (Textauswahl, dt. 1993).

Klimax [griech. = Leiter, Treppe], rhetor. Figur: sich steigernde Reihung von einzelnen Wörtern, Satzgliedern oder Sätzen, z. B. ›veni, vidi, vici‹. Ggs. ↑Antiklimax. – ↑auch Gradation.

Kliment, Alexandr, eigtl. A. Klimentiev, * Turnov 31. Jan. 1929, tschech. Schriftsteller. – Schreibt v. a. psycholog. Erzählwerke; auch Lyriker, Dramatiker, Kinderbuchautor, Publizist; nach 1969 Publikationsverbot.
Werke: Eine ahnungslose Frau (E., 1960, dt. 1970), Anständige Leute (En., dt. Auswahl 1972), Die Langeweile in Böhmen (R., dt. 1977, tschech. Toronto 1979), Basic love (R., Toronto 1981).

Kliment Ochridski [bulgar. 'ɔxritski], * wahrscheinlich in Makedonien um 840, † 916, bulgar. Schriftsteller. – Schüler von Kyrillos und Methodios, deren Werk er nach 885 auf bulgarisch-makedon. Gebiet fortsetzte; einer der Begründer der christlich-slaw. Kultur; 893 Bischof; schuf die Ochrider literar. Schule; v. a. bed. Lobreden.
Ausgabe: K. O. Săbrani săčinenija. Sofia 1970–77. 3 Bde.

Klingemann, Ernst August Friedrich, * Braunschweig 31. Aug. 1777, † ebd. 25. Jan. 1831, dt. Schriftsteller. – Theaterdirektor in Braunschweig, wo er am 19. Jan. 1829 zum erstenmal öffentlich den 1. Teil von Goethes ›Faust‹ vollständig aufführte. Er schrieb u. a. romant. Dramen und Ritterromane. Der Fund eines Manuskripts von K. in der Amsterdamer Universitätsbibliothek (1987) scheint zu bestätigen, daß er der Autor der ›Nachtwachen‹ (1804) ist.
Werke: Wildgraf Eckard von der Wölpe (R., 1795), Die Maske (Trag., 1797), Theater (3 Bde., 1808–20), Vorlesungen für Schauspieler (1818),

Kunst und Natur. Blätter aus meinem Reisetagebuche (3 Bde., 1818–28).
Literatur: BURATH, H.: A. K. u. die dt. Romantik. Brsw. 1948.

Klingen, Walther von, mhd. Dichter, ↑ Walther von Klingen.

klingende Kadenz ↑ Kadenz.

Klinger, Friedrich Maximilian von (seit 1780), * Frankfurt am Main 17. Febr. 1752, † Dorpat 9. März 1831, dt. Dramatiker. – Wuchs in ärml. Verhältnissen auf, war mit Goethe befreundet, der ihn während des Jurastudiums in Gießen unterstützte; 1776 Besuch bei Goethe in Weimar, reiste dann als Schauspieler und Theaterdichter mit der Truppe von A. Seyler, 1780 russ. Offizier, als Kurator der Univ. in Dorpat (1803–17) wichtiger Vermittler dt. Kultur. Neben J. M. R. Lenz bedeutendster und fruchtbarster Dramatiker des Sturm und Drangs, dem er mit seinem gleichlautenden, 1776 gedruckten Drama (ursprüngl. Titel ›Wirrwarr‹, auf Anraten von Ch. Kaufmann umbenannt) die Epochenbezeichnung gab. Die Themen seiner frühen Dramen waren ebenso neu wie deren stilist. Gestaltung; elementare, kraftgenial. Leidenschaftsausbrüche manifestieren sich in einer unbändigen, übersteigerten Sprache und in revolutionärer Form. Später bemühte sich K. um einen harmon. Ausgleich; unter dem Einfluß der Ideen J.-J. Rousseaus entstanden mehrere philosoph. Romane.
Weitere Werke: Das leidende Weib (Dr., 1775), Otto (Dr., 1775), Die neue Arria (Dr., 1776), Simone Grisaldo (Dr., 1776), Die Zwillinge (Dr., 1776), Der Derwisch (Kom., 1780), Stilpo und seine Kinder (Dr., 1780), Die falschen Spieler (Lsp., 1782), Elfriede (Dr., 1783), Fausts Leben, Thaten und Höllenfahrt (R., 1791), Geschichte Giafars des Barmeciden (R., 2 Bde., 1792–94), Geschichte Raphaels de Aquillas (R., 1793), Die Faust der Morgenländer ... (R., 1797), Geschichte eines Deutschen der neuesten Zeit (R., 1798), Der Weltmann und der Dichter (R., 1798), Betrachtungen und Gedanken über verschiedene Gegenstände der Welt und der Literattur (3 Bde., 1803–05).
Ausgaben: F. M. K.s sämmtl. Werke. Stg. u. Tüb. 1842. Nachdr. Hildesheim u. New York 1976. 12 Tle. in 4 Bden. – F. M. K. Werke. Histor.-krit. Gesamtausg. Hg. v. S. L. GILMAN u. a. Tüb. 1978 ff. Auf 18 Bde. berechnet.
Literatur: SMOLJAN, O.: F. M. K. Leben u. Werk. Dt. Übers. Weimar 1962. – HERING, CH.: F. M. K. Der Weltmann als Dichter. Bln. 1966. – SE-

GEBERG, H.: F. M. K.s Romandichtung. Hdbg. 1974. – OSTERWALDER, F.: Die Überwindung des Sturm u. Drang im Werk F. M. K.s. Bln. 1979. – HILL, D.: K.'s novels. The structure of the cycle. Stg. 1982. – MÜLLER, MICHAEL: Philosophie u. Anthropologie der Spätaufklärung. Der Romanzyklus F. M. K.s. Passau 1992.

Klinger, Kurt, * Linz 11. Juli 1928, österr. Schriftsteller und Dramatiker. – Studium der Germanistik und Theaterwiss. in Wien. Dramaturg u. a. in Frankfurt am Main (1964–69), Hannover (1970–73), Graz und Zürich (1975–77); Mit-Hg. der Zeitschrift ›Literatur und Kritik‹. Wurde bekannt durch das Heimkehrerdrama ›Odysseus muß wieder reisen‹ (1954). Vor dem Hintergrund zeitbezogener Erfahrungen, unter Miteinbeziehung scheinbar zeitlos aktueller Stoffe und Mythen aus der Kulturgeschichte der Menschheit, gestaltet K. in seinen Dramen, Hörspielen und Gedichten die Unsicherheit der menschl. Existenz; neben dem realist. Detail wird die emotionale Seite offenbar; auch Essays, Übersetzungen.
Weitere Werke: Harmonie aus Blut (Ged., 1951), Das kleine Weltkabarett (Dr., 1958), Die vierte Wand (En., 1966), Entwurf einer Festung (Ged., 1970), Schauplätze (5 Dramen, 1971), Konfrontationen. Theateressays (1973), Löwenköpfe (Ged., 1977), Auf dem Limes (Ged., 1980), Das Kirschenfest (Ged., 1984), Theater und Tabus (Essays, 1984), Zeitsprung (Ged., 1987), Erinnerung an Gärten. Stationen und Reisen (1989).

Klippelvers ↑ Knittelvers.

Klischee [frz. = Abklatsch],
1. ungenaue Bez. für sämtl. Arten von Druckstöcken und Hochdruckplatten.
2. Begriff, der eine Redensart, Redewendung bezeichnet, die in bestimmten Situationen relativ automatisch immer wieder gebraucht wird. K.s gelten als ausgehöhlt und abgenutzt, sie drücken keine authent. Gedanken oder Gefühle aus. In der *Literatur* sind v. a. die Trivialliteratur sowie Teile der Unterhaltungsliteratur Träger von K.vorstellungen.

Klitgaard, Mogens [dän. 'klidgɔ:'r], * Kopenhagen 23. Aug. 1906, † Århus 23. Dez. 1945, dän. Schriftsteller. – Unruhiges Wanderleben in Europa; Mitglied der Widerstandsbewegung, mußte 1943 nach Schweden flüchten; beobachtete mit nüchternem Realismus Menschen und Probleme unter sozialem Blickwinkel.

Werke: Der sidder en mand i en sporvogn (R., 1937), Gott mildert die Luft für die geschorenen Schafe (R., 1938, dt. 1950), Ballade auf den Neumarkt (R., 1940, dt. 1941), Die roten Federn (R., 1940, dt. 1951), Den guddommelige hverdag (R., 1942).
Literatur: RØMELING, H.: ›Den lille mand‹ i 30'ernes litteratur. Kopenhagen 1974.

Kljujew (tl.: Kljuev), Nikolai Alexejewitsch [russ. 'kljujɪf], * Koschtug bei Wytegra 10. Okt. 1884, † in Sibirien zw. dem 23. und 25. Okt. 1937 (erschossen), russ.-sowjet. Lyriker. – Originellster russ. Bauerndichter; vom Symbolismus beeinflußte erste Gedichtsammlungen 1912; regte u. a. A. A. Blok an und wirkte auf S. A. Jessenin. Eine wesentl. Rolle spielten für K. das Volkstum und die vielschichtigen volkstüml. religiösen Überlieferungen seiner nordruss. Heimat.
Ausgabe: N. A. Kljuev. Sočinenija. Mchn. 1969, 2 Bde.
Literatur: BREIДЕRT, F.: Studien zu Versifikation, Klangmitteln u. Strophierung bei N. A. Kljuev. Diss. Bonn 1970.

Kloepfer, Hans ['klœpfər], * Eibiswald (Steiermark) 18. Aug. 1867, † Köflach (Steiermark) 27. Juni 1944, österr. Schriftsteller. – Ab 1894 Arzt in Köflach; Erzähler und Lyriker, bekannter steir. Mundartdichter. Seine Dichtung wurzelt in seiner Heimat, sie ist stimmungsreich und schildert meist die Menschen, ihre Umwelt und ihre Arbeit.
Werke: Vom Krainachboden (Essays, 1912), Aus dem Sulmtale (Essays, 1922), Gedichte in steir. Mundart (1924), Aus alter Zeit (En., 1933), Was mir die Heimat gab (1936), Steir. Geschichten (1937).

Klonowic, Sebastian Fabian [poln. klɔ'nɔvits], Pseudonym Acernus, * Sulmierschütz (heute Sulmierzyce) um 1545, † Lublin 29. Aug. 1602, poln. Dichter. – Bedeutendster poln. Satiriker des 16. Jh.; bes. in seinem Hauptwerk ›Victoria deorum‹ (zw. 1587 und 1600), einer Adelssatire, erweist er sich als bed. Zeitkritiker.

Kloos, Willem Johannes Theodorus, * Amsterdam 6. Mai 1859, † Den Haag 31. März 1938, niederl. Lyriker und Essayist. – Mitbegründer der Zeitschrift ›De nieuwe Gids‹ (1885), führender Theoretiker der Tachtigers; trat für die Verwendung ästhet. Formen in der

Dichtkunst ein. Formstrenge, meisterhafte sprachl. Gestaltung und Liebe zum Schönen kennzeichnen seine Lyrik; auch bed. Kritiker.
Werke: Verzen (3 Bde., 1894–1913), Letterkundige inzichten (Tle. 1–2 u. d. T. Veertien jaar Literatuur-geschiedenis, 1896; Tle. 3–5 u. d. T. Nieuwe Literatuur-geschiedenis, 1905–14; Tle. 6–28, 1916–38).

Kloosterman, Simke, * Twijzel 25. Nov. 1876, † Leeuwarden 5. Dez. 1938, westfries. Dichterin. – Schrieb Lyrik, Romane und Novellen mit Themen aus der Geschichte Frieslands und der bäuerl. Welt.
Werke: Ruth (Nov., 1910), De Hoara's fen Hastings (R., 1921), It jubeljier (R., 1927), De wylde fûgel (Ged., 1932), Hengist en Horsa (Nov., 1933).

Klopstock, Friedrich Gottlieb, * Quedlinburg 2. Juli 1724, † Hamburg 14. März 1803, dt. Dichter. – Wurde pietistisch erzogen, besuchte 1739–45 die Fürstenschule Schulpforta, wo, u. a. unter dem Einfluß der Literaturtheorien J. J. Bodmers und J. J. Breitingers, der Plan zu seinem bibl. Epos ›Der Messias‹ entstand. Als Theologiestudent in Jena (1745/46) und Leipzig (1746–48) schrieb er die ersten Gesänge des ›Messias‹ in Prosa und dichtete Oden, von denen er einige sowie drei Gesänge des ›Messias‹ in Hexametern in den ›Bremer Beiträgen‹ veröffentlichte. Als Hauslehrer in Langensalza (1748–50) erlebte er eine unerfüllte Liebe zu seiner Cousine Maria Sophia Schmidt, der ›Fanny‹ seiner Oden. 1750 wurde er von Bodmer nach Zürich eingeladen; K.s Lebenszugewandtheit stand jedoch in Gegensatz zu Bodmers Erwartungen, nach kurzer Freundschaft kam es zum Bruch. Auf Einladung des Ministers J. H. E. Graf von Bernstorff ging K. 1751 nach Kopenhagen, wo ihm der dän. König eine Lebensrente gewährte. K. wurde dort zum Mittelpunkt des dt.-dän. Dichterkreises (u. a. H. W. von Gerstenberg, H. P. Sturz, später F. L. Reichsgraf zu Stolberg-Stolberg). 1754 heiratete er die Hamburgerin Meta Moller († 1758), die ›Cidli‹ seiner Oden. 1759–63 hielt er sich in der Heimat auf, 1764 kehrte er nach Dänemark zurück, das er nach dem Sturz Bernstorffs 1770 verließ. Er lebte dann in

Hamburg. 1774 führte ihn eine Reise über Stationen beim Göttinger Hain und bei Goethe in Frankfurt am Main kurz nach Karlsruhe zum Markgrafen von Baden. Nach 1775 trat ein Bruch mit Goethe und den Vertretern des Sturm und Drangs ein. In den folgenden Jahren überlebte K. den literar. Ruhm seiner Jugend.

K. steht zwischen Spätbarock und Klassik. Gegen spätbarocke, moralisch-rationale und pietistisch-theolog. Dichtübungen setzte er die individuelle Identität des Dichters einer irrational geprägten Sprach- und Gefühlswelt. Damit formte er Elemente der Empfindsamkeit, des Sturm und Drangs und der Erlebnisdichtung. Seine dichter. Sprache, die er streng von der des Alltags schied, gewann neue Ursprünglichkeit durch kühne, teils manierist. Neuprägungen im Wortbereich, Satzbau und Stil, intensivierte das bildl. wie das rhythmisch-musikal. Ausdrucksprinzip und verwandelte die seit M. Opitz gültige metr. Tradition in eine Anlehnung an antike Muster. K. führte den Hexameter in die dt. Dichtung ein und paßte ihn der Eigengesetzlichkeit des dt. Sprachrhythmus an. Stufen seiner metr. Leistung sind Ode, Hexameter, freie Rhythmen; v. a. in den freien Rhythmen wird Übereinstimmung von innerem Ausdruck und äußerer Form erreicht. Die bis dahin verbindl. klass. Mythologie wurde durch eine germanisch-nat. Vorstellungswelt ersetzt.

In seinem bibl. Hexameterepos in zwanzig Gesängen, ›Der Messias‹ (1748–73), versuchte K., Homer und J. Milton zu überbieten. Er griff damit eine Anregung Bodmers auf, der das religiöse Epos über jede andere dichter. Leistung stellte. Das Werk bildet das erste große Epos der nhd. Literatur. Es umfaßt drei Teile, deren erster vom Leben Jesu handelt; der zweite und Hauptteil gilt der Darstellung des Wunderbaren, der Auferstehung und der Himmelfahrt; der dritte schließlich nimmt visionär den Jüngsten Tag vorweg. Das Werk steht im Gegensatz zur herrschenden Theologie, indem es der luther.-orthodoxen Erbsündeauffassung eine an der Leibnizschen Aufklärungstheologie geschulte freie Religiosität entgegenhält, in der die Gnade siegt. Bes.

Friedrich
Gottlieb
Klopstock

die ersten Gesänge wurden begeistert aufgenommen (u. a. von Bodmer, Ch. M. Wieland, J. G. Herder), gleichzeitig jedoch von den Gottschedianern (z. B. Ch. O. von Schönaich) leidenschaftlich angegriffen. Bei Abschluß des Epos waren K.s Ziele durch jüngere Forderungen der Literatur bereits veraltet. – Auch die erst 1771 in Buchform gesammelten ›Oden‹ (Faksimiledruck 1974; einzeln veröffentlicht ab 1748) behandeln unter dem Einfluß der Bibel, Horaz', Pindars, Miltons und E. Youngs in pathet. Empfindung nur erhabene Themen: Liebe, Freundschaft, Vaterland. Am bekanntesten sind ›Die Frühlingsfeier‹, ›Der Zürchersee‹, ›An meine Freunde‹ (später ›Wingold‹). Die weiteren Werke K.s stehen im Schatten des ›Messias‹ und der ›Oden‹. K.s Dramen sowie seine religiösen und vaterländ. Weihespiele (sog. Bardiete) sind ohne dramat. Bewegung und daher wenig bühnenwirksam. Unter den theoret. Schriften (u. a. über Metrik, Poetik, Orthographie und Etymologie) ist die nicht abgeschlossene Prosaschrift ›Die dt. Gelehrtenrepublik ...‹ (1774) am wichtigsten. Sie entwickelt das Prinzip der Freiheit vom Regelzwang in der Dichtung, strebt einen Zusammenschluß aller dt. Schriftsteller an und sucht der dt. Kultur eine überlegene Stellung zu verschaffen, ein Entwurf, dem polit. Wirksamkeit jedoch versagt blieb.

Weitere Werke: Der Tod Adams (Trag., 1757), Geistl. Lieder (2 Tle., 1758–69), Salomo (Trag., 1764), Hermanns Schlacht (Bardiet, 1769), David (Trag., 1772), Über Sprache und Dichtkunst (3 Bde., 1779–80), Hermann und die Fürsten (Bardiet, 1784), Hermanns Tod (Bardiet, 1787).

Ausgaben: F. G. K. Werke. Lpz. 1798–1817. 12 Bde. – F. G. K. Sämmtl. Werke. Hg. v. A. L. BACK u. A. R. C. SPINDLER. Lpz. u. a. 1823–39. 18 Bde., 1 Suppl.-Bd., 3 Erg.-Bde. – F. G. K. Sämtl. Werke. Stereotyp-Ausg. Lpz. 1844. 10 Bde. – F. G. K. Ausgew. Werke. Hg. v. K. A. SCHLEIDEN. Mchn. ²1962. – F. G. K. Werke u. Briefe. Histor.-krit. Ausg. (Hamburger K.-Ausg.). Begr. v. A. BECK u. a. Hg. v. H. GRONEMEYER u. a. Bln. u. New York 1974 ff. Auf 36 Bde. in 3 Abteilungen ber. (bisher 19 Bde. erschienen).
Literatur: MUNCKER, F.: F. G. K. Gesch. seines Lebens u. seiner Schrr. Bln. ²1900. – SCHLEIDEN, K. A.: K.s Dichtungstheorie u. ihr Gesch. der dt. Poetik. Saarbrücken 1954. – SCHNEIDER, K. L.: K. u. die Erneuerung der dt. Dichtersprache im 18. Jh. Hdbg. ²1965. – HELLMUTH, H. H.: Metr. Erfindung u. metr. Theorie bei K. Mchn. 1973. – KAISER, G.: K. Religion u. Dichtung. Kronberg i. Ts. ²1975. – GROSSE, W.: Studien zu K.s Poetik. Mchn. 1977. – F. G. K. Werk u. Wirkung. Hg. v. H. G. WERNER. Bln. 1978. – F. G. K. Hg. v. H. L. ARNOLD. Mchn. 1981. – RÜLKE, H.-U.: Gottesbild u. Poetik bei K. Konstanz 1991.

Klossowski, Pierre [frz. klɔsɔf'ski], eigtl. Peter K., * Paris 9. Aug. 1905, frz. Schriftsteller und Maler. – Bruder des Malers Balthus; mit R. M. Rilke und A. Gide befreundet; steht mit seinen Werken zwischen F. Nietzsche und dem Surrealismus; variiert als Thema immer wieder die Frage nach der vom Christentum geprägten Sexualität. Krit. Studien u. a. über den Marquis de Sade (›Sade mon prochain‹, 1947) und Nietzsche (›Nietzsche und der Circulus vitiosus‹, 1969, dt. 1986). Widmet sich seit den 70er Jahren nur noch seinem maler. Werk; auch Filmschauspieler.
Weitere Werke: Die Gesetze der Gastfreundschaft (R.-Trilogie, 1954–60, dt. 1966), Das Bad der Diana. Ein Essay (1956, dt. 1968), Der Baphomet (R., 1965, dt. 1968), Lebendes Geld (R., 1971, dt. 1982), Les derniers travaux de Gulliver (1974), Le monomane (ungedr., verlesen 1981), Roberte et Gulliver. Lettre à Michel Butor (1987).
Literatur: WILHEM, D.: P. K. Le corps impie. Paris 1979. – LAMARCHE-VADEL, B.: K., l'énoncé dénoncé. Paris 1985. – MONNOYER, J.-M.: Le peintre et son démon. Entretien avec K. Paris 1985. – Revue des Sciences Humaines 197 (1985). Sondernummer P. K. – ARNAUD, A.: P. K. Paris 1990.

Klucht [niederl. klʏxt = Posse, Schwank, Farce] (Cluyt, Clute oder [Es]bat[t]ement), niederl. Possenspiel des späten MA und der frühen Neuzeit

(Nachspiel zu den ↑ Abele spelen des 14. Jh.), meist als ↑ Sotternie bezeichnet; Schwankspiel der ↑ Rederijkers des 15. und 16. Jh.; die K.en sind kurze, formal anspruchslose Stücke, die stofflich der mittelalterl. Schwankliteratur verpflichtet sind.

Kluge, Alexander, * Halberstadt 14. Febr. 1932, dt. Schriftsteller und Filmregisseur. – Rechtsanwalt; 1958 Volontär bei dem Filmregisseur F. Lang; 1962 übernahm K. die Leitung des Instituts für Filmgestaltung in Ulm. Bekannt wurde K. v. a. als Filmregisseur. Sein literar. Schaffen, das seine Filmarbeit immer begleitete, begann mit dem Prosatext ›Lebensläufe‹ (1962, erweitert 1974 u. 1986). In einer Art exemplar. Realismus versucht K., nicht die Realität poet. Gesetzmäßigkeiten zu unterwerfen, sondern, indem er einzelnes herausgreift und protokollartig Einzelschicksale zeigt, Orientierungspunkte zu liefern, anhand derer sich der Leser eine Struktur der Wirklichkeit bauen kann. Mit O. Negt veröffentlichungen zur krit. Theorie (›Öffentlichkeit und Erfahrung‹, 1972; ›Geschichte und Eigensinn‹, 1981); erhielt den Lessing-Preis für das Jahr 1989, 1993 den Heinrich-Böll-Preis.

Alexander Kluge

Weitere Werke: Schlachtbeschreibung (R., 1964), Lernprozesse mit tödlichem Ausgang (En., 1973), Neue Geschichten. Hefte 1–18: Unheimlichkeit der Zeit (1977), Maßverhältnisse des Politischen (1992; mit O. Negt).
Filme: Abschied von gestern (1966), Die Artisten in der Zirkuskuppel: ratlos (1968), In Gefahr und größter Not bringt der Mittelweg den Tod (1974), Der starke Ferdinand (1976), Die

Patriotin (1979), Die Macht der Gefühle (1983), Der Angriff der Gegenwart auf die übrige Zeit (1985), Vermischte Nachrichten (1986).

Literatur: A. K. Hg. v. TH. BÖHM-CHRISTL. Ffm. 1983. – A. K. Hg. v. H. L. ARNOLD. Mchn. 1985.

Kluge, Kurt, * Leipzig 29. April 1886, † Eben-Emael bei Lüttich 26. Juli 1940, dt. Schriftsteller und Bildhauer. – Kunststudium, Prof. für Erzgießerei in Berlin, vielseitige mus. Begabung; begann erst 1929 zu schreiben, unbekümmert um literar. Zeitströmungen, ganz in der Tradition des bürgerl. Realismus stehend und an Jean Paul und W. Raabe erinnernd. Sein Hauptwerk ist der Roman ›Der Herr Kortüm‹ (1938), in den die bereits vorher erschienenen Romane ›Die silberne Windfahne‹ (1934) und ›Das Flügelhaus‹ (1937) eingearbeitet sind; auch Gedichte, Dramen und kunstwiss. Abhandlungen.

Weitere Werke: Der Glockengießer Christoph Mahr (R., 1934), Die gefälschte Göttin (E., 1935), Nocturno (E., 1939), Die Zaubergeige (R., 1940), Grevasalvas (autobiograph. R., entst. 1929–31, hg. 1942), Die Sanduhr (En., Texte, Essays, hg. 1966).
Literatur: K. K. zu seinem 70. Geburtstag. Stg. 1956.

Klüppelvers ↑ Knittelvers.

Klytschkow, (tl.: Klyčkov), Sergei Antonowitsch [russ. klitʃˈkɔf], eigtl. S. A. Leschonkow, * Dubrowki (Gouv. Twer) 13. Juli 1889, † 21. Jan. 1940, russ.-sowjet. Schriftsteller. – Schrieb Gedichte, später v. a. Prosa (›Čertuchinskij balakir'‹ [= Der Schwätzer von Tschertuchino], R., 1926); gehörte zum Kreis der Bauerndichter um N. A. Kljujew und S. A. Jessenin; fiel wahrscheinlich einer stalinist. Säuberungsaktion zum Opfer; später rehabilitiert. Seine euphon., rhythm. Dichtung enthält folklorist. Elemente; von bes. Bedeutung waren für K. die Volksmärchen und Legenden, deren literar. Wiedererweckung von der offiziellen sowjet. Literaturkritik mißbilligt wurde.
Literatur: STEPANENKO, M.: Proza S. Klyčkova. Rockville (Md.) 1973.

Kneip, Jakob, * Morshausen (Rhein-Hunsrück-Kreis) 24. April 1881, † Mechernich 14. Febr. 1958, dt. Schriftsteller. – Gründete mit J. Winckler und W. Vershofen den Bund der Werkleute auf Haus Nyland (↑ Nylandgruppe); Mit-Hg. der Zeitschrift ›Quadriga‹ (später ›Nyland‹); befreundet mit G. Engelke und H. Lersch. Heimatliebe, Religiosität und positive Einstellung zur modernen Arbeitswelt bestimmten sein literar. Schaffen. Bes. erfolgreich war der Bauernroman aus dem Hunsrück ›Hampit der Jäger‹ (1927). In der Romantrilogie ›Porta Nigra ...‹ (1932), ›Feuer vom Himmel‹ (1936) und ›Der Apostel‹ (1955) finden sich autobiograph. Züge.
Weitere Werke: Bekenntnis (Ged., 1917, erweitert 1927), Frau Regine (R., 1942), Weltentscheidung des Geistes am Rhein (Essays, 1953), Der neue Morgen (E., 1958).
Literatur: KNEBEL, H.: J. K. Koblenz 1982.

Kneppelhout, Johannes [niederl. ˈknɛpəlhɔut], * Leiden 8. Jan. 1814, † Oosterbeek 8. Nov. 1885, niederl. Schriftsteller. – Schrieb zuerst in frz., später, z. T. unter dem Pseudonym Klikspaan, in niederl. Sprache; volkstümlich wurden seine humorist. Darstellungen des Studentenlebens in den Skizzen ›Studententypen‹ (1841) und ›Studentenleven‹ (1844).

Knickerbocker, Diedrich [engl. ˈnɪkəbɔkə], Pseudonym des amerikan. Schriftstellers Washington ↑ Irving.

Knigge, Adolph [Franz Friedrich] Freiherr von, * Schloß Bredenbeck bei Hannover 16. Okt. 1752, † Bremen 6. Mai 1796, dt. Schriftsteller. – 1772 Assessor der Kriegs- und Domänenkammer in Kassel, 1777 weimar. Kammerherr, 1790 Oberhauptmann in Bremen. 1780–84 führendes Mitglied des Illuminatenordens. Bekannt v. a. durch die aus dem Geist der Aufklärung entstandene Sammlung prakt., z. T. pedant. Lebensregeln ›Über den Umgang mit Menschen‹ (2 Bde., 1788, kurz ›Knigge‹ genannt). Schrieb witzig-iron., z. T. satir. Romane, auch Dramen, ›Predigten‹ und polit. Schriften; Übersetzer, v. a. französischer und italienischer Literatur.
Weitere Werke: Theaterstücke (2 Bde., 1779/1780), Der Roman meines Lebens in Briefen (4 Bde., 1781–83), Geschichte des armen Herrn von Mildenheim, in Briefen (R., 3 Bde., 1789–97), Josephs von Wurmbrand ... polit. Glaubensbekenntniß (1792), Die Reise nach Braunschweig (R., 1792), Des seligen Herrn Etatsraths Samuel Konrad von Schaafskopf hinterlassene Papiere (1792).
Ausgaben: A. v. K. Ausgew. Werke. Hg. v. W. FENNER. Hann. 1991 ff. Auf 10 Bde. ber. –

A. v. K. Sämtl. Werke. Hg. v. P. RAABE. Neu-ausg. Nendeln 1992–93. 24 Bde.
Literatur: ZAEHLE, B.: K.s Umgang mit Men-schen u. seine Vorläufer. Hdbg. 1933. – KOGEL, J.-D.: K.s ungewöhnl. Empfehlungen zu Auf-klärung u. Revolution. Bln. 1979. – KAEDING, P.: A. v. K. Begegnungen mit einem freien Herrn. Bln. 1991.

Knittel, John, eigtl. Hermann K., * Dharwar (Indien) 24. März 1891, † Mai-enfeld (Graubünden) 26. April 1970, schweizer. Schriftsteller. – Sohn eines Missionars aus Basel, wuchs in Großbri-tannien auf; u.a. Bankbeamter und Theaterleiter in London; lebte lange in Ägypten; schrieb zunächst in engl., spä-ter in dt. Sprache zahlreiche, vielgelesene Liebes-, Gesellschafts- und Abenteuer-romane, die z.T. verfilmt wurden; auch Theaterstücke.
Werke: Die Reisen des Aaron West (R., engl. 1920, dt. 1922, 1949 u.d.T. Kapitän West), Der Weg durch die Nacht (R., engl. 1924, dt. 1926), Therese Etienne (R., 1927), Abd-el-Kader (R., 1930), Via mala (R., 1934), El Hakim (R., 1936), Amadeus (R., 1939), Terra magna (R., 2 Bde., 1948), Jean Michel (R., 1953), Arietta (R., 1959).
Literatur: CARISCH, R.: Der Romancier J. K. Diss. Frib. 1972.

Knittelvers (Knüttel-, Knüppel-, Klüppel-, Klippelvers, Knittel), vierhebi-ger Reimvers, der in der frühnhd. Dich-tung (15. Jh. bis M. Opitz) dominierte. Es lassen sich zwei Typen unterscheiden: der *freie K.* hat Füllungsfreiheit, die Zahl der Silben schwankt zwischen 6 und 15; der *strenge K.* hat stets 8 Silben bei männl., 9 Silben bei weibl. Kadenz. Der K. ist der Vers der ep., satirisch-didakt. und dramat. Dichtung des 15. und 16.Jh. (u.a. H. Rosenplüt, N. Manuel, H. Sachs, J. Fischart, S. Brant). Im 17.Jh. wird der K. aus der anspruchsvollen Literatur weitgehend verdrängt. Seine eigtl. Reha-bilitierung erfolgt in der 2. Hälfte des 18.Jh.: Goethe verwendet ihn in par-odist. und satir. Werken (›Das Jahr-marktsfest zu Plundersweilern‹, 1774), auch in Teilen des ›Urfaust‹ (gedr. 1887) und im ›West-östl. Divan‹ (1819), Schil-ler in ›Wallensteins Lager‹ (1800). Seit dem Ende des 19.Jh. v.a. im Drama ein-gesetzt (u.a Prolog zu F. Wedekinds ›Der Erdgeist‹, 1895; H. von Hofmannsthals ›Jedermann‹, 1911; G. Hauptmanns ›Festspiel in dt. Reimen‹, 1913).

Knjaschnin (tl.: Knjažnin), Jakow Borissowitsch [russ. knıʒ'nin], * Pleskau 14. Okt. 1742 (oder 1740), † Petersburg 25. Jan. 1791, russ. Dramatiker. – Schrieb Tragödien und vier Komödien, seine ge-lungensten Werke, im Geist des Klassi-zismus; übersetzte Voltaire, P. Corneille u.a.; seine polit. Aggressivität wird bes. in der 1793 erschienenen und öffentlich verbrannten Tragödie ›Vadim Novgo-rodskij‹ deutlich, in der er die zarist. Au-tokratie angriff.
Weitere Werke: Nesčast'e ot karety (= Unglück wegen einer Kutsche, kom. Oper, 1779), Čudaki (= Sonderlinge, Kom., postum 1793).
Ausgabe: J. B. Knjažnin. Izbrannye proizvede-nija. Leningrad 1961.

Knox, John [engl. nɔks], * Giffordgate (heute zu Haddington, bei Edinburgh) 1505 (?), † Edinburgh 24. Nov. 1572, schott. Führer der kalvinist. Reformation in Schottland. – Studierte Theologie und Jura; wurde 1546 zum Prediger berufen; nahm am Aufstand gegen den Erzbischof D. Beaton teil, geriet dabei 1547 in frz. Gefangenschaft, aus der er durch die Fürsprache Eduards VI. von England 1549 befreit wurde, der ihn zur Durch-führung der Reformation nach England holte. Wegen der Thronbesteigung Maria Stuarts floh K. nach Genf zu Calvin, 1555 Rückkehr nach Schottland. 1556 Pfarrer der engl. Auslandsgemeinde in Genf, Mitarbeit an der engl. ›Geneva Bible‹. 1559 erneut Rückkehr nach Schottland; kämpfte zus. mit dem prot. Adel für die Reformation. K. verfaßte von 1559–64 eine Geschichte der Refor-mation in Schottland und arbeitete an der ›Confessio Scotica‹ (1560) mit. Bis zu seinem Tod war er Pfarrer an Saint Giles in Edinburgh.
Ausgabe: J. K. Works. Hg. v. D. LAING. Edin-burgh 1846–64. 6 Bde.
Literatur: JANTON, P.: J. K. (ca. 1513–1572). L'homme et l'œuvre. Paris u. Brüssel 1967. – RIDLEY, J.: J. K. New York 1968. – J. K. A quat-ercentenary reappraisal. Hg. v. D. SHAW. Edinburgh 1975. – MARTIN, D.: J. K. Chicago (Ill.) 1982.

Knudsen, Jakob [dän. 'knusən], * Rødding 14. Sept. 1858, † Birkerød 21. Jan. 1917, dän. Schriftsteller. – Im N. F. S. Grundtvig-Lehrermilieu aufge-wachsen; ging von der natürl. Ungleich-heit des Menschen aus, lehnte jede Art von liberalem Humanismus ab; wandte sich v. a. gegen die Frauenemanzipation und gegen demokrat. Einrichtungen; trat für eine individuelle Entfaltung der Persönlichkeit und für ein ›persönl.‹ Verhältnis des einzelnen zu Gott ein. Seine Themen wählte er meist aus dem bäuerl. Lebensbereich. Als Meister der Charakterzeichnung erwies er sich in dem zweiteiligen Lutherroman ›Angst-mod‹ (1912 bis 1914, 1. Teil dt. 1914 u. d. T. ›Angst‹).

Weitere Werke: Der alte Pfarrer (R., 1899, dt. 1910), Anders Hjarmstedt (E., 1903, dt. 1907), Fortschritt (R., 1907, dt. 1909).

Ausgabe: J. K. Romaner og fortællinger. Kopenhagen 2-5 1917. 5 Bde.

Literatur: ROOS, C. N.: J. K., et forfatterskab. Kopenhagen 1954. – ANDERSEN, R.: J. K. Kopenhagen 1958. – KRISTENSEN, S.: Digtning og livssyn. Kopenhagen 1959. S. 22–49.

Knüppelvers ↑ Knittelvers.

Knüttelvers ↑ Knittelvers.

Kobajaschi (tl.: Kobayashi), Nobujuki, jap. Dichter, ↑ Issa Kobajaschi.

Kobell, Franz Ritter von [...bəl], * München 19. Juli 1803, † ebd. 11. Nov. 1882, dt. Mineraloge und Schriftsteller. – Studierte Jura, dann Mineralogie; Erfinder der Galvanographie (Tiefdruckverfahren); schrieb Gedichte, auch in oberbayr. und pfälz. Mundart, Volksstücke und humorvolle Jagdgeschichten.

Werke: Gedichte in hochdt., oberbayr. und pfälz. Mundart (2 Hefte, 1839–41), Schnadahüpfeln und Sprüchln (1846), Gedichte (1852), Wildanger (En., 1859), G'schpiel (Volksstücke und Ged., 1868), Erinnerungen in Gedichten und Liedern (1882).

Kobyljanska (tl.: Kobyljans'ka), Olha Julianiwna [ukrain. kɔbe'ljansjka], * Gura-Gumora bei Suceava (Rumänien) 27. Nov. 1863, † Tschernowzy 21. März 1942, ukrain. Schriftstellerin. – Stellte in lyr., euphon. Prosa Frauengestalten dar; ihre Romane und Erzählungen (›Zemlja‹ [= Die Erde], 1902) sind durch impressionist. Stil und feinsinnige Gestaltung der psych. Regungen ihrer Charaktere gekennzeichnet.

Ausgabe: O. Kobyljans'ka. Tvory. Kiew 1962–63. 5 Bde.

Kocagöz, Samin [türk. kɔ'dʒɑgœz], * Söke (Westtürkei) 1916, türk. Schriftsteller. – Vorherrschendes Thema seiner seit 1938 erscheinenden Erzählungen

und Romane sind die sozialen Probleme einer ländl. Bevölkerung in der Türkei, die sich nur mühselig an sich wandelnde Normen und Werte einer neuen Zeit gewöhnen kann. Sein ungeschminkter, sozialkrit. Realismus machte ihn zu einem der bekanntesten Erzähler in der Nachkriegstürkei.

Werke: İkinci dünya (= Die zweite Welt, R., 1938), Sam Amca (= Onkel Sam, En., 1951), Yağmurdaki kız (= Das Mädchen im Regen, En., 1968), Tartışma (= Debatte, R., 1976).

Kocbek, Edvard [slowen. 'kɔdzbɛk], * Sveti Jurij bei Maribor 27. Sept. 1904, † Ljubljana 3. Nov. 1981, slowen. Schriftsteller und Publizist. – Vertreter der christl. Sozialisten, ab 1952 ohne polit. Ämter; von P. Claudel und dem dt. Expressionismus beeinflußt, verfaßte K. Gedichte und Prosa.

Werke: Tovarišija (= Kameradschaft, Tageb., 1949), Strah in pogum (= Furcht und Mut, En., 1951), Die Dialektik (Ged., dt. und slowen. 1968).

Koch, Eoban, dt. Humanist und nlat. Schriftsteller, ↑ Hessus, Helius Eobanus.

Koch, Kenneth [engl. koʊk], * Cincinnati (Ohio) 27. Febr. 1925, amerikan. Schriftsteller. – Gehörte mit J. Ashbery und F. O'Hara zu der New York School of Poets, die in den 50er Jahren eine dem abstrakten Expressionismus der Malerei und den Praktiken der Beat generation analoge Dichtung schuf. Spätere Gedichte sind weniger experimentell und besitzen eine metaphys. Dimension; schrieb auch zahlreiche Dramen für Off-Broadway-Bühnen, einen Roman, Kurzgeschichten, Literaturkritiken u. a.

Werke: Poems (Ged., 1953), Ko, or a season on earth (Ged., 1960), Permanently (Ged., 1960), Vielen Dank. Gedichte und Spiele (1962, dt. 1976), Sleeping with women (Ged., 1969), The art of love (Ged., 1975, dramat. UA 1976), The red robins (R., 1975, dramat. UA 1978), The duplications (Ged., 1977), The burning mystery of Anna in 1951 (Ged. und Prosa, 1979), Days and nights (Ged. und Prosa, 1982), Selected poems (Ged., 1985), On the edge (Ged., 1986), One thousand avant-garde plays (1988).

Koch, Martin [schwed. kɔk], * Stockholm 23. Dez. 1882, † Hedemora (Dalarna) 22. Juni 1940, schwed. Schriftsteller. – Wurde unter dem Einfluß A. Strindbergs und É. Zolas zu einem der wichtigsten Vertreter der schwed. Arbei-

terliteratur; bed. auch als gesellschaftskrit. Journalist. Seine Romane sind von
naturalist. Schärfe in Themenbehand-
lung und Sprache. Sein bedeutendstes
Werk, ›Guds vackra värld‹ (1916), ist
eine erschütternde Darstellung des
Schicksals dreier Generationen einer
Bauernfamilie im Schatten der Industrialisierung; K. schrieb auch Gedichte, die
er selbst vertonte.
Weitere Werke: Arbetare. En historia om hat
(R., 1912), Timmerdalen. En historia om kultur
(R., 1913), Legend (R., 1920).
Literatur: JONSSON, TH.: M. K. Stockholm
1941. – LUND, I.: M. K. Mina minnen ar den stor
diktare. Stockholm 1945. – GRANLID, H. O.: M.
K. och arbetarskildringen. Stockholm 1957 (mit
frz. Zusammenfassung). – SUNDSTRÖM, E.: Ra-
dikalism och religiösitet. Stockholm 1961.

Koch, Werner, * Mühlheim a. d. Ruhr
4. Aug. 1926, † Köln 31. März 1992, dt.
Schriftsteller. – Journalist und Theaterkritiker, 1956–61 Dramaturg in Köln, danach beim Westdt. Rundfunk in Köln. In
seinen Erzählungen und Romanen versucht K., histor. und v. a. bibl. Themen in
die Gegenwart zu transponieren. Schrieb
auch Essays und Sachbücher; Fernseh-
arbeiten.
Werke: Sondern erlöse uns von dem Übel (R.,
1955), Pilatus. Erinnerungen (R., 1959), Der
Prozeß Jesu. Versuch eines Tatsachenberichts
(1966), See-Leben (R., 2 Bde., 1971–75), Gang-
hofers Haltung (Essay, 1979), Jenseits des Sees
(R., 1979), Intensivstation (E., 1983), Diesseits
von Golgatha (R., 1986), Altes Kloster (E.,
1990).

Kochanowski, Jan [poln. kɔxa-
'nɔfski], * Sycyna bei Radom 1530, † Lublin 22. Aug. 1584, poln. Dichter. – Studium in Frankreich und Italien; Begründer der nat. poln. Dichtung; schrieb lat.
Dichtungen in subtilen Stil; seine bedeutenderen Werke sind jedoch in poln.
Sprache abgefaßt. Auch die Volksdichtung hatte bestimmenden Einfluß auf K.s
Werk, von dem seine Psalmennachdich-
tung (›Psałterz Dawidów‹, 1579) und die
Klagelieder auf den Tod seiner Tochter
(›Treny‹, 1580, dt. 1884, 1932 u. d. T.
›Threnodien‹) zu nennen sind; ferner
u. a. polit. Klagedichtungen, Epigramme,
panegyr. Lyrik, kurze Gedichte erot., sa-
tir. und philosoph. Inhalts, außerdem die
Tragödie ›Die Abfertigung der griech.
Gesandten‹ (1578, dt. 1929).

Ausgaben: J. K. Eine Auslese aus seinem Werk.
Dt. Übers. Breslau 1937. – J. K. Dzieła polskie.
Warschau ⁸1976. 2 Bde.
Literatur: JASTRUN, M.: Poet u. Hofmann. Ein
Bild des poln. Dichters J. K. Dt. Übers. Bln.
1957. – PELC, J.: J. K. Warschau 1980.

Kochanowski, Piotr [poln. kɔxa-
'nɔfski], * Sycyna bei Radom 1566, † Krakau 1620, poln. Dichter. – Neffe Jan K.s;
Reisen nach Italien; übersetzte T. Tassos
›Befreites Jerusalem‹ (gedr. 1618); erschloß der poln. Literatur die Gattung
des Ritterepos; vorbildlich wurde v. a.
die Stanze als Strophe der poln. Epik;
seine Übersetzung von L. Ariostos ›Ra-
sendem Roland‹ wurde vollständig erst
1905 gedruckt.

Kochowski, Wespazjan [poln. kɔ-
'xɔfski], * (Woiwodschaft Kielce)
1633, † Krakau 6. Juni 1700, poln. Lyriker. – Hervorragender Vertreter der sar-
mat. Barockliteratur in Polen; schrieb
panegyr. Dichtungen, Kriegslieder, Epigramme, religiöse und historiograph.
Werke. Bed. ist die Sammlung von Gedichten und Epigrammen ›Niepróznu-
jące próznowanie‹ (= Unmüßiger Müßiggang, 1674). In dem Prosawerk ›Psal-
modia polska‹ (1695) verbindet K. Bibli-
sches mit Ereignissen und Erlebnissen in
Polen des 17. Jh.; verfaßte als Historiograph im Dienst von Johann III. Sobieski
eine Geschichte Polens (›Annalium Po-
loniae...‹, 3 Tle., 1683–98, Tl. 4 gekürzt in
poln. Übers. 1853).
Ausgabe: W. K. Poezje wybrane. Warschau
1977.

Kočić, Petar [serbokroat. 'kɔtʃitɕ],
* Stričići (Bosnien) 29. Juni 1877, † Belgrad 27. Aug. 1916, serb. Schriftsteller. –
Redakteur; als Abgeordneter antihabs-
burgisch orientiert, daher mehrmals in
Haft. Sein Erzählwerk vermittelt ein realist. Bild des harten Lebens der bosn.
Bauern unter österr. Verwaltung; das ag-
gressiv-satir. Drama ›Jazavac pred su-
dom‹ (= Der Dachs vor Gericht, 1904)
deckt Mängel der Justiz auf.
Ausgabe: P. K. Sabrana dela. Belgrad 1967. 3
Bde.

Kocjubyns'kyj, Mychajlo My-
chajlovyč, ukrain. Schriftsteller, ↑ Kozjubynsky, Mychailo Mychailowytsch.

Kock, Charles Paul de, * Passy (heute
zu Paris) 21. Mai 1793, † Paris 29. Aug.

1871, frz. Schriftsteller niederl. Abkunft. – Schilderte in seinen zahlreichen außerordentlich populären Romanen die Welt des [Pariser] Kleinbürgers: ›Gustav oder der Bruder Liederlich‹ (1821, dt. 1837), ›Monsieur Dupont‹ (1824), ›Die Jungfrau von Belleville‹ (1834, dt. 1838), ›Pariser Sitten‹ (1837, dt. 1839), ›Der Mann mit drei Hosen‹ (1841, dt. 1843); war auch mit Melodramen und Vaudevilles erfolgreich.

Ausgabe: Ch. P. de K. Œuvres illustrées. Paris 1902–05. 299 Bde.
Literatur: WEGENER, S.: Das Romanwerk P. de K.s. Diss. Bln. 1980.

Kočkurov, Nikolaj Ivanovič, russ.-sowjet. Schriftsteller, ↑ Wessjoly, Artjom.

Koda (Coda) [lat.-italien.; eigtl. = Schwanz],
1. Abgesang in der Stollenstrophe der provenzal. (↑ Kanzone, ↑ Canso) und italien. Dichtung.
2. im italien. **Serventese caudato** die Kurzzeile (Fünf-, später auch Siebensilbler) am Strophenende, die den Reim der nächsten Strophe vorwegnimmt.
3. im italien. **Sonetto caudato** das nach der zweiten Terzine stehende Geleit.

Literatur: ELWERT, W. TH.: Italien. Metrik. Mchn. 1968.

Kodex (Codex) [lat. = Schreibtafel (aus gespaltenem Holz); Verzeichnis] (Mrz. Kodizes), Buchform der Spätantike und des MA (↑ Buch, ↑ Handschrift). Ein K. besteht aus mehreren gefalteten, ineinandergelegten und gehefteten Pergament- oder Papierblättern, die zwischen zwei mit Leder oder Metall überzogenen Holzdeckeln befestigt sind. Der K. wurde aus den hölzernen Schreibtäfelchen der Antike entwickelt. Er trat im 1.Jh. n.Chr. neben die Papyrusrolle (›volumen‹), die er bis Ende des 5.Jh. verdrängte. Die moderne Buchform geht unmittelbar auf den K. zurück. Das älteste K.fragment stammt aus dem 2.Jh. (Fragment der ›Kreter‹ des Euripides), berühmte Kodizes sind u.a. der ›Codex argenteus‹ (um 500) und der illuminierte ›Codex aureus‹ (870). Von der Sammlung mehrerer inhaltlich zusammengehöriger Texte wurde der Name auch auf *Textsammlungen* selbst übertragen, z.B. ›Codex Justinianus‹ (Gesetzessammlung) oder ›Codex Iuris Canonici‹, und

dann allgemein für ein Gesetzbuch oder eine Sammlung von Regeln gebraucht (übertragen auch z.B. Ehrenkodex).

Kodschiki (tl.: Kojiki) [jap. 'kodʒiki = Geschichte der Begebenheiten im Altertum], ältestes überliefertes jap. Literaturdenkmal; 712 von dem Gelehrten O no Jasumaro im Auftrag der Kaiserin Gemmei aufgrund des mündl. Vortrags von Hieda no Are verfaßt; in drei Bänden werden Mythologie, Sagen und eine Reichsgeschichte bis 628 dargestellt, die die Göttlichkeit und die Führungslegitimation der herrschenden Jamato-Linie zu beweisen suchen; in den Text sind 111 Gedichte, die zu den ältesten überlieferten Poesiedenkmälern der jap. Literatur gehören, eingestreut.

Ausgabe: Kojiki oder Gesch. der Begebenheiten im Altertum. In: FLORENZ, K.: Die histor. Quellen der Shinto-Religion. Gött. u. Lpz. 1919.

Koenig, Alma Johanna ['kø:nɪç], Pseudonym Johannes Herdan, * Prag 18. Aug. 1887, seit 27. Mai 1942 verschollen († KZ Minsk?), österr. Schriftstellerin. – Begann mit expressionist. Gedichten, schrieb Novellen und Romane, in denen es oft, vor histor. Hintergrund, um psycholog. Fragestellungen, um Liebe, Leid und Leidenschaft geht und die z. T. ihres erot. Inhalts wegen kritisiert wurden.

Werke: Die Windsbraut (Ged., 1918), Schibes (Nov., 1920), Der hl. Palast (R., 1922), Die Lieder der Fausta (Ged., 1922), Geschichte von Half dem Weibe (R., 1924), Gudrun (Nachdichtung, 1928), Liebesgedichte (1930), Leidenschaft in Algier (R., 1932), Sonette für Jan (Ged., hg. 1946), Der jugendl. Gott (R., hg. 1947), Sahara (Nov.n, hg. 1951), Vor dem Spiegel (lyr. Autobiogr., hg. 1977).

Koeppen, Wolfgang ['kœpən], * Greifswald 23. Juni 1906, dt. Schriftsteller. – Studierte Germanistik und Theaterwiss., war Journalist, ab 1934 freier Schriftsteller. Schrieb v. a. zeitkrit. Romane, die sich durch sprachl. Virtuosität und geschickte Handhabung moderner stilist. Mittel auszeichnen. Seine Romantrilogie ›Tauben im Gras‹ (1951), ›Das Treibhaus‹ (1953) und ›Der Tod in Rom‹ (1954) ist eine erste literar. Bestandsaufnahme der BR Deutschland und setzt sich mit dem Faschismus im Nachkriegsdeutschland auseinander; indem K. das Überdauern jener Verhaltens- und Denk-

Wolfgang
Koeppen

weisen aufzeigt und analysiert, die zum Nationalsozialismus geführt haben, warnt er vor einer möglichen nächsten Katastrophe. Außerdem schrieb K. Filmdrehbücher und reportagehafte Reiseberichte. Anläßlich der Neuausgabe von ›Jakob Littners Aufzeichnungen aus einem Erdloch‹ 1992, die 1948 unter dem Pseudonym Littner erstmals veröffentlicht wurden, bekannte K. überraschend seine Autorschaft. Er schildert darin die Leidensgeschichte des jüd. Briefmarkenhändlers Littner im nat.-soz. Deutschland. Erhielt u. a. 1962 den Georg-Büchner-Preis.

Weitere Werke: Eine unglückl. Liebe (R., 1934), Die Mauer schwankt (R., 1935, 1939 u. d. T. Die Pflicht), Nach Rußland und anderswohin (Reiseber., 1958), Amerikafahrt (Reiseber., 1959), Reisen nach Frankreich (Reiseber., 1961), Romanisches Café (En., 1972), Jugend (Prosa, 1976), Die elenden Skribenten (Aufss., 1981), Morgenrot (R., 1987), Es war einmal in Masuren (Filmbuch, 1991), Ich bin gern in Venedig warum (Prosa, 1994).
Ausgabe: W. K. Ges. Werke. Hg. v. M. REICH-RANICKI. Ffm. 1986. 6 Bde.
Literatur: W. K. Hg. v. H. L. ARNOLD. Mchn. 1972. – KOCH, M.: W. K. Lit. zw. Nonkonformismus u. Resignation. Stg. 1973. – Über W. K. Hg. v. U. GREINER. Ffm. 1976. – BASKER, D.: Chaos, control and consistency. The narrative vision of W. K. Bern u. a. 1993. – BEU, A.: W. K. – ›Jugend‹. Beitrr. zu einer Poetik der offenen Biogr. Essen 1994. – FETZ, B.: Vertauschte Köpfe. Studien zu W. K.s erzählender Prosa. Wien 1994.

Koestler, Arthur ['kœstlər, engl. 'kə:stlə], * Budapest 5. Sept. 1905, † London 3. März 1983 (Selbstmord), engl. Schriftsteller ungar. Herkunft. – Studierte in Wien; ging 1926 als Zionist nach Palästina; war Auslandskorrespondent im Nahen Osten, Paris und Berlin; 1931–37 Mitglied der KP; bereiste 1932 die UdSSR; war Berichterstatter im Span. Bürgerkrieg, wurde gefangengenommen, zum Tode verurteilt, dann ausgetauscht (›Spanish testament‹, 1937, dt. ›Ein span. Testament‹, 1938, nur teilweise identisch mit der engl. Ausgabe); kam 1940 nach England (1948 brit. Staatsbürger); schrieb in dt. und engl. Sprache. In seinen Romanen setzte er sich mit polit. und eth. Fragen auseinander, z. B. in dem Roman ›Sonnenfinsternis‹ (1940, dt. 1948) mit dem Kommunismus. Diese Thematik bestimmt auch seine autobiograph., essayist. und philosoph. Schriften.

Weitere Werke: Frühe Empörung (Autobiogr., 1937, dt. 1970), Die Gladiatoren (R., 1939, dt. 1948), Abschaum der Erde (Autobiogr., 1941, dt. 1971), Ein Mann springt in die Tiefe (R., 1943, dt. 1945), Der Yogi und der Kommissar (Essays, 1945, dt. 1950), Pfeil ins Blaue (Autobiogr., 1952, dt. 1953), Die Geheimschrift (Autobiogr., 1954, dt. 1955), Von Heiligen und Automaten (Ber., 1960, dt. 1961), Der göttliche Funke (Studie, 1964, dt. 1966), Das Gespenst in der Maschine (Studie, 1967, dt. 1968), Die Wurzeln des Zufalls (Studie, 1972, dt. 1972), Die Herren Call-Girls (R., 1972, dt. 1973), Der dreizehnte Stamm (Studie, 1976, dt. 1977), Der Mensch, Irrläufer der Evolution (Studie, 1978, dt. 1978), Auf fremden Plätzen. Bericht über die gemeinsame Zeit (Autobiogr., 1980, dt. 1984; mit Cynthia Koestler).
Literatur: HUBER, P. A.: A. K. Das literar. Werk. Zü. 1962. – Astride the two cultures. A. K. at 70. Hg. v. H. HARRIS. London 1975. – A. K. A collection of critical essays. Hg. v. M. SPERBER. Englewood Cliffs (N. J.) 1977. – A. K. An international bibliography. Hg. v. R. MERRILL u. TH. FRAZIER. Ann Arbor (Mich.) 1979. – LEVENE, M.: A. K. New York 1984.

Kofler, Werner, * Villach 23. Juli 1947, österr. Schriftsteller. – Lebt seit 1968 als freier Schriftsteller in Wien; schreibt von Th. Bernhard beeinflußte Erzählungen und experimentelle Prosa, z. T. mit autobiograph. Charakter (›Guggile‹, 1975).
Weitere Werke: Andante (Ged., 1966), örtliche verhältnisse (1973), Ida H. Eine Krankengeschichte (1978), Aus der Wildnis. Zwei Fragmente (1980), Konkurrenz (R., 1984), Amok und Harmonie (Prosa, 1985), Am Schreibtisch (Prosa, 1988), Der Hirt auf dem Felsen (Prosastück, 1991), Herbst, Freiheit. Ein Nachtstück (1994).

Kogălniceanu, Mihail [rumän. koɡəlni'tʃe̞anu], * Jassy 18. Sept. 1817, † Paris 2. Juli 1891, rumän. Schriftsteller. – Gründete die Zeitschrift ›Dacia literarǎ‹ und war Mitarbeiter zahlreicher anderer histor. und literar. Zeitschriften; 1843 Prof. für Geschichte in Jassy; Teilnahme an der revolutionären Bewegung in der Moldau 1848, dann bis 1855 Exil in Paris; Vorkämpfer für die Vereinigung der Fürstentümer Moldau und Walachei; nach 1859 mehrfach Innen- und Außenminister, 1863–65 Ministerpräsident. Veröffentlichte u. a. 1837 in frz. Sprache ›Skizze und Geschichte der Zigeuner, ihrer Sitten und ihrer Sprache‹ (dt. 1840) und 1838 den ersten Band einer Geschichte der Rumänen, ›Histoire de la Valachie, de la Moldavie et des Valaques transdanubiens‹; in dt. Sprache erschien 1835 ›Roman. oder wallach. Sprache und Literatur‹.
Ausgabe: M. K. Opere. Hg. v. D. SIMONESCU. Bukarest 1974–78. 4 Bde.
Literatur: CARTOJAN, N.: M. K. Activitatea literarǎ. Bukarest 1942. – ZUB, A.: M. K. istoric. Jassy 1942.

Köhler, Erich, * Karlsbad 28. Dez. 1928, dt. Schriftsteller. – War u. a. Landarbeiter, ging nach einer Trampfahrt durch Westdeutschland und die Niederlande 1950 in die DDR. Seit 1961 freier Schriftsteller. In seinen Erzählungen und Romanen spielen oft die Tiere und Menschen auf dem Land, die Arbeitswelt und die Umwandlung der bäuerl. Betriebe in landwirtschaftl. Genossenschaften eine Rolle. Schreibt auch Kinderbücher und Erzählungen mit märchenhaften und phantast. Zügen.
Werke: Das Pferd und sein Herr (E., 1956), Die Teufelsmühle (E., 1958), Schatzsucher (R., 1964), Nils Harland (En., 1968), Der Schlangenkönig (Kinderb., 1975), Hinter den Bergen (R., 1976), Der Krott... (E., 1976), Reise um die Erde in acht Tagen (E., 1979), Kiplag. Geschichten (1980), Hartmut und Joana oder Geschenk für Kinder (Film-E., 1981), Nichts gegen Homer. Betrachtungen und Polemiken (1986), Sture und das dt. Herz. Ein Trollroman (1990).

Köhlmeier, Michael, * Hard (Vorarlberg) 15. Okt. 1949, österr. Schriftsteller. – Studium in Marburg, lebt als freier Schriftsteller in Bregenz. Verfasser von Dramen, Hörspielen, Erzählungen und Romanen.

Werke: Der Peverl Toni und seine abenteuerl. Reise durch meinen Kopf (R., 1982), Moderne Zeiten (R., 1984), Die Figur. Die Geschichte von Gaetano Bresci, Königsmörder (1986), Spielplatz der Helden (R., 1988), Die Musterschüler (R., 1989), Wie das Schwein zu Tanze ging (Fabel, 1991), Bleib über Nacht (Liebes-R., 1993), Der Narrenkarren (Stück, 1994; nach L. F. de Vega Carpio), Sunrise (E., 1994).

Kohout, Pavel [tschech. 'kɔhɔut], * Prag 20. Juli 1928, tschech. Schriftsteller. – Schrieb polit. und Liebesgedichte, dann v. a. Dramatisierungen und Hörspiele; Kinderbuchautor; auch Romane; Regisseur; Wortführer des Prager Frühlings; nach 1968 Aufführungs- und Publikationsverbot; Unterzeichner der Charta 77; 1979 Ausbürgerung; seit 1980 österr. Staatsbürger (seit 1991 mit zweitem Wohnsitz in Prag).
Werke: So eine Liebe (Spiel, 1958, dt. 1958), Reise um die Erde in achtzig Tagen (Stück, 1962, dt. 1965), August August, August (Stück, 1968, dt. 1969), Evol (Einakter, entst. 1969, dt. 1970), Krieg im dritten Stock (Einakter, dt. 1970), Armer Mörder (Stück, dt. 1972), Pech unterm Dach (Einakter, entst. 1972, dt. UA 1974), Brand im Souterrain (Einakter, entst. 1973, dt. UA 1974), Roulette (Schsp., dt. 1975), Die Henkerin (R., dt. 1978, tschech. Köln 1980), Die Einfälle der heiligen Klara (R., dt. 1980, tschech. Toronto 1981), Maria kämpft mit den Engeln (Stück, dt. 1981, tschech. 1982), Morast (Einakter, dt. 1981), Das große Ahornbaumspiel (Schsp., dt. UA 1984), Erinnerung an die Biskaya (Stück, dt. UA 1985), Patt (Stück, dt. UA 1987), Wo der Hund begraben liegt (R., Köln 1987, dt. 1987), Tanz- und Liebesstunde (R., 1989, dt. 1989), Ende der großen Ferien (R., dt. 1990), Eine kleine Blutrache (Stück, dt. UA 1991), Ich schneie (R., dt. 1992, tschech. 1993).
Literatur: AMBROS, V.: P. K. u. die Metamorphosen des sozialist. Realismus. New York u. a. 1993.

Pavel Kohout

Koidula, Lydia, eigtl. L. Emilie Florentine Jannsen, * Vändra 24. Dez. 1843, † Kronstadt 11. Aug. 1886, estn. Dichterin. – Brachte mit ihrer gefühlsbetonten, vornehmlich patriot. Lyrik (krit. Ausgabe 1969) Stimmung und Ideen der Zeit des ›nat. Erwachens‹ zu lebendigem Ausdruck; Verdienste um das estn. Theater, u. a. als Verfasserin der ersten estn. Komödie.

Kojiki † Kodschiki.

Kokin wakashū † Tschokusenwakashu.

Kokoschka, Oskar [kɔ'kɔʃka, 'kɔkɔʃka], * Pöchlarn 1. März 1886, † Villeneuve (VD) 22. Febr. 1980, österr. Maler und Schriftsteller. – 1905–09 Studium an der Wiener Kunstgewerbeschule, 1907 bei der ›Wiener Werkstätte‹, Mitwirkung am Kabarett ›Die Fledermaus‹. 1910 in Berlin, wesentlich an der expressionist. Zeitschrift ›Der Sturm‹ beteiligt. 1911 Rückkehr nach Wien; Freundschaft mit A. M. Mahler-Werfel. 1914 freiwillige Meldung zum Militär, schwere Verwundungen. 1917–24 in Dresden, Prof. an der Kunstakademie. Danach zahlreiche Reisen, Hauptwohnort Paris. 1934 Übersiedelung nach Prag, 1938 Flucht nach London, 1947 brit. Staatsbürgerschaft. 1953 ließ er sich in Villeneuve am Genfer See nieder, 1975 Wiederannahme der österr. Staatsbürgerschaft. – K. war als bildender Künstler einer der ersten und bedeutendsten Vertreter des Expressionismus, desgleichen zählt er zu den Begründern des expressionist. Dramas. Der Beginn der literar. Tätigkeit fällt bereits in die frühen Wiener und Berliner Jahre. 1907 entstanden die Verserzählung ›Die träumenden Knaben‹ (gedr. 1908), die Einakter ›Sphinx und Strohmann‹ (gedr. 1913, in: ›Dramen und Bilder‹; überarbeitet 1917 u. d. T. ›Hiob‹) und ›Mörder, Hoffnung der Frauen‹ (gedr. 1913, in: ›Dramen und Bilder‹). In diesem Stück, das er 1908 selbst inszenierte, geht es K. um den Gedankenlosigkeit der männl. Zivilisation, die Enttabuisierung des Sexuellen und den Gegensatz der Geschlechter, wie er etwa auch von A. Strindberg und O. Weininger herausgestellt wurde. Es folgten die beiden Dramen ›Der brennende Dornbusch‹ (1913, in: ›Dramen und Bilder‹) und ›Orpheus und Eurydike‹ (1915 begonnen; gedr. in: ›Vier Dramen‹, 1919), letzteres eine Deutung der Welt aus dem Mythos und zugleich Selbstinterpretation der künstler. Existenz. In der Tschechoslowakei verfaßte er das Fragment gebliebene Schauspiel ›Comenius‹ (hg. 1976), in dem der Protagonist mit Rembrandt zusammentrifft; ihr Dialog ist als Warnung vor der faschist. Gefahr in Europa zu verstehen. In London schrieb K. vor allem kultur- und kunstkrit. Aufsätze. Wie in seinen Bildern bemühte sich K. auch auf dichter. Gebiet um die Demaskierung des Äußerlichen, um das Eindringen in das ›Dahinter‹ und dessen Verdeutlichung, um das individuelle Schicksal in der Masse. Oft fertigte er Illustrationen zu seinen Texten an (auch Bühnenbilder) oder verfaßte umgekehrt auf seine Bilder bezogene Texte.

Weitere Werke: Der weiße Tiertöter (E., 1920), Ann Eliza Reed (E., 1952), Spur im Treibsand (En., 1956), Mein Leben (1971). **Ausgaben:** O. K. Schrr. 1907–55. Bearb. v. H. M. WINGLER. Mchn. 1.–2. Tsd. 1956. – O. K. Das schriftl. Werk Hg. v. H. SPIELMANN. Hamb. 1973–76. 4 Bde. **Literatur:** HODIN, J. P.: O. K. Eine Psychographie. Wien u. a. 1971. – LISCHKA, G. J.: O. K., Maler u. Dichter. Bern u. Ffm. 1972. – REISINGER, A.: K.s Dichtungen nach dem Expressionismus. Wien 1978. – SCHVEY, H.: O. K., the painter as playwright. Detroit (Mich.) 1982. – SCHWEIGER, W. J.: Der junge K. Leben u. Werk 1904–14. Wien 1983. – O. K. Hg. v. N. WERNER. Ffm. 1986. – O. K. Die frühen Jahre. Bearb. v. A. VOGEL. Ausst.-Kat. Ulm 1994. – SCHOBER, T.: Das Theater der Maler. Studien zur Theatermoderne ... Bln. 1994.

Kołakowski, Leszek [poln. kɔ̣ua-'kɔfski], * Radom 23. Okt. 1927, poln. Philosoph und Schriftsteller. – Ab 1959 Lehrstuhl in Warschau; 1966 Ausschluß aus der KP; 1968 Verlust des Lehrstuhls, Ausreise aus Polen; seit 1970 am All Souls College in Oxford; 1977 Friedenspreis des Börsenvereins des Dt. Buchhandels. K. schrieb außer philosoph. Arbeiten Essays, Erzählungen und Theaterstücke. Er versucht, den Rationalismus bzw. Marxismus schöpferisch weiterzuentwickeln. In den belletrist. Werken stellt er – oft in Parabelform – das Verhältnis von Mensch und übergeordnetem Prinzip (Gottheit, dann übertragen auch [sozialist.] Staat) dar; dt. liegen vor: ›Der Mensch ohne Alternative. Von der Möglichkeit und Unmöglichkeit Marxist zu sein‹ (Essays, dt. Ausw. 1960), ›Der Himmelsschlüssel. Erbaul. Geschichten‹ (1964 und 1963, dt. 1965), ›Gespräche mit dem Teufel. Acht Diskurse über das Böse und zwei Stücke‹ (1965 und 1961, dt. 1968).

Weitere Werke: Die Philosophie des Positivismus (1966, dt. 1971), Die Gegenwärtigkeit des Mythos (1972, dt. 1973), Die Hauptströmungen des Marxismus (3 Bde., 1976–78, dt. 1977–79), Falls es keinen Gott gibt (engl. 1982, dt. 1982), Henri Bergson (engl. 1985, dt. 1985), Narr und Priester. Ein philosoph. Lesebuch (dt. 1987), Horror metaphysicus (engl. 1988, dt. 1989), Die Moderne auf der Anklagebank (Essays, engl. 1990, dt. 1991).
Literatur: L. K. Ffm. 1977.

Kolar, Slavko, * Palešnik 1. Dez. 1891, † Zagreb 15. Sept. 1963, kroat. Schriftsteller. – Beamter und Landwirtschaftsfunktionär; 1944 Partisan. Nach Anfängen mit Novellen in der Tradition eines humorist., oft satir. Realismus wandte sich K. einer mehr vom Volkstum geprägten Erzählkunst zu; auch Jugendbücher und Dramen.
Werke: Der Herr seines Leibes (E., 1932 [als Kom. 1956], dt. 1939), Die Hochzeit des Imbra Futač (En., dt. Auswahl 1951), Das Narrenhaus (E., 1958, dt. 1965).
Literatur: MAJIĆ, V.: S. K. u. sein Werk. Diss. Wien 1978.

Kolář, Jiří [tschech. 'kɔla:rʃ], * Protivín (Südböhm. Gebiet) 24. Sept. 1914, tschech. Maler, Schriftsteller und Collagekünstler. – Autodidakt; verlor 1948 seine Stelle als Verlagslektor; seine Werke galten als ›antisozialistisch‹; 1953 zu einem Jahr Gefängnis verurteilt; schreibt Gedichte, Theaterstücke und Prosa; bekannt durch visuelle Poesie und Collagen; bed. Vertreter der experimentellen Dichtung; ab 1970 Publikations- und Ausstellungsverbot; seit 1977 im Ausland; 1982 Ausbürgerung; lebt in Paris.
Werke: Limb a jiné básně (= Limbus u. a. Gedichte, 1945), Sedm kantát (= Sieben Kantaten, Ged., 1945), Ódy a variace (= Oden und Variationen, Ged., 1946), Dny v roce (= Tage im Jahr, Ged., 1948), Mistr Sun o básnickém umění (= Meister Sun über die Dichtkunst, Ged., 1957), Unser tägl. Brot (dramat. Collage, 1959, dt. UA 1986), Das sprechende Bild (visuelle Ged. und Collagen, dt. 1971), Suite (Ged., dt.

1980), Očitý svědek. Deník z roku 1949 (= Augenzeuge. Tagebuch aus dem Jahre 1949, München 1983 [eine 1969 in der ČSSR gedruckte Auflage wurde vernichtet]).
Literatur: J. K. Vorwort v. M. BUTOR u. a. Übers. v. A. BAUMRUCKER u. a. Hg. vom Inst. f. Moderne Kunst, Nürnberg/Galerie Johanna Ricard, Nürnberg. Zirndorf 1979.

Kolas, Jakub, eigtl. Kanstanzin Michailawitsch Mizkewitsch, * Akintschizy bei Minsk 3. Nov. 1882, † Minsk 13. Aug. 1956, weißruss.-sowjet. Schriftsteller. – Trieb als Lehrer folklorist. Studien; einer der bedeutendsten weißruss. Dichter und neben J. Kupala Begründer der weißruss. Literatursprache; wählte als Lyriker und Erzähler meist folklorist. Themen, behandelte aber auch soziale Probleme.
Werke: Na rostanjach (= An den Kreuzwegen, R.-Trilogie, 1923–54), Symon-muzyka (= Symon, der Musikant, Poem, 1925), Dryhva (= Das Moor, R., 1934), Rybakova chata (= Die Fischerhütte, Poem, 1947), Märchen des Lebens (dt. 1988).
Ausgabe: J. K. Zbor tvoraŭ. Minsk 1972–74. 14 Bde.

Kolatkar, Arun [kɔ'latkar], * Kolhapur (Maharashtra) 1932, ind. Lyriker. – Beschreibt in Marathi und Englisch subjektive, religiös geprägte Lebensempfindungen, die er in einer kraftvollen Sprache zum Ausdruck bringt. Seine Lyrik (›Jejuri‹, Ged., engl. mit dt. Übers., 1984) gilt als wichtiger Beitrag zur Renaissance einer von westl. Leitmustern unabhängigen, einheim. Literatur.

Kolb, Annette, eigtl. Anne Mathilde K., * München 3. Febr. 1870, † ebd. 3. Dez. 1967, dt. Schriftstellerin. – Mütterlicherseits frz. Abstammung; trat im 1. Weltkrieg aktiv für den Frieden ein; emigrierte 1933 nach Paris, 1940 in die USA, 1945 Rückkehr nach Europa (Paris, Badenweiler, München). Zeitlebens um einen Ausgleich zwischen Deutschland und Frankreich bemüht, feinsinnige, geistreiche Erzählerin und Essayistin, die sich kritisch mit Zeiterscheinungen, aber auch kulturellen Themen (Literatur, Musik) auseinandersetzte. Ihre Essays sind z. T. in frz. Sprache geschrieben. In oft autobiograph. Romanen schildert sie eindringlich und mit feinem psycholog. Geschick Frauenschicksale; auch Übersetzerin (›Die Briefe der hl. Catarina von Siena‹, 1906, u. a.).

Weitere Werke: Das Exemplar (R., 1913), 13
Briefe einer Deutsch-Französin (1916), Zara-
stro. Westliche Tage (Tageb., 1921), Spitzbögen
(En., 1925), Wera Njedin (En., Skizzen, 1925),
Daphne Herbst (R., 1928), Die Schaukel (R.,
1934), Festspieltage in Salzburg (Erinnerungen,
1937), Mozart (Biogr., 1937), Franz Schubert.
Sein Leben (1941), König Ludwig II. und
Richard Wagner (R., 1947), Memento (Erinne-
rungen, 1960), 1907–1964. Zeitbilder (1964).
Literatur: RAUENHORST, D.: A. K. Ihr Leben u.
ihr Werk. Frib. 1969. – BENYOETZ, E.: A. K. u.
Israel. Hdbg. 1970. – LEMP, R.: A. K. Leben u.
Werk einer Europäerin. Mainz 1970 (mit Bi-
bliogr.). – Ich habe etwas zu sagen. A. K. Hg. v.
S. BAUSCHINGER. Ausst.-Kat. Mchn. 1993.

Kolbenheyer, Erwin Guido, * Budapest 30. Dez. 1878, † München 12. April
1962, dt. Schriftsteller. – Als einer der
Hauptvertreter des Biologismus, der philosoph. Fragestellungen ausschließlich
unter biolog. Gesichtspunkten behandelt, sowie in seiner völk., antiindividua-
list. und antikirchl. Einstellung wies K.
viele Berührungspunkte mit der Ideologie des Nationalsozialismus auf; er war
nach dem 2. Weltkrieg heftig umstritten,
1945 wurde er zu 5 Jahren Berufsverbot
verurteilt, 1950 als minderbelastet einge-
stuft. K. schrieb vorwiegend histor. Romane und historisch-biograph. Romane,
in denen er auch sprachlich (u. a. Verwendung einer an das Lutherdeutsch an-
gelehnten Sprache) um Einfühlung in die
Geisteswelt der dargestellten Epoche bemüht war.
Werke: Giordano Bruno (Dr., 1903, 1929 u. d. T.
Heroische Leidenschaften), Amor Dei (R.,
1908), Meister Joachim Pausewang (R., 1910),
Montsalvasch (R., 1912), Die Bauhütte. Elemente einer Metaphysik der Gegenwart (Abh.,
1925), Das Lächeln der Penaten (R., 1927), Pa-
racelsus (R.-Trilogie, 1927/28; einzeln: Die
Kindheit des Paracelsus, 1917; Das Gestirn des
Paracelsus, 1922; Das dritte Reich des Paracel-
sus, 1926), Gregor und Heinrich (Dr., 1934),
Karlsbader Novelle. 1786 (1934; Auszug aus:
Kämpfender Quell, 1929), Das gottgelobte Herz
(R., 1938), Vox humana (Ged., 1940), Sebastian
Karst über sein Leben und seine Zeit (Auto-
biogr., 3 Bde., 1957/58).
Ausgaben: E. G. K. Ges. Werke in 8 Bden.
Mchn. 1938–41. – E. G. K. Gesamtausg. der
Werke letzter Hand. Nürnberg 1956–78. 18
Bde.
Literatur: KOCH, F.: K. Gött. 1953. – KÖNIG, R.:
Der metaphys. Naturalismus E. G. K.s. Heusen-
stamm u. Nbg. 1971. – DIMT, P.: Inquisition der
Sieger. Das Schlederloher Tagebuch. Der Dich-
ter u. Denker E. G. K. 1945/46. Berg 1982.

Kolbenhoff, Walter, eigtl. W. Hoffmann, *Berlin 20. Mai 1908, † Germering
29. Jan. 1993, dt. Schriftsteller. – War
u. a. Fabrikarbeiter, ab 1930 Journalist;
1933 Emigration nach Dänemark, wurde
1942 Soldat der dt. Wehrmacht. Nach der
Entlassung aus amerikan. Kriegsgefangenschaft, wo er u. a. mit A. Andersch
und H. W. Richter zusammengekommen
war, setzte er sich als Redakteur und
Mitarbeiter von Zeitschriften (u. a. ›Der
Ruf‹) für den Aufbau eines demokra-
tisch-sozialist. Deutschland ein; er gehörte zu den Gründern der Gruppe 47. In
seinen Romanen und Hörspielen setzt
sich K. v. a. mit sozialen Problemen und
Zeiterscheinungen auseinander.
Werke: Untermenschen (R., 1933), Von unse-
rem Fleisch und Blut (R., 1947), Heimkehr in
die Fremde (R., 1949), Die Kopfjäger (Kriminal-R., 1960), Das Wochenende. Ein Report
(1970), Schellingstraße 48. Erfahrungen mit
Deutschland (1984).

Kol'cov ↑ Kolzow.

Kölcsey, Ferenc [ungar. 'kølt∫εi],
* Szödemeter 8. Aug. 1790, † Cseke
(heute Szatmárcseke) 24. Aug. 1838, ungar. Dichter. – Stammte aus einer Adelsfamilie; liberaler Führer der Reformpar-
tei; befreundet mit F. Kazinczy, dem er
sich im Kampf um die Spracherneuerung
anschloß, und Pal Szemere (* 1785,
† 1861), mit dem er 1826 die literarisch-
krit. Zeitschrift ›Élet és Literatura‹ herausgab; setzte sich für eine nat. Literatur
ein; als Dichter vertrat er nach anfänglich sentimental. Pessimismus mit tiefem
Pathos die Ideale des nat. Selbstbewußtseins, der Unabhängigkeit und des Fort-
schritts; schuf den Text der ungar. Nationalhymne; auch Übersetzer.
Literatur: SZAUDER, J.: K. F. Budapest 1955.

Koliqi, Ernest [alban. kɔ'likji], * Shkodër 20. Mai 1903, † Rom 15. Jan. 1975, alban. Schriftsteller. – Ab 1939 Prof. an der
Univ. Rom; Lyriker und Erzähler (›Hija
e maleve‹ [= Die Schatten der Berge],
1929; ›Tregtarë flamujsh‹ [= Der Fah-
nenhändler], 1935); gilt als Begründer
der alban. Novelle; auch Übersetzer italien. Dichter (›Poetët e mëdhej t'Italis‹
[= Die großen Dichter Italiens], 1932 bis
1936).

Kollaborationsliteratur, im engeren Sinne die in Frankreich während der

dt. Okkupation (1940–44) verfaßte Literatur, deren Autoren als Kollaborateure der Besatzungsmacht die nationalsozialist. Ideologie des dt. Faschismus propagierten. – In der literaturwiss. Forschung ist die K. vor dem Hintergrund einer traditionellen moral. Ächtung ihrer Autoren als nationale Verräter und literar. Schreibtischtäter (›écrivains traiteurs‹) lange tabuisiert worden; seit einigen Jahren wird das Thema ›Kollaborations-Faschismus‹ öffentlich diskutiert und aufgearbeitet; auch von der Literaturwiss. ist die K. einer krit. Bedingungs- und Wirkungsanalyse unterzogen worden. Die K. als ein Teilaspekt der frz. Literatur zur Zeit der Okkupation bezieht wichtige Wesenszüge aus ihrem Verhältnis zur ↑ Résistanceliteratur und damit aus Traditionen und Entwicklungen von Formen sowie Funktionen ideolog. Propagandaliteratur oder polit. Engagementliteratur, die im Kontext der polit. Geschichte Frankreichs ab ca. 1930 wurzeln. Dem faschist. Engagement frz. Rechtsintellektueller standen seit den 30er Jahren literar. und polit. Aktivitäten der kommunistisch orientierten Einheitsfront antifaschist. Schriftsteller, Künstler und Linksintellektueller gegenüber (A. Malraux, R. Rolland, A. Gide, P. Nizan, L. Aragon u.a.). Deren frühe Kampfansage gegen jede Form von polit. und kulturellem Faschismus förderte die Résistanceliteratur und blockierte weitgehend die literar. Breitenwirkung der Kollaborationsliteratur. Führende Vertreter der K. rekrutieren sich u.a. aus der Sympathisantenschaft der antisemit. nationalsozialist. Bewegung der ›Action française‹ (1889–1936) um Ch. Maurras. – Hauptvertreter und Hauptwerke der K. waren u.a.: P. Drieu La Rochelle (›Gilles‹, R., 1939, dt. 1966), R. Brasillach (›Notre avant-guerre‹, R., 1941), A. de Châteaubriand (Präsident der 1940 gegr. ›Collaboration, groupement des énergies françaises pour l'Unité continentale‹), L.-F. Céline (›Les beaux draps‹, R., 1941), J. Chardonne (›L'éte à La Maurie‹, R., 1940), Lucien Rebatet (* 1903, † 1972; ›Décombres‹, R., 1942). Eine einheitl. ideolog. Ausrichtung dieser Autoren (z. B. hinsichtlich einer totalen Identifikation mit dem dt. Faschismus) ist zwar nicht gegeben, ihre Schriften reflektieren jedoch ein vergleichbares faschistoides Programm. Das gilt ebenso für die literar. Werke (meist autobiographisch-memoirenhafte Romane) wie für die journalist. Texte in rechtsextremist. Tageszeitungen bzw. Zeitschriften (›L'Action française‹, ›Candide‹, ›L'ordre nouveau‹, ›La gerbe‹, ›La Nouvelle Revue Française‹, ›Je suis partout‹ u. a.), als deren Herausgeber oft führende Autoren der K. fungierten. Die Themen der K. sind bestimmt von einer obsessiven Zeiterfahrung ihrer Autoren. Antisemitismus und Kriegsverherrlichung, Kraft-, Heimat- und Heldenmythen werden zu Versatzstücken einer (vielfach durch Erfahrungen ihrer Autoren aus der eigenen Soldatenzeit im 1. Weltkrieg angereicherten) Bekenntnis- und Propagandaliteratur, die ein histor. Selbstverständnis ihrer Verfasser als aufklärer. Propheten reflektiert. Mit hymnisch-pathet. Beschwörungsgeste betrieben sie die Ästhetisierung eines verklärten faschist. Welt- und Menschenbildes. – Die Wirkung der K. reichte nur bedingt über 1944 hinaus; die allgemeine öffentl. Ächtung der publizistisch-literar. Kollaboration (›L'épuration‹) und das Schicksal vieler diskreditierter Autoren (Brasillach wurde als Kollaborateur hingerichtet; Céline emigrierte; Drieu La Rochelle beging Selbstmord) verdeutlichen folgenreiche Konsequenzen der Schuldzuweisung. In den letzten Jahren sind vor dem Hintergrund einer kontroversen Diskussion über den Faschismus in Frankreich neue, enttabuisierte polit., ideolog. und wiss. Zugriffe erfolgt (z. B. seitens der ↑ Neuen Philosophen) mit dem Ziel einer krit. Analyse zugrundeliegender ideolog. Strukturen und polit. Wirkungsmechanismen des ›faschist. Diskurses‹ (A. Glucksmann, ›Le discours et la guerre‹, 1967, ›Philosophie der Abschreckung‹, 1984, dt. 1984; J.-P. Faye, ›Totalitäre Sprachen‹, 1972, dt. 1977; B.-H. Lévy, ›Idéologie française‹, 1981; V. Farias, ›Heidegger und der Nazismus‹, 1987, dt. 1988).

Literatur: GORDON, B. M.: Collaborationism in France during the Second World War. Ithaca (N. Y.) 1980. – LÉAUTEY, D.: Hitlerdeutschland, Kollaboration u. Résistance als Thema des frz. Gegenwartsromans. Diss. Münster 1981. – Lit.

der Résistance u. Kollaboration in Frankreich. Hg. v. K. KOHUT. Wsb. u. Tüb. 1982–84. 3 Bde. – LOISEAUX, G.: La littérature de la défaite et de la collaboration. Paris 1984. – KEDWARD, H. R.: Occupied France. Collaboration and resistance (1940–1944). Oxford 1985. – MORRIS, A.: Collaboration and resistance reviewed. Writers and the ›mode rétro‹ in post-Gaullist France. New York 1992.

Kollár, Ján [slowak. 'kɔla:r], * Mošovce (Westslowak. Gebiet) 29. Juli 1793, † Wien 24. Jan. 1852, slowak. Lyriker und Gelehrter. – Ev. Geistlicher; ab 1849 Prof. für slaw. Archäologie in Wien; unter dem Einfluß v. a. dt. Geistesströmungen Begründer des romant., literar. Panslawismus (ohne polit. Absicht). Sein Hauptwerk ist der tschechisch geschriebene Sonettenzyklus ›Slávy dcera‹ (= Die Tochter der Slawa, 1824, erweitert 1832, dt. Ausw. 1856), der erot. Motive gestaltet und panslawist. Gedankengut enthält; sammelte auch Volkslieder.
Ausgabe: J. K. Vybrané spisy. Prag 1952–56. 2 Bde.
Literatur: KIRSCHBAUM, J. M.: Pan-Slavism in Slovak literature. J. K. Winnipeg u. Cleveland (Ohio) 1966.

Kołłątaj, Hugo [poln. kɔu'u͝ɔntaj] (Kollontai), * Dederkały (Wolynien) 1. April 1750, † Warschau 28. Febr. 1812, poln. kath. Theologe, Politiker und Schriftsteller. – Führend in der Reformbewegung der ›Patrioten‹ nach 1772; Mitglied der Schul- und Erziehungskommission; 1777–80 Reorganisator der Univ. Krakau, 1782–86 deren Rektor; Hauptautor der Konstitution vom 3. Mai 1791; 1791/92 Vizekanzler; wegen Teilnahme am Kościuszko-Aufstand 1794 bis 1802 in österr. Haft; radikaler Publizist, der politisch-kämpfer. Traktate verfaßte.
Literatur: LECH, M. J.: H. K. Warschau 1973.

Kollektaneen (Collectanea) [spätlat., zu lat. collectaneus = angesammelt], Sammlung von Auszügen und Zitaten aus meist wiss. Werken; ähnlich den ↑Analekten.

Kolleritsch, Alfred, * Brunnsee (Steiermark) 16. Febr. 1931, österr. Schriftsteller. – Studium der Germanistik, Geschichte und Philosophie in Graz; im Schuldienst tätig, hat sich als Gründungsmitglied des Grazer ›Forum Stadtpark‹ und insbesondere als Hg. der

Alfred Kolleritsch

Literaturzeitschrift ›manuskripte‹ große Verdienste um die Förderung junger Talente erworben. Für seinen eigenen Lyrikzyklus ›Einübung in das Vermeidbare‹ (1978) erhielt er im selben Jahr den Petrarca-Preis. In der Sammlung ›Gespräche im Heilbad‹ (1985) zeigt er sich wieder mehr als Prosaautor, als der er schon früher hervorgetreten war (›Der Pfirsichtöter‹, R., 1972). K. durchleuchtet alltägl. Beziehungen, das Verhältnis des einzelnen zum Allgemeinen und formt – realen Gegenmechanismen zum Trotz – individuelle Freiräume, geistige Modelle zum Verständnis der Welt und deren Bewältigung.
Weitere Werke: Die grüne Seite (R., 1974), Im Vorfeld der Augen (Ged., 1982), Absturz ins Glück (Ged., 1983), Landschaften (Ged., 1983), Augenlust (Ged., 1986), Allemann (R., 1989), Gegenwege (Ged., 1991), Die Pfirsichtöter. Ein seismograph. Roman (1991), Zwei Wege, mehr nicht (Ged., 1993).
Literatur: A. K. Hg. v. K. BARTSCH u. a. Graz 1991.

Kollontai (tl.: Kollontaj), Alexandra Michailowna [russ. kɐlan'taj], * Petersburg 31. März 1872, † Moskau 9. März 1952, russ.-sowjet. Schriftstellerin. – Schloß sich früh der sozialist. Bewegung an, hatte hohe politisch-diplomat. Ämter inne (Botschafterin ab 1923, 1930–45 in Schweden). Ihre publizist. und literar. Arbeiten behandeln v. a. die Frauenfrage aus kommunist. Sicht.
Werke: Die neue Moral und die Arbeiterklasse (Studie, 1918, dt. 1920), Wege der Liebe (En., 1923, dt. 1925), Ich habe viele Leben gelebt ... (autobiograph. Aufzeichnungen, hg. 1974, dt. 1980).

Literatur: CLEMENTS, B. E.: Bolshevik feminist. The life of A. Kollontaj. Bloomington (Ind.) 1979.

Kolmar, Gertrud, eigtl. G. Chodziesner, * Berlin 10. Dez. 1894, † 1943 (?), dt. Lyrikerin. – Tochter eines jüd. Rechtsanwalts; arbeitete als Dolmetscherin und Erzieherin. Nach 1933 blieb sie in Deutschland, um ihren Vater zu pflegen. 1943 wurde sie deportiert und ist seither verschollen. Ihre bildhafte, dunkle Lyrik weist neben visionären Naturgedichten und Gedichten, in denen Kindheitserleben, Unerfülltsein, Sehnsucht, Leid und die Polarität von Mann und Frau thematisiert werden, auch solche über histor. Themen, z. T. mit balladen- und volksliedhaften Tönen, auf. Schrieb auch Erzählungen und Dramen.

Werke: Gedichte (1917), Preuß. Wappen (Ged., 1934), Die Frau und die Tiere (Ged., 1938), Welten (Ged., hg. 1947), Eine Mutter (Dr., hg. 1965). Ausgaben: G. K. Das lyr. Werk. Mchn. 1960. – G. K. Frühe Gedichte (1907–22). Wort der Stummen (1933). Hg. v. J. WOLTMANN-ZEITLER. Mchn. 1980. – G. K. Gedichte. Ausgew. v. U. HAHN. Ffm. 1983. Literatur: EICHMANN-LEUTENEGGER, B.: G. K. Leben u. Werk in Texten u. Bildern. Ffm. 1993. – ERDLE, B. R.: Antlitz – Mord – Gesetz. Figuren des Anderen bei G. K. ... Wien 1994.

Kölner Schule, in den 60er Jahren begründeter Schriftstellerkreis um D. Wellershoff, der am ↑ Nouveau roman orientiert, einen existentialist. ›neuen Realismus‹ vertritt; zur K. Sch. zählen u. a. N. Born, R. D. Brinkmann, G. Elsner, G. Herburger, R. Rasp.

Kolombine (Colombina) [italien. = Täubchen], Partnerin des Arlecchino (daher oft auch **Arlecchinetta** genannt) in der ↑ Commedia dell'arte. Typ der listigen, koketten Zofe. Ursprünglich war ihr Kostüm dem des Harlekins angepaßt (buntgeflecktes Kleid, schwarze Halbmaske); in der frz. Comédie italienne trägt sie ein weißes Kostüm.

Kolon [griech. = Körperglied, gliedartiges Gebilde] (Mrz. Kola),
1. in der antiken *Rhetorik* syntakt. Einheit einer Wortfolge, wobei mehrere Kola eine Periode bilden.
2. in der antiken *Metrik* Einheit mittlerer Größe, bestimmte Folge von Längen und Kürzen, die soweit eigenständig ist, daß sie innerhalb verschiedener Verse als Baustein erscheinen kann. Zuweilen ist ein K. auch ein eigenständiger (kurzer) Vers.

Kolophon [griech. = Gipfel, Ende, Abschluß] (Subscriptio, Rubrum), die am Schluß mittelalterl. Handschriften oder Frühdrucke mitgeteilten Angaben über Autor, Schreiber oder Drucker, Ort und Jahr der Herstellung usw.; Vorläufer des ↑ Impressums.

Kolozsvári Grandpierre, Emil [ungar. 'koloʒvaːri, frz. grãˈpjɛːr], * Klausenburg 15. Jan. 1907, † Budapest 11. Mai 1992, ungar. Schriftsteller. – Stellte in humoristisch-satir. Romanen und Novellen im Spiegel einfacher und komplizierter Charaktere gesellschaftl. Verhältnisse dar. Sein Vorbild war der französische analytische Roman; charakteristisch sind feine Ironie, die psychologisch tiefe Darstellung, v. a. der Frauengestalten, und die Betonung des Erotischen.

Werke: Tegnap (= Gestern, R., 1942), Der Sternäugige (R., 1953, dt. 1956), Der große Mann (R., 1956, dt. 1970), Emberi környezet (= Menschl. Umwelt, 1986). Literatur: WÉBER, A.: K. G. E. Budapest 1986.

Kolportageliteratur [...ˈtaːʒə], Teilbereich der ↑ Trivialliteratur (↑ auch Hintertreppenroman). Die K. wurde von Hausierern vertrieben, die sie vielfach in einer Art Bauchladen feilboten, der mit einer Schlinge um den Hals (frz. ›col‹) getragen wurde. Die Anfänge liegen im 15. Jh., wo v. a. religiöse Erbauungsliteratur, Volksbücher und Kalender im Haus und auf Jahrmärkten angeboten wurden; im 18. Jh. bildeten ↑ Ritterromane und ↑ Schauerromane die Hauptmasse der K.; mit dem Abbau des Analphabetentums wuchsen Bedarf und Verbreitung der meist in Fortsetzungen erscheinenden **Kolportageromane.** Ihr Umfang schwankte zwischen 15 und 200 Lieferungen (1 Heft = 1 bis 2 Bogen). Reste der K. finden sich heute in den Groschenheften.

Literatur: KLEIN, A.: Die Krise des Unterhaltungsromans im 19. Jh. Ein Beitr. zu Theorie u. Gesch. der ästhet. geringwertigen Lit. Bonn 1969. – SCHENDA, R.: Volk ohne Buch. Studien zur Sozialgesch. der populären Lesestoffe 1770–1910. Ffm. 1970. – DARMON, J.-J.: Le colportage de librairie en France sous le Second Empire. Paris 1972. – MANDROU, R.: De la culture populaire aux 17ᵉ et 18ᵉ siècles. Paris

1985. – KOSCH, G./NAGL, M.: Der Kolportage-roman. Bibliogr. 1850 bis 1960. Stg. 1993.

Kolportageroman [...'ta:ʒə] ↑Kolportageliteratur.

Køltzow, Liv [norweg. 'kœltso], *Oslo 17. Jan. 1945, norweg. Schriftstellerin. – Neben ihrem modernist. Debüt 1970 beschäftigt sie sich in ihren sozialkrit., realistisch geschriebenen Romanen mit der Unterdrückung der Frau in der gegenwärtigen Gesellschaft. **Werke:** Øyet i treet (Nov.n, 1970), Hvem bestemmer over Bjørg og Unni (R., 1972), Die Geschichte des Mädchens Eli (R., 1975, dt. 1979), Lauf, Mann (R., 1980, dt. 1981), April/November (Nov.n, 1983), Wer hat dein Angesicht? (R., 1987, dt. 1989).

kolumbianische Literatur, der Beginn der k. L. wird mit der historisch-polem. Schrift ›Antijovio‹ (entst. 1569, hg. 1952) des humanistisch gebildeten Konquistadors Gonzalo Jiménez de Quesada (* 1503?, † 1579) angesetzt. Den Titel des ›kolumbian. Homer‹ erwarb sich Juan de Castellanos (* 1522, † 1607) mit einem 150 000 Verse langen Epos der Conquista. Von Juan Rodríguez Freile (* 1566, † 1640?) stammt die u. d. T. ›El carnero‹ bekannte, z. T. satir. Romanchronik ›Conquista y descubrimiento del nuevo reino de Granada ...‹ (entst. um 1636, hg. 1859). Die span. Mystikerin Theresia von Ávila fand eine Nachfolgerin in der Nonne Francisca Josefa del Castillo y Guevara (* 1671, † 1742). Das lyr. Werk von José Joaquín Ortiz (* 1814, † 1892) bildet den Übergang von der Neoklassik zur **Romantik,** die in der ersten Phase hpts. von J. E. Caro und Julio Arboleda (* 1817, † 1861) repräsentiert wurde. An der Spitze einer 2. Generation romant. Lyriker stand R. Pombo. Ihm folgten, mit engerer Thematik, u. a. Rafael Núñez (* 1835, † 1894), Epifanio Mejia (* 1838, † 1913) und Miguel Antonio Caro (* 1843, † 1909). Letzterer und Rufino José Cuervo (* 1844, † 1911) gelten für das gesamte span. Sprachgebiet als bedeutendste Philologen ihrer Zeit. Weite Verbreitung fand die romant. Roman ›María‹ (1867) von J. Isaacs. Die formalen Neuerungen der romant. schwermütigen Poesie von J. A. Silva leiteten in Kolumbien den **Modernismo** ein, der von G. Valencia zu äußerster Perfek-

tion entwickelt wurde, um dann bei M. Á. Osorio rebellisch und destruktiv, bei Luis Carlos López (* 1883, † 1950) satirischmoralistisch auszuklingen. Repräsentativ für die modernist. Prosa sind die Romane von J. M. Vargas Vila. Wichtiger jedoch waren die Werke des vom Realismus und Naturalismus herkommenden T. Carrasquilla und der Roman ›Der Strudel‹ (1924, dt. 1934) von J. E. Rivera, dessen komplexe Darstellungsweise den modernen Roman ankündigte. In der Lyrik vollzog als erster L. de Greiff den Bruch mit dem modernist. Kanon. Organ der **avantgardist. Tendenzen** wurde die u. a. von J. Zalamea herausgegebene Zeitschrift ›Los Nuevos‹ (um 1925). Ähnl. Ziele, wenn auch weniger radikal, verfolgte die Gruppe um die Zeitschrift ›Piedra y Cielo‹ (gegr. 1935). Die weitgehend vom ästhet. Formalismus geprägte k. L. erfuhr durch den blutigen Bürgerkrieg 1948–58 einen fundamentalen Wandel in der Zuwendung zu den sozialen Problemen des Landes. Die Analyse und Verdeutlichung der Strukturen der nat. Realität standen im Vordergrund des Schaffens der meisten Prosaautoren, von denen einige Weltruhm erlangten: Eduardo Caballero Calderón (* 1910), M. Zapata Olivella, M. Mejía Vallejo, Álvaro Cepeda Samudio (* 1926, † 1972) und bes. G. García Márquez. Das ländlich-archaische Kolumbien als Paradigma der Unterentwicklung wird in den Werken jüngerer Autoren zunehmend von den Problemen der Großstadtgegenwart verdrängt. Hervorzuheben sind: Nicolás Suescún (* 1937), Germán Espinosa (* 1938), Oscar Collazos (* 1942), Gustavo Álvarez Gardeazábal (* 1945), Luis Fayad (* 1945), Rafael Humberto Moreno-Durán (* 1946), Fanny Buitrago (* 1946), María Elvira Bonilla (* 1955). Eine ähnl. Zuwendung zur Problematisierung individueller und kollektiver Erfahrung vollzog sich, z. T. unter dem Einfluß von Surrealismus und Existentialismus, in der im Anschluß an ›Piedra y Cielo‹ entstehenden Lyrik. Tod, Verfall und Zerstörung bilden die wichtigsten themat. Konstanten in der Lyrik von Jaime Ibáñez (* 1919), Héctor Rojas Herazo (* 1920), Á. Mutis, Jorge Gaitán Durán (* 1924, † 1962), Eduardo Cote

Lamus (* 1928, † 1964). Der provokante Nihilismus der von dem vielseitigen Gonzalo Arango Arias angeführten Schule des ›Nadaísmo‹ ist eine von jüngeren Lyrikern wie Juan Gustavo Cobo Borda (* 1948) u. a. überwundene Episode. Bed. Leistungen sind auch auf dem Gebiet des Theaters zu verzeichnen. Hervorzuheben ist das Schaffen einiger freier Theatergruppen wie Candelaria (Bogotá), Teatro Popular de Bogotá und Teatro Experimental de Cali, die experimentelle Dramaturgie mit polit. Engagement verbinden.
Literatur: GÓMEZ RESTREPO, A.: Historia de la literatura colombiana. Bogotá ³1953–54. 4 Bde. – Literatura colombiana. Hg. v. J. A. NÚÑEZ-SEGURA. Medellín ¹²1970. – LÓPEZ TAMES, R.: La narrativa actual de Colombia y su contexto social. Valladolid 1975. – CAMACHO GUIZADO, E.: Sobre literatura colombiana e hispanoamericana. Bogotá 1978. – MENTON, S.: La novela colombiana. Bogotá 1978. – WILLIAMS, L.: Una década de la novela colombiana. La experiencia de los setenta. Bogotá 1980. – ARCILA, G.: Nuevo teatro en Colombia: actividad creadora, política cultural. Bogotá 1983. – CHARRY LARA, F.: Poesía y poetas colombianos. Bogotá 1985. – SÁNCHEZ LÓPEZ, L. M.: Diccionario de escritores colombianos. Bogotá ³1985. – Violencia y literatura en Colombia. Hg. v. J. TITTLER. Madrid 1989. – COBO BORDA, J. G.: La narrativa colombiana después de García Márquez y otros ensayos. Bogotá ²1990. – PINEDA-BOTERO, A.: Del mito a la posmodernidad. La novela colombiana de finales del siglo XX. Bogotá 1990. – Literatura columbiana hoy. Hg. v. K. KOHUT. Ffm. 1994.

Kolumne [lat. = Säule], allgemein eine senkrechte Reihe von Zahlen oder Buchstaben; im *graph. Gewerbe* ein in einer bestimmten Breite gesetzter Schriftsatz; im *Pressewesen* ein stets von dem gleichen (meist prominenten) Journalisten **(Kolumnisten)** verfaßter, regelmäßig an einer bestimmten Stelle einer Zeitschrift oder Zeitung veröffentlichter † Kommentar.

Kölwel, Gottfried, * Beratzhausen bei Regensburg 16. Okt. 1889, † München 21. März 1958, dt. Schriftsteller. – Natur und Heimat lieferten ihm den Stoff zu feinsinniger Lyrik, exakt gestalteten Romanen und Erzählungen sowie zu volkstüml. Schauspielen; auch Hörspiele.
Werke: Gesänge gegen den Tod (Ged., 1914), Das Jahr der Kindheit (Erinnerungen, 1935, 1942 u. d. T. Das glückselige Jahr), Das Glück

auf Erden (En., 1936), Der verborgene Krug (R., 1944, 1952 u. d. T. Aufstand des Herzens), Als das Wunder noch lebte (En., hg. 1960).

Kolzow (tl.: Kol'cov), Alexei Wassiljewitsch [russ. kalj'tsɔf], * Woronesch 15. Okt. 1809, † ebd. 10. Nov. 1842, russ. Lyriker. – Autodidakt; seine besten Werke sind Lieder im Volksliedton; auch von F. W. J. von Schelling beeinflußte Gedankenlyrik. Eine dt. Gedichtauswahl erschien 1885.
Ausgabe: A. V. Kol'cov. Polnoe sobranie stichotvorenij. Leningrad 1958.

Kolzow (tl.: Kol'cov), Michail Jefimowitsch [russ. kalj'tsɔf], eigtl. M. J. Fridljand, * Kiew 12. Juni 1898, † 4. April 1942 (in Haft), russ.-sowjet. Schriftsteller. – Nahm am Span. Bürgerkrieg teil; 1938 Verhaftung; bed. Journalist (u. a. ›Iwan Wadimowitsch, ein Mann von Format‹, Skizzen und Feuilletons, 1933, dt. 1974; ›Die Rote Schlacht‹, Tageb., 1938, dt. 1960).
Ausgabe: M. E. Kol'cov. Izbrannye proizvedenija. Moskau 1957. 3 Bde.
Literatur: VEREVKIN, B. P.: M. E. Kol'cov. Moskau 1977.

Komenský, Jan Amos [tschech. 'kɔmɛnski:], tschech. Schriftsteller, Theologe und Pädagoge, † Comenius, Johann Amos.

Komische, das [zu griech. kōmos = fröhl. Umzug, lärmende Schar, festl. Gesang], das K. gehört zu den Phänomenen, für die keine Bestimmtheiten auszumachen sind. Aristoteles z. B. bemerkt in seiner ›Poetik‹, man wisse nicht, wer die ›kom. Maske ... aufgebracht‹ habe, Jean Paul eröffnet seine Betrachtungen ›Über das Lächerliche‹ (›Vorschule der Ästhetik‹, 1804) mit dem Hinweis, das Lächerliche habe ›von jeher nicht in die Definitionen der Philosophen gehen‹ wollen, und H. Bergson erklärt, das K. sei unbewußt. Auch in zeitgenöss. Untersuchungen mangelt es nicht an entsprechenden Hinweisen. – Das K. schließt die Frage nach seinem Warum aus. Es zeigt etwas so, daß es unwillkürlich zum Lachen reizt, wobei das Lachen u. a. ein Reflex auf den schlagartigen Einblick in die existentiellen Realitäten ist: Es zeigt die egozentr. Anstrengungen und Tricks auf der Suche nach dem ›Sinn des Lebens‹, es zeigt die Vitalität, mit der die Menschen in ihrem ganzen Beziehungsgeflecht in ihre Täuschungen und Irrtümer vernarrt sind. Die Welt ist ein Gelächter wert, das ist der Kern kom. Weltsicht, der sich u. a. in grotesken und absurden Drehungen bewegt (↑Groteske). Die Beobachtung, daß das K. mit dem Tragischen verwandt ist, geht auf Platon zurück. Die Ambivalenz des K.n hat H. Miller in der Erzählung ›Das Lächeln am Fuße der Leiter‹ (1948, dt. 1954) literarisch kontrapunktiert. Das K. findet sich in allen Literaturgattungen, in der erzählenden Literatur v. a. als ↑Satire, ↑Parodie und ↑Witz. Die Komik bevorzugt Anschaulichkeit und Körperlichkeit. Im alltägl. Leben wie in der Konstruktion künstler. Darstellung lacht man v. a. über eine bestimmte Mimik, über Gesten, Körperhaltungen und Bewegungen, über Situationen und Handlungen, die als Verkehrtheiten empfunden werden. So ist die Bühne (öffentl. Platz, Zirkus, Theater) bevorzugter Schauplatz, das Schauspiel im ganzen Spektrum seiner primitiven und subtilen Formen (↑Mimus, ↑Fastnachtsspiel, ↑Posse, ↑Farce, ↑Kabarett, ↑Komödie) die bevorzugte Gattung der Komik. Für die Einzigartigkeit der Darstellung auf der Bühne steht über den Zeitgraben von Jahrhunderten hinweg das Maskentheater der Commedia dell'arte, das Theater Shakespeares und die Komödien Molières. In diese Tradition haben sich im 20. Jh. v. a. auch die Stummfilmkomödie (Charlie Chaplin, Buster Keaton) sowie das ↑absurde Theater eingereiht.

Literatur: LANGER, S. K.: Feeling and form. A theory of art. London u. New York 1953. – PLESSNER, H.: Philosophische Anthropologie. Lachen u. Weinen. Ffm. 1970. – Wesen u. Formen des K.n im Drama. Hg. v. R. GRIMM u. K. L. BERGHAHN. Darmst. 1975. – Das Komische. Hg. v. W. PREISENDANZ u. R. WARNING. Mchn. 1976. – Die dt. Komödie. Vom MA bis zur Gegenwart. Hg. v. W. HINCK. Düss. 1977. – SAREIL, J.: L'écriture comique. Paris 1984. – BACHTIN, M.: Lit. u. Karneval. Zur Romantheorie u. Lachkultur. Ffm. u. a. 1985. – JURZIK, R.: Der Stoff des Lachens. Studien über Komik. Ffm. 1985. – PETR, P., u. a.: Comic relations. Studies in the comic, satire and parody. Ffm. 1985. – BERGSON, H.: Das Lachen. Ein Essay über die Bedeutung des K.n. Dt. Übers. Neuausg. Darmst. 1988. – KIESERITZKY, I. VON: Die Lit. u. das K. Bamberg 1993.

komische Person ↑ lustige Person.

komisches Epos, kürzeres Epos, das die wichtigsten Merkmale des ↑Heldenepos parodierend übernimmt; das k. E. entstand in der Antike, z. B. die anonyme ↑›Batrachomyomachia‹. Als dem k. E. verwandt gelten aus dem MA die Karlsreise (›Pèlerinage de Charlemagne à Jerusalem‹, um 1150), ›Audigier‹ (Ende des 12./Anfang des 13. Jh.) und Parodien auf den höf. Versroman, wie der ›Roman de Renart‹ (zw. 1175 und 1250) oder Heinrich Wittenweilers ›Der Ring‹ (Ende des 14./Anfang des 15. Jh.), sowie zahlreiche Tierepen. Als eigene Gattung begründet wurde das neuere k. E. durch A. Tassonis ›Der geraubte Eimer‹ (1622, dt. 1781), eine Parodie auf den Raub der Helena und den Trojan. Krieg und zugleich auch eine Satire auf die italien. Kleinstaaterei. Es folgen in Frankreich N. Boileau-Despréaux (›Le lutrin‹, 1674–83) sowie Voltaire (›Das Mädchen von Orléans‹, 1762, dt. 1783, erstmals dt. 1762, eine erot. Persiflage auf die frz. Nationalheilige), in England S. Butler (›Hudibras‹, 1663–78, dt. 1765) sowie A. Pope mit seinem Jugendwerk ›Der Lockenraub‹ (1714, dt. 1841, erstmals dt. 1744), einen Höhepunkt in der Entwicklung des k. Epos. In Deutschland sind v. a. J. F. W. Zachariae (›Der Renommiste‹, 1744) und J. P. Uz (›Der Sieg des Liebesgottes‹, 1753) zu nennen. Ch. M. Wielands ›Kom. Erzählungen‹ (1765) sind Verstravestien antiker Stoffe, Goethe belebte das Tierepos im ›Reineke Fuchs‹ (1794), K. A. Kortums satir. ›Jobsiade‹ (1799) ist eine Parodie auf den Erziehungsroman. Bed. Vertreter des 19. Jh. war W. Busch mit seinen kom. Bildergeschichten. Schon zur Blütezeit des k. E. im 18 Jh. konkurrierte mit ihm die kom. Erzählung in Prosa, bes. der humorist. und kom. Roman, der größere Gestaltungs- wie Aussagemöglichkeiten bot und bis heute lebendig geblieben ist.

Kommentar [lat., zu lat. commentari = etwas überdenken, Betrachtungen anstellen, erläutern], in der *Philologie* die Erklärung von Texten in Form von Anmerkungen, Sachinformationen sowie Erläuterungen; im *Journalismus* ein Meinungsbeitrag, in dem ein Journalist

(Kommentator) aktuelle Ereignisse bzw. Entwicklungen auf polit., sozialem, wirtschaftl. und kulturellem Gebiet interpretiert und bewertet.

Kommerell, Max, *Münsingen 25. Febr. 1902, † Marburg a. d. Lahn 25. Juli 1944, dt. Literaturwissenschaftler und Schriftsteller. – Germanistikstudium; die 10jährige Freundschaft mit S. George zerbrach 1930. Literarhistoriker an den Universitäten Frankfurt am Main und Marburg. K. war genialer Deuter dichter. Werke und Gestalten, von großer Sprachbegabung und spieler. Bewältigung aller dichter. Formen. Am stärksten kommt seine schriftsteller. Begabung in den Literaturessays zum Ausdruck, v.a. ›Geist und Buchstabe der Dichtung‹ (Essays, 1940) und ›Gedanken über Gedichte‹ (Essays, 1943). Als Dichter hat er sich in allen Gattungen und in vielfältigen Formen versucht. Themen seiner Lyrik sind Liebe, Tod, Natur, Jugend, Erinnerungen. In der Prosa ist ihm Jean Paul Vorbild, im dramat. Schaffen P. Calderón de la Barca.

Weitere Werke: Der Dichter als Führer in der dt. Klassik (Abh., 1928), Leichte Lieder (Ged., 1931), Jean Paul (Abh., 1933), Der Lampenschirm aus den drei Taschentüchern (E., 1940), Lessing und Aristoteles (Abh., 1940), Die Lebenszeiten (Ged., 1942), Mit gleichsam chinesischem Pinsel (Ged., hg. 1946), Die Gefangenen (Dr., hg. 1948), Kasperlespiele für große Leute (hg. 1948).

Ausgaben: M. K. Briefe u. Aufzeichnungen 1919–44. Hg. v. I. JENS. Olten u. Freib. 1967. – M. K. Essays, Notizen, poet. Fragmente. Hg. v. I. JENS. Olten u. Freib. 1969. – M. K. Gedichte, Gespräche, Übertragungen. Einf. v. H. HEISSENBÜTTEL. Olten u. Freib. 1973.

Literatur: GADAMER, H.-G.: Gedenkrede auf M. K. In: M. K. Dichterische Welterfahrung. Essays. Hg. v. H.-G. GADAMER. Ffm. 1952. – M. K. Spurensuche. Hg. v. B. KOMMERELL. Gießen 1993.

Kommersbuch [frz. commerce, von lat. commercium = Handel und Verkehr], Sammlung von Liedern, die v.a. bei Kommersen gesungen werden. Enthält neben den bereits seit dem späten MA übl. Studentenliedern Liebes-, Volks-, Wander-, Gesellschafts- und Vaterlandslieder. Das am weitesten verbreitete K. ist das sog. Lahrer ›Allgemeine dt. K.‹ von H. und M. Schauenburg (1858, [160]1980, bearb. von E. W. Böhme).

Kommos [griech., eigtl. = das Schlagen (an die Brust zum Zeichen der Trauer)], der von Chor und Schauspielern wechselweise vorgetragene ekstat. Klagegesang (↑Threnos) der griech. Tragödie.

Komödie [griech.-lat., eigtl. = das Singen eines Komos; zu griech. kōmos = festlich-ausgelassener Umzug], neben der ↑Tragödie die wichtigste Gattung des europ. ↑Dramas. Entstand aus dem Zusammenwirken verbaler Komik und vorliterar., mimet. Spieltraditionen (Pantomime, Tanz [damit auch musikal. Elemente]).

Die literar. Entwicklung ging von der att. K. aus und entfaltete im Laufe der Geschichte eine Fülle von Formtypen durch immer neue Impulse und Mischungen der beiden Grundelemente. Man unterscheidet formal die klass., auf griechisch-röm. Muster zurückgehende K. (geschlossene Form) und die romant. K. (offene Form), inhaltlich und strukturell die Typen-K., Charakter-, Intrigen- (oder Situations-) und Konversations-K., intentional die gesellschaftskrit. satir. K., die didakt. (rührende) K. und die sog. Boulevard-K., wobei sich mancherlei Kombinationen und Mischungen mit den derberen (↑Burleske, ↑Farce, ↑Schwank), ernsten (Traumspiel, ↑Tragikomödie) oder absurden dramat. Gattungen als auch mit ep., lyr. und musikal. Formen ergeben haben.

Geschichte: K.n sind seit 486 v.Chr. in Athen als Bestandteil der staatl. Dionysosfeiern (neben den Tragödientrilogien) bezeugt. Herkunft und Ausbildung der K. sind umstritten. Im Anschluß an die Vermutung des Aristoteles (›Poetik‹) glaubt man, sie sei bei den Doriern (Megarern) entstanden aus der Verbindung ritueller Maskenumzüge (›kōmos‹) mit volkstüml. Spielimprovisationen (↑Mimus). Als Vorformen gelten die aus diesen stammenden Traditionen. Im Anschluß an die von Epicharmos (500 v.Chr.) literarisierten kom. (noch ohne ↑Chor) Spiele (Mythentravestien). Voll ausgebildet ist die sog. alte att. K. im 5./4. Jahrhundert. Vertreter ist neben Kratinos und Eupolis v.a. Aristophanes mit 11 erhaltenen K.n, die in unerhört scharfer Satire das zeitgenöss. Leben karikieren, u.a. in ›Die Frösche‹ (405; Prototyp einer Literatur-K., gegen Aischylos und Euripides) oder ›Lysistrate‹ (411; Prototyp der zeitkrit. Komödie). – Die weitere Entwicklung der griech. K. spiegelt den allgemeinen Niedergang der griech. Demokratie: die satir. Gesellschaftskritik wich der iron. Skepsis (ausgedrückt in Parodien, Mythentravestien) der sog. *mittleren att. K.* (etwa 400–320 v. Chr.) und schließlich einer Gleichgültigkeit gegenüber der Polis: in der *neuen att. K.* (3./2. Jh.) wurde das Interesse für das typisch Menschliche, Private mit moral. Tendenz vorherrschend. Formal traten, analog zur Tragödie, die chor. Elemente immer mehr zurück, wurden zu lyr. Einlagen zwischen den Handlungsabschnitten, wodurch geschlossene Geschehnisabläufe entstanden. Vertreter dieses bis in die Gegenwart lebendigen K.ntyps ist v.a. Menander (›Dýskolos‹ und mehrere Fragmente erhalten). – Die *röm. K.* übernahm Form, Stil und Themen der neuen att. K., die seit 240 v. Chr. durch Übersetzungen und Nachahmungen des Livius Andronicus bekannt war. Hauptvertreter der röm. K. sind Plautus, der v.a. die musikal. Elemente stark betont (↑Cantica), und der stilistisch elegantere, urbanere Terenz. Im 1. Jh. v. Chr. wurde in Rom außerdem die ursprünglich vorliterar. ↑Atellane durch Literarisierung (Pomponius, Novius) und gleiche Aufführungspraxis in die römisch-italien. K.ntradition aufgenommen. Im *europ. MA* war die antike K.ntradition verschüttet. Lediglich Terenz war als lat. Schulautor in Klöstern bekannt (Hrotsvit von Gandersheim). In städt. Zentren entwickelten sich kurze derbkom. weltl. Spiele in Versen, so die frz. ↑Sottie, die niederl. Sotternie und ↑Klucht, das dt. ↑Fastnachtsspiel. Solche volkstüml. Traditionen blieben bes. in Deutschland unter Aufnahme mannigfacher neuer Stoff- und Spielelemente (↑englische Komödianten, ↑Hanswurst) bis ins 18. Jh. lebendig (↑Wiener Volkstheater). – Die Wiederentdeckung und Neubelebung der antiken röm. K. erfolgte Ende des 15. Jh. in der *italien. Renaissance,* zunächst durch (übersetzte) Ausgaben und Aufführungen (1484

Rom, 1486 und 1502 Ferrara) der K.n von Plautus und Terenz, dann durch Neuschöpfungen. Bed. Vertreter sind u.a. L. Ariosto, B. Dovizi, genannt il Bibbiena, N. Machiavelli, P. Aretino, G. Bruno oder auch A. Beolco, genannt il Ruzzante. Bestimmend für die weitere Entwicklung der K. wurde v. a. ihre theoret., normative Fixierung in der Renaissancepoetik, derzufolge für die K. neben der Akteinteilung die Befolgung der ↑drei Einheiten, der ↑Ständeklausel und der ↑Genera dicendi gefordert wurde und z. T. bis ins 18. Jh. verbindlich blieb. Neben dieser aus der röm. Tradition stammenden sog. ↑Commedia erudita gelangten in der ↑Commedia dell'arte die volkstüml. Stegreiftraditionen zu immer größerer Beliebtheit und beeinflußten v. a. auch die literar. K. in fast allen nationalsprachl. Formen. – Die Rezeption der Renaissance-K. *seit dem 16. Jh.* verlief in den einzelnen Nationalstaaten unterschiedlich: In *England* erfolgte sie rasch in humanist. und höf. Kreisen; daneben entstand als neuer Typ die sog. romant. K., die die normativen Vorschriften der Renaissancepoetik außer acht ließ und die geistreiche, phantast. und iron. Traum- und Identitätsspiele in z. T. manieriertem Stil (↑Euphuismus) gestalte (u. a. J. Lyly, R. Greene, A. Munday); sie gelangte, gestützt auf ein Berufstheater (↑elisabethanisches Theater), durch Shakespeare zu breiter Beliebtheit und weltliterar. Rang. Gleichzeitig schuf B. Jonson in antiker Tradition die ↑Comedy of humours, eine satir. Typen-K., die menschl. Schwächen und soziale Verhaltensweisen bloßstellt (weitere Vertreter sind: F. Beaumont, J. Fletcher, Ph. Massinger, G. Chapman). Sie wurde nach der Restauration von der ↑Comedy of manners abgelöst, die die gesellschaftl. Sitten der neu entstehenden Bürgerschicht frivol karikierte. Bed. Vertreter sind J. Dryden, G. Etherege und v. a. W. Congreve, im 18. Jh. R. B. Sheridan, im 19. Jh. v. a. O. Wilde. – In *Spanien* konnte sich an den italien. Vorbildern die ↑Comedia entfalten: In den sog. ↑Mantel- und Degen-Stücken werden gesellschaftl. Normverletzungen in einem heiter-versöhnl. Ton thematisiert (Lope F. de Vega Carpio, P. Calderón de la Barca, Tirso de

Molina, J. Ruiz de Alarcón y Mendoza). Die K. wurde nach kirchl. Einschränkungen (1649) von den ↑Zarzuelas vorübergehend verdrängt. – Auch in *Frankreich* wurden zunächst die italien. und dann v. a. die span. Einflüsse verarbeitet, z. B. von P. Corneille und Molière. Molière führte den Typus der Charakter-K. zur Vollendung. Seine K.n bestimmten in ihrer sprachl. und gestalter. Souveränität (5 Akte, symmetr. Bau, drei Einheiten, Alexandriner) und verfeinerten Komik die K. der Folgezeit in Frankreich und im übrigen Europa. – Eine erstmals gesamteurop. Entwicklung nahm die K. *im 18. Jh.* im Gefolge der Aufklärung. Sie propagierte bürgerl. Glück durch bürgerl. Tugenden. An die Stelle des Lachens trat die Rührung. Damit sprengte sie die herkömml. Gattungsgrenzen: Sie wurde als ›K. ohne Komik‹ zum ersten Beispiel für die Abkehr von der normativen Poetik, die die ästhet. und literaturkrit. Neubesinnung im 18. Jh. einleitete. Diese Aufklärungs-K. entstand zuerst in England (›sentimental comedy‹), entwikkelt von C. Cibber und weitergeführt von R. Steele bis O. Goldsmith, in ähnl. Form in Frankreich (↑Comédie larmoyante), vertreten durch P. de Marivaux, Ph. Destouches, P. C. Nivelle de La Chaussée und in dessen Gefolge auch in Deutschland. Damit gewann Deutschland erstmals breiteren Anschluß an die europ. K.ntradition. J. Ch. Gottsched förderte den Anschluß an die europ. Aufklärungs-K., zunächst durch Übersetzung, dann v. a. durch die Nachahmung der frz. Formmuster. Vertreter waren v. a. Ch. F. Gellert, J. E. Schlegel und Ch. F. Weiße. Aus der Auseinandersetzung mit den klassizist. frz. Vorbildern einerseits und den engl. Vorbildern (bes. Shakespeare) andererseits entstand dann mit G. E. Lessings ›Minna von Barnhelm‹ (1767) die erste dt. K. von Rang. In der Folgezeit waren nur noch die K.n H. von Kleists von Bedeutung. Ohne zeitgenöss. Erfolg blieben die K.n F. Grillparzers. Von herausragender Bedeutung sind bis heute die K.n J. N. Nestroys und F. Raimunds. – Eine neue Blüte erreichte die Konversations- und Gesellschafts-K. im *19. Jahrhundert*. Bed. Vertreter sind E. Scribe und É. Augier mit heiteren, z. T.

pikanten gesellschaftskrit. Studien. Anspruchsvollere Beispiele dieser Tradition entstanden bes. in Österreich mit den K.n von H. Bahr, A. Schnitzler, H. von Hofmannsthal. – Daneben entwickelte sich im 19. Jh. die soziale K., die Gesellschaftskritik v. a. durch Milieuzeichnungen zu erreichen suchte und von der Bewegung des ↑Jungen Deutschland geprägt wurde. Hohen literar. Rang erreichte sie in Rußland durch N. W. Gogol (›Der Revisor‹, 1836, dt. 1854), A. N. Ostrowski und A. P. Tschechow, in Deutschland mit G. Hauptmanns ›Biberpelz‹ (1893) oder etwa in den Volksstükken L. Thomas oder C. Zuckmayers (›Der Hauptmann von Köpenick‹, 1931). Seit dem Ende des 19. Jh. führte der zunehmend krassere Realismus der Milieuschilderung zu schärferer Aggression, damit zum Umschlag des Komischen in Bitterkeit, Zorn, Zynismus: Gesellschaftskritik wird zur sozialen Anklage, die K. zur Groteske, die Tragikomödie zum sozialen Drama (W. Hasenclever, C. Sternheim, F. Wedekind u. a.). In der *Gegenwart* zeigt die K. v. a. die absurde, groteske Spiegelung der Wirklichkeit (u. a. A. Jarry, S. Beckett, H. Pinter, A. L. Kopit, E. Ionesco, J. Audiberti, F. Dürrenmatt); andererseits entstand das phantast., existentielle oder philosophische Problemstück (E. Rostand, L. Pirandello, F. García Lorca, J. Giraudoux, J. Anouilh, W. B. Yeats u. a.). Als K.n im eigtl. Sinn werden allenfalls K.n wie die Ch. Frys oder M. Frischs ›Don Juan oder die Liebe zur Geometrie‹ (1953, Neufassung 1961) begriffen. Die sog. Polit-K. entstand in Rußland seit 1920, vertreten von W. P. Katajew, M. A. Bulgakow und bes. W. W. Majakowski, in den USA (die bisher ohne nennenswerte K.nproduktion geblieben waren) u. a. durch G. S. Kaufman, in Großbritannien (in satir. Absicht) durch P. Ustinov, H. Brenton u. a.; in der BR Deutschland vertritt etwa R. Hochhuth, in der DDR repräsentierten F. Wolf und E. Strittmatter diesen Typus. – ↑auch Drama.

Literatur: PRANG, H.: Gesch. des Lustspiels. Stg. 1968. – HERRICK, M. T.: Italian comedy in the Renaissance. Urbana (Ill.) Neuaufl. 1970. – Die röm. K. Plautus u. Terenz. Hg. v. E. LEFÈVRE. Darmst. 1973. – Die dt. K. im 20. Jh. Hg.

v. W. PAULSEN. Hdbg. 1976. – SANDBACH, F. H.: The comic theatre of Greece and Rome. New York 1977. – Die dt. K. Hg. v. W. HINCK. Düss. 1977. – STEINMETZ, H.: Die K. der Aufklärung. Stg. ³1978. – HEILMAN, R. B.: The ways of the world. Comedy and society. Seattle (Wash.) 1978. – GRIMM, R./HINCK, W.: Zw. Satire u. Utopie. Zur Komiktheorie u. zur Gesch. der K. Ffm. 1982. – CATHOLY, E.: Das dt. Lustspiel. Von der Aufklärung bis zur Romantik. Stg. 1982.

Kompert, Leopold, * Münchengrätz (Mittelböhm. Gebiet) 15. Mai 1822, † Wien 23. Nov. 1886, österr. Schriftsteller. – Nach dem Philosophiestudium in Prag Hofmeister in Wien, später Journalist. 1848–52 Redakteur des ›Österr. Lloyd‹ in Wien. Gab in seinen Erzählungen und Romanen lebensvolle Darstellungen des österr. und ungar. Judentums; trat für die rechtl. Gleichstellung der Juden ein, empfahl eine Assimilierung der Juden und forderte sie in der Erzählung ›Am Pflug‹ (2 Bde., 1855) z. B. zum Ackerbau auf.

Weitere Werke: Geschichten aus dem Ghetto (En., 1848), Böhm. Juden (En., 1851), Neue Geschichten aus dem Ghetto (En., 2 Bde., 1860), Zwischen Ruinen (R., 3 Bde., 1875), Franzi und Heini (R., 2 Bde., 1881).
Literatur: AMANN, P.: L. K.s literar. Anfänge. Prag 1907. Nachdr. Hildesheim 1975.

Kompilation [lat. = Plünderung], seit dem 16. Jh. übl. Begriff für eine meist der Wissensvermittlung dienende Zusammenstellung von Textausschnitten aus anderen Schriften; bes. in der Spätantike und im MA beliebt; negativ gebraucht für [literar.] Werke, in denen Stoffe und Episoden aus älteren Quellen ohne bes. Zusammenhang aneinandergereiht sind, und Schriften, die den Stoff wissenschaftlich unverarbeitet darbieten.

Komposition ↑ Struktur.

Komrij, Gerrit [niederl. 'kɔmrɛi], * Winterswijk 30. März 1944, niederl. Schriftsteller. – Schreibt stark ironisierende Poesie in klass. Formen; Verfasser scharfsinniger subjektiver Kritiken und Essays.

Werke: Maagdenburgse halve bollen en andere gedichten (1968), Daar is het gat van de deur (Essays, 1972), De verschrikking (Ged., 1977), Horen, zien en zwijgen (Essays, 1977), Papieren tijgers (Essays, 1978), Dit helse moeras (Essays, 1983), Verzonken boeken (Essays, 1986), Over de bergen (R., 1990), Met het bloed dat drukinkt heet (Essays, 1991).

Literatur: Over G. K. Hg. v. J. DIEPSTRATEN. Den Haag 1982.

Konarski, Stanisław, eigtl. Hieronim Franciszek K., * Żarczyce bei Sandomierz 30. Sept. 1700, † Warschau 3. Aug. 1773, poln. Schriftsteller. – Trat 1715 in den Piaristenorden ein; gründete das Warschauer Collegium Nobilium und dessen Bühne; Schulreformator; führender Vertreter der Aufklärung; wichtig sein Werk ›O skutecznym rad sposobie ...‹ (= Über die wirksame Art von Beratungen ..., 4 Bde., 1760–63); führte die frz. Sprache im Schulunterricht ein, übersetzte P. Corneille; schrieb ein Drama und lat. Lyrik.

Ausgabe: S. K. Pisma wybrane. Warschau 1955. 2 Bde.

Kondratowicz, Ludwik [poln. kɔndraˈtɔvitʃ], poln. Schriftsteller, ↑ Syrokomla, Władysław.

Kondschaku-monogatari (tl.: Konjaku-monogatari) [jap. ko,ndʒakumonoga,tari = Erzählungen aus alter Zeit], Sammlung von Erzählungen; erhalten sind 1069 Geschichten (aus Indien, China und Japan), darunter u. a. buddhist. Legenden und Sagen, Anekdoten, Tierfabeln, histor. Berichte, aber auch viele Alltagsstoffe. Der Autor bzw. Kompilator ist unbekannt; die Entstehungszeit fällt in das späte 11. Jahrhundert; Stoffe des K.-m. werden bis in die Moderne (z. B. Akutagawa) immer wieder rezipiert.

Ausgabe: Konjaku. Altjap. Geschichten aus dem Volk zur Heian-Zeit. Dt. Übers. Hg. v. J. NAGANO u. M. NIEHANS. Zü. 1956.

Kondylakis (tl.: Kondylakēs), Ioannis, * Viano (Kreta) 1861, † Iraklion (Kreta) 25. Juli 1920, neugriech. Erzähler. – Pflegte die Zeitungskolumne hohen literar. Niveaus; schrieb Sittenschilderungen aus dem Leben auf Kreta, deren Charakteristika gepflegter Stil, Witz und Humor auch bei ernsten Konfliktsituationen sind.

Werke: Hotan ēmun daskalos (= Als ich Lehrer war, En., 1916), Patuchas (R., 1916), Prōtē agapē (= Erste Liebe, Nov., 1919).
Ausgabe: I. K. Hapanta. Athen 1970.
Literatur: SKOPETEAS, S.: Ho K. kai to chronographēma. Athen 1956.

Koneski, Blaže, * Nebregovo bei Prilep 19. Dez. 1921, makedon. Philologe und Schriftsteller. – Prof. in Skopje;

maßgeblich beteiligt an der Schaffung der modernen makedon. Standardsprache; Verfasser sprachwiss. Werke; Literarhistoriker und Erforscher der makedon. Volksdichtung. Als bed. Lyriker (›Unter dem weißen Kalkstein der Tage‹, dt. Ausw. 1986; ›Lied der Weinstöcke‹, dt. Ausw. 1988) und Erzähler mit sicherem Sprachgefühl verwendet K. neben Elementen der Volksdichtung auch Formen und Inhalte des Surrealismus und Existentialismus; vielseitiger Übersetzer.

Konezki (tl.: Koneckij), Wiktor Wiktorowitsch [russ. ka'njɛtskij], * Leningrad (heute Petersburg) 6. Juni 1929, russ. Schriftsteller. – Seine Fahrten zur See finden in Erzählwerken Niederschlag; Betonung des Psychischen.
Werke: Wer in die Wolken schaut (R., 1967, dt. 1969), Salziges Eis (Reisenotizen, 1968/69, dt. Auszug 1971), Morskie sny (= Meeresträume, Reiseber., 1975), Ledovye bryzgi. Iz dnevnika pisatelja (= Eisgischt, Aufzeichnungen, 1987), Vampuka (Dr., 1989).
Literatur: FAJNBERG, R. I.: V. Koneckij. Leningrad 1980.

Konfuzius (chin. K'ung Fu Tzu; Kong Fu Zi), eigtl. K'ung Ch'iu (Kong Qiu), auch Kungfutse, * Ch'ü-fu (Schantung) 551, † ebd. 479, chin. Philosoph. – Lebte in einer Zeit, in der sich überkommene soziale und polit. Strukturen auflösten. Er versuchte, in mehreren Staaten des alten China polit. Einfluß zu gewinnen; sammelte nach dem Scheitern dieser Bestrebungen Schüler um sich und entwarf eine Lehre zur neuen Ordnung der Gesellschaft. Durch Streben nach ›Menschlichkeit‹ und ›Rechtlichkeit‹ kann das Individuum sich moralisch vervollkommnen, ›Sittlichkeit‹ und ›Musik‹ sollen die gesellschaftl. Rollenbezüge regeln und harmonisieren. Die Gestalt des ›Edlen‹ ist die Verkörperung der konfuzian. Tugenden im gesellschaftl. und staatl. Bereich. – Die Lehren des K. sind – in Aphorismen und Gesprächsnotizen – in den ›Lun-Yü‹ (= Gespräche) aufgezeichnet. Die chin. Tradition schreibt ihm die Bearbeitung von Klassikern wie ›I-ching‹ und ›Shih-ching‹ zu, wahrscheinlich stammt aber nur das Werk ↑›Ch'un-ch'iu‹ von seiner Hand. Die ›Chia-yü‹ (= Schulgespräche) enthalten Anekdoten über ihn und seine

›Akademie‹. Nachdem K.' Lehren Ende des 2. Jh. v. Chr. zur Staatsideologie erhoben worden waren, bildeten sie, immer wieder neu interpretiert, die Grundlage der sittl., gesellschaftl. und polit. Ordnung in China und bald ganz Ostasien.
Ausgaben: Kungfutse. Schulgespräche. Dt. Übers. v. R. WILHELM. Düss. u. Köln 1961. – Kungfutse. Gespräche. Dt. Übers. v. R. WILHELM. Köln 42. Tsd. 1982. – Confucius. Gespräche. Dt. Übers. u. hg. v. R. MORITZ. Lpz. ²1984. – K. Gespräche des Meisters Kung. Mchn. 1985.
Literatur: CREEL, H. G.: Confucius, the man and the myth. New York 1949. – WILHELM, R.: Kung-tse. Leben u. Werk. Stg. ²1950. – DO-DINH, P.: K. Dt. Übers. Rbk. 16.–25. Tsd. 1981.

Kong Ji, chin. Philosoph, ↑K'ung Chi.

Kong Qiu, chin. Philosoph, ↑Konfuzius.

Kong Shangren, chin. Literat und Dramatiker, ↑K'ung Shang-jen.

König, Barbara, * Reichenberg 9. Okt. 1925, dt. Schriftstellerin. – War Journalistin, lebt als freie Schriftstellerin am Ammersee. Gehörte zur Gruppe 47; schrieb nach der Erzählung ›Das Kind und sein Schatten‹ (1958) und ›Kies‹ (R., 1961) den Roman ›Die Personenperson‹ (1965), worin sie sich mit der Frage der Identität des Ichs auseinandersetzt; auch Hör- und Fernsehspiele.
Weitere Werke: Spielerei bei Tage (En., 1969), Schöner Tag, dieser 13. Ein Liebesroman (1973), Die Wichtigkeit, ein Fremder zu sein (Essays, 1979), Der Beschenkte (R., 1980), Ich bin ganz Ohr (Hsp.e, 1985).

König, Johann Ulrich von (seit 1740), * Esslingen am Neckar 8. Okt. 1688, † Dresden 14. März 1744, dt. Schriftsteller. – Wirkte 1710–16 in Hamburg, wo er für die Oper Texte verfaßte und mit B. H. Brockes und Michael Richey (* 1678, † 1761) die ›Teutschübende Gesellschaft‹ begründete; wurde 1719 Hofpoet und Geheimsekretär in Dresden, 1729 Zeremonienmeister. Schrieb u. a. höfischschmeichler. Gelegenheitsgedichte (z. B. das Epos ›August im Lager‹, 1731), Maskenspiele (sog. Wirtschaften), Lustspiele, Singspiele. Als Hofpoet wechselte er vom schwülstigen italien. Barock zum frz. Klassizismus.

König, Joseph, Pseudonym des dt. Kunsthistorikers und Schriftstellers Carl Friedrich von ↑Rumohr.

Königinhofer Handschrift (tschech. Rukopis královédvorský) und **Grünberger Handschrift** (tschech. Rukopis zelenohorský), 1817 bzw. 1818 u. a. von V. ↑ Hanka verfaßte und vorgelegte Fälschungen mittelalterl. tschech. Dichtungen (des 13. bzw. 9./10. Jh.). Die K. H. enthält zwei lyrisch-ep. Dichtungen, sechs Liebeslieder, sechs Kurzepen, die Grünberger Handschrift 119 Verse (›Der Thing‹ und ›Libušas Gericht‹). Von J. Feifalik (1860), T. G. Masaryk (1886/ 1887) und J. Gebauer (1887/88 im ›Archiv für slav. Philologie‹, Bde. 10 und 11) als Falsifikate erwiesen, gelten beide Denkmäler heute als bed. literar. und politisch-nationalist. Mystifikationen des beginnenden 19. Jahrhunderts.
Ausgaben: Rukopisy královédvorský a zelenohorský. Hg. v. V. FLAJŠHANS. Prag 1930. – Rukopisy královédvorský a zelenohorský. Hg. v. K. BEDNÁŘ. Prag 1961.

König Laurin, mhd. Heldenepos, ↑ Laurin.

König Rother, vorhöf. mhd. Epos, entstanden nach 1150 wohl in Bayern; Autor ist ein anonymer Kleriker. Das Epos handelt im Stil der Spielmannsdichtung von der abenteuerreichen Werbung K. R.s um die Tochter des Kaisers von Byzanz, die nach einer ersten Entführung durch K. R. von einem Spielmann mit List zurückgeholt und dann mit Heeresmacht von Rother wiedergewonnen wird. Histor. Grundlagen sind möglicherweise die Werbungsgeschichte des Langobardenkönigs Authari im 6. Jh. (später mit Rothari, 7. Jh., gleichgesetzt), wie sie Paulus Diaconus im 8. Jh. in seiner Langobardenchronik erzählt, und die Werbung Rogers II. von Sizilien um eine byzantin. Prinzessin (Mitte des 12. Jh.). Vollständig überliefert ist das Werk in einer Handschrift vom Ende des 12. Jh.; außerdem gibt es vier Fragmente.
Ausgaben: K. R. Hg. v. TH. FRINGS u. J. KUHNT. Bonn 1922. Nachdr. Halle/Saale ³1968. – Rother. Hg. v. J. DE VRIES. Hdbg. 1922. – K. R. Übertragen u. eingel. v. G. KRAMER. Bln. 1961. – ↑ auch Herzog Ernst.
Literatur: SIEGMUND, K.: Zeitgesch. u. Dichtung im ›K. R.‹. Bln. 1959. – GELLINEK, CH.: K. R. Studie zur literar. Deutung. Bern u. Mchn. 1968. – ZIMMERMANN, R.: Herrschaft u. Ehe. Die Logik der Brautwerbung im ›K. R.‹. Ffm. u. a. 1993.

Königsberger Dichterkreis, eine Vereinigung von Musikern (H. Albert, J. Stobaeus) und Dichtern (u. a. S. Dach, J. P. Titz), die Anfang des 17. Jh. von R. Roberthin in Königsberg (Pr) gegründet wurde. Emblem des Kreises war der Kürbis (daher auch die Bez. ›Kürbishütte‹). Die Mitglieder verfaßten Kirchenlieder und auch ↑ Gesellschaftslieder sowie religiös getönte ↑ Gelegenheitsdichtung, die in H. Alberts ›Arien‹ (1638–50) und in der ›Musical. Kürbis-Hütte‹ (1641) gesammelt und herausgegeben wurden. Das bekannteste hier entstandene Lied ist ›Anke van Tharaw‹.

Königsdorf, Helga, * Gera 13. Juli 1938, dt. Schriftstellerin. – Lebt als Mathematikerin in Berlin; begann in den 1970er Jahren zu schreiben. Sie veröffentlichte Erzählungen, die in knapper, oft sarkast. Sprache den damaligen sozialist. Alltag und v. a. die Situation der Frauen beschreiben (›Mit Klischmann im Regen‹, E., 1983). Thema ihrer Erzählung ›Respektloser Umgang‹ (1986) ist die fiktive Begegnung zwischen der Ich-Erzählerin und der Atomphysikerin Lise Meitner. K. erhielt 1992 die Roswitha-Gedenkmedaille.
Weitere Werke: Meine ungehörigen Träume (En., 1978), Der Lauf der Dinge (En., 1982), 1989 oder Ein Moment der Schönheit (1990), Ungelegener Befund (E., 1990), Gleich neben Afrika (E., 1992), Im Schatten des Regenbogens (R., 1993), Über die unverzügl. Rettung der Welt (Essays, 1994).

Konjaku-monogatari ↑ Kondschaku-monogatari.

Konjektur [lat. = Vermutung], im Rahmen der ↑ Textkritik der verbessernde Eingriff des Herausgebers in den überlieferten Text. Im Ggs. zu einfachen ↑ Emendationen handelt es sich bei K.en um Eingriffe, die z. T. der Beseitigung von ↑ Korruptelen dienen, darüber hinaus aber den überlieferten Text auch dort ändern, wo er – nach Maßgabe des Herausgebers – dem Stil, dem Wortgebrauch, der Metrik und der Reimtechnik des Autors und seiner Zeit nicht entspricht.

Konjetzky, Klaus, * Wien 2. Mai 1943, österr.-dt. Schriftsteller. – Lebt seit 1949 in München; war Lektor und Redakteur, seit 1971 freier Schriftsteller.

Schreibt Gedichte und Prosa; auch Kritiker, Literaturtheoretiker und Herausgeber.

Werke: Grenzlandschaft (Ged., 1966), Perlo Peis ist eine isländ. Blume (En., 1971), Poem vom grünen Eck (1975), Die Hebriden (Ged., 1979), Am anderen Ende des Tages (R., 1981), Die Lesereise (E., 1988).

Konklusion (Conclusio) [lat. = Schluß, zu lat. concludere = schließen; einen Schluß ziehen], in der *lat. Rhetorik* der Abschluß einer Rede; auch die abgerundete (›abgeschlossene‹) Formulierung eines Gedankens.

Konkordanz [mlat. = Übereinstimmung], alphabet. Verzeichnis aller in einem Buch vorkommenden Wörter und Begriffe mit Seitenzahlen oder Stellenangaben. K.en gibt es u. a. für die Bibel und Werke großer Dichter (Dante, Shakespeare, Goethe).

konkrete Dichtung ↑ konkrete Poesie.

konkrete Poesie (konkrete Dichtung), in den späten 40er und frühen 50er Jahren entstandene internat. Versuche einer nichtmimet. Dichtung, in der nach dem Vorbild der konkreten Malerei (P. Mondrian, M. Bill, J. Kolář) schriftl. oder akust. Sprachmaterial konkretisierend gestaltet wird (Carlo Belloli [* 1922], O. Fahlström, E. Gomringer, die brasilian. Noigandres-Gruppe [↑ Noigandres]; die beiden letzteren einigten sich Mitte der 50er Jahre auf die Bez. ›konkrete Poesie‹). Neben dem Erzählprinzip und dem subjektiven metaphor. Sprechen wird auch die Tradition der zeilenweisen Textdarbietung aufgegeben. Textelemente werden auf der Fläche nach visuellen und/oder semant. Gesichtspunkten graphisch angeordnet (Sprache als Dichtung – Dichtung als Sprache). Konkrete Texte sind Mitteilungen von Formen und Strukturen, die erst durch die kreative Mitarbeit des Rezipienten vollendet werden. K. P. steht im Traditionszusammenhang der Moderne, die aus dem Bruch mit traditionellen Auffassungen von Wirklichkeit, Sprache, Literatur und Geschichte seit der Jahrhundertwende hervorgegangen ist. Als wichtige Vorläufer der k. P. gelten heute u. a. S. Mallarmé, L. Carroll, A. Holz, G. Apollinaire (›Calligrammes‹, hg. 1918), F. Marinetti (›parole in libertà‹), W. Chlebnikow und A. J. Krutschonych, Rudolf Blümner (* 1873, † 1945), O. Nebel, A. Stramm, Th. van Doesburg und Dadaisten wie H. Ball, R. Hausmann und K. Schwitters. Schwerpunkte konkretisierender Sprachbearbeitung liegen in der visuellen Präsentation von Sprachzeichen (Lettrismus, Spatialismus, Seh-Texte, visuell-konkrete Poesie; Isidore Isou [* 1925], P. Garnier, F. Kriwet), in der Bearbeitung akust. Sprechphänomene (Lautpoesie, phonet. Poesie, akust. Dichtung; B. Cobbing, E. Jandl, F. Mon, G. Rühm) sowie in der Verbindung von Sprachreflexion und Visualität (konzeptionell-konkrete Poesie; Heinz Gappmayr [* 1925], Siegfried J. Schmidt [* 1940]). Verbindungen bestehen zur visuellen Poesie der Schriftbilder (Klaus Peter Dencker [* 1941]), zur ›poesia visiva‹ (Luciano Ori [* 1928], Eugenio Miccini [* 1952]), zum Signalismus (M. Todorović), zur Concept- und Storyart (Jochen Gerz [* 1940], Timm Ulrichs [* 1940]). Wichtige Manifeste: O. Fahlström, ›Manifest für konkrete Poesie‹ (entst. 1953, erschienen 1966), E. Gomringer, ›vom vers zur konstellation‹ (1954), und ›plano-pilôto para poesia concreta‹ der Noigandres (1958). Wichtige deutschsprachige Vertreter neben E. Gomringer (›konstellationen‹, zusammengefaßt hg. 1969 u. d. T. ›worte sind schatten‹), der ↑ Wiener Gruppe und der Stuttgarter Schule sind C. Bremer, Carlfriedrich Claus (* 1958), H. Gappmayr (›zeichen i – iv‹), Ludwig Gosewitz (* 1936), H. Heißenbüttel (›Textbücher‹ [1–6, 1960–67; 7–10, 1984–86]), E. Jandl (›Sprechgedichte‹, 1965), F. Mon (›artikulationen‹, 1959; ›herzzero‹, 1968), Dieter Roth, Konrad Balder Schäuffelen (* 1929), Siegfried J. Schmidt (›volumina i–v‹, 1975/76).

Anthologien: Concrete poetry. An international anthology. Ges. u. hg. v. S. BANN. London 1967. – Slovo, pismo, akce, hlas k estetice kultury technického věku. Hg. v. J. HIRŠAL u. B. GRÖGEROVÁ. Prag 1967. – An anthology of concrete poetry. Ges. u. hg. v. E. WILLIAMS. New York 1967. – Antologia di poesia concreta. Ges. u. hg. v. D. MAHLOW u. A. LORA-TOTINO. Venedig 1969 (Ausstellungskat.). – Concrete poetry. A world view. Ges. u. hg. v. M. E. SOLT. Bloomington (Ind.) u. London 1970. – k. p. international. 2. Bd. Stg. 1970.

Literatur: HEISSENBÜTTEL, H.: Über Literatur. Olten u. Freib. 1966. – SCHMIDT, SIEGFRIED J.: Ästhet. Prozesse. Beitrr. zu einer Theorie der nicht-mimet. Lit. u. Kunst. Köln u. Bln. 1971. – Theoret. Positionen zur k. P. Hg. v. T. KOPFERMANN. Tüb. 1974. – SCHMIDT, SIEGFRIED J.: elemente einer textpoetik. Mchn. 1974. – GUMPEL, L.: ›Concrete‹ poetry from East and West Germany. New Haven (Conn.) 1976. – WEISS, CH.: Seh-Texte. Nbg. 1984.

Konnotation, in der *Semantik* die (assoziativen, emotionalen, wertenden) Bedeutungskomponenten, die ein Wort neben der eigtl. Bedeutung, dem rein begriffl. Wortinhalt **(Denotation),** hat.

Konopnicka, Maria [poln. kɔnɔp-'nitska], geb. Wasiłowska, Pseudonym Jan Sawa, * Suwałki 23. Mai 1842, † Lemberg 8. Okt. 1910, poln. Schriftstellerin. – Gilt als bedeutendste poln. Lyrikerin; v. a. sozial engagierte Dichtung mit Themen aus dem Bereich der Bauern. Ihr Hauptwerk, das Epos ›Pan Balcer w Brazylii‹ (= Herr Balcer in Brasilien, 1910), schildert die Existenznöte poln. Emigranten; auch Kritikerin und Übersetzerin (u. a. H. Heine, G. Hauptmann).
Weitere Werke: Poezje (Ged., 4 Bde., 1881–96), Marysia und die Zwerge (Märchen, 1896, dt. 1949), Geschichten aus Polen (En., 1897, dt. 1916), Leben und Leiden (En., dt. Auswahl 1904).
Ausgabe: M. K. Pisma zebrane. Warschau 1974–76. 4 Bde.
Literatur: BACULEWSKI, J.: M. K. Warschau 1978.

Konrad von Ammenhausen, mhd. Dichter der 1. Hälfte des 14. Jh. aus dem Thurgau. – Mönch und Seelsorger in Stein am Rhein; vollendete 1337 die erfolgreichste mhd. Nachdichtung des lat. Schachbuches des italien. Dominikanermönchs Jacobus de Cessoles (um 1275). K.s nahezu 20 000 z. T. ungefüge Verse umfassendes ›Schachzabelbuch‹ stellt in Verbindung mit den Schachfiguren die Stände- und Sittenlehre breit und eindringlich dar; es ist als kulturgeschichtl. Quelle bedeutsam.
Ausgaben: Das Schachzabelbuch Kunrats von A. ... Nebst den Schachbüchern des Jakob von Cessole u. des Jakob Mennel. Hg. v. F. VETTER. Frauenfeld 1892. – K. v. A. Das Schachzabelbuch. Hg. v. C. SCHAIRER-BOSCH. Göppingen 1981.
Literatur: HOFFMANN, HUBERT: Die geistigen Bindungen an Diesseits u. Jenseits in der spätmittelalterl. Didaktik ... Freib. 1969.

Konrad von Fußesbrunnen, mhd. Dichter vom Ende des 12. Jh., vermutlich aus der Gegend von Krems an der Donau. – Von Rudolf von Ems im ›Willehalm‹ (um 1240) als geistl. Dichter erwähnt. Überliefert ist seine Legendendichtung von rund 3 000 Versen, ›Die Kindheit Jesu‹, nach dem apokryphen ›Evangelium Pseudo-Matthaei‹. Stil und Darstellung (Schächerepisode) orientieren sich an der zeitgenöss. höf. Epik.
Ausgabe: K. v. F. Die Kindheit Jesu. Hg. v. H. FROMM u. K. GRUBMÜLLER. Bln. u. New York 1973 (mit Bibliogr.).

Konrad von Heimesfurt, mhd. Dichter vom Anfang des 13. Jh., vermutlich aus Hainsfarth (Landkreis Donau-Ries). – Von Rudolf von Ems im ›Alexanderepos‹ (um 1230) als geistl. Dichter erwähnt. Überliefert sind zwei geistl. Epen: ›Von unser vrouwen hinvart‹ (Leiden Marias nach Christi Tod und ihre Himmelfahrt, 1 130 Verse; nach einer im 4. Jh. ins Lateinische übersetzten griech. Quelle) und ›Diu urstende‹ (Leidensgeschichte und Auferstehung Christi, 2 160 Verse; nach dem apokryphen ›Evangelium Nicodemi‹).

Konrad von Würzburg, * Würzburg zwischen 1220 und 1230, † Basel 31. Aug. 1287, mhd. Dichter. – K. war der vielseitigste, fruchtbarste und erfolgreichste mhd. Dichter des 13. Jahrhunderts. Er lebte in Straßburg und Basel und dichtete für Auftraggeber aus dem Adel (z. B. für die Grafen von Kleve), aus dem Patriziat und der hohen Geistlichkeit. Das Ethos seiner Werke ist an den alten höf. Ritteridealen orientiert. K.s Schaffen umfaßt sowohl Lyrik (Minnelieder, Spruchstrophen, Leiche) als auch Novellen, Legenden und Großepen. Er greift Themen aus den verschiedensten Stoff- und Gattungstraditionen auf: Überliefert sind an kleineren erzähler. Werken die Versnovellen ›Herzmære‹ (die Geschichte vom gegessenen Herzen), ›Heinrich von Kempten‹ (oder ›Otte mit dem Barte‹), der Ursprung der Lohengrinsage, ›Der Schwanritter‹, und ›Der Welt Lohn‹ (um den Dichter Wirnt von Grafenberg), die in schlichtem Stil gehaltenen Legenden ›Silvester‹, ›Alexius‹, ›Pantaleon‹, weiter die in manierist., geblümtem Stil geschriebene, im Spät-MA bes. geschätzte Marienpreis ›Die goldene Schmiede‹ (etwa 2000 Verse), die stroph. Allegorie ›Klage der Kunst‹ und ›Das Turnier von Nantes‹, mit dem K. die im Spät-MA so beliebte Gattung der Heroldsdichtung in die mhd. Literatur einführte. Sein Freundschaftsroman ›Engelhard‹ und der Feen- und Ritterroman ›Partonopier und Meliur‹ (über 21000 Verse) führen zu seinem Alterswerk hin, dem imposanten, bei 40000 Versen unvollendet hinterlassenen ›Trojanerkrieg‹. In der Überlieferung werden ihm u.a. auch noch Schwänke, wie die obszöne ›Halbe Birn‹ oder ›Alten Weibes List‹, zugeschrieben. – K.s Werk ist geprägt von stilist. Vielseitigkeit und Gewandtheit, durch v.a. an Gottfried von Straßburg geschulte überragende sprachl. Meisterschaft und virtuose Handhabung der formalen Mittel.

Ausgaben: K. v. W. Der Trojan. Krieg. Hg. v. A. VON KELLER. Anmerkungen v. K. BARTSCH. Stg. 1858. Nachdr. Amsterdam 1965. – K. v. W. Partonopier u. Meliur. Hg. v. K. BARTSCH u.a. Wien 1871. Nachdr. mit einem Nachwort v. R. GRUENTER. Bln. 1970. – K. v. W. Die Legenden. Hg. v. P. GEREKE. Halle/Saale 1925–27. 3 Bde. – K. v. W. Die Goldene Schmiede. Hg. v. E. SCHRÖDER. Gött. ²1969. – K. v. W. Kleinere Dichtungen. Hg. v. E. SCHRÖDER. Zü. ⁴⁻¹⁰1970–74. 3 Tle. – K. v. W. Engelhard. Hg. v. P. GEREKE. Bearb. v. I. REIFFENSTEIN. Tüb. ³1982. **Literatur:** BOOR, H. DE: Die Chronologie der Werke K.s v. W., ... In: Beitrr. zur Gesch. der dt. Sprache u. Lit. (Tüb.) 89 (1967), S. 210. – MONECKE, W.: Studien zur ep. Technik K.s v. W. Stg. 1968. – LEIPOLD, I.: Die Auftraggeber u. Gönner K.s v. W. Göppingen 1976. – JACKSON, T.R.: The legends of K. v. W. Erlangen 1983. – BRANDT, R.: K. v. W. Darmst. 1987. – Das ritterl. Basel. Zum 700. Todestag K.s v. W. Bearb. v. S. BRUGGMANN u.a. Ausst.-Kat. Basel 1987. – KOKOTT, H.: K. v. W. Ein Autor zw. Auftrag u. Autonomie. Stg. 1989. – SCHRÖDER, W.: Die Namen im ›Trojanerkrieg‹ K.s v. W. Stg. 1992.

Konrád, György [ungar. 'konra:d], *Debrecen 2. April 1933, ungar. Schriftsteller. – Schrieb soziolog. und literar. Essays sowie Romane (›Der Besucher‹, 1969, dt. 1973; ›Der Stadtgründer‹, dt. 1975, in Ungarn 1977), in denen er Kritik an der sozialist. Gesellschaft übt. Eine Auseinandersetzung mit der neuesten ungar. Geschichte enthält der Roman ›Der Komplize‹ (dt. 1981, ungar. 1986). K. erhielt 1991 den Friedenspreis des Börsenvereins des Dt. Buchhandels.

Weitere Werke: Die Intelligenz auf dem Weg zur Klassenmacht (Studie, 1978, dt. 1978; mit I. Szelényi), Geisterfest (R., dt. 1986), Melinda und Dragoman (R., dt. 1991), Die Melancholie der Wiedergeburt (Prosa, 1991, dt. 1992).

Konrad, Pfaffe, mhd. Dichter des 12. Jahrhunderts. – Übersetzte die frz. ›Chanson de Roland‹ (um 1100; ↑Rolandslied) auf dem Weg über das Lateinische ins Mittelhochdeutsche. Als Auftraggeber gilt Heinrich der Löwe, das Werk wird auf 1172 datiert. Es dient dem Anspruch des Herzogs auf königsgleiche Repräsentation. Ideolog. Grundlage der Handlung ist die Kreuzzugsidee, daneben steht die Darstellung vom idealen Zusammenwirken von Kaiser und Vasallen. Die histor. Perspektive ist rigoros dualistisch, die Heiden erscheinen als Kinder des Teufels, die Christen als Märtyrer. Das ›Rolandslied‹ wurde schon im 12. Jh. relativ breit überliefert und später durch die Überarbeitung des Stricker (›Karl‹, um 1220/30) verdrängt. **Ausgaben:** Das Rolandslied des P.n K. Faksimile des Codex Palatinus Germanicus 112. Einf. v. W. WERNER u. H. ZIRNBAUER. Wsb. 1970. – Das Rolandslied des P.n K. Mhd. mit nhd. Prosaübers. Bd. 1. Hg. v. D. KARTSCHOKE. Mchn. 1971. **Literatur:** KARTSCHOKE, D.: Die Datierung des dt. Rolandsliedes. Stg. 1965. – RICHTER, H.: Komm. zum ›Rolandslied‹ des P.n K. Bern 1972. – CANISIUS-LOPPNOW, P.: Recht u. Religion im Rolandslied des P.n K. Ffm. u.a. 1992.

Konsalik, Heinz G. ['kɔnzalık, kɔn-'za:lık], eigtl. H. Günther, Pseudonyme Jens Bekker, Stefan Doerner, Boris Nikolai, Henry Pahlen, *Köln 28. Mai 1921, dt. Schriftsteller. – Bestsellerautor von klischeehaft-trivialen Unterhaltungsromanen, die z.T. auf eigene Kriegserlebnisse im Osten zurückgehen; als sein 100. Roman (ohne die etwa 20 unter Pseudonym publizierten Romane) erschien 1984 ›Die strahlenden Hände‹. **Weitere Werke:** Der Arzt von Stalingrad (R., 1956), Strafbataillon 999 (R., 1959), Liebesnächte in der Taiga (R., 1966), Frauenbataillon (R., 1981), Aus dem Nichts ein neues Leben (R., 1982), Unternehmen Delphin (R., 1983), Ein Kreuz in Sibirien (R., 1983), Promenadendeck (R., 1985), Sibir. Roulette (R., 1986), Das goldene Meer (R., 1987), Das Bernsteinzimmer (R., 1988), Westwind aus Kasachstan (R., 1992), Öl-Connection (R., 1993), Der schwarze Mandarin (R., 1994).

konsequente Dichtung ↑experimentelle Dichtung.

konsequenter Naturalismus ↑Naturalismus.

Konstantinos, Lehrer und Apostel der Slawen, ↑Kyrillos und Methodios.

Konstantinov ↑Konstantinow.

Konstantinow (tl.: Konstantinov), Aleko Iwanizow [bulgar. konstan'tinof], *Swischtow 1. Jan. 1863, †bei Peschtera 11. Mai 1897 (ermordet), bulgar. Schriftsteller. – K. schrieb Feuilletons z. T. polit. Inhalts, meist humorist. Skizzen, und führte mit der satir. Erzählung ›Baj Ganju‹ (1895, dt. 1908, 1959 u. d. T. ›Der Rosenölhändler‹) eine neue Gattung in die bulgar. Literatur ein.
Weiteres Werk: Do Čikago i nazad (= Nach Chicago und zurück, E., 1893).
Ausgabe: A. Konstantinov. Sabrani săčinenija. Sofia 1980. 2 Bde.

Konstanz, Heinzelin von, mhd. Dichter, ↑Heinzelin von Konstanz.

Konstruktivismus [zu lat. construere = erbauen, errichten], von Korneli Ljuzianowitsch Selinski (*1896, †1970) theoretisch begründete Richtung innerhalb der russ. Literatur (1924–30), deren Vertreter sich neben den Futuristen, Imaginisten und Anhängern des ↑Proletkultes um die Vorbedingungen einer proletar. Kunst bemühten; bekannt sind v. a. E. G. Bagrizki, W. M. Inber und I. L. Selwinski.

Kontakion [mittelgriech.], vielstrophige Form der byzantin. Hymnodie, vermutlich syr. Herkunft; fand im 6. Jh. ihre Vollendung bei Romanos dem Meloden (berühmt sind v. a. das wahrscheinlich von ihm stammende Akathistos und das Weihnachtskontakion).

Kontamination [lat. = Befleckung, zu lat. contaminare = berühren, beflecken],
1. Ineinanderarbeitung verschiedener Vorlagen bei der Abfassung eines neuen Werkes. Das Verfahren wurde z. B. von den röm. Komödiendichtern (Plautus, Terenz), die für ihre Komödien griech. Vorlagen benutzten, angewandt.
2. in der *Textkritik* das Vermischen von Lesarten verschiedener Textauffassungen während der Überlieferung (K.s-lesarten).

kontinent, von W. J. Maximow gegründete und herausgegebene Zeitschrift für Politik und Kultur, die 1974–91 vierteljährlich als Forum für Autoren (z. T. in der Emigration) aus der UdSSR und aus Osteuropa in Paris erschien. Ihre auch belletrist. Beiträge hatten unmittelbaren Bezug zu den aktuellen Geschehnissen in der UdSSR und in Osteuropa. Eine davon unabhängige dt. Ausgabe (Bonn; hg. von Cornelia Gerstenmaier und [seit 1986] von Aleksa Djilas) stellte nach der ›Wende‹ in Osteuropa 1992 ihr Erscheinen ein. Dagegen gibt es weiterhin eine russ. Zeitschrift ›k.‹, die seit 1991 in Moskau herauskommt.

Kontoglu (tl.: Kontoglous), Photis, *Kydonia (heute Ayvalık) 8. Nov. 1896, †Athen 13. Juli 1965, neugriech. Schriftsteller und Maler. – Fortsetzer des byzantin. Tradition in seiner Ikonenmalerei, schuf K. einen eigenen Stil in seinen Erzählungen, dessen Charakteristika Traditionstreue, extreme Volkssprache und Legendensprachduktus sind.
Werke: Pedro Kazas (En., 1923), Vassanta (En., 1924), Astrolavos (E., 1934), Phēmismenoi andres (= Berühmte Männer, En., 1942), Histories kai peristatika (= Geschichten und Begebenheiten, En., 1944), Mystikos kēpos (= Mystischer Garten, En., 1944), Pēgē zōēs (= Quelle des Lebens, En., 1951), Ekphrasis orthodoxu eikonographias (= Ausdrucksweise der orthodoxen Ikonographie, Schrift, 2 Bde., 1960), Sēmeion mega (= Großes Zeichen, Prosa, 1962), Savas ho thalassinos (= Savas der Seemann, Prosa, 1965).
Ausgabe: Ph. K. Erga. Athen 1962–67. 5 Bde.

Konversationskomödie (Gesellschaftsstück), Lustspielform seit dem 19. Jh., bei der der geistreiche Dialog im Vordergrund steht. Bekannte Vertreter: O. Wilde, H. Bahr, C. Goetz und (mit Einschränkungen) H. von Hofmannsthal (›Der Schwierige‹, 1921). – ↑auch Boulevardkomödie.

Konwicki, Tadeusz [poln. kɔn'vitski], *Nowa Wilejka (heute zu Wilna) 22. Juni 1926, poln. Schriftsteller. – Behandelt in Erzählungen und Romanen v. a. Probleme der Nachkriegsgeneration. Dt. liegen u. a. vor: ›Die neue Strecke‹ (E., 1950, dt. 1951), ›Modernes Traumbuch‹ (R., 1963, dt. 1964), ›Auf der Spitze des Kulturpalastes‹ (R., 1967, dt. 1973), ›Angst hat große Augen‹ (R., 1971, dt.

2*

1973), ›Chronik der Liebesunfälle‹ (R., 1974, dt. 1978), ›Die poln. Apokalypse‹ (R., 1979, dt. 1982); auch Filmregisseur.
Weitere Werke: Nowy Świat i okolice (= Nowy Świat und Umgebung, literar. Tageb., 1986), Bohiń (R., 1987), Zorze wieczorne (= Abendröte, R., 1991), Spaziergänge mit einem toten Mädchen (R., 1992, dt. 1993).
Literatur: NOWICKI, S.: Pół wieku czyścca. Rozmowy z T. Konwickim. London 1986.

Konzeptismus ↑ Conceptismo.

Konzetti ↑ Concetto.

Konzinnität [lat.], in der *Rhetorik* Ebenmäßigkeit im Satzbau; oft auf den ↑ Parallelismus eingeschränkt.

Koolhaas, Anton, * Utrecht 16. Nov. 1912, † Amsterdam 17. Dez. 1992, niederl. Schriftsteller. – Begann mit Tiergeschichten (›Poging tot instinct‹, 1956), schrieb später Romane (›Een pak slaag‹, 1963), auch Drehbücher und Theaterstücke; sein zentrales Thema ist die Unsicherheit der menschl. Existenz.
Weitere Werke: Vergeet niet de leeuwen te aaien (En., 1957), Een gat in het plafond (En., 1960), De nagel achter het behang (R., 1971), Vanwege een tere huid (R., 1973), Nieuwe maan (R., 1978), En aanzienlijke vertraging (R., 1981), Liefdes tredmolen (En., 1985).
Literatur: KRUITHOF, J.: Vertellen is menselijk. Groningen 1976. – MOOR, W. DE: K. onder de mensen. Amsterdam 1978.

Kopelew (tl.: Kopelev), Lew Sinowjewitsch [russ. ˈkɔpɨlɪf], * Kiew 9. April 1912, russ. Literat und Germanist. – 1941–45 Fronteinsatz als Propagandaoffizier; 1945–54 in Gefängnissen und Lagern; ab 1956 rehabilitiert; Arbeiten u. a. über Goethes ›Faust‹ (1962) und B. Brecht; wendete sich 1966 gegen polit. Verfolgung und ›Restalinisierung‹; 1968 Ausschluß aus der Partei; Berufsverbot; 1980 Ausreise aus der UdSSR, 1981 Ausbürgerung; lebt in Köln; erhielt 1981 den Friedenspreis des Börsenvereins des Dt. Buchhandels. Seine Autobiographie in drei Bänden ›Und schuf mir einen Götzen‹ (1978, dt. 1979), ›Aufbewahren für alle Zeit!‹ (1975, dt. 1976) und ›Tröste meine Trauer‹ (1981, dt. 1981) wurde 1985 u. d. T. ›Einer von uns‹ zusammengefaßt.
Weitere Werke: Ein Dichter kam vom Rhein (Biogr. über H. Heine, dt. 1981), Der heilige Doktor Fjodor Petrowitsch. Die Geschichte des Friedrich Joseph Haass ... (dt. 1984, russ. 1985), Worte werden Brücken (Prosa, dt. 1985), Wir lebten in Moskau (Erinnerungen, 1988, dt. bereits 1987, 1989 auch u. d. T. Zeitgenossen, Meister, Freunde; mit seiner Frau Raissa Orlowa), Und dennoch hoffen. Texte der dt. Jahre (dt. 1991).
Literatur: Ein brüderl. Mensch. L. K. Dokumentation einer Erfahrung. Hg. v. R. APPEL. Mitverfaßt v. L. KOPELEW. Hamb. 1983.

Köpf, Gerhard, * Pfronten 19. Sept. 1948, dt. Literaturwissenschaftler und Schriftsteller. – Studierte Germanistik in München, seit 1984 Prof. in Duisburg. Literaturwiss. Veröffentlichungen (v. a. zur Erzähltheorie), Herausgebertätigkeit (›Ein Schriftsteller schreibt ein Buch ...‹, 1985). Seinem Romantryptichon ›Innerfern‹ (1983), ›Die Strecke‹ (1985) und ›Die Erbengemeinschaft‹ (1987) liegt das ›magisch-reale‹ Allgäu als geograph. und geistig-visuelle Einbettung zugrunde, wo sich der Protagonist gegen seinen Gegenspieler und die durch diese verkörperte Welt abzugrenzen, zu entfernen, zu befreien versucht. Erfundenes, Imaginäres mischt sich mit [Auto]biographischem, Realem; die kunstvoll wuchernde Konstruktion erinnert an Jean Paul, W. Faulkner und zeitgenöss. südamerikan. Autoren.
Weitere Werke: Eulensehen (R., 1989), Borges gibt es nicht (Nov., 1991), Piranesis Traum (R., 1992), Papas Koffer (R., 1993), Der Weg nach Eden (R., 1994).
Literatur: G. K. Hg. v. F. LOQUAI. Eggingen 1993.

Kopisch, August, * Breslau 26. Mai 1799, † Berlin 3. Febr. 1853, dt. Maler und Schriftsteller. – Besuchte die Kunstakademien in Prag und Wien, ging 1823 nach Italien, wo er sich mehr der Dichtkunst zuwandte. 1826 entdeckte er mit dem Maler E. Fries die berühmte Blaue Grotte bei Capri. Seit 1833 lebte er in Berlin, später in Potsdam und beschrieb dort im Auftrag des Königs ›Die Königl. Schlösser und Gärten zu Potsdam‹ (1854). In seinen beiden Gedichtsammlungen ›Gedichte‹ (1836) und ›Allerlei Geister‹ (1848; darin u. a. ›Die Heinzelmännchen von Köln‹, ›Der Nöck‹) bewies er im Vortrag volkstüml. Schwänke Sprachgewandtheit und naiven Humor. Er schrieb auch Dramen und Novellen und übersetzte Dante.
Ausgabe: A. K. Geistergedichte, Schwänke u. Balladen. Hg. v. M. LANDMANN. Bln. 1960.

Kopit, Arthur L[ee] [engl. 'kɔpɪt],
*New York 10. Mai 1937, amerikan.
Dramatiker. – Studium an der Harvard
University; greift v. a. Themen des amerikan. Alltagslebens auf, die er parodistisch und grotesk nach Art des absurden
Theaters transformiert, wobei eine sozialkrit. Intention spürbar ist. In ›Oh Vater,
armer Vater, Mutter hängt dich in den
Schrank, und ich bin ganz krank‹ (1960,
dt. 1965) behandelt er die durch den Ödi-
puskomplex hervorgerufenen Komplika-
tionen; in ›Kammermusik‹ (UA 1963, dt.
1966) verwendet er musikal. Strukturie-
rungsmittel zur Darstellung des Wahnsinns in einer Anstalt; ›Als die Huren
auszogen, Tennis zu spielen‹ (1965, dt.
1966) parodiert den sozialen Aufstieg im
Klubleben Neureicher. Sein bestes
Stück, ›Indianer‹ (1969, dt. 1970), ent-
hüllt die mit der Geschichte des amerikan. Westens verbundenen Mythen, wie
etwa die Rolle Buffalo Bills. Allen Dramen gemeinsam ist die psychoanalyt.
Erkenntnis des notwendigen Scheiterns
einer mythisch konzipierten Identität.
Weitere Werke: The questioning of Nick (Dr.,
1957), Sing zu mir durch offene Fenster (Dr.,
1965, dt. 1969), Die Eroberung des Mount Eve-
rest (UA 1964, dt. 1975), Louisiana Territory;
or, Lewis and Clark – lost and found (Dr., UA
1975), Secrets of the rich (Dr., 1978), Wings
(Dr., 1978), Good help is hard to find (Dr.,
1982), Nirvana (Dr., 1991, dt. EA 1992).
Literatur: AUERBACH, D.: Sam Shepard, A. K.
and the off-Broadway theater. Boston (Mass.)
1982.

Kops, Bernard, *London 28. Nov.
1926, engl. Dramatiker. – Wurde durch
die Transponierung von Shakespeares
Tragödie ›Hamlet‹ in die Gegenwart,
›Hamlet of Stepney Green‹ (Dr., 1958),
bekannt. Die historische Figur Ezra
Pounds verarbeitete K. in dem surrealen
Stück ›Ezra‹ (Dr., 1981); schrieb auch
Romane.
Weitere Werke: Goodbye world (Dr., 1959),
Change for the angel (Dr., 1960), The dream of
Peter Mann (Dr., 1960), Stray cats and empty
bottles (Dr., 1961), Enter Solly Gold (Dr., 1961),
By the waters of Whitechapel (R., 1969), The
passionate past of Gloria Gaye (R., 1971), Settle
down Simon Katz (R., 1973), Simon at midnight
(Dr., 1985), Barricades in West Hampstead
(Ged., 1988).

koptisches Schrifttum, liegt in den
verschiedenen Dialekten der kopt. Sprache in mehr oder weniger großer Menge
vor. Die kopt. Sprache ist eine Entwicklung der altägypt.; sie hat, bes. für christl.
Begriffe, 2000 griech. Lehnwörter aufgenommen und wird mit griech. Buchstaben geschrieben. Für die Überlieferung
wirkte sich die oft von den Händlern ge-
übte Methode, Bücher zu zerteilen, nach-
teilig aus; für Editionen müssen oftmals
Blätter aus allen Teilen der Erde zusam-
mengesucht werden. Gegenwärtig ist der
interessantere Teil der kopt. Literatur das
Schrifttum der Häretiker. Im oberägypt.
↑ Nag Hammadi wurde 1945/46 eine Bibliothek gnostizist. Schriften gefunden,
die inhaltlich den gnost. Berliner Codex
ergänzen und die z. T. inzwischen bearbeitet sind. Zwei weitere in Großbritannien befindl. Sammelhandschriften machen einen sekundären Eindruck. Schon
1931 war eine manichäische Bibliothek
(↑ manichäische Literatur) aufgetaucht,
von der ein Teil ediert ist. Herkunftsort
ist wahrscheinlich Asjut, in dessen Dialekt die Schriften abgefaßt sind. Das
Christentum hat eine kirchl. Literatur
hervorgebracht, die im wesentlichen erbaul. Charakter hat. Sehr wertvoll sind
die Übersetzungen der Bibel, von der im
sahidischen und bohairischen Dialekt
vollständige Fassungen des NT und
große Abschnitte des AT vorliegen. Daneben wurde das apokryphe Schrifttum
tradiert. Auch Pseudepigraphen des NT
sind überliefert. Die hagiograph. und ho-
milet. Literatur ist reich entwickelt. An
Originalliteratur sind Mönchsviten, bes.
aber die Sammlungen der Predigten
Schenutes und seiner Schüler bedeutsam. Neben einer geistl. Volkspoesie
steht eine reiche liturg. Überlieferung.
Die profane Literatur ist kaum entwikkelt. Der Kambysesroman legt Zeugnis
vom Nationalbewußtsein der Kopten ab.
Auch einfache medizinische Literatur
sowie zahlreiche Zaubertexte sind vorhanden.
Ausgaben: ZOËGA, G.: Catalogus codicum cop-
ticorum manuscriptorum qui in Museo Bor-
giano Velitris adservantur. Rom 1810. Nachdr.
Lpz. 1903. – Corpus scriptorum christianorum
orientalium. Reihe Scriptores coptici. Löwen
1906 ff. – Bibliothecae Pierpont Morgan. Codi-
ces coptici photographice expressi. Hg. v.
H. HYVERNAT. Faksimile-Ausg. Rom 1922.
56 Bde. – Coptica. Kopenhagen 1922–29. 5 Bde.

Literatur: SIMON, J., u.a.: Bibliographie copte. In: Orientalia 18 (1949) bis 36 (1967); 40 (1971) bis 45 (1976). – A Coptic bibliography. Ges. u. hg. v. W. KAMMERER u.a Ann Arbor (Mich.) 1950. – MORENZ, S.: Die kopt. Lit. In: Hdb. der Orientalistik. Hg. v. B. SPULER. Abt. 1. Bd. 1, 2. Leiden ²1970. – BIEDENKOPF-ZIEHNER, A.: Kopt. Literaturübersicht. In: Enchoria 2 (1972 ff.). – HYVERNAT, H.: Album de paléographie copte pour servir à l'introduction paléographique des actes des martyrs de l'Égypte. Osnabrück 1972. – Coptic bibliography, Corpus dei manuscritti copti letterari. Rom 1982 ff.

Korais (tl.: Koraēs), Adamantios (frz. A. Coraï), *Smyrna (heute İzmir) 27. April 1748, † Paris 6. April 1833, neugriech. Gelehrter und Schriftsteller. – Kaufmann in Amsterdam; seit 1788 Arzt in Paris. Von großer Bedeutung für die Vermittlung griech. Geistes durch kommentierte Ausgaben antiker Schriftsteller, Abhandlungen, Briefe, Dialoge, Gedichte, Erzählungen und Manifeste. Wirkte bestimmend bei der Einführung einer Form der griech. Schriftsprache im befreiten Griechenland, in der Bemühung, eine Annäherung zwischen gelehrter und Volkssprache einzuleiten.

Werke: Asma polemistērion (= Kriegslied, Ged., 1800), Polemistērion salpisma (= Kriegsruf, 1801), Dialogos dyo Graikōn (= Dialog zweier Griechen, 1805), Hellēnikē bibliothēkē (= griech. Bibliothek, 17 Bde., 1805–26), Parerga tēs hellenikēs bibliothēkēs (= Nebenwerke der griech. Bibliothek, 9 Bde., 1809–27), Papa Trechas (E., 1820), Atakta (= Vermischtes, 5 Bde., 1828–35).
Ausgabe: A. K. Hapanta. Athen 1964–65. 4 Bde.
Literatur: THEREIANOS, D.: A. K. Triest 1889–90. 3 Bde. – OIKONOMOS, C. P.: Die pädagog. Anschauungen des A. K. u. ihr Einfluß auf das Schulwesen u. das polit. Leben Griechenlands; nebst einem Abriß des geschichtl. Entwicklung des griech. Schulwesens v. 1453–1821. Lpz. 1908. – CHACONAS, S. G.: A. K. A study in Greek nationalism. New York 1942. Nachdr. 1968. – ROTOLO, V.: A. K. e la questione della lingua in Grecia. Palermo 1965. – PAPADEROS, A.: Metakenōsis. Meisenheim am Glan ²1970.

Koran [tl.: al-qur'ān = Lesung], das hl. Buch des Islams, das die Offenbarungen enthält, die der Prophet Mohammed zwischen 608 und 632 in Mekka und Medina verkündete. Es war Mohammeds Intention, den Arabern ein Buch zu geben, das den hl. Schriften der anderen Religionen von ›Schriftbesitzern‹ (insbes. Juden und Christen) vergleichbar wäre. Allen Offenbarungsurkunden liegt nach islam. Vorstellung ein himml. Urtext zugrunde, der in anderen Religionen verfälscht, im Islam jedoch durch den K. rein und unverfälscht wiedergegeben wird. Der K. ist in Reimprosa abgefaßt und stellt das älteste arab. Prosawerk dar. Die Entstehungsgeschichte des K.s, der von Anfang an liturg. Zwecken diente, läßt drei Perioden erkennen: Die 1. mekkan. Periode umfaßt kurze Texte mit überwiegend eschatolog. Themen, als erste Offenbarung gilt Sure 96; die 2. mekkan. Periode enthält Predigten, in denen auf Gottes Wirken in der Natur und auf das Schicksal der Gottesgesandten vor Mohammed hingewiesen wird; in der 3. medinens. Periode überwiegen Themen, die sich mit der theolog. und polit. Bedeutung der neuen Religion befassen. Bibl. Themen fanden in den K. oft in apokrypher Fassung Eingang. Der K.text wurde 653 durch eine vom Kalifen Othman (644–656) eingesetzte Kommission endgültig redigiert. Seine 114 Suren (Kapitel) wurden so geordnet, daß die längsten zu Beginn, die kürzesten am Schluß stehen. Die erste Sure (Fatiha = die Eröffnende) ist ein kurzer Gebetstext. Jede Sure ist in Verse unterteilt. Der K. ist für die Muslime auch Grundlage des Rechts. Der K. darf, sofern er dem Kultus dient, nicht übersetzt werden.
Ausgabe: Der K. Dt. Übers. Stg. u.a. ²1982.
Literatur: NÖLDEKE, TH., u.a.: Gesch. des Qorane. Lpz. ²1909–38. 3 Bde. Nachdr. Hildesheim 1961. 3 Bde. in 1 Bd. – GOLDZIHER, I.: Die Richtungen der islam. K.auslegung. Leiden 1920. – RUDOLPH, W.: Die Abhängigkeit des Qorane vom Judentum u. Christentum. Stg. 1922. – GÄTJE, H.: K. u. K.exegese. Zü. u. Stg. 1971. – PARET, R.: Der K. Komm. u. Konkordanz. Stg. u.a. 1971. – BELTZ, W.: Die Mythen des K. Der Schlüssel zum Islam. Düss. 1980. – BÖWERING, G.: Th mystical vision of existence in classical Islam. Bln. u. New York 1980.

Korczak, Janusz [poln. 'kɔrtʃak], eigtl. Henryk Goldszmit, *Warschau 22. Juli 1878 (1879?), †Treblinka 5.(?) Aug. 1942, poln. Arzt, Pädagoge und Schriftsteller. – Leitete ab 1911 ein Waisenhaus für jüd. Kinder in Warschau sowie ab 1919 mit M. Falska (*1877, †1944) ein Kinderheim. Als am 5. Aug. 1942 die SS die 200 Kinder seines Waisenhauses aus dem Warschauer Getto zum Transport in das Vernichtungslager Treblinka abholte, lehnte es K. ab, sie zu verlassen. K. schrieb Bücher über und für Kinder, u. a. 1923 ›König Hänschen der Erste‹ (dt. 1970), ›König Hänschen auf der einsamen Insel‹ (dt. 1971), 1924 ›Der Bankrott des kleinen Jack‹ (dt. 1935). Als dt. Auswahl erschien 1973 ›Wenn ich wieder klein bin u. a. Geschichten von Kindern‹. Wichtigste pädagog. Schrift ist ›Wie man ein Kind lieben soll‹ (2 Tle., 1919/20, dt. 1967). – 1972 (postum) Friedenspreis des Börsenvereins des Dt. Buchhandels.

Weiteres Werk: Kaitus oder Antons Geheimnis (1933, dt. 1987).

Ausgaben: J. K. Pisma wybrane. Warschau 1978. 4 Bde. – J. K. Das Kind lieben. Ein Leseb. Ffm. 1984. – J. K. Der kleine König Macius. Die vollständige Ausg. Dt. Übers. Freib. 1994.

Literatur: DAUZENROTH, E.: Ein Leben für Kinder. J. K. Güt. 1981. – J. K. Bibliogr. Hg. v. R. PÖRZGEN. Mchn. 1982. – PELZER, W.: J. K. Rbk. 1987. – LIFTON, B. J.: Der König der Kinder. Das Leben von J. K. Dt. Übers. Neuausg. Stg. 1993.

Kordon, Klaus, * Berlin 21. Sept. 1943, dt. Jugendbuchautor. – Studium der Volkswirtschaft; kam 1973 aus der DDR in die BR Deutschland; seit 1980 freier Schriftsteller. Seine Bücher beschäftigen sich mit den Problemen von Kindern in der Dritten Welt (›Tadaki‹, 1977; ›Monsun oder der weiße Tiger‹, 1980), mit der Nachkriegsgeneration (›Brüder wie Freunde‹, 1978) und mit aktuellen Problemen, z. B. Drogen (›Die Einbahnstraße‹, 1979) oder Umweltschutz (›Eine Stadt voller Bäume‹, 1980).

Weitere Werke: Möllmannstraße 48 (1978), Schwarzer Riese, 5. Stock (1979), Till auf der Zille (1983), Die Wartehalle (1983), Zugvögel oder Irgendwo im Norden (1983), Die roten Matrosen oder Ein vergessener Winter (1984), Hände hoch, Tschibaba! (1985), Frank guck in die Luft (1986), Mit dem Rücken zur Wand (R., 1990), Der erste Frühling (R., 1993), Ich möchte eine Möwe sein (E., 1993), Die Zeit ist kaputt. Die Lebensgeschichte des Erich Kästner (1994).

koreanische Literatur, älteste Zeugnisse der **altkorean.** Literatur sind schamanist. Kultlieder, die allerdings nur fragmentarisch und in chin. Sprache überliefert sind. Auch aus der Zeit der ›Drei Reiche‹ sind keine Originaltexte überkommen. Dennoch läßt sich aus Hinweisen in späteren Geschichtswerken wie dem ›Samguk-sagi‹ und dem ›Samguk-yusa‹ entnehmen, daß es damals zwei Gedichtformen, das ep. Langgedicht und das lyr. Kurzgedicht, gab. Im Zuge des erwachenden Nationalbewußtseins nach der Gründung des **Großreiches Silla** entwickelt sich eine neue literar. Gattung, das ›hyangga‹ (vaterländ. Gedicht), auch rein koreanisch als ›saenaennorae‹ (Ostgedicht, d. h. korean. Gedicht) bezeichnet, dessen Leitmotive neben mag. Bezügen Liebe, Freundschaft, Trauer um den Verlust der Geliebten usw. sind. Überzeugende Bekenntnisse der Güte Buddhas sind die ›hyangga‹ des Priesters Kyunyo (* 917, † 973). Die vollkommenste Form des ›hyangga‹ besteht aus zwei vierzeiligen Strophen und wird von einer Schlußstrophe mit zwei Versen beschlossen. Das Metrum wird durch die Silbenzahl bestimmt.

Während der **Koryodynastie** (918–1392) geriet die ›hyangga‹-Poesie angesichts des zunehmenden Interesses an der Literatur der chin. Tangperiode in Vergessenheit und wurde durch eine zeitgemäßere Form, das ›changga‹ (Lang- oder Kettengedicht) ersetzt. Fand das ›changga‹ am Königshof seine bes. Pflegestätte, so spiegelt sich in dem im ›changga‹-Stil gedichteten ›sokyo‹ (Volkslied) der Lebensbereich des einfachen Volkes wider.

In die Anfangszeit der **Yidynastie** (1392–1910) fielen zwei bed. Leistungen, die Erfindung der ›Volksschrift‹ und der Druck mit bewegl. Lettern. Das älteste Werk der von König Sejong (1419–51) zur Hebung der Volksbildung geplanten Nationalliteratur, die sich jedoch u. a. wegen der fest verwurzelten chin. Sprache nicht durchsetzen konnte, war das ›Yongbi öchön'ga‹ (= Gesänge der zum Himmel aufsteigenden Drachen), eine Gedichtsammlung zu Ehren des Herrscherhauses. Unmittelbar mit der Einführung der Volksschrift verbunden waren seit Beginn des 14. Jh. drei neue Gedichtgattungen: das ›akchang‹ (lyr. Hofgesang mit Musikbegleitung), das ›kasa‹ (Verserzählung), das mit dem ›Songgang-kasa‹ des Ministers Chöng Ch'öl zu den großen Werken der k. L. gehört, und das ›sijo‹ (Kurzgedicht), das sich in allen Schichten des Volkes größ-

ter Wertschätzung erfreute. Die bedeutendsten Meister der ›sijo‹-Dichtung waren Yi Yulgok (* 1536, † 1584) und v. a. Yun Sondo (* 1587, † 1671).
Mit dem Beginn der Yidynastie schlug auch die Geburtsstunde der Prosaliteratur. Kang Himaeng (* 1424, † 1483) veröffentlichte erstmalig die von ihm gesammelte mündlich tradierte Volksliteratur u. d. T. ›Ch'ondam-haei‹ (= Dorferzählungen). Als erstes Werk eigenständiger Novellenliteratur gilt das nur bruchstückhaft überlieferte Werk ›Kümo sinhwa‹ (= Neue Geschichten der Goldschildkröte) von Kim Sisup (* 1435, † 1493). Mit Ho Kyun (* 1569, † 1618) und Kim Manjung (* 1637, † 1692) erreichte die klass. Prosaliteratur ihren Höhepunkt. Ho Kyuns sozialkrit. Novelle ›Hong Kildongjön‹ (= Die Geschichte von Hong Kildong) war eine scharfe Anklage gegen die Gewaltherrschaft der zeitgenöss. Feudalaristokratie. Im Gegensatz zu Ho Kyun lehnte Kim Manjung in seinem Roman ›Kuunmong‹ (= Wolkentraum der Neun) jede gewaltsame Lösung der sozialen Probleme ab. Die unerträglich gewordenen sozialen Spannungen während der späteren Yiperiode fanden in dem anonymen Roman ↑›Ch'unhyangjön‹ ihren Niederschlag.
Mit dem **Ausgang des 19. Jahrhunderts** endete das Zeitalter der klass. Literatur Koreas. Unter dem Einfluß westl. Geistesströmungen kämpften die korean. Literaten für die Befreiung Koreas von der jap. Herrschaft und für die Ideale der Demokratie. Gebührt Ch'oe Namsön das Verdienst der Wiederbelebung der Lyrik, so gilt I Kwangsu (* 1892, † 1950) als Wegbereiter des modernen Romans.
Durch Vermittlung Japans wurden während der **Kolonialzeit (1910–45)** die Stilrichtungen der westl. Literatur in Korea bekannt. Fast gleichzeitig entwickelten sich romant., naturalist. und symbolist. Strömungen. Das Aufbegehren gegen die jap. Besatzungsmacht und deren Pressionen fand literar. Niederschlag in volkstüml. Lyrik und avantgardist. Texten. Eine grundlegende Polarisierung der k. L. trat mit der Gründung der Föderation proletar. Künstler Koreas (KAPF) 1925 ein, die über die 1945 erreichte

staatl. Unabhängigkeit Koreas hinaus wirkte.
In der Literatur des sozialist. Realismus in **Nord-Korea** blieb die Parteilichkeit der Literatur bestimmend. In **Süd-Korea** wird die Diskussion über das Verhältnis von ›reiner Literatur‹ und ›Tendenzliteratur‹ fortgesetzt. Die Teilung des Landes und der Koreakrieg (1950–53) mit seinen Auswirkungen haben lange die Thematik bestimmt. Histor. Romane suchen die Wurzeln der gegenwärtigen Situation zu ergründen. Pak Kyŏngni (* 1927) schreibt Familienromane. Die Minjung-(›Volksmassen‹-)Literatur sucht bewußt die Auseinandersetzung auch mit dem sozialist. Realismus im N. Zu den engagiertesten Vertretern gehört der auch international bekannte Lyriker Kim Chiha (* 1941). Durch aktive Rezeption der literar. Tradition wird eine wachsend krit. Haltung zu fremden Einflüssen bestimmend, was der Nationalliteratur neue Impulse gibt.
Ausgaben: ECKARDT, A.: Korean. Märchen u. Erzählungen. Sankt Ottilien 1928. – ECKARDT, A.: Unter dem Odongbaum. Korean. Sagen, Märchen u. Fabeln. Eisenach 1951. – Folk tales from Korea. Engl. Übers. Ges. u. hg. v. IN-SŎB ZŎNG. London 1952. – Kranich am Meer. Korean. Gedichte. Dt. Übers. Hg. v. P. H. LEE. Mchn. 1959. – Anthology of Korean poetry from the earliest era to the present. Engl. Übers. Ges. u. hg. v. P. H. LEE. New York 1964. – Die bunten Schuhe u. a. korean. Erzählungen. Dt. Übers. u. hg. v. T. B. RHIE. Herrenalb 1966. – LEE, P. H.: Songs of Flying Dragon. Engl. Übers. Cambridge (Mass.) 1975. – Liefde rond, liefde vierkant. Bloemlezing uit de sijöpoëzie. Hg. v. F. VOS. Amsterdam 1978. – Modern Korean literature. An anthology. Hg. v. P. H. LEE. Engl. Übers. Honolulu 1990.
Literatur: LEE, P. H.: Korean literary biographies. Bloomington (Ind.) 1961. – LEE, P. H.: Korean literature. Topics and themes. Tucson (Ariz.) 1965. – ECKARDT, A.: Gesch. der k. L. Stg. 1968. – ECKARDT, A.: Korea. Nbg. 1972. – Samguck Yusa. Legends and history of the Three kingdoms of ancient Korea. Engl. Übers. v. TAE-HUNG HA u. G. K. MINTZ. Seoul 1972. – IN-SŎB ZŎNG: A guide to Korean literature. Elizabeth (N. J.) Neuausg. 1989.

Koreff, David [Johann] Ferdinand, * Breslau 1. Febr. 1783, † Paris 15. Mai 1851, dt. Arzt und Schriftsteller. – 1804–11 Modearzt literar. Kreise in Paris. 1816 als Vorkämpfer des medizin. Magnetismus Prof. in Berlin, 1818 Ge-

heimer Oberregierungsrat, ab 1825 wieder in Paris. Verfaßte neben Operntexten und Übersetzungen v. a. Lyrik in Nachahmung A. W. Schlegels. Mitglied der Serapionsbrüder († Serapionsbrüder, Die).
Werke: Tibullus Werke, der Sulpicia Elegien (1810), Lyr. Gedichte (1815), Don Tacagno (Oper, 1819).

Korinna aus Tanagra (tl.: Kórinna), griech. Dichterin um 500 v. Chr., vielleicht auch erst um 200 v. Chr. – Gilt nach Sappho als bedeutendste antike Dichterin; behandelte in ihren Gedichten meist Themen der böot. Sage.
Ausgabe: Corinna. Poems. Hg. u. kommentiert v. D. L. PAGE. London 1953.

Koriun (tl.: Koriwn), armen. Geschichtsschreiber des 5. Jahrhunderts. – Schüler des hl. Mesrop, dessen Vita er 442 verfaßte; besaß syr. und griech. Sprachkenntnisse und hielt sich in Amida (heute Diyarbakır), Edessa und Konstantinopel auf. Die Meinung, er sei Bischof gewesen, beruht auf der unkrit. Edition einer Ausgabe seiner Werke.
Ausgaben: K. Tiflis 1913. – K. Dt. Übers. v. S. WEBER. In: Bibliothek der Kirchenväter. Bd. 57. Mchn. 1927. – Koriwn. Vark ›Mashtots‹. Hg. v. M. ABEGHIAN. Jerewan 1941. – Koriwn. Biogr. des Heiligen Maštoc. Hg. v. P. N. AKINIAN. Wien ²1952. – K. Dt. Übers. v. V. INGLESIAN. In: W. SCHAMONI: Ausbreiter des Glaubens im Altertum. Düss. 1963. S. 117.

Kormákr, Ögmundarson [isländ. 'kɔrmaukʏr], * um 930, † um 970, isländ. Skalde. – Seine Strophen, durch persönl. Erlebnisse bestimmt, stehen im Gegensatz zur konventionellen isländ. Skaldenkunst; das Leben K.s wurde in der ›Kormaks saga‹ gestaltet (13. Jh.).

Kornaros, Vizentzos, * Sitia (Kreta) zu Beginn des 17. Jh., † ebd. 1677, griech. Dichter. – Gilt als Verfasser des romanhaften Epos ›Erōtokritos‹ (hg. 1713; rd. 10 000 Verse in Reimpaaren), das zu den besten Zeugnissen der kret. Literatur seiner Zeit zählt. Die Handlung entnahm K. der italien. Fassung des frz. Romans ›Paris et Vienne‹ von Pierre de la Cypède. Seine Dichtung überragt aber das Vorbild bei weitem. K. wird auch das Drama ›Hē thysia tu Abraam‹ (= Das Opfer Abrahams) zugeschrieben (wohl vor ›Erōtokritos‹ entstanden).
Ausgaben: Erōtokritos. Venedig 1713. – Hē thysia tu Abraam. Hg. v. E. LEGRAND. Bibliothèque

grecque vulgaire 1. Paris 1880. – Erōtokritos. Hg. v. S. XANTHUDIDES. Athen 1915. – Erōtokritos Hg. v. L. POLITIS. Athen 1952. – Hē thysia tu Abraam. Hg. v. G. MEGAS. Athen ²1954. – Erōtokritos. Hg. v. S. ALEXIU. Athen 1985.
Literatur: MANOUSAKES, M.: Kritikē vivliographia ton Kretikon theatron. Athen ²1964. – ALEXIU, S.: Hē kretike logotechnia kai hē epochē tēs. Athen 1985.

Korneitschukow (tl.: Kornejčukov), Nikolai Wassiljewitsch [russ. kɐrˈnʲejtʃuˈkɔf], russ.-sowjet. Kinderbuchautor und Literarhistoriker, † Tschukowski, Kornei Iwanowitsch.

Körner, Christian Gottfried, * Leipzig 2. Juli 1756, † Berlin 13. Mai 1831, dt. Staatsrat. – Vater von Theodor K.; Freund und Verehrer des jungen Schiller, dem er 1785–87 in Loschwitz (heute zu Dresden) Obdach bot. Erörterte mit Schiller in einem ausgedehnten Briefwechsel poet. und ästhet. Fragen (4 Bde., hg. 1847); schrieb die erste zuverlässige Schillerbiographie (in der Einleitung zu seiner 12bändigen Schillerausgabe, 1812–15).
Literatur: CAMIGLIANO, A. J.: Friedrich Schiller u. Ch. G. K. A critical relationship. Stg. 1976.

Körner, [Karl] Theodor, * Dresden 23. Sept. 1791, ⚔ Gadebusch 26. Aug. 1813, dt. Schriftsteller. – Studierte an der Bergakademie in Freiberg, dann Jura in Leipzig, Philosophie und Geschichte in Berlin. Von 1811 an hielt er sich in Wien auf, wo er mit W. von Humboldt, A. H. Müller, F. Schlegel und J. von Eichendorff verkehrte und 1812 und 1813 als Hoftheaterdichter erfolgreich war. 1813 diente er beim Lützowschen Freikorps und fiel im Gefecht bei Gadebusch. Seine sprachlich sicheren, bühnenwirk-

Theodor Körner (Pastellbildnis von Dorothea Stock, 1813)

samen Unterhaltungsstücke und pathet. Trauerspiele sind thematisch anspruchslos und von geringem literar. Wert; gefeierter patriot. Dichter der Freiheitsbewegung (›Lützows wilde Jagd‹).

Werke: Knospen (Ged., 1810), Dramat. Beiträge (3 Bde., hg. 1813–15), Leyer und Schwerdt (Ged., hg. 1814), Poet. Nachlaß (2 Bde., hg. 1814/15), Zriny (Trag., hg. 1814), Tagebuch und Kriegslieder aus dem Jahre 1813 (hg. 1893). **Ausgaben:** Th. K. Werke. Hg. v. A. STERN. Stg. 1889–90. 3 Tle. in 2 Bden. – Th. K. Werke. Hg. v. H. ZIMMER. Lpz. [2]1917. 2 Bde. – Th. K. Werke. Hg. v. H. MARQUARDT. Lpz. 1959. **Literatur:** BERGER, K.: Th. K. Bielefeld 1912. – KOLLMANN, E. C.: Th. K. Mchn. 1973.

Körner, Wolfgang, * Breslau 26. Okt. 1937, dt. Schriftsteller. – Seit 1952 in der BR Deutschland; lebt in Dortmund. Setzte sich in seinem Roman ›Versetzung‹ (1966) gesellschaftskritisch mit der Arbeitswelt von Angestellten auseinander. Schrieb die Jugendromantrilogie ›Der Weg nach drüben‹ (1976), ›Und jetzt die Freiheit?‹ (1977), ›Im Westen zu Hause‹ (1978); zahlreiche Fernsehdrehbücher.

Weitere Werke: Nowack (R., 1969), Die Zeit mit Harry (R., 1970), Ein freier Schriftsteller (Essays, 1973), Ich gehe nach München (Fsp., 1974; R., 1977), Die Zeit mit Michael. Eine Sommergeschichte (1978), Drogen-reader (Sachb., 1980), Büro, Büro (R., 1982), Kandinsky oder ein langer Sommer (1984), Der einzig wahre Opernführer (Satiren, 1985), Der einzig wahre Schauspielführer (Satiren, 1986), Scharfe Suppen für hungrige Männer (R., 1986), Der einzig wahre Eltern-Ratgeber. Kinderliebe für Anfänger (1993), Endgültige Geschichte der Deutschen (1994).

Kornfeld, Paul, * Prag 11. Dez. 1889, † im Getto Łódź 25. April 1942, dt. Dramatiker. – Gehörte in Prag zum Literatenkreis um M. Brod, F. Werfel, F. Kafka; ging 1916 nach Frankfurt am Main, ab 1925 Dramaturg in Berlin bei M. Reinhardt, später in Darmstadt, dann wieder in Berlin, ab 1933 im Exil in Prag, 1941 nach Polen verschleppt. K. verfaßte eine der wichtigsten Bekenntnisschriften des expressionist. Theaters, ›Der beseelte und der psycholog. Mensch‹ (entst. 1916–18), in der er eine metaphys. Auffassung vom Menschen gegen die monist. und mechanist. Theorie des Naturalismus vertrat.

Weitere Werke: Die Verführung (Dr., 1916), Himmel und Hölle (Dr., 1919), Die ewige

Traum (Kom., 1922), Sakuntala (Schsp., 1925), Kilian oder Die gelbe Rose (Kom., 1926), Jud Süß (Dr., UA 1930), Blanche oder das Atelier im Garten (R., hg. 1957). **Ausgabe:** P. K. Revolution mit Flötenmusik u. a. krit. Prosa 1916–32. Hg. v. M. MAREN-GRIESBACH. Hdbg. 1977. **Literatur:** MAREN-GRIESBACH, M.: Weltanschauung u. Kunstform im Frühwerk P. K.s. Diss. Hamb. 1960 [Masch.].

Kornilow (tl.: Kornilov), Boris Petrowitsch [russ. kar'niləf], * Pokrowskoje (Gebiet Nischni Nowgorod) 29. Juli 1907, † 21. Nov. 1938 (in Haft), russ.-sowjet. Lyriker. – ∞ mit O. F. Berggolz; schrieb Komsomolgedichte; beeinflußt von S. A. Jessenin und E. G. Bagrizki; bed. das Poem ›Tripol'e‹ (1933); wurde wohl 1937 verhaftet.

Ausgabe: B. P. Kornilov. Izbrannoe. Gorki 1977. **Literatur:** ZAMANSKIJ, L. A.: B. Kornilov. Moskau 1975.

Korningen, Ann Tizia, österr. Schriftstellerin, ↑ Leitich, Ann Tizia.

kornische Literatur, die von einigen Wissenschaftlern vertretene Theorie, daß die Ausbreitung der Artusliteratur über Europa von Cornwall ausging, ist unbewiesen; in der Tat ist aus dem Bereich der Artussage nichts in korn. Sprache (einer zur britann. Gruppe gehörenden kelt. Sprache) überliefert. Bemerkenswert bleibt jedoch, daß Namen und Topographie der Tristansage korn. Herkunft sind.

Die erhaltene k. L. ist nach Umfang und literar. Bedeutung gering, da Cornwall schon im 10. Jh. zur engl. Krone kam und damit dem Einfluß des Englischen ausgesetzt war. Aus **altkorn. Zeit** existieren nur Namen, Glossen und das ›Vocabularium Cornicum‹ (12. Jh.), das auf Ælfrics lat.-altengl. Glossar beruht. Der älteste literar. Text ist ein 41zeiliges Fragment eines weltl. Dramas (um 1400). Die übrige **mittelkorn. Literatur** ist meist religiösen Inhalts und lat. oder engl. Vorbildern nachgestaltet. Die wichtigsten Werke sind: ›Pascon agan Arluth‹ (= Die Passion unseres Herrn, 15. Jh.), eine ›Ordinalia‹ genannte Mysterientrilogie (15. Jh.), ›Beunans Meriasek‹ (= Das Leben des [hl.] Meriasek, 1504) und ›Gwreans an bys‹ (= Die Erschaffung der Welt, 16. Jh.). Bei Einführung der Reformation wurden weder Gebetbuch noch Bibel ins Kornische übersetzt. Aus **neukorn.** Zeit existieren einige Gedichte, Sprichwörter, Dialoge und eine Fassung der Geschichte von den drei guten Ratschlägen (›Jowan chȳ an horth, py an trȳ foynt a skȳans‹). Eines der letzten Werke ist eine Elegie (1702) auf Wilhelm III. von Oranien von Edward Lhuyd (* 1660, † 1709). Seit der **Wiederbelebung** des Kornischen sind ein Mirakelspiel (1941) von Peggy Pollard und einige Gedichte und Übersetzungen entstanden.

Ausgabe: The ancient Cornish drama. Engl. Übers. Ges. u. hg. v. E. NORRIS. Oxford 1859. 2 Bde.

Literatur: JENNER, H.: The history and literature of the ancient Cornish language. In: J. of the British Archaeological Association 33 (1877), S. 134. – PARRY, J. J.: The revival of Cornish. In: Publications of the Modern Language Association of America 61 (1946), S. 258. – LAMBERT, P.-Y.: Les littératures celtiques. Paris 1981.

Kornitschuk (tl.: Kornijčuk), Olexandr Jewdokymowytsch [ukrain. kɔrnij-'tʃuk], *Christinowka (Gebiet Tscherkassy) 25. Mai 1905, † Kiew 14. Mai 1972, ukrain.-sowjet. Schriftsteller. – In hohen Partei- und Staatsämtern; ∞ mit W. Wasilewska; begann mit Erzählungen, schrieb dann v. a. Dramen. Bed. Werke sind das Bürgerkriegsdrama ›Zahybel' eskadry‹ (= Der Untergang des Geschwaders, 1933), das Drama ›Der Chirurg‹ (1935, dt. 1947), in dem K. das Thema des sowjet. Intellektuellen behandelt, und ›Das Holunderwäldchen‹ (Kom., 1950, dt. 1951).

Weitere Werke: Front (Schsp., 1942), Kryla (= Die Fittiche, Schsp., 1954), Ćomu posmichalysja zori (= Warum die Sterne lächelten, Kom., 1958).

Köroğlu [türk. 'kœrɔ:lu], osman.-türk. Volksdichter aus der 2. Hälfte des 16. Jahrhunderts. – Seinen lange Zeit nur mündlich überlieferten, zu einem Saiteninstrument vorgetragenen Balladen und Liedern ist zu entnehmen, daß er als Soldat am osmanisch-pers. Krieg (1577–90) teilnahm, dessen Ereignisse er besingt.

Korolenko, Wladimir Galaktionowitsch [russ. kɐra'ljɛnkɐ], *Schitomir 27. Juli 1853, † Poltawa 25. Dez. 1921, russ. Schriftsteller. – Stand unter dem Einfluß der revolutionären Demokraten,

näherte sich in den 1870er Jahren den ›Volksgläubigen‹ (Narodniki), wurde 1876 vom Studium ausgeschlossen, 1881 nach Sibirien deportiert; Rückkehr 1885; Hg. der Zeitschrift ›Russkoe bogatstvo‹ (= Russ. Reichtum). Die sibir. Landschaft und das dortige Volksleben gaben ihm Stoffe für seine sibir. Geschichten. K. führte die ukrain. Tradition der ethnograph. Erzählung weiter.

Werke: Son Makara (= Makars Traum, 1885, dt. 1888 In: Sibir. Geschichten), In schlechter Gesellschaft (Nov., 1885, dt. 1895), Der blinde Musiker (Nov., 1886, dt. 1891), Der Wald rauscht (Nov., 1886, dt. 1891), Die Geschichte meines Zeitgenossen (Erinnerungen, 1906–21, dt. 2 Bde., 1919).

Ausgabe: V. G. K. Sobranie sočinenij. Moskau 1953–56. 10 Bde.

Literatur: COMTET, M.: V. G. K., 1853–1921. Paris 1975. 2 Bde. – GLASER, G.: Der Realismus V. G. K.s. Diss. Wien 1976 [Masch.].

Korruptel [lat. = Verderb], verderbte Textstelle bei überlieferten Werken der Antike und des MA; sie wird in † kritischen Ausgaben entweder durch ein Kreuz markiert oder durch eine † Konjektur des Herausgebers ›verbessert‹.

Korschunow, Irina, *Stendal 31. Dez. 1925, dt. Schriftstellerin. – Neben vielen phantasievollen Erzählungen für Kinder im Vorschul- und Erstlesealter wie ›Der bunte Hund, das schwarze Schaf und der Angsthase‹ (1958), ›Die Wawuschels mit den grünen Haaren‹ (1967), ›Hanno malt sich einen Drachen‹ (1978) und ›Der Findefuchs‹ (1983) veröffentlichte sie auch Erzählungen für Jugendliche (›Die Sache mit Christoph‹, 1978; ›Er hieß Jan‹, 1979; ›Ein Anruf von Sebastian‹, 1981) sowie Romane (›Glück hat seinen Preis‹, 1983; ›Der Eulenruf‹, 1985; ›Malenka‹, 1987). Erhielt 1987 die Roswitha-Gedenkmedaille.

Weitere Werke: Alle staunen über Tim (1966), Niki aus dem 10. Stock (1973), Wenn ein Unugunu kommt (1976), Eigentlich war es ein schöner Tag (1977), Schulgeschichten (1978), Steffis roter Luftballon (1978), Maxi will ein Pferd besuchen (1982), Kleiner Pelz will größer werden (1986), Fallschirmseite (R., 1990), Das Spiegelbild (R., 1992).

Kortum, Karl Arnold, *Mülheim a. d. Ruhr 5. Juli 1745, † Bochum 15. Aug. 1824, dt. Schriftsteller. – Prakt. Arzt; Mitarbeit an Zeitschriften, Verfasser populärwiss. und alchimist. Schriften. Be-

merkenswert ist v. a. ›Die Jobsiade‹ (1.
vollständige Ausgabe 1799 in 3 Bden.),
eine in vierzeiligen Knittelversstrophen
geschriebene Parodie auf Heldengedicht,
empfindsamen Bildungsroman und Spie-
ßertum, ein letzter Ausläufer des pikaresken Romans, von K. mit eigenen Holz-
schnitten illustriert. W. Busch ließ 1874
›Bilder zur Jobsiade‹ erscheinen. K.
schrieb auch Märchen und Gelegenheitsgedichte.

Korwin-Piotrowska, Maria Gabriela [poln. 'kɔrvimpjɔ'trɔfska], poln.
Schriftstellerin, ↑ Zapolska, Gabriela.

Korzeniowski, Teodor Józef Konrad
[poln. kɔʒɛ'njɔfski], engl. Schriftsteller
poln. Abkunft, ↑ Conrad, Joseph.

Koš, Erih [serbokroat. kɔʃ], * Sarajevo
15. April 1913, serb. Schriftsteller. – In
Romanen und Erzählungen befaßt sich
K. mit Themen aus der Kriegs- und
Nachkriegszeit und solchen des modernen Lebens.
Werke: Wal-Rummel (R., 1956, dt. 1965), Montenegro, Montenegro (R., 1958, dt. 1967), Eis
(R., 1961, dt. 1970), Die Spatzen von Van Pe (R.,
1961, dt. 1964), Die Akte Hrabak (R., 1971, dt.
1991), Bosanske priče (= Bosn. Erzählungen,
1984), Satira i satiričari (= Satire und Satiriker,
Essays, 1985).

Kosač-Kvitka, Larysa Petrivna,
ukrain. Schriftstellerin, ↑ Ukrajinka, Lessja.

Kosakow (tl.: Kozakov), Michail
Emmanuilowitsch [russ. kəza'kɔf], * Ro-
modan (Gebiet Poltawa) 23. Aug. 1897,
† Moskau 16. Dez. 1954, russ.-sowjet.
Schriftsteller. – Verfaßte z. T. experimen-
telle (als ›formalistisch‹ angegriffene)
Erzählwerke; Einfluß F. M. Dosto-
jewskis.
Werke: Meščanin Adamejko (= Der Kleinbür-
ger Adamejko, R., 1927), Krušenie imperii
(= Der Zusammenbruch eines Imperiums, R.,
1956, zuerst u. d. T. Devjat' toček [= Neun
Punkte], 4 Tle., 1929–37).

Kosegarten, Gotthard Ludwig Theo-
bul, Pseudonym Tellow, * Grevesmühlen
(Bezirk Rostock) 1. Febr. 1758, † Greifswald 26. Okt. 1818, dt. Schriftsteller. –
Studierte ev. Theologie in Greifswald,
1808 Prof. für Geschichte, ab 1817 Prof.
der Theologie ebd.; K. schrieb empfindsame Romane und schwülstige Gedichte,
die zu seiner Zeit sehr beliebt waren,
Dramen, vielgelesene idyll. Epen wie

›Jucunde‹ (1803) und ›Die Inselfahrt
oder Aloysius und Agnes‹ (1805) sowie
Legenden.
Weitere Werke: Gesänge (1776), Wunna oder
Die Tränen des Wiedersehns (Schsp., 1780), Ge-
dichte (1788), Poesien (3 Bde., 1798–1802),
Ebba von Medem (Trag., 1800).

Kosinski, Jerzy Nikodem [engl. kə-
'zınskı], Pseudonym Joseph Novak,
* Łódź 14. Juni 1933, † New York 3. Mai
1991, amerikan. Schriftsteller poln. Herkunft. – Studium an der Univ. Łódź, emigrierte 1957 in die USA, weitere Studien
an der Columbia University (1958–64),
1965 naturalisiert; 1970–73 Prof. für
Englisch an der Yale University, Präsident des amerikanischen PEN-Clubs
(1973–75). Seine in diszipliniert-unter-
kühlter Sprache geschriebenen, autobiographisch bestimmten Romane behandeln in grotesk-absurder Gestaltung die
im Krieg verübten Grausamkeiten (›Der
bemalte Vogel‹, 1965, dt. 1965), die
kom. Ereignisse im Leben eines amerikan. Durchschnittsmenschen (›Chance‹,
1971, dt. 1972, Drehbuch für den Film
›Willkommen, Mr. Chance‹, 1979), die
Suche eines reichen jungen Mannes nach
Identität (›Der Teufelsbaum‹, 1973, dt.
1973), Rache und Sexualität (›Cockpit‹,
1975, dt. 1978), Spielleidenschaft und
Schriftstellertätigkeit (›Passion play‹,
1979, dt. 1982) sowie die Enthüllung der
wahren Identität eines Rockstars (›Flip-
per‹, 1982, dt. 1982).
Weitere Werke: Uns gehört die Zukunft, Genossen (1960, dt. 1961), Homo Sowjeticus (Ber.,
1962, dt. 1962), Aus den Feuern (R., 1968, dt.
1970), Blind date (R., 1977, dt. 1980), The hermit
of 69th Street (R., 1987), Passing by. Selected
essays, 1962–1991 (hg. 1992).

Jerzy
Nikodem
Kosinski

Literatur: WALSH, TH. P./NORTHOUSE, C.: John Barth, J. K. and Thomas Pynchon. A reference guide. Boston (Mass.) 1978. – TIEFENTHALER, S. L.: J. K. Eine Einf. in sein Werk. Bonn 1980. – BYRON, L. SH.: J. K. Literary alarmclock. Chicago 1982. – LAVERS, N.: J. K. Boston (Mass.) 1982.

Koskenniemi, Veikko Antero, früher V. A. Forsnäs, * Oulu 8. Juli 1885, † Turku 4. Aug. 1962, finn. Lyriker. – 1921–48 Prof. für Literaturgeschichte in Turku. Neben zahlreichen literarhistor. Werken (u. a. Goethe-Monographie, 1948) und geistreichen Aphorismen schrieb er u. a. formal an den Parnassiens geschulte Gedankenlyrik; brachte die Antike (z. B. Verwendung von klass. Formen in seiner Lyrik) und das europ. 19. Jh. in die literar. Diskussion ein.

Weitere Werke: Gedichte (1906, dt. 1907), Der junge Anssi und andere Gedichte (1918, dt. 1937), Sydän ja kuolema (= Herz und Tod, Ged., 1920), Kurkiaura (= Kranichzug, Ged., 1930), Gaben des Glücks (Autobiogr., 1935, dt. 1938), Tuli ja tuhka (= Feuer und Asche, Ged., 1936).
Ausgabe: V. A. K. Kootut teokset. Helsinki 1955–56. 12 Bde.

Kosmač, Ciril [slowen. kɔsˈmaːtʃ], * Slap (Westslowenien) 28. Sept. 1910, † Ljubljana 27. Jan. 1980, slowen. Erzähler. – Schilderte in Novellen das slowen. Küstenland unter dem Faschismus; Romancier; auch Drehbuchautor.

Werke: Ein Frühlingstag (R., 1953, dt. 1989), Ballade von der Trompete und der Wolke (Nov., 1956/57, dt. 1972), Tantadruj (Nov., 1964, dt. 1994).

Kosma Prutkow (tl.: Koz'ma Prutkov) [russ. kazjˈma prutˈkɔf], Pseudonym der russ. Schriftsteller A. M. und W. M. Schemtschuschnikow und A. K. Tolstoi, die den 1854 in der Zeitschrift ›Sovremennik‹ (= Der Zeitgenosse) erstmals belegten fingierten Dichter K. P. parodist., satir., krit. Dichtungen veröffentlichen ließen; die Autorengruppe wandte sich kritisch gegen literar. Schwächen, bes. gegen romant. Pose.

Ausgabe: Koz'ma Prutkov. Sočinenija. Moskau 1974.

Kosmas von Jerusalem (tl.: Kosmās; K. Hagiopolites, K. Maiuma, K. der Melode), Hymnograph der griech. Kirche des 8. Jahrhunderts. – Adoptivbruder des Johannes von Damaskus; Mönch im Sabaskloster bei Jerusalem, später Bischof von Maiuma, dem antiken Hafen von Gasa. Er gilt als berühmtester Hymnendichter der griech. Kirche, allerdings sind die authent. Werke nur schwer auszumachen.

Kosmisten [griech.], literaturwiss. Bez. für eine der vielen dem russ. † Proletkult verpflichteten literar. Gruppen seit 1920, die in Petrograd (analog der † Kusniza) gegr. wurde und in zahlreichen Gedichtbänden die russ. Revolution und ihre zukünftigen Leistungen verherrlichte. Neben realist. Gestaltung der tägl. Arbeitswelt sind v. a. pathet., visionäre Metaphern kennzeichnend. Zu den K. gehörten u. a. Alexei Kapitonowitsch Gastew (* 1882, † 1941) und W. W. Kasin.

Kosor, Josip, * Trbounje bei Drniš 27. Jan. 1879, † Dubrovnik 23. Jan. 1961, kroat. Schriftsteller. – Bed. Vertreter der kroat. Moderne; stellte in Romanen und Novellen die Existenznöte gescheiterter und unterdrückter Menschen dar; vom Expressionismus beeinflußte Dramen, u. a. ›Brand der Leidenschaften‹ (dt. 1911, kroat. 1912).

Kosovel, Srečko [slowen. kɔsɔˈveːl], * Sežana 18. März 1904, † Tomaj 27. Mai 1926, slowen. Lyriker. – Redakteur; verfaßte kulturkrit. Abhandlungen; gestaltete als Lyriker Todessehnungen und Motive der Lebensangst und Einsamkeit (›Integrale‹, dt. Ausw. 1976; ›Ahnung von Zukunft‹, dt. Ausw. 1986; ›Mein Gedicht ist Karst‹, slowen. u. dt. 1994); verwendete die Stilmittel des Expressionismus.

Ausgabe: S. K. Zbrano delo. Ljubljana ²1964.

Kossak-Szczucka, Zofia [poln. ˈʃtʃutska], auch Kossak-Szatkowska, * Kośmin (Woiwodschaft Lublin) 8. Aug. 1890, † Górki Wielkie bei Cieszyn 9. April 1968, poln. Schriftstellerin. – 1943/44 im KZ Auschwitz; 1945–56 in Großbritannien; behandelte soziale Probleme der Gegenwart, wandte sich dann dem histor. Roman nach dem Vorbild von H. Sienkiewicz zu.

Werke: Frommer Frevel (E., 1924, dt. 1947), Złota wolność (= Goldene Freiheit, R., 1928), Gottesnarren (Legenden, 1929, dt. 1960), Die Walstatt von Liegnitz (R., 1930, dt. 1931), Die Kreuzfahrer (R., 4 Bde., 1935, dt. 1961/62), Der Held ohne Waffe (R., 2 Bde., 1937, dt. 1949), Der Bund (R., 1952, dt. 1958), Dziedzictwo (= Das Erbe, R., 3 Bde., 1956–67).

Literatur: SZAFRAŃSKA, A.: K.-Szatkowska. Warschau 1968.

Kossątsch-Kwịtka (tl.: Kosač-Kvitka), Laryssa Petriwna, ukrain. Schriftstellerin, ↑ Ukrajinka, Lessja.

Kọssmann, Alfred Karl, * Leiden 31. Jan. 1922, niederl. Schriftsteller. – Sprachl. Virtuosität und gedankl. Tiefe kennzeichnen seine Lyrik; die psychologisch motivierten Romane verarbeiten z. T. autobiograph. Material. **Werke:** Het vuurwerk (Ged., 1946), De nederlaag (R., 1950), Apologie der varkens (Ged., 1954), De linkerhand (R., 1955), De misdaad (R., 1962), Gedichten 1940–1965 (1969), Ga weg, ga weg, zei de vogel (Nov., 1971), Waarover wil je dat ik schrijf (Skizzen, 1972), Geur der droefenis (R., 1980), Drempel van ouderdom (E., 1983), Rampspoed. Novelle van de leraar (1985), Familieroman (1990).

Kostẹnko, Lina Wassyliwna, * Rschischtschew (Gebiet Kiew) 19. März 1930, ukrain. Lyrikerin. – Geniale (z. T. philosoph.) Dichterin, die 1957–61 drei Gedichtbände veröffentlichte und danach lange schwieg; 1977 erschien ›Zorjanyj intehral‹ (= Sternenintegral, Ged.); auch [Erzähl]prosa; Drehbuchautorin und Übersetzerin.

Kostić, Laza [serbokroat. ˈkɔstitɕ], * Kovilj 31. Jan. 1841, † Wien 9. Dez. 1910, serb. Schriftsteller. – Gymnasiallehrer, Richter, Abgeordneter; als Hochverräter zwei Jahre in Haft; geistiger Führer der nat. Bewegung der serb. Jugend; bekannt als Lyriker und durch Tragödien im jamb. Zehnsilbler (›Pera Segedinac‹, 1883), in denen er histor. Stoffe im Geist Shakespeares (den er auch übersetzte) behandelte; führender Literaturtheoretiker der serb. Romantik. **Ausgabe:** L. K. Odabrana dela. Novi Sad u. Belgrad 1962. 2 Bde.

Kostomarow (tl.: Kostomarov), Mykola Iwanowytsch [ukrain. kɔstɔˈmarɔu], russ. Nikolai Iwanowitsch K., Pseudonym Ijeremija Halka, * Jurassowka (Gebiet Woronesch) 16. Mai 1817, † Petersburg 19. April 1885, ukrain.-russ. Schriftsteller und Historiker. – Als Mitbegründer der Kyrillos-Methodios-Gesellschaft, eines Geheimbundes mit dem Ziel einer Föderation demokrat. slaw. Staaten, verbannt; 1859–62 Prof. für Geschichte in Petersburg; schrieb positivist. histor. Darstellungen, bes. aus der ukrain. Geschichte, Dramen und Gedichte im Geist der jüngeren ukrain. Romantikergeneration. **Ausgabe:** N. I. Kostomarov. Sobranie sočinenij. Petersburg 1903–06. 21 Bde.

Kostow (tl.: Kostov), Stefan Lasarow [bulgar. ˈkɔstof], * Sofia 30. März 1879, † ebd. 27. Sept. 1939, bulgar. Dramatiker. – Direktor des Ethnograph. Museums Sofia; bed. Verfasser von oft satir. Komödien (›Golemanov‹, 1928) aus dem Alltag; auch humorist. Erzählungen sowie ethnograph. Arbeiten; Übersetzer.

Kostrowịtski, Wilhelm Apollinaris de, frz. Schriftsteller und Kritiker, ↑ Apollinaire, Guillaume.

Kostumbrịsmus (span. costumbrismo) [span. zu costumbres = Sitten, Gebräuche], Bez. für die literar. Darstellung spezif. sozialer Lebensformen einer Region oder Landschaft. In der span. Literatur bereits in den Einaktern und ›Exemplar. Novellen‹ (1613, dt. 1961, erstmals dt. 1779) von M. de Cervantes Saavedra, dann bes. verbreitet im 19.Jh. Hauptvertreter sind: Ramón de Mesonero Romanos (* 1803, † 1883; ›Escenas matritenses‹, 1836–42), S. Estébanez Calderón (›Escenas andaluzas‹, 1847) und Fernán Caballero, deren ›Cuadros de costumbres populares andaluzas‹ (1852) den realist. Roman von P. de Alarcón y Ariza oder J. M. de Pereda y Sánchez de Porrúa ankündigten. Kostumbrist. Elemente finden sich im 20.Jh. auch im hispanoamerikan. Regionalroman, u. a. bei R. Gallegos und R. Güiraldes. **Literatur:** El costumbrismo romántico. Introducción, notas y selección. Hg. v. J. L. VARELA. Madrid 1969. – KONITZER, K.: Larra u. der Costumbrismo. Meisenheim a. Glan 1970. – FERNÁNDEZ MONTESINOS, J.: Costumbrismo y novela. Ensayo sobre el redescubrimiento de la realidad española. Madrid ⁴1980.

Kósyk, Mato [niedersorb. ˈkʊsık], * Werben (Kreis Cottbus) 18. Juni 1853, † Albion (Okla.) 23. Nov. 1940, niedersorb. Dichter. – Ab 1883 in den USA; Klassiker der niedersorb. Literatur; Epiker des Dorflebens und der sorb. Geschichte (›Pšerada markgroby Gera‹ [= Der Verrat des Markgrafen Gero], 1881); auch Lyriker.

Kosztolányi, Dezső [ungar. 'ko-
stola:nji], * Szabadka (heute Subotica)
29. März 1885, † Budapest 3. Nov. 1936,
ungar. Dichter. – Präsident des PEN-
Clubs. K. war Lyriker, Novellist, Romancier, Publizist, Essayist und Übersetzer.
Seine von den Franzosen beeinflußte
Dichtung bedeutet einen Höhepunkt der
impressionistisch-symbolist. Lyrik in der
ungar. Literatur; schrieb auch Novellen
und psychologisierende kritisch-realist.
Romane über das zeitgenöss. Bürgertum.
Werke: Der schlechte Arzt (Nov.n, 1921, dt.
1929), Der blutige Dichter (R., 1922, dt. 1924),
Die Lerche (R., 1924, dt. 1927), Anna Édes (R.,
1926, dt. 1929), Schachmatt (Nov.n, dt. Ausw.
1986).
Ausgabe: K. D. Hátrahagyott művei. Hg. v.
G. ILLYÉS u. E. ILLÉS. Budapest 1940–48. 11
Bde.
Literatur: BRUNAUER, D. H.: D. K. Mchn. 1983.

Kothurn [griech.-lat.], in der antiken
Tragödie der zum Kostüm des Schauspielers gehörende hohe Stiefel, der mit
Bändern umwickelt bzw. vorn verschnürt
wurde. Seit Aischylos mit erhöhten
Sohlen, um den Schauspieler herauszu-
heben. Der K. wurde im Laufe der Zeit
immer höher (dicke viereckige Holzsoh-
len), in der röm. Kaiserzeit schließlich
stelzenartig. Der Gegensatz (hoher) K. –
(niederer) **Soccus** (Schuh des kom.
Schauspielers) steht in dieser Zeit für den
Gegensatz Tragödie – Komödie und den
Gegensatz erhabener Stil – niederer Stil.

Kotljarewsky (tl.: Kotljarevs'kyj),
Iwan Petrowytsch [ukrain. kɔtlja-
'reusjkej], * Poltawa 9. Sept. 1769, † ebd.
10. Nov. 1838, ukrain. Schriftsteller. –
Gilt als Begründer der ukrain. Literatur,
da er in seiner ›Äneis‹-Travestie (›En-
eïda‹, Versepos, 1798, vollständig 1842)
die ukrain. Volkssprache zur Literatursprache erhob; schrieb zwei populäre
Singspiele (›Natalka Poltavka‹, UA 1819,
gedr. 1838).
Ausgabe: I. P. Kotljarevs'kyj. Tvory. Kiew 1969.
2 Bde.

Kotschkurow (tl.: Kočkurov), Nikolai Iwanowitsch [russ. katʃ'kurɐf], russ.-
sowjet. Schriftsteller, † Wessjoly, Artjom.

Kotta, Leo F., dt. Schriftsteller,
† Flake, Otto.

Kotzebue, August von [...bu], * Weimar 3. Mai 1761, † Mannheim 23. März

August von
Kotzebue
(zeitgenös-
sischer
Stahlstich)

1819, dt. Dramatiker. – Nach Rechtsstudium in Duisburg und Jena 1780/81 Anwalt in Weimar, 1781–90 in gehobenen
Staatsstellungen in russ. Diensten (1785
geadelt), lebte danach in Paris und
Mainz, ab 1795 auf seinem Landgut bei
Reval als Schriftsteller. 1797–99 war er
Theaterdichter in Wien, wirkte 1799 vorübergehend in Weimar, wurde 1800 bei
seiner Rückkehr nach Rußland verhaftet
und nach Sibirien verbannt, nach einigen
Monaten jedoch aufgrund seines Dramas ›Der alte Leibkutscher Peters des
Dritten‹ (1799) rehabilitiert und zum Direktor des Dt. Theaters in Petersburg berufen. In Berlin gab er 1803–07 (ab 1804
Mit-Hg.) die Zeitschrift ›Der Freimütige‹
heraus, mit der er Goethe und die Romantiker bekämpfte. Gegen die Brüder
Schlegel schrieb er sein satir. Lustspiel
›Der hyperboreeische Esel, oder Die
heutige Bildung‹ (1799), auf das A. W.
Schlegel mit der Satire ›Ehrenpforte und
Triumphbogen für den Theater-Präsi-
denten v. K. bey seiner gehofften Rückkehr ins Vaterland‹ (1800) antwortete;
C. von Brentano verspottete K.s Schauspiel ›Gustav Wasa‹ (1801) mit einer
gleichnamigen Satire. In Königsberg (Pr)
war K. Hg. der Zeitschriften ›Die Biene‹
(1808–10) und ›Die Grille‹ (1811/1812),
die gegen Napoleon I. gerichtet waren.
1813 russ. Generalkonsul in Königsberg,
1816 Staatsrat in Petersburg, 1817 persönl. Berichterstatter des Zaren, in dessen Auftrag er Deutschland bereiste. In
seiner 1818 gegründeten Zeitschrift ›Literar. Wochenblatt‹ verspottete er die liberalen Ideen der Burschenschaften. Er

wurde von dem Studenten K. L. Sand wegen seiner reaktionären Haltung und als vermeintlicher Spion erstochen. K. schrieb mehr als 200 sehr effektvoll gebaute, aber oberflächl. Dramen, mit denen er den Spielplan der Goethezeit beherrschte. Bis heute gehalten haben sich die Lustspiele ›Die beijden Klingsberg‹ (1801) und ›Die dt. Kleinstädter‹ (1803). Ferner erzählende Prosa, histor. und autobiograph. Schriften.

Weitere Werke: Menschenhaß und Reue (Schsp., 1789), Das merkwürdigste Jahr meines Lebens (Autobiogr., 2 Bde., 1801), Der Rehbock oder Die schuldlosen Schuldbewußten (Lsp., 1815, Vorlage für A. Lortzings Oper Der Wildschütz).
Ausgaben: A. v. K. Theater. Lpz. 1840–41. 30 Bde. 10 Suppl.-Bde. – A. v. K. Schauspiele. Hg. v. J. MATHES. Ffm. 1972.
Literatur: GIESEMANN, G.: K. in Rußland. Ffm. 1971. – STOCK, F.: K. im literar. Leben der Goethezeit. Wsb. 1971. – MAURER, D.: A. v. K. Ursachen seines Erfolges. Bonn 1979. – KAEDING, P.: A. v. K. Bln. (Ost) 1987. – MANDEL, O.: A. v. K. The comedy, the man. University Park (Pa.) 1990.

Kovač, Mirko [serbokroat. ‚kɔva:tʃ], * Petrovići 26. Dez. 1938, serb. Schriftsteller. – Schreibt experimentelle Romane, Erzählungen und Hörspiele.
Werke: Meine Schwester Elida (R., 1965, dt. 1967), Rane Luke Meštrevića (= Die Wunden des Luka Meštrević, En., 1972), Uvod u drugi život (= Einführung in das andere Leben, En., 1983).

Kovačić, Ante [serbokroat. ‚kɔvatʃitɕ], * Oplaznik (im kroat. Binnenland) 6. Juni 1854, † Stenjevec 10. Dez. 1889, kroat. Schriftsteller. – K.s Bedeutung beruht v. a. auf seiner meisterhaften karikaturistischen und satirischen Darstellung, besonders der sozialen Ungerechtigkeiten seiner Zeit; sein bedeutendstes Werk ist der Roman ›U registraturi‹ (= In der Registratur, 1888). K. erschloß dem kritischen Realismus neue Ausdrucksmöglichkeiten.
Ausgabe: A. K. Djela. Zagreb 1950. 2 Bde.

Kovačić, Ivan Goran [serbokroat. ‚kɔvatʃitɕ], * Lukovdol 21. März 1913, ⚔ Vrbnica im Juli 1943, kroat. Schriftsteller. – Partisan; Mitarbeiter an literar. Zeitschriften; schrieb Lyrik und übersetzte Dichtungen des frz. Symbolismus; sein Sestinen-Poem ›Das Massengrab‹ (hg. 1944, dt. 1962) beklagt die Opfer des

2. Weltkriegs. Seine Novellen stellen das harte Leben des Volkes seiner Heimat dar.
Ausgabe: I. G. K. Djela. Zagreb 1946–49. 7 Bde.

Kozak, Juš [slowen. kɔ'za:k], * Ljubljana 26. Juni 1892, † ebd. 29. Aug. 1964, slowen. Schriftsteller. – Nach dem 2. Weltkrieg Intendant des Nationaltheaters in Ljubljana; vermittelte in Novellen, Romanen u. a. ein Bild der sozialen, polit. und kulturellen Zustände seiner Heimat vor und im 2. Weltkrieg; verwertete Autobiographisches.
Werk: Šentpeter (R., 1931).

Kozakov, Michail Ėmmanuilovič, russ.-sowjet. Schriftsteller, ↑ Kosakow, Michail Emmanuilowitsch.

Kozarac, Josip [serbokroat. kɔ‚za:rats], * Vinkovci 18. März 1858, † Koprivnica 21. Aug. 1906, kroat. Schriftsteller. – Kenntnisse der naturwiss. und soziolog. Lehrsätze von Ch. R. Darwin und Adam Smith bestimmten das Werk des bed., von I. Turgenjew beeinflußten realist. Erzählers; auch psychologisch orientierte Erzählungen.
Ausgabe: J. K. Sabrana djela. Zagreb 1934–41. 10 Bde.

Kozioł, Urszula [poln. 'kɔzɔu̯], * Rakówka bei Biłgoraj 20. Juni 1931, poln. Schriftstellerin. – In der Lyrik Reflexionen über Mensch und Natur. Zur Dorfprosa gehört ihr autobiograph. Roman ›Postoje pamięci‹ (= Haltestellen der Erinnerung, 1964).
Weitere Werke: W rytmie korzeni (= Im Rhythmus der Wurzeln, Ged., 1963), Im Rhythmus der Sonne (Ged., 1974, dt. 1983), Trzy światy (= Drei Welten, Ged., 1982).
Literatur: ŁUKASIEWICZ, J.: K. Warschau 1981.

Kozjubynsky (tl.: Kocjubyns'kyj), Mychailo Mychailowytsch [ukrain. kɔtsju'bensjkej], * Winniza 17. Sept. 1864, † Tschernigow 25. April 1913, ukrain. Schriftsteller. – Lehrer und Statistiker; Kontakte zu den Narodniki; wandte sich nach realist. Anfängen unter A. P. Tschechows und G. de Maupassants Einfluß dem Impressionismus zu, dessen Hauptvertreter er in der ukrain. Literatur wurde; Meister der Landschaftsdarstellung; in dem Roman ›Fata Morgana‹ (2 Tle., 1904–10, dt. 1960) schildert er die Einstellung der ukrain. Bauern zu den revolutionären Strömungen um 1905.

Weiteres Werk: Schatten vergessener Ahnen (E., 1911, dt. 1966).

Ausgabe: M. M. Kocjubyns'kyj. Tvory. Kiew 1961–62. 6 Bde.

Literatur: KOLESNYK, P.: Kocjubyns'kyj – chudožnyk slova. Kiew 1964.

Koz'ma Prutkov † Kosma Prutkow.

Koźmian, Kajetan [poln. 'kozmjan], *Gałęzów (Woiwodschaft Lublin) 31. Dez. 1771, † Piotrowice (Woiwodschaft Lublin) 7. März 1856, poln. Schriftsteller. – Vertreter des Klassizismus; Hauptwerk ist das Epos in vier Gesängen ›Ziemiaństwo polskie‹ (= Poln. Landadel, 1839).

Kracauer, Siegfried, *Frankfurt am Main 8. Febr. 1889, † New York 26. Nov. 1966, dt. Soziologe, Kulturkritiker und Literat. – Studierte Architektur, Philosophie und Ingenieurwesen; arbeitete als Architekt in Osnabrück, München und Frankfurt am Main; war 1920–33 Redakteur der ›Frankfurter Zeitung‹, emigrierte 1933 – als Jude verfolgt – zunächst nach Frankreich, 1941 in die USA, wo er 1946 die amerikan. Staatsbürgerschaft erhielt; gilt als einer der bedeutenden dt. Kulturkritiker. Literarisch bedeutsam ist der Kriegsroman ›Ginster‹ (1928).

Weitere Werke: Soziologie als Wiss. (1922), Die Angestellten aus dem neuesten Deutschland (1930), Von Caligari bis Hitler (engl. 1947, dt. 1958), Theorie des Films (engl. 1960, dt. 1964). **Literatur:** LEVIN, T. Y.: S. K. Eine Bibliogr. seiner Schrr. Marbach 1989. – S. K. 1889–1966. Bearb. v. I. BELKE u. a. Marbach ³1994.

Kračolov, Pejo, bulgar. Lyriker und Dramatiker, †Jaworow, Pejo Kratscholow.

Kraft, Werner, *Braunschweig 4. Mai 1896, †Jerusalem 14. Juni 1991, dt. Schriftsteller. – Bibliotheksrat in Hannover; 1933 Emigration, zunächst nach Stockholm und Paris, lebte ab 1934 in Jerusalem. In seiner nüchternen, knappen, gedankentiefen und wortgewandten Lyrik v. a. K. Kraus verpflichtet; auch bed. Kritiker und Interpret dt. Dichtung, Verfasser hervorragender Monographien, u. a. über K. Kraus (1956 und 1974), R. Borchardt (1961), F. Kafka (1968), S. George (1980) und H. Heine (1983).

Weitere Werke: Worte aus der Leere (Ged., 1937), Gedichte II (1938), Gedichte III (1946), Figur der Hoffnung (ausgewählte Ged., 1955),

Der Wirrwarr (R., 1960), Carl Gustav Jochmann und sein Kreis (1972), Spiegelung der Jugend (Autobiogr., 1973), Das sterbende Gedicht (Ged., 1976), Über Gedichte und Prosa (Essays, 1979), Goethe (Essays, 1986), Herz und Geist. Gesammelte Aufsätze zur dt. Literatur (1989). **Literatur:** W. K. (1896–1991). Bibliothekar u. Schriftsteller. Bearb. v. U. BREDEN. Hildesheim 1992.

Krag, Thomas Peter, *Kragerø 28. Juli 1868, † Christiania (heute Oslo) 13. März 1913, norweg. Schriftsteller. – Schrieb phantasiereiche, handlungsarme Familienerzählungen und Romane.

Werke: Jon Gräff (R., 1891, dt. 1906), Mulm (R., 1893), Die eherne Schlange (R., 1895, dt. 1898), Ada Wilde (E., 1896, dt. 1900), Tubal der Friedlose (R., 1908, dt. 1910), Meister Magius (R., 1909, dt. 1910), Frank Hjelm (R., 1912). **Ausgabe:** Th. P. K. Samlede skrifter. Kopenhagen 1915–17. 9 Bde.

Krag, Vilhelm, *Kristiansand 24. Dez. 1871, † Ny-Hellesund 10. Juli 1933, norweg. Schriftsteller. – Bruder von Thomas Peter K.; bed. v. a. als neuromant. Lyriker; schrieb auch Erzählungen und Dramen.

Werke: Digte (Ged., 1891, dt. Ausw. 1896/97), Der lustige Leutnant (E., 1896, dt. 1897), Westlandsweisen (Ged., 1898, dt. Ausw. 1903), Baldevins bryllup (Dr., 1900), Jomfru Trofast (Dr., 1906), Major von Knarren und seine Freunde (E., 1906, dt. 1909), Verdens barn (Ged., 1920). **Literatur:** INGEBRETSEN, H. S.: En dikter og en herre. V. K.s liv og dikting. Oslo 1942. – SØRENSEN, E. H.: Sørlandsdikteren og tonekunsten. Kristiansand 1960.

Kraini (tl.: Krajnij), Anton [russ. 'krajnij], Pseudonym der russ. Schriftstellerin Sinaida [Nikolajewna] † Hippius.

Král', Fraňo [slowak. kra:lj], *Barton (Ohio) 9. März 1903, † Preßburg 3. Jan. 1955, slowak. Schriftsteller. – Verfaßte Lyrik und Romane (›Es tagt hinter den dunklen Wäldern‹, 1950, dt. 1954).

Ausgabe: F. K. Spisy. Preßburg 1950–57. 6 Bde. **Literatur:** JURČO, J.: Próza F. K.a. Preßburg 1978.

Král', Janko [slowak. kra:lj], *Liptovský Mikuláš 24. April 1822, † Zlaté Moravce 23. Mai 1876, slowak. Lyriker. – Jurist; wegen Teilnahme an der revolutionären Bewegung 1848/49 zum Tode verurteilt (begnadigt); bed. Romantiker. Seine Lyrik und Balladen sind von freiheitl. Geist durchdrungen; Auflehnung gegen die Gesellschaft.

Ausgabe: J. K. Súborné dielo. Preßburg ²1959.
Literatur: BRTÁŇ, R.: Život básnika J. K.a. Martin 1972. – J. K. Hg. v. S. ŠMATLÁK. Preßburg 1976.

Kralik, Richard, Ritter von Meyrswalden, Pseudonym Roman, * Eleonorenhain (heute Lenora, Südböhm. Gebiet) 1. Okt. 1852, † Wien 4. Febr. 1934, österr. Schriftsteller und Kulturphilosoph. – Betätigte sich aktiv in der kath. Bewegung in Österreich; gründete und leitete die kath. Schriftstellervereinigung ›Gralbund‹ mit der Zeitschrift ›Der Gral‹ (1906–37); Vertreter der neuromant. Dichtung.
Werke: Das Mysterium vom Leben und Leiden des Heilands (Osterfestspiel, 3 Tle., 1895), Das dt. Götter- und Heldenbuch (6 Bde., 1900–03), Das Veilchenfest zu Wien (Festspiel, 1905), Der hl. Gral (Dr., 1912), Tage und Werke (Erinnerungen, 2 Tle., 1922–27).

Kralitzer Bibel (tschech. Kralická bible), in Kralitz (tschech. Kralice, Nordmähr. Gebiet) gedruckte tschech. Bibelübersetzung der Böhm. Brüder (AT in 5 Bänden 1579–88, NT einbändig in der Übers. von J. † Blahoslav 1593, Neuaufl. 1596, 1613); wegweisend für die Herausbildung der tschech. Schriftsprache.

Kraljević Marko, serb. Fürst, Held der südslaw. Volksepik, † Marko Kraljević.

Krall, Hanna, * Warschau 20. Mai 1937, poln. Schritstellerin. – Journalistin; als Überlebende der dt. Okkupation beschäftigt sie sich mit dem 2. Weltkrieg, schreibt bes. über jüd. Schicksale.
Werke: Dem Herrgott zuvorkommen. Ein Tatsachenbericht (1977, dt. 1979, 1980 auch u. d. T. Schneller als der liebe Gott), Die Untermieterin (R., 1985, dt. 1986), Legoland (En., dt. Ausw. 1990), Tanz auf fremder Hochzeit (En., 1993, dt. 1993).

Kramer, Theodor, * Niederhollabrunn (Niederösterreich) 1. Jan. 1897, † Wien 3. April 1958, österr. Dichter. – Sohn eines Landarztes, wurde im 1. Weltkrieg schwer verwundet, studierte nach dem Krieg in Wien Staatswiss., gab das Studium aber bald auf, um Buchhändler zu werden. Nach den Erfolgen seiner ersten Publikationen widmete er sich ausschließlich dem Schreiben. 1939 emigrierte er nach England, wo er als Bibliothekar bis zu seiner Rückkehr nach Österreich (1957) tätig war. In seinen Gedichten macht sich K. zum Sprecher von Randfiguren und Außenseitern wie Tagelöhnern, Heimat- und Arbeitslosen. Andere Themen sind die Natur und Landschaft rund um Wien, der Krieg und die Emigration.
Werke: Die Gaunerzinke (Ged., 1929), Kalendarium (Ged., 1930), Wir lagen in Wolhynien im Morast (Ged., 1931), Mit der Ziehharmonika (Ged., 1936), Verbannt aus Österreich (Ged., 1943), Wien 1938. Die grünen Kader (Ged., 1946), Die untere Schenke (Ged., 1946), Vom schwarzen Wein (Ged.-Ausw., 1956), Einer bezeugt es ... (Ged.-Ausw., hg. 1960), Lob der Verzweiflung (Ged., hg. 1972), Lied am Rand (Ged., hg. 1975).
Ausgaben: Th. K. Orgel aus Staub. Ges. Ged. Hg. v. E. CHVOJKA. Mchn. 1983. – Th. K. Ges. Ged. Hg. v. E. CHVOJKA. Wien u. a. 1984ff. 3 Bde.
Literatur: Th. K. 1897–1958. Dichter im Exil. Hg. v. K. KAISER. Wien 1983. – STRIGL, D.: ›Wo niemand zuhaus ist, dort bin ich zuhaus‹. Th. K. – Heimatdichter u. Sozialdemokrat zw. den Fronten. Wien u. a. 1993.

Krämer, Karl Emerich, Pseudonyme George Forestier, Georg Jontza, André Fourban, Gerhard Rustesch, * Düsseldorf 31. Jan. 1918, † ebd. 28. Febr. 1987, dt. Schriftsteller. – Veröffentlichte unter dem Namen G. Forestier als angeblich postumes Werk eines in Indochina verschollenen Fremdenlegionärs die erfolgreichen Gedichtbände ›Ich schreibe mein Herz in den Staub der Straße‹ (1952) und ›Stark wie der Tod ist die Nacht, ist die Liebe‹ (1954); schrieb auch Romane, Erzählungen, weitere Gedichte und kulturgeschichtl. Werke.
Weitere Werke: Volk, deine Feuer (Ged., 1938), Im Regen, der über Europa fällt (R., 1953), In meinem Land, in meiner Stadt (Ged., 1966), Am Ende der Straße bleibt jeder allein (ausgewählte Ged., 1974), Mercator (Biogr., 1980), Rhein. Erzbischofsgeschichten (1985).

Krämer-Badoni, Rudolf, * Rüdesheim am Rhein 22. Dez. 1913, † Wiesbaden 18. Sept. 1989, dt. Schriftsteller. – War v. a. erfolgreich mit dem Roman ›In der großen Drift‹ (1949), einer Schilderung der während der NS-Diktatur herangewachsenen jungen Kriegsgeneration; auch bed. Essayist, Verfasser von Biographien, Drehbüchern und Hörspielen.
Weitere Werke: Jacobs Jahr (R., 1943), Der arme Reinhold (R., 1951), Die Insel hinter dem Vorhang (R., 1955), Vorsicht, gute Menschen

von links (Essays, 1962), Anarchismus, Geschichte und Gegenwart einer Utopie (1970), Mein beneidenswertes Leben (1972), Gleichung mit einer Unbekannten (R., 1977), Zwischen allen Stühlen. Erinnerungen eines Literaten (1985), Judenmord, Frauenmord, Heilige Kirche (1988), Leben, Lieben, Sterben ohne Gott (1989).

Kramp, Willy, * Mülhausen 18. Juni 1909, † Schwerte 19. Aug. 1986, dt. Schriftsteller. – Nach Rückkehr aus sowjet. Kriegsgefangenschaft 1950–57 Leiter des Ev. Studienwerks Haus Villigst in Schwerte; danach freier Schriftsteller. Christl. Erzähler, der seine Stoffe in der ostpreuß. Landschaft, der Zeit seiner Kriegsgefangenschaft, aber auch in der Gegenwart fand. Sein Grundgedanke ist die Gestaltung des Lebens aus der göttl. Ordnung, innerhalb einer religiösen Sinngebung.
Werke: Die Herbststunde (E., 1937), Die Fischer von Lissau (R., 1939), Die Jünglinge (R., 1943), Was ein Mensch wert ist (En., 1952), Das Lamm (E., 1959), Brüder und Knechte. Ein Bericht (1965), Gorgo oder die Waffenschule (En., 1970), Herr Adamek und die Kinder der Welt (R., 1977), Zur Bewährung (R., 1978), Protest der Schlange (Essay, 1981), Alle Kreatur (En., 1984), Das Versteck (E., 1984).

Kranewitter, Franz, * Nassereith (Tirol) 18. Dez. 1860, † ebd. 4. Jan. 1938, österr. Schriftsteller. – Leiter der ›Tiroler Wochenschrift‹; als Dramatiker, aber auch mit lyr. und ep. Werken zeigt er sich tief mit seiner Heimat verbunden; gehörte der freiheitlich gesinnten literar. Bewegung ›Jung-Tirol‹ an.
Werke: Lyr. Fresken (Ged., 1888), Kulturkampf (Epos, 1894), Michel Gaißmayr (Trag., 1899), Um Haus und Hof (Volksstück, 1899), Andre Hofer (Schsp., 1902), Die sieben Todsünden (Dramen, 6 Tle., 1910–30), Wieland der Schmied (Schsp., 1910).
Ausgabe: F. K. Fall u. Ereignis. Ausgew. Dramen. Innsbr. 1980.

Kranichsteiner Literaturpreis, im Rahmen der Kranichsteiner Literaturtage (bei Darmstadt) verliehener Literaturpreis, der vom ›Dt. Literaturfond‹ (gegr. 1980) an ehemalige Stipendiaten vergeben wird; der mit 20 000 DM dotierte Preis (›Kranich mit dem Stein‹) ist ein sog. Wettbewerbspreis; der Autorenwettbewerb findet jährlich statt; über die Preisvergabe entscheidet eine siebenköpfige Jury. Preisträger waren Rainald

Goetz (1983), Adelheid Duvanel (* 1936; 1984), H. M. Novak (1985), Anne Duden (1986), W. Hilbig (1987), K. Hense (1988), Th. Strittmatter (1989), J. Winkler (1990), Herta Müller (1991), L. Fels (1992), Jan Faktor (* 1951; 1993).

Kranjec, Miško [slowen. 'kra:njɔts], * Velika Polana 15. Sept. 1908, † Ljubljana 8. Juni 1983, slowen. Schriftsteller. – Während der dt. Besetzung mehrfach inhaftiert; Partisan; Redakteur und Verlagsdirektor. Seine Romane und Novellen stellen Kriegsgeschehnisse realistisch dar und behandeln Fragen der Lebensgestaltung im kleinbürgerl. und bäuerl. Alltag seines Heimatgebiets (Prekmurje). Dt. liegen vor: ›Sprung in die Welt‹ (E., 1935, dt. 1953) und ›Herr auf eigenem Grund‹ (E., 1950, dt. 1953).
Weitere Werke: Težaki (= Die Tagelöhner, R., 1932), Pesem ceste (= Das Lied der Straße, R., 1934).

Krapiwa (tl.: Krapiva), Kandrat Kandratawitsch, eigtl. K. K. Atrachowitsch, * Nisok (Gebiet Minsk) 5. März 1896, weißruss. Schriftsteller. – Populär durch satir. Gedichte und Fabeln; auch Erzählungen und Dramen in der Volkssprache.
Ausgabe: K. K. Krapiva. Zbor tvoraü. Minsk 1963. 4 Bde.

Krasicki, Ignacy [poln. kra'ɕitski], * Dubiecko (Galizien) 3. Febr. 1735, † Berlin 14. März 1801, poln. Dichter. – 1766 Fürstbischof von Ermland; 1795 Erzbischof von Gnesen; hervorragendster literar. Vertreter der poln. Aufklärung. Zu seinen Hauptwerken gehören das kom. Heldenepos ›Die Mäuseade‹ in 10 Gesängen‹ (1775, dt. 1790), die Erziehungsromane ›Begebenheiten des Mikołaj Doświadczyński‹ (1776, dt. 1777) und ›Pan Podstoli‹ (3 Tle., 1778–1803, dt. Tl.-Übers. u. d. T. ›Der Herr Untertruchseß‹, 1779), das satirisch-kom. Epos ›Der Mönche-Krieg‹ (1778, dt. 1870), ›Satyry‹ (satir. Ged., 1779) und ›Fabeln‹ (1779, dt. 1913).
Ausgabe: I. K. Pisma wybrane. Warschau 1954. 4 Bde.
Literatur: GOLIŃSKI, Z.: I. K. Warschau 1979.

Krasiński, Zygmunt Graf [poln. kra'ɕiski], * Paris 19. Febr. 1812, † ebd. 23. Febr. 1859, poln. Dichter. – Neben A. Mickiewicz und J. Słowacki bedeutendster Dichter der poln. Romantik. K.

52 Krasis

sah in der Geschichtsdeutung eine wesentl. Aufgabe der Dichtung, so u.a. in dem Drama ›Die Ungöttl. Komödie‹ (1835, dt. 1841), in dem er das Wesen und die Kontroverse von Aristokratie und Demokratie gestaltete. Eine ähnl. Problematik ist Thema in ›Iridion‹ (Dr., 1836, dt. 1847), einer Darstellung des poln. Freiheitskampfes. Die Verherrlichung Polens erreicht ihren Höhepunkt in der allegorisch-visionären Gedankendichtung ›Przedświt‹ (= Morgenröte, 1843). Große Bedeutung hat K.s Korrespondenz als lebendige Chronik und geistiges Panorama der Epoche, bes. die Briefe an D. Potocka (3 Bde., hg. 1930–38, Auswahl: ›Hundert Briefe an Delfina‹, 1966, dt. 1967).

Ausgaben: Z. K. Pisma. Krakau 1912. 8 Bde. – Z. K. Dzieła literackie. Warschau 1973. 3 Bde.
Literatur: JANION, M.: Z. K., debiut i dojrzałość. Warschau 1962. – SUDOLSKI, Z.: K. Warschau 1977.

Krasis [griech. = Mischung], Verschmelzung zweier Wörter durch Zusammenziehung (Kontraktion) des auslautenden und des anlautenden Vokals, z. B. mhd. *si ist* zu *sist*.

Krasko, Ivan, eigtl. Ján Botto, * Lukovištia bei Rimavská Sobota 12. Juli 1876, † Preßburg 3. März 1958, slowak. Lyriker. – Hauptvertreter der slowak. Moderne; vom Symbolismus beeinflußt; auch autobiograph. Prosa.

Ausgabe: I. K. Dielo. Preßburg 1980.
Literatur: ZAMBOR, J.: I. K. a poézia českej moderny. Preßburg 1981.

Krásnohorská, Eliška [tschech. 'kra:snɔhɔrska:], geb. Pechová, * Prag 18. Nov. 1847, †ebd. 26. Nov. 1926, tschech. Schriftstellerin. – Setzte sich für die Probleme der Frauenbewegung ein; propagierte eine Förderung der nat. Literatur; schrieb patriot., auch panslawist. Lyrik, ferner Libretti für B. Smetana u. a.; von bes. Interesse sind ihre Autobiographie und ihre Übersetzungen, u. a. von Lord Byron, A. S. Puschkin und A. Mickiewicz.

Ausgabe: E. K. Výbor z díla. Prag 1956. 2 Bde.

Krasnow (tl.: Krasnov), Pjotr Nikolajewitsch [russ. kras'nɔf], * Petersburg 22. Sept. 1869, †Moskau 17. Jan. 1947, russ. Schriftsteller. – Antikommunist; Kosakenführer; ab 1919 im dt. und frz.

Exil; wurde 1947 wegen Kollaboration hingerichtet; Autor des erfolgreichen, literarisch nur bedingt wertvollen Romans ›Vom Zarenadler zur roten Fahne 1894–1921‹ (4 Bde., 1921, dt. 1922).

Kraszewski, Józef Ignacy [poln. kra-'ʃɛfski], Pseudonym Bogdan Bolesławita, * Warschau 28. Juli 1812, † Genf 19. März 1887, poln. Schriftsteller. – Floh 1863 nach Dresden, ab 1876 sächs. Staatsbürger. Sein etwa 500 Bücher umfassendes Gesamtwerk ist von unterschiedl. Wert. K. gelang es, die Vorherrschaft des frz. Romans in Polen zu brechen; er behandelte häufig sozial- und kulturkrit. Themen; im Frühwerk Einflüsse bes. der dt. Romantik, später u. a. Stendhals und Ch. Dickens'.

Werke: Jermola, der Töpfer (R., 1857, dt. 1877), Gräfin Cosel (R., 1874, dt. 1952), Brühl (R., 1875, dt. 1952), Aus dem Siebenjährigen Krieg (R., 2 Bde., 1876, dt. 1953), Stara baśń (= Eine alte Sage, R., 1876).
Ausgaben: J. I. K. Ausgew. Werke. Dt. Übers. Wien 1880–81. 12 Bde. – J. I. K. Cykl powieści historycznych obejmujących dzieje Polski. Warschau 1958–63. 29 Bde.
Literatur: DANEK, W.: J. I. K. Warschau 1976.

Krasznahorkai, László [ungar. 'krɔznɔhɔrkɔi], * Gyula 5. Jan. 1954, ungar. Schriftsteller. – Mit seinem aufsehenerregenden ersten Roman ›Satanstango‹ (1985, dt. 1990), ist K. Vermittler eines trag. Lebensgefühls und düsteren Weltbilds.

Weitere Werke: Gnadenverhältnisse (En., 1986, dt. 1988), Melancholie des Widerstands (R., 1989, dt. 1992), Der Gefangene von Urga (R., 1992, dt. 1993), A Théseus-általános (Reden, 1993).

Kratinos (tl.: Kratînos), griech. Komödiendichter des 5.Jh. v.Chr. – Ältester der drei bed. Dichter der alten att. Komödie (zus. mit Aristophanes und Eupolis); 28 Stücke sind bekannt und 450 Fragmente erhalten; errang 423 v.Chr. einen Sieg mit seiner letzten Komödie ›Pytinē‹ (= Die Weinflasche) über Aristophanes' ›Wolken‹. Charakteristisch für seine Komödien sind derbe Attacken gegen Politiker seiner Zeit (v. a. Perikles).

Ausgabe: K. In: Comicorum atticorum fragmenta. Hg. v. T. KOCK. Bd. 1: Antiquae comoediae fragmenta. Lpz. 1880.
Literatur: PIETERS, J. TH.: Cratinus. Leiden 1946.

Kratscholow (tl.: Kračolov), Pejo [bulgar. 'kratʃolof], bulgar. Lyriker und Dramatiker, ↑ Jaworow, Pejo Kratscholow.

Kra<u>us</u>, Karl, * Jičín (Ostböhm. Gebiet) 2<u>8</u>. April 1874, † Wien 12. Juni 1936, österr. Schriftsteller. – Lebte ab 1877 in Wien, studierte einige Semester Germanistik, Philosophie und Jura; wollte Schauspieler werden, schrieb für mehrere Zeitschriften. K. trat 1897 aus der jüd. Religionsgemeinschaft aus und konvertierte 1911 zum Katholizismus, von dem er sich aber 1923 wieder abwandte. 1899 gründete er die Zeitschrift ›Die ↑ Fackel‹, in der er ab 1912 nur noch eigene Schriften publizierte, meist in Form von satir. Aphorismen, Epigrammen, Glossen, Essays und Gedichten. ›Die Fackel‹ wurde für K. zum Forum seines Kampfes gegen die ›Verlotterung der Sprache‹, die für ihn Ausdruck für Korruption und geistige Unwahrhaftigkeit dieser Gesellschaft, für den Verfall der Kultur überhaupt war; er entwickelte ein Verfahren der Sprachkritik mit Hilfe des Zitats, in dem der Text zum Zeugen gegen seinen Urheber wird. Er klagte in seinem Lesedrama ›Die letzten Tage der Menschheit‹ (1918/19, in: ›Die Fackel‹; endgültige Fassung 1922) die Presse und die verantwortl. Redakteure als eigentliche Urheber des 1. Weltkriegs an. In den 20er Jahren griff er v. a. jene Publizisten in Berlin an (auch mit Prozessen), die erst im Verlauf des 1. Weltkriegs zu Pazifisten geworden waren (z. B. A. Kerr), indem er ihnen ihre Äußerungen zu Beginn des Krieges vorhielt, während diese zum gro-

ßen Teil sich bereits der aufkommenden Gefahr des Nationalsozialismus entgegenstellten; polit. Augenmaß ließ er vermissen, als er für Österreich eine Rettung von E. Dollfuß erwartete. 1933 zog er das Fackelheft, in dem er das ›Grauen des 3. Reiches‹ enthüllen wollte, kurz vor der Drucklegung zurück (hg. u. d. T. ›Die dritte Walpurgisnacht‹, 1952).

Weitere Werke: Die demolierte Literatur (Essays, 1897), Sittlichkeit und Criminalität (Essays, 1902), Sprüche und Widersprüche (Aphorismen, 1909), Die chin. Mauer (Essays, 1910), Heine und die Folgen (Essays, 1910), Nestroy und die Nachwelt (Vortrag, 1912), Weltgericht (Essays, 2 Bde., 1919), Ausgewählte Gedichte (1920), Untergang der Welt durch schwarze Magie (Essays, 1922), Die Unüberwindlichen (Dr., 1928), Literatur und Lüge (Essays, 1929), Die Sprache (hg. 1937).
Ausgaben: K. K. Ausgew. Werke. Hg. v. D. SIMON. Bln. (Ost) 1971–78. 5 Bde. – K. K. Werke. Hg. v. HEINRICH FISCHER. Neuausg. Mchn. 1974. 10 Bde. – K. K. Briefe an Sidonie Nádherný von Borutin: 1913–1936. Mchn. ²1977. 2 Bde. – K. K. Frühe Schriften. 1892–1900. Hg. v. J. J. BRAAKENBURG. Mchn. 1979. 2 Bde. – K. K. Schriften. Hg. v. CH. WAGENKNECHT. Ffm. 1986 ff. Bisher 19 Bde. erschienen.
Literatur: KRAFT, W.: K. K. Beitrr. zum Verständnis seines Werkes. Salzburg 1956. – STEPHAN, J.: Satire u. Sprache. Eine Unters. zum Werk von K. K. Mchn. 1964. – KERRY, O.: K.-K.-Bibliogr. Mchn. 1970. – BORRIES, M.: Ein Angriff auf Heinrich Heine. Krit. Betrachtungen zu K. K. Stg. u. a. 1971. – BOHN, V.: Satire u. Kritik. Über K. K. Ffm. 1974. – KRAFT, W.: Das Ja des Neinsagers. K. K. u. seine geistige Welt. Mchn. 1974. – ARNTZEN, H.: K. K. u. die Presse. Mchn. 1975. – K. K. Hg. v. H. L. ARNOLD. Mchn. 1975. – SCHEICHL, S. P.: Kommentierte Auswahlbibliogr. zu K. K. Mchn. 1975. – WAGENKNECHT, C. J.: Das Wortspiel bei K. K. Gött. ²1975. – QUACK, J.: Bemerkungen zum Sprachverständnis von K. K. Bonn 1976. – K.-Hefte. 1 (1977) ff. – RÖSSLER, H.: K. u. Nestroy. Stg. 1981. – K. K. in neuer Sicht. Hg. v. S. P. SCHEICHL u. E. TIMMS. Mchn. 1986. – WEIGEL, H.: K. K. oder Die Macht der Ohnmacht. Wien u. a. ²1986. – KROLOP, K.: Sprachsatire als Zeitsatire bei K. K. Bln. ²1992. – SZABÓ, J.: Untergehende Monarchie u. Satire. Zum Lebenswerk von K. K. Budapest 1992. – SCHICK, P.: K. K. Rbk. 43.–45. Tsd. 1993. – BETZ, F.: Das Schweigen des K. K. Paradoxien des Medienalltags. Pfaffenweiler 1994.

Krawtschinski (tl.: Kravčinskij), Sergei Michailowitsch [russ. krafʹtʃinskij], Pseudonym S. Stepnjak, * Nowy Starodub (Gouv. Cherson) 13. Juli 1851, † London 23. Dez. 1895, russ. Schriftstel-

Karl Kraus

ler. – Narodnik; Haft; führte 1878 ein polit. Attentat aus und floh endgültig aus Rußland; schrieb (meist englisch) über die russ. revolutionäre Bewegung, u.a. auch die Romane ›Andrej Kožuchov‹ (engl. 1889, russ. 1898) und ›Domik na Volge‹ (= Das Häuschen an der Wolga, 1889).

Literatur: BACHMAN, J. E.: S. M. Stepnjak-Kravčinskij. Diss. Ann Arbor (Mich.) 1972.

Krechel, Ursula, * Trier 4. Dez. 1947, dt. Schriftstellerin. – Arbeitete als Dramaturgin in Dortmund; seit 1972 freie Schriftstellerin; Vertreterin der Frauenbewegung; wurde bekannt durch ihr Stück ›Erika‹ (1973), in dem eine junge Bürogehilfin versucht, der Ausbeutung in ihrer Ehe zu entfliehen; auch Gedichte, Essays, Hörspiele.

Weitere Werke: Selbsterfahrung und Fremdbestimmung. Bericht aus der Neuen Frauenbewegung (1975), Nach Mainz! (Ged., 1977), Verwundbar wie in den besten Zeiten (Ged., 1979), Zweite Natur – Szenen eines Romans (1981), Rohschnitt, Gedicht in 60 Sequenzen (1983), Vom Feuer lernen (Ged., 1985), Kakaoblau (Ged., 1989), Mit dem Körper des Vaters spielen (Essays, 1992), Technik des Erwachens (Ged., 1992), Sizilianer des Gefühls (E., 1993).

Kreft, Bratko, * Maribor 11. Febr. 1905, slowen. Dramatiker. – Ab 1930 Regisseur und Dramaturg, seit 1957 Prof. für russ. Literatur in Ljubljana; Meister der dramat. Technik; behandelte Themen aus der slowen. Geschichte; auch Arbeiten über Theater- und kulturpolit. Probleme.

Werke: Velika puntarija (= Der große Aufstand, Dr., 1937), Die Ballade von Marjutka und dem Leutnant (1960, dt. 1968).

Kreisler, Georg, * Wien 18. Juli 1922, österr. Schriftsteller, Kabarettist und Komponist. – Bekannt als Texter und Komponist skurril-makabrer, parodist. Chansons, die er, meist sich selbst am Klavier begleitend, vorträgt.

Werke: Zwei alte Tanten tanzen Tango (Lieder, 1964), Nichtarische Arien (1967), Ich hab ka Lust (Lieder-Ausw., 1979), Worte ohne Lieder (Satiren, 1986), Ist Wien überflüssig? (Satiren, 1987), Ein Prophet ohne Zukunft (R., 1990).

Krejčí, František Václav [tschech. ˈkrɛjtʃiː], * Česká Třebová 4. Okt. 1867, † Prag 30. Sept. 1941, tschech. Schriftsteller. – Schrieb Monographien zur Literatur- und Musikgeschichte, u.a. über

H. Ibsen (1897), B. Smetana (1900), J. Neruda (1902), K. H. Mácha (1907); übersetzte G. Flaubert, A. France und F. Nietzsche, verfaßte krit. Essays zur Philosophie und Literatur und stellte in erzählenden und dramat. Werken den Kampf der tschech. Legion in Sibirien dar.

Kretikus (Creticus) [griech.], antiker Versfuß (mutmaßlich kret. Herkunft) der Form –‿–; wichtiger Bestandteil der rhythm. ↑ Klauseln.

Kretschmann, Lily von, dt. Schriftstellerin, ↑ Braun, Lily.

Kretzer, Max, * Posen 7. Juni 1854, † Berlin 15. Juli 1941, dt. Schriftsteller. – War Arbeiter, Malergehilfe; bildete sich nach einem Unfall autodidaktisch; Mitarbeiter verschiedener sozialdemokrat. Zeitungen; bed. Vertreter des sozialen Romans im Naturalismus. Schrieb auch Novellen und Dramen aus dem Arbeiter- und Handwerkermilieu; spätere Werke sind eher der Kolportageliteratur zuzurechnen.

Werke: Die beiden Genossen (R., 1880), Die Betrogenen (R., 2 Bde., 1882), Die Verkommenen (R., 2 Bde., 1883), Meister Timpe (R., 1888), Das Gesicht Christi (R., 1897).

Literatur: HAASE, K.: Die Zeit- u. Gesellschaftskritik in den sozialen Romanen von M. K. Diss. Wzb. 1954 [Masch.]. – Die Akte M. K. Hg. v. H. D. TSCHÖRTNER. Bln. u. Weimar 1969.

Kreuder, Ernst, * Zeitz 29. Aug. 1903, † Darmstadt 24. Dez. 1972, dt. Schriftsteller. – Banklehre, Studium der Philosophie, Literaturwiss. und Kriminalistik; Mitarbeiter der ›Frankfurter Zeitung‹, 1926/27 Wanderung durch die Balkanländer, Redakteur des ›Simplicissimus‹, freier Schriftsteller. K. wurde durch die Erzählung ›Die Gesellschaft vom Dachboden‹ (1946) bekannt. Als sein Hauptwerk gilt der Roman ›Die Unauffindbaren‹ (1948), die surrealist. Darstellung einer Phantasie- und Traumwelt. Traumhaft anarch. Weltflucht ist seine Reaktion auf das Kriegserlebnis; seine Sprache ist genau, ausdrucksvoll, oft lyrisch; schrieb auch Gedichte und Essays zur Literatur. 1953 erhielt er den Georg-Büchner-Preis.

Weitere Werke: Herein ohne anzuklopfen (E., 1954), Agimos oder Die Weltgehilfen (R., 1959), Spur unterm Wasser (E., 1963), Tunnel zu vermieten (En., Glossen, 1966), Hörensagen (R.,

Ernst
Kreuder

1969), Der Mann im Bahnwärterhaus (R., hg.
1973).
Literatur: E. K. Von ihm. Über ihn. Hg. u. bearb. v. CH. STOLL u. B. GOLDMANN. Mainz 1974.

Kreutzwald, Friedrich Reinhold,
*Jõepere 26. Dez. 1803, †Dorpat
25. Aug. 1882, estn. Schriftsteller. – Seine
Erzählungen, Gedichte und Dramen,
großenteils Adaptationen dt. Werke, waren ebenso wie die ›Estn. Märchen‹
(1866, dt. 1869) von Einfluß auf die estn.
literar. Entwicklung. Hauptwerk ist das
Epos ›Kalevipoeg‹ (1857–61, gleichzeitig mit dt. Übersetzung), geformt aus ge-
nuiner Volksdichtung, Versifikationen
von Sagen und völlig eigenen Ergänzungen; wichtig für die nat. Selbstfindung
der Esten.

Kreuzlied (Kreuzzugslied), mittelalterl. lyr. Gattung; ihr Hauptmotiv ist ein
Aufruf zum Kreuzzug nicht nur ins Hei-
lige Land, sondern generell zu jedem
Glaubenskrieg gegen ›Heiden‹ oder Hä-
retiker. Der Hauptteil der überlieferten
K.er entfällt auf die Palästina-Kreuz-
züge, insbes. auf den 3. Kreuzzug
(1189–92; u. a. Bertran de Born, Fried-
rich von Hausen, Hartmann von Aue)
und auf den 5. Kreuzzug (1228/29; u. a.
Walther von der Vogelweide).
Literatur: Les chansons de croisade. Hg. v.
J. BÉDIER u. P. AUBRY. Paris 1909. – BÖH-
MER, M.: Unterss. zur mhd. Kreuzzugslyrik.
Rom 1968. – SPRECKELMEYER, G.: Das Kreuz-
zugslied des lat. MA. Mchn. 1974. – HÖLZLE, P.:
Die Kreuzzüge in der okzitan. u. dt. Lyrik. Das
Gattungsproblem ›K.‹ im histor. Kontext. Göp-
pingen 1980. 2 Bde.

Kreuzreim (gekreuzter Reim, Wech-
selreim), Reimform, bei der die erste und
dritte, zweite und vierte Zeile miteinander reimen; Schema: ab ab (z. B. Sonne:
Herz; Wonne: Schmerz); häufig im
Volkslied.

Kreuzzugsdichtung, mittelalterl.
Dichtung, die einen Kreuzzug zum
Thema hat. Zu dem überlieferten Bestand der Kreuzzugsepik gehören Dichtungen, die den Kreuzzug propagieren,
indem sie einen histor. Stoff auf das
Kreuzzugsgeschehen hin aktualisieren
(›Rolandslied‹ des Pfaffen Konrad,
12. Jh.) oder die aktuellen Kreuzzugser-
eignisse, meist im Stil der Reimchronik,
unmittelbar aus der Perspektive des
Kreuzzugsteilnehmers (u. a. Graindor de
Douai, ›Chanson d'Antioche‹, um 1180
[Umarbeitung des verlorenen Originals
von Richard le Pèlerin, vor 1099]; ›Liv-
länd. Reimchronik‹, Ende des 13. Jh.)
oder mittelbar aus einer gewissen räuml.
oder zeitl. Distanz festhalten (›Kreuz-
fahrt Ludwigs des Frommen‹, Anfang
des 14. Jh.), sowie Dichtungen, die den
Kreuzzug als Hintergrund- oder Rahmenhandlung literarisieren (u. a. ›Oren-
del‹, Ende des 12. Jh.; ›König Rother‹,
nach 1150). – †auch Kreuzlied.
Ausgabe: K. Hg. v. ULRICH MÜLLER. Tüb. ³1985.
Literatur: DUPARC-QUIOC, S.: Le cycle de la
croisade. Paris 1955. – WENTZLAFF-EGGEBERT,
F.-W.: K. des MA. Bln. 1960. – SUMBERG,
L. A. M.: La ›Chanson d'Antioche‹. Paris 1968
(mit Bibliogr.). – WISNIEWSKI, R.: K. Darmst.
1984.

Kreuzzugslied, svw. †Kreuzlied.

Krėvė-Mickevičius, Vincas [litaui-
isch krɛːˈveːmɪtsˈkæːvɪtʃjʊs], *Subarto-
niai 19. Okt. 1882, †Marple Township bei
Philadelphia (Pa.) 7. Juli 1954, litauischer
Dichter. – War 1922–44 Prof. für Slawistik in Kaunas und Wilna, 1940 Außenminister; emigrierte 1944. Stellte das
litauische Bauernleben und in seinen
Dramen Ereignisse der litauischen Geschichte idealisierend dar.
Werke: Šarūnas (Dr., 1911), Dainavos šalies
senų žmonių padavimai (= Legenden der Alten
aus der Gegend von Dainava, 1912), Skirgaila
(Dr., 1925), Raganius (= Der Hexer, E., 1930),
Šiaudinėj pastogėj (= Unter dem Strohdach,
Nov.n, 1932), Mindaugo mirtis (= Der Tod des
Mindaugas, Dr., 1935), Miglose (= In den Ne-
beln, E., 1940).

Kreymborg, Alfred [engl. ˈkrɛɪm-
bɔːg], *New York 10. Dez. 1883, †ebd.

14. Aug. 1966, amerikan. Schriftsteller. – Begann mit lyr. Versuchen, in denen er größtmögl. Einfachheit der Aussage zu erreichen bestrebt war; Einfluß der Imagisten; später Abkehr von Experimenten. Schrieb Dramen, häufig Einakter, mit stark lyr. Prägung; Vorliebe für Groteskes und Komisches, oft marionettenhafte Stilisierung der Charaktere. Sein bedeutendstes Werk ist seine Autobiographie ›Troubadour‹ (1925).

Weitere Werke: Mushrooms (Ged., 1916), Plays for poem-mimes (Dramen, 1918), Puppet plays (Dramen, 1923), Less lonely (Ged., 1923), Our singing strength (Schr., 1929), No more war (Ged., 1950).

Krieger, Arnold, * Dirschau (heute Tczew) 1. Dez. 1904, † Frankfurt am Main 9. Aug. 1965, dt. Schriftsteller. – Lebte nach 1945 zeitweilig in der Schweiz und in Afrika; schrieb Dramen, Hörspiele, Märchen, Essays, Gedichte und v. a. Romane, darunter Afrika-Romane, von denen ›Geliebt, gejagt und unvergessen‹ (1955) am erfolgreichsten war.

Weitere Werke: Mann ohne Volk (R., 1934, 1957 u. d. T. Hendrik und Sannah), Christian de Wet (Dr., 1936), Das erlösende Wort (Ged., 1941), So will es Petöfi (R., 1943, 1956 u. d. T. Sein Leben war Liebe), Das schlagende Herz (Ged., 1944), Das Haus der Versöhnung (R., 957), Reichtum des Armen (Ged., 1958), Hilf uns leben, Cordula! (R., 1959), Der Scheidungsanwalt (R., 1959), Der Kuckuck und die Zerreißprobe (R., 1963).

Ausgabe: A. K. Dramen. Darmst. 1981–83. 3 Bde.

Literatur: A. K. 75. Geburtstag. Darmst. 1979–80. 2 Bde. in 3 Tlen.

Kriegsdichtung, von außerliterar. Gesichtspunkten bestimmter Sammelbegriff, der in fragwürdiger und v. a. irreführender Weise jede Literatur bezeichnen soll, die, unabhängig von den Bedingungen unterschiedlichster Kulturkreise und Geschichtsepochen, mehr oder weniger unmittelbar den Krieg oder Kriegsereignisse zum Gegenstand hat. Die Bez. K. differenziert dabei nicht zwischen kriegsverherrlichender Gebrauchs- oder Tendenzliteratur und literar. Werken, die in der (philosoph., eth. oder gesellschaftskrit.) Auseinandersetzung mit dem Phänomen des Krieges als Antipode jeglicher Kultur und Kunst die Absurdität der Zerstörung des Menschen durch den Menschen darstellen. Im Unter-schied zu der Bez. K. bezieht sich die ebenfalls unspezif. Bez. Antikriegsdichtung gezielt auf Literatur, die im 20. Jh. nach den Erfahrungen des 1. und 2. Weltkriegs erklärtermaßen gegen den Krieg und seine Folgen anschrieb und v. a. das Tabu des Heldentods brach.

Literatur: WEITHASE, I.: Die Darst. von Krieg u. Frieden in der dt. Barockdichtung. Weimar 1953. – BETZEN, K.: Deutung u. Darst. des Krieges in der dt. Epik des 20. Jh. In: Deutschunterricht 14 (1962), S. 49. – NEIS, E.: Der Krieg im dt. Gedicht. Hollfeld (Obfr.) 1971. – WANDREY, U.: Das Motiv des Krieges in der expressionist. Lyrik. Hamb. 1972. – FLATZ, R.: Krieg im Frieden. Ffm. 1976. – CHRISTADLER, M.: Kriegserziehung im Jugendbuch. Literar. Mobilmachung in Deutschland u. Frankreich vor 1914. Ffm. ²1979. – KORTE, H.: Der Krieg in der Lyrik des Expressionismus. Bonn 1981. – PFEIFFER, J.: Der dt. Kriegsroman 1945–1960. Kronberg i. Ts. 1981. – MÜLLER, HANS-HARALD: Der Krieg u. die Schriftsteller. Der Kriegsroman der Weimarer Republik. Stg. 1986.

Krige, [Mattheus] Uys [afrikaans 'kri:xə], * Bontebokskloof (Distrikt Swellendam, Kapprovinz) 4. Febr. 1910, † Onrust (Kapprovinz) 10. Aug. 1987, südafrikan. Dramatiker, Erzähler und Lyriker. – Seine Erlebnisse als Kriegskorrespondent in Nordafrika, seine Gefangenschaft, seine Flucht aus dem italien. Lager, hielt er in seinen Balladen und Erzählungen fest; folgte im künstler. Ausdruck seiner inneren Stimmung, die von romant. Sehnen über verhaltene Ironie zu zyn. Weltschau wechselt; suchte den Ausgleich zwischen afrikaanser und engl. Tradition. K. war einer der bedeutendsten Vertreter des Digters van Dertig, die die afrikaanse Lyrik an ›moderne‹ Tendenzen der Weltliteratur (z. B. den Imagismus) anschlossen.

Werke: Kentering (Ged., 1935), Die einde van die pad en ander oorlogsverse (Ged., 1947), Hart sonder hawe (Ged., 1949), The dream and the desert (Kurzgeschichten, 1953), Die goue kring (Dr., 1956), Ballade van die groot begeer en ander gedigte (Ged., 1960), Die huis van Bernarda Alba (E., 1980), Versamelde gedigte (Ged., 1985).

Literatur: OPPERMAN, D. J.: Digters van Dertig. Kapstadt 1953. – VAN HEYNINGEN, CH./BERTHOUD, J.: U. K. New York 1966.

Kriminalliteratur, anders als die Verbrechensliteratur, die den Entstehungsbedingungen und den Wirkungen des Verbrechens nachgeht und den möglicherweise trag. Konflikt aufdeckt, in dem ein Verbrecher sich befindet, beschäftigt sich die K. (der **Kriminalroman** bzw. die **Kriminalerzählung**) v. a. mit den Anstrengungen, die zur Aufdeckung eines Verbrechens und zur Überführung und Bestrafung eines Täters bzw. mehrerer Täter notwendig sind. Die Art und Weise der erzählten Anstrengungen entscheidet darüber, ob im engeren Sinn vom Detektivroman bzw. der Detektiverzählung oder vom Thriller bzw. von der kriminalist. Abenteuererzählung gesprochen wird. Mit diesen Begriffen sind die beiden idealtyp. Stränge der K. bezeichnet, die sich aufgrund inhaltl. wie formaler Kriterien im allgemeinen deutlich auseinanderhalten lassen, wenngleich es in der histor. Entwicklung der K. immer auch zu Mischformen gekommen ist.

Detektivroman bzw. **Detektiverzählung** lassen die näheren Umstände eines geschehenen Verbrechens (fast ausschließlich des Mordes) im dunkeln und stellen die vorrangig intellektuellen Bemühungen eines Detektivs dar, dieses Dunkel zu erhellen. Dabei wird zum einen das Geheimnis, das das Verbrechen umgibt, für den Leser planmäßig verstärkt (z. B. durch die Häufung in die Irre führender Verdächtigungen), zum anderen das Rätselhafte durch die zwingende Gedankenarbeit des Detektivs systematisch abgebaut (Reduktion der Verdächtigen). Aus dieser Konkurrenz der Kompositionselemente resultiert die innere Spannung der Detektivliteratur. Die Handlung der Detektivliteratur besteht in erster Linie aus Untersuchungen und Verhören, also auch Reflexionen über bereits Geschehenes. Das Ziel des Erzählens ist auf die Rekonstruktion des verbrecher. Tatvorgangs gerichtet, also einer bereits abgelaufenen Handlung, die zum Schluß für den Leser meist kurz in chronolog. Folge zusammengefaßt wird. – Der **Thriller** bzw. die **kriminalist. Abenteuererzählung** heben sich von der Detektivliteratur inhaltlich v. a. durch die Vorgehensweise des Detektivs (bzw. des Polizeibeamten) ab. Dargestellt wird nicht die gedankl. Entschlüsselung eines verrätselten Verbrechens, sondern die Verfolgungsjagd eines schon bald identifizierten oder von vornherein bekannten Verbrechers. Der

Thriller besteht fast immer aus einer Kette aktionsgeladener Szenen (Flucht, Verfolgung, Gefangennahme, Befreiung usw.), in denen der Protagonist des Gesetzes sich mit Widerständen auseinandersetzt, die sich ihm als äußere Hindernisse in den Weg stellen, die überwunden werden, oder als Personen, die beseitigt werden müssen. Da diese Form der K. nicht das Geheimnis eines verbrecher. Tathergangs, sondern die Person des Täters (oder eine Tätergruppe) als Zielobjekt des Helden aufbaut, lassen sich in ihr grundsätzlich auch die Motive des Verbrechens in der Handlung mitentwikkeln. Die Darstellung der Verfolgung des Verbrechers führt im Gegensatz zur Detektivliteratur zu der vorwärtsgerichteten, chronolog. Erzählweise des typ. Abenteuerromans. – Die wichtigste Sonderform des Thrillers ist der **Spionageroman,** der sich lediglich durch das Motiv der Spionage und die damit verbundenen Hintergrundschilderungen abhebt.

Die *Geschichte der K. als einer eigenen Gattung der Unterhaltungsliteratur* begann Ende des 18. Jh., auch wenn das Motiv der Verrätselung und Enträtselung bis in die Anfänge der Literatur zurückreicht. Zu den sozialgeschichtl. Entstehungsbedingungen der K. gehörten einerseits das mit der Konsolidierung des bürgerl. Rechtsstaates einhergehende Interesse des Publikums an Rechtsfragen und sein Verlangen nach einem verläßl. Justizverfahren, andererseits der Wandel des Strafprozesses, der den Sach- oder Indizienbeweis an die Stelle der durch Folter erzwungenen Geständnisse setzt. Hinzu kamen geistesgeschichtl. Entstehungsbedingungen, und zwar nicht nur das fortschrittsgläubige naturwiss. Denken des 19. Jh., das mit der rationalen Offenlegung der Beweisführung und dem Erfolg der Anstrengungen des Detektivs korrespondierte; die Elemente der Verunsicherung und Verfremdung, mit denen die K. arbeitet, um die Aufklärungsarbeit des Detektivs überhaupt zu ermöglichen, entsprachen (nach R. Alewyn) dem Bedürfnis des aufgeklärten Lesers nach vorübergehender Verunsicherung. Für die Entwicklung der Gattung spielten auch publizist. Bedingungen eine nicht zu unterschätzende Rolle. Durch den starken Anstieg der literar. Medien entstand ein riesiger Bedarf an unterhaltenden Manuskripten, wobei sich die Publikationsformen direkt auf die Struktur auch der K. auswirkten (K. Hickethier/W. D. Lützen) und die Ausbildung des Thrillers förderten. Die literar. Vorläufer der K. sind vielfältig. Als Stoffquelle bedeutsam ist der sog. ›Pitaval‹ (›Causes célèbres et intéressantes‹, 20 Bde., 1734–43). Das Motiv des mysteriösen Verbrechens ist v. a. aus dem *Schauerroman* bekannt. Eine subtile Fragetechnik, die zur Aufklärung eines Mordes führt, findet man schon in W. Godwins Roman ›Caleb Williams oder Die Dinge wie sie sind‹ (3 Bde., 1794, dt. 1795), das Motiv der Suche und Identifizierung von Spuren insbes. in den Romanen J. F. Coopers (›Der letzte der Mohikaner‹, 1826, dt. 1826; ›Der Pfadfinder‹, 1840, dt. 1840) und den 1828 erschienenen ›Memoiren‹ François-Eugène Vidocqs (* 1775, † 1857), des ehemaligen Sträflings und späteren Chefs der frz. Geheimpolizei. Mit weiteren Motiven des späteren Detektivromans und des späteren Thrillers angefüllt sind Romane von H. de Balzac, E. Sue, Ch. Dickens u. a. Die für die Detektivliteratur typ. Motive integrierte zuerst E. A. Poe in seiner Erzählung ›Der Doppelmord in der Rue Morgue‹ (1841, dt. 1853). In Poes Nachfolge stehen die Romane A. C. Doyles, dem es vor allem in Anlehnung an É. Gaboriau aber gelang, Poes traktathafte Sprödigkeit ins Erzählerische aufzulösen und die analyt. Gedanken seines Sherlock Holmes mit vielen Aktionen zu verbinden. Unterscheidet sich Doyles Sherlock Holmes in seinem method. Vorgehen schon von Poes Dupin, so setzen G. K. Chesterton, G. Leroux, A. Christie mit ihren Detektiven immer neue Akzente. Der schließlich im pointierten Rätselroman erstarrende Detektivroman erfuhr entscheidende Innovationen v. a. durch D. L. Sayers, G. Simenon und F. Glauser, die sich auf unterschiedl. Weise um neue Realitätsbezüge der Gattung bemühten. Die Geschichte des **Thrillers** ist die Geschichte des Heftromankrimis, des Spionageromans und des Kriminalromans der sog. ›hard-boiled-school‹. Heftromane werden seit 1860 geschrieben, zu-

erst in den USA. Standen dort zunächst noch Westernhelden im Vordergrund, so begünstigte das Anwachsen der Städte gegen Ende des Jh. die Entstehung des Heftromankrimis, der das Abenteuer von der Prärie in die Stadt verlegte. Die Tradition dieser Romanform, die mit der Nick-Carter-Serie und der Sexton-Blake-Serie ihre größten Verkaufserfolge erzielte, führt bis in die Gegenwart (Jerry-Cotton-Serie). Die Geschichte des Spionageromans, der sich nur thematisch, nicht aber strukturell von anderen Thrillern unterscheidet, beginnt mit Erskine Childers' (* 1870, † 1922) Roman ›The riddle of the sands‹ (1903) und J. Buchans ›Die 39 Stufen‹ (1915, dt. 1967). Zu weiterer Verbreitung verhalf dem Genre zur Zeit des 1. Weltkrieges der unter dem Pseudonym ›Sapper‹ schreibende Herman Cyril McNeile (* 1888, † 1937), dessen äußerst populärer Held Bulldog Drummond ein direkter Vorläufer von Ian Flemings James Bond ist. Sappers unverhüllter Antisemitismus und Flemings Antikommunismus weisen darauf hin, wie leicht gerade der Spionageroman als Mittel polit. Indoktrination mißbraucht werden kann. Eine ›realist.‹ Gegenbewegung ist innerhalb des Genres mit den Namen G. Greene, E. Ambler, Len Deighton (* 1929) und J. le Carré verbunden. – Ebenso wie der Spionageroman ist auch der amerikan. Kriminalroman der 20er und 30er Jahre von den Mustern der kriminalist. Heftromanliteratur beeinflußt. D. Hammett und R. Th. Chandler schrieben zunächst in dem Sensationsblatt ›Black Mask‹. Ihre Helden, die auf das Bedürfnis der Publikums nach Reaktionen auf die überall herrschende gesellschaftl. Korruption antworten, besitzen ein ausgeprägtes moral. Gewissen. Die Bedeutung der Romane dieser Autoren liegt in ihrer Tendenz, das Verbrechen in einer unauflösl. Verfilzung mit Politik und Geschäft darzustellen. Die Spurensuche der Helden ist ausgesprochen aktionistisch, wobei freilich gerade bei Chandler ein bes. Reiz von den pointierten Rededuellen ausgeht. Zu den bedeutendsten Nachfolgern gehören Ch. B. Himes, R. Macdonald und das schwed. Autorenpaar M. Sjöwall/P. Wahlöö.

Der sog. neue dt. Kriminalroman, der sich um die Integration von Unterhaltung und Aufklärung bemüht, ist deutlich von Chandler und den beiden Schweden beeinflußt. R. Hey, Horst Bosetzky (↑-ky) und Michael Molsner (* 1939) gehören gegenwärtig zu den wichtigsten Vertretern der Gattung.
Literatur: WÖLCKEN, F.: Der literar. Mord. Nbg. 1953. – HOVEYDA, F.: Histoire du roman policier. Paris 1965. – Tough guys writers of the thirties. Hg. v. D. MADDEN. Carbondale (Ill.) 1968. – Der wohltemperierte Mord. Hg. v. V. ŽMEGAČ. Ffm. 1971. – Der Kriminalroman. Hg. v. J. VOGT. Mchn. 1971–72. 2 Bde. – SYMONS, J.: Mortal consequences. A history from the detective story to the crime novel. New York 1972. – BECKER, J. P.: Der engl. Spionageroman. Mchn. 1973. – ALEWYN, R.: Ursprung des Detektivromans. In: ALEWYN: Probleme u. Gestalten. Ffm. 1974. – EGLOFF, G.: Detektivroman u. engl. Bürgertum. Düss. 1974. S. 341. – BOILEAU, P./NARCEJAC, TH.: Le roman policier. Paris 1975. – NARCEJAC, TH.: Une machine à lire. Le roman policier. Paris 1975. – SCHULZ-BUSCHHAUS, U.: Formen und Ideologien des Kriminalromans. Ffm. 1975. – HICKETHIER, K./ LÜTZEN, W. D.: Der Kriminalroman, Entstehung und Entwicklung eines Genres in den Medien. In: Trivialliteratur. Hg. v. A. RUCKTÄSCHL u. H. D. ZIMMERMANN. Mchn. 1976. – EISENZWEIG, U.: Le récit impossible. Sens et forme du roman policier. Paris 1986. – BAYER, I.: Juristen u. Kriminalbeamte als Autoren des neuen dt. Kriminalromans – Berufserfahrung ohne Folgen? Ffm. u. a. 1989. – NUSSER, P.: Der Kriminalroman. Stg. ²1991. – Der neue dt. Kriminalroman. Hg. v. K. ERMERT u. W. GAST. Loccum ²1992. – Experimente mit dem Kriminalroman. Ein Erzählmodell in der deutschsprachigen Lit. des 20. Jh. Hg. v. W. DÜSING. Ffm. u. a. 1993. – Lex. der K. Hg. v. K.-P. WALTER. Losebl. Meitingen 1993 ff.

krimtatarische Literatur, Literatur in krimtatar. Sprache, die zur Nordwestgruppe der Turksprachen gehört; sie erhielt erst nach der Revolution von 1905 ein eigenes Gepräge und blühte dann in den ersten Jahren der ASSR der Krim stark auf. Die Aufklärungsliteratur des 19. Jh., v. a. vertreten durch den Befürworter der Einigung aller Rußlandtürken Ismail Ghaspraly (russ. Form: Gasprinski [* 1851, † 1914]; Hg. der bed. Zeitschrift ›Terğümān‹, seit 1883), stand unter osman. Einfluß. Die Krimtataren wurden 1944/45 nach Zentralasien deportiert, wo Taschkent als Erscheinungsort ihrer Literatur diente.

Literatur: BATTAL-TYMAS, A.: La littérature des Tatars de Crimée. In: Philologiae Turcicae fundamenta Bd. 2. Wsb. 1965. S. 785.

Krippenspiel (Christgeburtsspiel), szen. Darstellung des Weihnachtsgeschehens, meist dreiteilig (Verkündigung, Herbergsuche/Geburt, Anbetung der Hirten), oft folgt noch die Anbetung der Drei Könige. K.e sind in dt. Sprache seit dem 14. Jh. bezeugt, insbes. als Kern der mittelalterl. ↑ Weihnachtsspiele.

Krisis [griech. = Entscheidung], im ↑ Drama das Moment der Entscheidung, der Augenblick auf dem Höhepunkt des dramat. Konflikts, in dem sich der Held durch eine Entscheidung seiner Handlungsfreiheit begibt und damit den Umschwung der Handlung (↑ Peripetie) einleitet. – ↑ auch Katastrophe.

Kristensen, Aage Tom [dän. 'kresdənsən], * London 4. Aug. 1893, † Thurø (Svendborg) 2. Juni 1974, dän. Schriftsteller. – Seine expressionist. Lyrik vermittelt in harten, farbigen Rhythmen die Spannungen seiner Persönlichkeit; auch seine Prosa ist vom lyr. Expressionismus bestimmt. K.s Werke geben die Lebensanschauungen zweier Epochen wieder, sie schließen den Optimismus der 20er Jahre und die Ernüchterung des folgenden Jahrzehnts ein; auch Literaturkritiker und Übersetzer.
Werke: Livets arabesk (R., 1921), Roman einer Verwüstung (R., 1930, dt. 1992), Mod den yderste rand (Ged., 1936), En omvej til Andorra (Reiseb., 1947), Rejse i Italien (Reiseb., 1950).
Ausgabe: T. K. i poesi og prosa. Kopenhagen ²1963.
Literatur: HØJBERG-PEDERSEN, R.: T. K. Kopenhagen 1942. – EGEBAK, N.: T. K. Kopenhagen 1971. – BREITENSTEIN, J.: T. K.s udvikling. Kopenhagen 1978. – JØRGENSEN, A.: Litteratur om T. K. Storhøj 1980.

Kristeva, Julia [frz. kriste'va], * Sofia (Bulgarien) 24. Juni 1941, frz. Literaturtheoretikerin und Essayistin. – Lebt seit 1966 in Paris; bed. Mitglied der Gruppe Tel Quel; wurde 1968 von R. Barthes und L. Goldmann mit der Arbeit ›Le texte du roman. Approche sémiologique d'une structure discursive transformationnelle‹ (erschienen 1970) promoviert und habilitierte sich 1973 mit der Untersuchung ›Die Revolution der poet. Sprache‹ (erschienen 1974, dt. 1978). Sie nimmt Lehraufgaben an der Univ. Paris-VII wahr.

Ihre literaturtheoret. Studien, die sich vor dem Hintergrund einer starken Beeinflussung durch M. M. Bachtin (* 1895, † 1975) um eine Verbindung so gegensätzl. Ansätze wie der von G. W. F. Hegel, K. Marx, Mao-Tse-tung, S. Freud, J. Lacan und N. Chomsky bemühen, zielen auf den Entwurf einer Textwiss. auf der Basis semiot., d.h. hier supra-linguist. Erkenntnisse. Trotz aller mehrfach geäußerten polit. Absichten steht dabei das als Prozeß begriffene Subjekt im Mittelpunkt ihrer Darlegungen. Aus diesem Umstand heraus dürften sich auch J. K.s Beiträge zur internat. Frauenbewegung (›Die Chinesin. Die Rolle der Frau in China‹, 1974, dt. 1976) erklären.

Weitere Werke: Séméiotikè. Recherches pour une sémanalyse (1969), Pouvoirs de l'horreur. Essai sur l'abjection (1980), Geschichten von der Liebe (1983, dt. 1989), Soleil noir (1987), Fremde sind wir uns selbst (1988, dt. 1988), Les samouraïs (R., 1990), Lettre ouverte à Harlem Désir (1990), Le vieil homme et les loups (R., 1991), Die neuen Leiden der Seele (1993, dt. 1994).

Literatur: HARDT, M.: J. K. In: Frz. Literaturkritik der Gegenwart in Einzeldarst. Hg. v. W.-D. LANGE. Stg. 1975. S. 309. – ZEPP, E. H.: The criticism of J. K. A new mode of critical thought. In: Romanic Review 73 (1982), S. 80. – JARDINE, A. A.: Gynesis. Configurations of woman and modernity. Ithaca (N. Y.) u. London 1985. – NORDQUIST, J.: K. Santa Cruz (Calif.) 1989. – SUCHSLAND, I.: J. K. zur Einf. Hamb. 1992.

Kristiansen, Idar [norweg. 'kristiansən], * 1932, norweg. Schriftsteller. – Begann als Lyriker; schildert in der vierbändigen Romanserie ›Kornet og fiskene‹ (1978–81) die Auswanderung verarmter Finnen nach Nordnorwegen in der 2. Hälfte des 19. Jahrhunderts.

Kritik ↑ Literaturkritik, ↑ Rezension.

kritische Ausgabe, die nach den Grundsätzen der ↑ Textkritik erarbeitete Ausgabe (Edition) eines nicht authentisch überlieferten antiken oder mittelalterl. literar. Werkes. Sie enthält den Editionsbericht, den krit. Text (mit Zeilenzähler), den ↑ kritischen Apparat, eventuell einen Kommentar und ein Register. – ↑ auch historisch-kritische Ausgabe.

kritischer Apparat, Gesamtheit der textkrit. Anmerkungen am Fuß der Seiten, im Anhang oder in einem separaten Band, die die Lesarten (Varianten) zu einem kritisch edierten Text bieten; er soll die Textgeschichte vollständig darstellen. – ↑ auch Textkritik.

Kriwet, Ferdinand, *Düsseldorf 3. Aug. 1942, dt. experimenteller Künstler. – K. erstrebt eine umfassende sprachlich-visuelle Kommunikation durch Sehtexte mit vielen poet. (›poem paintings‹) Lese- und Kombinationsmöglichkeiten. Er präsentiert auch Hörtexte oder in Multimedia-Veranstaltungen (in Museen, Fernsehen, Theater) optisch-akust. Darbietungen. Bringt lettrist. Bildbände heraus, u. a. ›Stars. Lexikon in 3 Bänden‹ (1971), ›COM.MIX. Die Welt der Schrift- und Zeichensprache‹ (1972).

Križanić, Juraj [serbokroat. ...ʒanitɕ], * Ribnik an der Kupa um 1618, ✕ vor Wien 12. Sept. 1683, kroat. Priester und Publizist. – Setzte sich als Katholik in Rußland für die Einigung der russischorthodoxen und der römisch-kath. Kirche und die Einigung aller slaw. Völker unter dem russ. Zaren ein (›Politika‹, entst. 1663–66); deshalb ›Vater des Panslawismus‹ genannt; 1661–76 Verbannung nach Sibirien.

Krklec, Gustav [serbokroat. 'kr̩klɛts], * Udbinja bei Karlovac 23. Juni 1899, † Zagreb 30. Okt. 1977, kroat. Lyriker. – Lektor und Redakteur; seine Lyrik weist impressionist. Züge auf; Streben nach pantheist. Harmonisierung von Natur und Mensch; Übersetzer.

Krleža, Miroslav [serbokroat. ˌkr̩lɛʒa], * Zagreb 7. Juli 1893, † ebd. 29. Dez. 1981, kroat. Schriftsteller. – Wurde durch desillusionierende und schmerzl. Erfahrungen im 1. Weltkrieg zu einem sozialrevolutionären Schriftsteller. Ab 1917 gelang ihm der Durchbruch als Lyriker, Erzähler und Dramatiker mit Werken des Protests im Kontext der expressionist. Poetik (›Der kroat. Gott Mars‹, En., 1922, dt. 1965). Die große Zeit seines Schaffens waren die 20er und 30er Jahre: ›Die Glembays‹ (1929, dt. 1963), ›In Agonie‹ (1928, dt. 1964) und ›Leda‹ (1931, dt. 1964) – eine Dramentrilogie über den Verfall eines alten kroat. Patriziergeschlechts; ›Die Rückkehr des Filip Latinovicz‹ (R., 1932, dt. 1961), ›Tausendundein Tod‹ (Nov.n, 1933, dt. 1966), ›Balade Petrice Kerempuha‹ (= Die Bal-

laden des Petrica Kerempuh, 1936, dt.
Ausw. 1972), ›Ohne mich‹ (R., 1938, dt.
1962), ›Bankett in Blitwien‹ (R., 3 Tle.,
1938–62, dt. 1964); ferner ›Zastave‹
(= Flaggen, R., 5 Bücher, 1962–68). K.
ist auch Verfasser von Essays zu Literatur, Kulturgeschichte und Politik (›Illyri-
cum Sacrum‹, dt. 1994), von Tagebüchern (5 Bde., 1977) und ideologiekrit.
Schriften. Verbunden ist sein Werk durch
das aufklärer. Moment, das emanzipator.
und sozialkrit. Engagement, das sich der
Indoktrination widersetzt und die Freiheit des Künstlers verteidigt. K., der einen essayist. Prosastil entwickelte, prägte
die Literaturen des ehem. Jugoslawiens
nachhaltig.

Miroslav
Krleža

Ausgaben: M. K. Sabrana djela. Zagreb
1953–72. 27 Bde. – M. K. Sabrana djela. Sara-
jevo u. a. 1983 ff. (bisher 5 Bde. erschienen). –
M. K. [Werke]. Dt. Übers. Königstein i. Ts.
1984–87. 8 Bde.
Literatur: SCHNEIDER, S.: Studien zur Roman-
technik M. K.s. Mchn. 1969. – MATKOVIC, M.:
La vie et l'œuvre de M. K. Paris 1977. – LA-
SIĆ, S.: K. Zagreb 1982. – VUČETIĆ, Š.: Krležino
književno djelo. Zagreb 1983. – LAUER, R.: M.
K. u. der dt. Expressionismus. Gött. 1984. –
LEITNER, A.: Die Gestalt des Künstlers bei M. K.
Hdbg. 1986. – ŽMEGAČ, V.: Krležini evropski ob-
zori. Zagreb 1986.

kroatische Literatur, die Literatur
der Kroaten entwickelte sich im Prozeß
der Aneignung der christl. Überlieferung
in Wort und Schrift. Die Frühphase
(11.–14. Jh.) belegen Rezeptionszeug-
nisse aus der lat., kyrill. und glagolit. Tradition (Glagoliza), die auf dialektale Bindungen mit den ča-, što- und kajkav.
Sprachgebieten (Dalmatien, Nord- und
Binnenkroatien, Slawonien) verweisen.
Das glagolit. Schrifttum stellt ein Spezifi-
kum des kroat. MA dar und verbindet
diesen Kulturraum mit der kirchenslaw.
Tradition der Südslawen. Nach der
Schlacht auf dem Amselfeld 1389 (Sieg
der Türken über die Serben) blieb die
k. L. primär am westeurop. Kulturmodell
orientiert. Die Einbindung in den europ.
Humanismus erfolgte im 15. Jh. über die
kroat. Latinität (u. a. Ae. L. Cervinus).
Auf dieser Grundlage, die Elemente der
Volkssprache enthält und die petrarkist.
Tradition verpflichtet bleibt, erwuchs im
16. Jh. die **dalmatin. Renaissanceliteratur:**
Š. Menčetić, D. Držić, D. Zlatarić,
P. Hektorović, H. Lucić, M. Držić,
M. Marulić, M. Vetranović Čavčić. Bed.
Werke der Lyrik, Epik und Dramatik
entstanden in der **Barockzeit** (17./18. Jh.;
Universalismus, Rhetoriktradition, Ma-
nierismus, Bukolik). Zu nennen sind in
Dalmatien I. Gundulić, I. Bunić Vučić,
J. Palmotić, I. Đurđević, in Nordkroatien
P. R. Vitezović, Ivan Belostenec (*um
1594, † 1675), Petar Zrinski (Péter Zrínyi;
* 1621, † 1671), F. K. Frankapan sowie
J.Križanić, der panslaw. Ideen propagierte. Im 18. Jh. verlor Dalmatien (Dubrovnik [= Ragusa]) unter Einwirkung
des Josephinismus und der Aufklärung
seine Führungsrolle in der kroat. Kultur.
Hervorzuheben sind das Werk des Gelehrten und Dichters Ruđer Josip Boško-
vić (* 1711, † 1787) und die Franziskaner-
literatur (A. Kačić Miošić). Didaktisch-
aufklärer. Literatur entstand in Slawonien (M. A. Relković, Matija Petar
Katančić [* 1750, † 1825]). Die Tradition
der kajkav. Literatur pflegte im 18. Jh.
der Zagreber Dramatiker T. Brezovački.
Die neuere k. L. entstand vor dem Hintergrund der Bewegung des ↑ Illyrismus
(30er und 40er Jahre des 19. Jh.). L. Gaj
und der Serbe V. S. Karadžić reformier-
ten die Schriftsprache der Serben und
Kroaten; die dialektale Vielfalt wurde
auf die Norm des Štokavischen ausgerichtet. Die von der dt. Romantik und
panslaw. Ideen (v. a. des Slowaken
J. Kollár) geprägte **Literatur der illyr. Bewegung** stand im Zeichen der nat. Erneuerung, die auf polit. und kultureller
Unabhängigkeit von Österreich-Ungarn
insistierte (S. Vraz, Antun Mihanović

[* 1796, † 1861], P. Preradović [Lyrik], I. Mažuranić [Epos], D. Demeter [Drama]). In der 2. Hälfte des 19. Jh. setzten sich **realist. Konzeptionen** (soziales Engagement, Regionalismus) durch: A. Šenoa, E. Kumičić, der Lyriker A. Harambašić, A. Kovačić (gesellschaftskrit. Romane), V. Novak, K. Š. Gjalski, J. Kozarac. Über den Realismus hinaus verwies die reflexive, visionäre Lyrik des bed. S. S. Kranječević. Gegen Ende des 19. Jh. formierte sich die kroat. **Moderne,** deren Vertreter den autonomen Charakter der Kunst, die ästhetische Sinnqualitäten der Literatur in den Vordergrund stellten, so der Lyriker V. Vidrić, der an frz. Vorbildern geschulte A. G. Matoš, V. Nazor, I. Vojnović (Dramen) und D. Šimunović. Schon im 1. Weltkrieg kam in Abkehr von der Moderne der durch Engagement und Protest gekennzeichnete **Expressionismus** auf, der bis in die 30er Jahre wirkte: Ulderiko Donadini (* 1894, † 1923), A. B. Šimić, A. Cesarec und der junge M. Krleža. In der postexpressionist. Zeit der 30er Jahre entstanden z. T. bed. Werke kroat. Gegenwartsautoren: Romane und Dramen von M. Krleža, Lyrik von T. Ujević, D. Cesarić, I. G. Kovačić, G. Krklec und S. Kolar. Diese Autoren bestimmten auch das literar. Leben der 50er Jahre, bes. M. Krleža, der damals durch Ablehnung der sowjet. Doktrin des sozialist. Realismus, durch Verteidigung des Kunstcharakters der Literatur und des Anspruchs auf individuelle Freiheit des Künstlers die Entwicklung der **kroat. Literatur der Gegenwart** vorzeichnete. Aus dieser Zeit stammen Erzählwerke von V. Kaleb, P. Šegedin, V. Desnica, M. Božić, R. Marinković, Lyrik von J. Kaštelan. Um die Zeitschrift ›Krugovi‹ (= Kreise), die v. a. westl. Impulse aus Literatur, Kunst und Philosophie aufgreift, gruppierten sich bed. Lyriker und Erzähler: Ivan Slamnig (* 1930), A. Šoljan, Josip Pupačić (* 1928, † 1971), S. Mihalić, Vlado Gotovac (* 1930), Boro Pavlović (* 1922). Eine zweite Gruppe konstituierte sich in den 60er Jahren um die Zeitschrift ›Razlog‹ (= Grund): Milan Mirić (* 1931), Zvonimir Mrkonjić (* 1938), Ante Stamać (* 1939), Mate Ganza (* 1936). Ihre Poetik orientierte sich an der Philosophie

Heideggers und Sartres. Bed. Erzähler der 60er Jahre: S. Novak, Ivan Raos (* 1921) und Jure Franičević-Pločar (* 1918). Dominante Strömung der 60er und 70er Jahre war die sog. Jeans-Prosa, die sich an J. D. Salinger und U. Plenzdorf orientierte. Man verwendete Jargonelemente aus der Zagreber Umgebung: Branislav Glumac (* 1938), Zvonimir Majdak (* 1938), Alojz Majetić (* 1938). Ende der 70er Jahre entwickelte sich eine Richtung der phantast. Literatur mit einer Erzählweise, die in der Tradition von J. L. Borges, M. A. Bulgakow und F. Kafka steht (Stjepan Čuić [* 1945], Drago Kekanović [* 1948], Goran Tribuson [* 1948], Pavao Pavličić [* 1946], Veljko Barbieri [* 1950], Irfan Horozović [* 1947]). Experimentellen, an der russ. Avantgarde geschulten Charakter trägt die Prosa von Dubravka Ugrešić (* 1949). **Literatur:** Leksikon pisaca Jugoslavije. Hg. v. Ž. Boškov. Belgrad 1972 ff. 5 Bde. (bisher 2 Bde. ersch.). – Povijest hrvatske književnosti. Zagreb 1974 ff. 7 Bde. (bisher 5 Bde. ersch.). – Barac, A.: Gesch. der jugoslav. Literaturen v. den Anfängen bis zur Gegenwart. Dt. Übers. Wsb. Neuaufl. 1977. – Kersche, P./Kersche, G.: Bibliogr. der Literaturen Jugoslaviens in dt. Übers. 1775 bis 1977. Mchn. 1978. – Pavličić, P.: Rasprave o hrvatskoj baroknoj književnosti. Split 1979. – Šicel, M.: Pregled novije hrvatske književnosti. Zagreb ³1979. – Flaker, A.: Poetika osporavanja. Avangarda i književna ljevica. Zagreb 1982. – Franičević, M.: Povijest hrvatske renesansne književnosti. Zagreb 1983. – Jugoslovenski književni leksikon. Hg. v. Ž. Milosavac. Novi Sad ²1984.

Krochmal, Nachman, * Brody (Galizien) 17. Febr. 1785, † Tarnopol 31. Juli 1840, jüd. Aufklärer und Religionsphilosoph. – In einem Hauptwerk ›Môrę nĕvukê haz-zĕmạn‹ (= Führer der Verwirrten der Zeit, hg. 1851) vertritt er die Ansicht, daß das jüd. Volk eine Sonderstellung unter den Völkern einnehme, da es Träger des absoluten Geistes sei. K., in seinem Denken von G. B. Vico, J. G. Herder und G. W. F. Hegel beeinflußt, ist einer der Hauptvertreter der osteurop. Haskala.
Literatur: Guttmann, J.: Die Philosophie des Judentums. Mchn. 1933. S. 319.

Kroetsch, Robert [engl. krʊotʃ], * Heisler (Alberta) 26. Juni 1927, kanad. Schriftsteller. – Nach Studien in kanad. und amerikan. Universitäten, Jobs im ka-

nad. Norden und Lehrtätigkeit 1961–75 an der State University of New York (Binghamton) Prof. für Englisch an der University of Manitoba. Ausgehend von einem noch realist. Roman, ›But we are exiles‹ (1965), hat sich K. unter amerikan. und lateinamerikan. Einfluß zum profiliertesten Vertreter des anglokanad. postmodernen Erzählens entwickelt: fabulierfreudig, zugleich surrealistisch und bodenständig komisch, europ. und indian. Mythologie verhaftet, wie in der in und um ›Notikeewin‹ (Zentral-Alberta) spielenden ›Out West‹-Trilogie ›The words of my roaring‹ (1966), ›The studhorse man‹ (1969), ›Gone Indian‹ (1973), ferner in ›Badlands‹ (1975), ›What the crow said‹ (1978) und ›Alibi‹ (1983). Als Lyriker ist er mit ›The stone hammer poems‹ (1975) hervorgetreten sowie mit ›The ledger‹ (1975), ›Seed catalogue‹ (1977) und ›The sad Phoenician‹ (1979): Teilen eines vorläufig als ›Field notes‹ (1981) erschienenen, weiter wachsenden Langgedichts.
Weitere Werke: Excerpts from the real world: a prose poem in ten parts (1986), The lovely treachery of words (Essays, 1989), The puppeteer (R., 1993).
Literatur: THOMAS, P.: R. K. Vancouver 1980.

Kroetz, Franz Xaver [krœts], * München 25. Febr. 1946, dt. Dramatiker. – Schauspieler, zwischendurch in verschiedenen Berufen tätig; lebt heute als freier Schriftsteller meist auf einem Bauernhof in Kirchberg in Bayern. K. gehört seit Anfang der 1970er Jahre zu den meistgespielten deutschsprachigen Bühnenautoren. Seine Stücke zeigen die ausweglose ›Realität der kleinen Leute‹, ihre u. a.

Franz Xaver
Kroetz

durch Gefühls- und Spracharmut bedingte Unfähigkeit, ein eigenes Leben gegen eine normierte, normsetzende Umwelt zu führen und zu gestalten. K. schreibt auch erzählende Prosa, Hör- und Fernsehspiele und macht Fernsehfilme.
Werke: Heimarbeit. Hartnäckig. Männersache (Stücke, 1971), Stallerhof. Geisterbahn. Lieber Fritz. Wunschkonzert (Stücke, 1972), Wildwechsel (Stück, 1973), Oberösterreich. Dolomitenstadt Lienz. Maria Magdalena. Münchner Kindl (Stücke, 1974), Chiemgauer Geschichten (1977), Mensch Meier. Der stramme Max. Wer durchs Laub geht ... (Stücke, 1979), Der Mondscheinknecht (R., 2 Bde., 1981–83), Nicht Fisch nicht Fleisch. Verfassungsfeinde. Jumbo-Track (Stücke, 1981), Furcht und Hoffnung der BRD (Stück, 1984), Bauern sterben (Stück, UA 1985), Nicaragua Tagebuch (1986), Der Nusser (Stück, UA 1986; nach ›Hinkemann‹ von E. Toller), Der Weihnachtstod (Stück, UA 1986), Brasilien-Peru-Aufzeichnungen (Tageb., 1991), Bauerntheater (Stück, 1991), Der Drang (Stück, UA 1994), Ich bin das Volk. 24 volkstüml. Szenen aus dem neuen Deutschland (Stück, UA 1994).
Literatur: F. X. K. Hg. v. H. L. ARNOLD. Mchn. 1978. – CARL, R. P.: F. X. K. Mchn. 1978. – F. X. K. Hg. v. O. RIEWOLDT. Ffm. 1984. – WALTHER, I. C.: The theater of F. X. K. New York u. a. 1990.

Krog, Helge, * Christiania (heute Oslo) 9. Febr. 1889, † ebd. 30. Juli 1962, norweg. Schriftsteller. – Theater- und Literaturkritiker; schrieb bühnenwirksame naturalist. sozialkrit. Dramen und satir. Komödien.
Werke: Det store vi (Dr., 1919), Auf der Sonnenseite (Dr., 1927, dt. 1955), Konkylien (Dr., 1929), Underveis (Dr., 1931), Opbrudd (Dr., 1936), Komm inn! (Dr., 1954).
Ausgabe: H. K. Skuespill. Oslo 1948. 3 Bde.
Literatur: HAVREVOLD, F.: H. K. Oslo 1958.

Kröger, Timm, * Haale (Landkreis Rendsburg-Eckernförde) 29. Nov. 1844, † Kiel 29. März 1918, dt. Schriftsteller. – Autodidakt, studierte Jura, war Rechtsanwalt in Flensburg, Elmshorn und Kiel; ab 1903 freier Schriftsteller. Meisterhafter, humorvoller Schilderer des niederdt. Bauernlebens mit vorzügl. psycholog. Charakterisierung der einzelnen Gestalten; hervorragende Schilderung der norddt. Landschaft.
Werke: Eine stille Welt (En., 1891), Der Schulmeister von Handewitt (Nov., 1894), Um den Wegzoll (Nov., 1905), Aus alter Truhe (Nov.n, En., 1908), Sturm und Stille (En., 1916).

Krogzemis, Miķelis [lett. 'kruɔgze-mɪs], lett. Lyriker, † Auseklis.

Krohg, Christian, *Vestre Aker (heute zu Oslo) 13. Aug. 1852, † Oslo 16. Okt. 1925, norweg. Maler und Schrift-steller. – War Direktor der Kunstakade-mie Oslo. Von dem literar. Programm G. Brandes' beeindruckt, schrieb K. den (später verbotenen) Roman ›Albertine‹ (1886, dt. 1888), der vom Leben einer Prostituierten handelt, als Beitrag zu der gesellschaftskrit. Debatte der Zeit.
Literatur: GAUGUIN, P.: Ch. K. Oslo 1932.

Krokann, Inge [norweg. 'kru:kan], *Oppdal 19. Aug. 1893, † Østre (Gaus-dal) 27. Dez. 1962, norweg. Schriftstel-ler. – Schrieb v. a. kulturhistor. Romane über das Leben norweg. Bauern im 15./16. Jahrhundert.
Werke: I dovre-sno (R., 1929), Gjennom fonna (R., 1931), På linfeksing (R., 1934), Blodrøter (R., 1936), Da bøndene reiste seg (R., 1937), Un-der himmelteiknet (R., 1941), Gravlagt av lynet (R., 1952), Hammarslaga (R., 1959).
Literatur: DALGÅRD, O.: I. K. Oslo 1970.

Krokodil (eigtl. Gesellschaft der Kro-kodile) † Münchner Dichterkreis.

Krolow, Karl [...lo], Pseudonym Ka-rol Kroepcke, *Hannover 11. März 1915, dt. Schriftsteller. – Studierte Germa-nistik, Romanistik, Philosophie und Kunstgeschichte, seit 1942 freier Schrift-steller, lebt seit 1956 in Darmstadt. K. ge-hört zu den bedeutendsten dt. Lyrikern seiner Generation. Seine ersten Gedichte stehen unter dem Einfluß moderner Na-turlyrik (W. Lehmann, O. Loerke), sind in strengen Rhythmen und meist liedhaften Strophen geschrieben. Später zunehmen-der Einfluß der frz. und span. Surrea-listen. Das Stimmungshafte und Ichbezo-gene der Naturlyrik weicht der Reflexion und dem Sprachexperiment. Konkrete und abstrakte Bereiche werden in Bezie-hung gesetzt, freie Rhythmen treten ne-ben gebundene. Immer wieder variierte Formen, z. T. auch mit Reim, kennzeich-nen die neuesten, oft kulturkrit. Ge-dichte. Als Erzähler trat K. seit 1979 mit z. T. autobiograph. Prosa hervor; charak-teristisch sind hier die rhythm., sinnen-hafte, jedoch immer vom Intellekt gezü-gelte Sprache und die sparsamen, tref-fenden Bilder. Auch Essayist, Übersetzer bzw. Nachdichter frz. und span. Lyrik,

Karl Krolow

Herausgeber, Literaturkritiker. Er erhielt neben vielen anderen Preisen und Aus-zeichnungen 1956 den Georg-Büchner-Preis.
Werke: Gedichte (1948), Die Zeichen der Welt (Ged., 1952), Wind und Zeit (Ged., 1954), Tage und Nächte (Ged., 1956), Fremde Körper (Ged., 1959), Aspekte zeitgenöss. dt. Lyrik (Es-say, 1961), Unsichtbare Hände (Ged., 1962), Schattengefecht (Essays, 1964), Landschaften für mich (Ged., 1964), Poet. Tagebuch (Prosa, 1966), Minuten-Aufzeichnungen (Prosa, 1968), Nichts weiter als Leben (Ged., 1970), Zeitverge-hen (Ged., 1972), Ein Gedicht entsteht (Essays, 1973), Der Einfachheit halber (Ged., 1977), Das andere Leben (E., 1979), Im Gehen (E., 1981), Herbstsonett mit Hegel (Ged., 1981), Melanie. Geschichte eines Namens (E., 1983), Schönen Dank und vorüber (Ged., 1984), Nacht-Leben oder Geschonte Kindheit (Prosa, 1985), Kupfer gestochen. Observationen (1987), Als es soweit war (Ged., 1988), Ich höre mich sagen (Ged., 1992).
Ausgaben: K. K. Ges. Gedichte. Ffm. 1965–85. 3 Bde. – K. K. Etwas brennt. Ges. Prosa. Ffm. 1994.
Literatur: DAEMMRICH, H. S.: Messer u. Him-melsleiter. Eine Einf. in das Werk K. K.s. Hdbg. 1980. – PAULUS, R.: Lyrik u. Poetik K. K.s 1940–70. Bonn 1980. – K. K. Hg. v. H. L. AR-NOLD. Mchn. 1983. – PAULUS, R./KOLTER, K.: Der Lyriker K. K. Bonn 1983. – PEE, J. H.: K. K. u. die lyr. Tradition. Köln 1991.

Kronauer, Brigitte, *Essen 29. Dez. 1940, dt. Schriftstellerin. – War Lehrerin, seit 1971 freie Schriftstellerin, lebt in Hamburg. Benutzt in einem dem kunstvollen Bau der Sätze und der Mehr-schichtigkeit der Sprachmusikalität ge-kennzeichneten Stil das Spiel mit den Sprachkonventionen, um Selbstverständ-lichkeiten aufzubrechen, um deutlich zu machen, wie die ›Wahrheit‹ von Aussagen über die Wirklichkeit von der Perspektive abhängt, aus der diese Wirklichkeit gesehen wird. Erhielt 1989 den Heinrich-Böll-Preis.

Werke: Der unvermeidl. Gang der Dinge (En., 1974), Die Revolution der Nachahmung ... (Ged., Prosa, 1975), Vom Umgang mit der Natur (En., 1977), Frau Mühlenbeck im Gehäus (R., 1980), Die gemusterte Nacht (En., 1981), Rita Münster (R., 1983), Berittener Bogenschütze (R., 1986), Aufsätze zur Literatur (1987), Die Frau in den Kissen (R., 1990), Schnurrer. Geschichten (1992), Hin- und herbrausende Züge (En., 1993), Literatur und schönes Blümelein (Essays, 1993), Die Wiese (En., 1993), Das Taschentuch (R., 1994).

Kross, Jaan, * Reval 19. Febr. 1920, estn. Schriftsteller. – Hatte mit seiner experimentellen Lyrik intellektuell-philosoph. Inhalts wesentl. Anteil an der Erneuerung der estn.-sowjet. Dichtung Anfang der 60er Jahre (Auswahl ›Voog ja kolmpii‹ [= Strom und Dreizack], 1971); schrieb seit den 70er Jahren v. a. kulturhistor. Romane und Erzählungen (u. a. ›Das Leben des Balthasar Rüssow‹, 4 Bde., 1970–80, dt. 3 Bde., 1986; ›Der Verrückte des Zaren‹, 1978, dt. 1990; ›Prof. Martens’ Abreise‹, 1984, dt. 1992), für die psychologisch feine Zeichnung der Figuren in inneren Monologen, Ironie und Humor kennzeichnend sind; Kritiker, Essayist, Übersetzer. In dt. Übersetzung erschienen auch 1974 histor. Novellen u. d. T. ›Vier Monologe anno domini 1506‹ und 1994 Erzählungen u. d. T. ›Die Verschwörung‹.

Kručenych, Aleksej Eliseevič, russ.-sowjet. Lyriker, † Krutschonych, Alexei Jelissejewitsch.

Kruczkowski, Leon [poln. krutʃ-'kɔfski], * Krakau 28. Juni 1900, † Warschau 1. Aug. 1962, poln. Schriftsteller. – Schrieb Romane und v. a. Dramen. Sein erster Roman, ›Rebell und Bauer‹ (1932, dt. 1952), behandelt das Verhältnis Adel–Bauerntum. Am erfolgreichsten war K. mit dem Drama ›Die Sonnenbrucks‹ (1950, dt. 1951) über das Verhalten eines dt. Intellektuellen gegenüber dem Faschismus.

Weitere Werke: Pfauenfedern (R., 1935, dt. 1958), Der erste Tag der Freiheit (Stück, 1960, dt. 1961), Dramen (dt. Auswahl 1975).
Literatur: PIOTROVSKAJA, A. G.: L. Kručkovskij. Moskau 1977.

Krúdy, Gyula [ungar. 'kru:di], * Nyíregyháza 21. Okt. 1878, † Budapest 12. Mai 1933, ungar. Schriftsteller. – Aus verarmter Landadelsfamilie; Journalist; Verfasser romant. Novellen und Romane, impressionist. Erzählungen und Liebesgeschichten aus dem Provinzstadtmilieu. In seinen frühen Werken Einfluß K. Mikszáths, I. Turgenjews und Ch. Dikkens’, später fand er zu einem persönl., lyr. Stil. Seine Prosa wird von Stimmungen beherrscht; die Grenzen zwischen Gegenwart und Vergangenheit verschwimmen; K.s Ruhm begründete der erot. ›Szindbád‹-Zyklus (eine Auswahl der Geschichten liegt dt. vor: ›Sindbad. Reisen im Diesseits und Jenseits‹, 1967; diese Auswahl beruht auf der zweibändigen, 1957 herausgegebenen Ausgabe; zu K.s Lebzeiten erschienen ab 1911 mehrere ›Szindbád‹-Bände). Im Alter schrieb K. surrealist. Erzählungen. Zu seinen Hauptwerken zählt auch der Roman ›Die rote Postkutsche‹ (1914, dt. 1966).
Ausgabe: K. G. Összegyüjtött művei. Hg. v. S. KOZOCSA u. a. Budapest 1957–68. 26 Bde.
Literatur: TÓBIÁS, Á.: Krúdy világa. Budapest 1974. – CZÉRE, B.: K. G. Budapest 1986.

Krüger, Horst, * Magdeburg 17. Sept. 1919, dt. Schriftsteller. – Bis 1967 Rundfunkredakteur, danach freier Schriftsteller. Schreibt krit. Reiseprosa und Essays; auch Publizist und Feuilletonist.
Werke: Das zerbrochene Haus (autobiograph. Bericht, 1966), Stadtpläne (1967), Fremde Vaterländer (1971), Ostwest-Passagen (1975), Spötterdämmerung. Lob- und Klagelieder zur Zeit (1981), Der Kurfürstendamm (1982), Deutsche Träume (1983), Tiefer dt. Traum. Reisen in die Vergangenheit (1983), Dt. Stadtpläne. Reiseprosa (1984), Zeit ohne Wiederkehr. Ges. Feuilletons (1985), Kennst du das Land (Reise-En., 1987), Diese Lust am Leben. Zeitbilder (1993).

Krüger, Michael, * Wittgendorf (Landkreis Zeitz) 9. Dez. 1943, dt. Schriftsteller. – War Buchhändler in London, seit 1966 Verlagslektor in München, seit 1986 Verlagsleiter. Lyriker, Essayist und Kritiker; Mit-Hg. des Jahrbuchs für deutsche Literatur ›Tintenfisch‹; Hg. der Literaturzeitschrift ›Akzente‹.
Werke: Reginapoly (Ged., 1976), Diderots Katze (Ged., 1978), Aus der Ebene (Ged., 1982), Stimmen (Ged., 1983), Wiederholungen (Ged.,

1983), Was tun. Eine altmodische Geschichte (1984), Die Dronte (Ged., 1985), Warum Peking? (E., 1986), Zoo (Ged., 1986), Wieso ich? (F., 1987), Idyllen und Illusionen. Tagebuchgedichte (1989), Brief nach Hause (Ged., 1993), Himmelfarb (R., 1993).

Kruse, Hinrich, *Toftlund (Nordschleswig) 27. Dez. 1916, †Braak (bei Neumünster) 16. Juli 1994, dt. Schriftsteller. – War ab 1946 Lehrer in Schleswig-Holstein. Die Auseinandersetzung mit der unmittelbaren Vergangenheit war wesentliches Motiv für K.s Werk, das die Lyrik und das Hörspiel in niederdt. Sprache maßgebend beeinflußt hat. K. war Wegbereiter der niederdt. Kurzgeschichte nach dem Vorbild der Short story.
Werke: Niederdt. Volksgeschichten (1941), Dumm Hans (En., 1946), Wat sik dat Volk vertellt (En., 1953), Een Auto föhrt över den Jupiter (Hsp., Ursendung 1955), Weg un Ümweg. Geschichten ut uns' Tiet (1958, erweitert 1979), Mitlopen (Ged., 1961), Quitt (Hsp., Ursendung 1967), Dat Gleis (Ged., 1967), Ümkieken (Ged., 1979), De Schrievdisch weer blank (Hsp., Ursendung 1981), De Austern-Story (En., 1983).

Krusenstjerna, Agnes von [schwed. ˌkrʉːsənʃæːrna], *Växjö 9. Okt. 1894, †Stockholm 10. März 1940, schwed. Schriftstellerin. – Schildert mit schonungsloser Offenheit die Situation des deklassierten Adels. Ihre Behandlung der Themenkreise Geisteskrankheit und Sexualität lösten in den 30er Jahren einen Literaturskandal aus.
Werke: Tony växer upp (R., 1922), Tonys läroår (R., 1924), Tonys sista läroår (R., 1926), Fröknarna von Pahlen (R., 7 Bde., 1930–35), Fattigadel (R., 4 Bde., 1935–38).
Literatur: LAGERCRANTZ, O. G. H.: A. v. K. Stockholm 1951.

Krüss, James, *auf Helgoland 31. Mai 1926, dt. Schriftsteller. – Begann nach Abschluß seines Pädagogikstudiums 1949 Kinderbücher und -hörspiele zu schreiben und ist einer der angesehensten Jugendbuchautoren; lebt seit 1966 auf Gran Canaria. 1960 und 1964 erhielt er den Dt. Jugendbuchpreis, für sein Gesamtwerk 1968 die Hans-Christian-Andersen-Medaille.
Werke: Der Leuchtturm auf den Hummerklippen (1956), Mein Urgroßvater und ich (1959), Der wohltemperierte Leierkasten (1961), Florentine (2 Bde., 1961/62), Timm Thaler oder das verkaufte Lachen (1962), Naivität und Kunst-

verstand (1969), Der Sängerkrieg der Heidehasen (1972), Der kleine schwarze Weißfellkater (1974), Der fliegende Teppich (1976), Alle Kinder dieser Erde (1979), Meyers Buch vom Menschen und von seiner Erde (1983), Nele oder das Wunderkind (1986), Sonntagmorgen-Geschichten (1989), Bongos Abenteuer (1990), Hü und hoppla (1992), Vom Apfelbaum bis Zirkuszelt. Ein buntes ABC der Welt (1994; mit Hans Ibelshäuser).

Krutschonych (tl.: Kručenych), Alexei Jelissejewitsch [russ. kru'tʃɔnɨx], *Olewka (Gouv. Cherson) 21. Febr. 1886, †Moskau 17. Juni 1968, russ.-sowjet. Lyriker. – Gehörte zur radikalsten, traditionsfeindlichsten Gruppe der Futuristen; bed. Mitunterzeichner des Manifests der russ. Futuristen und Mitarbeiter der Zeitschrift ›LEF‹; bediente sich einer begrifflosen, erfundenen Sprache (russ. zaumnyj jazyk, auch: zaum' = transmentale Sprache); war in der Sowjetunion verfemt. 1985 erschien deutsch eine Textauswahl u. d. T. ›Als Hund wir …‹.
Ausgabe: A. E. Kručenych. Izbrannoe. Mchn. 1973.

Krylow (tl.: Krylov), Iwan Andrejewitsch [russ. 'krɨlɔf], *Moskau 13. Febr. 1769 (1768?), †Petersburg 21. Nov. 1844, russ. Fabeldichter. – Beamter, dann Journalist; hatte einige Erfolge mit Satiren, satir. Dramen und Tragödien. 1809 erregte seine erste Fabelsammlung Aufsehen (1843 9 Bücher); 1812–41 Bibliothekar der Öffentl. Bibliothek Petersburg. Außer Übersetzungen und Nachdichtungen der besten Fabeln J. de La Fontaines schrieb er eigenständige Fabeln. Ihren Erfolg verdankten sie dem humorvoll-volkstümlichen Stil, der nicht frei von klassizistischen Wendungen ist, dessen Grundlage aber die Volkssprache ist, der gelungenen Pointierung, der sprachlichen Prägnanz und der Beschränkung der ›Moral‹ auf Feststellungen des gesunden Menschenverstands ohne tiefere philosophische Bedeutung und sittliche Anforderung. Zahlreiche Zitate aus K.s Fabeln wurden sprichwörtlich.
Ausgaben: I. A. Krylov. Polnoe sobranie sočinenij. Moskau 1944–46. 3 Bde. – I. A. Krylov. Sočinenija. Moskau 1969. 2 Bde. – I. A. K. Sämtl. Fabeln. Dt. Übers. Darmst. 1984.
Literatur: STEPANOV, N. L.: I. Krylov. New York 1973. – COLIN, M.: Krylov-fabuliste. Paris 1975.

Krymow (tl.: Krymov), Juri Solomonowitsch [russ. 'krimɐf], eigtl. J. S. Beklemischew, * Petersburg 19. Jan. 1908, ⚔ bei Poltawa 20. Sept. 1941, russ.-sowjet. Schriftsteller. – Repräsentant der Aufbauperiode der 30er Jahre; im Mittelpunkt seiner erfolgreichen Werke steht die sozialist. Arbeit.

Werke: Tanker ›Derbent‹ (R., 1938, dt. 1946), Die Ingenieurin (R., 1941, dt. 1949).

Kryptogramm [griech. = verborgene Schrift], in einem Text nach einem bestimmten System versteckte Buchstaben, die zusammen ein Wort oder einen Satz ergeben, z. B. den Namen des Verfassers oder eine Widmung. – ↑ auch Akrostichon, ↑ Akroteleuton, ↑ Telestichon.

Kryptonym [griech. = verborgener Name], Verfassername, der einem Werk nur als ↑ Kryptogramm oder in abgekürzter bzw. neu zusammengesetzter Buchstabenfolge (z. B. als ↑ Anagramm) beigegeben ist.

Krzysztoń, Jerzy [poln. 'kʃiʃtɔnj], * Lublin 23. März 1931, † Warschau 16. Mai 1982, poln. Schriftsteller. – 1939–48 in der UdSSR (Kasachstan), in Iran, Indien und Ostafrika; Autor von z. T. autobiograph. Erzählwerken (Erzählungen, Romane) und Hörspielen.

Werke: Kamienne niebo (= Der steinerne Himmel, R., 1958), Wielbłąd na stepie (= Ein Kamel in der Steppe, R., 1978), Obłęd (= Wahnsinn, R., 3 Bde., 1980), Krzyż Południa (= Kreuz des Südens, R., postum 1983).

Kuan Han-ch'ing (Guan Hanqing) [chin. gµanxantɕiŋ], chin. Dramatiker, lebte um 1264. – Autor von 63 Stücken, gehört zu den Begründern des berühmten Yüan-Dramas. Dieses stellt, von zahlreichen Liedern durchsetzt, v. a. romant. Stoffe dar; bearbeitete auch das ›Hsihsiang chi‹ (= Das Westzimmer) seines Zeitgenossen Wang Shih-fu.

Ausgabe: Selected plays. Engl. Übers. v. H. YANG u. G. YANG. Peking u. Shanghai 1958. **Literatur:** SHIH, C. W.: The golden age of Chinese drama, Yüab Tsa-chü. Princeton (N. J.) 1976. – CRUMP, J. I.: Chinese theater in the days of Kublai Khan. Tucson (Ariz.) 1980.

Kuan Tzu (Guan Zi) [chin. gµandzɨ = Meister Kuan], angebl. Sammlung von Schriften des Kuan I-wu (7. Jh. v. Chr.). Ursprünglich 86 Essays aus verschiedenen Schulen zu Themen der Staats- und Wirtschaftsordnung, eine der wichtigsten Textsammlungen der altchin. Philosophie; die interessantesten Schriften gehören in frühtaoist. Traditionen. Von der Überlieferung dem Kuan I-wu (auch Kuan Chung) zugeschrieben; entstanden wahrscheinlich um und nach 300 v. Chr. an einer Akademie in Ch'i, wo Kuan I-wu ein bedeutender Staatsmann gewesen war.

Ausgaben: Economic dialogues in ancient China. Engl. Teilübers. *Hg. v. L. MAVERICK. Carbondale (Ill.) 1954. – Kuan-tzu. A repository of early Chinese thought. Engl. Teilübers. v. W. A. RICKETT. Hongkong 1965. – Guanzi. Political, economic, and philosophical essays from early China. Engl. Teilübers. v. W. A. RICKETT. Princeton (N. J.) 1985. **Literatur:** ZENKER, E. V.: Kuan-tse. Das Leben u. Wirken eines altchin. Staatsmannes. Wien 1941.

Kuba, eigtl. Kurt Barthel, * Garnsdorf bei Chemnitz 8. Juni 1914, † Frankfurt am Main 12. Nov. 1967, dt. Schriftsteller. – Emigrierte 1933 in die ČSR, 1939 nach Großbritannien; kehrte 1946 nach Deutschland zurück, lebte in der DDR; ab 1954 Mitglied des ZK der SED, ab 1956 Chefdramaturg in Rostock; er starb während einer Gastspielreise. Wurde bekannt durch sein Poem ›Gedicht vom Menschen‹ (1948); verfaßte Gedichte und Lieder im Sinn der SED-Ideologie, lyr. Reportagen, Theaterstücke (›Klaus Störtebeker‹, 1959; ›Terra incognita‹, 1964) und Filmdrehbücher.

kubanische Literatur, von der Entdeckung bis zum Ende des 18. Jh. hat Kuba nur zwei literar. Zeugnisse aufzuweisen, das ep. Gedicht ›Espejo de paciencia‹ (entst. 1608, entdeckt 1838, veröffentlicht 1929) von Silvestre de Balboa († zw. 1634 und 1644) und die barocke Komödie ›El príncipe jardinero y fingido Cloridano‹ (UA um 1791) von Santiago Antonio Pita (* 1693/94, † 1755). Kubas erster großer Lyriker war J. M. Heredia y Heredia. Der als Verschwörer hingerichtete Mulatte Gabriel de la Concepción Valdés (* 1809, † 1844) überwand in seinen volksliedhaft graziösen Gedichten den Klassizismus. Außerhalb Kubas entstand das romant. Werk der Gertrudis Gómez de Avellaneda. Romantik und Realismus verbanden sich in der erzählenden Prosa von Cirilo Villaverde

3*

(* 1812, † 1894), José Victoriano Betancourt (* 1813, † 1875), Anselmo Suárez y Romero (* 1818, † 1878) u.a. Die überragende Gestalt des 19.Jh. war J. Martí. Der Lyriker J. del Casal machte den entscheidenden Schritt von der Romantik zum Modernismo. In der Prosaliteratur überwog die Auseinandersetzung mit der nat. Wirklichkeit im Zeichen des Naturalismus, so u.a. bei C. Loveira. Maßgebend für die Generation zwischen Kolonie und Republik war der skept. Positivismus des Philosophen und Literaturkritikers E. J. Varona. Den Anschluß an die Entwicklung in Europa und Amerika stellte der ›Grupo Minorista‹ (1924–29) her. Protest gegen überkommene Normen im ästhet. wie sozialen Bereich kam in der Lyrik von José Zacarías Tallet (* 1893, † 1989) und Rubén Martínez Villena (* 1899, † 1934) zum Ausdruck. Mariano Brull (* 1891, † 1956) war der Hauptvertreter der ›poesía pura‹. N. Guillén gab der afrokuban. ›poesía negra‹ die Wendung zum kunstvollpopulären Instrument antiimperialist., antikapitalist. Protests. J. Lezama Lima suchte in seiner z. T. mystisch spekulativen Lyrik das Wesen Kubas zu definieren. Eine surrealist. Tendenz verfolgte Enrique Labrador Ruiz (* 1902). ›Mag. Realismus‹ kennzeichnet das Werk von A. Carpentier.

Die durch die **Revolution Fidel Castros** geschaffenen Verhältnisse, die viele während der Batista-Diktatur exilierte Autoren zurückkehren ließen, haben Kuba zu einem der literarisch produktivsten Länder Lateinamerikas gemacht. Großes internat. Renommee haben die alljährl. Literaturpreise des Verlages ›Casa de las Américas‹. Der Ausbau des Bildungswesens und die Einrichtung sog. ›Literaturwerkstätten‹ (Talleres literarios) verschaffen der Gesamtheit der Bevölkerung aktiven Zugang zum kulturellen Leben. Während in den 1960er Jahren die Aufarbeitung der nat. Geschichte im Vordergrund stand, begann mit der Konsolidierung des Sozialismus eine didakt. Umsetzung des revolutionären Prozesses in außerordentl. künstler. Breite und Vielfalt, wobei auch neue literar. Gattungen wie der ›Dokumentarroman‹ (Novela testimonio) oder eine spezifisch ku-

ban. Variante des Kriminalromans entstanden. Zu den namhaftesten jüngeren *Prosaautoren* zählen: José Soler Puig (* 1916), G. Cabrera Infante, Edmundo Desnoes (* 1930), Lisandro Otero (* 1932), Manuel Cofiño (* 1936, † 1987), S. Sarduy, M. Barnet, Norberto Fuentes (* 1943), R. Arenas, Luis Rogelio Nogueras (* 1944, † 1985), Manuel Pereira (* 1948). Aus der Vielzahl der jüngeren *Lyriker* ragen R. Fernández Retamar und Fayad Jamís (* 1930, † 1988) hervor. Preisträger nat. und internat. Lyrikwettbewerbe sind: Pablo Armando Fernández (* 1930), Heberto Padilla (* 1932), Luis Suardíaz (* 1936), Nancy Morejón (* 1944), Víctor Casáus (* 1944), Zoé Valdés (* 1959). Mit der Gründung des staatl. Teatro Nacional, 1959, hat das vor der Revolution marginale *Theater* eine auch internat. anerkannte Bedeutung erlangt. Die wichtigsten und erfolgreichsten Dramatiker sind: V. Piñero, José R. Brene (* 1927), J. Triana, Antón Arrufat (* 1935), Héctor Quintero (* 1942), Nicolás Dorr (* 1946). Während aus verschiedenen, teils wirtschaftl., teils polit. Gründen einige Autoren wie G. Cabrera Infante, R. Arenas, H. Padilla ins Exil gegangen sind, zeichnet sich seit einigen Jahren eine Annäherung jüngerer Exilkubaner, z. B. um die in Miami herausgegebene Zeitschrift ›Areíto‹ (1974 gegr.), an Kuba ab.

Literatur: BUENO, S. P.: Historia de la literatura cubana. Havanna ³1963. – LAZO, R.: La literatura cubana. Mexiko 1965. – ORTEGA, J.: Relato de la utopía. Barcelona 1973. – PORTUONDO, J. A.: K. L. im Überblick. Dt. Übers. Lpz. u. Ffm. 1974. – Diccionario de la literatura cubana. Havanna 1980–1984. 2 Bde. – FRANZBACH, M.: Kuba. Die neue Welt der Lit. in der Karibik. Köln 1984. – FOSTER, D. W.: Cuban literature: a research guide. New York 1985. – MARATOS, D. C./HILL, M. D.: Escritores de la diáspora cubana. Manual biobibliográfico. Metuchen (N.J.) 1986. – GRÖTSCH, J.: Der Kampf um die Integration. Afrokubaner als Protagonisten u. Autoren in der Lit. Kubas des 19. u. 20.Jh. Ffm. 1989. – Dictionary of twentieth century Cuban literature. Hg. v. J. A. MARTÍNEZ. New York 1990.

Kubin, Alfred ['kuːbiːn, kuˈbiːn], * Leitmeritz (tschechisch Litoměřice) 10. April 1877, † Landgut Zwickledt bei Wernstein am Inn 20. Aug. 1959, österr. Graphiker und Schriftsteller. – Sohn eines Offiziers, Kunstgewerbeschule Salzburg, Kunstakademie München; seit 1906 lebte K. auf dem Landsitz Zwickledt. Er wurde mit Zeichnungen und Illustrationen, die einer Welt des Phantastisch-Traumhaften, des Gespenstischen und Grotesken entstammen, berühmt, trat aber auch als Erzähler und Essayist hervor. Wie in seinem graph. Werk dringt er auch mit seinem literar. Schaffen in die unheiml. Bezirke geheimnisvoll-düsteren Zaubers ein. Sein Hauptwerk ist der phantastisch-symbol. Roman ›Die andere Seite‹ (1909).

Weitere Werke: Der Guckkasten (En., 1925), Dämonen und Nachtgesichte (Autobiogr., 1926), Abenteuer einer Zeichenfeder (1941).
Ausgaben: Aus meiner Werkstatt. Ges. Prosa. Hg. v. U. RIEMERSCHMIDT. Mchn. 1973. – Aus meinem Leben. Ges. Prosa mit 73 Zeichnungen. Hg. v. U. RIEMERSCHMIDT. Mchn. 1974.
Literatur: A. K. 1877–1977. Bearb. v. P. RAABE. Mchn. 1977. – LIPPUNER, H.: A. K.s Roman ›Die andere Seite‹. Mchn. u. Bern 1978. – ROGGENBUCK, G.: Das Groteske im Werk A. K.s (1877–1959). Hamb. 1979. – BISANZ, H.: A. K. Zeichner, Schriftsteller u. Philosoph. Mchn. 1985. – RHEIN, P. II.: The verbal and visual art of A. K. Riverside (Calif.) 1989.

Kubka, František [tschech. 'kupka], * Prag 4. März 1894, † ebd. 8. Jan. 1969, tschech. Schriftsteller. – Journalist; Diplomat; verfaßte histor. Erzählwerke (›Karlsteiner Vigilien‹, Nov.n, 1944, dt. 1968; ›Des Königs Narr‹, R., 2 Tle., 1946–49, dt. 1955); nach 1945 Widerspiegelung des aktuellen polit. Geschehens; auch Lyriker.
Literatur: JIREČKOVÁ, O./KUNCOVÁ, J.: Dílo F. Kubky. Prag 1960.

Kübler, Arnold, * Wiesendangen bei Winterthur 2. Aug. 1890, † Zürich 27. Dez. 1983, schweizer. Schriftsteller. – Bildhauer, Schauspieler, dann Redakteur, Kabarettist. Mit der Romanfigur ›Oeppi‹ stellt K. in mehreren Romanen seine eigene Entwicklungsgeschichte dar.
Werke: Schuster Aiolos (Kom., 1922), Oeppi von Wasenwachs (R., 1943), Oeppi der Student (R., 1947), Oeppi und Eva (R., 1951), Zürich erlebt, gezeichnet, erläutert (1960), Oeppi der Narr (R., 1964), Verweile doch (Reiseberichte, 1974).
Literatur: SCHERER, B. S.: Begegnung mit A. K. Luzern 1978.

Kuby, Erich, * Baden-Baden 28. Juni 1910, dt. Journalist und Schriftsteller. –

Studierte Volkswirtschaft, arbeitete in einem Verlag, wurde nach dem 2. Weltkrieg Chefredakteur der Zeitschrift ›Ruf‹, später Redakteur der ›Süddt. Zeitung‹ und des ›Stern‹; lebt heute als freier Autor in Venedig. Schrieb Erzählungen, Kinderbücher, Dramen, Hör- und Fernsehspiele sowie Filmdrehbücher; erfolgreich auch mit zeitkrit. Berichten und Skizzen über die Verhältnisse in der BR Deutschland.
Werke: Das ist des Deutschen Vaterland (Ber., 1957), Rosemarie (R., 1958), Sieg! Sieg! (R., 1961), F. J. Strauß. Ein Typus unserer Zeit (1963), Richard Wagner & Co. (1963), Die dt. Angst (1970), Mein Krieg (Tageb., Briefe, 1975), Verrat auf deutsch. Wie das Dritte Reich Italien ruinierte (1982), Der Fall ›stern‹ und die Folgen (1983), Aus schöner Zeit. Vom Carepaket zur Nachrüstung. Der kurze dt. Urlaub (1984), Als Polen deutsch war. 1939–45 (1986), Der Spiegel im Spiegel. Das dt. Nachrichtenmagazin (1987), Dt. Perspektiven. Unfreunde. Randbemerkungen (1993).

Küchelbecker, Wilhelm, russischer Schriftsteller, ↑ Kjuchelbeker, Wilgelm Karlowitsch.

Kuckhoff, Adam, * Aachen 30. Aug. 1887, † Berlin-Plötzensee 5. Aug. 1943 (hingerichtet), dt. Schriftsteller. – Ab 1917 Dramaturg, ab 1920 Intendant in Frankfurt am Main, 1927–29 Schriftleiter der Zeitschrift ›Die Tat‹, ab 1930 Dramaturg in Berlin. Nach 1933 Mitglied der Widerstandsgruppe ›Rote Kapelle‹, 1942 verhaftet. Schrieb Dramen, Erzählungen, Romane und Gedichte sowie literar. und dramaturg. Abhandlungen.
Werke: Der Deutsche von Bayencourt (Dr., UA 1918; R., 1937), Till Eulenspiegel (Dr., UA 1925), Scherry. Eine Begegnung (R., 1930), Disziplin (Kom., 1933).
Ausgabe: A. K. Eine Ausw. von Erzählungen, Gedichten, Briefen, Glossen u. Aufss. Hg. v. G. WIEMERS. Bln. 1970.
Literatur: DREWITZ, I.: Leben u. Werk von A. K. Bln. 1968.

Kudrun (Kudrunlied, Gudrun), mhd. Heldenepos, lediglich im Ambraser Heldenbuch (↑ Heldenbuch) anonym überliefert. Die Entstehung des Werkes wird aus stilgeschichtl. Gründen im 13. Jh. (1230/50?) in Österreich angesetzt. Es umfaßt 1 705 formal aus der Nibelungenstrophe abgeleitete sog. ↑ Kudrunstrophen und ist in 32 ›Aventiuren‹ gegliedert. Es besteht aus drei sagen-

geschichtlich wohl ursprünglich unabhängigen Teilen: 1. der Vorgeschichte vom Greifenabenteuer des jungen Hagen, des Großvaters der Titelheldin, 2. einer ersten Brautwerbungsgeschichte um Hagens Tochter Hilde durch Hetel und 3. einer zweiten Brautwerbungsgeschichte um Hildes Tochter Kudrun, die nach ihrer schließl. Verlobung mit Herwig von Seeland vom Normannenkönig Hartmut geraubt wird. Sie bewahrt ihrem Verlobten über 13 Jahre lang die Treue, obwohl sie deshalb zu Magddiensten gezwungen wird (ältere Vorstufen sind umstritten). Die K. ist als Antwort auf das (auch stilistisch und sprachlich vorbildliche) ›Nibelungenlied‹ konzipiert, gegen den Untergang der höf. Welt stellt sie eine versöhnl. Utopie, dargestellt in der dreifachen Heirat. – Der Hildestoff wurde im ↑›Dukus Horant‹ (um 1300) aus mündl. Tradition gestaltet, der K.stoff wurde erst im 19.Jh. wieder aufgegriffen: Dramen von E. Hardt (1911) und Gerhard Schumann (* 1911; ›Gudruns Tod‹, 1943), Roman von Werner Jansen (* 1890, † 1943; ›Das Buch Liebe‹, 1918).
Ausgaben: K. (Gudrun). Übers. v. K. SIMROCK. Bearb. v. F. NEUMANN. Stg. 1958. – Das Nibelungenlied. K. Text, Nacherzählung, Wort- u. Begriffserklärungen. Hg. v. WERNER HOFFMANN. Darmst. 1972. – K. Hg. v. K. BARTSCH. Neu bearb. v. K. STACKMANN. Wsb. ⁵1980.
Literatur: HOFFMANN, WERNER: K. Ein Beitr. zur Deutung der nachnibelung. Heldendichtung. Stg. 1967. – WISNIEWSKI, R.: K. Stg. ²1969. – WILD, I.: Zur Überlieferung u. Rezeption des ›K.‹-Epos. Göppingen 1979. 2 Bde. – MacCONNELL, W.: The epic of K. Göppingen 1988. – SIEBERT, B.: Rezeption u. Produktion. Bezugssysteme in der ›K.‹. Göppingen 1988. – SCHMIDT, KLAUS M.: Begriffsglossar u. Index zur ›K.‹. Tüb. 1994.

Kudrunstrophe, altdt. ep. Strophenform, Variante der ↑ Nibelungenstrophe. Die K. besteht aus vier paarweise gereimten Langzeilen, von denen die beiden ersten der Nibelungenstrophe entsprechen; der Abvers der dritten Langzeile hat dagegen vier Hebungen und klingende ↑ Kadenz, der der vierten Langzeile sechs Hebungen und ebenfalls klingende Kadenz. Viele K.n weisen Zäsurreim auf.

Küfer, Bruno, dt. Schriftsteller, ↑ Scheerbart, Paul.

Kügelgen, Wilhelm von, * Petersburg 20. Nov. 1802, † Ballenstedt 25. Mai 1867, dt. Maler und Schriftsteller. – Sohn des Malers Gerhard von K.; Hofmaler, seit 1853 Kammerherr Herzog Karl Alexanders von Anhalt-Bernburg; malte religiöse Bilder und Porträts (darunter Goethe u.a. bed. Zeitgenossen). K. ist Verfasser des berühmt gewordenen Memoirenwerkes ›Jugenderinnerungen eines alten Mannes‹ (1870), das, im Geist des Biedermeiers und aus der überlegenen Schau des reifen Mannes geschrieben, über die Erlebnisse an mitteldt. Fürstenhöfen berichtet.
Ausgaben: W. v. K. Erinnerungen. Hg. v. E. u. B. VON KÜGELGEN. Lpz. 1967. 2 Bde. – W. v. K. Jugenderinnerungen eines alten Mannes. Nachw. v. D. DROESE. Mchn. 13.–15. Tsd. 1984.
Literatur: FRASER, C. C.: The autobiographies of L. Richter, E. Rietschel and W. v. K. Diss. University of Connecticut, Storrs 1981.

Kugler, Franz Theodor, Pseudonym Franz Theodor Erwin, * Stettin 19. Jan. 1808, † Berlin 18. März 1858, dt. Kunsthistoriker und Schriftsteller. – 1835 Prof. der Kunstgeschichte in Berlin, seit 1843 Referent im preuß. Kultusministerium; bed. ist seine von A. von Menzel illustrierte ›Geschichte Friedrichs des Großen‹ (1840); daneben Gedichte, Dramen und Erzählungen (›Belletrist. Schriften‹, 8 Bde., 1851/52).

Kuh, Anton, * Wien 12. Juli 1890, † New York 18. Jan. 1941, österr. Publizist und Schriftsteller. – War freier Schriftsteller in Wien, führte das Leben eines Kaffeehaus-Literaten, war bekannt als ›Schnorrer‹ und brillanter Stegreifredner; nach einer wortgewaltigen Auseinandersetzung 1925/26 mit K. Kraus, die in zwei Prozessen gipfelte, ging K. für einige Jahre nach Berlin, 1933 zurück nach Wien; 1938 emigrierte er über Prag in die USA; Mitarbeiter von Zeitschriften in Wien, Berlin und Prag, in denen K. seine kultur- und gesellschaftskrit. Satiren, Aphorismen und Skizzen publizierte.
Werke: Von Goethe abwärts (Aphorismen, Essays, 1922), Der unsterbliche Österreicher (Prosa, 1930), Physiognomik (Aussprüche, 1931).
Ausgaben: A. K. Luftlinien. Feuilletons, Essays u. Publizistik. Hg. v. R. GREUNER. Wien 1981. – A. K. ... Feuilletons, Essays u. Publizistik. Hg. v.

U. Lehner. Wien ²1985. – A. K. Metaphysik u. Würstel. Feuilletons u.a. Hg. v. R. Greuner. Zü. 1987. – A. K. Hans Nebbich im Glück. Feuilletons u.a. Hg. v. U. Lehner. Zü. 1987.

Kuhar, Lovro, slowen. Schriftsteller, † Prežihov Voranc.

Kuhlmann, Quirinus, * Breslau 25. Febr. 1651, † Moskau 4. Okt. 1689, dt. Schriftsteller. – Studierte Jura; beschäftigte sich mit Theosophie, kam durch die Schriften J. Böhmes zu einem ekstatisch-visionären Chiliasmus und verfolgte das Ziel, ein neues Weltreich unter der Herrschaft Christi zu gründen. Er durchreiste die Niederlande, England und Frankreich, versuchte den Papst und in Konstantinopel den Sultan für seine Überzeugung zu gewinnen. In Moskau wurde er als Unruhestifter verbrannt. K. ist Verfasser schwärmerisch-visionärer Barocklyrik, mit der er den Gefühlsüberschwang seiner Zeit noch übertraf.
Werke: Unsterbl. Sterblichkeit ... (1668), Himml. Libes-Küsse ... (Ged., 1671), Lehrreiche Weißheit-Lehr-Hof-Tugend-Sonnenblumen Preißwürdigster Sprüche ... (1671), Lehrreicher Geschicht-Herold oder ... (1673), Der Kühlpsalter ... (Ged., 3 Tle., 1684–86).
Literatur: Dietze, W.: Qu. K. Ketzer u. Poet. Versuch einer monograph. Darst. von Leben u. Werk. Bln. 1963. – Kabisch, E.-M.: Unterss. zur Sprache des ›Kühlpsalters‹ von Qu. K. Diss. FU Bln. 1970. – Neuendorf, K. K. E.: Das lyr. Werk K.s. Diss. Rice University Houston (Tex.) 1970.

Kühn, August, eigtl. Rainer Zwing, * München 25. Sept. 1936, dt. Schriftsteller. – War Optikschleifer, hatte nach einem Unfall verschiedene Berufe, zeitweise arbeitslos; seit 1972 freier Schriftsteller. Schildert in seinem realist. Erzählwerk engagiert v.a. das Münchner Arbeitermilieu, dem er selbst entstammt. K. schrieb auch Theaterstücke und Filmdrehbücher.
Werke: Westend-Geschichte. Biographisches aus einem Münchner Arbeiterviertel (1972), Der bayr. Aufstand (Volksstück, 1973), Zwei in einem Gewand ... (Kom., 1974), Eis am Stecken. Betriebsroman (1974), Zeit zum Aufstehn. Eine Familienchronik (R., 1975), Jahrgang 22 oder Die Merkwürdigkeiten im Leben des Fritz Wachsmuth (R., 1977), Fritz Wachsmuths Wunderjahre (R., 1978), Die Vorstadt (R., 1981), Wir kehren langsam zur Natur zurück (Fragment, 1984), Meine Mutter 1907 (R., 1986), Die Abrechnung (R., 1990).

Kühn, Dieter, * Köln 1. Febr. 1935, dt. Schriftsteller. – Seit 1965 freier Schriftsteller. Erzähler, Dramatiker und Essayist, auch Kinderbücher und Arbeiten für Funk und Fernsehen. Zeigt und kritisiert in seinen gegenwartsbezogenen wie histor., oft biograph. Erzählwerken die Hilflosigkeit des Individuums in den jeweiligen gesellschaftl. Zwängen. Für sein Hörspiel ›Goldberg-Variationen‹ (Erstsendung 1974, gedr. 1976) erhielt er 1975 den Hörspielpreis der Kriegsblinden.
Weitere Werke: N. (E., 1970), Ausflüge im Fesselballon (R., 1971, Neufassung 1977), Musik und Gesellschaft (Essays, 1971, Neuausg. 1979 u.d.T. Löwenmusik), Die Präsidentin (R., 1973), Festspiel für Rothäute (E., 1974), Stanislaw der Schweiger (R., 1975), Ich Wolkenstein. Eine Biographie (1977), Und der Sultan von Oman (E., 1979), Galakt. Rauschen (6 Hsp.e, 1980), Herr Neidhart (1981), Schnee und Schwefel (Ged., 1982), Der wilde Gesang der Kaiserin Elisabeth (E., 1982), Die Kammer des schwarzen Lichts (R., 1984), Flaschenpost für Goethe (1985), Bettines letzte Liebschaften (1986), Der Parzival des Wolfram von Eschenbach (1986), Neidhart aus dem Reuental (1988), Die Minute eines Segelfalters (E., 1992), Das Heu, die Frau, das Messer (Nov., 1993).

Kühne, [Ferdinand] Gustav, * Magdeburg 27. Dez. 1806, † Dresden 22. April 1888, dt. Schriftsteller. – Leitete 1835–42 die ›Zeitung für die elegante Welt‹, 1846–64 die Zeitschrift ›Europa‹, Anhänger der jungdt. Bewegung; schrieb Romane, Novellen, epigonenhafte Dramen, Gedichte und Sagen; bed. seine krit. Schriften und Erinnerungen.
Werke: Gedichte (1831), Eine Quarantäne im Irrenhause (Nov., 1835), Weibl. und männl. Charaktere (Skizzen, 2 Tle., 1838), Klosternovellen (2 Bde., 1838), Die Rebellen von Irland (Nov.n, 3 Bde., 1840), Die Freimaurer (R., 1854), Mein Tagebuch in bewegter Zeit (1863), Wittenberg und Rom (Nov.n, 3 Bde., 1876).
Literatur: Grupe, W.: Mundts u. K.s Verhältnis zu Hegel u. seinen Gegnern. Halle/Saale 1928. Nachdr. Walluf 1973.

Kühner, Otto Heinrich, * Nimburg (heute zu Teningen am Kaiserstuhl) 10. März 1921, dt. Schriftsteller. – War bis 1965 Mitarbeiter beim Süddt. Rundfunk, seitdem freier Schriftsteller; ∞ mit Ch. Brückner. Verfasser zahlreicher Hörspiele, Dramen, Romane, Erzählungen und skurriler Gedichte (um die Figur des ›Pummerer‹).

Werke: Am Rande der Großstadt (Ged., 1953), Nikolskoje (R., 1953), Aschermittwoch (R., 1962), Pummerer (Ged., 1969), Narrensicher (Ged., 1972), Die Lust, sich am Bein zu kratzen ... (Ged., 1976), Erfahren und erwandert (Reisebuch, 1979; mit Ch. Brückner), Pummerers verblümte Halbwahrheiten (Ged., 1979), 24 Stunden dt. Ortszeit (Prosa, 1979), Dreierlei Wahrheiten über einen Volkshelden u. a. Erzählungen (1980), Wozu noch Gedichte (Ged., 1983), Der Pappkamerad und die Strohpuppe (Satiren, 1984), Pummerers rastloser Müßiggang. Neue Gedichte (1988), Mein Eulenspiegel. Neue Historien (1991).

Kukolnik (tl.: Kukol'nik), Nestor Wassiljewitsch [russ. 'kukɐljnik], * Petersburg 20. Sept. 1809, † Taganrog 20. Dez. 1868, russ. Dramatiker. – Hatte beim kleinbürgerl. Publikum mit melodramat., monarchistisch-patriot. Stücken großen Erfolg; starker Einfluß des Historismus; als Erzähler erfolglos.

Kukučín, Martin [slowak. 'kukutʃi:n], eigtl. Matej Bencúr, * Jasenová 17. Mai 1860, † Pakrac bei Lipik (Kroatien) 21. Mai 1928, slowak. Schriftsteller. – Arzt; 1907–22 in Südamerika; bed. Realist, der v. a. in sprachlich vollendeten Dorfnovellen das slowak. Volksleben oft humorvoll darstellte. K. verfaßte auch Dramen, Reiseschilderungen aus Südamerika, eine Chronik der Not kroatischer Emigranten und historische Romane.

Werke: Neprebudený (= Der Tölpel, E., 1886), Jugendjahre (Nov., 1889, dt. 1960), Dom v stráni (= Das Haus am Hang, R., 1903/04), Mat' volá (= Die Mutter ruft, R.-Chronik, 5 Bde., 1926/27).
Ausgabe: M. K. Dielo. Preßburg 1955–71. 21 Bde.
Literatur: JURÍČEK, J.: M. K. Preßburg 1975.

Külebi, Cahit [türk. kylɛ'bi], * bei Zille (Anatolien) 20. Dez. 1917, türk. Lyriker. – Seit 1938 veröffentlichte er Gedichte, in denen Anatolien, seine Menschen, seine Natur und die oft bedrückenden Lebensbedingungen, in bewußt unprätentiöser, volkstüml. Sprache dargestellt wird. Seine Lyrik, die oft Volksliedcharakter hat, wurde häufig vertont.
Werke: Rüzgâr (= Wind, Ged., 1949), Bütün şiirleri (= gesammelte Gedichte, 1982).

Kulisch (tl.: Kuliš), Panteleimon Olexandrowytsch, * Woronesch (Gebiet Sumy) 8. Aug. 1819, † Motronowka (Gebiet Tschernigow) 14. Febr. 1897, ukrain.

Schriftsteller. – Bürgerlich-liberal; zeitweise verbannt; vertrat einen bürgerl. Nationalismus. Von seinen ep., lyr. und dramat. Werken hatte nur der histor. Roman ›Čorna rada‹ (= Der Schwarze Rat, 1857) Erfolg; seine Übersetzungen (u. a. Shakespeare, Lord Byron, Goethe, Schiller) wurden bedeutsam für die Entwicklung der ukrain. Literatursprache.
Ausgabe: P. O. Kuliš. Vybrani tvory. Kiew 1969.

Kulissenbühne ↑ Bühne.

Kulka, Erich, eigtl. E. Schön, * Vsetín 18. Febr. 1922, tschech. Schriftsteller. – Ab 1939 in Haft, ab 1942 im KZ Auschwitz; Emigration 1968, arbeitet an der Hebr. Univ. in Jerusalem; Autor von Dokumentationen über die Vernichtung der Juden (mit Ota Kraus: ›Massenmord und Profit‹, 1945, dt. 1963; ›Die Todesfabrik‹, 1946, dt. 1957).

Kulka, Georg, * Weidling bei Wien 5. Juni 1897, † Wien 29. April 1929, österr. Schriftsteller. – Reserveoffizier im 1. Weltkrieg, Philosophiestudium, Buchhersteller, Kaufmann; Mitarbeiter der ›Aktion‹; expressionist. Lyriker mit Vorliebe für den Gebrauch seltener oder neuer Wörter.
Werke: Der Stiefbruder (Aufzeichnungen und Lyrik, 1920), Der Zustand Karl Kraus (1920), Requiem (Ged., 1921), Verlöbnis (Dichtungen, 1921).
Ausgaben: G. K. Aufzeichnungen u. Lyrik. Hg. v. H. KASACK u. H. KREUZER. Stg. 1963. – G. K. Werke. Hg. v. G. SAUDER u. a. Mchn. 1987.

Kultismus [lat.] (span. Cultismo, Culteranismo) ↑ Gongorismus.

Kultura [poln. = Kultur], 1947 in Paris gegründete poln. Exilzeitschrift, die v. a. in enger Zusammenarbeit mit oppositionellen Autoren aus der UdSSR wesentl. Einfluß auf das kulturelle Leben in Polen und in ganz Osteuropa entwickeln konnte. Den Inhalt bilden literar. und philosoph. Schriften, Übersetzungen (u. a. die Werke von B. Pasternak, A. Sacharow, A. Solschenizyn in poln. Sprache, bevor sie in einem poln. Untergrundverlag erschienen) sowie zeitpolit. Serien (›Historische Hefte‹, ›Archiv der Revolution‹, ›Dokumente‹). Autoren der Zeitschrift: u. a. W. Gombrowicz, C. Miłosz, J. Wittlin, L. Kołakowski.

Kumarbi-Mythos, ein in hethit. Sprache (als ›Lied‹) überlieferter Mythos um den churrit. Göttervater Kumarbi, auch als Mythos vom ›Königtum im Himmel‹ bezeichnet: Dem als Himmelskönig nach anderen Göttern herrschenden (babylon.) Anu entreißt Kumarbi das Götterkönigtum durch Abbeißen von Anus männl. Glied und Schlucken des Samens, aus dem mehrere Götter entstehen, u.a. Kumarbis Sohn Teschub, der wohl sein Nachfolger wird. Der nach seiner Ähnlichkeit mit dem Mythos von den Göttergenerationen bei Hesiod auch als ›Theogonie‹ bezeichnete Mythos ist auch mit phönik. Traditionen verwandt (bei Philon von Byblos). Von den weiteren Mythen um Kumarbi sind bes. der † Chedammu-Mythos und das † Ullikummi-Lied bekannt.

Literatur: GÜTERBOCK, H. G.: Kumarbi. In: Reallex. der Assyriologie. Bln. u. New York 1980–83. Bd. 6. S. 327.

Kumbel [dän. 'kom'əl], Pseudonym des dän. Schriftstellers Piet † Hein.

Kumičić, Evgenij [serbokroat. ‚kumitʃitɕ], Pseudonym Jenio Sisolski, * Brseč (Istrien) 11. Jan. 1850, † Zagreb 13. Mai 1904, kroat. Schriftsteller. – War politisch tätig; lernte in Paris den frz. Naturalismus kennen und führte ihn in die kroat. Literatur ein; Nachwirkungen der romant. Tradition; wandte sich vom aktuellen Gesellschaftsroman ab und dem histor. Roman zu (›Urota Zrinsko-Frankopanska‹ [= Die Verschwörung von Zrinski/Zrínyi und Frankopan], 1892/1893); auch Dramatiker (›Petar Zrinski‹, 1900).

Ausgabe: E. K. Sabrana djela. Zagreb 1933–41. 15 Bde.

Kumrantexte (Qumrantexte), 1947 in Höhlen der Ruinenstätte Kumran am Nordwestufer des Toten Meeres gefundene Handschriften (meist auf Leder und Papyrus; heute im ›Shrine of the Book‹, Jerusalem): 1. *bibl. Bücher* des hebr. Kanons; hebr. bzw. aram. Fassungen von Teilen der Septuaginta und von vorher nur in Übersetzungen bekannten Büchern (z.T. Tobit, Jesus Sirach); † Targum; 2. *Auslegungen bibl. Bücher:* ›Midrasch‹ und ›Pescharim‹ (Auslegungen nach kleinsten Texteinheiten) zu einigen Propheten und Psalmen; 3. *liturg. und gesetzliche Texte:* ›Sektenregel‹, Gemein-

schaftsregel, Damaskusschrift, Hodajoth (Danklieder). – Die Interpretation der Texte läßt vermuten, daß Kumran von Essenern bzw. einer ihnen nahestehenden Gemeinschaft bewohnt war, die eine ordensähnl. Lebensform pflegte; möglicherweise ist Kumran auch eine Tempelbibliothek gewesen. – Sprachlich füllt der vormasoret. Texttyp der Kumranschriften die Lücke zw. dem Hebräisch der Bibel und dem der tannait. Literatur. Inhaltl. Parallelen zum NT sind wohl nur in der Gemeinsamkeit im Denken und in der Sprache einer bestimmten Zeit begründet, nicht jedoch in einer direkten Abhängigkeit.

Ausgaben: Die Texte vom Toten Meer. Dt. Übers. Hg. v. JOHANN MAIER. Mchn. u. Basel 1960. 2 Bde. – Die Texte aus Qumran. Hebr. u. dt. Mit masoret. Punktation. Einf. u. Anmerkungen. Hg. v. E. LOHSE. Darmst. [2]1971. – A facsimile edition of the Dead Sea scrolls. Hg. v. R. H. EISENMAN u. J. M. ROBINSON. Washington (D. C.) 1991. 2 Bde.

Literatur: Discoveries in the Judaean desert. Hg. v. D. BARTHÉLMY u.a. Oxford 1955–58. 6 Bde. – ALLEGRO, J. M.: Die Botschaft vom Toten Meer. Das Geheimnis der Schriftrollen. Ffm. 1957. – BURCHARD, CH.: Bibliogr. zu den Handschrr. vom Toten Meer. Bln. 1957–65. 2 Bde. – RENGSTORF, K. H.: Hirbet Qumrân u. die Bibliothek vom Toten Meer. Stg. 1960. – DE VAUX, R.: L'archéologie et les manuscrits de la Mer Morte. London 1961. – DRIVER, G. R.: The Judaean scrolls. New York 1965. – ROST, L.: Einl. in die alttestamentl. Apokryphen u. Pseudepigraphen einschließl. der großen Qumran-Handschrr. Hdbg. 1971 – LICHTENBERGER, H.: Studien zum Menschenbild in Texten der Qumrangemeinde. Gött. 1980. – Revue de Qumran 1 (1985) ff. – EISENMAN, R. H./WISE, M. O.: Jesus u. die Urchristen. Die Qumran-Rollen entschlüsselt. Dt. Übers. Mchn. [2]1993. – STEGEMANN, H.: Die Essener, Qumran, Johannes der Täufer u. Jesus. Freib. [4]1994.

Kuncewiczowa, Maria [poln. kuntsɛvi'tʃova], * Samara 30. Okt. 1897, † Kazimierz Dolny (Woiwodschaft Lublin) 15. Juli 1989, poln. Schriftstellerin. – Emigrierte 1939, 1940–55 in Großbritannien (Leiterin der poln. Abteilung des PEN-Clubs), ab 1956 in den USA; lange Aufenthalte in Polen. Ihr Hauptwerk ist der Roman ›Die Fremde‹ (1936, dt. 1974).

Weitere Werke: Dwa księżyce (= Zwei Monde, En., 1933), Fantasia alla polacca (Prosa, 1979), Tamto spojrzenie (= Der andere Blick, En., 1980).

Kundera, Ludvík, * Brünn 22. März 1920, tschech. Schriftsteller. – Bis 1948 Surrealist; verfaßte ironisch-aggressive Gedichte, Erzählungen, Theaterstücke und Essays; bed. sein Stück ›Totální kuropění‹ (= Der totale Hahnenschrei, 1961), in dem Vers, Prosa und Gesang miteinander abwechseln; auch Übersetzer.

Weiteres Werk: Hruden (= Der dreizehnte Monat, Ged., 1985).

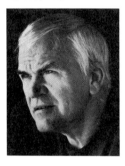

Milan Kundera

Kundera, Milan, * Brünn 1. April 1929, tschech. Schriftsteller. – Nach 1970 Publikationsverbot; ab 1975 an der Univ. Rennes; 1979 Entzug der tschechoslowak. Staatsangehörigkeit; seit 1981 frz. Staatsbürger; lebt in Paris; begann als Lyriker; schrieb dann Dramen, Erzählungen und Romane, in denen er sich u. a. mit Problemen der sozialist. Gesellschaft auseinandersetzt (›Der Scherz‹, 1967, dt. 1968) oder vor dem Hintergrund zeitkrit. und allgemeiner Reflexionen sensibel Möglichkeiten individueller Liebeserfahrung entwirft (›Die unerträgl. Leichtigkeit des Seins‹, frz. 1984, dt. 1984, tschech. Toronto 1985); erhielt 1987 den Österreichischen Staatspreis für europ. Literatur.

Weitere Werke: Die Schlüsselbesitzer (Dr., 1962, dt. 1968), Das Buch der lächerl. Liebe (En., 3 Bde., 1963–68, Neuausg. 1970, dt. 1986), Das Leben ist anderswo (R., frz. 1973, dt. 1974, tschech. Toronto 1979), Der Abschiedswalzer (R., frz. 1976, dt. 1977, tschech. Toronto 1979), Das Buch vom Lachen und vom Vergessen (R., frz. 1979, dt. 1980, tschech. Toronto 1981), Die Kunst des Romans (Essay, frz. 1986, dt. 1987), Die Unsterblichkeit (R., frz. 1990, dt. 1990, tschech. 1993), Verratene Vermächtnisse (Essay, frz. 1993, dt. 1994).

Literatur: PORTER, R. C.: M. K. Århus 1981. – CHVATÍK, K.: Die Fallen der Welt. Der Romancier M. K. Dt. Übers. Mchn. u. a. 1994.

Kunene, Mazisi [Raymond], * Durban 12. Mai 1930, südafrikan. Schriftsteller. – Verließ 1959 Südafrika; übernahm offizielle Funktionen als Mitglied des Afrikan. Nationalkongresses; schrieb bereits als Kind Verse in Zulu; seine Lyrik, die die Geschichte seines Landes aus der Sicht der Eroberten deutet, pflegt v. a. afrikan. Mythen und ep. Traditionen; übersetzt mündlich überlieferte Literatur der Zulus ins Englische.

Werke: Zulu poems (Ged., 1970), Emperor Shaka the Great (E., 1979), Anthem of the decades (Epos, 1981), The ancestors and the sacred mountain (Ged., 1982).

Kunert, Günter, * Berlin 6. März 1929, dt. Schriftsteller. – Studierte mehrere Semester Graphik an der Hochschule für angewandte Kunst in Berlin-Weißensee, danach freier Schriftsteller in Berlin (Ost); Bekanntschaft mit J. R. Becher und B. Brecht; 1977 Ausschluß aus der SED, 1979 Übersiedlung in die BR Deutschland, lebt seitdem in Itzehoe. Seine frühen Gedichte, beeinflußt von Brecht und Becher, waren dem sozialist. Realismus verpflichtet; sie wollten, pädagogisch-didaktisch argumentierend, dem Fortschritt nutzen. Später begegnete er der zunächst kritisch-satirisch bejahten Realität zunehmend mit Skepsis und Pessimismus. Neben Gedichten schreibt K. Erzählungen, Hör- und Fernsehspiele, Drehbücher; auch Essayist und Kinderbuchautor.

Werke: Wegschilder und Mauerinschriften (Ged., 1950), Im Namen der Hüte (R., 1967), Offener Ausgang (Ged., 1972), Tagträume in Berlin und andernorts (En., 1972), Gast aus England (E., 1973), Der andere Planet. Ansichten von Amerika (1974), Das kleine Aber (Ged., 1976), Unterwegs nach Utopia (Ged., 1977), Ein anderer K. (Hsp.e, 1977), Camera obscura (Prosa, 1978), Ein engl. Tagebuch (1978), Abtötungsverfahren (Ged., 1980), Verspätete Monologe (Prosa, 1981), Diesseits des Erinnerns (Aufsätze, 1982), Stilleben (Ged., 1983), Zurück ins Paradies (En., 1984), Vor der Sintflut: das Gedicht als Arche Noah (Vorlesungen, 1985), Berlin beizeiten (Ged., 1987), Auf Abwegen u. a. Verwirrungen (Prosa, 1988), Im toten Winkel. Ein Hausbuch (1992), Baum. Stein. Beton. Reisen zw. Ober- und Unterwelt (1994).

Literatur: JONSSON, D.: Widersprüche – Hoffnungen. Lit. u. Kulturpolitik der DDR. Die

Günter
Kunert

Prosa G. K.s. Stg. 1978. – G. K. Hg. v. H. L. AR-
NOLD. Mchn. 1991. – G. K. Beitrr. zu seinem
Werk. Hg. v. M. DURZAK. Mchn. 1992.

K'ung Chi (Kong Ji) [chin. kʊŋdzi],
auch: Tzu-ssu, *etwa 494, †etwa 431,
chin. Philosoph. – Dem Konfuziusenkel
K'ung Chi schreibt die Überlieferung
zwei bedeutende Traktate zu, ↑›Chung-
yung‹ und ›Ta-hsüeh‹ (= Die große Gelehrsamkeit). Ursprünglich als Riten-
klassiker ↑›Li-chi‹ inkorporiert, wurden
sie von Chu Hsi separat kommentiert
und als zwei der ›Vier Bücher‹ des Konfuzianismus gewürdigt.

K'ung Ch'iu, chin. Philosoph, ↑ Konfuzius.

Kungfutse, chin. Philosoph, ↑ Konfuzius.

K'ung Fu Tzu, chin. Philosoph,
↑ Konfuzius.

K'ung Shang-jen (Kong Shangren)
[chin. kʊŋʃaŋrən], *Ch'ü-fu (Schantung)
1648, †1718, chin. Literat und Dramatiker. – Von seinen zahlreichen Werken
blieb das Drama ›T'ao-hua shan‹ (= Der
Pfirsichblütenfächer) lebendig, das nach
seiner Veröffentlichung 1699 ungeheures
Aufsehen erregte. In bewegenden histor.
Bildern, auf Augenzeugenberichten fußend, beschreibt es Schicksale beim Dy-
nastiewechsel von den Ming zu den
Ch'ing.
Ausgabe: The peach blossom fan = T'ao-hua-
shan. Engl. Übers. v. S. H. CHEN u. H. ACTON.
Berkeley (Calif.) 1976.
Literatur: DOLBY, A. W. E.: A history of chinese
drama. London u. New York 1976.

Kunitz, Stanley [Jasspon] [engl.
'ku:nɪts], *Worcester (Mass.) 29. Juli

1905, amerikan. Lyriker. – Studium in
Harvard, Kriegsteilnahme, Lehrtätigkeit
an verschiedenen Universitäten; Hg. der
›Yale series of younger poets‹ (1969–77)
sowie von zahlreichen biograph. Lexika.
Unter dem Einfluß der Metaphysical
poets des 17. Jh. und ihrer poet. Rezeption durch T. S. Eliot und J. C. Ransom
thematisiert K.' frühe Dichtung den
Konflikt zwischen Intellekt und Gefühl
(›Intellectual things‹, 1930; ›Passport to
the war‹, 1944), spätere Gedichte befassen sich in häufig wandelndem Stil mit
Liebe und einer trag. Vision des Lebens
(›The testing-tree‹, 1971); schreibt auch
literarkrit. Essays (›A kind of order, a
kind of folly‹, 1975); erhielt für ›Selected
poems‹ (1959) den Pulitzerpreis 1959.
Ausgabe: The poems of S. K., 1928–1978. Boston (Mass.) 1979.
Literatur: HÉNAULT, M.: S. K. Boston (Mass.)
1980. – ORR, G.: S. K. An introduction to the
poetry. New York 1985.

Kunnas, Kirsi, *Helsinki 14. Febr.
1924, finn. Lyrikerin. – Ihre Sprache
zeichnet sich durch virtuose Musikalität
und Rhythmik aus; auch Verfasserin
zahlreicher Kinderbücher; 1975–80 Präsidentin des finn. PEN-Clubs.
Werke: Villiomenapuu (= Wildapfelbaum,
Ged., 1947), Tuuli nousee (= Der Wind kommt
auf, Ged., 1953), Vaeltanut (= Nach der Wanderung, Ged., 1956), Tiitiäisen satupuu / Tiitiäisen tarinoita (= Der Meise Märchenbaum/Der
Meise Erzählungen, Kinderb., 1956/57), Hur-
pulan neiti ja Haitula (= Fräulein Hurpula und
Haitula, Kinderb., 1972), Puupuu ja käpypoika
(= Holzbaum und der Zapfenjunge, Kinderb.,
1972), Valoa kaikki kätketty (= Licht ist alles
Verborgene, Ged. 1986).

Künstlerdrama, Bühnenstück, bei
dem die Figur eines Künstlers im Mittelpunkt der Handlung steht; bes. seit der
Romantik in vielen europ. Literaturen
nachweisbar. Dient als Demonstrations-
medium einer neuen Auffassung vom
Künstler und der Widersprüche zwischen ihm und der Gesellschaft. Eines
der frühesten Beispiele in Deutschland
ist Goethes Schauspiel ›Torquato Tasso‹
(1790), in dem dieser Gegensatz beispielhaft thematisiert wird. Ein weiteres K. ist
F. Grillparzers ›Sappho‹ (1819). Andere
Vertreter des K.s im 19. Jh. waren K. L.
Immermann (›Petrarca‹, 1822) und
Ch. F. Hebbel (›Michel Angelo‹, 1855).

Im Naturalismus schrieb v. a. G. Hauptmann Künstlerdramen (›College Crampton‹, 1892; ›Die versunkene Glocke‹, 1897; ›Michael Kramer‹, 1900; ›Gabriel Schillings Flucht‹, 1912). G. B. Shaw setzte sich in mehreren Dramen mit der Rolle des Künstlers in der Gesellschaft auseinander (›Candide‹, 1894, dt. 1903; ›Der Arzt am Scheideweg‹, 1906, dt. 1909, u. a.).
Literatur: GOLDSCHMIDT, H.: Das dt. K. von Goethe bis R. Wagner. Weimar 1925. Nachdr. Hildesheim 1978. – SCHAFF, B.: Das zeitgenöss. brit. Künstlerdrama. Passau 1992.

Künstlerroman, Roman in dem die Figur eines Künstlers im Mittelpunkt steht. Der K. setzt mit der Geniezeit des 18. Jh. ein und ist in der Folge in vielen europ. Literaturen in den unterschiedlichsten Ausformungen anzutreffen. Als erstes Werk dieser Gattung in Deutschland gilt ›Ardinghello und die glückseeligen Inseln‹ (1787) von J. J. W. Heinse. Weitere Beispiele sind u. a. ›Franz Sternbalds Wanderungen‹ (1798) von L. Tieck, ›Lucinde‹ (1799) von F. Schlegel, ›Heinrich von Ofterdingen‹ (hg. 1802) von Novalis. Bevorzugen die K.e vielfach die Form des biograph. ↑ Entwicklungsromans, so wird in der **Künstlernovelle** meist anhand einer charakterist. Episode die Künstlerproblematik exemplarisch dargestellt (E. T. A. Hoffmann, ›Das Fräulein von Scudéri‹, 1819; E. Mörike, ›Mozart auf der Reise nach Prag‹, 1856). Bedeutendste K.e des 19. Jh. sind ›Maler Nolten‹ (1832) von Mörike und ›Der grüne Heinrich‹ (1854/55) von G. Keller. Danach entstanden auch literar. Künstlerbiographien (R. Rolland, F. Werfel). K.e im 20. Jh. stammen u. a. von G. Hauptmann, H. Hesse und v. a. von Th. Mann (›Doktor Faustus‹, 1947); auch die literar. Avantgarde spielte mit Elementen dieser Untergattung (J. Joyce, ›Jugendbildnis, 1914/15, dt. 1926; N. Sarraute, ›Die goldenen Früchte‹, 1963, dt. 1964 u. a.). In den 70er Jahren wurde das Thema erneut aufgegriffen, u. a. von P. Härtling (›Hölderlin‹, 1976) und D. Kühn (›Ich Wolkenstein‹, 1977).
Literatur: MARCUSE, H.: Der dt. K. Ffm. 1978.

Kunstmärchen ↑ Märchen.

Kunstwart, Der, von F. Avenarius in Dresden 1887 begründete (und bis 1923 geleitete) halbmonatlich erscheinende nat.-konservative Kulturzeitschrift; ab 1894 in München verlegt. Titeländerungen: 1912–15 und 1919–25 ›Der K. und Kulturwart‹, 1915–19 ›Dt. Wille‹, 1926–31 ›D. K.‹, ab 1932 ›Dt. Zeitschrift‹, 1937 eingestellt.

Kunze, Reiner, * Oelsnitz/Erzgebirge 16. Aug. 1933, dt. Schriftsteller. – Studierte Philosophie und Journalistik in Leipzig, seit 1962 freier Schriftsteller. Schrieb zuerst volkstüml., auch polit., z. T. an B. Brecht orientierte Lyrik, nach 1962 v. a. durch hintergründige Ironie charakterisierte Gedichte. Auch Kinderbuchautor (Dt. Jugendbuchpreis 1971) und Übersetzer aus dem Tschechischen. Sein in der BR Deutschland publizierter Prosaband ›Die wunderbaren Jahre‹ (1976; 1979 von K. verfilmt) führte zu seinem Ausschluß aus dem Schriftstellerverband der DDR (1989 wieder aufgenommen); im April 1977 siedelte K. in die BR Deutschland über. 1977 erhielt er den Georg-Büchner-Preis.
Weitere Werke: Vögel über dem Tau (Ged., 1959), Widmungen (Ged., 1963), Sensible Wege (Ged., 1969), Der Löwe Leopold (Kinderb., 1970), Zimmerlautstärke (Ged., 1972), Das Kätzchen (Kinderb., 1979), auf eigene hoffnung (Ged., 1981), Eine stadtbekannte Geschichte (Kinderb., 1982), gespräch mit der amsel (Ged., 1984), eines jeden einziges leben (Ged., 1986), Deckname ›Lyrik‹. Eine Dokumentation (1990), Wohin der Schlaf sich schlafen legt (Ged., 1991), Am Sonnenhang. Tagebuch eines Jahres (1993), Wo Freiheit ist. Gespräche 1977–1993 (1994).
Literatur: R. K. Materialien u. Dokumente. Hg. v. J. P. WALLMANN. Ffm. 1977. – R. K. Werk u. Wirkung. Hg. v. R. WOLFF. Bonn 1983.

Reiner Kunze

Kuo Mo-jo (Guo Moruo) [chin. guɔmɔruɔ], * Lo-shan (Szetschuan) 16. Nov. 1892, † Peking 12. Juni 1978, chin. Dichter und Gelehrter. – Belebte als Mitbegründer der literar. Gesellschaft ›Schaffen‹, Autor von bahnbrechenden Gedichten und Theaterstücken sowie Übersetzungen (u. a. Goethes ›Werther‹ und ›Faust‹) die literar. Diskussion in China; erwarb sich hohes Ansehen auch als Historiker, war nach Eintritt in die KP 1924 bis zu seinem Tod einflußreicher marxist. Kulturpolitiker. Einige Werke sind in dt. Übersetzung in Anthologien erschienen, seine Autobiographie (Kindheit und Jugend) in 2 Bänden 1981 und 1985.

Kupala, Janka, eigtl. Iwan Daminikawitsch Luzewitsch, * Wjasynka (Gebiet Minsk) 7. Juli 1882, † Moskau 28. Juni 1942 (Selbstmord), weißruss.-sowjet. Schriftsteller. – Bibliothekar, Redakteur; gilt als größter weißruss. Dichter, als nat. Erwecker und Mitschöpfer der weißruss. Literatursprache (mit J. Kolas). Sein Schaffen ist weitgehend von den folklorist. Überlieferungen seiner Heimat geprägt, die er kunstvoll stilisierte. Seine lyr. und dramat. Dichtung ist oft sozial orientiert; Übersetzer aus dem Russischen, Ukrainischen und Polnischen.
Werke: Advečnaja pesnja (= Das ewige Lied, Poem, 1910), Paŭlinka (Kom., 1913), Raskidanae hnjazdo (= Das zerstreute Nest, Dr., 1919). **Ausgabe:** J. K. Zbor tvoraŭ. Minsk 1961–63. 6 Bde. **Literatur:** MOSKALIK, M.: J. K. Der Sänger des weißruthen. Volkstums. Mchn. 1961.

Kuprin, Alexandr Iwanowitsch, * Narowtschat (Gebiet Pensa) 7. Sept. 1870, † Leningrad (heute Petersburg) 25. Aug. 1938, russ. Schriftsteller. – Offizier; Kontakt mit M. Gorki; emigrierte nach der Revolution, kehrte 1937 in die UdSSR zurück. Sein bewegtes Leben vermittelte ihm den Stoff für Romane und Erzählungen, deren Stil an L. N. Tolstoi, A. P. Tschechow u. a. geschult ist; Stoffe aus dem Offiziersalltag, der Welt des Zirkus, dem Milieu der unteren Schichten; Meister in der Darstellung des einzelnen, des Details. Der Roman ›Das Duell‹ (1905, dt. 1905) gibt ein Sittenbild aus dem Offiziersmilieu. K.s Weltbild ist von Hoffnungslosigkeit, Pessimismus und Resignation geprägt.

Weitere Werke: Der Moloch (Nov., 1896, dt. 1907), Olessja (Nov., 1898, dt. 1911), Smaragd (E., 1907, dt. 1972), Die Gruft (R., 3 Tle., 1909–15, dt. 1910, 1965 u. d. T. Jamskaja), Das Granatarmband (Nov., 1911, dt. 1911). **Ausgaben:** A. I. K. Sobranie sočinenij. Moskau 1970–73. 9 Bde. – A. K. Meistererzählungen. Dt. Übers. Zü. 1989. **Literatur:** AL'BERT, I. D./VIŠNEVSKIJ, I. P.: A. I. K. Lemberg 1978. – LUKER, N. J.: A. K. Boston (Mass.) 1978.

Kürbiskern, Zeitschrift für Literatur und Kritik, die in der BR Deutschland 1965–87 vierteljährlich erschien. Die themengebundenen Hefte nahmen neben literar. Beiträgen jeweils auch zu aktuellen tagespolit. Ereignissen Stellung. Autoren: u. a. P. O. Chotjewitz, Y. Karsunke, G. Elsner, W. Koeppen, A. Mechtel, G. Kunert, M. Sperr, P. Schütt, U. Timm.

Kurek, Jalu, eigtl. Franciszek K., * Krakau 27. Febr. 1904, † ebd. 10. Nov. 1983, poln. Schriftsteller. – Gehörte vor dem Krieg zur Krakauer Avantgarde; vom Pathos des Neuen getragene Lyrik sowie Prosa bes. mit Themen aus dem Bauernleben (›Die Grippe wütet in Naprawa‹, R., 1934, dt. 1936); Übersetzer aus dem Italienischen.
Literatur: CICHLA-CZARNIAWSKA, E.: W drodze do wierchu. O twórczości J. Kurka. Warschau 1979.

Kurella, Alfred, * Brieg 2. Mai 1895, † Berlin (Ost) 12. Juni 1975, dt. Schriftsteller und Politiker. – 1919–24 Sekretär der Kommunist. Jugendinternationale; 1934–54 als Schriftsteller und Redakteur in der UdSSR tätig; lebte ab 1954 in der DDR; Mitbegründer und 1955–57 Leiter des ›Literaturinstituts Johannes R. Becher‹ in Leipzig; seit 1958 Mitglied des ZK der SED und 1958–63 Kandidat des Politbüros, hatte K. maßgebl. Einfluß auf die Kulturpolitik der DDR; Übersetzer russ. und frz. Literatur.
Werke: Ich lebe in Moskau (Erinnerungen, 1947), Die Gronauer Akten (R., 1954), Kleiner Stein im großen Spiel (R., 1961), Unterwegs zu Lenin (Erinnerungen, 1967).

Kürenberg, Joachim von, eigtl. Eduard Joachim von Reichel, * Königsberg (Pr) 21. Sept. 1892, † Meran 3. Nov. 1954, dt. Schriftsteller. – War Diplomat, studierte nach dem 1. Weltkrieg, dann Dramaturg und freier Schriftsteller; emigrierte 1935 in die Schweiz. Schrieb hi-

storisch-biograph. Romane, Abenteuer-
erzählungen, Dramen, Ballettdichtungen
und Essays.
Werke: Mord in Tirol (Dr., 1930), Krupp,
Kampf um Stahl (R., 1935), Der blaue Diamant
(Nov., 1938), Katharina Schratt (R., 1941).

Kürenberg, der von (der Kürenber-
ger), mhd. Lyriker aus der Mitte des
12. Jahrhunderts. – In der Großen Heidelberger Liederhandschrift sind unter
diesem Namen 15 Strophen überliefert.
Der Dichter wird als ältester Vertreter
des sog. donauländ. Minnesangs einem
österr. Ministerialengeschlecht zugewie-
sen. Die meist einstrophigen Lieder sind
in zwei Strophenformen abgefaßt, die
zweite ist mit der des › Nibelungenliedes‹
metrisch (und musikalisch?) identisch.
Thematisch handelt es sich um unterschiedl. Situationen der Liebe, nicht, wie
im hohen Minnesang, ausschließlich um
Werbung des Mannes. Sein bekanntestes
Lied ist das zweistrophige ›Falkenlied‹,
das unterschiedlich interpretiert wird
(Klage über den Verlust des Geliebten?).
Ausgabe: Des Minnesangs Frühling. Hg. v.
H. MOSER u. H. TERVOOREN. Bd. 1. Stg. ³⁷1982.
Literatur: GRIMMINGER, R.: Poetik des frühen
Minnesangs. Mchn. 1969. – SCHMID, CH.: Die
Lieder der K.-Sammlung. Göppingen 1980.

Kürenbergstrophe   ↑ Nibelungenstrophe.

Kurginjan, Schuschanik, * Alexan-
dropol (heute Kumairi) 30. Aug. 1876,
† Jerewan 24. Nov. 1927, armen.-sowjet.
Dichterin. – Vertreterin der proletar.
Dichtung; bereits vom Geist der Revolu-
tion von 1905 geprägt, widmete sie sich
der Darstellung des Kampfes der Arbei-
terklasse und ihrer Leiden; verfaßte auch
Liebeslieder.
Literatur: THOROSSIAN, H.: Histoire de la littéra-
ture arménienne, des origines jusqu'à nos jours.
Paris 1951. S. 343.

Kürnberger, Ferdinand,   * Wien
3. Juli 1821, † München 14. Okt. 1879,
österr. Schriftsteller. – Floh wegen liberaler Anschauungen 1848 nach Deutschland, dort wegen Teilnahme am Aufstand in Dresden zu Festungshaft verurteilt, lebte ab 1864 wieder in Österreich.
Schrieb geistreiche, oft satir. Feuilletons
und Kritiken sowie Romane, Novellen
und Dramen. Bekannt wurde sein

Schlüsselroman um N. Lenau, ›Der Ame-
rika-Müde‹ (1855).
Weitere Werke: Catilina (Dr., 1855), Novellen
(3 Bde., 1861/62), Siegelringe (Feuilletons,
1874), Der Haustyrann (R., 1876), Das Schloß
der Frevel (R., 2 Bde., hg. 1904), Dramen (hg.
1907), Novellen (2 Tle., hg. 1907).
Literatur: KÜHNEL, W.-D.: F. K. als Lit.-Theo-
retiker im Zeitalter des Realismus. Göppingen
1970.

Kurotschkin (tl.: Kuročkin), Wassili
Stepanowitsch [russ. 'kurɐtʃkin], * Petersburg 9. Aug. 1831, † ebd. 27. Aug. 1875,
russ. Lyriker und Journalist. – Übersetzer der Lieder P. J. de Bérangers (1858);
gehörte zur Schule N. A. Nekrassows;
schrieb politisch und sozial engagierte
Satiren, Epigramme und Parodien.
Ausgabe: V. S. Kuročkin. Stichotvorenija. Stat'i.
Fel'etony. Moskau 1957.

Kursbuch, seit 1965 in der BR
Deutschland erscheinende Kulturzeitschrift mit jährlich etwa 4 Nummern;
1965–75 von H. M. Enzensberger, seit
1980 von K. M. Michel und T. Spengler
unter Mitarbeit von Enzensberger hg.;
ursprünglich von Enzensberger als ›Organ der Neuen Linken‹ konzipiert, bezieht sich das K. auch heute hpts. auf
Themen der internat. Kultur- und Zeitgeschichte. Autoren: u. a. I. Bachmann,
G. Elsner, V. Braun, H. Heißenbüttel,
P. Schneider, G. Herburger, U. Johnson,
M. Walser, P. Weiss, W. Wondratschek,
Y. Karsunke, S. Beckett, C. Lévi-Strauss,
N. Chomsky, C. E. Gadda, E. Sanguineti,
L. Gustafsson und C. Fuentes.

**Kürschners Deutscher Litera-
tur-Kalender,** Verzeichnis lebender
deutschsprachiger Schriftsteller mit
Kurzbiographien und bibliograph. Angaben. 1879 von den Brüdern H. und
J. Hart als ›Allgemeiner Dt. Literatur-
Kalender‹ begründet, ab 1882 von Joseph Kürschner (* 1853, † 1902) geleitet;
erscheint bis heute (zuletzt 1988).

Kurtz, Melchior, Pseudonym des dt.
Schriftstellers Erich ↑ Kästner.

Kurz (bis 1848 Kurtz), Hermann,
* Reutlingen 30. Nov. 1813, † Tübingen
10. Okt. 1873, dt. Schriftsteller. – Vater
von Isolde K.; Vikar, Redakteur, ab 1863
Bibliothekar in Tübingen. Begann mit
Übersetzungen und Nachdichtungen
(engl. Lyrik, L. Ariosto, M. de Cervantes

Saavedra, Gottfried von Straßburg) und Gedichten unter dem Einfluß E. Mörikes. Volkstümlich geworden sind seine beiden Romane ›Schiller's Heimathjahre‹ (3 Tle., 1843, 1847 u.d.T. ›Heinrich Roller oder Schiller's Heimathjahre‹) und ›Der Sonnenwirth‹ (1854), in denen er in realist. Kleinmalerei schwäb. Landschaft und Umwelt sicher darstellt. Seine Gestalten sind psychologisch überzeugend und mit Humor gezeichnet.

Literatur: KURZ, I.: Das Leben meines Vaters. Tüb. ³1929. – ›Ich bin zwischen die Zeiten gefallen‹. H.K. Bearb. v. W. STRÖBELE. Reutlingen 1988.

Kurz, [Maria Clara] Isolde, * Stuttgart 21. Dez. 1853, † Tübingen 5. April 1944, dt. Schriftstellerin. – Erhielt durch ihre Mutter eine umfassende Bildung, lernte mehrere Sprachen, wurde sowohl mit klass. Bildungsgut als auch mit sozialist. Schriften vertraut gemacht; 1877–1913 lebte sie in Florenz, trieb umfangreiche Renaissancestudien, arbeitete als Übersetzerin und schrieb Gedichte und Novellen (›Florentiner Novellen‹, 1890; ›Italienische Erzählungen‹, 1895); ab 1915 in München; in ihren späteren Romanen trat das Autobiographische in den Vordergrund.

Weitere Werke: Gedichte (1888, erweitert 1891), Phantasieen und Märchen (1890), Im Zeichen des Steinbocks (Aphorismen, 1905), Cora u.a. Erzählungen (1915), Aus meinem Jugendland (Autobiogr., 1918), Nächte von Fondi (R., 1922), Die Liebenden und der Narr (Nov., 1924), Der Caliban (R., 1925), Der Ruf des Pan (Nov.n, 1928), Vanadis (R., 1931), Die Pilgerfahrt nach dem Unerreichlichen (Autobiogr., 1938), Das Haus des Atreus (E., 1939), Singende Flamme (Ged., hg. 1948).

Isolde Kurz

Ausgabe: I. K. Ges. Werke. Mchn. 1925. 6 Bde. Literatur: BÄUMER, G.: I. K. In: BÄUMER: Gestalt u. Wandel. Frauenbildnisse. Bln. 1939. – NENNECKE, CH.: Die Frage nach dem Ich im Werk von I. K. Ein Beitr. zum Weltbild der Dichterin. Diss. Mchn. 1958. – ONODI, M.: I. K. Leben u. Prosawerk ... Ffm. u.a. 1989.

Kurz (Kurtz), Joseph Felix Frhr. von, genannt K.-Bernardon, * Wien 22. Febr. 1717, † ebd. 2. Febr. 1784, österr. Wanderschauspieler und Komödiendichter. – Spielte mit großem Erfolg als Komiker die selbstgeschaffene, naiv-drollige Rolle des Bernardon. Mit seinen etwa 300 Komödien (zum großen Teil sog. Bernardoniaden) bed. Vertreter des Wiener Hanswursttheaters.

Werke: Bernardon, die getreue Prinzeßin Pumphia und Hanns Wurst, der tyrann. Tartar-Kulikan (Lsp., 1756), Hanst Wurst (Lsp., 1761), Die Hofmeisterin (Lsp., 1764).

Literatur: BIRBAUMER, U.: Das Werk des J. F. v. K.-Bernardon u. seine szen. Realisierung. Wien 1971. 2 Bde.

Kürze, in der quantitierenden *Metrik* der mit einer kurzen Silbe gefüllte Versteil (Ggs. ↑ Länge); entspricht in der akzentuierenden Metrik der ↑ Senkung.

Kurzepik, die im Unterschied zur Großepik (↑ Epos und ↑ Roman) weniger umfangreichen ep. Gattungen wie ↑ Epyllion, ↑ Märchen, ↑ Sage, ↑ Legende, ↑ Schwank, ↑ Anekdote, ↑ Novelle, ↑ Erzählung, ↑ Kurzgeschichte u.a. – ↑ auch Epik.

Kurzgeschichte, Lehnübersetzung des amerikan. Gattungsbegriffs ↑ Short story, mit diesem jedoch nicht deckungsgleich, da im Unterschied zum Amerikanischen im Deutschen die K. von anderen Formen der Kurzprosa, insbes. ↑ Novelle, ↑ Anekdote und ↑ Skizze, zu unterscheiden ist. Kennzeichen der K. sind u.a. ihr geringer Umfang, offener Schluß, konzentrierte Komposition (oft ↑ Montage), das Herausstellen eines einzelnen Moments im Leben eines Menschen, oft eines Außenseiters. Vor diesem von den Erzählungen und Novellen G. de Maupassants wesentlich mitbestimmten Hintergrund entwickelte sich die K. auch in Deutschland nach dem 2. Weltkrieg. Ihre Themen waren zunächst der Aufarbeitung der Vergangenheit gewidmet (W. Borchert, H. Böll, E. Langgässer), Nachkriegszeit und Wirtschaftswundermentalität bestimmten noch lange die Inhalte (G. Eich, I. Aichinger, M. L. Kaschnitz, W. Schnurre), dabei standen psychologisch-existentielle Handlungselemente im Mittelpunkt.

Literatur: ROHNER, L.: Theorie der K. Wsb. [2]1976. – KILCHENMANN, R. J.: Die K. Formen u. Entwicklung. Stg. [5]1978. – AHRENDS, G.: Die amerikan. K. Theorie u. Entwicklung. Stg. 1980. – DODERER, K.: Die K. in Deutschland. Darmst. [6]1980. – NEUSE, E. K.: Die dt. K. Bonn 1980. – GILOI, D.: Short Story u. K. Ein Vergleich Hemingways mit dt. Autoren nach 1945. Tüb. 1983. – DURZAK, M.: Die Kunst der K. Mchn. [2]1994. – ↑auch Short story.

Kurzzeile (Kurzvers), rhythm. Periode mit bis zu vier Hebungen (im Unterschied zum Langvers); K.n werden entweder zu Reimpaaren oder Strophen zusammengeordnet oder in einer Langzeile zu einer höheren rhythm. Einheit zusammengefaßt.

Kuschner (tl.: Kušner), Alexandr Semjonowitsch [russ. 'kuʃnɪr], *Leningrad (heute Petersburg) 14. Sept. 1936, russ. Lyriker. – Lehrer; Verfasser unpolit. Gedankenlyrik (u. a. ›Pervoe vpečatlenie‹ [= Erster Eindruck], 1962; ›Živaja izgorod'‹ [= Die Hecke], 1988) in schlichter, prosanaher Form, bestimmt von der Angst, daß Seele und Geist unterliegen könnten.

Kusenberg, Kurt, Pseudonyme Hans Ohl, Simplex, *Göteborg 24. Juni 1904, †Hamburg 3. Okt. 1983, dt. Schriftsteller. – Studierte Kunstgeschichte, war Kunstkritiker und Redakteur in Berlin, nach dem Krieg Lektor und freier Schriftsteller, ab 1958 Hg. von ›rowohlts monographien‹. K.s Vorliebe für das Groteske kommt bes. in seinen skurrilen, humorvoll-iron. Kurzgeschichten zum Ausdruck; auch Essays, Übersetzungen und Hörspiele.

Werke: La Botella (1940), Der blaue Traum (1942), Die Sonnenblumen (1951), Mal was andres (1954), Wein auf Lebenszeit (1955), Lob des Bettes (1956), Nicht zu glauben (1960), Im falschen Zug (1960), Zwischen oben und unten (1964), Heiter bis tückisch (1974; alles Kurzgeschichten).

Kusmin (tl.: Kuzmin), Michail Alexejewitsch [russ. kuz'min], *Jaroslawl 5. Okt. 1875, †Leningrad (heute Petersburg) 3. März 1936, russ. Schriftsteller. – Zog sich nach der Oktoberrevolution zu-

rück. K. bemühte sich in seiner Dichtung (Lyrik, Erzählwerke, Dramen) um strenge Stilisierung und subtile Komposition; Vorbild war die Formkunst des Klassizismus; weitere Anregungen bezog er aus den alexandrin. und spätröm. Kulturkreisen (›Alexandrinische Gesänge‹, 1906, dt. 1920); übernahm heitere und erotische Motive der Rokokodichtung (›Spieluhr der Liebe‹, Ged., 1911, dt. 1920); kennzeichnend ist K.s Abkehr vom dunklen Stil der Symbolisten, von deren Neigung zum Mystizismus; bekannte sich zur Klarheit der Form und Aussage in der Lyrik (›O prekrasnoj jasnosti‹ [= Über die herrl. Klarheit], Manifest des ›Klarismus‹, 1910), zu zielstrebiger Handlungsführung, zum Intrigenspiel und zum Abenteuerlichen in der Erzählkunst; vertonte auch eigene Lyrik.

Weitere Werke: Kryl'ja (= Flügel, R., 1906), Aimé Lebœufs Abenteuer (R., 1907, dt. 1920), Taten des großen Alexander (R., 1908, dt. 1910), Das wunderl. Leben des Joseph Balsamo Grafen Cagliostro (R., 1919, dt. 1928), Der stille Hüter (R., 1924, dt. 1928).

Ausgaben: M. A. Kuzmin. Sobranie stichov. Mchn. 1977–78. 3 Bde. – M. A. Kuzmin. Proza. Berkeley (Calif.) 1984–85. 5 Bde.

Kušner, Aleksandr Semenovič, russ. Lyriker, ↑Kuschner, Alexandr Semjonowitsch.

Kusnezow (tl.: Kuznecov), Anatoli Wassiljewitsch [russ. kuznı'tsɔf], *Kiew 18. Aug. 1929, †London 13. Juni 1979, russ. Schriftsteller. – Meldete sich 1952 zur Arbeit an der Großbaustelle Nowaja Kachowka; bat 1969 in London um polit. Asyl; bekannt durch sein erstes Buch, ›Im Gepäcknetz nach Sibirien‹ (R., 1957, dt. 1958), in dem er seine als Bauarbeiter in Sibirien gesammelten Erfahrungen niederlegte, und v. a. durch den dokumentar. Roman ›Babi Jar‹ (1966, überarbeitete Fassung 1970 unter dem Pseudonym A. Anatoli, dt. 1968 und 1970).

Kuśniewicz, Andrzej [poln. kuɕ'njevitʃ], *Kowenice bei Lemberg 30. Nov. 1904, †Warschau 14. Mai 1993, poln. Schriftsteller. – In der französischen Résistance; 1943–45 im KZ; schrieb Lyrik sowie Romane, in denen er reale Erfahrungen verarbeitete und auch Fragen der Gegenwart thematisierte.

Werke: Eroica (R., 1963), König beider Sizilien (R., 1970, dt. 1981), Strefy (= Zonen, R., 1971,

Tl. 1 dt. 1991 u. d. T. Tierkreiszeichen), Stan nie-ważkości (= Zustand der Schwerelosigkeit, R., 1973), Trzecie królewstwo (= Das Dritte König-reich, R., 1975), Lektion in einer toten Sprache (R., 1977, dt. 1987), Mieszaniny obyczajowe (= Gemischte Bräuche, Erinnerungen, 1985), Nawrócenie (= Umkehr, R., 1987).
Literatur: SADKOWSKI, W.: K. Warschau 1974.

Kusniza [russ. 'kuznitsɐ = Schmiede], literar. Gruppe in Moskau, 1920 von W. D. Alexandrowski, M. P. Gerassimow u. a. aus der Gruppe ↑ Proletkult heraus-gelöst; Publikationsorgane waren die Zeitschriften ›Kuznica‹ (1920–22) und ›Rabočij žurnal‹ (1924/25). Zur K. gehör-ten u. a. auch F. W. Gladkow und N. N. Ljaschko. – ↑ auch Kosmisten.

Kuzmány, Karol [slowak. 'kuzma:ni], * Brezno (Mittelslowak. Gebiet) 16. Nov. 1806, † Štubnianske Teplice (heute Tur-činske Teplice) 14. Aug. 1866, slowak. Schriftsteller und Gelehrter. – Ev. Pfar-rer, später Prof. der Theologie in Wien; war, obgleich eher Spätklassizist, ein Förderer der Romantik; schrieb z. T. po-puläre patriot., religiöse und histor. Ge-dichte, das idyll. Epos ›Běla‹ (1836) nach dem Vorbild Goethes und den ersten phi-losoph. Roman der slowak. Literatur, ›Ladislav‹ (1838); schrieb anfangs tsche-chisch.
Literatur: K. K. (1806–1866). Martin 1967.

Kuzmin, Michail Alekseevič, russ. Schriftsteller, ↑ Kusmin, Michail Alexeje-witsch.

Kuznecov, Anatolij Vasil'evič, russ. Schriftsteller, ↑ Kusnezow, Anatoli Was-siljewitsch.

Kvapil, Jaroslav [tschech. 'kvapil], * Chudenice 25. Sept. 1868, † Prag 10. Jan. 1950, tschech. Dichter. – Bed. Dramaturg und Regisseur; wurde an-fangs von der frz. Dekadenz, dann von dem Neuromantiker J. Vrchlický beein-flußt; schrieb v. a. Liebeslyrik und z. T. symbolhafte oder allegor. Märchendra-men (›Princezna Pampeliška‹ [= Prin-zessin Pustebblume], 1897) sowie Libretti, u. a. 1899 das Libretto zu A. Dvořáks Oper ›Rusalka‹; auch Übersetzer.

Kvaran, Einar Hjörleifsson [isländ. 'kva:ran], * Vallenes 6. Dez. 1859, † Reyk-javík 21. März 1938, isländ. Schriftstel-ler. – Einer der ersten Realisten der is-länd. Literatur, gilt als der Verfasser der

besten isländ. Novellen; schrieb auch Romane und Dramen.
Werke: Smælingjar (= Die Geringen, Nov.n, 1908), Die Übermacht (R., 1908, dt. 1910), Gull (= Gold, R., 1911), Lénharður fógeti (= Vogt Lenharður, R., 1913), Frá ýmsum hliðum (= Von verschiedenen Seiten, En., 1913), Syn-dir annara (= Die Sünden anderer, R., 1915).

Kwitka (tl.: Kvitka), Laryssa Pe-triwna, ukrain. Schriftstellerin, ↑ Ukra-jinka, Lessja.

Kwitka-Osnowjanenko (tl.: Kvit-ka-Osnov'janenko), Hryhori Fedoro-wytsch [ukrain. 'kvitkaɔsnɔvja'nɛnkɔ], Pseudonym Hryzko Osnowjanenko, * Osnowa bei Charkow 29. Nov. 1778, † Charkow 20. Aug. 1843, ukrain. Schrift-steller. – Begründer der neuen ukraini-schen Prosa (›Malorossyjskye povesty‹ [= Kleinrussische Erzählungen] 2 Bde., 1834–37); stand in der Tradition von I. P. Kotljarewsky; schrieb auch russisch; bes. erfolgreich war sein russ. Roman ›Pan Chaljavskij‹ (1839) durch die hu-morist. Darstellung des Lebens des klein-russ. Adels; seine russ. Komödie ›Priez-žij iz stolicy‹ (= Der Fremde aus der Hauptstadt, 1840) hat wahrscheinlich auf N. W. Gogols ›Revisor‹ gewirkt.
Ausgabe: H. F. Kvitka. Tvory. Kiew 1968. 8 Bde.

-ky [ki:], eigtl. Horst Bosetzky, * Berlin 1. Febr. 1938, dt. Soziologe und Schrift-steller. – Seit 1973 Prof. in Berlin; schrieb 10 Jahre lang mit großem Erfolg unter seinem Pseudonym Kriminalro-mane und -stories, bis er sich 1981 der bis dahin über die Identität des Autors rät-selnden Öffentlichkeit zu erkennen gab (u. a. ›Einer von uns beiden‹, 1972; ›Stör die feinen Leute nicht‹, 1973; ›Kein Rei-henhaus für Robin Hood‹, 1979; ›Feuer für den Großen Drachen‹, 1982; ›Die Klette‹, 1983; ›Friedrich der Große rettet Oberkommissar Mannhardt‹, 1985; ›Gleich fliegt alles in die Luft‹, 1986; ›Älteres Ehepaar jagt Oberregierungsrat K.‹, 1987; ›Ich lege Rosen auf mein Grab‹, 1988; ›Ich wollte, es wäre Nacht‹, 1991; ›Blut will der Dämon‹, 1993; ›Der Satansbraten‹, 1994).

Kyber, Manfred, * Riga 1. März 1890, † Löwenstein 10. März 1933, dt. Schrift-steller. – War zunächst 1918/19 Leiter der dt. Volksbühne in Riga, später Thea-terkritiker in Stuttgart, ab 1923 freier

Schriftsteller. Interessierte sich für die Anthroposophie Rudolf Steiners und für den Okkultismus, setzte sich nachdrücklich für den Tierschutzgedanken und den Weltfrieden (›Bruderschaft aller Geschöpfe‹) ein. Besonders bekannt wurde er durch seine feinfühlig gestalteten Tiererzählungen; daneben schrieb er Gedichte, Satiren, Dramen und Märchen. **Werke:** Gedichte (1902), Unter Tieren (En., 1912), Genius astri (Ged., 1918), Der Königsgaukler (Märchen, 1921), Märchen (1921), Einführung in das Gesamtgebiet des Okkultismus ... (1923), Tierschutz und Kultur (Abh., 1925), Das Pantoffelmännchen (Märchen, 1926), Der Mausball u. a. Tiermärchen (1927), Die drei Lichter der kleinen Veronika (E., 1929), Neues Menschentum. Betrachtungen in zwölfter Stunde (1931). **Literatur:** BRIEGER, A.: In zwölfter Stunde. M. K., Seher u. Dichter. Pforzheim 1973.

Kyd, Thomas [engl. kɪd], ≈ London 6. Nov. 1558, † ebd. Ende 1594, engl. Dramatiker. – Humanistisch erzogen; führte ein unstetes Literatenleben, über das wenig bekannt ist. Im Kreis der Gräfin von Pembroke schrieb er die Tragödie ›Cornelia‹ (hg. 1594) nach R. Garnier. Wurde zusammen mit Ch. Marlowe wegen Atheismus angeklagt und gefoltert; starb bald danach in Armut. Sein langanhaltend erfolgreiches Drama ›Die span. Tragödie‹ (entst. um 1587, hg. 1592, dt. 1881), das die Nachahmung der klass. Tragödien Senecas d. J. mit der ins Grausame übersteigerten Dramaturgie des Volkstheaters bühnenwirksam verbindet, begründete den Typus der elisabethan. Rachetragödie, den Shakespeare und andere aufgriffen. K.s Verfasserschaft an weiteren Dramen, z. B. an ›Soliman and Perseda‹ und am verschollenen sog. ›Ur-Hamlet‹, ist ungeklärt. **Ausgabe:** The works of Th. K. Hg. v. F. S. BOAS. Oxford 1901. Neudr. 1955. **Literatur:** BIESTERFELDT, P. W.: Die dramat. Technik Th. K.s. Halle/Saale 1936. – FREEMAN, A.: Th. K. Facts and problems. Oxford 1967. – MURRAY, P. B.: Th. K. New York 1969.

Kykliker [griech.], Verfasser der einzelnen Teile des †epischen Zyklus (7./6. Jh. v. Chr.).

Kyklos [griech.] † epischer Zyklus.

kymrische Literatur † walisische Literatur.

Kynewulf, altengl. Dichter, † Cynewulf.

Kyōgen (Kiogen) † No-Spiel.

Kyrillos und Methodios (tl.: Kýrillos, Methódios; Cyrillus und Methodius), hl. Brüderpaar, Lehrer und Apostel der Slawen. – **Kyrillos** (eigtl. Konstantinos), * Thessalonike (Saloniki) 826/827, † Rom 14. Febr. 869; **Methodios** (eigtl. Michael), * wahrscheinlich zw. 816 und 820, † Staré Město (?) 6. April 885. K. u. M. wurden von Kaiser Michael III. 863 zur Missionsarbeit im Großmähr. Reich berufen. Für ihre Arbeit übersetzten sie bibl. und liturg. Texte ins Slawische; dazu schufen sie das slaw. Alphabet (Glagoliza). Es kam zu Auseinandersetzungen mit lat. Missionaren; K. u. M. gingen nach Rom, wo Papst Hadrian II. 867 ihre Missionsarbeit bestätigte. Nach dem Tod des Kyrillos kehrte Methodios als Erzbischof nach Großmähren zurück, wurde aber von den lat. Missionaren (wahrscheinlich 870–873 in Ellwangen inhaftiert). Nach seinem Tod wurde die slaw. Mission in Großmähren endgültig unterdrückt; die Schüler von K. u. M. zogen sich in den südslaw. Raum zurück, wo sie Begründer der christlich-slaw. Kultur wurden. **Literatur:** MOŽAEVA, I. E.: Bibliografija po kirillo-mefodievskoj problematike, 1945–1974. Moskau 1980. – Kirillo-metodievska enciklopedija. Redaktion P. DINEKOV. Sofia 1985 ff. Auf 3 Bde. berechnet. – † auch kirchenslawische Literatur.

Kyrklund, Willy [schwed. ˌtɕyrklʊnd], eigtl. Paul Wilhelm K., * Helsinki 27. Febr. 1921, schwed. Schriftsteller. – Von F. Kafka und J.-P. Sartre beeinflußt, schildert K. in einfacher und knapper Sprache die Ohnmacht des Menschen in einer grausamen und gleichgültigen Welt. **Werke:** Ångvälten (Nov.n, 1948), Tvåsam (R., 1949), Solange (R., 1951), Meister Ma (fiktive Aphorismen, 1952, dt. 1967), Hermelinens död (Nov.n, 1954), Den överdrivne älskaren (Nov.n, 1957), Polyfem förvandlad (R., 1964), Från bröllopet till Medea (Schsp., 1967), Den rättna känslan (En., 1974), Gudar och människor: en myt. Zéb-un-nisá. En anekdot (Schsp., 1978), 8 variationer (En., 1982). **Literatur:** ARRIAS, G.: Jaget, friheten och tystnaden hos W. K. Göteborg 1981.

L

Labé, Louise [frz. la'be], eigtl. L. Charly, genannt ›la belle cordière‹ (= die schöne Seilerin), * Parcieux bei Lyon um 1526, † ebd. 25. April 1566, frz. Dichterin. – Entstammte einer begüterten Familie; vielseitig gebildet; verheiratet mit einem reichen Seilermeister; in ihrem Hause traf sich die elegante und literar. Gesellschaft Lyons. L. L. wird der † École lyonnaise zugerechnet; sie ist bes. durch ihre von F. Petrarca beeinflußten drei Elegien und 24 Sonette (1555) bekannt, die, leidenschaftlich und schmerzlich von einer unerfüllten Liebe bestimmt, einen eigenen und neuen Akzent aufweisen.

Weiteres Werk: Débat de folie et d'amour (Prosadialog, 1555).
Ausgaben: Louïze L. Die Sonette u. Elegien. Dt. Übers. Fürstenfeldbruck 1957. – Louïze L. Die vierundzwanzig Sonette. Frz. mit dt. Nachdichtung v. R. M. RILKE. Ffm. 61.–68. Tsd. 1963. Neuausg. 1979. – L. L. Œuvres complètes. Hg. v. E. GIUDICI. Genf 1981. – L. L. Œuvres complètes. Hg. v. F. RIGOLOT. Paris 1986.
Literatur: GUILLOT, G.: Un tableau synoptique de la vie et des œuvres de L. L. Paris 1962 (mit Bibliogr.). – GIRAULT, A.: L. L., nymphe ardente du Rhône. Lausanne 1966. – SCHULZE-WITZENRATH, E.: Die Originalität der L. L. Mchn. 1974. – PÉDRON, F.: L. L., la femme d'amour. Paris 1984. – BERRIOT, K.: L. L., la belle rebelle et le françois nouveau, suivie des œuvres complètes. Paris 1985. – GIUDICI, E.: L. L. et l'École lyonnaise. Genf 1985. – CAMERON, K.: L. L., Renaissance poet and feminist. New York 1990.

Laber, Hadamar von, mhd. Dichter, † Hadamar von Laber.

Laberius, Decimus, * 106, † 43, röm. Dichter. – Neben seinem Konkurrenten Publilius Syrus der bekannteste Autor von Mimen; erhalten sind etwa 100 Zitate aus über 40 Stücken, darunter ein Prolog, worin L., der dem Ritterstand angehörte, sein von Caesar erzwungenes Auftreten als Schauspieler beklagt.

Ausgabe: Scaenicae Romanorum poesis fragmenta. Hg. v. O. RIBBECK. Bd. 2. Lpz. ²1873. Nachdr. Hildesheim 1962.

Labiche, Eugène [frz. la'biʃ], * Paris 5. Mai 1815, † ebd. 23. Jan. 1888, frz. Dramatiker. – Sohn eines reichen Industriellen, studierte Jura; hatte bereits 1837 mit der Komödie ›La cuvette d'eau‹ seinen ersten Erfolg; verfaßte (oft in Zusammenarbeit mit anderen) rund 100 bühnenwirksame Sittenkomödien und Vaudevilles; bekannt wurde v. a. ›Der Florentinerhut‹ (Kom., 1851, dt. nach 1856). 1880 wurde L. Mitglied der Académie française.

Weitere Werke: Le misanthrope et l'Auvergnat (Kom., 1852), Ein reizbarer Herr (Kom., 1852, dt. 1890; mit Marc-Michel [* 1812, † 1868]), Ich werde den Major einladen (Kom., 1860, dt. 1879; mit Marc-Michel), Perrichon's Reise (Schwank, 1860, dt. 1898; mit Édouard Martin [* 1820, † 1889]), Sand in die Augen (Kom., 1861, dt. um 1862).
Ausgaben: L. E. L. Théâtre complet. Paris 1880–98. 10 Bde. – E. L. Œuvres complètes. Hg. v. G. SIGAUD. Paris 1966–68. 8 Bde.
Literatur: SOUPAULT, P.: E. L., sa vie, son œuvre. Neuausg. Paris 1964. – HAYMANN, E.: L. ou l'esprit du Second Empire. Paris 1988.

Labrunie, Gérard [frz. labry'ni], frz. Dichter, † Nerval, Gérard de.

La Bruyère, Jean de [frz. labry'jɛːr], * Paris 16. Aug. 1645, † Versailles 10. oder 11. Mai 1696, frz. Schriftsteller. – War Anwalt, dann Schatzmeister im Steuerbezirk Caen; ab 1684 Erzieher des Herzogs von Bourbon; widmete sich schließlich ganz seinen literar. und psycholog. Studien. Sein in klassischer, bilderreicher Sprache und mit scharfer psychologischer Beobachtungsgabe geschriebenes, von Theophrast ausgehendes Hauptwerk ›Die Charaktere oder die Sitten im Zeitalter Ludwigs XIV.‹ (1688, dt. 1871) stellt einen Höhepunkt französischer Moralistik und literarischer Porträtkunst dar.

1693 wurde La B. Mitglied der Académie française.

Ausgaben: La B. Œuvres. Hg. v. G. SERVOIS. Paris 1865–82. 5 in 4 Bden. – La B. Œuvres complètes. Hg. v. J. BENDA. Paris 1935. – La B. Die Charaktere oder die Sitten des Jh. Dt. Übers. Hg. v. G. HESS. Wsb. ⁵1978. – Les Caractères ou les mœurs de ce siècle. Précédé de ›La Bruyère, du mythe à l'écriture‹ par R. BARTHES. Paris 1980.
Literatur: RICHARD, P.: La B. et ses ›Caractères‹. Essai biographique et critique. Paris Neuaufl. 1965. – KIRSCH, D.: La B. ou le style cruel. Montreal 1977. – BRODY, J.: Du style à la pensée. Trois études sur ›Les Charactères‹ de La B. Lexington (Ky.) 1980. – MONGRÉDIEN, G.: Recueil des textes et des documents contemporains relatifs à La B. Paris 1980. – KOPPISCH, M. S.: The dissolution of character. Changing perspectives in La B.'s ›Caractères‹. Lexington (Ky.) 1981.

La Calprenède, Gau[l]t[h]ier de Coste[s], Sieur de [frz. lakalprɑ'nɛd], * Schloß Toulgou-en-Périgord bei Sarlat zwischen 1609 und 1614, † Le Grand-Andely (Eure) im Okt. 1663, frz. Schriftsteller. – Typ. Vertreter des heroisch-galanten Romans des 17. Jh. mit ›Cassandre‹ (10 Bde., 1642–60, dt. 1685–1707), ›Der vortreffl. Egypt. Königin Cleopatra Curiöse Staats- und Liebes-Geschicht‹ (12 Bde., 1647–63, dt. 1700–02), ›Faramond ou l'histoire de France‹ (12 Bde., 1661–70); schrieb auch Tragödien.
Literatur: SEILLIÈRE, E.: Le romancier du grand Condé, Gautier de Coste, sieur de La C. Paris 1921.

La Chaussée, Pierre Claude Nivelle de [frz. laʃo'se], * Paris 1692, † ebd. 14. März 1754, frz. Dramatiker. – 1736 Mitglied der Académie française; begründet mit seinen rund 20 Stücken in Frankreich die Gattung der sog. ↑Comédie larmoyante.
Werke: La fausse antipathie (Dr., 1734), Darf man seine Frau lieben? (Dr., 1734, dt. 1772), Die Schule der Freunde (Dr., 1737, dt. 1902), Mélanide (Dr., 1741), La gouvernante (Dr., 1747).
Literatur: LANSON, G.: Les origines du drame contemporain. N. de La Ch. et la comédie larmoyante. Paris ²1903.

Lachmann, Karl, * Braunschweig 4. März 1793, † Berlin 13. März 1851, dt. klass. Philologe und Germanist. – Studium der Theologie und klass. Philologie, ab 1818 Professor in Königsberg (Pr), ab 1825 in Berlin. L. gilt als der eigentl. Begründer der philolog. Textkritik der

antiken und v. a. in der altdt. Literatur sowie der altdt. Metrik. Er übertrug die Prinzipien und die Methode der klass. Philologie auf die mhd. Texte, die er erstmals in bis heute gültigen Ausgaben edierte. Daneben regte er mit seiner ›Liedertheorie‹ zum ›Nibelungenlied‹ eine langanhaltende Forschungsdiskussion an. Er wandte seine textkritische Methode auch auf das Werk Lessings an, womit er den gegenwärtig üblichen historisch-kritischen Ausgaben der modernen Literatur den Weg wies.
Werke: Über die ursprüngl. Gestalt des Gedichts von Nibelungen Noth (1816), Über ahd. Betonung und Verskunst (1831), Über das Hildebrandslied (1833), Kleinere Schriften (2 Bde., hg. 1876, 1969–74). – Herausgeber von: Properz, Carmina (1816), Ausw. aus den hochdt. Dichtern des 13. Jh. (1820), Walther von der Vogelweide (1827), Hartmanns ›Iwein‹ (1827), Catull (1829), Wolfram von Eschenbach (1833), Ulrich von Lichtensteins ›Frauendienst‹ (1841), Des Minnesangs Frühling (1858; mit M. Haupt; ³⁶⁻³⁷1977–82).

Lācis, Vilis [lett. 'la:tsɪs], * Vecmīlgrāvis bei Riga 12. Mai 1904, † Riga 6. Febr. 1966, lett.-russ. Schriftsteller. – Veröffentlichte schon in den 30er Jahren Erzählungen und Romane mit sozialkrit. Tendenz; sein größter Erfolg war der Roman ›Der Fischersohn‹ (1934, dt. 1955).
Weitere Werke: Putni bez spārniem (= Vögel ohne Flügel, R.-Trilogie, 1930/31), Vēdekla (= Die Schwiegertochter, R., 1943), Sturmjahre (R., 3 Bde., 1945–48, dt. 1956/57), Zu neuen Ufern (R., 1950–52, dt. 1954), Pēc negaisa (= Nach dem Gewitter, R., 1952).

Laclos, Pierre Ambroise François Choderlos de [frz. la'klo], * Amiens 18. Okt. 1741, † Tarent 5. Sept. 1803, frz. Schriftsteller. – Offizier und Privatsekretär des Herzogs Louis Philippe von Orléans, während der Frz. Revolution Jakobiner; berühmt v. a. durch seinen Briefroman ›Les liaisons dangereuses‹ (4 Bde., 1782, dt. 4 Tle., 1783 u. d. T. ›Die gefährl. Bekanntschaften ...‹, u. a. 1905 dt. in 2 Bden. von H. Mann u. d. T. ›Gefährl. Freundschaften‹), eine Darstellung der Sitten des ausgehenden Ancien régime.
Ausgaben: P. A. F. Ch. de L. Œuvres complètes. Hg. v. M. ALLEM. Paris 1959. – P. A. F. Ch. de L. Œuvres complètes. Hg. v. L. VERSINI. Neuausg. Paris 1979.
Literatur: DARD, E.: Le général Ch. de L. Un acteur caché du drame révolutionnaire, auteur des

›Liaisons dangereuses‹, 1741–1803, d'après des documents inédits. Paris 1905. Nachdr. Genf 1971. – THELANDER, D. R.: L. and the epistolary novel. Genf 1963. – KNUFMANN, H.: Das Böse in den Liaisons dangereuses des Ch. de L. Mchn. 1965. – DIACONOFF, S.: Eros and power in ›Les liaisons dangereuses‹. Genf 1970. – MICHAEL, C. V.: Ch. de L. The man, his works, his critics. An annotated bibliography. New York u. London 1981. POISSON, G.: Ch. de La Clos ou l'obstination. Paris 1985. – VERGER MICHAËL, C.: Ch. de L., les milieux philosophiques et le mal. Lomé 1985. – DELON, M.: Ch. de L.: ›Les liaisons dangereuses‹ Paris 1986.

la Cour, Paul [Arvid Dornonville de] [dän. la'ku:r], * Rislev (Seeland) 9. Nov. 1902, † Roskilde 20. Sept. 1956, dän. Lyriker. – Zunächst von der frz. Lyrik beeinflußt; nach pantheist. Naturlyrik soziale Thematik mit z. T. kommunist. Ideen; bedeutende kunstkritische Arbeiten.
Werke: Den galliske sommer (Ged., 1927), Den tredje dag (Ged., 1928), Regn over verden (Ged., 1933), Kramer bryder op (R., 1935), Alt kræver jeg (Ged., 1938), Levende vande (Ged., 1946), Fragmente eines Tagebuchs (Essays, 1948, dt. 1953), Mellem bark og ved (Ged., 1950).
Literatur: SCHMIDT, P.: P. la C. Kopenhagen 1971.

Lacretelle, Jacques de [frz. lakrə'tɛl], * Cormatin (Saône-et-Loire) 14. Juli 1888, † Paris 2. Jan. 1985, frz. Schriftsteller. – Verlebte seine früheste Jugend bis zum Tod seines Vaters im Nahen Osten, studierte in Paris und Cambridge. Seine analyt. Romane sind der frz. Tradition des psycholog. Romans verpflichtet. In seinem Hauptwerk, dem Romanzyklus ›Les Hauts-Ponts‹ (4 Bde., 1932–35), erzählt er vom Verfall einer Familie in drei Generationen. Daneben Essays und Biographien sowie Übersetzungen aus dem Englischen. Wurde 1936 Mitglied der Académie française.
Weitere Werke: Die unruhige Jugend des Jean Hermelin (R., 1920, dt. 1930), Silbermann (R., 1924, dt. 1924), La Bonifas (R., 1925), Kreuzweg der Ehe (R., 1929, dt. 1931), Le tiroir secret (Autobiogr., 1959), Portraits d'autrefois, figures d'aujourd'hui (Essays, 1973), Les vivants et leur ombre (Erinnerungen und Essays, 1977), Quand le destin nous mène (En., 1981).
Literatur: ALDEN, D.: L. An intellectual itinerary. New Brunswick (N. Y.) 1958. – MAUROIS, A.: L. In: MAUROIS: De Proust à Camus. Paris 1963.

Lactantius, Lucius Caelius Firmianus (Laktanz), * in Nordafrika um 260, † Augusta Treverorum (heute Trier) um 320, christl. lat. Schriftsteller. – Wegen seines klassischen Sprachgebrauchs von den Humanisten ›Cicero christianus‹ (= christl. Cicero) genannt; Rhetoriklehrer, von Diokletian nach Nicomedia, von Konstantin I., d. Gr., nach Augusta Treverorum berufen. Sein Hauptwerk, die ›Divinae institutiones‹ (Handbuch der Religion; 7 Bücher), eine apologet. Schrift, suchte den gebildeten röm. Heiden die christl. Heilslehre als religiöse Philosophie begreiflich zu machen.
Ausgaben: L. C. F. L. Opera omnia. Hg. v. S. BRANDT u. G. LAUBMANN. In: Corpus scriptorum ecclesiasticorum Latinorum 19 u. 27. Wien 1890–97. 2 Bde. Nachdr. New York 1965. – Lactance. De la mort des persécuteurs (mit frz. Übers. u. Komm.). Hg. v. J. MOREAU. Paris 1954. 2 Bde.
Literatur: WLOSOK, A.: Laktanz u. die philosoph. Gnosis. Hdbg. 1960. – OGILVIE, R. M.: The library of L. Oxford 1978. – CAMPENHAUSEN, H. VON: Lat. Kirchenväter. Stg. u. a. ⁵1983.

la Cueva, Juan de, span. Dichter, ↑ Cueva, Juan de la.

Ladipo, Duro, * Oshogbo 18. Dez. 1931, † Ibadan 1978, nigerian. Dramatiker. – Gestaltete Stoffe aus Geschichte und Sage der Yoruba zu poet. Dramen mit Tanz und Trommelmusik und brachte damit die Yoruba-Volksoper zu einem Höhepunkt.
Werke: Three Yoruba plays (Oba koso, Oba moro, Oba waja; Dramen, 1964).
Literatur: BEIER, U.: Politics and literature in Nigeria. The example of D. L. In: Jaw-bones and umbilical cords. Hg. v. U. SCHILD. Bln. 1985.

Laederach, Jürg, * Basel 20. Dez. 1945, schweizerischer Schriftsteller. – In seinen Romanen, Erzählungen und Theaterstücken erfindet L. unglaubliche Geschichten und aberwitzige Begebenheiten, die, u. a. durch die besondere Art des Umgangs mit der Sprache, auf die bedrohte und schon beschädigte Gegenwart hinweisen sollen; dennoch sind seine Texte oft autobiographisch, verwenden eigenes Erleben.
Werke: Einfall der Dämmerung (En., 1974), Im Verlauf einer langen Erinnerung (R., 1977), Das ganze Leben (R., 1978), Wittgenstein in Graz (Lsp., 1979), Das Buch der Klagen (En., 1980), Fahles Ende kleiner Begierden (Stücke, 1981), Laederachs 69 Arten, den Blues zu spielen (En., 1984), Flugelmeyers Wahn (R., 1986), Körper

Brennen (Dr., UA 1986; mit A. Müry), Der zweite Sinn oder unsentimentale Reise durch ein Feld Literatur (1988), Vor Schrecken starr. Fixierungen, Stechblicke, Obsessionen (1988), Emanuel. Wörterbuch des hingerissenen Flaneurs (R., 1990), Passion. Ein Geständnis (R., 1993).

Laertios, Diogenes, griech. Philosoph, ↑ Diogenes Laertios.

La Farge, Oliver [Hazard Perry] [engl. lə'fɑːdʒ], * New York 19. Dez. 1901, † Albuquerque (N. Mex.) 2. Aug. 1963, amerikan. Schriftsteller und Ethnologe. – Anthropologiestudium an der Harvard University, dann Felduntersuchungen im Südwesten der USA und in Mittelamerika, die zur Basis der meisten seiner psychologisch motivierten Romane und kleineren Erzählwerke sowie der wiss. Untersuchungen über das Leben der Indianer wurden.
Werke: Der große Nachtgesang (R., 1929, dt. 1949; Pulitzerpreis 1930), Die große Jagd. Geschichte der nordamerikan. Indianer (1956, dt. 1961), Die letzte Flasche Whisky (En., 1957, dt. 1958).
Literatur: SCHULZ, F.: Der nordamerikan. Indianer u. seine Welt in den Werken v. Ernest Hemingway u. O. La F. Mchn. 1964. – McNICKLE, D'A.: Indian man. A life of O. La F. Bloomington (Ind.) 1971. – PEARCE, TH. M.: O. La F. New York 1972.

La Fayette (Lafayette), Marie-Madeleine Gräfin von [frz. lafa'jɛt], geb. Pioche de la Vergne, ≈ Paris 18. (16.?) März 1634, † ebd. 25. Mai 1693, frz. Schriftstellerin. – Erhielt eine sorgfältige Ausbildung, heiratete 1655 den Grafen von La F., den sie 1658 nach der Geburt zweier Söhne wieder verließ; sie kehrte nach Paris zurück, wo sie am Hof eine bed. Rolle spielte; eng befreundet mit La Rochefoucauld; veröffentlichte z.T. unter dem Namen des mit ihr befreundeten Dichters J. R. de Segrais; brach mit der Tradition des heroisch-galanten Romans und schuf mit dem psycholog. Roman ›Die Prinzessin von Clèves‹ (1678, dt. 1790) das erste Meisterwerk dieser Gattung, in dem sie das trag. Leben einer unglücklich liebenden Frau gestaltet.
Weitere Werke: Die Prinzessin von Montpensier (R., 1662, dt. 1957), Zaida (R., 2 Bde., 1670/71, dt. 1790), La comtesse de Tende (R., hg. 1724).
Ausgaben: M.-M. La F. Correspondance. Hg. v. A. BEAUNIER. Paris 1942. 2 Bde. – M. M. de La

F. Romans et nouvelles. Hg. v. É. MAGNE. Paris Neuaufl. 1963.
Literatur: KÖHLER, E.: Madame de Lafayettes ›La princesse de Clèves‹. Studien zur Form des klass. Romans. Hamb. 1959. – DÉDÉYAN, CH.: Madame de La F. Paris ³1970. – NIDERST, A.: ›La princesse de Clèves‹, le roman paradoxal. Paris 1973. – VIRMAUX, O.: Les héroines romanesques de La F. Paris 1981. – SCOTT, J. W.: Mme de L., ›La princesse de Clèves‹. London 1983. – MALANDAIN, P.: Madame de La F., ›La princesse de Clèves‹. Paris 1985. – DUCHÊNE, R.: Madame de La F. Paris 1988.

Laffitte, Louis [frz. la'fit], frz. Schriftsteller, ↑ Curtis, Jean-Louis.

Lafontaine, August Heinrich Julius [frz. lafõ'tɛn], * Braunschweig 20. Okt. 1758, † Halle/Saale 20. April 1831, dt. Schriftsteller. – Aus frz. Emigrantenfamilie; Günstling Friedrich Wilhelms III.; sehr erfolgreicher und produktiver Autor (über 160 Bände) sentimentaler Unterhaltungsliteratur.
Werke: Familiengeschichten (12 Bde., 1797 bis 1804), Gemälde menschl. Herzens (Romane und Erzählungen, 12 Bde., 1801–10), Dramat. Werke (1805).

La Fontaine, Jean de [frz. lafõ'tɛn], * Château-Thierry 8. Juli 1621, † Paris 13. April 1695, frz. Dichter. – Studierte Theologie, dann Rechtswiss. in Reims; war Forstmeister in seiner Geburtsstadt; ging 1658 nach Paris, wo er von hochgestellten Persönlichkeiten, u.a. von N. Fouquet, der Herzogin von Orléans und Madame de La Sablière, gefördert wurde; befreundet mit J. Racine, Molière und N. Boileau-Despréaux; 1684 Mitglied der Académie française. Bereits 1654 hatte er eine dem Zeitgeschmack geschickt angepaßte Nachahmung des ›Eunuchs‹ des Terenz veröffentlicht. Weltgeltung erlangte La F. als Erneuerer der Fabel. Seine auf Äsop, Phaedrus, Babrios und ind. Quellen zurückgehenden 240 Fabeln in 12 Büchern (›Fabeln‹, 1668, 1678/79 und 1694, dt. 4 Bde., 1791–94) verbinden in abwechslungsreicher Folge lebendige, liebevolle Naturschilderung, heitere Verspottung seiner Zeit und die Weltweisheit eines lächelnden Epikureers. Er verfaßte auch [frivole] Erzählungen (›Contes et nouvelles en vers‹, 5 Tle., 1665–86, dt. 1811 in 2 Bden. u.d.T. ›Schwänke und Märchen‹).
Weitere Werke: Adonis (Vers-R., 1658), Élégie aux nymphes de Vaux (Dichtung, 1661), Eine

Jean de La
Fontaine

Reise ins Limousin (2 Bde., 1669, dt. 1966),
Amor und Psyche (R., 2 Bde., 1669, dt. 1966), La
captivité de Saint Malc (Ged., 1673), Epître à
Huet (Prosa, 1687). **Ausgaben:** J. de La F. Œuvres. Hg. v. H. RE-
GNIER. Paris Neuausg. 1883–97. 11 Bde. u. 1 Al-
bum. – J. de La F. Œuvres complètes. Hg. v.
R. GROOS u. a. Paris 1933–42. 2 Bde. – J. de La
F. Die Fabeln. Gesamtausg. Dt. Übers. Düss. u.
Köln 1964. Neuaufl. Wsb. 1978. – J. de La F.
Sämtl. Fabeln. Zweisprachige Ausg. Hg. v.
H. LINDNER. Mchn. ²1989. – J. de La F. Œuvres
complètes. Hg. v. J.-P. COLLINET. Paris 1991 ff.
Auf mehrere Bde. berechnet. **Literatur:** VOSSLER, K.: La F. u. sein Fabelwerk.
Hdbg. 1910. – KOHN, R.: Le goût de La F. Paris
1962. – JASINSKI, R.: La F. et le premier recueil
des ›Fables‹. Paris 1965–66. 2 Bde. – CLARAC,
P.: La F. Neuausg. Paris ²1969. – COLLINET,
J.-P.: Le monde littéraire de La F. Paris 1970. –
ROCHAMBEAU, R. DE: Bibliographie des œuvres
de La F. Paris 1911. Nachdr. New York 1970. –
GRIMM, J.: La F.s Fabeln. Darmst. 1976. –
ORIEUX, J.: La F., ou la vie est un conte. Paris
1976. – HADDAD, A.: Fables de La F. d'origine
orientale. Paris 1984. – BASSY, A.-M.: Les fables
de La F. Quatre siècles d'illustration. Paris
1986. – DUCHÊNE, R.: La F. Paris 1990.

Laforet, Carmen [span. lafoˈrɛt],
* Barcelona 6. Sept. 1921, span. Schriftstellerin. – Gibt in ihren realist. Romanen und Erzählungen eine sensible Darstellung der Wirklichkeit; ihr erstes
Werk, ›... Nada‹ (R., 1945, dt. 1948),
wurde mit dem Premio Nadal ausgezeichnet. Nach ihrer Konversion zum
Katholizismus 1951 werden ihre Texte
von religiösen Themen beherrscht.
Weitere Werke: La isla y los demonios (R.,
1952), Die Wandlung der Paulina Goya (R.,
1955, dt. 1958), 25 Peseten u. a. Erzählungen (dt.
Ausw. 1961), La insolación (R., 1963), Paralelo
35 (R., 1967), La niña (En., 1970).

Literatur: ILLANES ADARO, G.: La novelística de
C. L. Madrid 1971. – JOHNSON, R.: C. L. Boston
(Mass.) 1981. – CEREZALES, A.: C. L. Madrid
1982.

Laforgue, Jules [frz. laˈfɔrg], * Montevideo 16. Aug. 1860, † Paris 20. Aug. 1887,
frz. Dichter. – War 1881–86 Vorleser der
dt. Kaiserin Augusta in Berlin; schrieb
symbolist. und vom Geist des Fin de
siècle erfüllte Lyrik; erfand zus. mit
G. Kahn den † Vers libre. In seinen Prosaerzählungen ›Sagenhafte Sinnspiele‹ (hg.
1887, dt. 1905) deutet er bekannte Sagen-
und Legendenstoffe modern um.
Weitere Werke: Les complaintes (Ged., 1885),
L'imitation de Notre-Dame la lune (Ged.,
1886), Le concile féerique (Ged., 1886), Les derniers vers (Ged., hg. 1890), Berlin. Der Hof und
die Stadt 1887 (hg. 1922, dt. 1970). **Ausgaben:** J. L. Œuvres complètes. Hg. v. G. J.
AUBRY. Paris Neuausg. 1922–30. 6 Bde. – J. L.
Poésies complètes. Hg. v. P. PIA. Paris 1970. –
J. L. Œuvres complètes. Édition chronologique
intégrale. Lausanne 1986 ff. Auf 3 Bde. ber. (bis-
her 1 Bd. erschienen). **Literatur:** RUCHON, F.: J. L., 1800–1887. Sa vie,
son œuvre. Genf 1924. – J. L. Hg. v. M.-J.
DURRY. Paris ⁵1971. – GUICHARD, L.: J. L. et ses
poésies. Paris 1977. – LEFRANC, M.: J. L. et le
monde germanique. Diss. Montpellier-III
1982. – GROJNOWSKI, D.: J. L. et le probleme et
l'originalité. Habil. Paris-VII 1986.

Lafourcade, Enrique [span. lafur-
ˈkaðe], * Santiago de Chile 1927, chilen.
Schriftsteller. – Journalist, zeitweise Diplomat, Buchhändler, Prof. für Literatur;
einer der vielseitigsten und erfolgreichsten Autoren der Generation von 1950;
behandelt in seinen frühen, vom Existentialismus J.-P. Sartres beeinflußten Romanen ›Pena de muerte‹ (1953) und
›Para subir al cielo‹ (1958) die psych.
Konflikte junger chilen. Intellektueller in
einer als absurd empfundenen Umwelt.
Die Diktatur R. L. Trujillos y Molinas ist
das Modell seines satir. Romans ›Das
Fest des Königs Ahab‹ (1959, dt. 1968).
Weitere Werke: El príncipe y las ovejas (R.,
1961), Invención a dos voces (R., 1963), Pro-
nombres personales (R., 1967), Frecuencia mo-
dulada (R., 1968), Palomita blanca (R., 1971),
En el fondo (R., 1973), Variaciones sobre el
tema de Nastasia Filippovna y el príncipe
Mishkin (R., 1975), Animales literarios de Chile
(Ber., 1980), Adiós al Führer (R., 1982).

Lagercrantz, Olof [Gustav Hugo],
* Stockholm 10. März 1911, schwed.
Schriftsteller. – Trat zunächst als Verfas-

ser einer von traditionellen Formvorstellungen geprägten natursymbol. Lyrik hervor. Später treten diese Stilmittel zugunsten einer eher improvisiert wirkenden, intellektuell engagierten Lyrik in den Hintergrund. Internat. bekannt wurde L. v. a. durch seine Studien über schwed. (u. a. A. Strindberg, S. Dagerman) und nichtschwed. Dichter (u. a. Dante, J. Joyce, Nelly Sachs).

Pär
Lagerkvist

Werke: Den döda fågeln (Ged., 1935), Den enda sommaren (Ged., 1937), Jungfrun och demonerna (Studie über E. A. Karlfeldt, 1938), Trudi (R., 1939), Dikter från mossen (Ged., 1943), Agnes von Krusenstjerna (Studie, 1951), Stig Dagerman (Studie, 1958), Linjer (Ged., 1962), Von der Hölle zum Paradies. Dante und die Göttl. Komödie (Studie, 1964, dt. 1965), Versuch über die Lyrik der Nelly Sachs (Studie, 1966, dt. 1967), Att finnas till (Studie über J. Joyce, 1970), Strindberg (Studie, 1979, dt. 1980), Eftertankar om Strindberg (Studie, 1980), Mein erster Kreis (Autobiogr., 1982, dt. 1984), Die Kunst des Lesens und des Schreibens (Betrachtungen, 1985, dt. 1988), Reise ins Herz der Finsternis. Eine Reise mit Joseph Conrad (Studie, 1987, dt. 1988), Ett år på sextiotalet (Prosa, 1990), En blödande ros (Ged., 1991), Att läsa Proust (Prosa, 1992).

Lagerkvist, Pär [Fabian], * Växjö 23. Mai 1891, † Lidingö bei Stockholm 11. Juli 1974, schwed. Schriftsteller. – In seiner Jugend Anhänger des Darwinismus, während seines Studiums Mitarbeiter linksradikaler Blätter; entwickelte 1913 in ›Ordkonst och bildkonst‹ sein antirealist. und antipsycholog. Programm der Vereinfachung, Konzentration und symbol. Totalität; sein frühes Werk wurde wesentlich durch die Katastrophenstimmung des 1. Weltkrieges bestimmt; 1916 erschien seine expressionist. Gedichtsammlung ›Ångest‹, 1919 der Sammelband ›Kaos‹; lebte ab 1930 zurückgezogen auf der Insel Lidingö. Mit symbol. Dramen verteidigte er den humanist. Idealismus gegenüber der nazist. Gewalt (›Mannen utan själ‹, 1936). Trotz verschiedener Strömungen und Einflüsse durchzieht sein Werk eine immer wieder aufgenommene Suche nach religiöser Gewißheit. L. hatte bed. Einfluß auf die schwed. Literatur; seit 1940 Mitglied der Schwed. Akademie; erhielt 1951 den Nobelpreis für Literatur.

Weitere Werke: Der Henker (R., 1933, dt. 1935; Dr., 1946), Der Zwerg (R., 1944, dt. 1946), Barrabas (R., 1950, dt. 1950), Die Sibylle (R., 1956, dt. 1957), Der Tod Ahasvers (R., 1960, dt. 1961), Mariamne (R., 1967, dt. 1968).

Ausgaben: P. F. L. Prosa. Stockholm 1949–59. 6 Bde. – P. F. L. Dikter. Stockholm 1954. – P. F. L. Schlimme Geschichten. Dt. Übers. Mchn. 1992.

Literatur: OBERHOLZER, O.: P. L. Hdbg. 1958. – LINNÉR, S.: P. L.s livstro. Stockholm 1961. – HENMARK, K.: Främlingen L. Stockholm 1966. – MALMSTRÖM, G.: Menneskehjertets verden. Hovedmotiv i P. L.s diktning. Oslo 1970. – KARAHKA, U.-L.: Jaget och ismerna. Studier i P. L.s estetiska teori och lyriska praktik t. o. m. 1916. Lund 1978. – CIENKOWSKA-SCHMIDT, M.: Sehnsucht nach dem Heiligen Land. Eine Studie zu P. L.s später Prosa. Hg. v. O. D. BERHOLZER. Ffm. 1985. – SCHÖIER, I.: P. L. Stockholm 1987.

Lagerlöf, Selma [Ottiliana Lovisa], * Gut Mårbacka (Värmland) 20. Nov. 1858, † ebd. 16. März 1940, schwed. Erzählerin. – Ab 1885 Lehrerin in Landskrona (Schonen), seit 1897 freie Schriftstellerin in Falun, ab 1909 wieder auf Mårbacka; erhielt im selben Jahr den Nobelpreis für Literatur. 1914 wurde sie als erste Frau in die Schwed. Akademie aufgenommen. L. ist eine der Hauptvertreterinnen der schwed. Neuromantik, der sie mit ihrem Roman ›Gösta Berling‹ (2 Tle., 1891, dt. 1896) auf dem Gebiet der Prosa zum Durchbruch verhalf. Ein subjektiver, lyr. Erzählstil, der gleichzeitig die fiktiven Figuren mit fast tiefenpsychologisch zu nennender Schärfe ausleuchtet, die Vermischung von realist. und phantast. Elementen sowie eine der schwed. Provinz, oft ihrer Heimat Värmland, entnommene Thematik sind kennzeichnend für ihr gesamtes Werk (weitere Beispiele: ›Eine Herrenhofsage‹, E.,

1899, dt. 1900; ›Herrn Arnes Schatz‹, E., 1904, dt. 1904; ›Christuslegenden‹, En., 1904, dt. 1904; ›Der Fuhrmann des Todes‹, E., 1912, dt. 1912). Hinzu kommt der Einfluß der altnord. Sagaliteratur, der bes. auffällig ist in dem zweibändigen Roman ›Jerusalem‹ (1901/02, dt. 2 Bde., 1902/03). Mit dem Kinderbuch ›Wunderbare Reise des kleinen Nils Holgers son mit den Wildgänsen‹ (2 Bde., 1906/07, dt. 3 Bde., 1907/08), ursprünglich bestimmt als Lesebuch für den Schulunterricht, erreicht dieser Erzählstil L.s einen Höhepunkt; das Werk, das seine Verfasserin weltberühmt machte, gibt in phantast. Form einen umfassenden Überblick über Geographie, Wirtschaftsleben, Flora und Fauna Schwedens zu Anfang des 20. Jahrhunderts. Nach einer durch den 1. Weltkrieg bedingten Schaffenskrise schrieb sie in den 20er Jahren den unvollendet gebliebenen Romanzyklus ›Die Löwenskiölds‹ (Bd. 1: ›Der Ring des Generals‹, 1925, dt. 1925; Bd. 2: ›Charlotte Löwenskiöld‹, 1925, dt. 1926; Bd. 3: ›Anna, das Mädchen aus Dalarne‹, 1928, dt. 1929; alle Romane dt. 1960), in dem L.s ethisch-religiöses Weltbild noch einmal deutlich zum Ausdruck kommt.

Selma
Lagerlöf

Ausgaben: S. L. Ges. Werke in 12 Bden. Dt. Übers. v. P. KLAIBER-GOTTSCHAU u. M. FRANZOS. Mchn. 1928. – S. L. Skrifter. Stockholm ²1958. 12 Bde.
Literatur: BERENDSOHN, W. A.: S. L. Mchn. 1927. – WÄGNER, E.: Valda skrifter. Hg. v. H. AHLENIUS. Bd. 11–12. S. L. Stockholm ²1954. – LAGERROTH, E.: Landskap och natur i Gösta Berlings saga och Nils Holgersson. Stockholm 1958. – VRIEZE, F. S. DE: Fact and fiction in the autobiographical works of S. L. Assen 1958. – LAGERROTH, U. B.: Körkarlen och bannlyst. Motiv- och idestudier i S. L.s 10-tals diktning. Stockholm 1963. – WEIDEL, G.: Helgon och gengångare. Gestaltningen av Kärlek och rättvisa i S. L.s diktning. Lund 1964. – HOLM, B.: S. L. och ursprungets roman. Stockholm 1984. – SCHWEITZER, S., u. a.: S. L. Eine Bibliogr. Marburg 1990. – WIVEL, H.: Snedronningen. En bok om S. L.s kærlighed. Kopenhagen ²1990.

La Guma, Alex [engl. la: 'guːmaː], * Kapstadt 20. Febr. 1925, † Havanna 11. Okt. 1985, südafrikan. Schriftsteller. – Wegen polit. Aktivitäten 1956 und 1961 im Gefängnis; 1962 wurde er unter Hausarrest gestellt; verließ 1966 Südafrika, lebte bis 1979 in London. In seinen Romanen und Erzählungen schildert er die Bemühungen schwarzer Südafrikaner um menschenwürdiges Leben in einem von weißer Vorherrschaft und von Rassendenken geprägten Staat. Durch Schaffung von realist., im Detail genauer Atmosphäre und mit farbigen Dialogen deckte er die Auswirkungen des polit. Systems auf den Alltag auf.
Werke: A walk in the night (E., 1962), And a threefold cord (R., 1964), The stone country (R., 1967), Im Spätsommernebel (R., 1972, dt. 1975), Die Zeit des Würgers (R., 1979, dt. 1981).
Literatur: GREEN, R./LONJE, A.: A. La G. A selected bibliography. In: World literature written in English 20 (1981), 4.1, S. 16.

La Harpe (Laharpe), Jean François de [frz. la'arp], eigtl. J. F. Del[a]harpe, * Paris 20. Nov. 1739, † ebd. 11. Febr. 1803, frz. Schriftsteller. – Zunächst Anhänger Voltaires, später Gegner der Revolution und konservativer Katholik; 1776 Mitglied der Académie française. Sein Hauptwerk ist die erste umfassende frz. Literaturgeschichte, ›Lycée, ou cours de littérature ancienne et moderne‹ (16 Bde., 1799 bis 1805); auch Dramen und Lyrik.
Literatur: BONNEVILLE, D. A.: La H. as judge of his contemporaries. Diss. State University Columbus (Ohio) 1961. – JOVICECH, A.: J. F. de La H., adepte et renégat des Lumières. South Orange (N. J.) 1973.

Lahor, Jean [frz. la'ɔːr], Pseudonym des frz. Schriftstellers Henri †Cazalis.

Lahtela, Markku, * Kemijärvi 1. Aug. 1936, † Nummi 31. Juli 1980, finn. Schriftsteller. – Sarkast. Realist und Meister des absurden Humors; auch bed. Übersetzer.

Werke: Jumala pullossa (= Gott in der Flasche, R., 1964), Vihaa nyt – rakasta myöhemmin (= Hasse jetzt – liebe später, Aphorismen, 1968), Rakstan sinua, musta tuuli (= Ich liebe dich, schwarzer Wind, Ged., 1975), Yksinäinen mies (= Der einsame Mann, R., 1976), Sirkus (= Zirkus, R., 1978).

Lahuti, Abolghasem, pers.-tadschik. Dichter, ↑ Lochuti.

Lai [frz. lɛ; altfrz., von altir. lôid, laid = Lied, Vers, Gedicht], 1. altfrz. Bez. (seit dem 12. Jh.) für Verserzählungen (›lais narratifs‹), die v. a. Stoffe aus der ↑ Artusdichtung behandelten. Bedeutendste Autorin war Marie de France (2. Hälfte des 12. Jh.); 2. Bez. für eine bes. im hohen und späten MA in Frankreich gepflegte lyr. Gattung (›lais lyriques‹), deren formales Prinzip sich auch im dt. ↑ Leich findet. Wichtige Beispiele dieses Genres finden sich in den Werken von Guillaume de Machault, J. Froissart und Christine de Pisan.

Literatur: BAADER, H.: Die L.s. Ffm. 1966. – BAUM, R.: Recherches sur les œuvres attribuées à Marie de France. Hdbg. 1968. – RINGGER, K.: Die ›Lais‹. Tüb. 1973. – SIENAERT, E.: Les ›Lais‹ de Marie de France. Du conte merveilleux à la nouvelle psychologique. Paris 1978. – KÖHLER, E.: Descort u. L. In: KÖHLER: Grundriß der roman. Literaturen des MA. Bd. 2. Faszikel 4. Hdbg. 1980. S. 1. – KROLL, R.: Der narrative L. als eigenständige Gattung der Lit. des MA. Diss. Tüb. 1984.

Laienspiel, Theaterspiel, das nicht von Berufsschauspielern, sondern von Laien aufgeführt wird (Amateurtheater). Das L. ging als ältere vorkünstler. Erscheinung dem kunstmäßigen Theater voraus und begleitete es von Anfang an, oft als Bestandteil weltl. und religiöser Jahreszeitenfeste. Hierher gehören u. a. die ↑ geistlichen Spiele und ↑ Fastnachtsspiele des späten MA, deren Traditionen bis in die Gegenwart fortwirken (↑ Bauerntheater, Oberammergauer Passionsspiel). Träger des L.s waren Gemeinden, Berufsverbände (Gilden, Zünfte), [Kloster]schulen und Universitäten (↑ Schuldrama, ↑ Jesuitendrama) sowie andere Korporationen (Meistersinger [↑ Meistersang], ↑ Rederijkers, ↑ Basoche). Das L. ersetzte oder überwog zeitweise das Berufstheater, z. B. im späten MA oder im 18. Jahrhundert. Seit etwa 1912 erwuchs aus der ↑ Jugendbewegung eine sogenannte L.*bewegung,* die eine Erneuerung des Berufstheaters anstrebte. Durch Verzicht auf dessen bühnen- und darstellungstechn. Mittel, durch Rückgriff u. a. auf Volksstücke, den spätmittelalterl. Aufführungsstil und durch festspielartige Freilichtaufführungen gaben jugendl. L.gruppen trotz vieler Unzulänglichkeiten befruchtende Impulse. Hauptvertreter der L.bewegung waren u. a. Rudolf Mirbt (* 1896, † 1974), M. Luserke (seit 1919), Gottfried Haaß-Berkow (* 1888, † 1957; seit 1919) und Max Gümbel-Seiling (* 1879, † 1964).

Literatur: MIRBT, R.: L. u. Laientheater. Kassel u. a. 1960. – WOLFERSDORF, P.: Stilformen des L.s. Brsw. 1962. – MIRBT, R.: Der Bärenreiter L.-Berater. Kassel u. a. ²1965. – Hdb. f. Laientheater. Hg. v. R. DRENKOW u. C. HOERNING. Bln. 1968. – FLEMMING, I.: Theater ohne Rollenbuch. Hb. für kreatives L. Mainz 1994.

Lainé, Pascal [frz. lɛˈne], * Anet (Euret-Loir) 10. Mai 1942, frz. Schriftsteller. – Seit 1974 Prof. am Institut universitaire de technologie in Villetaneuse (Seine-Saint-Denis). Wurde in Deutschland v. a. durch C. Gorettas Verfilmung (1977) seines Romans ›Die Spitzenklöpplerin‹ (1974, dt. 1978; Prix Goncourt 1974) bekannt. Seine z. T. autobiographisch inspirierten Romane kultivieren zumeist mit gesellschaftl. Problemen od. polit. Ereignissen des 20. Jh. angereicherte Erzählmuster des 19. Jh. und entwerfen trivialisierend zeitinadäquate Formen subjektiven Lebens und der Wertbeständigkeit. Das Aufgreifen der Gattung des histor. Romans in ›Der Liebe bittersüße Plagen‹ (1984, dt. 1986) unterstreicht die konventionelle Erzählweise Lainés.

Weitere Werke: B comme Barrabas (R., 1969), L'irrévolution (R., 1971; Prix Médicis 1971), La femme et ses images (Essay, 1974), L'eau du miroir (R., 1979), Zärtl. Cousinen (R., 1979, dt. 1981), Terre des ombres (R., 1982), Trois petits meurtres et puis s'en va inspecteur Lester (R., 1985), Plutôt deux fois qu'une (R., 1985), Monsieur, vous oubliez votre cadavre (R., 1986), La moitié du bonheur (R.-Trilogie; bisher erschienen Bd. 1: Les petites égarées, 1988; Bd. 2: La semaine anglaise, 1994), Elena (R., 1989, dt. 1992), Das Abschiedsdiner (R., 1991, dt. 1993), L'incertaine (R., 1993), Collision fatale (R., 1994).

Literatur: KUCK, D.: P. L. In: Krit. Lex. der roman. Gegenwartsliteraturen. Hg. v. W.-D. LANGE. Losebl. Tüb. 1984 ff.

Laisse [lɛːs; frz., eigtl. = Schnur, Koppelriemen] (Tirade, L.nstrophe),

zum musikal. Vortrag bestimmte Strophenform des altfrz. Heldenepos
(↑ Chanson de geste), aber auch einiger
altfrz. Heiligenleben und Frauenliteratur; in der Chantefable ›Aucassin et Ni-
colette‹ finden sich ebenfalls Laissen.
Eine L. besteht aus einer wechselnden
Anzahl isometr. Verse (↑ Isometrie), die
durch gleichen Reim oder, so v.a. in den
älteren Dichtungen, durch gleiche Asso-
nanz zusammengehalten werden. Gän-
gige Versformen sind der Zehnsilbler,
der Zwölfsilbler und (selten) der Acht-
silbler.
Literatur: RYCHNER, J.: La chanson de geste. Essai sur l'art épique des jongleurs. Genf u. Paris
²1967. – ↑ auch Chanson de geste.

Laissenstrophe ['lɛːsən] ↑ Laisse.

Lake school [engl. 'leɪk 'skuːl] (Lake
poets), Freundeskreis der drei engl. romant. Dichter S. T. Coleridge, R. Southey
und W. Wordsworth; die Bez. (ursprünglich in abschätzigem Sinne gebraucht)
spielt auf deren zeitweiligen Aufenthalt
(ab 1797) im engl. Lake District an.

Laktanz, lat. Schriftsteller, ↑ Lactantius, Lucius Caelius Firmianus.

Lalebuch, dt. Volksbuch, Schwank-
sammlung; 1. Druck 1597 in Straßburg;
Verfasser unbekannt; entstanden im Elsaß; handelt von der Herkunft der Lalen
von einem griech. Weisen, ihrem welt-
weiten Engagement als Berater, ihrer
schließlich angenommenen Narrheit, um
fortan unbehelligt zu sein, und den daraus resultierenden Narreteien bis zum
Untergang ihrer Stadt. Bekannter geworden als das L. ist die bereits 1598 u.d.T.
›Die Schildbürger‹ erschienene Bearbeitung. Eine weitere Bearbeitung ist ›Der
Grillenvertreiber‹ (1603).
Ausgaben: Die Schildbürger. In: Dt. Volksb.
Hg. v. K. O. CONRADY. Rbk. 1968. – Dt.
Volksbb. Ausgew. u. eingel. v. P. SUCHSLAND.
Bd. 2: Tyl Ulenspiegel. Hans Clauerts werckli-
che Historien. Das L. Bln. u. Weimar ²1975.
Literatur: ERTZ, S.: Aufbau u. Sinn des L.s.
Diss. Köln 1965. – TRÜMPY, H.: Die Hinter-
gründe des Schwankbuchs v. den Laleburgern.
In: Festgabe Hans von Greyerz zum 60. Ge-
burtstag. Hg. v. E. WALDER u.a. Bern 1967.
S. 759.

Lalić, Mihailo [serbokroat. 'lalitɕ],
* Trepča 7. Okt. 1914, serb. Schriftstel-
ler. – Schrieb Lyrik, Erzählungen und
Romane, in denen er in dramat. und pa-

thet. Stil Menschen in entscheidenden
Konfliktsituationen schildert.
Werke: Der Berg der Klagen (R., 1957, überarbeitet 1962, dt. 1967), Hajka (= Hetzjagd, R.,
1960), Ratna sreća (= Kriegsglück, R., 1973),
Gledajući dolje na drumove (= Hinunterschau-
end auf die Straßen, R., 1985).

Lalitavistara [Sanskrit = Ausbreitung der Tändelei (d.h. des Lebens des
Buddha)], buddhist. Text; der L. enthält
eine Biographie Buddhas, die die wunderbaren und märchenhaften Züge in
seinem Leben hervorhebt. Die Entstehungszeit des Textes in buddhist. Sanskrit ist unsicher. Im 9.Jh. wurde der L.
ins Tibetische übersetzt, er scheint viele
Jahrhunderte lang ›gewachsen‹ zu sein.
Ausgabe: Lalita Vistara. Dt. Übers. u. hg. v.
S. LEFMANN. Halle/Saale 1902–08. 2 Bde.
Literatur: WELLER, F.: Zum Lalita Vistara. I.
Über die Prosa des Lalita Vistara. Lpz. 1915.

Lam, Jan, * Stanisławów 16. Jan. 1838,
† Lemberg 3. Aug. 1886, poln. Schriftsteller. – Nahm am poln. Aufstand von 1863
teil; Journalist in Lemberg; bekämpfte
mit Satiren Spießbürgertum, Provinzialismus, Bürokratie und Pseudopatriotis-
mus; Verfasser von Romanen (›Die
große Welt Zappowitz‹, 1869, dt. 1991)
und Feuilletons (›Kroniki lwowskie‹
[= Lemberger Chroniken], teilweise hg.
1874).
Ausgabe: J. L. Dzieła literackie. Warschau
1956–57. 4 Bde.

La Marche, Olivier de [frz. la'marʃ],
* in Burgund gegen 1426, † Brüssel
1. Febr. 1502, frz.-burgund. Schriftsteller. – Im Dienst der Herzöge von Burgund; schrieb Memoiren u.a. Prosaschriften, ferner die allegor. Gedichte
›Le chevalier délibéré‹ (1486) und ›Le
parement et triomphe des dames‹ (1492).
Ausgabe: O. de La M. Mémoires. Hg. v. H.
BEAUNE u. J. D'ARBAUMONT. Paris 1883–88.
4 Bde.
Literatur: STEIN, H.: O. de La M., historien,
poète et diplomate bourguignon. Paris 1888. –
STEIN, H.: Nouveaux documents sur O. de La M.
et sa famille. Brüssel 1922.

la Mare, Walter John de, engl.
Schriftsteller, ↑ de la Mare, Walter John.

Lamartine, Alphonse de [frz. lamar-
'tin], * Mâcon 21. Okt. 1790, † Paris
28. Febr. oder 1. März 1869, frz. Dichter. – War nach einer ungeregelten Ausbildung 1814 kurze Zeit Offizier; die

Liebe zu Julie Charles und die Erschütterung über ihren frühen Tod (1817) bestimmten seine erste Gedichtsammlung ›Poet. Betrachtungen‹ (1820, dt. 1826), die ein internat. Erfolg wurde. Nach diplomat. Missionen in Neapel (1820/21) und Florenz (1825–28) wurde L. 1833 Abgeordneter der Kammer, 1848 für kurze Zeit Außenminister der provisor. Regierung; Napoleons III. Staatsstreich von 1851 beendete seine polit. Laufbahn. L. gilt mit seiner Lyrik, die voller Melancholie, Weltschmerz und myst. Verinnerlichung ist, als der erste große Lyriker der frz. Romantik; er verfaßte jedoch auch ep., histor. und autobiograph. Werke. In seinen letzten Lebensjahren wurde er durch materielle Sorgen zur Vielschreiberei getrieben. Seit 1830 war L. Mitglied der Académie française.

Weitere Werke: Saül (Dr., 1818), Nouvelles méditations poétiques (Ged., 1823), La mort de Socrate (Ged., 1823), Poet. und religiöse Harmonien (Ged., 1830, dt. 2 Bde., 1831), Reise in den Orient in den Jahren 1832 und 1833 (Reiseb., 1835, dt. 4 Bde., 1835/36), Jocelyn (Epos, 1836, dt. 1880), Der Fall eines Engels (Epos, 1838, dt. 1840), Les recueillements poétiques (Ged., 1839), Geschichte der Girondisten (1847, dt. 1847), Geständnisse (Autobiogr., 1849, dt. 1849), Raphael (Autobiogr., 1849, dt. 1849), Neue Geständnisse (Autobiogr., 1851, dt. 1852), Graziella (E., 1852, dt. 1947).

Ausgaben: A. de L. Sämmtl. Werke. Dt. Übers. Hg. v. G. HERWEGH. Stg. 1839–53. 30 Bde. – A. de L. Œuvres complètes. Paris 1860–66. 41 Bde. – A. de L. Correspondance générale. Hg. v. M. LEVAILLANT. Genf 1943–48. 2 Bde. – A. de L. Lettres inédites (1821–1851). Hg. v. H. GUILLEMIN. Porrentruy 1944. – A. de L. Œuvres poétiques complètes. Hg. v. M.-F. GUYARD. Paris 1963.

Literatur: GUILLEMIN, H.: L., l'homme et l'œuvre. Paris 1940. – GUILLEMIN, H.: L. et la question sociale. Genf 1946. – LUCAS-DUBRETON, J.: L. Paris 1951. – GUYARD, M.-F.: A. de L. Paris 1957. – HIRDT, W.: Studien zur Metaphorik L.s. Mchn. 1967. – KRAUSS, CH.: A. de L. In: Frz. Lit. des 19. Jh. Hg. v. W.-D. LANGE. Bd. I. Hdbg. 1979. S. 82. – BIRKETT, M. E.: L. and the poetics of landscape. Lexington (Ky.) 1982. – FORTESCUE, W.: A. de L., a political biography. New York u. London 1983. – MAGNIEN, E.: L. gentilhomme de Bourgogne. Saint-Seine-l'Abbaye 1983. – TOESCA, M.: L. ou l'amour de la vie. Paris 1983.

Lamb, Charles [engl. læm], Pseudonym Elia, * London 10. Febr. 1775, † Edmonton (heute zu London) 27. Dez.

1834, englischer Schriftsteller. – War 1792–1825 Beamter der East India Company. Nacherzählungen für Kinder sind das gemeinsam mit seiner Schwester Mary L. (* 1764, † 1847) verfaßte ›Shakespeare-Geschichtenbuch‹ (1807, dt. 1928) sowie ›Die Abenteuer des Odysseus‹ (1808, dt. 1923). Zu seinen bekanntesten Gedichten zählen ›The old familiar faces‹, die Ballade ›Hester‹ und die Elegie ›On an infant dying as soon as born‹. Bedeutung erlangte L. jedoch v. a. durch seine in liebenswürdigem Plauderton abgefaßten geistreichen Essays (Genre des ›familiar essay‹), die ab 1820 in Zeitschriften, 1823 in Buchform erschienen (›The essays of Elia‹, Fortsetzung ›The last essays of Elia‹, 1833, dt. Ausw. 1965 u. d. T. ›Essays‹).

Ausgabe: Ch. L. u. Mary L. The works. Hg. v. E. V. LUCAS. London 1903–05. 7 Bde.

Literatur: LUCAS, E. V.: The life of Ch. L. London ⁵1921. 2 Bde. – ANTHONY, K. S.: The L.s. A study of pre-Victorian England. New York 1945. – WEBER, HORST: Studien zur Form des Essays bei Ch. L. Hdbg. 1964. – RANDEL, F. V.: The world of Elia. Ch. L.'s essayistic romanticism. Port Washington (N. Y.) 1975. – L. as critic. Hg. v. R. PARK. Lincoln (Nebr.) 1980. – CECIL, D.: A portrait of Ch. L. London 1983.

Lamber, Juliette [frz. lãˈbɛːr], frz. Schriftstellerin, ↑ Adam, Juliette.

Lambert, Anne-Thérèse de Marguenat de Courcelles, Marquise de [frz. lãˈbɛːr], * Paris 1647, † ebd. 12. Juli 1733, frz. Schriftstellerin. – Gründete in Paris einen literar. Salon, der ab 1710 immer größere Bedeutung gewann. Schrieb für ihre Kinder, Fénelon folgend, zwei moral. Abhandlungen (u. a. ›Avis d'une mère à sa fille‹, 1728). Die Gesamtausgabe ihrer Werke (›Œuvres‹, 2 Bde., 1748) enthält weitere Abhandlungen, die durch ihre geschliffenen Maximen bestechen (u. a. ›Traité de l'amitié‹).

Literatur: DAUVERGNE, R.: La marquise de L. à l'hôtel de Nevers (1698–1733). Paris 1948.

Lambert le Tort [frz. lãbɛrləˈtoːr], altfrz. Dichter der 2. Hälfte des 12. Jh. aus Châteaudun. – Geistlicher; einer der Fortsetzer des altfrz. ›Alexanderromans‹.

Lambro, poln. Schriftsteller, ↑ Niemojewski, Andrzej.

Lamdan [tl.: Lamdan], Jizchak, * Minow (Ukraine) 1899, † Ramat Gan (Israel) 1954, hebr. Dichter. – Emigrierte

1920 nach Palästina; ab 1934 Hg. der literar. Monatsschrift ›Giljonot‹. Sein Hauptwerk ist das ep. Gedicht ›Massādā‹ (1927) in 35 Abteilungen. Der Titel (Massada war die letzte Festung der Juden im Krieg gegen die Römer und hielt sich auch noch nach dem Fall Jerusalems) kennzeichnet die nationalist. Einstellung des Verfassers: Massada symbolisiert im Gedicht das ganze heutige Heilige Land als letzte Zufluchtsstätte der in der Diaspora ständig Verfolgungen ausgesetzten Juden. Auch die anderen (z. T. expressionistischen) Gedichte L.s weisen die gleiche nationalistische Tendenz auf.
Literatur: WAXMAN, M.: A history of Jewish literature. Bd. 4. New York 1960. S. 237. – Enc. Jud. Bd. 10, 1972, S. 1363.

Lāmi'ī [türk. la:mi'i], * Bursa 1472, † ebd. 1532, osman.-türk. Dichter. – Schrieb mehr als dreißig Werke in Prosa und Versen. Seine Übersetzungen von Werken des pers. Dichters Dschami ins Türkische trugen ihm den Titel ›Cāmī-i Rūm‹ (= Dschami von Anatolien) ein. Zu seinen berühmtesten Werken zählen eine Stadtbeschreibung Bursas (›Şehrengīz‹) und ein aus dem Persischen übersetztes Versepos ›Vāmiḳ ū Azrā‹.

Lamming, George [engl. 'læmɪŋ], * Saint Michael (Barbados) 8. Juni 1927, karib. Schriftsteller. – Lehrer in Trinidad; ging 1950 nach London und arbeitete für die BBC; mehrere Gastdozenturen an amerikan. Universitäten und der ›University of the West Indies‹; Verfasser von polit. Romanen, die sich mit der kolonialen und postkolonialen Wirklichkeit der Karibik auseinandersetzen.
Werke: In the castle of my skin (R., 1953), Mit dem Golfstrom (R., 1954, dt. 1956), Zeit der Abenteuer (R., 1960, dt. 1962), The pleasures of exile (Aufsätze, 1960), Water with berries (R., 1971), Natives of my person (R., 1972).
Literatur: PAQUET, S. P.: The novels of G. L. London 1982.

La Motte-Houdar, Antoine [frz. lamotu'da:r], frz. Dichter, ↑ Houdar de La Motte, Antoine.

Lampe, Friedo, * Bremen 4. Dez. 1899, † Kleinmachnow bei Berlin 2. Mai 1945, dt. Erzähler. – Von sowjet. Soldaten irrtümlich erschossen. War Hg. und Kritiker; schrieb magisch-realist. Romane, Kurzerzählungen und Gedichte.

Werke: Am Rande der Nacht (R., 1934, 1949 u. d. T. Ratten und Schwäne), Das dunkle Boot (Ballade, 1936), Septembergewitter (E., 1937), Von Tür zu Tür (En., 1945).
Ausgabe: F. L. Das Gesamtwerk. Nachw. v. J. DIERKING u. J. G. KÖNIG. Rbk. 1986.
Literatur: BADOUX, E.: F. L. Une psychobiographie. Lausanne 1986.

Lampedusa, Giuseppe Tomasi di, italien. Schriftsteller, ↑ Tomasi di Lampedusa, Giuseppe.

Lampman, Archibald [engl. 'læmpmən], * Morpeth (Ontario) 17. Nov. 1861, † Ottawa 10. Febr. 1899, kanad. Lyriker. – Der ab 1883 im Postministerium in Ottawa beschäftigte Naturliebhaber gilt heute vielfach als bedeutendster ›Confederation poet‹. Auf die Gedichtsammlungen ›Among the millet and other poems‹ (1888) und ›Lyrics of earth‹ (1895) folgten nach L.s frühem Tod von seinem Freund D. C. Scott besorgte Ausgaben (›The poems of A. L.‹, hg. 1900; ›At the Long Sault and other new poems‹, hg. 1943). Zunehmend betont man gegenüber der früheren romantisch-viktorianisch beeinflußten Naturdichtung das spätere, moderne, zugleich experimentelle und disziplinierte Schaffen, in dem persönl. Qual und engagierte Zeitkritik eine Rolle spielen.
Literatur: DJWA, S.: L.'s fleeting vision. In: Canadian Literature 55 (1973). – EARLY, L. R.: A. L. Boston (Mass.) 1986.

Lampo, Hubert Léon [niederl. 'lampo], * Antwerpen 1. Sept. 1920, fläm. Schriftsteller. – Schrieb psycholog. Romane und Novellen über Stoffe aus Geschichte (v. a. Antike) und Gegenwart; bed. Vertreter des mag. Realismus; über seine Erfahrungen mit dieser Schreibart berichtet er in dem Werk ›De zwanen van Stonehenge‹ (1972).
Weitere Werke: Hélène Defraye (R., 1944), Idomeneia en de kentaur (R., 1951), Gelöbnis an Rachel (R., 1952, dt. 1976), De duivel en de maagd (R., 1959), De komst van Joachim Stiller (R., 1960), Een geur van sandelhout (R., 1976), Zeg maar Judith (R., 1983), Terug naar Stonehenge. Een magisch-realistisch droomboek (1988), De elfenkoningin (R., 1989).
Literatur: HARDY, P.: H. L. Antwerpen 1966. – Over H. L. Beschouwingen en interviews. Hg. v. J. VAN GOOL. Den Haag 1983.

Lamprecht von Regensburg, dt. Dichter des 13. Jahrhunderts. – Lebte vermutlich in Regensburg. Übertrug um 1238 das lat. verfaßte Franziskusleben des Tommaso da Celano in mhd. Reimverse. Schuf um 1250, nach seinem Eintritt in den Franziskanerorden, eine ebenfalls gereimte, erweiterte mhd. Bearbeitung des lat. myst. Prosatraktates ›Filia Syon‹, einer Allegorie von der Vereinigung der Seele (= Tochter Syon) mit Gott. In der Unmittelbarkeit des Versuchs der Begegnung mit Gott kündigt sich in den (künstlerisch unbedeutenden) Texten die dt. Mystik an.

Ausgabe: L. v. R. ›Sanct Francisken Leben‹ u. ›Tochter Syon‹. Hg. v. K. WEINHOLD. Paderborn 1880.

Lamprecht, Pfaffe, mhd. Dichter der 1. Hälfte des 12. Jahrhunderts. – Geistlicher; verfaßte in moselfränk. Dialekt eine lehrhaft-moralisierende Versbearbeitung des alttestamentl. Buches ›Tobias‹, die nur in Bruchstücken überliefert ist, und ein ›Alexanderlied‹ (um 1150). In dieser nach einer frz. Vorlage des Albéric de Besançon geschaffenen Dichtung wird Alexander an seinem Platz in der Heilsgeschichte als nicht nur vorbildl. weltl. Herrscher und zugleich als Beispiel der Vergänglichkeit ird. Herrlichkeit dargestellt. Das unvollständig in einer Vorauer Handschrift aufgezeichnete Werk (sog. ›Vorauer Alexander‹) wurde in der 2. Hälfte des 12. Jh. in frühhöfischem Stil bearbeitet und erweitert (sog. ›Straßburger Alexander‹). – Eine Stelle im ›Tobias‹ könnte darauf hindeuten, daß L. in Trier lebte.

Ausgaben: L.'s Alexander. Hg. v. K. KINZEL. Halle/Saale 1884. – Pfaffe L. Das Alexanderlied. Das Rolandslied des Paffen Konrad. Hg. v. F. MAURER. Lpz. 1940. Nachdr. Darmst. 1964. **Literatur:** SCHRÖDER, E.: Die dt. Alexanderdichtungen des 12. Jh. In: Göttingische Gelehrte Anzeigen 190 (1928). – FISCHER, WOLFGANG: Die Alexanderliedkonzeption des P. Lambrecht. Mchn. 1964. – URBANEK, E.: Umfang u. Intention v. L.s Alexanderlied. In: Zs. f. Dt. Altertum u. Dt. Lit. 99 (1970), S. 96. – ↑ auch Alexanderroman.

Landau, Lola, eigtl. Leonore L., * Berlin 3. Dez. 1892, † Jerusalem 3. Febr. 1990, dt. Lyrikerin. – 1921–39 in 2. Ehe ∞ mit A. T. Wegner, mit dem sie gemeinsame Arbeiten verfaßte, u. a. das Hörspiel ›Wasif und Akif‹ (1925) und ›Treibeis‹ (1931), ein Dokumentarspiel über

den Tod des Polarforschers F. Nansen; 1933 Emigration über Kopenhagen nach London, nach kurzer Rückkehr 1936 Flucht nach Palästina, lebte seitdem in Jerusalem; seit 1969 Veröffentlichungen in der BR Deutschland, darunter der Gedichtband ›Noch liebt mich die Erde‹ (1969), ›Variationen der Liebe‹ (En., 1973) und die Autobiographie ›Vor dem Vergessen. Meine drei Leben‹ (1987).

Weitere Werke: Das Lied der Mutter (Ged., 1919), Der Abgrund (En., 1926), Kind im Schatten (Dr., UA 1931), Der Zeitungsjunge (Hsp., 1950), Hörst Du mich, kleine Schwester (En., 1971), Die zärtl. Buche (Ged. und Prosa, 1980).

Landau, Mark Alexandrowitsch, russ. Schriftsteller, ↑ Aldanow, Mark.

Landauer, Gustav, * Karlsruhe 7. April 1870, † München 2. Mai 1919, dt. Schriftsteller. – Radikalsozialist; Hg. radikaler Zeitschriften; Mitglied der Räteregierung; im Gefängnis ermordet. L. veröffentlichte literaturwiss. und polit. Abhandlungen, den Roman ›Der Todesprediger‹ (1893) und die Novellensammlung ›Macht und Mächte‹ (1903); Übersetzer.

Weitere Werke: Aufruf zum Sozialismus (1911), Shakespeare. Dargestellt in Vorträgen (2 Bde. hg. 1920), Der werdende Mensch (Aufsätze, hg. 1921). **Ausgabe:** G. L. – Fritz Mauthner. Briefwechsel 1890–1919. Bearb. v. H. DELF. Mchn. 1994. **Literatur:** G. L. Sein Lebensgang in Briefen. Hg. v. M. BUBER. Ffm. 1929. 2 Bde. – KALZ, W.: G. L. Meisenheim 1967. – MAURER, CH. B.: Call to revolution. The mystical anarchism of G. L. Detroit (Mich.) 1971. – WOLF, S.: G. L. Bibliogr. Grafenau 1992.

Landesmann, Heinrich, österr. Schriftsteller, ↑ Lorm, Hieronymus.

Landgrebe, Erich, * Wien 18. Jan. 1908, † Salzburg 25. Juni 1979, österr. Schriftsteller. – Künstler. und kaufmänn. Ausbildung; im 2. Weltkrieg Kriegsberichterstatter, nach dem Krieg Verlagsleiter. L. schrieb stark autobiographisch bestimmte Romane, Malerromane (›Ein Maler namens Vincent‹, 1957; ›Das ferne Land des Paul Gauguin‹, 1959), Erzählungen, Hörspiele (›Hafen der Venus‹, 1961), Lyrik (›Das junge Jahr‹, 1934), Essays, Übersetzungen; auch Maler und Graphiker.

Weitere Werke: Adam geht durch die Stadt (R., 1936), Die neuen Götter (R., 1939), Gebratene

Äpfel (En., 1940), Das Hochzeitsschiff (R., 1944), Die Nächte von Kuklino (R., 1952), Die Rückkehr ins Paradies (Nov., 1956), Narr des Glücks (R., 1962), Geschichten, Geschichten, Geschichten (1965), Österreich, ein Porträt in Farben (1974).

Landino, Cristoforo, * Florenz 1424, † ebd. 24. Sept. 1498, italien. Gelehrter und Schriftsteller. – Prof. für Poetik und Rhetorik in Florenz; ab 1467 Kanzler der Signoria; führendes Mitglied der Platon. Akademie M. Ficinos. Verfasser der philosoph. ›Camaldolensischen Gespräche‹ (um 1480, dt. 1927), bed. Briefe, lat. Elegien u. d. T. ›Xandra‹, einer lat. Abhandlung von der Würde des Menschen ›De nobilitate animae‹ (1472), eines Kommentars zu Vergils ›Äneis‹ (1478) und eines Kommentars zu Dantes ›Divina commedia‹ in italien. Sprache (1481).

Ausgaben: C. L. De nobilitate animae. Hg. v. A. PAOLI u. G. GENTILE. Pisa 1915. – C. L. Carmina omnia. Hg. v. A. PEROSA. Florenz 1939.
Literatur: MÜLLER-BOCHAT, E.: Leon Battista Alberti u. die Vergil-Deutung der Disputationes Camaldulenses. Zur allegor. Dichter-Erklärung bei C. L. Krefeld 1968. – LENTZEN, M.: Studien zur Dante-Exegese C. L.s. Köln u. Wien 1971.

Landmann, Salcia, * Żółkiew (heute Scholkwa, Gebiet Lemberg) 18. Nov. 1911, schweizer. Schriftstellerin. – Veröffentlichte populärwiss. Bücher aus jüd. Leben und jüd. Kultur; auch Übersetzungen sowie Kochbücher.

Werke: Der jüd. Witz (1960), Jiddisch. Das Abenteuer einer Sprache (1962), Koschere Kostproben (1964), Jüd. Anekdoten und Sprüche (1965), Die Juden als Rasse (1967), Der ewige Jude (Essays, 1974), Die koschere Küche (Kochbuch, 1976), Marxismus und Sauerkirschen (Essays, 1979), Erinnerungen an Galizien (1983), Jesus und die Juden oder Die Folgen einer Verstrickung (1986).

Landolfi, Tommaso, * Pico (Prov. Frosinone) 9. Aug. 1908, † Ronciglione (Prov. Viterbo) 8. Juli 1979, italien. Schriftsteller. – Ging aus dem Kreis der ›hermet.‹ Lyriker hervor und entwickelte sich zum Surrealismus hin; seine Erzählungen und Romane bewegen sich zwischen dem Phantastisch-Lyrischen und dem Ironischen; zahlreiche bed. Übersetzungen, bes. aus slaw. Sprachen.

Werke: Dialogo dei massimi sistemi (E., 1937), Der Mondstein (R., 1939, dt. 1989), Herbsterzählung (1947, dt. 1990), Cancroregina (E., 1950, dt. 1986), La bière du pêcheur. Das Bier des Fischers oder Die Bahre des Sünders (R.,

1953, dt. 1994), Ombre (En., 1954), Landolfo IV di Benevento (Dr., 1959), Rien va (Tageb., 1963), Racconti impossibili (En., 1966, dt. Ausw. 1969 u. d. T. Unmögl. Geschichten), Erzählungen (dt. Ausw. 1966), Faust 67 (Dr., 1969), Le labrene (R., 1974), Il tradimento (Ged., 1977).

Ausgabe: T. L. Erzählungen. Hg. v. I. CALVINO. Dt. Übers. v. H. RIEDT. Rbk. 1987–89. 2 Bde.
Literatur: PANDINI, G.: L. Florenz 1975. – AYMONE, R.: T. L., analisi e letture. Salerno 1978. – GHETTI ABRUZZI, G.: L'enigma L. Rom 1979. – CAPEK-HABEKOVIC, R.: T. L.'s grotesque images. New York u. a. 1986. – VILLIGER HEILIG, B.: Leidenschaft des Spiels. Unters. zum Werk T. L.s. Tüb. 1989.

Landor, Walter Savage [engl. 'lændə], * Ipsley Court (Warwickshire) 30. Jan. 1775, † Florenz 17. Sept. 1864, engl. Schriftsteller. – Seine frühen Gedichte und sein Epos ›Gebir‹ (1798, lat. 1803) waren wenig erfolgreich, trugen ihm aber die Freundschaft R. Southeys ein; mit seinem histor. Lesedrama ›Count Julian‹ (Trag., 1812) erregte er erstmals Aufsehen; sein Hauptwerk, ›Erdichtete Gespräche‹ (5 Bde., 1824–29, dt. 1919), 150 Dialoge bed. histor. Persönlichkeiten, weist ihn als hervorragenden Stilisten aus.

Ausgaben: W. S. L. The complete works. Hg. v. T. E. WELBY. London 1927–36. 16 Bde. – The poetical works of W. S. L. Hg. v. S. WHEELER. Ann Arbor (Mich.) 1972. 3 Bde.
Literatur: SUPER, R.: W. S. L. A biography. New York 1954. – VITOUX, P.: L'œuvre de W. S. L. Paris 1964. – PINSKY, R.: L.'s poetry. London 1968. – DILWORTH, E. N.: W. S. L. New York 1971.

Landry, Charles François [frz. lã'dri], * Lausanne 19. März 1909, † Vevey 23. Febr. 1973, schweizer. Schriftsteller. – Beschreibt in seinen frz. Sprache geschriebenen Romanen Menschen und Landschaft der Schweiz und der Provence; auch Kurzgeschichten, Gedichte, Hörspiele, Essays und Dramen.

Werke: Diégo (R., 1938, dt. 1946), Buschwald (R., 1939, dt. 1941), Am Rande der Welt (R., 1941, dt. 1949), La Devinaize (R., 1950), Rose Bertin (R., 1960), Les étés courts (R., 1964).

Landsknechtslied, Sonderform des histor. Kriegs- und Soldatenliedes, von den freiwilligen Söldnern Maximilians I. ab 1486 gesungen, lebendig bis zur Einführung eines stehenden Heeres um 1620. Der Inhalt spiegelt geschichtl. Ereignisse oder das Leben und die Gesinnung der Söldnertruppen wider: Genuß des Augenblicks, Standesbewußtsein. Die bekanntesten L.er behandeln die flandr. Kriege Maximilians, die Fehden Ulrichs von Hutten und Franz' von Sikkingen (1523), die Schlacht von Pavia (1525) und die Taten Georgs von Frundsberg. Die Autoren nennen sich oft am Ende des Liedes selbst. In der Wandervogel- und Pfadfinderbewegung wurden einige L.er wieder populär.

Landstad, Magnus Brostrup [norweg. 'lansta], *Måsøy (Finnmark) 7. Okt. 1802, †Christiania (heute Oslo) 8. Okt. 1880, norweg. Dichter und Volkskundler. – Pfarrer; Hg. der größten norweg. Volksballadensammlung, ›Norske folkeviser‹ (1853), ferner der Sammlung ›Folkeviser fra Telemarken‹ (hg. 1925). Seine Kirchenlieder sind Ausdruck inniger Frömmigkeit.
Literatur: BERGE, R.: M. B. L. Risør 1920.

Landstreicherroman (Vagabundenroman), Typus des Abenteuerromans, in dem sich der (positive) Held als Landstreicher aus freiheitlich-vitalen, religiöseth., gesellschaftskrit. oder anderen Motiven außerhalb der Gesellschaft stellt. Der L. entwickelte sich v. a. im Gefolge der antibürgerl. Tendenzen zu Beginn des 20.Jh., sein Höhepunkt war zwischen 1920 und 1930. Nach ›O Mensch‹ (1910) von H. Bahr sind u. a. ›Knulp‹ (1915) von H. Hesse, ›Bracke‹ (1918) von Klabund und die L.e von K. Hamsun, W. Bonsels, M. Hausmann und G. Weisenborn zu nennen.

Landwirt, Jakov, österr. Schriftsteller, †Lind, Jakov.

Lang, Andrew [engl. læŋ], *Selkirk (Schottland) 31. März 1844, †Banchory-Devenick bei Aberdeen 20. Juli 1912, schott. Gelehrter und Dichter. – Zunächst College-Dozent, später Journalist und freier Schriftsteller; schuf vorbildl. Homer- und Theokrit-Übertragungen und schrieb Essays über literar. Fragen sowie folklorist. und histor. Studien (›Myth, ritual and religion‹, 2 Bde., 1887; ›A history of Scotland‹, 4 Bde., 1900 bis 1907); auch Romane, originelle Lyrik (›Ballades in blue china‹, 1880, u. a.), in der er Kleinformen bevorzugt, sowie Märchen und Kinderbücher.

Literatur: GREEN, R. L.: A. L. A critical biography. Leicester 1946. – SALMOND, J. B.: A. L. and journalism. Edinburgh 1951.

Lang, Othmar Franz, *Wien 8. Juli 1921, österr. Schriftsteller. – Drogistenlehre, hatte verschiedene Berufe; Mitarbeiter beim Österr. Buchclub der Jugend; seit 1953 freier Schriftsteller. Schrieb neben Erzählungen, Romanen und Hörspielen eine große Zahl unterhaltsamer Kinder- und Jugendbücher, sowohl Abenteuererzählungen als auch engagierte Problem- und Sachbücher.
Werke: Campingplatz Drachenloch (Jugendb., 1953), Der Aquarellsommer (R., 1955), Die Männer von Kaprun (Jugend-R., 1955), 17 unter einem Dach (Jugend-R., 1959), Vom Glück verfolgt (R., 1962), Alle Schafe meiner Herde (R., 1964), Paradies aus zweiter Hand (R., 1965), Geständnis aus dem Urteil (R., 1967), Barbara ist für alle da (Jugendb., 1974), Wenn du verstummst, werde ich sprechen (Jugend-R., 1975), Ein Haus unterm Baum (Jugend-R., 1980), Perlhuhn und Geier (Jugend-R., 1982), Angelo. Eine nicht alltägl. Familiengeschichte (1986), Zukunft ist immer morgen (1988), Hetzjagd (Jugendkriminal-R., 1991), Barfuß durch die Wiese gehen (Kinderb., 1993).

Langbehn, [August] Julius, genannt ›der Rembrandtdeutsche‹, *Hadersleben 26. März 1851, †Rosenheim 30. April 1907, dt. Schriftsteller und Kulturkritiker. – Erregte 1890 Aufsehen durch sein anonym erschienenes Werk ›Rembrandt als Erzieher‹, in dem er gegen Materialismus, Industrialisierung und Halbbildung polemisierte und Verinnerlichung und Idealismus als wesentl. Voraussetzungen einer Wiedergeburt des dt. Volkes hinstellte. Übte nachhaltigen Einfluß v. a. auf die dt. Heimatkunstbewegung aus.
Weitere Werke: Vierzig Lieder von einem Deutschen (1891), Niederdeutsches. Ein Beitrag zur Völkerpsychologie (hg. 1926), Dürer als Führer (hg. 1928), Der Geist des Ganzen (hg. 1930).
Literatur: NISSEN, B. M.: Der Rembrandtdeutsche J. L. Freib. 33. Tsd. 1929.

Langbein, August Friedrich Ernst, *Radeberg 6. Sept. 1757, †Berlin 2. Jan. 1835, dt. Jurist und Schriftsteller. – Seine leichte Lyrik, die Balladen, Unterhaltungsromane und Erzählungen waren beliebt.
Werke: Gedichte (1788), Schwänke (2 Bde., 1791/92), Neue Schwänke (1799), Der graue König (R., 1803), Die Schule der Eleganz (Posse, 1805), Neuere Gedichte (1811).

Lange, Antoni, Pseudonym u. a. Napierski, * Warschau 1861 oder 1863, † ebd. 17. März 1929, poln. Schriftsteller. – Studien u. a. der Orientalistik vermittelten ihm ausgezeichnete Kenntnisse der Weltliteratur; schuf hervorragende Übersetzungen, bes. aus dem Sanskrit, aus der span. und englischsprachigen Literatur, und übertrug Ch. Baudelaires ›Fleurs du mal‹; vom frz. Symbolismus und P. B. Shelley beeinflußt; schrieb subjektive Reflexionslyrik, oft mit sozialer Thematik, Erzählungen und Dramen.
Literatur: HOELSCHER-OBERMAIER, H.-P.: Das lyr. Werk A. L.s. Mchn. 1983.

Lange, Hartmut, * Berlin 31. März 1937, dt. Schriftsteller. – Nach Arbeit im Tagebau in Senftenberg 1957–60 Studium an der Filmhochschule Babelsberg, danach Dramaturg am Dt. Theater in Berlin. Der in der Brecht-Nachfolge stehende Dramatiker floh 1965 nach Berlin (West) und ist seitdem als Dramaturg und Regisseur tätig. V. a. in seinen Dramen setzte sich L. aus sozialist. Position mit kultur- und gesellschaftskrit. Themen auseinander. Schrieb auch Hörspiele und bearbeitete Dramen von Shakespeare, Molière, C. M. Bellman u. a.
Werke: Marski (Kom., 1965), Der Hundsprozeß. Herakles (2 Einakter, 1968), Die Gräfin von Rathenow (nach H. von Kleist; Kom., 1969), Trotzki in Coyoacan (Dr., 1971), Frau von Kauenhofen (Tragikom., UA 1977), Pfarrer Koldehoff (UA 1979), Die Selbstverbrennung (R., 1982), Dt. Empfindungen. Tagebuch eines Melancholikers (1983), Die Waldsteinsonate (Nov.n, 1984), Das Konzert (Nov., 1986), Die Ermüdung (1988), Die Wattwanderung (1990), Die Reise nach Triest (Nov., 1991), Die Stechpalme (Nov., 1993).
Ausgabe: H. L. Texte für das Theater 1960–76. Rbk. 6.–7. Tsd. 1977.

Lange, Horst [Wilhelm Ernst Max], * Liegnitz 6. Okt. 1904, † München 6. Juli 1971, dt. Schriftsteller. – Studierte Kunst- und Literaturwissenschaft; lebte ab 1931 als freier Schriftsteller in Berlin, ab 1945 in Bayern. ∞ mit Oda Schaefer. Gestaltete in Lyrik, Dramen, Romanen und Erzählungen ein düsteres Bild des Daseins.
Werke: Nachtgesang (Ged., 1928), Schwarze Weide (R., 1937), Gesang hinter den Zäunen (Ged., 1939), Ulanenpatrouille (R., 1940), Die Leuchtkugeln (En., 1944), Ein Schwert zwischen uns (R., 1952), Verlöschende Feuer (R.,

1956), Aus dumpfen Fluten kam Gesang (Ged., 1958).

Lange, Oda, dt. Schriftstellerin, ↑ Schaefer, Oda.

Lange, Samuel Gotthold, * Halle/ Saale 22. März 1711, † Laublingen bei Halle/Saale 25. Juni 1781, dt. Schriftsteller. – Studierte Theologie; Prediger, ab 1755 Inspektor des Kirchen- und Schulwesens im Saalekreis. L. verfocht zunächst die Ideen J. Ch. Gottscheds und gründete mit I. J. Pyra in Halle eine Gesellschaft zur Förderung der dt. Sprache, Poesie und Beredsamkeit (sog. erste oder ältere Hallesche Dichterschule); später bezogen beide Stellung gegen Gottsched. L. übersetzte Horaz (›Des Quintus Horatius Flaccus Oden ...‹, 1752) und die Psalmen (›Die Oden Davids oder poet. Übersetzung der Psalmen‹, 4 Bde.), 1760).
Weitere Werke: Thyrsis und Damons freundschaftl. Lieder (Ged., hg. von J. J. Bodmer 1745, erweitert 1749; mit I. J. Pyra), Poet. Betrachtungen über die sieben Worte des sterbenden Erlösers ... (1757).
Literatur: GEPPERT, H.: S. G. L., der Gründer der ersten Halleschen Dichterschule, sein Leben u. seine Werke. Diss. Hdbg. 1923.

Lange, Sven, * Kopenhagen 22. Juni 1868, † ebd. 6. Jan. 1930, dän. Schriftsteller. – 1896–98 Redakteur des ›Simplicissimus‹ in München, dann Kritiker an der Zeitung ›Politiken‹; stand als Dramatiker in der Nachfolge H. Ibsens.
Werke: Hertha Juncker (R., 1900, dt. 1901), De stille stuer (Dr., 1902), Ein Verbrecher (Dr., 1902, dt. 1903), Simson und Delila (Tragikom., 1909, dt. 1910), Amor og Bacchus (R., 1926).

Länge, in der antiken quantitierenden *Metrik* der mit einer langen Silbe gefüllte Versteil (Ggs. ↑ Kürze); entspricht in der akzentuierenden Metrik der ↑ Hebung.

Lange-Müller, Katja, * Berlin (Ost) 13. Febr. 1951, dt. Schriftstellerin. – War Schriftsetzerin, dann Krankenpflegerin; 1979–82 Studium am ›Literaturinstitut Johannes R. Becher‹ in Leipzig; nach einjährigem Aufenthalt in der Mongolei kurze Zeit Lektorin, 1984 Übersiedlung nach Berlin (West). In ihrer von der Kritik sehr positiv aufgenommenen ersten Buchveröffentlichung, der Erzählungssammlung ›Wehleid – wie im Leben‹ (1986), berichtet sie in z. T. schnoddrigfrecher, z. T. sarkastisch-lakon. Sprache über ihre Erfahrungen im Elend eines psychiatr. Pflegeheims, in der Mongolei, im Alltag der DDR. 1986 erhielt sie den Ingeborg-Bachmann-Preis.

Weiteres Werk: Kasper Mauser – Die Feigheit vorm Freund (E., 1988).

Langendijk, Pieter [niederl. ˈlɑŋən-dɛik], * Haarlem 25. Juli 1683, † ebd. 9. Juli 1756, niederl. Dichter. – Zeichner und Maler; arbeitete als Musterzeichner in einer Amsterdamer Damastweberei, verarmte später völlig und wurde Geschichtsschreiber der Stadt Haarlem. L. verfaßte Gedichte, zahlreiche, von Molière beeinflußte Lustspiele (u.a. ›Het wederzijds huwelijksbedrog‹, 1714; ›De wiskunstenaars of 't Gevlugte juffertje, kluchtspel‹, 1715) über zeitgeschichtl. Themen, z.T. mit erzieher. Absicht, Sittenstücke und andere satir. Werke.

Literatur: MEIJER, C. H. PH.: P. Langendyk. Den Haag 1891.

Langendonck, Prosper van, * Werchter bei Löwen 15. März 1862, † Brüssel 7. Nov. 1920, fläm. Dichter. – 1893 Mitbegründer der Zeitschrift ›Van Nu en Straks‹; gilt als einer der ersten Neuromantiker der fläm. Literatur. In seiner Lyrik (›Versen‹, 1900) offenbart sich seine seel. Gespaltenheit.

Ausgabe: P. v. L. Gedichten. Hg. v. A. WESTERLINCK. Hasselt 1962.
Literatur: SCHMOOK, G.: P. v. L. 1862–1920. Antwerpen 1969.

Langenfeld, Friedrich Spee von, dt. Theologe und Schriftsteller, ↑ Spee von Langenfeld, Friedrich.

Langenhoven, Cornelis Jacob [afrikaans ˈlɑŋənhoːfən], * Ladysmith (Kapprovinz) 13. Aug. 1873, † Oudtshoorn (Kapprovinz) 15. Juli 1932, südafrikan. Schriftsteller. – Sein volkstüml., zweisprachiges Werk umfaßt viele Bereiche des gesellschaftl. Lebens; schrieb didakt., philosoph., populärwiss. Essays, Autobiographien, Epigramme, phantast. Erzählungen, Romane, humorist. Prosastücke, Versdramen sowie patriot., religiöse und allegor. Gedichte; Verfasser der südafrikan. Nationalhymne.

Werke: Die familiesaak (Dr., 1909), Die onmoontlike tweeling (Dr., 1920), Doppers en Filistyne (R., 1921), Die lig van verre dae (R., 1924), Geeste op aarde (En., 1924), Die kinderparlement (Dr., 1927), Skaduwees van Nasaret (fiktive Briefe, 1927), U dienswillige dienaar (Autobiogr., 1932).

Literatur: BURGERS, M. P. O.: Die mens L. Kapstadt 1939. – VERHAGE, J. K.: C. J. L., die volkskunstenaar. Kapstadt 1969. – OPPERMAN, D. J.: Naaldekoker. Kapstadt 1974.
Ausgabe: C. J. L. Versamelde werke. Hg. v. S. GOLDBLATT. Kapstadt ⁴1956–58. 16 Bde.

Langer, František, * Prag 3. März 1888, † ebd. 2. Aug. 1965, tschech. Schriftsteller. – Militärarzt, 1935–38 Dramaturg, befreundet mit den Brüdern J. und K. Čapek sowie J. Hašek; im 2. Weltkrieg in Frankreich und England; in Westeuropa v.a. als Dramenautor bekannt; stellte (auch in Erzählungen) die Welt der kleinen Leute dar sowie das Schuld- und Sühneproblem.

Werke: Ein Kamel geht durch das Nadelöhr (Dr., 1923, dt. 1929), Periphenie (Dr., 1925, dt. 1926), Grandhotel Nevada (Lsp., 1927), Die Bekehrung des Ferdys Pistora (Schsp., 1929, dt. 1929).
Ausgabe: F. L. Výbor z díla. Prag 1966 ff.

Langer, Rudolf, * Neisse 6. Nov. 1923, dt. Lyriker. – Lebt seit 1945 in Ingolstadt. Beamter, dann Kaufmann, seit 1973 freier Schriftsteller. Schreibt, vom Alltäglichen ausgehend, moderne Lyrik in einfacher, bildkräftiger Sprache. L. verfaßt auch Romane und Theaterstücke.

Werke: Ortswechsel (Ged., 1973), Überholvorgang (Ged., 1976), Gleich morgen (Ged., 1978), Wounded no doubt (Ged., 1979), Das Narrenschiff schwankt. Gedichte 1978–1986 (1987), Unaufhaltbar (Ged., 1987), Der Turmfalk und die Taube (Kurzgeschichten, 1990).

Langer, Susanne K[atherina Knauth] [engl. ˈlæŋə], * New York 20. Dez. 1895, † Old Lyme (Conn.) 17. Juli 1985, amerikan. Philosophin und Literaturkritikerin. – Studium am Radcliffe College und in Wien (1921/22); Philosophiedozentin in Radcliffe, an der Columbia University und der University of Connecticut. Ihre interdisziplinären, von A. H. Whitehead und E. Cassirer beeinflußten Werke hatten große Wirkung auf Geistes- und Naturwissenschaftler. Ihr Hauptwerk ›Philosophie auf neuem Wege‹ (1942, dt. 1965) stellt eine Untersuchung der Kunst, insbes. der Musik, dar und definiert die ästhet. Methode als eine symbol. Form menschl. Kommunikation.

Weitere Werke: Feeling and form (1953), Reflections on art (1958), Mind. An essay on human feeling (3 Bde., 1967–82).

Langewiesche, Marianne, * Irschenhausen (zu Icking, Oberbayern)

16. Nov. 1908, † München 4. Sept. 1979, dt. Schriftstellerin. – Tochter des Verlegers Wilhelm L.-Brandt (* 1866, † 1934); ∞ mit Heinz Coubier (* 1905); schrieb histor. Romane, Erzählungen und Studien, in denen sie bes. auf arab., griech. und jüd. Traditionen eingeht.

Werke: Königin der Meere (R., 1940), Die Allerheiligen-Bucht (R., 1942), Castell Bô (Nov., 1947), Die Bürger von Calais (E., 1949), Der Ölzweig (R., 1952), Der Garten des Vergessens (E., 1953), Ravenna (Studie, 1964), Spuren in der Wüste? (Studie, 1970), Wann fing das Abendland zu denken an? (Studie, 1970), Jura-Impressionen (1971).

Langgässer, Elisabeth, verh. Hoffmann, * Alzey 23. Febr. 1899, † Rheinzabern (Landkreis Germersheim) 25. Juli 1950, dt. Schriftstellerin. – War Lehrerin, 1929/30 Dozentin für Pädagogik, lebte 1929–48 in Berlin; gehörte zum Kreis um O. Loerke, G. Eich, P. Huchel. Sie veröffentlichte Gedichtzyklen (›Der Wendekreis des Lammes‹, 1924; ›Die Tierkreisgedichte‹, 1935), die in der Metaphorik christl. Kosmos, mag. Natur und heidn. Antike verknüpfen. L. erhielt 1936 als ›Halbjüdin‹ Schreibverbot. In ihrem Hauptwerk ›Das unauslöschl. Siegel‹ (R., 1946) stellt sie der Schuld des einzelnen die mächtige Kraft der durch die Taufe erlangten göttl. Gnade gegenüber. Erhielt 1950 den Georg-Büchner-Preis.

Elisabeth Langgässer

Weitere Werke: Proserpina (E., 1932), Tryptichon des Teufels (Nov.n, 1932), Der Gang durch das Ried (R., 1936), Der Laubmann und die Rose (Ged., 1947), Kölnische Elegie (Ged., 1948), Das Labyrinth (En., 1949), Märk. Argonautenfahrt (R., 1950), Soviel berauschende Vergänglichkeit. Briefe 1926–50 (hg. 1954), Das

Christl. der christl. Dichtung (Essays u. Briefe, hg. 1961).

Ausgaben: E. L. Ges. Werke. Hamb. 1959–64. 5 Bde. – E. L. Ausgew. Erzählungen. Düss. 1984. **Literatur:** AUGSBERGER, E.: E. L. Assoziative Reihung, Leitmotiv u. Symbol in ihren Prosawerken. Nbg. 1962. – RILEY, A. W.: E.-L.-Bibliogr. mit Nachlaßbericht. Bln. 1970. – MAASSEN, J. P.: Die Schrecken der Tiefe. Unterss. zu E. L.s Erzählungen. Leiden 1973. – JOHANN, E./SCHIRMBECK, H.: E. L.s Darmstädter Jahre. Ein Rückblick. Darmst. 1981. – HETMANN, F.: Schlafe, meine Rose ... Die Lebensgeschichte der E. L. Whm. 1986. – E. L. Eine biograph. Skizze. Bearb. v. KARLHEINZ MÜLLER. Darmst. 1990. – EWERS, S.: Allegorie u. Apologie. Die späte Lyrik E. L.s. Ffm. 1994.

Langhveldt (Langveld), Joris van, niederländischer Humanist und Dramatiker, ↑ Macropedius, Georgius.

Langland, William [engl. ˈlæŋlənd] (W. Langley), * wahrscheinlich in Shropshire um 1332, † London (?) um 1400, engl. Dichter. – Über sein Leben ist nichts Sicheres bekannt. Vermutlich wurde er im Benediktinerkloster in Great Malvern erzogen und lebte später in London. Seine allegor. Traumdichtung in Stabreimversen ›The vision of William concerning Piers the Plowman‹, die er mehrfach erweiterte (so daß drei Versionen existieren: A-Text, um 1370; B-Text, um 1377/79; C-Text, nach 1390), verbindet die Kritik an den Mißständen der Erfahrungswelt und bes. an der institutionellen Kirche mit der Suche nach geistl. Wahrheit, für die die Gestalt des Ackermanns zum Führer und schließlich zum Christussymbol wird. Für die Zeit sozialer Unruhen im 14. Jh. enthielt das Werk revolutionäres Potential.

Ausgaben: W. L. Peter der Pflüger. Dt. Übers. Bonn 1935. – W. L. The book concerning Piers the Plowman. Neuengl. Übers. v. D. ATTWATER u. R. ATTWATER. London u. New York 1957. – Piers Plowman. 1. The A version. Hg. v. G. KANE. London 1960. – Piers Plowman. 2. The B version. Hg. v. G. KANE u. E. T. DONALDSON. London 1975. – Piers Plowman by W. L. An edition of the C-Text. Hg. v. D. PEARSALL. London 1978.
Literatur: ERZGRÄBER, W.: W. L.s ›Piers Plowman‹ (eine Interpretation des C-Textes). Hdbg. 1957. – LAWLOR, J.: Piers Plowman. An essay in criticism. London 1962. – KANE, G.: ›Piers Plowman‹. The evidence for authorship. London 1965. – AERS, D.: ›Piers Plowman‹ and christian allegory. London 1975. – BOUR-

QUIN, G.: Piers Plowman. Études sur la genèse littéraire des trois versions. Paris 1978. 2 Bde. – SCHMIDT, AUBREY VINCENT CARLYLE: The clergy maker. L.'s poetic art. Cambridge 1987. – The yearbook of L. studies. Cambridge 1987 ff. – PEARSALL, D.: An annotated critical bibliography of L. Ann Arbor (Mich.) 1990.

Langley, William [engl. 'læŋlɪ], engl. Dichter, ↑ Langland, William.

Langmann, Philipp, * Brünn 5. Febr. 1862, † Wien 22. Mai 1931, österr. Schriftsteller. – War Arbeiter, autodidakt. Bildung, studierte an der TH in Brünn, wurde Fabrikleiter, schließlich Beamter. Er bevorzugte in seinen Dramen, Romanen und Novellen soziale Themen und verstand es meisterhaft, treffende naturalist. Milieuschilderungen zu geben. Als Dramatiker folgte er L. Anzengruber.

Werke: Arbeiterleben (Nov.n, 1893), Realist. Erzählungen (1896), Bartel Turaser (Dr., 1897), Die Herzmarke (Dr., 1901), Leben und Musik (R., 1904), Die Prinzessin von Trapezunt (Dr., 1909), Ein fremder Mensch (Nov.n, 1923).
Literatur: RIEDL, R.: Ph. L. Leben u. Werk. Diss. Wien 1947.

Langner, Ilse, eigtl. I. Siebert, * Breslau 21. Mai 1899, † Darmstadt 16. Jan. 1987, dt. Schriftstellerin. – Unternahm zahlreiche Reisen, die sie literarisch verarbeitete; Dramatikerin und Erzählerin mit pazifist., sozialkrit. und emanzipator. Thematik.

Werke: Die Heilige aus USA (Dr., 1931), Die purpurne Stadt (R., 1937), Klytämnestra (Trag., 1947), Iphigenie kehrt heim (Dr., 1948), Der venezian. Spiegel (Dr., 1952), Cornelia Kungström (Dr., 1955), Sonntagsausflug nach Chartres (R., 1956), Geboren 1899 (Ged., 1959), Chin. Tagebuch (1960), Die Zyklopen (R., 1960), Jap. Tagebuch (1961), Flucht ohne Ziel. Tagebuch-Roman Frühjahr 1945 (1984).
Ausgabe: I. L. Dramen. Hg. v. E. G. SCHULZ. Sigmaringen 1983–90. 2 Bde.

Langvers, Vers von fünf und mehr Hebungen (Takten).

Langzeile, aus zwei ↑ Kurzzeilen (Halbzeilen; ↑ Anvers und ↑ Abvers) bestehend, die zu einer rhythm. Einheit zusammengefaßt sind, wobei die Zahl der Silben oder Hebungen unterschiedlich sein kann. L.n finden sich v. a. in den älteren Perioden der einzelnen Literaturen; sie sind bes. beliebt als Verse der ep. Dichtung. Typ. Formen der L. und der L.nstrophe sind die german. ↑ Stabreimvers und die aus L.n gebildeten altdt. ep.

Strophenformen (Nibelungenstrophe, Kudrunstrophe, Titurelstrophe, Hildebrandston u. a.), die in den Anfängen des dt. Minnesangs auch als lyr. Strophenmaße Verwendung fanden. L.n sind auch die altlat. ↑ Saturnier, der altind. ↑ Schloka sowie der ep. Vers der akkad. Dichtung (z. B. im ›Gilgamesch-Epos‹).

Lanier, Sidney [engl. lə'nɪə], * Macon (Ga.) 3. Febr. 1842, † Lynn (N. C.) 7. Sept. 1881, amerikan. Dichter. – Kämpfte im Bürgerkrieg für die Südstaaten. L.s musikal. Lyrik ist formal der W. Whitmans verwandt. L. versuchte, die Gesetze der Musik auf die Dichtung anzuwenden. Er verfaßte mehrere literaturtheoret. Abhandlungen (u. a. ›The science of English verse‹, 1880).

Ausgabe: S. L. The centennial edition of the works. Hg. v. CH. R. ANDERSON. Baltimore (Md.) Neuausg. 1963. 10 Bde.
Literatur: STARKE, A. H.: S. L. A biographical and critical study. New York ²1964. – GABIN, J. S.: A living minstrelsy. The poetry and music of S. L. Macon (Ga.) 1985.

Lanoux, Armand [frz. la'nu], * Paris 24. Okt. 1913, † ebd. 23. März 1983, frz. Schriftsteller. – Autor eines vielseitigen Werkes (Romane, Novellen, Gedichte und Essays), in dem sich Phantasie und Realismus auf originelle Art verbinden. 1969 Mitglied der Académie Goncourt.

Werke: La nef des fous (R., 1948), Bonjour, Monsieur Zola (Studie, 1954), Der Tote von Volmerange (R., 1956, dt. 1960), Das Rendezvous von Brügge (R., 1958, dt. 1959), La tulipe orageuse (Ged., 1959), Wenn das Meer zurückweicht (R., 1963, dt. 1965; Prix Goncourt 1964), Le berger des abeilles (R., 1974), L'or et la neige (R., 1978), Madame Steinheil ou la connaissance du président (R., 1983).
Literatur: VINAS, A.: A. L., témoin d'Isis. Paris 1980.

Lansel, Peider, * Pisa 15. Aug. 1863, † Genf 9. Dez. 1943, rätoroman. Schriftsteller. – Gab als Lyriker, Erzähler, Essayist und Sammler von Volksliedern der rätoroman. Sprache und Literatur neue Impulse; veröffentlichte Anthologien rätoroman. Lyrik.

Werke: Primulas (Ged., 1892), Il vegl chalamêr (Ged., 1929), Versiuns veglias e nouvas (Ged., 1940).
Literatur: FERMIN, M.: P. L. en de herleving van het Reto-Romaans. Groningen 1956. – BAZZI, E.: Zum 100. Geburtstag P. L.s (15. Aug. 1863–9. Dez. 1943). In: Terra Grischuna. Bünd-

nerland 6 (1963), S. 468. – PEER, A.: P. L., 1863–1943. In: Bed. Bündner aus fünf Jahrhunderten. Chur 1970. Bd. 2. S. 365.

Lanzer, Elisabeth, Pseudonym der österr. Journalistin und Schriftstellerin Elisabeth ↑Freundlich.

Laokoontheorie [...kɔɔn], nach der Laokoongruppe, der berühmten Plastik der rhod. Bildhauer Hagesander, Polydoros und Athanodoros (wohl um 50 v. Chr., Datierung umstritten; Vatikan. Sammlungen) benannte Theorie über die unterschiedl. Darstellungsweisen von bildender Kunst und Literatur. G. E. Lessing legte in seiner Schrift ›Laokoon: oder Über die Grenzen der Mahlerei und Poesie‹ (1766) anhand einer ästhet. Analyse der Laokoongruppe dar, daß die Dichtung ihren Gegenstand nur in einem zeitl. Nacheinander, in Handlungen, erfassen kann, die darstellende Kunst (Plastik, Malerei) dagegen in einem ›fruchtbaren Moment‹ im räuml. Nebeneinander von Figuren und Farben. Diese Theorie wurde maßgebend für die Kunstbetrachtung der Aufklärung.

Lao She [chin. lauʃʌ], eigtl. Shu Ch'ing-ch'un, * Peking 3. Febr. 1899, † ebd. 24. Aug. 1966, chin. Schriftsteller. – Mit seinem umfangreichen erzähl. und dramat. Werk realist. Prägung begleitete Lao She bes. durch eindrucksvolle Milieuschilderungen die Wandlungen in China. Nach dem utop. Roman ›Die Stadt der Katzen‹ (1932, dt. 1985), den Romanen ›Die Blütenträume des Lao Li‹ (1933, dt. 1985) und ›Rikscha Kuli‹ (1939, dt. 1947) ist das Schauspiel ›Das Teehaus‹ (1958, dt. 1980) sein bedeutendstes Werk. Es zeigt in der Art eines histor. Bilderbogens am wechselnden Treiben in einem Pekinger Teehaus den Umbruch im 20. Jahrhundert. Lao She gilt als Meister einer neuen realist. Literatur in China; wurde während der Kulturrevolution in den Tod getrieben.
Weitere Werke: Eine Erbschaft in London (R., 1931, dt. 1988), Sperber über Peking (R., dt. 1992).
Ausgaben: Moderne Stücke aus China. Hg. v. B. EBERSTEIN. Ffm. 1980. – Lao She. Rikscha Kuli. Roman. Dt. Übers. Bln. 1982.
Literatur: SLUPSKI, Z.: The evolution of a modern chinese writer. Prag 1966. – VOHRA, R.: Lao She and the Chinese revolution. Cambridge (Mass.) 1974.

laotische Literatur ↑thailändische Literatur.

Laotse, chin. Philosoph, ↑Lao Tzu.

Lao Tzu (Laozi; Laotse) [chin. laudzɨ = Alter Meister], legendärer chin. Philosoph, der nach neueren Datierungsversuchen im 4. oder 3. Jh. v. Chr. (nicht im 6. Jh., wie die chin. Überlieferung meint) lebte. – Das ihm zugeschriebene ›Tao-te ching‹ (= Buch vom Weg und von der Tugend) entstand zwischen 300 und 250. In 81 spruchartigen Abschnitten entwickelt es eine Lehre von dem Urprinzip Tao und dessen schöpferischem Wirken in der Welt, vom Rückzug aus der menschl. Gesellschaft und dem Nichteingreifen in die Natur. Die taoist. Philosophie des Chuang Tzu und Lieh Tzu mögen von ihm beeinflußt sein, ebenso der Volkstaoismus, der über 2000 Jahre das chin. Leben prägte. Die knappe Sprache des Werkes regte weit über hundert Übersetzungen in europ. Sprachen an.
Ausgaben: Tao-Tê-King. Das Heilige Buch vom Weg u. der Tugend. Dt. Übers. v. G. DEBON. Stg. 1961. – Laozi. Tao-te-king. Das Buch vom Sinn u. Leben. Dt. Übers. v. R. WILHELM. Mchn. ⁷1993.
Literatur: WALEY, A.: The way and its power. The Tao te ching and its place in Chinese thought. London 1934. – KALTENMARK, M.: Lao-Tse u. der Taoismus. Dt. Übers. v. M. PEUKERT. Ffm. 1981.

Laozi, chin. Philosoph, ↑Lao Tzu.

Lapidoth-Swarth, Hélène [niederl. 'la:pidɔt'swart], niederländische Lyrikerin, ↑Swarth, Hélène.

lappische Literatur, neben der Volksliteratur – Sagen mit Motiven und Figuren, die teils nordeuras. Zusammenhang aufweisen, Märchen und, als charakteristischte Form, ›juoiggus‹ (schwed. jojk), improvisierte kleine Lieder, die eine ›Kunst des Erinnerns‹ an Menschen und Begebenheiten darstellen – bestand bis zur Jahrhundertwende fast nur aus einer Übersetzungsliteratur meist religiösen Inhalts. Erst das 20. Jh. hat Originalliteratur hervorgebracht: Von Johan Turi (* 1854, † 1936), Anta Pirak (*1873, † 1951), Nils Nilsson Skum (* 1872, † 1951) stammen Schilderungen lapp. Lebens (Turis ›Erzählung aus dem Leben der Lappen‹, 1910, dt. 1912). Wie Pedar Jalvi (* 1888, † 1916) trat Aslak

Guttorm (* 1907) außer mit Gedichten auch mit Prosa hervor, deren Stil er bewußt entwickelte. Die in den beiden letzten Jahrzehnten zunehmend lebendiger gewordene l. L. wird u. a. charakterisiert durch den Aufbau auf mündl. Traditionen, so auf die ›juoiggus‹ in den Gedichten Nils Aslak Valkeapääs (* 1943) und auf die Sagen in der Prosa Kirsti Palttos (* 1947); bekannt ist auch Paulus Utsi (* 1918, † 1975).

Literatur: COLLINDER, B.: The Lapps. Princeton (N. J.) 1949. – AIKIO, S.: Die Anfänge der lapp. Prosalit. In: Mitt. aus der dt. Bibliothek Helsinki 12 (1978). – SCHLACHTER, W.: Die l. L. In: Die Literaturen der Welt. Hg. v. W. VON EINSIEDEL. Herrsching 1981.

Larbaud, Valery [frz. lar'bo], * Vichy 29. Aug. 1881, † ebd. 2. Febr. 1957, frz. Schriftsteller. – Aus wohlhabender Familie; ausgedehnte Bildungsreisen, die alle seine Werke beeinflußten. So steht auch im Mittelpunkt seines Hauptwerks, des kosmopolit. [autobiograph.] Globetrotter-Romans ›A. O. Barnabooth‹ (1. vollständige Ausg. 1913, dt. 1956, 1921 u. d. T. ›Das Tagebuch eines Milliardärs‹), ein Multimillionär und Weltenbummler. L. schrieb außerdem bed. Essays, Gedichte und Erzählungen; er war an der Übertragung des ›Ulysses‹ von J. Joyce ins Französische (1929) beteiligt.

Weitere Werke: Fermina Márquez (R., 1911, dt. 1957), Kinderseelen (En., 1918, dt. 1953), Glückl. Liebende (Nov.n, 1923, dt. 1955), Ce vice impuni, la lecture (Essays, 1925, erweitert 1941), Die Farben Roms (Prosa, 1938, dt. 1992), Sankt Hieronymus, Schutzpatron der Übersetzer (Essays, 1946, dt. Teilausg. 1956), Le cœur de l'Angleterre. Suivi de Luis Losada (Reiseber. und R.-Fragment, hg. 1971).

Ausgaben: V. L. Œuvres complètes. Paris 1950–55. 10 Bde. – V. L. Alfonso Reyes. Correspondance 1923–1952. Hg. v. P. PATOUT. Paris 1972. – Dt.-frz. Gespräche. 1920–1950. La correspondance de E. R. Curtius avec A. Gide, Ch. Du Bos et V. L. Hg. v. H. u. J. DIECKMANN. Ffm. 1980. – V. L. – Alexandre Alphonse Marius Stols. Correspondance. Hg. v. CH. u. M. KOPYLOV. Paris 1986. 2 Bde.

Literatur: BLANKENHORN, G.: Der Kosmopolitismus bei V. L. Wsb. 1958. – CURTIUS, E. R.: V. L. In: CURTIUS: Frz. Geist im 20. Jh. Bern u. Mchn. ²1960. S. 405. – WEISSMAN, F.: L'exotisme de V. L. Paris 1966. – Cahiers des amis de V. L. 1 (1967) ff. – BROWN, J. L.: V. L. Boston 1981. – POŸLO, A.: V. L. et l'Espagne. Habil. Lyon-II 1986. – V. L. Hg. v. A. CHEVALIER. Cahiers de l'Herne, 61. Paris 1992.

Lardner, Ring[gold] W[ilmer] [engl. 'lɑ:dnə], * Niles (Mich.) 6. März 1885, † East Hampton (N. Y.) 25. Sept. 1933, amerikan. Schriftsteller. – Bekannter Sportjournalist; schrieb satir. und humorist. Kurzgeschichten mit pessimist. Unterton; als sprachl. Darstellungsmittel diente ihm oft der Slang, bes. das Idiom der Baseballspieler.

Werke: You know me, Al (Brief-R., 1916), How to write short stories (Kurzgeschichten, 1924), The love nest (Kurzgeschichten, 1926), Round up (Kurzgeschichten, 1929), First and last (Kurzgeschichten, 1934), Champion (Kurzgeschichten, dt. Ausw. 1963, 1974 u. d. T. Geschichten aus dem Jazz-Zeitalter).

Literatur: PATRICK, W. R.: R. L. New York 1963. – GEISMAR, M. D.: R. L. and the portrait of folly. New York 1972. – BRUCCOLI, M. J./LAYMAN, R.: R. W. L. A descriptive bibliography. Pittsburgh (Pa.) 1976. – YARDLEY, J.: Ring. A biography of R. L. New York 1977.

Larese, Dino, * Candide (Prov. Belluno) 26. Aug. 1914, schweizer. Schriftsteller. – War Lehrer, arbeitete freiberuflich beim Rundfunk; organisierte seit 1949 die ›Amriswiler Begegnungen‹, die Amriswil (bei Sankt Gallen) zu einem ostschweizer. Kulturzentrum werden ließen. 1974 Gründer und seitdem Leiter der Akademie Amriswil. Verfasser von Jugendbüchern, Erzählungen, Hörspielen, Biographien, Essays.

Werke: Appenzeller Sagen (1948), Begegnungen (Essays, 1949), Die Brunnenfrau Beth (Märchen, 1949), Schweizer Jugendschriftsteller der Gegenwart (1963; Hg.), Der Ring im Fisch (Sagen, 1977; Hg.), Ostschweizer Begegnungen (Essays, 1978), Auf dem Wege zum Menschen (Essays, 1979), Der Arzt Alfred Bangerter (Biogr., 1980), Der Scherenschleifer (R., 1981), Kulturpflege im Dorf (Dokumentation, 1985), Wo liegt Amriswil? (Autobiogr., 1991), Liebe unterm Herbstmond (1992), Puppentraum (Geschichte, 1994).

Literatur: D. L. zum 60. Geburtstag. Hg. v. H. STREHLER. Amriswil 1974 (mit Bibliogr.).

Larkin, Philip [engl. 'lɑ:kɪn], * Coventry 9. Aug. 1922, † Hull 2. Dez. 1985, engl. Schriftsteller. – Studierte in Oxford; ab 1955 Bibliothekar an der Univ. Hull. Nach seinen frühen Romanen ›Jill‹ (1946) und ›Ein Mädchen im Winter‹ (1947, dt. 1948) wurde er v. a. als Lyriker bekannt; als solcher war er einer der Hauptvertreter des Movement. In den Gedichtbänden ›The less deceived‹ (1955), ›The Whitsun weddings‹ (1964)

und ›High windows‹ (1974) vermittelt er mit subtiler Verskunst und in klarer, gegenwartsnaher Sprache kühl distanziert die Desillusionen des vereinsamten Menschen in der modernen Welt. L. schrieb auch Essays über Jazz (›All what jazz. A record diary 1961–1968‹, 1970) und literar. Themen (›Required writing. Miscellaneous pieces 1955–1982‹, 1983) und gab das ›Oxford book of twentieth century English verse‹ (1973) heraus. Eine engl. und dt. Auswahl seiner Lyrik erschien 1988 u. d. T. ›Gedichte‹.

Ausgaben: Ph. L. Collected poems. Hg. v. A. THWAITE. London 1988. Nachdr. 1990. – Selected letters of Ph. L., 1940–1985. Hg. v. A. THWAITE. London 1992.

Literatur: MARTIN, B. K.: Ph. L. Boston (Mass.) 1978. – MOTION, A.: Ph. L. London 1982. – WHALEN, T.: Ph. L. and English poetry. Neuausg. Basingstoke 1990. – BOOTH, J.: Ph. L. Writer. New York 1992. – MOTION, A.: Ph. L., a writer's life. London 1993.

la Roche, Mazo de, kanad. Schriftstellerin, ↑ de la Roche, Mazo.

La Roche, [Marie] Sophie von [frz. la-'rɔʃ], geb. Gutermann von Gutershofen, * Kaufbeuren 6. Dez. 1731, † Offenbach am Main 18. Febr. 1807, dt. Schriftstellerin. – Jugendgeliebte Ch. M. Wielands in Biberach; ihre Tochter Maximiliane ist die Mutter von C. und B. Brentano. Lebte in Mainz, Speyer und Offenbach. Sie gilt als erste Vertreterin moderner Unterhaltungsliteratur in Deutschland. Ihre inhaltlich und formal von S. Richardson beeinflußten empfindsamen Briefromane und Erzählungen verbinden aufklärer. Vernunftmoral mit der enthusiast. Seelensprache des Pietismus. Briefwechsel mit Wieland und Goethe.

Werke: Geschichte des Fräulein von Sternheim (R., 2 Bde., 1771), Rosaliens Briefe an ihre Freundin (3 Bde., 1779–81), Moral. Erzählungen (2 Tle., 1782–84), Briefe an Lina (3 Bde., 1785–87), Fanny und Julie. Eine romant. Geschichte (2 Tle., 1801), Melusinens Sommerabende (E., 1806).

Literatur: MILCH, W.: S. La R., die Großmutter der Brentanos. Ffm. 1935. – GEBELE, E.: S. v. La R. In: Lebensbilder aus dem bayer. Schwaben. Hg. v. G. VON PÖLNITZ. Bd. 7. Mchn. 1959.

La Rochefoucauld, François VI, Herzog von [frz. larɔʃfu'ko], Prince de Marcillac, * Paris 15. Dez. 1613, † ebd. 17. März 1680, frz. Schriftsteller. – Offizier; wurde am Hof in die Intrigen gegen Richelieu verwickelt; lebte nach zeitweiliger Verbannung ab 1642 wieder in Paris; er nahm aktiv an der Fronde teil und wurde 1652 schwer verwundet; zog sich nach einer Amnestie aus dem öffentl. Leben zurück; ab 1665 v. a. befreundet mit Madame de La Fayette. La R.s ›Mémoires‹ (1662) gehören zu den bedeutendsten literar. Denkmälern der Fronde, sie bieten eine wertvolle Darstellung und Kritik der Politik Richelieus. Sein Hauptwerk sind die ›Betrachtungen oder moral. Sentenzen und Maximen‹ (1665, erweiterte und veränderte Fassungen 1666, 1672, 1675 und 1678; dt. 1906, 1699 u. d. T. ›Gemüths-Spiegel ...‹). Darin entwickelt der Moralist La R. mit aphorist. Prägnanz ein pessimist., psychologisch begründetes Bild des Menschen, dessen als tugendhaft angesehene Handlungen er allein aus der Selbstsucht (›amour-propre‹) erwachsen sieht. La R. gilt als Vollender der literar. Gattung der Maxime in Frankreich. Sein Werk war auch für die folgende Zeit von weitreichendem Einfluß.

Ausgaben: F. de La R. Œuvres. Hg. v. D. L. GILBERT u. J. GOURDAULT. Paris 1868 83. 4 in 5 Bden. – Die frz. Moralisten. Dt. Übers. Hg. v. F. SCHALK. Bd. 1: La R., Vauvenargues, Montesquieu, Chamfort. Bremen ⁴1962. Neuausg. Mchn. 1973. – La R. Œuvres complètes. Hg. v. L. MARTIN-CHAUFFIER u. J. MARCHAND. Paris ²1964. – F. de La R. Maximen u. Reflexionen. Dt. Übers. Stg. Neuausg. 1969.

Literatur: HESS, G.: Zur Entstehung der ›Maximen‹ La R.s. Köln u. Opladen 1957. – KRUSE, M.: Die Maxime in der frz. Lit. Studien zum Werk La R.s u. seiner Nachfolger. Hamb. 1960. – MORA, E.: La R. Étude sur l'écrivain. Choix de textes. Bibliogr. Paris 1965. – ANSMANN, L.: Die Maximen von La R. Mchn. 1972. – THWEATT, V.: La R. and the seventeenth-century concept of the self. Genf 1980. – Images de La R. Actes du tricentenaire (1680–1980). Hg. v. J. LAFOND et J. MESNARD. Paris 1984. – ROSSO, C.: Procès à La R. et à la maxime, avec une bibliographie critique. Pisa u. Paris 1986.

Larra, Mariano José de, Pseudonym Fígaro, * Madrid 24. März 1809, † ebd. 13. Febr. 1837, span. Schriftsteller. – Sein Schriftstellerruhm beruht v. a. auf seinen zeit- und kunstkrit. satir. Zeitungs- und Zeitschriftenartikeln in geschliffener Prosa (›Artículos‹, 1832/33); schrieb das histor. Drama ›Macías‹ (1834) über den gleichnamigen Lyriker des 14. Jh., der

auch Protagonist des Romans ›Der Doncel‹ (4 Bde., 1834, dt. 3 Bde., 1853) ist. L. verfaßte auch Gedichte im Stil der Zeit.
Ausgaben: M. J. de L. Obras. Hg. v. C. S. SERRANO. Madrid 1960. 4 Bde. – M. J. de L. Las palabras, articulos y ensayos. Hg. v. J. L. VARELA. Madrid 1982.
Literatur: RIVERO, L. L.: L. Lengua y estilo. Madrid 1977. – M. J. de L. Hg. v. R. BENÍTEZ. Madrid 1979. – PÉREZ, A.: Articulos M. J. de L. Barcelona 1983. – VARELA, J. L.: L. y España. Madrid 1983. – SHERMAN, A. F.: M. J. de L. New York 1992.

Larreta, Enrique Rodríguez [span. la'rrɛta], * Buenos Aires 4. März 1875, † ebd. 6. Juli 1961, argentin. Schriftsteller. – Jurist, Großgrundbesitzer, Diplomat, u. a. Botschafter in Frankreich; schrieb Romane, Gedichte, Essays und Theaterstücke. Sein im 16. Jh. in Spanien und Peru spielender Roman ›Versuchungen des Don Ramiro‹ (1908, dt. 1929, 1958 u. d. T. ›Don Ramiro‹) gilt als eines der bedeutendsten Prosawerke des Modernismo.
Weitere Werke: La calle de la vida y de la muerte (Ged., 1918), Zogoibi. Der Unglückselige (R., 1926, dt. 1942), Orillas del Ebro (R., 1948), El Gerardo (R., 1956), Clamor (Dr., 1960).
Ausgabe: E. L. Obras completas. Buenos Aires 1959. 2 Bde.
Literatur: JANSEN, A.: E. L., novelista hispanoargentino. Span. Übers. Madrid 1967.

L'Arronge, Adolph [frz. la'rõ:ʒ], eigtl. A. Aronsohn, * Hamburg 8. März 1838, † Kreuzlingen (Kanton Thurgau) 25. Mai 1908, dt. Theaterleiter, Komponist und Schriftsteller. – War Kapellmeister, dann Theaterdirektor, leitete 1883–94 das von ihm mitbegründete Dt. Theater in Berlin. Schrieb zahlreiche seinerzeit beliebte Berliner Lokalpossen, Volksstücke und Singspiele.
Werke: Mein Leopold (Volksstück, 1876), Hasemanns Töchter (Volksstück, 1879), Doktor Klaus (Lsp., 1879), Die Sorglosen (Lsp., 1886), Dt. Theater und dt. Schauspielkunst (Schrift, 1896).
Ausgabe: A. L'A. Gesamt-Ausgabe der dramat. Werke Bln. 1908. 4 Bde.
Literatur: RAECK, K.: Das Dt. Theater zu Berlin unter der Direktion A. L'A. Diss. Erlangen 1928.

Larsen, Gunnar, * Christiania (heute Oslo) 5. Febr. 1900, † ebd. 5. Nov. 1958, norweg. Erzähler. – Seine Darstellungstechnik weist Parallelen zur modernen amerikan. Literatur auf, der er in der

Knappheit des Ausdrucks und in der psycholog. Zielsicherheit verpflichtet ist.
Werke: Im Sommer (R., 1932, dt. 1933), Weekend i evigheten (R., 1934), Bull (R., 1938), Sneen som falt i fjor (R., 1948).

Larsen, Johannes Anker, dän. Schriftsteller, † Anker Larsen, Johannes.

Larsen, Karl [Halfdan], * Rendsburg 28. Juli 1860, † Kopenhagen 11. Juli 1931, dän. Schriftsteller. – Seine realist. Romane sind durch die Vertrautheit mit dem Leben Kopenhagens und die Kenntnis der Mentalität seiner Bürger bestimmt.
Werke: Dr. X (R., 1896, dt. 1898), Udenfor rangklasserne (R., 1896), Was siehst Du aber den Splitter (R., 1902, dt. 1903), De, der tog hjemmefra (Essays, 4 Bde., 1912–14, dt. Ausw. 1913 u. d. T. Die in die Fremde zogen. Auswanderer-Schicksale in Amerika [1873–1912]).
Ausgabe: K. L. Udvalgte skrifter. Kopenhagen 1921. 4 Bde.

Larsen, Thøger, * Tørring bei Lemvig 5. April 1875, † Lemvig 29. Mai 1928, dän. Lyriker. – Seine Dichtung wurzelt in der heimatl. Natur, deren Menschen er auf kosm. Hintergrund sieht.
Werke: Jord (Ged., 1904), Dagene (Ged., 1905), Bakker og bølger (Ged., 1912), Søndergalm (Ged., 1926), Frejas rok (R., 1928).
Literatur: NØRGAARD, F.: Kvinden, solen og universet. Om Th. L. som menneske og digter. Herning 1980.

L'art pour l'art [frz. larpur'la:r = die Kunst um der Kunst willen], von Victor Cousin (* 1792, † 1867) stammende Formel (›Du vrai, du beau et du bien‹, 1836) für eine Kunsttheorie, die in Frankreich etwa 1830–70 verbreitet war und v. a. von Th. Gautier (zuerst in der Vorrede zu seinem Roman ›Mademoiselle de Maupin‹, 1835, dt. 1913) vertreten wurde: Kunst ist Selbstzweck, losgelöst von allen ihr fremden Zielen, sie ist Gestaltung des zweckfreien ›Schönen‹, das verstanden wird als etwas, was jedem Nutzen entgegengesetzt ist. Kunst wirkt ausschließlich durch die ästhet. Gestaltung, ihren ästhet. Wert bezieht sie nur aus sich selbst (↑ Poésie pure). Vertreter dieser zum ↑ Ästhetizismus tendierenden Literatur waren in Frankreich bes. G. Flaubert, Ch. Baudelaire, die Brüder E. und J. de Goncourt, Ch. M. Leconte de Lisle, Th. de Banville, J.-K. Huysmans, in England W. H. Pater und O. Wilde; die Symbolisten und die ↑Parnassiens standen dem L'a. p. l'a. nahe, in Deutschland der ↑George-Kreis; der russ. ↑Formalismus vertrat ähnl. Vorstellungen.

Literatur: CASSAGNE, A.: La théorie de l'a. p. l'a. en France chez les derniers romantiques et les premiers réalistes. Paris 1959. – HEISIG, K.: L'a. p. l'a. Über den Ursprung dieser Kunstauffassung. In: Zs. f. Religions- u. Geistesgesch. 14 (1962), S. 201 u. 334. – HEFTRICH, E.: Was heißt l'a. p. l'a.? In: Fin de siècle. Hg. v. R. BAUER. Ffm. 1977.

La Salle (Sale), Antoine de [frz. la'sal], *bei Arles(?) vielleicht 1388, †1461, frz. Schriftsteller. – Verfaßte neben didakt. Schriften den Entwicklungs- und Sittenroman ›L'histoyre et plaisante cronicque du petit Jehan de Saintré et de la jeune dame des Belles Cousines‹ (entst. um 1456, gedr. 1518), eine iron. Darstellung der Erziehung zum vollkommenen Ritter, worin er durch realist. Schilderung den Rahmen des höf. Romans sprengt. La S.s Verfasserschaft an den ↑›Cent nouvelles nouvelles‹ und den ›Quinze joyes de mariage‹ ist nicht gesichert.

Ausgaben: A. de La S. Œuvres complètes. Hg. v. F. DESONAY. Lüttich u. Paris 1935–41. 2 Bde. – A. de La S. Jehan de Saintré. Hg. v. J. MISRAHI u. CH. A. KNUDSON. Genf u. Paris 1965.
Literatur: DESONAY, F.: A. de La S., aventureux et pédagogue. Lüttich 1940. – MANULI, F.: Cultura classica e cristiana nel ›Saintré‹. Chiaravalle Centrale 1981.

Lasca, il, italien. Dichter, ↑Grazzini, Antonfrancesco.

Laschetschnikow (tl.: Lažečnikov), Iwan Iwanowitsch [russ. la'ʒetʃnikɐf], *Kolomna 25. Sept. 1792, †Moskau 8. Juli 1869, russ. Schriftsteller. – 1813–15 im Krieg; Autor histor. Romane, in denen er u. a. durch Einfügung dokumentar. Materials histor. Genauigkeit zu erreichen bemüht war; Hauptwerke sind ›Die Eroberung Livlands‹ (R., 1831–33, dt. 1852), ›Der Eispalast‹ (R., 1835, dt. 1838), eine Darstellung der russ. Opposition gegen den dt. Günstling der Zarin Anna Iwanowna E. J. Reichsgraf von Biron, und ›Der Fremde‹ (1838, dt. 1976), ein Roman aus der Zeit Zar Iwans III.

Ausgabe: I. I. Lažečnikov. Polnoe sobranie sočinenij. Petersburg u. Moskau 1899–1900. 12 Bde.

Lask, Berta, eigtl. B. Jacobsohn-L., Pseudonym Gerhard Wieland, *Wadowice (Galizien) 17. Nov. 1878, †Berlin (Ost) 28. März 1967, dt. Schriftstellerin. – Fabrikantentochter, wuchs in Pommern auf, lebte ab 1901 in Berlin; bekam Kontakte zur Frauenbewegung und zur KPD. Emigrierte 1933 in die UdSSR, lebte ab 1953 als freie Schriftstellerin in Berlin (Ost). Schrieb in den 20er Jahren agitator. Dramen (›Thomas Müntzer‹, 1925) und Sprechchöre. L. leistete einen wichtigen Beitrag zur Entwicklung einer proletar. dt. Kinder- und Jugendbuchliteratur (›Auf dem Flügelpferde durch die Zeiten‹, 1925; ›Wie Franz und Grete nach Rußland kamen‹, 1926).

Weitere Werke: Stille und Sturm (R., 2 Bde., 1955), Otto und Else (Kinderb., 1956).

Lasker-Schüler, Else (eigtl. Elisabeth), *Elberfeld (heute zu Wuppertal) 11. Febr. 1869, †Jerusalem 22. Jan. 1945, dt. Schriftstellerin. – Enkelin eines Großrabbiners, 1894–1903 ⚭ mit dem Arzt B. Lasker, 1903–12 mit H. Walden. In der Zeit des Expressionismus lebte sie als Bohemienne in Berlin. Fruchtbare Freundschaft verband sie u. a. mit P. Hille, G. Trakl, Th. Däubler, G. Benn, F. Werfel, K. Kraus, mit F. Marc und O. Kokoschka. Den größten Teil ihres Lebens verbrachte sie als dichtende Vagantin; 1933 emigrierte sie in die Schweiz; Vortragsreisen u. a. nach Prag, Zürich, Wien und in die Sowjetunion. Hielt sich ab 1934 oft in Palästina auf, wo sie ab 1937 in großer Armut und geistiger Verwirrung bis zu ihrem Tod lebte. L.-Sch. war Vorläuferin, Repräsentantin und Überwinderin des Expressionismus. Sie schrieb Lyrik, Dramen[versuche], Erzählungen und Essays. Ihrer Dichtung wie ihrer Persönlichkeit ist eine schwärmerisch-visionäre Atmosphäre eigen. Von der ersten Gedichtsammlung ›Styx‹ (1902) bis zum schwermütigen letzten Band ›Mein blaues Klavier‹ (1943) ist ihr dichter. Werk ein Fluchtversuch vor der realen Welt, trunkene Hingabe an eine traumhafte Verzauberung und Phantastik, an eine exotisch-oriental. Märchenwelt und an zügellose Sinnlichkeit und Ekstatik. Ihre Lyrik zeugt von sublimer Sensibilität und Intensität des Gefühls. 1932 erhielt sie den Kleist-Preis.

Weitere Werke: Das Peter-Hille-Buch (1906), Die Nächte Tino von Bagdads (Nov.n, 1907),

Die Wupper (Dr., 1909), Meine Wunder (Ged., 1911), Mein Herz (R., 1912), Gesichte (Lyrik, Prosa, 1913), Hebr. Balladen (1913), Der Prinz von Theben (En., 1914), Der Malik (E., 1919), Die Kuppel (Ged., 1920), Theben (Ged., 1923), Arthur Aronymus. Die Geschichte meines Vaters (E., 1932), Arthur Aronymus und seine Väter (Schsp., 1932), Konzert (Ged., Essays, 1932), Das Hebräerland (Prosa, 1937), Ichundich (Dr., hg. 1980).
Ausgaben: E. L.-Sch. Ges. Werke in 3 Bden. Hg. v. F. KEMP u. W. KRAFT. Mchn. ¹⁻²1961–62. – E. L.-Sch. Sämtl. Gedichte. Hg. v. F. KEMP. Mchn. 1966. – E. L.-Sch. Briefe. Hg. v. M. KUPPER. Mchn. 1969. 2 Bde. – E. L.-Sch. Ges. Werke. Mchn. 1986. 8 Bde. (Tb.-Ausg.).
Literatur: GUDER, G.: E. L.-Sch. Deutung ihrer Lyrik. Siegen 1966. – HEGGLIN, W.: E. L.-Sch. u. ihr Judentum. Zü. 1966. – WALLMANN, J. P.: E. L.-Sch. Mühlacker 1966. – L.-Sch. Ein Buch zum 100. Geburtstag der Dichterin. Hg. v. MICHAEL SCHMID. Wuppertal 1969. – BÄNSCH, D.: E. L.-Sch. Zur Kritik eines etablierten Bildes. Stg. 1971. – BAUSCHINGER, S.: E. L.-Sch. Ihr Werk u. ihre Zeit. Hdbg. 1980. – KLÜSENER, E.: E. L.-Sch. Rbk. 1980. – HESSING, J.: E. L.-Sch. Biogr. einer dt.-jüd. Dichterin. Karlsr. 1985. – KUCKART, J.: Im Spiegel der Bäche finde ich mein Bild nicht mehr. Gratwanderung einer anderen Ästhetik der Dichterin E. L.-Sch. Ffm. 1985. – HESSING, J.: Die Heimkehr einer jüd. Emigrantin. E. L.-Sch.s mythisierende Rezeption 1945–1971. Tüb. 1993. – E. L.-Sch. Bearb. v. A. RUCKABERLE. Mchn. 1994. – ZELTNER, C.: Die Modernität der Lyrik E. L.-Sch.s. Bern u. a. 1994.

Lạssang, Iwan, Pseudonym des frz.-dt. Schriftstellers Yvan ↑Goll.

Lạssila, Maiju, eigtl. Algoth Untola, * Tohmajärvi (Nordkarelien) 28. Nov. 1868, † Helsinki 21. Mai 1918 (im Bürgerkrieg erschossen), finn. Schriftsteller. – Schrieb Schauspiele (u. a. ›Mimmi Paavalina‹, 1916) und Romane (›Tulitikkuja lainaamassa‹ [= Beim Streichhölzerborgen], 1910); in seinen Komödien löste L. die idealisierende Darstellung des ›Menschen aus dem Volke‹ durch die kom. Behandlung der menschl. Beschränktheit ab.
Weitere Werke: Kun lesket lempivät (= Wenn die Witwen lieben, Dr., 1911), Manasse Jäppinen (E., 1912, dt. 1964), Ikiliikkuja (= Perpetuum mobile, Dr., hg. 1962).

Lạßwitz, Kurd, Pseudonym L. Velatus, * Breslau 20. April 1848, † Gotha 17. Okt. 1910, dt. Philosoph und Schriftsteller. – Studierte Mathematik, Physik und Philosophie, nahm 1870 am Krieg gegen Frankreich teil, war Lehrer an Gymnasien in Breslau und Ratibor und ab 1876 in Gotha; Neukantianer; verfaßte neben Essays und wissenschaftlichen Schriften naturwissenschaftliche und philosophische, z. T. utopische Romane und Märchen.
Werke: Bilder aus der Zukunft (En., 2 Bde., 1878), Seifenblasen (Märchen, 1890), Auf zwei Planeten (R., 2 Bde., 1897), Wirklichkeiten. Beiträge zum Weltverständnis (1900), Nie und Immer (Märchen, 1902, erweiterte Neuaufl., 2 Bde., 1907), Religion und Naturwissenschaft (Vortrag, 1904), Aspira (R., 1905).

Lạst, Jef, eigtl. Josephus Carel Franciscus L., * Den Haag 2. Mai 1898, † Laren 15. Febr. 1972, niederl. Schriftsteller. – Studierte Sinologie, kurze Zeit Lehrer in Bali; auch Journalist; im Span. Bürgerkrieg stand er auf republikan. Seite; gehörte im 2. Weltkrieg der niederl. Untergrundbewegung an; 1950–54 Berater des indones. Präsidenten für Fragen der Kunst und Kultur. Bed. moderner Lyriker und Erzähler, dessen frühe Werke eine stark sozialist. Tendenz aufweisen, während die späteren unter dem Einfluß seines Freundes A. Gide und der chin. Philosophie von religiösen Themen bestimmt sind.
Werke: Bakboordslichten (Ged., 1927), Marianne (R., 1930), Zuidersee (R., 1934, dt. 1936), De bevrijde eros (Ged., 1936), De Spaanse tragedie (Prosa, 1937), Een socialistische renaissance (Prosa, 1945), Das erste Schiff auf der Newa (R., 1946, dt. 1947), Djagaprana (Dr., 1954), Mijn vriend André Gide (1966).
Literatur: MOOIJ, M./PUT, A. G.: J. L. Amsterdam 1963 (mit Bibliogr.).

La Taille, Jean de [frz. la'taj], * Bondaroy (Loiret) zwischen 1533 und 1540, † zwischen 1607 und 1617, frz. Dichter. – Nahm als Hugenotte an den Hugenottenkriegen teil; Vertreter des frz. Renaissancedramas: ›Saül le furieux‹ (Trag., 1572), ›La famine ou les Gabéonites‹ (Trag., 1574); schrieb auch Komödien (›Les corrivaux‹, 1562), Gedichte, Satiren und Traktate.
Ausgabe: J. de La T. Dramatic works. Krit. Ausg. v. K. M. HALL u. C. N. SMITH. London 1972.
Literatur: BAGUENAULT DE PUCHESSE, G.: J. et Jacques de La T. Étude biographique et littéraire sur deux poètes du XVIᵉ siècle. Orléans 1889. Nachdr. Genf 1970. – DALEY, T. A.: J. de La T. (1533–1608). Paris 1934.

lateinamerikanische Literatur, der geograph. Raum der l. L. umfaßt die von den Spaniern eroberten Gebiete Mittel- und Südamerikas sowie das von den Portugiesen kolonisierte Brasilien. Die einst oder noch von Frankreich und den Niederlanden abhängigen oder dem Commonwealth angehörenden Gebiete dieses Raums weisen eine zu unterschiedl. und wesentlich später einsetzende eigenständige Kulturentwicklung auf, um sie der l. L. zuzurechnen.

MA und Renaissance spiegeln sich in den frühen Chroniken wider, in den Briefen Ch. Kolumbus' und H. Cortés', in den anklagenden Berichten B. de Las Casas' bis zu den romanhaften Chroniken oder Versepen, die die Etappen der Eroberung des Kontinents behandeln und von denen die Literaturen der einzelnen Länder ihren Ausgang nehmen. Die vollständige Abhängigkeit der Vizekönigreiche ließ deren literar. Entwicklung im wesentlichen analog zu der Spaniens und Portugals verlaufen. Obwohl sich der Einfluß der frz. Kultur, bes. der Aufklärung, bereits vor den Unabhängigkeitskriegen ausbreitete, wurde erst im Zeichen der Romantik der geistige Anschluß an das gesamte Westeuropa hergestellt und damit gleichzeitig die Entwicklung zur kulturellen Eigenständigkeit des Kontinents und der einzelnen Staaten eingeleitet. Gegenüber Spanien wurde durch den Modernismo um die Wende zum 20. Jh. der Anspruch auf kulturelle Autonomie durchgesetzt. Die Verschärfung der sozialen Konflikte, die zunächst in der mex. Revolution, dann in ganz Lateinamerika – mit offener oder heiml. Teilnahme der USA – zum Ausdruck gekommen war, prägt die Literatur seit dem 1. Weltkrieg. – ↑ auch altamerikanische Literaturen, ↑ argentinische Literatur, ↑ bolivianische Literatur, ↑ brasilianische Literatur, ↑ chilenische Literatur, ↑ ecuadorianische Literatur, ↑ kolumbianische Literatur, ↑ kubanische Literatur, ↑ mexikanische Literatur, ↑ mittelamerikanische Literaturen, ↑ paraguayische Literatur, ↑ peruanische Literatur, ↑ uruguayische Literatur, ↑ venezolanische Literatur.

Literatur: GROSSMANN, R.: Gesch. und Probleme der l. L. Mchn. 1969. – SÁNCHEZ, L. A.: Historia comparada de las literaturas americanas. Buenos Aires 1973–76. 4 Bde. – ANDERSON IMBERT, E.: Historia de la literatura hispanoamericana. Mexiko ⁷1974. 2 Bde. – L. L. der Gegenwart in Einzeldarstt. Hg. v. W. EITEL. Stg. 1978. – FRANCO, J.: Historia de la literatura hispanoamericana. Barcelona ²1979. – Diccionario de autores iberoamericanos. Hg. v. P. SHIMOSE. Madrid 1982. – BECCO, H. J.: Diccionario de literatura hispanoamericana. Autores. Buenos Aires 1984. – BELLINI, G.: Historia de la literatura hispanoamericana. Madrid 1985. – MARCO, J.: Literatura hispanoamericana. Del modernismo a nuestros días. Madrid 1987. – GEORGESCU, P.: Nueva visión sistémica de la narrativa hispanoamericana. Caracas 1989. – SHIMOSE, P.: Historia de la literatura latinoamericana. Madrid 1989. – Romankunst in Lateinamerika. Hg. v. H. HERLINGHAUS. Bln. 1989. – SCHUMM, P.: Exilerfahrung u. Lit. Lateinamerikan. Autoren in Spanien. Tüb. 1990. – Theater in Lateinamerika. Ein Handbuch. Hg. v. H. ADLER. Bln. 1991. – Autorenlex. Lateinamerika. Hg. v. D. REICHARDT. Neuausg. Ffm. 1994. – Diccionario de literatura española y hispanoamericana. Hg. v. R. GULLÓN. Madrid 1993. 2 Bde. – L. L. Hg. v. M. STRAUSFELD. Ffm. ⁴1993. – SIEBENMANN, G.: Die lateinamerikan. Lyrik 1892–1992. Bln. 1993.

lateinische Literatur ↑ römische Literatur, ↑ mittellateinische Literatur, ↑ neulateinische Literatur.

Lateur, Frank [niederl. lɑ'tøːr], fläm. Schriftsteller, ↑ Streuvels, Stijn.

Latini, Brunetto, * Florenz zwischen 1210 und 1220, † ebd. 1294 oder 1295, italien. Gelehrter und Dichter. – Aus angesehener Familie, Notar; nahm als Guelfe am polit. Leben teil; 1260 in diplomat. Mission in Spanien, danach bis 1266 im frz. Exil, 1273 Stadtkanzler in Florenz; Lehrer Dantes; schrieb in frz. Sprache eine Laienenzyklopädie u. d. T. ›Li livres dou trésor‹, die den zeitgenöss. Wissensstand einem größeren Leserkreis zugänglich machte, in italien. Versen die allegorisch-didakt. Dichtung ›Il tesoretto‹, die beide etwa 1265 erschienen sind, sowie u. a. auch eine ›Rettorica‹ (hg. 1915).

Ausgaben: B. L. Li livres dou trésor. Hg. v. F. J. CARMODY. Berkeley (Calif.) 1948. Nachdr. Genf 1975. – B. L. Il tesoretto. In: Poemetti del Duecento. Hg. v. G. PETRONIO. Turin 1951. – B. L. Il tesoretto = The little treasure. Engl. u. italien. Hg. u. übersetzt v. J. B. HOLLOWAY. New York 1981.

Literatur: HEES, G.: Der Einfluß v. B. L.s ›Tesoretto‹ auf Dantes ›Divina Commedia‹. Diss. Hamb. 1952. – MESSELAAR, P. A.: Le vocabulaire des idées dans le ›Trésor‹ de Brunet Latin. Assen 1963. – JAUSS, H. R.: B. L. als allegor. Dichter. In: Formenwandel. Festschrift für Paul Böckmann. Hamb. 1964. S. 47. – CEVA, B.: B. L. L'uomo e l'opera. Mailand u. Neapel 1965. – HOLLOWAY, J. B.: B. L. An analytic bibliography. London 1986.

Latorre, Mariano [span. la'tɔrrɛ], * Cobquecura (Prov. Ñuble) 4. Jan. 1886, † Santiago de Chile 12. Nov. 1955, chilen. Schriftsteller. – Begründete mit detailgenauen Romanen und Erzählungen über die Landschaften und Bewohner Chiles den chilen. Criollismo.

Werke: Cuentos del Maule (En., 1912), Zurzulita (R., 1920), Ully y otras novelas del sur (En., 1923), Chilenos del mar (En., 1929), On Panta (En., 1935), Hombres y zorros (En., 1937), Chile, país de rincones (En., 1947), La isla de los pájaros (En., 1955).
Literatur: ORLANDI, J./RAMÍREZ CID, A.: M. L., obras, estilo, técnica. Santiago de Chile 1959.

La Tour, Abbé de [frz. la'tu:r], Pseudonym der schweizer. Schriftstellerin Isabelle Agnès Élisabeth de ↑Charrière.

Lattmann, Dieter, * Potsdam 15. Febr. 1926, dt. Schriftsteller. – Arbeitete bei Verlagen, zuletzt Lektor in München, wo er seit 1960 als freier Schriftsteller lebt. 1968 Präsident der Bundesvereinigung Dt. Schriftstellerverbände, 1969–74 Vorsitzender des neugegründeten Verbandes Dt. Schriftsteller (VS); setzte sich erfolgreich für die gewerkschaftl. Organisation der Schriftsteller ein; 1972–80 MdB. Erzähler realist. Romane, die im Nachkriegsdeutschland spielen; bedient sich oft der kleineren Formen, um seine aus dem polit. Alltag in Bonn kommenden Beobachtungen auszudrücken. Schrieb auch Hörspiele.

Werke: Die gelenkige Generation (Essays und En., 1962), Ein Mann mit Familie (R., 1962), Mit einem dt. Paß (Tageb., 1964), Zwischenrufe und andere Texte (Essays, 1967), Schachpartie (R., 1968), Die Literatur der Bundesrepublik Deutschland (1973), Die Einsamkeit des Politikers (Essays, 1977), Die lieblose Republik. Aufzeichnungen aus Bonn am Rhein (1980), Die Brüder (R., 1985), Deutsch-dt. Brennpunkte. Ein Schriftsteller in der Politik (1990), Die verwerfl. Alte. Eine Geschichte aus unserer Zeit (1991).

Laub, Gabriel, * Bochnia (Polen) 24. Okt. 1928, Schriftsteller. – 1939–46 in der Sowjetunion; ab 1946 in Prag; emigrierte 1968 in die BR Deutschland; schreibt (nach einem tschech. Werk 1967) seit 1969 in dt. Sprache; Satiriker und Aphoristiker; Journalist.

Werke: Ur-Laub zum Denken (Satiren, 1972), Doppelfinten (Satiren, 1975), Der Aufstand der Dicken (satir. R., 1983), Denken verdirbt den Charakter. Alle Aphorismen (1984), Gespräche mit dem Vogel (1984), Entdeckungen in der Badewanne (Satiren, 1985), Urmenschenkinder (Geschichten, 1986), Mein lieber Mensch. Neue Gespräche mit dem Vogel (1987), Unordnung ist das ganze Leben (Satiren, 1992).

Laube, Heinrich, * Sprottau 18. Sept. 1806, † Wien 1. Aug. 1884, dt. Schriftsteller und Publizist. – Journalist und Redakteur; Mitarbeiter verschiedener Zeitschriften; zeitweilig Wortführer des Jungen Deutschland (›Das neue Jh.‹, 2 Bde.), 1833, Neudr. 1973), 1834 wegen seiner Sympathie für die frz. Julirevolution aus Sachsen ausgewiesen und in Berlin festgehalten, 1837–39 Festungshaft; seine Schriften wurden durch die Bundesversammlung des Dt. Bundes verboten. Nach Reisen nach Frankreich und Algerien wurde er 1848 Mitglied der Frankfurter Nationalversammlung (›Das erste dt. Parlament‹, 3 Bde., 1849, Neudr. 1978); 1849–67 Direktor des Wiener Burgtheaters, das er zu hoher Blüte brachte (Förderer F. Grillparzers). 1871 begründete er das Wiener Stadttheater und leitete es bis 1879. Als Schriftsteller wurde L. durch historisch-polit. Skizzen, durch geschichtl. Romane und bühnenwirksame Dramen bekannt, deren bedeutendste ›Die Karlsschüler‹ (1846), ›Struensee‹ (1847) und ›Graf Essex‹ (1856) sind; er schuf auch Übersetzungen und Bearbeitungen frz. Dramen.

Weitere Werke: Das junge Europa (En., 5 Bde., 1833–37), Gräfin Chateaubriant (R., 3 Bde., 1843), Die Bernsteinhexe (Schsp., 1847), Gottsched und Gellert (Lsp., 1847), Das Burgtheater (1868), Erinnerungen (2 Bde., 1875–82), F. Grillparzers Lebensgeschichte (1884).
Ausgaben: H. L. Ges. Werke in 50 Bden. Hg. v. H. H. HOUBEN. Lpz. 1908–10. – H. L. Schrr. über Theater. Teilslg. Ausgew. u. eingel. v. E. STAHL-WISTEN. Bln. 1959.
Literatur: ZIEMANN, E.: H. L. als Theaterkritiker. Emsdetten 1934. – BECKER, W. J.: Zeitgeist u. Krisenbewußtsein in H. Ls Novellen. Diss. Ffm. 1960. – STRÄTER, L.: Burgtheaterdirektor H. L. und das Publikum. Diss. Wien 1960. – ITTER, E. VON: H. L. Ein jungdt. Journalist u. Kritiker. Ffm. u.a. 1989. – KARG, J.: Poesie u. Prosa. Studien zum Literaturverständnis des Jungdeutschen H. L. Bielefeld 1993.

Lauber, Cécile, geb. Dietler, * Luzern 13. Juli 1887, † ebd. 16. April 1981, schweizer. Schriftstellerin. – Schrieb neben Gedichten, Dramen und Jugendbüchern zahlreiche heimatverbundene Novellen und Romane, z. B. ›Der Gang in die Natur‹ (E., 1930).

Weitere Werke: Die Erzählung vom Leben und Tod des Robert Duggwyler (1922), Die Versündigung an den Kindern (R., 1924), Die Wandlung (R., 1929), Land deiner Mutter (Jugendb., 4 Bde., 1946–57), Luzern (1947), In der Gewalt der Dinge (R., 1961).
Ausgabe: C. L. Ges. Werke. Bern 1970–72. 6 Bde.

Laudatio funebris [lat.], im antiken Rom die private oder staatl. Grabrede zur Verherrlichung der Taten und Tugenden eines Verstorbenen. – ↑ auch Eloge.

Laudon, Hasso, * Berlin 23. Jan. 1932, dt. Schriftsteller. – Lebte, nach mehrfachen Wechseln zwischen Berlin (Ost) und Berlin (West), ab Mitte der 50er Jahren in Berlin (Ost). In dem Roman ›Semesterferien‹ (1959) verarbeitete er eigenes Erleben, in dem Roman ›Adrian‹ (1970) setzt er sich mit der Zeit des Nationalsozialismus und der Nachkriegszeit auseinander. Schreibt auch Hörspiele für Kinder und Laienspiele.

Weitere Werke: Tamara oder podruga heißt Geliebte (R., 1973), Der ewige Ketzer (R., 1982).

Lauesen, Marcus [dän. ˈlauəsən], * Loitkirkeby bei Apenrade 22. Nov. 1907, † Kopenhagen 14. Okt. 1975, dän. Schriftsteller. – Einfacher Herkunft; seine Bauernromane schildern Probleme der dän. Minderheit in Nord-Schleswig während des 1. Weltkriegs; auch Lyriker.

Werke: En mand går bort fra vejen (R., 1929), Und nun warten wir auf das Schiff (R., 1931, dt. 1932), En mand og hans fjende (E., 1932), Den rige vandring (R., 1940, 1962 u. d. T. Far), Mor (R., 1961), Legender (1962), Kras (R., 1973).

Laufenberg (Lauffenberg), Heinrich (von), * Rapperswil (SG) oder Freiburg im Breisgau um 1390, † Straßburg 31. März 1460, dt. Dichter. – Priester in Freiburg im Breisgau, später Mönch des Johanniterklosters in Straßburg; schrieb geistl., von der Mystik beeinflußte Lieder; übertrug lat. Hymnen und Sequenzen ins Deutsche, bearbeitete größere lat. Werke in Reimen.

Lauff, Joseph von (seit 1913), * Köln 16. Nov. 1855, † Sehl (heute zu Cochem)

20. Aug. 1933, dt. Schriftsteller. – Preuß. Offizier, 1898–1903 Dramaturg am Hoftheater in Wiesbaden, dann freier Schriftsteller. L. schrieb Romane, die vorwiegend in seiner niederrhein. Heimat spielen, Dramen, rhetor. Epen und Lyrik.

Werke: Jan van Calker (Epos, 1887), Klaus Störtebeker (Epos, 1893), Der Mönch von Sankt Sebald (R., 1896), Der Burggraf (Schsp., 1897), Marie Verwahnen (R., 1902), Pittje Pittjewitt (R., 1903), O du mein Niederrhein (R., 1930), Spiegel meines Lebens (Autobiogr., 1932).

Laukhard, Friedrich Christian, * Wendelsheim (Landkreis Alzey-Worms) 7. Juni 1758, † Bad Kreuznach 28. April 1822, dt. Schriftsteller. – Studierte Theologie, 1783 Privatdozent in Halle/Saale; geriet durch leichtsinniges Leben in Not, wurde preuß. Soldat, kam in französische Gefangenschaft, ging in die Revolutionsarmee und kehrte 1795 nach Deutschland zurück. Die lebendig und realistisch geschilderten Erlebnisse ›F.L.s Leben und Schicksale, von ihm selbst beschrieben, ...‹ (5 Bde., 1792 bis 1802) sind von kulturgeschichtlichem Interesse.

Laun, Friedrich, Pseudonym des deutschen Schriftstellers Friedrich August ↑ Schulze.

Lauremberg, Johann, Pseudonyme Hans Willmsen L. Rost, Jeckel van Achtern, * Rostock 26. Febr. 1590, † Sorø auf Seeland 28. Febr. 1658, dt. Schriftsteller. – Studierte Mathematik und Medizin, 1618 Prof. für Poesie in Rostock, ab 1623 Prof. der Mathematik an der Ritterakademie in Sorø. Bed. Satirendichter; seine ›Veer Schertz-Gedichte in nedderdüdisch gerimet‹ (1652, hochdt. Übers. 1654, neu hg. 1861, 1879, 1909) verspotten in z. T. derben plattdt. Reimversen die Nachahmung fremder, bes. frz. Lebensart.

Weitere Werke: Pompejus magnus (Trag., 1610), Satyrae (1630 und 1648), Zwo Comoedien (1635).
Literatur: PETER, K.: Der Humor in den niederdt. Dichtungen. J. L.s. Köln u. a. 1967.

Laurence, Margaret [engl. ˈlɔrəns], geb. Jean M. Wemyss, * Neepawa (Manitoba) 18. Juli 1926, † Lakefield (Ontario) 5. Jan. 1987, kanad. Schriftstellerin. – Lebte u. a. 1950–57 in Afrika; bekannt

auch durch Radio-, Film- und Fernseh-adaptationen ihrer Werke. Die afrikan. Eindrücke führten zu ›A tree for poverty‹ (Essay über und Sammlung von Somali-Literatur, 1954), ›This side Jordan‹ (R., 1960), ›Die Stimmen von Adamo‹ (Kurz-geschichten, 1963, dt. 1969) und ›The prophet's camel bell‹ (Erinnerungen, 1963). Der Roman ›Der steinerne Engel‹ (1964, dt. 1965) markiert den Beginn des v. a. durch das fiktionale Präriestädtchen Manawaka verbundenen, danach be-nannten Zyklus (›A jest of God‹, 1966, 1968 Film u. d. T. ›Rachel, Rachel‹; ›The fire-dwellers‹, 1969; ›Ein Vogel im Haus‹, autobiographisch geprägter Zy-klus von Kurzgeschichten, 1970, dt. 1992; ›The diviners‹, 1974). Die Heldin-nen der vier Romane sind starke, Selbst-befreiung und -findung erreichende Frauen; auch Kinderbuchautorin.
Literatur: THOMAS, C.: The Manawaka world of M. L. Toronto 1975. – MORLEY, P.: M. L. Boston (Mass.) 1981.

Laurent, Jacques [frz. lɔ'rã], * Paris 5. Jan. 1919, frz. Schriftsteller. – Verfas-ser eines ebenso umfang- wie facettenrei-chen literar. Werkes, das von der Biogra-phie (›De Gaulle. Die Zerstörung einer Legende‹, 1964, dt. 1965) über die histor. Untersuchung (›Quand la France occu-pait l'Europe‹, 1948; unter dem Pseud-onym Albéric Varenne), die Streitschrift (›Paul et Jean-Paul‹, 1951), die soziolog. Studie (›Le nu vêtu et dévêtu‹, 1979) und die aktuelle polit. Stellungnahme (›Lettre ouverte aux étudiants‹, 1969) bis hin zur Trivialliteratur (u. a. der Roman ›Caro-line chérie‹, 1947, dt. 1950 u. d. T. ›Im Anfang war nur Liebe‹, und seine Fort-setzungen; unter dem Pseudonym Cécil Saint-Laurent), aber auch zur romanes-ken Gesellschaftsanalyse im Sinne Sten-dhals (›Les bêtises‹, 1971, Prix Goncourt 1971; ›Les sous-ensembles flous‹, 1981) reicht. In diesen der gehobenen Literatur zuzurechnenden Werken verwendet L. die Gattung des Romans als Entwurf und Ausdruck von Freiheit, skeptisch und ironisch, voller Brüche und Sprünge, ei-ner nur noch fragmentarisch erfahrbaren Wirklichkeit entsprechend. 1986 erhielt er den Großen Literaturpreis der Aca-démie française. 1987 wurde L. Mitglied der Académie française.

Weitere Werke: Les corps tranquilles (R., 1948), Roman du roman (Essay, 1977), Les dimanches de mademoiselle Beaunom (R., 1982), Stendhal comme Stendhal ou le mensonge ambigu (Es-say, 1984), Le dormeur debout (R., 1986), Spie-gel der Frauen (R., 1990, dt. 1992), L'inconnu du temps qui passe (R., 1994).

Laurẹntius von Schnụ̈ffis (Schnifis), eigtl. Johann Martin, * Schnifis (Vorarl-berg) 24. Aug. 1633, † Konstanz 7. Jan. 1702, dt. Dichter. – Fahrender Schüler, Schauspieler in Wien und Innsbruck, wo er Theologie studierte; trat nach dem Tod seines Gönners, des Erzherzogs Fer-dinand Karl, 1665 in Zug in den Kapuzi-nerorden ein, ab 1668 in Konstanz. L. v. Sch. schrieb volkstüml. Barocklyrik in der Nachfolge F. Spees von Langenfeld und der Pegnitzschäfer; er wurde v. a. mit seinen Liedern bekannt, die er meist selbst vertonte. Kaiser Leopold I. krönte ihn zum Dichter.
Werke: Philotheus, Oder deß Miranten durch die Welt, und Hofe wunderlicher Weeg nach der Ruhseeligen Einsamkeit (Schäfer-Rom. Ged., 1678, Neudr. u. d. T. Dess Miranten ... wunderl. Weeg ..., 1690), Mirant. Flötlein (Ged., 1682), Lusus mirabiles orbis ludentis, Mirant. Wunder-Spiel der Welt (Prosa, Ged., 1703).
Ausgaben: L. v. Sch. Nur zeige mir dein einige sicht. Ausw. Hg. v. E. THURNHER. Graz u. Wien 1961. – L. v. Sch. Gedichte. Ausw. Hg. v. U. HERZOG. Stg. 1972.
Literatur: HOEBERS, T.: L. v. Sch. Sein Leben, sein Werk u. die Forsch. In: Montfort 23 (1971), S. 143. – GSTACH, R./MARTIN, J.: Die Liebes Verzweiffelung. Neue Quellen zu Leben u. Werk des Barockdichters L. v. Sch. ... Diss. Innsbr. 1972.

Laurẹntiuschronik (tl.: Lavrent'ev-skaja letopis'), ältestes Denkmal der russ. Chronistik; Pergamenthandschrift aus dem Jahre 1377, kopiert in Nischni Nowgorod unter Leitung des Mönches Lawrenti nach einer Fassung von 1305; enthält als ersten Teil die ↑ Nestor-chronik.
Ausgabe: Polnoe sobranie russkich letopisej. Bd. 1. Moskau 1962.

Laurents, Arthur [engl. 'lɔrənts], * New York 14. Juli 1918, amerikan. Schriftsteller. – Studium der Theater-wiss.; Verfasser von Hörspielen, Dra-men, Drehbüchern und Romanen; wurde v. a. bekannt durch ›Home of the brave‹ (1945), ein Stück über die Situa-tion eines jüd. Soldaten im Krieg, und die Vorlage für das Musical ›West Side

Story‹ (1957; mit S. Sondheim [* 1930; Songtexte], Musik von L. Bernstein).

Weitere Werke: The bird cage (Dr., 1950), A clearing in the woods (Dr., 1957), Gypsy (Musical, 1959; mit S. Sondheim [Songtexte], Musik von J. Styne), The way we were (R., 1973), Am Wendepunkt (R., 1977, dt. 1978).

Laurin [...ri:n] (auch ›König L.‹ oder: ›Der kleine Rosengarten‹), mhd. paargereimtes Heldenepos, entstanden wohl Mitte des 13. Jh. in Tirol. Gehört zu den kleinen Epen des Sagenkreises um Dietrich von Bern; es handelt (vielleicht auf der Basis einer volkstüml. Südtiroler Erzähltradition) von einem Unternehmen Dietrichs und seiner Recken, bei dem L., der Zwergenkönig und Herr des Rosengartens, zunächst besiegt wird, die Berner dann aber überlisten kann; sie werden schließlich durch die von L. gefangengehaltene Schwester eines der Gesellen Dietrichs befreit. Das Epos endet in einer späteren Version mit der Versöhnung Dietrichs und Laurins. Es war, wie die Überlieferung ausweist (18 Handschriften und 11 Drucke 1483–1590), bis ins Spät-MA beliebt, wurde mehrfach bearbeitet und Ende des 13. Jh. durch eine Fortsetzung ›Walberan‹ erweitert.

Ausgabe: L. u. Walberan. In: Dt. Heldenb. Hg. v. O. JÄNICKE. Bd. 1. Bln. 1866. Neudr. Zü. ²1963. **Literatur:** HEINZLE, J.: Mhd. Dietrichepik. Mchn. 1978. – Dt. Heldenepik in Tirol. Hg. v. E. KÜHEBACHER. Bozen 1979.

Lautensack, Heinrich, * Vilshofen 15. Juli 1881, † Eberswalde 10. Jan. 1919, dt. Schriftsteller. – Mitglied des Kabaretts ›Elf Scharfrichter‹. Schrieb Lieder für das Kabarett, balladenhafte Gedichte und bühnenwirksame Dramen. Thema seiner stets im bayr. Kleinstadtmilieu angesiedelten Werke ist der Zwiespalt zwischen menschl. Triebhaftigkeit und religiösem Anspruch. Arbeitete auch als Übersetzer, Drehbuchautor und Filmdramaturg.

Werke: Hahnenkampf (Kom., 1908), Die Pfarrhauskomödie (Kom., 1911), Das Gelübde (Schsp., 1916), Erot. Votivtafeln (Prosa, hg. 1919), Altbayr. Bilderbogen (Prosadichtungen, hg. 1920). **Ausgabe:** Hg. H. L. Das verstörte Fest. Ges. Werke. Hg. v. W. L. KRISTL. Mchn. 1966. **Literatur:** KRISTL, W. L.: ... und morgen steigt ein Licht herab. Vom Leben u. Dichten des H. L. Mchn. 1962. – BRUNNER, F.: H. L. Eine Einf.

in Leben u. Werk. Passau 1983. – ERNST, P.: Via crucis. H. L.s Leben u. Werk. Passau 1993.

Lautgedicht (Lautdichtung), Gedicht, das aus Lauten, Lautfolgen, Silben oder wortähnl. Gebilden besteht, das auf eine Sprache, die aus bedeutungstragenden Wörtern besteht, mehr oder weniger konsequent verzichtet, d. h., die Wörter gehen weg vom Semantischen und treten als Phoneme auf. In der deutschsprachigen Literatur sind neben Ch. Morgenstern (›Das große Lalulā‹, 1905) v. a. die Dadaisten H. Ball (›Karawane‹, 1916), der seine L.e als ›Verse ohne Worte‹ charakterisierte, R. Hausmann und K. Schwitters (›Ursonate‹, entst. 1922–32) als bed. Verfasser von L.en zu nennen.

boo
ker
zel
prrr
joo jüü joo korr rrg
nnn
mm mm mm mm
haaaa

Lautgedicht
von Kurt
Schwitters
(1926)

Im Unterschied zur italien., frz., engl. und amerikan. Literatur kann die heutige deutschsprachige Literatur kaum Schriftsteller vorweisen, die L.e verfassen. Die Autoren dadaist. Literatur blieben in Deutschland nach 1945 zunächst vergessen oder galten als überholt. Neben G. Rühm, der am Anfang der 50er Jahre dieser Einschätzung widersetzte, indem er die Entwicklung der neuen Gattung der L.e fortführte, ist heute v. a. E. Jandl als Verfasser von L.en zu nennen, wobei Jandl das ↑ Sprechgedicht vom L. unterscheidet. – ↑ auch konkrete Poesie, ↑ experimentelle Dichtung, ↑ onomatopoetische Dichtung. **Literatur:** JANDL, E.: Das Öffnen u. Schließen des Mundes. Frankfurter Poetik-Vorlesungen. Nw. 1985.

Lautmalerei (Onomatopöie, Klangmalerei, Lautnachahmung, Schallnachahmung), Wiedergabe nichtsprachl. akust. Ereignisse mit Hilfe von Sprachlauten. – ↑ auch onomatopoetische Dichtung.

Lautréamont, Comte de [frz. lotrea-'mõ], eigtl. Isidore Lucien Ducasse,

* Montevideo 4. April 1846, † Paris 24. Nov. 1870, frz. Dichter. – Die Lebensumstände L.s liegen weitgehend im dunkeln. Nachweisbar sind der Besuch der Gymnasien in Tarbes (1859–62) und in Pau (1863–65). 1867 reiste er nach Montevideo; vom Ende dieses Jahres bis zu seinem frühen Tod, dessen Gründe ebenfalls ungeklärt sind, scheint er in Paris gelebt zu haben. Mit seinem in sechs Gesänge gegliederten Prosagedicht ›Die Gesänge des Maldoror‹ (Teilausg. 1868, nicht ausgelieferte Erstausg. 1869, hg. 1874, dt. 1954) ist L. einer der großen Dichter und damit zugleich Inspiratoren der europ. Moderne. Der zwischen Tier und Gott angesiedelte Held Maldoror befindet sich auf einer satan. Reise zum Zentrum menschl. Perversion und Aggressivität. Seine gewalttätigen Phantasien und die metaphorisch-vampir. Verwandlungen von Lebewesen in den ›Gesängen des Maldoror‹, die L. mit einer bis dahin unbekannten Sprachkraft gestaltet, scheinen mit ihrem Entwurf einer Theologie des Blasphemischen letztlich Ausdruck der Suche nach dem Verlust einer transzendentalen Einbindung. Nicht zuletzt durch seine poetolog. Aussage, Schönheit konstituiere sich aus ›der unvermuteten Begegnung einer Nähmaschine und eines Regenschirms auf einem Seziertisch‹ (Gesang VI, 3) ist dieses Werk L.s zu einem Schlüsseltext der surrealist. Bewegung geworden, was P. Éluards Londoner Rede ›L'évidence poétique‹ (1936) ebenso beweist wie A. Bretons ›Anthologie de l'humour noir‹ (1940, definitive Ausg. 1966).

Weiteres Werk: Poésies (1870).
Ausgaben: L. Œuvres complètes. Hg. v. P.-O. WALZER. Paris 1970. – L. Werke. Dt. Übers. v. WOLFGANG SCHMIDT. Bln. 1985. – L. Das Gesamtwerk. Nachw. v. R. SOUPAULT. Dt. Übers. Rbk. 1987.
Literatur: NESSELROTH, P. W.: L.'s imagery. A stilistic approach. Genf 1969. – PEYROUZET, E.: Vie de L. Paris 1970. – LEFRÈRE, J.: Le visage de L. Paris 1977. – SCHEERER, TH.-M.: L. In: Frz. Lit. des 19. Jh. Hg. v. W.-D. LANGE. Bd. 3. Hdbg. 1980. S. 166. – Das Geheimnis des unglaubl. Comte de L. Hg. v. R. BITTERMANN. Bln. 1982. – PIERSSENS, M.: L. Éthique à Maldoror. Lille 1984.

Lavalette, Sophie Nichault de [frz. lava'lɛt], frz. Schriftstellerin, ↑ Gay, Sophie.

Lavant, Christine, eigtl. Ch. Habernig, geb. Thonhauser, * Wolfsberg (Kärnten) 4. Juli 1915, † ebd. 7. Juni 1973, österr. Schriftstellerin. – Autodidaktin; wuchs in bescheidenen Verhältnissen auf, ihr Leben war geprägt von Armut und Krankheit. Neben Erzählungen schrieb sie formstrenge Gedichte, deren Themen körperl. und seel. Not, die Sehnsucht nach ird. und göttl. Liebe sind. Sie erhielt 1970 den Großen Österr. Staatspreis.

Werke: Das Kind (E., 1948), Die unvollendete Liebe (Ged., 1949), Baruscha (En., 1952), Die Rosenkugel (Ged., 1956), Die Bettlerschale (Ged., 1956), Spindel im Mond (Ged., 1959), Der Pfauenschrei (Ged., 1962), Das Ringelspiel (En., 1963), Hälfte des Herzens (Ged., 1967), Nell (En., 1969).
Ausgabe: Ch. L. Kunst wie immer ist nur verstümmeltes Leben. Nachgelassene u. verstreut veröffentlichte Gedichte. Hg. v. A. WIGOTSCHNIG u. J. STRUTZ. Salzburg 1978.
Literatur: STRUTZ, J.: Poetik u. Existenzproblematik. Zur Lyrik Ch. L.s. Salzburg 1979. – Über Ch. L. Hg. v. G. LÜBBE-GROTHUES. Salzburg 1984.

La Varende, Jean Mallard, Vicomte de [frz. lava'rã:d], * Schloß Bonneville-Chamblac (Eure) 24. Mai 1887, † Paris 8. Juni 1959, frz. Schriftsteller. – Beschäftigte sich intensiv mit der Geschichte der Seefahrt; schilderte in seinen Romanen meist Seefahrerschicksale, Begebenheiten aus seiner normann. Heimat und das Leben des normann. Adels. Schrieb auch histor. und kulturhistor. Essays.

Werke: Unter der Maske (R., 1937, dt. 1939), Der Himmelsreiter (R., 1938, dt. 1939), Die romant. Seefahrt (Essays, 1952, dt. 1957), Des marins, de l'honneur et des dames (Nov.n, hg. 1970).
Literatur: LELIÈRRE, R.: La V., dernier seigneur des lettres. Coutances 1963. – LE BESNERAIS, B.: Présence de La V. Paris 1979.

Lavater, Johann Kaspar, * Zürich 15. Nov. 1741, † ebd. 2. Jan. 1801, schweizer. Philosoph, prot. Theologe und Schriftsteller. – Pfarrer in Zürich; Schüler J. J. Bodmers und J. J. Breitingers, Anhänger des Sturm und Drangs, stand mit vielen dt. Schriftstellern, u. a. mit Goethe und F. G. Klopstock, in Beziehung; Vertreter pietist. Anschauungen gegen Rationalismus und Aufklärung; bekannt v. a. durch sein Hauptwerk, ›Physiognom. Fragmente zur Beförderung der

Menschenkenntnis und Menschenliebe‹ (4 Bde., 1775–78), in dem er die Ansicht vertrat, daß man ›durch das Äußerliche eines Menschen sein Inneres zu erkennen‹ vermöge; L. schrieb auch religiöse Gedichte, Epen, religiöse Erzählungen für die Jugend und bibl. Dramen.
Ausgabe: J. K. L. Ausgew. Werke. Hg. v. E. STAEHELIN. Zü. 1943. 2 Bde.
Literatur: FORSSMANN, J.: J. K. L. u. die religiösen Strömungen des 18. Jh. Riga 1935. – LAVATER-SLOMAN, M.: Genie des Herzens. Die Lebensgeschichte J. Caspar L.s. Zü. u. Stg. ⁵1955. – RADWAN, K.: Die Sprache L.s im Spiegel der Geistesgesch. Göppingen 1972. – The faces of physiognomy. Interdisciplinary approaches to J. Caspar L. Hg. v. E. SHOOKMAN. Columbia (S. C.) 1993.

Lavater-Sloman, Mary, * Hamburg 14. Dez. 1891, † Zürich 5. Dez. 1980, dt. Schriftstellerin. – Lebte 1909–17 in Rußland, 1920–23 in Athen. Sie schrieb zahlreiche histor. Romane, Romanbiographien und Charakterbilder histor. Persönlichkeiten.
Werke: Genie des Herzens (Lavater-Biogr., 1939), Katharina und die russ. Seele (Biogr., 1941), Die große Flut (R., 1943), Einsamkeit (Droste-Biogr., 1950), Herrin der Meere. Elisabeth I., Königin von England (Biogr., 1956), Der strahlende Schatten (Eckermann-Biogr., 1959), Jeanne d'Arc (Biogr., 1963), Ein Schicksal. Das Leben der Königin Christine von Schweden (Biogr., 1966), Das Gold von Troja (Schliemann-Biogr., 1969), Löwenherz. Hinterlassene Spuren (1971), Gefährte der Königin. Elisabeth I., Edward Earl of Oxford und das Geheimnis um Shakespeare (Biogr., 1977).

Lavedan, Henri [frz. lav'dã], * Orléans 9. April 1859, † Paris 12.(?) Sept. 1940, frz. Schriftsteller. – Schrieb nach gesellschaftskritisch-satir. Dialogchroniken und Romanen Boulevardstücke (›Le prince d'Aurec‹, 1894; ›Les deux noblesses‹, 1895), aber auch mit Erfolg Dramen, in denen er die zeitgenöss. Gesellschaft zeichnete (u. a. ›Le marquis de Priola‹, 1902; ›Le duel‹, 1905). 1898 wurde er Mitglied der Académie française.

Lavin, Mary [engl. 'lævɪn], * East Walpole (Mass.) 11. Juni 1912, ir. Schriftstellerin amerikan. Herkunft. – Kam als Kind nach Irland; schildert in realist. und einfühlenden, humorvoll geschriebenen Kurzgeschichten und Romanen Episoden aus dem ir. Alltagsleben.
Werke: Tales from Bective Bridge (Kurzgeschichten, 1942), The house in Clewe Street (R., 1945), Mary O'Grady (R., 1950), Der Rebell (Kurzgeschichten, 1956, dt. 1962), Unter ir. Himmel (En., dt. Ausw. 1969), Happiness (Kurzgeschichten, 1969), A memory (Kurzgeschichten, 1973), The shrine (Kurzgeschichten, 1977), Family likeness (Kurzgeschichten, 1985).
Ausgabe: The stories of M. L. London 1964–85. 3 Bde.
Literatur: BOWEN, Z.: M. L. Lewisburg (Pa.) 1975. – PETERSON, R. F.: M. L. New York 1978. – MAHLKE, R.: Die Erzählkunst M. L.s. Ffm. u. a. 1980.

Lavrenev, Boris Andreevič, russ.-sowjet. Schriftsteller, ↑ Lawrenjow, Boris Andrejewitsch.

Lawler, Ray [engl. 'lɔ:lə], * Footscray bei Melbourne 1921, austral. Dramatiker. – Seit 1949 Regisseur, u. a. in Melbourne. Sein zehntes Drama ›Der Sommer der siebzehnten Puppe‹ (1957, dt. 1957; Erweiterung durch die Dramen ›Kid Stokes‹, 1978, und ›Othertimes‹, 1978, zur sog. ›Doll trilogy‹) bedeutete für das austral. Theater einen histor. Durchbruch. Der ausgefeilte, naturalistisch-realist. Handlungsablauf demaskiert in einem meisterhaften Spannungsbogen verbreitete austral. Wertvorstellungen als fragwürdige und überholte Ideale, an denen unversöhnl. Gegensätze die Beziehungen zwischen den Zuckerrohrschneidern Roo und Barney und ihren langjährigen Lebensgefährtinnen tragisch scheitern.
Weitere Werke: The Piccadilly bushman (Dr., 1961), The unshaven cheek (Dr., 1963), The man who shot the albatross (Dr., 1972), Godsend (Dr., 1982).
Literatur: REES, L.: The making of Australian drama. Sydney ²1978. 2 Bde.

Lawman [engl. 'lɔ:mən], engl. Dichter, ↑ Layamon.

Lawrence, D[avid] H[erbert] [engl. 'lɔrəns], * Eastwood (Nottinghamshire) 11. Sept. 1885, † Vence bei Nizza 2. März 1930, engl. Schriftsteller. – Sohn eines Bergarbeiters und einer Lehrerin; Lehrer in London (1908–11) bis zur Erkrankung an Tuberkulose; Studium am Nottingham University College, ab 1912 Verbindung mit der Frau seines ehem. Lehrers, Frieda Weekley, geb. von Richthofen, 1914 Heirat; ruheloses Leben, Reisen nach Italien, Australien und in die USA, längere Aufenthalte in New Mexico, Ita-

D. H.
Lawrence

BECK, R.: D. H. L. Hdbg. 1978. – A D. H. L. handbook. Hg. v. K. SAGAR. Manchester 1982. – RICE, T. J.: D. H. L. A guide to research. New York 1983. – DERVIN, D.: A ›strange sapience‹. The creative imagination of D. H. L. Amherst (Mass.) 1984. – MEYERS, J.: D. H. L.: a biography. London 1990. – WORTHEN, J.: D. H. L. Cambridge u. New York 1991 ff. Auf 3 Bde. berechnet.

Lawrence, Jerome [engl. 'lɔrəns], * Cleveland (Ohio) 14. Juli 1915, und Lee, Robert E[dwin] [engl. li:], * Elyria (Ohio) 15. Okt. 1918, amerikan. Dramatiker. – Verfasser zahlreicher gemeinsamer Dramen und Musicals; ihre Gründung des ›American Playwrights Theatre‹ in Columbus (Ohio) war das erfolgreiche Experiment, bed. Stücke außerhalb von New York auf die Bühne zu bringen; gleichzeitig exportieren sie ihre eigenen Stücke mit dieser Theatergruppe in zahlreiche Länder der Welt. Am bedeutendsten sind ›Inherit the wind‹ (1955) über die Debatte um Darwinismus und Religion in den USA, ›Auntie Mame‹ (1957, 1966 als erfolgreiches Musical u. d. T. ›Mame‹), ›The night Thoreau spent in jail‹ (1970) als Paradebeispiel des bürgerl. Ungehorsams, ›Jabberwock‹ (1974) und ›First Monday in October‹ (1975).

Weitere Werke: The incomparable Max (Dr., 1972), Whisper in the mind (Dr., 1989).

lien und Südfrankreich. Bereits in seinem ersten Roman, ›Der weiße Pfau‹ (1911, dt. 1936), schlägt L. das Grundthema seines Werks an: den Kampf gegen Unnatürlichkeit und die den Menschen einengende Zivilisation, denen er die Forderung nach freier Entfaltung der Persönlichkeit gegenüberstellt, wobei er dem Erotischen und Sexuellen eine bed. Stellung zuweist. Stark autobiographisch ist der Roman ›Söhne und Liebhaber‹ (1913, dt. 1925); die Wandlung der konfliktreichen Beziehung zwischen Mann und Frau ist das Thema der Romane ›Der Regenbogen‹ (1915, dt. 1922) und ›Liebende Frauen‹ (1920, dt. 1927). ›Lady Chatterley und ihr Liebhaber‹ (1928, dt. 1930, 1960 u. d. T. ›Lady Chatterley‹; erst 1960 durfte der Roman in Großbritannien ungekürzt gedruckt werden) gestaltet L.s Hauptanliegen, die Harmonie zwischen Instinkt und Intellekt. Er schrieb auch Gedichte, Erzählungen, Dramen, Reisebücher und Essays.

Weitere Werke: Todgeweihtes Herz (R., 1912, dt. 1937), Love poems and others (Ged., 1913), Mr. Noon (R., entst. 1921, Tl. 1 gedr. 1934, Tl. 2 wiederentdeckt 1972, zus. mit Tl. 1 1984 veröffentlicht, dt. 1985), England, my England (Kurzgeschichten, 1922), Der Fuchs (E., 1923, dt. 1926), Der Hengst St. Mawr (R., 1925, dt. 1931), Die Frau, die davonritt (Nov.n, 1928, dt. 1928), Pornographie und Obszönität (Essays, 1929, dt. 1971).
Ausgaben: D. H. L. Sämtl. Erzählungen u. Kurzromane in 8 Bdn. Dt. Übers. Zü. 1976. – D. H. L. The Cambridge edition of the letters and works. Hg. v. J. T. BOULTON u. a. Cambridge 1979 ff. (bisher 31 Bde. erschienen).
Literatur: D. H. L. A composite biography. Hg. v. E. NEHLS. Madison (Wis.) 1957–59. 3 Bde. –

Lawrence, T[homas] E[dward] [engl. 'lɔrəns], genannt Lawrence of Arabia (L. von Arabien), * Tremadoc (Wales) 15. Aug. 1888, † Moreton (Dorset) 19. Mai 1935, engl. Schriftsteller und Archäologe. – Nach Teilnahme an Ausgrabungen in Anatolien und Syrien 1912–14 organisierte L. im 1. Weltkrieg als brit. Agent den Aufstand der Araber gegen die Türken mit großem Erfolg. 1919 als Sachverständiger auf der Friedenskonferenz von Versailles vertrat er die Forderung nach Unabhängigkeit der Araber, hatte aber so wenig Erfolg wie im brit. Kolonialamt (1921/22). Er trat als einfacher Soldat in die Royal Air Force ein und war längere Zeit, zunächst unter dem Namen J. H. Ross, später T. E. Shaw, in Indien. Wenige Wochen nach seinem militär. Abschied verstarb er an den Folgen eines Motorradunfalls. Seine Darstellung des Araberaufstands im Werk ›Die sieben Säulen der Weisheit‹ (limitierte Aufl. 1926, hg. 1935, dt. 1936, gekürzte Fassung 1927, dt. 1927 u. d. T. ›Aufstand in der Wüste‹) erregte ungewöhnl. Aufsehen.

Weiteres Werk: Unter dem Prägestock (hg. 1936 in New York, 1955 in England, dt. 1955).
Literatur: ALDINGTON, R.: Der Fall T. E. L. Eine krit. Biographie. Dt. Übers. Mchn. 1955. – BE-NOIST-MÉCHIN, J.: L. v. Arabien. Dt. Übers. Stg. u. a. 1967. – KNIGHTLEY, PH./SIMPSON, C.: The secret lives of L. of Arabia. London 1969. – MORSEY, K.: T. E. L. u. der arab. Aufstand 1916/ 1918. Osnabrück 1976. – O'DONNELL, T. J.: The confessions of T. E. L. Athens (Ohio) 1979. – STEWART, D.: Lawrence von Arabien. Mchn. 1982. – WILSON, J.: L. of Arabia. London 1989.

T. E.
Lawrence

Lawrenjow (tl.: Lavrenev), Boris Andrejewitsch [russ. lɪvrɪ'njɔf], *Cherson 17. Juli 1891, †Moskau 7. Jan. 1959, russ.-sowjet. Schriftsteller. – Begann als Lyriker; einer der bedeutendsten und phantasiereichsten sowjet. Erzähler, der zunächst v. a. dynam. Handlungsführung und romantisch-abenteuerl. Themen bevorzugte, später das Psychologische betonte; stellte Konflikte zwischen Pflicht und Neigung dar; auch Dramen.

Werke: Der Einundvierzigste (E., 1924, dt. 1928, 1960 u. d. T. Der letzte Schuß), Die Bresche (Dr., 1928, dt. 1950), Die Stimme Amerikas (Dr., 1949, dt. 1950), Wind kommt auf (En., dt. Ausw. 1960).
Ausgabe: B. A. Lavrenev. Sobranie sočinenij. Moskau 1963–65. 6 Bde.
Literatur: KARDIN, V.: B. Lavrenev. Moskau 1981.

Lawson, Henry Archibald [engl. lɔ:sn], eigtl. H. Hertzberg Larsen, *Grenfell (Neusüdwales) 17. Juni 1867, †Sydney 2. Sept. 1922, austral. Schriftsteller. – Gilt mit seinen wahrheitsgetreuen Schilderungen des Lebens im Busch, auf der Farm und den Goldfeldern, ihrem sprachl. Lokalkolorit und sozialkrit. Engagement als einflußreichster Begründer der austral. Kurzgeschichtentradition. Wie in seinen frühen Gedichten, die ihn als Vertreter eines polit. Humanismus ausweisen, haben seine zunächst im ›Bulletin‹ veröffentlichten Erzählungen die sozial Benachteiligten und Ausgebeuteten zum Gegenstand.

Werke: While the billy boils (En., 1896), On the track and over the sliprails (En., 1900), Children of the bush (En., 1902), The skyline riders and other verses (Ged., 1910), Triangles of life and other stories (En., 1913), My army, oh my army (Ged., 1915).
Ausgabe: A fantasy of man. H. L.'s collected works. Sydney u. New York 1984.
Literatur: PROUT, D.: H. L. The grey dreamer. Adelaide 1973. – RODERICK, C.: The real H. L. Adelaide 1982. – CLARK, C. M. H.: H. L., the man and his legend. Melbourne 1985.

Lawson, John Howard [engl. lɔ:sn], *New York 25. Sept. 1894, †San Francisco (Calif.) 11. Aug. 1977, amerikan. Dramatiker und Drehbuchautor. – Studium am Williams College (Mass.); Sanitäter im 1. Weltkrieg (Frankreich und Italien); Aufenthalt in Paris, Drehbuchautor in Hollywood (1928–47); verbüßte als einer der ›Hollywood Ten‹ eine einjährige Gefängnisstrafe (1950/51), da er die Aussage vor dem Kongreßausschuß für ›unamerikan. Umtriebe‹ verweigert hatte. L.s frühe, expressionist. Dramen (›Roger Bloomer‹, 1923; ›Processional. A jazz symphony of American life‹, 1925) wurden von seinen propagandist. Stükken (›Loud speaker‹, 1927; ›The international‹, 1928; ›Success story‹, 1932; ›The pure in heart‹, 1934; ›Gentlewoman‹, 1934; ›Marching song‹, 1937) abgelöst, die Sprachrohr seiner marxist. Überzeugung sind. Schrieb auch theater- und filmtheoret. Werke (›Theory and technique of playwriting‹, 1936, 1949 revidiert als ›Theory and technique of playwriting and screenwriting‹).

Laxdæla saga [...daɪla...; altisländ. = Die Geschichte von den Leuten aus dem Lachswassertal], altisländ. Saga, entstanden zwischen 1230 und 1260, genannt nach dem Geschlecht der im Mittelpunkt der Erzählung stehenden Bewohner des Lachswassertals im westl. Island. Die L. s. überblickt die Abfolge von acht Geschlechtern (vom Ende des 9. Jh. bis 1030), die in eine von Generation zu Generation sich verschärfende Auseinandersetzung um Besitz und Recht verstrickt sind.

Ausgaben: Laxdoela s. Hg. v. E. O. SVEINSSON. Reykjavík 1934. – Die Gesch. v. den Leuten aus dem Lachswassertal. Dt. Übers. v. R. MEISSNER. Darmst. ²1964.
Literatur: MADELUNG, A. M.: The Laxdoela s. Its structural patterns. Chapel Hill (N. C.) 1973. – HELLER, R.: Die L. s. Bln. 1976.

Laxness, Halldór Kiljan, eigtl. H. K. Guðjónsson, * Reykjavík 23. April 1902, isländ. Schriftsteller. – Einfluß auf sein Schaffen hatten die Sagas, daneben der dt. Expressionismus, den er in Deutschland kennenlernte, der Katholizismus, zu dem er 1923 in einem luxemburg. Kloster übertrat, der Surrealismus, mit dessen Vertretern er während seines Frankreichaufenthalts 1924–26 in Berührung kam, und sozialist. Ideen, zu denen er sich nach seiner Rückkehr von einem dreijährigen Aufenthalt in Amerika (1926–29) bekannte. Neben Lyrik, Essays, Erzählungen und Dramen sind v. a. die sozialkrit. Romane aus dem Island von heute von Bedeutung, in denen L. den ep. Sagastil aufnahm und meisterhaft umgestaltete; auch bed. Essayist. 1955 erhielt er den Nobelpreis für Literatur.

Werke: Der große Weber von Kaschmir (R., 1927, dt. 1988), Kvæðakver (= Gedichtheft, 1930), Salka Valka (R., 2 Tle., 1931/32, dt. 1951), Der Freisasse (R., 2 Bde., 1934/35, dt. 1936, 1969 u. d. T. Sein eigener Herr), Weltlicht (R., 4 Tle., 1937–40, dt. 1955), Islandglocke (R.-Trilogie, 1943–46, dt. 1951), Atomstation (R., 1948, dt. 1955), Gerpla (R., 1952, dt. 1977), Das Fischkonzert (R., 1957, dt. 1961), Das wiedergefun-

Halldór Kiljan Laxness

dene Paradies (R., 1960, dt. 1971), Zeit zu schreiben (autobiograph. Texte, 1963, dt. 1976), Seelsorge am Gletscher (R., 1968, dt. 1974), Die Litanei von den Gottesgaben (R., 1972, dt. 1982), Auf der Hauswiese (R., 1975, dt. 1978), Sjömeistasasagan (R., 1978).
Literatur: HALLBERG, P.: Den store vävaren. Stockholm 1954. – KARLSSON, K.: H. K. L. Reykjavík 1962. – KOETZ, G.: Das Problem Dichter u. Gesellschaft im Werke v. H. K. L. Gießen 1966. – KEEL, A.: Innovation u. Restauration. Der Romancier H. L. seit dem 2. Weltkrieg. Basel 1981. – HALLBERG, P.: H. L. Isländsk diktare i tiden. En konturteckning. In: Nordisk Tidskrift 63 (1987), S. 1. – GUDMUNDSDÓTTIR, G. H.: H. L. in Deutschland. Rezeptionsgeschichtl. Unterss. Ffm. u. a. 1989.

Layamon [engl. 'laɪəmən], genauer Laȝamon, modernisiert Lawman, lebte um 1200 in Ernley (heute Areley Kings, Worcestershire), engl. Dichter. – Geistlicher; verfaßte um 1235 die frühmittelengl. ep. Verschronik ›Brut‹, eine Übertragung des ›Roman de Brut‹ von Wace in über 16 000 Langzeilen (die Stabreim und Endreim kombinieren) mit heroisierenden Akzentsetzungen. Die Darstellung der myth. Geschichte Britanniens von der Gründung durch den Trojaner Brutus bis zur Abdrängung der Briten nach Wales (689) enthält für die weitere engl. Literatur bedeutsame Sagenstoffe, u. a. zu König Lear, Cymbeline und König Artus. Das Werk kommt einem brit. Nationalepos nahe.
Ausgabe: L.'s ›Brut‹. Hg. v. G. L. BROOK und R. F. LESLIE. Oxford 1963–78. 2 Bde.
Literatur: PILCH, H.: L.s ›Brut‹. Hdbg. 1960. – LE SAUX, F.: L.'s ›Brut‹. The poem and his sources. Cambridge 1989.

Laye, Camara [frz. la'je], * Kouroussa 1. Jan. 1928, † Dakar 4. Febr. 1980, guineischer Schriftsteller. – Studium der Technik in Conakry, dann in Frankreich, 1956 Rückkehr nach Guinea, ab 1964 im Exil in Senegal. Evoziert in seinen z. T. autobiograph. Romanen das traditionelle Afrika mit seinen sozialen und spirituellen Errungenschaften; seine Sprache basiert auf der Wortkunst der traditionellen Erzähler.
Werke: Einer aus Kurussa (Autobiogr., 1953, dt. 1954), Der Blick des Königs (R., 1954, dt. 1963), Dramouss (R., 1966, dt. 1967), Le maître de la parole. Kouma Lafôlô Kouma (traditionelles Epos, 1978).
Literatur: KING, A.: The writings of C. L. London 1980. – BOURGEACQ, J.: ›L'enfant noir‹ de

C. L. sous le signe de l'éternel retour. Sherbrooke 1984. – LEE, S.: C. L. Boston (Mass.) 1984. – AZADO, A. U.: L'imaginaire dans les romans de C. L. New York u.a. 1993.

Layton, Irving [Peter] [engl. lɛɪtn], eigtl. Israel Lazarovitch, * Tîrgu Neamţ (Rumänien) 12. März 1912, kanad. Lyriker rumän. Herkunft. – Kam 1913 mit seinen Eltern nach Montreal; Lehrer an verschiedenen kanad. Universitäten bis 1978. Gehörte zu den jungen Dichtern um die 1942 von John Sutherland (* 1919, † 1956) begründete Zeitschrift ›First Statement‹ (ab 1943 Mit-Hg.). Förderte durch seine Herausgebertätigkeit die moderne kanad. Dichtung.

Werke: Here and now (1945), Now is the place (1948), Love the conqueror worm (1953), In the midst of my fever (1954), The cold green element (1955), The improved binoculars (1956), A red carpet for the sun (1959), The swinging flesh (1961), Collected poems (1965), The collected poems of I. L. (1971), Lovers and lesser men (1973), A wild peculiar joy, 1945–1982 (1982). **Literatur:** MANDEL, E.: The poetry of I. L. Toronto 1981. – CAMERON, E.: I. L. A portrait. Toronto 1985.

Lazang, Iwan [frz. la'zã], Pseudonym des frz.-dt. Schriftstellers Yvan ↑Goll.

Lazarević, Laza K. [serbokroat. 'laza:rɛvitɛ], * Šabac 1. Mai 1851, † Belgrad 29. Dez. 1890, serb. Arzt und Schriftsteller. – Verdienste um das Sanitätswesen; Erzähler mit konservativbäuerl. Thematik und Ansätzen einer psycholog. Gestaltung (›Schönste Erzählungen‹, dt. Auswahl 1902); auch humorist. und iron. Züge.

Ausgabe: L. K. L. Izabrana dela. Belgrad ²1961.

Lazarillo de Tormes [span. laθa'riʎo ðe 'tɔrmes], Titelheld des 1554 anonym erschienenen ersten span. Schelmenromans ›La vida de Lazarillo de Tormes y de sus fortunas y adversidades‹, einer Selbstbiographie des armen Lázaro, der in knapper, realist. und zyn. Darstellung die Abenteuer und Streiche in seinen verschiedenen Berufen sowie die Laster der Zeit zeichnet; in zahlreiche Sprachen, u.a. 1617 auch ins Deutsche übersetzt; mehrfach fortgesetzt (anonym 1555; von J. de Luna 1620).

Ausgabe: Die Gesch. vom Leben des L. v. T. ... Dt. Übers. Mchn. 1963.
Literatur: SIEBENMANN, G.: Über Sprache u. Stil im L. de T. Bern 1953. – MALDONADO DE GUE-

VARA, F.: Interpretación del ›L. de T.‹. Madrid 1957. – SIEBER, H.: Language and society in ›La vida de L. de T.‹. Baltimore u. London 1979. – LÁZARO CARRETER, F.: ›L. de. T.‹ en la picaresca. Barcelona 1983. – IFE, B. W.: Reading and fiction in golden-age Spain. Cambridge u. New York 1985.

Lazarová, Katarína [slowak. 'lazarɔva:], * Výčapy-Opatovce 13. Febr. 1914, slowak. Schriftstellerin. – Erzählerin des slowak. Aufstands und der Kollektivierung; auch Kriminalromane.

Werke: Šarkan na ret'azi (= Der Drache an der Kette, R., 1962), Vdovské domy (= Witwenhäuser, R., 1977).

Lazarovitch, Israel [engl. 'læzərəvɪtʃ], kanad. Lyriker rumän. Herkunft, ↑Layton, Irving [Peter].

Lazda, Zinaida [lett. 'lazda], eigtl. Z. Sreibere, * in Livland 6. Juni 1902, † Salem (Oreg.) 7. Nov. 1957, lett. Lyrikerin. – Schrieb neben Naturlyrik formal vollendete Gedichte über moderne Themen (u.a. Klage über das Schicksal ihres Volkes, die Verlorenheit des Menschen in der Zeit).

Werke: Zalie vārti (= Das grüne Tor, 1936), Tālais dārzs (= Ferner Garten, 1946), Bēgle (= Die Flüchtige, 1949), Saules koks (= Sonnenbaum, 1956).

Lazdynų, Pelėda [litauisch laz'di:nu:], Pseudonym der Schwestern Sofija Ivanauskaitė-Pšibiliauskienė, * Paragiai bei Schaulen 16. Sept. 1867, † ebd. 15. März 1926, und Marija Ivanauskaitė-Lastauskienė, * Schaulen 15. Mai 1872, † Kaunas 19. Juli 1957, litauische Schriftstellerinnen. – Veröffentlichten ab 1897 sozialkrit. Erzählungen, in denen sie den Verlust national-bäuerl. und christl. Traditionen unter dem Einfluß neuzeitl. Ideen und ökonom. Veränderungen schilderten.

Werke: Našilaitė (= Die Waise, E., 1898), Klajūnas (= Der Landstreicher, E., 1902), Klaida (= Der Irrtum, E., 1908), Ir pražuvo kaip sapnas (= Und entschwand wie ein Traum, E., 1908), Naujas takas (= Der neue Weg, E., 1912), Atsiminimai (= Erinnerungen, Autobiogr., 1914).

Ausgabe: Lazdinu P. Raštai. Wilna 1954–55. 7 Bde.

Lažečnikov, Ivan Ivanovič, russ. Schriftsteller, ↑Laschetschnikow, Iwan Iwanowitsch.

Leacock, Stephen [Butler] [engl. 'li:kɔk], * Swanmore (Hampshire) 30. Dez.

1869, † Toronto 28. März 1944, kanad. Schriftsteller engl. Herkunft. – 1903–36 Prof. für Volkswirtschaft und polit. Wiss. an der McGill University in Montreal. Äußerst produktiver Autor. Nicht seine konservativen, fortschrittsgläubigen wiss. Abhandlungen, sondern seine Bücher mit meist zuvor in Zeitschriften publizierter humorist. Kurzprosa leben fort. Oft in der Tradition der Nonsensdichtung und in der Art von Ch. Dickens und Mark Twain (über die er 1933 bzw. 1932 Biographien verfaßte) der gesprochenen Sprache verbunden. Am geschlossensten sind die ›Sunshine sketches of a little town‹ (1912), Materialismuskritik enthalten die ›Abenteuer der armen Reichen‹ (1914, dt. 1925).

Weitere Werke: Literary lapses. A book of sketches (1910), Der Asbestmann und andere Nonsens-Novellen (1911, dt. 1987), Humor und Humbug (En., 1913, dt. 1925), Moonbeams from the larger lunacy (En., 1915), Further foolishness. Sketches and satires ... (1916), Die liebreizende Winnie. Neue Nonsens-Novellen (1920, dt. 1988), Winnowed wisdom. A new book of humour (1925), The boy I left behind me (Autobiogr., hg. 1946).
Literatur: DAVIES, R.: S. L. Toronto 1970. – MORITZ, A./MORITZ, T.: L. A biography. Toronto 1985.

Leal, António Duarte Gomes [portugies. lial], portugies. Dichter, ↑ Gomes Leal, António Duarte.

Leander, Richard, dt. Erzähler und Lyriker, ↑ Volkmann, Richard von.

Lear, Edward [engl. lıə], * London 12. Mai 1812, † San Remo 29. Jan. 1888, engl. Maler und Dichter. – War Zeichner, Maler und Illustrator, Zeichenlehrer Königin Viktorias; bereicherte die skurril-phantast. Nonsensliteratur um die Gattung des Limericks; dringt durch sein scheinbar unbeschwertes Spiel mit Worten und Gedanken in neue, assoziativ erschlossene Bereiche der Sprache vor. 1846 erschien ›A book of nonsense‹ (Ergänzungen 1861 und 1863, vollständige Ausg. 1947 u. d. T. ›The complete nonsense‹, dt. 1964 u. d. T. ›E.L.'s Nonsense Verse‹).
Literatur: LEHMANN, J.: E. L. and his world. London 1977.

Léautaud, Paul [frz. leo'to], Pseudonym Maurice Boissard, * Paris 18. Jan. 1872, † Robinson (heute zu Le Plessis-Robinson) 22. Febr. 1956, frz. Schriftsteller. – Einzelgänger und Skeptiker; schrieb für ›Mercure de France‹, ›La Nouvelle Revue Française‹ und ›Les Nouvelles littéraires‹ (bis 1939) eine auch in Buchform u. d. T. ›Le théâtre de Maurice Boissard‹ (2 Bde., 1926–43) vorliegende Folge origineller und geistvoller Kritiken; daneben Erzählungen, Theaterstücke und ein bed. ›Journal littéraire‹ (19 Bde., hg. 1954–66, Neuausg. 1986 in 4 Bden., dt. Ausw. 1966 u. d. T. ›Literar. Tagebuch 1893–1956‹).
Weitere Werke: Der kleine Freund (R., 1903, dt. 1967), Madame Cantili (E., 1925), Passetemps (Essays, 1929), Entretiens avec Robert Mallet (Dialoge, 1952), Das kleine unvollendete Werk (Autobiogr., hg. 1987, dt. 1993).
Literatur: DORMOY, M.: L. Paris 1958. – AURIANT: Une vipère lubrique. P. L. Brüssel 1965. – DORMOY, M.: La vie secrète de P. L. Paris 1971. – HARDING, J.: Lost illusions. P. L. and his world. London u. Rutherford (N. J.) 1974. – MAHIEU, R.: P. L. La recherche de l'identité (1871–1914). Paris 1974. – PERRET, P.: Adieu monsieur L. Paris 1986.

Leavis, Frank Raymond [engl. 'liːvıs], * Cambridge 14. Juli 1895, † ebd. 14. April 1978, engl. Kritiker. – War 1936–62 Fellow am Downing College in Cambridge, seit 1965 Gast-Prof. an der Univ. York; Mitbegründer und Hg. von ›Scrutiny. A Quarterly Review‹ (1932 bis 1953); galt als einflußreicher Kritiker, der in seinen Abhandlungen v. a. die moralische Funktion der Literatur betonte.
Werke: New bearings in English poetry (1932), The great tradition: George Eliot, James and Conrad (1948), D. H. Lawrence, novelist (1955), Two cultures? The significance of C. P. Snow (1962), Thought, words and creativity (1976).
Literatur: BILAN, R. P.: The literary criticism of F. R. L. London 1979. – WINKGENS, M.: Die kulturkrit. Verankerung der Literaturkritik bei F. R. L. Paderborn u. a. 1988.

Lebedew-Kumatsch (tl.: Lebedev-Kumač), Wassili Iwanowitsch [russ. 'ljebıdıf], * Moskau 5. Aug. 1898, † ebd. 20. Febr. 1949, russ.-sowjet. Lyriker. – Schrieb Filmdrehbücher, v. a. aber (meist vertonte) Lieder, deren eines Lied von der Heimat ›Pesnja o rodine‹ (1936) als inoffizielle Nationalhymne der Sowjetunion galt.
Ausgabe: V. I. Lebedev-Kumač. Pesni i stichotvorenija. Moskau 1960.

lebende Bilder (frz. tableaux vivants), Darstellungen von Szenen aus der antiken Mythologie, christl. Überlieferung und Geschichte in unbewegl. Personen- und Requisitenarrangements, häufig nach dem Vorbild bekannter Werke aus der Malerei und Plastik. – L. B. sind seit der Antike bezeugt (Kaiserin Theodora von Byzanz), bes. beliebt im Spät-MA im Rahmen des ↑geistlichen Spiels, so v.a. bei ↑Prozessionsspielen und ↑Predigtspielen, aber auch sonst als Einlagen in größeren dramat. Spielen, häufig als Präfiguration. Im 18. Jh. wurde die Tradition der l. B. durch die Gräfin S. F. von Genlis wieder aufgenommen; an sie knüpfte Lady Emma Hamilton (* 1765, † 1815) mit ihren ›Attitudes‹ (l. B. nach antiken Statuen) an. Das 19. Jh. pflegte l. B. v. a. im Rahmen bürgerl. Vereinsfestlichkeiten; im 20. Jh. Bestandteil v. a. von Revuen. – In jüngster Zeit haben u. a. die amerikan. Dramatiker und Theatermacher R. Wilson (u. a. ›the CIVIL warS‹, UA Rotterdam, Köln, Tokio, Marseille, Rom, Minneapolis, 1983/84) und S. Shepard ein Theater der l. B. **(Theatre of Images)** im Sinne eines multimedialen Gesamtkunstwerks (↑Performance, Tanz, Musik, Skulptur, bildende Kunst) als sog. Destruktionstheater (u. a. Destruktion der an das literar. Drama gebundene Theater) entwickelt, das bei Wilson an architekton. Strukturen orientiert ist, wobei Text und Wort assoziativ eingesetzt werden.

Lebensmüder (Gespräch eines Mannes mit seinem Ba), zur ägypt. Auseinandersetzungsliteratur der 1. Zwischenzeit (um 2100 v. Chr.) gehörendes Werk, das nur in einer Handschrift aus der 12. Dynastie (1991–1785) erhalten ist. Der Anfang fehlt. Eine Fülle von Interpreten haben sich um das Verständnis des schwierigen Textes bemüht. Sicher ist, daß der ›Lebensmüde‹ am ungerechten Zustand der Welt seiner Zeit verzweifelt und seine Hoffnung auf das Jenseits setzt. Sein Ba, die frei bewegl. Seele des Menschen, sucht ihn im Diesseits zu halten und droht ihn zu verlassen. Der abstrakte Stoff wird durchweg in Dialogform abgehandelt. Die dritte Rede des Ba schließt mit zwei Parabeln, die seinen Rat erläutern, das Leben zu genießen.

Die letzte Rede des Lebensmüden besteht aus vier kunstvollen Gedichten mit gleichlautenden Strophenanfängen, in denen die Todessehnsucht und die Vereinsamung in ergreifenden Bildern geschildert werden.
Literatur: BARTA, W.: Das Gespräch eines Mannes mit seinem Ba. Bln. 1969. – GOEDICKE, H.: The report about the dispute of a man with his Ba. Baltimore 1970.

Lebensohn (tl.: Lębęnzôn), Abraham Dov, Pseudonym Adam, * Wilna 1794, † ebd. 19. Nov. 1878, hebr. Dichter. – Galt als bedeutendster hebr. Gelehrter seiner Zeit und gehörte zu den führenden Persönlichkeiten der osteuropäisch-jüd. Aufklärung (Haskala). Er begann erst spät Gedichte zu schreiben, die in einem bibl. Hebräisch abgefaßt sind; arbeitete auch als Übersetzer und schrieb Erläuterungen zu bibl. Büchern.
Literatur: WAXMAN, M.: A history of Jewish literature. Bd. 3. New York 1960. S. 217. – Enc. Jud. Bd. 10, 1972, S. 1548.

Lebensohn (tl.: Lębęnzôn), Micha Josef, Kurzform Michal, * Wilna 22. Febr. 1828, † ebd. 4. Febr. 1852, hebr. Dichter. – Sohn von Abraham Dov L.: Vertreter der Haskala; übertrug viele Werke der Weltliteratur ins Hebräische (u. a. Homer, Schiller, Goethe). Seine Lyrik behandelt v. a. bibl. Themen; in Liebes- und Naturgedichten von der Romantik beeinflußt.
Literatur: WAXMAN, M.: A history of Jewish literature. Bd. 3. New York 1960. S. 226. – Enc. Jud. Bd. 10, 1972, S. 1549.

Leberreim, kurzes aus dem Stegreif verfaßtes Gebrauchs- bzw. Gelegenheitsgedicht mit beliebigem, meist scherzhaftem Inhalt, dessen Eingangsvers das Stichwort ›Leber‹ enthält, z. B. ›Die Leber ist von einem Hecht/und nicht von einer Schleie,/der Fisch will trinken, gebt ihm was,/daß er vor Durst nicht schreie‹ (Th. Fontane, ›Wanderungen durch die Mark Brandenburg‹, 1862–82). Ursprünglich wohl Tischsprüche bei Lebergerichten. Eine erste Sammlung norddeutscher L.e gab Johann Junior 1601 heraus (›Rhythmi mensales‹); in bäuerlichen Kreisen vereinzelt bis ins 19. Jh. bekannt.

Lebert, Hans, * Wien 9. Jan. 1919, † Baden (bei Wien) 20. Aug. 1993, österr. Schriftsteller. – War zunächst als Opernsänger an verschiedenen dt. Bühnen engagiert, gab aber nach der Erfahrung des Nationalsozialismus diese Tätigkeit zugunsten des Schreibens auf. Sein Hauptwerk, der Roman ›Die Wolfshaut‹ (1960), hat die Aufdeckung der verdrängten Kriegsschuld in einer österr. Dorfgemeinde zum Thema. L. schrieb außerdem Erzählungen, Gedichte und Hörspiele. 1992 erhielt er den Grillparzer-Preis der Stiftung F. V. S.

Weitere Werke: Ausfahrt (En., 1952), Das Schiff im Gebirge (E., 1955), Der Feuerkreis (R., 1971), Die schmutzige Schwester (Hsp.e, 1972).
Literatur: ARRER, K.: H. L. u. der problematisierte Regionalroman. Diss. Salzburg 1975 [Masch.].

Leblanc, Maurice [frz. lə'blä], * Rouen 11. Dez. 1864, † Perpignan 6. Nov. 1941, frz. Schriftsteller. – Begann mit Erzählungen und psycholog. Romanen; schuf mit zahlreichen populären Kriminal- und Abenteuerromanen die bekannte Figur des Arsène Lupin (u. a. ›Die Abenteuer des Arsène Lupin‹, 12 Bde., 1907–35, dt. 16 Bde., 1923–30).
Literatur: M. L. Sondernummer der Zeitschrift ›Europe‹ 604/605 (Aug. 1979). – MARILL-AL-BÉRÈS, F.: Le dernier des dandys. Arsène Lupin. Paris 1979. – LAMY, J.-C.: Arsène Lupin, gentleman de la nuit. Paris 1983.

Lebović, Đorđe [serbokroat. ˌlɛbɔvitɕ], * Sombor 27. Juni 1928, serb. Schriftsteller. – War im KZ; Dramen (›Himmelskommando‹, 1957, dt. 1965; mit A. Obrenović) und Hörspiele mit KZ-, Kriegs- und Todesthematik.

Lebrecht, Peter, Pseudonym des dt. Schriftstellers Ludwig ↑ Tieck.

Lec, Stanisław Jerzy [poln. lɛts], * Lemberg 6. März 1909, † Warschau 7. Mai 1966, poln. Lyriker und Aphoristiker. – 1941–43 im KZ; zeigte sich in seiner Lyrik, in der er sich oft mit Fragen der Gegenwart auseinandersetzte, zunehmende Neigung zur satir. Aussage; bes. durch seine Aphorismen ›Unfrisierte Gedanken‹ (1957, dt. 1959), ein Produkt der Tauwetterperiode, bekannt (ein zweiter Zyklus folgte 1964); pflegte als Meister der subtilen Pointierung auch das Epigramm; Übersetzer aus dem Deutschen.
Weitere Werke: Neue unfrisierte Gedanken (dt. Ausw. 1964), Letzte unfrisierte Gedanken (dt. Ausw. 1968).

Ausgaben: S. J. L. Utwory wybrane. Krakau 1977. 2 Bde. – S. J. L. Alle unfrisierten Gedanken. Dt. Übers. Mchn. ³1983. – S. J. L. Steckbriefe. Epigramme, Prosa, Gedichte. Dt. Übers. Mchn. 1986.
Literatur: DEDECIUS, K.: Poln. Profile. Ffm. 1975. – KRUPKA, P.: Der poln. Aphorismus. Die ›Unfrisierten Gedanken‹ v. S. L. u. ihr Platz in der poln. Aphoristik. Mchn. 1976.

le Carré, John [engl. lə'kærɛɪ], eigtl. David John Moore Cornwell, * Poole (Dorset) 19. Okt. 1931, engl. Schriftsteller. – 1956–58 Lehrer in Eton, 1959–64 im diplomat. Dienst, u. a. in Bonn und Hamburg; verbindet in seinen Spionageromanen eine illusionslos-realist. Darstellungsweise mit komplizierten Handlungsgeflechten (häufig um den Agenten George Smiley).
Werke: Ein Mord erster Klasse (R., 1962, dt. 1966), Der Spion, der aus der Kälte kam (R., 1963, dt. 1964), Krieg im Spiegel (R., 1965, dt. 1965), Eine kleine Stadt in Deutschland (R., 1968, dt. 1968), Dame, König, As, Spion (R., 1974, dt. 1974), Eine Art Held (R., 1977, dt. 1977), Agent in eigener Sache (R., 1979, dt. 1980), Die Libelle (R., 1983, dt. 1983), Ein blendender Spion (R., 1986, dt. 1986), Das Rußlandhaus (R., 1989, dt. 1989), Der heiml. Gefährte (R., 1991, dt. 1991), Ein guter Soldat (R., 1991, dt. 1991), Der Nacht-Manager (R., 1993, dt. 1993).
Literatur: MONAGHAN, D.: The novels of J. le C. Oxford 1986. – AUSTER, P.: J. le C. New York 1992.

Lécavelé, Roland [frz. leka'vle], frz. Schriftsteller, ↑ Dorgelès, Roland Maurice.

Leceta, Juan de [span. le'θeta], Pseudonym des span. Schriftstellers Rafael ↑ Múgica Celaya.

Lechoń, Jan [poln. 'lɛxɔin], eigtl. Leszek Serafinowicz, * Warschau 13. Juni 1899, † New York 8. Juni 1956, poln. Lyriker. – Mitglied der Skamander-Gruppe; ab 1930 in Frankreich (diplomat. Dienst); ab 1940 in den USA; gestaltete zunächst v. a. die Themen Liebe und Tod mit formaler Vollendung; pessimist. Grundhaltung. L. war dem Romantiker J. Słowacki und dem Jungpolen S. Wyspiański mehr verbunden als dem Dichtern seiner Zeit.
Werke: Karmazynowy poemat (= Karmesinrotes Poem., Ged., 1920), Srebrne i czarne (= Silbern und schwarz, Ged., 1924).
Ausgabe: J. L. Poezje wybrane. Warschau 1977.

Le Clézio, Jean-Marie Gustave [frz. ləkle'zjo], * Nizza 13. April 1940, frz. Schriftsteller. – Literaturstudium; u. a. Französischlehrer in Bangkok, Aufenthalte in Mexiko und Panama; lebt in Nizza. Gehört heute zu den wichtigsten Prosaschriftstellern in Frankreich; schildert in seinen handlungsarmen Romanen in expressiver Prosa und alptraumhaften Bildern v. a. das Ausgeliefertsein des Einzelmenschen an die ihn bedrängende Umwelt.

Werke: Das Protokoll (R., 1963, dt. 1965; Prix Renaudot 1963), Das Fieber (En., 1965, dt. 1971), Die Sintflut (R., 1966, dt. 1968), Terra amata (R., 1967, dt. 1970), Le livre des fuites (R., 1969), Der Krieg (R., 1970, dt. 1972), Voyages de l'autre côté (R., 1975), Les prophétés du Chilam Balam (Nachdichtung, 1976), Mondo (En., 1978, dt. 1988), Wüste (R., 1980, dt. 1989), La ronde et autres faits divers (En., 1982), Der Goldsucher (R., 1985, dt. 1987), Der mex. Traum (Essays, 1988, dt. 1989), Printemps et autres saisons (Nov.n, 1989), Onitsha (R., 1991, dt. 1993), Étoile errante (R., 1992), Diego et Frida (Biogr., 1993).

Literatur: WAELTI-WALTERS, J. R.: J.-M. G. Le C. Boston (Mass.) 1977. – HOLZBERG, R.: L'œil du serpent. Dialectique du silence dans l'œuvre de J.-M. G. Le C. Sherbrooke 1981. – BLUMEL, A.: Le C.s Ideenwelt in seinen Romanen u. ihre künstler. Verwirklichung. Salzburg 1982. – COENEN-MENNEMEIER, B.: J.-M. G. Le C. In: Krit. Lex. der roman. Gegenwartsliteraturen. Hg. v. W.-D. LANGE. Losebl. Tüb. 1984 ff. – SWALD, J.: Reisen auf die andere Seite des Bewußtseins. Unterss. zum literar. Werk J. M. G. Le C.s Münster 1984. – HARTH, H.: J.-M. G. Le C. In: Frz. Lit. des 20. Jh. Gestalten u. Tendenzen. Hg. v. W.-D. LANGE. Bonn 1986. S. 410. – BRÉE, G.: Le monde fabuleux de J.-M. G. Le C. Amsterdam u. a. 1990. – ONIMUS, J.: Pour lire Le C. Paris 1994.

Jean-Marie Gustave Le Clézio

Lecomte, Charles Marie [frz. lə'kõ:t], frz. Dichter, † Leconte de Lisle, Charles Marie.

Lecomte, Georges Charles [frz. lə-'kõ:t], * Mâcon 9. Juli 1867, † Paris 27. Aug. 1958, frz. Schriftsteller. – Schrieb u. a. gesellschaftskritisch-iron. Romane (›Les valets‹, 1897; ›Les cartons verts‹, 1901), histor., kunsthistor. (›L'art impressionniste‹, 1892) und biograph. Abhandlungen (›Clemenceau‹, 1918). Wurde 1924 Mitglied der Académie française.

Leconte de Lisle, Charles Marie [frz. ləkõtdə'lil], eigtl. Ch. M. Lecomte, * Saint-Paul auf Réunion 22. Okt. 1818, † Voisins-le-Bretonneux bei Paris 18. Juli 1894, frz. Dichter. – Gilt als der bedeutendste Vertreter der Parnassiens; forderte künstler. Zucht und eine disziplinierte Sprache. Sein pessimist. Weltbild steht dem A. Schopenhauers nahe, sein Pantheismus ist durch den Buddhismus geprägt. Hervorragende Übersetzungen griech. Dichter (u. a. Homer, Aischylos, Euripides). Wurde 1886 Mitglied der Académie française.

Werke: Poèmes antiques (Ged., 1852), Poèmes barbares (Ged., 1862), Poèmes tragiques (Ged., 1884).

Ausgabe: Ch.-M. L. de L. Poésies complètes. Paris 1927–28. 4 Bde. Nachdr. Genf 1974.

Literatur: PUTTER, I.: The pessimism of L. de L. The work and the time. Berkeley (Calif.) 1961. – PRIOU, J.: L. de L. Paris 1966. – PICH, E.: L. de L. et sa création poétique. Lyon 1975. – EMBIRICOS, A.: Interprétation de L. de L. Paris 1980. – SCHEEL, H.-L.: L. de L. In: Frz. Lit. des 19. Jh. Hg. v. W.-D. LANGE. Bd. 2. Hdbg. 1980. S. 112.

Lectori salutem [lat. = dem Leser Heil], Abk. L. S., Begrüßungsformel für den Leser in alten Handschriften.

Ledeganck, Karel Lodewijk [niederl. 'le:dəxɑŋk], * Eeklo 9. Nov. 1805, † Gent 19. März 1847, fläm. Lyriker. – Romantiker, von Lord Byron und A. de Lamartine beeinflußt. Sein Werk ›De drie zustersteden‹ (Ged., 1846), in dem er die fläm. Städte Gent, Brügge und Antwerpen verherrlicht, ist eine Manifestation des fläm. Kulturbewußtseins.

Weitere Werke: Bloemen mijner lente (Ged., 1839), Het burgslot van Zomergem (Ged., 1840), Verspreide en nagelaten gedichten (Ged., hg. 1852).

Literatur: CRICK, J.: K. L. L., 1805–1847. Sint-Amandsberg 1944.

Leder, Rudolf, dt. Schriftsteller, † Hermlin, Stephan.

Lederer, Joe, * Wien 12. Sept. 1907, † München 30. Jan. 1987, österr. Schriftstellerin. – Journalistin; emigrierte 1939 nach Großbritannien; Rückkehr 1956; lebte in München. Verfasserin lebendig und spannend geschriebener, erfolgreicher Unterhaltungsromane und Jugendbücher.
Werke: Das Mädchen George (R., 1928), Drei Tage Liebe (R., 1931), Unter den Apfelbäumen (R., 1934), Blumen für Cornelia (R., 1936), Fanfan in China (Jugend-R., 1938, 1958 u. d. T. Entführt in Schanghai), Unruhe des Herzens (R., 1956), Von der Freundlichkeit der Menschen (En., 1964), Ich liebe dich (En., 1975), Tödl. Leidenschaften. Sieben große Mordfälle (1978).

Ledie, Emil, Pseudonym des österr. Schriftstellers Johann Gabriel † Seidl.

Ledig, Gert, * Leipzig 4. Nov. 1921, dt. Schriftsteller. – Elektrotechniker, dann Soldat, nach Verwundung Ausbildung zum Schiffsbauingenieur; war in verschiedenen Berufen tätig; lebt in München. Realist. Erzähler, der mit dem Roman ›Die Stalinorgel‹ (1955) bekannt wurde.
Weitere Werke: Die Vergeltung (R., 1956), Faustrecht (R., 1957), Das Duell (Hsp., 1958, auch u. d. T. Der Staatsanwalt, 1958).

Leduc, Violette [frz. lə'dyk], * Arras 8. April 1907, † Faucon (zu Vaison-la-Romaine, Vaucluse) 28. Mai 1972, frz. Schriftstellerin. – Lenkte mit ihrem ersten Roman, ›Ma mère ne m'a jamais donné la main‹ (1945), die Aufmerksamkeit von M. Jouhandeau, J.-P. Sartre und S. de Beauvoir auf sich; wurde bes. bekannt durch ihren autobiograph. Roman ›Die Bastardin‹ (1964, dt. 1965).
Weitere Werke: L'affamée (R., 1948), Die Frau mit dem kleinen Fuchs (R., 1965, dt. 1967), Therese und Isabelle (R., 1966, dt. 1967), La folie en tête (Autobiogr., 1970), La chasse à l'amour (En., hg. 1973).
Literatur: LORIER, C.: V. L. et la bâtardise. In: Analyses de textes. Hg. v. J. PLESSEN u. A. VAN ZOEST. Groningen 1982. S. 110. – RULE, J.: V. L. In: LESBIAN images. New York 1982. S. 139. – COURTIVRON, I. DE: V. L. Boston (Mass.) 1985. – GIRARD, P.: Œdipe masqué. Une lecture psychoanalytique de ›L'Affamée‹ de V. L. Paris 1986. – CECCATTY, R. DE: V. L. Éloge de la bâtarde. Paris 1994.

Lee, [Nelle] Harper [engl. li:], * Monroeville (Ala.) 28. April 1926, amerikan. Schriftstellerin. – Hatte großen Erfolg mit ihrem ersten Roman ›Wer die Nachtigall stört‹ (1961, dt. 1962; Pulitzerpreis 1961), der v. a. durch die Darstellung des Rassenkonflikts Aufsehen erregte.

Lee, Harriet [engl. li:], * London 1757, † Clifton (bei Bristol) 1. Aug. 1851, engl. Schriftstellerin. – Schwester von Sophia L., mit der sie zuweilen zusammenarbeitete; die Kurzgeschichte ›Kruitzner‹ aus ihrem Hauptwerk ›The Canterbury tales‹ (5 Bde., 1797–1805) lieferte Lord Byron den Stoff zu dessen Drama ›Werner‹.

Lee, Laurie [engl. li:], * Stroud (Gloucestershire) 26. Juni 1914, engl. Schriftsteller. – Schrieb neuromant. Lyrik (›The sun my monument‹, 1944; ›The bloom of candles‹, 1947; ›My many-coated man‹, 1955) und Reiseberichte (›Festliche Tage. Reisebilder aus aller Welt‹, 1975, dt. 1980, 1976 u. d. T. ›Die Hügel der Toscana‹; ›A moment of war, a memoir of the Spanish Civil War‹, 1991), die sich durch die anschaul. Wiedergabe von Sinneseindrücken auszeichnen; auch Drehbücher. Bes. bekannt wurden seine poet. Kindheits- und Jugenderinnerungen ›Des Sommers ganze Fülle‹ (1959, dt. 1964) und ›An einem hellen Morgen ging ich fort‹ (1969, dt. 1970).

Lee, Nathaniel [engl. li:], * Hatfield um 1653, □ London 6. Mai 1692, engl. Dramatiker. – Studierte in Cambridge, war dann zeitweise Schauspieler, führte ein unstetes Leben, verfiel dem Alkohol und starb in geistiger Umnachtung. Verfaßte bühnenwirksame historisch-heroische Tragödien mit übersteigertem Ausdruck der Leidenschaften, v. a. das Alexander-Drama ›The rival queens‹ (1677) und ›Lucius Junius Brutus‹ (1681) sowie die satirisch-frivole Komödie ›The princess of Cleve‹ (UA 1681, hg. 1689).
Weitere Werke: Sophonisba, or Hannibal's overthrow (Trag., 1675), Caesar Borgia (Trag., 1679), Constantine the Great (Trag., 1684).
Ausgabe: Works of N. L. Hg. v. TH. B. STROUP u. A. L. COOKE. New Brunswick (N.J.) 1954–55. 2 Bde. Nachdr. Metuchen (N.J.) 1968.
Literatur: ARMISTEAD, J. M.: N. L. Boston (Mass.) 1979.

Lee, Robert E[dwin] [engl. liː], amerikan. Dramatiker, †Lawrence, Jerome.

Lee, Sophia [engl. liː], *London 1750, †Clifton (bei Bristol) 13. März 1824, engl. Schriftstellerin. – Schwester von Harriet L., mit der sie an deren Hauptwerk, der Kurzgeschichtensammlung ›The Canterbury tales‹ (5 Bde., 1797 bis 1805), zusammenarbeitete; schrieb vielgelesene Romane, u.a. den autobiograph. Briefroman ›The life of a lover‹ (6 Bde., 1804), und erfolgreiche Bühnenwerke (›The chapter of accidents‹, 1780) mit teils pikareskem, teils sentimentalem Inhalt und der vorromant. Neigung zum Unheimlichen.

Leeuw, Aart van der [niederl. leːu̯], *Delft 23. Juni 1876, †Voorburg 17. April 1931, niederl. Dichter. – Neuromantiker mit schwermütig-stimmungsvollen Gedichten und Prosadichtungen. L. wurde auch in Deutschland durch den märchenhaften Roman ›Ich und mein Spielmann‹ (1927, dt. 1937) und den autobiographisch bestimmten Roman ›Der kleine Rudolf‹ (1930, dt. 1942) bekannt.
Literatur: NOË, J.: A. v. d. L. Brügge 1964.

LEF [russ. ljef], Abk. für: Lewy front iskusstw (= Linke Front der Künste), Name einer 1923 in Moskau von W. W. Majakowski begründeten, bis 1929 existierenden literar. Gruppe um die Zeitschrift gleichen Namens (1923–25; 1927/28 als ›Nowy LEF‹ [= Neue LEF]). Das (wahrscheinlich) von Majakowski verfaßte Manifest steht in der Tradition des †Futurismus, von dem sich die LEF dadurch abhob, daß ihre Vertreter ›keine Hohenpriester der Kunst, sondern Arbeiter, die einen sozialen Auftrag ausführen‹, sein wollten.

Le Fanu, Joseph Sheridan [engl. ˈlɛfənjuː], *Dublin 28. Aug. 1814, †ebd. 7. Febr. 1873, ir. Schriftsteller. – Großneffe von R. B. Sheridan; schrieb neben populären Balladen v.a. Romane und Erzählungen mit Vorliebe für das Makabre und Übernatürliche. In der Behandlung geheimnisvoller Verbrechen gilt er als Vorläufer der modernen Kriminalliteratur.
Werke: Das Haus beim Kirchhof (R., 3 Bde., 1863, dt. 1977), Onkel Silas von Bartram-Haugh (R., 3 Bde., 1864, dt. 1867), Der besessene Baronet und andere Geistergeschichten (1872, dt. 1974), Carmilla (E., 1872, dt. 1968).
Literatur: BEGNAL, M. H.: J. S. Le F. Lewisburg (Pa.) 1971. – MCCORMACK, W. J.: S. L. and Victorian Ireland. Oxford 1980. – ACHILLES, J.: Sh. le F. u. die schauerromant. Tradition. Tüb. 1991.

Lefèvre-Géraldy, Paul [frz. ləfɛvrəʒeralˈdi], frz. Schriftsteller, †Géraldy, Paul.

Leffler, Anne Charlotte, *Stockholm 1. Okt. 1849, †Neapel 21. Okt. 1892, schwed. Schriftstellerin. – L. hatte ihren Durchbruch als radikale Vertreterin des schwed. Naturalismus (›80-tal‹) mit der Novellensammlung ›Ur lifvet‹ (1882). Auch danach schrieb sie, beeinflußt von H. Ibsen und G. Brandes, v. a. realist. Novellen und Romane, in denen sie sich vehement für die Emanzipation der Frau einsetzte.
Weitere Werke: Sanna kvinnor (Dr., 1883), Wie man Gutes tut (Dr., 1885, dt. 1898), Eine Sommergeschichte (R., 1886, dt. 1895), Weiblichkeit und Erotik (R., 1890, dt. 1892).
Literatur: A. Ch. L. En självbiografi grundad på dagböcker och brev. Hg. v. J. GERNANDT-CLAINE u. I. ESSÉN. Stockholm 1922. – SYLWAN, M.: A. Ch. L. Stockholm 1984.

Le Fort, Gertrud Freiin von [ləˈfoːr], Pseudonym G. von Stark, *Minden 11. Okt. 1876, †Oberstdorf 1. Nov. 1971, dt. Schriftstellerin. – Entstammte einer Hugenottenfamilie; studierte Geschichte, Philosophie und ev. Theologie, trat 1925 in Rom zum Katholizismus über. Sie gestaltete mit großer Sprachkraft religiöse und histor. Themen; das Opfer des einzelnen ist für sie nur mit der aus Glaube und Liebe geschöpften Kraft möglich (›Die Letzte am Schafott‹, Nov., 1931); die Frau wird in Übereinstimmung mit der kath. Auffassung als das Bewahrende und sich Opfernde dargestellt (›Die ewige Frau‹, 1934); der erste große Roman war ›Das Schweißtuch der Veronika‹ (1. Teil 1928, 1946 u. d. T. ›Der röm. Brunnen‹, 2. Teil 1946: ›Der Kranz der Engel‹).
Weitere Werke: Lieder und Legenden (1912), Hymnen an die Kirche (Ged., 1924), Der Papst aus dem Ghetto (R., 1930), Hymnen an Deutschland (Ged., 1932), Die Magdeburgische Hochzeit (R., 1938), Das Gericht des Meeres (E., 1943), Die Consolata (E., 1947), Unser Weg durch die Nacht (Essay, 1949), Die Tochter Farinatas (En., 1950), Am Tor des Himmels (Nov.,

1954), Die Frau des Pilatus (Nov., 1955), Die letzte Begegnung (Nov., 1959), Das fremde Kind (E., 1961), Aphorismen (1962), Die Tochter Jephtas (Legende, 1964), Hälfte des Lebens (Erinnerungen, 1965), Das Schweigen (Legende, 1967), Woran ich glaube und andere Essays (1968), Gedichte (1970).

Ausgaben: G. v. Le F. Erzählende Schrr. Wsb. u. Mchn. 1956. 3 Bde. – G. v. Le F. Die Erzählungen. Ffm. u. Mchn. 1966.

Literatur: FOCKE, A.: G. v. Le F. Gesamtschau u. Grundll. ihrer Dichtung. Graz u.a. 1960. – HEINEN, N.: G. v. Le F. Einf. in Leben, Kunst u. Gedankenwelt der Dichterin. Luxemburg [2]1960. – GÖLLNER, R.: Der Beitr. des Romanwerks G. v. le F.s zum ökumen. Gespräch. Paderborn 1973. – KRANZ, G.: G. v. Le F. Leben u. Werk in Daten, Bildern u. Zeugnissen (mit Bibliogr.). Ffm. 1976. – BISER, E.: Überredung zur Liebe. Die dichter. Daseinsdeutung G. v. Le F.s. Regensburg 1979. – G. v. Le F. Wirken u. Wirkung. Bearb. v. E. VON LA CHEVALLERIE. Hdbg. 1983. – DEVINNEY, M. K.: The legends of G. v. Le F. New York u.a. 1989. – MEYERHOFER, N. J.: G. v. Le F. Bln. 1993.

Legenda aurea [lat. = goldene Legende] (ursprünglich ›Legenda sanctorum‹ [= Heiligenlegende]), beliebteste mittelalterl. Sammlung von Heiligenlegenden, vor 1264 von Jacobus a Voragine in lat. Sprache verfaßt (gedr. um 1470), in zahlreichen stark erweiterten Ausgaben und Übersetzungen (dt. 1885/86) weit verbreitet. Die aus vielen Quellen zusammengetragenen Wundertaten, Leiden und Abenteuer der Heiligen des Kirchenjahres waren gemeinverständlich dargestellt und gewannen großen Einfluß auf Kunst und Volksfrömmigkeit.

Ausgaben: Jacobi a Voragine L. a. vulgo historia lombardica dicta. Hg. v. J. G. TH. GRAESSE. Breslau [3]1890. Nachdr. Osnabrück 1965. – Die L. a. des Jacobus de Voragine. Dt. Übers. v. R. BENZ. Hdbg. [10]1984.

Legende [lat.-mlat.; eigtl. = zu lesende (Stücke)], Darstellung der Lebensgeschichte eines Heiligen oder Märtyrers oder exemplar. Geschehnisse daraus. Der Begriff L. rührt von dem mittelalterl. kirchl. Brauch her, am Jahrestag eines Heiligen solche Erzählungen in Kirchen und Klöstern vorzulesen. Entscheidender als die Aufzeichnung histor. Zeugnisse und Traditionen zum Leben eines Heiligen (wie in den theologisch-historio-graph. Heiligenviten; ↑Hagiographie) war die Demonstration eines vorbildl., gottgefälligen Erdenwandels, in

dem sich Wunderbares manifestiert. Im Unterschied zu den ↑Mirakeln spielen in der L. transzendente Mächte eine geringere Rolle als die belehrende Exemplifizierung personifizierter Tugenden, jedoch sind die Grenzen zwischen L. und Mirakel fließend. – Die Darbietungsformen der L. sind die volkstüml. Erzählung, die literarisch zu den ↑einfachen Formen gehört, und die literar. Verarbeitung. – Nach den jeweiligen Vorbildfiguren unterscheidet man Christus-, Marien- und Heiligen-L.n; letztere fanden die stärkste Verbreitung.

Die ältesten L.n finden sich in apokryphen Evangelien und Apostelgeschichten. Die älteste erhaltene lat. Prosasammlung stammt von Papst Gregor I., dem Großen (›Dialogi de miraculis patrum Italicorum‹, 6. Jh.); die bedeutendste mittelalterl. Sammlung ist die lat. ↑›Legenda aurea‹ des Jacobus a Voragine; die umfassendste hagiograph. Sammlung, die ›Acta sanctorum‹ (70 Bde., 1643–1894), stammt von den Bollandisten, einer Brüsseler Gruppe von Jesuiten.

Einen ersten Aufschwung nahm die L. mit der Verbreitung der Heiligenverehrung im 6. Jh.; aus dieser Zeit stammen auch die ältesten literar. Gestaltungen (z. B. Gregor von Tours, ›Siebenschläfer-L.‹ u. a., Venantius Fortunatus). Eine zweite Blüte der L. bildet sich in der Karolingerzeit heraus (z. B. Alkuins L. über den hl. Willibrord, Walahfrid Strabos Gallus-Vita). Im 10. Jh. schuf Hrotsvit von Gandersheim sechs L.nerzählungen in Reimprosa und acht L.ndramen in Hexametern. Die ältesten volkssprachl. Heiligdichtungen stammen aus dem 9. Jh. und sind Hymnen, so u. a. die Heiligen-L.n ›Elene‹ und ›Juliane‹ des altengl. Dichters Cynewulf, die altfrz. ›Eulaliasequenz‹ (vermutl. um 881), sowie das ahd. ›Georgslied‹ (um 900) und ›Petruslied‹. Erst im 11. Jh. begegnen L.nerzählungen, z. B. das altfrz. ›Alexiuslied‹, das mhd. ›Annolied‹, der ›Trierer Silvester‹; L.n finden sich auch eingestreut in der ›Kaiserchronik‹ (um 1150). Die Ausbreitung der Marienverehrung im 12. Jh. förderte die Entstehung von ↑Mariendichtungen (z. B. Priester Wernhers ›Drei Lieder von der Magd‹). Auch die höf. Epiker griffen L.nstoffe auf, so Heinrich von Veldeke (›Sanct Servatius‹), Hartmann von Aue (›Der arme Heinrich‹, ›Gregorius‹), dann im 13. Jh. Reinbot von Dürne (›Der heilige Georg‹), Rudolf von Ems (›Der gute Gerhard‹, ›Barlaam und Josaphat‹), Konrad von Würzburg (›Silvester‹, ›Alexius‹, ›Pantaleon‹), Heinrich von Freiberg (›L. vom Heiligen Kreuz‹). Vor 1300 entstanden die beiden großen gereimten L.nsammlungen des Dt. Ordens (↑ Deutschordensdichtung): das ›Passional‹, das ›Väterbuch‹, um 1340 auch die ersten deutschsprachigen Prosasammlungen, z. B. das ›Heiligenleben‹ von Hermann von Fritzlar, weiter in breiter Fülle Christus-L.n (z. B. ›Der saelden hort‹, 13. Jh.) und Heiligen-L.n, u. a. eine weibl. Heiligen gewidmete, gereimte L.nsammlung ›Der maget kröne‹ (15. Jh.), dann die L.n um vorbildl. dt. Fürsten wie ›Heinrich und Kunigunde‹ von Ebernand von Erfurt (13. Jh.). Aus dem 15. Jh. sind auch die ersten dt. L.nspiele bezeugt. Mit der Reformation trat das Interesse an der L. v. a. durch Luthers Kritik am Heiligenkult zurück. Erst im Zuge der Gegenreformation und im Barock erfolgte v. a. im Rahmen der Predigtliteratur (Abraham a Sancta Clara) und des ↑ Jesuitendramas eine Wiederbelebung. Das 18. Jh. entdeckte dann auch den literar. Reiz der L. (J. G. Herder); Goethe schuf z. B. mehrere L.ngedichte (›L. vom Hufeisen‹, ›Der Gott und die Bajadere‹, ›Paria‹, ›Siebenschläfer‹). Eine bes. Vorliebe für die L. entwickelte sich im Gefolge der Romantik, z. B. die L.ndramen L. Tiecks, die L.nballaden H. Heines, L. Uhlands (›Der Waller‹), J. Kerners, E. Mörikes (›Erzengel Michaels Feder‹). Mit G. Kellers L.nzyklus (›Die sieben L.n‹, 1872) begann die Phase der L.ndichtung, in der an die Stelle naiver Gläubigkeit oder ästhet. Faszination mehr und mehr die psycholog. Fundierung oder die iron. Distanz traten. Im 20. Jh. verfaßten L.nerzählungen G. von Le Fort, H. Hesse (›Drei L.n aus der Thebais‹), Th. Mann (›Der Erwählte‹, 1951), L.nspiele M. Mell, H. Graf Keßler und H. von Hofmannsthal. In anderen europ. Sprachen entstanden u. a. die altchristl. L.n von N. S. Leskow, die Christus-L.n von S. Lagerlöf, die

L.ndramen von P. Claudel und T. S. Eliot. Auch in Oper und Oratorium sind L.n in die Libretti eingegangen (in jüngerer Zeit u. a. Richard Strauss, Arthur Honegger, Ildebrando Pizzetti). L.n erscheinen nicht nur im christl., sondern auch im islam. und buddhist. Kulturbereich (Nachwirkung der ind. Buddha-L. im europ. MA, u. a. bei Rudolf von Ems, ↑ ›Barlaam und Josaphat‹). In den ›Analecta Bollandiana‹ (seit 1882) hat die L.nforschung eine Fachzeitschrift geschaffen, die sich bes. mit der Überlieferungsgeschichte einzelner L.n befaßt. **Literatur:** STADLER, J. E./HEIM, F. J.: Vollständiges Heiligen-Lex. oder Lebensgeschichten aller Heiligen, Seligen u. aller Orte u. aller Jahrhunderte ... Augsburg 1856–82. 5 Bde. – WILHELM, F.: Dt. L.n u. Legendare. Lpz. 1907. – GÜNTER, H.: Die christl. L. des Abendlandes. Hdbg. 1910. – DELEHAYE, H.: Les passions des martyrs et les genres littéraires. Brüssel 1921. – DELEHAYE, H.: Les légendes hagiographiques. Brüssel ³1927. – GÜNTER, H.: Psychologie der L. Freib. 1949. – WOLPERS, TH.: Die engl. Heiligenlegende des MA. Tüb. 1964. – KELLER, H. L.: Reclams Lex. der Heiligen u. der bibl. Gestalten. Stg. 1968. – LERMEN, B.: Moderne L.ndichtung. Bonn 1968. – ROSENFELD, H.: L. Stg. ³1972. – GIER, A.: Der Sünder als Beispiel. Zu Gestalt u. Funktion hagiograph. Gebrauchstexte anhand der Theophilus-L. Diss. Bonn 1977. – BROWN, P.: The cult of the saints. Chicago (Ill.) 1980. – JOLLES, A.: Einfache Formen. Tüb. ⁶1982. – KARLINGER, F.: L.nforschung. Aufgaben u. Ergebnisse. Darmst. 1986. – BUBER, M.: Die Erzählungen der Chassidim. Zü. ¹²1992.

Legendenspiel, ↑ geistliches Spiel, das Stoffe aus der mittelalterl. Legendenliteratur gestaltet (↑ auch Mysterienspiel, ↑ Jesuitendrama). Im 20. Jh. knüpfen die L.e von M. Mell bewußt an die volkstüml. mittelalterl. Tradition an (z. B. ›Das Apostelspiel‹, 1923).

Léger, Marie-René-Alexis [Saint-Léger] [frz. leˈʒe], frz. Lyriker, ↑ Saint-John Perse.

Le Goffic, Charles [frz. ləgɔˈfik], Pseudonym Jean Capékerne, *Lannion (Côtes-du-Nord) 14. Juli 1863, †ebd. 12. Febr. 1932, frz. Schriftsteller. – Lyriker (›Amour breton‹, Ged., 1889; ›Le bois dormant‹, Ged., 1900), Romancier (›Le crucifié de Kéraliès‹, 1892; ›Passé l'amour‹, 1895; ›L'abbesse de Guérande‹, 1921), Kritiker und Folklorist

(›L'âme bretonne‹, 4 Bde., 1902–22); bes. verdient um das literar. und volkskundl. Erbe seiner Heimat. Wurde 1930 Mitglied der Académie française.
Literatur: AUDIAT, G.: Ch. Le G., sa vie, son œuvre. Paris ²1922.

Legouvé, Ernest [frz. ləgu've], * Paris 15. Febr. 1807, † ebd. 14. März 1903, frz. Schriftsteller. – Begann mit Gedichten und Romanen, fand aber erst Anerkennung durch seine Vorlesungen am Collège de France (gedr. u. d. T. ›Histoire morale des femmes‹, 1848) und ›Die Untersuchung ›La femme en France au XIXᵉ siècle‹ (1864), denen weitere ähnl. folgten, sowie durch seine Dramen (u. a. ›Adrienne Lecouvreur‹, 1849, dt. um 1873; mit E. Scribe). Wurde 1855 Mitglied der Académie française.

Legrand, Maurice Étienne [frz. lə-'grā], frz. Schriftsteller, † Franc-Nohain.

Le Guin, Ursula K[roeber] [engl. lə-'gwɪn], * Berkeley (Calif.) 21. Okt. 1929, amerikan. Schriftstellerin. – Kam schon früh über die Arbeit ihres Vaters, des Anthropologen Alfred L. Kroeber (* 1876, † 1960), mit fremden Kulturen in Berührung, was für ihr Werk zum zentralen Thema wurde. Nach den ersten Sciencefiction-Roman ›Rocannons Welt‹ (1966, dt. 1977) wurde sie in kurzer Zeit mit der Fantasy-Serie (›Erdsee‹-Zyklus) ›Der Magier der Erdsee‹ (1968, dt. 1979), ›Die Gräber von Atuan‹ (1971, dt. 1979) und ›Das ferne Ufer‹ (1972, dt. 1979), die mit ›Tehanu‹ (1990, dt. 1992) abgeschlossen wurde, sowie mit dem eine androgyne Gesellschaft schildernden Roman ›Winterplanet‹ (1969, dt. 1974) zur anerkanntesten amerikan. Science-fiction-Autorin der Gegenwart.
Weitere Werke: Die Geißel des Himmels (R., 1971, dt. 1974), Das Wort für Welt ist Wald (R., 1972, dt. 1975), Planet der Habenichtse (R., 1974, dt. 1976), Die zwölf Striche der Windrose (En., 1975, dt. 1980), Malafrena (R., 1979, dt. 1984), Die Kompaßrose (En., 1982, dt. 1985), Catwings (En., 1988), A visit from Dr. Katz (R., 1988), Catwings' return (R., 1989).
Literatur: U. K. Le G. Hg. v. J. D. OLANDER u. M. H. GREENBERG. New York 1979. – COGELL, E. C.: U. K. Le G. A primary and secondary bibliography. Boston (Mass.) 1983. – SPIVACK, CH.: U. K. Le G. Boston (Mass.) 1984.

Lehmann, Arthur Heinz, * Leipzig 17. Dez. 1909, † Bernau a. Chiemsee

28. Aug. 1956 (Autounfall), dt. Tierbuchautor. – Hatte großen Erfolg mit seinen Büchern über Pferde, v. a. ›Hengst Maestoso Austria‹ (1940), ›Die Stute Deflorata‹ (1948) und ›Maestoso Orasa‹ (hg. 1958, 1959 u. d. T. ›Hengst Orasa‹).

Lehmann, Rosamond [Nina] [engl. 'lɛɪmən], *London 3. Febr. 1901, † ebd. 12. März 1990, engl. Schriftstellerin. – Schwester von John Frederick L.; stellt mit psychoanalyt. Mitteln vorzugsweise Charakter und psych. Regungen junger Mädchen dar. Erfolgreich waren v. a. ›Aufforderung zum Tanz‹ (R., 1932, dt. 1938) über eine Kindheit zwischen den Weltkriegen und der trag. Generationenroman ›Unersättl. Herz‹ (1944, dt. 1950); schrieb auch Kurzgeschichten und Dramen.
Weitere Werke: Mädchen auf der Suche (R., 1927, dt. 1932, 1986 u. d. T. Dunkle Antwort), Wind in den Straßen (R., 1936, dt. 1990), Der begrabene Tag (R., 1953, dt. 1985), Der Schwan am Abend (Autobiogr., 1967, dt. 1987), A seagrape tree (R., 1976).
Literatur: TINDALL, G.: R. L. London 1985. – SIMONS, J.: R. L. London 1992.

Lehmann, Wilhelm [Heinrich], * Puerto Cabello (Venezuela) 4. Mai 1882, † Eckernförde 17. Nov. 1968, dt. Lyriker und Erzähler. – Studierte engl. Philologie, Philosophie und Botanik, war als Lehrer tätig. Befreundet u. a. mit O. Loerke. Wurde zuerst durch Romane und Erzählungen bekannt. Bed. sind v. a. seine streng geformten Gedichte, in denen er in symbol- und bildreicher Sprache die enge Beziehung von Mensch und Natur darstellt. Übte großen Einfluß auf die neuere dt. Lyrik aus. Erhielt mehrere Literaturpreise.
Werke: Der Bildersturm (R., 1917), Die Schmetterlingspuppe (R., 1918), Weingott (R., 1921), Antwort des Schweigens (Ged., 1935), Der grüne Gott (Ged., 1942), Entzückter Staub (Ged., 1946), Bewegl. Ordnung (Essays, 1947), Bukol. Tagebuch aus den Jahren 1927 bis 1930 (1948), Mühe des Anfangs (biograph. Aufzeichnungen, 1952), Ruhm des Daseins (R., 1953), Überlebender Tag (Ged., 1954), Dichtung als Dasein (poetolog. und krit. Schriften, 1956), Meine Gedichtbücher (Ged., 1957), Kunst des Gedichts (Essays, 1961), Der Überläufer (R., 1962), Abschiedslust (Ged., 1962), Dauer des Staunens (Prosa, 1963), Linien des Lebens (Essay, 1963), Sichtbare Zeit (Ged., 1967).
Ausgaben: W. L. Sämtl. Werke. Güt. 1962. 3 Bde. – W. L. Ges. Werke in 8 Bden. Hg. v.

A. WEIGEL-LEHMANN u. a. Stg. 1982 ff. (bisher 5 Bde. erschienen). **Literatur:** BRUNS, H.: W. L. Sein Leben u. Dichten. Kiel 1962. – SCHÄFER, H. D.: W. L. Studien zu seinem Leben u. Werk. Bonn 1969. – JUNG, J.: Mythos u. Utopie. Darst. zur Poetologie u. Dichtung W. L.s. Tüb. 1975.

Lehnau, dt. Schriftsteller, ↑ Kiaulehn, Walther.

Lehrdichtung (lehrhafte Dichtung, didakt. Dichtung, didakt. Poesie), Sammelbegriff für Literatur, die auf die Vermittlung von Wissen bzw. auf Belehrung in poet. Form abzielt. Einige literar. Gattungen gehören zum Grenzbereich der L.: ↑ Fabel, ↑ Priamel, ↑ Parabel, ↑ Legende, ↑ Spruchdichtung, ↑ Gnome, ↑ Bispel. Die L. spielte im Altertum, MA und in der frühen Neuzeit eine so bed. Rolle, daß sie den drei literar. Grundgattungen Lyrik, Epik und Dramatik als vierte, inhaltlich bestimmte Gattung an die Seite gestellt wurde (Ch. Batteux, J. G. Sulzer). In L.en wurden nahezu alle Wissensgebiete behandelt.
Die ältesten erhaltenen L.en (in Hexametern) sind Hesiods (um 700 v. Chr.) ›Theogonie‹ und die ›Werke und Tage‹. Im 5. Jh. v. Chr. folgten die philosoph. L.en der Vorsokratiker Xenophanes, Parmenides von Elea und Empedokles. – In der hellenist. Literatur nahm die systemat. wiss. L. einen breiten Raum ein; so handelt u. a. Aratos von Soloi (3. Jh. v. Chr.) über Himmelserscheinungen (›Phainómena‹), Nikandros (2. Jh. v. Chr.) über Mittel gegen Schlangen- (›Thēriaká‹) und andere Gifte (›Alexiphármaka‹). – Die älteste röm. L. sind die ›Heduphagetica‹ des Ennius (* 239, † 169). Von weitreichender Wirkung waren im 1. Jh. v. Chr. Lukrez' ›Von der Natur der Dinge‹ (dt. 1784/85), Vergils ›Georgica‹ (39–29, dt. 1572, 1789 u. d. T. ›Landbau‹) und Horaz' ›Ars poetica‹ (18 v. Chr., dt. 1639, 1952 u. d. T. ›Die Dichtkunst‹). Elegant-witzige L. stammt v. a. von Ovid (›Ars amatoria‹, um 1 v. Chr., dt. 1600, 1958 u. d. T. ›Liebeskunst‹). – Die christlich-apologet. L. begann im 4. Jh. mit Commodianus (›Instructiones‹, ›Carmen apologeticum‹). Auch in den mittelalterl. volkssprachl. Literaturen war die L. die populärste Form der Wissensvermittlung, z. B. die altnordische

Spruchsammlung ›Hávamál‹ (↑ Edda) oder die mhd. Morallehren (›Der wälsche Gast‹ [1215/16] von Thomasin von Circlaere, Freidanks ›Bescheidenheit‹ [1. Hälfte des 13. Jh.], ›Der Renner‹ [1300] von Hugo von Trimberg). Neben diesen umfangreichen Werken findet sich bis ins Spät-MA auch in allen roman. Sprachen eine Fülle von Stände-, Minne- und Morallehren, von moral. Spruchsammlungen, Sittenspiegeln, Tischzuchten, Kalendern, Koch-, Schach-, Wahrsage- und Traumbüchern, ferner von naturphilosoph. Darstellungen in gebundener Form und in Prosa. – Auch im Zeitalter des Humanismus hielt die Vorliebe für systemat., rhetorisch ausgeschmückte L.en an: Thomas Naogeorgius' religiöse L. ›Agricultura sacra‹ (1550), M. G. Vidas einflußreiche Poetik (1527), der N. Boileau-Despréaux' ›L'art poétique‹ (1674, dt. 1745, 1899 u. d. T. ›Die Dichtkunst‹) folgte. – Die letzte fruchtbare Zeit für die L. war die Aufklärung. Breite Wirkung hatten die anthropolog., philosoph. und religiösen L.en von A. Pope (›Versuch vom Menschen‹, 1733/34, dt. 1740), J. Thomson (›Die Jahreszeiten‹, 1726–30, dt. 1745) u. a., in der dt. Literatur insbes. die L.en von B. H. Brockes (›Ird. Vergnügen in Gott‹, 1721–48), A. von Haller (›Die Alpen‹, 1732), Ch. A. Tiedge (›Urania‹, 1801); Schillers philosophisches Gedicht ›Der Spaziergang‹ (1795) und Goethes ›Metamorphose der Pflanzen‹ (1799) sind herausragende Werke der L., die im 19. Jh. mehr und mehr zurücktrat. Als Nachzügler ist u. a. noch F. Rückerts gnomische ›Weisheit des Brahmanen‹ (1836–39) zu nennen. – ↑ auch Lehrstück. **Literatur:** ECKART, R.: Die L., ihr Wesen u. ihre Vertreter. Glückstadt ²1909. – EIS, G.: Mittelalterl. Fachliteratur. Stg. 1962. – ALBERTSEN, L. L.: Das Lehrgedicht. Aarhus 1967. – Grundriß der roman. Literaturen des MA. Bd. 6: La littérature didactique, allégorique et satirique. Hg. v. H. R. JAUSS. Hdbg. 1968–70. 1 Bd. in 2 Tln. – SIEGRIST, CH.: Das Lehrgedicht der Aufklärung. Stg. 1974. – BOESCH, B.: Lehrhafte Lit. Lehre in der Dichtung u. L. im dt. MA. Bln. 1977. – BERNT, G.: Didaktische Lit. In: Lex. des MA. Bd. 3. Mchn. u. Zü. 1986.

Lehrstück, von B. Brecht geschaffene Form des kurzen Theaterstücks; es ›lehrt dadurch, daß es gespielt, nicht dadurch, daß es gesehen wird‹ (B. Brecht). Der

Text ist als ›Muster‹ vorgegeben; der Spieler soll ihn einerseits nachspielen, andererseits durch freie Einfügung von eigenen Szenen ergänzen, er sollte ›durch ... Einnahme bestimmter Haltungen, Wiedergabe bestimmter Reden ... gesellschaftlich beeinflußt‹ (Brecht) werden können. Die L.e, die Brecht in Zusammenarbeit mit Komponisten (u. a. K. Weill, H. Eisler) entwickelte, waren nach Eisler ›nur Mittel der pädagog. Arbeit mit Studenten marxist. Schulen und proletar. Kollektiven‹. Obwohl von Kritikern als leblose ›Konstruktion‹ eingeschätzt, hat Brecht auch nach 1945 das L. als Theater der Zukunft bezeichnet. Als Prototyp galt ihm sein L. ›Die Maßnahme‹ (1931; Musik von H. Eisler). In der Theatergeschichte haben die L.e kaum weitergewirkt.

Literatur: BRECHT, B.: Schrr. zum Theater 3. In: Ges. Werke. Bd. 17. Ffm. 1968. – Brechts Modell der L.e. Hg. v. R. STEINWEG. Ffm. 1976. – STEINWEG, R.: Das L. Brechts. Theorie einer polit.-ästhet. Erziehung. Stg. ²1976. – BAWEY, P. VON: Rhetorik der Utopie. Eine Unters. zum ästhet. Aufbau u. argumentativen Zusammenhang der L.e Brechts. Dt. Übers. Mchn. 1981. – KAMATH, R.: Brechts L.-Modell als Bruch mit den bürgerl. Theatertraditionen. Ffm. 1983. – MAIER-SCHAEFFER, F.: Heiner Müller et le „L.". Bern u. a. 1992. – KRABIEL, K.-D.: B.s Lehrstücke. Entstehung u. Entwicklung eines Spieltyps. Stg. 1993.

Lehtonen, Joel [finn. 'lɛhtɔnɛn], * Sääminki 27. Nov. 1881, † Huopalahti bei Helsinki 20. Nov. 1934, finn. Schriftsteller. – Journalist, dann freier Schriftsteller; anfangs von S. Lagerlöf beeinflußter Romantiker, später desillusionierter Realist und naturalist. Schilderer des äußeren und inneren Elends der Katenbewohner wie der Emporkömmlinge. Das Spätwerk ist von totaler Skepsis geprägt.

Werke: Paholaisen viulu (= Die Teufelsgeige, R., 1904), Mataleena (R., 1905), Kerran kesällä (= Einmal im Sommer, R., 1917), Putkinotko (R., 2 Bde., 1919/20), Rakastunut rampa (= Der verliebte Invalide, R., 1922), Henkien taistelu (= Kampf der Geister, R., 1933). **Ausgabe:** L. Kootut teokset. Helsinki 1931–35. 8 Bde.

Leich [Grundbedeutung = Spiel, Tanz], eine seit dem ausgehenden 12. Jh. gepflegte Großform des mhd. Liedes; geht auf den frz. † Lai zurück und ist über

diesen formal der Sequenz verwandt. Die ältesten mhd. L.e stammen von Heinrich von Rugge (Kreuzleich), Ulrich von Gutenberg (Minneleich) und Walther von der Vogelweide (Marienleich). Die L.e der Blütezeit (13. Jh.) zeichnen sich durch thematische und formale Vielfalt aus (Minne-, religiöse und polit. Thematik; häufig waren Tanzleichs).

Leininger, Kai Harald [dän. 'lainenər], dän. Schriftsteller, † Munk, Kaj.

Leino, Eino, eigtl. Armas E. Leopold Lönnbohm, * Paltamo 6. Juli 1878, † Tuusula 10. Jan. 1926, finn. Schriftsteller. – Zunächst Kritiker, Feuilletonist und Redakteur; repräsentativste Gestalt der neuromant. literar. Kultur um 1900, tätig in allen Gattungen (Romane, lyr. Dramen, Essays, Memoiren, Reisebilder, Literaturgeschichte) und als Übersetzer (u. a. Goethe, Schiller, Dante). Als Lyriker gilt L. heute als Klassiker, auf den sich auch die Moderne beruft; er schrieb liedhafte Liebeslyrik von artist. Formsicherheit, ausdrucksspröde Balladen mit Anregungen aus der finn. Volksdichtung, beeinflußt auch von H. Heine und F. Nietzsche, später auch Gedankenlyrik mit z. T. geschichtl. und antiker Thematik. Zahlreiche Gedichte und Gedichtzyklen sind in dt. Anthologien erschienen, u. a. in: ›Suomis Sang‹ (1921), ›Das Antlitz Finnlands‹ (1942) und ›Europ. Balladen‹ (1967).

Werke: Helkavirsiä (= Helkalieder, Ged., 2 Bde., 1903–16, dt. Ausw. 1943 u. d. T. Finn. Balladen), Talviyö (= Winternacht, Ged., 1905), Naamioita (= Masken, Dramen, 6 Bde., 1905–11), Halla (= Frost, Ged., 1908), Tuulikannel (= Die Äolsharfe, Ged., 1919). **Ausgabe:** L. Kootut teokset. Hg. v. A. E. LEOPOLD. Helsinki 1926–30. 16 Bde.

Leip, Hans, * Hamburg 22. Sept. 1893, † Fruthwilen (zu Salenstein, Thurgau) 6. Juni 1983, dt. Schriftsteller. – Sohn eines Seemanns; war Lehrer, Graphiker, Kunstkritiker und Mitarbeiter des ›Simplicissimus‹, ab 1923 freier Schriftsteller, später Lektor; zahlreiche Seereisen. Die meisten Romane und Erzählungen sind von Abenteuerlust und Liebe zur See bestimmt. Seine Lyrik umfaßt sowohl volksliedhafte, an Shanties erinnernde Balladen (z. T. vertont; weltberühmt wurde ›Lili Marleen‹) als auch kunstvoll

gereimte ›Kadenzen‹ (1942) und ›Pentamen‹ (1963). L. schrieb außerdem Dramen und Hörspiele und illustrierte zahlreiche seiner Werke selbst.
Weitere Werke: Godekes Knecht (R., 1925), Der Nigger auf Scharhörn (E., 1927), Segelanweisung für eine Freundin (1933), Jan Himp und die kleine Brise (R., 1934), Die kleine Hafenorgel (Ged., 1937, erweitert u. d. T. Die Hafenorgel, 1948), Das Muschelhorn (R., 1940, neu bearb. 1970), Das trunkene Stillesein (Ged., 1943), Ein neues Leben (En., 1946), Das Buxtehuder Krippenspiel (1947), Der große Fluß im Meer (R., 1954), Bordbuch des Satans. Eine Chronik der Freibeuterei (1959), Glück und Gischt (En., 1960), Die Taverne zum mus. Schellfisch (autobiograph. R., 1963), Am Rande der See (En., 1967), Aber die Liebe ... (R., 1969), Das Tanzrad oder ... (Lebenserinnerungen, 1979).
Literatur: H. L. Leben u. Werk. Bearb. v. R. ITALIAANDER. Hamb. 1958. – SANDER, E.: H. L. Maler u. Schriftsteller. Freib. 1973. – H. L. u. die Hamburger Künstlerfeste. Bearb. v. S. HIRSCH. Ausst.-Kat. Herzberg 1993.

leipogrammatisch [griech.], sprachl. Werke, in denen absichtlich ein bestimmter Buchstabe ausgelassen ist, werden l. genannt; als ältester formaler Manierismus im 6. Jh. v. Chr. bezeugt (Lasos); findet sich bes. in der spätantiken alexandrin. Literatur (z. B. im 5. Jh. bei Fabius Planciades [bzw. Fabius Claudius Gordianus] Fulgentius), ferner in der Literatur des europ. Manierismus (16. Jh.), im Dadaismus und im russ. Imaginismus. – ↑dagegen pangrammatisch.

Leipoldt, Christian [Frederick] Louis [afrikaans 'laipɔlt], Pseudonym Pheidippides, * Worcester (Kapprovinz) 28. Dez. 1880, † Kapstadt 12. April 1947, südafrikan. Dichter. – War Arzt; neben Jugendliteratur schrieb L. auch kulinar., medizin. und populärgeschichtl. Abhandlungen. Seine Gedichte über den Burenkrieg, ›Oom Gert vertel‹ (1911), die mit emotionaler Dramatik und in volksnaher, bildhafter Sprache gegen Unrecht und Gewalt plädieren, wurden zum bedeutsamen literar. Zeugnis der ›Zweiten Afrikaansen Bewegung‹; verfaßte das erste Sonett in Afrikaans, erfand eigene lyr. Formen; beschrieb die sinnlich wahrnehmbare Farbgewalt und den Artenreichtum der einheim. Tier- und Pflanzenwelt; dabei stellte er das Gefühlsleben des Individuums in den Mittelpunkt; im späteren Werk Erforschung des Fremdartigen und Hinwendung zu fernöstl. Philosophie.
Weitere Werke: Uit drie wêrelddele (Ged., 1923), Die heks (Dr., 1923), Die kwaksalwer (Dr., 1931), Die dwergvroutjie (R., 1937), Bushveld doctor (Autobiogr., 1937), The ballad of Dick King and other poems (Ged., 1949), Die Issiegrimmiebonse (En. und Ged., hg. 1980).
Literatur: KROMHOUT, J.: L. as digter. Pretoria 1954. – BURGERS, M P. O.: Ch. L. L. 'n Studie in stof-keuse, -verwerking en ontwikkeling. Kapstadt 1960.

Leipziger Buchmesse, internat. Buchausstellung, die auf die seit dem 15. Jh. in Leipzig veranstalteten Buchmessen (erster Meßkatalog 1564 von Georg Willer, Augsburg) zurückgeht. Als sich der dt. Buchhandel im 17. Jh. von Frankfurt am Main nach Leipzig verlagerte, gewann die Leipziger Ostermesse, die am Sonntag Kantate begann *(Kantatemesse),* immer größere Bedeutung und war im 18. Jh. wichtiger als die ↑Frankfurter Buchmesse. Nach einem Rückgang im 19. Jh. nahm sie nach dem 1. Weltkrieg einen erneuten Aufschwung. Seit dem 2. Weltkrieg fand die L. B. jährl. während der Leipziger Messe statt. Seit der dt. Wiedervereinigung liegen die Schwerpunkte der L. B. auf der deutschsprachigen Buchproduktion, der Buchkunst sowie den Literaturen der östl. Nachbarländer.

Leiris, Michel [frz. lε'ris], * Paris 20. April 1901, † Saint-Hilaire bei Paris 30. Sept. 1990, frz. Schriftsteller. – Unternahm als Ethnologe Forschungsreisen nach Afrika, auf die Antillen und nach China; gehörte 1924/25 zur Gruppe der Surrealisten. Schrieb nach surrealist. Gedichten v. a. Bekenntnisliteratur mit schonungsloser Selbstanalyse (›Mannesalter‹, 1939, dt. 1963; ›Lichte Nächte und mancher dunkle Tag‹, 1945, dt. 1981; ›Die Spielregel‹, 4 Bde., 1948–76 [Bd. 1: ›Streichungen‹, 1948, dt. 1982; Bd. 2: ›Krempel‹, 1955, dt. 1985; Bd. 3: ›Fibrillen‹, 1966, dt. 1991; Bd. 4: ›Frêle bruit‹, 1976]).
Weitere Werke: Phantom Afrika. Tagebuch einer Expedition von Dakar nach Djibouti 1931–1933 (1934, dt. 2 Bde., 1980–84), Hautmal (Ged., 1943), Aurora (R., 1946, dt. 1979), Wörter ohne Gedächtnis. Prosa, Glossar, Poesie (1969, dt. 1984 [enthält: Trugbilder, Ged., 1925; Der

große Himmelspunkt, Ged., 1927; Glossar, Die Glasrose, Prosa, 1938]), Das Band am Hals der Olympia (autobiographisch-essayist. Schrift, 1981, dt. 1983), Langage tangage ou Ce que les mots me disent (Schrift, 1985), Ondes (Ged., 1988), À cor et à cri (autobiograph. Schrift, 1988), Journal 1922–1989 (Tageb., hg. 1992). **Literatur:** CHAPPIUS, P.: M. L. Paris 1973. – LE-JEUNE, PH.: Le pacte autobiographique. Paris 1975. – HEINRICHS, H.-J.: Das Werk von M. L. In: HEINRICHS: Ein Leben als Künstler und Ethnologe. M. L. Ffm. 1983. S. 148. – CLAVEL, A.: M. L. Paris 1984. – GÖLTER, W.: M. L. In: Krit. Lex. der roman. Gegenwartsliteraturen. Hg. v. W.-D. LANGE. Losebl. Tüb. 1984 ff. – SIMON, R. H.: Orphée médusé. Autobiographies de M. L. Lausanne 1984. – JULIET, C.: Pour M. L. Paris 1988.

Leise [ahd. u. mhd. gekürzt aus Kyrieleis], geistl. Refrainlied des MA, das v. a. im dt., aber auch im slaw. Sprachgebiet verbreitet war. Allgemein handelt es sich dabei um volkssprachl. Strophenlieder, die aus lat. Sequenzen entstanden sind und deren einzelne Strophen jeweils mit dem Ruf ›Kyrieleis‹ abgeschlossen werden. Bekannteste Beispiele sind die Oster-L. ›Christ ist erstanden‹ (12. Jh.; zur Sequenz ›Victimae paschali laudes‹) und die Pfingst-L. ›Nun bitten wir den Hl. Geist‹ (12. Jh.; zur Sequenz ›Veni sancte spiritus‹). Als ältestes Beispiel gilt das Freisinger Petruslied aus dem 9. Jh. ›Unsar trohtin hât farsalt‹ (Unser Herr hat [dem hl. Petrus die Macht] übertragen). **Literatur:** JANOTA, J.: Studien zu Funktion u. Typen des dt. geistl. Lieds des MA. Mchn. 1968.

Leisewitz, Johann Anton, * Hannover 9. Mai 1752, † Braunschweig 10. Sept. 1806, dt. Dramatiker. – Stand während des Jurastudiums in Göttingen kurze Zeit dem ›Göttinger Hain‹ nahe. Sein einziges bed. Werk, das Trauerspiel ›Julius von Tarent‹ (1776), das als eines der wichtigsten Dramen des Sturm und Drang den jungen Schiller stark beeinflußt hat, behandelt wie dessen ›Braut von Messina‹ das Thema der feindl. Brüder. Das Stück unterlag jedoch bei einem von F. L. Schröder am 28. Febr. 1775 ausgeschriebenen Dramenwettbewerb F. M. † Klingers Tragödie ›Die Zwillinge‹; daraufhin veröffentlichte L. nichts mehr, spätere Arbeiten ließ er nach seinem Tod verbrennen.

Ausgabe: J. A. L. Sämtl. Schrr. Brsw. 1838. Nachdr. Hildesheim u. New York 1970. **Literatur:** KÜHLHORN, W.: J. A. L.s ›Julius v. Tarent‹. Halle/Saale 1912. Nachdr. Wsb. 1973. – SIDLER, J.: J. A. L. ›Julius von Tarent‹. Diss. Zü. 1966. – KOLB, I.: Herrscheramt u. Affektkontrolle. J. A. L.' ›Julius v. Tarent‹. Ffm. u. Bern 1983. – LAUDIN, G.: L'œuvre de J. A. L. jusqu'en 1782. Bern u. a. 1991.

Leitgeb, Josef, * Bischofshofen 17. Aug. 1897, † Innsbruck 9. April 1952, österr. Schriftsteller. – Jurastudium, Lehrer, zuletzt Stadtschulinspektor in Innsbruck; bed. ist seine hymn. Lyrik, u. a. ›Musik der Landschaft‹ (1935); schrieb auch Romane, Landschaftsschilderungen und Erzählungen.
Weitere Werke: Gedichte (1922), Kinderlegende (R., 1934), Christian und Brigitte (R., 1936), Läuterungen (Ged., 1938), Am Rande des Krieges (Erinnerungen, 1942), Vita somnium breve (Ged., 1943), Das unversehrte Jahr (autobiograph. R., 1948), Kleine Erzählungen (1951), Lebenszeichen (Ged., 1951).
Ausgaben: J. L. Sämtl. Gedichte. Mit einer Einf. v. H. GRAF. Salzburg 1953. – J. L. Abschied u. fernes Bild. Erzählungen u. Essays. Hg. v. F. PUNT. Salzburg 1959.
Literatur: WOLF, J.: J. L. Leben u. Werk. Frib. 1966.

Leitich, Ann Tizia, verh. Korningen, * Wien 25. Jan. 1891 (nicht 1897), † ebd. 3. Sept. 1976, österr. Schriftstellerin. – War Korrespondentin verschiedener österr. und dt. Zeitungen in den USA. Beschäftigte sich, nach Wien zurückgekehrt, mit kulturhistor. Themen, schrieb Romane, in denen sie v. a. Wiener Stoffe behandelte oder Erlebnisse ihres Amerikaaufenthaltes verwertete, Monographien und Reisebücher.
Werke: Die Wienerin (Abh., 1939), Drei in Amerika (R., 1946), Vienna gloriosa (1948), Der Liebeskongreß (R., 1950), Augustissima (R.-Biogr., 1953, 1963 u. d. T. Maria Theresia), Der Kaiser mit dem Granatapfel (R.-Biogr., 1955), Damals in Wien (1957), Metternich und die Sibylle (R., 1960), Genie und Leidenschaft (R., 1965), Eine rätselhafte Frau (1967).

Leitmotiv, musikwiss. Begriff für ein kurzes, charakterist. Tongebilde, das bes. in wortgebundener Musik (v. a. in der Oper) oder in programmat. Instrumentalmusik häufig wiederkehrt und damit eine Person, einen Gegenstand, eine Idee oder ein Gefühl u. ä. symbolisiert. Von zentraler Bedeutung ist das L. für die Musikdramen R. Wagners.

In *literar. Werken,* bes. in ep., ist das L. als Wiederholung gleicher oder ähnl. Wortfolgen, Redewendungen ebenfalls bestimmten Figuren, Situationen, Stimmungen usw. symbolhaft zugeordnet; mit L.en arbeiteten u.a. Goethe (›Die Wahlverwandtschaften‹, 2 Tle., 1809) und E. T. A. Hoffmann (›Der goldne Topf‹, in: ›Fantasiestücke in Callot's Manier‹, 4 Bde., 1814/15), in jüngerer Zeit spielt es u.a. eine wesentliche Rolle in den Romanen und Erzählungen von Th. Mann; typisch ist es vor allem auch für den lateinamerikanischen Roman.

Leivick, Halpern, * Igumen bei Minsk 1. Dez. 1886, † New York 23. Dez. 1962, jidd. Schriftsteller. – Floh aus zarist. Gefangenschaft in Sibirien (wegen Tätigkeit für den jüdisch-sozialist. ›Bund‹) 1913 in die USA; thematisiert in seiner Lyrik, aber auch in Dramen (›Der Golem‹, 1921) Leiden, Trauer, messian. Sehnsucht der Ostjuden, auch Schuldgefühl für die Opfer der Judenvernichtung in Europa (›In Treblinke bin ich nit gewen‹, Ged., 1945).

Lektor [lat. = Leser, Vorleser], Beruf mit wiss. oder literar. Vorbildung, bes. bei Verlagen. Der L. (Verlags-L.) begutachtet eingehende Manuskripte, veranlaßt gegebenenfalls Umarbeitungen, macht Vorschläge für Buchprojekte, sucht dafür Autoren oder Übersetzer.

Leland, Charles Godfrey [engl. 'li:lənd], * Philadelphia (Pa.) 15. Aug. 1824, † Florenz 20. März 1903, amerikan. Schriftsteller. – Studierte Jura u.a. in Heidelberg, München und Paris, wurde Anwalt in Philadelphia, dann Journalist und Hg. von Zeitschriften; ab 1869 meist in Europa; trieb folklorist. Studien, u.a. bei Zigeunern. L., auch als Heine-Übersetzer bekannt, verdankt seinen Ruf v.a. den in dt.-amerikan. Mischdialekt geschriebenen ›Hans Breitmann's ballads‹ (1914), die satirisch die Lebens- und Denkweise der Deutschamerikaner darstellen.
Literatur: LANG, A.: Ch. G. L. und sein ›Hans Breitmann‹. Eine Studie. Diss. Gött. 1931.

Lem, Stanisław, * Lemberg 12. Sept. 1921, poln. Schriftsteller. – Studierte Medizin; schreibt neben philosoph., literar. und kybernet. Essays, Hör- und Fernseh-

spielen v.a. utop. Romane und Erzählungen, die ihn weltberühmt machten. 1985 erhielt er den Österr. Staatspreis für europ. Literatur.
Werke: Der Planet des Todes (R., 1951, dt. 1954, 1974 u.d.T. Die Astronauten), Gast im Weltraum (R., 1955, dt. 1956), Sterntagebücher (En., 1957, erweitert 1971, dt. 1961 und 1973), Eden (R., 1959, dt. 1971), Solaris (R., 1961, dt. 1972), Robotermärchen (1964, dt. 1969), Der Unbesiegbare (R., 1964, dt. 1967), Summa technologiae (1964, ²1967, dt. 1976), Kyberiade. Fabeln zum kybernet. Zeitalter (1965, dt. 1969 [teilweise] und 1983), Die Stimme des Herrn (R., 1968, dt. 1981), Philosophie des Zufalls. Zu einer empir. Theorie der Literatur (1968, dt. 2 Bde., 1983–85), Phantastik und Futurologie (2 Bde., 1970, dt. 1977–80), Also sprach Golem (Prosa, 1981, dt. 1984), Lokaltermin (R., 1982, dt. 1985), Vom Nutzen des Drachen (En., 1983, dt. 1990), Frieden auf Erden (R., dt. 1986, poln. 1987), Fiasko (R., dt. 1986, poln. 1987), Technologie und Ethik (dt. 1990).
Ausgabe: S. L. [Werke in Einzelausgg.]. Dt. Übers. Ffm. 1976 ff. (bisher 27 Bde. erschienen).
Literatur: Über S. L. Hg. v. W. BERTHEL. Ffm. 1980. – JARZĘBSKI, J.: Zufall u. Ordnung. Zum Werk S. L.s. Dt. Übers. Ffm. 1986. – LEM, S./ BEREŚ, S.: L. über L. Gespräche. Dt. Übers. Ffm. 1986.

Stanisław
Lem

Lemaire de Belges, Jean [frz. lə-mɛrdə'bɛlʒ], * Bavay 1473, † vor 1525 (?), frz. Dichter. – War Bibliothekar und Historiograph u.a. bei Margarete von Österreich, später bei Anna von Bretagne. L. de B. führte italien. Formen- und Gedankengut in die frz. Dichtkunst ein; den Rhétoriqueurs nahestehend, war er schon Vorläufer der Pléiade; in den ›Illustrations de Gaule et singularités de Troye‹ (3 Bücher, 1509–13) behandelt er das bereits im MA gestaltete Thema der

Abstammung der Franzosen von den Trojanern.

Weitere Werke: Die Briefe des grünen Liebhabers (E., 1505, dt. 1970), La concorde des deux langages (Traktat, 1513).
Ausgabe: J. L. de B. Œuvres. Hg. v. A. J. STE-CHER. Löwen 1882–91. 4 Bde. Nachdr. Hildesheim 1972.
Literatur: SPAAK, P.: J. L. de B. Sa vie, son œuvre et ses meilleures pages. Paris 1926. Nachdr. Genf 1975. – FRAPPIER, J.: L'humanisme de L. de B. In: Bibliothèque d'Humanisme et Renaissance 25 (1963), S. 289. – JENKINS, M. F. O.: Artful eloquence. J. L. de B. and the rhetorical tradition. Chapel Hill (N. C.) 1980. – VALLET, R.: Le vocabulaire de L. de B. dans les ›Illustrations de Gaule et singularitez de Troye‹. Diss. Lyon 1984. – KEM, J. K.: Magic and prophecy in the works of J. L. de B. Diss. Chapel Hill 1985.

Lemaitre, Jules [frz. lə'mɛtr], * Vennecy (Loiret) 27. April 1853, † Tavers (Loiret) 5. Aug. 1914, frz. Schriftsteller. – Gilt mit seinen Studien über zeitgenöss. Schriftsteller in der ›Revue bleue‹, seinen Chroniken für den ›Figaro‹ und den Theaterkritiken in der ›Journal des Débats‹ als Wegbereiter der impressionist. Kritik; verfaßte auch Gedichte, Erzählungen und (meist moralisierende) Dramen. Wurde 1895 Mitglied der Académie française.

Werke: Les contemporains (Essays, 8 Bde., 1886–1918), Impressions de théâtre (Essays, 11 Bde., 1888–1920), Dix contes (En., 1889), L'âge difficile (Dr., 1895), En marge des vieux livres (En., 2 Bde., 1905–07).
Literatur: SEILLIÈRE, E.: J. L., historien de l'évolution naturiste. Paris 1935. – HARRY, M.: La vie de J. L. Paris 1946. – CARAMASCHI, E.: Dilettantisme et critique. In: CARAMASCHI: Voltaire, Mme de Staël, Balzac. Padua 1977.

Lembourn, Hans Jørgen [dän. 'lembɔrn], * Kopenhagen 16. März 1923, dän. Schriftsteller. – Tätigkeit als Journalist und Redakteur; in den sechziger und frühen siebziger Jahren sehr aktiv innerhalb der konservativen Partei, deren Programm er mitgestaltet hat; v. a. von E. Hemingway beeinflußter, oft kolportagehafter Erzähler; auch Lyriker.

Werke: Es kommt ein Tag (R., 1952, dt. 1956), Hotel Styx (R., 1954, dt. 1955), Graf Frederik oder Die beste aller Welten (R., 1958, dt. 1961), Vierzig Tage mit Marilyn. Geschichte einer Liebe (R., 1977, dt. 1980), Op lille Hans (R., 1981), Pas på lille Hans (R., 1982), Slå på tromme lille Hans (R., 1983), Videre lille Hans (R., 1983).

Lemelin, Roger [frz. ləm'lɛ̃], * Quebec 7. April 1919, † ebd. 16. März 1992, kanad. Schriftsteller. – Im Arbeitermilieu aufgewachsen, das sein erster Roman, ›Au pied de la pente douce‹ (1944), vermittelt; Journalist, ab 1961 Geschäftsmann in Quebec, dann in Montreal, Hg. der Zeitung ›La Presse‹. ›Les Plouffe‹ (R., 1948; Grundlage einer populären Fernsehserie) und ›Pierre le magnifique‹ (R., 1952) ergeben zusammen ein Bild der Entwicklung der Stadt Quebec und den 30er Jahren bis 1950 und ihrer sozialen Schichtung. Zumal durch seine Kritik des Klerus wies L. voraus auf den Liberalisierungsprozeß der ›Quiet Revolution‹ in der Provinz Quebec.

Weitere Werke: Fantaisies sur les péchés capitaux (Kurzgeschichten, 1940), La culotte en or (Erinnerungen, 1980), La crime d'Ovide Plouffe (R., 1982; Kino- und Fernsehfassung 1983).
Literatur: SHEK, B.-Z.: Social realism in the French Canadian novel. Montreal 1977.

Lemma [lat. = Titel, Überschrift; Sinngedicht, von griech. lēmma = das Genommene; Titel, Überschrift], Stichwort in einem Nachschlagewerk (Lexikon, Wörterbuch); im älteren Sprachgebrauch auch der in einer Überschrift, in einem Motto angegebene Hauptinhalt eines Werkes.

Lemnius, Simon, eigtl. S. Lemm-Margadant, * Santa Maria im Münstertal 1511(?), † Chur 24. Nov. 1550, schweizer. Humanist und nlat. Schriftsteller. – Studierte in Wittenberg bei Ph. Melanchthon; kam in Konflikt mit Luther wegen seiner ›Epigrammaton libri duo‹ (= 2 Bücher Epigramme, 1538), wurde relegiert und wandte sich von Halle/Saale aus mit einem dritten Buch von Epigrammen (1538) sowie mit ›Monachopornomachia‹ (1540?, dt. 1919) gegen Luther; ab 1542 Lateinlehrer in Chur; übersetzte die ›Odyssee‹ ins Lateinische (1549); verherrlichte in seinem Hauptwerk ›Libri IX de bello Suevido ...‹ (hg. 1874, dt. 1882 u. d. T. ›Heldengedicht in 8 Gesängen‹) den Heldenmut der Schweizer in ihrem Kampf gegen Kaiser Maximilian I.

Lemonnier, Camille [frz. ləmɔ'nje], * Ixelles bei Brüssel 24. März 1844, † Brüssel 13. Juni 1913, belg. Schriftsteller. – Sohn eines Wallonen und einer

Flamin, lebte zurückgezogen nur seiner schriftsteller. Tätigkeit. Vorbild der Jeune-Belgique-Bewegung. In seinen dem frz. Naturalismus nahestehenden Romanen meisterhafter Schilderer von Menschen und Landschaft seiner Heimat; verfaßte auch Kunstkritiken (u. a. über G. Courbet, F. Rops), außerdem Kinder- und Tiergeschichten.

Werke: Der Wilderer (R., 1881, dt. 1910), Der eiserne Moloch (R., 1886, dt. 1910), Es geht ein Wind durch die Mühlen (R., 1901, dt. 1928), La chanson du carrillon (R., 1911), Une vie d'écrivain (Autobiogr., hg. 1945).
Ausgabe: C. L. Ausgew. Werke. Dt. Übers. Bln. 1-31910–14. 6 Bde.
Literatur: RENCY, G.: C. L., 1844–1944. Son rôle, sa vie, son œuvre, ses meilleures pages. Brüssel 1944. – VANWELKENHUYSEN, G.: ›Un mâle‹ de C. L. Brüssel 1961.

Lenäen, das nach einem der Beinamen des Dionysos (griech. lēnaïs = Kelterer) benannte, zum Zyklus der Dionysosfeste gehörende ›Kelterfest‹, das im alten Athen (etwa seit dem 6./5. Jh.) und später auch in Ionien im Januar gefeiert wurde. Die L. waren ein orgiast. Fest, mit Festzug und v. a. dramat. Wettkampf (insbes. Komödie); Verbindung zum eleusin. Kult.

Lenartowicz, Teofil [Aleksander] [poln. lɛnar'tɔvitʃ], * Warschau 27. Febr. 1822, † Florenz 3. Febr. 1893, poln. Lyriker. – Lebte in Masowien; ab 1833 in Warschau; Beziehungen zur dortigen Boheme; 1851 Emigration, ab 1860 in Florenz. Seine lyr. idyll. Gedichte zeichnen das bäuerl. Leben; Einfluß der Folklore Masowiens; später ep. histor. Werke; auch Bildhauer.

Ausgabe: T. L. Wybór poezji. Breslau ⁴1972.
Literatur: Głosy o L.u: 1852–1940. Hg. v. P. HERTZ. Krakau 1976.

Lenau, Nikolaus, eigtl. Nikolaus Franz Niembsch, Edler von Strehlenau, * Csatád (Ungarn; heute Lenauheim, Rumänien) 13. Aug. 1802, † Oberdöbling (heute zu Wien) 22. Aug. 1850, österr. Schriftsteller. – Aus alter preußisch-schles. Militärfamilie. Erst der Großvater wurde, schon zu L.s Lebzeiten, geadelt (1820). Studierte in Wien, Preßburg und Heidelberg Philosophie, Jura, Medizin und ein Semester Landwirtschaft; ohne Abschluß. 1822 erste dichter. Versuche, in denen der Einfluß L. Ch. H. Höltys

und F. G. Klopstocks spürbar ist. In Wien hatte er Umgang mit F. Grillparzer, J. Ch. von Zedlitz, F. Raimund, A. Grün, J. Strauß (Vater) und E. von Feuchtersleben. Seit 1830 durch eine Erbschaft finanziell unabhängig. 1831 war L. erstmals in Schwaben und stand dort mit dem Schwäb. Dichterkreis in Verbindung (G. Schwab, L. Uhland, J. Kerner u. a.). Ein Aktiengewinn ermöglichte ihm 1832 eine Amerikareise. Dort erwarb er einem Grundstück, kehrte aber schon nach einem Jahr enttäuscht aus dem Land der ›himmelanstinkenden Krämerseelen‹ zurück. Eine unglückl. Liebe zu Sophie von Löwenthal, der Frau seines Freundes, steigerte seine Schwermut bis zum geistigen Zusammenbruch. Immer erneut versuchte er, sich von Sophie zu lösen (Verlobungen 1839 mit Karoline Unger, 1844 mit Marie Behrens). 1844 erlitt er einen Schlaganfall, und von da an bis zu seinem Tod lebte er in einer Heilstätte. – L. ist einer der großen Lyriker der Melancholie, dem die Natur zum beseelten Träger seiner Stimmungen und Erlebnisse wird; seine Einsamkeit, Heimatlosigkeit und ruhelose Zerrissenheit spiegeln sich in weiten Steppenlandschaften; Herbstwälder und Stürme, Felsenklüfte sind immer wiederkehrende Motive (›Gedichte‹, 1832, erweitert 1834; ›Neuere Gedichte‹, 1838); seine romantisch beseelte Lyrik lebt von ihrer reinen Musikalität. Formal unbewältigt, mit eklekt. und rhetor. Zügen und z. T. fragmentarisch blieben seine episch-dramat. Dichtungen um Stoffe der Weltliteratur, wie ›Faust‹ (Fragment, 1836), ›Savonarola‹ (1837), ›Die Albigenser‹ (1842) und ›Don Juan‹ (Fragment im Nachlaß), die lyrisch empfunden sind und gedanklich den freiheitlichen Anschauungen des Jungen Deutschland nahekommen.

Ausgaben: N. L. Dichtung u. Selbstbildnis. Ausgew. v. E. BERTRAM. Wsb. 1951. – N. L. u. Sophie Löwenthal. Briefe u. Tagebücher. Hg. v. F. MINCKWITZ. Weimar 1963.
Literatur: BRITZ, N.: L. in Niederösterreich. Wien 1974. – BRITZ, N. L. u. Klosterneuburg. Wien 1975. – BRITZ, N.: L. in Baden. Wien 1980. – HOCHHEIM, N. L. Geschichte seiner Wirkung. 1850–1918. Ffm. u. Bern 1982. – SCHMIDT-BERGMANN, H.: Ästhetizismus u. Negativität. Studien zum Werk N. L.s Hdbg. 1984. – L. zw. Ost u. West. Londoner Sympo-

sium. Hg. v. A. STILLMARK u.a. Stg. 1992. –
L.-Chronik. 1802–1851. Bearb. v. N. O. EKE.
Wien 1992. – HAMMER, J.-P.: N. L., Dichter u.
Rebell. Dt. Übers. Schwaz 1993.

Leñero, Vicente [span. leˈɲero], *Ja-
lisco 9. Juni 1933, mex. Schriftsteller. –
Behandelt in seinen Romanen, Erzählungen und Theaterstücken die Probleme
der modernen städt. und ländl. Gesellschaft Mexikos im Spiegel individueller
Erfahrungen. Sein bed. Roman ›Los
albañiles‹ (1964) entwickelt um den
Handlungskern eines Verbrechens ein
umfassendes Sozialpanorama der Stadt
Mexiko.

Weitere Werke: La voz adolorida (R., 1961),
Estudio Q (R., 1965), El garabato (R., 1967), Re-
dil de ovejas (R., 1973), Das Evangelium des
Lucas G. (R., 1979, dt. 1987), La visita del ángel
(Dr., 1980), La gota de agua (R., 1984), Asesi-
nato (R., 1985).
Ausgabe: V. L. Teatro completo. Mexiko 1983.
2 Bde.

Lengefeld, Karoline von, dt. Schriftstellerin, ↑ Wolzogen, Karoline Freifrau
von.

Lengyel, József [ungar. ˈlɛndjɛl],
*Marcali 4. Aug. 1896, † Budapest
14. Juli 1975, ungar. Schriftsteller. – Mitbegründer der ungar. KP; mußte 1919
emigrieren, lebte in Wien, Berlin und (ab
1930) in der Sowjetunion; Häftling und
Zwangsarbeiter in Sibirien, dann rehabilitiert; kehrte 1955 nach Ungarn zurück.
Seine Romane (u. a. ›Das unruhige Leben des Ferenc Prenn‹, 1958, dt. 1960)
und Erzählungen (›Die Attraktionen des
Herrn Tördeky‹, 1964, dt. 1967) sind
durch eigenes Erleben und Kritik am
Personenkult bestimmt.

Weitere Werke: Die Kettenbrücke (R., 1960, dt.
1981), Die Bekenntnisse des Richard Trend (R.,
1965, dt. 1976), Gegenüberstellung (R., 1971/
1988, dt. 1990).
Literatur: SZABÓ, J.: L. J. alkotásai és vallomásai
tükrében. Budapest 1966.

Lengyel, Menyhért [ungar. ˈlɛndjɛl],
*Balmazújváros bei Debrecen 12. Jan.
1880, † Budapest 25. Okt. 1974, ungar.
Dramatiker. – Lebte lange in den
USA und in Italien, kehrte im Herbst
1974 nach Ungarn zurück; verfaßte in
viele Sprachen übersetzte Schauspiele
über soziale und allgemeinmenschl.
Fragen (›Taifun‹, 1909) sowie wirkungsvolle Lustspiele; Drehbuchautor (›Ni-

notschka‹, 1939) und Verfasser des Text-
buches zu B. Bartóks Pantomime ›Der
wunderbare Mandarin‹ (1918/19).

Lennep, Jacob van, *Amsterdam
24. März 1802, † Oosterbeek bei Arnheim
25. Aug. 1868, niederl. Dichter. – Wurde
v. a. durch seine von W. Scott beeinflußten historischen Romane und Erzählungen beliebt; schrieb auch Bühnenstücke
und Lyrik; Hg. einer für die Zeit vorzüg-
lichen Vondel-Ausgabe mit Biographie
(12 Bde., 1855–69).

Werke: Der Pflegesohn (R., 2 Bde., 1833, dt.
3 Bde., 1835), Die Rose von Dekama (R., 2 Bde.,
1836, dt. 3 Bde., 1837), Unsere Ahnen (Nov.n,
3 Bde., 1838–44, dt. 1840–43), Die Abenteuer
Ferdinand Huyck's (R., 1840, dt. 1841).
Ausgabe: J. v. L. Dramatische en poëtische werken. Leiden 1889–91. 8 Bde.
Literatur: LENNEP, M. F. VAN: Het leven van Mr.
J. v. L. Amsterdam ²1910. 2 Tle. (mit Bibliogr.).

Lenngren, Anna Maria [schwed.
ˈlɛŋreːn], geb. Malmstedt, *Uppsala
18. Juni 1754, † Stockholm 8. März 1817,
schwed. Dichterin. – Ihr Salon war ein
Mittelpunkt des geistigen Lebens der
Aufklärung in Stockholm. In Satiren und
Epigrammen, die sich durch Witz, Anschaulichkeit und Geschmack auszeichnen und von denen einige anonym in
›Stockholms Posten‹ gedruckt wurden,
geißelte sie im Geist J. H. Kellgrens
menschl. Fehler und Schwächen. Ihr literar. Nachlaß, der den größten Teil ihrer
Arbeiten umfaßt, erschien 1819 u. d. T.
›Skaldeförsök‹.
Literatur: BLANCK, A.: A. M. L., poet och penns-
kraft, jämte andra studier. Stockholm 1922.

Lennox, Charlotte [engl. ˈlɛnɔks], geb.
Ramsay, *New York 1720, † London (?)
4. Jan. 1804, engl. Schriftstellerin. – War
zunächst Schauspielerin; mit S. Johnson
befreundet; schrieb Romane und Bühnenstücke, u. a. ›The female Quixote‹
(R., 2 Bde., 1752, 1758 dramatisiert als
›Angelica, or Quixote in petticoats‹), eine
Satire auf den heroischen Roman.

Weitere Werke: The life of Harriet Stuart (R.,
1750), The history of Henrietta (R., 1758), Sophia (R., 1762), Euphemia (R., 1790).
Literatur: SÉJOURNÉ, PH.: The mystery of L.,
first novelist of colonial America. Gap 1967.

Lenorensage, ein in Märchen und
Volkslied weitverbreiteter Stoff, der von
einem Mädchen erzählt, dessen Klagen
um den verstorbenen Liebsten diesen aus

dem Grab ruft; er reitet zu ihr, um sie mit ins Grab zu nehmen. Die Sage beruht auf dem Volksglauben, daß die Ruhe des Toten durch unmäßiges Trauern gestört wird. In Dtl. wurde die L. durch G. A. Bürgers Ballade ›Lenore‹ (1774) bekannt.
Literatur: PEUCKERT, W.-E.: Lenore. Helsinki 1955.

Lenôtre, Georges [frz. lɔ'no:tr], eigtl. Théodore Gosselin, * Pépinville bei Metz 7. Okt. 1855, † Paris 7. Febr. 1935, frz. Historiker und Dramatiker. – Veröffentlichte ab 1893 anschaulich geschriebene, erfolgreiche Bücher über die Zeit der Frz. Revolution und des Kaiserreichs, ebenso histor Dramen. Wurde 1932 Mitglied der Académie française.
Werke: Vieilles maisons, vieux papiers (6 Bde., 1900–29, teilweise dt. 1941 u. d. T. Im Schatten der Guillotine), Varennes (Dr., 1904; mit H. Lavedan), La petite histoire (14 Bde., 1932–1954, dt. Teilausg. 1958 u. d. T. Historie und Histörchen), Die Göttin der Vernunft (En., dt. Ausw. 1948), Wenn Steine reden (En., dt. Ausw. 1952).

Lensing, Elise, Freundin [Christian] Friedrich † Hebbels.

Lentini, Giacomo da, italien. Dichter, † Giacomo da Lentini.

Lenz, Hermann, * Stuttgart 26. Febr. 1913, dt. Schriftsteller. – Studierte Germanistik, Archäologie und Philosophie; im 2. Weltkrieg Soldat, in amerikan. Kriegsgefangenschaft. 1951–71 Sekretär des Süddt. Schriftstellerverbandes. Erzähler und Lyriker. Grundzug seines Werkes ist die Betonung der Vergangenheit; kennzeichnend für Motivwahl und Figurenzeichnung ist der Wunsch nach Bewahrung einer abgeklärten, leisen, inneren Welt. Seine oft lyrisch getönte Sprache ist mit traumhaften Bildern durchsetzt. In einigen Romanen ist der Schriftsteller Eugen Rapp (L. selbst) die Hauptfigur: ›Verlassene Zimmer‹ (1966), ›Andere Tage‹ (1968), ›Neue Zeit‹ (1975), ›Tagebuch vom Überleben und Leben‹ (1978), ›Ein Fremdling‹ (1983), ›Der Wanderer‹ (1986), ›Seltsamer Abschied‹ (1988). 1978 erhielt L. den Georg-Büchner-Preis, 1987 den Petrarca-Preis.
Weitere Werke: Das stille Haus (E., 1938), Der russ. Regenbogen (R., 1959), Romantrilogie: Der innere Bezirk (Nachmittag einer Dame, 1961; Im inneren Bezirk, 1970; Constantins-

allee, 1980), Der Tintenfisch in der Garage (E., 1977), Das doppelte Gesicht (En., 1978), Die Begegnung (R., 1979), Erinnerung an Eduard (E., 1981), Durch den Krieg kommen (1983), Der Letzte (E., 1984), Leben und Schreiben. Frankfurter Vorlesungen (1986), Bilder aus meinem Album (1987), Rosen und Spatzen (E., 1991), Herbstlicht (R., 1992), Jugendtage (E., 1993), Zwei Frauen (E., 1994).
Literatur: Über H. L. Dokumente seiner Rezeption (1947–79) und autobiograph. Texte. Hg. v. I. KREUZER u. H. KREUZER. Mchn. 1981. – H. L. zum 80. Geburtstag. Hg. v. T. RECHE. Passau 1993.

Lenz, Jakob Michael Reinhold, * Seßwegen (Livland) 12. Jan. 1751, † Moskau 24. Mai 1792, dt. Dichter. – Sohn eines Pfarrers. Studierte in Königsberg (Pr) Theologie, begegnete 1771 in Straßburg Goethe, empfing dort neue Anregungen (Lektüre Homers, Shakespeares, Ossians). Kam im April 1776 nach Weimar, das er nach Differenzen mit Goethe noch im gleichen Jahr verlassen mußte; reiste – psychisch bereits belastet – wiederholt in die Schweiz, nach Riga und starb in Moskau im Elend. L. ist der typ. Vertreter des Sturm und Drangs. Seine Werke sind stark von persönl. Erlebnissen bestimmt. Von überbordender, literarisch (antiklass.) und sozial (melanchol.) normwidriger Phantasie gab er sich widersprüchlichsten Stimmungen hin, anklagend, satirisch, stets voller Leidenschaft und Selbstaufgabe. Bed. sind seine Dramen ›Der Hofmeister oder ...‹ (1774) und ›Die Soldaten‹ (1776), die moderne Formkonzeptionen vorausnehmen (impressionist. Szenenfolge, Situationstechnik) und inhaltlich die damals vielerörterten sozialkrit. Themen variieren. Von

Jakob Michael Reinhold Lenz (anonymer Holzstich nach einem Kupferstich von Matthias Pfenninger, um 1780)

bes. Einfluß auf G. Büchner (Novellen-fragment ›Lenz‹) und B. Brecht, der Dramen von L. bearbeitete. 1973 hat P. Schneider den Stoff erneut aufgenommen (›Lenz, eine Erzählung von 1968 und danach‹). Aufsehen erregte 1993 die Wiederentdeckung der ›Philosoph. Vorlesungen für empfindsame Seelen‹ (1780, Neuausg. 1994) in der British Library in London.

Siegfried
Lenz

Weitere Werke: Die Landplagen (Ged., 1769), Der neue Menoza (Kom., 1774), Anmerkungen übers Theater (Essays, 1774), Die Freunde machen den Philosophen (Kom., 1776), Flüchtige Aufsätze (hg. 1776), Der Engländer ... (Dr., 1777), Pandaemonium Germanicum (Satire, hg. 1819), Der Waldbruder (R.-Fragment, hg. 1882).
Ausgaben: J. M. R. L. Ges. Schrr. Hg. v. F. BLEI. Mchn. 1909–13. 5 Bde. – Briefe v. u. an J. M. R. L. Hg. v. K. FREYE u. W. STAMMLER. Lpz. 1918. 2 Bde. Nachdr. Bern 1969. – J. M. R. L. Werke u. Schrr. Hg. v. B. TITEL u. H. HAUG. Stg. 1966–67. 2 Bde. – J. M. R. L. Werke u. Schriften. Hg. v. R. DAUNICHT. Rbk. 1.–13. Tsd. 1970. – J. M. R. L. Erzählungen u. Briefe. Hg. u. mit einem Essay v. J. SEYPPEL. Bln. 1978. – J. M. R. L. Werke. Hg. v. H. RICHTER. Bln. ³1980. – J. M. R. L. Der Engländer. Dramen u. Ged. Mit einem Nachwort v. U. u. B. HOHOFF. Ffm. 1986.
Literatur: GIRARD, R.: L., 1751–1792, génèse d'une dramaturgie du tragi-comique. Paris 1968. – RUDOLF, O.: J. M. R. L., Moralist u. Aufklärer. Bad Homburg v. d. H. u. a. 1970. – OSBORNE, J.: J. M. R. L. The renunciation of heroism. Gött. 1975. – HOHOFF, C.: J. M. R. L. Rbk. 1977. – PREUSS, W. H.: Selbstkastration oder Zeugung neuer Kreatur. Zum Problem der moral. Freiheit in Leben u. Werk von J. M. R. L. Bonn 1983. – UNGLAUB, E.: Das mit Fingern deutende Publikum. Das Bild des Dichters J. M. R. L. in der literar. Öffentlichkeit 1770–1814. Ffm. u. Bern 1983. – STEPHAN, I./WINTER, H.-G.: ›Ein vorübergehendes Meteor‹? J. M. R. L. u. seine Rezeption in Deutschland. Stg. 1984. – DEMUTH, V.: Realität als Gesch. Biogr., Historie u. Dichtung bei J. M. R. L. Wzb. 1994.

Lenz, Siegfried, * Lyck (Ostpreußen) 17. März 1926, dt. Schriftsteller. – War zunächst Redakteur, lebt seit 1951 als freier Schriftsteller in Hamburg. Erregte bereits mit seinem ersten Roman ›Es waren Habichte in der Luft‹ (1951) Aufsehen. Grundthemen seiner zeitnahen realistisch-symbol. Erzählwerke, Dramen und Hörspiele, anfangs oft mit dem Stoff, den Motiven und den Personen im Masurischen angesiedelt, sind: Erfahrung der Unfreiheit, Verstrickung in Schuld und Verfolgung, Erlebnis von Einsamkeit und Versagen. Internat. bekannt wurde L. durch den Roman ›Deutschstunde‹ (1968), in dem dt. Verhalten im Nationalsozialismus parabelhaft gedeutet wird. In dem Roman ›Das Vorbild‹ (1973) geht es um fragwürdige Vorbildvermittlungen, u. a. durch Schullesebücher. Daneben schreibt L. heitere Erzählungen, u. a. ›So zärtlich war Suleyken‹ (1955), ›Der Geist der Mirabelle‹ (1975). L. erhielt 1988 den Friedenspreis des Dt. Buchhandels.

Weitere Werke: Duell mit dem Schatten (R., 1953), Das schönste Fest der Welt (Hsp., 1956), Der Mann im Strom (R., 1957), Jäger des Spotts (En., 1958), Brot und Spiele (R., 1959), Das Feuerschiff (En., 1960), Zeit der Schuldlosen (Dr., 1961), Stadtgespräch (R., 1963), Der Gesandte (Hsp., 1964), Lehmanns Erzählungen ... (E., 1964), Der Spielverderber (En., 1965), Haussuchung (Hörspiele, 1967), Beziehungen (Essays, 1970), Nicht alle Förster sind froh (Dialogstück, UA 1973), Einstein überquert die Elbe bei Hamburg (En., 1975), Heimatmuseum (R., 1978), Der Verlust (R., 1981), Elfenbeinturm und Barrikade (Essays, 1983), Ein Kriegsende (E., 1984), Exerzierplatz (R., 1985), Das serb. Mädchen (En., 1987), Die Klangprobe (R., 1990), Über das Gedächtnis. Reden und Aufsätze (1992), Die Auflehnung (R., 1994).
Ausgabe: S. L. Die Erzählungen 1949–84. Mchn. 1986. 3 Bde.
Literatur: SCHWARZ, W. J.: Der Erzähler S. L. Bern 1974. – PÄTZOLD, H.: Theorie u. Praxis moderner Schreibweisen. Am Beispiel von S. L. u. Helmut Heißenbüttel. Bonn 1976. – BASSMANN, W.: S. L. Sein Werk als Beispiel f. Weg u. Standort der Lit. in der Bundesrepublik Deutschland. Bonn ²1978. – S. L. Hg. v. H. L. ARNOLD. Mchn. ²1982. – WAGENER, H.: S. L. Mchn. ⁴1985. – MING-FONG KUO: Das Romanwerk von S. L. unter bes. Berücksichtigung des Romans Das Vorbild. Ffm. u. a. 1991.

Leo Hebräus (Jehuda Leone, Leone Ebreo), eigtl. J[eh]uda León Abravanel (Abarbanel), * Lissabon um 1460, † Neapel nach 1523, portugies.-jüd. Philosoph und Dichter. – Sohn des Philosophen und Staatsmannes Isaak Ben Jehuda Abravanel (* 1437, † 1508); war Arzt; hatte Kontakte zu G. Pico della Mirandola, Berührung mit der platon. Akademie in Florenz. Vertreter des Neuplatonismus unter dem Einfluß von Moses Maimonides und Salomon Gabirol. Die Liebe, die im Zentrum seines weitverbreiteten und vielfach übersetzten Hauptwerks, den ›Dialoghi d'amore‹ (entst. um 1502, erschienen postum 1535), steht, hat ihr letztes Ziel in der Vereinigung der Schöpfung und aller Geschöpfe mit dem Guten und der Schönheit in Gott.

Literatur: PFLAUM, H.: Die Idee der Liebe. Leone Ebreo. Tüb. 1926.

León, Fray Luis de [span. le'ɔn], * Belmonte (Prov. Cuenca) 1527, † Madrigal de las Altas Torres (Prov. Ávila) 23. Aug. 1591, span. Schriftsteller. – 1544 Augustiner-Eremit, erhielt 1561 einen theolog. Lehrstuhl an der Univ. Salamanca; 1572–76 durch die Inquisition eingekerkert, 1591 zum Provinzial des Ordens gewählt, starb jedoch schon wenige Tage später. Bed. Lyriker und Prosaist; schrieb myst. Traktate und an Horaz geschulte, formvollendete Gedichte, die einen Höhepunkt der span. Renaissancedichtung darstellen; daneben übersetzte er griech., lat., italien. Lyrik und verfaßte Bibelkommentare.

Werke: De los nombres de Cristo (Traktat, 1583), Die perfekte Gattin (Traktat, 1583, dt. 1847), Poesías (Ged., hg. 1631), Exposición del Libro de Job (Traktat, hg. 1779).

Ausgaben: F. L. de L. Opera. Madrid 1891–95. 7 Bde. – Obras completas del Maestro de la Orden de San Agustín. Hg. v. P. M. VÉLEZ u. J. LLOBERA. Cuenca 1932–33. 2 Bde. – The unknown light. The poems of F. L. de L. Hg. v. W. BARNSTONE. Albany (N. Y.) u. New York 1979.

Literatur: VOSSLER, K.: L. de L. Mchn. 1946. – VALLEJO, G.: F. L. de L. Su ambiente. Su doctrina espiritual. Rom 1959. – NERLICH, M.: El hombre justo y bueno, inocencia bei Fray Luis de León. Ffm. 1966. – DURÁN, M.: L. de L. New York 1971. – SALAZAR RINCÓN, J.: F. L. de L. y Cervantes. Madrid 1980. – F. L. de L. y la escuela salmantina. Hg. v. C. CUEVAS GARCIA. Madrid 1985.

Leonard, Hugh [engl. 'lɛnəd], Pseudonym für John Keyes Byrne, * Dalkey (Gft. Dublin) 9. Nov. 1926, ir. Dramatiker. – Neben B. Friel einer der herausragenden ir. Dramatiker der Gegenwart; schrieb farcenhafte und satir. Komödien über ir. Belange (u. a. ›Hotel zum guten Ton‹, 1971, dt. 1973) und Dramen über psycholog. Themen (›Da‹, 1973, revidierte Fassung 1978) sowie Theaterbearbeitungen von Romanen (u. a. ›Stephen Daedalus‹, 1962, nach J. Joyce), daneben Fernsehspiele, humorist. Essays, die Autobiographien ›Home before night‹ (1979) und ›Out after dark‹ (1989) sowie den histor. Roman ›Parnell and the Englishwoman‹ (1991).

Weitere Werke: A leap in the dark (Dr., 1957), Dublin one (Dr., 1963), The poker session (Kom., 1963), Mick and Mack (Dr., 1966), Der Mann für alles (Dr., 1968, dt. 1967), Thieves (Dr., 1973), Time was (Dr., 1978), Leonard's last book (Essays, 1978), Summer (Dr., 1979), A life (Dr., 1980), Suburbs of Babylon (Dr., 1983), Pizzazz (Dr., 1986).

Leonardo de Argensola, Bartolomé Juan [span. leo'narðo ðe arxen'sola], * Barbastro bei Huesca 26. Aug. 1562, † Zaragoza 4. Febr. 1631, span. Dichter. – Bruder von Lupercio L. de A.; war Kaplan Marias von Österreich, der Witwe Maximilians II., begleitete 1610 den span. Vizekönig nach Neapel und wurde nach dem Tod seines Bruders Historiograph von Aragonien; schrieb eine ›Historia de la conquista de las islas Molucas‹ (1609) und eine Fortsetzung (1630) der ›Anales de la corona de Aragón‹ von Jerónimo Zurita y Castro (* 1512, † 1580); als Lyriker (›Rimas‹, hg. 1634) an klass. Vorbildern geschult.

Literatur: MIR, M.: B. L. de A. Zaragoza 1891. – AZNAR MOLINA, J.: Los Argensola. Zaragoza 1939.

Leonardo de Argensola, Lupercio [span. leo'narðo ðe arxen'sola], * Barbastro bei Huesca 14. Dez. 1559, † Neapel März 1613, span. Dichter. – Von Philipp III. zum Historiographen von Aragonien ernannt, begleitete er mit seinem Bruder Bartolomé Juan L. de A. den span. Vizekönig nach Neapel; brachte schon früh drei Tragödien (u. a. ›La Isabela‹, 1585) zur Aufführung, zeichnete sich jedoch v. a. als Lyriker aus.

Literatur: GREEN, O. H.: The life and works of L. L. de A. Philadelphia (Pa.) 1927.

Leone Ebreo, portugies.-jüd. Philosoph und Dichter, ↑ Leo Hebräus.

León Felipe [span. le'ɔn fe'lipe], eigtl. L. F. Camino Galicia, * Tábara (Prov. Zamora) 11. April 1884, † Mexiko 18. Sept. 1968, span. Lyriker. – Während des Span. Bürgerkriegs auf republikan. Seite; lebte dann in Mexiko. Vom Modernismo, von W. Whitman, später auch vom Surrealismus beeinflußter Lyriker. Hauptthema seines Werkes ist das ›ser romero‹, das Pilgersein.

Werke: Versos y oraciones de caminante (Ged., 2 Bde., 1920–30), Drop a star (Ged., 1933), Español del éxodo y del llanto (Ged., 1939), Ganarás la luz (Ged., 1943), Llamadme publicano (Ged., 1950), El ciervo (Ged., 1958), ¡Oh!, este viejo y roto violín (Ged., 1968). **Ausgabe:** L. F. Camino. Obras completas. Hg. v. A. BALLANO BUENO u. A. RAMÓN VÁZQUEZ. Buenos Aires 1963. **Literatur:** FRITZSCHE, A.: L. F. Denkstruktur u. Dichtung. Bln. 1972. – VILLATORO, A.: L. F. Mi último encuentro con el poeta. Valencia 1975. – LUIS, L. DE: Aproximaciones a la vida y a la obra de L. F. Madrid 1984. – RÍUS, L.: L. F., poeta de barro. Biografía. Neuausg. Mexiko 1984.

Leonhard, Rudolf, * Lissa (heute Leszno) 27. Okt. 1889, † Berlin (Ost) 19. Dez. 1953, dt. Schriftsteller. – Beteiligte sich aktiv an der Novemberrevolution, war Verlagslektor, später freier Schriftsteller; lebte ab 1927 in Frankreich, ab 1950 in Berlin (Ost). Lyriker, Dramatiker, Erzähler und Essayist, im Frühwerk vom Expressionismus geprägt, bevorzugte später eine realist. Gestaltung. Auch Hg. und Übersetzer.

Werke: Der Weg durch den Wald (Ged., 1913), Über den Schlachten (Ged., 1914), Katilinarische Pilgerschaft (Ged., 1919), Spartakussonette (1921), Segel am Horizont (Dr., 1925), Geiseln (Trag., 1945), Dt. Gedichte (1947). **Ausgaben:** R. L. Ausgew. Werke in Einzelausg. Bln. 1961–70. 4 Bde. – R. L. Prolog zu jeder kommenden Revolution. Ausgew. Gedichte. Hg. v. B. JENTZSCH. Mchn. 1984. **Literatur:** JENTZSCH, B.: R. L. Gedichteträumer. Mchn. u. Wien 1984.

leoninischer Hexameter (lat. versus leoninus), wohl nach dem von Papst Leo I. in seiner Kunstprosa gepflegten rhythm. Satzschluß (›cursus leoninus‹; ↑ Cursus) oder nach einem Dichter Leo (12. Jh.) benannter ↑ Hexameter mit einem Zäsurreim, d. h., ↑ Penthemimeres und Versende sind durch meist zweisilbige Reime gebunden, z. B. ›curia Romana/non curat ovem sine lana‹. Der l. H. findet sich v. a. in der frühmittelalterl., in lat. Sprache geschriebenen Dichtung (Legenden der Hrotsvit von Gandersheim; ›Waltharius‹, 9. oder 10. Jh.; ›Ruodlieb‹, um 1040/50).

Literatur: ERDMANN, D.: Leonitas. In: Corona quernea. Festgabe f. Karl Strecker zum 80. Geburtstage dargebracht. Lpz. 1941.

Leonora Christine, * Frederiksborg 8. Juli 1621, † Maribo 16. März 1698, dän. Schriftstellerin. – Tochter König Christians IV., als Gemahlin des als Landesverräter verurteilten Corfitz Ulfeldt 22 Jahre in Haft. Ihre z. T. während dieser Zeit entstandenen, erst 1869 veröffentlichten Memoiren, ›Jammers minde‹ (dt. 1911 u. d. T. ›Leidensgedächtnis‹), sind ein ergreifendes Zeugnis der Kraft einer Frau, ein schweres Schicksal zu meistern.

Leonow (tl.: Leonov), Leonid Maximowitsch [russ. lʲ'ɔnef], * Moskau 31. Mai 1899, † ebd. 8. Aug. 1994, russ. Schriftsteller. – Fand bald M. Gorkis Anerkennung; hatte hohe kulturelle und polit. Ämter inne. L.s erzählende und dramat. Werke bieten meist Darstellungen sowjet. Lebens; seine Frühwerke, die z. Z. seiner Kontakte mit den Serapionsbrüdern entstanden, zeichnen sich durch Reichtum an stilist. Ornamenten aus; später wandte er sich dem psycholog. Roman in der Tradition F. M. Dostojewskis zu; L.s Dramen wirken v. a. durch subtile psycholog. Schilderung.

Werke: Des kleinen Mannes Ende (E., 1924, dt. 1926), Barsuki (R., 1924, dt. 1926 u. d. T. Die Bauern von Wory, 1957: Aufruhr, 1963: Die Dachse), Der Dieb (R., 1927, veränderte Fassung 1959, dt. 1928), Aufbau (R., 1930, dt. 1930, 1949 u. d. T. Das Werk im Urwald), Prof. Skutarewski (R., 1932, dt. 1956), Weg zum Ozean (R., 1935, dt. 1966), Lenuška (Dr., 1943), Die goldene Kutsche (Schsp., 1946, veränderte Fassungen 1955 und 1964, dt. 1959), Der russ. Wald (R., 1953, dt. 1960). **Ausgaben:** L. Ges. Prosa in Einzelausg. Dt. Übers. Bln. 1965 ff. – L. M. Leonov. Sobranie sočinenij. Moskau 1969–72. 10 Bde. **Literatur:** IWANCHUK-SCHNOES, M. L.: L. Leonov's artistic evolution. Diss. University of Wisconsin Madison 1975. – HARJAN, G.: L. Leonov. Toronto 1979. – TEGZES, B. A.: The fiction of

L. Leonov. 1929–35. Diss. Brown University Providence (R. I.) 1980.

Leontjew (tl.: Leont'ev), Konstantin Nikolajewitsch [russ. lɪ'ɔntjɪf], * Kudinowo (Gebiet Kaluga) 25. Jan. 1831, † Sergijew Possad (Gebiet Moskau) 24. Nov. 1891, russ. Schriftsteller, Publizist und Literaturkritiker. – Arzt; im diplomat. Dienst; Zensor in Moskau; lebte ab 1887 in Klöstern, wurde Mönch. L. fand früh Kontakt zu I. Turgenjew; am bedeutendsten ist er als konservativ-slawophiler Publizist und Kulturhistoriker, der bes. auf das byzantin. Kulturerbe Rußlands die Aufmerksamkeit lenkte; ästhetisch-aristokrat., antiliberaler Denker; Autor von Erzählungen und Skizzen.
Ausgabe: K. N. Leont'ev. Sobranie sočinenij. Hg. v. H. KUNSTMANN u. V. SETCHKAREV. Wzb. 1975. 4 Bde.
Literatur: NELSON, D. L.: K. Leont'ev and the Orthodox East. Diss. University of Minneapolis 1975.

Leopardi, Giacomo Graf, * Recanati 29. Juni 1798, † Neapel 14. Juni 1837, italien. Dichter. – Wuchs in einer streng kath. und konservativen Familie auf, deren Einfluß er sich jedoch schon früh durch selbständiges intensives Studium der Antike entzog; stets kränklich, schlug er sich nach Verlassen des Elternhauses (1822) mit literar. Arbeiten in verschiedenen Städten Italiens (Rom, Mailand, Bologna, Florenz, Pisa) durch, oft auf die Hilfe anderer angewiesen, bis sein Freund Antonio Ranieri (* 1806, † 1888) den Schwerkranken 1833 zu sich nach Neapel nahm, wo L. bis zu seinem Tod blieb. Mit seiner von klass. Formwillen

Giacomo Graf Leopardi (Gemälde von Domenico Morelli)

geprägten Lyrik (v. a. aus der zweiten Periode seines Schaffens ab 1826), die Ausdruck einer pessimistisch-nihilist. Grundstimmung, einer auch epochenspezif. Schwermut und seel. Zerrissenheit ist, gilt L. als der bedeutendste italien. Lyriker nach F. Petrarca. Seine z. T. satir. Prosaschriften wirken dagegen, trotz ihrer stilist. Ausgefeiltheit, oft trokken. Ein hervorragendes Zeugnis seines Denkens sind die ›Pensieri di varia filosofia e di bella letteratura‹ (gewöhnlich bezeichnet als ›Zibaldone di pensieri‹, entst. 1817–32, hg. 1898–1907 in 7 Bden., dt. Ausw. u. a. 1943 u. d. T. ›Gedanken aus dem Zibaldone‹).
Weitere Werke: Operette morali (philosoph. Dialoge, 1827), Gesänge (1831, dt. 1837), Gedanken (hg. 1845, dt. 1922).
Ausgaben: G. L. Ausgew. Werke. Hg. v. L. VINCENTI. Dt. Übers. Lpz. 1924. – G. L. Epistolario. Hg. v. F. MORONCINI u. G. FERRETTI. Florenz 1934–41. 7 Bde. – G. L. Tutte le opere. Hg. v. F. FLORA. Mailand [1-2]1937–49. 5 Bde. – G. L. Canzonen. Dt. Übers. Hg. v. E. SCHAFFRAN. Bremen 1963. – G. L. Werke. Bd. 1: Gesänge u. Lehrstücke. Bd. 2: Das Gedankenbuch. Dt. Übers. Mchn. 1978–85. – G. L. Canti/Gesänge. Italien. u. dt. Mchn. 1989.
Literatur: VOSSLER, K.: L. Hdbg. [2]1930. – Bibliografia leopardiana. Florenz 1931–53. 3 Bde.; fortgeführt als: Bibliografia analitica leopardiana. Florenz 1963–86. 3 Bde. – FERRETTI, G.: Vita di G. L. Neuausg. Bologna 1945. – MAURER, K.: G. L.s ›Canti‹ u. die Auflösung der lyr. Genera. Ffm. 1957. – SCHEEL, H. L.: L. u. die Antike. Mchn. 1959. – ADDAMIANO, N.: G. L. Mailand 1976. – JONARD, N.: G. L. Essai de biographie intellectuelle. Paris 1978. – BINNI, W.: La nuova poetica leopardiana. Florenz [3]1979. – BOSCO, U.: Titanismo e pietà in G. L. e altri studi leopardiani. Rom 1980. – TERENZIO, V.: L'ultimo L. Bari 1981. – BONIFAZI, N.: Lingua mortale. Genesi della poesia leopardiana. Ravenna 1984. – RIGONI, M. A.: Saggi sul pensiero leopardiano. Padua [2]1985. – STEINKAMP, V.: G. L.s ›Zibaldone‹. Von der Kritik der Aufklärung zu einer ›Philosophie des Scheins‹. Ffm. u. a. 1991. – G. L. Rezeption, Interpretation, Perspektiven. Hg. v. H. L. SCHEEL u. M. LENTZEN. Tüb. 1992. – DAMIANI, R.: Vita di L. Mailand [2]1993. – L. u. der Geist der Moderne. Hg. v. F. JANOWSKI. Tüb. 1993.

Leopold, Carl Gustaf af [schwed. 'le:ɔpɔld], * Stockholm 26. März(?) 1756, † ebd. 9. Nov. 1829, schwed. Dichter. – Führender Vertreter der schwed. Aufklärung, literar. Mitarbeiter König Gustavs III.; ab 1786 Mitglied der Schwed.

Akademie. Mitarbeiter der radikal auf-
klärer. Zeitschrift ›Stockholms Posten‹
und Anhänger J. H. Kellgrens, dessen
Partei er im Streit mit Th. Thorild ergriff.
L. schrieb v. a. Gedankenlyrik, kom.
Verserzählungen, Epigramme sowie Tra-
gödien in frz.-klassizist. Stil.
Werke: Försynen (Ged., 1779), Oden, oder die
Auswanderung der Asen (Dr., 1790, dt. 1805),
Eglé och Annett (Versepos, 1800), Virginia (Dr.,
1802).
Ausgabe: C. G. af L. Samlede skrifter. Stock-
holm 1911 ff. Auf mehrere Bde. ber. (bisher
2 Bde. in 5 Tlen. erschienen).
Literatur: HOLMBERG, O.: L. Stockholm
1953–65. 5 Bde.

Michail
Jurjewitsch
Lermontow

Leopold, Jan Hendrik, * Herzogenbusch 11. Mai 1865, † Rotterdam 21. Juni
1925, niederl. Dichter. – Gilt als der bedeutendste Dichter in den Niederlanden
vor dem Ersten Weltkrieg; sensible, me-
taphernreiche symbolist. Lyrik mit weh-
mütigem, resignierendem Grundton.
Werke: Verzen (Ged., 1912), Cheops (Ged.,
1915), Verzen (Ged., hg. 1926).
Ausgabe: J. H. L. Verzameld werk. Hg. v. P. N.
VAN EYCK u. J. B. W. POLAK. Amsterdam
1951–52. 2 Bde.
Literatur: JALINK, J. M.: Eine Studie über Leben
u. Werk des Dichters J. H. L. Diss. Bonn 1949
[Masch.].

Lermontow (tl.: Lermontov), Michail Jurjewitsch [russ. 'ljɛrmɐntɐf],
* Moskau 15. Okt. 1814, † Pjatigorsk
27. Juli 1841, russ. Schriftsteller. – Wurde
in Moskau mit der Dichtung Lord Byrons bekannt; 1832 von der Univ. verwie-
sen, Besuch der Gardejunkerschule in
Petersburg, Kornett in einem Gardere-
giment; wegen eines Gedichts auf A. S.
Puschkins Tod 1837 in den Kaukasus
strafversetzt; 1838 Rückkehr nach Petersburg, 1840 infolge eines Duells er-
neute Versetzung in den Kaukasus, dort
im Duell getötet. L., bed. Dichter der
russ. Romantik nach Puschkin und
Hauptvertreter der Weltschmerzpoesie in
der russ. Literatur, begann mit pathet.
Lyrik, kam unter dem Einfluß Byrons zur
Verserzählung und fand zur künstlerisch
vollendeten Prosa. Sein Hauptwerk, der
Roman ›Ein Held unserer Zeit‹ (1840, dt.
1852, 1845 u. d. T. ›Petschorin, oder: Ein
Duell im Kaukasus‹), läßt bereits Züge
des psycholog. Romans erkennen. Seine
Dramenversuche blieben ohne Erfolg,

u. a. das dt. geschriebene Schauspiel
›Menschen und Leidenschaften‹ (1830).
Weitere Werke: Maskarad (= Maskerade, Dr.,
entst. 1835, erschienen 1842), Der Novize
(Poem, 1839, dt. 1842), Der Dämon (Poem, end-
gültige Fassung 1841, 1. vollständige Ausg.
1856, dt. 1852).
Ausgaben: M. J. L. Werke. Dt. Übers. Hg. v.
A. LUTHER. Lpz. 1922. – M. J. Lermontov. Polnoe sobranie sočinenij. Moskau u. Leningrad
1935–37. 5 Bde. – M. J. Lermontov. Sobranie
sočinenij. Moskau ²1983–84. 4 Bde. – M. L.
Ausgew. Gedichte. Dt. Übers. Sachseln 1985. –
M. L. Ausgew. Werke. Dt. Übers. Hg. v.
R. OPITZ. Bln. 1987. 2 Bde.
Literatur: ÈJCHENBAUM, B. M.: Lermontov. Leningrad 1924. Nachdr. Mchn. 1967. – GUSKI, A.:
M. J. Lermontovs Konzeption des literar. Helden. Mchn. 1970. – KÜENZLEN, K.: Dt. Übersetzer u. dt. Übersetzungen Lermontovscher Gedichte von 1841 bis zur Gegenwart. Diss. Tüb.
1980. 2 Bde. – MILLER, O. V.: Bibliografija literatury o M. J. Lermontove 1917–77. Leningrad
1980. – L.skaja ènciklopedija. Hg. v. V. A. MA-
NUJLOV. Moskau 1981. – GARRARD, J. G.: M.
Lermontov. Boston (Mass.) 1982.

Lernet-Holenia, Alexander, * Wien
21. Okt. 1897, † ebd. 3. Juli 1976, österr.
Erzähler, Dramatiker und Lyriker. –
1969–72 Präsident des österr. PEN-
Clubs; behandelte in seinen spannenden
Romanen und Erzählungen sowie büh-
nenwirksamen Dramen verschiedenar-
tige Stoffe (v. a. aus Altösterreich); seine
sprachlich und formal strenge Lyrik steht
unter dem Einfluß J. Ch. F. Hölderlins
und R. M. Rilkes. Er erhielt 1926 den
Kleist-Preis, 1961 den Großen Österr.
Staatspreis.
Werke: Pastorale (Ged., 1921), Demetrius (Dr.,
1926), Österr. Komödie (Dr., 1927), Die nächtl.
Hochzeit (R., 1930), Die Abenteuer eines jungen Herrn in Polen (R., 1931), Ich war Jack

Mortimer (R., 1933), Die Standarte (R., 1934), Die goldene Horde (Ged. und Szenen, 1935), Die Auferstehung des Maltravers (R., 1936), Der Baron Bagge (E., 1936), Ein Traum in Rot (R., 1939), Beide Sizilien (R., 1942), Der Graf von Saint-Germain (R., 1948), Das Finanzamt (E., 1955), Der Graf Luna (R., 1955), Prinz Eugen (Biogr., 1960), Das Halsband der Königin (R., 1962), Die weiße Dame (R., 1965), Pilatus (R., 1967), Die Hexen (R., 1969), Die Geheimnisse des Hauses Österreich (R., 1971). **Literatur:** POTT, P.: A. L.-H. Gestalt, dramat. Werk u. Bühnengesch. Wien 1972. – MÜLLER-WIDMER, F.: A. L.-H. Grundzüge seines Prosawerkes... Bonn 1980.

Leroux, Etienne [afrikaans lə'ru:], eigtl. Stephanus Petrus Daniël Le Roux, * Oudsthoorn (Kapprovinz) 13. Juni 1922, † Bloemfontein 30. Dez. 1989, südafrikan. Erzähler. – War an der Gründung der ↑Sestigers beteiligt; von der Filmtechnik A. Robbe-Grillets und J. L. Godards beeinflußt, entwickeln seine Romane das groteske Bild einer südafrikan. Gesellschaft der 50er und 60er Jahre, in der die individuelle Mensch jeden Sinn für sich selbst als Teil eines ›lebenden Mythos‹ verloren hat und sich mit Hilfe pervertierter Werte Ersatzmythen schafft. **Werke:** Die eerste lewe van Colet (R., 1955), Hilaria (R., 1957), Welgevonden (R.-Trilogie: Sewe dae by die Silwersteins, 1962; Een vir Azazel, 1966; Die derde oog, 1968), 18–44 (R.-Trilogie: 18–44, 1967; Isis isis isis, 1969; Na'va, 1972), Magersfontein o Magersfontein! (1976), Onse Hymie (R., 1982). **Literatur:** MALAN, CH.: Misterie van die alchemis. Kapstadt u. Pretoria 1978.

Leroux, Gaston [frz. lə'ru], * Paris 6. Mai 1868, † Nizza 15. April 1927, frz. Schriftsteller. – Journalist; schrieb v. a. Kriminalromane, bes. um die Figur des Amateurdetektivs Rouletabille. **Werke:** Das geheimnisvolle Zimmer (R., 1908, dt. 1927), Das Parfum der Dame in Schwarz (R., 1909, dt. 1928), Das Geheimnis des Opernhauses (R., 1910, dt. 1928, 1968 u. d. T. Das Phantom der Oper, danach Musical von A. Lloyd Webber, 1986), Le château noir (R., 1916), Gare régulatrice (Drey, 1916). **Literatur:** SIEPE, H.: T. Abenteuer und Geheimnis. Unterss. zu Strukturen und Mythen des Populärromans bei G. L. Ffm. 1987.

Le Roy, Marin, Sieur de Gomberville [frz. lə'rwa], frz. Schriftsteller, ↑Gomberville, Marin Le Roy, Sieur de.

Lersch, Heinrich, * Mönchengladbach 12. Sept. 1889, † Remagen 18. Juni

1936, dt. Schriftsteller. – Kesselschmied; Autodidakt; ab 1925 freier Schriftsteller; im Mittelpunkt seines vom Expressionismus beeinflußten Werkes stehen die Welt des Arbeiters und das Leid des Volkes im Krieg: u. a. ›Herz! Aufglühe dein Blut‹ (Ged., 1916), ›Deutschland‹ (Ged., 1918); sein Hauptwerk, ›Mensch im Eisen‹ (Ged., 1925), trägt autobiograph. Züge. L. gilt wegen seiner lyr. Gestaltungskraft als einer der bedeutendsten Vertreter der dt. Arbeiterliteratur. Seine patriot. Kriegsgedichte verherrlichten das Soldatentum und den Kameradschaftsgeist; später war er Anhänger der Nationalsozialisten, die ihn 1933 in die Dt. Akad. der Dichtung aufnahmen. **Weitere Werke:** Hammerschläge (R., 1931), Mit brüderl. Stimme (Ged., 1934), Im Pulsschlag der Maschinen (Nov.n, 1935). **Ausgabe:** H. L. Ausgew. Werke. Hg. v. J. KLEIN. Düss. u. Köln 1965–66. 2 Bde. **Literatur:** H. L. Kesselschmied u. Dichter. 1889–1936. Do. 1959. – MEIDINGER-GEISE, I.: H. L. In: Rhein. Lebensbilder. Bd. 1. Hg. v. E. STRUTZ. Düss. 1961.

Lesage (Le Sage), Alain René [frz. lə-'sa:ʒ], * Sarzeau (Morbihan) 8. Mai 1668, † Boulogne-sur-Mer 17. Nov. 1747, frz. Schriftsteller. – War zuerst Advokat, versuchte dann, von seiner schriftsteller. Tätigkeit zu leben; begann mit Übersetzungen span. Komödien, verfaßte dann selbst Theaterstücke (u. a. etwa 100 Komödien für die Jahrmarktsbühne) und Romane; am bekanntesten ist der kom. Roman ›Der hinkende Teufel‹ (1707, dt. 1711), eine Bearbeitung von L. Vélez de Guevaras Roman ›El diablo cojuelo‹, und ›Gil Blas von Santillana‹ (4 Bde., 1715–35, dt. 6 Bde., 1774), nach dem Vorbild des span. Schelmenromans angelegt, die eine realistisch-satir. Schilderung des zeitgenöss. Frankreich bieten. **Weitere Werke:** Der Nebenbuhler seines Herrn (Kom., 1707, dt. 1772), Der Schieber (Kom., 1709, dt. 1933), Le théâtre de la foire (Stücke, 10 Bde., 1721–37), Les aventures de M. Robert Chevalier (R., 1732), Der Baccalaureus von Salamanca (R., 2 Bde., 1736–38, dt. 2 Bde., 1802). **Ausgaben:** A. R. L. Œuvres. Paris 1821. 12 Bde. – A. R. L. Werke. Dt. Übers. Hg. v. E. WALLROTH. Stg. 1839–40. 12 Bde. – A. R. L. Œuvres complètes. Paris 1935. 12 Bde. – A. R. L. Théâtre. Neuausg. Paris 1948. **Literatur:** DÉDÉYAN, CH.: Le Sage et ›Gil Blas‹. Paris 1965. 2 Bde. – LAUFER, R.: L. ou le métier de romancier. Paris 1971. – KLÜPPELHOLZ, H.: La technique des emprunts dans Gil Blas de L. Ffm. u. Bln. 1981. – ASSAF, F.: L. et le picaresque. Paris 1984. – CAVILLAC, C.: L'Espagne dans la trilogie ›picaresque‹ de L. Bordeaux 1984.

Lesart, unterschiedl. Fassung einer Textstelle in Handschriften, auch in verschiedenen krit. oder historisch-krit. Ausgaben; die von der L. des Haupttextes abweichenden L.en (Varianten) werden im ↑kritischen Apparat zusammengestellt.

Lesches (tl.: Léschēs) ['lɛsçɛs], griech. Epiker des 7. (?) Jh. v. Chr. – Gilt als Verfasser der ›Kleinen Ilias‹, eines (fragmentarisch erhaltenen) Epos, das als Fortsetzung der ›Ilias‹ in knapper Form die Ereignisse nach Hektors Tod schildert.

Leschonkow (tl.: Lešenkov), Sergei Antonowitsch [russ. lı'ʃɔnkɐf], russ.-sowjet. Schriftsteller, ↑Klytschkow, Sergei Antonowitsch.

Lesebuch, Sammlung literar. Texte (oft in Auszügen). Neben dem Schullesebuch gibt es das L. auch als ↑Anthologie für ein breiteres Lesepublikum (z. B. H. von Hofmannsthal, ›Dt. Lesebuch‹, 1922/23). Das Schul-L. war in seinen frühesten Formen (↑Fibel) zunächst Leselernbuch (z. B. Johann Buno, ›Neues und also eingerichtetes Abc- und Lesebüchlein‹, 1650), dann aber auch Beispielsammlung für die Aufsatzlehre an Gymnasien. Ende des 18. Jh. entwickelte sich das L. zum Sachbuch (z. B. J. G. Sulzer, ›Vorübungen zur Erweckung der Aufmerksamkeit und des Nachdenkens‹, 1768), daneben gab es das L. im Dienst der Morallehre durch Beispielgeschichten (z. B. F. E. Rochow, ›Der Kinderfreund‹, 1776). Dieser Typ wurde bald abgelöst durch das L. im Dienst einer bürgerl. Gesinnungsbildung durch Dichtung (z. B. Ph. Wackernagel, ›Dt. Lesebuch‹, 1843), wobei in der Folgezeit (seit etwa 1870) eine Verengung auf nationalist. Inhalte erfolgte. Dieses Gesinnungs-L. blieb in groben Zügen bis 1945 bestimmend. Auch nach dem 2. Weltkrieg griff die Entwicklung auf alte Muster zurück, was in den 50er und 60er Jahren zu einer massiven Kritik am Provinzialismus, an der Antiquiertheit und

Betulichkeit der dt. Lesebücher führte (R. Minder, W. Killy, P. Glotz und W. R. Langenbucher, ›Versäumte Lektionen. Entwurf eines Lesebuchs‹, 1965). Die L.generation der 70er Jahre ist gekennzeichnet durch vielfältige, z. T. widersprüchl. didakt. Konzeptionen. So steht z. B. das L. als literar. Arbeitsbuch (nach literar. Gattungen gegliedert) neben dem sozialkrit. und dem kommunikationstheoretisch begründeten L.; unter diesen Neukonzeptionen gibt es Versuche, L. und Sprachbuch zu kombinieren und dabei Lernsequenzen anzubieten, in denen sich grammat., literar., kommunikations- und zeichentheoret. sowie andere Arbeitsweisen gegenseitig ergänzen.

Literatur: KILLY, W.: Zur Gesch. des dt. L.s. In: Germanistik – eine dt. Wiss. Hg. v. K. O. CONRADY u. a. Ffm. 1971. – ARNOLD, H.-L.: Das L. der siebziger Jahre. Köln 1973. – FRANK, H. J.: Gesch. des Deutschunterrichts. Mchn. 1973. – BAUMGÄRTNER, A. C.: Lit.-Unterricht mit dem L. Bochum 1974. – SCHANZE, H.: Literaturgesch. u. L. Ansätze zu einer historisch orientierten Lit.-Didaktik. Düss. 1981. – MÖRCHEN, H.: Übers. im L. Zur Lektüre ausländ. Lit. innerhalb des Deutschunterrichts. Hdbg. 1985.

Lesedrama (Buchdrama), Drama, das ohne Rücksicht auf die techn. und personellen Möglichkeiten einer Aufführung verfaßt wurde und insofern als nicht ›bühnengerecht‹ galt. Ein gewandeltes Dramaturgie- und Regieverständnis, die heutige perfektionierte Bühnentechnik und die Wiederentdeckung elisabethan. Bühnenstilisierung haben viele Dramen, die nach früherem Verständnis als Lesedramen (so v. a. in der 1. Hälfte des 19. Jh. die Dramen von Lord Byron, H. von Kleist, Ch. D. Grabbe und G. Büchner) galten, für die theatral. Realisierung erschlossen, so auch Goethes ›Götz von Berlichingen‹ (1773) und ›Faust II‹ (hg. 1832), P. Claudels ›Der seidene Schuh‹ (1929, dt. 1939) und ›Die letzten Tage der Menschheit‹ (1919) von K. Kraus. Dem heutigen Theater gelten alle Dramen als spielbar.

Lešenkov, Sergej Antonovič, russisch-sowjet. Schriftsteller, ↑Klytschkow, Sergei Antonowitsch.

Lesering ↑Buchgemeinschaft.

Leskow (tl.: Leskov), Nikolai Semjonowitsch [russ. lıs'kɔf], Pseudonym

M. Stebnizki, * Gorochowo (Gebiet Orel) 16. Febr. 1831, † Petersburg 5. März 1895, russ. Schriftsteller. – Früh verwaist; lernte als Angestellter einer engl. Handelsfirma auf Reisen durch Rußland (1857–60) das bäuerl. Leben kennen; wurde 1862 Journalist; erhielt 1874 ein Amt im Kultusministerium, 1883 wegen Kritik an der Kirche aus dem Staatsdienst entlassen. In seinen realist. Romanen schilderte L. das alte Rußland, Kleinbürger, Kaufleute und bes. Popen; unter dem Einfluß L. N. Tolstois wandte er sich der Volkslegende zu, die er durch Bearbeitungen und eigene Schöpfungen erneuerte; Meister der kleinen Form, einer der bedeutendsten russ. Erzähler, dessen Sprachbehandlung und Erzähltechnik die moderne russ. Prosa nachhaltig beeinflußten.

Werke: Der Schafochs (E., 1863, dt. 1926), Lady Macbeth des Mzensker Umkreises (Nov., 1865, dt. 1904), Die Kampfnatur (E., 1866, dt. 1925), Na nožach (= Bis aufs Messer, R., 1870/71), Die Klerisei (R., 1872, dt. 1920), Der versiegelte Engel (Nov., 1873, dt. [3]1904), Der verzauberte Pilger (Nov., 1873, dt. [2]1904), Der ungetaufte Pope (E., 1877, dt. 1926), Eine Teufelsaustreibung (E., 1879, dt. 1921), Der stählerne Floh (E., 1881, dt. 1921, auch u. d. T. Die Geschichte von dem stählernen Floh und dem Linkshänder), Der Toupetkünstler (E., 1883, dt. 1925), Der Gaukler Pamphalon (E., 1887, dt. 1923), Figura (E., 1889, dt. 1926), Der Berg (Legende, 1890, dt. 1923), Das Tal der Tränen (E., 1892, dt. 1925), Der Tolpatsch (E., entst. 1894, erschienen 1917, dt. 1946).

Ausgaben: N. S. Leskov. Polnoe sobranie sočinenij. Petersburg [3]1902–03. 36 Bde. – N. Lesskow. Hg. v. J. VON GUENTHER. Dt. Übers. Mchn. 1963–64. 3 Bde. – N. S. Leskov. Sobranie sočinenij. Moskau 1973. 6 Bde.

Literatur: SETSCHKAREFF, V.: N. S. Leskov. Wsb. 1959. – GIRKE, W.: Studien zur Sprache N. S. Leskovs. Mchn. 1969. – ZELINSKY, B.: Roman u. Romanchronik. Strukturunterss. zur Erzählkunst N. Leskovs. Köln u. Wien 1970. – McLEAN, N.: N. Leskov. Cambridge (Mass.) 1977. – LANTZ, K. A.: N. Leskov. Boston (Mass.) 1979.

Lęsman, Jan, polnischer Dichter, † Brzechwa, Jan.

Leśmian, Bolesław [poln. 'lɛɛmjan], eigtl. B. Lesman, * Warschau 12. Jan. 1878 (oder 22. Jan. 1877 ?), † ebd. 5. Nov. 1937, poln. Lyriker. – Einflußreicher und bedeutendster poln. Symbolist; schrieb, da in Kiew erzogen, z. T. russisch. Seine

Neigung zu grotesker Übersteigerung wirkte stark auf den poln. Futurismus, bes. auf den Surrealismus; auch Nachdichtungen oriental. Märchen, u. a. von Sindbad.

Werke: Sad rozstajny (= Scheidegarten, Ged., 1912), Łąka (= Die Wiese, Ged., 1920), Napój cienisty (= Schattentrank, Ged., 1936).

Ausgabe: B. L. Poezje wybrane. Breslau 1974.

Literatur: PANKOWSKI, M.: L. Brüssel 1967. – GŁOWIŃSKI, M.: Zaświat przedstawiony. Szkice o poezji B. L. a. Warschau 1981.

Lesort, Paul André [frz. lə'sɔːr], * Granville (Manche) 14. Nov. 1915, frz. Schriftsteller. – Rechtsstudium; kath. Romancier, trat mit psycholog. Romanen und Novellen hervor, in denen die Ereignisse aus der Perspektive der verschiedenen Romanfiguren erzählt werden; auch Essays, u. a. über P. Claudel (1963, dt. 1964).

Weitere Werke: Auf Herz und Nieren (R., 1946, dt. 1955), Aus dem Fleisch geboren (R., 1951, dt. 1955), Der Wind weht, wo er will (R., 1954, dt. 1956), Das Brandmal (R., 1957, dt. 1958), G. B. K. (R., 1960), Das blasse Tagebuch oder Das Leben des Guillaume Périer (R., 1966, dt. 1968), Après le déluge (R., 1977), La ligne verte (R., 1987).

Lespinasse, Julie de [frz. lɛspi'nas], * Lyon 9. Nov. 1732, † Paris 23. Mai 1776, frz. Schriftstellerin. – War Mittelpunkt des Salons der Marquise Du Deffand, später eines eigenen Salons; ihre leidenschaftl. Briefe an den Grafen Hippolyte Guibert (* 1744, † 1790) gehören zu den bedeutendsten persönl. Briefen des 18. Jahrhunderts.

Ausgaben: Lettres de Mlle de L. Paris 1809. 2 Bde. – Correspondance entre Mlle de L. et le comte de Guibert. Hg. v. COMTE DE VILLENEUVE-GUIBERT. Paris 1906. – J. de L. Die Liebesbriefe. Dt. Übers. Hg. v. A. SCHURIG. Frechen u. Köln 1957.

Literatur: SÉGUR, P. H. M. H. DE: J. de L. Paris Neuausg. 1931. 2 Bde. – EHMER, G.: Die sensible Selbstdarst. bei J. de L. Diss. FU Bln. 1957. – BOUISSOUNOUSE, J.: J. de L., ses amitiés, sa passion. Paris 1958.

Lessing, Doris [May] [engl. 'lɛsɪŋ], * Kermanschah (Iran) 22. Okt. 1919, engl. Schriftstellerin. – Wuchs in Rhodesien auf; lebt seit 1949 in England. Dieser biograph. Hintergrund sowie das Interesse L.s an Marxismus, psycholog. Theorien und am Sufi-Mystizismus schlägt sich in ihren Romanen und Kurzgeschichten nieder, in denen sie die Problematik der menschl. Suche nach Freiheit, Ganzheit und Identität in einer fragmentar. und chaot. Welt gestaltet. So umfaßt der über 17 Jahre hinweg entstandene Romanzyklus ›The children of violence‹ über das Schicksal der Protagonistin Martha Quest die Darstellung sexist., rassist. und politisch-ideolog. Unterdrükkungsmechanismen in Afrika (Bd. 1: ›Martha Quest‹, 1952, dt. 1981; Bd. 2: ›Eine richtige Ehe‹, 1954, dt. 1982; Bd. 3: ›Sturmzeichen‹, 1958, dt. 1983; Bd. 4: ›Landumschlossen‹, 1965, dt. 1983) ebenso wie die Ausleuchtung psych. Realitäten und kosm. Zukunftsvisionen (Bd. 5: ›Die viertorige Stadt‹, 1969, dt. 1984). Bes. erfolgreich war der äußerst komplexe, aus einer Folge von Teilen eines Kurzromans und mehrerer Notizbücher bestehende Roman ›Das goldene Notizbuch‹ (1962, dt. 1978), der eine aus der Fragmentarisierung des Ichs hervorgehende psych. Krise und die Möglichkeit ihrer Überwindung schildert. Der Romanzyklus ›Canopus im Argos. Archive‹ erforscht in Weiterentwicklung der myst. Tendenz die Planetensysteme des Alls (Bd. 1: ›Shikasta‹, 1979, dt. 1983; Bd. 2: ›Die Ehen zwischen den Zonen drei, vier und fünf‹, 1980, dt. 1984; Bd. 3: ›Die sirianischen Versuche‹, 1981, dt. 1985; Bd. 4: ›Die Entstehung des Repräsentanten von Planet 8‹, 1982, dt. 1985; Bd. 5: ›Die sentimentalen Agenten im Reich Volyen‹, 1983, dt. 1985). Eine konventionellere Darstellung kennzeichnet den Roman ›Das Tagebuch der Jane Somers‹ (1983, dt. 1984) und dessen Fortsetzung ›Die Liebesgeschichte der

Doris Lessing

Jane Somers‹ (1984, dt. 1985) sowie ›Die Terroristin‹ (1985, dt. 1986). L. erhielt 1981 den Österreichischen Staatspreis für europäische Literatur und 1982 den Shakespeare-Preis der Stiftung F. V. S. in Hamburg.

Weitere Werke: Afrikan. Tragödie (R., 1950, dt. 1953), Auf der Suche. Eine Dokumentation (1960, dt. 1986), Der Zauber ist nicht verkäuflich. Afrikan. Geschichten (1964, dt. Teilausg. 1976), Anweisung für einen Abstieg zur Hölle (R., 1971, dt. 1981), Der Sommer vor der Dunkelheit (R., 1973, dt. 1975), Die Memoiren einer Überlebenden (R., 1974, dt. 1979), Collected stories (En., 2 Bde., 1978), Der Wind verweht unsere Worte (Ber., 1987, dt. 1987), Prisons we choose to live inside (Essays, 1987), Das fünfte Kind (R., 1988, dt. 1988), Rückkehr nach Afrika (Autobiogr., 1992, dt. 1992), Unter der Haut (Autobiogr., 1994, dt. 1994).

Literatur: SELIGMAN, D.: D. L. An annotated bibliography of criticism. Westport (Conn.) 1981. – DRAINE, B.: Substance under pressure. Artistic coherence and evolving form in the novels of D. L. Madison (Wis.) 1983. – SAGE, L.: D. L. London u. a. 1983. – KELLERMANN, H.: Die Weltanschauung im Romanwerk von D. L. Ffm. u. a. 1985. – KING, J.: D. L. London 1989. – PICKERING, J.: Understanding D. L. Columbia (S. C.) 1990.

Lessing, Gotthold Ephraim, * Kamenz (Oberlausitz) 22. Jan. 1729, † Braunschweig 15. Febr. 1781, dt. Schriftsteller; Kritiker und Philosoph. – Pfarrerssohn, besuchte u. a. die Fürstenschule Sankt Afra in Meißen (1741–46), danach Studium der Theologie und Medizin in Leipzig (1746–48); Bekanntschaft mit Caroline Neuber. Beginn der dramat. Produktion im Stile der sächs. Typenkomödie, z. B. ›Der junge Gelehrte‹ (entst. 1747, UA 1748, Erstausgabe 1754), ›Der Freygeist‹ (entst. 1749, Erstausgabe 1755), ›Die Juden‹ (UA 1749, Erstausgabe 1754); Beginn der lebenslangen finanziellen Schwierigkeiten. 1748–55 Journalist und freier Schriftsteller in Berlin (1752 Magisterpromotion in Wittenberg); vielseitige, zugleich prakt. und theoret. Produktion: theolog., philolog., ästhet., krit., polem., dramaturg. Schriften, anakreont. Lyrik, Oden, Sinngedichte, Fabeln und Erzählungen, Übersetzungen, Dramen, dramat. Fragmente (darunter das Fragment des Revolutionsdramas ›Samuel Henzi‹, entst. 1749), die ›Beyträge zur Historie und Aufnahme des Theaters‹, eine mit

Ch. Mylius herausgegebene Zeitschrift (4 Tle., 1750), fortgesetzt in der ›Theatral. Bibliothek‹ (4 Bde., 1754–58), das ›Vade mecum für den Herrn Samuel Gotthold Lange‹ (1754; eine scharfe Kritik an dem von Lange wieder erhobenen Vorwurf der charakterl. Unzulänglichkeit des Horaz) und, angeregt durch die Romane der Engländer S. Richardson und H. Fielding und die engl. ›sentimental comedy‹, das erste bed. dt. bürgerl. Trauerspiel ›Miß Sara Sampson‹ (1755). Mitarbeit an der ›Berlinischen privilegierten Zeitung‹, der späteren ›Vossischen Zeitung‹; geselliges Leben u. a. mit den Freunden F. Nicolai und Moses Mendelssohn. 1753–55 erschien erstmals eine Sammlung von L.s ›Schriften‹ (6 Teile). 1755 Rückkehr nach Leipzig, dramat. und dramaturg. Studien, wichtiger Briefwechsel mit Mendelssohn und Nicolai über das Trauerspiel, mit Mendelssohn verfaßte L. die Schrift ›Pope ein Metaphysiker!‹ (1755). Im Mai 1756 Antritt einer Europareise über Halberstadt, Wolfenbüttel, Hamburg, Amsterdam; wegen Ausbruchs des Siebenjährigen Krieges Rückkehr nach Leipzig; Freundschaft mit E. von Kleist. Von Mai 1758 bis Nov. 1760 wiederum in Berlin; 1759–65 erschien die Zeitschrift ›Briefe, die neueste Litteratur betreffend‹, die bis 1760 von L. geschrieben wurden und ihn zur entscheidenden krit. Instanz der dt. literar. Öffentlichkeit machten; 1759 veröffentlichte er drei Bücher ›Fabeln‹, die die beliebte Aufklärungsgattung als Mittel zur anschauenden Erkenntnis vorstellten, zusammen mit wegweisenden theoret. Abhandlungen, und das Trauerspiel ›Philotas‹; das ›Faust‹-Projekt (17. Literaturbrief) blieb Fragment. Von 1760 bis 1765 war L. als Kriegssekretär in den Diensten des General F. B. von Tauentzien, des Kommandanten von Breslau; ab 1765 wieder in Berlin; 1766 erschien die Schrift ›Laokoon: oder, Über die Grenzen der Mahlerey und Poesie‹, ein epochaler Versuch, das Eigenrecht der Poesie gegenüber der Malerei zu begründen. Der Breslauer Zeit entstammt auch das erste dt. Lustspiel, das Zeitgeschichte auf die Bühne brachte, ›Minna von Barnhelm‹ (Erstausgabe 1767), uraufgeführt an dem neugegründeten ›Hamburgischen National-

Gotthold Ephraim Lessing

theater‹, dem L. als Dramaturg zur Seite stand, bis das Unternehmen schon 1769 scheiterte. In den 104 Stücken seiner ›Hamburgischen Dramaturgie‹ (1767 bis 1768) gewann L. in einer die Theaterpraxis kritisch begleitenden und anregenden Reflexion, die auch zu grundsätzl. Erörterung der Gattung sowie der Formen des Dramas Stellung nahm, ein neues dramentheoret. Bewußtsein. 1769 publizierte er die weitwirkende Schrift ›Wie die Alten den Tod gebildet‹. Ende 1769 nahm L. die Berufung als Bibliothekar an die Bibliothek in Wolfenbüttel an; den geselligen Hamburger Jahren (u. a. Bekanntschaft mit J. G. Herder, F. G. Klopstock, M. Claudius, C. Ph. E. Bach) folgte eine einsame, durch den Tod des Vaters, Gesundheitssorgen, finanzielle Mißstände und berufl. Mißverständnisse getrübte Zeit, unterbrochen von einer wenig ergiebigen Italienreise (1775/76), der Heirat mit Eva König und der Geburt eines Sohnes; beide starben 1778. 1771 kamen die gesammelten Sinngedichte mit den ›Anmerkungen über das Epigramm‹ heraus, 1772 wurde das Trauerspiel ›Emilia Galotti‹ vollendet. Die letzten Wolfenbütteler Jahre sind geprägt durch den theolog. Streit mit dem Hamburger Hauptpastor J. M. Goeze (›Anti-Goeze‹, 1778), nachdem L. in den Wolfenbütteler Beiträgen ›Zur Geschichte und Literatur‹ (6 Bde., 1773–81) Teile der ›Apologie oder Schutzschrift für die vernünftigen Verehrer Gottes‹ von H. S. Reimarus, einer rationalist. Bibelkritik, veröffentlicht hatte, ohne allerdings den Verfasser zu nennen; die von der Zensur untersagte Fortführung der Kontroverse veranlaßte L. zu seinem dramat. Gedicht ›Nathan der Weise‹ (1779). In engem Zusammenhang mit dem hier formulierten Ideal der Toleranz und Humanität und seiner utop. Zukunftsperspektive stehen die letzten größeren Prosaschriften ›Ernst und Falk. Gespräche für Freimäurer‹ (2 Tle., 1778–80) und ›Die Erziehung des Menschengeschlechts‹ (vollständig 1780).

L. gilt als herausragender Vertreter der Ideale und Aktivitäten der Aufklärung in ihrem Eintreten für Vernunft, Toleranz, Freiheit, Menschlichkeit, gegen Vorurteil, kirchl. Bevormundung und Fürstenwillkür. Sozialgeschichtlich wird er als Befürworter der Emanzipation eines sich konstituierenden Bürgertums verstanden. Seine Anfänge als Schriftsteller standen unter dem Vorrang der Kritik; L.s Zeitschriftenbeiträge lieferten eine fundamentale Kritik an den Zuständen des zeitgenöss. Deutschland und unterstützten den weltliterar. Aufschwung der dt. Literatur. Die krit. und theoret. Schriften folgten der Grundüberzeugung L.s, daß alle dogmatisch verfestigten histor. Urteile neu überprüft werden müssen; als erster moderner Schriftsteller gilt L. auch deshalb, weil er tradierte Motive und Strukturen aktualisierte (das antike Medea-Motiv in ›Miß Sara Sampson‹, das Virginia-Motiv in ›Emilia Galotti‹) und die neuen Möglichkeiten von ›Öffentlichkeit‹ nutzte. Zu den Grundcharakteristika von L.s Schreiben gehören das didakt. Prinzip der umfassenden Information und weiterführenden Anregung, das dialog. Moment, das das Publikum zum Selbstdenken anregen soll, und der method. Weg, das Falsche als Voraussetzung zur Erkenntnis des Wahren zu erkennen. Trotz der Vielzahl der Gattungen und einer gewissen Sprunghaftigkeit besteht ein innerer Zusammenhang der einzelnen Werkbereiche und Werkphasen im Schaffen L.s; viele Einflüsse und Tendenzen überschneiden sich: Anakreontisch-Geselliges in den Liedern, heroische Pathetik in den Trauerspielen, ›Witzig‹-Manieristisches in Epigramm, Drama und polem. Schriften, Empfindsames in den Dramen, krit. Philologie in den theoret. Schriften. L.

entfernte sich von der Regelpoetik der Gottschedschule und gelangte zu einer moralisch begründeten Wirkungspoetik, überwand in der Absage an die unkrit. Überschätzung der frz. Klassizisten und in der Forderung nach einem nat. Programm die starre Typik der Gottschedkomödie durch individualisierende Herausbildung der Figuren aus überkommenen Klischees. Von seiner Forderung nach einem realist. Bühnengeschehen ist auch seine Tragödienauffassung bestimmt: das Drama als interpretierte Wirklichkeit wird konturiert durch *Mimesis* als Prinzip der Naturnachahmung, *gemischte Charaktere* und die *Katharsis* als Element der Erziehung zur bürgerl. Moralität mit dem Ziel einer sympathet. Mitmenschlichkeit.

In die theolog. Diskussion zwischen Orthodoxie und Neologie brachte L. die Dimension der Geschichtlichkeit ein, demonstrierte somit die Notwendigkeit von Religionsgeschichte in einer reziproken Bezogenheit von Offenbarung und Vernunft. Daß alle Konfessionen nur unterschiedl. histor. Formen eines gemeinsamen Strebens aller Menschen nach Vollkommenheit sind, zeigt die Ringparabel des ›Nathan‹.

Ausgaben: G. E. L.s sämtl. Schrr. Hg. v. K. LACHMANN. Bearb. v. F. MUNCKER. Bln. 1886–1924. Nachdr. ³1968. 23 Bde. – L.s Briefwechsel mit Mendelssohn u. Nicolai über das Trauerspiel nebst verwandten Schrr. Nicolais u. Mendelssohns. Hg. u. erl. v. R. PETSCH. Lpz. 1910. Nachdr. Darmst. 1967. – G. E. L.s Gespräche nebst sonstigen Zeugnissen ... Hg. v. FLODOARD VON BIEDERMANN. Bln. 1924. – G. E. L. Werke. Hg. v. J. PETERSEN u. W. VON OLSHAUSEN. Bln. u. Wien 1925–35. 25 Bde. Nachdr. Hildesheim 1970. – G. E. L. Ges. Werke in 10 Bden. Hg. v. P. RILLA. Bln. ²1968. – G. E. L. Werke. Hg. v. H. G. GÖPFERT. Mchn. u. Darmst. 1970–78. 8 Bde. – Meine liebste Madam. L.s Briefwechsel mit Eva König 1770–76. Hg. v. G. u. U. SCHULZ. Mchn. 1979.

Literatur: **Leben u. Werke:** DANZEL, TH. W./GUHRAUER, G. E.: G. E. L. Sein Leben u. seine Werke. Bln. ²1880–81. 2 Bde. – SCHMIDT, ERICH: L. Gesch. seines Lebens u. seiner Werke. Bln. ⁴1923. 2 Bde. – SCHNEIDER, HEINRICH: L. Zwölf biograph. Studien. Salzburg 1950. – RITZEL, W.: G. E. L. Stg. u. a. 1966. – L. im Gespräch. Berr. u. Urteile von Freunden u. Zeitgenossen. Hg. v. R. DAUNICHT. Mchn. 1971. – MEHRING, F.: Die L.-Legende. Neuausg. Ffm. 1972. – RILLA, P.: L. u. sein Zeitalter.

Mchn. ²1973. – GUTHKE, K. S.: G. E. L. Stg. ³1979. – JACOBS, J.: L. Mchn. 1986. – TER-NEDDEN, G.: L.s Trauerspiele. Stg. 1986. – BARNER, W., u.a.: L. Epoche – Werk – Wirkung. Mchn. ⁵1987. – DREWS, W.: G. E. L. Rbk. 114.–116. Tsd. 1994. – **Studien:** WIESE, B. VON: L. Dichtung, Ästhetik, Philosophie. Lpz. 1931. – THIELICKE, H.: Offenbarung, Vernunft u. Existenz. Studien zur Religionsphilosophie L.s. Güt. ⁴1959. – L., ein unpoet. Dichter. Dokumente aus drei Jahrhunderten zur Wirkungsgesch. L.s in Deutschland. Hg. v. H. STEINMETZ. Ffm. 1969. – SCHRÖDER, J.: G. E. L. Sprache u. Drama. Mchn. 1972. – GRAHAM, I.: Goethe and L., the well springs of creation. New York 1973. – REH, A. M.: Die Rettung der Menschlichkeit. L.s Dramen in literaturpsycholog. Sicht. Bern u. Mchn. 1981. – KOMMERELL, M.: L. u. Aristoteles. Unters. über die Theorie der Tragödie. Ffm. ⁵1984. – HARTH, D.: G. E. L. oder die Paradoxien der Selbsterkenntnis. Mchn. 1993. – **Bibliographien:** GUTHKE, K. S.: Der Stand der L.-Forsch. Ein Ber. über die Lit. 1932–62. Stg. 1965. – GUTHKE, K. S.: L.-Lit. 1963–68. In: Lessing Yearbook 1 (1969). – SEIFERT, K. S.: L.-Bibliogr. Bln. u. Weimar 1973. – GUTHKE, K. S.: Grundll. der L.-Forsch. In: Wolfenbütteler Studien zur Aufklärung Bd. 2. Bremen u. Wolfenbüttel 1975.

Lessing, Theodor, * Hannover 8. Febr. 1872, † Marienbad 31. Aug. 1933, dt. Publizist, Schriftsteller und Kulturphilosoph. – Aus liberaler jüd. Familie; 1922 Privatdozent für Pädagogik und Philosophie an der TH Hannover, 1925 Einstellung der Vorlesungen wegen Schikanen durch nationalistisch gesinnte Professoren und Studenten. L. stand in Kontakt zum George-Kreis. Er hatte Anteil an der antirationalist. Kultur- und Gesellschaftskritik des 19./20. Jahrhunderts (F. Nietzsche, O. Spengler); vertrat publizistisch einen pragmat. Sozialismus (u. a. Gleichberechtigung der Frau, Völkerverständigung); unterzog in ›Europa und Asien‹ (1918) die techn. Zivilisation mit ihren kolonialist. Tendenzen und der Zerstörung der Umwelt radikaler Kritik. Seine Romane, Dramen und Gedichte sind weniger bedeutend. Wichtig dagegen ist seine Studie ›Der jüd. Selbsthaß‹ (1930). L. ging 1933 ins Exil, wo er von Nationalsozialisten ermordet wurde.
Weitere Werke: Geschichte als Sinngebung des Sinnlosen (1919), Die verfluchte Kultur (1921), Prinzipien der Charakterologie (1926), Einmal und nie wieder. Lebenserinnerungen (hg. 1935).
Ausgaben: Th. L. Ich warf eine Flaschenpost ins Eismeer die Geschichte. Essays u. Feuilletons (1923–1933). Hg. v. R. MARWEDEL. Darmst. 1986. – Th. L. Wortmeldungen eines Unerschrockenen. Publizistik aus 3 Jahrzehnten. Hg. v. H. STERN. Lpz. 1987.
Literatur: SCHRÖDER, H. E.: Th. L.s autobiograph. Schr. Bonn 1970. – MARWEDEL, R.: Th. L. 1872–1933. Mit kommentierter Bibliogr. Darmst. 1987. – BAULE, B.: Kulturerkenntnis u. Kulturbewertung bei Th. L. Hildesheim 1992.

Lessing-Preis, 1. L.-P. der Freien und Hansestadt Hamburg, 1929 gestifteter und mit 30 000 DM dotierter Staatspreis für Literatur; alle vier (bis 1977 alle drei) Jahre verliehen. Preisträger: u.a. F. Gundolf (1930), E. R. Curtius (1950), H. H. Jahnn (1956), H. Arendt (1959), P. Weiss (1965), W. Jens (1968), M. Horkheimer (1971), G. Heinemann (1974), J. Améry (1977), R. Hochhuth, A. Heller (1981), H. von Hentig (1985), A. Kluge (1989), R. Klibansky (1933). – 2. L.-P. des Ministeriums für Kultur der DDR; 1954 gestifteter und mit zweimal 10 000 M dotierter Staatspreis für Bühnendichtungen und Werke der Kunsttheorie oder Kunstkritik.

Lettau, Reinhard, * Erfurt 10. Sept. 1929, dt. Schriftsteller. – Seit 1967 Prof. für Literatur in San Diego (Calif.). Bekannt wurde L. durch seinen ersten, mit skurriler Phantasie geschriebenen Prosaband ›Schwierigkeiten beim Häuserbauen‹ (1962), der Züge seiner produktionsästhet. Reflexionen aufweist, die er in der Essaysammlung ›Zerstreutes Hinausschaun‹ (1980) darlegt; bezeichnet diese selber als eine ›Art Poetik‹. Er begreift das Schreiben als einen Prozeß, bei dem sich der Schreibende vorsichtig dem Gegenstand nähert. Ab 1965 setzte er sich literarisch mit polit. Themen auseinander. In ›Feinde‹ (1968) hinterfragt er den Sinn und Unsinn alles Militärischen und führt es über die Sprache ad absurdum. Mit der Szenenfolge ›Frühstücksgespräche in Miami‹ (1977), in der er sich mit spielerisch-witzigen Sprachvariationen über das Verhältnis von Macht und Sprache auseinandersetzt, knüpft L. thematisch an ›Feinde‹ an.
Weitere Werke: Auftritt Manigs (En., 1963), Gedichte (1968), Tägl. Faschismus (1971), Immer kürzer werdende Geschichten (1973), Herr Strich schreitet zum Äußersten (En., 1982), Zur Frage der Himmelsrichtungen (Prosa, 1988), Flucht vor Gästen (R., 1994).

Letteris, Max Meir, * Zółkiew (heute Scholkwa, Gebiet Lemberg) 30. Aug. 1800(?), † Wien 19. Mai 1871, hebr. Schriftsteller und Übersetzer. – Lebte ab 1848 in Wien, wo er neben seiner literar. Tätigkeit v. a. als Textbearbeiter und Hg. wirkte. Durch seine Übertragungen aus dem Hebräischen (Talmud) und ins Hebräische (J. Racine, Schiller, Goethe, Lord Byron) wirkte er als Mittler zwischen jüd. und westl. Kultur.

Literatur: WAXMAN, M.: A history of Jewish literature. Bd. 3. New York 1960. S. 198. – Enc. Jud. Bd. 11, 1972, S. 54.

lettische Literatur, eine eigenständige Literatur in lett. Sprache konnte sich erst in der **2. Hälfte des 19. Jahrhunderts** entwickeln, als aus dem wirtschaftlich erstarkenden Bauerntum eine Intelligenzschicht hervorging, die nicht mehr gewillt war, in der dt. Oberschicht aufzugehen. Eine die Dialektgrenzen überwindende Schriftsprache war als Ergebnis seelsorger. und philolog. Bemühungen von vornehmlich dt. ev. Pastoren vorhanden, die seit der Reformation ein geistl. und belehrendes Schrifttum geschaffen hatten. Die Bewegung des ›Junglettentums‹ knüpfte aber auch an die reiche Volksdichtung an, die in der nationalromant. Lyrik von Juris Alunāns (* 1832, † 1864) und Auseklis oder im Kunstepos ›Lāčplēsis‹ (= Bärentöter) von Andrejs Pumpurs (* 1841, † 1902) verwertet, aber erst von Krišjānis Barons (*1835, † 1923) systematisch gesammelt, aufgezeichnet und erforscht wurde. Die sehr fruchtbare Ära des Realismus in der l. L. wurde durch den Roman ›Mērnieku laiki‹ (= Landmesserzeit) der Brüder Reinis Kaudzīte (*1839, † 1920) und Matīss Kaudzīte (*1848, † 1926) eingeleitet. Hervorragende Vertreter des Realismus waren Andrievs Niedra (*1871, † 1943) mit sozialkrit. Romanen und v. a. R. Blaumanis, dem auch als Dramatiker wesentl. Bedeutung zukommt. Eine Gestalt eigener Prägung war der feinsinnige Lyriker und Erzähler J. Poruks. Volkstüml. Traditionen griff Vilis Plūdonis (* 1874, † 1940) in seiner Versdichtung auf. In den 90er Jahren trat die sog. ›Neue Strömung‹ in Erscheinung, eine vom russ. und westeurop. Sozialismus beeinflußte Richtung. Vertreter war Eduards Veiden-

baums (*1867, † 1892), aber auch der ›Klassiker‹ der l. L., J. Rainis, der bald über die engen Grenzen der Bewegung hinauswuchs. Seine Frau Aspazija war eine bed. Lyrikerin. Philosophisch unterbaute Märchen schufen A. Brigadere und K. Skalbe, der der lett. Lyrik wichtige Impulse verlieh.

Die **Zeit der Eigenstaatlichkeit (1918–40)** war durch eine reiche und vielseitige Entwicklung gekennzeichnet. Neben dem patriot. Lyriker und Erzähler E. Virza (Romanidylle ›Die Himmelsleiter‹, 1933, dt. 1935) war der Kommunist V. Lācis mit seinem Roman ›Der Fischersohn‹ (1934, dt. 1955) erfolgreich. Bed. Gestalten waren außerdem: J. Akurāters, J. Janševskis, Pēteris Ērmanis (* 1893, † 1969), Jānis Ezeriņš (* 1891, † 1924), Aīda Niedra (* 1899, † 1973), Kārlis Zariņš (* 1889, † 1947). In der Lyrik traten hervor: A. Čaks, Jānis Medenis (* 1903, † 1961), Andrejs Eglītis, V. Strēlerte u. a. Waren die Reihen der lett. Intellektuellen bereits 1941 durch Deportationen in die UdSSR gelichtet worden (u. a. fiel ihnen der bed. Erzähler Aleksandrs Grīns [* 1895, † 1941] zum Opfer), so setzte bei der endgültigen **Besetzung durch die sowjet. Armee 1944** eine Massenflucht in den Westen ein. Die trotz allem ungebrochene Vitalität der Schriftsteller ließ jedoch schon in den dt. Auffanglagern eine Literatur von Rang entstehen, die in der weiteren Emigration ihre Fortsetzung fand, so in der Lyrik von Z. Lazda, V. Strēlerte, Velta Sniķere (*1920), Velta Toma (* 1912) u. a. In der Prosa wirkten weiter: Anšlavs Eglītis, Jānis Klīdzejs (* 1914) u. a., während die Essayistin Z. Mauriņa sich ganz dem dt. Publikum zuwandte.

In der **Lett. SSR** kamen zunächst die alten kommunist. Schriftsteller im Land oder aus dem Exil zu Wort, so Andrejs Upītis (* 1877, † 1970), V. Lācis, Jānis Sudrabkalns (* 1894, † 1975) u. a. Die 60er Jahre wurden sowohl für die Literatur im Exil wie v. a. im Lande selbst bedeutsam, als das Nachlassen des stalinist. Drucks größere Freiheit in Form und Inhalt ermöglichte. Konflikte im persönl. und gesellschaftl. Leben wurden wieder behandelt, sogar Erinnerungen an Haft und Verbannung, so von Harijs Heislers

(* 1926, † 1985). Die Belebung war bes. in der Lyrik spürbar, wo neben V. Belševica, O. Vācietis, I. Ziedonis, Māris Čaklais (* 1940), Vitauts Ļūdēns (* 1937), Imants Auziņš (* 1937) und Jānis Peters (* 1939) auch jüngere Talente auftraten, z. B. Laima Līvena (* 1943), Dagnija Dreika (* 1951) und Leons Briedis (* 1949). Bed. Prosaschriftsteller sind: A. Bels, Andris Jakubāns (* 1941), Visvaldis Eglons (* 1923), daneben Regina Ezera (* 1930), Dagnija Zigmonte (* 1931). Das Drama erhielt neue Impulse durch Gunnars Priede (*1928). Ihm folgten Harijs Gulbis (* 1926), Pauls Putniņš u. a.

In der **lett. Literatur im Exil** machten sich seit den 60er Jahren immer mehr eine Hinwendung zu Problemen und Stilrichtungen der Gegenwart und eine Abkehr von der Fixierung auf die Vergangenheit bemerkbar, was keinen Bruch mit der Tradition bedeutet. Das Fortbestehen einer Reihe von literar. Zeitschriften zeugt für die ungebrochene Vitalität dieser Literatur und bietet auch jüngeren Talenten Publikationsmöglichkeiten, so den in den 40er und 50er Jahren geborenen Lyrikern Margita Gutmane, Dina Rauna, Juris Kronbergs u. a. neben den bekannteren und bewährteren Baiba Bičole (* 1931), Astrīde Ivaska (* 1926), Gunars Saliņš (* 1924). Auch das dramatische Schaffen ist nicht erlahmt. Neben dem Altmeister M. Ziverts sind auch jüngere Dramatiker wie J. Rozīts (* 1951) tätig; der Prosaschriftsteller Anšlavs Eglītis bearbeitet seine Romane als Dramen. Bed. Erzähler sind außerdem neben ihm Andrejs Irbe (* 1924), Guntis Zariņš (* 1926, † 1965), Ilze Šķipsna (* 1928), Dzintars Sodums (* 1922), der 1960 eine Übersetzung des ›Ulysses‹ von J. Joyce lieferte, und G. Janovskis.

Nachdem in der Lett. SSR Mitte der 80er Jahre Lockerungen im Zuge von ›Perestroika‹ und ›Glasnost‹ spürbar geworden waren, wurde ab 1991 mit Wiedererlangung der Eigenstaatlichkeit die Annäherung der Literatur in Lettland und der lett. Exilliteratur eingeleitet.

Literatur: Die Gegenwartsdichtung der europ. Völker. Hg. v. K. WAIS. Bln. 1939. – JOHANSONS, A.: Latviešu literatūra no viduslaikiem lidz 1940g. Stockholm 1953–54. 4 Bde. – ANDRUPS, J./KALVE, V.: Latvian literature.

Stockholm 1954. – Latviešu literatūras vēsture. Riga 1955–59. 2 Bde. – Die Literaturen der Welt in ihrer mündl. u. schriftl. Überlieferung. Hg. v. W. VON EINSIEDEL. Zü. 1964. – RUBULIS, A.: Latvian literature. Toronto 1964. – Moderne Weltliteratur. Hg. v. G. VON WILPERT u. I. IVASK. Stg. 1972. – EKMANIS, R.: Latvian literature under the Soviets: 1940–1975. Belmont (Mass.) 1978. – Lett. Lyrik. Hg. u. übers. v. E. ZUZENA-METUZALA. Memmingen 1983. – SCHOLZ, FRIEDRICH: Die Literaturen des Baltikums. Opladen 1990.

Lettre internationale [frz. lɛtrɛternasjɔ'nal], seit 1984 dreimal jährlich erscheinende frz. Kulturzeitschrift, hg. von Antonin Liehm und Paul Noirot; veröffentlicht originale und übersetzte Beiträge bed. westl. und östl. Schriftsteller und Philosophen, u. a. von M. Kundera, L. Sciascia, H. M. Enzensberger, M. Frisch, A. A. Sinowjew, C. Simon, N. Gordimer, Ph. Roth, G. Konrád, D. Kiš. L. i. erscheint inzwischen auch in einer italien., span. und (seit Mitte 1988) dt. Ausgabe.

Lettrismus (frz. Lettrisme) [zu lettre = Buchstabe, Laut], 1945 in Paris von Isidore Isou (* 1925) begründete und v. a. von ihm repräsentierte literar. Bewegung, die die von den Futuristen und Dadaisten in der Folge S. Mallarmés fortgeführte Behandlung der Sprache als sinnfreie Buchstaben- und Lautfolgen konsequent fortsetzte und systematisierte. Das Alphabet stellt für den L. lediglich ein materiales Repertoire akustischer Zeichen dar, über das der Dichter kompositorisch verfügt. Als akustische Dichtung (↑ experimentelle Dichtung) stellen die Arbeiten des L. ein wichtiges Verbindungsglied zwischen den akustischen Experimenten der Literaturrevolution und den akustischen Arbeiten einer ↑ konkreten Poesie seit etwa 1950 dar. – ↑ auch Artikulation.

Literatur: ISOU, I.: Les véritables créateurs et les falsificateurs de Dada, du surréalisme et du lettrisme (1965–73). Paris 1973. – CURTAY, J.-P.: La poésie lettriste. Paris 1974. – FERRUA, P./ LEMAÎTRE, M.: Entretiens sur le lettrisme. Paris 1985. – ›L.‹ Bulletin d'informations et d'opinions lettristes du Groupe L. Hg. v. M. LEMAÎTRE. Paris 1990 (Sondernummer der Zs. ›Lettrisme).

Leutenegger, Gertrud, * Schwyz 7. Dez. 1948, schweizer. Schriftstellerin. – Trat zunächst als Lyrikerin hervor und behielt lyr. Elemente auch noch in ihren ersten Romanen ›Vorabend‹ (1975) und ›Ninive‹ (1977) bei, die eine Mischung von Erinnerungen, Beschreibungen von Alltäglichem und Naturschilderungen sowie leiser polit. Kritik sind.

Weitere Werke: Lebewohl, Gute Reise (dramat. Poem, 1980), Wie in Salomons Garten (Ged., 1980), Gouverneur (R., 1981), Komm ins Schiff (1983), Kontinent (R., 1985), Das verlorene Monument (Prosa, 1985), Meduse (E., 1988), Acheron (Prosa, 1994).

Leuthold, Heinrich, * Wetzikon (ZH) 5. Aug. 1827, † Zürich 1. Juli 1879, schweizer. Schriftsteller. – Studierte in Bern und Basel Jura, Literatur und Philosophie; ab 1857 in München, wo er dem Münchner Dichterkreis angehörte; ab 1877 geisteskrank, starb in einer Heilanstalt; bekannt durch die mit E. Geibel übersetzten ›Fünf Bücher frz. Lyrik ...‹ (1862). Seine formal vollkommenen Gedichte erinnern an die klassizist. Gedichte A. von Platens.

Weitere Werke: Penthesilea (Epos, 1868), Hannibal (Epos, 1871), Gedichte (hg. 1879).

Ausgaben: H. L. Ges. Dichtungen. Hg. v. G. BOHNENBLUST. Frauenfeld 1914. 3 Bde. – H. L. Die Schönheit, die ich früh geliebt. Ged., Briefe u. Prosa. Eingel. u. ausgew. v. K. FEHR. Zü. 1984.

Literatur: HOFFMANN, K. E.: Das Leben des Dichters H. L. Basel 1935.

Leutner, Em., dt. Dramatiker, † Raupach, Ernst.

Levertin, Oscar, * Gryt bei Norrköping 17. Juli 1862, † Stockholm 22. Sept. 1906, schwed. Schriftsteller. – Ab 1899 Prof. für Literaturgeschichte in Stockholm. L. wurde nach naturalist. Anfängen zu einem der Hauptvertreter der schwed. Neuromantik (›90-tal‹). Schrieb v. a. Lyrik und Novellen, wobei er gern histor. Themen aufgreift. Sein Werk orientiert sich einerseits am neuromant. Programm der ›Lebensfreude‹, weist andererseits aber auch Züge der Dekadenzdichtung auf; bereitete u. a. dem frz. Symbolismus den Weg nach Schweden.

Werke: Konflikter (Nov., 1885), Legender och visor (Ged., 1891), Nya dikter (Ged., 1894), Aus dem Tagebuch eines Herzens (Nov., 1899, dt. 1905), Kung Salomo och Morolf (Ged., 1905), Sista noveller (Nov.n, hg. 1907).

Ausgabe: O. L. Samlade skrifter. Stockholm 1907–11. 24 Bde.

Literatur: SÖDERHJELM, W.: O. L. Stockholm 1914–17. 2 Bde. – BÖÖK, F.: O. L. Stockholm

1944. – FEHRMAN, C. A. D.: L.s lyrik. Lund 1945. – LEVERTIN, A.: Den unge L. Stockholm 1947. – JULÉN, B.: Hjärtats landsflykt. En L.-studie. Stockholm 1961. – RYDÉN, P.: En kritikers väg. Studier i O. L.s litteraturkritik 1883–1896. Lund 1974.

Levertov, Denise [engl. ˈlɛvətɔf], * Ilford (Essex) 24. Okt. 1923, amerikan. Lyrikerin engl. Herkunft. – Wanderte 1948 in die USA aus (1955 amerikan. Staatsbürgerschaft); seit 1982 Prof. für engl. Literatur an der Stanford University (Calif.). L. verkörpert durch einfache Diktion sowie autobiograph. Anklänge genuin amerikan. Lyrik, die unter avantgardist. Einfluß steht (K. Rexroth), gleichzeitig aber das für die Dichter des † Black Mountain College typische organ. Kunstprinzip verwirklichte. Unter dem Eindruck des Vietnamkrieges und des nuklearen Zerstörungspotentials wurde die Dichtung L.s zunehmend Ausdruck ihrer politisch engagierten Haltung; der als ihr bestes Werk geltende Gedichtband ›Life in the forest‹ (1978) zeichnet den Verfall der Zivilisation und die Rückkehr zu einem harmon. Naturzustand.

Weitere Werke: Here and now (Ged., 1957), The Jacob's ladder (Ged., 1961), The sorrow dance (Ged., 1967), To stay alive (Ged., 1971), The poet in the world (Essays, 1973), Candles in Babylon (Ged., 1982), The menaced world (Ged., 1984), A door in the hive (Ged., 1989), Evening train (Ged., 1992), New and selected essays (1992).

Ausgaben: D. L. Collected earlier poems 1940–1960. New York 1979. – D. L. Poems 1960–1967. New York 1983.

Literatur: WAGNER, L. W.: D. L. New York 1967. – MERSMANN, J. F.: Out of the Vietnam vortex. Lawrence (Kans.) 1974. – D. L., in her own province. Hg. v. L. W. WAGNER. New York 1979. – SLAUGHTER, W.: The imagination's tongue. D. L.'s poetic. Portree 1981. – MARTEN, H.: Understanding D. L. Columbia (S. C.) 1988.

Levi, Carlo [italien. ˈlɛːvi], * Turin 29. Nov. 1902, † Rom 4. Jan. 1975, italien. Schriftsteller. – Arzt, Maler; wurde 1935/ 1936 wegen seiner antifaschist. Einstellung nach Lukanien verbannt. Die Erfahrungen, die er an seinem Verbannungsort sammelte, legte er seinem dokumentar. Roman ›Christus kam nur bis Eboli‹ (1945, dt. 1947) zugrunde, mit dem er eindringlich auf die brennende soziale Not des italien. Südens aufmerksam machte.

Weitere Werke: Paura della libertà (Essay, 1946), L'orologio (R., 1950), Worte sind Steine (Reisebericht, 1955, dt. 1960), Il futuro ha un cuore antico (Reisebericht, 1956), Aller Honig geht zu Ende (Tagebuch, 1963, dt. 1965), Quaderno a cancelli (Essay, hg. 1979). **Literatur:** DE DONATO, G.: Saggio su C. L. Bari 1974. – FALASCHI, G.: C. L. Florenz ²1978. – NAPOLILLO, V.: C. L. Dall'antifascismo al mito contadino. Cosenza 1984.

Levi, Paolo [italien. 'lɛ:vi], *Genua 20. Juli 1919, italien. Dramatiker. – Zunächst Theaterkritiker, 1939–46 in Brasilien in der Emigration, lebt heute in Rom; erfolgreicher, auch außerhalb Italiens gespielter Bühnenschriftsteller und Hörspielautor.
Werke: Anna e il telefono (Schsp., 1951), Der Weg ist dunkel (Schsp., 1952, dt. 1957), Der Fall Pinedus (Schsp., 1955, dt. 1957), Empfänger unbekannt verzogen (Schsp., 1965, dt. 1966), Du springst nur einmal (R., 1975, dt. 1980), Der Schatten der Schwester (R., 1976, dt. 1980), Bestechungsversuch (R., 1980, dt. 1990), Michele Cascella (Schsp., 1981), Auf dem Holzweg (R., 1982, dt. 1986), Il filo della memoria (Schsp., 1984).

Levi, Primo [italien. 'lɛ:vi], Pseudonym Damiano Malabaila, *Turin 31. Juli 1919, †ebd. 11. April 1987 (Selbstmord), italien. Schriftsteller. – War nach Abschluß eines Chemiestudiums 1941–43 (und wieder 1947–84) als Chemiker in der Industrie tätig; 1943 Mitglied einer Partisanengruppe. Sein literar. Werk ist wesentlich durch das Schlüsselerlebnis seiner Deportation nach Auschwitz 1944 bestimmt, die ihn der psych. und phys. Zerstörung aussetzte und Horrorvisionen menschl. Deformierbarkeit erleben ließ (›Ist das ein Mensch? Erinnerungen an Auschwitz‹, 1947, dt. 1961; ›Atempause. Eine Nachkriegsodyssee‹, 1963, dt. 1964, Premio Campiello 1963). Mit seinen Erzählungen ›Die Verdopplung einer schönen Dame und andere Überraschungen‹ (1966, dt. 1968) eroberte sich L. als weiteres literar. Feld das Terrain einer oft autobiographisch inspirierten ironisch-melanchol. Science-fiction und Phantastik, das er auch in den folgenden Jahren weiterpflegte (›Vizio di forma‹, En., 1971; ›Das period. System‹, En., 1975, dt. 1979; ›La chiave a stella‹, R., 1978, Premio Strega 1979; ›Lilit e altri racconti‹, En., 1981). Sein Roman ›Wann, wenn nicht

Primo Levi

jetzt?‹ (1982, dt. 1986; Premio Viareggio 1982, Premio Campiello 1982) greift in fiktionalisierter Form die eigene Kriegs- und Widerstandserfahrung auf. Stilist. Präzision und dokumentar. Nüchternheit machen aus L.s Werk einen erschütternden Aufruf zur Trauer und zur Achtung vor der Würde des Menschen.
Weitere Werke: L'osteria di Brema (Ged., 1975), Ad ora incerta (Ged., 1984), L'altrui mestiere (Studie, 1985), Die dritte Seite (En. und Essays, 1986, dt. 1992), Die Untergegangenen und die Geretteten (Essay, 1986, dt. 1990), Der Freund des Menschen (En., dt. Ausw. 1989). **Ausgabe:** P. L. Opere. Turin 1987ff. Auf mehrere Bde. berechnet. **Literatur:** VINCENTI, F.: Invito alla lettura di P. L. Mailand 1973. – GRASSANO, G.: P. L. Florenz 1981. – DINI, M./JESURUM, S.: P. L. Mailand 1992.

Levi Ben Ascher, Elia, jüd. Dichter und Grammatiker, ↑ Levita, Elia.

Levin (Lewin), Georg ['le:vi:n, le'vi:n], dt. Schriftsteller und Kunstkritiker, ↑ Walden, Herwarth.

Levin, Ira [engl. 'lɛvin], *New York 28. Aug. 1929, amerikan. Schriftsteller. – Studierte an der New York University; schreibt phantast. Horrorgeschichten und Zukunftsvisionen, v. a. ›Rosemaries Baby‹ (R., 1967, dt. 1968) über die Angstzustände einer jungen Frau, die ein Satanskind zur Welt zu bringen glaubt, und ›Die Roboterfrauen‹ (R., 1972, dt. 1977) über den Ersatz von Ehefrauen durch perfekte, täuschend ähnl. Computerwesen; daneben Dramen, u. a. über das Militär (›No time for sergeants‹, 1955).
Weitere Werke: Kuß vor dem Tode (R., 1953, dt. 1957), Die sanften Ungeheuer (R., 1970, dt.

1972), Die Boys aus Brasilien (R., 1976, dt.
1976), Sliver (R., 1991, dt. 1991).

Levin, Rahel ['le:vi:n, le'vi:n] ↑ Varnhagen von Ense, Rahel.

Lévi-Strauss, Claude [frz. levis'tro:s],
* Brüssel 28. Nov. 1908, frz. Sozialanthropologe und Kulturphilosoph. –
Nach Jura- und Philosophiestudium sowie kurzzeitiger Tätigkeit als Gymnasiallehrer 1935–38 Forschung und Lehre an
der Universität São Paulo (Brasilien) und
intensive Aufnahme ethnolog. Studien;
1941 Emigration in die USA; 1942–45
Lehrtätigkeit in New York, hier Begegnung mit R. Jakobson. 1950–74 lehrte
L.-S. vergleichende Religionswiss. an der
École pratique des hautes études in Paris
und 1959–82 Sozialanthropologie am
Collège de France. Seit 1973 ist er Mitglied der Académie française. Seine inhaltlich und methodisch bahnbrechende
Studie ›Die elementaren Strukturen der
Verwandtschaft‹ (1949, dt. 1981) untersucht in der sozialwiss. Nachfolge von
Émile Durkheim (* 1858, † 1917) und
Marcel Mauss (* 1872, † 1950) und nach
den strukturalist. Analyseprinzipien Ferdinand de Saussures (* 1857, † 1913), der
russ. Formalisten (↑ Formalismus) und
des Prager Linguistikkreises die symbol.
Funktion des Regelkorpus, das die Verwandtschaftsbeziehungen ordnet; die
dabei angewandte Strukturanalyse, die
feststehende und nachvollziehbare Kriterien auf veränderl. und vielfach inkohärente Inhalte überträgt, wurde als Methode und Denkmodell wichtig für die
westeurop. Geistesgeschichte von der
Mitte der 50er bis in die Mitte der 70er
Jahre.
Weitere Werke: Rasse und Geschichte (1952, dt.
1972), Traurige Tropen (Autobiogr., 1955, dt.
1960), Strukturale Anthropologie (2 Bde.,
1958–73, dt. 1967–75), Das Ende des Totemismus (1962, dt. 1965), Das wilde Denken (1962,
dt. 1968), Mythologica (4 Tle., 1964–71, dt.
1971–75), Der Blick aus der Ferne (1983, dt.
1985), Eingelöste Versprechen (1984, dt. 1985).
Literatur: LEACH, E. R.: C. L.-S. London 1970. –
Orte des wilden Denkens. Hg. v. W. LEPENIES u.
H. RITTER. Ffm. 1970. – MARC-LIPIANSKY, M.:
Le structuralisme de L.-S. Paris 1973. – BADCOCK, C. R.: L.-S. Structuralism and sociological
theory. London 1975. – GERHARDI, G.: C. L.-S.
In: Frz. Lit. des 20.Jh. Gestalten u. Tendenzen.
Hg. v. W.-D. LANGE. Bonn 1986. S. 60.

Levita, Elia, auch Bachur, Germanus
oder Tischbi genannt, eigtl. Elia Levi Ben
Ascher, * Neustadt a. d. Aisch 13. Febr.
1469, † Venedig 28. Jan. 1549, jüd. Dichter und Grammatiker. – Verbrachte einen
Großteil seines Lebens in Italien, wo er
christl. Humanisten Hebräisch lehrte;
verfaßte zahlreiche Konkordanzen und
grammat. Abhandlungen, ferner das erste jidd.-hebr. Wörterbuch; wurde als
Verfasser der in Stanzen geschriebenen
Ritterromane ›Bowe Dantona‹ (= Buovo
d'Antona, italien. Variante des engl. ›Sir
Bevis of Hampton‹; hg. 1541) und ›Paris
un Viene‹ (hg. 1594) zu einem der bekanntesten Autoren der älteren jidd. Literatur.
Literatur: WEIL, G. E.: Elie Lévita. Humaniste
et massorète (1469–1549). Leiden 1963. – Enc.
Jud. Bd. 11, 1972, S. 132.

Levstik, Fran [slowen. 'le:ustik],
* Spodnje Retje bei Velike Lašče (Slowenien) 28. Sept. 1831, † Ljubljana 16. Nov.
1887, slowen. Schriftsteller. – Schrieb außer zeitkrit. Satiren und ausdrucksstarker
Lyrik oft humorist. realist. Prosa, in der
er die Darstellung des ländl. Lebens bevorzugte; auch philologisch tätig, hervorragender Kenner der slowen. Sprache, an
deren Formung er durch krit. Abhandlungen und Essays mitwirkte.
Werke: Popotovanje iz Litije do Čateža
(= Wanderung von Litija nach Čatež, Essay,
1858), Martin Krpan (E., 1858, dt. 1960).
Ausgabe: F. L. Zbrano delo. Ljubljana 1948–62.
9 Bde.

Levy, Julius, dt. Schriftsteller, ↑ Rodenberg, Julius.

Levyc'kyj, Ivan Semenovyč, ukrain.
Schriftsteller, ↑ Netschui-Lewyzky, Iwan
Semenowytsch.

Lewald, Fanny, * Königsberg (Pr)
24. März 1811, † Dresden 5. Aug. 1889, dt.
Schriftstellerin. – Tochter des jüd. Kaufmanns Markus, der den Namen L. annahm; erhielt eine für Mädchen außergewöhnlich gute Ausbildung, lebte dann
bis zu ihrem 32. Lebensjahr in ihrem sehr
strengen Elternhaus. Seit 1844 wohnte
sie allein in Berlin als erfolgreiche
Schriftstellerin, unternahm Reisen, u. a.
nach Italien, heiratete 1855 den Gelehrten und Schriftsteller Adolf Stahr. In
ihren Romanen kämpfte sie v. a. für
das Recht der Frauen auf Bildung und

Erwerbstätigkeit (›Clementine‹, 1842; ›Jenny‹, 1843). Aufgrund eigener Erfahrung setzte sie sich ihr Leben lang in ihren Schriften für die Befreiung der Frauen aus Abhängigkeit ein (›Osterbriefe für die Frauen‹, 1863; ›Für und wider die Frauen‹, 1870).

Weitere Werke: Eine Lebensfrage (1845), Italienisches Bilderbuch (1847), Erinnerungen aus dem Jahr 1848 (1850), Meine Lebensgeschichte (3 Bde., 1861–63). **Ausgabe:** F. L. Ges. Werke. Neue Ausg. Bln. ¹⁻²1871–75. 12 Bde. **Literatur:** STEINHAUER, M.: F. L., die dt. George Sand. Diss. Bln. 1937. – RHEINBERG, B. VAN: F. L. Gesch. einer Emanzipation. Ffm. 1990. – SCHNEIDER, G.: Vom Zeitroman zum ›stylisierten‹ Roman. Die Erzählerin F. L. Ffm. 1993.

Lewes, George Henry [engl. 'luːɪs], * London 18. April 1817, † ebd. 30. Nov. 1878, engl. Schriftsteller. – Entschiedener Vertreter des Positivismus; schrieb popularisierende Werke über philosophische und naturwissenschaftliche Fragen, Romane (›Ranthorpe‹, 1847) und Dramen sowie die in England einflußreiche Goethebiographie ›Goethe's Leben und Schriften‹ (2 Bde., 1855, dt. 2 Bde., 1857, 1872–75 u. d. T. ›Goethes Leben und Werke‹, ¹⁸1903); enge geistige Beziehung zu George Eliot, deren Lebensgefährte er ab 1854 war.

Literatur: ASHTON, R.: G. H. L., a life. Oxford 1991.

Lewis, Alun [engl. 'luːɪs], * Aberdare (Wales) 1. Juli 1915, ⚔ Arakan (Birma) 5. März 1944, engl. Schriftsteller. – Seine Gedichte und Kurzgeschichten sind vom Erlebnis des Krieges bestimmt; L. galt als einer der vielversprechendsten engl. Dichter der Kriegsgeneration.

Werke: Raider's dawn (Ged., 1941), The last inspection (Kurzgeschichten, 1942), Ha! Ha! Among the trumpets (Ged., hg. 1945), In the green tree (Kurzgeschichten, hg. 1948). **Ausgabe:** A. L. Selected poetry and prose. Hg. v. I. HAMILTON. London 1966. **Literatur:** JARKA, H.: A. L. His short stories and poems. Diss. Wien 1954. – PIKOULIS, J.: A. L. A life. Bridgend 1984.

Lewis, C[live] S[taples] [engl. 'luːɪs], Pseudonym C. Hamilton, * Belfast 29. Nov. 1898, † Oxford 22. Nov. 1963, engl. Schriftsteller und Literaturwissenschaftler. – Ab 1954 Prof. für engl. Literatur des MA und der Renaissance in Cambridge. Sein schriftsteller. Schaffen

steht im Zeichen der wiss. Erforschung der älteren engl. Literatur und der populären Darstellung christl. Theologie (v. a. ›Dämonen im Angriff‹, 1942, dt. 1944, 1958 u. d. T. ›Dienstanweisung für einen Unterteufel‹); schrieb auch utop. Romane und Kinderbücher.

Weitere Werke: Jenseits des schweigenden Sterns (R., 1938, dt. 1957, 1948 u. d. T. Der verstummte Planet), Perelandra (R., 1943, dt. 1957), Die böse Macht (R., 1945, dt. 1954), Du selbst bist die Antwort (R., 1956, dt. 1958). **Literatur:** KRANZ, G.: C. S. L. Studien zu Leben und Werk. Bonn 1974. – KRANZ, G.: Studien zu C. S. L. Lüdenscheid 1983. – MANLOVE, C. N.: C. S. L. Basingstoke 1987. – SAYER, G.: C. S. L. and his times. London 1988. – WILSON, A. N.: C. S. L., a biography. London u. a. 1990. – FILMER, K.: The fiction of C. S. L. Basingstoke 1993.

Lewis, Matthew Gregory [engl. 'luːɪs], genannt Monk (= Mönch) L., * London 9. Juli 1775, † auf See 14. Mai 1818, engl. Schriftsteller. – Plantagenbesitzer in Jamaika, war 1796–1802 Parlamentsmitglied; Kenner der dt. Literatur, besuchte Goethe und übersetzte u. a. Schiller und A. von Kotzebue. L.' Beiträge zur Schauerdramatik und zur Balladendichtung mit Gruseleffekten sind heute fast völlig vergessen; am bekanntesten wurde der makabre Schauerroman mit Anklängen an das ›Faust‹-Thema ›Der Mönch‹ (3 Bde., 1796, dt. 1797).

Literatur: GUTHKE, K. S.: Engl. Vorromantik u. dt. Sturm u. Drang. M. G. L.' Stellung in der Gesch. der dt.-engl. Literaturbeziehungen. Gött. 1958. – PECK, L. F.: A life of M. G. L. Cambridge (Mass.) 1961. – IRWIN, J. J.: M. G. L. ›Monk‹. Boston (Mass.) 1976.

Lewis, [Harry] Sinclair [engl. 'luːɪs], * Sauk Centre (Minn.) 7. Febr. 1885, † Rom 10. Jan. 1951, amerikan. Schriftsteller. – Wuchs als Sohn eines Landarztes im Mittleren Westen der USA auf, studierte an der Yale University und arbeitete dann bei verschiedenen Zeitungen und Zeitschriften; ab 1916 widmete er sich ganz seiner schriftsteller. Tätigkeit. L. übt in seinen psychologisch-realist. Romanen Kritik an der amerikan. Gesellschaft, v. a. der Mittelklasse, verspottet satirisch und sarkastisch ihre Scheinideale und bekämpft die Konventionen seiner Zeit. Ansatzpunkte seiner Kritik sind die Kleinstadt des Mittleren Westens (›Die Hauptstraße‹, 1920, dt.

154 Lewis

Sinclair Lewis

1922), die materialist., selbstgefällig-eng-stirnige Haltung des kleinbürgerl. Ge-schäftsmannes (›Babbitt‹, 1922, dt. 1925), die Ausübung des Arztberufes (›Dr. med. Arrowsmith‹, 1925, dt. 1925), die reli-giöse Heuchelei (›Elmer Gantry‹, 1927, dt. 1928) sowie das Verhältnis der Ameri-kaner zur europ. Kultur (›Sam Dods-worth‹, 1929, dt. 1930). Die übrigen Ro-mane erreichen nicht das Niveau dieser Werke der 20er Jahre, für die L. 1930 den Nobelpreis für Literatur erhielt.

Weitere Werke: Die Benzinstation (R., 1919, dt. 1927), Der Mann, der den Präsidenten kannte (R., 1928, dt. 1929), Ann Vickers (R., 1933, dt. 1933), Das Kunstwerk (R., 1934, dt. 1934), Die verlorenen Eltern (R., 1938, dt. 1939), Cass Tim-berlane (R., 1945, dt. 1948), Wie ist die Welt so weit (R., hg. 1951, dt. 1955).
Ausgaben: S. L. Nobel prize edition. New York 1931. 9 Bde. – S. L. Spielen wir König. Ges. Er-zählungen. Dt. Übers. Hg. v. H. STIEHL. Rbk. 1974.
Literatur: S. L. A collection of critical essays. Hg. v. M. SCHORER. Englewood Cliffs (N.J.) 1962. – LIGHT, M.: The quixotic vision of S. L. West Lafayette (Ind.) 1975. – FLEMING, R. E./FLEMING, E.: S. L. A reference guide. Boston (Mass.) 1980. – KOBLAS, J.J.: S. L. Home at last. Bloomington 1981. – BRÜNING, E.: S. L. u. die endgültige Emanzipation der amerikan. Lit. Bln. 1982. – LUNDQUIST, J.: S. L. Neuausg. New York 1984.

Lewis, [Percy] Wyndham [engl. 'luːıs], * auf See (bei Neuschottland) 17. März 1884, † London 7. März 1957, engl. Schriftsteller und Maler. – Wandte sich unter dem Einfluß des Imagismus gegen den Realismus und wurde – auch als Ma-ler – Begründer der dem Kubismus und Futurismus nahestehenden Bewegung des †Vortizismus, dessen Hauptwerk L.'

Roman ›Tarr‹ (1918) ist. Formal stehen viele seiner Werke zwischen Roman und Essay, vorherrschendes Stilmittel ist das der Satire. Bed. ist seine Romantetralogie ›The human age‹, eine Traumvision jen-seits von Zeit und Ewigkeit, von der nur drei Bände erschienen: ›The childer-mass‹ (1928), ›Monstre gai‹ (1955) und ›Malign fiesta‹ (1955).

Weitere Werke: The art of being ruled (Essay, 1926), Rache für Liebe (R., 1937, dt. 1938), Der mysteriöse John Bull (Essay, 1938, dt. 1939), Self condemned (R., 1954).
Literatur: PRITCHARD, W. H.: W. L. New York 1968. – MATERER, T.: W. L., the novelist. Detroit (Mich.) 1976. – AYERS, D.: W. L. and western man. Basingstoke 1992.

Lewisohn, Ludwig [engl. 'luːısən], * Berlin 30. Mai 1882, † Miami Beach (Fla.) 31. Dez. 1955, amerikan. Schrift-steller dt. Herkunft. – Kam 1890 in die USA; Literatur- und Theaterkritiker, 1911–19 Prof. an der Ohio State Univer-sity. L. behandelte als Anhänger des Zio-nismus in soziolog., z. T. autobiograph. Studien die Stellung der Juden in den USA. Er schrieb auch literaturwiss. Stu-dien sowie Romane mit familiärer und jüdisch-histor. Thematik; übersetzte u. a. Werke von G. Hauptmann und R. M. Rilke.

Werke: The broken snare (R., 1908), The mod-ern drama (Studie, 1915), The drama and the stage (Studie, 1922), Don Juan (R., 1923), Ex-pression in America (Studie, 1932), Verlorene Tochter (R., 1948, dt. 1949), Goethe (2 Bde., 1949), The American jew (Studie, 1950), Theo-dor Herzl (Studie, 1955).
Literatur: GILLIS, A.: L. L. The artist and his message. New York 1933.

Lewtschew (tl.: Levčev], Ljubomir Spiridonow [bulgar. 'lɛftʃɛf], * Trojan 29. April 1935, bulgar. Lyriker. – Schreibt subjektive, intime, philosoph. und polit. Lyrik. Dt. Auswahlen: ›Seufzer in Bronze‹ (1981), ›Standpunkt‹ (1985). 1988 erschien der Roman ›Ubij bălga-rina!‹ (= Töte den Bulgaren!).

Lewyzky (tl.: Levyc'kyj], Iwan Seme-nowytsch, ukrain. Schriftsteller, † Ne-tschui-Lewyzky, Iwan Semenowytsch.

Lexikon [griech. lexikón (biblíon) = das Wort betreffendes (Buch), Wörter-buch], nach Stichwörtern geordnetes Nachschlagewerk, das entweder ein oder mehrere Sach- und Wissensgebiete

(↑ auch Enzyklopädie) oder den Wortschatz einer oder mehrerer Sprachen, von Fach-, Sonder-, Gruppensprachen usw. zu verschiedenen Zwecken auflistet.

Leys d'amors [provenzal. = Gesetze der Liebe; hier: Gesetze der Liebesdichtung; gemeint ist Dichtung zu himml. und ird. Liebe], Titel der Regelpoetik, die von der tolosan. Dichtergesellschaft ›Consistori de la Subregaya Companhia del Gai Saber‹ um 1324 in Auftrag gegeben und von deren Kanzler Guilhem Molinier in provenzal. Sprache verfaßt wurde. Sie umfaßt einen histor. Abschnitt (zur Geschichte der ›Consistori‹ von 1323 bis 1353), einen eth. Teil (Sittenlehre), einen grammat., einen poetolog. und einen rhetor. Teil. – ↑ auch Blumenspiele.

Ausgabe: Las L. d'a. Manuscrit de l'Académie des Jeux Floraux. Hg. v. J. ANGLADE. Toulouse 1919–20. 4 Bde. Nachdr. New York u. London 1971.
Literatur: ANGLADE, J.: Les troubadours de Toulouse. Toulouse u. Paris 1928–29. Neudr. Genf 1973. – JEANROY, A.: La poésie provençale dans le sud-ouest de la France et en Catalogne du début au milieu du XIVᵉ siècle. In: Histoire littéraire de la France. Bd. 38. Paris 1941. S. 1. – KELLY, D.: Medieval imagination. Rhetoric and the poetry of courtly love. Madison (Wis.) 1978.

Lezama Lima, José [span. le'sama 'lima], * Militärstützpunkt Columbia bei Havanna 19. Dez. 1910, † Havanna 9. Aug. 1976, kuban. Schriftsteller. – Jurist, höherer Verwaltungsbeamter, Hg. mehrerer bed. Literaturzeitschriften (u. a. ›Orígenes‹, 1944–57); nach 1959 Abteilungsleiter des Nat. Kulturrats und Vizepräsident des kuban. Schriftsteller- und Künstlerverbandes. Sein umfangreiches literar. Werk ist Ausdruck einer profunden Universalbildung, die sich sowohl im Anspielungsreichtum seiner z. T. hermet. Lyrik als auch in der Themenvielfalt seiner Essays äußert. Sein ambitiösestes Werk, der Roman ›Paradiso‹ (1966, dt. 1979) ist zugleich verschlüsselte Autobiographie und Darstellung eines auf der Polarität von Tod und Eros beruhenden poet. Systems.

Weitere Werke: Muerte de Narciso (Ged., 1937), Enemigo rumor (Ged., 1941), La fijeza (Ged. und Prosa, 1949), Analecta del reloj (Essays, 1953), Die Ausdruckswelten Amerikas (Essays, 1957, dt. 1983), Tratados en La Habana (Essays, 1958), Oppiano Licario (R.-Fragment, hg. 1977), Fragmentos a su imán (Ged., hg. 1978), Spiel der Enthauptungen (En., hg. 1987, dt. 1991), Fragmente der Nacht (Ged., span. und dt. Ausw. 1994).
Ausgaben: J. L. L. Obras completas. Madrid 1975–77. 2 Bde. – J. L. L. Poesía completa. Hg. v. E. DÁVILA. Havanna 1985.
Literatur: Aspekte von J. L. L. ›Paradiso‹. Hg. v. M. STRAUSFELD. Ffm. 1979. – JUNCO FAZZOLARI, M.: ›Paradiso‹ y el sistema poético de L. L. Buenos Aires 1979. – VALDIVIESO, J.: Bajo el signo de Orfeo. L. L. y Proust. Madrid 1980. – CORONADO, J.: Paradiso múltiple. Un acercamiento a L. L. Mexiko 1981. – SOUZA, R. D.: The poetic fiction of J. L. L. Columbia (Mo.) 1983.

L'Hermite, François [frz. lɛr'mit], frz. Schriftsteller, ↑ Tristan L'Hermite.

Lhuillier, Claude Emmanuel [frz. lɥi-'lje], frz. Dichter, ↑ Chapelle.

Liang Chin-kuang (Liang Jinguang) [chin. liạndzɪŋuạŋ], chin. Schriftsteller, ↑ Hao Jan.

Li Bai, chin. Lyriker, ↑ Li Po.

libanesische Literatur, seit mehreren Jahrhunderten ist der Libanon der abendländ. Kultur, insbes. der frz., geöffnet. Schon frz. Kreuzfahrer waren mit dem Libanon in Berührung gekommen, und bereits 1535 einigte sich Franz I. mit den Osmanen über die Einrichtung von Handelsniederlassungen und Missionsschulen. Vom 19. Jh. an wurden Texte in frz. Sprache vorgelegt: der erste, ein histor. Bericht von N. Mourad (*1796, † 1864), erschien 1845. Der Höhepunkt des frz. Einflusses im Libanon fällt in die Jahre 1920–43, in denen Frankreich als Schutzmacht die besondere polit. Stellung auch dazu nutzte, seine Sprache und Kultur im Libanon zu verbreiten und zu festigen. Rund 60% der gebildeten Libanesen sprechen Französisch, auch wenn die offizielle Landessprache Arabisch ist. Entsprechend bedient sich eine zunehmende Zahl von Autoren und Autorinnen des Französischen als literar. Ausdrucksmittel.

Die französischsprachige l. L. wird in vier Entwicklungsstadien eingeteilt: Vom Ende des 19. Jh. bis 1920 reicht die erste Phase einer Kampfliteratur gegen die Osmanen, von 1920 bis 1943 die zweite Phase, in der die Autoren in klassizist. Formen libanes. Identität v. a. in der phöniz. Historie suchten – geradezu als

›Manifest‹ dieser Literatur gilt ›La montagne inspirée‹ (1934) von Charles Corm (* 1894, † 1963) –, von 1945 bis 1975 die dritte Phase, in der die l. L. den Anschluß an die frz. Literaturszene fand (Symbolismus, Surrealismus) und diese wiederum mitinspirierte. Die vierte Phase schließlich setzte 1975 ein und ist, politisch teilweise stark engagiert, gekennzeichnet von den Erfahrungen des Krieges, der Zerstörungen und Leiden. Ab 1910 vermittelte das Drama ›Antar‹ von Checri Ganem (* 1861, † 1929) dem französischsprechenden Publikum eine mit nat. Legenden durchwobene l. L.; 1920 gründete Ch. Corm die Zeitschrift ›La Revue Phénicienne‹ und gab 1934 die Sammlung ›Auteurs libanais de langue française‹ heraus. Die frz. Poesie erlebte durch Jacques Tabet (* 1885, † 1956), Élie Tyane (* 1887, † 1957), Hector Klat (* 1888, † 1977) und Michel Chiha (* 1891, † 1954) eine neue Ausprägung ihrer traditionellen Formen. – Nach dem 2. Weltkrieg erlangte G. Schéhadé durch seine Dramen internat. Ansehen; in seiner Lyrik verbindet er arab. und frz. Erbe. Andere wichtige Lyriker sind Fouad Abi-Zeid (* 1915, † 1958) und Camille Aboussouan (* 1920). Den Roman vertreten Fardj Allah Haïk (* 1909) mit der Trilogie ›Les enfants de la terre‹ (1948–51) und A. Chedid u. a. mit ›Le sommeil délivré‹ (1953). V. a. lyr. Texte von Fouad Gabriel Naffah (* 1925, † 1983), Salah Stétié (* 1929), Cénus Gebeyli (* 1935), Nadia Tueni (* 1935, † 1983), Vénus Khoury-Ghata (* 1937), E. Maakaroon (* 1946), M. Haddad Achkar (* 1947) und Nohad Salameh (* 1947) prägen das Bild der l. L. der 70er und 80er Jahre, wohl weil sich in ihnen die Zeitstimmungen von Trauer, Zorn, Melancholie, Resignation und Sehnsucht am unmittelbarsten ausdrücken lassen. Aber auch erzählende Texte A. Chedids und N. Salamehs entwerfen Bilder einer bedrohten Gegenwart. Herausragende Persönlichkeiten der l. L. in arab. Sprache waren u. a. Butrus Al Bustani, Sulaiman Al Bustani, der die erste Übersetzung der ›Ilias‹ in arab. Versen und in seiner monumentalen ›Einleitung‹ dazu die erste literaturkrit. Untersuchung der modernen arab. Literatur

geliefert hatte, Nasif Al Jasidschi und Ibrahim Al Jasidschi, die maßgeblich an der Übersetzung der Bibel ins Arabische beteiligt waren; die beiden letzteren gehören zu den wichtigsten Anregern einer modernen arab. Literatur. Westl. Rationalismus verband M. Nuaima mit symbolist., aus einer inneren Vision des Orients erwachsenen Zügen. Ch. D. Dschubran wurde zum Begründer der bekanntesten symbolist. Schule der modernen arab. Literatur. Auch den Bürgerkrieg hat deutl. Spuren in der l. L. arabischer Sprache hinterlassen.
Literatur: MOUAD, I.: Bibliographie des auteurs libanais de langue française. Beirut 1948. – ABOU, S.: Le bilinguisme arabe-français au Liban. Paris 1962. – KHALAF, S.: Littérature libanaise de langue française. Sherbrooke 1973. – NAAMAN, A.: Le français au Liban. Essai sociolinguistique. Paris 1979. – LABAKI, G.: La poésie libanaise d'expression française dans la première moitié du XXᵉ siècle. Diss. Univ. Paris-XII 1981. – AMBOUR, A.: Les jeunes Libanais et la littérature française. Diss. Univ. Paris-V 1982. – LABAKI, G.: Bibliographie de la littérature libanaise d'expression française. Paris 1983. – KHOURY, R. G.: La tradition culturelle au Liban … In: Mélanges en hommage au professeur et au penseur libanais Farid Jabre. Beirut 1989.

Libanios (tl.: Libánios), * Antiochia am Orontes 314, † um 393, griech. Rhetor. – Erfolgreichster Lehrer der Redekunst seiner Zeit. Lehrte nach Aufenthalt in Athen (330–340) in Konstantinopel und Nizäa, wohl 344–348 in Nikomedeia, dann erneut in Konstantinopel und lebte ab 354 in seiner Geburtsstadt; zu seinen bedeutendsten Schülern gehörten wohl Ioannes Chrysostomos, Basileios der Große und Gregor von Nazianz, zu seinen engsten Freunden Kaiser Iulianus Apostata. Literarisch bed. v. a. die über 60 Reden und 1 544 Briefe, die größte Briefsammlung der Antike, eine wichtige Quelle für die Zeitgeschichte; in großen Teilen erhalten.
Ausgaben: Libanius. Opera. Hg. v. R. FÖRSTER. Lpz. 1903–27. 12 in 13 Bden. Nachdr. Hildesheim 1963. – L. Autobiograph. Schrr. Dt. Übers. Hg. v. P. WOLF u. O. GIGON. Zü. u. Stg. 1967. – L. Briefe. Griech. u. dt. in Ausw. Hg., übersetzt u. erl. v. G. FATOUROS u. T. KRISCHER. Mchn. 1980. *Literatur:* SIEVERS, G. R.: Das Leben des Libanius. Bln. 1868. Nachdr. Amsterdam 1969.

Libedinski (tl.: Libedinskij), Juri Nikolajewitsch [russ. libi'dinskij], * Odessa

10. Dez. 1898, † Moskau 24. Nov. 1959, russ.-sowjet. Schriftsteller. – Schrieb Novellen und Romane meist geringeren Umfangs, die als dokumentar. Beiträge zur Darstellung des sowjet. Alltags bed. sind; war 1923–32 in führender Position in der Vereinigung der proletar. Schriftsteller (RAPP) tätig.

Werke: Eine Woche (R., 1922, dt. 1923), Zavtra (= Morgen, R., 1923), Roždenie geroja (= Die Geburt eines Helden, R., 1930), Berge und Menschen (R., 1947, dt. 2 Bde., 1954), Feuerschein (R., 1952, dt. 2 Bde., 1956). **Ausgabe:** J. N. Libedinskij. Izbrannye proizvedenija. Moskau 1980. 2 Bde.

Libertino, Clemente [portugies. liβər-'tinu], portugies. Geschichtsschreiber und Dichter, ↑ Melo, Francisco Manuel de.

Li Bo, chin. Lyriker, ↑ Li Po.

Libretto [Diminutiv von italien. libro = Buch; frz. livret], seit dem 18. Jh. verwendete Bez. für das Textbuch von Opern, Operetten (im ursprüngl. und im aktuellen Wortgebrauch) und Singspielen, im weiteren Sinn auch für die Texte von Oratorien und Kantaten; durch die Verbindung von Wort, Musik und gest. Gestaltung ebenfalls eingesetzt für die Szenarien von Balletten und Pantomimen. – Die Geschichte des L.s beginnt mit der Geschichte der Oper (›Dafne‹, 1598, L. von Ottavio Rinuccini [* 1562, † 1621], Musik von Iacopo Peri [* 1561, † 1633] und von Iacopo Corsi [* 1561, † 1604]). Das L. ist zunächst beeinflußt von dem Pastoralschauspiel (der ›Favola pastorale‹) und sucht sich, dieser Verknüpfung unter systemat. Aspekt entsprechend, in der Folgezeit immer neue literar. Modelle: die antike und die klass. Tragödie im 17. und 18. Jh., das bürgerl. Trauerspiel, die ersten Adaptationen mittelalterl. Stoffe, das romant. Drama sowie realistisch-naturalist. Vorlagen und experimentelle Texte im 20. Jh. Im Zuge dieser Entwicklung, zu der bereits früh bedeutende Autoren wie Goethe, C. Goldoni, F. G. Klopstock, P. Metastasio, Voltaire und Ch. M. Wieland beigetragen haben, liegt die seit dem 19. Jh. zu beobachtende Literarisierung des L.s, bei der erkennbar bestimmte Textvorlagen (z. B. von P. A. de Alarcón y Ariza, G. Büchner, F. García Lorca, M. Maeter-

linck, P. Mérimée, A. S. Puschkin, G. Verga, O. Wilde) vertont oder namhafte Schriftsteller unmittelbar um die Abfassung eines L.s gebeten wurden (z. B. A. Boito, P. Claudel, Colette, G. D'Annunzio, H. von Hofmannsthal, L. Pirandello, H. M. Enzensberger). Nach A. Lortzing hat vor allen Dingen R. Wagner seine Textbücher ›aus Notdurft‹ selbst verfaßt. Seinem Vorbild folgend schrieben daraufhin viele Komponisten die Libretti zu ihren Bühnenwerken (u. a. A. Schönberg, A. Berg, A. Boito, P. Cornelius, W. Egk, G. Klebe, G. C. Menotti, C. Orff, H. Pfitzner, P. Hindemith). – Die im 18. Jh. beginnende Auseinandersetzung über den wechselseitigen Vorrang der beteiligten Künste, die sich beispielhaft daraufhin an den Positionen Mozarts (›Bey einer opera muss schlechterdings die Poesie der Musick gehorsame tochter seyn‹) und Ch. W. Glucks (›Ich versuchte ... die Musik zu ihrer wahren Bestimmung zurückzuführen, nämlich der Poesie zu dienen‹) oder an dem Bühnendivertimento A. Salieris ›Prima la musica e poi le parole‹ (1786, L. von Giovanni Battista Casti) ablesen läßt, hat die Diskussion über die genuin musikästhet. Funktion des L.s bald zweihundert Jahre in die Irre geführt, denn der doppelten Aufgabe des Textbuchs können die Kriterien der aristotel. Poetik, des literar. Geschmacksurteils oder einer deskriptiven Literaturtheorie allein nicht genügen. Neuere Untersuchungen zur L.-Forschung machen deutlich, daß dieses Manko allmählich im Sinne von R. Strauss' ›Capriccio‹ (1942, L. von Clemens Krauss [* 1893, † 1954]) behoben wird: ›In eins verschmolzen seien Worte und Töne .../wählst du den einen, verlierst du den anderen ...‹. – ↑ auch Literatur und Musik, ↑ Musiktheater.

Literatur: THIEL, E.: Libretti. Verz. der bis 1800 erschienenen Textbücher. Ffm. 1970. – LINK, K.-D.: Literar. Perspektiven des Opern-L.s. Studien zur italien. Oper von 1850–1920. Bonn 1975. – HONOLKA, K.: Kulturgesch. des L.s. Opern, Dichter, Operndichter. Wilhelmshaven 1979. – LA GIOIOA, D.: Libretti italiani d'operetta nella Biblioteca Nazionale Centrale di Roma. Florenz 1979. – ACHBERGER, K.: Literatur als L. Das dt. Opernbuch seit 1945. Hdbg. 1980. – FULD, J. J.: The book of world-famous libretti. The musical theater from 1598 to today.

New York 1984. – Oper und Operntext. Hg. v. J. M. FISCHER. Hdbg. 1985. – Oper als Text. Romanist. Beitrr. zur L.-Forschung. Hg. v. A. GIER. Hdbg. 1986. – CLAUDOU, F.: Littérature et musique. In: Revue de Littérature Comparée 61 (1987), H. 3, S. 261.

Li Ch'ang-ch'i (Li Changqi) [chin. litʃaŋtɕi], chin. Dichter, ↑Ch'ü Yu.

Li-chi (Liji) [chin. lidзi = Aufzeichnungen über die Sitte], eines der fünf ›klass.‹ Werke des Konfuzianismus. Mehr als die Ritualschriften ›I-li‹ und ›Chou-li‹ wurde das in der Han-Zeit zusammengestellte ›Li-chi‹, das auch wesentlich ältere Schriften umfaßt, ein Hauptwerk der konfuzian. Lehre. Es regelt genau alltägl. Lebensvorgänge und bietet philosoph. Begründungen für Sitte und Sittlichkeit.
Ausgaben: Le Tscheou-Li, ou hites des Tscheou. Frz. Übers. v. E. BIOT. Paris 1851. 2 Bde. – The Li Kî. Engl. Übers. v. J. LEGGE. Oxford 1885. 2 Bde. – The I-Li, or Book of etiquette and ceremonial. Engl. Übers. v. J. STEELE. London 1917. 2 Bde. – Li Gi. Das Buch der Sitte des älteren und jüngeren Dai. Aufzeichnungen über Kultur u. Religion des alten China. Dt. Übers. v. R. WILHELM. Düss. 3.–6. Tsd. 1958. – Li Gi. Das Buch der Riten, Sitten u. Gebräuche. Hg. u. übers. v. R. WILHELM. Neuausg. Köln u. Düss. 1981.

Li Ch'ing-chao (Li Qingzhao) [chin. litɕaŋdзaʊ], * Chi-nan (Schantung) 1084, † ebd. 1151, chin. Dichterin. – Nach Ts'ai Yen in der Han-Zeit die zweite große Dichterin Chinas. In ihren Liedern und Gedichten formt sie Erlebnisse als liebende Frau und als Flüchtling vor den China erobernden Fremdvölkern in einer klaren Sprache. Dichtungstheoret. Essays fordern mehr Empfindsamkeit in der Lyrik.
Ausgaben: Li Qingzhao. Hg. v. NG HONG-CHIOK u. A. ENGELHARDT. Bonn 1985. – Chin. Frauenlyrik. Tzi-Lyrik der Sung-Zeit. Li Tschingdschau u. Dschu Schu-dschen. Hg. v. E. SCHWARZ. Mchn. 1985.

Lichnowsky, Mechtilde Fürstin, geb. Gräfin von und zu Arco-Zinneberg, * Schloß Schönburg bei Griesbach i. Rottal 8. März 1879, † London 4. Juni 1958, dt. Schriftstellerin. – Urenkelin der Kaiserin Maria Theresia; lebte als Gattin des dt. Botschafters Karl Max Fürst L. (* 1860, † 1928) bis 1914 in London, nach dessen Tod längere Zeit an der frz. Riviera, in Oberschlesien, im Sudetenland,

in München, seit 1948 in London; schrieb Romane aus dem Leben der Aristokratie vor 1914, Dramen, Gedichte, Essays, sprachästhet. Abhandlungen und aphorist. Prosastücke.
Werke: Der Stimmer (E., 1915, 1936 u. d. T. Das rosa Haus), Der Kinderfreund (Dr., 1919), Geburt (R., 1921), Das Rendezvous im Zoo (Nov., 1928), Kindheit (autobiograph. R., 1934), Delaïde (R., 1935), Der Lauf der Aschur (autobiograph. R., 1936), Worte über Wörter (Essays, 1949), Heute und vorgestern (Ged. und Prosa, 1958).
Literatur: M. L. 1879–1958. Bearb. v. W. HEMECKER. Marbach 1993.

Lichtenberg, Georg Christoph, * Ober-Ramstadt bei Darmstadt 1. Juli 1742, † Göttingen 24. Febr. 1799, dt. Physiker und Schriftsteller. – Sohn des Pfarrers Johann Conrad L.; 1763–67 Studium der Mathematik, Astronomie und Naturgeschichte in Göttingen, wo er 1770 Prof. für Philosophie wurde. 1770 erste, 1774/75 zweite Englandreise; daneben zahlreiche Reisen in Deutschland. Intensive wiss. Forschungen, insbes. auf dem Gebiet der experimentellen Physik; philosoph. und naturwissenschaftl. Arbeiten. In den ab 1764, dem Todesjahr der Mutter, geführten Tagebüchern, ›Sudelbücher‹ genannt, finden sich jene ironisch-geistvollen ›Aphorismen‹ (5 Bde., hg. 1902–08), die ihn berühmt machten. Sie zeigen L. als psychologisch-scharfsinnigen Beobachter und unabhängigen Vertreter der Aufklärung von universaler Bildung. In den satir. Aufsätzen, die meist in dem von ihm 1777–99 herausgegebenen ›Göttingischen Taschenkalender‹ sowie in dem 1780–85 gemeinsam mit Georg Forster redigierten ›Göttingischen Magazin der Wissenschaften und Literatur‹ erschienen, bekämpfte er v. a. den übertriebenen Geniekult des Sturm und Drang und die religiöse Intoleranz. Über 800 Briefe von ihm (die ›Briefe aus England‹, 1776, waren seine erste literar. Veröffentlichung) sind überliefert; sie geben ein autobiographisch aufschlußreiches Bild L.s und sind zugleich ein Dokument krit. Durchleuchtung seines Zeitalters. Gelegentlich selbst Skizzen und Karikaturen anfertigend, leistete er auch Bedeutendes auf dem Gebiet der Kunstkritik. In ›Ausführliche Erklärung der Hogarthischen Kupferstiche‹

Georg Christoph Lichtenberg (Ausschnitt aus einem Punktierstich von Friedrich Wilhelm Bollinger nach einem Miniaturbildnis von Johann Ludwig Strecker aus dem Jahr 1780)

(1794–99) legt er überdies seine gegen J. K. Lavater gerichtete physiognom. Theorie (›Pathognomik‹) dar.

Ausgaben: G. Ch. L. Schrr. u. Briefe. Hg. v. W. PROMIES. Mchn. [1-3]1967–81. 4 Bde. – G. Ch. L. Werke in 1 Bd. Hg. v. H. FRIEDERICI. Bln. u. Weimar [3]1978. – G. Ch. L. Briefwechsel. Hg. v. U. JOOST u. A. SCHÖNE. Mchn. 1983–92. 4 Bde. – G. Ch. L. Schrr. u. Briefe. Hg. v. F. H. MAUTNER. Ffm. 1983. 5 Bde.

Literatur: BRINITZER, C.: G. Ch. L. Die Gesch. eines gescheiten Mannes. Tüb. 1956. – REQUADT, P.: L. Zum Problem der dt. Aphoristik. Stg. [2]1964. – MAUTNER, F. H.: L. Gesch. seines Geistes. Bln. 1968. – JUNG, R.: L.-Bibliogr. Hdbg. 1972. – Aufklärung über L. Beitr. v. H. HEISSENBÜTTEL u. a. Gött. 1974. – Photorin. Mitt. der L.-Gesellschaft. Saarbrücken 1 (1979) ff. – BRINITZER, C.: G. Ch. L. Genialität u. Witz. Zeittafel, Bibliogr. u. Aphorismen. Mchn. 1979. – FISCHER, G.: L.sche Denkfiguren. Aspekte des Experimentellen. Hdbg. 1982. – SCHÖNE, A.: Aufklärung aus dem Geist der Experimentalphysik. L.sche Konjunktive. Mchn. 1982. – L. Essays commemorating the 250th anniversary of his birth. Hg. v. C. M. CRAIG. New York u. a. 1992. – SAUTERMEISTER, G.: G. Ch. L. Mchn. 1993.

Lichtenberger, André [frz. liʃtɛ̃bɛr-ˈʒe], * Straßburg 29. Nov. 1870, † Paris 23. März 1940, frz. Schriftsteller und Soziologe. – Veröffentlichte neben histor. und soziolog. Arbeiten (u. a. ›Le socialisme au XVIIIe siècle‹, 1895) auch Romane und Erzählungen aus Geschichte, Vorgeschichte und Mythologie sowie Kinderbücher.

Weitere Werke: Mein kleiner Trott (Kinderb., 1898, dt. 1901), La mort de Corinthe (R., 1900), Die Kleine (Kinderb., 1909, dt. 1911), Le sang nouveau (R., 1914), Biche (R., 1920).

Lichtenstein, Alfred, * Berlin 23. Aug. 1889, ✕ Vermandovillers bei Reims 25. Sept. 1914, dt. Schriftsteller. – War Mitarbeiter der Zeitschrift ›Die Aktion‹; expressionist. Lyriker und Erzähler.

Werke: Die Geschichte des Onkel Krause (Kinderb., 1910), Die Dämmerung (Ged., 1913), Gedichte und Geschichten (hg. 1919).

Ausgabe: A. L. Die Dämmerung. Ausgew. Gedichte. Bln. u. Weimar 1977.

Literatur: VOLLMER, H.: A. L. – zerrissenes Ich u. verfremdete Welt. Aachen 1988.

Lichtenstein, Ulrich von, mhd. Dichter, ↑ Ulrich von Lichtenstein.

Lichtveld, Lodewijk Alphonsus Maria [niederl. ˈlɪxtfɛlt], niederl. Schriftsteller, ↑ Helman, Albert.

Lichtwer, Magnus Gottfried, * Wurzen 30. Jan. 1719, † Halberstadt 7. Juli 1783, dt. Dichter. – Von Bedeutung sind seine von Ch. F. Gellert beeinflußten Dichtungen ›Vier Bücher Aesopischer Fabeln‹ (1748, erweitert 1758).

Ausgabe: M. G. L. Blinder Eifer schadet nur! Fabeln, Lehrgedichte. Lpz. 1969.

Licinius, Gaius L. Calvus Macer, röm. Dichter, ↑ Calvus, Gaius Licinius Macer.

Lidin, Wladimir Germanowitsch, * Moskau 15. Febr. 1894, † ebd. 27. Sept. 1979, russ.-sowjet. Erzähler. – L., in seinem vorwiegend novellist. Schaffen stark von A. P. Tschechow beeinflußt, vermittelte Bilder aus dem Leben im nachrevolutionären Rußland und stellte auch die ungewöhnl. Seiten des sowjet. Großstadtlebens dar; schrieb u. a. ›Der Abtrünnige‹ (R., 1927, dt. 1928), ›Zwei Leben‹ (R., 1950, dt. 1951).

Lidman, Sara, * Missenträsk (Gemeinde Jörn, Västerbotten) 30. Dez. 1923, schwed. Schriftstellerin. – Tochter eines Kleinbauern; der Motivkreis ihrer ersten Romane entstammt ihrer nordschwed. Heimatmilieu, dessen soziale und ökonom. Probleme sie mit großem Engagement zugunsten der gesellschaftlich Schwachen und Benachteiligten schildert. In den 60er Jahren wandte sie sich dem polit. und Dokumentationsroman zu, wobei sie in ihrem Werk auch Erlebnisse und Erfahrungen auf Reisen in zentrale Krisengebiete der Welt (Südafrika, Vietnam) verarbeitete. Höhepunkt ihrer literarischen Bemühungen aus dieser Zeit bildet die Fotodokumentation ›Grube‹ (Fotos: Odd Uhrbom, 1968, dt. 1971) über die Lebensumstände der Arbeiter in den Erzgruben von Kiruna. Ende der 70er Jahre kehrte sie dann mit der Romanserie (1977 ff.) über den Bau der ersten Eisenbahnstrecke zur Zeit um die Jahrhundertwende wieder nach Västerbotten zurück. Nicht zuletzt diesem Werk verdankt L. den Ruf als eine der bedeutendsten lebenden schwedischen Autorinnen.

Werke: Der Mensch ist so geschaffen (R., 1953, dt. 1955, 1967 u. d. T. Das Teertal), Im Land der gelben Brombeeren (R., 1955, dt. 1959), Ich und mein Sohn (R., 1961, dt. 1969), Mit fünf Diamanten (R., 1964, dt. 1971), Gespräch in Hanoi (E., 1966, dt. 1967), Din tjänare hör (R., 1977), Vredens barn (R., 1979), Nabots sten (R., 1981), Den underbare mannen (R., 1983), Järnkronan (R., 1985), Och trädet svarade (= Und der Baum gab Antwort, Prosa, 1988).

Lidman, Sven, * Karlskrona 30. Juni 1882, † Stockholm 14. Febr. 1960, schwed. Schriftsteller. – Begann mit vom Symbolismus beeinflußter Lyrik; schrieb später v. a. realist., psychologisch bestimmte Romane; auch Autor zahlreicher Predigten für die Erweckungsbewegung der ›Pfingstfreunde‹, der er 1921–49 angehörte. Seine in den 50er Jahren entstandenen autobiograph. Romane erregten Aufmerksamkeit durch ihren schonungslosen Realismus.

Werke: Primavera (Ged., 1905), Stensborg (R., 1910), Huset med de gamla fröknarna (R., 1918), Gossen i grottan (R., 1952).
Literatur: Boken om S. L. Hg. v. R. HENTZEL. Stockholm 1952.

Lidner, Bengt, * Göteborg 16. März 1757, † Stockholm 4. Jan. 1793, schwed. Dichter. – Schrieb v. a. suggestive, musikal. Lyrik, daneben auch Dramen und Operntexte für das Theater König Gustavs III. L.s Werk, das am Übergang vom Klassizismus zur Romantik steht, zeigt u. a. Einflüsse der dt. Literatur (F. G. Klopstock, Goethes ›Werther‹) sowie von J. Macphersons ›Ossian‹.

Werke: Grevinnan Spastaras död (Ged., 1783), Medea (Dr., 1784), Året 1783 (Ged., 1784), Yttersta domen (Ged., 1788).

Ausgabe: B. L. Samlade arbeten. Stockholm ⁷1859.
Literatur: WARBURG, K.: L. Stockholm 1889. – JOSEPHSON, I.: B. L. Stockholm 1947.

Lie, Jonas, * Modum oder Eiker bei Drammen 6. Nov. 1833, † Stavern (?) 5. Juli 1908, norweg. Schriftsteller. – Verlebte seine Kindheit in Tromsö, 1859 Rechtsanwalt in Kongsvinger; wegen Fehlspekulationen zog er sich aus dem öffentl. und berufl. Leben zurück und widmete sich der literar. Arbeit, mit der er großen Erfolg hatte; neben Seeromanen und Schilderungen aus dem Arbeitermilieu schrieb er realist. Ehe- und Familienromane, die ein Vorbild für Th. Manns ›Buddenbrooks‹ wurden; dichter. Gestalter der Menschen seiner heimatl. Landschaft.

Werke: Der Geisterseher (R., 1870, dt. 1876), Lebenslänglich verurteilt (R., 1883, dt. 1884), Die Familie auf Gilje (R., 1883, dt. 1919), Ein Mahlstrom (R., 1884, dt. 1888), Eine Ehe (R., 1887, dt. 1925), Böse Mächte (R., 1890, dt. 1901), Troll (Sagen-Slg., 2 Bde., 1891/92, dt. 1897), Wenn der Vorhang fällt (R., 1901, dt. 1901).
Literatur: LIE, E.: J. L.s Erlebnisse. Dt. Übers. v. M. MANN. Lpz. 1909. – PAASCHE, F.: J. L. Oslo 1933. – MIDBOE, H. L.: Dikteren og det primitive. Oslo 1964–66. 4 Bde. – HAUGE, I.: J. L.s diktning. Oslo 1970.

Liebeshöfe ↑ Cours d'amours.

Liebesroman, beliebtes Genre v. a. der Trivialliteratur. Dazu gehören die meist in Heften (↑ Groschenhefte) oder in Illustrierten in Fortsetzungen erscheinenden Frauen- und Schicksalsromane, Heimatromane oder Arztromane.

Liebhaberausgabe, besonders kostbare, in begrenzter Auflage und für einen bestimmten Interessentenkreis (↑ Bibliophilie) hergestellte Ausgabe eines Buches.

Liebhaberbühne (Liebhabertheater), im Unterschied zum professionellen Theater ursprünglich vorwiegend von einer Hofgesellschaft (z. B. in Weimar) gepflegtes Bühnenspiel von Dilettanten. Die bürgerl. L.n des 18. und 19.Jh. entwickelten sich häufig als literarisch engagiertes Regulativ zum offiziellen Theater. Ende des 19.Jh. traten die L.n aus dem privaten Bereich heraus und formierten sich in organisierten Amateurtheatern, die in Großbritannien, Rußland und den

USA bes. stark vertreten sind. – ↑auch Laienspiel.

Literatur: COTES, P.: A handbook for the amateur theatre. London 1957.

Liechtenstein, Ulrich von ['lɪç...], mhd. Dichter, ↑Ulrich von Lichtenstein.

Lied, lyr. Gattung, die meist aus mehreren gleichgebauten und gereimten Strophen besteht; das Wort L. bezeichnete im Germanischen ursprünglich [allgemein] Gesungenes. Als Gedicht ist das L. zum Singen bestimmt, Form und Ausdruck sind am Gesang orientiert. Als Melodie zeigt das L. seine Sprachnähe in der Einfachheit, Geschlossenheit und gleichmäßigen Gliederung der musikal. Gestalt. L. bezeichnet auch balladeske und ep., im Sprechgesang vorgetragene Dichtung (↑Heldenlied, ↑Heldendichtung). Die Gattung L. umfaßt die verschiedensten Arten: so unterscheidet man zunächst nach der Entstehung ↑Volkslied und Kunstlied, nach seinem Inhalt geistlich-religiöse Lieder (Marien-, Kirchen-, Prozessionslied) und weltl. Lieder (Liebes-, Natur-, historisch-polit. L.), nach seiner gesellschaftl. Zuordnung höf., Stände-, Studenten-, Vaganten-, Soldaten-, Kinderlied oder nach der Art des Vortrags Gemeinschafts-, Chor-, Tanz-, Solo-, Klavierlied. Der heute geläufige (verengte) L.begriff war bis ins 17.Jh. im wesentlichen mit der Melodie verbunden, wie jetzt noch beim anonymen Volkslied und dem ↑Gesellschaftslied, während das Kunstlied auch als eigenständiges literar. Produkt auftritt, das vertont werden kann.

Geschichte: Die ersten überlieferten L.er im deutschsprachigen Bereich waren religiösen Inhalts (›Petrus-L.‹, ›Gallus-L.‹, 9./10.Jh.; ›Melker Marien-L.‹, 12.Jh.) und entstanden im Gefolge der Ambrosian. Hymnentradition. Seit dem 12.Jh. entwickelten sich die höf. L.er der Troubadours, Trouvères und Minnesänger. Aus dem höf. Minne-L. entstand, entsprechend dem sich wandelnden sozialen Struktur, seit dem 13.Jh. als neuer Liedtypus das ständisch-bürgerl. Gemeinschafts-L. (Trink-, Scherz-, Schwank-, Handwerker-, Legenden-L.), meist mit einfacher Struktur (↑aber Meistersang). Dieser weltl. L.typus wurde nach der Mitte des 16.Jh. zurückgedrängt, während das volkssprachl. ↑Kirchenlied und das Volkslied lebendig blieben. Unter italien. Einfluß entwickelte sich Ende des 16.Jh. ein neuer L.typus (↑Villanelle), daneben wurden die literar. Traditionen der (lat.) humanist. Kunstlyrik des 15. und 16.Jh. in die L.erdichtung aufgenommen, die sich allmählich als eigenständiger Text von der Musik trennte. Typisch für das barocke Kunst-L. war die rationalästhet. Verarbeitung humanist. Bildungsgutes (u. a. M. Opitz, P. Fleming, Ch. Hofmann von Hofmannswaldau). Eine Ausweitung ins Gefühlhafte erfuhr dieser barocke L.typus zuerst in geistl. L.ern (F. Spee von Langenfeld; Angelus Silesius, J. Rist, P. Gerhardt u. a.), v. a. in denen des Pietismus. Im 18.Jh. wirkten sowohl die Ausdrucksdichtungen F. G. Klopstocks wie auch Volksliedtraditionen (verarbeitet u. a. bei M. Claudius, G. A. Bürger) auf die Liederdichtung ein. In Goethes sog. klassisch-humanem Seelen-L. sind individuelles Erleben und klass. Form verbunden. Die weitere Entwicklung des L.es im 19.Jh. hat nur noch den Goetheschen Typus modifiziert, z. T. durch Intensivierung des Gefühlhaften oder der Klangreize (C. Brentano, L. Tieck, Novalis, N. Lenau), die Betonung des Volksliedhaften (J. von Eichendorff, A. von Arnim, L. Uhland, J. Kerner), durch neue Themen (z. B. politisch-nat. L.er) oder Überbetonung des Formalen (F. Rückert, ↑auch Münchner Dichterkreis). Seit Symbolismus und Impressionismus (C. F. Meyer, R. M. Rilke, S. George, D. von Liliencron, O. J. Bierbaum) tritt das L. hinter andere lyr. Ausdrucksformen (v. a. Chanson, u. a. auch Schlager und Texte von ↑Liedermachern) zurück.

Literatur: MÜLLER, GÜNTHER: Gesch. des dt. L.es vom Zeitalter des Barock bis zur Gegenwart. Mchn. 1925. Nachdr. Darmst. 1959. – GENNRICH, FR.: Grundr. einer Formenlehre des mittelalterl. L.s. Halle/Saale 1932. Nachdr. Tüb. 1970. – SYDOW, A.: Das L. Ursprung, Wesen u. Wandel. Gött. 1962. – WIORA, W.: Das dt. L. Wolfenbüttel u. Zü. 1971. – KROSS, S.: Gesch. des dt. L.es. Darmst. 1989.

Liederbücher ↑Cancioneiro, ↑Chansonnier, ↑Liederhandschriften.

Liederedda ↑Edda.

Liederhandschriften (Liederbücher), handschriftl. Sammlungen mittelalterl. Lyrik, zunächst Pergament-, seit dem 15.Jh. auch Papierhandschriften. Sie enthalten Lieder des Minne- und Meistersangs, Volks- und Gesellschaftslieder und umfassen die Werke sowohl namentlich bekannter wie auch anonymer Dichter. Die wichtigsten Sammelhandschriften für den Minnesang sind die ↑›Kleine Heidelberger Liederhandschrift‹ (spätes 13.Jh.), die ↑›Stuttgarter Liederhandschrift‹ (um 1300) sowie die ↑›Große Heidelberger Liederhandschrift‹. Während viele provenzal. und v. a. frz. Handschriften auch die Melodien überliefern, sind diese drei L. reine Texthandschriften. Erst später enthalten die dt. L. auch die Singweisen, so die ↑›Jenaer Liederhandschrift‹ (Mitte 14.Jh.) und die ↑›Colmarer Liederhandschrift‹ (um 1460). Weitere L. sind das ›Lochamer-Liederbuch‹ (1452/53–60), das ›Augsburger Liederbuch‹ (1454) und das ↑›Ambraser Liederbuch‹ (1582).

Liedermacher, zuerst von W. Biermann verwendete Bez. für Personen, die Lieder mit aktuellen, meist zeit- und sozialkrit. Inhalten selbst dichten, komponieren und vortragen, also ›machen‹. Bekannte dt. L. in jüngster Zeit sind u. a.: F. J. Degenhardt, Hanns Dieter Hüsch (* 1925), Stephan Krawczyk (* 1955), Reinhard Mey (* 1942), Dieter Süverkrüp (* 1934), Hannes Wader (* 1942), Konstantin Wecker (* 1947).
Literatur: Namen und Adressen aus der dt. Folkszene. Hg. v. H. u. M. MEES u. W. REINHEIMER. Rüsselsheim 1979. – ROTHSCHILD, TH.: L. 23 Porträts. Ffm. 1980. – KIRCHENWITZ, L.: Folk, Chanson u. L. in der DDR. Bln. 1993.

Lieder-Rolicz, Wacław, poln. Lyriker, ↑ Rolicz-Lieder, Wacław.

Liederspiel, eine im ersten Drittel des 19.Jh. in Deutschland (bes. Berlin) beliebte dramat. Gattung mit gesprochenem Dialog und einer Musik, die im Unterschied zum Singspiel ausschließlich aus Liedern volkstüml. Charakters (Neuvertonungen oft von bekannten Texten) mit sparsamer Instrumentalbegleitung besteht. Das L. wurde von Johann Friedrich Reichardt (* 1752, † 1814) als einfaches, auch für die häusl. Darbietung geeignetes und der Geschmacksbildung dienendes Gegenstück zur Oper geschaffen. Erfolgreich waren z. B. Reichardts

›Lieb und Treue‹ (1800) und ›Kunst und Liebe‹ (1807) sowie Friedrich Heinrich Himmels (* 1765, † 1814) ›Fanchon das Leyermädchen‹ (1804). Die Bez. wurde auch für Liederfolgen ohne Sprechdialog verwendet (z. B. R. Schumann, ›Span. L.‹, 1849).
Literatur: KRAUS, L.: Das L. in den Jahren 1800–30. In: Jb. der philosoph. Fakultät der Vereinigten Friedrichs-Univ. Halle-Wittenberg 1. Phil. histor. Abt. 1921/22.

Liedertheorie, von K. Lachmann geprägter Begriff für eine auf Friedrich August Wolf (* 1759, † 1824) zurückgehende Theorie über die Entstehung der großen Heldenepen der Antike und des MA; nach Wolf sind die homer. Epen ursprünglich viele Episodenlieder gewesen, die erst unter Peisistratos von den ↑ Diaskeuasten zu den zwei beiden großen Epen ›Ilias‹ und ›Odyssee‹ zusammengestellt worden seien. Wolfs Schüler Lachmann rekonstruierte in seinen ›Betrachtungen über Homers Ilias‹ (3 Abhandlungen, zusammengefaßt 1847) 16 Lieder, die nach seiner Auffassung den Urbestand des Werkes darstellten. Diese Theorie übertrug er auf das mhd. ›Nibelungenlied‹. Seit den Epikstudien des engl. Literaturhistorikers William Paten Ker (* 1855, † 1923) und des Schweizer Germanisten Andreas Heusler (* 1865, † 1940) gilt die L. in dieser engen Fassung als überholt.
Literatur ↑ Cantilène.

Lieh Tzu (Liezi) [chin. liɛdzì], angebl. Sammlung von Schriften des taoist. Philosophen Lieh Yü-k'ou. Neben ›Chuang Tzu‹ und ›Tao-te ching‹ das dritte große Werk des frühen Taoismus; es beeinflußte wie diese Literatur und Kunst. Im 4. Jh. v.Chr. aufgrund älterer Schriften zusammengestellt, steht es in keinem direkten Zusammenhang mit dem legendären Lieh Yü-k'ou. Bes. Bedeutung hat das Kapitel 8, das die hedonist. Lebensauffassung eines Yang Chu darstellt.
Ausgaben: The book of Lieh-tzu. Engl. Übers. v. A. C. GRAHAM. London 1961. – Liä Dsi. Das Wahre Buch vom Quellenden Urgrund. Dt. Übers. v. R. WILHELM. Köln ²1981.
Literatur: GRAHAM, A. C.: The date and composition of Liehtzyy. In: Asia Major 8 (1961).

Lieknis, Edvarts [lett. 'liɛknis], lett. Schriftsteller, ↑ Virza, Edvarts.

Lienert, Meinrad, * Einsiedeln 21. Mai 1865, † Küsnacht (ZH) 26. Dez. 1933, schweizer. Schriftsteller. – Studierte Jura, war Notar und Schriftleiter; schrieb naturverbundene Dialektgedichte sowie Erzählungen und Romane, in denen er oft Sagen und Bräuche seiner Heimat verarbeitete; auch Jugendbücher.
Werke: Flüehblüemli (En., 1891), 's Juzlienis Schwäbelpfyffli (Ged., 1906, erweitert 2 Bde., 1909, erweitert 3 Bde., 1913–20), Bergdorfgeschichten (1914), Schweizer Sagen und Heldengeschichten (1914), Der doppelte Matthias und seine Töchter (R., 1929), Das Glöcklein auf Rain (R., 1933).

Lienhard, Friedrich, * Rothbach (Elsaß) 4. Okt. 1865, † Eisenach 30. April 1929, dt. Schriftsteller. – Journalist und freier Schriftsteller, 1920–28 Hg. der Zeitschrift ›Der Türmer‹; mit A. Bartels und H. Sohnrey Vorkämpfer der Heimatkunst. Seine Romane hatten beim Bürgertum Erfolg, den seine Dramen nicht erreichten.
Werke: Naphtali (Dr., 1888), Die weiße Frau (Nov., 1889), Gottfried von Straßburg (Schsp., 1897), Neue Ideale (Essays, 1901), Wartburg (Dramentrilogie: Heinrich von Ofterdingen, 1903; Die hl. Elisabeth, 1904; Luther auf der Wartburg, 1906), Oberlin (R., 1910), Der Spielmann (R., 1913), Westmark (R., 1919), Der Meister der Menschheit (Essays, 3 Bde., 1919–21), Meisters Vermächtnis (R., 1927).

Liezi, chin. taoist. Schriftensammlung, ↑ Lieh Tzu.

Ligne, Charles Joseph Fürst von [frz. liɲ], * Brüssel 23. Mai 1735, † Wien 13. Dez. 1814, österr. Feldmarschall (seit 1808), Diplomat und Schriftsteller. – Zeichnete sich im Siebenjährigen Krieg und im Bayer. Erbfolgekrieg aus; gewann auf erfolgreichen diplomat. Missionen nach Rußland das Vertrauen Katharinas II. Reiche literar. Tätigkeit, u. a. Briefwechsel mit Katharina II., Friedrich II., dem Großen, Voltaire, J.-J. Rousseau, Goethe und Ch. M. Wieland, sowie Memoiren, Essays und Aphorismen.
Ausgaben: Ch. J. de L. Mélanges militaires, littéraires et sentimentaires. Dresden 1795–1811. 34 Bde. – Ch. J. de L. Œuvres posthumes inédites. Hg. v. F. LEURIDANT. Paris 1919–22. 5 Bde. – Ch. J. de L. Literat u. Feldmarschall. Briefe und Erinnerungen. Hg. v. G. ELBIN. Stg. 1979.
Literatur: WALBRÖHL, H.: Der Fürst v. L. Leben u. Werk. Genf u. Paris 1965.

Li Hsing-tao (Li Xingdao) [chin. licɪŋdau̯], auch Li Chien-fu, chin. Dramatiker aus der 2. Hälfte des 13. Jahrhunderts. – Sein bekanntestes Werk, ›Hui-lan chi‹ (= Der Kreidekreis), stellte die chin. Version des Salomo-Urteils dar: eine Konkubine wahrt ihre Mutterrechte nach dem Tod des Hausherrn gegen die Ansprüche der Hauptfrau vor Gericht, indem sie das Kind nicht unter Verletzungsgefahr über die Linie eines Kreidekreises zerrt. Dank der dt. Nachdichtung durch Klabund (1925) und deren Einfluß auf den ›Kaukas. Kreidekreis‹ (1949) von B. Brecht wurde das Stück in Deutschland bekannter als in China.
Ausgaben: Hui-lan-chi. Der Kreidekreis. Frei bearb. v. A. E. WOLLHEIM DA FONSECA. Lpz. 1875. – KLABUND: Der Kreidekreis. Bln. 1925. – Hui-lan Ki. Der Kreidekreis. Dt. Übers. v. A. FORKE. Lpz. 1959.

Liiv, Juhan, * Alatskivi 30. April 1864, † Kavastu 1. Dez. 1913, estn. Schriftsteller. – Schuf nach Erzählungen mit romant. Zügen realist. Lyrik, die sich durch Schlichtheit der Form, Motivreichtum, Gefühlstiefe und Suggestivität auszeichnet sowie Natur, Vaterland und das eigene trag. Schicksal zum Inhalt hat.
Ausgabe: J. L. Kogutud teosed. Dorpat 1921–35. 8 Bde.

Li Ju-chen (Li Ruzhen) [chin. lirudʒən], * Tahsing (Hopeh) etwa 1763, † etwa 1830, chin. Literat. – Obwohl hochgebildet, wandte er sich gegen die erstarrte traditionelle Bildung und Gesellschaft. Sein mythologisch-satir. Roman ›Ching-hua yüan‹ (= Blüten im Spiegel, 1828, dt. Teilübersetzung 1970 u. d. T. ›Im Lande der Frauen‹; engl. Übers. 1965 u. d. T. ›Flowers in the mirror‹) erzählt fiktive Haremsgeschichten aus der T'ang-Zeit. Unter diesem Mantel fordert er eine Gleichberechtigung der Frau.

Lilar, Françoise [frz. li'la:r], belg. Schriftstellerin, ↑ Mallet-Joris, Françoise.

Liliencron, Detlev von [...kro:n], eigtl. Friedrich Adolf Axel Freiherr von L., * Kiel 3. Juni 1844, † Alt-Rahlstedt (heute zu Hamburg) 22. Juli 1909, dt. Dichter. – Aus ursprünglich dän. Adelsfamilie; wuchs in bescheidenen Verhältnissen auf; war preuß. Offizier; Teilnahme am Feldzug gegen Polen 1864 und am Krieg von 1870/71; mehrfach verwundet; mußte 1875 wegen großer Schulden Abschied vom Dienst nehmen und wanderte in die USA aus, wo er als Sprachlehrer, Stubenmaler und Klavierspieler arbeitete. Nach seiner Rückkehr 1877 Verwaltungsbeamter in Schleswig-Holstein, wo er 1885 nochmals wegen Schulden um seinen Abschied einkam. Erst spät begann er zu dichten; ab 1887 freier Schriftsteller in München und Berlin, lebte bis zu seinem Ende unter schwierigsten materiellen Verhältnissen; Freundschaft mit R. Dehmel; Elisabeth Förster-Nietzsche und H. Graf Keßler förderten ihn. L. gehört zu den Vorkämpfern des Naturalismus; zusammen mit M. G. Conrad, H. Conradi, K. Bleibtreu u. a. setzte er sich in der Zeitschrift ›Die Gesellschaft‹ für die Revolutionierung der Literatur, für bedingungslose Naturtreue und sprachl. Unmittelbarkeit ein. Er schrieb impressionist. Natur- und Liebeslyrik, die in ihrer Präzision an A. von Droste-Hülshoff, an G. Keller, Th. Storm und K. Groth denken läßt und in kunstvoll gebauten, schwierigen Formen (Siziliane, Stanze) prägnant und knapp individuelle Erlebnisse festhält; Vorbilder sind Dante und Lord Byron; überzeugend gestaltet sind seine Balladen, die z. T. an die Tradition des Bänkelsangs und Vagantenlieds anknüpfen, seine an Storm und I. S. Turgenjew geschulten Novellen sowie bes. die realist. Kriegserzählungen; weniger erfolgreich waren seine Romane und Dramen; starker Einfluß auf die Lyrik der Jahrhundertwende (R. M. Rilke, O. J. Bierbaum, H. Salus, G. Falke).

Werke: Adjutantenritte und andere Gedichte (1883), Knut der Herr (Dr., 1885), Die Rantzow und die Pogwisch (Dr., 1886), Eine Sommerschlacht (Nov.n, 1886), Der Trifels und Palermo (Trag., 1886), Arbeit adelt (Dr., 1887), Breite Hummelsbüttel (R., 1887), Unter flatternden Fahnen (En., 1888), Gedichte (1889), Der Mäcen (En., 1889), Der Haidegänger und andere Gedichte (1890), Kriegsnovellen (1895), Poggfred (Epos, 1896), Leben und Lüge (Autobiogr., 1908), Letzte Ernte (Nov.n, 1909). **Ausgaben:** D. v. L. Sämtl. Werke. Bln. [2-19]1904–08. 15 in 14 Bden. – D. v. L. Ges. Werke. Hg. v. R. DEHMEL. Bln. u. Stg. [9-15]1922. 8 Bde. – D. v. L. Ausgew. Werke. Hg. v. H. STERN. Hamb. 1964.

Literatur: BIERBAUM, O. J.: L. Mchn. [2]1910. – BÖCKEL, F.: D. v. L. Erinnerungen u. Urteile. Lpz. [2]1912. – SPIERO, H.: D. v. L. Sein Leben u. seine Werke. Bln. [1 u.-2]1913. – STOLTE, H.: D. v. L. Leben u. Werk. Husum 1980. – SCHLAFFER, H.: Lyrik im Realismus. Studien über Raum u. Zeit in den Gedichten Mörikes, der Droste u. L.s. Bonn [3]1984. – ROYER, J.: D. v. L. Itinéraire et évolution du poète lyrique (1844–1891). Bern u. a. 1993. – Artist, Royalist, Anarchist. Das abenteuerl. Leben des Baron D. Freiherr v. L. 1844–1909. Bearb. v. M. MAINHOLZ. Ausst.-Kat. Herzberg 1994.

Lilienfein, Heinrich, *Stuttgart 20. Nov. 1879, † Weimar 20. Dez. 1952, dt. Schriftsteller. – Ab 1902 freier Schriftsteller, ab 1920 Generalsekretär der Dt. Schillerstiftung in Weimar; schrieb Dichterbiographien, Erzählungen und Dramen, die in klassizist. Tradition stehen.

Werke: Kreuzigung (Dr., 1902), Der Stier von Olivera (Dr., 1910), Die große Stille (R., 1912), Die feurige Wolke (R., 1919), Das trunkene Jahr (R., 1923), Die Geisterstadt (R., 1929), Das fressende Feuer (R., 1932), Tile Kolup (Dr., 1935), Die Stunde Karls XII. (Dr., 1938), Licht und Irrlicht (En., 1943), Bettina (Biogr., 1949).
Literatur: CLEWING, M.: Der Dramatiker H. L. als Vertreter der dt. Bildungsdichtung nach 1900. Diss. Erlangen 1954 [Masch.].

Liliew (tl.: Liliev), Nikolai [bulgar. 'liliɛf], wirkl. Michailow Popiwanow, *Stara Sagora 7. Juni 1885, † Sofia 6. Okt. 1960, bulgar. Schriftsteller. – War mit seiner zarten, melanchol., symbolist. Lyrik (›Ptici v noŝtta‹ [= Vögel in der Nacht], 1919) Vorbild der jungen bulgar. Dichter; hatte auch durch literaturkrit. Werke und Übersetzungen, u. a. von V. Hugo, H. von Hofmannsthal, Klabund, Shakespeare und L. N. Tolstoi, großen Einfluß.
Ausgabe: N. Liliev. Săčinenija. Sofia 1964. 3 Bde.

Lilja, Gertrud Linnéa, *Långasjö (Småland) 15. Mai 1887, †ebd. 20. Dez. 1984, schwed. Schriftstellerin. – Schildert mit Humor, feiner Ironie und psycholog. Einfühlungsvermögen v. a. alltägl. Schicksale, oft mit Frauen als Hauptfiguren; trat für Werte wie Güte, Toleranz und Gerechtigkeit ein.
Werke: Den besvärliga gåvan (Nov.n, 1924), Den ensamma (Nov.n, 1926), Paulina (R., 1927), Människor (Nov.n, 1928), Bergakungen (R., 1930), Kvinnorna i släkten (R., 1936), Labyrinth der Liebe (R., 1942, dt. 1950), Das heimatlose Herz (R., 1946, dt. 1951), Men somt föll på häl-

leberget (R., 1955), Genom ofärgade glasögon (Aphorismen, 1960), Döttrarna (R., 1964).

Lilja, Jöran, schwed. Dichter und Forscher, ↑ Stiernhielm, Georg.

Lillebakken, Johan Petter [norweg. ‚lilǝbakǝn], norweg. Schriftsteller, ↑ Falkberget, Johan Petter.

Lillo, George [engl. 'lɪloʊ], * London 4. Febr. 1693, † ebd. 3. Sept. 1739, engl. Dramatiker. – Arbeitete zunächst als Juwelier. Der große Erfolg seiner Prosatragödie ›Der Kaufmann von London oder Begebenheiten George Barnwells‹ (1731, dt. 1755), die hochmoralisch und sentimental bürgerl. Standesbewußtsein vermittelt (ein Kaufmannsgehilfe ist trag. Held der einer Ballade entnommenen Handlung), gab der Gattung des bürgerl. Trauerspiels Auftrieb. D. Diderot und Voltaire priesen das Stück; G. E. Lessing wurde von ihm zu ›Miß Sara Sampson‹ angeregt.

Weitere Werke: Der christl. Held (Dr., 1735, dt. 1777), Fatal curiosity (Dr., 1736), Marina (Dr., 1738).
Ausgaben: G. L. Sämmtl. theatral. Werke. Dt. Übers. Lpz. 1770. 2 Bde. – G. L. ›The London merchant. Or, The history of George Barnwell‹ und ›Fatal curiosity‹. Hg. v. A. W. WARD. London 1906. – The works of Mr. G. L., with some account of his life. London 1775. 2 Bde. Nachdr. Hildesheim 1973 u. New York 1979.
Literatur: LOSSACK, G.: G. L. und seine Bedeutung für die Geschichte des engl. Dramas. Diss. Gött. 1939.

Lima, Jorge de, * União dos Palmares (Alagoas) 23. April 1895, † Rio de Janeiro 15. Nov. 1953, brasilian. Lyriker. – Arzt, Prof. für Literatur, zeitweise Parlamentarier. Als Lyriker einer der wichtigsten Vertreter des Modernismo im brasilian. Nordosten. Seine Lyrik entwickelte sich vom deskriptiven, auf Elemente der afrobrasilian. Folklore zurückgreifenden Regionalismus (›Poemas‹, 1927; ›Novos poemas‹, 1929) über eine Phase mystisch empfundener Religiosität (›Tempo e eternidade‹, 1935; ›A túnica inconsútil‹, 1938) zum surrealistisch beeinflußten subjektiven Hermetismus des Spätwerks (›Invenção de Orfeu‹, 1952). Auch Romancier und Essayist.

Weitere Werke: XIV Alexandrinos (Ged., 1914), O anjo (R., 1934), Calunga (R., 1935), Poemas

negros (Ged., 1947), Livro de sonetos (Ged., 1949).
Ausgabe: J. de L. Obra completa. Rio de Janeiro 1959. 2 Bde.
Literatur: CARNEIRO, J. F.: Apresentação de J. de L. Rio de Janeiro 1958. – POOINA CAVALCANTI, C.: Vida e obra de J. de L. Rio de Janeiro 1969. – MERQUIOR, J. G.: Drei Schriftsteller des Modernismo: M. de Andrade, M. Bandeira u. J. de L. In: Brasilian. Lit. Materialien. Hg. v. M. STRAUSFELD. Ffm. 1984. S. 121.

Limerick [wohl nach dem Kehrreim ›Will you come up to Limerick?‹ (bei Stegreifversen, die in Gesellschaft vorgetragen wurden)], seit etwa 1820 nachweisbare engl. Gedichtform, meist mit komisch-groteskem Inhalt und deshalb den ↑ Nonsensversen zuzurechnen. Der L. besteht aus fünf anapäst. Versen (zwei Dreiheber, zwei Zweiheber, ein abschließender Dreiheber nach dem Reimschema aabba: ›There was a young lady of Riga/Who smiled as she rode on a tiger;/They came back from the ride,/With the lady inside/And a smile on the face of the tiger‹. Bekanntester Verfasser von L.s war E. Lear. Neben klass. Nonsensversen von A. Ch. Swinburne, D. G. Rossetti, R. Kipling u. a. gibt es zahllose anonyme, auch dt. verfaßte L.s: ›Ein seltsamer Alter aus Aachen,/der baute sich selbst einen Nachen;/umschiffte die Welt,/kam heim ohne Geld,/beherrschte jedoch siebzehn Sprachen.‹

Linati, Carlo, * Como 25. April 1878, † Rebbio (Como) 11. Dez. 1949, italien. Schriftsteller. – War Rechtsanwalt in Mailand, Schriftsteller und Kritiker; Übersetzer T. S. Eliots, E. Hemingways, E. Pounds, J. Joyces, W. B. Yeats', D. H. Lawrences, H. Melvilles u. a.; in seinen Romanen, Novellen und Skizzen ist er der lombard. Tradition eng verbunden.

Werke: Cristabella (R., 1909), Duccio da Bontà (R., 1912), Doni della terra (Skizzen, 1915), Sulle orme di Renzo (Skizzen, 1919), Due (R., 1928), Cantalupa (R., 1935), Passeggiate lariane (Prosa, 1939).
Literatur: DELLA TORRE, A.: C. L. Como 1972.

Lind, Jakov, eigtl. J. Landwirt, * Wien 10. Febr. 1927, österr. Schriftsteller. – Aus ostjüd. Familie; 1938 Flucht in die Niederlande, lebte z. T. unter Decknamen in Deutschland. 1945 ging L. nach Palästina, 1950 nach Wien, 1954 nach

London, wo er heute als freier Schriftsteller lebt. Als solcher hat sich L. eine eigene, eigenwillige Ausdrucksweise geschaffen (seit 1969 auch in engl. Sprache), in der er seine herben, mitunter kraß realist. Geschichten formt; die Erzählungssammlung ›Eine Seele aus Holz‹ (1962) machte ihn bekannt. Gelegentlich dienen Verfremdungen (ins Groteske etwa) dabei zur Entlarvung hintergründiger Wirklichkeit, insbes. menschliche Verhaltensweisen. Seit Anfang der 1970er Jahre widmet sich L. auch der Malerei, Schauspieler.

Weitere Werke: Landschaft in Beton (R., 1963), Anna Laub (Hsp., 1965), Die Heiden (Dr., 1965), Eine bessere Welt (R., 1966), Angst und Hunger (2 Hsp.e, 1967), Selbstporträt (Autobiogr., dt. 1970), Nahaufnahme (Autobiogr., dt. 1973), Der Ofen (En., 1973), Reisen zu den Emu (Prosa, engl. 1982, dt. 1983), Der Erfinder (R., engl. 1987, dt. 1988), Crossing. The discovery of two islands (1991).

Linda, Josef, * Nové Mitrovice bei Pilsen Okt. 1789, † Prag 10. Febr. 1834, tschech. Schriftsteller. – L., v. a. bekannt ßßrch seine Mitarbeit an V. ↑ Hankas Fälschungen der ↑ ›Königinhofer Handschrift‹ und der ›Grünberger Handschrift‹, schrieb Versfabeln, Balladen, einen Roman im Geist der Romantik und ein Drama.

Lindau, Paul, * Magdeburg 3. Juni 1839, † Berlin 31. Jan. 1919, dt. Theaterleiter und Schriftsteller. – Gründer verschiedener Zeitschriften, 1895 Intendant des Meininger Hoftheaters, 1899 Direktor des Berliner Theaters, 1904/05 des Dt. Theaters, dann Dramaturg der Königl. Schauspiele in Berlin. Schrieb Romane, Dramen, Kritiken, Feuilletons und Übersetzungen.

Werke: Theater (4 Bde., 1873–81), Gesammelte Aufsätze (1875), Der Zug nach dem Westen (R., 2 Bde., 1886), Arme Mädchen (R., 2 Bde., 1887), Spitzen (R., 2 Bde., 1888), Der Andere (Dr., 1893), Nur Erinnerungen (Autobiogr., 1916).
Literatur: ANTONI, R.: Der Theaterkritiker P. L. Diss. Bln. 1961.

Linde, Otto zur, * Essen 26. April 1873, † Berlin 16. Febr. 1938, dt. Schriftsteller. – Nach dem Studium der Philosophie und Germanistik einige Jahre Journalist in Großbritannien; mit R. Pannwitz gründete er 1904 den ↑ Charonkreis,

in dem er sich bewußt in Gegensatz zum Naturalismus stellte und eine Verbindung der Dichtung mit einer pantheistisch-idealist. Philosophie anstrebte. Seine Lyrik, die den phonet. Rhythmus zur Grundlage hat, weist expressionist. Züge auf.

Werke: Gedichte, Märchen, Skizzen (1901), Fantoccini (1902), Die Kugel. Eine Philosophie in Versen (1909), Arno Holz und der Charon (Essay, 1911).
Ausgabe: O. z. L. Ges. Werke. Bln. 1910–24. 10 Bde.
Literatur: KUGEL, W.: Weltbild u. Lyrik O. z. L.s. Diss. Köln 1959.

Lindegren, Erik [schwed. ˌlindəˈgreːn], * Luleå 5. Aug. 1910, † Stockholm 31. Mai 1968, schwed. Schriftsteller. – Führender Vertreter der schwed. Lyrik der 40er Jahre (›40-tal‹). Wie andere Schriftsteller dieser Zeit verleiht auch L. dem Gefühl von Orientierungslosigkeit und Angst der Generation nach dem 2. Weltkrieg Ausdruck. Von T. S. Eliot, D. Thomas und den frz. Symbolisten beeinflußt, verwendet seine Lyrik gern klass. Formen (Sonett), die dann durch modernist. Verfahrensweisen, wie eine surrealist. Bildsprache, aufgebrochen werden. Auch bed. als Übersetzer (T. S. Eliot, D. Thomas, R. M. Rilke, N. Sachs) und Literaturkritiker. L. war ab 1962 Mitglied der Schwed. Akademie.

Werke: Mannen som väg (Ged., 1942), Sviter (Ged., 1947), Vinteroffer (Ged., 1954), Weil unser einziges Nest unsere Flügel sind (Ged., dt. Ausw. 1963, übersetzt von N. Sachs).
Literatur: SANDGREN, F.: E. L. En biografi. Stockholm 1971. – HALLIND, K.: Taylor och deviser. Studier i E. L.s diktning till Halmstadgruppens måleri. Lund 1978. – CULLHED, A.: ›Tiden söker sin röst‹. Studier kring E. L.s ›Mannen utan väg‹. Stockholm 1982. – LYSELL, R.: E. L.s imaginära universum. Stockholm 1983.

Lindemann, Kelvin [dän. ˈlenəmaˈn], * Kainsk (Sibirien) 6. Aug. 1911, dän. Schriftsteller. – Korrespondent im Span. Bürgerkrieg; entfloh der dt. Besatzungsmacht und lebte 1944/45 in Finnland und Schweden. Unter dem Einfluß des Krieges schrieb L. histor. Romane (bes. aus dem 17./18. Jh.), die Parallelen zu seiner Zeit aufzeigen; ferner Erzählungen und Kurzgeschichten.

Werke: Das Haus mit dem grünen Baum (R., 1942, dt. 1948), Den kan vel frihed bære (R.,

1943), Ein Abend in Kopenhagen (R., 1953, dt. 1955), Nachtfalter und Lampion (R., 1959, dt. 1962), Den firkantede bowlerhat (R., 1974).

Lindemayr, Maurus [...maiər], eigtl. Kajetan L., * Neukirchen bei Lambach (Oberösterreich) 15. Nov. 1723, † ebd. 19. Juni 1783, österr. Theologe und Schriftsteller. – Benediktiner, Prior in Lambach, dann Pfarrer in Neukirchen. Begründete die mundartl. Bauerndichtung in Österreich; aus den Posseneinlagen der Jesuitenspiele entwickelte er die derb-realist., aufklärerisch-moralische Komödie.
Ausgabe: M. L. Sämtl. Dichtungen ... Hg. v. P. SCHMIEDER. Linz 1875.

Lindenberg, Wladimir Alexandrowitsch, eigtl. W. A. Tschelischtschew, * Moskau 16. Mai 1902, russ.-dt. Schriftsteller. – Aus alter russ. Adelsfamilie; 1918 Emigration nach Deutschland; Arzt; 1936–41 in (KZ-)Haft; schreibt in dt. Sprache autobiograph. (u. a. ›Marionetten in Gottes Hand‹, 1961; ›Bobik im Feuerofen‹, 1964; ›Himmel in der Hölle‹, 1983) und religiös-eth. Werke; auch bildender Künstler.
Weitere Werke: Tri doma (= Drei Häuser, autobiograph. Prosa, entst. 1920, gedr. 1985), Die Heilige Ikone (1987).
Literatur: KASACK, W.: Schicksal u. Gestaltung. Leben u. Werk W. L.s. Mchn. 1987.

Lindenschmidstrophe ↑ Morolfstrophe.

Linder, Erik Hjalmar, * Fellingsbro (Gemeinde Lindesberg, Verw.-Geb. Örebro) 17. Mai 1906, schwed. Literarhistoriker. – ∞ mit U. Isaksson; Arbeiten v. a. zur modernen schwed. Literatur, darunter eine grundlegende Literaturgeschichte des 20. Jh. (›Fem decennier av nittonhundratalet‹, 2 Bde., 1965/66).
Weitere Werke: Hjalmar Bergmans ungdom (1942), Sju världars herre (1962), Kärlek och fadershus farväl (1973).

Lindgren, Astrid [schwed. ‚lindgre:n], geb. Ericsson, * Näs bei Vimmerby (Småland) 14. Nov. 1907, schwed. Schriftstellerin. – Hatte großen Erfolg mit ihren durch Wärme und Humor geprägten Kinder- und Jugendbüchern, besonders der Pippi-Langstrumpf-Serie (3 Bde., 1945–48, dt. 3 Bde., 1949–51), den Büchern um Kalle Blomquist (3 Bde., 1946–53, dt. 3 Bde., 1950–57),

Karlsson vom Dach (3 Bde., 1955–68, dt. 1956–68) und Michel aus Lönneberga (1963 ff.). L.s Bücher, die inzwischen in fast alle wichtigen Sprachen der Welt übersetzt wurden, zeichnen sich durch eine Mischung aus realist. und phantast. Elementen aus; dabei besitzen die kindl. Helden nicht selten Eigenschaften, die sie den Erwachsenen überlegen machen. Bes. die späteren Werke sind auch als Appell für mehr Mitmenschlichkeit zu verstehen. L. erhielt u. a. 1978 den Friedenspreis des Börsenvereins des Dt. Buchhandels.

Astrid Lindgren

Weitere Werke: Wir Kinder aus Bullerbü (1946, dt. 1954), Mio, mein Mio (1954, dt. 1955), Ferien auf Saltkrokan (1964, dt. 1965), Die Brüder Löwenherz (1973, dt. 1974), Ronja Räubertochter (1981, dt. 1982), Meine Kuh will auch Spaß haben. Einmischung in die Tierschutzdebatte ... (1990, dt. 1991).
Literatur: En bok om A. L. Hg. v. M. ØRVIG. Stockholm 1977. – STRÖMSTEDT, M.: A. L. En levnadsteckning. Stockholm 1977. – LUNDQVIST, U.: Århundradets barn. Fenomenet Pippi Långstrump och dess förutsättningar. Stockholm 1979. – A. L. Rezeption in der Bundesrepublik. Hg. v. RUDOLF WOLFF. Bonn 1986. – SCHÖNFELDT, S. GRÄFIN: A. L. Rbk. 30.–32. Tsd. 1994.

Lindqvist, Sven Oskar [schwed. ‚lindkvist], * Stockholm 28. März 1932, schwed. Schriftsteller. – Nahm in zahlreichen kritisch engagierten Essays und Reiseschilderungen zu schwed. und internat. Fragen Stellung. Mit seinen Werken, die sich durch einen eigenwilligen, ausdrucksstarken Stil auszeichnen, übte er, obwohl keines seiner Werke einer der traditionellen literarischen Gattungen zuzurechnen sein dürfte, einen erheblichen Einfluß auf die schwedische Literatur der 60er und 70er Jahre aus.

Werke: Ett förslag (Essays, 1955), Handbok (Essays, 1957), Reklamen är livsfarlig (Essays, 1957), Hemmaresan (Reiseber., 1959), Praktika (Betrachtungen, 1962), China von innen. 2 Jahre in Maos Reich (Reiseber. und Essays, 1963, dt. 1964), Asiatisk erfarenhet (Reiseber., 1964), Dagbok och diktverk. En studie i Vilhelm Ekelunds nordiskt och klassiskt (Studie, 1966), Myten om Wu Tao-tzu (Betrachtung, 1967), Självklara saker (Essays, 1970), Jordens gryning (Essays, 1974), Land and power in South America (Essays, 1979), En älskares dagbok (Tageb.-R., 1981), En gift mans dagbok (Tageb.-R., 1982), Elefantens fot (Reiseber., 1985), Bänkpress (Prosa, 1988).

Lindsay, Sir David [engl. 'lɪndzɪ], schott. Schriftsteller, ↑ Lyndsay, Sir David.

Lindsay, Howard [engl. 'lɪndzɪ], * Waterford (N. J.) 29. März 1889, † New York 11. Febr. 1968, amerikan. Dramatiker. – Schrieb, meist zus. mit Russel Crouse (* 1893, † 1966), Komödien und Dramen und bearbeitete literar. Vorlagen für die Bühne; bes. erfolgreich am Broadway war die Dramatisierung des Romans ›Unser Herr Vater‹ von C. Day als ›Life with father‹ (1939, dt. 1947 u. d. T. ›Der Herr im Haus‹), bei der L. die Hauptrolle spielte; auch Operetten und Musicals, v. a. ›The sound of music‹ (1959; Musik von Richard Rodgers).

Weitere Werke: She loves me not (Kom., 1933), State of the union (Dr., 1945), Life with mother (Kom., 1948; nach ›Unsere Frau Mama‹ von C. Day), Mr. President (Musical, 1962).

Literatur: SKINNER, C. O.: Life with L. and Crouse. Boston (Mass.) 1976.

Lindsay, Jack [engl. 'lɪndzɪ], * Melbourne 20. Okt. 1900, austral. Schriftsteller. – Ältester Sohn von Norman L.; studierte klass. Philologie in Brisbane; Mit-Hg. der Zeitschriften ›Vision‹ (1923/24) und ›London Aphrodite‹ (1928/29); lebt seit 1926 in England. Neben literarkrit. und kulturgeschichtl. Arbeiten Übersetzungen von Aristophanes, Petronius u. a. Seine histor. Romane in den 30er Jahren führen vorwiegend in die griechisch-röm. Antike und das MA. Bis 1950 stehen Themen aus der engl. Geschichte der Neuzeit, danach des zeitgenöss. England im Mittelpunkt seiner über 40 Romane. Austral. Thematik haben ›Fauns and ladies‹ (Ged., 1923), ein Lobgesang auf Aphro-

dite Pandemos, ›Life rarely tells‹ (1958), die autobiograph. Darstellung seiner Zeit in Australien, und ›The blood vote‹ (1985), ein Roman über die Anti-Wehrpflicht-Bewegung in Brisbane 1917.

Weitere Werke: Rome for sale (R., 1934), Last days with Cleopatra (R., 1935), 1649. A novel of a year (R., 1938), Männer von 1848 (R., 1948, dt. 1953), Charles Dickens (Studie, 1950), Der veruntreute Frühling (R., 1953, dt. 1955), After the thirties (Studie, 1956), Die große Eiche (R., 1957, dt. 1959), Blake (Studie, 1978).

Lindsay, Norman [Alfred William] [engl. 'lɪndzɪ], * Creswick (Victoria) 23. Febr. 1879, † Sydney 29. Nov. 1969, austral. Schriftsteller und Maler. – Vater von Jack und Philip L. Seine betont erot. Illustrationen zu Klassikern wie Theokrit, G. Boccaccio, G. G. Casanova und seines Romans ›The cautious amorist‹ (1932) galten als ebenso skandalös wie die provozierende Sinnlichkeit seines Romans ›Redheap‹ (erschien 1930 in den USA, in Australien verboten bis 1958). L. war in der Zeitschrift ›Vision‹ (1923/24) einflußreicher Vertreter eines neuen eklektizist. literar. Ästhetizismus, ebenso in seinen theoret. Schriften ›Creative effort‹ (1920) und ›Hyperborea‹ (1928). In seinen Romanen gelang ihm bes. die Darstellung von Kindern (›Saturdee‹, 1933) und Heranwachsenden (›Halfway to anywhere‹, 1947). Sein Kinderbuch ›The magic pudding‹ (1918) gilt als Klassiker dieses Genres.

Weitere Werke: The cousin from Fiji (R., 1945), Bohemians of the Bulletin (Autobiogr., 1965), The scribblings of an idle mind (Autobiogr., 1966), Rooms and houses (R., 1968), My mask (Autobiogr., 1970).

Literatur: HETHERINGTON, J.: N. L. The embattled Olympian. New York 1973. – The world of N. L. Hg. v. L. BLOOMFIELD. Neuausg. Melbourne 1983.

Lindsay, Philip [engl. 'lɪndzɪ], * Sydney 1. Mai 1906, † 4. Jan. 1958, austral. Schriftsteller. – Sohn von Norman L.; schrieb hpts. histor. Romane, die das Pikareske betonen. Vom Umfang und der Qualität seines Werkes her steht er mit Recht im Schatten seines von ihm als Vorbild verehrten Bruders Jack L.; verbrachte den größten Teil seines Lebens in London. Seine Autobiographie ›I'd live the same life over‹ (1941) ist ein stilistisch gewandter, z. T. gewollt naiv erzählter nostalgischer Rückblick auf seine Kindheit und Jugend in Brisbane.

Weitere Werke: Here comes the king (R., 1933), The duke is served (R., 1936), A piece for candlelight (R., 1953).

Lindsay, [Nicholas] Vachel [engl. 'lɪndzɪ], * Springfield (Ill.) 10. Nov. 1879, † ebd. 5. Dez. 1931, amerikan. Lyriker. – Studierte 1901–05 in Chicago und New York Kunst. L. trat, im Gegensatz zu den formalistisch interessierten Vertretern des elitären Imagismus, für eine gesellschaftl. Funktion der Dichtung ein. Eine umfassende mus. Begabung und sein Missionieren für ein Evangelium der Schönheit (›Gospel of beauty‹) ließen ihn zum populären Bänkelsänger und Rezitator werden. Seine von Negro Spirituals und Bluestexten beeinflußte klangvolle, kraftvoll-rhythm. Lyrik ist auf Massenwirkung berechnet und zum Vortrag mit Musikbegleitung bestimmt. Am erfolgreichsten waren das zu Heilsarmeemusik geschriebene Gedicht ›General Booth enters into heaven‹ (1913) und ›The Congo‹ (Ged., 1914) zu synkopierten Jazzrhythmen. L. verfaßte auch bed. Prosaschriften, u. a. ›Adventures while preaching the gospel of beauty‹ (1914) und ›The art of the moving picture‹ (1915, revidiert 1933).

Ausgaben: V. L. Collected poems. Neuaufl. New York 1966. – Letters of V. L. Hg. v. M. Chénetier. New York 1979. – The poetry of V. L. Hg. v. D. Camp. Peoria (Ill.) 1984–85. 2 Bde.

Literatur: Massa, A.: V. L. Fieldworker for the American dream. Bloomington (Ind.) 1970. – Wolfe, G. J.: V. L. The poet as film theorist. New York 1973.

Lindström, Sigfrid, * Lidhult (Gemeinde Ljungby, Småland) 19. April 1892, † Lund 1. Mai 1950, schwed. Schriftsteller. – Schrieb in von der schwed. Neuromantik beeinflußter Sprache formvollendete Lyrik, Miniaturen, Feuilletons und Märchen; sein Werk ist bitter bis ironisch im Ton, gelegentlich mit grotesker Thematik. In Essays und Zeitungsartikeln bezog L. frühzeitig Position gegen die Anfänge des Nationalsozialismus.

Werke: Sagor och mediationer (En., 1922), De besegrade (Ged., 1927), Leksaksballonger (En., 1931), Vindsröjning (En., 1939).

Literatur: Holmberg, O.: S. L. Stockholm 1951.

Ling, Pehr Henrik, * Södra Ljunga (Gemeinde Ljungby, Småland) 15. Nov. 1776, † Stockholm 3. Mai 1839, schwed. Schriftsteller. – Zu seiner Zeit wichtiger Vertreter der sog. götischen Strömung (›Göticismen‹) der vorromant. schwed. Literatur; schrieb v. a. Versepen und Schauspiele zu Themen der nord. Geschichte und Mythologie; ab 1835 Mitglied der Schwed. Akademie.

Werke: Gylfe (Ged., 1810), Agne (Dr., 1812), Den heliga Birgitta (Dr., 1818), Eddornas sinnebildslära (Abh., 1819), Asarne (Versepos, 1833), Bubbler frän botten (Ged., 1908), Tal till mitt hjärta (Ged., 1912), Bekännelser (Ged., 1922), Moloch (Dr., 1926), Röda dagen (Dr., 1926), Personlipt ovett (Feuilletons, 1932).

Lingg, Hermann von [lɪŋk], * Lindau (Bodensee) 22. Jan. 1820, † München 18. Juni 1905, dt. Dichter. – War Militärarzt in der bayr. Armee; lebte ab 1851 im Ruhestand, von Maximilian II. durch ein Jahresgehalt unterstützt, als Mitglied des Münchner Dichterkreises in München. Sein erstes literar. Werk war: ›Gedichte‹ (1854, ⁵1864); seine stark rhetor. Begabung offenbarte sich v. a. in seinen Balladen. In seinem Epos ›Die Völkerwanderung‹ (3 Bde., 1866–68) faszinieren prachtvolle Einzelschilderungen. Wenig Erfolg hatten seine histor. Dramen und Erzählungen.

Weitere Werke: Vaterländ. Balladen und Gesänge (1868), Zeitgedichte (1870), Schlußsteine (Ged., 1878), Byzantinische Novellen (1881), Jahresringe (Ged., 1889), Meine Lebensreise (Autobiogr., 1899).

Linguistik [zu lat. lingua = Zunge; Sprache], Ausprägung der Sprachwissenschaft, die in der Abkehr von spekulativen, psychologisierenden, nur historisierenden Ansätzen die Systemhaftigkeit der Sprache untersucht. Bes. in der BR Deutschland ist L. seit den 1950er Jahren Bez. für ein sprachwiss. und wissenschaftspolit. Programm, das an die strukturalist. Sprachforschung des Auslandes anknüpft. U. a. wurden folgende Richtungen der internat. L. rezipiert: F. de Saussure und die Genfer Schule, die Kopenhagener Schule (Glossematik) um L. Hjelmslev, die Prager Schule um N. S. Trubezkoi und R. Jakobson, die generative Grammatik N. Chomskys. Kennzeichen des linguist. Ansatzes sind u. a.: Theoriebezogenheit, Objektivierung der

Methodik, Vorrang der gesprochenen Sprache und der Synchronie. – ↑auch Strukturalismus.

Linhartová, Věra [tschech. 'linhartɔva:], * Brünn 22. März 1938, tschech. Schriftstellerin. – Kunsthistorikerin (schrieb u.a. ein Werk über den Maler Joseph Sima, frz. 1974); seit 1968 in Frankreich. Ihre durch disziplinierte Sprache und starke Reflexion ausgezeichnete Prosa ist dem Surrealismus verwandt. Dt. erschienen ›Mehrstimmige Zerstreuung‹ (1964, dt. 1967), ›Geschichten ohne Zusammenhang‹ (1964, dt. 1965), ›Diskurs über den Lift‹ (1965, dt. 1967), ›Haus weit‹ (1968, dt. 1970), ›Chimäre oder Querschnitt durch die Zwiebel‹ (dt. 1970), ›Zehrbilder‹ (frz. 1982, dt. 1986), ›Kaskaden‹ (3 Prosastücke, dt. 1989); übersetzte u.a. R. Queneau und Roger Gilbert Lecomte (* 1907, † 1943) ins Tschechische.

Linklater, Eric Robert Russell [engl. 'lɪŋklɛɪtə], * Dounby (Orkney) 8. März 1899, † Aberdeen 7. Nov. 1974, schott. Schriftsteller. – Lyriker, Dramatiker und v.a. Erzähler (Romane, Erzählungen, Essays, Kinderbücher); Journalist, bereiste u.a. Persien, Indien, China, die USA und schilderte kritisch-humorvoll seine Eindrücke. Bes. erfolgreich war der witzigsatir. Schelmenroman ›Juan in Amerika‹ (1931, dt. 1942).
Weitere Werke: Der kleine Landurlaub (R., 1937, dt. 1959), Soldat Angelo (R., 1946, dt. 1948), Aufruhr in Namua (R., 1954, dt. 1957), Auf der Höhe der Zeit (R., 1958, dt. 1961), Die fidele Muse (R., 1959, dt. 1962), Fanfare for a tin hat (Autobiogr., 1970).
Literatur: PARNELL, M.: E.L. London 1984.

Linna, Väinö, * Urjala 20. Dez. 1920, † Tampere 21. April 1992, finn. Schriftsteller. – Seine beiden (auch verfilmten) realist. Romane ›Kreuze in Karelien‹ (1954, dt. 1955, 1971 u.d.T. ›Der unbekannte Soldat‹) über den Krieg an der Ostfront 1941–44 und ›Täällä pohjantänden alla‹ (= Hier unter dem Polarstern, 3 Bde., 1959–62), das von L. Tolstoi beeinflußte ›Großfresko‹ eines Kirchspiels zwischen 1905 und 1930, sind nach A. Kivis Werken Höhepunkte des Romans der ›kleinen Leute‹.
Weitere Werke: Päämäärä (= Das Ziel, R., 1947), Musta rakkaus (= Dunkle Liebe, R.,

1948), Oheisia (= Beigefügtes, Essays und Reden, 1967), Murroksia (= Umbrüche, Reden, Artikel, Essays, 1990).

Linnankoski, Johannes [finn. 'linnaŋkɔski], eigtl. J. Vihtori Peltonen, * Askola bei Borgå 18. Okt. 1869, † Helsinki 10. Aug. 1913, finn. Schriftsteller. – Wurde durch den romantisierenden Liebesroman ›Das Lied von der glutroten Blume‹ (1905, dt. 1909, 1921 u.d.T. ›Die glutrote Blume‹, 1963 u.d.T. ›Don Juan in Suomi‹) bekannt. Bedeutender und sprachlich beherrschter ist das Spätwerk ›Die Flüchtlinge‹ (R., 1908, dt. 1922).
Weitere Werke: Ikuinen taistelu (= Der ewige Kampf, bibl. Dr., 1903), Der Kampf um den Hof Heikkilä (Nov., 1907, dt. 1944), Simson ja Delila (= Simson und Delila, bibl. Dr., 1911).
Ausgabe: J. L. Kootut teokset. Porvoo 1914–20. 4 Bde.

Linnemann, Willy-August [dän. 'lenəman], * Harrislee (Landkreis Schleswig-Flensburg) 4. Juni 1914, † 22. Aug. 1985, dän. Schriftsteller. – Schilderte in psychologisch akzentuierten Novellen und Romanzyklen die geistige Situation Europas am Beispiel seiner schleswig. Heimat. Bekannt wurde v.a. der siebenteilige Romanzyklus ›Fabrikanten‹ (1968), ›Planlæggeren‹ (1969), ›Handelsmanden‹ (1970), ›Helbrederen‹ (1971), ›Forkynderen‹ (1972), ›Lovgiveren‹ (1973), ›Protestanten‹ (1974).
Weitere Werke: Das unsichtbare Gesicht (R., 1958, dt. 1965), Europafortællinger (Nov.n, 5 Bde., 1958–66), Lyset mellem træerne (R., 1976), Bølgerne på fjorden (R., 1977), Blæsten gennem gaderne (R., 1978), Slesvigsk legende (R., 1979), Jagt på en lykkelig mand (R., 1981).
Literatur: FREDERIKSEN, E.: W.-A. L. Kopenhagen 1976.

Lins, Osman [da Costa] [brasilian. lĩs], * Vitória de Santo Antão (Pernambuco) 5. Juli 1924, † São Paulo 8. Juli 1978, brasilian. Schriftsteller. – Bankbeamter und Literaturwissenschaftler; schrieb Romane, Erzählungen und Theaterstücke, deren techn. Innovationen in der brasilian. Literatur neue Maßstäbe setzten.
Werke: O visitante (R., 1955), Os gestos (En., 1957), O fiel e a pedra (R., 1961), Verlorenes und Gefundenes (En., 1966, dt. 1978), Guerra do ›Cansa-Cavalo‹ (Dr., 1967), Guerra sem testemunhas (Essays, 1969), Avalovara (R., 1973, dt. 1976), Die Königin der Kerker Griechenlands (R., 1976, dt. 1980), Do ideal e da glória (Essays, 1977).

Literatur: PISA, C.: Der Kosmos von O. L. In: Brasilian. Lit. Materialien. Hg. v. M. STRAUS-FELD. Ffm. 1984. S. 319.

Lins do Rêgo Cavalcanti, José [brasilian. 'lĩz du 'rregu kaval'kɐnti], * Farm Corredor bei Pilar (Paraíba) 3. Juli 1901, † Rio de Janeiro 12. Sept. 1957, brasilian. Schriftsteller. – Sein Hauptwerk und eines der repräsentativsten Dokumente des brasilian. ›Nordost-Romans‹ des Modernismo ist der aus fünf Romanen bestehende gesellschaftskritische ›Ciclo da cana de açúcar‹ (= Zuckerrohrzyklus, 1932–36; Bd. 1: ›Menino de engenho‹, 1932; Bd. 2: ›Doidinho‹, 1933; Bd. 3: ›Banguê‹, 1934; Bd. 4: ›O moleque Ricardo‹, 1935; Bd. 5: ›Usina‹, 1936; Bd. 1, 3 und 4 dt. 1953 u. d. T. ›Santa Rosa‹).
Weitere Werke: Pedra Bonita (R., 1938), Eurídice (R., 1947), Rhapsodie in Rot (R., 1953, dt. 1958), Presença do Nordeste na literatura brasileira (Essay, 1957).
Literatur: BICHARA SOBREIRA, I.: O romance de J. L. do R. Paraíba 1971.

Lin Yü-t'ang (Lin Yutang) [chin. lınytaŋ], * Lung-ch'i (Fukien) 10. Okt. 1895, † Hongkong 26. März 1976, chin. Schriftsteller. – War nach literar. Studien in China, den USA und Deutschland 1923–26 Prof. für engl. Philologie in Peking; siedelte 1936 in die USA über. In einer Reihe von Bestsellern (Romanen und Sachbüchern) vermittelt er in gemütvoller Unverbindlichkeit die ›Weisheit Chinas‹; zahlreiche Übersetzungen ins Deutsche, u. a. ›Peking, Augenblick und Ewigkeit‹ (R., 1940, dt. 1950), ›Blatt im Sturm‹ (R., 1941, dt. 1944), ›Kontinente des Glaubens‹ (Autobiogr., 1959, dt. 1961).

Lipinski-Gottersdorf, Hans, * Leschnitz bei Oppeln 5. Febr. 1920, † Köln 3. (?) Okt. 1991, dt. Schriftsteller. – Landwirtschaftl. Tätigkeit; nach dem Krieg Fabrikarbeiter, dann freier Schriftsteller in Köln. Behandelte in seinem Erzählwerk meist Stoffe seiner oberschles. Heimat.
Werke: Fremde Gräser (R., 1955), Finsternis über den Wassern (E., 1957), Stern der Unglücklichen (Weihnachtsgeschichten, 1958), Wenn es Herbst wird (E., 1961), Die Prosna-Preußen. 1. Buch: Das Dominium (R., 1968), Die letzte Reise der Pamir (En., 1970), Pferdehandel (En., 1975), Der Sprosser schlug am Pratwa-Bach (En., 1984).

Literatur: VITT, H. R.: H. L.-G. Nachlaßverzeichnis, Bibliogr., Materialien. Bln. 1993.

Lipkin, Semjon Israilewitsch, * Odessa 19. Sept. 1911, russ. Schriftsteller. – 1979 Austritt aus dem Schriftstellerverband, Wiederaufnahme 1986; Übersetzer epischer Werke mittelasiat. und kaukas. Völker; bed. Lyriker (›Očevidec‹ [= Der Augenzeuge], 1967; ›Volja‹ [= Freier Wille], 1981); Verfasser des Romans ›Das Volk der Adler. Das Schicksal eines Kaukasusvolkes‹ (1983, dt. 1984) über die harte sowjet. Nationalitätenpolitik ab 1944.
Weitere Werke: Stalingrad Vasilija Grossmana (= Das Stalingrad des Wassili Grossman, Abh., 1986), Eine feuerglühende Kohle (Erinnerungen an O. E. Mandelstam, 1987, dt. 1989), Bucharin, Stalin in ›Manas‹ (En., 1989).

Li Po
(Holzschnitt,
um 1609)

Li Po (Li Bai, Li Bo; auch Li T'ai-po, Li Taibo; Li Tai-peh) [chin. lipɔ, litaipɔ], * in Szetschuan 701, † bei Nanking 762, chin. Dichter. – Werk und Wesen des Li Po und beider Einheit sind einzigartig in der chin. Literatur. Ungebunden lebend, trotz kaiserl. Gunst keine Amtslaufbahn anstrebend, ist Li Po neben dem strengeren Tu Fu der herausragende Vertreter des Goldenen Zeitalters der chin. Dichtung. Expressive Bildkraft neben schlichter Wortwahl, Weltentrücktheit im Wein und Sehnsucht nach ird. Glück (ausgedrückt in etwa tausend erhaltenen Gedichten) ließen diese einzigartige Gestalt im Abendland zum Inbegriff chin. Dichtkunst werden. Zahlreiche Anekdoten verklären sein Leben und die Entstehung seiner Gedichte.

Ausgaben: The works of Li Po. Engl. Teilübers. v. S. OBATA. New York 1922. – Li Tai-Bo. Gedichte. Dt. Teilübers. v. G. DEBON. Stg. 1962. **Literatur:** WALEY, A.: The poetry and career of Li Po, 701–762. London u. New York 1950.

Lippi, Lorenzo, * Florenz 3. Mai 1606, † ebd. 15. April 1665, italien. Dichter und Maler. – Sein unter dem Pseudonym Perlone Zipoli verfaßtes umfangreiches Epos ›Il Malmantile racquistato‹ (hg. 1676) ist als Parodie von T. Tassos Epos ›La Gerusalemme liberata‹ konzipiert. L. hat einige Märchen G. Basiles in sein groteskes Heldenlied verwoben, in dem Bertinella ihrer Kusine Celidora das Schloß Malmantile wegnimmt, das diese mit Hilfe ihres Bruders zurückerobern kann. Bedeutender als die schlichten Oktaven ist die Verwendung von typ. Ausdrücken aus Umgangssprache und Gauneridiom sowie von Sprichwörtern und Redensarten. L. schrieb auch Lyrik.
Ausgabe: L. L. Il Malmantile racquistato. Hg. v. F. BALDINUCCI. Florenz 1861. Neuausg. 1937.

Lippl, Alois Johannes [...pəl], Pseudonym Blondel vom Rosenhag, * München 21. Juni 1903, † Gräfelfing 8. Okt. 1957, dt. Schriftsteller. – Bankbeamter, freier Schriftsteller; 1948–53 Intendant des Bayer. Staatsschauspiels. L. schrieb Laienspiele und Volksstücke, mit denen er das Erbe L. Thomas übernahm, daneben auch Komödien, Märchen und Mysterienspiele. Seine Bühnenstücke sind außerordentlich theaterwirksam; er schrieb ferner Drehbücher, Hörspiele und Romane.
Werke: Das Überlinger Münsterspiel (1924), Das Spiel von den klugen und törichten Jungfrauen (1926), Auferstehung (Schsp., 1931), Die Pfingstorgel (Kom., 1933), Der Holledauer Schimmel (Kom., 1937), Der Engel mit dem Saitenspiel (Kom., 1938), Saldenreuther Weihnacht (R., 1954), Der Umweg ins Glück (R., 1956).

Lipska, Ewa, * Krakau 8. Okt. 1945, poln. Lyrikerin. – Mit Skepsis und Ironie reflektiert sie in ihrer Lyrik (›Auf den Dächern der Mausoleen‹, dt. Auswahl 1983; ›Meine Zeit. Mein Leib. Mein Leben‹, dt. Auswahl 1990) über das Individuum in der Gesellschaft; Behandlung von Alltagsproblemen, Liebeslyrik; auch poet. Prosa (›Żywa śmierć‹ [= Lebendiger Tod], 1978).
Ausgabe: E. L. Utwory wybrane. Krakau 1986.

Lipuš, Flor[i]jan [slowen. 'li:puʃ], * Lobnig (Lobnik; Kärnten) 2. Mai 1937, slowen.-kärntner. Schriftsteller. – Tod der Mutter in einem dt. KZ; Theologiestudium in Klagenfurt; Volksschullehrer in Leppen (Lepena); Redakteur. Sein aufrüttelnder erster Roman ›Der Zögling Tjaž‹ (1972, dt. 1981) enthält autobiograph. Bezüge.
Weitere Werke: Odstranitev moje vasi (= Die Beseitigung meines Dorfes, R., 1983), Die Verweigerung der Wehmut (R., 1985, dt. 1989), Prošnji dan (= Bittag, R., 1987).

Li Qingzhao, chin. Dichterin, ↑Li Ch'ing-chao.

Lira [span. = Leier (nach einem Gedicht von Garcilaso de la Vega, in dem der Dichter seine Kunst mit einer Leier vergleicht)], Sammelbegriff für mehrere span. Strophenformen, jeweils Kurzstrophen von vier bis sechs Zeilen mit regelmäßigem Wechsel von sieben- und elfsilbigen Zeilen und festem Reimschema, meist aus zwei Reimklängen. Die L.s sind Adaptionen italien. Strophenformen, die ihrerseits Nachbildungen horaz. Strophenmaße sind und in der italien. Dichtung des frühen 16. Jh. die ältere prunkvolle (petrarkist.) Kanzonenstrophe ablösten. Neben H. de Acuña, F. de la Torre und F. de Herrera verwandten Fray Luis de León und Juan de la Cruz die L. in ihren Dichtungen.

Li Ruzhen, chin. Literat, ↑Li Ju-chen.

Liscow, Christian Ludwig ['lɪsko], * Wittenburg 29. (26. ?) April 1701, † Gut Berg bei Eilenburg 30. Okt. 1760, dt. Satiriker. – Im Dienst des Herzogs Karl Leopold von Mecklenburg, 1741 Sekretär des sächs. Gesandten Graf Brühl, 1745–49 Kriegsrat in Dresden. Gegner der Gottsched-Schule; verspottet in seinen Satiren die Torheiten seiner Zeit; am bedeutendsten: ›Die Vortrefflichkeit und Notwendigkeit der Elenden Skribenten gründlich erwiesen‹ (1734).
Weitere Werke: Briontes der jüngere ... (Satire, 1732), Sammlung satyr. und ernsthafter Schriften (2 Bde., 1739).
Ausgaben: Ch. L. L. Sämmtl. satyr. Schrr. Hg. v. K. MÜCHLER. Bln. 1806. 3 Bde. – L. Werke. Ausw. Hg. v. A. HOLDER. Halle/Saale 1901.

Liselotte von der Pfalz, Herzogin von Orléans, ↑Elisabeth Charlotte von der Pfalz.

Lispector, Clarice [brasilian. lispe-'tor], * Tschetschelnik (Ukraine) 10. Dez. 1925, † Rio de Janeiro 9. Dez. 1977, brasilian. Schriftstellerin russ. Herkunft. – Veröffentlichte Romane und Erzählungen, in denen sie – beeinflußt vom Existentialismus – ein durch Selbstanalyse gewonnenes Krisenbewußtsein ihrer Gestalten im Verhältnis zur dingl. und sozialen Umwelt behandelt.

Werke: Nahe dem wilden Herzen (R., 1944, dt. 1981), Von Traum zu Traum (R., 1948, dt. 1992), Die Nachahmung der Rose (En., 1952, dt. 1966, erweitert 1982), Der Apfel im Dunkeln (R., 1961, dt. 1983), Die Passion nach G. H. (R., 1964, dt. 1984), Eine Lehre oder Das Buch der Lüste (R., 1969, dt. 1982), Lebendiges Wasser (R., 1973, dt. 1986, 1994 u. d. T. Aqua viva), A via crucis do corpo (En., 1974), Die Sternstunde (R., 1977, dt. 1985), Die Dame und das Ungeheuer (En., hg. 1979, dt. 1990).
Literatur: BRASIL, A.: C. L. Rio de Janeiro 1969. – NUNES, B.: Leitura de C. L. São Paulo 1973. – SA, O. DE: A escritura de C. L. Petrópolis 1979. – Bibliografía de y sobre C. L. Hg. v. E. F. FITZ. In: Revista Iberoamericana 50, 126 (1984), S. 293. – NUNES, B.: C. L.s Passion. In: Brasilian. Lit. Materialien. Hg. v. M. STRAUSFELD. Ffm. 1984. S. 273.

List, Margarete, dt. Schriftstellerin, † Zur Bentlage, Margarete.

List, Rudolf, * Leoben (Steiermark) 11. Okt. 1901, österr. Schriftsteller. – Studierte in Graz Germanistik und Kunstgeschichte; Mitarbeiter (z. T. Hg.) verschiedener österr. und dt. Zeitungen und Zeitschriften. Sein gesamtes literar. Schaffen ist seiner steir. Heimat verpflichtet; schrieb auch Monographien.
Werke: Gedichte (1932), Kleine Bruckner-Novelle (1933), Tor aus dem Dunkel (Ged., 1935), Michael (R., 1936), Der große Gesang (R., 1941), Wort aus der Erde (Ged., 1941), Traumheller Tag (Ged., 1949), Trost der Welt (Ged., 1952), Silberne Nacht (En., 1961), Steir. Kirchenführer (2 Bde., 1976–79).

Lista y Aragón, Alberto [span. 'lista i ara'ɣɔn], * Sevilla 15. Okt. 1775, † ebd. 5. Okt. 1848, span. Dichter. – Prof. für Mathematik und Literatur in Sevilla, später in Madrid; zeitweilig im Exil in Frankreich; einer der bedeutendsten span. Lyriker der Zeit zwischen Klassik und Romantik; Wortführer der klassizist. Sevillaner Dichterschule, von starker normativer Kraft; auch hervorragend als Literarhistoriker.
Werke: Poesías (1822), Lecciones de literatura dramática (Essays, 1836), Ensayos literarios y críticos (Essays, 2 Bde., 1844).
Literatur: METFORD, J. C. J.: A. L. and the Romantic movement in Spain. Liverpool 1940. – JURETSCHKE, H.: Vida, obra y pensamiento de A. L. Madrid 1951.

Li Taibo (Li T'ai-po), chin. Lyriker, † Li Po.

litauische Literatur, die sehr reiche Volksdichtung (lyr. Lieder [† Dainos], Märchen und Sagen) wurde nur mündlich tradiert und erst in der z. T. von polnisch schreibenden Literaten im frühen 19. Jh. angeregten ›litauanist. Bewegung‹ wieder entdeckt. Im Zuge der **Reformation und Gegenreformation** schufen Geistliche beider Konfessionen ein vielseitiges Schrifttum, das jedoch erst um 1800 in der Lyrik von A. Strazdas und v. a. in dem Epos ›Die Jahreszeiten‹ (hg. 1818, dt. 1869) des ev. Pfarrers K. Donelaitis künstler. Niveau erreichte. Die weitere Entwicklung im **19. Jahrhundert** wurde durch das Verbot der russ. Regierung, litauische Schriften mit lat. Lettern zu drucken (1864), gehemmt. Ein Ausweg wurde durch Verlegung des Druckes ins preuß. Tilsit gefunden, wo auch 1883–86 die erste Zeitschrift ›Auśra‹ (= Morgenröte) erschien, in der u. a. eine einheitl. litauische Schriftsprache erarbeitet wurde. In die romantisch-heroisierende Verklärung der Vergangenheit drangen immer mehr polit. und sozialkrit. Töne ein, sogar bei dem bedeutendsten romant. Lyriker Maironis, erst recht in die realist. Prosa von Vincas Kudirka (* 1858, † 1899), Źemaitė, Pelėda Lazdynų, Śatrijos Ragana (* 1877, † 1930) u. a. Die Aufhebung des Druckverbotes 1904 und die **Revolution von 1905** ermöglichten die Entwicklung einer immer reicheren und eigenständigeren Literatur, die in der **Zeit der Eigenstaatlichkeit** (1918–40) ihre volle Entfaltung fand. Als Klassiker der litauischen Prosa gilt V. Krėvė-Miekievičius, daneben Vaižgantas, P. Cvirka, Jurgis Savickis (* 1890, † 1952), Putinas, J. Grušas, der auch als Dramatiker hervorgetreten ist, und I. Simonaitytė. Eine bes. Bedeutung kommt der Lyrik zu, in der nach J. Baltrušaitis, der den russ. und frz. Symbolismus populär machte, überzeugende und eigen-

willige Talente in J. Aistis, S. Nėris und B. Brazdžionis auftraten, während das Drama sich neben den anderen literarischen Sparten langsamer entwickelte. B. Sruoga schrieb Versdramen aus der nat. Vergangenheit, V. Vydūnas mystisch-allegor. Weihespiele. Die zweite und bisher endgültige Besetzung Litauens durch die Sowjetarmee 1944 zwang einen großen Teil der Schriftsteller zur Emigration, so daß man seitdem eigentlich von zwei l. L.en sprechen müßte, zumal die Emigranten in den USA ein zahlreiches Publikum von früher ausgewanderten Landsleuten vorfanden.
In der **Litauischen SSR** wurde die Literatur zunächst der Doktrin des sozialist. Realismus unterworfen, die nach 1956 gelockert wurde, so daß wieder eine lebendigere Dichtung entstehen konnte, in der ästhet. Werte und ein regeres Problembewußtsein zur Geltung kamen und auch eine gewisse Aufwertung der litauischen Vergangenheit und volkstüml. Traditionen. Neben Cvirka und Neris, die immer zum linken Flügel gehört hatten, kamen zunächst auch einige ›bürgerl.‹ Autoren wie Putinas und A. Vienuolis zu Wort, daneben in zunehmender Zahl neue Talente, so in der Lyrik E. Mieželaitis, die originelle Julija Vaičiunaitė (* 1937), J. M. Marcinkevičius, der auch Erzählungen und Dramen schreibt, Janina Degutytė (* 1928, † 1990), Sigitas Geda (* 1943). Bed. Erzähler sind: J. Avyžius, V. Bubnis, M. Sluckis, Vytautė Žilinskaitė (* 1930), Ramunas Klimas (* 1945), Saulis Tomas Kondrotas (* 1953), der auch Dramen und Drehbücher verfaßt. Als Dramatiker ist neben Grušas bes. Kazys Saja (* 1932) zu nennen, der dem Theater neue Impulse verleihen konnte.
In der **Emigration** hat zunächst die Gruppe um die Zeitschrift ›Žemė‹ (= Erde) mit dem Erzähler und Dramatiker Antanas Škėma (* 1911, † 1961) und den Lyrikern Alfonsas Nyka-Niliūnas (* 1919) und K. Bradūnas viel zur Erhaltung einer traditionsbewußten und doch modernen Dichtung beigetragen. Als Lyriker sind noch hervorzuheben: Aistis, Anatolijus Kairys (*1914), der auch als Dramatiker bekannt ist, Henrikas Nagys (* 1920), u. a. auch ein hervorragender

Übersetzer dt. Lyrik, Vladas Šlaitas (* 1920) und H. Radauskas. Im Laufe der Zeit treten mehr und mehr Probleme der Gegenwart und allgemein menschl. Fragen nach dem Sinn des Lebens und des Todes in den Vordergrund, so bei Julija Švabaitė (* 1921), Jonas Mekas (* 1922), Algimantas Mackus (*1932, † 1964), Vitalija Bogutaitė (* 1934), Marija Jurgita Saulaitytė (* 1941). Interessante Experimente liefert der Dramatiker und Erzähler Algirdas Landsbergis (* 1925) sowie Kostas Ostrauskas (* 1926) mit seinem absurden Theater.
Das Jahr 1991 brachte die staatl. Unabhängigkeit Litauens und die Hoffnung auf ein Zusammenwachsen der litauischen Exilliteratur und der Literatur in Litauen.
Literatur: MAUCLÈRE, J.: Panorama de la littérature lithuanienne contemporaine. Paris 1938. – VAIČIULAITIS, A.: Outline history of Lithuanian literature. Chicago (Ill.) 1942. – Lietuvių literatūros istorija. Hg. v. K. KORSAKAS. Wilna 1957–68. 4 Bde. in 5 Bden. – RUBULIS, A.: Baltic literature. Notre Dame (Ind.) 1970. – ŠILBAJORIS, R.: Die l. L. In: Moderne Weltlit. Hg. v. G. VON WILPERT u. I. IVASK. Stg. 1972. – MACEINA, A.: Die l. L. In: Die Literaturen der Welt. Hg. v. W. VON EINSIEDEL. Herrsching 1981. – † auch lettische Literatur.

Literarhistoriker (Literaturhistoriker), Erforscher der Geschichte einzelner Nationalliteraturen, auch einzelner literar. Gattungen und/oder Epochen.

literarische Fälschungen, der in der Literatur nicht seltene Versuch, das Publikum durch die Angabe eines falschen Verfassers zu täuschen, kann aus verschiedenen Motiven erfolgen: aus gelehrter Eitelkeit oder aufgrund der Vorliebe für einen bestimmten Schriftsteller oder eine bestimmte Zeit. So gab man bes. seit der Zeit des Humanismus die Auffindung angeblich bislang verschollener Handschriften oder ganzer Werke vergangener Epochen bekannt. Eine für die Literatur des Sturm und Drang und die gesamte europ. Romantik bedeutsame Fälschung waren J. Macphersons ›Fragments of ancient poetry, collected in the highlands of Scotland‹ (1760), die er als Dichtungen eines blinden Barden Ossian ausgab und mit denen er wesentlich zur Mittelalterbegeisterung und -mode in der ersten Hälfte des 19. Jh.

beitrug. Eine Verfassergruppe um den Tschechen V. ↑Hanka fälschte die ↑›Königinhofer Handschrift‹ (1817) und die ›Grünberger Handschrift‹ (1818), um die Existenz einer alten tschech. Heldenepik vorzutäuschen. Ein weiteres Motiv ist die Absicht, Gegner zu parodieren oder zu verunglimpfen, und schließlich versuchten unbekannte Schriftsteller, ihren Werken größere Beachtung zu sichern, indem sie sie mit den Namen zugkräftiger Autoren in Verbindung brachten. Nicht als literarische Fälschung anzusehen ist die Wahl eines ↑Pseudonyms, die Angabe fingierter Quellen im Dienste der literarischen Fiktion und die Nennung eines falschen Autors aus Freude am literarischen Versteckspiel. – ↑auch Plagiat.

Literatur: FARRER, J. A.: Literary forgeries. London u. a. 1907. – SCHÜLLER, S.: Fälscher, Händler und Experten. Mchn. 1959. – QUERCU, M. (= H. Eich, G. Matthias): Falsch aus der Feder geflossen. Lug, Trug und Versteckspiel in der Weltliteratur. Mchn. 1964. – HAYWOOD, I.: The making of history. A study of the literary forgeries of James Macpherson and Thomas Chatterton ... Rutherford (N. J.) 1980.

literarische Gesellschaften, Vereinigungen zur Pflege und Verbreitung von Literatur und zur Förderung und Diskussion ihrer wiss. Erforschung. Während vor dem 19. Jh. die l. G. ihr Interesse *allgemein* der Literatur und Sprache zuwandten, entstanden seither auch l. G., die sich dem Werk *eines* Dichters bzw. der durch ihn repräsentierten Epoche widmen. Wichtige l. G. sind die Dt. ↑Shakespeare-Gesellschaft, die ↑Goethe-Gesellschaft in Weimar, die Dt. ↑Schillergesellschaft (gegr. 1895, Marbach am Neckar) und die ↑Dante-Gesellschaften.

Literarisches Colloquium Berlin (LCB), gegr. 1963, ehrenamtl. geschäftsführende Direktoren W. Höllerer (bis 1981), H. Hartung (bis 1986), K. Riha (bis 1987), seitdem N. Miller; Geschäftsleiter W. Höllerer (bis 1985), seitdem U. Janetzki. Das LCB entstand aus der von W. Höllerer inspirierten Reihe ›Literatur im techn. Zeitalter‹ (Winter 1959/60 bis Winter 1961/62), für die viele internat. bekannte Autoren nach Berlin kamen. In den Anfangsjahren durch die Ford-Foundation unterstützt, bis heute mit der TU Berlin kooperierend, entfaltete das LCB eine Fülle von Aktivitäten, die einem erweiterten Literaturbegriff entsprechen, der Literatur, Film und Fotografie miteinander in Beziehung setzt: Lesereihen, Autorentreffen, Workshops (Prosaschreiben), Tagungen (u. a. Tagung der Gruppe 47, Döblin-Preis-Verleihung, Berliner Tage der Literaturkritik), internat. Ausstellungen (Welt aus Sprache, 1972), Publikationen (LCB-Reihe, Zeitschrift ↑›Sprache im Technischen Zeitalter‹), Filme (u. a. literar. Städteprofile), Autorenfotos und Fotoausstellungen.

literarische Welt, Die, von W. Haas und E. Rowohlt 1925 in Berlin gegründete literatur- und kulturkrit. Wochenschrift im Zeitungsformat, bis März 1933 von W. Haas geführt, ab April 1934 (bis Anfang 1941) u. d. T. ›Das Dt. Wort‹ fortgesetzt.

Ausgabe: Die l. W. Gegr. v. E. Rowohlt. Hg. v. W. HAAS. Bln. 1925–33. 9 Bde. Nachdr. Nendeln 1973–74. 9 Bde. u. Index-Bd.
Literatur: HAAS, W.: Die l. W. Neuausg. Ffm. 1983.

literarische Zeitschriften (Literaturzeitschriften), period. Publikationen, die eingeteilt werden in: 1. literar. Fachzeitschriften mit philologisch-literaturwiss. Forschungsergebnissen und Rezensionen literaturwiss. Werke, 2. Zeitschriften mit literar. Originalbeiträgen, 3. ausschließlich Berichts- und Rezensionsorgane literar. Neuerscheinungen. Dem 2. und 3. Typus gehören auch die Feuilletons und Literaturbeilagen der großen Tages- und Wochenzeitungen an.

Geschichte: Nach den von Ch. Thomasius hg. ›Monatsgesprächen‹ (1688/89) gewannen die l. Z. im 18. Jh. vor allen Dingen durch Anregungen aus England und Frankreich rasch an Bedeutung (über 300); sie entwickelten sich, eingeleitet durch die von J. Ch. Gottsched herausgegebene Zeitschrift ›Beyträge zur Critischen Historie der Deutschen Sprache, Poesie und Beredsamkeit‹ (1732 bis 1744) und dann v. a. durch G. E. Lessing zu Trägern der Literaturkritik. Einflußreich und weit verbreitet waren als wiss. Rezensionsorgan die noch heute bestehenden ›Göttingischen Gelehrten Anzeigen‹, Ch. F. Nicolais ›Bibliothek der schönen Wissenschaften und der freyen

Künste‹ (1757–59, 1759–1806 u. d. T.
›Neue Bibliothek der schönen Wissenschaften‹) und die ›Allgemeine Deutsche
Bibliothek‹ (1765–92, 1793–1805 u. d. T.
›Neue Allgemeine Dt. Bibliothek‹), ferner das ›Dt. Museum‹ (1776–88,
1789–91 u. d. T. ›Neues Dt. Museum‹)
und, als Rezensionsorgan des Sturm und
Drang, einige Jahrgänge der ›Frankfurter gelehrten Anzeigen‹. Führende l. Z.
der Weimarer Klassik waren Ch. M. Wielands Monatsschrift ›Der Teutsche Merkur‹ (1774–89; 1773 gegr. als ›Der Deutsche Merkur‹; 1790–1810 fortgeführt
u. d. T. ›Der Neue Teutsche Merkur‹),
die ›Allgemeine Literatur-Zeitung‹
(1785–1849) und Schillers ›Horen‹
(1795–97). Die programmat. Zeitschrift
der romant. Bewegung war das ›Athenaeum‹ (1798–1800) der Brüder A. W.
und F. Schlegel.
Aus diesen Ansätzen entstanden im
19. Jh. die wiss. literar. Zeitschriften. Von
den zahlreichen l. Z., Almanachen und
Taschenbüchern des 19. Jh. sind die lang-
lebigen ›Blätter für literarische Unterhaltung‹ zu nennen, ferner die ›Dt. Rundschau‹ (1874–1942; 1945–64) und die
›Freie Bühne für modernes Leben‹ (1890,
ab 1894 ›Neue dt. Rundschau‹, seit 1904
›Die neue Rundschau‹). Neben diesen
beiden alten literar. Strömungen offenen
l. Z. waren die kurzlebigen Programm-
zeitschriften des Naturalismus bedeutsam (u. a. ›Die Gesellschaft‹ von M. G.
Conrad, 1895–1902) oder die l. Z. des Jugendstils (›Jugend‹, 1896–1940, u. a.).
Im 20. Jh. stieg die Zahl der l. Z. nochmals an; jedoch war durch die immer
stärker werdende politisch-weltanschaul.
Ausrichtung bis etwa 1930 die Zahl der
rein l. Z. rückläufig. Diese Ausrichtung
zeigt sich seit etwa 1918 in den wichtigsten l. Z. des Expressionismus
(›Der Sturm‹, 1911–32; ›Die Aktion‹,
1911–32; ›Die weißen Blätter‹, 1913–20)
ebenso wie in den konservativen Orga-
nen (›Der Kunstwart‹, 1887–1937; ›Die
schöne Literatur‹, 1900–30, 1931–43
u. d. T. ›Die neue Literatur‹). Neutrale
literar. Informationsblätter waren ›Das
literar. Echo‹ (1898–1929, 1930–44
u. d. T. ›Die Literatur‹) und ›Der neue
Merkur‹ (1914–25). Eine unabhängige literar. Zeitschrift blieb ›Die literar. Welt‹

(1925–41, ab 1934 u. d. T. ›Das Dt.
Wort‹); eine Sonderstellung nahm das
kath. ›Hochland‹ ein (1903–41; neu gegr.
1946, 1972–74 u. d. T. ›Neues Hochland‹). – Gegenwärtig gibt es rund 120
deutschsprachige l. Z. (u. a. ›Sinn und
Form‹ [seit 1949; gegr. in der DDR],
›Sprache im Techn. Zeitalter‹ [seit 1954],
›Akzente‹ [seit 1954], ›die horen‹ [seit
1955], ›Text und Kritik‹ [seit 1963],
›Kursbuch‹ [seit 1965], ›Tintenfisch‹ [seit
1968], in Österreich ›Literatur und Kritik‹ [seit 1955], ›manuskripte‹ [seit 1960],
in der Schweiz ›Schweizer Monatshefte‹
[seit 1921]). – Vergleichbar mit der Entwicklung im deutschsprachigen Raum
entfalteten sich international die l. Z. in
Italien, Portugal, Rußland, Spanien und
Lateinamerika zunächst ebenfalls in der
Tradition der Aufklärung, wenn auch mit
einigen Brüchen und Verzögerungen.

Literatur: *Deutschland:* PROSS, H.: Lit. u. Politik. Gesch. u. Programme polit.-literar. Zss. im
dt. Sprachgebiet seit 1870. Olten u. Freib.
1963. – SCHLAWE, F.: L. Z. 1885–1910. Stg.
²1965. – SCHLAWE, F.: L. Z. 1910–1933. Stg.
²1973. – KING, J. K.: L. Z. 1945–1970. Stg.
1974. – HOCKS, P./SCHMIDT, PETER: Literar. u.
polit. Zss. 1789–1805. Stg. 1975. – WILKE, J.: L.
Z. des 18. Jh. (1688–1789). Stg. 1978. 2 Bde. –
ESTERMANN, A.: Die dt. Literatur-Zeitschriften
1850–1880. Mchn. u. a. 1988 ff. Auf 5 Bde. berechnet (bisher 1 Bd. erschienen). – KUHLES, D.:
Dt l. Z. von der Aufklärung bis zur Romantik.
Mchn. 1994 ff. – *England:* ROLL-HANSEN, D.:
The Academy 1869–1879. Victorian intellectuals in revolt. Kopenhagen 1957. – GROFFY,
CH.: Die Edinburgh Review 1802–1825. For-
men der Spätaufklärung. Hdg. 1981. – British
literary magazines. The Augustan age and the
age of Johnson, 1698–1788. Hg. v. A. SULLIVAN.
Westport (Conn.) 1983. – STUERZER, V.: Journa-
lismus und Lit. im frühen 18. Jh. Die literar.
Beitr. in Tatler, Spectator und den anderen
Blättern der Zeit. Ffm. u. a. 1984. – FRYCKSTEDT,
M. C.: Geraldine Jewsbury's Atheneum Re-
views. A mirror of Mid-Victorian attitudes to
fiction. Uppsala 1986. – *Frankreich:* WAG-
NER, J.: Marmontel journaliste et le Mercure de
France, 1725–1761. Grenoble 1975. – BROGLIE,
G. DE: Histoire politique de la Revue des Deux
Mondes de 1829 à 1979. Paris 1979. – ASSOU-
LINE, P.: Gaston Gallimard. Un demi-siècle
d'édition française. Paris 1984. – SCHOCKEN-
HOFF, A.: Henri Albert und das Deutschland-
Bild des Mercure de France. Ffm. u. a. 1986. –
UNGER, J. M.: Choix Littéraire, 1755–1760.
Eine Genfer Zeitschrift des 18. Jh. Köln 1986. –
Italien: HOEGES, D.: Aufklärung und die List
der Form. Zur Zeitschrift Il Caffè und zur Stra-

tegie italien. und frz. Aufklärung. Krefeld 1978. – BERTACCHINI, R.: Le riviste del Novecento. Introduzione e guida allo studio dei periodici italiani. Storia, ideologia e cultura. Florenz 1979. – RICORDA, R.: La Nuova Antologia 1866–1915. Letteratura e ideologia tra otto e novecento. Padua 1980. – LANGELLA, G.: Il secolo delle riviste. Lo statuto letterario del Baretti a Primato. Mailand 1982. – MONDELLO, E.: Gli anni delle riviste. Le riviste letterarie dal 1945 agli anni ottanta. Con un repertorio di 173 periodici. Lecce 1985. – *Polen:* STANKOWSKA, H.: Literatura i krytyka w czasopismach Wielkiej Emigracji (1832–1848). Breslau 1973. – SŁOMKOWSKA, A.: Prasa w PRL. Warschau 1980. – *Portugal:* CUNHA, J. DE MELO: Para a história da Presença. Determinação e implicaçoes de uma PréPresença. Diss. Lissabon 1965. – ANSELMO, A.: Origens da imprensa em Portugal. Lissabon 1981. – *Rumänien:* Platon, M.: Dacia Literară – destinul unei reviste, viaţa unei epoci literare. Jassy 1974. – RĂDIUCĂ, G./RĂDUICĂ, N.: Calendare şi almanahuri româneşti (1731–1918). Dicţionar bibliografic. Bukarest 1981. – *Rußland/Sowjetunion:* BERKOV, P. N.: Istorija russkoj žurnalistiki 18 veka. Moskau 1952. – RICHARDSON, R. H.: Zolotoe Runo‹ and Russian modernism 1905–1910. Diss. Berkeley (Calif.) 1976. – STAŃKO, A. I.: Russkaja periodičeskaja pečat' 18 veka. Rostow 1979. – FRANKEL, E. R.: ›Novyj mir‹. Cambridge 1981. – *Skandinavien:* RUNNQUIST, Å.: Litterära tidskrifter 1920–1960. Stockholm 1964. – *Spanien:* GÓMEZ APARICIO, P.: Historia del periodismo español. Madrid 1971–74. 2 Bde. – CASTAÑÓN, J.: La crítica literaria en la prensa española del siglo XVIII (1700–1750). Madrid 1973. – GUIMARD, P.-J.: La presse espagnole de 1737 à 1791. Formation et signification d'un genre. Paris 1973. – RUBIO, F.: Las revistas poéticas españoles (1939–1975). Madrid 1976. – CAZOTTES, G.: La presse périodique madrilène entre 1871 et 1885. Montpellier 1982. – *Tschechoslowakei:* BRTÁŇ, R.: Slovenskí novinári a publicisti (1700–1850). Preßburg 1971. – Čítanka české literární kritiky. Hg. v. F. BURIÁNEK. Prag 1974. – Marksistskaja literaturnaja kritika v Čechoslovakii. 20–30e gody. Moskau 1975. – HRZALOVÁ, H.: Spoluvytváŕet skutečnost. Prag 1976. – Literatura i vremja. Literaturno-chudožestvennaja kritika v ČSSR. Moskau 1977. – ŠERLAIMOVA, S./BOGDANOV, J.: Formovanie marxistskej literárnej kritiky v Československu. Preßburg 1977. – *USA:* COONEY, T. A.: The rise of the New York intellectuals. Partisan Review and its circle. Madison (Wis.) 1968. – FREE, W. J.: The Columbia Magazine and American literary nationalism. Den Haag 1968. – JANSSENS, G.: The American literary review. A critical history, 1920–1950. Den Haag 1968. – CHIELENS, E. E.: The literary journal in America to 1900. A guide to information sources. Detroit (Mich.) 1975. – PHILIPS, W.: Partisan View. Fire decades of the literary life. Briarcliff Manor (N. Y.) 1984.

Literarkritik, literaturwiss. Verfahren v. a. der bibl. Exegese, mit dem die durch Wortwahl, Syntax, Stil u. a. unterschiedenen Quellen eines Textes isoliert werden, um eine Geschichte seiner Entstehung zu rekonstruieren. – ↑ auch Literaturkritik.

literarkritische Schule, Gruppe von ev. Theologen (Ende des 19./Anfang des 20. Jh.), die sich durch das gemeinsame Interesse an der Erforschung der literar. Quellen und der Textgeschichte von AT und NT auszeichneten. Im Unterschied zur religionsgeschichtl. Schule stützte sich die l. Sch. weitgehend auf den isolierten kanon. Bibeltext und berücksichtigte kaum die religiöse Umwelt der Texte. Der bedeutendste Vertreter war Julius Wellhausen (* 1844, † 1918). Wichtige Bibelkommentare und die Begründung der ›Zeitschrift für die alttestamentl. Wiss.‹ (1881 ff.) sowie der ›Zeitschrift für die neutestamentl. Wiss.‹ (1900 ff.) sind ihr Verdienst.

Literatur, für eine Öffentlichkeit bestimmter intentionaler Ausdruck eines allgemein historisch (politisch, sozial, kulturell) und individualgeschichtlich bedingten Bewußtseinszustandes nach vorgegebenen Regeln (Grammatik, Poetik, Rhetorik; Ästhetik), empirisch begründeten oder experimentell-spontanen Verfahrensweisen in einer intersubjektiv vermittelbaren sprachlichen Form. – **Historisch** leitet sich der Begriff L. von lat. ›litteratura‹ (zu ›littera‹ = Buchstabe) im Sinne von ›(Buchstaben-)Schrift‹ (Cicero), ›Alphabet‹ (Tacitus), ›Sprachunterricht‹ (Seneca), ›Sprachkunst‹ (Quintilian, Diomedes) her, der als Lehnübersetzung von griech. ›grammatikē‹ (zu ›grámma‹ = Buchstabe) gebildet wurde. Auf der Überlegung fußend, daß die Kenntnis von Buchstaben Lesen und Schreiben und damit den Zugang zu Bildung und Überlieferung ermöglicht, weitet sich ›litteratura‹ bereits bei den Kirchenvätern (Hieronymus, Tertullian) zu den Bedeutungen ›nach einem bestimmten Ordnungsprinzip erworbene Kenntnisse‹, ›Gelehrsamkeit› und ›heidnische L.‹ (im Gegensatz zur christl. ›scriptura, -ae‹) aus. Für das MA ist mlat. ›litteratura‹ auch die gelehrte lat. Sprache (im Gegensatz zu den Volkssprachen). Die humanist. Beschäftigung mit der Antike stabilisiert die Bedeutung ›Bildung‹, die sich in der 2. Hälfte des 18. Jh. in England (S. Johnson) und in Frankreich (Voltaire) zu ›Gemeinschaft der Gebildeten‹ und in Frankreich auch zu ›Status des Schriftstellers‹, um 1750 herum aber bereits zur Benennung für eine bestimmte Textmenge (›ouvrages de l'esprit‹) hin entwickelt; im deutschsprachigen Raum erscheint L. in dieser Zeit bei F. Nicolai und G. E. Lessing (›Briefe, die neueste Litteratur betreffend‹, 1759–65) als Bez. für ›Sekundärliteratur‹, ›Bibliographie‹; zwischen 1770 und 1780 gewinnt das Wort schließlich seine moderne Bedeutung (z. B. G. Tiraboschi, ›Storia della letteratura italiana‹, 1772). Die das 19. Jh. kennzeichnende umfassende Bedeutung von L. hat somit ihre Wurzeln in der Zeit der Aufklärung und ist zugleich mit von den Erwägungen der Brüder F. und A. W. Schlegel geprägt, für deren Verbreitung Madame de Staël bes. in ihrer Schrift ›Über Deutschland‹ (1810, dt. 1814) gesorgt hat, nachdem sie sich bereits 1800 in der Abhandlung ›Über Literatur in ihren Verhältnissen mit den gesellschaftl. Einrichtungen und dem Geist der Zeit‹ (1800, dt. 1804) zu dem neuen L.begriff unter soziolog. Aspekt geäußert hatte. In den 30er und 40er Jahren des 19. Jh. nimmt L. auch unter dem Einfluß der Philosophie G. W. F. Hegels die Konnotation von schöngeistiger, schöpfer., ästhetisch-künstler. Hervorbringung an. Von ihrem Ursprung her eminent in der Schriftlichkeit begründet, verliert L. in den 30er Jahren des 20. Jh. u. a. durch die Homerforschungen von Milman Parry (›L'épithète traditionnelle dans Homère‹; ›Les formules et la métrique d'Homère‹, beide 1928) und die Untersuchungen zur jugoslaw. Epik von M. Murko (›La poésie populaire épique en Yougoslavie au début du XXᵉ siècle‹, 1929) als ›orale L.‹ dieses genuine Definitionsmerkmal durch die Einbeziehung mündlich überlieferter Texte (↑Mündlichkeit). Es scheint, daß diese Öffnung des Begriffes mit zur Fortune der literaturnost' (= Literaturhaftigkeit)-Vorstel-

lung der russ. Formalisten und ihrer Nachfolger (›littérarité‹ und ›Literarizität‹) beigetragen hat, die auf die Formulierung einer literaturimmanenten Spezifität zur Kennzeichnung des Literarischen an sich zielt. – Die **systematische Definition von Literatur** prägt bis in die Neuzeit der Gegensatz zwischen Texten in gebundener Sprache (›Poesie‹, ›Dichtung‹) und Prosatexten, deren theoret. Differenz in Poetiken (z. B. Aristoteles, Horaz, Scaliger) und Rhetoriken (z. B. Aristoteles, Cicero, Quintilian, F. Sansovino [* 1521, † 1583]) formuliert wurde. Diese Unterscheidung signalisierte zugleich eine Wertehierarchie; ihr bereitet das 19. Jh. durch das Aufbrechen von Gattungsgrenzen (z. B. Prosagedicht) ein Ende. Die drei Großgattungen ↑Lyrik, ↑Epik, ↑Drama gliedern darüber hinaus die L., die die ältere Literaturgeschichtsschreibung noch um den Bereich der Sach-L. erweiterte; dies wird noch aus der Berücksichtigung von historiograph., polit., (natur-)wissenschaftl., philosoph. und theolog. Texten in den großen Literaturgeschichten des 19. und beginnenden 20. Jh. deutlich. Das vorliegende Lexikon schlägt in der Lösung dieser Frage einen Mittelweg ein, indem es die Kriterien für die Artikelauswahl vom Altertum bis in die Gegenwart zunehmend einschränkt, so daß schließlich nur noch Vertreter der literaturkrit. Essayistik neben Lyrikern, Epikern und Dramatikern aufgenommen werden. Die Konzentration der Bedeutung von L. im Sinne der Eingangsdefinition ist mit einiger Sicherheit nicht nur der Tendenz zu immer größerer Spezifizierung von Gattungsausformungen im Rahmen der erwähnten Großgattungen zu verdanken, die formal und inhaltlich im Bereich der Lyrik am frühesten zu beobachten ist und die vor allem seit dem 19. Jh. zunehmende Prosafiktion kennzeichnet, sondern auch dem Verfahren zuzuschreiben, den L.begriff selbst durch rang- oder inhaltszuweisende Ergänzungen hermeneutisch zu delimitieren (↑Kriminalliteratur, ↑Trivialliteratur, ↑Untergrundliteratur, ↑Unterhaltungsliteratur; polit., religiöse, biograph. L. usw.).

Literatur: VALÉRY, P.: Introduction à la poétique. Paris 1938. – BURKE, K.: The philosophy

of literary form. Baton Rouge (La.) 1941. Dt.
Übers. u. d. T. Dichtung als symbol. Handlung.
Ffm. 1966. – REYES, A.: El deslinde. Prolegóme-
nos a la teoría literaria. Mexiko 1944. –
TORRE, G. DE: Problemática de la literatura.
Buenos Aires 1951. – CROCE, B.: Poesia e non
poesia. Bari ⁷1964. – TODOROV, T.: Les genres du
discours. Paris 1978. – ARNTZEN, H.: Der Lit.-
Begriff. Gesch., Komplementärbegriffe, Inten-
tion. Münster 1984. – SARTRE, J.-P.: Was ist Lite-
ratur? Dt. Übers. Neuausg. Rbk. 17.–19. Tsd.
1986. – BATAILLE, G.: Die Lit. u. das Böse. Dt.
Übers. Mchn. 1987. – KOCH, W. A.: The roots of
literature. Bochum 1993. – ↑ auch Ästhetik,
↑ Poetik, ↑ Dichtung, ↑ Mimesis, ↑ Literaturkritik,
↑ Literaturwissenschaft.

Literaturarchiv, Archiv, das der
Sammlung, Erhaltung, Erschließung und
z. T. auch Auswertung literar. Dokumente wie Dichterhandschriften, Erst-
drucke und Erstausgaben, Bilder usw.
dient. L.e entwickelten sich im 19. Jh. als
Sonderabteilungen in großen Bibliothe-
ken, im 20. Jh. auch als Bestandteil eines
Dichtermuseums oder als selbständige
Institutionen. Bed. L.e sind das Goethe-
und Schiller-Archiv (↑ Nationale For-
schungs- und Gedenkstätten der klassischen deutschen Literatur in Weimar),
das ↑ Schiller Nationalmuseum/Deut-
sches L. und das L. des Freien Deutschen
Hochstifts – Frankfurter Goethe-Mu-
seum.

Literaturatlas, Sammlung graph.
und bildl. Darstellungen zur Literatur;
1. geograph. Karten, die u. a. Herkunfts-
und Wirkungsorte, Reiserouten einzelner
Schriftsteller, Zentren literar. Strömungen usw. verzeichnen, 2. Werktabellen,
Diagramme u. a. schemat. Darstellungen,
Zahlenmaterial zu literar. Entwicklungen, 3. Bilddokumente, z. B. Faksimiles
von Handschriften, Drucken oder Illustrationen zu einzelnen Werken, Porträts
der Schriftsteller.

Literaturbriefe, literaturtheoret. und
literaturkrit. Erörterungen, bes. der ↑ Literaturkritik des 18. Jh. in Form von Briefen. Zuerst von J. J. Bodmer verwendet
(›Brief-Wechsel von der Natur des poet.
Geschmackes‹, 1736), dann von F. Nicolai in den ›Briefen über den jetzigen Zustand der schönen Wissenschaften in
Deutschland‹ (1755) und v. a. von G. E.
Lessing in dessen periodisch erscheinenden ›Briefen, die neueste Litteratur be-

treffend‹ (1759/60, bis 1765 fortgeführt
von F. Nicolai), außerdem u. a. von H. W.
von Gerstenberg (›Briefe über Merkwürdigkeiten der Literatur‹, 3 Bde., 1766–70)
und J. G. Herder (›Auszug aus einem
Briefwechsel über Ossian‹, 1773; ›Briefe
zur Beförderung der Humanität‹,
10 Bde., 1793–97). – Mit ihrer Mischung
von Mitteilungen über die Pariser Gesellschaft, den frz. Hof sowie v. a. die zeit-
genössische Kunst und Literatur Frankreichs erlangte die ›Correspondance littéraire, philosophique et critique‹, 1753
bis 1773 hg. von F. M. von Grimm, bis
1813 fortgeführt von J. H. Meister, großen Einfluß an als aufgeklärt geltenden
europäischen Höfen (u. a. Polen, Preu-
ßen, Rußland, Schweden).

Literaturgeschichte, Teilbereich
der ↑ Literaturwissenschaft. Die Hauptaufgabe der L. war zu allen Zeiten die
Registrierung der überlieferten Literatur
in der Abfolge ihres Erscheinens. Dabei
trug die L. schon früh durch eine wer-
tende Selektion zur Bildung eines Kanons klassisch-vorbildl. Werke bei. Von
entscheidender Bedeutung für die L. war
die Entdeckung der Historizität und des
nat. Charakters von Literatur seit dem
Ende des 17. Jh. (↑ Querelle des anciens et
modernes); die L. sah ihre Aufgabe nun
v. a. darin, die Entwicklung der einzelnen
Nationalliteraturen zwar auch im Rahmen ihrer interkulturellen Verflechtungen, v. a. jedoch im Hinblick auf ihre nat.
Eigentümlichkeiten im Kontext der nat.
Geschichte darzustellen. Ihre wesentl.
Funktion war die Aufarbeitung und Aneignung der literar. Tradition mit dem
Ziel, das Selbstverständnis der eigenen
Zeit historisch zu begründen. In der Perspektive eines evolutionist. Literaturverständnisses wurde dann nach dem je
eingenommenen (geschichtsphilosoph.)
Standpunkt die literar. Entwicklung unterschiedlich erklärt und bewertet. Innerhalb der entwicklungsgeschichtl. Theorien lassen sich evolutionäre und zykl.
Verlaufsmodelle unterscheiden. Ins Vokabular der ersteren gehören Begriffe
wie Modernität, Zeitgemäßheit, Progres-
sivität, Avantgarde, ins Vokabular der
letzteren die Idee einer Wiederkehr des
Gleichen, des Entstehens und Reifens,
der Blütezeit und des Verfalls. Im 19. Jh.

führten dann Vorbehalte gegenüber geschichtsphilosoph. Gesamtkonzepten zur literaturgeschichtl. Darstellung einzelner Epochen, die als historisch geschlossene Einheiten betrachtet wurden. Zugleich wandte sich die L. der geschichtl. Darstellung einzelner literar. Gattungen zu. Nachdem im 20. Jh. das Interesse an der L. innerhalb der Literaturwiss. etwas in den Hintergrund getreten war, tritt sie heute unter dem Aspekt wirkungs- bzw. rezeptionsgeschichtlichen Fragestellungen wieder stärker in den Mittelpunkt. Diesen Ausführungen entsprechend läßt sich die Geschichte der L. in drei unterschiedlich große Zeitabschnitte gliedern: einen ersten, der von der griech. Antike bis in das 16. Jh. reicht, einen zweiten, der sich etwa von 1600 bis 1800 erstreckt, und einen dritten, der in die unmittelbare Gegenwart führt.

1. Anfänge bis etwa 1600: Als Kataloge kanon. Werke finden sich literarhistor. Darstellungen seit der Entstehung der ↑ Philologie; der histor. Aspekt ist bei diesen Werken oft nur eine sekundäre Folge, z. B. von bibliothekar. Bestandsaufnahmen (Kallimachos, 3. Jh. v. Chr., Alexandria) oder Sammlungen mustergültiger Texte im Dienste der Rhetorik und Poetik (Quintilian, 1. Jh. n. Chr.); von weitreichender Bedeutung war die Vitensammlung Suetons ›De viris illustribus‹ (2. Jh.). An sie knüpfte Hieronymus (4. Jh.) mit seinem Werk gleichen Titels an. Dieses für das MA vorbildhafte Werk gilt als erste christl. Literaturgeschichte. Fortgeführt wurde es von Gennadius von Marseille (5. Jh.). Zur systemat. Bereicherung der L. trugen seit dem 8. Jh. die sog. ›Accessus ad auctores‹ (= Zugänge zu den Autoren) bei, in denen im allgemeinen die Biographie eines Einzelautors sowie formale und inhaltl. Aspekte eines seiner Werke für den Lehrgebrauch erläutert wurden. Die bedeutendste lat. Schul-L. des MA ist das ›Registrum multorum auctorum‹ Hugos von Trimberg (1280). Im 13. Jh. finden sich jedoch mit den z. T. Uc de Saint-Circ (* um 1200, † nach 1250) zugeschriebenen Troubadourbiographien (um 1230) erste Anzeichen einer volkssprachl. Literaturgeschichtsschreibung, die über G. Boccaccios Dantebiographie (›Das

Leben Dantes‹, entst. um 1360, gedr. 1477, dt. 1909) zu der manchmal als erste roman. L. bezeichneten Vorrede des Marqués de Santillana zu seinem dichter. Werk (›Proemio e carta al condestable de Portugal‹, entstanden zw. 1445 und 1449, hg. 1779) führt.

2. 1600–1800: Die humanistisch inspirierte Gelehrsamkeit von Renaissance und Barock brachte dann u. a. in England (J. Bale, ›Illustrium maioris Britanniae scriptorum ... summarium‹, um 1550; Ph. Sidney, ›The defence of poesie‹, hg. 1595, auch u. d. T. ›Apologie for poetrie‹), Frankreich (Étienne Pasquier [* 1529, † 1615], ›Des recherches de la France‹, 11 Tle., 1560–1621; Jean de Nostredame [16. Jh.], ›Les vies des plus anciens et célèbres poètes qui ont fleuri du temps des comtes de Provence‹, 1575; C. Fauchet, ›Recueil de l'origine de la langue et poésie française, ryme et romans‹, 1581), Spanien (J. de Mariana [* 1536, † 1624], ›Historiae de rebus Hispaniae libri XXX‹, 1592–1605; F. Cascales, ›Tablas poéticas‹, 1617) und Deutschland (M. Opitz, ›Aristarchus, sive de contemptu linguae teutonicae‹, 1617) literaturgeschichtl. Beiträge hervor, die sich zunehmend um eine umfassende Würdigung der behandelten Autoren und Werke bemühten, bevor das erwachende archivalisch-historiograph. Interesse des ausgehenden 17. Jh. sowie die Erkenntnissuche von Aufklärung und Vorromantik zu enzyklopäd. und interpretierenden Darstellungen aus dem literarhistor. Bereich führten (Nicolás Antonio [* 1617, † 1684], ›Bibliotheca hispana vetus‹, 1672, ›Bibliotheca hispana nova‹, 1696; Daniel Georg Morhof [* 1639, † 1691], ›Unterricht von Der Teutschen Sprache und Poesie‹, 1682, ›Polyhistor, sive de notitia auctorum et rerum commentarii‹, 1688–92; P. Bayle, ›Dictionnaire historique et critique‹, 1696/97; Ludovico Antonio Muratori [* 1672, † 1750], ›Rerum italicarum scriptores‹, 28 Bde., 1723–51, ›Histoire littéraire de la France‹, 1733 ff. [bis 1999 40 Bde. erschienen]; Giovanni Maria Mazzuchelli [* 1707, † 1765], ›Scrittori d'Italia‹, 6 Bde., 1753–63; J. G. Herder, ›Versuch einer Geschichte der Dichtkunst‹, 1765, u. a.).

3. 1800 bis heute: Ab 1800 nahm die Zahl der L.n sowohl unter nationalliterar. als auch unter komparatist. Gesichtspunkten ständig zu. Für *Deutschland* sind in diesem Zusammenhang u. a. die folgenden Autoren und Werke aufzuführen: F. Schlegels Überblicksdarstellung ›Geschichte der alten und neuen Litteratur. Vorlesungen gehalten zu Wien im Jahr 1812‹ (2 Bde., 1815), A. W. Schlegels ›Geschichte der dt. Sprache und Poesie‹ (hg. 1913) und die erste als Lese- und Hausbuch angelegte L. von August Koberstein (* 1797, † 1870) ›Grundriß zur Geschichte der dt. Nationalliteratur‹ (1827, ⁵1872–74 in 5 Bden., hg. von K. Bartsch).
Einen Markstein in der Entwicklung der dt. Literaturgeschichtsschreibung stellte die ›Geschichte der poet. Nationalliteratur der Deutschen‹ (5 Bde., 1835–40, ⁴1853 u. d. T. ›Geschichte der dt. Dichtung‹, ⁵1871–74 hg. von K. Bartsch) des Historikers Georg Gottfried Gervinus (* 1805, † 1871) dar, in der die Literatur in die polit. Geschichte eingeordnet wird. Seit der Mitte des 19. Jh. nahm die Zahl der L.n, z. T. mit popularisierender Tendenz, beträchtlich zu. K. Goedeke schuf mit seinem ›Grundriß zur Geschichte der dt. Dichtung. Aus den Quellen‹ (3 Bde., 1857–81, Nachdr. 1976–79) das grundlegende Nachschlagewerk der dt. Literatur. Ein Höhepunkt der Literaturgeschichtsschreibung ist W. Scherers ›Geschichte der dt. Litteratur‹ (1883, ¹⁶1927; daneben seit 1918 erweitert hg. von O. Walzel, ⁴1928).
Gesamtdarstellungen eines einzigen Verfassers sind seitdem nur noch als Studien- oder Hausbücher (u. a. F. Martini, ›Dt. L. von den Anfängen bis zur Gegenwart‹, 1949, ¹⁸1984) erschienen. Neben die chronolog. Werkbeschreibungen des 19. Jh. treten im 20. Jh. immer mehr Versuche, L. als Geistes- und Problemgeschichte oder, in jüngster Zeit, L. in ihrer soziologisch-ökonom. Abhängigkeit zu erfassen. Gefördert wurde die Literaturgeschichtsschreibung des 20. Jh. v. a. durch zahlreiche Einzeldarstellungen bestimmter Epochen und Gattungen oder durch Gemeinschaftsarbeiten (z. B. die großen Sammelwerke ›Reallexikon der dt. L.‹, begründet von P. Merker und

W. Stammler, 4 Bde., 1925–31, ²1958–84, Bde. 1–3 hg. von W. Kohlschmidt und W. Mohr, Bd. 4 hg. von K. Kanzog und A. Masser; ›Dt. Philologie im Aufriß‹, hg. v. W. Stammler, 3 Bde., 1952–55 und 1 Reg.-Bd. 1952–59, ²1966–69, Nachdr. 1978–79). Gemeinschaftsarbeiten sind u. a. die ›Annalen der dt. Literatur‹ (hg. v. H. O. Burger, 1952, ²1971), die ›Geschichte der dt. Literatur von den Anfängen bis zur Gegenwart‹ von H. de Boor und R. Newald (1949ff., bisher 9 Bde. erschienen).
Neben diesen reinen Abhandlungen finden sich auch v. a. für ein breiteres Publikum gedachte L.n, z. B. das ›Handbuch der Literaturwiss.‹ (hg. von O. Walzel, 25 Bde., 1923–43, Neudruck 1957ff.), das ›Neue Handbuch der Literaturwiss.‹ (hg. von K. von See, 1972ff., auf 25 Bde. geplant, bisher 23 Bde. erschienen) oder ›Kindlers L. der Gegenwart in Einzelbänden‹ (5 Bde., 1971–78) und L.n mit ausführl. Beigaben von Originaltexten (meist für Schulzwecke). In Tabellenwerken wird in gewissem Sinne die Tradition mittelalterl. Register wieder aufgegriffen, z. B. H. A. Frenzel ›Daten dt. Dichtung‹ (2 Bde. 1953, ²1959 von H. A. und E. Frenzel, ²⁸1994).

Literatur: WELLEK, R.: The theory of literary history. In: Études dédiées au Quatrième Congrès de Linguistes. Prag 1936. Neudr. Nendeln/Lichtenstein 1968. – ESCARPIT, R.: Histoire de l'histoire de la littérature. In: Histoire des littératures. Hg. v. R. QUENEAU. Bd. 3: Littératures françaises, connexes et marginales. Paris 1958. S. 1735. – BENJAMIN, W.: L. u. Literaturwiss. In: BENJAMIN: Angelus Norus. Ausgew. Schrr. 2. Ffm. 1966. – KLEIN, A./VOGT, J.: Methoden der Literaturwiss. I: L. u. Interpretation. Düss. 1971. – WELLEK, R.: Kritik u. L. In: WELLEK: Grundbegriffe der Literaturkritik. Dt. Übers. Stg. ²1971. – L. zw. Revolution u. Reaktion. Aus den Anfängen der Germanistik 1830–70. Hg. v. B. HÜPPAUF. Wsb. 1972. – Über Literaturgeschichtsschreibung. Hg. v. E. MARSCH. Darmst. 1975. – SÖRING, J.: L. u. Theorie. Stg. 1976. – WEIMANN, R.: L. u. Mythologie. Ffm. 1977. – BARTHES, R.: Lit. oder Gesch. Dt. Übers. v. H. SCHEFFEL. Ffm. 1981. – WOLFZETTEL, F.: Einf. in die frz. Literaturgeschichtsschreibung. Darmst. 1982 (mit ausführl. Bibliogr.). – JAUSS, H. R.: L. als Provokation. Ffm. ¹⁰1992. – † auch die einzelnen Nationalliteraturen.

Literaturkalender, Verzeichnis biograph. und bibliograph. Daten lebender Schriftsteller; maßgebliches Werk für die deutschsprachige Literatur ist ↑›Kürschners Deutscher Literatur-Kalender‹.

Literaturkonferenz, im Okt. 1986 gegründetes Gremium, zu dem sich der Börsenverein des Dt. Buchhandels, die Dt. Akademie für Sprache und Dichtung, der Dt. Bibliotheksverband, das Dt. P.E.N.-Zentrum und der Dt. Schriftstellerverband mit dem Ziel zusammengeschlossen haben, gegen ›Staatl. Eingriffe in die Literaturfreiheit‹ (so der Titel einer zur Gründung vorgelegten Dokumentation) die ›Belange der Literatur gegenüber der Öffentlichkeit sowie gegenüber Behörden und Institutionen‹ zu vertreten. Gründungssprecher der L. war H.-W. Schwarze, derzeitiger Sprecher ist F. Dieckmann.

Literaturkritik, Behandlung literar. Werke und Stile, bei der die krit. Interpretation, Reflexion und Wertung im Vordergrund stehen. Während sich die L. nach dt. Sprachgebrauch v. a. mit der jeweils zeitgenöss. Literatur auseinandersetzt, damit allerdings auch zur Revision literarhistor. Schulmeinungen beitragen kann, reicht ihr engl. (›literary criticism‹) und frz. (›critique littéraire‹) Äquivalent auch in den Bereich der Literaturwiss. hinüber.
Theorie und Geschichte: Seitdem es in histor. Prozesse eingebettete literar. Äußerungen gibt, begleitet sie eine in gleicher Weise bestimmte L. (u. a. sichtbar an literar. ↑Agonen, z. B. Aristophanes, ›Die Frösche‹, 405 v. Chr., oder an Zoilos' von Amphipolis [* 4. Jh., † um 330 v. Chr.] Homerkritik). Die Kategorien der krit. Auseinandersetzung mit Literatur ergeben sich dabei aus ›ästhetisch‹, ›ethisch‹ oder ›textkritisch‹ orientierten Absichten, sie basieren auf ›Geschmack‹ oder ›Empfindung‹, auf einer umfassenden ›philosoph. Weltdeutung‹ oder auf dem Problem des ›Textverständnisses‹. Durch die Poetik (›Peri poiētikēs‹, Erstdruck lat. um 1475) des Aristoteles gewann die L. ein normatives Fundament, von dem aus sie zu einer Systematisierung ihrer Urteile gelangt. Ihre Grundgedanken nahm Horaz in seiner Poetik (›Epistula ad Pisones‹, 18 v. Chr., später ›Ars poetica‹ genannt, Erstdruck um 1470–73) auf und führt sie weiter aus. Das Wort ›Poetik‹ verweist schon etymologisch auf den techn. Aspekt, der mit diesem Begriff verbunden ist. Aus ihm erklärt sich u. a. die seit der röm. Kaiserzeit zu beobachtende Behandlung literaturtheoret. Probleme im Rahmen der Lehrfächer Grammatik und Metrik; der ›grammaticus‹ ist der Literaturkenner (im Gegensatz zum ›criticus‹, der über sie richtet). Zwei Schriften des Grammatikers A. Donatus (›De partibus orationis ars minor‹; ›Ars grammatica‹) legen von dieser Formalisierung Zeugnis ab, die das gesamte MA bis in die ersten volkssprachl. Dichtungsgrammatiken hinein übernahm (Raimon Vidal de Besalú, ›Razos de trobar‹; Uc Faidit, ›Donatz proensals‹, beide um 1250). Die Literatur wurde entsprechend, wo sie nicht zur Exemplifizierung religiöser Wahrheiten nach den vier Schriftsinnen (↑Hermeneutik) ausgelegt wurde, formal beurteilt. Eine Abweichung vom vorgegebenen Lehrsatz – etwa der Verwendung bestimmter Laut- oder Lautfolgen, Strophenschemata oder Beschreibungstechniken – brachte in vielen Fällen die Verurteilung durch die L. mit sich. Dies änderte sich durch die humanist. Wiederentdeckung der griech. Antike nur graduell, aber nicht prinzipiell. Allerdings entwickelt sich in ihrem Zusammenhang aus den Diskussionen um die aristotel. Literaturtheorie bei M. G. Vida (›De arte poetica‹, 1527), J. C. Scaliger (›Poetices libri septem‹, hg. 1561), L. Castelvetro (›Poetica d'Aristotele vulgarizzata e sposta‹, 1570) u. a. die Poetik der frz. Klassik (›doctrine classique‹) und der von ihr abgeleiteten Klassizismen in den übrigen europ. Literaturen mit den zugehörigen Beurteilungskategorien. Der prakt. Anwendung der normativen Poetik bei der Komposition des literar. Kunstwerkes entspricht also zu bestimmten Zeiten ihre theoret. Ausschöpfung durch die L. – Literaturtheorie allerdings nicht nur im nachhinein fixierte Norm. Bei der Entwicklung der mittelalterl. Literaturen in den Volkssprachen – und nicht nur hier, wie Roman des 17. oder das Prosagedicht des 19. Jh. zeigen – läßt sich beobachten, wie bestimmte neue Formen das überlieferte Gattungsverständnis durchbrechen und im Entwurf die vorhandenen poetolog.

Anschauungen modifizieren. Neben die Norm trat damit von Anfang an die nur aus der Deskription des Werkverlaufs zu erfassende ›ungeschriebene Poetik‹ (R. Poggioli), G. Flauberts ›poétique insciente‹ (= unbewußte Poetik), die im Verlauf der Zeit wiederum normbildend wirken konnte. Für den Literaturkritiker bedeutet dies, daß er sich in einem solchen Fall von der Vorstellung einer ›normativen‹ Epochenpoetik lösen muß, um mit Hilfe seines Instrumentariums ›deskriptiv‹ die Individualpoetik eines Autors oder eines Werkes aufzusuchen, die er darauf zur Grundlage seiner Analyse machen kann. Aus dem Gesagten geht hervor, daß die L. unter einem synchron. Aspekt der Literatur über ihre jeweilige Theorie und deren Konstituenten folgt. Damit finden allgemein die in der Diachronie mögl. unterschiedl. Interpretationen eines literar. Werks ihre Erklärung, speziell die vielfältigen Formen der L., die sich seit dem 19. Jh. herausgebildet haben.

In Deutschland gab es L. auf breiterer Basis jedoch erst in der Aufklärung. Hauptvertreter waren J. Ch. Gottsched (›Versuch einer Crit. Dichtkunst ...‹, 1730) und der Berliner Literatenkreis um den Verleger F. Nicolai (J. G. Sulzer, K. W. Ramler, M. Mendelssohn, G. E. Lessing). Eine Gegenbewegung gegen die überwiegend rationalist. Grundlegung zeichnet sich schon vor der Jahrhundertmitte ab durch die Schriften der Schweizer J. J. Bodmer und J. J. Breitinger (›Crit. Dichtkunst ...‹, 1740). Höhepunkt einer die Gegensätze klärenden L. war das Wirken Lessings (›Briefe, die neueste Litteratur betreffend‹, 1759/60; ›Hamburg. Dramaturgie‹, 1767–69). Die Weimarer Klassik sucht für ihre L. objektive Wesensgesetze, v. a. der Gattungen (im Anschluß an die Ästhetik I. Kants; vgl. Schillers ›Briefe über die ästhet. Erziehung des Menschen‹, 1795; ›Über naive und sentimental. Dichtung‹, 1795). Dagegen knüpfte die romant. L. unter Auflösung der klass. Normen mehr an die Tendenzen der L. des jede äußere Regel mißachtenden Sturm und Drang an (insbes. F. und A. W. Schlegel, L. Tieck, Novalis, K. W. F. Solger; Zeitschrift: ›Athenaeum‹, 1798–1800). Die Entwick-

lung der L. seit dem 19. Jh. ist gekennzeichnet durch ein Pendeln zwischen der Abhängigkeit von außerkünstler. Gesichtspunkten und einer z. T. esoter. Besinnung auf das Literarische. Eine erste Politisierung der L. zeigte sich im ↑ Jungen Deutschland. Die Strömungen des Historismus, Nationalismus, Ästhetizismus, Positivismus wirkten mannigfach auf die L. ein. Sie wurde aber im 19. Jh. noch vorwiegend von Schriftstellern getragen (Ch. D. Grabbe, G. Keller, F. Hebbel, Th. Fontane, H. von Hofmannsthal); im 20. Jh. tritt dann neben die Schriftsteller als Literaturkritiker (R. A. Schröder, B. Brecht, Arno Schmidt, M. Walser u. a.) auch der für Presse, Funk (später Fernsehen) tätige Rezensent literar. Neuerscheinungen, Theateraufführungen o. ä., z. B. die Brüder Hart, P. Schlenther, A. Kerr, K. Tucholsky, H. Ihering, J. Bab oder die Wiener Kritikerschule (H. Bahr, K. Kraus, A. Polgar u. a.), in jüngerer Zeit M. Reich-Ranicki, Heinrich Vormweg (* 1928) sowie u. a. die Schriftsteller M. Rychner, H. Heißenbüttel, J. Wellershoff, Eckart Kleßmann (* 1933).

Ohne die frz. und engl. L. ist die dt. L. jedoch undenkbar. Dies gilt ebenso für das MA wie für Renaissance, Barock und Aufklärung. Am Beginn der neueren frz. L. stehen der Abbé d'Aubignac und v. a. N. Boileau-Despréaux, im 18. Jh. J.-B. Du Bos, Voltaire, D. Diderot, S. Mercier, im 19. Jh. Madame de Staël, A.-F. Villemain, Ph. Chasles, Ch. A. Sainte-Beuve, H. Taine, F. Brunetière, É. Hennequin, G. Lanson, im 20. Jh. A. Gide, A. Thibaudet, P. Valéry, J.-P. Sartre, G. Bataille, M. Blachot, J. Paulhan, G. Bachelard, G. Poulet, J. Starobinski, R. Barthes, J. Derrida, J. Kristeva, G. Genette u. a. In England beginnt die eigtl. L. ebenfalls in der Aufklärung (J. Addison, A. Pope, S. Johnson, E. Young), im 19. Jh. prägen S. T. Coleridge, M. Arnold und W. H. Pater die L., im 20. Jh. T. S. Eliot, Th. E. Hulme (↑ Imagismus), I. A. Richards, W. Empson, F. R. Leavis. Neben dem Marxismus prägten die westl. L. v. a. in der 2. Hälfte des 20. Jh. Psychoanalyse, Semiotik, Strukturalismus (↑ Dekonstruktivismus, ↑ Postmodernismus) und Poststrukturalismus. – ↑ auch feministische Literaturkritik.

Literatur: BORINSKI, K.: Die Antike in Poetik und Kunsttheorie vom Ausgang des klass. Altertums bis auf Goethe und Wilhelm von Humboldt. Lpz. 1914–24. 2 Bde. Nachdr. Darmst. 1965. – BATAILLE, G.: La littérature et le mal. Paris 1957. – FAYOLLE, R.: La critique littéraire. Paris 1964. – WELLEK, R.: Grundbegriffe der L. Dt. Übers. Stg. u. a. 1965. – BLANCHOT, M.: L'espace littéraire. Paris 1968. – Marxismus und Literatur. Eine Dokumentation. Hg. v. F. J. RADDATZ. Rbk. 1969. 3 Bde. – FUHRMANN, M.: Einf. in die antike Dichtungstheorie. Darmst. 1973. – Psychoanalyse und Literaturwiss. Texte zur Gesch. ihrer Beziehungen. Hg. v. B. URBAN. Tüb. 1973. – Frz. L. der Gegenwart in Einzeldarst. Hg. v. W.-D. LANGE. Stg. 1975. – WINTER, H.: Literaturtheorie u. L. Düss. u. a. 1975. – WELLEK, R.: Gesch. der L. 1750–1950. Dt. Übers. Bln. u. New York 1977–78. 3 Bde. – RATHBUN, J. W.: American literary criticism. Boston (Mass.) 1979. 3 Bde. – ASHHURST, A. W.: La literatura hispanoamericana en la crítica española. Madrid 1980. – HOEGES, D.: Lit. und Evolution. Studien zur frz. L. im 19. Jh. Taine, Brunetière, Hennequin, Guyau. Hdbg. 1980. – Lit. u. Kritik. Hg. v. W. JENS. Stg. 1980. – L. u. literar. Wertung. Hg. v. P. GEBHARDT. Darmst. 1980. – HOBSBAUM, PH.: Essentials of literary criticism. London 1983. – FRANK, A. P.: Einf. in die brit. und amerikan. L. u. -theorie. Darmst. 1983. – TALMOR, S.: The rhetoric of criticism from Hobbes to Coleridge. Oxford u. a. 1984. – Gesch. der dt. L., 1730–1980. Hg. v. P. U. HOHENDAHL. Stg. 1985. – Kritik in der Krise. Theorie der amerikan. L. Hg. v. J. SCHLAEGER. Mchn. 1986. – TADIÉ, J.-Y.: La critique littéraire au XXe siècle. Paris 1987. – Die dt. L. im europ. Exil (1933–1940). Hg. v. M. GRUNEWALD. Bern 1993. – HAWTHORN, J.: Grundbegriffe moderner Lit.-Theorie. Dt. Übers. Tüb. 1993. – Studies in literary criticism and theory. Hg. v. H. RUDNICK. New York u. a. 1994 ff. Auf mehrere Bde. berechnet. – ↑ auch Literaturwissenschaft.

Literaturlexikon, alphabetisch geordnetes Nachschlagewerk zur Literatur als Ganzes oder zu deren Teilbereichen. Folgende Arten sind zu unterscheiden (deutschsprachige Werke): 1. **Autorenlexika** zur Weltliteratur, zu einzelnen Nationalliteraturen und zu literar. Epochen, die biograph. Daten, Werkregister, Kurzinterpretationen und meist bibliograph. Angaben enthalten (z. B. ›Die dt. Literatur des Mittelalters. Verfasserlexikon‹, begr. von W. Stammler und K. Langosch, 1933–35, 2. Aufl. hg. von K. Ruh u. a., 1978 ff., bis 1992 8 Bde. erschienen; Bd. 1 des ›Lexikons der Weltliteratur‹, hg. von G. von Wilpert, 1963, ³1988; ›Dt. Literatur-Lexikon‹, begründet von B. Kosch,

1927–29, 3. völlig neubearbeitete Aufl., hg. von H. Rupp und C. L. Lang, 1968 ff., bis 1992 15 Bde. erschienen; ›Handbuch der dt. Gegenwartsliteratur‹, hg. von H. Kunisch, 1965, ²1969/70, 3 Bde., 1981 u. d. T. ›Lexikon der deutschsprachigen Gegenwartsliteratur‹ von H. Wiesner neu hg.; ›Krit. Lexikon zur deutschsprachigen Gegenwartsliteratur‹, hg. v. H. L. Arnold, Losebl., 1979 ff.; ›Krit. Lexikon zur fremdsprachigen Gegenwartsliteratur‹, hg. von H. L. Ludwig, Losebl. 1983 ff.; ›Krit. Lexikon der roman. Gegenwartsliteraturen‹, hg. von W.-D. Lange, Losebl. 1984 ff.; in der DDR erschienen u. a. das ›Lexikon deutschsprachiger Schriftsteller‹, 2 Bde., 1967/68, ²1972–74, und das ›Lexikon fremdsprachiger Schriftsteller‹, 3 Bde., 1977–80, ²1981); 2. **Werklexika,** die Inhaltsangaben, z. T. mit Interpretationen, Informationen über Entstehungszeit und Erscheinungsjahr sowie Spezialbibliographien der in ihnen vertretenen Titel bieten (z. B. Bd. 2 des ›Lexikons der Weltliteratur‹, hg. v. G. von Wilpert, 1968, ³1993; ›Kindlers Literatur-Lexikon‹, hg. von W. von Einsiedel, 1965–74, 8 Bde., Nachdr. 1974, 25 Bde., Lizenzausg. 1982, 8 Bde.; ›Kindlers Neues Literatur Lexikon‹, hg. v. W. Jens, 1988–92, 20 Bde.); 3. **Reallexika,** die u. a. über literarische Formen, Gattungen, Arten, Stile, Epochen, Metrik, Rhetorik handeln (z. B. ›Reallexikon der dt. Literaturgeschichte‹, begr. von P. Merker und W. Stammler, 1925–31, 2. Aufl. Bde. 1–3, hg. von W. Kohlschmidt und W. Mohr, Bd. 4 von K. Kanzog und A. Masser, 1958–84; ›Sachwörterbuch der Literatur‹ von G. von Wilpert, 1955, ⁷1989; ›Poetik in Stichworten‹ von I. Braak, 1965, ⁷1990; O. F. Best, ›Handb. literar. Fachbegriffe‹, 1972, Neuausg. 1994; ›Meyers Kleines Lexikon Literatur‹, 1986); 4. **Stoff- und Motivlexika,** die Stoffe und Motive der Weltliteratur in ihren verschiedenen Ausformungen von ihrem ersten Auftreten bis in die Gegenwart verfolgen (z. B. ›Stoffe der Weltliteratur‹ von E. Frenzel, 1962, ⁸1992); 5. **Mischformen,** die Autoren-, Werk- und Reallexikon kombinieren (z. B. H. Pongs, ›Das kleine Lexikon der Weltliteratur‹, 1954, Neudr. 1976; ›Kleines literarisches Lexikon‹, 1946–48, 4. Aufl. hg. von

H. Rüdiger und E. Koppen, 1966–73, 3 Bde.). – ↑auch Artikel zu den einzelnen Nationalliteraturen.

Literaturnaja gaseta (tl.: Literaturnaja gazeta = Literaturzeitschrift), bis 1990 Zeitschrift des Schriftstellerverbands der UdSSR; 1929 gegr., vertrat die L. g. die jeweils offizielle Parteilinie für Literatur; 1942–44 u. d. T. ›Literatura i iskusstwo‹ (= Literatur und Kunst); auch Artikel über Kunst, Wiss. und Sport. 1990 Trennung vom Schriftstellerverband (›freie Tribüne der Schriftsteller‹).

Literaturoper ↑Musiktheater.

Literaturpreis, periodisch vergebene, meist mit einem Geldpreis verbundene Auszeichnung eines Schriftstellers. Nach dem Kreis der Empfänger unterscheidet man nat. L.e und internat. L.e, z. B. den ↑Nobelpreis für Literatur, den ↑Friedenspreis des Börsenvereins des Deutschen Buchhandels, die Europapreise der ↑Stiftung F. V. S. zu Hamburg, den Internat. Verlegerpreis (gestiftet 1961 von den Verlagshäusern Einaudi, Gallimard, Grove Press, Rowohlt, Seix Barral, Weidenfeld & Nicholson), den Internat. Sachbuchpreis (1961 gestiftet von zehn Verlagen: Econ, Garzanti, Hachette, Hodder & Stoughton, McGraw-Hill u. a.) oder den L. des Nord. Rates (1961). Die Zahl der L.e ist unübersehbar, allein in der BR Deutschland gibt es mehr als 260 Preise für Literatur. Stifter von L.en sind 1. **Staaten:** in der BR Deutschland z. B. der Dt. Jugend-L. (bis 1980: Dt. Jugendbuchpreis) des Bundesministeriums für Jugend, Familie und Gesundheit, der ↑Kleist-Preis (vom Bundesministerium des Innern und einigen Verlagen, 1985); in der DDR gab es den Nationalpreis für Kunst und Literatur der DDR, den Heinrich-Mann-Preis (beide von der Regierung der DDR, 1949), den Lessing-Preis (1954) und den ↑Heinrich-Heine-Preis des Ministeriums für Kultur der DDR; Österreich hat die Staatspreise für Literatur (1950) und für Kinder- und Jugendbuch (1955); 2. **Bundesländer:** z. B. der Staatl. Förderungspreis für junge Künstler und Schriftsteller (Bayern, 1965), der Kunstpreis Berlin – Fontane-Preis (Berlin, 1948) und

der Kunstpreis Berlin – Förderungspreis Literatur (1978; 1956–69: Preis Junge Generation, 1971–77: Stipendium), der Johann-Peter-Hebel-Preis (Baden, jetzt Baden-Württemberg, 1935), der Schiller-Gedächtnispreis des Landes Baden-Württemberg (1955), der L. der Freien Hansestadt Bremen (1971), der Lessing-Preis der Freien und Hansestadt Hamburg (1929), der ↑Georg-Büchner-Preis (Hessen, 1923–33), 1945 der Große Kunstpreis des Landes Nordrhein-Westfalen (1953), der Literaturpreis des Landes Steiermark (1972; 1951–71: Peter-Rosegger-L.), der Georg-Trakl-Preis für Lyrik (Salzburger Landesregierung, 1952), der Adalbert-Stifter-Preis (Oberösterreich, 1961); 3. **Städte:** z. B. der ↑Goethepreis der Stadt Frankfurt am Main, der Förderungspreis für Literatur der Landeshauptstadt München (1927), der Wilhelm-Raabe-Preis und der Friedrich-Gerstäcker-Preis (Braunschweig, 1944 bzw. 1947), die Kultur- und Förderungspreise der Stadt Nürnberg (1952 bzw. 1956), der Schiller-Preis der Stadt Mannheim (1954), der Kulturpreis der Stadt Dortmund – Nelly-Sachs-Preis (1961), der ↑Heine-Preis der Landeshauptstadt Düsseldorf, der ↑Heinrich-Böll-Preis (1980, bis 1985: Kölner Literaturpreis) u. a.; 4. **Verbände:** z. B. die L.e des Kulturkreises im Bundesverband der Dt. Industrie (1953), der Kulturpreis des DGB (1964), der Hermann-Hesse-Preis (Förderungsgemeinschaft der Dt. Kunst e. V. und [seit 1968] der Stadt Karlsruhe, 1956), der ↑Hörspielpreis der Kriegsblinden, der Kritikerpreis für Literatur (Verband der dt. Kritiker, 1950/51); 5. **Stiftungen:** z. B. der Eichendorff-L. (Eichendorff-Stiftung, 1923), der ↑Grillparzer-Preis, die L.e der Stiftung F. V. S. zu Hamburg (↑Shakespeare-Preis, ↑Hansischer Goethe-Preis usw.); 6. **Akademien:** z. B. der Georg-Büchner-Preis (1951) und der Johann-Heinrich-Voss-Preis für Übersetzung (1958; vor 1977: Übersetzerpreis) der Dt. Akademie für Sprache und Dichtung, der L. der Bayer. Akademie der Schönen Künste (1950) und der Adalbert-von-Chamisso-Preis (1985) der Bayer. Akademie der Schönen Künste und der Grand Prix littéraire de l'Académie française (1912); 7. **Zeitschriften:** z. B.

der Prix Femina (›Femina/Vie heureuse‹, 1904), der Premio Nadal (›Destino‹, 1944); 8. **Verleger:** z. B. der Prix Renaudot (1926), der Prix Interallié (1930), der ↑ Petrarca-Preis, der Ernst-Robert-Curtius-Preis für Essayistik (1984); 9. **Einzelpersönlichkeiten:** z. B. der Nobelpreis für Literatur, der ↑ Prix Goncourt, die ↑ Pulitzerpreise, der Gottfried-Keller-Preis (M. Bodmer, 1922), der Premio Strega (Guido Alberti [italien. Industrieller] und die Schriftsteller Maria [* 1902, † 1986] und Goffredo Bellonci [* 1882, † 1964], 1947).

Literaturrevolution, der Begriff L. bezeichnet die literar. Umwälzungen zu Beginn des 20. Jh., die sich in einer Vielzahl z. T. sehr unterschiedl. literar. Tendenzen und Gruppierungen in Europa herausbildeten: ↑ Futurismus (in Italien und Rußland), ↑ Expressionismus, insbes. ↑ Sturmkreis (in Deutschland), ↑ Dadaismus (in der Schweiz, in Deutschland und Frankreich), Kubismus, ↑ Surrealismus (in Frankreich) u. a. Oft werden auch bereits der ↑ Naturalismus als eine 1. Phase und die Gegenbewegungen (↑ Symbolismus, ↑ Impressionismus) als 2. Phase einer L. bezeichnet. Gemeinsam war den Gruppierungen der L. ein antibürgerl. Literatur-(Dichtungs-)Verständnis, die Ablehnung traditioneller Dichtungsformen und der Ästhetik, die Suche nach neuen Ausdrucksmöglichkeiten, insbes. durch akust. Experimente (↑ experimentelle Dichtung, ↑ Collage), sowie ihr Engagement in gesellschaftl. Bewegungen.

Literatur: PÖRTNER, P.: Lit.-Revolution 1910–1925. Dokumente, Manifeste, Programme. Nw. u. a. 1960–61. 2 Bde.

Literatursatire ↑ Satire.

Literatursoziologie, Wiss., die die sozialen und ökonom. Voraussetzungen der Produktion, Verbreitung, Aufnahme und Weiterverarbeitung der Literatur untersucht. Gegenstandsbestimmung, Theoriebildung und Untersuchungsverfahren der L. sind indes bis heute kontrovers. Das Bewußtsein der Verankerung literar. Werke in der Gesellschaft war im 18. und 19. Jh. zumindest latent vorhanden. P. Merker proklamierte 1921 die ›sozialliterarische Methode‹ und forderte mit

L. L. Schücking eine Geschichte des Geschmacks. Eine erste Blütezeit gab es im Zusammenhang mit der Entwicklung der Soziologie in den 20er und 30er Jahren und den Arbeiten von F. Kohn-Bramstedt, L. Balet, E. Auerbach u. a. Weiterführende Untersuchungen wurden in der materialist. Literaturgeschichte angelegt, für die G. Lukács die Theorie entwarf: Auf dem Wege der Konzentrierung und Intensivierung von Phänomenen und Problemen der Realität gewähre das Kunstwerk einen objektiven Einblick in das Wesen der jeweiligen Gesellschaft. Die Wirkung von Lukács war in der westeurop. L. größer als in der DDR. In der BR Deutschland erfolgte nach 1945 zunächst die Auseinandersetzung mit der L. der frühen 30er Jahre anhand der Bücher von A. Hauser und mit den empir. Untersuchungen der Lesekulturen und des Verhältnisses von Kunst und Massenmedien in der angelsächs. Soziologie. Nach H. N. Fügen hat L. als ›spezielle Soziologie‹ zu verstehen, deren Gegenstand die soziale Interaktion der an Literatur Beteiligten ist.

Bis in die Gegenwart verarbeitet die L. Anstöße aus dem frz. Strukturalismus und aus der marxist. Literaturwiss. (z. B. E. Köhler, W. Krauss, J. Leenhardt); ferner werden der Leser, seine Bildungsgeschichte, seine Erwartung an Literatur, seine Lesemotivation sowie deren Steuerung durch die Vermittlungsinstanzen, d. h. generell die Rezeption von Literatur im Zusammenhang mit den gesellschaftl. Mechanismen der Sozialisation untersucht (z. B. R. Escarpit). Der Zusammenhang zwischen der Verfassung der Gesellschaft, dem Kollektivbewußtsein und der Literatur ist hingegen am ästhet. Gegenstand komplizierter darzulegen, wie die in dieser Hinsicht bahnbrechenden Untersuchungen L. Goldmanns (u. a. ›Der verborgene Gott‹, 1955, dt. 1973) gezeigt haben.

Literatur: ESCARPIT, R.: Das Buch u. der Leser. Dt. Übers. Köln u. Opladen 1961. – KRAUSS, W.: Perspektiven u. Probleme. Zur frz. u. dt. Aufklärung u. a. Aufss. Nw. u. Bln. 1965. – KRAUSS, W.: Grundprobleme der Literaturwiss. Rbk. ²1969. – FÜGEN, H. N.: Die Hauptrichtungen der L. u. ihre Methoden. Bonn ⁶1974. – L. Hg. v. J. BARK. Stg. u. a. 1974. 2 Bde. – KÖHLER, E.: Vermittlungen. Romanist. Beitrr. zu

einer histor.-soziolog. Literaturwiss. Mchn.
1976. – LEENHARDT, J.: Polit. Mythen im Ro-
man. Dt. Übers. Ffm. 1976. – SØRENSEN, P. E.:
Elementare L. Dt. Übers. Tüb. 1976. – SCHARF-
SCHWERDT, J.: Grundprobleme der L. Ein wiss.
Überblick. Stg. 1977. – ZIMA, P. V.: Kritik der L.
Ffm. 1978. – ZIMA, P. V.: Textsoziologie. Eine
krit. Einf. Stg. 1980. – La pratica sociale del te-
sto. Scritti di sociologia della letteratura in
onore di E. Köhler. Bologna 1982. – GOLD-
MANN, L.: Soziologie des Romans. Dt. Übers.
Ffm. 1984. – LUKÁCS, G.: Schrr. zur L. Hg. v.
P. LUDZ. Ffm. u. a. 1985 (ungekürzte Ausg.). –
Zur theoret. Grundlegung einer Sozialgesch.
der Lit. Ein struktural-funktionaler Entwurf.
Hg. v. R. VON HEYDEBRAND u. a. Tüb. 1988.

Literatursprache, Bereich der
Schriftsprache, den aufgrund bestimmter
histor., sozialer und kultureller Prozesse
eine besondere Differenz zur Standard-
oder Gemeinsprache prägt. Die wiss.
Definitionen der L. schwanken zwischen
den Extremen von ›absolutem Sagen‹
(E. Coseriu) einerseits und ›Abweichung‹
gegenüber einer vorgegebenen [All-
tags]norm (J. Cohen) andererseits. Die
Ausbildung autonomer L.n kann zu Formen der Zweisprachigkeit (›Diglossie‹)
führen, in deren Rahmen Umgangssprache und L. mehr oder weniger selbständige grammat. [Teil]systeme entwickeln,
so etwa die Gegensätze zwischen Katha-
revusa und Dimotiki im Griechischen,
zwischen vulgärer und literar. Latinität
in Antike und Spätantike, zwischen literar. und Volksstil im Chinesischen oder
zwischen Riksmål und Landsmål im
Norwegischen. Auch die grundsätzl. Distanz zwischen gesprochener und geschriebener Sprache ist in diesem Zusammenhang zu erwähnen, wie u. a. die
Überlegungen R. Queneaus zum ›neo-
français‹ zeigen.
Historisch lassen sich zahlreiche Beispiele für Ausgrenzungsvorgänge zwischen L. und Standardsprache anführen:
so z. B. die ↑Questione della lingua (mit
ihren frz. und iberoroman. Ablegern, die
Sprache des Preziösentums (↑preziöse
Literatur), den Rückgriff realist. und naturalist. Autoren auf Rotwelsch, Um-
gangs- und Fachsprache oder gar die ex-
trem stilisierte L. in der Dante-Übersetz-
zung R. Borchardts. Neben geistesge-
schichtlich orientierten Untersuchungen
zur histor. Genese und Verortung von
L.n haben sich bes. die russ. Formalisten

(↑Formalismus) und in ihrer Folge ver-
schiedene Zweige der strukturalen Lin-
guistik um die Klärung des Begriffes L.
bemüht.
Literatur: AUERBACH, E.: Vier Unterss. zur
Gesch. der frz. Bildung. Bern 1951. – NEN-
CIONI, G.: Fra grammatica e retorica. Un caso di
polimorfia della lingua letteraria dal secolo
XIII al XVI. Florenz 1955. – AUERBACH, E.: L.
und Publikum in der lat. Spätantike und im
MA. Bern 1958. – APEL, K.-O.: Die Idee der
Sprache in der Tradition des Humanismus von
Dante bis Vico. Bonn 1963. – COSE-
RIU, E.: Thesen zum Thema ›Sprache und Dich-
tung‹. In: Beitrr. zur Textlinguistik. Hg. v.
W.-D. STEMPEL. Mchn. 1971. S. 183. – SAN-
DERS, W.: Linguist. Stiltheorie. Gött. 1973. –
BOECK, W., u. a.: Gesch. der russ. L.
1974. – JAKOBSON, R.: Aufss. zur Linguistik und
Poetik. Dt. Übers. Hg. v. W. RAIBLE. Mchn.
1974. – Zur Ausbildung der Norm der dt. L.
Bln. 1976–80. 4 Bde. Bd. 1: Auf der syntakt.
Ebene. Hg. v. G. KETTMANN u. a. Bd. 4: Im Be-
reich des neuhochdt. Satzgefüges. Hg. v. V. G.
ADMONI. – SOBOLERSKIJ, A. I.: Istorija russkogo
literaturnogo jazyka. Leningrad 1980. – LAN-
GENBACHER, J.: Das ›néo-français‹. Sprachkon-
zeption u. krit. Auseinandersetzung Raymond
Queneaus mit dem Französisch der Gegenwart.
Ffm. u. Bern 1981. – BARTHES, R.: Am Null-
punkt der Literatur. Dt. Übers. Neuausg. Ffm.
4.–5. Tsd. 1985. – BAUM, R.: Hochsprache, L.,
Schriftsprache. Materialien zur Charakteristik
von Kultursprachen. Darmst. 1987. – KRI-
STEVA, J.: Die Revolution der poet. Sprache. Dt.
Übers. Neuausg. Ffm. 1990.

Literaturtheorie ↑ Literaturkritik.

Literatur und Film, in der Film- wie
Literaturtheorie wird über das Verhältnis
von L. und F., über bestimmte Affinitäten literar. und film. Ausdrucksmöglichkeiten mit jeweils eigengesetzl. Bedingungen (u. a. aufgrund unterschiedl. Pro-
duktions- und Rezeptionsmechanismen)
kontrovers diskutiert. Das Verhältnis von
L. und F. ist sowohl zentraler Gegenstand von Entwürfen einer allgemeinen
Poetik des Films als auch von prinzipiel-
lem kunstästhet. Interesse, z. B. in Bereichen der Literaturwissenschaft (Literaturkritik, Poetik, Narrativik), der Kunst-
wissenschaft, der Sprach-, Text- und
Kommunikationswissenschaft, der Soziologie und der Psychologie. Möglichkeiten und Grenzen speziell film. Litera-
turadaption sind von Schriftstellern und
Filmemachern selbst programmatisch reflektiert worden (u. a. Sergei M. Eisen-

stein [* 1898, † 1948], P. Valéry, Louis Delluc [* 1890, † 1924], Jean Epstein [* 1897, † 1953], den Surrealisten, J. Cocteau, B. Brecht, Th. Mann, René Clair [* 1898, † 1981], A. Malraux, Jean-Luc Godard [* 1930], François Truffaut [* 1933, † 1984] u. a.). Die Menge film. Adaptationen dramat. und bes. erzähler. Literatur sowie die direkte Mitarbeit von Schriftstellern an Filmproduktionen als Drehbuchautoren (u. a. J. Giono, M. Pagnol, J. Cocteau, G. Greene, in Deutschland zunächst als Autoren von ›Kinodramen‹ u. a. W. Hasenclever, E. Lasker-Schüler, M. Brod) oder die Tatsache, daß zahlreiche Pioniere der Filmgeschichte vom Theater zum Film gekommen sind (u. a. Leopold Jessner [* 1878, † 1945], Friedrich Wilhelm Murnau [* 1888, † 1931], Ernst Lubitsch [* 1892, † 1947]), haben bereits frühzeitig zu wechselseitigen Übernahmen von literar. und film. Stilstrukturen und technisch-dramaturg. Mittel und Verfahren (z. B. in den Anfängen der ep. Literaturverfilmung die Orientierung am Stil der Romane des 19. Jh. oder in der modernen Romanliteratur die Verwendung film. Montagetechniken und experimenteller Handlungsstrukturierung beigetragen. Die Film- und Literaturkritik (für die auch Filmzeitschriften wie ›Cahiers du Cinéma‹, ›Cinema Nuovo‹, ›Sight and Sound‹, ›Filmkritik‹ u. a. eine wichtige Plattform sind) leitet daraus die Frage ab nach einer autonomen Poetik des Films bzw. nach der ästhet. Originalität einer spezif. Filmsprache. Dabei werden Wortkunst und Bildkunst als ästhet. Prozesse künstler. Expressivität u. a. am Beispiel film. Transformationsprozesse von Literatur einer vergleichenden Bedingungs- und Wirkungsanalyse unterzogen. In diesem Zusammenhang reflektiert die Literaturwissenschaft ein strukturales, ästhet. und neuerdings semiot. Interesse an den Funktionsweisen narrativ-zeichenhafter Strukturen des film. Kodes, während die Geschichte der Filmtheorie zahlreiche Versuche aufweist, das Wesen des Filmischen hinsichtlich autonomer Wirkungsweisen u. a. aus der Differenz bzw. Affinität zum Literarischen zu definieren. Bereits die literarisch orientierte Stummfilm (u. a. David Wark Griffith [* 1875, † 1948], Carl Theodor Dreyer [* 1889, † 1968], Wsewolod I. Pudowkin [* 1893, † 1953]) gewann zunehmend eine episch-dynam., narrativer Literatursprache angenäherte Darstellungsqualität, deren weitere Entwicklung mit den Mitteln des Tonfilms Möglichkeiten einer mimetisch originalen literar. Filmsprache bereitstellte. Die vielfältigen Stile kinematograph. Sprache im literar. Film demonstrieren poetologische Potentiale künstler. Fiktionalitätsgestaltung, die denen der Literatursprache korrespondieren. – Bis heute stehen namhafte Autoren, Film- und Literaturkritiker speziell den Möglichkeiten einer adäquaten Verfilmung von Literatur reserviert gegenüber. Allgemein aber wird für L. und F. als Kunstsprachen ein potentielles Komplementärverhältnis festgestellt. Beispiele bes. auffälliger Affinitäten bieten die Literatur und der Film des Expressionismus und der ›Neuen Sachlichkeit‹ in Deutschland, des Dadaismus und Surrealismus in Deutschland und Frankreich, des poet. Realismus der Impressionisten in Frankreich, des Revolutionsfilms in der Sowjetunion, des Neorealismus und Verismus in Italien oder des Roman- und Bühnenliteratur bzw. die Filme der sog. Angry-young-men in England u. a. – Die neue Ästhetik und Expressivität der Filmsprache, die ab etwa 1960 in der sogenannte ›Neue Film‹ v. a. in Frankreich (›nouvelle vague‹), Italien (›cinema nuovo‹) und Deutschland (Junger dt. Film) das sog. ›Andere Kino‹ propagiert, hat der Theorie über das Verhältnis von L. und F. bes. vor dem Hintergrund neuer Praktiken moderner Literaturverfilmung neue Impulse vermittelt (vgl. z. B. Luchino Viscontis [* 1906, † 1976] und Hans W. Geißendörfers [* 1941] Thomas-Mann-Verfilmungen). Im Rückgriff auf Theorien über ›Das Kunstwerk im Zeitalter seiner techn. Reproduzierbarkeit‹ (W. Benjamin) und ästhet., soziolog. und ideolog. Bedingungs- und Funktionsanalysen des Films und der Filmsprache (G. Lukács, Th. W. Adorno, A. Hauser, S. Kracauer) und in der Rezeption früher Theorien zu einer Poetik des Films (Boris M. Eichenbaum [* 1886, † 1959], W. B. Schklowski, J. N. N. Tynjanow, Béla Balázs [* 1884, † 1949] u. a.) erfährt auch speziell das Verhältnis von L. und F. neue Deutungsansätze. Bes. die Analysen der strukturalist. und semiot. Literatur- und Sprachwissenschaft in Frankreich (I. Kristeva, R. Barthes, Ch. Metz), Deutschland (F. Knilli), Italien (P. P. Pasolini, U. Eco), England (P. Wollen) und den USA (S. Worth) zur Affinität von verbaler und visueller Zeichensprache führten zur Theorie einer Filmsemiotik, die einen unmittelbaren konzeptionellen Bezug zur Poetik und Praxis der Literatur aufweist (u. a. Theorie und Praxis des Nouveau roman und seine lit. Adaptationen bei A. Robbe-Grillet oder Pasolinis semiot. Konzeption eines ›Kinos der Poesie‹). – Neue Forschungsansätze in den Medienwissenschaften beschäftigen sich verstärkt mit der film. Adaptation von Literatur im Medium des Fernsehens (literar. Fernsehspiel) und analysieren unter kultursoziolog. Aspekt die grundsätzl. Bedeutung des Kinos und Fernsehens für die Verbreitung von Literatur durch den Film. Darüber hinaus liegen inzwischen zahlreiche Einzelstudien zum Verhältnis von L. und F. am Beispiel spezieller Literaturverfilmungen vor. – ↑auch Montage.

Literatur: Das Kinobuch. Kinostücke von Bermann, Hasenclever u. a. Hg. v. K. Pinthus. Zü. 1963. – Eichenbaum, B.: L. u. F. In: Eichenbaum: Aufss. zur Theorie u. Gesch. der Lit. Dt. Übers. Ffm. 1965. S. 71. – Martini, F.: L. u. F. In: Reallexikon der dt. Literaturgesch. Begr. v. P. Merker u. W. Stammler. Hg. v. W. Kohlschmidt u. M. Mohr. Bd. 2. Bln. ²1969. – Materialien zur Theorie des Films. Hg. v. D. Prokop. Mchn. 1971. – Metz, Ch.: Semiologie des Films. Dt. Übers. Mchn. 1972. – Eisenstein, S. M.: Schrr. Hg. v. H.-J. Schlegel. Mchn. 1973–84. 4 Bde. – Poetik des Films. Dt. Erstausg. der filmtheoret. Texte der russ. Formalisten. Hg. v. W. Beilenhoff. Mchn. 1974. – Semiotik des Films. Hg. v. F. Knilli. Neuausg. Ffm. 1974. – Bazin, A.: Was ist Kino? Dt. Ausw. Köln 1975. – Balázs, B.: Der Film. Werden u. Wesen einer neuen Kunst. Wien ⁵1976. – Gregor, U.: Gesch. des Films ab 1960. Mchn. 1978. – Texte zur Poetik des Films. Hg. v. R. Denk. Stg. 1978. – Beja, M.: Film literature. New York u. London 1979. – Pasolini, P. P.: Ketzererfahrungen. Schrr. zu Sprache, L. u. F. Dt. Übers. Mchn. und Wien 1979. – Texte zur Theorie des Films. Hg. v. F.-J. Albersmeier. Stg. 1979. Nachdr. 1984. – Ropars-Wuilleumier, M.-C.: Le texte divisé. Essai sur l'écriture filmique. Paris 1981. – Gregor, U./Patalas, E.: Gesch. des Films. Rbk. 1.–44. Tsd. 1983–89. 3 Bde. – Virmaux, A./Virmaux, O.: Un genre nouveau le ciné-roman. Paris 1983. – Reif, M.: Film u. Text. Tüb. 1984. – Clerc, J.-M.: Écrivains et cinéma. Paris 1985. – Möller-Nass, K.-D.: Filmsprache. Eine krit. Theoriegesch. Münster 1986. – Kracauer, S.: Schriften. Hg. v. K. Witte. Bd. 3: Theorie des Films. Dt. Übers. Neuausg. Ffm. 1985. – Arnheim, R.: Film als Kunst. Neuausg. Ffm. 11.–12. Tsd. 1988. – Benjamin, W.: Das Kunstwerk im Zeitalter seiner techn. Reproduzierbarkeit. Ffm. ¹⁸1990. – Eco, U.: Der kinematograph. Code. In: Eco: Einf. in die Semiotik. Dt. Übers. Mchn. ⁸1994. S. 250.

Literatur und Musik, die Beziehungen zwischen L. u. M. sind seit Beginn der Schriftlichkeit nachweisbar eng; Amphion-, Apollon-, Linos- und Orpheus-Mythos belegen ihre Existenz in vorliterar. Zeit. – Bis etwa zum Ende des 5. Jh. v. Chr. meint so griech. ›mousikē‹ noch die Einheit von Wort und Ton, die sich in ihrer einfachsten Form, der Onomatopöie, bis heute erhalten hat. ›Reden und Singen war früher dasselbe‹, stellte bereits Strabon (* um 64 v. Chr., † nach 23 n. Chr.) fest (›Geographika‹, entst. zw. 7 v. Chr. und dem Tod des Autors, Buch 1). In dieser Phase der Entwicklung der beteiligten Ausdrucksmedien verschmelzen der sinntragende Charakter der Sprache und die emotionsstiftende Fähigkeit des Klanges zu einer Musik, die verifizierbare Bedeutungen vermittelt. Die begriffl. Aufspaltung zwischen beiden Bereichen setzt mit Aristoteles ein, für den ›mousikē‹ auch bereits ›Musik‹ oder ›Tonkunst‹ bedeutet. Diese Entwicklung ist bei seinem Schüler Aristoxenos von Tarent (* um 370 v. Chr., † um 300 v. Chr.) abgeschlossen. In den folgenden Jahrhunderten wirken die poetolog. Reflexionen zu Rhythmus und Wohlklang der Dichtung vielfach wie die Suche nach jenem urleprüngl. Zusammenklang, den die Bezeichnung ›mousikē‹ umschrieb (Dionysios von Halikarnassos, ›De compositione verborum‹, 1. Jh. v. Chr.; Pseudo-Longin, ›Vom Erhabenen‹, 1. Jh. n. Chr., dt. 1737). Intervalle und Tonreihen begründen u. a. die Verbindung der Musik mit der Arithmetik, mit der gemeinsam sie einen Teil des Quadriviums bildet (↑Artes liberales). Aus dieser bereits für Pythagoras gülti-

gen Anschauung leiten die Kirchenväter den christl. Symbolwert der Musik als Zeichen kosm. Harmonien ab und prägen damit neben Boethius (›De institutione musica‹ und ›De institutione arithmetica‹, um 500 n.Chr.) die Musikauffassung des MA. Wie religiös ausgelegte Dichtung wird die Tonkunst in ihr zum mikrokosm. Emblem der göttl. Ordnung, das in der Verbindung von Wort und Klang im geistl. *und* welt. Bereich absolute Intensität gewinnt. Angeleitet vom ›Micrologus de disciplina artis musicae‹ (1026) Guidos von Arezzo oder von Jean de Grouchys Traktat ›De musica‹ (um 1300) sucht der mittelalterl. Künstler so systematisch nach einer Verbindung von ›Wort und Weise‹ (F. Jammers). Auf die angedeuteten Traditionen stützt sich noch E. Deschamps in seiner Poetik ›Art de dictier et de fere chançons ...‹ (1392), wenn er die Dichtung eine ›natürl. Musik‹ nennt, eine ›Musik, die aus Wörtern besteht, die zu Versen verbunden sind‹. Daß sich in der Lyrik L. u. M. beispielhaft vereinen, ist in Humanismus und Renaissance selbstverständliches Wissen. Dies überträgt man auch auf die antike Tragödie und schöpft ein neues, auf Text und Ton zugleich gestütztes Genre: die Oper († Libretto). Darüber hinaus wendet Tasso die antike musikal. Moduslehre auf die Epik an (›Discorsi del poema heroico‹, 1593) und der Maler Nicolas Poussin begründet mit ihr sein künstler. Vorgehen (Brief an P. Fréart de Chantelou vom 24. Nov. 1647). Shakespeare integriert Musik nicht nur in seine Werke, sondern setzt auch eine nuancenreiche musikal. Metaphorik zur Verwirklichung seiner literar. Absichten ein.
Seit Ende des 15.Jh. aber bedient sich auch die Musiktheorie zunehmend der Systematik der antiken Rhetorik und gerät dadurch in den Umkreis der zum Trivium gehörenden sprachl. Disziplinen. Dieser neue systemat. Zugriff verweist zum einen auf einen Bedarf der Kompositionslehre und bestätigt zum anderen die am Wort orientierte kompositor. Verfahrensweise bei Guillaume Dufay, Johannes Ockeghem, Josquin Desprez, Orlando di Lasso oder Heinrich Schütz, die auf ihre Art den Zusammenhang der Künste illustrieren. Bis ins 18.Jh. entwik-

kelte sich die ›musikal. Figurenlehre‹ zu einem umfangreichen Lehrgebäude. Der europ. Manierismus nutzt die vielfältigen Berührungsmöglichkeiten zwischen L. u. M. zu neuen, auf Erregung und Staunen zielenden Ausdrucksformen. So sieht z.B. G. Marino in der Musik, für ihn die höchste aller Künste und ›aus sich selbst Erfinderin‹ (›L'Adone‹, 1623), die Lehrmeisterin der Poesie, und R.Crashaw findet in ihr die Totalität des Seins ausgedrückt.
Die Epoche der Aufklärung benutzt im Zusammenhang mit der Entwicklung einer allgemeinen Ästhetik die musiktheoret. Terminologie (bes. den Harmoniebegriff) nurmehr metaphorisch. Sie mündet im Zeichen J. Lockes und E. Bonnot de Condillacs sowie eines erwachenden bürgerl. Selbstbewußtseins, das einen ungeahnten Willen zur Freiheit bekunden wird, in Empfindsamkeit und Vorromantik ein; deren Charakteristika sind exemplarisch in J.-J. Rousseaus Schriften zur Musik (›Essay über den Ursprung der Sprachen‹, worin auch über Melodie und musikal. Nachahmung gesprochen wird‹, 1755, dt. 1984; ›Dictionnaire de musique‹, 1768, dt. Teilübers. 1984 u.a.) erkennbar, in denen ein natürl. Musikverständnis propagiert wird, das im wesentlichen auf sinnl. Wahrnehmung beruht. Die musikästhet. Reflexionen D. Diderots, die auch nach Deutschland wirken, zielen in eine vergleichbare Richtung. Mit dem Untergang der Normpoetik ist auch das Ende der ›musikal. Figurenlehre‹ besiegelt. L. Tiecks Frage: ›Wie? Es wäre nicht erlaubt und möglich, in Tönen zu denken und in Worten und Gedanken zu musizieren?‹ (›Die verkehrte Welt‹, 1800) und Novalis' Hinweis: ›... jetzt denke ich lieber nach der Musik‹ (›Heinrich von Ofterdingen‹, 1802) belegen eindringlich den veränderten Sachverhalt: Die Musik wird zur Totalität aller Künste und aus den Teilkünsten jeweils selbst entwerfbar (Novalis), sie wird Konzentrat aller Sinneswahrnehmungen (E. T. A. Hoffmann) und damit zugleich zum Metaphern- und Klangreservoir einer auf das Absolute gerichteten Dichtung. Verwandte Tendenzen lassen sich auch in der engl. und frz. Romantik ausmachen.

In der Folge R. Wagners (›Oper und Drama. Dichtkunst und Tonkunst im Drama der Zukunft‹, 1851) und Ch. Baudelaires Essay ›Richard Wagner et ,Tannhäuser' à Paris‹ (1861) setzt der frz. Symbolismus die Erkenntnisse der dt. Romantiker modellhaft auch für andere europ. und außereurop. Literaturen um (P. Verlaine, ›Art poétique‹, 1874; Th. de Banville, ›Petit traité de poésie française‹, 1872; R. Ghil, ›Traité du verbe‹, 1886), die S. Mallarmé 1895 in seinem Vortrag ›La musique et les lettres‹ mit den Worten zusammenfaßt: ›Musik und Literatur sind das wechselweise Antlitz, hier zur Dunkelheit sich weitend, aufleuchtend da mit Gewißheit, ein und desselben Phänomens ... ich nannte es, die Idee‹.

Dieser Form der Annäherung von sprachl. Kunstwerk und Musik, die sich bis in die experimentellen Texte des 20. Jh. fortsetzt (z. B. in die dadaist. Lautgedichte H. Balls oder die ›Ursonate‹, 1932, K. Schwitters', in die ›lettristischen‹ Partituren I. Isous, die konkreten Texte der ↑ Noigandres-Gruppe und ihrer europ. Gefolgsleute oder in J. Tardieus ›Die Sonate und die drei Herren oder wie spricht man Musik?‹, 1952, dt. 1960), steht zum einen von früh an die literarische Beschreibung musikal. Phänomene und Vorgänge zur Seite, die sich von Homers Bericht über den Gesang der Sirenen und die Darstellung höf. Festmusik im MA bis hin zu den musikal. Erzählungen aus Romantik, Realismus und Moderne erstreckt und in Teilen von R. M. Rilkes ›Aufzeichnungen des Malte Laurids Brigge‹ (1910), seinen ›Duineser Elegien‹ und seinen ›Sonetten an Orpheus‹ (beide 1923) oder in den Wagner-Paraphrasen Th. Manns und seinem ›Doktor Faustus‹ (1947) im deutschsprachigen Bereich herausragende Beispiele gefunden hat, zum anderen jedoch bes. seit dem 19. Jh. auch die bewußte Übernahme musikal. Formen und Kompositionsprinzipien zur Strukturierung literar. Werke wie – eher metaphorisch und auf Synästhesien zielend – Madrigal, Lied, Variation oder Fantasie in Th. Gautiers ›Emaillen und Kameen‹ (1852, dt. 1919), die Sonate mit Exposition, Durchführung, Reprise und Coda in Th. Manns

Novelle ›Tonio Kröger‹ (1903), Fuge und Quintett im ›Sirenen‹-Kapitel von J. Joyces ›Ulysses‹ (1922, dt. 1927), die Charaktervariation in R. Queneaus ›Stilübungen Autobus S‹ (1947, dt. 1961), die Fuge bei P. Celan (›Todesfuge‹, 1945) oder das Leitmotiv in H. H. Jahnns Roman ›Perrudja‹ (1956).

Die Bewegungen der Literatur auf die Musik zu (und umgekehrt) scheinen jeweils epochenspezifisch begründbar Ausdruck von Mangel und empfundener Unzulänglichkeit. Wo Gefühl, Leidenschaft und Spontaneität überwiegen, wird die musikalische Struktur über Gattungsspezifität und Kompositionslehre hinaus in die Denkformen von Grammatik und Rhetorik gebändigt, wo Prozesse von Zivilisation und Logozentrismus die Empfindungsmöglichkeiten des einzelnen zunehmend einschränken, sucht das Wort das Spektrum seiner Füllungen und Nuancen durch die Intentionsvielfalt der Musik und ihrer Elemente auszuweiten: Eine Wechselbeziehung zwischen Rationalität und Irrationalität, in der sich zugleich beispielhaft die anthropolog. Konstante der Doppelgestalt des Menschen zeigt.

Literatur: OTTO, W. F.: Die Musen u. der göttl. Ursprung des Singens u. Sagens. Düss. u. Köln ²1956. – GEORGIADES, TH.: Musik u. Rhythmus bei den Griechen. Hamb. 1958. – ADORNO, TH. W.: Musikal. Schrr., Bd. 2: Quasi una fantasia. Ffm. 1963. – PETRI, H.: L. u. M. Form- u. Strukturparallelen. Gött. 1964. – DAHLHAUS, C.: Musikästhetik. Köln 1968. – BOULEZ, P.: Werkstatt-Texte. Bln. 1972. – JAMMERS, E.: Die Rolle der Musik im Rahmen der roman. Dichtung des 12. u. 13. Jh. In: Grundr. der roman. Literaturen des MA. Bd. 1: Généralités. Hg. v. M. DELBOUILLE. Hdbg. 1972. S. 483. – Musik u. Verstehen. Aufs. zur semiot. Theorie, Ästhetik u. Soziologie der musikal. Rezeption. Hg. v. P. FALTIN u. H.-P. REINECKE. Köln 1974. – FRIEDRICH, M.: Text u. Ton. Hohengehren 1973. – Sprache, Dichtung, Musik. Hg. v. J. KNAUS. Tüb. 1973. – Über Musik u. Sprache. Hg. v. R. STEPHAN. Mainz 1974. – EGGEBRECHT, H. H.: Musikal. Denken. Wilhelmshaven 1977. – GEORGIADES, TH. G.: Kleine Schrr. Tutzing 1977. – Interdisziplinäre Perspektiven der Lit. Hg. v. J. THORPE. Stg. 1977. – DAHLHAUS, C.: Die Idee der absoluten Musik. Kassel u. a. 1978. – GRUHN, W.: Musiksprache, Sprachmusik, Textvertonung. Ffm. u. a. 1978. – Dichtung u. Musik. Hg. v. G. SCHNITZLER. Stg. 1979. – STAIGER, E.: Musik u. Dichtung. Zü. u. Freib.

⁴1980. – ARLT, W.: Musik u. Text. In: Die Musikforschung 37 (1984), S. 272. – ROUSSEAU, J.-J.: Musik u. Sprache. Ausgewählte Schrr. Dt. Übers. v. D. u. P. GÜLKE. Wilhelmshaven 1984. – HOCKE, G. R.: Die Welt als Labyrinth. Manierismus in der europ. Kunst u. Lit. Hg v. C. GRÜTZMACHER. Durchgesehen u. erw. Aufl. Rbk. 1987. – Revue de Littérature Comparée, 61, 3 (1987). – KREUTZER, H. J.: Obertöne: L. u. M. Wzb. 1994.

Literaturwissenschaft, umfassender Begriff für die Gesamtheit der wiss. Beschäftigung mit deutsch- und fremdsprachiger Literatur. Ursprünglich beinhaltete der Begriff L. ein Programm, das auf die Einrichtung einer einheitl. Disziplin und die methodisch angeleitete Erforschung des Gegenstandes ›Literatur‹ abzielte. Bis heute besteht jedoch in der L. kaum Einigkeit in bezug auf ihren Gegenstandsbereich, auf den spezif. Charakter ihres Gegenstandes und auf die Verfahren, die einen wiss. Zugang zur Literatur begründen. Die heutige L. präsentiert sich daher eher als eine heterogene Disziplin. Einmal kennt die L. eine Vielzahl konträrer Literaturbegriffe, erkenntnisleitender Interessen und Methoden, zum anderen befaßt sich die L. nicht nur mit dichter. Werken, sondern mit unterschiedl. Textsorten, wie Gebrauchs- und Werbetexten, theolog., histor. und polit. Schriften. Grundsätzlich bildet jedoch die Erforschung literar. Werke den Zentralbereich der L.; die Aufgabe, den spezif. Charakter literar. Texte zu bestimmen, führte die L. zu literaturtheoret. Fragestellungen, die die Probleme und Praxis der Philologie und Literaturgeschichtsschreibung überschritten. Dabei knüpfte die L. häufig an die antike Poetik (Aristoteles, Horaz) und die idealist. Ästhetik (I. Kant, G. W. F. Hegel) sowie an deren Fortbildungen in den intuitionist. (B. Croce), den phänomenolog. (M. Scheler), den psychoanalytischen (Th. Lipps, J. I. Volkelt) und den marxist. (G. Lukács) bzw. neomarxist. (Th. W. Adorno) Ästhetiken an. In der neueren Theoriediskussion erhielt das Dichtungsverständnis des ↑ Strukturalismus und des Neo- bzw. Poststrukturalismus (↑ Dekonstruktivismus, ↑ Postmodernismus) verstärkte Bedeutung. Diese Anknüpfungen an fachexterne Theorien und philosoph. Schulen bei der Bestimmung des-

sen, was Dichtung sei, führten zu einer interdisziplinären Orientierung der L., aus der auch ihr Methodenpluralismus resultiert. Im Rahmen ihrer unterschiedl. literaturtheoret. und ästhet. Ansätze untersucht die L. allgemeine (formale, stilist., motiv., stoffl., themat. und gattungsmäßige) Strukturen und individuelle dichter. Verfahrensweisen. Sie sucht weiterhin unter produktionsästhet. Aspekten die histor., gesellschaftl., geistesgeschichtl. und biograph. Voraussetzungen zu erfassen, die zur Entstehung eines sprachl. Kunstwerks beitrugen. Dabei werden häufig die Ergebnisse und Methoden der Poetik, Stilistik, Literaturtypologie, -soziologie, -psychologie und -philosophie kombiniert. Die Auffassung, daß literar. Werke Bedeutungszusammenhänge begründen, deren Sinn sich erst einer auslegenden Interpretation erschließt, führte die L. zu den Fragestellungen einer allgemeinen und ästhet. Hermeneutik. Aus der Untersuchung der Rezeption literar. Werke und ihrer geschichtl. Deutungen entwickelte sich in der L. die bes. in den 1970er Jahren stark überschätzte Rezeptionsästhetik und -forschung, letztere häufig wiederum in ideologiekrit. Absicht. Eine Ausweitung des Aufgabenbereichs der L. ergab sich bereits im 19. Jh. (Abel François Villemain [* 1790, † 1870] und Philarète Chasles [* 1798, † 1873]) als einerseits die interkulturellen Verflechtungen nationalsprachl. Literaturen, andererseits die spezif. Differenzen zwischen den Nationalliteraturen ins Blickfeld rückten (Komparatistik). Schließlich führte die wachsende Bedeutung der Medien (Funk, Film, Fernsehen) dazu, daß sich die L. mit neuen medienspezif. Textsorten (↑ Hörspiel, ↑ Feature), aber auch mit der Verfilmung literar. Werke beschäftigte (Medienästhetik, ↑ Literatur und Film).

Geschichte: Der Begriff L. taucht erstmals in der ›Geschichte der Literatur der Gegenwart‹ (1842) von Th. Mundt auf, dann bei dem Hegelianer J. K. F. Rosenkranz (1848). Die positivist. L. löste sich von den geschichtsphilosoph. Ansätzen der vorausgegangenen literaturwiss. Betrachtungsweise und machte method. Anleihen bei den Naturwissenschaften.

Unter dem Einfluß des Historismus dienten diese aber v.a. der Literaturgeschichtsschreibung (H. Taine, W. Scherer). Erst die Reaktion darauf förderte die theoret. Überlegungen zu einer allgemeinen L.; so forderte z.B. E. Elster im Rahmen eines psycholog. Literaturverständnisses erstmals konsequent, die Literaturgeschichte von der Philologie zu trennen und letztere zur allgemeinen L. auszuweiten (›Prinzipien der L.‹, 1897). Ihm folgten zunächst die Vertreter der sog. geistesgeschichtl. Richtung, die im Anschluß an W. Dilthey (›Das Erlebnis und die Dichtung‹, 1906) eine philosoph. Vertiefung des Historismus und eine Lösung von der naturwiss. Methodik verfochten und an die Stelle des kausalgenet. Erklärens das ›Verstehen‹ setzten. Literar. Texte galten nunmehr als Sinngebilde, die in übergreifenden Sinnzusammenhängen (Traditionen, Überlieferungsgeschehen, Wertordnungen) standen. Das Organ dieser Richtung bildete die von E. Rothacker und P. Kluckhohn begründete ›Dt. Vierteljahrsschrift für L. und Geistesgeschichte‹ (1923–44, 1949 ff.). In den geistesgeschichtl. Darstellungen erhielten größere ideen- und problemgeschichtl. Zusammenhänge den Vorrang. Als Gegenbewegung gegen eine spekulative Geisteswiss. und die Unterordnung der Dichtung unter außerliterar. Aspekte entstanden die formalästhet. Besinnungen auf das literar. Kunstwerk, so die in der Romanistik entwickelte Stilanalyse (L. Spitzer), die in allgemeine Formanalysen einmündete und schließlich zur textimmanenten Interpretation führte (E. Staiger). Auch der von Rußland ausgehende ↑Formalismus wandte sich unter Einbeziehung linguist. Methoden vornehmlich der Formensprache literar. Texte zu. Ebenso fand der mit ihm in vielem in gleicher Weise orientierte amerikan. ↑New criticism sein Hauptinteresse an der poet. Sprache, allerdings unter Berücksichtigung der Ergebnisse der modernen Anthropologie, Psychologie und Soziologie. Eine vierte, auf das literar. Werk zentrierte Richtung nahm ihren Ausgang vom anthropolog. Strukturalismus (C. Lévi-Strauss) unter Einbeziehung gesellschaftlicher Strukturen (L. Goldmann) oder bestimmten Teilbereichen der strukturalist. Linguistik. Die neuere Linguistik förderte in der L. auch (allerdings von vornherein zum Scheitern bestimmte) Versuche, durch Anlehnung an die Mathematik, Informatik und Statistik eine stärkere Exaktheit der wiss. Erfassung von Literatur zu gewinnen (M. Bense, W. L. Fischer, W. Fucks). Neben diesen, das literar. Werk v.a. unter den Aspekten der Form analysierenden und interpretierenden Richtungen hielt sich seit S. Freud (›Über Wahn und Träume in Jensens Gradiva‹, 1907) ein an dessen Psychoanalyse orientiertes Dichtungsverständnis in der L., das den imaginären Charakter literar. Werke hervorhob und deren Konstitution aus der Logik tiefenpsycholog. Ereignisse zu erklären suchte (Wilhelm Stekel [* 1868, † 1940], Gaston Bachelard [* 1884, † 1962], Charles Mauron [* 1899, † 1966], Jean Starobinski [* 1920] u.a.). Heute kommt vielfach die von Freud abweichende psychoanalyt. Theorie Jacques Lacans (* 1901, † 1981) in der L. zum Tragen unter Einbeziehung von Erkenntnissen der neo- bzw. poststrukturalist. Philosophie und Anthropologie. Der histor. Materialismus hat eine ideologisch sich scharf gegenüber der bürgerl. L. abgrenzende L. hervorgebracht (F. Mehring, G. W. Plechanow, A. W. Lunatscharski, G. Lukács), die auf die westl. L. vielfach einwirkte, v.a. auf die ↑Literatursoziologie, die Rezeptionsforschung und auf die krit. Untersuchungen über die ideolog., systemerhaltende Funktion von Literatur. Die orthodoxen Positionen der marxist. L., gleichgültig ob sie nun auf Lukács' Widerspiegelungstheorie oder auf dem Postulat einer sozialist. Parteilichkeit aufbauten, gerieten jedoch in den letzten Jahrzehnten unter die Kritik der neomarxist. Kunstauffassung. Sie sucht den gesellschaftkrit. Gehalt eines Kunstwerks nicht mehr an dem im Kunstwerk gestalteten gesellschaftl. Widersprüchen festzumachen, sondern in der Entwicklung künstler. Formen, in denen sich, unabhängig von den Gesinnungen des Autors, der gesellschaftl. Zustand mimetisch abbildet. Eine genaue Unterscheidung zwischen L. und Literaturkritik ist dabei in fast allen Ausrichtungen der neueren L. kaum mehr möglich, wie auch das Bedeutungsspektrum von englisch ›literary criticism‹ und französisch ›critique littéraire‹ zeigt. – ↑ Literaturkritik.

Literatur: Gehalt u. Gestalt im Kunstwerk des Dichters. In: Hdb. der L. Hg. v. O. WALZEL. Bd. 1. Potsdam 1923. – SCHULZ, F.: Die Entwicklung der L. v. Herder bis W. Scherer. In: Philosophie der L. Hg. v. E. ERMATINGER. Bln. 1930. – CONRADY, K. O.: Einf. in die neuere dt. L. Mit Beitrr. v. H. RÜDIGER u. P. SZONDI u. Textbeispielen zur Gesch. der dt. Philologie. Rbk. 1966. – STAIGER, E.: Die Kunst der Interpretation. Zü. ⁵1967. – LEMPICKI, S. VON: Gesch. der dt. L. bis zum Ende des 18. Jh. Gött. ²1968. – Mathematik u. Dichtung. Versuche zur Frage einer exakten L. Hg. v. W. KREUTZER u. R. GUNZENHÄUSER. Mchn. ³1969. – VARANINI, G./MARCHI, G. P.: Pagine introduttive allo studio della letteratura italiana. Bologna 1969. – MARENGRISEBACH, M.: Methoden der L. Bern u. Mchn. 1970. – L. u. Sozialwissenschaften. Hg. v. H. A. GLASER u. a. Stg. 1971–75. 6 Bde. – PICHOIS, C./ROUSSEAU, A. M.: Vergleichende L. Eine Einf. in die Gesch., die Methoden u. Probleme der Komparatistik. Düss. 1971. – Strukturalismus in der L. Hg. v. W. BLUMENSATH. Köln 1972. – Strukturalismus als interpretatives Verfahren. Hg. v. H. GALLAS. Darmst. u. Nw. 1972. – LEIBFRIED, E.: Krit. Wiss. vom Text. Manipulation, Reflexion, transparente Poetologie. Stg. ²1972. – MATT, P. VON: L. u. Psychoanalyse. Eine Einf. Freib. 1972. – Methoden der dt. L. Hg. v. V. ŽMEGAČ. Durchgesehene u. ergänzte Aufl. Ffm. 1972. – Lit. u. L. Materialien zur Einf. Hg. v. H. GEIGER u. a. Düss. 1973. – Methodenfragen der dt. L. Hg. v. R. GRIMM u. J. HERMAND. Darmst. 1973. – Propädeutik der L. Hg. v. D. HARTH. Mchn. 1973. – Zur Kritik der Literaturwiss. Methodologie. Hg. v. V. ŽMEGAČ u. Z. ŠKREB. Ffm. 1973. – SCHMIDT, SIEGFRIED J.: L. als argumentierende Wiss. Mchn. 1975. – GRIMM, J.: Einf. in die frz. L. Stg. 1976. – INGARDEN, R.: Gegenstand u. Aufgaben der L. Aufss. u. Diskussionsbeitrr. (1937–64). Tüb. 1976. – Urszenen. L. als Diskursanalyse u. Diskurskritik. Hg. v. F. A. KITTLER u. W. TURK. Ffm. 1977. – SCHULTE-SASSE, J./WERNER R.: Einf. in die L. Mchn. 1977. – Einf. in das Studium der frz. L. Hg. v. W.-D. LANGE. Hdbg. 1979. – Empirie in Literatur- u. Kunstwiss. Hg. v. SIEGFRIED J. SCHMIDT. Mchn. 1979. – L. Eine Einf. v. einem Autorenkollektiv unter Leitung v. G. N. POSPELOW. Dt. Übers. Lpz. 1980. – L. Grundkurs Hg. v. H. BRACKERT u. J. STÜCKRATH. Rbk. 1981. 2 Bde. – Erkenntnis der Lit. Theorien, Konzepte, Methoden der L. Hg. v. D. HARTH u. P. GEBHARDT. Stg. 1982. – STRELKA, J.: Methodologie der L. Tüb. ²1982. – STARNAWSKI, J.: Warsztat bibliograficzny historyka literatury polskiej. Warschau 1982. – Analyt. L. Hg. v. P. FINKE u. J. SCHMIDT. Brsw. u. Wsb. 1984. – SCHWANITZ, D.: L. für Anglisten. Mchn. 1985. – Bilder-

sturm im Elfenbeinturm. Ansätze feminist. L. Hg. v. K. FISCHER u. a. Tüb. 1992. – KAYSER, W.: Das sprachl. Kunstwerk. Eine Einf. in die L. Bern u. Mchn. ²⁰1993. – L. u. Systemtheorie. Hg. v. SIEGFRIED J. SCHMIDT. Opladen 1993. – RAABE, P.: Einf. in die Bücherkunde zur dt. L. Stg. ¹¹1994. – SCHULTE, J.: Einf. in die L. Mchn. ⁸1994. – ↑ auch Literaturkritik.

Literaturzeitschriften (Literaturzeitungen) ↑ literarische Zeitschriften.

Litotes [griech. eigtl. = Einfachheit, Schlichtheit], rhetor. Figur; untertreibende Ausdrucksweise, bei der ein Begriff durch die Verneinung des Gegenteils hervorgehoben wird, z. B. ›nicht bekannt‹ = (sehr) berühmt. Ausdrucksmittel der ↑ Emphase und der ↑ Ironie.

Littérature engagée [frz. literatyr ãga'ʒe] (Poésie engagée), von J.-P. Sartre im Zusammenhang seiner Existenzphilosophie (↑ existentialistische Literatur) vorgeschlagener Begriff für eine von ihm geforderte ›Literatur der Praxis‹, der ›Stellungnahme‹ des ›in der Literatur‹ stehenden Schriftstellers, der vielfältige Diskussionen und Widerspruch ausgelöst hat.

Literatur: KOHUT, K.: Was ist Literatur? Die Theorie der ›l. e.‹ bei J.-P. Sartre. Diss. Marburg 1965. – KRAUSS, H.: Die Praxis der ›l. e.‹ im Werk J.-P. Sartres 1938–1948. Hdbg. 1970. – ↑ auch Sartre, Jean-Paul.

Liu Hsiang (Liu Xiang) [chin. liou-ɕiaŋ], * 77 v. Chr., † 6 n. Chr., chin. Literat. – Erwarb sich als eine Art Hofbibliothekar am Kaiserhof unschätzbare Verdienste bei der Sammlung und Edition von Schriften klass. Philosophen, z. B. des Kuan Tzu. Neben eher unbed. literar. und philosoph. Texten schuf er Sammlungen histor. ›Anekdoten‹ im ›Shuoyüan‹ (= Garten der Argumente) und ›Hsin-hsü‹ (= Neue Galerie), die als Musterbücher für polit. Handeln erscheinen. Sein ›Lieh-nü chuan‹ (= Überlieferungen über ausgezeichnete Frauen) berichtet mit moralisierender Tendenz über tugendhafte und berüchtigte Frauen des alten China.

Literatur: MARTIN, I.: Das Lieh-nü-chuan u. seine Illustrationen. Peking 1943–44. – O'HARA, A. R.: The position of woman in early China, according to the Lieh nü chuan. Hongkong ²1955.

Liverpool poets [engl. 'lɪvəpu:l 'pouɪts], eine v. a. aus A. Henri, Roger

M. Gough (* 1937) und Brian Patten (* 1946) bestehende Dichtergruppe, die im Liverpool der 60er Jahre im Umfeld der dortigen Rockszene (Beatles) antiakadem., frech montierte und parodist. Poplyrik produzierte, in Kneipen vortrug und in eigenen Anthologien und Zeitschriften veröffentlichte.

Ausgaben: The Liverpool scene. Hg. v. E. LUCIE-SMITH. London 1967. – The Mersey sound. Hg. v. A. HENRI u. a. Neuausg. Harmondsworth 1985.

Livings, Henry [engl. 'lıvıŋz], * Prestwich (Lancashire) 20. Sept. 1929, engl. Dramatiker. – Verbindet in seinen nahezu handlungslosen, in sketchartige Sequenzen aufgegliederten, oft von exzentr. Figuren bevölkerten Dramen eine farcenhafte Darstellungsweise mit ernsthafter Thematik zum Bild einer absurden Welt, z. B. bei der Gestaltung von Erlebnissen aus dem Bereich des Militärs (›Nil Carborundum‹, 1962), der Industrie (›Eh?‹, 1965) oder der Politik (›The little Mrs. Foster show‹, 1966). Seit den 70er Jahren verfaßt L. überwiegend Adaptationen fremdsprachiger Dramen, Hör- und Fernsehspiele sowie Erzählungen (›Pennine tales‹, 1983; ›Flying eggs and other things‹, 1986) und Kinderstücke. Seine ›Pongo plays‹ (Dr., 1971; ›Six more Pongo plays‹, 1974) verfolgen auf burleske Weise die Überlebensstrategien einer Sancho-Pansa-Figur.

Weitere Werke: Stop it, whoever you are (Dr., 1962), Kelly's eye (Dr., 1964), The ffinest ffamily in the land (Dr., 1973), This is my dream (Dr., 1987).

Livingstone, Douglas James [engl. 'lıvıŋstən], * Kuala Lumpur (Malaysia) 5. Jan. 1932, südafrikan. Lyriker. – Kam im Alter von 10 Jahren nach Südafrika; seine Dichtung lebt von der Spannung zwischen romant. und wiss. Perspektive, zwischen Experimentierfreudigkeit und formaler Disziplin und der Aufarbeitung traditioneller Motive aus zeitgenöss. Sicht. Zentrales Thema ist die kulturelle und persönl. Entfremdung des Menschen innerhalb der urbanisierten Gesellschaft.

Werke: Sjambok, and other poems from Africa (Ged., 1964), Eyes closed against the sun (Ged., 1970), The sea my winding sheet and other poems (Ged. u. Hsp., 1971), The anvil's undertone (Ged., 1978).

Literatur: CHAPMAN, M.: D. L. A critical study of his poetry. Johannesburg 1981.

Living Theatre [engl. 'lıvıŋ 'θıətə], 1947 von Julian Beck (* 1925, † 1985) und seiner Frau Judith Malina (* 1926) – Schülern von Erwin Piscators Theatre Workshop – in New York gegründetes Theaterkollektiv; das L. Th. war in den 60er Jahren eine bedeutende und einflußreiche Truppe v. a. des Off-[Off-] Broadway; spielte u. a. Stücke von A. Strindberg, L. Pirandello, J. Racine, E. Pound, B. Brecht; v. a. auch Auseinandersetzung mit den Theorien A. Artauds; seit 1961 Europatourneen; 1963 Zwangsschließung des Ensembles, Verlagerung der Theaterarbeit auf Straßen, Plätze u. a.; 1964–68 in Europa; 1970 Selbstauflösung bzw. Teilung des Ensembles (Arbeit für die unterdrückten und sozial schwachen Schichten in Brasilien bzw. in Brooklyn und Pittsburgh); 1974 erneuter Zusammenschluß, ab 1975 v. a. in Italien, seit 1982 (wieder) in Paris. Das Kollektiv (meist neue Berufsschauspieler) versuchte die Trennung von Kunst und Leben aufzuheben. Seine Stücke, u. a. ›The connection‹ (1959), ›The brig‹ (1963), ›Mysteries‹ (1964), ›Paradise now!‹ (1968), vermittelten die von Beck und Malina 1985 rückblickend zusammengefaßte Programmatik, die besagt, ›... daß eine kulturelle Veränderung nötig ist, eine veränderte Wahrnehmung, um die soziale Ordnung zu erneuern, Gewalt zu verringern und ein erfüllteres Leben zu schaffen – v. a. der ökonomisch Unterdrückten. Diese Veränderung der Wahrnehmung muß alle sozialen Schranken überschreiten; und deshalb müssen Theaterformen gefunden werden, die alle diese Schranken überwinden können.‹ In diesem Sinne bewirkte das L. Th., das mit den verschiedensten Formen experimentierte (Happening, Collage, Montage o. ä.) auch die Entstehung von zahlreichen Theatertruppen in Europa und den USA.

Literatur: BINER, P.: Le l. th. Lausanne ²1970. – MALINA, J./ BECK, J.: Paradise now. Collective creation of the L. Th. New York 1971. – SILVESTRO, C.: The living book of the L. Th. Köln 1971. – BECK, J.: The life of the theatre. The relation of the artist to the struggle of the people. San Francisco (Calif.) ²1974. – SHANK, T.: American alternative theatre. London 1982.

196 Livius

Livius, Titus, * Patavium (heute Padua) 59 v. Chr., † ebd. 17 n. Chr., röm. Geschichtsschreiber. – Arbeitete ab 28 v. Chr. an seinem Hauptwerk, den ›Ab urbe condita libri‹ (Geschichte Roms, von der Stadtgründung an), das in 142 Büchern bis zum Tode des Drusus (9 v. Chr.) reichte. Hiervon sind 35 Bücher erhalten: 1–10 (bis 293), 21–45 (218–167; ab Buch 41 lückenhaft); ferner kaiserzeitl. Inhaltsangaben (›periochae‹) fast aller Bücher. L. entnahm seinen Stoff literar. Darstellungen: dem Werke des Polybius sowie der sog. jüngeren Annalistik (Valerius Antias, Claudius Quadrigarius u. a.). Er stellte, wie seine Vorgänger, die legendären Berichte von Roms Anfängen als Geschichte hin und sichtete auch sonst sein Quellenmaterial nicht kritisch. Er verdient v. a. die Würdigung als Schriftsteller, der die Überlieferung – mit Cicero als Stilmuster – in ein zeitgemäßes literar. Gewand kleidete. L. bot ein romantisch verklärtes Bild von der frühen und mittleren Republik dar; trotz seiner nach rückwärts gewandten Gesinnung war er aber wohl ohne schroffe Ablehnung des neuen augusteischen Staates. Seine Synthese blieb für die Nachwelt maßgeblich, so daß alle älteren Darstellungen (Teile des Werkes des Polybius ausgenommen) untergingen; die Trennung von Legende und Geschichte gelang erst B. G. Niebuhr.
Ausgaben: Titi Livii ab urbe condita libri. Hg. v. W. WEISSENBORN u. a. Bln. u. a. [3–9]1969–82. 21 Tle. in 10 Bden. – T. L. Röm. Geschich. Lat. u. dt. hg. v. J. FEIX u. H. J. HILLEN. Mchn. [1–2]1977–83. Bisher 9 Bde. erschienen (Buch 21–26; 31–41). **Literatur:** WALSH, P. G.: Livy. His historical aims and methods. Cambridge 1961. – BURCK, E.: Die Erzählungskunst des T. L. Bln. u. Zü. [2]1964. – KLOTZ, A.: L. u. seine Vorgänger. Amsterdam 1964. – Wege zu L. Hg. v. E. BURCK. Darmst. 1967. – L. Werk u. Rezeption. Festschr. für Erich Burck zum 80. Geburtstag. Hg. v. E. LEFÈVRE u. E. OLSHAUSEN. Mchn. 1983.

Livius Andronicus, Lucius, * um 280, † nach 207, röm. Dichter. – Freigelassener aus Tarent; durch seine Übersetzung der ›Odyssee‹ (in Saturniern) und seine Bearbeitung griech. Tragödien und Komödien der Begründer der röm. Literatur. Als Datum der ersten Aufführung von ihm übertragener Stücke ist das Jahr 240 v. Chr. überliefert.
Ausgaben: Remains of Old Latin. Lat. u. engl. Hg. v. E. H. WARMINGTON. Bd. 2. Cambridge (Mass.) 1936. – Livi Andronici Fragmenta. Hg. v. M. LENCHANTIN DE GUBERNATIS. Turin 1937. **Literatur:** MARIOTTI, S.: Livio Andronico e la traduzione artistica. Mailand 1952.

Livre d'heures [frz. livrə'dœ:r] (Horenbuch, Stundenbuch), ein aus den Zusatzoffizien des mönch. Stundengebetes entstandenes Gebetbuch für Laien mit Gebeten zum Leiden Christi, zu Ehren der Gottesmutter usw. Das L. d'h. kam im 13. Jh. auf, wurde aber gegen Ende des 15. Jh. durch den spätmittelalterl. ›Hortulus animae‹ zurückgedrängt. Für die Kunstgeschichte sind v. a. die niederl.-burgund. Stundenbücher des 14./ 15. Jh. (z. B. ›Les très riches heures du Duc de Berry‹ mit Miniaturen der Brüder von Limburg) von Bedeutung.
Ausgabe: Die ›Très riches heures‹ des Jean Duc de Berry im Musée Condé Chantilly. Einf. u. Bilderll. v. J. LONGNON u. R. CAZELLES. Mchn. [5]1981.
Literatur: Das christl. Gebetbuch im MA. Andachts- und Stundenbücher in Handschrift und Frühdruck. Bearb. v. G. ACHTEN. Wsb. 1980. – BOURDIN, S.-J.: Analyse des ›Très riches heures du Duc de Berry‹. Dourdan 1982. – UNTERKIRCHER, F.: Das Stundenbuch des MA. Graz 1985.

Li Xingdao, chin. Dramatiker, ↑ Li Hsing-tao.

Li Yü (Li Yu) [chin. li-y], * Hsüchou (Kiangsu) 937, † 978, chin. Kaiser und Dichter. – In einer Zeit der Reichstrennung war Li Yü von 961 bis 975 der letzte Herrscher eines Teilreiches im Süden, ehe ihn die Sung-Dynastie besiegte. Ein früher Meister der neuen freien Tz'u-Dichtung (↑ chinesische Literatur), künden seine kunstvollen Verse von Liebesfreud und -weh sowie vom Leid seiner Gefangenschaft (975–978). Den Aufstieg dieser Lieddichtung bezeugt auch das ›Hua-chien chi‹ (= Unter den Blüten), eine repräsentative Anthologie solcher Lieder aus einem anderen Teilreich.
Ausgaben: Die Lieder des Li Yü, Herrschers der Südl. T'ang-Dynastie. Dt. Übers. v. A. HOFFMANN. Köln 1950. Nachdr. Hongkong 1982. – Among the flowers. A translation of the 10th century anthology of Tz'u lyrics, the Hua Chien Chi. Engl. Übers. v. L. FUSEK. New York 1982.

Li Yü (Li Yu) [chin. li-y], auch Li Li-weng, * Jukao (Kiangsu) um 1610, † Wuchow um 1680, chin. Literat. – Wie viele Gebildete seiner Zeit nicht an einer

Amtslaufbahn interessiert, widmete er sich v. a. in seinem berühmten ›Senfkorngarten‹ in Nanking der Literatur. Er schrieb eine Vielzahl Theaterstücke, Erzählungen, Essays und den erot. Roman ›Jou-p'u t'uan‹ (= Die Gebetsmatte aus Fleisch), Werke eher unterhaltenden Charakters. Am folgenreichsten war er wohl als Theoretiker und Praktiker des chin. Theaters.

Ausgaben: Li Yü. Erzählungen. In: Die dreizehnstöckige Pagode. Dt. Übers. v. F. KUHN. Bln. 1940. – Li Yü. In: Der Turm der fegenden Wolken. Dt. Übers. v. F. KUHN. Freib. ²1958. – Li Yü. In: Altchin. Liebesgeschichten. Dt. Übers. v. F. KUHN. Mchn. 1961. – Li Yü. In: Jou Pu Tuan. Ein erot.-moral. Roman aus der Ming-Zeit (1633). Dt. Übers. v. F. KUHN. Kilchberg 1965.

Lizenzausgabe, Buchausgabe, für die der berechtigte Verlag einem anderen Verlag das Recht zur Veröffentlichung erteilt hat.

Ljóðaháttr ['ljo:daha:tər; altnord., zu altnord. ljóð = Vers, Strophe und háttr = Art, Versart, Metrum], altnordische Strophenform v. a. der eddischen Merk-, Spruch- und Zauberdichtung; besteht aus sechs Zeilen, die zweihebigen Zeilen 1 und 2 sowie 4 und 5 sind durch ↑ Stabreim zu ↑ Langzeilen verknüpft. – Eine Variante des L. (mit unregelmäßigem Zeilenwechsel) heißt **Galdralag.**

Ljungdal, Arnold [schwed. ˌjʊŋdɑ:l], *Mellerud (Dalsland) 2. Aug. 1901, † Stockholm 12. Juli 1968, schwed. Lyriker. – 1940–48 Vorsitzender des schwed. Schriftstellervereins; anfangs vom Expressionismus beeinflußt; schrieb v. a. Gedichte in freien Rhythmen, oft in antikisierendem Ton; übersetzte u. a. R. M. Rilkes ›Duineser Elegien‹; auch Verfasser von polit. sowie kulturphilosoph. Studien, die von marxist. Weltanschauung und christl. Glauben geprägt sind.

Werke: Till den nya tiden (Ged., 1926), Fanorna (Ged., 1927), Ungdom (Ged., 1931), Katedral (Ged., 1950), Till mänska klarnad (Ged., 1953).

Llewellyn Richard [engl. lu:ˈɛlɪn], eigtl. R. Dafydd Vivian L. Lloyd, *Saint David's (Pembrokeshire) 8. Dez. 1906, † Dublin 28. Nov. 1983, walis. Schriftsteller. – Arbeitete in Wales im Bergwerk, in Italien im Hotelgewerbe; war Drehbuchautor und Filmproduzent. Seine der Unterhaltungsliteratur nahestehenden Romane zeichnen sich durch milieugetreue Schilderung der walis. Heimat, aber auch exot. Schauplätze in Südamerika, Indien, Afrika und Israel aus. Bekannt wurde L. durch den Roman ›So grün war mein Tal‹ (1939, dt. 1941) über eine walis. Bergarbeiterfamilie, deren Schicksal er in drei Fortsetzungen bis nach Patagonien und zurück verfolgt (›Das neue Land der Hoffnung‹, 1960, dt. 1961; ›Down where the moon is small‹, 1966; ›Green, green my valley now‹, 1975); schrieb auch Spionageromane und Dramen.

Weitere Werke: Einsames Herz (R., 1943, dt. 1943), Blumen für Shiner (R., 1950, dt. 1954), Die tapferen Frauen von Merthyn (R., 1954, dt. 1957), Diplomat und Verräter (R., 1956, dt. 1959), Der Mann im Spiegel (R., 1961, dt. 1962), Der Judastag (R., 1964, dt. 1966), ... und morgen blüht der Sand (R., 1973, dt. 1974), Den Sternen nah (R., 1979, dt. 1982), I stand on a quiet shore (R., 1982).

Llewellyn Jones, Arthur [engl. lu:ˈɛln ˈdʒəʊnz], walis. Schriftsteller, ↑ Machen, Arthur.

Llor, Miquel [katalan. ʎo], * Barcelona 9. Mai 1894, † ebd. 2. Mai 1966, katalan. Schriftsteller. – Schrieb psycholog. Romane aus der Welt des mittleren und niederen katalan. Bürgertums; auch Übersetzer (A. Moravia, A. Gide).

Werke: Història grisa (R., 1924), Laura a la ciutat dels sants (R., 1931), Tots els contes (En., 1952), Un camí de Damasc (R., 1959).

Literatur: VALVERDE LLOR, E.: Evocació biogràfica de M. L. Barcelona 1983.

Llorente i Olivares, Teodoro [katalan. ʎuˈrente i uliˈβares], * Valencia 7. Jan. 1836, † ebd. 2. Juli 1911, katalan. Dichter. – Gründer des ›Rat Penat‹, einer Gesellschaft zur Pflege des valencian. Dialekts; schrieb Gedichte in katalan. (valencian.) und span. Sprache; auch Übersetzer (Goethe, Lord Byron, H. Heine, V. Hugo u. a.).

Werke: Llibret de versos (Ged., 1885), Versos de la juventud 1854–1866 (Ged., 1907).

Literatur: NAVARRO REVERTER, J.: T. L., su vida y sus obras. Barcelona 1909. – GUARNER, L.: La renaixença valenciana i T. L. Barcelona 1985.

Lloyd, Richard Dafydd Vivian Llewellyn [engl. lɔɪd], walis. Schriftsteller, ↑ Llewellyn, Richard.

Llull, Ramón [span. ʎul, katalan. ʎuʎ], katalan. Dichter, Theologe und Philosoph, ↑ Lullus, Raimundus.

Llwyd, Morgan [engl. ljʊɪd], * Cynfal (Merioneth) 1619, † 3. Juni 1659, walis. Schriftsteller. – Bedeutendster puritan. Schriftsteller im Wales des 17. Jh., während des Bürgerkrieges Parteigänger und Soldat Cromwells; schrieb v. a. Prosa. In seinem Werk ›Llyfr y tri aderyn‹ (= Buch der drei Vögel, 1653) sind Rabe, Taube und Adler mit allegor. Bedeutungen ausgestattet. Sein mystisch-religiöses Denken zeigt sich von J. Böhme beeinflußt, den er durch eine engl. Übersetzung kennengelernt und z. T. weiter ins Kymrische übersetzt hat; schrieb auch zwei Werke in engl. Sprache.
Literatur: THOMAS, M.: M. L. Cardiff 1984.

Loacker, Norbert, * Altach (Vorarlberg) 22. Juli 1939, österr. Schriftsteller. – Studierte Philosophie und Altphilologie, lebt als Lehrer in Zürich. Wurde bekannt durch den philosophisch-utop. Roman ›Aipotu‹ (1980; Umkehrung von ›Utopia‹), in dem es um die Suche nach der ›glückl. Insel Utopia‹ des Th. More geht. Schauplatz des zweiten Romans ›Die Vertreibung der Dämonen‹ (1984) ist die dem Florenz des 13. Jh. nachgebildete Stadt ›Città‹, deren Bewohner von einer anonymen Macht unmenschl. Staatsbehörde beherrscht werden; eine Gruppe von Widerstandskämpfern entwirft ein Gegenbild, ein utop. Staatswesen, das sie mit Hilfe einer apokalypt. Sprengung zu erreichen hofft. Schreibt auch Hörspiele (›Harry Mosers Friede‹, Ursendung 1985; ›Come back Dracula‹, Ursendung 1986), Gedichte und Essays (›Idealismus‹, 1993).

Lobato, José Bento Monteiro, brasilian. Schriftsteller, ↑ Monteiro Lobato, José Bento.

Lobeira (Loveira), Vasco de [portugies. luˈβɐi̯rɐ (luˈvɐi̯rɐ)], * Elvas um 1360, † ebd. um 1403, portugies. Dichter. – Verfaßte angeblich die ersten [nicht erhaltenen] portugies. Bücher (oder einen Teil davon) des ›Amadisromans‹.

Lobesam, Hannchen, Pseudonym der dt. Schriftstellerin Hedda ↑ Zinner.

Lobkowitz (Lobkowicz), Bohuslaw Frhr. von Hasenstein und (tschech. Bohuslav Hasištejnský z Lobkovic), * um 1461, † 11. Nov. 1510, böhm. Humanist. – Böhmischer Erzkanzler und ungar.

Kanzler; weltoffener Geistlicher; legte eine wertvolle Bibliothek (heute in der Prager Universitätsbibliothek) antiker und mittelalterl. Autoren an; Vertreter einer pessimist. Moralphilosophie, umfangreiches lyr. Werk.
Ausgabe: Spisy Bohuslava Hasištejnského z Lobkovic. Hg. v. B. RYBA. Prag 1933.

Lobón de Salazar, Francisco [span. loˈβon de salaˈθar], Pseudonym des span. Schriftstellers José Francisco de ↑ Isla y Rojo.

Lobsien, Wilhelm [lɔˈpsiːn], * Foldingbro (Schleswig) 30. Sept. 1872, † Niebüll 26. Juli 1947, dt. Schriftsteller. – Lehrer; von Th. Storm und D. von Liliencron beeinflußt; Landschaft und Leute der Nordsee und Halligen stehen im Mittelpunkt seines gesamten literar. Werkes.
Werke: Strandblumen (Ged., 1894); Pidder Lyng (R., 1910); Der Halligpastor (R., 1914); Landunter (R., 1921); Klaus Störtebeker (E., 1927), Halligleute (R., 1935), Der Heimkehrer (R., 1940), Koog und Kogge (En., 1942), Wind und Woge (En., 1947).

Lobwasser, Ambrosius, * Schneeberg 4. April 1515, † Königsberg (Pr) 27. Nov. 1585, dt. Dichter. – Seit 1563 Prof. der Rechte in Königsberg; seine Psalmenübertragung nach der frz. Bearbeitung von C. Marot und Th. Beza (1565 abgeschlossen, 1573 gedr.) war mehr als zwei Jahrhunderte maßgebend. Große Bedeutung haben seine Kirchenlieder.

Locher, Jakob, genannt Philomusus, * Ehingen (Donau) Ende Juli 1471, † Ingolstadt 4. Dez. 1528, dt. Humanist. – Studierte in Basel, Freiburg im Breisgau, Ingolstadt, Tübingen und Bologna; war Lieblingsschüler von S. Brant, dessen ›Narrenschiff‹ er ins Lateinische übersetzte (›Stultifera navis‹, 1497), wodurch er zur weiten Verbreitung dieses Werkes beitrug. Prof. der Poetik in Freiburg im Breisgau; 1498 Nachfolger von K. Celtis in Ingolstadt; geriet in Freiburg in Gegensatz zu J. Wimpfeling, als er sich entschieden für die lat. Klassiker einsetzte; seine entscheidende philolog. Tat war die erste Horaz-Ausgabe in Deutschland (›Horatii Flacci lirici opera‹, 1498); eigene unbed. Dramenversuche.

Lochuti (tl.: Lochutī), Abulkosim, eigtl. Abolghasem Lahuti, * Kermanschah (Iran) 12. Okt. 1887, † Moskau

16. März 1957, sowjet.-tadschik. Schriftsteller. – Radikaler Parteigänger der iran. Verfassungsrevolution (1905–11), später Sozialist; emigrierte 1922 in die Sowjetunion und wurde zu einem der Klassiker der sowjet.-tadschik. Literatur; dichtete revolutionäre und (im 2. Weltkrieg) sowjetisch-patriot. Poeme; griff später Legendenstoffe der persisch-tadschik. Überlieferung auf und bearbeitete sie für Theater und Oper.
Literatur: ALAVI, B.: Gesch. u. Entwicklung der modernen pers. Lit. Bln. (Ost) 1964.

Locke, John [engl. lɔk], * Wrington bei Bristol 29. Aug. 1636, † Oates (Essex) 28. Okt. 1704, engl. Philosoph. – Studium der scholast. Philosophie, später der Medizin in Oxford; beschäftigte sich mit der neueren experimentellen Naturwissenschaft. L. bekleidete verschiedene polit. Ämter, die ihn in Intrigen verwickelten, so daß er nach Frankreich (1672–75) und in die Niederlande (1683–89) ins Exil mußte. Seine Werke veröffentlichte er fast ausnahmslos anonym. L. ist auf drei Gebieten bes. hervorgetreten: Im Bereich der polit. Philosophie wurde er zum wichtigsten Vertreter der Aufklärung in England, in der theoret. Philosophie zum Begründer des Empirismus und in der Pädagogik (durch seine Schrift ›Some thoughts concerning education‹, 1693) zum Vordenker der Reformpädagogik. In der Erkenntnistheorie vertrat L. die Ansicht, daß alle Ideen durch das Zusammenspiel von Wahrnehmungen (›sensations‹) und Denken (›reflections‹) zustande kämen. Zusammengesetzte Ideen lassen sich immer so analysieren, daß sie als aus einfachen Ideen – die Wahrnehmungen entsprechen – zusammengesetzt erkannt werden. L. wurde mit dieser Lehre zum Gegenspieler des kartesian. Rationalismus und dessen Lehre von den eingeborenen Ideen. L.s erkenntnistheoret. Hauptwerk ist der ›Versuch über den menschl. Verstand‹ (1690, dt. 1757), in dem er auch die (noch heute diskutierte) Unterscheidung von ›primären‹ und ›sekundären‹ Qualitäten (also zwischen Eigenschaften, die den Dingen selbst zukommen, und solchen, die wir ihnen bloß beilegen) einführte. L. beeinflußte mit seiner Staatsphilosophie nachhaltig die Entstehung des bürgerl. Staa-

tes. Der Staat muß als freier und vernünftiger Zusammenschluß seiner Bürger (Gesellschaftsvertrag) gedacht werden. Ihm werden gerade so viel Rechte und so viel Macht übertragen, wie für die Bürger förderlich ist (›Two treatises of government‹, 1690). In seinem berühmten ›Brief über Toleranz‹ (1689, dt. 1957) trat er für die Glaubensfreiheit ein. Der Einfluß L.s ist sowohl in der amerikan. Unabhängigkeitserklärung von 1786 als auch im frz. Verfassungsentwurf von 1791 spürbar und prägte überhaupt den bürgerl.-liberalen Verfassungsstaat entscheidend mit.

Lockhart, John Gibson [engl. 'lɔkhɑːt, 'lɔkət], * Cambusnethan (Lanarkshire) 14. Juli 1794, † Abbotsford (Roxburghshire) 25. Nov. 1854, schott. Schriftsteller. – Heiratete 1820 die Tochter von W. Scott; Mitarbeiter am ›Blackwood's Magazine‹, 1824–53 Hg. der ›Quarterly Review‹; hinterließ ein bed. biograph. Werk, v. a. die Biographie W. Scotts (7 Bde., 1837/38) gilt als vorbildlich. Übersetzer der Vorlesungen A. W. Schlegels.
Weitere Werke: Some passages in the life of Mr. Adam Blair (R., 1822), Life of Burns (Biogr., 1828).
Literatur: LOCHHEAD, M. C.: J. G. L. A biography. London 1954. – HART, F. R.: L. as a romantic biographer. Edinburgh 1971.

Lockridge, Ross [Franklin, Jr.] [engl. 'lɔkrɪdʒ], * Bloomington (Ind.) 25. April 1914, † ebd. 6. März 1948, amerikan. Schriftsteller. – Lehrte in Indiana und Harvard. Sein einziges Werk, der Roman ›Das Land des Regenbaums‹ (1948, dt. 1958), der einen Tag (4. Juli 1892) im Leben eines Schulrektors in einem myth. County in Indiana beschreibt, ist ein bed. Beispiel der regionalen Literatur.
Literatur: LEGGETT, J.: Ross and Tom. Two American tragedies. New York 1974.

Locus amoenus [a'mɔːnʊs; lat. = liebl. Ort], literar. ↑Topos v. a. der Idylle; liebl. Landschaftsbild, aus bestimmten Elementen (Blumenwiese, Bach, Vogelgesang usw.) zusammengesetzt; gelangte über antike und spätlat. Dichtung in die mittelalterl. Tradition und wurde z. T. auch – als Paradieslandschaft – christlich umgedeutet.
Literatur: THOSS, D.: Studien zum ›l. a.‹ im MA. Wien u. Stg. 1972.

Lodeizen, Hans [niederl. 'loːdɛizə], eigtl. Johannes August Frederik L., * Naarden 20. Juli 1924, † Lausanne 26. Juli 1950, niederl. Lyriker. – Veröffentlichte nur einen Band mit Gedichten, ›Het innerlijk behang‹ (1949); später erschien ›Nagelaten werk‹ (hg. 1969); gilt als Erneuerer der niederl. Lyrik. Seine Poesie ist stark assoziativ und hat autobiograph., erzählende Züge.

Literatur: SINNINGHE DAMSTÉ, W./MOLIN, R.: H. L. Nimwegen u. Brügge 1980.

Lodemann, Jürgen, * Essen 28. März 1936, dt. Schriftsteller. – Verfasser realistisch-hintergründiger Prosa, die in lebensvollen Gesellschaftsschilderungen den sozialen Hintergrund analysiert; auch Filmemacher, Kritiker und Moderator von Literatursendungen im Fernsehen.

Werke: Erinnerungen in der Zornigen Ameise an Geburt, Leben, Ansichten und Ende der Anita Drögemöller und Die Ruhe an der Ruhr (R., 1975), Der Gemüsekrieg (E., 1979), Alinsberch (Stück, UA 1980), Der Solljunge oder Ich unter den anderen (autobiograph. R., 1982), Luft und Liebe (En., 1984), Essen Viehofer Platz (R., 1985), Siegfried (1986), Alles wird gut (R., 1991), Amerika überm Abgrund. Filmreise durch Kalifornien (1992).

Lodge, David [engl. lɔdʒ], * London 28. Jan. 1935, engl. Schriftsteller. – Seit 1976 Prof. für engl. Literatur an der Univ. Birmingham. Seine anfangs realist., jedoch zunehmend experimentellen und satir. Romane beschreiben Wandlungen der modernen Gesellschaft, mit dem Blick bes. auf Erfahrungen praktizierender Katholiken (›Adamstag‹, 1965, dt. 1988; ›How far can you go?‹, 1980; ›Neueste Paradies-Nachrichten‹, 1991, dt. 1992) und Universitätsintellektueller (›Ortswechsel‹, 1975, dt. 1986; ›Schnitzeljagd‹, 1984, dt. 1985; ›Saubere Arbeit‹, 1988, dt. 1992). L. verfaßte auch die Komödie ›Literatenspiele‹ (1991, dt. 1992) sowie bed. literaturkrit. Studien, u.a. ›The language of fiction‹ (1966), ›The novelist at the crossroads‹ (1971), ›The modes of modern writing‹ (1977), ›Die Kunst des Erzählens‹ (1992, dt. 1993).

Weitere Werke: The picturegoers (R., 1960), Ins Freie (R., 1970, dt. 1993), Working with structuralism (Abh., 1981), Write on (Abh., 1986), After Bakhtin (Abhh., 1990).

Oskar Loerke

Literatur: AMMANN, D.: D. L. and the art-and-reality novel. Hdbg. 1991.

Lodge, Thomas [engl. lɔdʒ], * West Ham (heute zu London) um 1558, † London Sept. 1625, engl. Schriftsteller. – Studierte zunächst Jura; bereiste 1591–93 mit dem Naturforscher H. Cavendish Südamerika; Medizinstudium, lebte als Arzt in London; starb an der Pest. In seinem programmat. Essay ›Defence of plays‹ (1580) wandte sich L. gegen theaterfeindl. Tendenzen; er selbst schrieb die histor. Tragödie ›Wounds of civil war‹ (um 1588). Er schuf Prosaromanzen im Stil von J. Lylys ›Euphues‹ (↑ Euphuismus), darunter ›Rosalynde, Euphues' golden legacie‹ (1590), die Quelle für Shakespeares ›Wie es euch gefällt‹, des weiteren Liebesgedichte (›Phillis‹, 1593), das mytholog. Kleinepos ›Scilla's metamorphosis‹ (1589) sowie Satiren und Übersetzungen von Josephus (1602) und Seneca d.J. (1614).

Ausgabe: Th. L. Complete works. Hg. v. E. W. GOSSE. Glasgow 1875–87. 4 Bde. Nachdr. New York 1963.

Literatur: Th. L. and other Elizabethans. Hg. v. Ch. J. SISSON. Cambridge (Mass.) 1933. Nachdr. New York 1966. – RYAN, P. M., Jr.: Th. L., gentleman. Hamden (Conn.) 1958. – CUVELIER, E.: Th. L., témoin de son temps. Paris 1984.

Loeben, Otto Heinrich Graf von, Pseudonym Isidorus Orientalis, * Dresden 18. Aug. 1786, † ebd. 3. April 1825, dt. Schriftsteller. – Schrieb Erzählungen, bes. jedoch sentimental-romant. Lyrik. Seine Erzählung ›Loreley, eine Sage vom Rhein‹ (1821) hat wahrscheinlich H. Heine zu dessen Loreley-Gedicht (1824) angeregt.

Weitere Werke: Guido (R., 1808), Gedichte (1810), Rosengarten (R., 2 Tle., 1817), Erzählungen (2 Bde., 1822–24), Der Pilger und die Pfalzgräfin (R., 1825).

Loerke, Oskar ['lœrkə], * Jungen bei Marienwerder 13. März 1884, † Berlin 24. Febr. 1941, dt. Schriftsteller. – Studium der Germanistik und Musik in Berlin; ab 1917 Lektor beim S. Fischer Verlag. L. wirkte sowohl durch sein eigenes dichter. Gesamtwerk als auch durch seine zahlreichen Literaturkritiken vorbereitend und anregend für die moderne Lyrik. Er ließ die Dinge durch das poet. Wort ›sich selbst aussprechen‹, verzichtete auf Allegorie und bildhaften Vergleich. Natur ist weder Szenerie für Menschliches noch ist sie vermenschlicht, sie steht für sich selbst. Als Erzähler grüblerisch, als Essayist von Musikalität bestimmter Interpret von Dichtern und Musikern. Kleist-Preis 1913.

Werke: Vineta (E., 1907), Franz Pfinz (E., 1909), Wanderschaft (Ged., 1911), Gedichte (1916, 1929 u. d. T. Pansmusik), Die Chimärenreiter (Nov., 1919), Die heiml. Stadt (Ged., 1921), Der Oger (R., 1921), Zeitgenossen aus vielen Zeiten (Essays, 1925), Der längste Tag (Ged., 1926), Atem der Erde (Ged., 1930), Der Silberdistelwald (Ged., 1934), Der Wald der Welt (Ged., 1936), Hausfreunde (Essays, 1939), Tagebücher 1903–39 (hg. 1955), Reisetagebücher (hg. 1960). **Ausgaben:** O. L. Reden u. kleinere Aufss. Hg. v. H. KASACK. Mainz u. Wsb. 1957. – O. L. Gedichte u. Prosa. Hg. v. P. SUHRKAMP. Ffm. 1958. 2 Bde. – O. L. Der Bücherkarren. Besprechungen im Berliner Börsen-Courier 1920–28. Hg. v. H. KASACK. Hdbg. u. Darmst. 1965. – O. L. Literar. Aufss. aus der ›Neuen Rundschau‹ 1909 bis 1941. Hg. v. R. TGAHRT. Hdbg. u. Darmst. 1967. **Literatur:** SCHNETZ, W. P.: O. L. Leben u. Werk. Mchn. 1967. – EPPELSHEIMER, R.: Mimesis u. Imitatio Christi bei L., Däubler, Morgenstern, Hölderlin. Bern u. Mchn. 1968. – GEBHARD, W.: O. L.s Poetologie. Mchn. 1968. – NICOLET, J.: Die verlorene Zeit. Unterss. zur Struktur der Einbildungskraft O. L.s. Zü. u. Freib. 1970. – LOZZA, E.: Die Prosaepik O. L.s. Ffm. 1972. – O. L. Marbacher Kolloquium 1984. Hg. v. R. TGAHRT. Mainz 1986.

Loest, Erich, * Mittweida (Sachsen) 24. Febr. 1926, dt. Schriftsteller. – trat 1950 mit dem Roman ›Jungen, die übrig bleiben‹ hervor, in dem er die Wirkung des Krieges auf die ›Kinder in Uniform‹ und ihren beschwerl. Weg zurück in ein sinnvolles Leben schildert. Nachdem er mehrfach Kritik am stalinist. Kurs der SED-Führung geübt hatte, wurde er im Nov. 1957 verhaftet und zu einer siebenjährigen Zuchthausstrafe verurteilt. Erst 1965 trat L. mit der Erzählung ›Sliwowitz und Angst‹ wieder an die Öffentlichkeit. Meist unter dem Pseudonym Hans Walldorf publizierte er eine größere Zahl Kriminalromane (›Der grüne Zettel‹, 1967; ›Der Mörder saß im Wembley-Stadion‹, 1967) sowie Abenteuerromane. Nachdem er in dem Roman ›Schattenboxen‹ (1973) seine Zuchthauserfahrungen verarbeitet hatte, wandte er sich zunehmend der Thematik des DDR-Alltags zu, worauf ein Teil seiner Arbeiten in der DDR nicht mehr publiziert wurde. 1981 kam er in die BR Deutschland. In den seither erschienenen Romanen ›Völkerschlachtdenkmal‹ (1984) und ›Zwiebelmuster‹ (1985) ist er weiterhin um ein realistischkrit. Bild der DDR bemüht. Schreibt auch Essays, Hör- und Fernsehspiele. Heute freier Schriftsteller und Verleger. 1984 stellvertretender Vorsitzender, 1994 Vorsitzender des ›Verbands dt. Schriftsteller‹.

Erich Loest

Weitere Werke: Die Westmark fällt weiter (R., 1952), Das Jahr der Prüfung (R., 1954), Aktion Bumerang (En., 1957), Ich war Dr. Ley (R., 1966, 1984 u. d. T. Die Mäuse des Dr. Ley), Der Abhang (R., 1968), Öl für Malta (En., 1968), Ins offene Messer (R., 1974), Es geht seinen Gang oder Mühen in unserer Ebene (R., 1977), Pistole mit sechzehn (En., 1979), Swallow, mein wackerer Mustang (Karl-May-R., 1980), Durch die Erde ein Riß. Ein Lebenslauf (1981), Der vierte Zensor. Vom Entstehen und Sterben eines Romans in der DDR (1984), Saison in Key West (Reisebilder, 1986), Froschkonzert (R., 1987), Fallhöhe (R., 1989), Der Zorn des Schafes (Autobiogr., 1990), Die Stasi war mein Eckermann (Autobiogr., 1991), Zwiebeln für den Landesvater (Essays, Glossen, Skizzen, 1994).

Loetscher, Hugo ['lœtʃər], * Zürich 22. Dez. 1929, schweizer. Schriftsteller. – Studierte Politologie, Soziologie und Literaturwiss., war Mitarbeiter an Zeitungen und Zeitschriften, seit 1969 freier Schriftsteller. Begann als Dramatiker (›Schichtwechsel‹, UA 1960), wurde bekannt durch den allegorisch-satirischen Roman ›Abwässer‹ (1963), einem ›Gutachten‹ über das komplizierte Abwassersystem einer Stadt, das, als Sinnbild verstanden, über die Wirklichkeit mehr Wahrheit aussagt als je an der ›Oberfläche‹ sichtbar werden kann. In weiteren Romanen und Essays greift L. aktuelle Themen auf und äußert sich zu Politik, Geschichte, Malerei und Literatur. Von seinen Reisen (u. a. Portugal, Südamerika, Ferner Osten) berichtet er in Reportagen, Essays, Feuilletons.

Weitere Werke: Die Kranzflechterin (R., 1964), Noah – Roman einer Konjunktur (1967), Der Immune (R., 1975), Wunderwelt. Eine brasilian. Begegnung (1979), Der Waschküchenschlüssel und andere Helvetica (Prosa, 1983), Die Papiere des Immunen (R., 1986), Die Fliege und die Suppe und 33 andere Tiere in 33 anderen Situationen (1989), Der predigende Hahn. Das literarisch-moral. Nutztier (1992).

Löffelholz, Franz, dt. Schriftsteller, ↑ Mon, Franz.

logaödische Reihen [griech.; dt.], heute nicht mehr gebräuchl. Bez. für die ↑äolischen Versmaße und ihre zahlreichen Kombinationen und Fortentwicklungen. Von R. Westphal und A. Roßbach eingeführt im Anschluß an Hephaistion (2. Jh. n. Chr), der als *daktyl.* bzw. *anapäst. l. R.* allgemein die Kombination daktyl. und trochäischer bzw. anapäst. und jamb. Verse bezeichnet.

Logau, Friedrich Freiherr von, Pseudonym Salomon von Golaw, * Dürr Brockuth bei Strehlen (Niederschlesien) Juni 1604, † Liegnitz 24. Juli 1655, dt. Dichter. – Stammte aus einem alten Adelsgeschlecht; Jurastudium in Frankfurt/Oder; verwaltete nach dem Studium das Familiengut und wurde 1644 Regierungsrat am Hof Herzog Ludwigs IV. von Liegnitz; Mitglied der Fruchtbringenden Gesellschaft. L. gilt mit seinen prägnanten satir. Sinngedichten, in denen er

scharfe Kritik am moral. und religiösen Verfall und an der sozialen Ungerechtigkeit seiner Zeit übte, als einer der bedeutendsten Epigrammatiker des Barock. G. E. Lessing erneuerte als Mit-Hg. von L.s Werken dessen Andenken.

Werke: Erstes Hundert Teutscher Reimen Sprüche (1638), Deutscher Sinn-Getichte Drey Tausend (3 Bde., 1654).
Ausgaben: F. v. L. Deutscher Sinn-Getichte Drey Tausend. Breslau 1654. 3 Bde. Nachdr. Hildesheim 1972. 3 Bde. in 1 Bd. – Die tapfere Wahrheit. Sinngedichte. Hg. v. W. SCHUBERT. Lpz. 1978.
Literatur: HEMPEL, P.: Die Kunst F.s v. L. Bln. 1917. Nachdr. 1967. – FRITZMANN, A.: F. v. L. The satirist. Bern u. a. 1983.

Loges, François des [frz. lɔ:ʒ], frz. Dichter, ↑ Villon, François.

Logographen [griech.], heute umstrittene Bez. Georg Friedrich Creuzers (* 1771, † 1858) für frühgriech. ionische Historiker und Geographen (7.–5. Jh.), die ihre Berichte in Prosa abfaßten; sie stehen am Beginn der Entwicklung einer frühgriech. Prosaliteratur. Mit Logograph wird daher auch der Prosaschriftsteller bezeichnet.

Logue, Christopher [engl. loʊg], * Portsmouth (Hampshire) 23. Nov. 1926, engl. Lyriker. – War zunächst Schauspieler; schrieb Gedichte nach Art der amerikan. ↑ Jazz poetry sowie polit. Protestgedichte im Stil B. Brechts (›Wand and quadrant‹, 1953; ›Songs‹, 1959; ›New numbers‹, 1969); übertrug Texte von P. Neruda und adaptierte Teile aus Homers ›Ilias‹ (›War music‹, 1981; ›Kings‹, 1991).

Weitere Werke: L.'s A. B. C. (Ged., 1966), Ode to the Dodo. Poems from 1953–1978 (Ged., 1981), Fluff (Ged., 1985).

Lohenstein, Daniel Casper von (seit 1670), eigtl. Daniel Casper, * Nimptsch bei Reichenbach (Eulengebirge) 25. Jan. 1635, † Breslau 28. April 1683, dt. Dramatiker. – Sohn eines Zolleinnehmers, studierte Jura in Leipzig und Tübingen, reiste nach dem Studium durch Deutschland, die Niederlande, Österreich und die Schweiz; war Anwalt, Syndikus, Gesandter und kaiserl. Rat. Mit 15 Jahren schrieb er sein erstes Trauerspiel (›Ibrahim Bassa‹, gedr. 1685); seine Vorbilder waren Seneca d. J. und v. a. A. Gryphius, dem er aber an dichter. Kraft nachsteht.

Seine pathetisch-heroischen Stücke, die voll erregender Handlung und mit grellen Effekten ausgestattet sind, entsprechen dem Stilideal der extensiven Fülle. Bed. ist die Fortentwicklung des schles. Kunstdramas in seiner Tragödie ›Sophonisbe‹ (1680): mitreißende Handlung, lebhafte Sprache und geschickte Versbehandlung. Sein [unvollendetes] Hauptwerk, der Roman ›Großmüthiger Feldherr Arminius oder Hermann ...‹ (2 Bde., hg. 1689/90) zeigt ein erstaunl. Maß an Erfindungsgabe, leidet aber an der Überfülle von Wissensstoff und abstruser Gelehrsamkeit.

Weitere Werke: Cleopatra (Trag., 1661), Agrippina (Trag., 1665), Epicharis (Trag., 1665), Ibrahim Sultan (Trag., 1673), Trauer- und Lustgedichte (1680).

Ausgaben: D. C. v. L. Dramen. Hg. v. K. G. JUST. Stg. 1953–57. 3 Bde. – D. C. v. L. Großmütiger Feldherr Arminius (Nachdr. der Ausg. 1689/90). Einf. v. E. M. SZAROTA. Hildesheim 1973. 2 Bde. – D. C. v. L. Lyrica. Hg. v. G. SPELLERBERG. Tüb. 1992.

Literatur: VERHOFSTADT, E.: D. C. v. L. Untergehende Wertwelt u. ästhet. Illusionismus. Brügge 1964. – VOSSKAMP, W.: Unterss. zur Geschichtsauffassung im 17. Jh. bei Gryphius u. L. Bonn 1967. – KAFITZ, D.: L.s Arminius. Stg. 1970. – SPELLERBERG, G.: Verhängnis u. Gesch. Unterss. zu den Trauerspielen u. dem Arminius-Roman D. C.s v. L. Bad Homburg v. d. H. u. a. 1970. – SZAROTA, E. M.: L.s Arminius als Zeitroman. Bern u. Mchn. 1970. – ASMUTH, B.: D. C. v. L. Stg. 1971. – GABEL, G.: D. C. von L. A bibliography. Köln 1973. – MARTINO, A.: D. C. v. L. Gesch. seiner Rezeption 1: 1661–1800. Tüb. 1978. – WICHERT, A.: Lit., Rhetorik u. Jurisprudenz im 17. Jh. D. C. v. L. u. sein Werk. Tüb. 1991. – MÜSCH, B.: Der polit. Mensch im Welttheater des D. C. v. L. Eine Deutung seines Dramenwerks. Ffm. u. a. 1992.

Lo-Johansson, [Karl] Ivar [schwed. 'lu:ˌju:hansɔn], *Ösmo (Södermanland) 23. Febr. 1901, †Stockholm 11. April 1990, schwed. Schriftsteller. – Sohn eines Landarbeiters; führte ein unruhiges Leben und arbeitete in verschiedenen Berufen. Lo-J. gehört zu den führenden Vertretern der schwed. Literatur der 30er Jahre (›30-tal‹). Schon in den frühen Reiseschilderungen ging es ihm v. a. um die sozialen und gesellschaftl. Probleme der bereisten Länder. Seine Novellen und Romane thematisieren zunächst die soziale Lage der Landarbeiter, deren Schilderung auf seinem eigenen biograph.

Hintergrund basiert, während die späteren Werke sich verstärkt auf die Verarbeitung von autobiograph. Material konzentrieren. In den 60er Jahren wandte er sich v. a. weltanschaul. Fragestellungen zu, kehrte gegen Ende der 70er Jahre jedoch erneut zu autobiograph. Themen zurück. Die Personenschilderung in Lo-J.s Romanen zeichnet sich durch psycholog. Einsicht und ungewöhnl. Intensität aus.

Werke: Vagabondliv i Frankrike (Reiseber., 1926), Ur klyvnadens tid (Ged., 1931), Monna ist tot (R., 1932, dt. 1949), Gute Nacht, Erde (R., 1933, dt. 1966), Kungsgatan. Roman einer Straße (R., 1935, dt. 1949), Statarna (Nov.n, 2 Bde., 1936/37), Nur eine Mutter (R., 1939, dt. 1946), Jordproletärerna (Nov.n, 1941), Traktorn (R., 1943), Geniet (R., 1947), Der Mann ohne Namen (R., 1951, dt. 1964), Vor fremden Türen (R., 1953, dt. 1968), Proletärförfattaren (R., 1960), Liebesglück (R., 1962, dt. 1964), Astronomens hus (R., 1966), Leidenschaften (Nov.n, 1968, dt. 1968), Pubertet (R., 1978), Asfalt (R., 1979), Tröskeln (R., 1982), Till en författare (Artikel, 1988).

Literatur: OLDBERG, R.: I. Lo-J. Stockholm 1957. – FURULAND, L./OLDBERG, R.: I. Lo-J. i trycksvärtans ljus. Stockholm 1961. – EDSTRÖM, M.: Äran, kärleken, klassen. En bok om I. Lo-J.s törfattarskap. Stockholm 1976. – HOLMGREN, O.: Kärlek och āra. En studie i I. Lo-J.s Månaromaner. Stockholm 1978.

Lokalstück, Theaterstück, das lokale Eigentümlichkeiten (meist) einer Stadt (seltener einer Landschaft), d. h. Typen, Dialekt, lokale Sitten und Verhältnisse spiegelt; kann als unterhaltende oder satir. ↑Posse (oft mit Gesang), als moralisierendes ↑Sittenstück oder soziales Volksstück konzipiert sein, wobei die Grenzen untereinander sowie zu anderen Formen des Volkstheaters fließend sind. Bed. Vertreter: J. N. Nestroy (Wiener L.), D. Kalisch und A. Glaßbrenner (Berliner Lokalstück).

Lo Kuan-chung (Luo Guanzhong) [chin. lu̯oguand͡ʒʊŋ], *Ch'ien-t'ang (Tschekiang) um 1330, †um 1400, chin. Literat. – Über sein Leben ist nichts bekannt; schrieb zahlreiche histor. Romane. Sein bedeutendster, ›San-kuo chih yen-i‹ (= Die Geschichte der Drei Reiche), erschien 1484 und wurde danach mehrfach überarbeitet. Er schildert in heute 120 Kapiteln die Vorgänge nach dem Zerfall des Han-Reiches. Wegen der starken Charaktere und der anschaul. Schilderungen wurde das Werk zum bedeutendsten Heldenroman Chinas und regte viele volkstüml. Theaterstücke an. – Zu den ›Räubern vom Liang Schan Moor‹ ↑ Shi Nai-an.

Ausgaben: San Kuo, or Romance of the three kingdoms. Engl. Übers. v. C. H. BREWITT-TAYLOR. Schanghai u. a. 1925. – Die Drei Reiche. Roman aus dem alten China. Dt. Übers. u. Nachwort v. F. KUHN. Bln. 1940. – Les trois royaumes. Frz. Übers. v. NGHIÊM TOAN u. L. RICAUD. Saigon 1960.

Løland, Rasmus [norweg. 'løːlan], * Sand (Ryfylke) 24. Mai 1861, † Asker bei Oslo 12. Okt. 1907, norweg. Schriftsteller. – Schilderte melancholisch und mitfühlend Menschen, die außerhalb der menschl. Gemeinschaft stehen; auch Verfasser von Kinderbüchern.

Werke: Folkeliv (En., 1891), Skuld (E., 1892), Emne (E., 1896), Ute og heime (E., 1901), Aasmund Aarak (R., 1902), Paa skuggesida (E., hg. 1908), Hundrad aar (R., hg. 1910).
Ausgabe: R. L. Skrifter i samling. Oslo 1941–42. 3 Bde.
Literatur: BAKKEN, O.: R. L. Oslo 1938.

Michail Wassiljewitsch Lomonossow

Lomonossow (tl.: Lomonosov), Michail Wassiljewitsch [russ. lɛmaˈnɔsɐf], * Denissowka (heute Lomonossowo, Gouv. Archangelsk) 19. Nov. 1711, † Petersburg 15. April 1765, russ. Universalgelehrter und Dichter. – Sohn eines Fischers; Studien in Petersburg, Marburg (bei Ch. Wolff) und Freiberg; wurde 1745 Prof. der Chemie an der Akad. der Wissenschaften in Petersburg; bed. Forschungen auf naturwiss. Gebiet; Historiker. – L. schrieb Idyllen, Tragödien und Oden, die von frz. und dt. Vorbildern beein-

flußt. Von großer Bedeutung für die Normierung der russ. Literatursprache ist seine ›Russ. Grammatik‹ (1757, dt. 1764); seine aus der Antike übernommene Stiltheorie übertrug er in seinem Traktat ›Predislovie o pol'ze knig cerkovnych v rossijskom jazyke‹ (= Vorrede über den Nutzen der kirchl. Bücher in der russ. Sprache, 1757) auf russ. Sprachverhältnisse (Mischung von kirchenslaw. und russ. Elementen); auch richtungweisende Schriften zur russ. Verslehre.

Weitere Werke: Pis'mo o pravilach rossijskogo stichotvorstva (= Brief über die Regeln der russ. Dichtkunst, entst. 1739, erschienen 1778), Kratkoe rukovodstvo k krasnorečiju ... (1748, dt. Auszug: Aus dem kurzen Leitfaden der Beredsamkeit, 1961), Tamira i Selim (= Tamira und Selim, Trag., 1750).
Ausgabe: M. V. Lomonosov. Polnoe sobranie sočinenij. Moskau u. Leningrad 1950–59. 10 Bde. – M. W. L. Ausgew. Schrr. Dt. Übers. v. H. HÖSEL u. E. JOHN. Bln. 1961. 2 Bde.
Literatur: MENSHUTKIN, B. N.: Russia's Lomonosov. Engl. Übers. v. J. E. THAL u. E. J. WEBSTER. Princeton (N. J.) 1952. – SCHUETZ, W.: M. W. L. Lpz. ²1976. – PAVLOVA, G. E./FEDOROV, A. S.: M. V. Lomonosov. Moskau 1980.

London, Jack [engl. 'lʌndən], eigtl. John Griffith, später J. G. London (nach seinem Stiefvater), * San Francisco (Calif.) 12. Jan. 1876, † Glen Ellen (Calif.) 22. Nov. 1916, amerikan. Schriftsteller. – Wuchs als unehel. Kind eines umherziehenden Astrologen in ärml. Verhältnissen auf; führte dann ein abenteuerl. Leben als Fabrikarbeiter, Goldsucher, Landstreicher, Seemann, Berichterstatter im Russisch-Jap. Krieg (1904/05) und schließlich als erfolgreicher Schriftsteller. L. schrieb, von R. Kipling und R. L. Stevenson beeinflußt, v. a. Tiergeschichten und naturalistisch-romant. Abenteuerromane, denen teilweise eigene Erlebnisse zugrunde liegen und die häufig in der Südsee und in Alaska spielen. Als bestes Werk gilt die Erzählung ›Wenn die Natur ruft‹ (1903, dt. 1907, 1956 u. d. T. ›Der Ruf der Wildnis‹) über einen Schlittenhund in Alaska, der zu den Wölfen, von denen er abstammt, zurückkehrt. L., der 1901–16 Mitglied der Sozialist. Partei war, schrieb unter dem Einfluß von K. Marx und F. Nietzsche auch sozialkrit. Romane, die, von eigenen Erfahrungen geprägt, den harten Lebenskampf überzeugend darstellen.

Jack London

Weitere Werke: Der Sohn des Wolfs (R., 1900, dt. 1927), Der Seewolf (R., 1904, dt. 1926), Wolfsblut (E., 1905, dt. 1912), Abenteuer des Schienenstrangs (autobiograph. R., 1907, dt. 1924), Die eiserne Ferse (R., 1908, dt. 1922), Martin Eden (autobiograph. R., 1909, dt. 1927), Lockruf des Goldes (R., 1910, dt. 1949), Südseegeschichten (E., 1911, dt. 1965), König Alkohol (autobiograph. R., 1913, dt. 1925), Die Meuterei auf der Elsinore (R., 1914, dt. 1932), Jerry, der Insulaner (R., hg. 1917, dt. 1927).
Ausgaben: J. L. Gesamtausg. der Werke. Dt. Übers. Bln. 1924–32. 31 Bde. – J. L. Tb.-Ausg. Dt. Übers. Bln. 1963–72. 19 Bde. Auf zahlreiche Bde. berechnet. – J. L. Novels and stories. Hg. v. D. PIZER. New York 1982. – The letters of J. L. Hg. v. E. LABOR u. a. Stanford (Calif.) 1988. 3 Bde.
Literatur: LABOR, E.: J. L. New York 1974. – SHERMAN, J. R.: J. L. A reference guide. Boston (Mass.) 1977. – SINCLAIR, A.: Jack. A biography of J. L. New York 1977. – PERRY, J.: J. L. An American myth. Chicago (Ill.) 1981. – HEDRICK, J. D.: Solitary comrade. J. L. and his work. Chapel Hill (N. C.) 1982. – WATSON, CH.: The novels of J. L. A reappraisal. Madison (Wis.) u. London 1983.

Longanesi, Leo, * Bagnacavallo (Prov. Ravenna) 30. Aug. 1905, † Mailand 27. Sept. 1957, italien. Schriftsteller. – Nach Jurastudium in Bologna Tätigkeit als Journalist und Kleinverleger. L., dem aufgrund seiner elitären und nonkonformist. Kunstauffassung gleichwohl Respekt gezollt wurde, gehörte zu den entschiedenen Faschisten seines Landes. Nach dem 2. Weltkrieg begründete er einen eigenen Verlag in Mailand, in dem von 1950 an die neokonservative Zeitschrift ›Il Borghese‹ erschien. Er schrieb nun nostalgisch, bitter und skeptisch und entwarf in seinen Texten hintergründig-

iron. Skizzen des polit. und sozialen Lebens seiner Zeit, die ihn auf der fortgesetzten Suche nach dem ›wahren‹ Italien zeigen. L. war auch als bildender Künstler (Graphiken, Stiche) bedeutend.
Werke: Vademecum del perfetto fascista (En., 1926), Cinque anni di rivoluzione (Erinnerungen, 1927), Parliamo dell'elefante. Frammenti di un diario (Tageb., 1947), In piedi e seduti (Essays, 1948), Una vita (R., 1950), Il destino ha cambiato cavallo (Essays, 1951), Un morto fra noi (1952), Me ne vado (1957), La sua signora (hg. 1959).

Longchamp (Longchamps), Nigellus de [frz. lõ'ʃã], engl. mlat. Schriftsteller, † Nigellus de Longchamp[s].

Longfellow, Henry Wadsworth [engl. 'lɔŋfɛloʊ], * Portland (Maine) 27. Febr. 1807, † Cambridge (Mass.) 24. März 1882, amerikan. Schriftsteller. – Studierte zusammen mit N. Hawthorne, war 1829–35 Prof. für Literatur und moderne Sprachen an der Bowdoin College, 1836–54 an der Harvard University. Nach Aufenthalten in Frankreich, Italien, Spanien und Deutschland war L., v. a. durch seine einfühlsamen Übersetzungen, ein bed. Vermittler europ. Literatur in den USA. Sein Werk ist von der dt. Romantik, der schott. Balladendichtung und den Dichtern des Viktorian. Englands, bes. A. Tennyson, beeinflußt. Die Versepen, unter denen ›Evangeline‹ (1847, dt. 1851) und ›Das Lied von Hiawatha‹ (1855, dt. 1856) herausragen, entnehmen ihre Themen der amerikan. Geschichte und der indian. Mythologie. Seine Lyrik ist wenig persönlich, jedoch formal vollendet. Die bedeutendsten Leistungen sind die Übersetzung von Dantes ›Divina Commedia‹ (1865–67; mit J. R. Lowell und Ch. E. Norton) und ein zugehöriger Sonettzyklus.
Weitere Werke: Voices of the night (Ged., 1839), Ballads and other poems (1842), Miles Standish's Brautwerbung (Vers-Nov., 1858, dt. 1859), Christus. A mystery (Dramentrilogie, 1872: The golden legend, 1851; The New England tragedies, 1868; The divine tragedy, 1871), Ultima Thule (Ged., 1880).
Ausgaben: H. W. L. The works. Hg. v. S. LONGFELLOW. Boston (Mass.) 1886–91. 14 Bde. (mit Biogr.). – H. W. L. Sämtl. poet. Werke in 2 Bden. Dt. Übers. Lpz. ²1916. – The essential L. Hg. v. L. LEARY. New York 1963. – The letters of H. W. L. Hg. v. A. HILEN. Cambridge (Mass.) 1966–82. 6 Bde.

Literatur: BROOKS, VAN W.: Die Blüte Neuenglands. L., Emerson u. ihre Zeit. Dt. Übers. Mchn. 1948. – ARVIN, N.: L. His life and work. Boston (Mass.) u. Toronto 1963. – WAGENKNECHT, E.: H. W. L. Portrait of an American humanist. New York 1966. – THOMPSON, L. R.: Young I.. (1807 to 1843). New York Neuaufl. 1969. – TUCKER, E. L.: The sharping of L.'s ›John Endicott‹. A textual history including two earlier versions. Charlottesville (Va.) 1985.

Longinos (tl.: Loggīnos), Kassios (lat. Cassius Longinus), * etwa 210, † Palmyra 273, griech. Philosoph und Philologe. – Schulhaupt der Akademie etwa 250–267, Lehrer des Porphyrios und ab 267 der Zenobia in Palmyra; dort unter Kaiser Aurelian wegen polit. Tätigkeit für die Autonomie Palmyras hingerichtet. Gegen Plotin behauptete L. u. a., daß den Ideen eine vom noūs (= Vernunft, Geist) getrennte, selbständige Existenz zukomme. Erhalten sind ein Kommentar zu Hephaistion (griech. Grammatiker des 2. Jh. n. Chr.), Fragmente einer Rhetorik sowie ein Brief in der Plotin-Biographie des Porphyrios; die ihm lange Zeit zugeschriebene stilkrit. Abhandlung ›Über das Erhabene‹ stammt von einem unbekannten Verfasser der 1. Hälfte des 1. Jh. n. Chr.

Ausgaben: Dionysios oder L. Über das Erhabene. Hg. v. G. MEINEL. Kempten 1895. – Die Schrift vom Erhabenen dem L. zugeschrieben. Hg. u. übers. v. R. SCHELIHA. Bln. 1938.
Literatur: IMMISCH, O.: Bemerkung zur Schrift vom Erhabenen. Hdbg. 1925.

Longos (tl.: Lóggos), griech. Prosaiker wahrscheinlich des 2. Jh. n. Chr. aus Lesbos. – Bekannt allein durch ›Daphnis und Chloe‹ (›Poimenikà katà Dàphnin kaì Chlóēn‹, 4 Bücher), den bedeutendsten erhaltenen griech. Roman, in dem die aufkeimende Liebe zweier junger Menschen im Hirtenmilieu geschildert wird. Vollendet im Aufbau, anmutig in der Darstellung der bukol. Welt, fand das Werk seit der Antike großen Anklang und hat bes. auf die Schäferpoesie und das Rokoko bed. Einfluß ausgeübt.

Ausgaben: L. Hirtengeschichten v. Daphnis u. Chloe. Griech. u. dt. Hg. v. O. SCHÖNBERGER. Bln. u. Darmst. 1960. – Daphnis et Chloe. Hg. v. M. D. REEVE. Lpz. 1982.
Literatur: ROHDE, E.: Longus u. die Bukolik. In: Rhein. Museum f. Philologie N. F. 86 (1937), S. 24. – MERKELBACH, R.: Daphnis u. Chloe. Roman u. Mysterien. In: Antaios 1 (1959/60), S. 47. – EFFE, B.: L. Zur Funktionsgesch. der Bu-

kolik in der röm. Kaiserzeit. In: Hermes 110 (1982), S. 65.

Longseller † Bestseller.

Lønn, Øystein [norweg. lœn], * Kristiansand 12. April 1936, norweg. Schriftsteller. – Seine Prosa ist v. a. durch experimentierenden Charakter gekennzeichnet.

Werke: Kontinenten (R., 1967), Arkeologene (R., 1971), Hirtshals Hirtshals (R., 1975), Veien til Çordoba (R., 1982), Projekt Lindesnes (R., 1984, dt. 1987), Reber (R., 1988, dt. 1989).

Lönnbohm, Armas Eino Leopold [schwed. ˌlœnbuːm], finn. Schriftsteller, † Leino, Eino.

Lönnrot, Elias [schwed. ˌlœnruːt], * Sammatti (Nyland) 9. April 1802, † ebd. 19. März 1884, finn. Schriftsteller und Volkskundler. – Sohn eines Dorfschneiders, Arzt; ab 1853 Prof. der finn. Sprache und Literatur an der Univ. Helsinki; unternahm ab 1827 Forschungsreisen nach Karelien und Estland, sammelte u. a. die dort mündlich tradierten altfinn. Volkslieder (rund 75 000 Verse) und schuf aus ihrem Material das Epos † ›Kalevala‹ (erste Fassung 1835, endgültige Fassung 1849, dt. 1852). Seine Sammlung ›Kanteletar‹ (1840/41, dt. 1882) enthält eine Auswahl lyrischer und balladenhafter Volksdichtungen. Noch heute von wiss. Bedeutung ist sein finn.-schwed. Wörterbuch (2 Bde., 1866–80).

Weitere Werke: Suomen kansan sananlaskuja (= Sprichwörter des finn. Volkes, 1842), Suomalainen virsikirja (= finn. Choralbuch, 1873).
Literatur: KAUKONEN, V.: L. ja Kalevala. Helsinki 1979. – LAAKSONEN, P.: Lönnrotin aika. Helsinki 1984. – Kalevalaseuran vuosikirja 64 (1984). – Suomen perinnetieteellinen bibliografia 1980–82. Hg. v. H. ILOMÄKI u. a. Helsinki 1984.

Löns, Hermann [løːns, lœns], * Culm bei Bromberg 29. Aug. 1866, ✕ bei Reims 26. Sept. 1914, dt. Schriftsteller. – Nach dem Studium der Naturwissenschaften und der Medizin war L., meist in Hannover und Bückeburg, als Berichterstatter und Redakteur bei mehreren Zeitungen tätig. Danach freischaffender Schriftsteller, dessen Entwicklung im Naturalismus begann. Später erfolgreicher Vertreter einer sog. ›Heimatkunst‹ mit konservativer Neigung. Aus der Bindung an die norddt. Landschaft und ihre Bewohner entstanden Heide- und Liebeslyrik

Hermann
Löns

(›Mein goldenes Buch‹, 1901; ›Der kleine Rosengarten‹, 1911) sowie Tiergeschichten (›Mümmelmann‹, 1909), in denen er sich als Meister der genauen Naturschilderung und auch als Schöpfer beliebter Balladen, Romanzen und Lieder mit Volksliedcharakter erweist. Er besaß selbst zeichnerische Begabung, ›Scherzpostkarten‹ zeigen eine sonst wenig sichtbare humorist. Seite. Dagegen verfaßte er auch Soldatengesänge, ebenso den als Bauernchronik des Dreißigjährigen Krieges angelegten Roman ›Der Wehrwolf‹ (1910), in seiner Ausrichtung gekennzeichnet durch altertümelnde Zivilisationskritik, zudem aggressiv aufgeladen mit völk. und rass. Überlegenheitsansprüchen, die brutal durchgesetzt werden. Das Buch fand schnell seine Käuferschicht und blieb lange vielgelesen; im nachhinein muß es zu den geistigen Wegbereitern des Nationalismus gerechnet werden.

Weitere Werke: Mein grünes Buch (Skizzen, 1901), Mein braunes Buch (Skizzen, 1906), Der letzte Hansbur (R., 1909), Was da kreucht und fleucht (Skizzen, 1909), Dahinten in der Heide (R., 1910), Das zweite Gesicht (R., 1912), Widu (Skizzen, hg. 1917), Ho Rüd' hoh! (Skizzen, hg. 1918).
Ausgaben: H. L. Nachgelassene Schrr. Hg. v. W. DEIMANN. Lpz. u. Hann. 1928. 2 Bde. – H. L. Sämtl. Werke in 8 Bden. Hg. v. F. CASTELLE. Lpz. 56.–65. Tsd. 1942. – H. L. Werke. Hg. v. W. DEIMANN. Hamb. 1960. 5 Bde. – H. L. 29. 8. 1866–26. 9. 1914. Autographen u. Briefwechsel. Bearb. v. F. KLEIN. Hann. 1974. – H. L. Leben ist Sterben, Werden, Verderben. Das verschollene Kriegstagebuch. Hg. v. K.-H. JANSSEN u. a. Neuausg. Ffm. 1988.
Literatur: DEIMANN, W.: Der andere L. Münster, Hameln u. Hann. 1965. – KLEIN, J.: H. L.

heute u. einst. Hameln u. Hann. 1966. – Das kleine H. L.-Buch. Hg. v. J. BERGENTHAL. Münster 1973. – FLÜGGE, H.-L.: Keine Angst vor H. L. Ahausen-Eversen 1977. – ›Die Hunde beheulen den Tod des Herzogs‹. Der andere L. Hg. v. M. SCHULTE. Ffm. 1983. – ANGER, M.: H. L. Schicksal u. Werk aus heutiger Sicht. Brsw. 1986. – Die Bucherstausgaben von H. L. Bearb. v. K.-H. BECKMANN. Ascheberg-Herbern 1993. – DUPKE, T.: H. L. Mythos u. Wirklichkeit. Eine Biogr. Hildesheim 1994.

Loos, Anita [engl. luːs], * Sisson (heute Mt. Shasta, Calif.) 26. April 1893, † New York 18. Aug. 1981, amerikan. Schriftstellerin. – Schrieb Unterhaltungsliteratur, wurde bekannt durch den humorist. Roman ›Blondinen bevorzugt‹ (1925, dt. 1927) über eine Blondine mit einer Vorliebe für reiche Männer; daneben Untertitel zu den Stummfilmen des Regisseurs David Wark Griffith, später Drehbücher.
Weitere Werke: Brünette heiraten (R., 1928, dt. 1929, 1986 u. d. T. Gentleman heiratet Brünette), A mouse is born (Dr., 1951), Gigi (Dr., 1952), This brunette prefers work (Autobiogr., 1956), No mother to guide her (R., 1961), A girl like I (Autobiogr., 1966), Twice over lightly (Erinnerungen, 1972), Kiss Hollywood good-by (Autobiographie, 1974), The Talmadge girls (Erinnerungen, 1979).

Loos, Cécile Ines, eigtl. I. Cäcilia L., * Basel 4. Febr. 1883, † ebd. 21. Jan. 1959, schweizer. Schriftstellerin. – Machte als Erzieherin zahlreiche Reisen, lebte später einsam und verarmt. Behandelte in ihren Romanen meist Frauen- und Kinderschicksale; oft Verbindung von Realistischem und Visionärem.
Werke: Matka Boska (R., 1929), Die Rätsel der Turandot (R., 1931), Der Tod und das Püppchen (R., 1932, Neuausg. 1983), Hinter dem Mond (R., 1942, Neuausg. 1983), Jehanne (R., 1946), Leute am See (E., 1951).
Ausgaben: Hinter dem Mond. Neuaufl. Zü. 1983. – C. I. L.: Verzauberte Welt. Ein Lesebuch. Hg. v. Ch. LINSMAYER. Küsnacht u. Zü. 1985.
Literatur: BARTHLIN, E.: C. I. L. Eine Einf. in ihre Werke. Diss. Basel 1968.

Looy, Jacobus van [niederl. loːj], * Haarlem 12. Sept. 1855, † ebd. 24. Febr. 1930, niederl. Schriftsteller und Maler. – Schrieb impressionist. Skizzen, z. T. Reisebeschreibungen, und Romane; auch Lyriker und Übersetzer; malte mit kräftigen Pinselstrichen Porträts, Landschaften und Stilleben.

Werke: Feesten (Nov.n, 1902), Reizen (Skizzen, 1913), Jaapje (autobiograph. R., 1917), Jaap (autobiograph. R., 1923), Jacob (autobiograph. R., 1930), Gedichten (hg. 1932).
Literatur: Dis, L. M. van: J. van L. als schrijver van de wonderlijke avonturen van Zebedeus. Den Haag u. a. 1952.

Lope de Rueda [span. 'lope ðɛ 'rṛ̯eða], span. Dramatiker, ↑ Rueda, Lope de.

Lope de Vega ['lo:pe de 've:ga, span. 'lope ðe 'βeɣa], span. Dichter, ↑ Vega Carpio, Lope Félix de.

Lopes, Henri [frz. lɔ'pɛs], * Kinshasa 12. Sept. 1937, kongoles. Schriftsteller. – 1969–71 Kulturminister, 1972 Außenminister, 1973–74 Premierminister der VR Kongo; seit 1980 Tätigkeit bei der UNESCO in Paris. Setzt sich in seinen Romanen und Erzählungen mit aktuellen polit. und sozialen Problemen Afrikas, mit den Widersprüchen der Gesellschaft auseinander, um jede Art von Unterdrückung zu bekämpfen.
Werke: Tribaliques (E., 1971), La nouvelle romance (R., 1976), Die strafversetzte Revolution (R., 1977, dt. 1979), Blutiger Ball (R., 1982, dt. 1984), Le chercheur d'Afriques (R., 1990), Der Geruch deiner Haut (R., 1992, dt. 1994).

Lopes Vieira, Alfonso [portugies. 'lɔpɪʒ 'viɐirɐ], * Leiria 26. Jan. 1878, † Lissabon 25. Jan. 1946, portugies. Schriftsteller. – Patriot. Lyriker, dem v. a. Tradition und Geschichte seines Landes als Quellen dienten; auch bed. literarhistor. Arbeiten, u. a. über G. Vicente, L. Vaz de Camões und den ›Amadisroman‹.
Werke: Para quê? (Ged., 1897), O encoberto (Ged., 1905), O pão e as rosas (Ged., 1908), Canções do vento e do sol (Ged., 1911), Ilhas de bruma (Ged., 1917), Onde a terra se acaba e o mar começa (Ged., 1940).
Ausgabe: A. L. V. Verso e prosa. Hg. v. A. de Campos. Paris u. Lissabon 1925.

López de Ayala, Pe[d]ro [span. 'lopeð ðe a'jala], genannt ›el Canciller‹, * Vitoria 1332, † Calahorra bei Logroño 1407, span. Dichter und Chronist. – Bed. sind seine Chroniken über die Zeit der vier kastil. Könige, unter denen er hohe Staatsstellungen (ab 1398 Großkanzler) innehatte (›Crónicas de los reyes de Castilla‹, hg. 1779–82); in seinem literar. Hauptwerk, dem satir. Lehrgedicht ›Rimado de palacio‹ (entst. um 1385, hg. 1829), geißelt er den Sittenverfall seiner

Zeit. L. de A. war auch ein hervorragender Übersetzer klass. und italien. Autoren.
Ausgabe: P. L. de A. Rimado de palacio. Hg. v. G. Orduna. Pisa 1981. 2 Bde.
Literatur: Contreras L. de A./Marqués de Lozoya, J. de: Introducción a la biografía del canciller A., con apéndices documentales. Bilbao 1950. – Suárez Fernández, L.: El canciller P. L. de A. y su tiempo, 1332–1407. Vitoria 1962. – García, M.: Obra y personalidad del canciller A. Madrid 1982.

López de Ayala y Herrera, Adelardo [span. 'lopeð ðe a'jala i ɛ'rrɛra], * Guadalcanal bei Sevilla 1. Mai 1828, † Madrid 30. Dez. 1879, span. Schriftsteller und Politiker. – Mehrmals Minister, Präsident der Cortes; Verfasser des revolutionären Manifests von 1868, das zum Sturz der Königin Isabella II. führte; später konservativer Monarchist; 1870 Mitglied der Span. Akademie. Vorwiegend Dramatiker; ausgehend von der Romantik (histor. Versdramen), trat er seit Mitte der 1850er Jahre mit realist. Stücken über moral. und soziale Themen hervor. Auch Lyriker.
Werke: Un hombre de estado (Dr., 1851), Rioja (Dr., 1854), El tejado de vidrio (Dr., 1857), El tanto por ciento (Dr., 1861), Consuelo (Kom., 1878).
Literatur: Coughlin, E. V.: A. L. de A. Boston (Mass.) 1977.

López de Mendoza, Iñigo [span. 'lopeð ðe men'doθa], span. Dichter, ↑ Santillana, Iñigo López de Mendoza, Marqués de.

López-Picó, Josep Maria [katalan. 'lopəs pi'ko], * Barcelona 14. Okt. 1886, † ebd. 24. Mai 1959, katalan. Dichter. – Subtiler, formbewußter und sehr produktiver Lyriker mit starker intellektualist. Neigung und Vorliebe für religiöse Stoffe.
Werke: L'ofrena (Ged., 1915), Elegia (Ged., 1925), Invocació secular (Ged., 1926), Variacions líriques (Ged., 1934), Seny (Ged., 1938), Taula parada (Ged., 1952).

López y Fuentes, Gregorio [span. 'lopes i 'fuentes], * auf der Hacienda El Mamey (Veracruz) 17. Nov. 1897, † Mexiko 11. Dez. 1966, mex. Schriftsteller. – Journalist; schloß sich 1914 der Revolution an. In seinen bedeutendsten Werken, den Romanen ›Campamento‹ (1931), ›Tierra‹ (1932), ›Mein General‹

(1934, dt. 1941) und ›El Indio‹ (1935, dt.
1938), behandelt er die Zeit der Revolu-
tio−. Mit z. T. satir. Intention gestaltet
er in den Romanen ›Huasteca‹ (1939),
›Acomodaticio‹ (1943), ›Entresuelo‹
(1948) ökonom., polit. und soziale Probleme des nachrevolutionären Mexiko.
Literatur: MORALES ELIZALDE, M. D.: G. L. y F.
Mexiko 1963.

Lorca, Federico García, span. Dichter, ↑García Lorca, Federico.

Lorde, Audre [Geraldine] [engl. lɔːd],
* New York 18. Febr. 1934, †auf Saint
Croix (Virgin Islands) 17. Nov. 1992,
amerikan. Lyrikerin. – Ab 1981 Professo-
rin für engl. Sprache und Literatur am
Hunter College in New York. Ihre Gedichte sind Ausdruck ihrer feminist. Einstellung, die die Führungsrolle des Mannes selbst in der schwarzen Bürgerrechts-
bewegung kritisiert. Erlittenes Leid setzte
sie in poet. Kreativität um und schuf mit
Hilfe der afrikan. Mythologie imaginativ
die Grundlage für ein harmon. Leben.
Werke: The first cities (Ged., 1968), Cables to
rage (Ged., 1970), Between ourselves (Ged.,
1971), Coal (Ged., 1976), The black unicorn
(Ged., 1978), The cancer journals (Tageb.,
1980), Chosen poems, old and new (Ged., 1982),
Zami. Eine Mythobiographie (Prosa, 1982, dt.
1986), Lichtflut (Essays, 1988, dt. 1988), The
marvelous arithmetics of distance (Ged., hg.
1993).

Lorenzini, Carlo, italien. Schriftsteller, ↑Collodi, Carlo.

Loris, Pseudonym des österr. Schriftstellers Hugo von ↑Hofmannsthal.

Lorm, Hieronymus, eigtl. Heinrich
Landesmann, * Nikolsburg (tschech. Mi-
kulov, Südmähr. Gebiet) 9. Aug. 1821,
†Brünn 3. Dez. 1902, österr. Schriftsteller. – Mit 15 Jahren taub und bereits fast
blind; mußte wegen der politisch-krit.
Schrift ›Wiens poet. Schwingen und
Federn‹ (1847) nach Berlin übersie-
deln; 1848 Rückkehr nach Wien, später
Schriftleiter in Dresden und Brünn. Außer krit. und satir. Schriften veröffentlichte er sprachlich und formal vollendete Lyrik, die Züge des Weltschmer-
zes trägt, sowie Romane und Dramen.
Weitere Werke: Am Kamin (En., 1857), Gedichte (1873), Vor dem Attentat (R., 1884), Das
Leben kein Traum (R., 1887), Nachsommer
(Ged., 1896).

Lornsen, Boy, * Keitum (Sylt-Ost)
7. Aug. 1922, dt. Kinderbuchautor. –
Lebt als freier Schriftsteller auf Sylt.
Seine Bücher regen die Phantasie und
Kreativität der Kinder an. Viele seiner
Erzählungen spielen an der Nordseekü-
ste, z. B. die Geschichten um den Jungen
Willewitt und seinen Freund Fischer-
mann (zusammengefaßt in ›Wasser,
Wind und Willewitt‹, 1984); auch nie-
derdt. Gedichte (›Sinfunikunzeert‹,
1984).
Weitere Werke: Robbi, Tobbi und das Fliewa-
tüüt (1967), Jakobus Nimmersatt oder Der Mil-
lionenwald von Poggenbüttel (1968), Klaus
Störtebeker (1980), Auf Kaperfahrt mit der
›Friedlichen Jenny‹ ... (1982), Nis Puk in der
Luk (1985), Das alte Schwein lebt immer noch
(Ged., 1985), Der Hase mit dem halben Ohr
(1986), Die Möwe und der Gartenzwerg oder
wie groß ist die Welt (1989), Sien Schöpfung un
wat achterno keem (1991).

Lorrain, Jean [frz. lɔ'rɛ̃], eigtl. Paul
Duval, * Fécamp 9. Aug. 1855, † Paris
1. Juli 1906, frz. Schriftsteller. – Journalist. Verfasser naturalist. Sittenromane
aus dem zeitgenöss. Paris mit ausgeprägter Vorliebe für die Beschreibung phantast. Perversionen (›Monsieur de Bougre-
lon‹, 1897; ›Monsieur de Phocas‹, 1901);
auch Lyriker und Dramatiker (Einakter
für das Grand-Guignol).
Literatur: KYRIA, P.: J. L. Paris 1973.

Lorris, Guillaume de [frz. lɔ'ris], frz.
Dichter, ↑Rosenroman.

Lortkipanidse (tl.: Lortkipanidze),
Niko (Nikolos), * Tschuneschi 29. Nov.
1880, †Tiflis 25. Mai 1944, georg. Schriftsteller. – Studierte in Charkow, danach
an der Bergakademie Leoben in Österreich; 1907 Rückkehr nach Georgien, Tätigkeit als Deutschlehrer in Tiflis und
Kutaisi; behandelte in Erzählungen und
Novellen sowohl Themen der georg. Geschichte, z. B. im Fragment ›Davit
Axmašenebeli‹ (= David der Erbauer,
hg. 1944), als auch das Leben von Adel
und Bauern. Als Meister der knappen
Form vollendete er als einzigen Roman
›Bilikebidan liandagze‹ (= Von den Pfa-
den auf die Schiene, 1928).

Loschütz, Gert, * Genthin 6. Okt.
1946, dt. Schriftsteller. – Kam 1957 in die
BR Deutschland, lebt in Frankfurt am
Main. Wurde bekannt durch Gedichte,
Hörspiele und Theaterstücke. In seiner

Novelle ›Eine wahnsinnige Liebe‹ (1984) schildert er den Versuch eines allein lebenden Mannes, aus dem Computer, den er für seinen Beruf braucht, sich eine Frau zu erdenken, mit der er zusammenlebt und die er seinen jeweiligen Wünschen anpaßt. Durch die erfundene Realität wird ihm die Täuschung vorgegaukelt, er könne über sich selbst und für sich bestimmen.

Weitere Werke: Gegenstände (Ged. und Prosa, 1971), Hör mal, Klaus! (Hsp., 1977), Diese schöne Anstrengung (Ged., 1980), Chicago spielen (Stück, 1980), Das Pfennig-Mal (E., 1986), Flucht (R., 1990).

Lost generation [engl. 'lɔst dʒɛnə-'reɪʃən = verlorene Generation], von G. Stein geprägter Begriff für eine Gruppe amerikan. Schriftsteller der 20er Jahre, die das Erlebnis des 1. Weltkrieges desillusioniert hatte. Der Begriff erschien erstmals als Motto des Romans ›Fiesta‹ (1926, dt. 1928) bei E. Hemingway. Zur L. g. werden gerechnet: E. E. Cummings, M. Cowley, J. Dos Passos, F. S. Fitzgerald und Hemingway. Der Begriff wurde dann auch auf europ. Schriftsteller angewendet: E. M. Remarque, E. Toller, W. E. S. Owen und A. Huxley.

Literatur: KAZIN, A.: Amerika. Selbsterkenntnis u. Befreiung. Dt. Übers. Freib. u. Mchn. 1951. – COWLEY, M.: A second flowering. Works and days of the l. g. New York [2]1973. – FITCH, N. R.: Silvia Beach and the l. g. A literary history of Paris in the twenties and thirties. New York 1983.

Lot, Parson [engl. lɔt], Pseudonym des engl. Schriftstellers Charles † Kingsley.

Lotarjow (tl.: Lotarev), Igor Wassiljewitsch [russ. lʌta'rjɔf], russ. Lyriker, † Sewerjanin, Igor.

Lothar, Ernst, eigtl. E. Müller, * Brünn 25. Okt. 1890, † Wien 30. Okt. 1974, österr. Schriftsteller. – 1935 Leiter des Theaters in der Josefstadt in Wien; 1938–46 in der Emigration (USA); nach der Rückkehr u. a. tätig als Theaterkritiker und -regisseur. Von A. Schnitzler beeinflußter Erzähler; Gesellschafts- und Zeitdarstellungen aus der Zeit nach dem Zusammenbruch der Donaumonarchie.

Werke: Der ruhige Hain (Ged., 1910), Der Feldherr (R., 1918), Macht über alle Menschen (R., 3 Bde., 1921–25), Mühle der Gerechtigkeit ... (R., 1933), Romanze F-Dur (R., 1935), Unter anderer Sonne (R., engl. 1943, dt. 1961), Der Engel mit der Posaune (R., engl. 1944, dt. 1945),

Die Rückkehr (R., 1949), Verwandlung durch Liebe (R., 1951), Das Weihnachtsgeschenk (E., 1954), Die bessere Welt. Reden und Schriften (1955), Das Wunder des Überlebens (Erinnerungen, 1960), Macht und Ohnmacht des Theaters (Essays, 1968).

Ausgabe: E. L. Ausgew. Werke. Wien u. Hamb. 1961–68. 6 Bde.

Lothar, Rudolf, eigtl. R. Spitzer, * Budapest 23. Febr. 1865, † ebd. 2. Okt. 1943, österr. Schriftsteller und Kritiker. – Mitarbeiter der ›Neuen Freien Presse‹ in Wien, des ›Lokal-Anzeigers‹ in Berlin; gründete dort 1912 das Komödienhaus; 1933 ging er wieder nach Wien, 1938 nach Budapest; schrieb Erzählungen, Lustspiele, Opern- und Operettentexte.

Werke: Tiefland (Opernlibretto, 1904), Die drei Grazien (Lsp., 1910; mit O. Blumenthal), Der Herr von Berlin (R., 1910), Kurfürstendamm (R., 1910), Casanovas Sohn (Lsp., 1920), Besuch aus dem Jenseits (Dr., 1931).

Loti, Pierre, eigtl. Julien Viaud, * Rochefort 14. Jan. 1850, † Hendaye (Pyrénées-Atlantiques) 10. Juni 1923, frz. Schriftsteller. – Bereiste als Marineoffizier fast alle Meere; nahm 1883 an einer Tonkinexpedition und 1900 am Boxeraufstand teil. Schildert in zahlreichen exot. Romanen, Novellen und Reisebeschreibungen v. a. den Nahen und Fernen Osten; die Liebe zu vergangenen oder vergehenden Kulturen, Skepsis gegenüber dem techn. Fortschritt und Todesfurcht sind immer wiederkehrende Themen. Wurde 1891 Mitglied der Académie française.

Werke: Aziyadeh (R., 1879, dt. 1902), Der Spahi (R., 1881, dt. 1892), Mein Bruder Yves (R., 1883, dt. 1901), Islandfischer (R., 1886, dt. 1888), Madame Chrysanthème (R., 1887, dt. 1896), Roman eines Kindes (1890, dt. 1994), Jerusalem (Reiseber., 1895, dt. 1896), Ramuntcho (R., 1897, dt. 1898), Die Entzauberten (R., 1906, dt. 1908), Journal intime (Tageb., 2 Bde., hg. 1925–29).

Ausgabe: P. L. Œuvres complètes. Paris 1893–1911. 11 Bde.

Literatur: Cahiers P. L. Association internationale des amis de P. L. Paris 1 (1952)ff. – MILLWARD, K. G.: L'œuvre de P. L. et l'esprit ›fin de siècle‹. Paris 1955. – WAKE, C.: The novels of P. L. Paris 1974. – LE TARGAT, F.: À la recherche de P. L. Paris 1974. – LAINOVIĆ, R.: Les thèmes romantiques dans l'œuvre de P. L. Diss. Paris-III 1977. – BLANCH, L.: P. L. Portrait of an escapist. London 1983.

Lotichius Secundus, Petrus, eigtl. Peter Lotz, * Niederzell bei Schlüchtern

2. Nov. 1528, † Heidelberg 7. Nov. 1560, dt. neulat. Dichter. – Studierte Medizin und Philologie; Teilnahme am Schmalkald. Krieg; 1558 Prof. der Medizin in Heidelberg. Bed., Ovid und Vergil nacheifernder Lyriker, der in seinen Gedichten lebendige Bilder seines bewegten Lebens gibt. Das erste Buch ›Elegien‹ erschien 1551 (dt. 1826), eine Sammlung in vier Büchern erst nach seinem Tod.

Literatur: ELLINGER, G.: Gesch. der neulat. Lit. Deutschlands im 16. Jh. Bd. 2. Bln. 1929. – STREBEL, F.: P. L. S. Seine lyr. Dichtung. Diss. Wien 1940.

Lotz, Ernst Wilhelm, * Culm 6. Febr. 1890, ✕ Bouconville (Aisne) 26. Sept. 1914, dt. Lyriker. – Als Leutnant 1911 in Straßburg Austritt aus der Armee, 1913/14 freier Schriftsteller. Bed. Frühexpressionist, schrieb erot. und fortschrittl. polit. Gedichte. Auch Zeichner.

Werke: Und schöne Raubtierflecken ... (Ged., 1913), Wolkenüberflaggt (Ged., hg. 1917), Prosaversuche und Feldpostbriefe (hg. 1955).
Literatur: MÜLLER, HORST H. W.: E. L. In: Jb. der Dt. Schillergesellschaft 11 (1967), S. 566; 12 (1968), S. 88; 13 (1969), S. 530.

Lotz, Peter, dt. neulat. Dichter, ↑ Lotichius Secundus.

Lou, Henry [lu:], Pseudonym der dt. Schriftstellerin Lou ↑ Andreas-Salomé.

Louis, Pierre-Félix [frz. lwi], frz. Schriftsteller, ↑ Louÿs, Pierre.

Louvet de Couvray, Jean-Baptiste [frz. luvɛdku'vrɛ], * Paris 12. Juni 1760, † ebd. 25. Aug. 1797, frz. Schriftsteller. – Schrieb den vielgelesenen romaneskerot. Roman ›Die Abenteuer des jungen Faublas‹ (3 Tle., 1787–90, dt. 4 Bde., 1837), ein Sittenbild aus der frz. Gesellschaft des 18. Jahrhunderts.

Literatur: RIEGER, D.: ›Les amours du chevalier de Faublas‹ Ein Roman und seine Kritiker. In: Roman. Forschungen 82 (1970), S. 536. – BENSON, F. V.: Libertinage, sensibilité dans l'œuvre littéraire de L. de C. Diss. Montpellier-III 1974. – MITCHELL, J. M.: L. romancier. Contribution à l'étude des ›Amours du Chevalier de Faublas‹. Diss. Exeter 1975.

Louw, Nicolaas Petrus van Wyk [afrikaans louj], * Sutherland (Kapprovinz) 11. Juni 1906, † Johannesburg 18. Juni 1970, südafrikan. Schriftsteller, Kritiker und Literaturwissenschaftler. – Sympathisierte zunächst mit dem dem Nationalsozialismus und stand er später als zur polit. Ver-

irrung ablehnte; beeinflußte entscheidend die moderne afrikaanse Literaturwiss.; reflektiert in seinem vielseitigen Werk die typ. philosoph. Fragen der 30er Jahre nach der Stellung des Individuums in der Gemeinschaft und nach den eth. Werten des Menschen, aber auch nat. Belange. Während seiner Jahre in Amsterdam (1950–58) assimilierte er europ. Tendenzen der Nachkriegsliteratur, wie z. B. Kulturpessimismus und psycholog. Ausleuchten des menschl. Charakters.

Werke: Alleenspraak (Ged., 1935), Die halwe kring (Ged., 1937), Die dieper reg (Dr., 1938), Raka (Epos, 1941), Gestaltes en diere (Ged., 1942), Nuwe verse (Ged., 1954), Germanicus (Dr., 1956).
Literatur: HEERDEN, E. VAN: N. P. van W. L. Kapstadt 1963.

Louÿs, Pierre [frz. lwis], eigtl. Pierre-Félix Louis, * Gent 10. Dez. 1870, † Paris 4. Juni 1925, frz. Schriftsteller. – Befreundet mit S. Mallarmé, A. Gide, P. Valéry; 1890 Gründer der symbolist. Zeitschrift ›La Conque‹. Schrieb u. a. die kunstvoll antikisierenden, die griech. Sinnenfreude verherrlichenden Gedichte der Sammlung ›Lieder der Bilitis‹ (1894, dt. 1900), die er als Übersetzung einer griech. Dichterin des 6. Jhs. ausgab, und den Roman ›Aphrodite‹ (1896, dt. 1897), Beispiele seines sensiblen, Lebensfreude und Ästhetizismus vereinigenden Werkes.

Weitere Werke: Astarté (Ged., 1891), Das Weib und der Hampelmann (R., 1898, dt. 1899, 1993 u. d. T. Dieses obskure Objekt der Begierde), Die Abenteuer des Königs Pausol (R., 1901, dt. 1900), La crépuscule des nymphes (Ged., 1925), Psyche (R., hg. 1927, dt. 1960).
Ausgaben: P. L. Œuvres complètes. Paris 1929–30. 13 in 6 Bden. – P. L. Œuvres choisies. Paris 1950. 5 Bde. – P. L. Eros. Ausgew. Romane u. Erzählungen. Dt. Übers. v. R. SCHACHT. Bonn 1960.
Literatur: CARDINNE-PETIT, R.: P. L. inconnu. Paris 1948. – FARRÈRE, C.: Mon ami P. L. Paris 1953. – NIEDERAUER, D. J.: P. L., the poet and moralist. Diss. University of California Berkeley (Calif.) 1961–62. – Bulletin des amis de P. L. Reims 1 (1977) ff. – CLIVE, H. P.: P. L. 1870–1925. A biography. Oxford 1978. – DI MAIO, M.: P. L. e i miti decadenti. Bonn 1979. – MILLAN, G.: P. L. ou le culte de l'amitié. Aix-en-Provence 1979. – DUMONT, P.-U.: P. L., l'ermite du Hameau. La jeunesse et l'adolescence 1870–1880. Muizon 1985.

Lovecraft, H[oward] P[hilipps] [engl. 'lʌvkrɑːft], * Providence (R. I.) 20. Aug.

1890, † ebd. 15. März 1937, amerikan. Schriftsteller. – Gilt mit seinen v. a. von E. A. Poe beeinflußten phantastischmakabren Horrorgeschichten, die fast alle erst nach seinem Tod veröffentlicht wurden, als einer der Wegbereiter der Science-fiction; schrieb auch Gedichte. **Werke:** Die Traumfahrt zum unbekannten Kadath (R., hg. 1943, dt. 1980), The best supernatural stories of H. P. L. (hg. 1945), Die Literatur des Grauens (Essay, 1945, dt. 1985), Der Fall Charles Dexter Ward. 2 Horrorgeschichten (hg. 1952, dt. 1971), Das Grauen vor der Tür. Phantast. Roman in 3 Erzählungen (1968, dt. 1982; mit A. Derleth), Cthulhu, Geistergeschichten (dt. Ausw. 1968), Das Ding auf der Schwelle. Unheiml. Geschichten (dt. Ausw. 1969), Berge des Wahnsinns. 2 Horrorgeschichten (dt. Ausw. 1970), Stadt ohne Namen. Horrorgeschichten (dt. Ausw. 1973), Der Schatten aus der Zeit. Geschichten (dt. Ausw. 1982). **Ausgabe:** H. P. L. Collected poems. Sauk City (Wis.) 1963. – H. P. L. Selected letters. Hg. v. A. DERLETH u. D. WANDREI. Sauk City (Wis.) 1965–76. 5 Bde. **Literatur:** COOK, W. P.: H. P. L. A portrait. Baltimore (Md.) 1968. – DE CAMP, L. S.: L. A biography. Garden City (N. Y.) 1975. – GATTO, J. T.: The major works of H. P. L. New York 1977. – H. P. L., four decades of criticism. Hg. v. S. T. JOSHI. Athens (Ohio) 1980. – H. P. L. Der Poet des Grauens. Hg. v. H. J. ALPERS. Meitingen 1983.

Løveid, Cecilie [norweg. ˈløːvɛid̥], *Eidsberg 21. Aug. 1951, norweg. Schriftstellerin. – Bricht in ihrem vielseitigen Werk (Lyrik, Romane, Hörspiele, Schauspiele) mit dem herkömml. Realismus und will durch Assoziationstechnik sowie durch ihr Sprachbewußtsein ›Löcher‹ in der Sprache aufzeigen. **Werke:** Most (R., 1972), Alltid skyer over Askøy (R., 1976), Fanget villrose (R., 1977), Sug oder das Meer unter den Brettern (R., 1979, dt. 1984), Die Möwenesser (Hsp., 1983, dt. 1984), Vinteren revner (Dr., 1983), Dame mit Hermelin (Prosa, Ged., Hsp.e, dt. 1987), Dobbel nytelse (Dr., 1988).

Lovelace, Earl [engl. ˈlʌvlɛɪs], *Toco (Trinidad) 1935, karib. Schriftsteller. – Verbrachte seine Kindheit auf Tobago; lernte während seiner Tätigkeit im Land- und Forstwirtschaftsamt in Port of Spain das ländl. Trinidad kennen; später Dozent an der University of the West Indies in Trinidad; beschreibt in seinen Werken das Leben der Unterprivilegierten in Port of Spain und auf dem Lande; benutzt die Kreolsprache Trinidads.

Werke: While gods are falling (R., 1965), The schoolmaster (R., 1969), Der Drachentanz (R., 1979, dt. 1984), The wine of astonishment (R., 1982), Jestina's calypso and other plays (Dramen, 1984), A brief conversation and other stories (En., 1988).

Lovelace, Richard [engl. ˈlʌvlɛɪs], *Woolwich (heute zu London-Greenwich) 1618, † London 1658, engl. Dichter. – Royalist; während des Cromwell-Regimes im Exil, mehrmals im Gefängnis, starb in Armut. Seine spieler., z. T. formal komplexe Kavalierslyrik kreist oft um die Themen Liebe, Ehre und Tod, v. a. in ›To Althea from prison‹ (1642) und ›Lucasta‹ (1649). Erster engl. Catull-Übersetzer. Seine dramat. Werke sind nicht erhalten. **Ausgabe:** R. L. Poems. Hg. v. C. H. WILKINSON. Oxford 1930. Nachdr. 1953. **Literatur:** WEIDHORN, M.: R. L. New York 1970.

Lovinescu, Eugen, *Fălticeni 31. Okt. 1881, † Bukarest 16. Juli 1943, rumän. Schriftsteller und Literaturkritiker. – Gymnasiallehrer in Ploești und Bukarest, dann Prof. an der Univ. Bukarest. Führender Vertreter des rumän. Modernismus, trat für die Autonomie der Kunst ein. Auch Verfasser von Romanen und Dramen; übersetzte Homer, Tacitus und Horaz. **Werke:** Critice (10 Bde., 1909–29), Istoria civilizației române moderne (3 Bde., 1924/25), Istoria literaturii române contemporane (6 Bde., 1926–37), Mite (R., 1934), Bălăuca (R., 1935). **Ausgabe:** E. L. Scrieri. Bukarest 1969–82. 9 Bde. **Literatur:** E. L. Hg. v. F. MIHĂILESCU. Bukarest 1973.

Low, Hanns [lo:], dt. Schriftsteller, ↑Tralow, Johannes.

Lowell, Amy [engl. ˈloʊəl], *Brookline (Mass.) 9. Febr. 1874, † ebd. 12. Mai 1925, amerikan. Lyrikerin. – Begann mit Lyrik in der Nachfolge von J. Keats und A. Tennyson; schloß sich 1913 in London den Imagisten an, deren Hauptvertreterin in Amerika sie wurde. L. schrieb v. a. Gedichte in freien Rhythmen und verschiedenen Strophenformen; daneben bed. literaturkrit. Werke. 1926 erhielt sie postum den Pulitzerpreis für den Gedichtband ›What's o'clock?‹ (1925). **Weitere Werke:** A dome of many-colored glass (Ged., 1912), Men, women and ghosts (Ged., 1916), Pictures of the floating world (Ged., 1919), John Keats (Biogr., 1925), Poetry and poets (Essay, hg. 1930).

Ausgabe: A. L. The complete poetical works. Hg. v. L. UNTERMEYER. Boston (Mass.) 1955. **Literatur:** GOULD, J.: Amy. The world of A. L. and the imagist movement. New York 1975. – RUIHLEY, G. R.: The thorn of a rose. A. L. reconsidered. Hamden (Conn.) 1975. – HEYMANN, C. D.: American aristocracy. The lives and times of James Russell, Amy and Robert Lowell. New York 1980. – BENVENUTO, R.: A. L. Boston (Mass.) 1985.

Lowell, James Russell [engl. 'loʊəl], *Cambridge (Mass.) 22. Febr. 1819, †Elmwood bei Cambridge (Mass.) 12. Aug. 1891, amerikan. Schriftsteller. – Ursprünglich Jurist; war 1855–86 (als Nachfolger H. W. Longfellows) Prof. für Literatur und moderne Sprachen an der Harvard University; 1877–80 Gesandter in Madrid, 1880–85 in London; neben Charles Eliot Norton (*1827, †1908) und Longfellow, dessen Vermittlung europ. Literatur er u.a. als Hg. von ›The Atlantic Monthly‹ (1857–61) fortsetzte, einer der einflußreichsten amerikan. Autoren. Er begann mit aggressiver, zeitkrit. Dichtung oft satir. Prägung, in der er sich u.a. gegen den Mexikanischen Krieg (1846–48) und für die Sklavenbefreiung einsetzte, so in den im Yankeedialekt verfaßten ›Biglow papers‹ (Verssatiren, 2 Serien, 1848–67). L. war auch ein bed. Essayist.

Weitere Werke: A fable for critics (Verssatire, 1848), Among my books (Essays, 2 Bde.), 1870–76), Democracy and other addresses (Essays und Reden, 1887).

Ausgaben: Letters of J. R. L. Hg. v. CH. E. NORTON. New York 1894. 2 Bde. Nachdr. 1966. – The complete writings of J. R. L. 1870–76. Hg. v. CH. E. NORTON. Boston (Mass.) 1904. 16 Bde. Nachdr. 1966. – The poetical works of J. R. L. Hg. v. M. R. KAUFMAN. Neuausg. Boston (Mass.) 1978.

Literatur: SCUDDER, H. E.: J. R. L. A biography. London 1901. – HOWARD, L.: Victorian knight-errant. A study of the early literary career of J. R. L. Berkeley (Calif.) 1952. Nachdr. Westport (Conn.) 1971 – DUBERMAN, M. B.: J. R. L. Boston (Mass.) 1966. – McGLINCHEE, C.: J. R. L. New York 1967. – WAGENKNECHT, E.: J. R. L. Portrait of a many-sided man. New York 1971.

Lowell, Robert [Traill Spence Jr.] [engl. 'loʊəl], *Boston (Mass.) 1. März 1917, †New York 12. Sept. 1977, amerikan. Lyriker. – Studierte u.a. an der Harvard University Literatur; trat 1940 zum Katholizismus über; Pazifist. L. gilt heute als einer der bedeutendsten moder-

Robert
Lowell

nen amerikan. Lyriker. Die frühen Gedichte folgen den formalist. Techniken moderner Dichter im Süden wie denen A. Tates und behandeln die Konversion L.s von den puritan. Tradition seiner neuengl. Familie zum Katholizismus (›Land of unlikeness‹, 1944; ›Lord Weary's castle‹, 1946, Pulitzerpreis 1947; ›The mills of Kavanaughs‹, 1951). Nach dem Bruch mit dem kath. Glauben schuf er in der Krise seiner mittleren Schaffensperiode mit der Hinwendung zum eigenen Leben und zu einer prosahaften Sprache eine Form der Konfessionsdichtung, die bes. auf S. Plath und A. Sexton wirkte (›Life studies‹, 1959, erweitert 1968; ›Für die Toten der Union‹, 1964, engl. und dt. 1969; ›Near the ocean‹, 1967). In der letzten Phase versuchte L., über seine eigene Person hinaus den Zeitgeist in histor. und z. T. eleg. Gedichtzyklen zu erfassen. Auch Übersetzer aus dem Französischen (u.a. J. Racine) und Griechischen (u.a. Homer, Sappho).

Weitere Werke: Imitations (Ged., 1961), Notebooks 1967–68 (Ged., 1969), The dolphin (Ged., 1973), Selected poems (Ged., 1976), Day by day (Ged., 1977), Gedichte (Ausw., engl. und dt., hg. 1982).

Literatur: PARKINSON, TH. F.: R. L. A collection of critical essays. Englewood Cliffs (N.J.) 1968. – AXELROD, S. G.: R. L. Life and art. Princeton (N.J.) 1978. – FEIN, R. J.: R. L. New York ²1979. – RAFFEL, B.: R. L. New York 1981. – AXELROD, S. G.: R. L. A reference guide. Boston (Mass.) 1982. – HAMILTON, I.: R. L. A biography. New York 1982. – RUDMAN, M.: R. L. An introduction to the poetry. New York 1983.

Löwen, Johann Friedrich, *Clausthal (heute zu Clausthal-Zellerfeld) 13. Sept.

1727, † Rostock 23. Dez. 1771, dt. Theaterleiter und Schriftsteller. – 1757 Theatersekretär in Berlin, 1767/68 erster Direktor des neugegründeten ›Nationaltheaters‹ in Hamburg; holte G. E. Lessing als Dramaturg nach Hamburg; lebte später als Registrator in Rostock; schrieb neben einer ›Geschichte des dt. Theaters‹ (1766) auch Theaterstücke und Gedichte.

Ausgabe: J. F. L. Schrr. Hamb. 1765–66. 4 Bde.
Literatur: POTKOFF, O. D.: J. F. L., der erste Direktor eines dt. Nationaltheaters. Hdbg. 1904.

Lowry, [Clarence] Malcolm [engl. 'laʊərɪ], * Merseyside (Cheshire) 28. Juli 1909, † Ripe (Gft. Sussex) 27. Juni 1957, engl. Schriftsteller. – Fuhr als Achtzehnjähriger zur See und verarbeitete diese Erfahrung in seinem ersten Roman ›Ultramarin‹ (1933, dt. 1982). Nach dem Studium in Cambridge Aufenthalt in Mexiko, wo ab 1936 L.s Hauptwerk, der autobiograph. Roman ›Unter dem Vulkan‹ (1947, dt. 1951) entstand, der den letzten Lebenstag eines Trinkers zum Sinnbild der ins Kriegschaos treibenden Welt werden läßt. 1939 siedelte L. nach Kanada über. Nach dem mehrmals umgearbeiteten Hauptwerk gelang es ihm nicht mehr, weitere geplante Romane zu vollenden (Fragmente wurden postum veröffentlicht).

Weitere Werke: Hör uns, o Herr, der Du im Himmel wohnst (En., hg. 1961, dt. 1965), Fünfunddreißig Mescals in Cuautla (Ged., hg. 1962, dt. 1983), Die letzte Adresse (E., hg. 1967, dt. 1977), Dunkel wie die Gruft, in der mein Freund begraben liegt (R., hg. 1968, dt. 1985), Oktoberfähre nach Gabriola (R., hg. 1970, dt. 1981).
Ausgabe: Briefe 1928–57. Hg. v. J. SARTORIUS. Dt. Übers. v. W. SCHMITZ. Rbk. 1985.
Literatur: DAY, D.: M. L. A biography. London 1974. Neuausg. New York 1984. – CROSS, R. K.: M. L. A preface to his fiction. Chicago (Ill.) 1980. – GRACE, SH. E.: The voyage that never ends. M. L.'s fiction. Vancouver 1982. – ACKERLEY, CH./CLIPPER, L. J.: A companion to ›Under the volcano‹. Vancouver 1984. – Spinette der Finsternis. Über M. L. Hg. v. J. SARTORIUS. Rbk. 1984. – HÖFELE, A.: M. L. Rbk. 1988. – HOVEN, H.: M. L. Rbk. 1988. – MACCARTHY, P. A.: Forests of symbols. World, text and self in M. L.'s fiction. Athens (Ga.) 1994.

Loyola Brandão, Ignácio de [brasilian. lo'jɔla βrɐn'dɐ̃u], * Araraquara (São Paulo) 31. Juli 1936, brasilian. Schriftstel-

ler. – In betontem Gegensatz zur stark regionalistisch ausgerichteten Literatur Brasiliens stellt er das Leben in der Großstadt São Paulo in den Mittelpunkt seiner Romane und Erzählungen. Sein zeitweise in Brasilien verbotener Roman ›Null‹ (italien. 1974, brasilian. 1975, dt. 1982) behandelt in experimentellen Techniken die durch Gewalt allseitig zerstörte Lebenswelt, die auch emotionale Beziehungen durchsetzt. ›Kein Land wie dieses. Aufzeichnungen aus der Zukunft‹ (1981, dt. 1986) ist eine an G. Orwells ›1984‹ erinnernde apokalypt. Vision Brasiliens um das Jahr 2000 im Anschluß an atomare Katastrophen, die weite Landstriche verseucht haben. L. B.s einjähriger Aufenthalt in Berlin 1982/83 behandelt der Bericht ›O verde violentou o muro‹ (1984, dt. Auszüge 1983 u. d. T. ›Oh-Ja-Ja-Ja ... Berlin 1983‹).

Weitere Werke: Depois do sol (En., 1965), Pega ele, silêncio (En., 1968), Bebel que a cidade comeu (R., 1968), Cadeiras proibidas (En., 1976), Cabeças de segunda-feira (En., 1983), O beijo não vem da boca (R., 1985), O gonhador (R., 1987).

Lozza, Alexander, * Marmorera (Graubünden) 29. Juni 1880, † Casti (Graubünden) 13. Febr. 1953, rätoroman. Dichter. – Priester in Graubünden; trat mit rätoroman. Lyrik und Erzählungen aus seiner Bündner Heimat hervor.

Werke: Ziteil (Ged., rätoroman. und dt. 1951), Poesias (hg. 1954), Prosa (hg. 1961).
Literatur: THÖNI, G. P.: Pader A. L. In: Annales de la Società Retorumantscha 76 (1963), S. 158.

Lubicz, Władysław [poln. 'lubitʃ], poln. Schriftsteller, ↑ Łoziński, Władysław.

Lublinski, Samuel, * Johannisburg (Ostpreußen) 18. Febr. 1868, † Weimar 26. Dez. 1910, dt. Schriftsteller. – Nach dem Studium Buchhändler; später Journalist, dann freier Schriftsteller; auch scharfsinniger Kritiker und Religionsphilosoph; gilt als wichtiger neuklass. Dramatiker; begann im Stil des Naturalismus, den er später ebenso wie den Impressionismus scharf bekämpfte.

Werke: Literatur und Gesellschaft im 19. Jh. (4 Bde., 1899–1900), Der Imperator (Trag., 1901), Hannibal (Trag., 1902), Elisabeth und Essex (Trag., 1903), Vom unbekannten Gott (Abh., 1904), Peter von Rußland (Trag., 1906), Gunther und Brunhild (Trag., 1908), Kaiser und Kanzler (Trag., 1910).

Lubomirski, Stanisław Herakliusz, * Rzeszów 1642 (?), † Ujazdów 17. Jan. 1702, poln. Politiker und Dichter. – 1659–62 in Frankreich, Spanien und Italien; 1676 Marschall der poln. Krone; von der Barockästhetik geprägt. Seine Werke brachten ihm gesamteurop. Ruhm ein, bes. ein Emblembuch in nlat. Versen und das poln. Prosawerk ›Rozmowy Artaksesa i Ewandra‹ (= Gespräche des Artaxes mit Ewander, 1683), das moralphilosoph. Reflexionen enthält, aber auch Fragen des Barockstils gewidmet ist.

Literatur: S. H. L. Pisarz, polityk, mecenas. Hg. v. W. ROSZKOWSKA. Warschau 1982.

Lü Buwei, chin. Staatsmann, Philosoph und Literat, ↑ Lü Pu-wei.

Lucanus, Marcus Annaeus, röm. Dichter, ↑ Lukan.

Lucebert [niederl. lysə'bɛrt], eigtl. Lubertus Jacobus Swaanswijk, * Amsterdam 15. Sept. 1924, † Bergen (Niederlande) 10. Mai 1994, niederl. Lyriker und Maler. – Redakteur; Hauptvertreter der ›Vijftigers‹, jener experimentierenden Dichtergruppe, die um 1950 die niederl. Lyrik erneuerte; verfügte über eine große Wortkreativität sowie darsteller. Kraft und rhythm. Vermögen; als Maler bed. Vertreter des abstrakten Expressionismus.

Werke: Triangel in de jungle (Ged., 1951), Apocrief (Ged., 1952), Lithologie (Ged. und Lithographien, 1960), En morgen de hele wereld (1972), Wie sind Gesichter. Gedichte und Zeichnungen (dt. Ausw. 1972), Verzamelde gedichten (1974), Die Silbenuhr. Ausgewählte Gedichte und Zeichnungen (dt. 1981), Oogsten in de dwaaltuin (Ged., 1981), De moerasruiter uit het paradijs (Ged., 1982).

Literatur: VOS, L. DE: L. Brügge 1977.

Lucentini, Franco [italien. lutʃen'ti:ni], * Rom 24. Dez. 1920, italien. Schriftsteller und Journalist. – Engagierter Antifaschist, der unter B. Mussolini Gefängnishaft und Verbannung ertragen mußte; entwirft in seinen Erzählungen und Romanen ein Panoptikum angsterfüllter, von Einsamkeit bedrohter Individuen, die in einer feindl. Umwelt vergeblich nach neuen Orientierungspunkten suchen. Zaghafte Hoffnung auf Lösung der beschriebenen Konflikte durch Hinwendung zu dem anderen, Zuneigung und Gefühl heben dabei die erlittene grundsätzliche Infragestellung aller Wertordnungen nicht auf. Seit 1970 wendet sich L. auch mit Romanen an ein größeres Publikum (›Die Sonntagsfrau‹, 1972, dt. 1974; mit Carlo Fruttero [* 1926]). Auch bed. Übersetzer, u. a. von J. L. Borges.

Weitere Werke: I compagni sconosciuti (E., 1951), Notizie degli scavi (En., 1964), L'idraulico non verrà (R., 1971; mit C. Fruttero), Wie weit ist die Nacht (R., 1979, dt. 1981; mit C. Fruttero), Der Palio der toten Reiter (R., 1983, dt. 1985; mit C. Fruttero), La prevalenza del cretino (R., 1985; mit C. Fruttero), Der Liebhaber ohne festen Wohnsitz (R., 1986, dt. 1988; mit C. Fruttero), Die Wahrheit über den Fall D. (R., 1989, dt. 1991; mit C. Fruttero), Ein Hoch auf die Dummheit. Porträts, Pamphlete, Parodien (dt. Ausw. 1992; mit C. Fruttero), Das Geheimnis der Pineta (R., 1991, dt. 1993; mit C. Fruttero), Kleines Ferienbrevier (Essays, 1994, dt. 1994; mit C. Fruttero), Der rätselhafte Sinn des Lebens. Ein philosophischer Roman (1994, dt. 1995; mit C. Fruttero).

Lucero, Paulino [span. lu'θero], Pseudonym des argentin. Schriftstellers Hilario ↑ Ascasubi.

Lucėvič, Ivan Daminikavič, weißruss.-sowjet. Schriftsteller, ↑ Kupala, Janka.

Lucić, Hanibal [serbokroat. 'lu:tsitɕ], * Hvar um 1485, † ebd. 1553, kroat. Dichter. – Vertreter der Renaissance; verfaßte das erste originale Schauspiel der kroat. Literatur, ›Robinja‹ (= Die Sklavin, hg. 1556), sowie Liebeslieder.

Lucidarius, Titel des ältesten bedeutenderen mhd. Prosadenkmals, eines Kompendiums geistl. und weltl. Wissens; enthält in der Form eines Dialogs zwischen Meister und Schüler eine Schöpfungsgeschichte, Weltbeschreibung, Heilslehre und Eschatologie; wurde dem gereimten Prolog zufolge um 1190 nach mehreren lat. Quellen (v. a. nach dem ›Elucidarium‹ des Honorius Augustodunensis, 12. Jh.) im Auftrag Heinrichs des Löwen verfaßt. Der L. war von weitreichender Wirkung: von 1479 bis 1806 sind 108 Drucke bekannt; er wurde ins Dänische, Niederländische, Tschechische und Russische übersetzt. Seifried Helbling übernimmt Dialogform und Inhaltliches für den ›Kleinen L.‹, und das Faustbuch von 1587 bezieht aus ihm die geograph. Kenntnisse. Im roman. Bereich ist neben den altfrz. Honorius-Bearbeitungen von Gillebert de Cambres (›Lucidaire‹, um 1250) und Pierre de Peckham (›Lumiere as lais‹, 1267) auch ein span. ›Lucidario‹ (Ende des 13. Jh.) zu nennen.

Ausgabe: L. Aus der Berliner Hs. v. F. HEID-LAUF. Bln. 1915. Neudr. Dublin u. Zü. 1970. **Literatur:** SCHORBACH, K.: Studien über das dt. Volksbuch L. und seine Bearb. in fremden Sprachen. Straßburg 1894. – Los Lucidarios españoles. Hg. v. R. P. KINKADE. Madrid 1968. – SEGRE, C.: Le forme e le tradizioni didattiche. In: Grundriß der roman. Literaturen des MA. Hg. v. H. R. JAUSS u. a. Hdbg. ⁴1968. Tl. 1, S. 58.

Lucidor [schwed. ˈluːsidɔr], Pseudonym des schwed. Dichters Lars ↑Johansson.

Lucie-Smith, Edward [engl. ˈluːsɪ-ˈsmɪθ], * Kingston (Jamaica) 27. Febr. 1933, engl. Lyriker. – Gehörte in den 60er Jahren zu den Dichtern von The ↑Group, ist seitdem journalistisch tätig. Seine Lyrik kreist um die Themen Liebe, Geschichte und Künstlertum; gab Anthologien moderner engl. Dichtung heraus; auch Verfasser von Kunstbüchern.

Werke: A tropical childhood and other poems (Ged., 1961), Confessions and histories (Ged., 1964), The well-wishers (Ged., 1974), The burnt child (Autobiogr., 1975).

Lucilius, Gaius, * Suessa Aurunca (nw. von Capua) um 180, † Neapel 103, röm. Satirendichter. – Röm. Ritter, mit Scipio Africanus d. J. befreundet. Er hinterließ 30 Bücher ›Saturae‹ in Jamben, Trochäen, eleg. Distichen und bes. in Hexametern; hiervon sind 940 Fragmente (= 1350 Verse oder Versteile), meist Grammatikerbelege für schwerverständl. Wörter, erhalten. L. behandelte mit kraftvoll zupackender Sprache die vielfältigsten Themen aus Politik und Alltagsleben und wurde durch seine scherzhaftgrimmige Angriffslust gegen Laster und Mißstände zum eigentl. Begründer der Gattung Satire.

Ausgabe: L. Satiren. Lat. u. dt. Hg. v. W. KRENKEL. Bln. 1970. 2 Bde. **Literatur:** PUELMA PIWONKA, M.: L. u. Kallimachos. Ffm. 1949. – KNOCHE, U.: Die röm. Satire. Gött. ²1957. – MARIOTTI, I.: Studi luciliani. Florenz 1960. Nachdr. 1969.

Lucretius Carus, Titus, röm. Dichter, ↑Lukrez.

Lučyna, Janka, weißruss. Lyriker, ↑Lutschyna, Janka.

Ludlul (akkad. Ludlul bēl nēmeqi = ich will preisen den Herrn der Weisheit), nach ihrer Anfangszeile benannte jungbabylon. Dichtung über das Thema des gerechten Dulders in Form eines dramat. Monologs, ursprünglich vier Tafeln mit etwa 400–500 Zeilen, unvollständig überliefert seit dem 7. Jh. v. Chr., verfaßt wohl etwa im 12. Jh. v. Chr. Der Erzähler klagt in Ich-Form, daß ihn seine Götter verlassen, alle Freunde vom König bis zum Sklaven sich von ihm abgewandt und schwerste Krankheiten ihn befallen haben. In drei Träumen wird ihm Heilung angekündigt und auch geschenkt, er wird sozial rehabilitiert und preist seinen Gott Marduk. Die Dichtung wird nur in Teilen zu Recht mit dem bibl. Hiob-Buch verglichen (als sog. ›Babylon. Hiob‹).

Literatur: LAMBERT, W. G.: Babylonian wisdom literature. Oxford 1960. S. 21.

Ludlum, Robert [engl. ˈlʌdləm], * New York 25. Mai 1927, amerikan. Schriftsteller. – Verfasser spannender Agenten- und Detektivromane (›Der Borowski-Betrug‹, 1980, dt. 1981; ›Der Holcroft-Vertrag‹, 1978, dt. 1983), die als populäre Unterhaltungsliteratur auch erfolgreich verfilmt werden. Schreibt auch unter den Pseudonymen Jonathan Ryder (›Das Genessee-Komplott‹, 1973, dt. 1984; ›Die Halidon-Verfolgung‹, 1974, dt. 1985) und Michael Shepherd (›Der Gandolfo-Anschlag‹, 1975, dt. 1983).

Weitere Werke: Das Scarlatti-Erbe (1971, dt. 1982), Die Matlock-Affäre (1973, dt. 1980), Das Jesuspapier (1976, dt. 1982), Der Matarese-Bund (1979, dt. 1980), Das Parsifal-Mosaik (1982, dt. 1982), Die Aquitaine-Verschwörung (1984, dt. 1985), Die Borowski-Herrschaft (1986, dt. 1986), Der Ikarus-Plan (1988, dt. 1988), Das Borowski-Ultimatum (1990, dt. 1990), Das Omaha-Komplott (1992, dt. 1992), Die Scorpio-Illusion (1993, dt. 1994).

Ludolf von Sachsen, *um 1300, † Straßburg 10. April 1377, dt. Mystiker. – Dominikaner, ab 1340 Kartäuser. In seiner weitverbreiteten ›Vita Jesu Christi‹ verarbeitete L. die Erbauungsliteratur des MA und gab prakt. Anleitungen zur Meditation, von der v. a. Ignatius von Loyola stark geprägt wurde; verfaßte außerdem einen Psalmenkommentar und [nicht überlieferte] Sermones.

Ludus [lat. = Spiel, Zeitvertreib],
1. öffentl. Fest- und Schauspiel im alten
Rom.
2. geistl. Spiel des MA.

Ludus de Antichristo [lat. = Spiel
vom Antichrist], lat. Festspiel in gereimten rhythm. Versen; anonym überliefert,
nach vorherrschender Forschungsmeinung um 1160 von einem Tegernseer
Geistlichen verfaßt. Das Stück handelt in
einem nat. gefärbten 1. Teil von der Welt-
herrschaft des dt. Kaisers, im 2. Teil von
der Herrschaft des Antichrist. Es endet
mit dem Triumph der Christenheit.
Ausgabe: Das Spiel vom dt. Kaiser und vom
Antichrist. L. de A. In: Geistl. Spiele. Lat. Dramen des MA mit dt. Versen. Hg. und übers. v.
K. LANGOSCH. Darmst. Nachdr. 1961, S. 179.
Literatur ↑ Antichristdichtung.

Ludwig, Emil, ursprünglich E. Cohn,
* Breslau 25. Jan. 1881, † Moscia bei
Ascona 17. Sept. 1948, dt.-schweizer.
Schriftsteller. – Nach weiten Reisen
freier Schriftsteller in Ascona, 1932
schweizer. Staatsbürger; 1940–45 in den
USA. Seine wirkungsvoll geschriebenen
Biographien entsprechen nicht immer
der histor. Wahrheit; auch Dramatiker,
Erzähler und Übersetzer.
Werke: Napoleon (Dr., 1906, Biogr. 1925), Goe-
the (Biogr., 3 Bde., 1920), Meeresstille und
glückl. Fahrt (R., 1921), Genie und Charakter
(Biographien, 1925), Bismarck (Biogr., 1926),
Juli vierzehn (Ber., 1929), Cleopatra (Biogr.,
1931), Geschenke des Lebens (Erinnerungen,
1931), Der Mord in Davos (Schr., 1936), Roose-
velt (Biogr., 1938), Stalin (Biogr., 1945).
Ausgabe: E. L. Ges. Werke. Zü. 1945–46. 5 Bde.

Ludwig, Otto, * Eisfeld (Landkreis
Hildburghausen) 12. Febr. 1813, † Dresden 25. Febr. 1865, dt. Dichter. – Nach
Musikstudium bei F. Mendelssohn Bar-
tholdy in Leipzig, das er aus gesundheitl.
Gründen aufgeben mußte, wandte er sich
der Dichtung zu; lebte zurückgezogen;
erhielt ab 1856 durch die Vermittlung
E. Geibels eine Pension von König Maximilian II. von Bayern. L. prägte Begriff
und Stil des poet. Realismus; bed. sind
seine realist. Erzählungen, von denen
bes. ›Zwischen Himmel und Erde‹ (1856)
durch meisterhafte psycholog. Gestaltung überzeugt, während ›Die Heithere-
thei und ihr Widerspiel‹ (1857) Auswirkungen auf die Heimatkunst hatte. Seine
Dramen, von denen nur die Tragödie

›Der Erbförster‹ (1853) großen Bühnen-
erfolg hatte, erfüllten nicht die theoret.
Forderungen, die er in stetem Bemühen
um Gesetze, Prinzipien und Technik der
dramat. Kunstform aufstellte. Neben seiner kritiklosen Bewunderung für Shakespeare (›Shakespeare-Studien‹, hg. 1871)
stand eine Polemik gegen Schillers Dramen.
Weitere Werke: Die Emanzipation der Dome-
stiken (E., 1843), Maria (E., 1843), Die Rechte
des Herzens (Trag., 1877).
Ausgaben: O. L. Sämtl. Werke. Hg. v. P. MER-
KER. Bd. 1–6. Mchn. u. Lpz. 1912–22 (m.n.e.). –
O. L. Werke. Hg. v. A. BARTELS. Neuausg. Lpz.
1924. 6 Tle. in 3 Bden. – O. L. Werke. Hg. v. der
Dt. Akad. der Wiss., Inst. f. dt. Sprache u. Lit.
Bln. 1961–69. 3 Bde.
Literatur: STERN, A.: O. L. Ein Dichterleben.
Lpz. ²1906. – MIS, L.: Les œuvres dramatiques
d'O. L. Lille 1922–25. – McCLAIN, W. H.: Be-
tween real and ideal. The course of O. L.'s de-
velopments as a narrative writer. Chapel Hill
(N.C.) 1963. Nachdr. New York 1969. – Die
Akte O. L. Hg. v. JOACHIM MÜLLER. Bln. u. Wei-
mar 1965. – TALGERI, P.: O. L. u. Hegels Philosophie. Tüb. 1973.

Ludwig, Paula, * Altenstadt (Vorarl-
berg) 5. Jan. 1900, † Darmstadt 27. Jan.
1974, österr. Lyrikerin. – Malerin und
Schauspielerin; lebte ab 1919 in München, 1923–33 in Berlin; 1938–53 in der
Emigration, zuletzt in Brasilien; Lyrik
und Prosa sind von der Tiefe des Gefühls
und expressiver Sprachkraft bestimmt.
Werke: Die selige Spur (Ged., 1920), Der
himml. Spiegel (Ged., 1927), Dem dunklen Gott
(Ged., 1932), Traumlandschaft (Prosa, 1935),
Gedichte (1958), Träume (Prosa, 1962).
Ausgabe: P. L. Gedichte. Gesamtausg. Hg. v. P.
u. K. WACHINGER. Ebenhausen 1986.

Ludwigslied, ahd. Fürstenpreislied
von 881/882 aus 59 vierhebigen, gereimten Verspaaren in rheinfränk. Dialekt.
Besingt König Ludwig III. von Frankreich († 882) als Sieger in der Schlacht bei
Saucourt zwischen Normannen und
Franken am 3. Aug. 881 und preist ihn als
Gotteskind und christl. Helden. Ältestes
erhaltenes histor. Lied, zusammen mit
der ›Eulaliasequenz‹, in einer Handschrift des 9. Jh. überliefert; der unbekannte Verfasser gehörte zur hohen
Geistlichkeit oder zum weltl. Adel aus
der Umgebung des Königs.
Ausgabe: L. In: BRAUNE, W.: Ahd. Leseb. Bearb.
v. E. A. EBBINGHAUS. Tüb. ¹⁶1979.

Literatur: BERG, E.: Das L. u. die Schlacht bei Saucourt. In: Rhein. Vjbll. 29 (1964), S. 175. – DELBOUILLE, M.: À propos des deux séquences d'Eulalie et du L. In: Interlinguistica. Hg. v. K.-R. BAUSCH u. H.-M. GAUGER. Tüb. 1972. – EHLERT, T.: Lit. u. Wirklichkeit. Zur Deutung des L.es. In: Saeculum 32 (1981), S. 31.

Luft, Friedrich [John], * Berlin 24. Aug. 1911, † ebd. 24. Dez. 1990, dt. Schriftsteller und Kritiker. – Wurde nach 1945 als ›die Stimme der Kritik‹ beim RIAS Berlin bekannt; 1945–55 Feuilletonredakteur der ›Neuen Zeitung‹, ab 1955 Chefkritiker der ›Welt‹ in Berlin. Schrieb amüsant-zeitkrit. Essays, theaterkrit. Werke, Biographien und Filmdrehbücher.

Werke: Luftballons (Feuilletons, 1939), Vom großen schönen Schweigen (Ch.-Chaplin-Biogr., 1957), Gustaf Gründgens (Biogr., 1958), Berliner Theater 1945–1961 (1961, ³1965 u.d.T. Stimme der Kritik, Berliner Theater seit 1945), Luftsprünge (Glossen, 1962), Stimme der Kritik. Theaterereignisse seit 1965 (1979), Theaterbilder. 20 Jahre Theater in Berlin 1963–83 (1983).

Lugalbanda-Epos, umfangreiches sumer. Epos (mindestens 900 Zeilen) um den histor. König Lugalbanda von Uruk-Kulaba, Sohn Enmerkars und Vater des Gilgamesch, unvollständig in zwei Teilepen überliefert: 1. **Lugalbanda im Finstersten des Gebirges:** Auf einem Feldzug Enmerkars nach Aratta (im iran. Bergland) schwer erkrankt zurückgeblieben, wird Lugalbanda von den Göttern errettet und sucht seine Brüder. Das Ende dieses Textteils ist nicht erhalten. 2. **Lugalbanda und Enmerkar:** Mit Hilfe des myth. Adlers Ansu gelangt Lugalbanda wieder zu den Truppen Uruks und vor das erfolglos belagerte Aratta. Als Bote geht er trotz der Gefahren allein zurück nach Uruk zur Göttin Inanna, die ihm ein mag. Mittel zum Sieg über Aratta verrät. Das L. gehört in die frühe histor. Tradition des sumer. Kampfes gegen Elam um dessen Metall- und Edelsteinreichtum und Handwerkstechnik.

Literatur: WILCKE, C.: Das L.-E. Wsb. 1969.

Luganski (tl.: Luganskij) [russ. lu-'ganskij], Kasak, russ. Schriftsteller und Folklorist, ↑ Dal, Wladimir Iwanowitsch.

Lügendichtung, Dichtung, bei der im Unterschied zu anderen phantast., märchenhaften oder symbolisch-allegor. Dichtungen (Märchen, Legende, Fabel usw.) die Fiktion als Lüge, als spieler. Affront gegen einen von Dichtung ohnedies nicht einlösbaren Wahrheitsanspruch erkannt wird. Dabei ist L. stets an histor. Wirklichkeitsbegriffe und Wahrhaftigkeitsansprüche gebunden, die durch ihre Umkehrung ins Unglaubhafte zugleich kritisiert oder karikiert werden können. L. kann 1. das Lügen zum dichter. Verfahren machen, wie es insbes. im **Lügenroman** geschieht. Kennzeichnend sind die Perspektive der Ich-Erzählung, pikareske Episodenfolge und oft das Handlungsschema des Reiseberichts, z. B. die ›Wahren Geschichten‹ Lukians (2. Jh., dt. 1788–89), die oriental. ›Abenteuer Sindbads des Seefahrers‹, die Lügengeschichten des Frhr. K. F. H. von Münchhausen (1781–83, 1785 von R. E. Raspe ins Englische übersetzt und erweitert, 1786 von G. A. Bürger u.d.T. ›Wunderbare Reisen zu Wasser und zu Lande ...‹ wieder ins Deutsche übersetzt, 1789 erweitert) oder Lügenmärchen, wie das mittelalterl. ›Schneekind‹ (Modus Liebinc), und **Wunschlügenerzählungen,** wie das ›Schlaraffenland‹. Der Gattung des lügenden Erzählers stehen 2. zahlreiche Werke gegenüber, die in der Person des verlogenen Aufschneiders das Lügen als moralisch defektes Verhalten mit satir. oder kom. Absicht darstellen: Von Plautus' ›Miles gloriosus‹ über F. Rabelais' fünfbändigen Romanzyklus ›Gargantua und Pantagruel‹ (1532–64, dt. 1832 bis 1841), A. Gryphius' ›Horribilicribrifax. Teutsch‹ (1663), Ch. Reuters ›Schelmuffskys Warhafftig Curiöse und sehr gefährl. Reisebeschreibung zu Wasser und Lande‹ (2 Tle., 1696/97) bis hin zu A. Daudets ›Wundersame Abenteuer des edlen Tartarin von Tarascon‹ (1872, dt. 1882).

Lugones Argüello, Leopoldo [span. lu'γones ar'γụẹjo], * Villa María del Río Seco (Prov. Córdoba) 13. Juni 1874, † Buenos Aires 19. Febr. 1938, argentin. Schriftsteller. – Journalist; neben R. Darío bedeutendster Lyriker des Modernismo. Die sprachl. Virtuosität und bes. die Kühnheit der Metaphorik seines lyr. Frühwerks (›Las montañas del oro‹, 1897; ›Los crepúsculos del jardín‹, 1905;

›Lunario sentimental‹, 1909) galten den späteren Ultraisten als Vorbild. Auch als Autor von phantast. Erzählungen (›Las fuerzas extrañas‹, 1906; ›Cuentos fatales‹, 1924) beeinflußte er die weitere literar. Entwicklung Argentiniens (J. L. Borges, J. Cortázar). Seine sonstigen Arbeiten sind u. a. histor. und philolog. Abhandlungen sowie polit. Essays, in denen sich seine Entwicklung vom Sozialisten zum profaschist. Reaktionär dokumentiert.

Weitere Werke: El imperio jesuítico (Abh., 1904), La guerra gaucha (En., 1905), El libro fiel (Ged., 1912), El payador (Abh., 1916), El libro de los paisajes (Ged., 1917), Las horas doradas (Ged., 1922), Estudios helénicos (Abhh., 4 Bde., 1923/24), Romancero (Ged., 1924), Poemas solariegos (Ged., 1928), La patria fuerte (Essay, 1930), Die Salzsäule (En., dt. Ausw. 1983).
Ausgabe: L. L. Obras poéticas completas. Neuausg. Madrid 1974.
Literatur: BECCO, H. J.: L. L., bibliografía en su centenario, 1874–1974. Buenos Aires 1978. – FERGUSON, R. H.: Laforgue y L. Dos poetas de la luna. London 1981. – ALVA NEGRI, T.: L. Planteamientos para una crítica. Bln. 1984.

Lu Hsün (Lu Xun) [chin. luᴄvn], eigtl. Chou Shu-jen, * Shaohsing (Tschekiang) 25. Sept. 1881, † Schanghai 19. Okt. 1936, chin. Schriftsteller. – Nach Studien in Japan (1902–09) und Tätigkeit als Literaturdozent in Peking (1918–26) verwirklichte er als Schriftsteller die Forderungen der 4.-Mai-Bewegung von 1919 nach größerer Volksnähe der Literatur. In geschliffenen Essays und anschaul. Erzählungen, die ihn zum bedeutendsten chin. Autor des 20. Jh. machten, verspottet er traditionelle Verhaltensweisen. Sein berühmtestes Werk ›Die wahre Geschichte des Ah Queh‹ (Nov., 1922, dt. 1954) stellt am Beispiel eines Landarbeiters das hilflose Bemühen des chin. Volkes dar, sich den Gegebenheiten des 20. Jh. anzupassen.

Ausgaben: Lu H. Die Reise ist lang. Ges. Erzählungen. Dt. Übers. Düss. 1955. – Lu Ssün. Morgenblüten – abends gepflückt. Eine Ausw. aus seinem Werk. Dt. Übers. u. hg. v. J. HERZFELDT. Bln. 1958. – Lu H. Der Einsturz der Leifeng-Pagode. Essays über Lit. u. Revolution in China. Dt. Übers. Rbk. 1973. – Lu Xun. Werke. Hg. v. W. KUBIN. Dt. Übers. Zü. 1994. 6 Bde.
Literatur: CHEN, P. H.: The social thought of Lu H. New York 1976. – LYELL, W. A.: Lu H.'s vision of reality. Berkeley (Calif.) 1976.

Luillier (Lhuillier), Claude Emmanuel [frz. lųi'lje], frz. Dichter, ↑ Chapelle.

Luis de Granada, Fray [span. 'lųiz ðe ɣra'naða], eigtl. Luis [de] Sarria, * Granada 1504, † Lissabon 31. Dez. 1588, span. Prediger und Schriftsteller. – Dominikaner, zeitweilig Provinzial seines Ordens in Portugal; einer der hervorragendsten myst. und asket. Schriftsteller Spaniens; klass. Prosaist, verfaßte u. a. die Schriften ›Gebet und Betrachtung‹ (1554, dt. 1912, erstmals dt. um 1618), ›Die Lenkerin der Sünder‹ (1555, dt. 1847), ein ›Gedenkbuch des christl. Lebens‹ (um 1557, dt. 1834) und als bedeutendstes Werk die ›Introducción del symbolo de la fe‹ (4 Bde., 1583–84).
Ausgabe: L. de G. Obras. Hg. v. J. CUERVO. Madrid 1906–08. 14 Bde.
Literatur: LLANEZA, M.: Bibliografía del V. P. M. Fray L. de G. de la Orden de predicadores. Salamanca 1926–28. 4 Bde. – HUERGA, A.: Fray L. de G. Una vida al servicio de la Iglesia. Madrid 1988.

Luis de León, Fray [span. 'lųiz ðe le-'ɔn], span. Schriftsteller, ↑ León, Fray Luis de.

Lukács, György (Georg [von]) [ungar. 'luka:tʃ], * Budapest 13. April 1885, † ebd. 4. Juni 1971, ungar. Philosoph und Literaturwissenschaftler. – 1904 Mitbegründer der Thalia-Bühne in Budapest. Mitglied der ›Soziolog. Gesellschaft‹. Studierte in Berlin und Budapest. L.' intellektueller Werdegang führte über Max Weber, Emil Lask, E. Bloch und G. W. F. Hegel zu Karl Marx. 1918 trat er in die soeben gegründete kommunist. Partei Ungarns ein; 1919 Volkskommissar für das Unterrichtswesen. Er begann seine Theorie der ›demokrat.‹ – statt proletar. – Diktatur zu entwickeln, während er, im Widerspruch dazu, in der polit. Praxis eine anarchistisch-ultralinke Position bezog. Nach Ende der ungar. Räterepublik floh L. nach Wien. Sein Buch ›Geschichte und Klassenbewußtsein‹ (1923) führte zum Zusammenstoß mit der Partei. Er wurde zurückgezogen, L. übte – von ihm als Taktik verstanden – Selbstkritik. Nach Mitarbeit im Moskauer Marx-Engels-Institut kam er 1931 wieder nach Deutschland. Zu neuen scharfen Auseinandersetzungen führten seine Aufsätze in der ›Linkskurve‹, dem

Organ des Bundes proletarisch-revolutionärer Schriftsteller, mit denen er sich in Gegensatz zur offiziellen Linie der kommunist. Kulturpolitik stellte: Er berief sich auf das literar. Erbe des bürgerl. krit. Realismus von H. de Balzac bis Th. Mann zur Abwehr unrealistisch-unzulängl. Arbeiterliteratur. Nach seiner Emigration in die UdSSR (1933) setzte sich dieser Streit in verschiedenen Exilzeitschriften fort. Nach Ende der Emigration, in der L. sich auf seine Hegelstudien konzentrierte und während der verschiedene Selbstkritiken und Stalinlobpreisungen ihn vor der Vernichtung bewahrten (er war vorübergehend verhaftet), kehrte L. nach Budapest zurück. Sein Einfluß auf die junge Literatur der sozialist. Länder ist nicht zu überschätzen. In seiner polit. Theorie der demokrat. Diktatur hatte die Realität der sozialist. Volksdemokratie kaum Platz. Er wurde einer der intellektuellen Führer des Petőfi-Klubs und damit des Budapest-Aufstandes 1956, Kultusminister der Regierung Nagy. Seither war er verfemt, seines Lehramtes enthoben, aus der Akademie ausgeschlossen. Seine Werke wurden nur noch in westeurop. Ländern gedruckt, wo sie erhebl. Einfluß auf die Neue Linke gewannen.

Weitere Werke: Die Seele und die Formen (Essays, 1911), Die Theorie des Romans (1920), Der junge Hegel (1948), Ästhetik (2 Tle., 1963), Zur Ontologie des gesellschaftl. Seins (3 Tle., hg. 1971–73), Gelebtes Denken (Autobiogr., hg. 1980).
Ausgabe: Georg L. Werke. Nw. u. Bln. ¹⁻³1962 ff. (bisher 15 Bde. erschienen).
Literatur: G. L. zum 70. Geburtstag. Festschr. Bln. 1955. – Festschr. zum 80. Geburtstag von Georg L. Hg. von F. BENSELER. Nw. u. Bln. 1965. – BAHR, E.: Georg L. Bln. 1970. – LICHTHEIM, G.: Georg L. Dt. Übers. Mchn. 1971. – RADDATZ, F. J.: G. L. Rbk. 1972. – GRUNENBERG, A.: Bürger u. Revolutionär. G. L. 1913–1928. Köln u. Ffm. 1976. – SPÖRL, B.: Politisierung der Literaturkritik. Beitr. zu einer intellektuellen Biogr. von G. L. Hamb. 1981.

Lukan (Marcus Annaeus Lucanus), * Corduba (heute Córdoba) 3. Nov. 39, † Rom 30. April 65, röm. Dichter. – Neffe von Seneca d. Ä.; zunächst Günstling Neros, erregte er durch sein Talent dessen Eifersucht; er beteiligte sich an der Pisonischen Verschwörung und nahm sich auf Befehl Neros das Leben. Von dem umfangreichen literar. Werk blieb lediglich das unvollendete Epos ›Pharsalia‹ (benannt nach Pharsalos, dem Schauplatz der Entscheidungsschlacht im Ringen zwischen Caesar und Pompcius) oder ›Bellum civile‹ (= Bürgerkrieg; 10 Bücher) erhalten: Es setzt, indem es Roms Weg in die Monarchie Caesars als Sieg des Verbrechens über das Recht und die Freiheit schildert, dem Sinngebungsversuch der ›Aeneis‹ Vergils ein radikal negatives Geschichtsbild entgegen; es verherrlicht die im Untergang sich manifestierende Autonomie des Stoikers Cato Uticensis. L. hat bis zum 18. Jh. stark auf die europ. Literatur gewirkt.
Ausgabe: Lucanus. Bellum civile – Der Bürgerkrieg. Lat. u. dt. Hg. v. W. EHLERS. Mchn. ²1978.
Literatur: PFLIGERSDORFFER, G.: Lucan als Dichter des geistigen Widerstandes. In: Hermes 87 (1959), S. 344. – MORFORD, M. P. O.: The poet Lucan. New York 1967. – Lucan. Hg. v. W. RUTZ. Darmst. 1970. – LEBEK, W. D.: Lucans Pharsalia. Gött. 1976.

Lukian von Samosata (tl.: Loukianós), * um 120, † Ende des 2. Jh., griech. Satiriker. – Syrer; urspr. Bildhauerlehrling; erlernte wohl in Ionien die griech. Sprache, erhielt eine Ausbildung als Rhetor; durchreiste als Wanderredner Griechenland, Italien, Gallien, war zeitweise Sekretär beim Statthalter von Ägypten. L., geistvoll, witzig, sehr beweglich, geißelte in elegantem, gefälligem Attisch die überlieferte Bild der Religion, den Aberglauben, die schlechten Eigenschaften von Philosophen, Literaten und Rhetoren, von Reichen und Mächtigen seiner Zeit. Für seine Satiren (u. a. inspiriert von Menippos von Gadara) bevorzugte er die Form des Dialogs, später die des Briefes. L.s Schriften fanden schon im Altertum Bewunderung und Nachahmung.
Ausgaben: L. v. S. Sämtl. Werke. Dt. Übers. Hg. v. CH. M. WIELAND. Lpz. 1788–89 Nachdr. Darmst. 1971. 3 Bde. – Lucian. Works. Hg. v. A. M. HARMON. London 1913–67. 8 Bde. Nachdr. 1968–79. – Luciani opera. Hg. v. M. D. MACLEOD. Oxford 1972 ff. Auf 4 Bde. ber. (bisher 3 Bde. erschienen). – L. v. S. Lügengeschichten u. Dialoge. Dt. Übers. v. CH. M. WIELAND. Nördlingen 1985.
Literatur: NEEF, E.: L.s Verhältnis zu den Philosophenschulen ... Bln. 1940. – BOMPAIRE, J.: Lucien écrivain, imitation et création. Paris 1959. – ANDERSON, G.: Studies in Lucian's comic fic-

tion. Leiden 1976. – HIRDT, W.: Gian Giorgio
Trissinos Portrait der Isabella d'Este (›I ri-
tratti‹). Ein Beitr. zur L.-Rezeption in Italien.
Hdbg. 1981. – JONES, CH. P.: Culture and society in Lucian. Cambridge (Mass.) 1986.

Lukrez (Titus Lucretius Carus), * um
97, † 10. Okt. 55, röm. Dichter. – Über
sein Leben gibt es nur wenige antike
Zeugnisse. Sein einziges Werk ist das
älteste erhaltene lat. Lehrgedicht ›De
rerum natura‹ (= Über die Natur der
Dinge; 6 Bücher, in Hexametern), eine
Darstellung der materialistisch-mecha-
nist. Naturphilosophie Epikurs, insbes.
der auf Demokritos zurückgehenden
Atomlehre. Buch 1–2 handeln von der
unvergängl. Atomen, ihren Formen und
ihren Bewegungen im leeren Raum;
Buch 3–4 von der Seele (mit Nach-
druck als sterblich hingestellt wird) und
den Wahrnehmungen; Buch 5–6 von der
Kosmologie und der Meteorologie (mit
Schlußpartien über die Entstehung der
Kultur und die Pest in Athen). Das Werk
verfolgt eine entschieden aufklärer., anti-
religiöse Tendenz: L. ist überzeugt, daß
sich die Naturerscheinungen ohne die
Annahme göttl. Einwirkung kausalge-
setzlich erklären lassen; er sucht so die
Furcht vor Göttern, vor dem Tod und vor
einem Weiterleben nach dem Tod als ge-
genstandslos zu erweisen. Das Gedicht,
das im wesentl. auf epikureischen Quellen beruht, ist in kraftvoller Sprache verfaßt und bezeugt eindrucksvoll die kompositor. Kunst des Autors. Während die
poet. Leistung des L. ungeteilte Bewunderung fand, rief der Inhalt zumal auf
christl. Seite heftige Polemik hervor; er
hat erst seit P. Gassendi nachhaltig auf
das europ. Denken gewirkt.
Ausgaben: T. L. C. De rerum natura. Lat. u. dt.
Hg. v. H. DIELS. Bln. 1923–24. 2 Bde. – Lucretii
de rerum natura libri VI. Hg. v. C. BAILEY (mit
engl. Übers. u. Komm.). Neuaufl. Oxford 1966.
3 Bde.
Literatur: GORDON, C. A.: A bibliography of
Lucretius. London 1962. – BOYANCÉ, P.: Lucrèce et l'épicurisme. Paris 1963. – BÜCH-
NER, K.: Studien zur röm. Lit. Bd. 1: L. u. Vor-
klassik. Wsb. 1964. – Lucretius. Hg. v. D. R.
DUDLEY. London 1965. – Lucrèce. Hg. v. O. GI-
GON (Entretiens sur l'antiquité classique 24).
Genf 1978. – Probleme der L.forschung. Hg. v.
C. J. CLASSEN. Hildesheim 1986.

Lullabies [engl. ˈlʌləbaɪz; von lautma-
lendem engl. to lull = einlullen] (Ein-

zahl: Lullaby), engl. Bez. für Wiegenlie-
der oder Refrains von solchen; sie werden meist den ↑ Carols zugerechnet; ihre
Blütezeit war im 15. und 16. Jahrhundert.

Lullus, Raimundus (span. Ramón
Lull [span. lul], katalan. Llull [katalan.
ʎuʎ]), * Palma 1232/33 (1235?), † Bougie
(heute Bejaïa) oder Tunis 1315 oder
1316, katalan. Dichter, Theologe und
Philosoph. – L. lehrte mit Unterbrechun-
gen zwischen 1283 und 1313 in Paris und
Montpellier. Ab 1263 unternahm er den
Versuch, die alleinige Wahrheit der
christl. Lehre zu erweisen und v. a. die
arab. Welt zu missionieren. 1276 gründete er die Missionsschule von Miramar
(Mallorca), es folgten Missionsreisen
nach Neapel, Sizilien, Nordafrika. Nach
Auffassung L.' muß der Glaube durch
den Verstand unterstützt werden, der die
Glaubenswahrheiten aus den Prinzipien
einer christl. Universalwissenschaft, der
›Ars magna‹ (bzw. ›Ars generalis‹, so die
Titel seines 1273 begonnenen Hauptwer-
kes), streng deduziert. L. wandte sich gegen den Averroismus und die Lehre von
der doppelten Wahrheit. Wegen seiner
umfassenden enzyklopäd. Werke wurde
er als ›Doctor illuminatus‹ (= der er-
leuchtete Gelehrte) bezeichnet; der an
ihn anknüpfende Lullismus gilt als eine
der großen Strömungen der span. Philosophie mit Einflüssen auf Athanasius
Kircher und Gottfried Wilhelm Leibniz.
Der katalan. Sprache verhalf L. durch
seinen philosoph. Roman ›Blanquerna‹
(entst. 1282–86, erschienen lat. 1505; enthält u. a. die Abhandlung ›Das Buch vom
Liebenden und Geliebten‹, dt. 1948),
durch zahlreiche erzählende Schriften
(u. a. ›Fèlix de les meravelles del món‹,
entst. um 1289, dt. Teilübers. 1872 u. d. T.
›Ein katalan. Tierepos‹, 1953 u. d. T. ›Die
treulose Füchsin‹) und Gedichte zum
Rang einer Literatursprache.
Ausgaben: Raymundus L. Opera omnia. Hg. v.
I. SALZINGER. Bd. 1–6; 9–10. Mainz 1721–42
(m.n.e.). Nachdr. Ffm. 1965. – Ramón Lull.
Obres. Palma de Mallorca 1906–50. 21 Bde. –
Raimundi Lulli opera latina. Hg. v. F. STEGMÜL-
LER. Palma 1959ff. Bisher 18 Bde. erschienen.
Literatur: PEERS, E. A.: Ramon Lull. A bio-
graphy. London u. New York 1929. – PLATZECK,
E. W.: R. L. Sein Leben, seine Werke, die
Grundll. seines Denkens. Düss. 1962–64.
2 Bde. – CRUZ HERNÁNDEZ, M.: El pensamiento

de Ramón Lull. Madrid 1977. – GARCÍAS PA-LOU, S.: El Miramar de Ramón Llull. Palma de Mallorca 1977. – GARCÍAS PALOU, S.: Ramón Llull y el Islam. Palma de Mallorca 1981. – MARTÍ I CASTELL, J.: El catalá medieval. La llengua de Ramón Llull. Barcelona 1981. – BONNER, A./BADIA, L.: Ramon Llull. Vida, pensament i obra literària. Barcelona 1988.

Lunatscharski (tl.: Lunačarskij) [russ. luna'tʃarskij], Anatoli Wassiljewitsch, * Poltawa 23. Nov. 1875, † Menton (Frankreich) 26. Dez. 1933, russ.-sowjet. Schriftsteller und Politiker. – Lebte vor der Revolution lange in der Emigration, wurde im Sinne des Kommunismus aktiv; enger Kontakt mit Lenin; 1917–29 Volkskommissar für Bildungswesen; Förderer und Theoretiker der proletar. Literatur, lehnte aber die Vernachlässigung der Klassiker ab. Seine literarisch wenig wertvollen Dramen mit starker Revolutionsrhetorik stehen in der romant. Tradition.

Werke: Der befreite Don Quichotte (Dr., 1922, dt. 1925), Teatr i revoljucija (= Theater und Revolution, 1924).
Ausgabe: A. V. Lunačarskij. Sobranie sočinenij. Moskau 1963–67. 8 Bde.
Literatur: A. V. Lunačarskij. Moskau 1975–79. 2 Bde. – PETERS, J.-U.: Kunst als organisierte Erfahrung. Über den Zusammenhang von Kunsttheorie, Literaturkritik u. Kulturpolitik bei A. V. Lunačarskij. Mchn. 1980.

Lunc, Lev Natanovič, russ. Schriftsteller, † Lunz, Lew Natanowitsch.

Lundegård, Axel [Wilhelm] [schwed. 'lʊndəgɔːrd], * Västra Sallerup (Schonen) 17. Dez. 1861, † Stockholm 20. Dez. 1930, schwed. Schriftsteller. – Begann als Erzähler in der realist. Tradition der 1880er Jahre; schloß sich dem Idealismus V. von Heidenstams an. Größten Erfolg errang er als Verfasser histor. Romane. Eine langjährige Freundschaft verband ihn mit V. Benedictsson, deren literar. Nachlaß er später verwaltete.

Werke: Struensee (R., 3 Bde., 1888–1900), Röde prinsen (R., 1889), Titania. Die Sage von einer Liebe (R., 1892, dt. 1920), Elsa Finne (R., 1902), Königin Margarete, die Tochter des Dänenkönigs Waldemar (R., 1905, dt. 1911).

Lundell, Ulf [schwed. lʊn'dɛl], * Stockholm 20. Nov. 1949, schwed. Schriftsteller und Musiker. – Hatte 1976 einen sensationellen Durchbruch bei Kritik und Publikum mit seinem Debütroman ›Jack‹, der in einem bisweilen

schnoddrigen, von amerikan. Nachkriegsautoren (u.a. J. Kerouac) beeinflußten Erzählstil die Pop- und Drogenszene im Stockholm der 70er Jahre schildert. Es folgten weitere Romane im gleichen Stil sowie Lyrik (z. T. von ihm selbst vertont), die ihn zu einem gefeierten ›Szene‹-Autor haben werden lassen.

Weitere Werke: Vinter i paradiset (R., 1979), Kyssen (R., 1981), Fruset guld. Dikter 1969–1978 (Ged., 1979), Sömnen (R., 1982), Tid för kärlek (Ged., 1984).

Lundemis (tl.: Lountemēs), Menelaos, * Konstantinopel (heute Istanbul) 26. Okt. 1915, † Athen 22. Jan. 1977, neugriech. Schriftsteller. – 1947–57 wegen seines linksorientierten Engagements in Haft und Deportation, lebte 1957–77 die meiste Zeit als polit. Flüchtling in Bukarest. Verfaßte zahlreiche Romane, Erzählungen, auch Gedichte; härteste soziale Anklagen in gefühlsbetontem, lyrisch verbrämtem Stil.

Werke: Ta ploia den araxan (= Die Schiffe sind nicht vor Anker gegangen, En., 1938), Ekstasē (= Ekstase, R., 1943), Glykocharama (= Morgendämmerung, En., 1944), Autoi pu pherane tēn katachnia (= Die, die den Nebel brachten, En., 1946), Kalē nychta, zōē (= Gute Nacht, Leben, R., 1946), Kraugē sta perata (= Schrei in die Ferne, Ged., 1955), Tragudō gia tēn Kypro (= Ich singe für Zypern, Ged., 1956), Hena paidi metraei ta astra (= Ein Kind zählt die Sterne, R., 1956, dt. 1960), Hē agelastē anoixē (= Frühling ohne Lachen, R., 1970), Katō apo ta katara tēs elpidas (= Unter den Burgen der Hoffnung, R., 1973).

Lundkvist, [Nils] Artur, * Oderljunga (Schonen) 3. März 1906, † Stockholm 11. Dez. 1991, schwed. Schriftsteller. – Entstammte einer Kleinbauernfamilie; Autodidakt, Anhänger eines polit. Radikalismus; erhielt 1958 den Lenin-Preis; gründete 1929 die literar. Gruppe Fem unga; ab 1968 Mitglied der Schwed. Akademie. Von S. Freud, W. Whitman und D. H. Lawrence beeinflußt, ist L. der bedeutendste Vertreter des sog. Primitivismus, später des Surrealismus. Seine Gedichte sind Äußerungen eines intensiven Daseinserlebens; schrieb modernist. Lyrik und naturalist., oft drast. Romane; auch bed. Reiseschilderungen.

Werke: Glöd (Ged., 1928), Ein Baum mit Fischen (Ged., 1928–69, dt. Ausw. 1972), Naket liv (Ged., 1929), Svart stad (Ged., 1930), Vit man (Ged., 1932), Floderna flyter mot havet (R.,

1934), Korsväg (Ged., 1942), Liv som gräs (Ged., 1954), Der verwandelte Drache (Reisebericht, 1955, dt. 1955), Vindingevals (R., 1956), Komedi i Hägerskog (R., 1959), Agadir (Ged., 1961), Gedichte (dt. Ausw. 1963), Självporträtt av en drömmare med öppna ögon (Autobiogr., 1966), Krigarens dikt (R., 1976), Skrivet mot kvällen (Prosa, 1980), Sinnebilder (Prosa, 1982), Gryningstrumpet och skymningsflöjt (Nov.n, 1983), Skrivet mot vinden (Essays, 1983), Färdas i drömmen och föreställningen (Prosa, 1984).
Literatur: ESPMARK, K.: Livsdyrkaren A. L. Studier i hans lyrik till och med vit man. Stockholm 1964. – LINDBLOM, P.: A. L. i en föränderlig värld. Stockholm 1976. – NORDBERG, C.-E.: Det skapande ögat. En färd genom A. L.s författarskap. Stockholm 1981.

Lunz (tl.: Lunc), Lew Natanowitsch, * Petersburg 2. Mai 1901, † Hamburg 10. Mai 1924, russ. Schriftsteller. – Aus jüd. Intellektuellenfamilie; folgte 1923 seinen Eltern ins dt. Exil; verteidigte im Manifest der Gruppe der Serapionsbrüder die Freiheit der Kunst von außerliterar. Dogmen; sah Vorbilder v. a. in den westl. Nationalliteraturen. Von seinen Werken haben bes. die Dramen Bedeutung (›Vne zakona‹ [= Vogelfrei], Trag., 1923; ›Gorod pravdy‹ [= Stadt der Wahrheit], romant. Trag., 1924).
Ausgabe: L. N. Lunc. Die Affen kommen. Erzählungen, Dramen, Essays, Briefe. Dt. Übers. Münster 1989.
Literatur: KERN, G.: L. Lunc, Serapion brother. Diss. Princeton (N. J.) 1969.

Luo Guanzhong, chin. Dichter, ↑ Lo Kuan-chung.

Lü Pu-wei (Lü Buwei) [chin. lybuuei], * Yang-ti (Honan) etwa 290, † 235, chin. Staatsmann und Literat. – Ursprünglich Kaufmann, erwarb er sich als Kanzler des Staates Ch'in Verdienste bei der Vorbereitung der Reichseinigung von 221 v. Chr.; fiel einer Palastintrige zum Opfer. Sein ›Lü-shih ch'un-ch'iu‹ (= Frühling und Herbst des Herrn Lü) ist eine nach Themen geordnete enzyklopäd. Darstellung altchin. Denkens.
Ausgabe: Frühling u. Herbst des Lü Bu We. Dt. Übers. v. R. WILHELM. Jena 1928.

Luria (tl.: Lûryā), Isaak [Ben Salomon], genannt Ari, * Jerusalem 1534, † Safed (heute Zefat, Galiläa) 15. Juli 1572, jüd. Mystiker, Kabbalist. – Lebte zunächst in Kairo, ab 1569 in Safed. Im Mittelpunkt seiner Kabbala stehen die Lehre von der ›Selbstbeschränkung‹ Gottes, durch die die Erschaffung des Universums ermöglicht wurde, und die Vorstellung von der ›Welt der Vollendung‹, die in messian. Zeit anbrechen wird. Asket. Übungen und bußfertige Erfüllung der religiösen Gebote sind von bes. Wichtigkeit; hinterließ einige hebräische und aramäisch geschriebene liturgische Lieder.

Lurie, Alison [engl. 'lu:rɪ], * Chicago (Ill.) 3. Sept. 1926, amerikan. Schriftstellerin. – Behandelt in ihren Romanen aus feminist. Sicht die berufl., familiären und zwischenmenschl. Probleme der Frau in der akadem. Welt sowie die bes. Situation der Schriftstellerin; schreibt auch Kindergeschichten.
Werke: Liebe und Freundschaft (R., 1962, dt. 1987), Nowhere city (R., 1965, dt. 1991), Varna oder imaginäre Freunde (R., 1967, dt. 1988), Real people (R., 1969), Familienkrieg (R., 1974, dt. 1976, 1988 u. d. T. Ein ganz privater kleiner Krieg), Von Kindern und Leuten (R., 1979, dt. 1994), The heavenly zoo (Kindergeschichten, 1979), Clever Gretchen and other forgotten folktales (Kindergeschichten, 1980), Vom Salamander, der im Feuer lebt und anderen Fabeltieren (Kindergeschichten, dt. 1981, 1984 u. d. T. Vom wundersamen Einhorn und anderen Fabeltieren), The language of clothes (Studie, 1981), Affären. Eine transatlant. Liebesgeschichte (R., 1984, dt. 1986; Pulitzerpreis 1985), Die Wahrheit über Lorin Jones (R., 1988, dt. 1990), Don't tell the grown-ups. Subversive children's literature (Essays, 1990).

Luserke, Martin, * Berlin 3. Mai 1888, † Meldorf 1. Juni 1968, dt. Pädagoge und Schriftsteller. – 1910–24 Leiter der Freien Schulgemeinde Wickersdorf, gründete nach deren Vorbild 1924 ein Landerziehungsheim auf Juist (›Schule am Meer‹; 1934 aufgelöst). L. pflegte v. a. Sport, Musik und das Laienspiel (›Jugend- und Laienbühne‹, 1927; ›Das Laienspiel‹, 1930). Er verfaßte zahlreiche Jugendspiele, schrieb Romane, See- und Spukgeschichten; bed. Legenden- und Sagenerzähler.
Weitere Werke: Seegeschichten (1932), Hasko (R., 1935), Windvögel in der Nacht (En., 1936), Reise zur Sage (Erinnerungen, 1940), Die hohe See (R., 1942), Spuk überm Strand (En., 1942).

Lustig, Arnošt [tschech. 'lustik], * Prag 21. Dez. 1926, tschech. Schriftsteller. – 1942–45 in den KZ Theresienstadt, Auschwitz und Buchenwald; ab 1946

Studium der polit. und sozialen Wiss.; u. a. Rundfunkredakteur und Filmautor; verließ 1968 die ČSSR; Univ.-Lehrer in den USA (Washington); schrieb v. a. Erzählungen, in denen er mit modernen Prosatechniken das Schicksal von jüd. Häftlingen in den Konzentrationslagern und von Menschen, die mit den Schrekken des vergangenen Krieges fertig werden müssen, schildert.

Werke: Nacht und Hoffnung (En., 1958, dt. 1964), Demanten der Nacht (En., 1958, dt. 1964), Dita Saxová (Nov., 1962), Totengebet für Katharina Horowitz (Nov., 1964, dt. 1964), Miláček (= Der Liebling, R., 1969), Die Ungeliebte. Aus dem Tagebuch einer Siebzehnjährigen (1979, dt. 1984), Finsternis wirft keine Schatten (R., 1991, dt. 1994).

lustige Person (kom. Person), kom. Bühnenfigur; begegnet unter verschiedenen Namen und nat. Ausprägungen (in der ↑Commedia dell'arte als ↑Arlecchino, in Frankreich als ↑Guignol, ↑Jean Potage, Harlequin [↑Harlekin], in Spanien als ↑Gracioso, in England als ↑Pickelhering, in Deutschland als ↑Hanswurst). Ihre Funktion ist es, die Zuschauer durch Späße oder als Kontrastfigur des Helden und durch direkte Anrede des Publikums (↑Beiseitesprechen) zum Lachen zu bringen. Typisch sind Gefräßigkeit, Possenreißerei, Tölpelhaftigkeit, [sexuelle] Prahlsucht, Räsonierbedürfnis, Gerissenheit und Intrigantentum; hervorgekehrt werden die jeweils typisch nat. Eigenschaften in grotesker Vergröberung; häufig in der Rolle des Dieners oder Boten. – ↑auch Kasperltheater.

Lustspiel, dt. Übersetzung des Wortes ›Comedia‹, erstmals 1536 im Titel eines anonymen Stückes, dann erst wieder im 17. Jh. gebraucht (A. Gryphius), seit dem 18. Jh. allgemein üblich (J. Ch. Gottsched) und teilweise mit ↑Komödie synonym verwendet.

Luther, Martin, * Eisleben 10. Nov. 1483, † ebd. 18. Febr. 1546, dt. Reformator – L. war der zweite Sohn des aus bäuerl. Herkunft stammenden Bergmanns Hans Luther. Dieser zog 1483 mit der Familie von Möhra über Eisleben (1483) nach Mansfeld (1484), wo er als kleiner Bergbauunternehmer tätig war. Hier, im ostmittel-niederdt. Sprachraum wuchs L.

auf und besuchte ab 1488 die Lateinschule. 1497 kam er im niederdt. Magdeburg auf die Domschule der ›Brüder vom gemeinsamen Leben‹. L. blieb dort nur ein Jahr und schloß dann in Eisenach die Schule ab. Hier und während des Studiums der Artes in Erfurt (1501–05) verbrachte e dann seine bildungsentscheidendste Zeit wieder im ostmitteldt. (thüringisch-obersächs.) Sprachraum. Bedeutend geprägt wurde er in Erfurt durch die ockhamist. Strömungen (Trennung von Glauben und Wissen) an der nominalistisch orientierten Universität. In diese Zeit fällt auch L.s intensive Begegnung mit den antiken Autoren (Vergil, Plautus, Homer, Terenz, u. a.). Nach Erlangung des Magistergrades sah sich L. noch im selben Jahr (1505) durch sein bei Todesgefahr (während eines Gewitters schlug ein Blitz unmittelbar neben ihm ein) abgelegtes Gelübde zum Eintritt in das Kloster der Erfurter Augustiner-Eremiten bewogen. An die Priesterweihe 1507 schloß sich ein Theologiestudium an. Dieses führte L., nach verschiedenen Aufgaben und Reisen im Dienste des Ordens (1508–11), nach Wittenberg. Dort wurde er 1512 als Nachfolger des Generalvikars seines Ordens, Johann von Staupitz, zum Prof. für Exegese an der Univ. ernannt.

Von Beginn seiner theolog. Laufbahn an, durch die zeittyp. Endzeitvorstellungen ebenso geprägt wie von der strengen Erziehung des Vaters, sah sich L. unter dem Einfluß des Ockhamismus und der Werke des Augustinus zunehmend in einer von Prädestinationsängsten erfüllten Gewissensnot. Hieraus folgte die existentielle Notwendigkeit einer Auswegsuche (›Wie bekomme ich einen gnädigen Gott?‹), die dann in der reformator. Idee die für L. entscheidende, befreiende Lösung fand. Die direkte Offenbarung des göttl. Wortes in der Hl. Schrift und die so individuelle und unmittelbare Erfahrbarkeit von Gnade bildeten den Ausgangspunkt für sein sendungsbewußtes sprachl. und literar. Schaffen. Sehr bald nach der Verbreitung der 95 Disputationsthesen Lutherscher Kritik kirchl. Mißstände zeigte sich in der Auseinandersetzung mit weltl. und geistl. Gegnern die Notwendigkeit des vielschichtigen

Einsatzes literar. Mittel. L. bediente sich hierbei sowohl seiner auf klerikaler Bildungstradition beruhenden Kenntnisse wie auch der Wirksamkeit volksnaher Ausdrucksweisen. Kennzeichnend ist die Verwendung der lat. wie der dt. Sprache, wobei die letztere nach 1520 in seinen Werken überwiegt. L.s Deutsch ist von mannigfaltigen Einflüssen geprägt (Kanzleisprachen, dt. Mystik, ostmitteldt. und oberdt. Elemente). Ebenso kennzeichnend sind die Wandlungsprozesse in seiner Schriftsprache, die sich um Verständlichkeit und Verbreitung bemüht. Charakteristisch bleibt dabei jedoch immer ein eher konservativer Zug in Wortwahl, Morphologie und Syntax. L.s Werk gliedert sich in verschiedene, im Stil und Sprachebene z.T. sehr unterschiedl. Textsorten. Ihre größte Verbreitung erfuhr die reformator. Idee durch die Programmschriften und den Katechismus (u.a. ›An den Christlichen Adel deutscher Nation: von des Christlichen Standes besserung‹, 1520; ›Von den guten wercken‹, 1520; ›Von der Freiheit eines Christenmenschen‹, 1520; ›Der Deudsch Catechismus‹, 1529). Deren reiche Bildhaftigkeit wird ergänzt, durch die rhetor. Impulsivität und die zeittyp. ›grobianischen‹ Elemente der Kampf- und Streitschriften (›Wider die räuberischen (...) Rotten der Bauern‹, 1525; ›Wider Hans Worst‹, 1541; ›Wider das Papsttum zu Rom, vom Teufel gestift‹, 1545). Eine weitere Form Lutherschen Ausdrucksvermögens zeigt die in spätmittelalterl. Tradition stehende Erbauungs- und Andachtsliteratur. Insbes. durch seine zahlreichen Gebete und Traktate trug L. zu einer Reform des Frömmigkeitsideals bei (›Eine einfältige Weise zu beten, für einen guten Freund‹, 1535). Fest verankert in L.s Theologie ist die Predigt, deren zentrale Stellung über 2000 erhaltene Einzelstücke bezeugen. Mit seiner Bibelverdeutschung, deren Übersetzungsleistung er selbst noch über die lat. Übersetzung des Hieronymus (Vulgata) stellte, gelang L. die Gleichstellung des Deutschen mit den sog. drei hl. Sprachen (Latein, Griechisch, Hebräisch). Noch vor dem Erscheinen des NT im Herbst 1522 (›Septembertestament‹) begann L. mit der Arbeit am AT. Er

stützte sich hierbei konsequent auf die Vulgata, bzw. die griech.-hebr. Bibelausgabe des Erasmus von Rotterdam sowie auf den Rat befreundeter Philologen. Geleitet von der Idee des notwendigen unmittelbaren Schriftzugangs aller Gläubigen, unterscheidet sich L.s betont interpretierende Übersetzung von ihren noch stark glossenhaften Vorläufern. Die 1534 in Wittenberg erstmals erschienene Vollbibel erlebte bis zum Erscheinen der revidierten Fassung 1541 vier Neuauflagen. Weitere überarbeitete Ausgaben erschienen 1545 (Ausgabe letzter Hand) und 1546. In seinen Liedern verarbeitete L. z.T. inhaltlich neu bewertete traditionelle Elemente, andererseits trug er durch zahlreiche Neuschöpfungen zur Gottesdienstreform bei (›Ein feste Burg ist unser Gott‹, ›Vom Himmel hoch‹, ›Aus tiefer Not schrei ich zu Dir‹). Sprüche und Fabeln (›Etliche Fabeln aus dem Esopo verdeudscht‹, 1530) bilden den kleineren Bestand seines Werkes. Hier tritt das pädagog. Moment in den Vordergrund. L.s Briefe sind ein weiteres Zeugnis für die Vielseitigkeit seines Stils, der insbes. in der Sprachverwendung (lat./dt.) stark vom Adressaten abhängig war.

L.s aufs engste mit der eigenen Person verwobenes Werk zeichnet sich v.a. durch die Konsequenz der Umsetzung seiner reformator. Idee auf allen literar. Ebenen aus. In geistiger wie sprachl. Hinsicht kommt ihm seit der frühen hochdt. Zeit eine überragende und fortdauernde Wirkung zu.

Ausgaben: M. L. Krit. Gesamtausg. (Weimarer Ausg.). Weimar 1883 ff. Auf 110 Bde. ber. – L.s Werke in Auswahl. Hg. v. O. CLEMEN u.a. Bln. ³⁻⁶1962–67. 8 Bde. – Calwer L.-Ausg. Hg. v. W. METZGER. Mchn. u. Hamb. ⁶1983. 12 Bde. – M. L. Ausgew. Schrr. Hg. v. K. BORNKAMM u. G. EBELING. Ffm. 1990. 6 Bde. **Literatur:** ERBEN, J.: Grundzüge einer Syntax L.s. Bln. 1954. – ARNDT, E.: L.s dt. Sprachschaffen. Bln. 1962. – FEUDEL, L.: Ausspruch über seine Sprache (WA Tischreden 1,254), Ideal oder Wirklichkeit. In: Beitr. zur Gesch. der dt. Sprache u. Lit. 92 (1970), S.61. – STOLT, B.: Docere, delectare und movere bei L. In: Dt. Vjschr. f. Literaturwiss. u. Geistesgesch. 44 (1970), S.433. – KOLB, W.: Die Bibelübers. L.s u. ihre mittelalterl. dt. Vorgänger im Urteil der Geistesgesch. Diss. Saarbrücken 1972. – WOLF, H.: M. L. Eine Einführung in germanist. L.-Studien.

Stg. 1980. – ARNDT, E./BRANDT, G.: L. u. die dt. Sprache. Lpz. 1983. – LENK, W.: M. L. u. die Macht des Wortes. In: Linguist. Studien Reihe A, Bd. 119. Bln. (Ost) 1984. S. 134. – BRECHT, M.: L. als Schriftsteller. Stg. 1990. – FINK, H.: M. L. Der widersprüchl. Reformator. Neuausg. Esslingen 1994. – GREGOR-DELLIN, M.: L. Eine Annäherung. Neuausg. Bln. 1994.

Luther, Otto Jens, dt. Schriftsteller, ↑ Rehn, Jens.

Lütken, Hulda [dän. 'lydgən], * Elling bei Frederikshavn 5. Okt. 1896, † Frederikshavn 9. Juli 1946, dän. Schriftstellerin. – Polnisch-jüd. Abkunft; Lehrerin; schrieb Romane mit autobiograph. Zügen sowie religiös-myst. Lyrik um Liebe und Tod.
Werke: Degnens hus (R., 1929), De uansvarlige (R., 1933), Mennesket på lerfødder (R., 1943), Saa er jeg fri (R., 1945), Skærsilden (Ged., 1945).
Literatur: PEDERSEN, P. B.: Kvinden med en mands sjæl. Digteren H. L. in memoriam. Kopenhagen 1946.

Lutschyna (tl.: Lučyna) [weißruss. lu-'tfina], Janka, eigtl. Iwan Ljuzyjana-witsch Nesluchoüski, * Minsk 18. Juli 1851, † ebd. 28. Juli 1897, weißruss. Lyriker. – Naturwissenschaftler; schrieb in weißruss., russ. und poln. Sprache Prosa und melod. Gedichte, die für die Entwicklung der weißruss. Verskunst vorbildlich wurden; Themen vorwiegend aus der Welt der weißruss. Leibeigenen mit allegor. und patriot. Zügen.

Lützkendorf, Felix, * Leipzig 2. Febr. 1906, † München 19. Nov. 1990, dt. Schriftsteller. – 1937–43 Chefdramaturg der Berliner Volksbühne; 1940 Kriegsberichterstatter; lebte seit 1950 in München. Schrieb Dramen, Drehbücher und Romane. Die Romantrilogie ›Brüder zur Sonne‹ (›Die dunklen Jahre‹, 1955; ›Und Gott schweigt‹, 1956; ›Feuer und Asche‹, 1958; 1965 in 1 Bd. u. d. T. ›Die Jahre des Zorns‹) beschreibt die enttäuschten Hoffnungen einer Generation von 1910 bis zum 2. Weltkrieg.
Weitere Werke: Alpenzug (Dr., 1936), Märzwind (R., 1938), Opfergang (Dr., 1939), Florentiner Spitzen (R., 1967), Die schöne Gräfin Wedel (R., 1974), Ich, Agnes, eine freie Amerikanerin (R., 1976), Die Muse von Paris (R., 1981).

Lux, Josef August, * Wien 8. April 1871, † Anif bei Salzburg 23. März 1947, österr. Schriftsteller. – Studierte in Wien,

München, London und Paris; konvertierte 1921 zum Katholizismus, 1938 einige Zeit im KZ Dachau; erwarb sich Verdienste um die Entwicklung des kath. Laienspiels; schrieb Gedichte, Dramen, Romane und Essays.
Werke: Wiener Sonette (Ged., 1900), Grillparzers Liebesroman (1912), Franz Schuberts Lebenslied (R., 1914), Beethovens unsterbl. Geliebte (R., 1926), Es wird ein Wein sein (R., 1946).

luxemburgische Literatur, in dt., frz. und luxemburg. Sprache (seit 1984 Nationalsprache) geschriebene Literatur des Großherzogtums Luxemburg. Die eigtl. l. L. nimmt mit der Entwicklung eines eigenständigen Nationalbewußtseins ihren Anfang im 19. Jahrhundert. Die ersten Autoren bedienten sich v. a. der luxemburg. Sprache: Michel Lentz (* 1820, † 1893) in seinen Gedichten und Dicks (Pseudonym für Edmond de la Fontaine [* 1823, † 1881]) in seinem Dialekttheater, einer Art Vaudevilletheater. Lentz und Dicks waren die Wegbereiter des ersten Luxemburger Klassikers ›De Renert‹ (1872) von Michel Rodange (* 1827, † 1876). Um 1850 entstanden einige frz. und dt. Werke, wie z. B. ›Marc Bruno, profil d'artiste‹ (1855) von Félix Thysen (* 1830, † 1855). Luxemburg. Theater wurde vorwiegend in luxemburg. Sprache verfaßt. Andrei Duchscher (* 1840, † 1911), Max Goergen (* 1893, † 1978) u. a. setzten die Dickssche Tradition fort. Demgegenüber gehen Marcel Reuland (* 1905, † 1956), Tit Schroeder (* 1911, † 1986), anschließend Norbert Weber (* 1925) und Pol Greisch (* 1928) eigene Wege. Fernand Barnichs (* 1939) Dramen ›De Welle Mann‹ (1973) und ›Um Block‹ (1977) stellen die Welt der Bergarbeiter dar. Von den Dramatikern, die in dt. und frz. Sprache schreiben, fand allein Edmond Dune (* 1914, † 1988) internat. Anerkennung. In jüngerer Zeit wurde die Theaterszene u. a. durch Marc Elter (* 1935), Georges Érasme (Pseudonym für Georges Muller), Guy Rewenig (* 1947) und Michel Clees (* 1963) neu belebt.
Die Lyrik ist die in allen Sprachen bevorzugte Gattung; in luxemburg. Sprache ist sie volkstüml. Dichtung (z. B. Auguste Liesch [* 1874, † 1949], Putty Stein

[* 1888, † 1955]), die traditionelle Themen behandelt. Auch bei den deutschsprachigen Lyrikern (Nikolaus Hein [* 1889, † 1969], Nikolaus Welter [* 1871, 1951]) gibt es keine über Konventionelles hinausgehende Ansätze. Neben Gregor Stein (* 1907, † 1991; Pseudonym für Pierre Grégoire) sind in dt. und frz. Sprache Marcel Noppeney (* 1877, † 1966; u. a. ›Le Prince Avril‹, 1907), Paul Palgen (* 1883, † 1966) sowie E. Dune und in jüngerer bzw. jüngster Zeit Anise Klotz (* 1928), René Welter (* 1952) und Anne Berger (* 1951) zu nennen. Bes. Dunes lyr. Werk ist geprägt von einer außergewöhnl. sprachl. Subtilität. Neben der Lyrik nehmen die Kurzgeschichte und die Erzählung eine Vorrangstellung ein. Mit Ausnahme der ›Scènes de la vie des Ardennes‹ (erschienen 1895 in Paris) von Étienne Hamelius (* 1856, † 1969), wurden die meisten Erzählungen im 20. Jh. geschrieben. Die ›Cahiers Luxembourgeois‹, 1923 von Nicolas Ries begründet, und die S.E.L.F. (›Société des évrivains luxembourgeois de langue française‹), 1934 von M. Noppeney begründet, sowie ihr Bulletin ›Pages de la S.E.L.F.‹ trugen maßgeblich zu der Entwicklung der Kurzepik bei. 1935 veröffentlichte Mathias Tresch (* 1876, † 1942) die ›Contes et nouvelles de chez nous‹. Unter den frz. schreibenden Erzählern ragen bes. drei Schriftstellerinnen heraus: Anne Befforts (* 1880, † 1966), Ry Boissaux (* 1905, † 1986), und Rosemarie Kieffer (* 1932). In dt. Sprache sind Batty Weber (* 1860, † 1940), Nikolaus Hein (* 1889, † 1969), Nic Weber (* 1926), Cornel Meder (* 1938), G. Rewenig und Roger Manderscheid (* 1933) als wichtige Vertreter der Prosa zu nennen; Prosa in luxemburg. Sprache schrieben u. a. Isidore Comes (* 1875, † 1960; ›De neie Postmeeschter‹, 1930) und Nikolaus Pletschette (* 1882, † 1965; ›De Schousterpittchen‹, 1956). Die Entwicklung des Romans und der Novelle dokumentieren den fragmentar. Charakter der l. L.; so ›Le diable aux champs‹ (1936) und ›Sens unique‹ (1940) von Nicolas Ries (* 1876, † 1941). Die Romantrilogie ›Adelheid François‹ (1936–38) von Johann Peter Erpelding (* 1884, † 1977) kann neben ›Les désirs de Jean Bachelin‹ (1948) von Joseph Ley-

denbach (* 1903) als exemplar. Luxemburger Bildungs- und Erziehungsroman gewertet werden. Leydenbach hat neben vier Dramen acht Romane (u. a. ›Jeu d'échecs‹, 1976; ›Baladins‹, 1979) veröffentlicht. Alex Weicker (* 1893, † 1983) schrieb den expressionist. Roman ›Fetzen. Aus der Chronik eines Überflüssigen‹ (1921). R. Manderscheid, der v. a. durch seine Hörspiele auch über Luxemburg hinaus bekannt wurde, schrieb ›Die Dromedare‹ (1973), einen ins Surrealistische tendierenden Roman über Luxemburg. Die histor. Kriminalromane von Pierre Hamer (* 1916), ›Sacrilège à Knossos‹ (1972), ›Meurtre à Babylone‹ (1976) und ›La pyramide tronquée‹ (1979), versetzen den Leser in verschiedene Hochkulturen des Altertums. Erst seit etwa 1985 entwickelt sich der Roman auch in luxemburg. Sprache. Zu nennen ist u. a. G. Rewenig mit ›Hannert dem Atlantik‹ (1985), ›Gemeschte Chouer‹ (1987).

Literatur: HOFFMANN, F.: Gesch. der Luxemburger Mundartdichtung. Luxemburg 1964–67. 2 Bde. – Littérature luxembourgeoise de langue française. Hg. v. R. KIEFFER. Quebec 1980.

Lu Xun, chin. Schriftsteller, ↑ Lu Hsün.

Luyken, Jan [niederl. 'lœykə], * Amsterdam 16. April 1649, † ebd. 5. April 1712, niederl. Lyriker. – Schrieb Minne- und Naturlyrik (›Duytse lier‹, 1671); wurde Mennonit und verfaßte dann pantheistisch gefärbte christl. Poesie mit stark myst. Einschlag (Einfluß J. Böhmes), u. a. ›Jezus en de ziel‹ (1678). Später nahm sein Werk didakt. Züge an, u. a. in ›Het menselyk bedryf‹ (1694) und ›Beschouwing der wereld‹ (1708); gilt als der bedeutendste niederl. Lyriker seiner Zeit.

Literatur: MEEUWESSE, K.: J. L. als dichter van de Duytse lier. Groningen u. Amsterdam ²1977.

Lu Yu (Lu You) [chin. luju], * Shanyin (Tschekiang) 1125, † 1210, chin. Dichter. – Gehört neben Huang T'ingchien, Su Shih und Fan Ch'eng-ta zu den Meistern der Lieddichtung in der Sung-Zeit. Angesichts der Bedrohung des chin. Reiches durch Fremdvölker aus dem Norden zeigen viele seiner zahlreichen Gedichte und Lieder patriot. Züge.

Luzán y Claramunt, Ignacio de [span. lu'θan i klara'mun], * Zaragoza

28. März 1702, † Madrid 19. Mai 1754, span. Schriftsteller. – Studierte die Rechte in Italien, wo er bis 1733 lebte; zeitweilig im diplomat. Dienst in Paris; hervorragender Kenner der antiken, frz., italien., auch dt. und engl. Literatur, führte mit seiner ›Poética, o reglas de la poesía en general, y de sus principales especies‹ (1737, 2. Fassung hg. 1789) den frz. Klassizismus in die span. Dichtkunst ein; auch Lyriker.

Literatur: NERLICH, M.: Unterss. zur Theorie des klassizist. Epos in Spanien (1700–1850). Genf 1964. – MAKOWIECKA, G.: L. y su poética. Barcelona 1973.

Mario Luzi

Luzewitsch (tl.: Lucėvič), Iwan Daminikawitsch, weißruss.-sowjet. Schriftsteller, ↑ Kupala, Janka.

Luzi, Mario [italien. 'luttsi], * Florenz 20. Okt. 1914, italien. Lyriker und Essayist. – War nach dem Studium der Literatur als Realschullehrer tätig; daneben zeitweilig Lehrbeauftragter für frz. Literatur an der Univ. Florenz. Seine frühe Lyrik (›La barca‹, 1935), zwischen den Extremen literarisch-rhetor. Stilisierung und subjektiv-autobiograph. Unmittelbarkeit angesiedelt, ist dem florentin. Hermetismus verpflichtet. Aus der Ineinssetzung von Literatur und Leben entstanden in der Folgezeit Gedichtsammlungen, die traumartige, suggestive Embleme eigener Lebensmomente entwerfen. Sie lassen mit zunehmender Präzision die Umrisse einer Spiritualität erkennen, deren Zentrum die Evokation der Würde des Menschen vor der Tragik seiner zeitgeschichtl. Authentizität ist. Sprachschöpferisch zwischen S. Mallarmés Schweigen und G. D'Annunzios Pathos vermittelnd sowie inhaltlich von Carlo Bo (* 1911) und E. Montale inspiriert, gehört L. zu den bedeutendsten Lyrikern der italien. Moderne, der auch als Kritiker und Theoretiker der Literatur großes Ansehen genießt.

Weitere Werke: Avvento notturno (Ged., 1940), Un'illusione platonica e altri saggi (Essays, 1941), Quaderno gotico (Ged., 1947), L'inferno e il limbo (Essay, 1949), Studio su Mallarmé (Essay, 1952), Onore del vero (Ged., 1957), Il giusto della vita (Ged., 1960), Nel magma (Ged., 1963), Dal fondo delle campagne (Ged., 1965), Tutto in questione (Essays, 1965), Su fondamenti invisibili (Ged., 1971), Ipazia (Ged., 1973), Poesie (Ged., 1974), Al fuoco della controversia (Ged., 1978), Discorso naturale (Essays, 1980), Trame (Prosa und En., 1982), Rosales (Ged., 1983), Il silenzio, la voce (Ged., 1984), Per il battesimo dei nostri frammenti (Ged., 1985), Cronache dell'altro mondo (Essays, 1989), Gedichte = Poesie (dt. Ausw. 1989), Frasi e incisi di un canto salutare (Ged., 1990), Wein und Ocker (Ged., italien. und dt. Ausw. 1993).

Ausgabe: M. L. Tutte le poesie. Mailand 1979. 2 Bde.

Literatur: LUZI, A.: La vicissitudine sospesa. Florenz 1968. – ZAGARRIO, G.: L. Florenz 1968. – SCARPATI, C.: M. L. Mailand 1970. – PAPINI, M. C.: Il linguaggio del moto. Storia esemplare di una generazione. Florenz 1981. – MARIANI, G.: Il lungo viaggio verso la luce. Itinerario poetico di M. L. Padua 1982.

Luzzatto, Moses Chajim, * Padua 1707, † Akko (heute Akka) 16. Mai 1746, hebr. Mystiker und Dichter. – Stammte aus einer portugies. Familie; aus Italien verbannt, lebte in Frankfurt am Main und Amsterdam, starb in Palästina an der Pest. Thematisch der italien. allegorisch-dramat. Schule verpflichtet, hat er die spätere hebr. Literatur stilistisch entscheidend beeinflußt. Bekannt sind die Schrift ›Der Weg der Frommen‹ (1740, dt. 1925) und das Drama ›Lob der Gerechten‹ (1743, dt. 1889).

Literatur: Enc. Jud. Bd. 11, 1972, S. 599.

Lybeck, [Karl] Mikael [schwed. 'ly:bɛk], * Nykarleby (Finnland) 18. März 1864, † Grankulla 11. Okt. 1925, schwedischsprachiger finn. Schriftsteller. – Erzähler, Lyriker und Dramatiker unter dem Einfluß der Neuromantik und des Symbolismus. Von seinen Prosawerken ist die Seelengeschichte eines Ästheten, ›Breven till Cecilia‹ (R., 1920), von seiner

Lyrik der Zyklus ›Dödsfängen‹ (1918, dt. Ausw. 1920) bes. bedeutsam.
Weitere Werke: Gedichte (3 Bde., 1895–1903, dt. Ausw. 1899), Die Eidechse (Dr., 1908, dt. 1909), Bror och syster (Dr., 1915), Schopenhauer (Dr., 1922).
Literatur: KIHLMAN, E.: M. L. Liv och diktning. Helsinki 1932.

Lydgate, John [engl. 'lɪdgeɪt], *Lidgate (Suffolk) um 1370, † Kloster Bury Saint Edmunds um 1450, engl. Dichter. – Benediktinermönch in Bury Saint Edmunds, zeitweilig auch Hofdichter. Bewunderer G. Chaucers, den er bes. in den liebesallegor. Dichtungen ›The complaint of the black knight‹ und ›The temple of glass‹ (nach 1400) nachahmte. L.s überaus umfangreiches und vielfältiges dichter. Gesamtwerk (Versromane, lyr. Stücke, Liebesallegorien, Maskenaufzüge, Heiligenleben, Fabeln, Lehrgedichte) behandelt dem MA wesentl. Stoffe und Themen; es umfaßt u. a. die moralisch-allegor. Dichtung ›The pilgrimage of the life of man‹ (entst. 1420–30; nach Guillaume de Deguileville), die Versromane ›The Troy book‹ (entst. 1412–20, gedr. 1513; eine Kompilation der Troja-Stoffe nach Guido delle Colonne) und ›The siege of Thebes‹ (entst. 1420–22, gedr. 1500) sowie das umfängl. Hauptwerk ›The fall of princes‹ (entst. 1431–38, gedr. 1494), das auf G. Boccaccios ›De casibus virorum illustrium‹ zurückgeht und moralisierend Beispiele für mittelalterlich aufgefaßte Schicksalstragik beschreibt.
Literatur: SCHIRMER, W.: J. L. Ein Kulturbild aus dem 15. Jh. Tüb. 1952. – RENOIR, A.: The poetry of J. L. London 1967. – PEARSALL, D.: J. L. London 1970. – EBIN, L.: J. L. Boston (Mass.) 1985.

Lygdamus, Pseudonym eines röm. Dichters von sechs Liebesliedern, die zusammen mit den Gedichten Tibulls überliefert sind (3, 1–6). Sie behandeln das Verhältnis zwischen L. und einer Neaera, deren Liebe der Verfasser zurückerobern will. Inhaltlich und stilistisch stehen sie in der Nachfolge Catulls, lassen aber eine Autorschaft von Ovid, Properz u. a. nicht beweisen.

Lykophron (tl.: Lykóphrōn), *Chalkis um 320, † um 250, griech. Dichter. – Lebte unter Ptolemaios II. Philadelphos in Alexandreia, wo er in der Bibliothek die Komödien ordnete; Ergebnis dieser Arbeit war das (nicht erhaltene) Werk ›Peri kōmōdías‹ (= Über die Komödie); auch Verfasser von Tragödien; zur † Pleias gerechnet. Umstritten ist, ob das ›Alexándra‹, ein dramat. Gedicht in 1 474 jamb. Trimetern (eine Prophezeiung der Kassandra über den Fall Trojas und die weiteren Schicksale der Griechen), L. zuzuweisen ist.
Ausgaben: L.s Alexandra. Hg. v. C. VON HOLZINGER. Griech. u. dt. Lpz. 1895. Nachdr. Hildesheim 1973. – Lycophronis Alexandra. Hg. v. L. MASCIALINO. Lpz. 1964.

Lykurg (tl.: Lykoûrgos), *um 390, † 324, athen. Politiker und Rhetor. – Seit 338 Leiter des Finanzwesens. Als Gesinnungsgenosse des Rhetors Demosthenes zielte seine Politik auf militär., moral. und soziale Stärkung Athens ab. L. förderte auch die öffentl. Bauten (z. B. Vollendung des Dionysostheaters als Steinbau) und ließ eine offizielle Ausgabe der Werke von Aischylos, Sophokles, Euripides zusammenstellen. Erhalten ist die Rede gegen Leokrates (331).
Ausgabe: Lycurgi oratio in Leocratem. Hg. v. N. C. CONOMIS. Lpz. 1970.

Lyly, John [engl. 'lɪlɪ], *Weald (Kent) 1553 oder 1554, □ London 30. Nov. 1606, engl. Schriftsteller und Dramatiker. – Studierte in Oxford und Cambridge, war u. a. für die Festorganisation am Hof Elisabeths I. tätig, 1589–1601 Parlamentsmitglied. Zu literar. Ruhm gelangte er durch seinen pädagog. Roman ›Euphues. The anatomy of wit‹ (1578, Fortsetzung: ›Euphues and his England‹, 1580), dessen Handlung, die Versuchungen und Erfahrungen eines jungen Atheners, durch einen manierist., rhetorisch ausgeklügelten Prosastil überlagert ist, der – als † Euphuismus – zur zeitweiligen Sprachmode wurde. Für Londoner Knabentheater und mit Blick auf Hofaufführungen schrieb L. phantast., meist mytholog. Prosakomödien über Liebeskonflikte, mit künstlich-symmetr. Aufbau und geistreichen Dialogen, darunter ›Campaspe‹ (1584, dt. 1890) und ›Endimion, the man in the moone‹ (1588, gedruckt 1591), die dem Typus der elisabethan. Liebeskomödie erstmals literar. Gestalt gaben.

Weitere Werke: Sapho and Phao (Kom., 1584), Gallathea (Kom., um 1585, gedr. 1592), Midas (Kom., 1589, gedr. 1592).
Ausgabe: J. L. The complete works. Hg. v. R. W. BOND. Oxford 1902. 3 Bde.
Literatur: HUNTER, G. K.: J. L. The humanist as courtier. London 1962. – SACCIO, P.: The court comedies of J. L. Princeton (N. J.) 1969. – HOUPPERT, J. W.: J. L. Boston (Mass.) 1975.

Lynch, Benito [span. lintʃ], * Buenos Aires 25. Juni 1880, † La Plata 23. Dez. 1951, argentin. Schriftsteller. – Entstammte einer Großgrundbesitzerfamilie; zeitweise Journalist; schrieb Romane und Erzählungen. Bes. erfolgreich waren seine Romane ›Die Geier von La Florida‹ (1916, dt. 1935) und ›El inglés de los güesos‹ (1924), deren tragisch zugespitzte individuelle Konflikte sich im realist., minuziös geschilderten Milieu der Bauern Argentiniens abspielen.
Weitere Werke: Las mal calladas (R., 1923), El antojo de la patrona y Palo verde (En., 1925), De los campos porteños (En., 1931), El romance de un gaucho (R., 1933).
Literatur: SALAMA, R.: B. L. Buenos Aires 1959. – CAILLET BOIS, J.: La novela rural de B. L. La Plata 1960. – PETIT DE MURAT, U.: Genio y figura de B. L. Buenos Aires 1968.

Lyndsay (Lindsay), Sir (seit 1529) David [engl. 'lɪndzɪ], * Cupar (Fife) oder Garmylton bei Haddington (East Lothian) um 1490, † Edinburgh um 1555, schott. Schriftsteller. – Diente am Hof Jakobs IV. und Jakobs V.; war in diplomat. Mission am Hof Kaiser Karls V., in England und Dänemark. Bed. Satiriker, der sich durch scharfe Kritik bes. an Klerus und Adel um die schott. Reformation verdient machte; sein satir. Moralitätenspiel ›Ane pleasant satyre of the thrie estaitis‹ (entst. um 1535, aufgeführt 1540, hg. 1602), in dem wirkl. und allegor. Personen nebeneinander auftreten, hat seine Publikumswirkung bis heute erhalten.
Ausgabe: The works of Sir D. Lindsay of the Mount, 1490–1555. Hg. v. D. HAMER. Edinburgh u. London 1931–36. 4 Bde.
Literatur: MURISON, W.: Sir D. L. New York u. Cambridge 1938. – KANTROWITZ, J. S.: Dramatic allegory. L.'s ›Ane satyre of the thrie estaitis‹. Lincoln (Nebr.) 1975.

Lyngar, Mona [norweg. ˌlyŋar], * Drammen 6. Jan. 1944, norweg. Schriftstellerin. – Begann mit experimentierenden Formen; wandte sich dann einer eher traditionalist. Erzählweise zu.

Werke: Ved stupet (R., 1966), Ballonger (Nov.n 1967), Hull (R., 1970), Adjutanten (R., 1981), Fasadeklatrene (R., 1984).

Lyngby-Jepsen, Hans [dän. 'løŋby:'- 'jɛbsən], * Ålborg 1. April 1920, dän. Schriftsteller. – 1957–63 Vorsitzender des dän. Schriftstellerverbandes; entwirft in knapper Zeichnung in Romanen und Novellen das Bild des modernen Menschen mit all seinen Konflikten.
Werke: Den blinde vej (R., 1946), Rød jord (R., 1949), Håbet (Nov.n, 1953), I kærlighed (Nov.n, 1959), Aufs Meer hinaus (R., 1948, dt. 1961), Paradishuset (R., 1963), Træerne (R., 1965), Jorden (R., 1966), Da kærligheden kom til byen (R., 1972), Din omgang (R., 1972), Sommer i september (R., 1982).

Lynkoŭ (tl.: Lyn'koŭ), Michas (Michail Zichanawitsch) [weißruss. lʲiŋ'kɔu], * Sasyby (Gebiet Witebsk) 30. Nov. 1899, † Minsk 21. Sept. 1975, weißruss.-sowjet. Schriftsteller. – Dorfschullehrer; Redakteur; schrieb Erzählungen und Romane im Sinne des sozialist. Realismus; auch Kinderbücher.
Ausgabe: M. Lyn'koŭ. Zbor tvoraŭ. Minsk 1967–68. 8 Bde.

Lyotard, Jean-François [frz. ljo'ta:r], * Versailles 10. Aug. 1924, frz. Philosoph. – Lehrt seit 1972 an der Univ. Paris-VIII; seit 1984 Direktor des Collège international de philosophie in Paris. Ausgehend von einer radikalen Revision traditioneller Wesensbestimmungen von Kunst und Ästhetik entwickelt L. vor dem Hintergrund eines neudefinierten Modernitätsbegriffes und in der Auseinandersetzung bes. mit S. Freud und K. Marx eine krit. Theorie der sog. ›Postmoderne‹. Sie ist der ideolog. Entwurf einer neuen ökonom., sozialen und polit. ›Philosophie des Wissens‹ im Sinne einer revolutionären ›prakt. Kritik‹. Auf der Basis metalinguist., pragmat. Diskurstheorien (die u. a. auf I. Kant und die moderne Semiotik Bezug nehmen) entwirft L. die Prämissen einer ›condition postmoderne‹, die aus dem ›postmodernen Wissen‹ um das Ende der Metaphysik, um eine ›affirmative Ästhetik‹ und um die ›Regeln‹ des modernen Diskurses resultieren.
Werke: Die Phänomenologie (1954, dt. 1993), Discours, figure (1971), Dérive à partir de Marx et Freud (1973), Das postmoderne Wissen (1973, dt. 1986), Économie libidinale (1974),

Essays zu einer affirmativen Ästhetik (dt. Ausw. 1982), Der Widerstreit (1983, dt. 1987), Grabmal des Intellektuellen (1984, dt. 1985), Immaterialität und Postmoderne (dt. Ausw. 1985; mit J. Derrida), Der Enthusiasmus. Kants Kritik der Geschichte (1986, dt. 1988), Philosophie und Malerei im Zeitalter ihres Experimentierens (dt. 1986), Postmoderne für Kinder. Briefe aus den Jahren 1982–1985 (1986, dt. 1987), Das Inhumane (1988, dt. 1989).

Literatur: SCHLEICHER, H.: J.-F. L. In: Krit. Lex. der roman. Gegenwartsliteraturen. Hg. v. W.-D. LANGE. Losebl. Tüb. 1984 ff. (1993). – CLAUS-JÜRGENS, R.: Bibliogr. zum Gesamtwerk J.-F. L.s. In: J.-F. L. Der Widerstreit. Mchn. 1987. S. 309. – SCHMIDT, A.: J.-F. L. oder Die Postmoderne. In: Frz. Denker der Gegenwart. Hg. v. J. ALTWEGG u. A. SCHMIDT. Mchn. 1987. S. 142. – REESE-SCHÄFER, W.: L. zur Einf. Hamb. ²1989.

Lyrik [frz.; zu griech. lyrikós = zum Spiel der Lyra gehörend, mit Lyrabegleitung], gilt seit dem 18. Jh. neben Epik und Dramatik als eine der drei literar. Grundgattungen.

In Europa literarisch erstmals faßbar bei den Griechen, erwuchs die L., wie auch in anderen Kulturkreisen, ebenso aus dem Alltagsleben wie aus mythisch-religiösen Vorstellungen. Aufgrund ihrer Nähe zum einfachen Lied, die sich schon in der Gattungsbez. ausdrückt, ist L. die Ursprungsform der Dichtung schlechthin. Sie entwickelte im Lauf ihrer Geschichte einen kaum greifbaren Formenreichtum, der sich nicht in eine einfache bzw. eindeutige Begriffsbestimmung pressen läßt, was in der Literaturgeschichte u. a. auch darin zum Ausdruck kommt, daß die L. auf der Ebene der Theorie in den Poetiken und Ästhetiken im Vergleich zur Epik und Dramatik auffällig unterrepräsentiert ist. – Die L. umfaßt mehrere Gattungsformen, u. a. das ↑ Lied (Volkslied, geistl. und weltl. Lied, Ständelied), die ↑ Ode, die ↑ Elegie, die ↑ Hymne sowie die ↑ Spruchdichtung und Lehrdichtung, auch didakt. Dichtung genannt (in der dt. Lyrik bes. auch ↑ Gedankenlyrik). Diese Gattungsformen verbinden in unterschiedl. Weise das Lyrische mit ep. und dramat. Elementen. L. reicht von den verschiedensten manierist. bis hin zu experimentellen Formen (↑ absolute Dichtung, ↑ experimentelle Dichtung, ↑ konkrete Poesie, ↑ Lautgedicht, ↑ Sprechgedicht). Die Verbindung mit ep. und dramat. Elementen läßt nicht immer

eine deutliche Einordnung zu (z. B. bei der ↑ Ballade; sie wird der L. zugeordnet, aber auch als ep. Kurzform bezeichnet). Als konstante Elemente der L. können im wesentlichen ↑ Rhythmus, ↑ Vers und ↑ Metrum genannt werden, nur teilweise ↑ Reim und ↑ Strophe. Gegenüber den ep. und dramat. Gattungen (als Künste v. a. der Menschen- und Wortgestaltung) könnte L. als Gattung der Klangsprache, als Gattung des Vorrangs der Sprachgestalt umschrieben werden, als ›produktives Liebesverhältnis zur Sprache‹ (H. E. Holthusen, ›Versuch über das Gedicht‹). Folgt man u. a. W. von Humboldt, der L. als ›subjektive Totalität‹ begriff, oder J. Ch. F. Hölderlin, der L. als ›fortgehende Metapher eines Gefühls‹ beschrieb, oder H. von Hofmannsthal, der die Lyriker mit ›Irrlichtern‹ verglich, die ›überall das Gold herauslecken‹, erscheint L. als Literatur, deren konzentrierte Struktur weniger von den erklärenden Möglichkeiten der Sprache als vielmehr ganz unmittelbar (ohne vermittelnde Instanz wie z. B. einen Erzähler) von den rhythm., klangl. und bildhaften Möglichkeiten der Sprache lebt, bzw. deren Struktur Rhythmus, Klang und Bild ist. In diesem Sinne kann L. als Ausdruck der Dichte, Umwandlung des Begriffes in sprachl. Gestalt verstanden werden, der Kausalität weitgehend fremd ist, wobei sich in der Moderne für das Subjekt, das in der L. spricht, u. a. der Begriff des ↑ lyrischen Ich eingebürgert hat.

Geschichte: Im alten *China* war L. die höchstgeachtete Form der Dichtung, es überwog Volksliedartiges, oft mit lehrhaftem Charakter. Auch in *Japan* galt L. als vorbildl. Dichtung. Regelformen waren Tanka und ↑ Haiku. Der zunächst religiös-hymnische Dichtung *Indiens* (›Ṛgveda‹) gesellten sich später lehrhafte Spruchdichtung und L. mit erot. Inhalten (↑ Kālidāsa) zu. In *Ägypten* wurde hymn. Dichtung gepflegt: Totenklagen und Verehrung der Sonne (Echnatons Hymnus auf Aton). Enthusiastisch-hymnisch, von religiösem Pathos erfüllt, aber auch dem Sinnlich-Diesseitigen zugewandt war die *hebräische L.* (u. a. ›Psalmen‹, ›Hohes Lied‹), die im MA in der L. des span. Judentums (mit Einflüssen von arab. und provenzal. L.) erneut aufblühte

(↑Juda Halevi). Die *arab. L.* des MA enthielt Totenklagen, dann Kriegs-, und Liebeslieder sowie Spruchdichtung, ihre Gedichtform des ↑Ghasels (↑auch Kasside) wurde von der pers. L. übernommen.

Die abenländ. L. begann bei den *Griechen* vorwiegend als Festdichtung zu den verschiedensten Anlässen. Zur L. im engeren Sinne zählte nur das zur Leier gesungene Lied (Melik): die dor. Chor-L. (Alkman, Stesichoros, Ibykos, Simonides von Keos, Pindar, Bakchylides von Keos) und die dem äolisch-ion. Sprachraum (Lesbos) entstammende, von einem Einzelinterpreten vorgetragene monod. L. (Terpandros, Alkaios, Sappho, Anakreon). Unter dem Einfluß der hellenist. steht die *röm. Lyrik.* Catull, Tibull, Properz wie auch Ovid übernahmen v. a. die Elegie, Horaz die Ode, Martial das Epigramm. Die zunächst noch vorwiegend *lat. L. des MA* wurzelt in antik-christl. Bildungstraditionen, seit dem 9./10.Jh. wurden in Klosterschulen geistl. Gesänge und Lehrdichtung (↑Sequenzen) gepflegt; ihnen gesellte sich die auch weltl. ↑Vagantendichtung zu. Daneben entwickelte sich die nationalsprachl. Dichtung einerseits ebenfalls als geistl. L., andererseits unter dem Einfluß der höf. Kultur des Rittertums als ↑Minnesang (↑auch Troubadour, ↑Trouvère). Dieser verlor mit dem Verfall der Ritterkultur seine Vorbildlichkeit, wobei zum einen die Individualisierung, zum anderen das Beharren auf traditionellen Formen (↑Meistersang) unter veränderten sozialen Bedingungen (Aufkommen des Bürgertums) für eine Wandlung sorgen. Die nationalsprachl. *L. in Italien* erfand zu den übernommenen provenzal. Formen (↑Kanzone, ↑Sestine) neue hinzu (↑Sonett, ↑Madrigal) und brachte mit den Dichtungen Dantes und F. Petrarcas zu Beginn der Renaissance Werke hervor, die bis heute wesentl. Bestandteil der Weltliteratur sind. Bed. Lyriker sind in der Folgezeit Michelangelo und T. Tasso (16.Jh.), P. Metastasio (18.Jh.) und im 19. und 20.Jh. G. Leopardi, dann G. Carducci, G. D'Annunzio, G. Ungaretti, E. Montale. – Die *frz. L.* geriet nach F. Villon (15.Jh.) zunächst unter italien. Einfluß (Margarete von Navarra, C. Ma-

rot) und wandte sich dann antiken Motiven und Formen zu (P. de Ronsard; ↑Pléiade). Bed. Lyriker der Romantik waren A. de Lamartine, V. Hugo, A. de Vigny, A. de Musset. Nach der strengeren Formkunst der ↑Parnassiens (↑L'art pour l'art) folgten die herausragenden Werke Ch. Baudelaires und der Symbolisten A. Rimbaud, S. Mallarmé, P. Verlaine sowie im 20.Jh. das lyr. Werk P. Valérys, G. Apollinaires, Saint-John Perses, R. Chars u. a. sowie die L. des ↑Surrealismus (u. a. P. Éluard, L. Aragon). Auch die *engl. L.* steht zunächst unter italien. Einfluß. Ihre Entwicklung geht in der Renaissance von der petrarkistisch und neuplatonisch inspirierten Lied-, Sonett- und Hymnen-L. (Th. Wyatt, Ph. Sidney, E. Spenser, Shakespeare, J. Milton) zum Nebeneinander manieristischer (↑Metaphysical poets) und höfisch-geschliffener Stilarten. Im 18.Jh. wird rationalist. Dichtung (J. Dryden, A. Pope) zunehmend von einer Natur-, Gefühls- und volkstüml. L. (J. Thomson, Th. Gray, R. Burns) abgelöst, die in der imaginativ-visionären L. der Romantik gipfelt (W. Blake, W. Wordsworth, S. T. Coleridge, Lord Byron, P. B. Shelley, J. Keats). Weiterentwicklungen und Infragestellungen der Romantik zeigt die L. im weiteren Verlauf des 19.Jh. (A. Tennyson, R. Browning, ↑Präraffaeliten, Swinburne); bei G. M. Hopkins zeichnen sich zudem in die Moderne weisende Formexperimente ab. Auf die teils symbolist. (W. B. Yeats), teils intellektualist. (T. S. Eliot), teils engagierte (W. H. Auden), teils romant. (D. Thomas) L. der ersten Hälfte des 20.Jh. reagierte die Nachkriegsgeneration einerseits mit lakon. Standortbestimmung in unterkühlt traditionellen Formen (↑Movement), andererseits mit zunehmenden Sprachexperimenten. Auch von der *amerikan. L.* sind immer wieder zündende Impulse ausgegangen: im 19.Jh. bes. von E. A. Poe, W. Whitman, E. Dickinson; im 20.Jh. von E. Pound (↑Imagismus), R. Frost, Y. Winters u. a. Bes. in neuerer Zeit ist der vielseitige Einfluß der amerikan. L. nicht zu unterschätzen (↑englische Literatur, ↑USA, Literatur).

In *Deutschland* war die L. der Humanisten ↑Gelehrtendichtung nach lat. Mustern. Neben ihr entstand im Zusammenhang mit der Reformation das prot. ↑ Kirchenlied (Luther; ↑ geistliche Lyrik, ↑ Volkslied). Das Barock mit seinen Gegensätzen und Spannungen vereinigte ↑ Gesellschaftsdichtung (M. Opitz, G. R. Weckherlin, S. Dach, P. Fleming, G. Ph. Harsdörffer, Ph. von Zesen, Ch. Hofmann von Hofmannswaldau, D. C. von Lohenstein, F. von Logau) und religiöse L. (C. R. von Greiffenberg, D. Czepko, A. Gryphius, F. Spee von Langenfeld, P. Gerhardt und – mit myst. Einflüssen – Angelus Silesius). Das 18. Jh. brachte aufgrund eines wachsenden Lesepublikums und vermehrter Publikationsmöglichkeiten (↑ moralische Wochenschriften) eine stärkere Differenzierung: Gedanken-L. und Lehrdichtung (B. H. Brockes, A. Haller, E. von Kleist) standen neben rokokohafter Gesellschafts-L. (F. von Hagedorn, J. W. L. Gleim, J. P. Uz, Ch. M. Wieland), L. der Empfindsamkeit mit pietist. Einflüssen (Ch. F. Gellert), F. G. Klopstocks L. (↑ Göttinger Hain), die zur Wegbereiterin des ↑ Sturm und Drang wurde (J. G. von Herder: Volkslieder, der junge Goethe, J. M. R. Lenz, L. Ch. H. Hölty, G. A. Bürger). Die Zeit der eigtl. Klassik war nur von kurzer Dauer (Goethes symbol. L., Schillers Gedanken-L.; J. Ch. F. Hölderlins L. nimmt eine Sonderstellung ein). An die spekulativ-idealist., religiöse L. der Frühromantik (Novalis, F. Schlegel) knüpften die Modernen an. Die Natur- und Stimmungslyrik der Hoch- und Spätromantik (C. Brentano, J. von Eichendorff) wurde abgelöst durch teils eher gedanklich orientierte, teils ins Private gewendete (E. Mörike, F. Grillparzer, N. Lenau), dann eher realist. L. (A. von Droste-Hülshoff, F. Hebbel, Th. Storm, G. Keller) sowie durch formkünstler. (A. von Platen, F. Rückert) und sozialkritisch-polit. L. (H. Heine). Gegen die sog. Epigonen-L. (↑ Münchner Dichterkreis) setzte C. F. Meyer seine formstrenge Symbolkunst und plädierte der Naturalist A. Holz für eine ›Revolution der Lyrik‹ (1899), die gegen die tradierten Formen (Reim, Metrum) einen ›natürlichen‹ und ›notwendigen‹ Rhythmus forderte. Um 1900 stehen die Tendenzen von Impressionismus (D. Liliencron), Jugendstil

und Neuromantik nebeneinander, es gibt aber auch Gedichte mit politisch-sozialem Bezug (u. a. bei R. Dehmel), die auf die spätere Arbeiterliteratur vorausweisen. Als stärkste Gegenbewegung zum Naturalismus erwies sich der Symbolismus. Von Ch. Baudelaires Konzeption der Symbolentsprechungen (›correspondances‹) und von S. Mallarmés Sprachmagie und ›Poésie pure‹ beeinflußt, entsteht die L. eines dt. Symbolismus, die mit einer Ästhetisierung des Lebens einsetzt, diese dann aber überschreitet: bei H. von Hofmannsthal in Richtung auf ein mag. ›Weltgeheimnis‹, bei S. George auf die Vorstellung geistiger Herrschaft, bei R. M. Rilke auf das sachl. Sagen im ›Dinggedicht‹ und auf die orph. Deutung der Welt (›Duineser Elegien‹, vollendet 1923; ›Sonette an Orpheus‹, 1923). Das expressionistische Jahrzehnt (1910–20) ist die 2. Phase dieser Lyrikrevolution. Die Fin-de-siècle-Stimmung wird als die Spät- und Endzeitstimmung einer ganzen Generation radikalisiert: apokalyptisch (G. Heym), in den farbigen Visionen von Verwesung und Untergang (G. Trakl), in der zynisch-regressiven Sektionslyrik (G. Benn), in ironisch-buffonesken Grotesken (J. van Hoddis, A. Lichtenstein), im politisch-rhetor. Aktivismus (J. R. Becher), im sensualist. Materialismus (der frühe B. Brecht), im sprachzerstörenden, sprachspielenden Satyrspiel des Dadaismus (K. Schwitters, H. Arp). – Die 20er Jahre brachten Ernüchterung, die ›Neue Sachlichkeit‹ einer publikumswirksamen ›Gebrauchslyrik‹ (E. Kästner, K. Tucholsky), aber auch – bis in die 30er Jahre reichend – eine Rückwendung zu Form und Tradition – so in R. Borchardts Begriff einer ›schöpfer. Restauration‹. In diese Linie gehört die geistl. Dichtung (R. A. Schröder, K. Weiß), die antikisch-formalist. L. (F. G. Jünger, J. Weinheber), aber auch die sog. naturlyr. Schule mit ihrer Vorstellung vom ›grünen Gott‹ (O. Loerke, W. Lehmann, E. Langgässer, G. Eich, K. Krolow, P. Huchel). Die drei Letztgenannten führten nach dem Zweiten Weltkrieg ihr Werk fort und erweiterten es: ins Kritisch-Lakonische (G. Eich), in Surrealismus und Neue Sensibilität (K. Krolow), in die polit. Chiffrierung

von Naturbildern (P. Huchel). Die wesentl. Tendenzen der dt. Nachkriegslyrik
verbinden sich mit einem neuen Hermetismus, der als ›Gedicht nach Auschwitz‹
zu lesen ist (P. Celan, I. Bachmann,
N. Sachs, R. Ausländer, auch J. Bo-
browski), mit einem neuen gesellschaftl.
Engagement in Brechts Nachfolge
(E. Fried, H. M Enzensberger) und mit
der Vorstellung einer aus dem Sprachmaterial arbeitenden experimentellen bzw.
konkreten Poesie (E. Gomringer, H. Heißenbüttel, F. Mon, E. Jandl, G. Rühm,
F. Mayröcker). Die L. in der DDR
konnte nach 1961 in der sog. ›Lyrikwelle‹
die Beschränkungen durch die Doktrin
des ↑sozialistischen Realismus überwinden (V. Braun, K. Mickel, H. Czechowski). Nach der Ausweisung von
W. Biermann verließen u. a. S. Kirsch,
B. Jentzsch und R. Kunze die DDR. In
der BR Deutschland zeigte sich in den
60er Jahren der Einfluß der angloamerikan. Poesie seit der ↑Beat generation und
der sog. Pop-art (R. D. Brinkmann, G.
Herburger, N. Born). Die 70er Jahre wurden von der Tendenz einer ›neuen Subjektivität bzw. Sensibilität‹ beherrscht
(J. Theobaldy u. a.). Mit den 80er Jahren
setzt eine ›Wiederkehr der Formen‹ ein,
aber auch die Vielfalt und Problematik
einer postmodernen Poesie (P. Handke,
B. Strauß), in der alles möglich scheint.

Literatur: FRIEDRICH, H.: Epochen der italien.
L. Ffm. 1964. – SIEBENMANN, G.: Die moderne
L. in Spanien. Ein Beitr. zu ihrer Stilgesch. Stg.
u. a. 1965. – THIEM, L. von Shakespeare bis Dylan
Thomas. Hg. v. W. ERZGRÄBER. Darmst. 1969. –
BLECUA, J. M.: Sobre poesía de la edad de oro.
Madrid 1970. – Antike L. Hg. v. W. EISENHUT.
Darmst. 1970. – PIRU, AL: Poezia română clas-
zică. Bukarest 1970. 3 Bde. – ADORNO, TH. W.:
Rede über L. u. Gesellschaft. In: ADORNO: No-
ten zur Lit. 1. Ffm. 25.–29.Tsd. 1971. –
KILLY, W.: Wandlungen des lyr. Bildes. Gött.
⁶1971. – HOFFMEISTER, G.: Petrarkist. L. Stg.
1973. – Die frz. L. von Villon bis zur Gegenwart.
Hg. v. H. HINTERHÄUSER. Düss. 1975. 2 Bde. –
SABATIER, R.: Histoire de la poésie française. Paris 1975–82. 6 Bde. in 8 Teilbdn. – SIEP-
MANN, H.: Die portugies. L. des Segundo Modernismo. Ffm. 1977. – HESS, R.: Die Anfänge
der moderneren L. in Portugal 1865–90. Mchn.
1978. – HOCKE, G. R.: Manierismus in der Lit.
Rbk. 1978. – Italien. L. aus sieben Jh. von Dante
bis Quasimodo. Hg. v. J. MAURER. Bozen 1978. –
AUSTERMÜHL, E.: Poet. Sprache u. lyr. Verstehen. Studien zum Begriff der L. Hdbg. 1981. –

LEDANFF, S.: Die Augenblicksmetapher: Über
Bildlichkeit u. Spontaneität in der L. Mchn. u. a.
1981. – CHECA CREMADES, J.: La poesía en los
siglos oro, renacimiento. Madrid 1982. – CHECA
CREMADES, J.: La poesía en los siglos oro. Bar-
roco. Madrid 1982. – L. des MA. Hg. v.
H. BERGNER u. a. Stg. 1983. 2 Bde. – HAUPT, J.:
Natur u. L. Stg. 1983. – Gesch. der dt. L. vom
MA bis zur Gegenwart. Hg. v. W. HINDERER.
Stg. 1983. – Russ. L. heute. Interpretationen,
Überss., Bibliogrr. Hg. v. E. REISSNER. Mainz
1983. – ASMUTH, B.: Aspekte der L. Wsb.
²1984. – ETKIND, E.: Russ. L. von der Oktoberrevolution bis zur Gegenwart. Mchn. 1984. –
HARTUNG, H.: Dt. L. seit 1965. Tendenzen, Bei-
spiele, Porträts. Mchn. 1985. – GIOANOLA, E.:
Poesia italiana del Novecento. Testi e
commenti. Mailand 1986. – Regionalität, Natio-
nalität u. Internationalität in der zeitgenöss. L.
Hg. v. L. FIETZ u. a. Tüb. 1992. – Approaches to
poetry. Hg. v. J. S. PETÖFI. Bln. u. a. 1994.

lyrisch, bezeichnet in erster Linie die
Zugehörigkeit eines literar. Werkes zur
Gattung ↑Lyrik; als l. gilt auch die Literatur, deren Struktur vorwiegend von
Rhythmus, Klang und bildhaftem Ausdruck bestimmt ist, d. h., das Lyrische ist
nicht an eine bestimmte Darstellungs-
form gebunden, es kann Bestandteil aller
literar. Gattungen sein (lyr. Epos, lyr.
Drama), wobei das Lyrische weniger
greifbar und undeutlicher zu beschreiben
ist als das Epische und das Dramatische.

lyrisches Drama, von lyr. Elementen geprägtes, relativ kurzes Bühnenstück (meist Einakter). Im Zentrum des
l. D.s steht meist ein dem ↑lyrischen Ich
vergleichbarer Held mit seinen inneren
Konflikten. Ursprünglich (im 18. Jh.) bezeichnete der Begriff ›l. D.‹ die Textvor-
lage musikal. Formen wie Oper, Singspiel, Kantate, Oratorium, später wurde
er auf die mit Instrumentalmusik unter-
malten ↑Monodramen und ↑Duodramen
des 18.Jh. (Goethe, ›Proserpina‹, 1778)
angewendet und schließlich auf die ly-
risch-dramat. Dichtungen des Symbolismus (z. B. H. von Hofmannsthal, ›Der
Thor und der Tod‹, 1894) und die lyrisch-
ekstat. Dramen des Expressionismus
übertragen.

lyrisches Ich, in der Literaturwiss.
das in lyr. Gedichten erscheinende dichter. Subjekt, das sich in der ersten Person
nennt und mit dem Autor identisch sein
kann, aber nicht identisch sein muß;

meist stellt das l. I. keine bestimmte Person dar; z. B.: ›Ich ging im Walde / so für mich hin, / Und nichts zu suchen, / Das war mein Sinn.‹ (Goethe, ›Gefunden‹, 1813).

Lysias (tl.: Lysías), * Athen zischen 450 und 440, † um 380, griech. Rhetor. – Sohn eines Metöken aus Syrakus; erhielt in Thurii, wohin er nach dem Tod des Vaters ausgewandert war, seine rhetor. Ausbildung; 412 Rückkehr nach Athen. War zunächst als Lehrer der Rhetorik tätig, schrieb als Logograph Gerichtsreden für andere (eine Rede in eigner Sache ist jedoch die bekannte Rede ›Gegen Erathosthenes‹); eigene polit. Aktivität war ihm als Metöken nicht möglich. L. besaß ein außerordentlich hohes Talent, mit sicherem Einfühlungsvermögen und geistiger Wendigkeit Situation und Wesen des Auftraggebers zu erfassen. Seine schlichte Diktion wurde Stilmuster der Attizisten (↑ Attizismus). Erhalten sind 35 (auch unechte und umstrittene) Reden, darunter das rhetor. Glanzstück ›Für den Krüppel‹ (Hypèr toū adynátou).

Ausgaben: L. Orationes. Hg. v. K. HUDE. Oxford 1912. Neudr. 1966. – L. Discours. Hg. v. L. GERNET u. M. BIZOS. Griech. u. frz. Paris ⁴1959. 2 Bde.

Lysohorský, Óndra [tschech. 'lisɔhɔrski:], eigtl. Ervín Goj, * Frýdek 6. Juli 1905, tschech. (lach.) Lyriker. – Gymnasiallehrer; 1939 Emigration (UdSSR); seit 1947 in Preßburg, 1955–61 Univ.-Lehrer für fremde Sprachen; schreibt in lachischem Dialekt des Kohlereviers bei Ostrau im Nordmähr. Gebiet (z. T. sozialkrit.) Gedichte (›Spiwajuco piaść‹ [= Singende Faust], 1934), auch in russ. und dt. Sprache (›Ich reif in meiner Zeit‹, 1978). Die Übersetzungen seiner Texte durch die frz. Avantgardelyriker P. Garnier (›Poèmes d'O. L.‹, 1962; ›Mais la vie est plus forte. Poèmes d'O. L.‹, 1963) haben wesentlich zur Bekanntheit Ł.s im westl. Ausland beigetragen.

Lyttkens, Anna Alice Maria, geb. Cronquist, * Malmö 17. Dez. 1897, † Stockholm 25. Sept. 1991, schwed. Schriftstellerin. – Ihre Romane schildern teils zeitgenössisch-bürgerl., meist intellektuelles Milieu, teils histor. Interieurs. Im Mittelpunkt der Handlung steht oft die Liebes- und Lebensproblematik einer jüngeren Frau mit ihrer persönl. Entwicklung.

Werke: Du mußt dir selber helfen (R., 1933, dt. 1936), Ich komme nicht zum Abendessen (R., 1934, dt. 1935), Es ist nicht wahr (R., 1935, dt. 1936), Wonach wir alle uns sehnen (R., 1937, dt. 1937), Der Tempel des Glücks (R., 1943, dt. 1945), Die Jungfrau in Blau (R., 1952, dt. 1953), Kvinnan finner en följeslagare (R., 1972), Fader: okänd. En berättelse från 1700 – talets senare del (R., 1975), All livets härlighet (R., 1976), Blandat sällskap (R., 1981), Ett himmelens under (R., 1982), Omaka blir makar (R., 1986).

Lytton, Edward George Earle L., 1. Baron L. of Knebworth [engl. lɪtn], engl. Schriftsteller und Politiker, ↑ Bulwer-Lytton, Edward George Earle L., 1. Baron L. of Knebworth.

M

Maar, Paul, * Schweinfurt 13. Dez. 1937, dt. Kinderbuchautor. – Kunsterzieher; illustriert viele seiner phantasievollen Erzählungen selbst (›Der tätowierte Hund‹, 1968; ›Eine Woche voller Samstage‹, 1973; ›Am Samstag kam das Sams zurück‹, 1980); auch Theaterstücke für Kinder (›Kikerikiste‹, 1972). 1985 erhielt er den Österr. Staatspreis für Kinder- und Jugendliteratur.

Weitere Werke: Summelsarium oder 13 wahre Lügengeschichten (1973), Andere Kinder wohnen auch bei ihren Eltern (1976), Onkel Florians fliegender Flohmarkt (1977), Die Eisenbahn-Oma (1981), Anne will ein Zwilling werden (1982), Die vergessene Tür (1982), Lippels Traum (1984), Die Opodeldoks (1985), Kartoffelkäferzeiten (1990), Neue Punkte für das Sams (1992), Jakob und der große Junge (1993).

Maarri, Al, arab. Dichter, † Abul Ala Al Maarri.

Maartens, Maarten, Pseudonym des niederl. Schriftstellers Joost Marius Willem van der † Poorten Schwartz.

Maass, Edgar, * Hamburg 4. Okt. 1896, † Paterson (N. J.) 6. Jan. 1964, dt. Schriftsteller. – Bruder von Joachim M.; Chemiker und freier Schriftsteller; 1926–34 und ab 1938 in den USA. Bewegt von den Erlebnissen des 1. Weltkrieges, schrieb er zunächst die Erzählung ›Novemberschlacht‹ (1935), die Romane ›Verdun‹ (1936) und ›Im Nebel der Zeit‹ (1938), später gab er dem histor. Roman den Vorzug: ›Der Traum Philipps des Zweiten‹ (engl. 1944, dt. 1951), ›Kaiserl. Venus‹ (engl. 1946, dt. 1952), ›Der Arzt der Königin‹ (engl. 1947, dt. 1950).

Weitere Werke: Werdelust (R., 1937), Don Pedro und der Teufel (R., engl. 1942; dt. 1954), Der Fall Daubray (R., 1957, 1965 u. d. T. Eine Dame von Rang).

Maass, Joachim, * Hamburg 11. Sept. 1901, † New York 15. Okt. 1972, dt.

Schriftsteller. – Bruder von Edgar M.; kurze Zeit Redakteur bei der ›Vossischen Zeitung‹, ab 1924 freier Schriftsteller; emigrierte 1939 in die USA; dort Lektor, dann Prof. für Literatur. 1945–50 redigierte er die ›Neue Rundschau‹; nach 1951 zeitweise in Deutschland. Schrieb Essays und Lyrik, seine Stärke liegt im Erzählerischen. Histor. wie auch Zeitromane überzeugen durch psychologisch genau gesehene Gestalten; Ironie und sprachl. Kraft prägen sein Werk, das Beziehungen zu Th. Mann aufweist.

Werke: Bohème ohne Mimi (R., 1930), Der Widersacher (R., 1932), Borbe (E., 1934), Auf den Vogelstraßen Europas (Reiseber., 1935), Die unwiederbringl. Zeit (R., 1935), Ein Testament (R., 1939), Das magische Jahr (R., engl. 1944, dt. 1945), Der Fall Gouffé (R., 1952), Schwierige Jugend (E., 1952), Kleist, die Fackel Preußens (Biogr., 1957), Zwischen Tag und Traum (En., 1961), Stunde der Entscheidung (3 Dramen, 1965), Der Schnee von Nebraska (Nov., 1966), Kleist. Die Geschichte seines Lebens (hg. 1977).

Literatur: SCHAAF, G.: J. M. Hamb. 1970.

Mabinogion [walis. = Erzählungen über das Jugendalter], Sammlung von elf anonymen walis. Prosaerzählungen mythologisch-sagenhaften Inhalts, entstanden vom 11. bis 13. Jh., erhalten in zwei Handschriften: ›The white book of Rhydderch‹ (um 1300–25) und ›The red book of Hergest‹ (um 1400). Zu den M. im engeren Sinn gehören nur vier Erzählungen (›Zweige‹): ›Pwyll, Prinz von Dyfed‹, ›Branwen, Tochter des Llŷr‹, ›Manawydan, Sohn des Llŷr‹ und ›Math, Sohn des Mathonwy‹. Die Bez. M. wurde jedoch für acht weitere Erzählungen übernommen, darunter ›Culhwch und Olwen‹ (ältestes Denkmal der walis. Artusliteratur) und ›Peredur, Sohn des Efrawg‹ (der walis. Parzival).

Ausgaben: Die vier Zweige des Mabinogi (Pedeir ceinc y Mabinogi). Hg. v. L. MÜHLHAUSEN. Halle/Saale 1925. – Pedeir Keinc y Mabinogi, allan of Lyfr Gwyn Rhydderch. Hg. v. I. WIL-LIAMS. Cardiff 1930. – The M. Engl. Übers. Hg. v. G. JONES u. TH. JONES. London u. New York 1949. Neudr. 1957. **Literatur:** ZENKER, R.: Zur M.frage. Halle/Saale 1912. – MACCANA, P.: Branwen, daughter of Llŷr. Cardiff 1958. – WATKIN, M.: La civilisation française dans les M. Paris 1963. – The Mabinogi and other medieval Welsh tales. Hg. v. P. K. FORD. Berkeley (Calif.) u.a. 1977. – WALTON, E.: Die vier Zweige des Mabinogi. Dt. Übers. Stg. ²1983.

Macaulay, Dame (seit 1958) Rose [engl. məˈkɔːlɪ], * Rugby (Gft. Warwick) 1. Aug. 1881, † London 30. Okt. 1958, engl. Schriftstellerin. – Kulturkritikerin, die Kulturoptimismus und Fortschrittsgläubigkeit der traditionsbefangenen engl. Gesellschaft angriff und sich gegen erstarrte Denkformen und Selbstgenügsamkeit wandte. Sie schrieb satir. Romane, Essays, Reiseberichte und Lyrik. **Werke:** Potterism (R., 1920), Gefährliche Jahre (R., 1921, dt. 1932), Told by an idiot (R., 1923), Orphan island (R., 1924), Irrwege (R., 1926, dt. 1928), Keeping up appearances (R., 1928), They were defeated (R., 1932), J. Milton (Abh., 1934), The world my wilderness (R., 1950), Tante Dot, das Kamel und ich (R., 1956, dt. 1958). **Literatur:** BENSEN, A. R.: R. M. New York 1969. – BABINGTON-SMITH, C.: R. M. London 1972. – EMERY, J.: R. M. A writer's life. London 1991.

Macaulay, Thomas Babington, 1. Baron M. of Rothley (seit 1857) [engl. məˈkɔːlɪ], * Rothley Temple (Leicestershire) 25. Okt. 1800, † Kensington (heute zu London) 28. Dez. 1859, engl. Politiker, Historiker und Schriftsteller. – Anwalt, seit 1830 liberaler Unterhausabgeordneter, 1834–38 Mitglied des Obersten Rates in der ind. Kolonialverwaltung, 1839–41 Kriegsminister. M. begann mit einer Abhandlung über J. Milton (1825) eine Reihe glänzender Essays. Mit seinem Hauptwerk, der im Geist des Liberalismus verfaßten ›Geschichte von England seit dem Regierungsantritt Jacobs II.‹ (5 Bde., 1848–55, dt. 1849–61), einem wegen M.s Charakterisierungskunst auch literarisch hervorragenden Werk, gilt er als einer der bedeutendsten Historiker des Viktorian. England. **Weiteres Werk:** Altröm. Heldenlieder (Ged., 1842, dt. 1888). **Ausgaben:** Th. B. M. Sämmtl. Werke in 25 Bden. Dt. Übers. Brsw. 1860–61. – Th. B. M. The works. Hg. v. LADY TREVELYAN. London 1866. 8 Bde. – The works of Lord M. Hg. v. P. CHEYNEY. New York 1908. 20 Bde. **Literatur:** TREVELYAN, SIR G. O.: The life and letters of Lord M. Neuausg. London 1961. 2 Bde. Dt. Ausg. u.d.T. Leben u. Briefe Lord M.s. Hg. v. G. O. TREVELYAN. Jena ²1882–83. 2 Bde. – POTTER, G. R.: M. London 1959. – MILLGATE, J.: M. London 1973. – CLIVE, J.: Th. B. M. The shaping of the historian. New York 1975.

Macbeth, George [engl. məkˈbɛθ], * Shotts (Lanarkshire) 19. Jan. 1932, † Tuam (County Galway, Irland) 16. Febr. 1992, engl. Schriftsteller. – Gehörte zu den Dichtern von The ↑ Group; seine einfallsreiche und überaus vielseitige Lyrik hatte bes. in ihren Anfängen experimentelle, wilde, wortspieler. Züge, die jedoch von versierter Verskunst gebändigt sind. Später schrieb er auch Romane. **Werke:** A form of words (Ged., 1954), The broken places (Ged., 1963), A doomsday book (Ged., 1965), Collected poems 1958–70 (Ged., 1971), Shrapnel (Ged., 1973), Poems of love and death (Ged., 1980), Poems from Oby (Ged., 1982), Anna's book (R., 1983), The lion of Pescara (R., 1984), Anatomy of a divorce (Ged., 1988), Collected poems 1958–1982 (Ged., 1989), Another love story (R., 1991), Trespassing. Poems from Ireland (Ged., 1991), The testament of Spencer (R., 1992), The patient (Ged., 1992).

maccaronische Dichtung ↑ makkaronische Dichtung.

MacCathmhaoil, Seosamh [engl. məˈkæwɪl], ir. Schriftsteller, ↑ Campbell, Joseph.

MacDiarmid, Hugh [engl. məkˈdɪəmɪd], eigtl. Christopher Murray Grieve, * Langholm (Dumfriesshire) 11. Aug. 1892, † Edinburgh 9. Sept. 1978, schott. Schriftsteller. – Mitbegründer der schott. Nationalpartei. Der politisch linksorientierte Lyriker, Satiriker, Essayist, Kritiker und Kommentator war einer der führenden Vertreter der Renaissance der modernen schott. Literatur; Hauptwerke dieser mundartl. Schaffensperiode, die um 1934 endete, sind ›Sangschaw‹ (Ged., 1925) und ›A drunk man looks at the thistle‹ (Ged., 1926). Spätere längere Dichtungen sind fakt. und weltanschaul. Natur (u.a. ›In memoriam James Joyce‹, 1955; ›Direadh I–III‹, 1974). **Weitere Werke:** Scots unbound (Ged., 1932), Second hymn to Lenin (Ged., 1932), Stony

limits (Ged., 1934), Lucky poet (Autobiogr., 1943), The company I have kept (Autobiogr., 1966), Ein Wind sprang auf (Ged., dt. Ausw. 1968).
Ausgaben: H. M. The socialist poems. Hg. v. T. S. LAW und TH. BERWICK. London 1978. – H. M. The complete poems 1920–1976. Hg. v. M. GRIEVE u. W. R. AITKEN. London 1978. 2 Bde. – The letters of H. M. Hg. v. A. BOLD. London 1984.
Literatur: GLEN, D.: H. M. and the Scottish Renaissance. Edinburgh 1964. – BOLD, A.: M. The terrible crystal. London 1983. – GISH, N. K.: H. M., the man and his work. London 1984. – HERBERT, W. N.: To circumjack M. Oxford 1992.

MacDonagh, Thomas [engl. mək-'dʌnə], * Cloughjordan (Gft. Tipperary) 1. Febr. 1878, † Dublin 3. Mai 1916, ir. Dichter. – Als einer der Führer des ir. Osteraufstandes (1916) von den Engländern erschossen. Verfechter der kulturellen Eigenständigkeit Irlands, gehört zu den Hauptvertretern der kelt. Renaissance. Seine Lyrik ist an der metaphys. Dichtung, bes. an R. Crashaw, geschult; bed. Kritiker (›Literature in Ireland‹, hg. 1916).
Weitere Werke: Through the ivory gate (Ged., 1902), Songs of myself (Ged., 1910), Lyrical poems (Ged., 1913).

Macdonald, Ross [engl. mək'dɔnəld], eigtl. Kenneth Millar, * Los Gatos bei San Francisco (Calif.) 13. Dez. 1915, † Santa Barbara (Calif.) 11. Juli 1983, amerikan. Schriftsteller. – Ab 1938 ∞ mit Margaret ↑ Millar. Schrieb in der Nachfolge von D. Hammett und R. Th. Chandler eine Reihe von erfolgreichen Kriminalromanen um den Detektiv Lew Archer, u. a. ›Das wandernde Ziel‹ (1949, dt. 1954, 1970 u. d. T. ›Reiche sterben auch nicht anders‹), ›Sprungbrett ins Nichts‹ (1956, dt. 1966, 1976 u. d. T. ›Die Küste der Barbaren‹), ›Die Kehrseite des Dollars‹ (1965, dt. 1971), ›Der Untergrundmann‹ (1971, dt. 1973), ›Der blaue Hammer‹ (1976, dt. 1978).
Weiteres Werk: Self-portrait (autobiograph. Essays, 1982).
Literatur: WOLFE, P.: Dreamers who live their dreams. The world of R. M.'s novels. Bowling Green (Ohio) 1976. – BRUCCOLI, M. J.: R. M. San Diego (Calif.) 1984.

MacDonald, George [engl. mək'dɔnəld], * Huntly (Aberdeenshire) 10. Dez. 1824, † Ashstead (Gft. Surrey) 18. Sept. 1905, schott. Schriftsteller. – Theologe, später freier Schriftsteller, Freund u. a. von J. Ruskin und L. Carroll, verbrachte seine letzten Lebensjahre überwiegend in Italien. M. schrieb außer Balladen, Liedern und Kinderbüchern (›Hinter dem Nordwind‹, 1871, dt. 1981) v. a. humorist. Heimatromane, z. T. unter Einbeziehung des Mystischen, häufig in schott. Dialekt, z. B. ›David Elginbrod‹ (R., 1862), ›Robert Falconer‹ (R., 1868); auch Dramatiker (›Lilith‹, 1895, dt. 1977).

Macedo, Joaquim Manuel de [brasilian. ma'sedu], * São João de Itaboraí bei Niterói 24. Juni 1820, † Rio de Janeiro 11. April 1882, brasilian. Schriftsteller. – Steht mit seinem umfangreichen literar. Werk neben J. M. de Alencar am Anfang der brasilian. Romantik und gewann mit seinen sentimentalen Romanen (u. a. ›A moreninha‹, 1844; ›O moço louro‹, 1845) bes. die Gunst eines breiten weibl. Publikums; auch Dramatiker und Lyriker.
Weitere Werke: O cego (Dr., 1849), A nebulosa (Ged., 1857), O primo da Califórnia (Dr., 1858), As mulheres de mantilha (R., 2 Bde., 1870/71).

Macedonski, Alexandru [rumän. matʃe'donski], * Craiova 4. März 1854, † Bukarest 24. Nov. 1920, rumän. Schriftsteller. – Gründete 1880 die Zeitschrift ›Literatorul‹, um die sich ein Literatenkreis bildete; 1884–1913 in Paris; schrieb (z. T. in frz. Sprache) Gedichte, Essays, Novellen und Dramen; fühlte sich der frz. Literatur, bes. den Parnassiens, verbunden, vertrat aber später den Symbolismus.
Werke: Poezii (= Gedichte, 1882), Bronzes (Ged., 1897), Flori sacre (= Heilige Blumen, Ged., 1912).
Ausgabe: A. M. Opere. Rumän. u. frz. Hg. v. A. MARINO. Bukarest 1966–80. 7 Bde.
Literatur: MARINO, A.: Viaţa lui A. M. Bukarest 1966. – MARINO, A.: Opera lui A. M. Bukarest 1967. – A. M. Hg. v. F. BĂILESTEANU. Bukarest 1975. – BEŞTELIU, M.: A. M. şi complexul modernităţii. Craiova 1984.

Macer, Aemilius, röm. Schriftsteller, ↑ Aemilius Macer.

Macer Calvus, Gaius Licinius, röm. Dichter, ↑ Calvus, Gaius Licinius Macer.

Mácha, Karel Hynek [tschech. 'ma:xa], * Prag 16. Nov. 1810, † Litoměřice 5. Nov. 1836, tschech. Dichter. – Hauptvertreter der tschech. Romantik, bes. von Lord Byron, Schiller und Novalis beeinflußt; von den Zeitgenossen unterschätzt und abgelehnt. Sein Werk, das auch in Epos, Prosa (Novellen, fragmentar. histor. Romane) und Drama zum Lyrischen tendiert, verbindet Neigung zur Spekulation und leidenschaftl. sensibles Temperament. Als Hauptwerk gilt das lyr. Versepos ›Mai‹ (1836, dt. 1844) über einen auf seine Hinrichtung wartenden Vatermörder, der vom Leben Abschied nimmt.

Weitere Werke: Obrazy ze života mého (= Bilder aus meinem Leben, Nov.n, 1834), Křivoklad (R., 1834), Zigeuner (R., entst. 1835, gedr. 1867, dt. 1877), Ausgewählte Gedichte (dt. 1862).
Ausgabe: K. H. M. Dílo. Krit. Ausg. Hg. v. K. JANSKÝ. Prag 1948–50. 3 Tle. in 1 Bd.
Literatur: MUKAŘOVSKÝ, J.: Máchův Máj. Prag 1928. – GRANJARD, H.: M. et la renaissance nationale en Bohême. Diss. Paris 1957.

Machado de Assis, Joaquim Maria [brasilian. ma'ʃadu di a'sis], * Rio de Janeiro 21. Juni 1839, † ebd. 29. Sept. 1908, brasilian. Schriftsteller. – Aus ärml. Verhältnissen; wurde Buchdrucker, Korrektor und übernahm dann journalist. Arbeiten. Trat zunächst mit romant. Lyrik hervor, als Erzähler und Romancier gelang ihm jedoch die bedeutendste Leistung der brasilian. Literatur seiner Zeit. Gegenüber Realismus und Naturalismus entwickelte er eine psychologisierende, sarkastisch-ironisch gefärbte Schilderung individueller und gesellschaftl. Probleme.

Werke: Chrisálidas (Ged., 1864), Falenas (Ged., 1869), Yayá Garcia (R., 1878), Die nachträgl. Memoiren des Bras Cubas (R., 1881, dt. 1950), Quincas Borba (R., 1891), Dom Casmurro (R., 1899, dt. 1951).
Ausgaben: M. de A. Meistererzählungen. Dt. Übers. Neuausg. Zü. 1987. – Edições criticas de obras de M. de A. Rio de Janeiro 1-2 1975–77. 15 Bde.
Literatur: CASTELO, J. A.: Realidade e ilusão em M. de A. São Paulo 1969. – CALDWELL, H.: M. de A. The Brazilian master and his novels. Berkeley (Calif.) 1970. – FAORO, R.: M. de A., a pirâmide e o trapézio. São Paulo 1974.

Machado y Ruiz, Antonio [span. ma'tʃaðo i 'rruiθ], * Sevilla 26. Juli 1875, † Collioure (Pyrénées-Orientales) 22. Febr. 1939, span. Lyriker. – 1900 Vizekonsul von Guatemala in Paris; ab 1907 Gymnasiallehrer für Französisch in Soria (Kastilien), Baeza und Segovia, ab 1931 in Madrid; 1927 Mitglied der Span. Akademie. Gehörte zur Generation von 98; Schüler und Freund von R. Darío; im Span. Bürgerkrieg Republikaner, starb auf dem Weg ins Exil. Gilt als einer der bedeutendsten span. Lyriker des 20. Jh.; von großem Einfluß auf sein Werk war die Philosophie H. Bergsons. Schrieb neben Theaterstücken, wie ›Juan de Mañara‹ (1927), ›La Lola se va a los puertos‹ (1930), die er gemeinsam mit seinem Bruder Manuel M. y R. verfaßte, und Essays zur Theorie der Dichtung v. a. Lyrik, die das einfache Leben und die kastil. Landschaft besingt oder das Schicksal Spaniens zum Thema hat.

Weitere Werke: Soledades (Ged., 1903), Soledades, galerías y otros poemas (Ged., 1907), Campos de Castilla (1912), Nuevas canciones (1924).
Ausgaben: A. M. y R. Obras. Buenos Aires 1964. – A. M. y R. Gedichte. Dt. Ausw. Ffm. 1964.
Literatur: OROZCO DÍAZ, E.: A. M. en el camino. Notas a un tema central de su poesía. Granada 1962. – CABRERA, V./GONZÁLEZ-DEL-VALLE, L.: A. M. Lincoln (Nebr.) 1976. – DOMÍNGUEZ REY, A.: A. M. Madrid 1979. – SESÉ, B.: A. M. Madrid 1980.

Machado y Ruiz, Manuel [span. ma-'tʃaðo i 'rruiθ], * Sevilla 29. Aug. 1874, † Madrid 19. Jan. 1947, span. Lyriker. – Bruder von Antonio M. y R.; Archivar in Madrid; journalist. Tätigkeit; 1938 Mitglied der Span. Akademie; schrieb, von R. Darío ausgehend, formal vollendete Lyrik, u. a. ›Alma‹ (1902), ›Caprichos‹ (1905); der andalus. Volkspoesie stehen ›Los cantares‹ (1907), ›Cante hondo‹ (1912), ›Sevilla y otros poemas‹ (1920) nahe; daneben Dramen mit seinem Bruder Antonio.

Literatur: BROTHERSTON, G.: M. M. A revaluation. London 1968. – LÓPEZ ESTRADA, F.: Los ›Primitivos‹ de M. y Antonio M. Madrid 1978. – La guerra literaria. Hg. v. M. P. CELMA VALERIO u. F. BLASCO PASCUAL. Madrid 1981. – † auch Machado y Ruiz, Antonio.

Machar, Josef Svatopluk [tschech. 'maxar], * Kolín bei Prag 29. Febr. 1864, † Prag 17. März 1942, tschech. Dichter. – Bankbeamter in Wien (1891–1918); dort Freundschaft mit T. G. Masaryk; 1919–24 Generalinspektor der tschech. Armee; Bruch mit Masaryk. M., Gegner des Neuromantikers J. Vrchlický, fand infolge seiner Neigung zu einem oft ironisch gefärbten Skeptizismus den Weg von subjektivist., romant. Frühdichtung zu einem unpathet., krit. Realismus und wandte sich mehr und mehr der sozialkrit. Dichtung und der polit. Satire zu; vertrat eine antichristl., heidnisch-antike Weltanschauung (Einfluß F. Nietzsches). **Werke:** Confiteor (Ged., 1887, 2. Ausg. in 3 Tlen. 1899), Tristium Vindobona (Ged., 1893), Hier sollten Rosen blühen ... (Vers-En., 1894, dt. 1923), Magdalena (Vers-R., 1894, dt. 1905), Svědomím věků (= Mit dem Gewissen der Zeiten, ep. Zyklus, 9 Tle., 1905–26, davon dt.: Bd. 1: Im Strahl der hellen. Sonne, 1905, dt. 1919; Bd. 2: Das Gift aus Judäa, 1906, dt. 1919; Bd. 3: Barbaren, 1912, dt. 1919), Rom (Feuilleton, 1907, dt. 1908), Tristium Praga (Ged., 1926). **Ausgabe:** J. S. M. Spisy. Prag 1926–38. 52 Bde. **Literatur:** HOUSKA, M.: J. S. M. u. seine Zeit ... Diss. Wien 1980 [Masch.].

Machault, Guillaume de [frz. ma'ʃo], frz. Dichter und Komponist, ↑ Guillaume de Machault.

Machfus, Nagib, ägypt. Schriftsteller, ↑ Mahfus, Nagib.

Machiavelli, Niccolò [italien. makja-'vɛlli], * Florenz 3. Mai 1469, † ebd. 22. Juni 1527, italien. Schriftsteller und florentin. Staatsdiener. – 1498 Sekretär in der Zweiten Staatskanzlei der Republik Florenz, wenig später auch Kanzler des ›Rates der Zehn‹. M. schuf in Florenz eine Bürgerwehr auf der Basis allgemeiner Wehrpflicht, die jedoch von den zur Wiedereinsetzung der Medici entsandten span. Truppen geschlagen wurde. Nach der Schlacht bei Prato (1512) stürzte mit dem Gonfaloniere P. Soderini auch dessen Berater M.; seines Amtes enthoben, im Zusammenhang mit einer Verschwörung schuldlos eingekerkert und gefoltert, zog sich M. nach seiner Freilassung 1513 mit seiner Familie auf sein Gut San Casciano bei Florenz zurück. Im folgenden Jahrzehnt entstanden die meisten seiner polit., militär. und belletrist. Schriften. Von 1519 an übertrugen ihm die Medici wieder verschiedene, meist unpolit. Aufgaben. – Den in ihren moral. Grundannahmen scheinbar unvereinbaren polit. und militär. Schriften M.s liegt ein gemeinsames Erkenntnisinteresse zugrunde: die theoret. Durchdringung einer als unzureichend beurteilten polit. Praxis mit dem Ziel, diese zu verändern. In ›Il principe‹ (entst. 1513,

gedr. 1532, dt. 1804 u. d. T. ›Der Fürst‹) fragt M. nach den Bedingungen erfolgreicher Politik. Seine empirisch-systemat. Untersuchungen zwingen M. zum Bruch mit der Tradition christlich-metaphys. Staatstheorie. Mit dem antiker Ethik verpflichteten Begriff der ›virtù‹ tritt an die Stelle der christl. *Tugenden* des Herrschers die Voraussetzung dauerhafter polit. Herrschaft dessen Fähigkeit, polit. *Macht* zu erwerben und zu erhalten und – unter dem Aspekt des fremdbeherrschten Italien – die nat. Einheit herzustellen. Die Frage nach der Erhaltung des Staates ist für M. so zentral, daß er den Herrscher unter der Voraussetzung des Staatsnotstandes (›necessità‹) vom Zwang, nach eth. Normen zu handeln, befreien will. Damit begründete M., ohne schon den Begriff zu verwenden, die Lehre von der Staatsräson. Zwischen dem als ›Handbuch für Tyrannen‹ mißverstandenen Werk ›Il principe‹ und den am republikan. Prinzip ausgerichteten ›Unterhaltungen über die erste Dekade der röm. Geschichte des Livius‹ (entst. 1513–21, gedr. 1531, dt. 1776) besteht keine Unvereinbarkeit. Den Zusammenhang weist M. in den ›Historien von Florenz‹ (entst. 1520–25, gedr. 1531, dt. 1788) nach, wo er die Ursachen analysiert, die zum Verfall der polit. Kultur in Florenz und damit in eine die republikan. Verfassung zunächst ausschließende polit. Unfreiheit geführt haben. – Als Vorläufer einer erklärenden Geschichtswiss. und einer theoret. Wiss. von der Politik hat M. einen kaum zu überschätzenden Einfluß auf die Staatsphilosophie des 16., 17. und 18.Jh. ausgeübt. **Weitere Werke:** Mandragola (Lsp., erschienen zw. 1518 und 1520, dt. 1838), Die Kriegskunst in sieben Büchern (1520, dt. 1833). **Ausgaben:** N. M. Ges. Schrr. Dt. Übers. Hg. v. H. FLOERKE. Mchn. 1925. 5 Bde. – N. M. Opere complete. Hg. v. S. BERTELLI u. F. GAETA. Mailand 1960–65. 8 Bde. **Literatur:** SASSO, G.: Studi su M. Neapel 1967. – KLUXEN, K.: Politik u. menschl. Existenz bei M. Stg. u. a. 1967. – RIDOLFI, R.: Studi sulle commedie del M. Pisa 1968. – STERNBERGER, D.: M.s ›Principe‹ u. der Begriff des Politischen. Wsb. ²1975. – JOLY, M.: Macht u. Recht, M. contra Montesquieu. Dt. Übers. Hamb. ²1979. – KÖNIG, R.: M. Krisenanalyse einer Zeitenwende. Mchn. 1979. – MACEK, J.: M. e il machiavellismo. Florenz 1980. – SKINNER, Q.: M.

Oxford 1981. – BUCK, A.: M. Darmst. 1985. –
FINK, H.: M. Eine Biogr. Mchn. 1988. – BARIN-
COU, E.: N. M. Rbk. ⁴1993 (mit Bibliogr.).

Machtumkuli [russ. mɐxtumku'li],
*um 1730, †um 1780 oder 1805, turk-
men. Dichter. – Sohn des Dichters Asadi
(*1700, †1760), besuchte islam. geistl.
Lehranstalten in Chiwa und Buchara.
M., der in seinen klassischen Gedichten
den Beinamen Firāqī führte, vereinte
volksliterarische Traditionen mit den
Formen der arabisch-persisch beeinflußten Hochliteratur. Er trat v.a. für die
Einigung der zerstrittenen Turkmenen-
stämme ein.
Literatur: ABRAMOVA, F. Š.: M. (Fragi). Asch-
chabad 1959.

Macías [span. ma'θias], *2. Hälfte des
14. Jh., †nach 1390, galic. Troubadour. –
Genannt ›el Enamorado‹ (= der Verliebte), da er sich einer Legende zufolge
in eine Dame vom Hofe verliebt hatte,
die gegen ihren Willen einem anderen
vermählt wurde und deren Gatte ihn tö-
tete, weil er nicht aufhörte, sie zu besin-
gen; einige ihm zugeschriebene galic.-
portugies. Lieder sind im ›Cancionero de
Baena‹ (hg. 1851) überliefert.
Literatur: RENNERT, H. A.: M., o Enamorado.
A Galician trobador. Philadelphia (Pa.) 1900. –
MARTÍNEZ-BARBEITO, C.: M. el Enamorado y
Juan Rodríguez del Padrón. Estudio y antolo-
gía. Santiago de Compostela 1951.

Mačiulevičius-Mačiulis, Jonas [lit.
matʃjʊ'læːvɪtʃjʊsmaˈtʃjʊlıs], litauischer
Lyriker, †Maironis.

Mack, Lorenz, *Ferlach 17. Juni
1917, österr. Schriftsteller. – Schrieb v. a.
Romane über das Leben in Balkandör-
fern, Fernseh- und Hörspiele.
Werke: Das Glück wohnt in den Wäldern (R.,
1952), Die Saat des Meeres (R., 1954), Die
Brücke (R., 1958), Sohn der Erde (R., 1959),
Hiob und die Ratten (R., 1961), An jenem Samstag (R., 1965), Die Weihnachtsballade (1965),
Das Jahr von Siebenhirten (R., 1970), Die Hun-
nenbrunner (R., 1974), Treibjagd (Kriminal-R.,
1984), Katalin und die weiße Schwalbe (E.,
1990).

Mackay, John Henry [engl. məˈkaı],
*Greenock bei Glasgow 6. Febr. 1864,
†Berlin 21. Mai 1933, dt. Schriftsteller. –
Kam als Kind nach Deutschland; Aufenthalt in der Schweiz, in Rom, ab 1892
in Berlin. Begann als Lyriker, wandte
sich dann sozialen Themen zu (Nähe

zum Naturalismus); später vertrat er unter dem Einfluß M. Stirners einen individuellen Anarchismus. Einige seiner Gedichte wurden aufgrund des Sozialisten-
gesetzes verboten (u. a. ›Arma parata
fero‹, 1887).
Weitere Werke: Dichtungen (1886), Sturm
(Ged., 1887), Die Anarchisten (R., 1891), Die
Menschen der Ehe (En., 1892), Max Stirner
(Biogr., 1898), Der Schwimmer (R., 1901), Ge-
dichte (1909), Der Freiheitssucher (R., 1921),
Staatsanwalt Sierlin (Nov., 1928), Ehe (Szene,
1930).
Ausgaben: J. H. M.: Ges. Werke. Bln. 1911.
8 Bde. – J. H. M. Eine Ausw. aus seinem Werk.
Hg. v. K. SCHWEDHELM. Wsb. 1980. – J. H. M.
Ausgew. Ged. 1884–1926. Bottrop 1984.
Literatur: SOLNEMAN, K. H.: Der Bahnbrecher J.
H. M. Sein Leben u. sein Werk. Hamb. 1979. –
MORNIN, E.: Kunst u. Anarchismus. ›Innere Zu-
sammenhänge‹ in den Schrr. J. H. M.s. Bottrop
1983.

Mackay, Mary [engl. məˈkaı], engl.
Schriftstellerin, †Corelli, Marie.

MacKay, Claude [engl. məˈkaı], amerikan. Schriftsteller, †McKay, Claude.

MacKaye, Percy [Wallace] [engl. mə-
ˈkaı], *New York 16. März 1875, †Corn-
ish (N. H.) 31. Aug. 1956, amerikan. Dramatiker. – Sohn des Schauspielers Steele
M. (*1842, †1894), der selbst Dramen
schrieb, v. a. aber durch seine Erneuerung der amerikan. Schauspielkunst und
der Aufführungstechniken für die amerikan. Theatergeschichte bed. war; studierte an der Harvard University und in
Leipzig, 1906–13 Dozent für Theater-
wesen an den Universitäten Harvard,
Columbia und Yale. M. pflegte nach Anfängen mit Gedichten und lyr. Dramen
v. a. das Freilichtspiel; am bekanntesten
wurde das auf einer Kurzgeschichte
N. Hawthornes beruhende Drama ›The
scarecrow‹ (1908); schrieb auch satir.
Komödien und Opernlibretti und setzte
sich in Kritiken und Essays für eine Belebung des Theaters ein.
Weitere Werke: The Canterbury pilgrims (Dr.,
1903; Oper 1917), Yankee fantasies (Einakter-
serie, 1912), Rip van Winkle (Opernlibretto,
1920), Washington, the man who made a (Dr.,
1920), Lügengeschichten aus den Bergen Ken-
tuckys (1926, dt. 1946), Epoch (Biogr. seines Vaters, 2 Bde., 1927), The mystery of Hamlet, King
of Denmark; or, What we will (UA 1949, erschienen 1950; Tetralogie als Prolog zu Shakespeares Hamlet).

Mackenzie, Sir (seit 1952) Compton [engl. mə'kɛnzɪ], eigtl. Edward Montague Compton M., *West Hartlepool (bei Durham) 17. Jan. 1883, †Edinburgh 30. Nov. 1972, engl. Schriftsteller. – Mitbegründer der schott. Nationalpartei, konvertierte 1914 zum Katholizismus. Stellt in seinen Romanen die Haltlosigkeit bes. der jungen Generation vom Standpunkt des kath. Christen dar; schrieb später auch humorist. Unterhaltungsromane, darunter ›Das Whisky-Schiff‹ (1947, dt. 1952), sowie Schauspiele.

Weitere Werke: Sinister street (R., 2 Bde., 1913/1914), Bananen, Frauen und Spione (R., 1933, dt. 1958), Der Herr im Hochmoor (R., 1941, dt. 1953), Herrlich und in Freuden (R., 1954, dt. 1959), Die Mondrepublik (Satire, 1959, dt. 1961), My life and times (Autobiogr., 10 Bde., 1963–71).
Literatur: ROBERTSON, L.: C. M. An appraisal of his literary work. London 1954. – DOOLEY, D. J.: C. M. New York 1974. – THOMAS, D./THOMAS, J.: C. M. A bibliography. London u. a. 1986.

Mackenzie, Kenneth, genannt ›Seaforth M.‹ [engl. mə'kɛnzɪ], *Perth 25. Sept. 1913, †ebd. 19. Jan. 1955, austral. Schriftsteller. – War nach dem Studium der Rechts- und Agrarwiss. als Journalist bei Presse und Rundfunk tätig. Hauptthema seines literar. Werkes ist die unverbrämt dargestellte Sinnlichkeit und Lust der Liebe. Seine künstlerisch vollendeten Blankversgedichte erinnern durch ihre Bildlichkeit an die Präraffaeliten, seine Sonette an Shakespeare. Seiner noch bilderreicheren Prosa gelingen eindrucksvolle beschreibende Passagen (trotz ihrer subtilen bis schwülen Erotik), während die Personengestaltung oft flach und farblos bleibt.

Werke: Our earth (Ged., 1937), The moonlit doorway (Ged., 1937), The young desire it (R., 1937), Chosen people (R., 1938), Dead men rising (R., 1951), The refuge (R., 1954).
Literatur: JONES, E.: K. M. Melbourne 1969.

Mackiewicz, Józef [poln. mats'kjɛvitʃ], *Petersburg 1. April 1902, †München 31. Jan. 1985, poln. Schriftsteller. – Lebte seit Ende des Zweiten Weltkriegs im Exil in Großbritannien; verfaßte insbesondere den Roman ›Der Weg ins Nirgendwo‹ (1955, dt. 1959), der 1940/41 zur Zeit des stalinist. Terrors in Litauen spielt.

Weitere Werke: Katyń. Ungesühntes Verbrechen (1949), Tragödie an der Drau oder Die verratene Freiheit (R., 1957, dt. 1957).

MacKintosh, Elizabeth [engl. 'mækɪntəʃ], *Inverness 1897, †London 13. Febr. 1952, engl. Schriftstellerin. – Schrieb – unter dem Pseudonym Josephine Tey – populäre Detektivromane mit der Leitfigur des Inspektors Grant (zuerst ›Der Mann in der Schlange‹, 1929, dt. 1972). In ›Alibi für einen König‹ (1951, dt. 1967) verwendet sie die Form des Detektivromans zur Darstellung von Problemen der histor. Forschung über König Richard III. Von ihren Dramen, die z. T. unter dem Pseudonym Gordon Daviot erschienen, war v. a. ›Richard of Bordeaux‹ (1933) erfolgreich.
Weitere Werke: Queen of Scots (Dr., 1934), Klippen des Todes (R., 1936, dt. 1983), Miss Pym disposes (R., 1947), Der Erbe von Latchetts (R., 1949, dt. 1958), Der große Verdacht (R., 1949, dt. 1959), To love and be wise (R., 1950), The singing sand (R., 1952).

Macklin, Charles [engl. 'mæklɪn], *Culdaff (Donegal) 1699(?), †London 11. Juli 1797, ir. Schauspieler und Dramatiker. – War einer der bedeutendsten und vielseitigsten Schauspieler seiner Zeit, u. a. am Londoner Drury Lane Theatre, wo er 1741 Shakespeares Shylock-Figur erstmals tragisch interpretierte; Autor erfolgreicher Komödien, darunter ›Love à la mode‹ (UA 1759, hg. 1793), ›The true-born Irishman‹ (UA 1762, hg. 1793), ›The school for husbands‹ (UA 1761, hg. 1968) und ›The man of the world‹ (UA 1764, hg. 1793).
Ausgabe: Four comedies by Ch. M. Hg. v. J. O. BARTLEY. Hamden (Conn.) 1968.
Literatur: APPLETON, W. W.: Ch. M. Cambridge (Mass.) 1960.

Maclaren, Ian [engl. mə'klærən], Pseudonym des schott. Schriftstellers John ↑Watson.

MacLean, Alistair [engl. mə'klɛɪn], eigtl. Ian Stuart, *Glasgow 21. April 1922, †München 2. Febr. 1987, schott. Schriftsteller. – Schrieb vielgelesene, oft im Stil von Tatsachenberichten abgefaßte Abenteuer- und Agentenromane.
Werke: Die Männer der Ulysses (R., 1955, dt. 1956), Die Kanonen von Navarone (R., 1957, dt. 1959), Rendezvous mit dem Tod (R., 1962, dt. 1963), Eisstation Zebra (R., 1963, dt. 1965), Der Traum vom Südland. Captain Cooks Aufbruch

in die Welt von Morgen (R., 1972, dt. 1973), Dem Sieger eine Handvoll Erde (R., 1973, dt. 1974), Nevada Paß (R., 1974, dt. 1978), Golden Gate (R., 1976, dt. 1977), Meerhexe (R., 1977, dt. 1978), Die Hölle von Athabasca (R., 1980, dt. 1981), Fluß des Grauens (R., 1981, dt. 1983), Partisanen (R., 1982, dt. 1983), Die Erpressung (R., 1983, dt. 1984), Das Geheimnis der San Andreas (R., 1984, dt. 1985), Der Santorin-Schock (R., 1986, dt. 1987).

MacLeish, Archibald [engl. məˈkliːʃ], * Glencoe (Ill.) 7. Mai 1892, † Boston (Mass.) 20. April 1982, amerikan. Schriftsteller. – Jurist, lebte in den 20er Jahren als freier Schriftsteller in Paris im Kreis um E. Hemmingway, J. Dos Passos und F. S. Fitzgerald. Durch sein polit. Engagement gegen den Faschismus und rege literar. Tätigkeit, u.a. 1929–38 Hg. der Zeitschrift ›Fortune‹, wurde er Präsident der League of American Writers, Leiter der Library of Congress in Washington (1939–44) und Assistant Secretary im Außenministerium (1940–45). 1949–62 war er Prof. für Rhetorik an der Harvard University. Seine von Melancholie und Skepsis geprägte Versdichtung zeigt Einflüsse E. Pounds, T. S. Eliots und W. B. Yeats' (u.a. ›The pot of earth‹, 1925; ›The Hamlet of A. M.‹, 1928). Die späteren Werke sind durch seine Hinwendung zur Politik bestimmt, v. a. das geschichtsphilosoph. Versepos ›Conquistador‹ (1932; Pulitzerpreis 1933), das Versdrama ›Panic‹ (1935) und das Vershörspiel ›Der Fall der Stadt‹ (1937, dt. 1949). In dem Drama ›Spiel um Job‹ (1958, dt. 1958; Pulitzerpreis 1959) projiziert er das Schicksal Hiobs in die amerikan. Gegenwart. Für ›Collected poems 1917–1952‹ (1952, 1976 erweiterte Fassung ›New and collected poems 1917–1976‹) erhielt er 1953 einen weiteren Pulitzerpreis. M. schrieb auch Hörspiele, Drehbücher und literar. Essays (›Riders of the earth. Essays and reminiscences‹, 1978).
Ausgabe: Letters of A. M., 1907–1982. Hg. v. R. H. WINNICK. Boston (Mass.) 1983.
Literatur: FALK, S. L.: A. M. New York 1965. Neuaufl. 1966. – SMITH, G. C.: A. M. Minneapolis (Minn.) 1971. – WEILER, G.: Die poetolog. Lyrik A. M.s. Ffm. 1977.

MacLennan, [John] Hugh [engl. məˈklɛnən], * Glace Bay (Nova Scotia) 20. März 1907, † Montreal 7. Nov. 1990, kanadischer Schriftsteller. – Besuchte Dalhousie University, Oxford und Princeton; in den 30er und frühen 40er Jahren Lehrtätigkeit am Lower Canada College, Montreal; arbeitete nach 1945 am Rundfunk und als Journalist, ab 1951 Prof. an der McGill University. Nach Fehlversuchen mit Romanen internat. Thematik wandte sich M. nat. Themen zu: ›Rückkehr zu Penelope‹ (1941, dt. 1963; Wirkung des 1. Weltkrieges auf Kanada), ›Two solitudes‹ (1945; anglo-/frankokanad. Gegensatz), ›The precipice‹ (1948; amerikan./kanad. Gegensatz), ›Each man's son‹ (1951; Puritanismus). Sein bester Roman ist ›Die Nacht der Versöhnung‹ (1959, dt. 1961), zugleich persönlich ein Panorama der 30er Jahre. M.s Zentralthema, der Niedergang der abendländ. Zivilisation, vertiefte sich mit ›Unruhiger Sommer‹ (1967, dt. 1968) – prophetisch im Hinblick auf den Terrorismus von Quebec – und ›Voices in time‹ (1980), einer Anti-Utopie über Montreal 50 Jahre nach dem Atomkrieg. Hervorragender Essayist (›Cross country‹, 1949; ›Thirty and three‹, 1954; ›Scotchman's return and other essays‹, 1960), dessen Werk regionalistisch bestimmt ist (wie in den Texten zu ›The rivers of Canada‹, 1974).
Literatur: H. M. Hg. v. P. GOETSCH. Toronto u. New York 1973. – CAMERON, E.: H. M. A writer's life. Toronto 1981.

MacNeice, Louis [engl. məkˈniːs], Pseudonym L. Malone, * Belfast 12. Sept. 1907, † London 3. Sept. 1963, engl. Schriftsteller ir. Herkunft. – Stand der Dichtergruppe um W. H. Auden nahe. M. verbindet in seiner witzig-iron., v. a. anfänglich gesellschaftskrit. Lyrik Einflüsse der klass. lat. Dichtung, der Umgangssprache und des Jazz; schrieb auch Dramen, Hörspiele und literaturkrit. Studien; auch Übersetzer (u. a. von Goethes ›Faust‹ in gekürzter Form, 1951).
Werke: Out of the picture (Dr., 1937), The earth compels (Ged., 1938), Autumn journal (Ged., 1939), The last ditch (Ged., 1940), The poetry of Yeats (Studie, 1941), Christopher Columbus (Dr., 1944), The dark tower and other radio scripts (Hsp., 1947), Ten burnt offerings (Ged., 1952), Visitations (Ged., 1957), The burning perch (Ged., hg. 1963), The strings are false. An unfinished autobiography (hg. 1965).
Ausgabe: L. M. Collected poems. Hg. v. E. R. DODDS. London 1966.

Literatur: PRESS, J.: L. M. London 1965. – MOORE, D. B.: The poetry of L. M. Leicester 1972. – BROWN, T.: L. M. Sceptical vision. Dublin 1975. – REBETZKY, W.: Die Antike in der Dichtung v. L. M. New York u. Bern 1981. – LONGLEY, E.: L. M. London 1988.

Mac Orlan, Pierre [frz. makɔr'lã], eigtl. P. Dumarchais, * Péronne (Somme) 26. Febr. 1882, † Saint-Cyr-sur-Morin (Seine-et-Marne) 28. Juni 1970, frz. Schriftsteller. – Führte, bevor er zu schreiben begann, ein bewegtes Leben, übte verschiedene Berufe aus und unternahm weite Reisen (u. a. nach Nordafrika). Begann mit humoristisch-satir. Erzählungen und wandte sich dann bes. dem Abenteuerroman aus der Welt der Hafenstädte, der Halbwelt und der Fremdenlegion zu (u. a. ›Die Reiterin Elsa‹, 1921, dt. 1923; ›Marguerite de la nuit‹, 1925; ›Alkoholschmuggler‹, 1925, dt. 1927; ›Hafen im Nebel‹, 1927, dt. 1988; ›Der Anker der Barmherzigkeit‹, 1941, dt. 1948; ›Malice‹, 1956).

Ausgabe: P. M. O. Œuvres complètes. Hg. v. G. SIGAUX. Paris 1969–71. 23 Bde.

Literatur: BARITAUD, B.: P. M. O. Paris 1971. – Présence de P. M. O. Actes d'un colloque. Créteil 1984. – BARITAUD, B.: P. M. O. Sa vie, son temps. Genf 1992.

Macourek, Miloš [tschech. 'matsɔurɛk], * Kroměříž 2. Dez. 1926, tschech. Schriftsteller. – Lyriker, Erzähler (›Die Wolke im Zirkus‹, dt. Auswahl 1966; ›Pohádky‹ [= Märchen], 1971) und Dramatiker, Drehbuchautor (Spiel- und Animationsfilme); bewegt sich (z. T. ironisch) zwischen Phantasie und Wirklichkeit; auch Erzählungen für Kinder; Theaterarbeit.

Macpherson, James [engl. mək-'fɔ:sn], * Ruthven bei Inverness 27. Okt. 1736, † Belville bei Inverness 17. Febr. 1796, schott. Dichter. – Studierte Theologie und wurde Lehrer. M. veröffentlichte ›Fragments of ancient poetry, collected in the highlands of Scotland‹ (1760), ›Fingal, an ancient epic poem in six books‹ (1762), ›Temora‹ (1763) und ›The works of Ossian‹ (1765), die er als Übersetzungen alter gäl. Lieder des blinden Helden und Sängers Ossian ausgab. M. übersetzte den engl. Text später ins Schottisch-Gälische, um ein Original vorzutäuschen. Er bezog die empfindsam-heroische Stimmung und Sehnsucht

seiner Zeit so genial in seine Werke ein, daß sie die bedeutendsten Dichter, Goethe, J. G. Hamann, J. G. Herder, J. Ch. F. Hölderlin, v. a. aber die Vertreter des Sturm und Drangs, wie auch die zeitgenöss. Maler schöpferisch beeinflußten. Die Frage der Echtheit war lange umstritten. Den endgültigen Beweis der Fälschung erbrachte L. Ch. Stern (1895).

Ausgaben: Ossian. Werke. Dt. Übers. v. F. SPUNDA. Lpz. 1924. – The poems of Ossian. Engl. Übers. v. J. MACPHERSON. Neu hg. v. W. SHARP. Edinburgh 1926. – J. M. Ossian. Faksimileneudr. der Erstausg. v. 1762/63. Hg. v. O. L. JIRICZEK. Hdbg. 1940. 2 Bde. u. 1 Begleit-Bd.

Literatur: TIEGHEM, P. VAN: Ossian et l'Ossianisme dans la littérature européenne au XVIIIe siècle. Groningen u. Den Haag 1920. – SCHÖFFLER, H.: Ossian. Hergang eines großen Betrugs. In: Goethe-Kalender 35 (1942). – THOMSON, D. S.: The Gaelic sources of M.'s ›Ossian‹. Edinburgh 1952. – HAYWOOD, I.: The making of history. A study of literary forgeries of J. M. and Thomas Chatterton ... Rutherford (N. J.) 1980. – STAFFORD, F. J.: The sublime savage. A study of J. M. and the poems of Ossian. Edinburgh 1988.

Macrobius, Ambrosius Theodosius, lat. Schriftsteller Anfang des 5. Jh. n. Chr. – Unvollständig erhalten sind die ›Saturnalia‹, ein literar. Symposion (in der Tradition der sog. Buntschriftstellerei): Maßgebl. Aristokraten des ausgehenden 4. Jh., darunter der berühmte Quintus Aurelius Symmachus, führen gelehrte Gespräche, in deren Mittelpunkt die Allwissenheit Vergils steht. Der im Mittelalter viel gelesene Kommentar zu Ciceros ›Somnium Scipionis‹ (= Traum Scipios) sucht die neuplatonische Seelenlehre, Astronomie und Musiktheorie mit dem Text Ciceros in Einklang zu bringen.

Ausgabe: Macrobii Opera. Hg. v. J. WILLIS. Lpz. 1963. 2 Bde.

Literatur: CAMERON, A.: The date and identity of M. In: Journal of Roman Studies 56 (1966), S. 25. – FLAMANT, J.: Macrobe et le Néo-Platonisme latin à la fin du IV[e] siècle. Leiden 1977.

Macropedius, Georgius, eigtl. Joris van Lang[h]veld[t], * Gemert um 1475, † Herzogenbusch im Juli 1558, niederl. Humanist und Dramatiker. – Schüler J. Reuchlins; Mitglied des Ordens der Brüder vom gemeinsamen Leben; Schulleiter in Herzogenbusch, Löwen und Utrecht; schrieb 12 nlat. Dramen (7 geistl.

Spiele und 5 Lustspiele); sein bekanntestes Werk ist ›Hecastus‹ (1539, dt. von H. Sachs 1549) mit dem Jedermannstoff.

Weitere Werke: Aluta (Schwank, 1535), Rebelles (Schwank, 1535), Petriscus (Schwank, 1535), Andrisca (Schwank, 1535), Bassarus (Schwank, 1540).
Ausgabe: G. M. Hecastus, 1539. In: Drei Schauspiele vom sterbenden Menschen. Hg. v. J. BOLTE. Lpz. 1927.
Literatur: SCHULZ, U.: Die Beziehungen von Hofmannsthals ›Jedermann‹ zu ›Everyman‹ u. ›Hecastus‹. Diss. Marburg 1949 [Masch.].

Madách, Imre [ungar. 'mɔdaːtʃ], * Alsósztregova 21. Jan. 1823, † ebd. 5. Okt. 1864, ungar. Dichter. – Stammte aus altem ungar. Adel, Kalvinist; Rechtsstudium; Teilnahme am polit. Leben, bis 1848 Notar; nach der Revolution Gefängnisstrafe. Sein Ruhm knüpft sich an das großangelegte Werk ›Die Tragödie des Menschen‹ (1861, dt. 1865), ein an Goethes ›Faust‹ erinnerndes philosoph. Gedicht über Weg und Schicksal des Menschen vom Sündenfall bis zum Jüngsten Tag. Zahlreiche Übersetzungen in die wichtigsten Sprachen; auch in der Bühnenfassung (1883) war es sehr erfolgreich.

Ausgaben: M. I. Összes művei. Hg. v. G. HALÁSZ. Budapest 1942. 2 Bde. – M. I. Válogatott művei. Hg. v. I. SŐTÉR. Budapest 1958.
Literatur: VOINOVICH, G./MOHÁCSI, J.: M. u. die Tragödie des Menschen. Budapest 1935. – BARTA, J.: M. I. Budapest 1942. – MARGENDORFF, W.: I. M. Die Tragödie des Menschen. Wzb. ²1944. – NAGY, A.: I. M. Die Tragödie des Menschen. Erlangen 1965. – LOTZE, D.: I. M. Boston (Mass.) 1981. – HORVÁTH, K.: M. I. Budapest 1984.

madagassische Literatur, die Literatur Madagaskars ist noch weithin unbekannt. Die Sprache der mündlich tradierten und erst seit dem 19. Jh. schriftlich fixierten literar. Werke ist das Indonesische, das von den im südostasiat. Inselreich beheimateten Vorfahren der heutigen Madagassen zwischen dem 5. und 12. Jh. nach Madagaskar gebracht worden ist. Es hat über die Jahrhunderte hinweg ihr von Schwarzafrikanern und arab. Einwanderern wenig beeinflußtes indones. Erbe unverfälscht bewahrt. Es ist zugleich das alle auf der Insel siedelnden rassisch unterschiedl. Stämme einigende Band. Die m. L. ist somit in den Bereich der malaiisch-indones. Literaturen einzubeziehen, zu denen sie formal und thematisch enge verwandtschaftl. Bindungen aufweist.

Die **Poesie** erfüllt das Leben der Madagassen, sie begleitet sie von der Geburt bis zum Tode und durchdringt alle sozialen Schichten. Von den mündlich überlieferten literar. Gattungen sind zu nennen: das versifizierte Wechselgespräch (›hainteny‹), die zahllosen Sprichwörter und Weisheitssprüche (›ohabolana‹), die wie kein anderes Medium einen Einblick in Sitte und Brauchtum, Mentalität und Verhaltensnormen des Inselvolkes vermitteln, ferner die Kunst der freien Rede (›kabary‹) und die Denkspiele in Gestalt von Rätselfragen (›ankamantatra‹). Der Madagasse weiß um die Geist und Gemüt seiner Zuhörerschaft in Bann schlagende mag. Wirkung der eloquent vorgetragenen Sprache, die er durch ständigen rhythm. Wechsel und Wortschöpfungen von stets variierender Klangfülle seines vokalreichen Idioms kunstvoll zu steigern vermag. Das bei den Madagassen allseits sehr beliebte ›hainteny‹, das Wechsel- und auch Streitgespräch mit verteilten Rollen, z. B. eines Liebespaares, besteht aus madaischen Sinngedicht (›pantun‹) vergleichbar, wie dieses aus vier Versen, von denen stets zwei eine innere Einheit bilden. Führen die ersten zwei meist symbolhaft anspielend in das Thema ein, wird dies nachfolgend ›im Klartext‹ ausgeführt. Unter dem Einfluß der frz. Literatur, mit der die madagassischen Schriftsteller während der Kolonialherrschaft Frankreichs bekannt geworden sind, entfaltete sich die moderne **schriftliche Literatur.** Anknüpfend an die traditionellen Werte des Landes empfanden sie sich als Vorkämpfer einer freiheitl. madagass. Gesellschaft und besangen, im Ausland weilend, die unstillbare Sehnsucht nach dem ›Lande ihrer Ahnen‹. Als der bedeutendste weit über die Grenzen Madagaskars hinaus bekannte Dichter gilt Jean-Joseph Rabearivelo (* 1901, † 1937), ferner sind zu nennen der Humanist und Literaturwissenschaftler Randriamarozaka und der seit vielen Jahren in Deutschland tätige Poet und Journalist Moks Razafindramiandra (* 1942). Schließlich ist noch zu verweisen auf den Dichter Dox (= eigtl. Jean

Verdi Razakandrainy [* 1913]), den schwermütigen Sänger von schicksalshafter Verkettung des Menschen durch enttäuschte Liebe und Tod. Gegenüber der Poesie ist die **Prosa**, insbes. die Romanschriftstellerei, eine noch wenig entwickelte literar. Gattung, abgesehen von solchen Werken, die von zweisprachigen madagass. Schriftstellern in frz. Sprache publiziert worden sind. Im Mittelpunkt moderner Romane von Männern rein madagass. Prägung wie z. B. Rajaonarivelo und Randriamiadanarivo steht nicht mehr wie zuvor die um Liebe und Haß, Intrige und Feindschaft kreisende innerfamiliäre Problematik, sondern die verantwortungsvolle Stellung des Individuums im Staat und in einer im Aufbau begriffenen Industriegesellschaft.

Literatur: PAULHAN, J.: Les haintenys. Paris 1939. – RATSIMAMANGA, R./LORIN, C. M.: Littérature malgache. In: Encyclopédie de la Pléiade, Histoire des littératures, Bd. 1. Paris 1955. S. 1446. – FAUBLÉE, J./URBAIN-FAUBLÉE, M.: Die m. L. In: Die Literaturen der Welt in ihrer mündl. u. schriftl. Überlieferung. Hg. v. W. VON EINSIEDEL. Zü. 1964. S. 1317. – RAZAFINDRAMIANDRA, M.: Reichtum u. Probleme der m. L. Bonn 1983.

Madariaga y Rojo, Salvador de [span. maða'riaɣa i 'rroxo], * La Coruña 23. Juli 1886, † Muralto bei Locarno 14. Dez. 1978, span. Schriftsteller. – War 1922–27 Leiter der Abrüstungskommission des Völkerbundes, 1928–31 Prof. für span. Literatur in Oxford, 1931 span. Botschafter in Washington, 1932 in Paris, ab 1936 in England im Exil, Prof. in Oxford; lebte ab 1972 in der Schweiz. Schrieb in span., engl. und frz. Sprache Romane, u. a. ›Das Herz von Jade‹ (1942, dt. 1951), ›Krieg im Blut‹ (1957, dt. 1958), ›Satanael‹ (1967, dt. 1967), Lyrik, Dramen, Biographien, u. a. ›Cortés, Eroberer Mexikos‹ (1941, dt. 1956), ›Bolivar‹ (2 Bde., 1951, dt. 1961), Darstellungen der span. und span.-amerikan. Kultur, u. a. ›Spanien. Wesen und Wandlung‹ (1930, dt. 1930), eine Analyse der histor. Entwicklung Spaniens von 1898 an, v. a. aber krit. Arbeiten und Essays zur Völkerpsychologie, über internat. polit. Beziehungen, über seine Konzeption des Liberalismus, u. a. ›Engländer, Franzosen, Spanier‹ (1928, dt. 1966), ›Porträt

Europas‹ (1951, dt. 1952), ›Von der Angst zur Freiheit. Bekenntnisse eines revolutionären Liberalen‹ (1954, dt. 1959), ›Bildnis eines aufrecht stehenden Menschen‹ (1964, dt. 1966), ferner Memoiren (›Morgen ohne Mittag, Erinnerungen 1921–36‹, 1973, dt. 1973). M. y R. erhielt u. a. 1973 den Internat. Karlspreis der Stadt Aachen.

Literatur: BENITEZ, R.: M. e Hispanoamérica. In: Studies in honour of José Rubia Barcia. Hg. v. R. JOHNSON u. P. C. SMITH. Lincoln (Nebr.) 1982.

Mädchenlied ↑ Minnesang.

Madeira, António [portugies. mɐ-'ðɐiɾɐ], Pseudonym des portugies. Schriftstellers António José Branquinho da ↑ Fonseca.

Madrigal [italien.] (italien. madrigale, madriale, mandriale), seit Anfang des 14. Jh. in Italien bezeugte volkssprachl. Gattung gesungener Lyrik, im 14. Jh. noch meist polemisch, satirisch und moralisch, doch, bes. unter dem Einfluß der Dichtung F. Petrarcas, bald bukolischidyll. Liebesdichtung. Ältere M.e zeigen Einstrophigkeit aus zwei bis drei Terzetten und ein bis zwei angeschlossenen Reimpaaren; im 16. Jh. wird das M. formal weitgehend freier; es ist einstrophig, umfaßt 6–13 sieben- bis elfsilbige Verse (ist es länger als das 14zeilige Sonett, spricht man von ›Madrigalon‹), die Reimstellung, die auch reimlose Zeilen (sog. Waisen) zuläßt, ist frei. Ende des 16. Jh., v. a. aber im 17. Jh., wird wieder eine verbindlichere Form (13 Zeilen, in drei Terzette und zwei Reimpaare gegliedert) üblich. – Als musikgebundene Gattung ist das M. die wichtigste Textform der barocken Oper und des Oratoriums, wurde jedoch im ›galanten Stil‹ (B. Neukirch, E. Neumeister, J. Ch. Günther), in der Anakreontik (von Hagedorn, Ch. F. Gellert, Goethes ›Leipziger Lieder‹) und Romantik (A. W. Schlegel, L. Uhland, J. von Eichendorff) zu einer selbständigen literar. Gattung.

Literatur: SCHULTZ, H.: Das M. als Formideal. Lpz. 1939. Nachdr. 1968. – SCHULZ-BUSCHHAUS, U.: Das M. Zur Stilgesch. der italien. Lyrik zw. Renaissance u. Barock. Bad Homburg v. d. H. u. a. 1969. – ROCHE, J.: The madrigal. Oxford ²1990.

Mạdsen, Ohle, Pseudonym des dt. Schriftstellers und Kritikers Heinrich Wilhelm von † Gerstenberg.

Maerlant, Jacob van [niederl. 'ma:rlɑnt], *vermutlich auf der Insel Voorne um 1235, † Damme oder Brügge nach 1291, niederl. Dichter. – War wahrscheinlich Küster in Maarland (Den Briel), zog nach Flandern um, doch arbeitete er auch hier meistens für holländ. und seeländ. adlige Auftraggeber; hinterließ ein sehr umfangreiches und abwechslungsreiches Dichtwerk; behandelte zuerst klass. und kelt. höf. Stoffe in seinen Romanen ›Alexanders geesten‹, ›Historie van Troyen‹, ›Historie van den grale‹, ›Boec van Merline‹. In stroph. Gedichten, u. a. ›Wapene Martijn‹, ›Der kerken claghe‹, kritisierte er geistige Trägheit, soziale und sittl. Mißstände der Zeit. Eine Heiligenvita ist das ›Leven van Sinte Franciscus‹. In seinen großen didakt. Werken behandelte er die Staatskunst (›Heimelicheit der heimelichede‹), die Naturwissenschaften (›Der naturen bloeme‹), die bibl. Geschichte (›Rijmbijbel‹) und die weltl. Geschichte (›Spieghel historiael‹).

Literatur: ARENTS, A.: J. v. M. Damme 1943. – MIERLO, J. VAN: J. v. M. Zijn leven, zijn werken, zijn beteekenis. Antwerpen 1946. – WINKEL, J. TE: M.'s werken. Gent u. Den Haag ²1982.

Maeterlinck, Maurice [frz. mɛtɛr-'lɛ̃:k, niederl. 'ma:tərlɪŋk], * Gent 29. Aug. 1862, *Orlamonde bei Nizza 6. Mai 1949, belg. Schriftsteller. – Ging 1886 nach Paris, wo er durch die Aufführung seines Dramas ›Prinzessin Maleine‹ (1889, dt. 1892) berühmt wurde; 1896 endgültige Übersiedlung nach Paris. Als Lyriker und Dramatiker einer der bedeutendsten Vertreter des Symbolismus, der v. a. in seinem frühen dramat. Werk den Menschen in einer Situation zeigt, in der er von einem blinden Schicksal, dem Tod, überrascht wird und ihm hilflos ausgeliefert ist (›Der Eindringling‹, 1890, dt. 1892; ›Die Blinden‹, 1891, dt. 1897; ›Zu Hause‹, 1894, dt. 1901). Thematisch ähnlich, durch die Vertonung C. Debussys bekannt geworden, ist das Märchendrama ›Pelleas und Melisande‹ (1892, dt. 1897). M.s naturphilosoph., durch einen myst. Pantheismus gekennzeichnete Schriften (u. a. ›Das Leben der Bienen‹,

Maurice Maeterlinck (anonymer Holzstich, um 1900)

1901, dt. 1901; ›Das Leben der Ameisen‹, 1930, dt. 1930) stehen unter dem Einfluß von J. van Ruusbroec, Novalis, R. W. Emerson und E. N. Marais. 1911 erhielt M. den Nobelpreis für Literatur.

Weitere Werke: Les serres chaudes (Ged., 1889), Die sieben Prinzessinnen (Dr., 1891, dt. 1901), Alladine und Palonides (Dr., 1894, dt. 1900), Der Tod des Tintagiles (Dr., 1894, dt. 1901), Douze chansons (Ged., 1896), Monna Vanna (Dr., 1902, dt. 1903), Der blaue Vogel (Märchenspiel, 1909, dt. 1910).

Ausgaben: M. M. Werke. Dt. Übers. Hg. v. F. VON OPPELN-BRONIKOWSKI. Jena 1924–25. 9 Bde. – M. M. Poésies complètes. Hg. v. J. HANSE. Brüssel 1965. – M. M. Die frühen Stücke. Dt. Übers. Hg. v. J. DREWS u. a. Mchn. 1982. 2 Bde. – M. M. Prosa u. krit. Schr. 1886–1896. Dt. Übers. Hg. v. S. GROSS. Bad Wörishofen 1983.

Literatur: M. M., 1862–1962. Hg. v. J. HANSE u. R. VIVIER. Brüssel 1962. – PASQUIER, A.: M. M. Brüssel 1963. – POSTIC, M.: M. et le symbolisme. Paris 1970. – BRUCHER, R.: M. M. L'œuvre et son audience. Essai de bibliographie 1883–1960. Brüssel 1972. – VEDDER, B.: Das symbolist. Theater M. M.s. Ffm. u. a. 1978. – M. M. u. die deutschsprachige Lit. Eine Dokumentation. Hg. v. S. GROSS. Bad Wörishofen 1984. – GROSS, S.: M. M. oder Der symbol. Sadismus des Humors. Ffm. u. a. 1985. – COMPÈRE, G.: M. M. Paris 1990.

Maeztu y Whitney, Ramiro de [span. ma'εθtu i ɥit'nɛi], * Vitoria 4. Mai 1875, † Aravaca bei Madrid 7. Nov. 1936, span. Schriftsteller. – Baskisch-engl. Abkunft; u. a. Zeitungskorrespondent in Großbritannien; 1928 Botschafter in Argentinien; 1935 Mitglied der Span. Akademie; während des Span. Bürgerkriegs ermordet. Einer der Hauptvertreter der Generation von 98. Einflußreicher kath.-

monarchist. Nationalist, dessen Kultur- und Literaturessays meist aus Zeitungs- artikeln hervorgingen, u. a. ›La crisis del humanismo‹ (1919), ›Don Quijote, Don Juan y la Celestina‹ (1926), ›Defensa de la Hispanidad‹ (1934).

Ausgabe: R. de M. y W. Obras. Hg. v. V. MAR- RERO SUÁREZ. Madrid 1957 ff. Auf 30 Bde. be- rechnet.
Literatur: FUENTES ROJO, A.: R. de M. Breslau 1940. – HERDA, W.: Die geistige Entwicklung von R. de M. Münster 1960. – LANDEIRA, R.: R. de M. Boston (Mass.) 1978.

Maffei, Francesco Scipione, * Verona 1. Juni 1675, † ebd. 11. Febr. 1755, italien. Dramatiker und Gelehrter. – Verfaßte kulturhistor. und archäolog. Studien, bes. über seine Vaterstadt Verona (›Ve- rona illustrata‹, 4 Tle., 1732). Sein Schau- spiel ›Merope‹ (1714, dt. 1751) war wich- tig für die Entwicklung eines eigenstän- digen italien. Dramas. Diese Tragödie, gebaut nach dem Ideal des klass. frz. Theaters des 17. Jh., wurde ein europ. Er- folg. M. übersetzte auch Teile der ›Ilias‹ und ›Äneis‹ und war Mitbegründer der literar. Zeitschrift ›Giornale dei letterati d'Italia‹ (1710) sowie Hg. der ›Osserva- zioni letterarie‹ (6 Bde., 1737–40).

Ausgabe: F. S. M. Opere drammatiche e poesie varie. Hg. v. A. AVENA. Bari 1928.
Literatur: SILVESTRI, G.: S. M. Un europeo del Settecento. Vicenza 1968. – Nuovi studi Maf- feiani. Hg. v. D. MODONESI. Verona 1985.

Magalhães, Domingos José Gonçal- ves de [brasilian. maga'λɐ̃is], Visconde de Araguaia (seit 1876), * Rio de Janeiro 13. Aug. 1811, † Rom 10. Juni 1882, brasi- lian. Schriftsteller. – Diplomat, ab 1876 Gesandter beim Vatikan; schrieb u. a. Gedichte (›Suspiros poéticos e sauda- des‹, 1836, das erste Werk der brasilian. Romantik), das indianist. Epos ›A confe- deração dos Tamoios‹ (1856), philosoph. Essays, Dramen (›António José‹, 1838, und ›Olgiato‹, 1841, die ersten von einem brasilian. Dichter verfaßten Tragödien).

Ausgabe: G. de M. Obras completas. Rio de Janeiro 1–2 1864–76. 9 Bde.
Literatur: G. de M. Hg. v. J. ADERALDO CAS- TELO. Rio de Janeiro 2 1961.

Magallanes Moure, Manuel [span. maɣa'janez 'moɹe], * La Serena 8. Nov. 1878, † Santiago de Chile 19. Jan. 1924, chilen. Dichter. – Lyriker des ausklin- genden Modernismus, dessen Gedichte

bes. durch nuancierte Farbgebung eine individuelle Note erhalten; auch Drama- tiker, Erzähler, Kritiker und Maler.

Werke: Facetas (Ged., 1902), Matices (Ged., 1904), La jornada (Ged., 1910), La batalla, llu- via de primavera (Dr., 1912), Qué es amor (En., 1914), La casa junto al mar (Ged., 1918).
Literatur: STELINGIS, P.: La poesía de M. M. M. Santiago de Chile 1959.

Magalotti, Lorenzo, * Rom 23. Dez. 1637, † Florenz 2. März 1712, italien. Na- turforscher, Schriftsteller und Diplo- mat. – Aus adliger Familie; studierte v. a. Mathematik und Anatomie; früh Sekre- tär der Accademia del Cimento, deren Tätigkeitsberichte er redigierte (›Saggi di naturali esperienze‹, 1667). Bereiste viele Länder Europas, Botschafter in Wien (1675–78), dann Staatsrat (1689–91). Mitglied der Accademia della Crusca, wandte sich aber gegen deren engstirni- gen Purismus, verwendete u. a. in seinen naturwiss. Schriften Fremdwörter und Wortneuschöpfungen (barocke Sprach- sprenkelung). Schrieb auch petrarkist. Liebeslyrik; sein originellstes Werk ist der barocke Dithyrambus auf die Blu- men ›La madreselva‹ (hg. 1762). Als ei- ner der wenigen Danteverehrer seiner Zeit kommentierte er die ersten fünf Ge- sänge von Dantes ›Inferno‹.

Literatur: GÜNTERT, G.: Un poeta scienziato del Seicento, L. M. Florenz 1966.

Magazin [italien. magazzino = Vor- ratshaus, Scheune, von arab. maḥzan ›Warenlager‹], Bez. und Titel[bestandteil] period. Zeitschriften. Als Titel erschien ›Magazin‹ 1731 in England, in Deutsch- land seit 1748 für Familienblätter, heute insbes. für illustrierte Unterhaltungszeit- schriften, die sich gelegentlich an eine feste Zielgruppe wenden (Hobby-, Sex-, Jugendmagazin usw.). Daneben wird der Begriff ›M.‹ auch auf polit. Zeitschriften (so führt z. B. ›Der Spiegel‹, 1947 ff., den Untertitel ›Das dt. Nachrichtenmaga- zin‹) und auf Hörfunk- oder Fernsehsen- dungen übertragen, in denen in lockerer Form Beiträge zu einem bestimmten Sachgebiet (Politik, Wirtschaft) zusam- mengefaßt werden.

Māgha ['maː...], ind. Dichter des 7. Jahrhunderts. – Das von M. in Sanskrit verfaßte Kunstgedicht Śiśupālavadha (= Tötung des Śiśupāla) behandelt einen

Stoff des ›Mahābhārata‹. Es wird wegen seiner kunstvollen Sprache von den Indern sehr geschätzt und machte M. zu einem der bedeutendsten Kunstdichter.
Ausgabe: M. Śiśupālavadha. Dt. Übers. v. E. Hultzsch. Lpz. 1926.
Literatur: JACOBI, H.: On Bhāravi and M. In: Wiener Zs. f. die Kunde des Morgenlandes 3 (1889).

maghrebinische Literatur, die Literatur der drei Kernländer des Maghreb (Algerien, Marokko, Tunesien) ist bis in die Wahl der Sprache hinein – Berberisch, Arabisch oder Französisch – Reflex der bewegten Geschichte dieser Region. Bis in die Gegenwart erhalten hat sich die ausschließlich mündlich überlieferte Literatur der berber. Urbevölkerung: Märchen, Lieder und Sprüche, Rätsel und Anekdoten, die phantast. Züge mit allgemeiner Lebensweisheit verbinden, einen festen Platz im sozialen Leben haben und erst seit dem 19. Jh. von Ethnologen, Linguisten und Schriftstellern aufgezeichnet werden (↑ auch Berberliteratur). Gleiches gilt für die in der arab. Umgangssprache überlieferten literar. Kleinformen: Aus der Fülle des anonym Tradierten heraus ragen die ›Isefra‹ des kabyl. Wanderdichters Si Mohand (* etwa 1845, † 1906) oder die populären Vierzeiler des marokkan. Mystikers Mejdub (16. Jh.) von nicht immer zweifelsfreiem Ursprung. Da die Stagnation der im Sakralen erstarrten arab. Hochsprache, die keine dem europ. Roman vergleichbare literar. Tradition der großen Form kennt, durch den Analphabetismus und 130 Jahre frz. Kolonialregime (1830–1962) noch verstärkt wurde, vollzog sich der zeitgenöss. literar. Aufbruch des Maghreb im Medium der frz. Sprache. So entstand – nach vereinzelten frühen Stimmen (Jean Amrouche [* 1906, † 1962]) – in den 1950er Jahren, als Echo und Korrektiv eines lange Zeit vom Kolonialroman rassist. Prägung (L. Bertrand) usurpierten Diskurses und z. T. initiiert von den in der ›École d'Alger‹ um A. Camus und G. Audisio versammelten Autoren, in allen drei Maghrebländern gleichzeitig eine äußerst vitale frankophone Literatur als Korrelat der erwachenden polit. Bewußtseinsbildung in der Endphase des Kolonialismus. Sie

durchlief in wenigen Jahrzehnten idealtypisch alle wichtigen stilist. Spielarten vom traditionellen Erzählduktus bis zur Avantgarde: Die ethnographisch-dokumentarisch geprägten Werke der Frühzeit von M. Feraoun, Mouloud Mammeri (* 1917, † 1989), M. Dib und Ahmed Sefrioui (* 1915) stehen neben jenen, die das Trauma der Identitätslosigkeit im kolonialen Kontext thematisieren (A. Memmi, D. Chraïbi) und, bes. in Algerien, zunehmend an polit. Brisanz und Poetizität des Ausdrucks gewonnen (Y. Kateb, Jean Sénac [* 1926, † 1973], Malek Haddad [* 1927, † 1978]). Auf diese ›Generation von 1952‹, die in meist klass. Französisch die narrativen Modelle des 19. Jh. nachahmte, folgten in den 1960er Jahren Autoren, deren aggressiver, durch lexikal. und syntakt. Kühnheiten schockierender Stil (Mohammed Khaïr-Eddine [* 1941], Rachid Boudjedra [* 1941]) ihrer Kritik an den Widersprüchen und Atavismen der postkolonialen maghrebin. Gesellschaft (wie Patriarchismus und Misogynie, Arbeitslosigkeit und Probleme der Gastarbeiter im frz. Exil) besondere Schärfe verlieh und zugleich die Schablonen der traditionellen frz. Kultur und Literatur aufbrach. Diese mitunter verkrampften Abgrenzungsversuche wurden in den 1970er Jahren – dank der progressiven marokkanischen Literaturzeitschrift ›Souffles‹ (1966–72, begründet von Abdellatif Laabi [* 1942]) – zunehmend zugunsten formal-ästhet. Experimente überwunden: Im zwanglosen Rekurs auf die europ. Moderne wie auf älteste arabisch-islam. und berber. Traditionen entstand eine Literatur von unverwechselbarem Gepräge, die, am Schnittpunkt von Avantgarde und Archaismus, wesentlich durch synkretist. Tendenzen, Gattungsverschmelzung, Intertextualität und Fragmentcharakter geprägt ist (Abdelkebir Khatibi [* 1938], Malek Alloula [* 1938], Nabile Farès [* 1940], Habib Tengour [* 1947], Abdelwahab Meddeb [* 1946], Majid el-Houssi [* 1941]). Neben der literar. Auseinandersetzung mit der Sprache dominierten in der frankomaghrebin. Literatur der 1980er Jahre die virulent-satir. Gegenwartskritik (Rachid Mimouni [* 1945, † 1995], Abdelhak Serhane [* 1950], Fawzi Mellah [* 1946]) und die oft mythisch fabulierende Vergangenheitsbewältigung mit aktuellem Bezug (T. Ben Jelloun, Chraïbi, Memmi, Mellah, Tengour, Assia Djebar [* 1936], Tahar Djaout [* 1954, † 1993]). Daneben kommen zunehmend Schriftstellerinnen zu Wort, die Grenzen und Möglichkeiten weibl. Emanzipation ausloten (Assia Djebar, Hadjira Mouhoub [* 1945], Hawa Djabali [* 1949]). In Frankreich selbst entstand mit Leïla Sebbar (* 1941), Mehdi Charef (* 1952), Farida Belghoul (* 1958), Azout Begag (* 1957), Ahmed Kalouaz (* 1952) u. a. die Literatur der ›Beurs‹, die das Leben der maghrebin. Einwanderer der zweiten Generation schildert. Die m. L. frz. Sprache ist mit Autoren wie T. Ben Jelloun zum festen Bestandteil der frankophonen Literatur geworden. Demgegenüber bewegt sich die arab. Literatur des Maghreb noch vielfach im Rahmen einer traditionell eher didaktisch-diskursiven Prosa und eines überkommenen Kanons erstarrter poet. Formen: In formalen Neuerungen mit Ausnahmen – v. a. in Tunesien (Ezzedine Al Madani [* 1938]) – eher zurückhaltend, umkreist sie dennoch weitgehend dieselben Probleme wie ihr frankophones Pendant: die Akkulturationsproblematik (Ali Al Douagi [* 1909]), den gesellschaftl. Wandel im Gefolge der Unabhängigkeit – soziale Spannungen und Stadt-Land-Kontraste (Abdel Kader Ben Cheikh [* 1929]) – sowie Probleme des Befreiungskrieges und der Agrarrevolution (Tahar Ouettar [* 1936], Abdelhamid Benhedouga [* 1925]).

Literatur: Anthologie des écrivains meghrébins d'expression française. Hg. v. A. MEMMI. Paris ²1965. – LACOSTE-DUJARDIN, C.: Le conte kabyle. Analyse ethnologique. Paris 1970. – DEJEUX, J.: Dictionnaire des auteurs maghrébins de langue française. Paris 1984. – AÏT HMADUŠ, M.-u-M.: Les isefra. Übers. v. M. MAMMERI. Paris 1987. – Hanin. Prosa aus dem Maghreb. Hg. v. R. KEIL. Hdbg. 1989. – Europas islam. Nachbarn. Studien zur Lit. u. Gesch. des Maghreb. Hg. v. E. RUHE. Wzb. 1989. – DÉJEUX, J.: La littérature féminine de langue française au Maghreb. Paris 1994. – DÉJEUX, J.: Maghreb. Histoire, sociologie et bibliographie. Paris 1993. – Passagers de l'occident. M. L. in frz. Sprache. Hg. v. J.-P. DUBOST u. V. TROST. Ausst.-Kat. Stg. 1994. – Zw. Fundamentalismus u. Moderne. Lit. aus dem Maghreb. Hg. v. H. FOCK u. a. Rbk. 1994.

magischer Realismus, 1. literar. Strömung nach dem 2. Weltkrieg, die dadurch gekennzeichnet ist, daß Wirklichkeit als Symbol oder Chiffre für eine andere (mag.) Wirklichkeit erscheint. So wird bei der Lektüre von H. Kasacks Roman ›Die Stadt hinter dem Strom‹ (1947) deutlich, daß diese Stadt nichts anderes ist als die Stadt der Toten, die nach Überschreitung des Flusses des Lebens betreten wird. In diesem Zusammenhang sind auch der Roman ›Das unauslöschl. Siegel‹ (1946) von E. Langgässer sowie u. a. Werke von E. Kreuder (›Die Gesellschaft vom Dachboden‹, 1946), H. E. Nossack, W. Warsinsky (›Kimmerische Fahrt‹, 1953) oder J. Daisnes zu sehen. – 2. Begriff, der die ›magisch-realist.‹ Struktur der gebrochenen Zeit (Neben- und Ineinander verschiedenster Zeit- und Wirklichkeitsebenen) der (v. a. phantast.) lateinamerikan. Literatur (20. Jh.) kennzeichnet (u. a. M. Á. Asturias, A. Roa Bastos, J. Cortázar, J. Rulfo, J. J. Arreola, G. García Márquez).

Literatur: JANIK, D.: Mag. Wirklichkeitsauffassung im hispanoamerikan. Roman des 20. Jh. Tüb. 1976.

Magnússon, Árni [isländ. 'magnusɔn], latinisiert Arnas Magnaeus, * Kvennabrekka (West-Island) 13. Nov. 1663, † Kopenhagen 7. Jan. 1730, isländ. Gelehrter. – 1701 Prof. für Philosophie und dän. Altertumskunde in Kopenhagen. M. sammelte und bearbeitete altnord., insbes. isländ. Handschriften und schuf so die noch heute bestehende, nach ihm benannte ›Arnamagnæanske sammling‹, die weitaus wichtigste Sammlung altnord. Handschriften.

Ausgabe: Á. M.s levned og skrifter. Kopenhagen 1930. 2 Bde.

Magnússon, Guðmundur [isländ. 'magnusɔn], isländischer Schriftsteller, † Trausti, Jón.

Mago, karthag. Schriftsteller der 1. Hälfte des 2. Jh. v. Chr. – Verfaßte eine Schrift in 28 Büchern über Landwirtschaft, die nach der Zerstörung Karthagos (146 v. Chr.) ins Lateinische und 88 v. Chr. ins Griechische übersetzt wurde und die antike landwirtschaftl. Fachliteratur stark beeinflußte.

Mahābhārata [maha'ba:rata; sanskr. = Die umfangreiche Geschichte der

Nachkommen Bhāratas], ind. Epos. Das aus 18 Büchern und einem Anhang, dem ›Harivaṃśa‹, bestehende Sanskrit-Epos gilt den Indern als Werk des Vyāsa. Tatsächlich ist es jedoch über Jahrhunderte gewachsen. Seine ältesten Teile sind vorbuddhistisch, sein Name wird von ↑ Pāṇini erwähnt. Eine Inschrift aus dem 6. Jh. kennt das M. in seinem heutigen Umfang von über 100 000 Doppelversen. – Thema des Epos ist der Kampf der verwandten, doch verfeindeten Geschlechter der Kauravas und der Pāṇḍavas. Bei einem Würfelspiel verlieren letztere – fünf Brüder mit ihrer gemeinsamen Frau Draupadī – ihr Reich und werden für 13 Jahre verbannt. Nach der Rückkehr enthält Duryodhana ihnen ihre Rechte vor; es kommt zu einer 18tägigen, für die Pāṇḍavas durch die Hilfe ihres Vetters Krischna siegreichen Schlacht. In die Haupterzählung, die nur etwa die Hälfte des M. ausmacht, sind zahlreiche Episoden eingeschoben, deren berühmteste die ↑ ›Bhagavadgītā‹ ist. Außerdem finden sich lehrhafte Abschnitte, die das M. zum Lehrbuch hinduist. Ethik machen. Ein histor. Kern ist nicht auszumachen. Kulturhistor. Daten weisen bis in den Anfang des 1. Jt. v. Christus. Das M., dessen Episoden und Schalterzählungen – darunter die Geschichte von ↑ Nala und Damayantī – oft den Stoff für klassische Sanskritdichtung abgaben, ist die bedeutendste Quelle für den frühen Hinduismus außerhalb der vedischen Priesterkreise.

Ausgaben: The M. Hg. v. P. CH. ROY. Kalkutta 1884–96. 18 Bde. Gekürzt ins Dt. übers. v. E. RÖMER. Düss. 15.–17. Tsd. 1981. – The M. Hg. v. V. S. SUKTHANKAR u. a. Puna 1933–72. 19 + 6 Bde. – The M. Engl. Übers. v. V. VYASA. Kalkutta 1968–80. 140 Bde. – The M. Hg. u. übers. v. J. A. B. VAN BUITENEN. Chicago (Ill.) 1980–83. 3 Bde.
Literatur: HOLTZMANN, A.: Das M. u. seine Theile. Kiel 1892–95. 4 Bde. Nachdr. Osnabrück 1971. 1 Bd. – HOPKINS, E. W.: The great epic of India. Kalkutta 1901. Nachdr. 1969. – OLDENBERG, H.: Das M. Gött. 1922. – SUKTHANKAR, V. S.: On the meaning of the M. Bombay 1957. – GEHRTS, H.: M. Bonn 1975.

Mahāvastu [sanskr. = Buch der großen Begebenheiten], buddhist. Text des Hīnayāna-Buddhismus. Das wohl seit dem 2. Jh. v. Chr. entstandene und etwa im 4. Jh. n. Chr. in seiner heutigen Gestalt abgeschlossene M. schildert, durch zahlreiche Jātakas unterbrochen, die Lebensgeschichte des Buddha.

Ausgaben: Mahavastu. Hg. v. E. SENART. Paris 1882–97. 3 Bde. – The Maharastu. Engl. Übers. Hg. v. J. J. JONES. London 1949–56. 3 Bde.
Literatur: LAW, B. C.: A study of the M. Kalkutta u. Simla 1930 u. Suppl.-Bd. – RAHULA, T.: A critical study of the M. Delhi 1978.

Mahen, Jiří [tschech. 'mahɛn], eigtl. Antonín Vančura, * Čáslav (Mittelböhm. Gebiet) 12. Dez. 1882, † Brünn 22. Mai 1939 (Selbstmord), tschech. Schriftsteller. – Lehrer, Bibliothekar, Redakteur, zeitweilig Dramaturg am Nationaltheater in Brünn; vielseitiger Vertreter des Impressionismus, der die verschiedensten Gattungen (Lyrik, Romane, Erzählungen, Essays) pflegte, v. a. aber mit seinen z. T. histor. Dramen Erfolg hatte; Repräsentant des tschech. ↑ Poetismus.

Werke: Kamarádi svobody (= Kameraden der Freiheit, R., 1909), První deště (= Die ersten Regenfälle, Dr., 1910), Mrtvé moře (= Das tote Meer, Dr., 1917), Chroust (= Der Maikäfer, Dr., 1920), Před oponou (= Vor dem Vorhang, Essay, 1921), Anglergeschichten (1921, dt. 1956).
Literatur: J. M. beletrista. Brünn 1979.

Mahfus (tl.: Maḥfūẓ), Nagib [max-'fuːs], * Kairo 11. Dez. 1911, ägypt. Schriftsteller. – Sein Werk (Romane, Erzählungen und Drehbücher) beschäftigt sich mit sozialen Problemen des ägypt. Kleinbürgertums, seit Nassers Revolution auch mit der mittelständ. ägypt. Jugend in ihrem Kampf für die Rechte der Arbeiterschaft. Bei einem Attentat 1994 erlitt er schwere Verletzungen. M. erwarb sich besondere Anerkennung durch den

Nagib Mahfus

Roman ›Die Midaq-Gasse‹ (1947, dt.
1985) und die Romantrilogie (›Kairoer
Trilogie‹) ›Zwischen den Palästen‹ (1956,
dt. 1992), ›Palast der Sehnsucht‹ (1957,
dt. 1993) sowie ›Zuckergäßchen‹ (1957,
dt. 1994). Er erhielt 1988 den Nobelpreis
für Literatur.
Weitere Werke: Der Dieb und die Hunde (R.,
1961, dt. 1980), Das Hausboot am Nil (R., 1966,
dt. 1982), Die Kinder unseres Viertels (R., 1967,
dt. 1990), Miramar (R., 1967, dt. 1989), Die
Kneipe Zur Schwarzen Katze (En., 1968, dt.
1993), Al-ǧarima[h] (= Das Verbrechen, E., 1973),
Ḥadra[t] al-muḥtaram (= Sehr geehrter Herr, R.,
1975), Die Moschee in der Gasse (En., dt. Ausw.
1978), Yawma qutila az-za'īm (= Als der Führer
ermordet wurde, En., 1985), Ḥadīt aṣ-ṣabāḥ
wal-masā' (= Morgen- und Abendunterhal-
tung, R., 1987), Ṣabāḥ al-ward (= Rosenmor-
gen, En., 1987), Quṣtumr (= Das ›Kuschtumr‹,
R., 1988), Die segensreiche Nacht (En., dt.
1994).
Literatur: MAHMOUD, M.: The unchanging hero
in a changing world. N. M.' al-liṣṣ wa'l-kilāb.
In: Journal of Arabic Literature 15 (1984), S.
58. – NIJLAND, C.: N. M. and Islam. An analysis
of some novels. In: Die Welt des Islams. N. S.
23–24 (1984), S. 136. – TIJANI, E.: L'histoire
d'amour et sa stratégie dans le roman historique
de N. M. In: Arabica 32 (1985), S. 25. – FÄHN-
DRICH, H.: N. Machfus. Mchn. 1991. – EL-
ENANY, R.: Naguib Mahfouz. The pursuit of
meaning. London 1993.

Mahler-Werfel, Alma Maria, geb.
Schindler, * Wien 31. Aug. 1879, † New
York 11. Dez. 1964. – Ab 1902 ∞ mit dem
Komponisten G. Mahler, dessen Briefe
sie 1924 herausgab. Nach Mahlers Tod
1911 und kurzer Beziehung zu O. Kokoschka heiratete sie 1915 den Architek-
ten W. Gropius und 1929 F. Werfel, mit
dem sie 1940 nach New York emigrierte.
Autobiographie ›Mein Leben‹ (engl.
1958, dt. 1960).
Literatur: MONSON, K.: A. M. M.-W. Mchn.
1985. – KEEGAN, S.: The bride of the wind. The
life and times of A. M.-W. Neuausg. New York
1992.

Mahlmann, Siegfried August, * Leipzig 13. Mai 1771, † ebd. 16. Dez. 1826, dt.
Dichter und Publizist. – Verlagsbuchhändler; leitete 1805–16 die ›Zeitung für
die elegante Welt‹, 1810–18 auch die
›Leipziger Zeitung‹. Von seinen vielfach
vertonten ›Gedichten‹ (1825) wurden
einige (›Mein Lebenslauf ist Lieb' und
Lust‹, ›Weg mit den Grillen und Sorgen‹)
volkstümlich; er schrieb ferner ›Erzäh-

lungen und Märchen‹ (1802) und die wit-
zige Kotzebue-Parodie ›Herodes von
Bethlehem‹ (1803).
Ausgabe: A. M. Sämtl. Schrr. Lpz. 1839–40.
8 Bde.

Mahmut Abdülbaki [türk. mah'mut
abdylba:'ki], * Konstantinopel (heute
Istanbul) 1526 oder 1527, † ebd. 7. Nov.
1600, türk. Dichter. – Wegen seiner
Dichtungen, die sich durch meisterhafte
Beherrschung der Form, hohe Musikalität, Gedankentiefe und elegante Sprache
auszeichnen und auch pers. Einfluß verraten, am Hofe Suleimans II., Selims II.
und Murads III. hochgeschätzt, wurde er
zum Poeta laureatus ernannt. Sein
Hauptwerk ist sein Diwan (dt. 1825), der
auch sein Meisterwerk, die Ode auf den
Tod Suleimans II., enthält.
Ausgabe: Baki's Dīwān Ghazalyjàt. Nach den
Hss. von Leiden u. Wien hg. v. R. DVORÁK. Leiden 1908–11. 2 Bde.

Mahnworte des Ipu-wer (Admonitions of an Egyptian sage), aus der
19. Dynastie (um 1250 v. Chr.) überlieferter ägypt. Text, der auf eine 400 Jahre
ältere Vorlage zurückgeht, die ihrerseits
die chaot. Zustände am Ende des Alten
Reiches (2135 v. Chr.) schildert oder vielleicht auch nur die dort entwickelte To-
pik wieder aufgreift. Die zur Auseinandersetzungsliteratur gehörenden M. des
I. sind zweigeteilt: Auf die Chaosbe-
schreibungen der Klagen folgt das Gespräch mit dem Schöpfergott, dessen Inhalt wegen großer Lücken unklar bleibt.
Die langen Reihen der Klagen, die durch
gleiche Spruchanfänge in Serien eingeteilt sind, schildern die allgemeine Not-
lage und die Mißstände in der Gesellschaft, in der die Herren zu Sklaven und
die Sklaven zu Herren geworden sind
und die Güter ihre Besitzer gewechselt
haben. Alles, was die Klagen an menschl.
Bösen ausbreiten, dient dazu, es dem
Schöpfergott zum Vorwurf zu machen:
Er habe die Welt schlecht eingerichtet
und lasse seither den Dingen seinen
Lauf. Die Antwort des Schöpfergottes ist
nicht erhalten.
Ausgabe: GARDINER, A. H.: The admonitions of
an Egyptian sage from a hieratic papyrus in Leiden. Lpz. 1909. Nachdr. Hildesheim 1969.
Literatur: FECHT, G.: Der Vorwurf an Gott in
den ›Mahnworten des Ipu-wer‹. Hdbg. 1972.

Mahsati (tl.: Mahsatī; Mahasti, Mahseti), Dabire-je Gandschawi [pers. mæhsæ'ti:], pers. Dichterin des 12. Jahrhunderts. – Lebte in Gandscha (heute Kirowabad); angebl. Verfasserin zahlreicher erot. Vierzeiler, die in vielen Varianten eines populären spätmittelalterl. Volksromans erhalten und noch heute sehr beliebt sind.
Ausgabe: MEIER, FRITZ: Die schöne M. Dt. Übers. u. Komm. Wsb. 1963.

Maigrot, Émile [frz. mɛ'gro], frz. Schriftsteller, ↑ Henriot, Émile.

Maikow (tl.: Majkov), Apollon Nikolajewitsch [russ. 'majkɐf], * Moskau 4. Juni 1821, † Petersburg 20. März 1897, russ. Lyriker. – Übersetzer Goethes und H. Heines; vertrat in seiner formstrengen Lyrik das Prinzip der reinen Kunst; seine der Anakreontik nahestehenden Gedichte weisen Einflüsse u. a. von Horaz und Puschkin auf; Einflüsse aus der Dichtung der klass. Antike wirkten auch auf sein dramat. Werk; bed. Versübersetzung (1866–70) des ›Igorlieds‹; später Annäherung an die Slawophilen.
Weitere Werke: Drei Tode (Dr., 1857, dt. 1884), Dva mira (= Zwei Welten, Dr., 1881), Gedichte (dt. Ausw. 1901).
Ausgabe: A. N. Majkov. Izbrannye proizvedenija. Leningrad 1977.
Literatur: ÖZATA, M.: Die polit. Dichtung A. Majkovs. Diss. Tüb. 1972.

Maikow (tl.: Majkov), Nikolai [russ. 'majkɐf], russ. Mönch, Kirchenpolitiker und -schriftsteller, ↑ Nil Sorski.

Mailer, Norman [engl. 'mɛɪlə], * Long Branch (N. J.) 31. Jan. 1923, amerikan. Schriftsteller. – Lebt seit seiner Kindheit

Norman Mailer

in Brooklyn (N. Y.); studierte an der Harvard University (1939–43) und an der Sorbonne in Paris (1947); Soldat im Pazifik (1944–46). M. führt ein sehr bewegtes Leben mit polit. Engagement und exi stentialist. Einstellung. Sein umfassendes Werk sprengt bei der Darbietung seiner scharfsinnigen und oft polemisch abgefaßten Analysen der amerikan. Gegenwartskultur konventionelle Gattungsgrenzen, um sein Ziel einer radikalen Bewußtseinsveränderung zu verwirklichen. Nach M. ist die amerikan. Gesellschaft von destruktiver Gewalt und Sexualität bestimmt, die der Künstler allerdings auch kreativ zum Wandel nutzen kann. Dies zeigt sich sowohl an seinem Erstlingserfolg, dem auf persönl. Erlebnissen beruhenden, naturalist. und antimilitarist. Kriegsroman ›Die Nackten und die Toten‹ (1948, dt. 1950), bei der Behandlung radikaler polit. Anschauungen (›Am Rande der Barbarei‹, R., 1951, dt. 1952), in seiner Satire auf Hollywood (›Der Hirschpark‹, R., 1955, dt. 1955), in der Darstellung zwischenmenschl. Beziehungen (›Der Alptraum‹, R., 1965, dt. 1965), in der auf den Vietnamkrieg projizierten Analyse amerikan. Virilität (›Am Beispiel einer Bärenjagd‹, R., 1967, dt. 1970), bei den vom Autor mitgestalteten und als Ineinandergreifen von Geschichte und Fiktion dargestellten Protestaktionen gegen das militär. Engagement in Vietnam (›Heere aus der Nacht‹, 1968, dt. 1968; Pulitzerpreis 1969) und gegen die Politik der beiden großen Parteien (›Nixon in Miami und die Belagerung von Chicago‹, 1968, dt. 1969), in seiner Reflexion über die Wiedereinführung der Todesstrafe und das Gesetz des (Wilden) Westens am Beispiel von Gary Gilmore (›Gnadenlos. Das Lied vom Henker‹, 1979, dt. 1979; Pulitzerpreis 1980) als auch in der kom. Verarbeitung des Machokults bei D. Hammetts Detektivromanen (›Harte Männer tanzen nicht‹ R., 1984). Histor. Vorstufen dieser Kombination von Sexualität, Macht und Gewalt, die in dem ambitiösen Roman ›Frühe Nächte‹ (1983, dt. 1983) gestaltet sind, sieht M. im alten Ägypten. Dokumente seiner weitgestreuten Interessen und seines journalist. Sinns für aktuelle Ereignisse sind die Darlegung seiner po-

lit. und ästhet. Ideen (›The white negro‹,
1957), seine Stellungnahme zur Mond-
landung (›Auf dem Mond ein Feuer‹,
1970, dt. 1971), seine Auseinandersetzung mit dem Feminismus (›Gefangen
im Sexus‹, 1971, dt. 1972), seine Reportage des Boxkampfes zwischen Muham-
med Ali und G. Foreman (›Der Kampf‹,
1975, dt. 1976), seine Bewunderung für
Marilyn Monroe (›Marilyn Monroe.
Eine Biographie‹, 1973, dt. 1973; ›Ich,
Marilyn M. Meine Autobiographie‹,
1980, dt. 1981) sowie für das Werk Henry
Millers (›Genius and lust‹, 1976). M.
schreibt gelegentlich auch Dramen, Gedichte und Drehbücher.
Weitere Werke: Reklame für mich selber (En.,
Essays u.a., 1959, dt. 1963), Pieces and pontific-
ations (Essays und Interviews, 1982), Harlot's
ghost (R., 1991, dt. 2 Bde.: Gespenster. Das
Epos der geheimen Mächte. Ring 1, 1991;
Feinde. Das Epos der geheimen Mächte. Ring 2,
1992), Die Sprache der Männer. Prosa aus den
Jahren 1939–1963 (dt. Ausw. 1993).
Ausgabe: The essential M. Sevenoaks 1982.
Literatur: POIRIER, R.: N. M. New York 1972. –
RADFORD, J.: N. M. A critical study. London
1975. – BUFITHIS, PH.: N. M. New York 1978. –
MERRILL, R.: N. M. Boston (Mass.) 1978. –
GORDON, A.: An American dreamer. A psycho-
analytic study of the fiction of N. M. Ruther-
ford (N.J.) 1980. – MILLS, H.: M. A biography.
Sevenoaks Neuaufl. 1985. – MANSO, P.: M. His
life and times. New York 1985. – Critical essays
on N. M. Hg. v. J. M. LENNON. Boston (Mass.)
1986. – ROLLYSON, C. E.: The lives of N. M. A
biography. New York 1991.

Maillet, Antonine [frz. ma'jɛ], * Buc-
touche (New Brunswick) 10. Mai 1929,
kanad. Schriftstellerin. – Besuchte die
Universitäten von Montreal und Laval,
wo sie heute lehrt. Sie repräsentiert die
Literatur Akadiens, der frankophonen
Sprachinseln in den Atlantikprovinzen,
benutzt deren antiquierte Französisch
und die indigenen Erzähltraditionen.
Der Erfolg von ›La Sagouine‹ (1971) – 16
Monologe einer 72jährigen Putz- und Fi-
schersfrau und Ex-Prostituierten – lenkte
das Interesse auf ihr Werk: ›Pointe-aux-
Coques‹ (1958), eine Dorfchronik, ›On a
mangé la dune‹ (1962), Geschichten über
Kinder, und ›Par derrière chez mon père‹
(1972), pittoreske Skizzen und Porträts.
›Rabelais et les traditions populaires en
Acadie‹ (1972) sammelt Archaismen;
›Les crasseux‹ (1968) ist ein Dialekt-

drama, ›Don l'original‹ (1972) ein Phan-
tasiestück. M. liebt volkstümliche Typen,
wie in ›Gapi et Sullivan‹ (R., 1973). Ihr
Roman ›Pélagie-la-Charrette‹ (1979), die
Odyssee der in den 1750er Jahren von
den Engländern deportierten Akadier,
erhielt als erstes nicht aus Frankreich
stammendes französisches Buch 1979
den Prix Goncourt.
Weitere Werke: Mariaagélas (R., 1973), Évan-
géline Deusse (Dr., 1975), Cent ans dans les bois
(R., 1981), Le huitième jour (R., 1986), Margot
la folle (Dr., 1987), Bären leben gefährlich (R.,
1990, dt. 1992).
Literatur: La réception des œuvres d'A. M.
Actes du colloque organisé par la Chaire d'études acadiennes. Hg. v. M. MAILLET u. J. HAMEL.
Monctou 1989.

Maimonides, Moses, eigtl. Rabbi
Mose Ben Maimon, genannt Rambam,
* Córdoba 30. März 1135, † Al Fustat
(heute Kairo) 13. Dez. 1204, jüd. Gelehrter, Philosoph und Arzt. – Lebte ab 1165
in Ägypten, wo er als Arzt und Repräsentant der ägypt. Judenheit tätig war. M.
gilt als der bedeutendste jüd. Religionsphilosoph des MA. Zugleich genießt er
als Kodifikator des jüd. religiösen Gesetzes höchste Anerkennung. Seine Hauptwerke sind: 1. ein Kommentar zur
Mischna, der in arab. Sprache (›Kitāb
As-Sirāǧ‹ [= Buch der Beleuchtung];
1168 vollendet) geschrieben und später
ins Hebräische übersetzt wurde. Hier formulierte M. die 13 Glaubensartikel, die
später Aufnahme in das jüd. Gebetbuch
gefunden haben. 2. ›Mišnē tôrä‹ (= Wiederholung der Lehre [1180 vollendet]),
worin er in glänzendem Hebräisch in 14
Büchern das religiöse Gesetzes- und Tra-
ditionsgut systematisiert. 3. ›Sefer ham-
miẓwot‹ (= Buch der Gebote; ursprüngl.
arab. Titel ›Kitāb Al-Waṣāyā‹ [entst. vor
1180]), das von den 248 Geboten und 365
Verboten der Thora handelt. 4. ›Môrê ně-
vūḳîm‹ (= Führer der Unschlüssigen,
Verwirrten). Das ursprünglich in arab.
Sprache (›Dalālāt al-ḥā'irīn‹ [1190 voll-
endet]) geschriebene Werk wurde von
dem jüd. Naturforscher und Philosophen
Samuel Ibn Tibbon (* 1150, † 1230) noch
zu Lebzeiten M.' ins Hebräische übertragen. In diesem zentralen Werk der mittelalterl. jüd. Religionsphilosophie sucht
M. einen Ausgleich zw. Aussagen des

Aristotelismus und jüd. Glaubenslehren herbeizuführen, wobei er auch neuplaton. Elemente übernimmt. M. hat auf die christl. Scholastik stark eingewirkt, v. a. auf Albertus Magnus und Thomas von Aquin. In seinen Schriften zur Medizin folgt M. weitgehend den Anschauungen Galens.

Literatur: MAIER, JOHANN: Gesch. der jüd. Religion. Bln. 1972. – TWERSKY, I.: Introduction to the code of M. New Haven (Conn.) 1980. – M. M. Physician, scientist, and philosopher. Hg. v. F. ROSNER. Northvale (N. J.) 1993.

Mainard, François [frz. mɛ'na:r], frz. Dichter, † Maynard, François.

Maiorescu, Titu Liviu, * Craiova 27. Febr. 1840, † Bukarest 1. Juli 1917, rumän. Schriftsteller, Philosoph und Politiker. – Wurde 1872 Prof. für Philosophie in Jassy, ab 1884 in Bukarest; 1912/13 Ministerpräsident. Vertrat eine idealist. Philosophie nach dem Vorbild des dt. Idealismus; führendes Mitglied der Junimea; gilt als eigentl. Begründer und größter Vertreter der rumän. Literaturkritik, Reformator der rumän. Orthographie und einer der bedeutendsten Anreger und Förderer der rumän. Literatur.

Werke: Poezia română (1867), Logica (Schrift, 1876), Critice (3 Bde., 1892/93), Discursuri parlamentare (5 Bde., 1897–1915), Însemnări zilnice (Tagebücher, 3 Bde., hg. 1937–43).
Literatur: TODORAN, E.: M. Bukarest 1977. – ORNEA, Z.: Viața lui T. M. Bukarest 1986–88. 2 Bde.

Mairet, Jean [de] [frz. mɛ'rɛ], ≈ Besançon 10. Mai 1604, † ebd. 31. Jan. 1686, frz. Dramatiker. – Aus ursprünglich dt. Familie; ging früh nach Paris, wo er die Gunst des Herzogs von Montmorency gewann; 1650 Resident der Franche-Comté in Paris, zeitweilig aus der Hauptstadt verbannt. Erhob im Vorwort zu seiner pastoralen Tragikomödie ›Silvanire‹ (1631) als einer der ersten die Forderung nach den † drei Einheiten. Von seinen Dramen sind bes. zu nennen: ›Les galanteries du duc d'Ossonne‹ (1632) und ›Sophonisbe‹ (1635), sein Meisterwerk, die erste regelmäßige frz. Tragödie vor P. Corneille.

Ausgaben: J. de M. Silvanire. Hg. v. H. OTTO. Bamberg 1890. – J. de M. La Sophonisbe. Hg. v. CH. DÉDEYAN. Paris Neuaufl. ²1969.
Literatur: KAY, W. B.: The theatre of J. M. Diss. University of California Los Angeles (Calif.)

1965. – DOTOLI, G.: Matière et dramaturgie du théâtre de M. Paris 1976.

Maironis, eigtl. Jonas Mačiulevičius-Mačiulis, * Pasandravis bei Raseiniai 2. Nov. 1862, † Kaunas 28. Juni 1932, litauischer Dichter. – Sohn eines wohlhabenden Bauern; kath. Priester, ab 1909 Rektor des Priesterseminars, ab 1922 Prof. für Moraltheologie in Kaunas. Mit seiner romantisch-idealisierenden Dichtung (Lyrik, Versepen) wurde er zu einem der Wegbereiter des litauischen nat. Erwachens und durch die Einführung des akzentuierenden anstelle des bis dahin übl. silbenzählenden Verses zum Reformator der litauischen Verskunst, der sich damit eine freie und den Eigentümlichkeiten der litauischen Sprache Rechnung tragende Entwicklung eröffnete.

Werke: Pavasario balsai (= Frühlingsstimmen, Ged., 1895), Jaunnoji Lietuva (= Junglitauen, Epos, 1895), Vytautas-Dramentrilogie: Kęstučio mirtis (= Der Tod des Kestutis, 1921), Vytautas pas kryžiuočius (= Vitautas bei den Kreuzrittern, 1930), Vitautas karalius (= Vitautas der König, 1930).
Ausgabe: M. Rinktiniai raštai. Wilna 1956. 2 Bde.
Literatur: ZABORSKAITĖ, V.: M. Wilna 1968.

Mais, Roger [engl. mɛɪs], * Kingston 11. Aug. 1905, † Saint Andrew 20. Juni 1955, jamaikan. Schriftsteller. – Seine realist. Schilderungen des Lebens in den Slums jamaikan. Städte waren von großem Einfluß auf jüngere Autoren; neben Prosa auch Gedichte und Dramen.

Werke: Face and other stories (En., 1942), And most of all men (En., 1943), Und alle Hügel sollen jubilieren (R., 1953, dt. 1983), Sie nannten ihn Bruder Mensch (R., 1954, dt. 1967), Black lightning (R., 1955).
Literatur: SERTIMA, J. VAN: Caribbean writers. London 1968.

Maistre, Xavier Graf von [frz. mɛstr], * Chambéry 8. Nov. 1763, † Petersburg 12. Juni 1852, frz. Schriftsteller. – Diente anfangs im sardin., später im russ. Heer, aus dem er 1817 als Generalmajor ausschied; schrieb teils naiv-sentimentale, teils sarkast. Erzählungen aus der Zeit der Vorromantik. Bekannt wurde v. a. die Idylle ›Die Reise um mein Zimmer‹ (1795, dt. 1875).

Weitere Werke: Der Aussätzige von Aosta (E., 1811, dt. 1841), Die Gefangenen im Kaukasus (E., 1815, dt. 1877), Die junge Sibirierin (E., 1815, dt. 1856), Nachtfahrt um mein Zimmer (E., 1825, dt. 1892).

Ausgabe: X. de M. Œuvres complètes. Hg. v. M. SAINTE-BEUVE. Paris Neuaufl. 1925.
Literatur: LA FUYE, M. DE: X. de M. gentilhomme européen. Tours 1934. – X. de M. Hg. v. H. DANIEL-ROPS u. a. Chambéry 1953.

Maistre Pierre Pathelin [frz. mɛ-trəpjɛrpa'tlɛ̃], berühmteste frz. Farce des MA, entstanden etwa 1465 (ältester erhaltener Druck: Lyon 1485/86); die Verfasserfrage ist ungeklärt; Held ist ein betrüger. Advokat, der zum Schluß selbst betrogen wird. Das Werk ist eine Satire gegen den Advokaten- und Kaufmannsstand; zahlreiche Nachdichtungen, u. a. von J. Reuchlin und H. Sachs.
Ausgaben: LETTENBAUER, K.: Meister P. P. Nach der 1. Ausg. vom Jahre 1485/86 umgedichtet. Darmst. 1941. – M. P. P., farce du XVᵉ siècle. Hg. v. R. T. HOLBROOK. Paris ²1970.
Literatur: LEWICKA, H.: Pour la localisation de la farce ›Mᵉ Pathelin‹. In: Bibliothèque d'Humanisme et de Renaissance 24 (1962), S. 273. – RAUHUT, F.: Die Kunst des Dialogs in der Exposition des M. P. P. In: Zs. f. roman. Philologie 81 (1965), S. 41. – PAYEN, J. CH.: La farce et l'idéologie. Le cas de M. Pathelin. In: Le moyen français 8–9 (1983), S. 7.

Mai und Beaflor, Mitte des 13. Jh. entstandene mhd. Verserzählung eines unbekannten Verfassers aus dem bayrisch-österr. Sprachraum; dt. Fassung eines im MA in vielen Versionen verbreiteten Stoffes mit dem Hauptmotiv der unschuldig verstoßenen Frau. Der Stoff begegnet erstmals in der ›Vita Offae primi‹, später u. a. bei Ph. de Beaumanoir (›La Manekine‹), im frz. Roman ›La belle Hélène de Constantinople‹ (13. Jh.), in der span. ›Historia del Rey de Hungaria‹ (14. Jh.), bei J. Gower (›Confessio amantis‹, um 1390), G. Chaucer (›Man of law's tale‹) und Hans von Bühel (›Die Königstochter von Frankreich‹, 1401).
Ausgabe: M. u. B. Hg. v. W. VOLLMER. Lpz. 1848. Nachdr. Hildesheim 1974.

Maiwald, Peter, * Grötzingen (Landkreis Nördlingen) 8. Nov. 1946, dt. Schriftsteller. – Verfasser zahlreicher gesellschaftskrit. Kurzgedichte und Aphorismen. Sein Gedichtband ›Balladen von Samstag auf Sonntag‹ (1984) enthält Sonette, Balladen und Moritaten, die den Alltag kleiner Leute beschreiben. Mit klarer, genauer Sprache, die durchsetzt ist mit Wortspielen, gelingt es M., zum Nachdenken anregende Aussagen zu vermitteln.

Weitere Werke: Geschichten vom Arbeiter B. Haltungen und Redensarten (Ged., 1975), Antwort hierzulande (Ged., 1976), Die Leute von der Annostraße (Ged., Lieder, 1979), Guter Dinge (Ged., 1987), Springinsfeld (Ged., 1992), Wortkino. Notizen zur Poesie (1993).

Wladimir Wladimirowitsch Majakowski

Majakowski (tl.: Majakovskij), Wladimir Wladimirowitsch [russ. mʌji'kofskij], * Bagdadi (heute Majakowski bei Kutaissi, Georgien) 19. Juli 1893, † Moskau 14. April 1930 (Selbstmord), russ.-sowjet. Schriftsteller. – Ab 1906 in Moskau; 1908 Bolschewik, Verhaftung; Kunststudium; gehörte 1912 zu den Unterzeichnern des futurist. Manifests ›Eine Ohrfeige dem allgemeinen Geschmack‹ (dt. 1967; ↑ auch LEF), Druck seiner ersten lyrisch-individualist. Gedichte 1912/13; ab der Oktoberrevolution polit. Agitationsdichtung, berühmt als Rezitator eigener Gedichte; Reisen, u. a. 1925 nach Mexiko und in die USA. M.s Neigung zum Paradoxen, Auffallenden, zu skurrilen Groteskerien gibt seiner Dichtung einen bes. Reiz, ebenso seine Tendenz zu revolutionärem, kämpfer. Pathos und greller Rhetorik. Seine bedeutendste vers- und reimtechn. Leistung ist die Verwirklichung der Erkenntnis der Symbolisten, daß im russ. Vers zwischen den Hebungen die Zahl der unbetonten Silben – mit Einschränkung – beliebig ist, und die Einführung der oft aus mehreren Wörtern zusammengesetzten phonet. Reime, deren Ungewöhnlichkeit neben der Kühnheit der rhetor. Figuren sein stilist. Hauptmerkmal ist; Vorliebe für entfaltete Metaphern. M.s Dramen sind satirisch oder parodistisch.

Werke: Wolke in Hosen (Poem, 1915, dt. 1949), Die Wirbelsäulenflöte (Poem, 1916, dt. 1949), Der Mensch (Poem, 1918, dt. 1949), Mysterium buffo (Dr., 1918/1921, dt. 1960), 150 000 000 (Ged., 1921, dt. 1925), Ich liebe (Poem, 1922, dt. 1952), Darüber (Poem, 1923, dt. 1985, 1994 u. d. T. Das bewußte Thema), Wladimir Iljitsch Lenin (Poem, 1925, dt. 1940), Wie macht man Verse? (1926, dt. 1949), Gut und Schön (Poem, 1927, dt. 1940), Die Wanze (Kom., 1929, dt. 1959), Das Schwitzbad (Dr., 1930, dt. 1960), Aus vollem Halse (Ged., dt. Ausw. 1983). **Ausgaben:** V. V. Majakovskij. Polnoe sobranie sočinenij. Moskau 1955–61. 13 Bde. – V. V. Majakovskij. Sobranie sočinenij. Moskau 1978. 12 Bde. – W. M. Werke. Dt. Nachdichtung v. H. HUPPERT. Hg. v. L. KOSSUTH. Ffm. 1980. 10 Bde. **Literatur:** VINOKUR, G. O.: Majakovskij – novator jazyka. Moskau 1943. Nachdr. Mchn. 1967. – STORCH, W.: V. Majakovskij. Velber 1969. Neuausg. Mchn. 1977. – BROWN, E. J.: Mayakovsky. Princeton (N. J.) 1973. – PERCOV, V. O.: Majakovskij. Moskau ³1976. 3 Bde. – HUPPERT, H.: W. M. Rbk. 19.–21. Tsd. 1977. – V. V. Majakovskij gewidmet. Hg. v. P. BUKOWSKI u. a. Hamb. 1977. 2 Bde. – FRIOUX, C.: Mayakovski. Neuausg. Paris 1978. – STAPANIAN, J. R.: Cubist ›vision‹ in the early lyrics of V. V. Majakovskij. Diss. University of Wisconsin 1980. – THUN, N.: M. Maler u. Dichter. Tüb. 1993.

Majerová, Marie [tschech. ˈmajɛrɔva:], eigtl. M. Bartošová, * Úvaly bei Prag 1. Febr. 1882, † Prag 16. Jan. 1967, tschech. Schriftstellerin. – Journalistin; kulturpolitisch aktive Sozialistin; schilderte in realist. Romanen und Novellen die Welt der Arbeiter, gestaltete mit psycholog. Feinheit Frauencharaktere; auch Reiseberichte, Kinderbücher; Übersetzungen aus dem Frz. und Deutschen. **Werke:** Platz der Republik (R., 1914, dt. 1951), Die schönste aller Welten (R., 1922, dt. 1952), Die Sirene (R., 1935, dt. 1950), Bergmanns-Ballade (R., 1938, dt. 1951), Der entzauberte Garten (En., 1951, dt. 1952). **Ausgabe:** M. M. Spisy. Prag 1952–61. 19 Bde. **Literatur:** HÁJEK, J.: M. M. aneb román a době. Prag ³1982.

Majkov, Apollon Nikolaevič, russ. Lyriker, ↑ Maikow, Apollon Nikolajewitsch.

Majkov, Nikolaj, russ. Mönch, Kirchenpolitiker und -schriftsteller, ↑ Nil Sorski.

Makal, Mahmut, * bei Niğde (Anatolien) 1930, türk. Schriftsteller. – Wurde 1950 als Verfasser einer Reportage ›Un-ser Dorf in Anatolien‹ (dt. 1971) bekannt, in der er die desolaten Zustände eines beliebigen anatol. Dorfes, die bis dahin nicht als ›literaturfähig‹ gegolten hatten, in hyperrealist. Manier offenlegte. M. leitete mit diesem Buch, das zum ersten ›Bestseller‹ in der Türkei wurde, die Periode der sog. türk. Dorfliteratur ein, in der bis in die siebziger Jahre die sozialen Mißstände und Probleme des anatol. Dorflebens unzählige Male thematisiert wurden.

Makame [arab. eigtl. = Sitzung, Zusammenkunft, auch: die dort gehaltenen Reden], eine Form arab. Stegreifdichtung, die ihren Ursprung in den Unterhaltungen bei Gelehrtentreffen an arab. Fürstenhöfen hatte. Sie wurde als rhetorisch-poet. Kunstform in metrisch freier Reimprosa mit Verseinlagen gestaltet sowie mit Sinnsprüchen, literar. Zitaten usw. geschmückt. Die einzelnen M.n wurden durch einen fiktiven Erzähler zusammengehalten, der durch sprachl. Witz und Schlagfertigkeit glänzte. Durch die Gestalt des Erzählers, der von Ort zu Ort wandert und immer wieder neue Proben seines Witzes und seiner Beredsamkeit liefert, wirkten die M.n prägend auf die hebr. Literatur des MA sowie auf den späteren ↑ Schelmenroman. Meister der M. sind Al Hamadhani und Al Hariri.

Makanin, Wladimir Semjonowitsch, * Orsk (Gebiet Orenburg) 13. März 1937, russ. Schriftsteller. – Herausragender Vertreter der Stadtprosa; in Romanen und Erzählungen kritisch-witzige Darstellung des Moskauer Lebens. **Werke:** Schönes Mädchen mit den grauen Augen (R., 1976, dt. 1978), Der Mann mit den zwei Gesichtern (R., 1978, dt. 1986), Stimmen – Romancollage (1980, dt. 1983), Der Wunderheiler (R., 1983, dt. 1984), Gde schodilos' nebo s cholmami (= Wo der Himmel die Erde berührt, En., 1984), Moskau 1985 (En., dt. Ausw. 1985), Menschenbilder (En., dt. 1987), Der Nachzügler (R., 1988, dt. 1992), Der Verlust (R., 1989, dt. 1989), Das Schlupfloch (R., 1991, dt. 1991). **Literatur:** STOLZ-HLADKY, Z.: Studien zur Poetik V. S. M.s. Diss. Bern 1992.

Makarenko, Anton Semjonowitsch [russ. maˈkarınkɛ], * Belopolje (Gebiet Sumy) 13. März 1888, † Moskau 1. April 1939, russ.-sowjet. Schriftsteller und Pädagoge. – Lehrer in der Ukraine; begründete 1920 bei Poltawa die Gorki-

Kolonie, die erste Arbeitskolonie zur Resozialisierung verwahrloster Jugendlicher (sog. Besprisornyje); ab 1937 in Moskau, wo er auch literarisch tätig war; von Gorki unterstützt. M. ging über die bloße Tatsachenliteratur hinaus.
Werke: Der Weg ins Leben – Ein pädagog. Poem (R., 3 Tle., 1933–36, dt. 1950), Ein Buch für Eltern (1937, dt. 1952; mit G. S. Makarenko), Flaggen auf den Türmen (R., 1938, dt. 1952). **Ausgaben:** A. S. M. Sobranie sočinenij. Moskau 1971. 5 Bde. – A. S. M. Ges. Werke. Dt. Übers. Hg. v. L. FROESE. Ravensburg 1976 ff. 20 Bde. **Literatur:** RÜTTENAUER, I.: A. S. M. Freib. u. a. 1965. – GARTMANN, E.: Das ›Pädagog. Poem‹ A. S. M.s. Diss. Marburg 1978. – RUDAEVA, I. M./TURIČ, I. M.: A. S. M. Moskau 1978 (Bibliogr.). – M. Hg. v. G. HILLIG u. S. WEITZ. Darmst. 1979.

Makari (tl.: Makarij), * 1482, † 31. Dez. 1563, russ. orthodoxer Theologe. – Ab 1542 Metropolit von Moskau; Ratgeber Iwans IV.; förderte das Staatskirchentum; gab Anregungen zu repräsentativen chronikal., historisch-genealog. und hagiograph. Werken (↑ Stufenbuch, ↑ Tschetji minei); redigierte den ›Stoglav‹ (↑ russische Literatur).

makedonische Literatur, die Literatur der slaw. Makedonier, die nach Anläufen in der 2. Hälfte des 19. Jh. (die Brüder D. und K. Miladinov, R. Žinzifov, G. Prličev) erst im 20. Jh. (K. P. Misirkovs Schriftsprachenprogramm von 1903; die Lyriker K. Racin, Kole Nedelkovski [* 1912, † 1941]), insbes. nach Schaffung einer offiziellen makedon. Schriftsprache (1944) eine bes. Pflege erfährt. Nach 1945 war es zunächst die Lyrik, die – ausgehend von der Volksdichtung – Stilmittel der europ. Moderne aufnahm (B. Koneski, Aco Šopov [* 1923, † 1982], S. Janevski, der 1952 den ersten makedon. Roman schrieb). Die folgenden Jahre waren durch vorwiegend intime Lyrik (Gogo Ivanovski [* 1925], Srbo Ivanovski [* 1928]) und eine neue Sensibilität (Gane Todorovski [* 1929], Mateja Matevski [* 1921], Ante Popovski [* 1931]) gekennzeichnet. In der Prosa kam es bei den Vertretern der zweiten Nachkriegsgeneration zur Konfrontation zw. Realismus und Modernismus (Branko Pendovski [* 1927], Meto Jovanovski [* 1928], Dimitar Solev [* 1930], Simon Drakul [* 1930], Blagoja Ivanov [* 1931], Branko

Varosilja [* 1934]), dargestellt an Themen und Motiven über die Zerrissenheit und Widersprüchlichkeit des Menschen. In den 50er Jahren entstand auch das makedon. Drama (Kole Čašule [* 1921]). In den 60er Jahren fand die makedon. Lyrik den Anschluß an die moderne Weltliteratur (Šopov, Radovan Pavlovski [* 1937], Bogomil Duzel [* 1939], Petre Andreevski [* 1934], Petre Boškovski [* 1936], Vlada Uroševik [* 1934]). Anliegen der 2. Hälfte der 60er Jahre war die Symbolisierung der poet. Sprache (Mihail Rendžov [* 1926], Čedo Jakimovski [* 1940], Atanas Vangelov [* 1946]). Auch die Prosa läßt eine modernist. Ausrichtung, eine neue Sicht des Lebens und des histor. Schicksals des makedon. Volkes erkennen (Taško Georgievski [* 1935]). Es entstanden psychologisch fundierte Werke über die Kriegs- und Nachkriegszeit (Živko Čingo [* 1936, † 1978]), Dorfgeschichten (Metodija Fotev [* 1932]), imaginativ-phantast. Darstellungen des Lebens in der Stadt (Uroševik). Auch das Drama griff diese Themen auf (Tome Arsovski [* 1928]).
Neue Tendenzen in den 70er Jahren entwickelten sich v. a. durch Sprachexperimente (Eftim Kletnikov [* 1948], Risto Lazarov [* 1949], Katica Kulavkova [* 1951], Miloš Lindro [* 1952]). In der neuesten Prosa zeigt sich erneut eine Hinwendung zu den Problemen des Landlebens und zu histor. Themen (Andreevski), zu einer humoristisch-iron. sowie kritisch-moral. Betrachtung der Gesellschaft (Vladimir Kostov [* 1932], Božin Pavlovski [* 1942]) und zu national-patriot. Themen (Čašule, Jovan Strezovski [* 1931], Jovan Pavlovski [* 1937]). Die neuere fiktionale Prosa zeichnet sich zudem durch Groteske und schwarzen Humor aus (Zoran Kovačevski [* 1943]). Das Drama konzentriert sich auf national-ideolog. und moralisch-psycholog. Grundsituationen des Menschen (Goran Stefanovski [* 1952]).
Literatur: KONESKI, B.: Makedonskata literatura vo 19 vek. Skopje ²1952. – POLENAKO-VIK, H.: Stranici od makedonskata kniževnost. Skopje ²1969. – DRUGOVAC, M.: Contemporary Macedonian writers. Engl. Übers. Skopje 1976. – DRUGOVAC, M.: Povoenata makedonska literatura. Skopje 1979 ff. Auf 2 Bde. berechnet. – IVANOVIĆ, R.: Portreti na makedonski pi-

sateli. Skopje 1979. – IVANOVIĆ, R.: Književne paralele. Studije i ogledi o makedonskoj književnosti. Pula 1985. – Makedonska književnost. Bearb. v. T. SAZDOV u. a. Zagreb ²1991. – ↑auch kroatische Literatur.

Mäkelä, Hannu, *Helsinki 18. Aug. 1943, finn. Schriftsteller. – Gehört der sog. ›vaterlosen Generation‹ an; seine lyr. Begabung kommt auch in seinen Prosawerken zum Ausdruck (u. a. ›Matkoilla kaiken aikaa/Kylliksi! tai liikaa‹ [= Ständig auf Reisen/Genug! oder zu viel], R., 1965); Düsterheit, Finsternis und Verzweiflung sind seine Standardbegriffe (›Jos pettää sinut elämä‹ [= Sollte das Leben dich betrügen], Ged., 1975; ›Illan varjo‹ [= Der Schatten des Abends], Ged., 1979; ›Ikään kuin ihminen‹ [= Ähnlich wie ein Mensch], Ged., 1980). Seine Kinderbücher ›Herra Huu‹ (= Herr Hu, 1973–75), ›Hevonen joka hukkasi silmälasinsa‹ (= Das Pferd, das seine Brille verlegte, 1977) sind nach T. Janssons Mumin-Serie die meistgelesenen finn. Kinderbücher im Ausland. **Weiteres Werk:** Guten Tag, Herr Schneemann. Wie das kleine Mädchen seine große Traurigkeit überwand; ein kleiner Roman für Kinder (1989, dt. 1991).

makkaronische Dichtung (maccaron. Dichtung), kom. Dichtung, deren Wirkung auf der spieler. Verschmelzung zweier Sprachen beruht, wobei die eine v. a. das grammat. und syntakt. Grundgerüst liefert, dem das Wortmaterial aus der anderen Sprache angepaßt wird, z. B. ›Quisquis habet Schaden, pro Spott non sorgere debet‹. Die m. D. setzt bei Autor und Rezipient Kenntnis der benutzten Sprachen voraus, ist also scherzhafte Gelehrtendichtung, meist ↑Parodie oder ↑Satire. – Nach Vorläufern in der Spätantike hatte die m. D. ihre Blütezeit im Humanismus des 15./16. Jh.; Grundlage war dabei das Lateinische, durchsetzt mit Elementen der westeurop. Volkssprachen. Den muster- und namengebenden Anfang machte die um 1490 erschienene, 684 Verse umfassende Satire des Paduaners Tifi Odassi (†1492) ›Carmen Macaronicum de Patavinis quibusdam arte magica delusis‹. Hauptvertreter der m. D. war dann T. Folengo, Nachfolger sind Cesare Orsini (†1638) und in gewissem Sinne Camillo Scroffa (*um 1526,

†1565; Pseudonym Fidenzio Glottocrisio), der kom. Dichtungen in italien. Sprache mit lat. Einsprengseln schrieb (›Poesia fidenziana‹). In Frankreich wurde die m. D. aufgegriffen von Antonius Arena (†1544), R. Belleau und Molière; in England waren u. a. J. Skelton, W. Drummond, Richard Brathwaite (*1588, †1673) Vertreter der makkaron. Dichtung. In Deutschland finden sich Ansätze bei S. Brant, Th. Murner, H. Sachs und bes. bei J. Fischart, der in seiner ›Geschichtsklitterung‹ den Begriff ›m. D.‹ mit **Nuttelverse** (= Nudelverse) eindeutschte und an dessen ›Floeh Haz, Weiber Traz‹ (1573) die erste größere dt. m. D. anknüpft: die anonyme dt.-lat. ›Floia‹ (1593), die Vergils ›Äneis‹ parodiert. Später blieb die m. D. meist auf knappe Scherzworte beschränkt, wie das bekannte ›Totschlago vos sofortissime nisi vos benehmitis bene!‹ von B. Frhr. von Münchhausen. **Literatur:** PAOLI, U. E.: Il latino maccheronico. Florenz 1959. – DAHL, J.: Maccaron. Poetikum. Ebenhausen 1962.

Maksim Grek, russ. theolog. Schriftsteller griech. Herkunft, ↑Maxim Grek.

Maksimov, Vladimir Emel'janovič, russ. Schriftsteller, ↑Maximow, Wladimir Jemeljanowitsch.

Maksimović, Desanka [serbokroat. 'maksimɔvitɕ], *Rabrovica bei Valjevo 16. Mai 1898, †Belgrad 11. Febr. 1993, serb. Schriftstellerin. – Schrieb Naturlyrik mit idyllisch-eindringl. Schilderung des Dorflebens und zarte Liebeslyrik (u. a. ›Zeleni vitez‹ [= Der grüne Held], 1930; ›Miris zemlje‹ [= Duft der Erde], 1955; ›Nemam više vremena‹ [= Ich habe keine Zeit mehr], 1973); auch Romane (›Buntovan razred‹ [= Die rebell. Klasse], 1960) und Erzählungen mit sozialer und polit. Thematik; Kinderbücher. **Ausgabe:** D. M. Sabrana dela. Belgrad 1969. 7 Bde.

Makuszyński, Kornel [poln. maku-'ʃii̯ski], *Stryj (heute Stry, Gebiet Lemberg) 8. Jan. 1884, †Zakopane 31. Juli 1953, poln. Schriftsteller. – M., der als Lyriker unter dem Einfluß von L. Staff die strenge Form bevorzugte und sich als brillanter Verstechniker erwies, war einer der beliebtesten poln. Humoristen; bed.

sind seine Kriegsdichtungen; auch Romane und Erzählungen; wandte sich in den 20er Jahren der Jugendliteratur zu.
Ausgabe: K. M. Utwory wybrane. Krakau 1980 ff.

Málaháttr ['maːlahaːtɔr; altnord. = Redeton], altnord. Versmaß: fünfgliedrige, stabgereimte Langzeilen.

Malamud, Bernard [engl. 'mæləməd], * New York 26. April 1914, † ebd. 18. März 1986, amerikan. Schriftsteller. – War Prof. für engl. Literatur an der Oregon State University (1949–61) und ab 1961 am Bennington College (Vt.). M., einer der bed. jüdisch-amerikan. Schriftsteller der Nachkriegszeit, setzte die Tradition des amerikan. Romans des 19. Jh. (N. Hawthorne, Mark Twain, H. James) und das jüd. Kulturerbe (Scholem Aleichem) in der Moderne fort und verband sie oft mit existentialist. Positionen seiner Helden. Seine Romane und Kurzgeschichten, die die Notwendigkeit eines eth. Standpunkts im menschl. Leben wie in der Kunst betonen, weisen eine große themat. wie formale Vielfalt auf. Die frühen, als symbol. Romanze bzw. moral. Allegorie gesehenen Romane führen exemplarisch menschl. Versagen am Beispiel eines finanziellen und sexuellen Verlockungen erliegenden Baseballstars (›Der Unbeugsame‹, R., 1952, dt. 1984) vor, bzw. die Überwindung rücksichtsloser und krimineller Verhaltensweisen durch die dem jüd. Vorbild folgende Übernahme von Verantwortung für die Gemeinschaft (›Der Gehilfe‹, 1957, dt. 1961). Die Suche der Helden nach einer jüd. und damit letztlich humanen Identität manifestiert sich in kom. Gestaltung als akadem. Satire an M.s eigener Univ. in Oregon (›Ein neues Leben‹, R., 1961, dt. 1964), auf histor. Vorlage im Leiden der im zarist. Rußland verfolgten Juden (›Der Fixer‹, R., 1966, dt. 1968; Pulitzerpreis 1967) und schließlich in der Existenz des Schriftstellers der Gegenwart (›Die Mieter‹, R., 1971, dt. 1973; ›Die Leben des William Dubin‹, R., 1979, dt. 1980). M.s letzter Roman ›God's grace‹ (1982) ist eine apokalypt. Vision vom Untergang der Menschheit, die moral. und humanist. Werte aufgegeben hat.
Weitere Werke: Das Zauberfaß (En., 1958, dt. 1962), Schwarz ist meine Lieblingsfarbe (En.,

Bernard
Malamud

1963, dt. 1972), Bilder einer Ausstellung (En., 1969, dt. 1975), Rembrandt's hat (En., 1973), Two fables (En., 1978).
Ausgabe: The stories of B. M. London 1984.
Literatur: COHEN, S.: B. M. and the trial by love. Amsterdam 1974. – DUCHARME, R.: Art and idea in the novels of B. M. Den Haag u. Paris 1974. – B. M. A collection of critical essays. Hg. v. L. A. u. J. W. FIELD. Englewood Cliffs (N. J.) 1975. – The fiction of B. M. Hg. v. R. ASTRO u. J. J. BENSON. Corrallis (Oreg.) 1977. – HERSHINOW, S. J.: B. M. New York 1980. – ALTER, I.: The good man's dilemma. Social criticism in the fiction of B. M. New York 1981. – HELTERMAN, J.: Understanding B. M. Columbia (S. C.) 1985.

Malanjuk, Jewhen, * Jelisawetgrad (Kirowograd) 2. Febr. 1897, † New York 16. Febr. 1968, ukrain. Schriftsteller und Publizist. – Nahm 1918–20 am ukrain. Befreiungskampf teil; lebte dann in den USA; schrieb patriot. antikommunist. Lyrik; auch Essays über ukrain. Themen.

Malaparte, Curzio, eigtl. Kurt Erich Suckert, * Prato 9. Juni 1898, † Rom 19. Juli 1957, italien. Schriftsteller. – Sohn einer Italienerin und eines Deutschen; Journalist, u. a. 1928–31 Leiter der Zeitung ›La Stampa‹; zunächst Anhänger der Faschisten, später von ihnen verhaftet und 1933 auf die Lipar. Inseln verbannt; Kriegsberichterstatter, nach Kriegsende Verbindungsoffizier der US-Armee. Erregte Aufsehen durch seine dynamisch geschriebenen, polem. Kriegs- bzw. Nachkriegsromane ›Kaputt‹ (1944, dt. 1951) und v. a. ›Die Haut‹ (frz. 1949, italien. 1950, dt. 1950), in denen er schonungslos, in expressionist. Bildern Szenen menschl. Erniedrigung darstellt. Auch Filmregisseur (›Der verbotene Christus‹, 1950).

Weitere Werke: Avventure di un capitano di sventura (En., 1927), Blut (R., 1937, dt. 1959), Anche le donne hanno perso la guerra (Dr., 1954), Verdammte Toskaner (Prosa, 1956, dt. 1957), Der Zerfall (Essays, hg. 1959, dt. 1961), Verflixte Italiener (Prosa, hg. 1961, dt. 1962). **Literatur:** VEGLIANI, F.: M. Dt. Übers. Karlsr. 1958. – MARTELLI, G.: C. M. Turin 1968. – WITTSCHIER, H. W.: C. M. In: Italien. Lit. der Gegenwart in Einzeldarstt. Hg. v. J. HÖSLE u. W. EITEL. Stg. 1974. S. 160. – GUERRI, G. B.: L'arcitaliano. Vita di C. M. Mailand 1980. – Bibliografia Malapartiana. Hg. v. V. BARONCELLI u. a. Prato 1987. – M., scrittore d'Europa. Hg. v. G. GRANA. Prato 1992.

Curzio
Malaparte

Malchos, jüd.-hellenist. Geschichtsschreiber, ↑ Kleodemos.

Malcolm X [engl. ˈmælkəmˈɛks], eigtl. Malcolm Little, * Omaha (Nebr.) 19. Mai 1925, † New York 21. Febr. 1965, amerikan. Bürgerrechtler und Schriftsteller. – Beschreibt in seiner von A. Haley nach Tonbandaufnahmen erstellten, postum veröffentlichten und schlagartig berühmt gewordenen Autobiographie ›Der schwarze Tribun‹ (1965, dt. 1966) die bedeutendsten Stationen seines von Gewalt und politisch motivierter Religionsausübung bestimmten Lebens bis zu der während eines Gefängnisaufenthaltes erfolgten Konversion zum islam. Glauben der Black Muslims (›Lost-Found Nation of Islam in North America‹). Maßgeblich an Aufbau und Verbreitung dieser gegen die Weißen gerichteten radikalen Lehre beteiligt, wandelte er sich nach seiner Pilgerreise nach Mekka vom schwarzen Nationalisten zum universellen Humanisten. Er wurde von den Anhängern Elijah Muhammeds, des Gründers der militanten Religion, ermordet. M.s Autobio-

graphie hatte großen Einfluß auf die schwarze Befreiungsbewegung und gilt als Klassiker afroamerikan. Selbstdarstellung. **Ausgabe:** M. X speaks. Hg. v. G. BREITMAN. New York 1965. **Literatur:** M. The man and his times. Hg. v. J. H. CLARKE. London 1969. – ENSSLEN, K.: The autobiography of M. Schwarzes Bewußtsein in Amerika. Mchn. 1983. – DAVIS, L.: M. A selected bibliography. Westport (Conn.) 1984.

Malczewski, Antoni [poln. malˈtʃɛfski], * Knjaginin (Wolynien) 3. Juni 1793, † Warschau 2. Mai 1826, poln. Dichter. – Romantiker der ›ukrain. Schule‹, auf dessen Hauptwerk, das Epos ›Maria‹ (1825, dt. 1845), M.s Freund Lord Byron Einfluß hatte, das aber durch nat. Züge und sprachl. Originalität einen hohen Grad an Selbständigkeit aufweist. **Literatur:** DERNAŁOWICZ, M.: A. M. Warschau 1967. – GACOWA, H.: ›Maria‹ i A. M. Kompendium źródłowe. Breslau 1974.

Malerba, Luigi, eigtl. L. Bonardi, * Berceto (Prov. Parma) 11. Nov. 1927, italien. Schriftsteller. – Jurastudium in Parma; 1949–51 Hg. der Filmzeitschrift ›Sequenza‹; lebt seit 1950 als freier Schriftsteller in Rom; 1963 Mitbegründer des Gruppo '63 und 1973 der italien. Schriftstellervereinigung Cooperativa Scrittori. Verfasser von Romanen (›Die Schlange‹, 1966, dt. 1969; ›Salto mortale‹, 1968, dt. 1971; ›Der Protagonist‹, 1973, dt. 1976; ›Tagebuch eines Träumers‹, 1981, dt. 1984, u. a.), Erzählungen (›Die Entdeckung des Alphabets‹, 1963, dt. 1983; ›Die nachdenkl. Hühner. 131 kurze Geschichten‹, 1980, dt. 1984; ›Il pianeta azzurro‹, 1986, u. a.), kurzen Theaterstücken und Kinderbüchern (›Storie dell'anno mille‹, En., 1972, mit Tonino Guerra und Adriano Zannino, dt. Auszüge 1972 u. d. T. ›Millemosche und seine Strolche‹; ›Geschichten vom Ufer des Tibers‹, En., 1975, dt. 1980; ›Der gestiefelte Pinocchio‹, E., 1977, dt. 1987). Daneben Drehbuchautor neorealist. Filme (›Donne e soldati‹, 1953), Autor von Fernsehstücken und Hörspielen und Hg. einer Musikzeitschrift (›Discoteca‹). Auf der Basis einer neoavantgardistischen Literaturkonzeption zielt M. auf eine Überwindung konventioneller literar. Darstellungsformen von Wirklich-

keit mittels einer oft komisch-satir. und absurd-grotesken Bloßlegung der Realitäts- und Seinserfahrung des modernen Menschen.
Weitere Werke: Roccamonte. Lamento del robot (E., 1974), Pataffio (R., 1978, dt. 1988), Dopo il pescecane (En., 1979), C'era una volta la città di Luni (R., 1982), Cina Cina (En., 1985), Silberkopf (En., 1988, dt. 1989), Das griech. Feuer (R., 1990, dt. 1991), Die fliegenden Steine (R., 1992, dt. 1993).
Literatur: RIZAKOWITZ, E.: Der Mensch zw. Widerstand u. Anpassung im Werke L. M.s. Bln. 1976. – MAURI, P.: M. Florenz 1977. – SCHUH, H.-M.: L. M. In: Krit. Lex. der roman. Gegenwartsliteraturen. Hg. v. W.-D. LANGE. Losebl. Tüb. 1984 ff. – MUZZIOLI, F.: M. La materialità dell'imaginazione. Rom 1988.

Maler Müller, dt. Schriftsteller und Maler, † Müller, Friedrich.

Malewska, Hanna, * Grodzisk Mazowiecki 21. Juni 1911, † Krakau 27. März 1983, poln. Schriftstellerin. – Während des Kriegs im Widerstand; schrieb insbes. kath. geprägte histor. Romane.
Werk: Żelazna korona (= Die eiserne Krone, R., 2 Bde., 1937).

Malgonkar, Manohar [Dattatray] [engl. mæl'gɔŋkɑː], * Bombay 12. Juli 1913, ind. Schriftsteller. – Verfasser von romant. Romanen, z. T. mit histor. Hintergrund (›Combat of shadows‹, 1962; ›Solange Sonne und Mond ihre Bahn ziehen‹, 1963, dt. 1965; ›A bend in the Ganges‹, 1964; ›The devil's wind‹, 1972).
Weitere Werke: Distant drum (R., 1960), Bombay beware (R., 1975), Rumble-tumble (En., 1977), Line of Mars (Dr., 1978).

Malherbe, Daniël François [afrikaans mə'lɛrbə], Pseudonym Runo, * Daljosafat (Kapprovinz) 28. Mai 1881, † Bloemfontein 12. April 1969, südafrikan. Schriftsteller. – 1918–41 Prof. für afrikaanse Sprache und Literatur in Bloemfontein; setzte sich für die Anerkennung des Afrikaans als eigenständige Sprache ein; Hauptvertreter der Romantik; starker niederl. Einschlag; beschrieb in lyr., idealisierender Sprache die dörfl. Welt der armen Weißen; verfaßte auch Erbauliches und allegor. Dramen; verarbeitete bibl. sowie ep. Stoffe der nat. Geschichte; selten wagte er sich an aktuelle Themen (z. B. ›Spel van blank en swart‹, Dr., 1956).

Weitere Werke: Vergeet nie (R., 1913), Vir vryheid (Ged., 1919), Die Timmerman (Ged., 1921), Die mense van Groenkloof (Dr., 1925), Die meulenaar (R., 1926, dramatisiert 1933), Somerdae (Ged., 1928), Hans-die-skipper (R., 1929, Dr. 1933), Die bergstroom ruis (R., 1940), Boerprofeet (R., 1953), Kind van die sonde (R., 1959), Die slagmes en ander nagelate verhale (En., hg. 1980), Uit my lewensboek (Autobiogr., hg. 1981).
Literatur: D. F. M., die mens en sy kuns. Festschr. Hg. v. B. KOK. Bloemfontein 1941.

Malherbe, François de [frz. ma'lɛrb], * in oder bei Caen 1555, † Paris 16. Okt. 1628, frz. Dichter und Literaturtheoretiker. – Ab 1609 offizieller Hofdichter. M.s Bedeutung liegt v. a. in seinen Reformbemühungen um die frz. Literatur, für die er einen Katalog rational bestimmter Regeln aufstellte; er vertrat eine vernunftbeherrschte Dichtung, für die sprachl. Gestaltung forderte er (v. a. im ›Commentaire sur Desportes‹, hg. 1891) äußerste Exaktheit im Gebrauch des Reims, der auch optisch ›rein‹ sein sollte, und verbannte Hiatus, Enjambement, Neologismen, Archaismen, allzu kühne Bilder und den Gebrauch mundartl. Ausdrücke. Er stellte sich damit in Gegensatz zum überkommenen Sprachgebrauch der Pléiade und bereitete die frz. Klassik vor. M.s eigene Dichtungen, Sonette, Oden, Stanzen, Chansons, die vielfach Gelegenheitsdichtungen sind, zeigen Einfachheit, Klarheit, Strenge und Unpersönlichkeit.
Weitere Werke: Les larmes de Saint Pierre (Ged., 1587), Consolation à Monsieur Du Perrier (Ged., 1599), L'académie de l'art poétique (Abhandlung, 1610), Œuvres poétiques (hg. 1630).
Ausgaben: F. de M. Œuvres. Hg. v. M. L.-Ch. LALANNE. Paris 1862–69. 6 Bde. Nachdr. Hildesheim 1970. – F. de M. Œuvres. Hg. v. A. ADAM. Paris 1971.
Literatur: FROMILHAGUE, R.: M. Technique et création poétique. Paris 1954. – BRAY, R.: La formation de la doctrine classique en France. Paris 1957. Neuaufl. 1978. – BRUNOT, F.: La doctrine de M., d'après son ›Commentaire sur Desportes‹. New York Neuausg. 1971. – ABRAHAM, C. K.: Enfin M. The influence of M. on French lyric prosody, 1605–1674. Lexington (Ky.) 1971. – PONGE, F.: Pour un M. Paris ²1977. – HENRY, G.: F. de M. Gentilhomme et poète. Mondeville 1984.

Malinovski, Ivan [dän. mali'nɔusgi], * Kopenhagen 18. Febr. 1926, † ebd.

5. Nov. 1989, dän. Schriftsteller. – Modernist, der in seinem dem Expressionismus nahestehenden Werk der Sinnlosigkeit des Daseins Gestalt gab; analysierte mit großer Schärfe die Gegenwart und nahm Stellung gegen das kapitalist. System; in seinen Gedichten Konfrontation von Natur und Politik.

Werke: De tabte slag (Ged., 1946), Vejen (Nov.n, 1954), Galgenfrist (Ged., 1958), Åbne digte (Ged., 1963), Leve som var der en fremtid og et håb (Ged., 1968), Samlede digte (1970), Kritik af tavsheden (Ged., 1974), Hvad nu (Ged., 1983).
Literatur: DUE KJELDSEN, B.: I. M. Tranehose 1971. – THULE HANSEN, V.: I. M. Kopenhagen 1980.

Mälk, August, * Lümanda auf Ösel 4. Okt. 1900, † Stockholm 19. Dez. 1987, estn. Schriftsteller. – Lebte ab 1944 in der Emigration in Schweden. Schrieb histor. Romane und volkstüml. Dramen, wurde aber v. a. durch realist. Romane und Novellen bekannt, die das Leben der Fischer und Seeleute schildern.

Werke: Das blühende Meer (R., 1935, dt. 1949), Im Angesicht des Himmels (R., 1937, dt. 1940), Der gute Hafen (R., 1942, dt. 1947), Tee kaevule (= Der Weg zum Brunnen, R., 2 Bde., 1952/53), Toomas Tamm (R., 1959), Kevadine maa (= Frühlingserde, R., 1963), Projekt Victoria (En., 1978).

Malkowski, Rainer, * Berlin 26. Dez. 1939, dt. Schriftsteller. – Arbeitete in der Werbung (u. a. als Teilhaber einer Agentur), lebt heute als freier Schriftsteller in Bayern. In seinen Gedichten versucht er in klarer, unprätentiöser und detaillierter Sprache den existentiellen Kern auch des Alltäglichen bloßzulegen.

Werke: Was für ein Morgen (Ged., 1975), Einladung ins Freie (Ged., 1977), Vom Rätsel im Stück (Ged., 1980), Zu Gast (Ged., 1983), Was auch immer geschieht (Ged., 1986), Von Tugenden und Lastern (Ged., 1987), Das Meer steht auf (Ged., 1989), Ein Tag für Impressionisten und andere Gedichte (1994).

Mallanāga Vātsyāyana [mala'na:ga vat'sja:jana], Verfasser des ↑ ›Kāmasūtra‹.

Mallarmé, Stéphane [frz. malar'me], * Paris 18. März 1842, † Valvins (Seine-et-Marne) 9. Sept. 1898, frz. Dichter. – Einer der Begründer und einflußreichsten Vertreter des frz. Symbolismus. War 1863–93 Gymnasiallehrer für Englisch in Tournon, Besançon, Avignon, zuletzt (ab 1871) in Paris. Gab dort 1874/75 die Zeitschrift ›La dernière mode‹ heraus, übersetzte aus dem Englischen (W. Beckford, 1876; E. A. Poe, 1888), verfaßte ein Schulbuch (›Les mots anglais‹, 1878) und schrieb für zahlreiche Zeitschriften, u. a. für ›La Revue wagnérienne‹, ›Le Mercure de France‹, ›La Revue blanche‹. Von 1880 an kam an Dienstagen ein Kreis von Freunden und Bewunderern (u. a. P. Verlaine, É. Verhaeren, P. Valéry, A. Gide, S. George) in seiner Wohnung zusammen (›Mardis‹); nach seiner Pensionierung zog sich M. nach Valvins zurück. Als erster machte ihn J.-K. Huysmans außerhalb des engen Freundeskreises bekannt, später trat v. a. P. Valéry für ihn ein.

M. schrieb zunächst unter dem Einfluß Ch. Baudelaires und dann der parnass. Schule Lyrik, die nicht nur aus Inspiration und Stimmung erwächst, sondern Ergebnis eines Zusammenwirkens von Intellekt und Phantasie ist. Die einfachen Dinge werden ›entdinglicht‹, d. h. des konventionellen Realzusammenhanges beraubt und mit Geheimnis, Assoziation und Suggestivkraft erfüllt. Sie sollen so Absolutes evozieren. Verschiedene Bedeutungsschichten erschweren jedoch oft eine Deutung der Lyrik Mallarmés. Für seine dichter. Technik sind u. a. charakteristisch: die Verkürzung des Vergleichs durch Fortlassung des Vergleichsgegenstandes, das Abweichen von der normalen Wortfolge, die Fortlassung des Zeitworts und des Wortes ›comme‹ (= wie), die Verwendung seltener, dem Wörterbuch entnommener Ausdrücke,

Stéphane
Mallarmé

der Verzicht auf Interpunktion; in der Verstechnik war M. dagegen eher konservativ. Durch die Verbindung von Sprache und Musik in seinen Texten strebt M. nach einer Form des Absoluten, die auch von R. Wagners Vorstellungen zum Gesamtkunstwerk mitgeprägt ist. Beachtung verdienen auch seine weniger bekannten, mit metr. Formen spielenden Gelegenheitsgedichte (u. a. ›Feuilles d'album‹, ›Éventails‹, ›Vers de circonstance‹); ebenfalls bed. sind seine dichtungstheoret. Schriften (u. a. ›La musique et les lettres‹, 1891).

Weitere Werke: Herodias (3 Ged.-Fragmente, gedr. 1869, 1913 und 1926, dt. Gesamtausg. 1957), Der Nachmittag eines Fauns (Ged., 1876, dt. 1920; vertont von C. Debussy), Poésies (1887), Album de vers et prose (1887), Divagations (Prosa, 1897), Ein Würfelwurf hebt den Zufall nicht auf (Lyrik, 1. Fassung 1897, 2. Fassung hg. 1914, dt. 1966, erstmals 1957), Igitur (Prosafragment, hg. 1925, dt. 1957). **Ausgaben:** S. M. Œuvres complètes. Hg. v. H. Mondor u. G. Jean-Aubry. Paris 1945. Neudr. 1956. – S. M. Correspondance. Hg. v. H. Mondor u. a. Paris 1959–73. 4 Bde. in 5 Tlen. – S. M. Correspondance. Hg. v. H. Mondor u. a. Paris 1959–85. 11 Bde. – S. M Œuvres complètes. Krit. Ausg. hg. v. C. P. Barbier u. Ch. G. Millan. Paris 1983 ff. Auf mehrere Bde. berechnet. – S. M. Sämtl. Ged. Frz. u. dt. Hdbg. ⁴1984. – S. M. Gedichte. Frz. u. dt. Gerlingen 1993. **Literatur:** Thibaudet, A.: La poésie de S. M. Paris ¹²1938. – Mondor, H.: Vie de M. Paris ³⁷1950. – Ragusa, O.: M. in Italy. A study in literary influence and critical response. New York 1957. – Douchin, J.: M., technicien du vers. In: Études romanes dédiées à Andreas Blinkenberg. Kopenhagen 1963. – Walzer, P.-O.: Essai sur S. M. Paris 1963. – Steland, D.: Dialekt. Gedanken in S. M.s Divagations. Mchn. 1965. – Park, Y.: L'idee chez M. Paris 1966. – Documents S. M. Hg. v. C. P. Barbier. Paris 1968 ff. (bisher 7 Bde. erschienen). – Paxton, N.: The development of M.'s prose style. Genf 1968. – Haas, D.: Flucht aus der Wirklichkeit. Thematik u. sprachl. Gestaltung im Werk S. M.s. Bonn 1970. – Davies, G.: M. et le rêve d'Hérodiade. Paris 1978. – Inboden, G.: M. u. Gauguin. Stg. 1978. – Kristeva, J.: Die Revolutionierung der poet. Sprache. Dt. Übers. Ffm. 1978. – Mehnert, H.: Melancholie u. Inspiration. Begriffs- u. wissenschaftsgeschichtl. Unters. zur poet. Psychologie Baudelaires, Flauberts und M.s. Hdbg. 1978. – Assad, M. L.: La fiction et la mort dans l'œuvre de S. M. Ann Arbor (Mich.) 1983. – Cohn, R. G.: M.'s prose poems. A critical study. Cambridge u. a. 1987. – Dragonetti, R.: Études de M. Gent 1992.

Mallea, Eduardo [span. ma'jea], * Bahia Blanca 14. Aug. 1903, † Buenos Aires 12. Nov. 1982, argentin. Schriftsteller. – Journalist; Chefredakteur der Literaturbeilage von ›La Nación‹, zeitweise im diplomat. Dienst; schrieb Romane, Erzählungen, Essays und Theaterstücke. Die wesentl. Problematik seiner 20 z. T. sehr umfangreichen Romane ist die innerhalb der modernen Massengesellschaft Argentiniens zum Scheitern verurteilte Verwirklichung jeglicher Art von Sensibilität und Individualität.
Werke: Historia de una pasión argentina (Essay, 1937), Die Bucht des Schweigens (R., 1940, dt. 1968), Alles Gras verdorrt (R., 1941, dt. 1960), Simbad (R., 1957), Beredsame Liebhaber (En., dt. Ausw. 1966), La penúltima puerta (R., 1969), Triste piel del universo (R., 1971), En la creciente oscuridad (R., 1973). **Ausgabe:** E. M. Obras completas. Buenos Aires ¹⁻²1965–71. 2 Bde. **Literatur:** Gillesen, H.: Themen, Bilder u. Motive im Werk E. M.s. Genf u. Paris 1966. – Lichtblau, M. I.: El arte estilístico de E. M. Buenos Aires 1967. – Lewald, H. M.: E. M. Boston (Mass.) 1977.

Mallet-Joris, Françoise [frz. malɛʒɔ-'ris], eigtl. F. Lilar, * Antwerpen 6. Juli 1930, belgische Schriftstellerin. – Lebt in Paris; Autorin von realist. Romanen, in denen sie in kühler, distanzierter Sprache entlarvende Analysen menschlicher Gefühle und gesellschaftl. Verhaltens gibt; auch Biographien, Novellen und Essays. Seit 1970 Mitglied der Académie Goncourt.
Werke: Der dunkle Morgen (R., 1951, dt. 1957), Die Verlogenen (R., 1956, dt. 1959), Bei Sokrates am Montparnasse (R., 1957, dt. 1961; Prix Femina 1958), Les personnages (R., 1961), Lettre à moi-même (Essay, 1963), Mein Haus hat keine Wände. Liebeserklärung an eine ungezähmte Familie (Familienchronik, 1970, dt. 1971), Le jeu du souterrain (R., 1973), J'aurais voulu jouer de l'accordéon (R., 1976), Die junge Allegra (R., 1976, dt. 1978), Madame Guyon (Biogr., 1978), Dickie-Roi (R., 1980), Un chagrin d'amour et d'ailleurs (R., 1981), Le clin d'œil de l'ange (R., 1983), Le rire de Laura (R., 1985), La tristesse du cerf-volant (R., 1988), Adriana Sposa (R., 1990), Divine (R., 1991), Les larmes (R., 1993). **Literatur:** Saint Onge, M. B.: Narrative strategies and the quest for identity in the French female novel of adolescence. Studies in Duras, M.-J., Sagan and Rochefort. Diss. Boston (Mass.) 1984. – Becker, L. F.: F. M.-J. Boston (Mass.) 1985.

Malm, [Johan] Einar [Fredrik], * Botkyrka bei Stockholm (Södermanland) 6. Juli 1900, † Norrtälje 11. März 1988, schwed. Schriftsteller. – Begann mit formsicherer Liebeslyrik, bevor er sich der Schilderung der schwed. Schärennatur zuwandte, die den Hintergrund der meisten seiner Gedichte bildet; verfaßte auch dokumentar. Bücher zur Geschichte der Indianer sowie Reiseschilderungen; Übersetzer v.a. engl. und amerikan. Literatur (u.a. E. O'Neill).
Werke: Blodets oro (Ged., 1920), Under bar himmel (Ged., 1930), Ur askan i elden (Ged., 1934), Något att förlora (Ged., 1945), Ingenting lever länge (Ged., 1950), I Kalle Schewens skärgård (Sachb., 1950), Sprängda horisonter (Ged., 1964), Norrtäljepromenader (Ged., 1972), Kalle Schewens lustgård (Sachb., 1975).

Malmberg, Bertil [schwed. ˌmalmbærj], * Härnosand (Ångermanland) 13. Aug. 1889, † Stockholm 11. Febr. 1958, schwed. Schriftsteller. – M.s Werk steht zwischen Symbolismus und modernist. Tendenzen der 40er Jahre; lebte 1917–26 in München; sein Schaffen stand in dieser Zeit v.a. unter dem Einfluß S. Georges; die Gedichtsammlung ›Dikter vid gränsen‹ (1935) zeigt in ihren Untergangsvisionen den Einfluß O. Spenglers. Schrieb auch Dramen, Erzählungen, Essays, Memoiren; übersetzte aus dem Dt. (Lyrik des 20.Jh., Th. Mann); ab 1953 Mitglied der Schwed. Akademie.
Weitere Werke: Der kleine Åke und seine Welt (E., 1924, dt. 1927), Slöjan (Ged., 1927), Vinden (Ged., 1929), Illusionernas träd (Ged., 1932), Flöjter ur ödsligheten (Ged., 1941), Die Exzellenz (Dr., 1942, dt. 1945), Men bortom marterpålarna (Ged., 1948), Klaviatur (Ged., 1955).
Literatur: BERGMAN, E.: Diktens värld och politikens. B. M. och Tyskland 1908–1928. Stockholm 1967 (mit dt. Zusammenfassung).

Malone, Louis [engl. məˈloʊn], Pseudonym des engl. Schriftstellers ir. Herkunft Louis ↑ MacNeice.

Malory, Sir Thomas [engl. ˈmæləri], * in Warwickshire Anfang des 15.Jh., † London 14.(?) März 1471, engl. Schriftsteller. – Sein Prosawerk, dessen Originaltitel ›The book of king Arthur and his knights of the round table‹ später durch den Buchdrucker William Caxton (* 1422, † 1491) in ›Le morte Darthur‹ (vollendet um 1469/70, gedr. 1485, dt.

u.d.T. ›Der Tod Arthurs‹, 3 Bde., 1913) geändert wurde, ist eine zusammenfassende Bearbeitung der vorhandenen Artussagen (↑ Artusdichtung) nach meist frz. Vorlagen. Dabei fügte M. die eth. Deutung des Rittertums als tragende Idee ein und stellte die Ideale der Vergangenheit der unsicheren Gegenwart (Zeit der ›Rosenkriege‹, ab 1455) gegenüber.
Ausgabe: The works of Sir Th. M. Hg. v. E. VINAVER u. P. J. C. FIELD. Oxford ³1990. 3 Bde.
Literatur: MOORMAN, CH.: The book of Kyng Arthur. The unity of M.'s Morte D'Arthur. Lexington (Ky.) 1965. – LAMBERT, M.: M. Style and vision in ›Le Morte Darthur‹. New Haven (Conn.) u. London 1975. – BENSON, L. D.: M.'s Morte Darthur. Cambridge (Mass.) u. London 1976. – DILLON, B.: A M. handbook. Boston (Mass.) 1978. – Aspects of M. Hg. v. T. TAKAMIYA u. D. BREWER. Cambridge 1981. – GAINES, B.: Sir Th. M. An anecdotal bibliography of editions, 1485–1985. New York 1990. – FIELD, P. J. C.: The life and times of Sir Th. M. Cambridge 1993.

Malouf, David [engl. məˈluːf], * Brisbane (Queensland) 20. März 1934, austral. Schriftsteller libanesisch-engl. Abstammung. – Nach dem Studium in Brisbane Lehrtätigkeiten u.a. in Sydney sowie Aufenthalte in England und Italien. Wurde zuerst als Lyriker bekannt; seine meditativen, technisch präzisen Gedichte (›Selected poems‹, 1981) überschreiten imaginativ die nationale Identitätssuche sonstiger austral. Dichtung. M. gilt auch als einer der heute prominentesten austral. Erzähler, der in Romanen und Kurzgeschichten oft in komplexer Zeitstruktur am Gegensatz von integrierten und Randfiguren kulturelle und soziale Widersprüche ausdeutet und – so in ›Fly away, Peter‹ (R., 1982) und ›Die große Welt‹ (R., 1989, dt. 1991) – Erfahrungen des Krieges thematisiert.
Weitere Werke: Bicycle and other poems (Ged., 1970), Neighbours in a thicket (Ged., 1974), Johnno (R., 1975), An imaginary life (R., 1978, dt. 1987 u.d.T. Das Wolfskind), The year of the foxes (Ged., 1979), First things last (Ged., 1980), Wild lemons (Ged., 1980), Child's play (En., 1982), Harland's half acre (R., 1984, dt. 1989 u.d.T. Verspieltes Land), Antipodes (En., 1985), Blood relations (Dr., 1988), Remembering Babylon (R., 1993).

Malpass, Eric Lawson [engl. ˈmælpæs], * Derby 14. Nov. 1910, engl. Schriftsteller. – Wurde v.a. durch seine humorvollen, lebendig geschriebenen Romane um eine engl. Schriftstellerfamilie bekannt: ›Morgens um sieben ist die Welt noch in Ordnung‹ (1965, dt. 1967), ›Wenn süß das Mondlicht auf den Hügeln schläft‹ (1967, dt. 1968), ›Lieber Frühling, komm doch bald‹ (1978, dt. 1977), ›Schöne Zeit der jungen Liebe‹ (1970, dt. 1978). Schrieb auch Romane über das Leben Shakespeares: ›Liebt ich am Himmel einen hellen Stern‹ (1973, dt. 1974), ›Unglücklich sind wir nicht allein‹ (1974, dt. 1975), ›Hör ich im Glockenschlag der Stunden Gang‹ (1975, dt. 1976).

Weitere Werke: Beefy ist an allem schuld (R., 1957, dt. 1971), Als Mutter streikte (R., 1970, dt. 1973), Und der Wind bringt den Regen (R., 1978, dt. 1979), Liebe blüht zu allen Zeiten (R., 1980, dt. 1981), Lampenschein und Sternenlicht (R., 1985, dt. 1985), Thomas Cranmer oder Die Kraft der Schwäche (R., 1986, dt. 1986), Fortinbras ist entwischt (R., 1970, dt. 1987).

Malraux, André [frz. mal'ro], * Paris 3. Nov. 1901, † Créteil (Val-de-Marne) 23. Nov. 1976, frz. Politiker und Schriftsteller. – War 1923 Teilnehmer einer archäolog. Expedition nach Kambodscha, 1925–27 in China; über M.' Beziehungen zur Kuomintang und seine Teilnahme am chin. Bürgerkrieg besteht keine Klarheit. In seinen frühen Romanen ›Eroberer‹ (1928, dt. 1929) und ›La condition humaine‹ (1933, dt. 1934 u. d. T. ›So liebt der Mensch‹, 1948 auch u. d. T. ›Conditio humana‹), die die Aufstände in Kanton und Schanghai schildern, drückt M. als erster Grundgedanken und Grundstimmungen des Existentialismus der Nachkriegszeit aus, preist den Heroismus der Revolte als Nachweis der Freiheit und Würde menschl. Existenz. 1936 nahm M. auf republikan. Seite als Kommandeur einer Fliegereinheit am Span. Bürgerkrieg teil, literarisch gestaltet in dem Roman ›Hoffnung‹ (1937, dt. 1954). 1939 wandte er sich radikal vom Kommunismus ab; wurde im 2. Weltkrieg Soldat; nach seiner Flucht aus dt. Kriegsgefangenschaft Mitglied der Résistance; 1945/46 Informationsminister und 1947–53 Generalsekretär sowie Propagandachef des gaullist. ›Rassemblement du Peuple Français‹, 1958–69 Kulturminister. M., der nach dem Krieg durch

seine polit. und literar. Veröffentlichungen großen Einfluß ausübte, beschäftigte sich in zahlreichen Studien v. a. mit philosoph. und ästhet. Problemen. In seiner ›Psychologie der Kunst‹ (3 Bde., 1947–50, dt. 2 Bde., 1949–51; umgearbeitet und z. T. gekürzt 1951 mit einem eingeschobenen vierten Teil erschienen u. d. T. ›Les voix du silence‹, dt. 1956 als ›Stimmen der Stille‹) versuchte er, eine Universalgeschichte der Kunst zu entwerfen, stieß mit seinen Thesen in der Fachwelt aber auch auf Ablehnung.

Weitere Werke: Die Lockung des Westens (Essay, 1926, dt. 1957), Der Königsweg (R., 1930, dt. 1950), Der Kampf mit dem Engel (unvollendeter R., 1945, dt. 1948), Anti-Memoiren (1967, dt. 1968), Eichen, die man fällt (Autobiogr., 1971, dt. 1972), Lazarus (Autobiogr., 1974, dt. 1980), Das Haupt aus Obsidian. Über Picasso und die Macht der Kunst (1974, dt. 1975), Gäste im Vorübergehen (Autobiogr., 1975, dt. 1978).

Ausgaben: A. M. Œuvres. Paris 1970. 4 Bde. – A. M. Œuvres complètes. Hg. v. P. BRUNEL. Paris 1989 ff. Auf 6 Bde. berechnet.

Literatur: LACOUTURE, J. A.: A. M. Une vie dans le siècle. Paris 1973. – SMITH, R.: Le meurtrier et la vision tragique. Essai sur les romans d'A. M. Paris 1975. – SCHMIGALLE, G.: A. M. u. der span. Bürgerkrieg. Bonn 1980. – A. M. Hg. v. M. CAZENAVE. Paris 1982. – MALRAUX, C.: Das Geräusch meiner Schritte. Erinnerungen. Dt. Übers. Mchn. 1984. – STÉPHANE, R.: M., entretiens et précisions. Paris 1984. – AUBERT, R.: L'absolu et la métamorphose. Théologiques sur A. M. Genf 1985. – CAZENAVE, M.: M. Paris 1985. – TANNERY, C.: M., l'agnostique absolu, ou la métamorphose comme loi du monde. Paris 1985. – BRINCOURT, A.: M., le malentendu. Paris 1986. – ENGLER, W.: A. M. In: Frz. Lit. des 20. Jh. Gestalten u. Tendenzen. Hg. v. W.-D. LANGE. Bonn 1986. S. 236. – CATE C.: A. M. Frz. Übers. Paris 1994.

Maltz, Albert [engl. mɔltz], * Brooklyn (heute zu New York) 28. Okt. 1908, † Los Angeles (Calif.) 26. April 1985, amerikan. Schriftsteller. – Schrieb in Kooperation mit George Sklar (* 1908, † 1988) eine Reihe von sozialkrit. Dramen, in denen er polit. Korruption (›Die Wahl‹, UA 1932, dt. 1953) und wirtschaftl. Probleme (›Peace on earth‹, UA 1933) der Depression in den USA der 30er Jahren von einem marxist. Standpunkt aus behandelte; verfaßte auch erfolgreiche Kurzgeschichten, Romane und Drehbücher.

Weitere Werke: Der schwarze Schacht (Dr., 1935, dt. 1960), The way things are (En., 1938,

dt. Auswahlen u. a. 1949 u. d. T. Prost Neujahr, Amerika!, 1957 u. d. T. So ist das Leben), Der unterird. Strom (R., 1940, dt. 1949), Das Kreuz und der Pfeil (R., 1944, dt. 1948), Die Reise des Simon McKeever (R., 1949, dt. 1950), Mitbürger Schriftsteller: Beiträge zur Verteidigung der wahren amerikan. Kultur gegen die imperialist. Verderber (Essays, 1950, dt. 1953), Ein langer Tag in einem kurzen Leben (R., 1957, dt. 1957), Nachmittag im Dschungel (En., dt. 1961, engl. 1970), Geschichte eines Januar (R., 1966, dt. 1965).
Literatur: SALZMAN, J.: A. M. Boston (Mass.) 1979.

Maluf (tl.: Ma'lūf), Fausi Isa, * Zahlé (Libanon) 21. Juni 1899, † Sao Paulo 7. Jan. 1930, libanes. Dichter. – Einer der bedeutendsten Vertreter der Romantik, bes. bekannt durch sein Epos ›'Alà bisāṭ ar-rīḥ‹ (= Auf dem Teppich des Windes, 1929), das aus 14 Liedern und 199 Versen besteht; auch Verfasser von drei unveröffentlichten Diwanen; Übersetzer einiger Romane aus dem Französischen und Englischen.
Literatur: JAYYUSI, S. K.: Trends and movements in modern Arabic poetry. Leiden 1977. S. 72.

Malyschkin (tl.: Malyškin), Alexandr Georgijewitsch, * Bogorodskoje (Gebiet Pensa) 21. März 1892, † Moskau 3. Aug. 1938, russ.-sowjet. Schriftsteller. – Wandte sich, anfangs von A. Bely und B. A. Pilnjak beeinflußt, dem sozialist. Realismus zu; in seinen Werken übernimmt oft das Kollektiv die Rolle des Helden.
Werke: Der Fall von Daïr (E., 1923, dt. 1974), Sewastopol (R., 1931, dt. 1967), Der dreizehnte Winter (R., 1938, dt. 1951), Der unsichtbare Zyklon (En., dt. Ausw. 1969).
Ausgabe: A. G. Malyškin. Izbrannye proizvedenija. Moskau 1978. 2 Bde.
Literatur: KRAMOV, I.: A. Malyškin. Moskau 1965.

Malyschko (tl.: Malyško), Andri Samilowytsch [ukrain. ma'leʃko], * Obuchow (Gebiet Kiew) 14. Nov. 1912, † Kiew 17. Febr. 1970, ukrain.-sowjet. Lyriker. – Bed. Vertreter der ukrain. Lyrik der 30er bis 60er Jahre. Im Zentrum seiner Gedichte und Verserzählungen steht eine romantisch-bäuerl., folklorist. Thematik; im Krieg auch patriot. Lyrik mit sozialer Komponente; auch Gedankenlyrik.
Ausgabe: A. S. Malyško. Tvory. Kiew 1972–74. 10 Bde.

Mamet, David [engl. 'mæmət], * Flossmoor (Ill.) 30. Nov. 1947, amerikan. Dramatiker. – Begründer und Direktor der Saint Nicholas Theatre Company in Chicago (1973–76). Seine aus kurzen Szenen und Momentaufnahmen bestehenden Stücke behandeln die Sinnlosigkeit menschl. Kommunikation und geben konkrete Handlungen zugunsten von Sprechakten auf. Ziele seines Theaters sind u. a. die Entlarvung der Mythen des amerikan. Alltags, z. B. des Machokults in ›Sexual perversity in Chicago‹ (1978) und der problemlosen heterosexuellen Liebe in ›The woods‹ (1979), sowie die Aufdeckung skrupelloser Geschäftspraktiken von Konzernen in ›American buffalo‹ (1976) oder in ›The water engine‹ (1978) und das Aufzeigen von Klischeevorstellungen im Theater (›A life in the theatre‹, 1978) und im Leben (›Mr. Happiness‹, 1978; ›Shoeshine‹, 1979); schrieb auch Stücke für Kinder; Drehbuchautor.
Weitere Dramen: Duck variations (1977), Reunion and Dark pony (1979), Lone canoe (UA 1979), The sanctity of marriage (1982), Squirrels (1982), Edmond (1983), Hanglage, Meerblick (1984, dt. 1986; Pulitzerpreis 1984), Goldberg Street. Short plays and monologues (1985), Writing in restaurants (1986), Die Gunst der Stunde (1988, dt. 1989), Oleanna (1992, dt. 1993), The cryptogram (UA 1994), Die kleine Stadt (R., 1994, dt. 1995).
Literatur: BIGSBY, C. W. E.: D. M. London u. a. 1985. – CARROLL, D.: D. M. Basingstoke u. a. 1987. – ROEDER-ZERNDT, M.: D. M. u. das amerikan. Drama u. Theater der 70er Jahre. Tüb. 1994.

Mamin-Sibirjak, Dmitri Narkissowitsch, eigtl. D. N. Mamin, * Wissimo-Schaitanski (Gebiet Jekaterinburg) 6. Nov. 1852, † Petersburg 15. Nov. 1912, russ. Schriftsteller. – Schrieb naturalist. Romane; seine sozialkrit. Werke behandeln oft das Thema der demoralisierenden Wirkung des Geldes; sie enthalten Darstellungen der zum Untergang verurteilten alten russ. Dorfgemeinschaft (Mir).
Werke: Die Priwalowschen Millionen (R., 1883, dt. 1953), Das Bergnest (R., 1884, dt. 1959), Gold (R., 1892, dt. 1956), Korn (R., 1895, dt. 1957).
Ausgabe: D. N. M.-S. Sobranie sočinenij. Moskau 1980–81. 6 Bde.
Literatur: KLIMOWICZ, T.: D. N. M.-S. i problemy naturalizmu w literaturze rosyjskiej. Breslau 1979.

Man, Herman de, ursprünglich Salomon H. Hamburger, * Woerden 11. Juli 1898, † Schiphol bei Amsterdam 14. Nov. 1946, niederl. Schriftsteller. – Befaßte sich in seinen realist. Romanen mit den religiösen Problemen der kalvinist. Bauern in Südholland.
Werke: Aardebanden (R., 1922), Die steigende Flut (R., 1925, dt. 1926), Scheepswerf de Kroonprinces (R., 1936), De barre winter van negentig (R., 1936), Heilig Pietje de Booy (R., 1940).

Manas, Epenzyklus der Kirgisen in drei Teilen; mit etwa 1 Million Versen das an Umfang größte Werk der Volksliteraturen der Turkvölker. Das Epos beschreibt die Kriegstaten von kirgis. Stammesfürsten der Vergangenheit; jeder Teil des Zyklus ist dabei einer Generation – Manas selbst, dessen Sohn Semetey und des letzteren Sohn Seytek – gewidmet; ob die Heldengestalten wenigstens z. T. reale Vorbilder haben, ist noch umstritten. Das vor dem 19. Jh. nicht aufgezeichnete Werk hat bes. Ausprägungen von Volkssängern hervorgebracht **(Manastschy, Semeteytschi),** die nicht selten einige hunderttausend Verse frei vortragen.
Ausgaben: M. Russ. Übers. Hg. v. S. LIPKIN u. S. DARONIAN. Moskau 1960. – Kirgizskij geroičeskij èpos M. Hg. v. M. I. BOGDANOVA. Moskau 1961 (mit Bibliogr.). – M., der Hochherzige. Bearb. v. S. LIPKIN. Dt. Übers. v. L. HORNUNG u. E. MILLSTATT. Bln. 1974.
Literatur: KYDYRBAEVA, R.: K probleme tradicionnogo i individual'nogo v èpose ›M.‹. Frunse 1967.

Mandelschtam (tl.: Mandel'štam], Nadeschda Jakowlewna [russ. mǝndɪlj-'ʃtam], * Saratow 31. Okt. 1899, † Moskau 29. Dez. 1980, russ.-sowjet. Schriftstellerin. – ⚭ mit Ossip Emiljewitsch M.; zeitgeschichtlich und literarhistorisch interessant sind v. a. ihre Erinnerungen ›Das Jh. der Wölfe‹ (New York 1970, dt. 1971) und ›Generation ohne Tränen‹ (Paris 1972, dt. [gekürzt] 1975).

Mandelschtam (tl.: Mandel'štam], Ossip Emiljewitsch [russ. mǝndɪlj'ʃtam], * Warschau 15. Jan. 1891, † in einem Lager bei Wladiwostok 27. Dez. 1938, russ.-sowjet. Dichter. – Neben N. S. Gumiljow bed. Vertreter der Akmeisten; 1934–37 Verbannung; 1938 Verurteilung zu fünf Jahren Zwangsarbeit (1956 Rehabilitierung). M.s teilweise schwer zugängl.

Ossip
Emiljewitsch
Mandelschtam

Dichtung, von der jüd., russ., lat. und griech. Geisteswelt beeinflußt, war bes. an der klass. Antike orientiert; sprachlich zeichnet sie sich durch Verbindung von Archaismen und volkssprachl. Wendungen aus; hervorragender Literaturkritiker und -theoretiker.
Werke: Der Stein (Ged., 1913, dt. 1988), Utro akmeizma (= Der Morgen des Akmeismus, Aufsatz, 1919), Tristia (Ged., 1922, dt. 1993), Rauschen der Zeit (Prosa, 1925, erweitert 1928 u. d. T. Die ägypt. Briefmarke, dt. 1965), Armenien – Gedichte und Notizen (1931, dt. 1985), Die Reise nach Armenien (Prosa, 1933, dt. 1983), Gespräch über Dante (Essay, entst. 1933, hg. 1967, dt. 1984), Schwarzerde (Ged. aus den Woronescher Heften, entst. 1935–37, hg. 1966 [teilweise] und 1980, russ. und dt. 1984), Gedichte (dt. Ausw. 1959).
Ausgaben: O. È. Mandel'štam. Sobranie sočinenij. Washington (D. C.) u. Paris [1-2]1967–81. 4 Bde. – O. Mandelstam. [Werke.] Hg. u. übers. v. R. DUTLI. Zü. 1985 ff. Bisher 7 Bde. erschienen. – ↑ auch Zwetajewa, Marina Iwanowna.
Literatur: BROWN, C.: Mandelstam. New York 1973. – BROYDE, S.: O. Mandelstam and his age. Cambridge (Mass.) 1975. – SCHLOTT, W.: Zur Funktion antiker Göttermythen in der Lyrik O. Mandel'štams. Ffm. u. Bern 1981. – DUTLI, R.: O. Mandelstam. Als rief man mich bei meinem Namen. Zü. 1985.

Mander, Karel (Carel) van, * Meulebeke Mai 1548, † Amsterdam 2. Sept. 1606, niederl. Maler und Schriftsteller. – Mußte nach mehrjährigem Aufentalt in Italien (1573–77 in Florenz und Rom), Basel und Wien als Mennonit nach den nördl. Niederlanden fliehen; wirkte seit 1583 in Haarlem, wo er eine Akademie gründete. Auf literar. Gebiet erwarb sich M. bes. Ansehen durch ›Het schilderboeck‹ (1604, Nachdr. 1969, 2. Ausg.

1616–18; dt. mit dem niederl. Text der 2. Ausg., 2 Bde., 1906). Es enthält außer einem einleitenden Lehrgedicht (›Den grondt der edel vry schilderkonst‹) Lebensbeschreibungen italien., dt. und niederl. Künstler (nach dem Vorbild des Italieners G. Vasari). M. schrieb ferner bibl. Trauerspiele (nicht erhalten) und geistl. Lieder; auch Übersetzungen (Homer und Vergil).

Mandeville, Bernard de [engl. 'mændəvɪl], * Dordrecht um 1670, † Hackney (heute zu London) 21. Jan. 1733, engl. Schriftsteller und Philosoph niederl.-frz. Herkunft. – Arzt in London, propagierte Positionen der frz. Aufklärung in England. In der Satire ›Fabel von den Bienen‹ (2 Bde., 1714–29, dt. 1761), die z. T. bereits 1705 als anonymes Flugblatt unter dem Titel ›The grumbling hive, or ...‹ erschienen war, entwickelte er in sozialkrit. Absicht das seit Th. Hobbes diskutierte ›selfish system‹ (= System der Selbstsucht) zu einer extremen sozialphilosoph. Theorie und erkannte im Egoismus die treibende Kraft der Zivilisation.
Weitere Werke: Free thoughts on religion, the church and national happiness (1720), Enquiry into the origin of honour (1732).

mandschurische Literatur, von originären Literaturwerken in Mandschusprache sind nur wenige bekannt, es ist anzunehmen, daß ein weitaus größerer Bestand verlorengegangen ist. Die erhaltenen Werke zeigen eine Vorliebe für Staatswesen und Geschichte (histor. Aufzeichnungen wie die ›Altmandschur. Akten‹ aus der Zeit zwischen 1607 und 1637, militär. Werke, ein Bericht über eine Gesandtschaftsreise 1712–15 an die Wolga, schamanist. Rituale u. a.). Lyrisches fehlt; die Volksdichtung hat praktisch keine schriftl. Fixierung erfahren. Den Hauptteil der bekannten Literatur (über 220 Titel) in Mandschusprache stellen Übersetzungen von chin. Historikern und Klassikern, chin. Romanen und buddhist. Werken; auch der ↑›Kandschur‹ wurde übersetzt.
Ausgabe: The tale of the Nišan shamaness. A Manchu folk epic. Einf. u. Interpretation v. M. NOVAK. Engl. Übers. v. S. NOVAK. Seattle (Wash.) u. a. 1977.
Literatur: FUCHS, W.: Beitrr. zur Mandjurischen Bibliogr. u. Lit. Tokio u. Lpz. 1936. –

FUCHS, W.: Die m. L. In: Die Literaturen der Welt. Hg. v. W. VON EINSIEDEL. Zü. 1964. – Zur Mandjuristik in der Volksrepublik China. In: T'oung-Pao 67 (1981), S. 269. – Mandschur. Reime u. Lieder als Beispiele autochthoner Dichtkunst. In: Florilegia manjurica. In Memoriam W. Fuchs. Hg. v. M. WEIERS u. G. STARY. Wsb. 1982. – GIMM, M.: Die Literaturen der Manjuren. In: Neues Hdb. der Literaturwiss. 23. Wsb. 1984. S. 193.

Mándy, Iván [ungar. 'ma:ndi], * Budapest 23. Dez. 1918, ungar. Schriftsteller. – Schrieb neben einer Reihe von Jugendromanen und einem Musical v. a. Erzählungen und Romane, in denen er die Welt der Budapester Kleinbürger schildert; dt. liegen u. a. vor ›Erzählungen‹ (1957, dt. 1966), ›Die Frauen des Fabulya‹ (R., 1959, dt. 1966), ›Am Rande des Spielfeldes‹ (R., 1963, dt. 1971), ›Kino alter Zeiten‹ (E., 1967, dt. 1975), ›Was gibt's, Alter?‹ (E., 1972, dt. 1975) und ›Arnold der Walfischfänger‹ (R., 1977, dt. 1982).
Weiteres Werk: Önéletrajz (= Autobiographie, Nov.n u. Hsp.e, 1989).

Manesse, Rüdiger (Rüedeger) II., † 5. Sept. 1304, Züricher Patrizier. – Ritterl. Ratsmitglied, Besitzer der Burg Manegg bei Zürich und des sog. Manesseturms in Zürich (Scheffelgasse); nach einem Lied des Züricher Minnedichters J. Hadlaub besaß er gemeinsam mit seinem Sohn Johannes eine reiche Sammlung von mhd. Liederbüchern, die wohl den Grundstock der ↑›Großen Heidelberger Liederhandschrift‹ bildeten. Aus diesem Grund wird die Liederhandschrift auch ›**Manessische Handschrift**‹ genannt.

Manessische Handschrift ↑ Große Heidelberger Liederhandschrift.

Manetho (Manethōn), ägypt. Geschichtsschreiber des 3. Jh. v. Chr. – Stammte aus Sebennytos im Nildelta und war Priester in Heliopolis; verfaßte eine ägypt. Geschichte in griech. Sprache, von der geringe Teile erhalten sind. Auf ihn geht die Einteilung der pharaon. Geschichte in 30 Dynastien (ein späterer Chronograph fügte die 31. Dynastie an) zurück. Er soll maßgeblich an der Einführung des Serapiskultes beteiligt gewesen sein.

Manfaluti, Al (tl.: Al-Manfalūṭī), Mustafa Lutfī, * Manfalut 30. Dez. 1876,

† Kairo 25. Juli 1924, ägypt. Schriftsteller. – Schrieb Novellen, Erzählungen und Untersuchungen zu verschiedenen gesellschaftl. und literar. Problemen sowie Übersetzungen. Die Charakterisierung seiner Helden erinnert an die der frz. Romantiker, die er aus arab. Übersetzungen kannte. Als Stilist trug er entscheidend zur Modernisierung der arab. Prosa bei.

Werke: An-Naẓarāt (= Die Betrachtungen, 3 Bde., 1902–10), Al-ʿAbarāt (= Die Tränen, 1916).
Literatur: BROCKELMANN, C.: Gesch. der arab. Litteratur. Suppl. 3. Leiden 1942. S. 196.

Manganẹlli, Giorgio, *Mailand 22. Nov. 1922, † Rom 28. Mai 1990, italien. Schriftsteller und Literaturwissenschaftler. – Lehrte in Rom Anglistik und Amerikanistik; Übersetzer, Mitarbeiter von Zeitungen und Zeitschriften; führendes Mitglied des avantgardist. Gruppo '63; ab 1968 Verlagslektor in Rom. Sein den Spielformen des literar. Manierismus verbundenes Werk bricht mit traditionellen Erzählformen und entzieht sich oft jeder Gattungszuordnung, in ihm holt M. Denken und Vision in die Essenz des Wirklichen, das seine Konkretisierung allein sprachlich gewinnt. Erhielt den Österr. Staatspreis für europ. Literatur 1986.

Werke: Niederauffahrt (Prosa, 1964, dt. 1967), La letteratura come menzogna (Essay, 1967, daraus dt. Die Literatur als Lüge, in: Akzente 16, 1969), Omegabet (Prosa, 1969, dt. 1970), An künftige Götter. Sechs Geschichten (1972, dt. 1983), Des Vaters Begräbnis (Hsp., dt. in: Akzente 19, 1972), A und B. Dialoge und unmögl. Interviews (1975, dt. 1991), Cassio governa a Cipro (Dr., 1977; nach Shakespeare), Pinocchio. Un libro parallelo (Prosa, 1977), Irrläufe. Hundert Romane in Pillenform (1979, dt. 1980; Premio Viareggio 1979), Amore (Ged., 1981, dt. 1982), M. furioso. Ein Handbuch für unnütze Leidenschaften (Artikel, bisher nur dt. 1985), Aus der Hölle (Prosa, 1985, dt. 1986), Brautpaare und ähnl. Irrtümer (En., 1986, dt. 1988), Laboriose inezie (Essays, 1986), G. M.'s Lügenbuch (dt. Ausw. 1987), Geräusche oder Stimmen (Prosa, 1987, dt. 1989), Antologia privata (Textsammlung, 1989), Improvvisi per macchina da scrivere (Texte, 1989), Der endgültige Sumpf (R., hg. 1991, dt. 1993).
Literatur: QUANDT, L.: G. M. In: Italien. Lit. der Gegenwart. Hg. v. J. HÖSLE u. W. EITEL. Stg. 1974. S. 473. – VECCHI, M. L.: G. M. In: Belfagor 37 (1982), S. 41. – GALLIANO, G.: Letteratura e cultura in G. M. Florenz 1986.

Mạnger, Itzik, *Tschernowzy 30. Mai 1901, † Gedera (Israel) 21. Febr. 1969, jidd. Schriftsteller. – Lebte 1928–39 zumeist in Warschau, floh dann nach Paris, lebte später in London, ab 1951 in New York, seit 1967 in Israel. Mit formkünstler. und stilist. Raffinesse verarbeitete M. traditionell-folklorist. Motive, bes. in seiner Lyrik (u. a. ›Lamtern in wint‹, 1933), wie auch religiös-jüd. Themen (Erzählwerk ›Das Buch vom Paradies‹, 1939, dt. 1963). Daneben war er als Bearbeiter von Stücken A. Goldfadens für das jidd. Theater von Bedeutung.

Ausgabe: I. M. Gesamte schriftn. Genf u. Paris 1951.

manichäische Literatur, der Manichäismus ist eine Buchreligion. Im Ggs. zu Zarathustra, Buddha und Jesus, deren Lehren nur durch ihre Schüler überliefert worden sind, hat Mani (*216, †277) selbst einen Kanon von heiligen Schriften verfaßt, der autoritative Geltung für den Glauben und die Lehre der Manichäer besitzt: 1. das lebendige Evangelium, 2. den Schatz des Lebens, 3. der Pragmateia, 4. das Buch der Mysterien, 5. das Buch der Giganten, 6. die Briefe, 7. Psalmen und Gebete. Dieser Heptateuch ist auch als Pentateuch angesehen worden, wenn man 3, 4 und 5 als ein Gesamtwerk betrachtet. Der Sammlung wurde noch ein Bildband beigegeben, der mit Erklärungen versehen war. Wahrscheinlich erhielt Mani von daher seinen Beinamen ›der Maler‹. Das manichäische Schrifttum wurde zunächst in syr. Sprache verfaßt, wobei über die Sprache Manis infolge des fast vollständigen Verlusts seiner Urschriften nur sehr wenig gesagt werden kann. Neben dem genannten Kanon hat Mani in seiner frühen Missionszeit auch ein Werk in mittelpers. Sprache verfaßt, das er König Schapur gewidmet hat und das darum den Namen ›Schabuhragan‹ führt. Wie dieser Herrscher ein Weltreich aufbauen wollte, so ging es in seinem Gefolge Mani um eine Weltreligion. Deshalb sandte er seine Missionare nach Westen und Osten und ließ seine Schriften in die jeweiligen Landessprachen übersetzen, wobei die mytholog. Nomenklatur an die dort herrschenden Religionen und Weltanschauungen angeglichen wurde. Infolge der Verfolgungen, denen der Manichäismus ausgesetzt war, haben sich seine Schriften nur bruchstückhaft erhalten. Im ägypt. Al Faijum ist eine koptisch-manichäische Bibliothek gefunden worden; aus Ägypten stammt auch der griech. Kodex über die Frühzeit des Mani. Ein lat. Fragment wurde in Nordwestafrika gefunden. Die Oase Turfan in der chin. Region Sinkiang bewahrte Texte in iran. Idiomen (Mittelpersisch, Parthisch, Sogdisch), auf uigurisch (alttürkisch), ja sogar ein Stück auf tocharisch. In Tun-huang wurden chin. Texte gefunden. Über die Originalschriften Manis hinaus entwickelte die Gemeinde weiteres religiöses Schrifttum, das bes. der Gesamtgemeinde zur Erbauung und Belehrung, für Hymnen und zum Gebet dienen sollte (Logoi, Kephalaia, Psalmoi). Der Charakter der heiligen Schriften tritt in der sorgfältigen Pflege von Schrift und Buch hervor. So zeichnete sich im Rahmen der koptisch-manichäischen Bibliothek das Briefbuch durch einen bes. feinen Beschreibstoff aus im Ggs. zu den übrigen weniger autoritativen Büchern. Für die im Bereich des Sassanidenreiches verbreiteten syr. und iran. Schriften gebrauchte der Manichäismus eine eigene Schrift, die der syr. nahesteht und für das Persische und Parthische eine der Entstehungszeit entsprechende Wiedergabe der Aussprache ermöglicht. In den übrigen Sprachen bediente man sich der dort gebräuchl. Schriftarten. Inhalte manichäischer Religionsvorstellungen, aber auch Zitate und Referate aus m. L. liegen in häresiolog. Schrifttum und in Berichten arab. Gelehrter vor, so daß aus den Originalschriften und den sekundären Quellen zusammen ein ziemlich abgerundetes Bild dieser Religion zu gewinnen ist.

Ausgaben: ASMUSSEN, J. P.: Manichaean literature. Delmar 1975 (nur mittelpers. und parth. Texte). – Die Gnosis. Bd. 3: Der Manichäismus. Eingel. u. übers. v. A. BÖHLIG u. J. P. ASMUSSEN. Zü. 1979.
Literatur: BOYCE, M.: The manichean literature in middle Iranian. In: Hdb. der Orientalistik. 1. Abt. 4, Abschnitt 2. Leiden 1968. S. 67. – DECRET, F.: Mani et la tradition manichéenne. Paris 1974. S. 74. – TARDIEU, M.: Le manichéisme. Paris 1981. S. 41.

Manier [(alt)frz. manière = Art und Weise], eigentlich Art und Weise, Eigen-

art, der Stil eines Künstlers; dann in der Kunstkritik in abwertendem Sinne gleichbedeutend mit Künstelei, stereotyper Wiederholung oder einfacher Nachahmung einer ursprünglich anerkannten künstler. Verfahrensweise.

Manierismus [lat.-frz.], ein von der Kunstwiss. für den Kunststil der Spätrenaissance geprägter und in die Literaturwiss. übernommener Begriff zur Bez. der Übergangsphase von der Renaissance zum Barock. M. wird bisweilen als Epochenbegriff, bisweilen als Bez. eines Kunststils verwendet, so bes. von E. R. Curtius, der einen klass. und einen ›antiklass.‹ manierist. Kunststil unterschied und unter M. das Beharren auf einer vorgegebenen Form verstand, die sich durch Auswahl, Abwandlung, Übertreibung und spieler. Handhabung verändern konnte. So ist in Deutschland z. B. der barocke Schwulststil, etwa bei G. Ph. Harsdörffer, bei D. C. von Lohenstein und Ch. Hofmann von Hofmannswaldau, als Stil des M. gekennzeichnet durch eine dunkle Sprache, durch reiche Verwendung von Tropen, Metaphern, Concetti und gelehrten mytholog. Anspielungen. An der Wirklichkeit interessierte nicht das Naturhafte, sondern das Problematische, Bizarre, Monströse, das grotesk und phantastisch Verzerrte. Die wichtigsten Varianten des M. sind ferner der ↑ Marinismus in Italien, der ↑ Euphuismus in England, der ↑ Kultismus sowie ↑ Gongorismus in Spanien, die frz. ↑ preziöse Literatur. – Außer in der Barockliteratur dominierte der M. als Stilform (so E. R. Curtius und G. R. Hocke) in ganz verschiedenen Epochen, z. B. im Hellenismus, im späten MA, in der Romantik und in der Moderne (↑ Hermetismus). Durch den Nachweis von formalen und inhaltl. Ähnlichkeiten zwischen manierist. und moderner Lyrik ist der fast nur negativ bewertete literar. M. inzwischen in der Forschung relativiert worden.

Literatur: LANGE, K.-P.: Theoretiker des literar. M. Mchn. 1968. – HAUSER, A.: Der Ursprung der modernen Kunst u. Lit. Die Entwicklung des M. seit der Krise der Renaissance. Mchn. 1979. – WÜRTENBERGER, F.: Der M. Mchn. Neuaufl. 1979. – HOCKE, G. R.: Die Welt als Labyrinth. Manie in der europ. Kunst u. Lit. Neuausg. Rbk. 1991. – SHEARMAN, J.: M. Das Künstliche in der Kunst. Dt. Übers. Neuausg. Whm. 1994.

Manilius, röm. Dichter der 1. Hälfte des 1. Jh. n. Chr. – Verfaßte zw. 9 und 22 ein dem Kaiser Tiberius gewidmetes astronomisch-astrolog. Lehrgedicht in fünf Büchern (›Astronomica‹), in dem der stoische Vorsehungsglaube und Determinismus wohl dem Atomismus von Lukrez' Lehrgedicht ›De rerum natura‹ gegenübergestellt wird.
Ausgabe: M. Astronomica. Hg. v. G. P. GOOLD. Lpz. 1985.

Manioschu (tl.: Man'yōshū) [jap. ma,nio':ʃu: = Sammlung in 10 000 Blättern], älteste private jap. Anthologie mit etwa 4 500 Gedichten (meist Tanka) in 20 Bänden von 561 namentlich genannten und vielen anonymen Dichtern aus fast 4 Jahrhunderten; zusammengestellt zwischen 759 und 809. Über den Kompilator herrscht Unklarheit, Otomo no Jakamotschi (* 718, † 785) war jedoch maßgebend beteiligt; als bedeutendste Lyriker der früheren im M. berücksichtigten Perioden sind u. a. zu nennen ↑ Kakinomoto no Hitomaro und Jamabe no Akahito (8. Jahrhundert).
Ausgabe: The Manyôśû. Engl. Übers. Hg. v. J. L. PIERSON. Leiden 1929–64. 21 in 19 Bden.

Manǐu, Adrian, * Bukarest 18. Febr. 1891, † ebd. 20. April 1968, rumän. Schriftsteller. – Studium der Rechte, Redakteur; 1933 Mitglied der Rumän. Akademie; einer der Hauptvertreter des rumän. Modernismus, der auch traditionelle Themen und Motive aus der Folklore und der heimatl. Landschaft aufgriff; schrieb u. a. symbolist. Lyrik nach frz. Vorbildern, Märchen- und Mysterienspiele sowie Erzählprosa; kennzeichnend sind sein bildhafter Stil und seine Neigung zum Verrätseln und zur Mystik; vorbildl. Verskünstler; bed. Übersetzer, übertrug H. Ibsens ›Peer Gynt‹ ins Rumänische.
Ausgabe: A. M. Scrieri. Bukarest 1968. 2 Bde.

Mann, Erika, * München 9. Nov. 1905, † Zürich 27. Aug. 1969, dt. Schriftstellerin. – Tochter von Thomas M.; Ausbildung als Schauspielerin; 1925–28 ⚭ mit G. Gründgens; emigrierte 1933 in die Schweiz; Gründung des antinazist. Kabaretts ›Die Pfeffermühle‹, mit dem sie

durch Europa reiste; heiratete 1935 W. H. Auden; ab 1936 in den USA als Journalistin; zuletzt in Kilchberg (ZH). Verwaltete die Hinterlassenschaft ihres Vaters; schrieb Jugendbücher, Erzählungen, Essays und Biographien.
Werke: Stoffel fliegt übers Meer (E., 1932), Muck, der Zauberonkel (E., 1934), Zehn Millionen Kinder (Abh., 1938), Das letzte Jahr. Bericht über meinen Vater (1956), Die Zugvögel (Jugendb., 1959).
Ausgabe: E. M. Briefe u. Antworten. Hg. v. A. ZANCO PRESTEL. Mchn. 1984–85. 2 Bde.
Literatur: LÜHE, I. VON DER: E. M. Eine Biogr. Ffm. u. a. ²1994.

Mann, Heinrich, * Lübeck 27. März 1871, † Santa Monica bei Los Angeles (Calif.) 12. März 1950, dt. Schriftsteller. – Bruder von Thomas M.; 1889 Buchhändlerlehre in Dresden, 1890–92 Volontär im S. Fischer Verlag in Berlin; Studium in Berlin und München. 1930 zum Präsidenten der Sektion ›Dichtkunst‹ der Preuß. Akad. der Künste gewählt; emigrierte 1933 nach Frankreich, wo er zusammen mit H. Barbusse, E. Bloch und A. Gide gegen den Faschismus arbeitete; 1940 floh er über Spanien nach Kalifornien. 1949 erster Nationalpreisträger der DDR; 1950 wurde ihm die Präsidentschaft der Dt. Akad. der Künste angeboten, er starb jedoch kurz vor seiner Rückkehr nach Deutschland.
Im Gegensatz zu seinem Bruder Thomas sah sich Heinrich M. trotz seiner bürgerl. Herkunft von Anfang an als demokrat., sozialist. Schriftsteller. Dennoch finden sich in seinen frühen Werken (›In einer Familie‹, R., 1894; ›Das Wunderbare u. a. Novellen‹, 1897; ›Die Jagd nach Liebe‹, R., 1903; ›Flöten und Dolche‹, Nov. n, 1905) auch neuromant. Züge. Auf der einen Seite berief er sich auf Stendhal, H. de Balzac, É. Zola, auf der anderen auf den Ästhetizismus G. D'Annunzios und auf G. Flaubert. Neben seine zeitkrit. Werken waren es v. a. die Romane mit histor. Themen (z. B. die R.-Trilogie ›Die Göttinnen oder Die drei Romane der Herzogin von Assy‹, 1902/ 1903, und die beiden um frz. Exil entstandenen Romane um Heinrich IV. ›Die Jugend des Königs Henri Quatre‹, 1935, und ›Die Vollendung des Königs Henri Quatre‹, 1938), die ihn für die Theoretiker des sozialist. Realismus und der

Heinrich
Mann

sozialist. Literatur zum repräsentativen
Schriftsteller werden ließen: Bei M. war
für sie die realist. Darstellung, eine poetisch überhöhte sozialist. Tendenz und
die vom Marxismus geforderte Berücksichtigung der histor. Situation verwirklicht. Die große Romantrilogie ›Das
Kaiserreich‹ (›Der Untertan‹, z. T. veröffentlicht in verschiedenen Zeitschriften
zw. 1911 und 1914, vollständige Buchausgabe 1918; ›Die Armen‹, 1917; ›Der
Kopf‹, 1925) ist ein zeitkrit. Angriff auf
das dt. Untertanendenken, wobei die satir. Überzeichnung unmittelbar politisch
und damit als bitterer Ernst gemeint ist.
In dem Roman ›Professor Unrat oder
Das Ende eines Tyrannen‹ (1905; 1948
unter dem vom Film [1930] übernommenen Titel ›Der blaue Engel‹) stellte M.
die Heuchelei und Brüchigkeit der bürgerl. Gesellschaft und Kultur an den
Pranger. M.s Stil ist unmittelbar, knapp,
pointiert, parataktisch bestimmt, weist
bisweilen aber auch expressionist. Mittel
auf.
Als politisch engagierter Schriftsteller
bediente sich M. immer wieder auch des
Essays (›Macht und Mensch‹, 1919;
›Geist und Tat. Franzosen 1780–1930‹,
1931; ›Es kommt der Tag‹, 1936) und des
Pamphlets. Der klare polit. Standort M.s,
seine Angriffe auf die bürgerl. Scheinmo-
ral und auf die autoritären Strukturen im
wilhelmin. Deutschland, sein frühes Bekenntnis zur Demokratie, dann, während
des 1. Weltkriegs, seine Forderung nach
einer Verständigung der Völker, seine
Entlarvung des Kriegs als imperialist.
Krieg (v. a. im Essay ›Zola‹, erschienen

1915 in R. Schickeles Zeitschrift ›Die
weißen Blätter‹) führten zu einem tiefen,
in Briefen, aber auch in Publikationen
ausgetragenen Zerwürfnis mit dem Bruder Thomas M., das erst 1922 beigelegt
wurde. Die Essaysammlung ›Der Haß.
Dt. Zeitgeschichte‹ (1933) bezeugt M.s
im Exil als Hauptaufgabe angesehenen
Kampf gegen den Nationalsozialismus
und dessen Vertreter; dazu versuchte er
v. a. in den ersten Exiljahren in Frankreich, die verschiedenen Gruppen dt.
Exilanten zusammenzubringen und den
Widerstand der antifaschist. Intellektuellen zu organisieren. Obwohl er zeit seines
Lebens sozialist. Ideen vertrat, nahm er
nie einen extremen marxist. oder kommunist. Standpunkt ein. Gegen Ende seines Lebens wandelte sich M.s polit. Aggressivität in Resignation und Skepsis.
Weitere Werke: Im Schlaraffenland (R., 1900),
Zwischen den Rassen (R., 1907), Die kleine
Stadt (R., 1909), Schauspielerin (R., 1911), Ma-
dame Legros (Dr., 1913), Brabach (Dr., 1917),
Diktatur und Vernunft (Reden, 1923), Kobes
(Nov., 1925), Mutter Marie (R., 1927), Eugénie
oder Die Bürgerzeit (R., 1928), Sieben Jahre.
Chronik der Gedanken und Vorgänge 1921–28
(1929), Ein ernstes Leben (R., 1932), Lidice
(Dialog-R., 1943), Ein Zeitalter wird besichtigt
(Autobiogr., 1946), Der Atem (R., 1949), Emp-
fang bei der Welt (R., hg. 1956), Die traurige
Geschichte von Friedrich dem Großen
(R.-Fragment, hg. 1960).
Ausgaben: H. M. Ausgew. Werke in Einzel-
ausgg. Hg. v. A. KANTOROWICZ u. H. KAMNIT-
ZER. Bln. u. Weimar 1951–62. 13 Bde. – H. M.
Ges. Werke in Einzelausgg. Hdbg. 1958 ff.
15 Bde. – H. M. Ges. Werke in Einzelausgg.
Hamb. u. Düss. 1–41960 ff. (bisher 19 Bde. er-
schienen). – H. M. Ges. Werke. Hg. v. der Dt.
Akad. der Künste zu Berlin. Bln. u. Weimar
1–31965 ff. Auf 25 Bde. ber. (bisher 18 Bde. er-
schienen). – Briefwechsel 1900–49. Thomas
Mann – H. M. Hg. v. der Dt. Akad. der Künste
zu Berlin. Hg. v. H. WYSLING. Neuausg. Ffm.
1984. – H. M. Werkausw. Düss. 1976. 10 Bde.
Literatur: IHERING, I.: H. M. Bln. 31952. – KAN-
TOROWICZ, A.: H. u. Thomas M. Bln. 1956. –
H.-M.-Bibliogr. Hg. v. der Dt. Akad. der Künste
zu Berlin. Bln. u. Weimar 1967. – BANULS, A.: H.
M. Dt. Übers. Stg. u. a. 1970. – LEMKE, K.: H. M.
Bln. 1970. – H. M., 1871–1950. Werk u. Leben
in Dokumenten u. Bildern. Hg. v. der Dt. Akad.
der Künste zu Berlin. Bln. u. Weimar 1971. –
SCHRÖTER, K.: H. M. Untertan, Zeitalter, Wir-
kung. Stg. 1971. – KÖNIG, H.: H. M. Dichter u.
Moralist. Tüb. 1972. – DITTBERNER, H.: H. M.
Eine krit. Einf. in die Forschung. Ffm. 1974. –
H. M. Texte zu einer Wirkungsgesch. in

Deutschland. Hg. v. R. WERNER. Mchn. u. Tüb. 1977. – EBERSBACH, V.: H. M. Leben, Werk u. Wirken. Ffm. 1978. – HAUPT, J.: H. M. Stg. 1980. – BERLE, W.: H. M. u. die Weimarer Republik. Bonn 1983. – H. M. Werk u. Wirkung. Hg. v. R. WOLFF. Bonn 1984. – H. M. Das Werk im Exil. Hg. v. R. WOLFF. Bonn 1985. H. M. Hg. v. H. I. ARNOLD. Mchn. ⁴1986. – FEST, J. C.: Der unwissende Magier. Über Thomas u. H. M. Neuausg. Ffm. 1993. – SCHRÖTER, K.: H. M. Rbk. 74.–76. Tsd. 1993. – JASPER, W.: Der Bruder. H. M. Eine Biogr. Neuausg. Ffm. 1994.

Mann, Klaus [Heinrich Thomas], * München 18. Nov. 1906, † Cannes 21. Mai 1949, dt. Schriftsteller. – Sohn von Thomas M.; 1925 Theaterkritiker in Berlin. Gründete zusammen mit Erika Mann, seiner Verlobten Pamela Wedekind und G. Gründgens ein Theaterensemble, das seine Stücke ›Anja und Esther‹ (1925) und ›Revue zu Vieren‹ (1926) aufführte. Emigrierte 1933, zunächst nach Paris, ging dann nach Amsterdam, war 1933–35 Mit-Hg. der Emigrantenzeitschrift ›Die Sammlung‹; lebte ab 1938 in den USA (amerikan. Staatsbürger); war 1938 Berichterstatter im Span. Bürgerkrieg, redigierte 1941/42 die avantgardist. Zeitschrift ›Decision‹; während des 2. Weltkrieges amerikan. Soldat. An der Vorstellung leidend, im Schatten seines Vaters zu stehen, versuchte M. die Gegensätzlichkeiten zu ihm herauszuarbeiten: Absage an ein auf bürgerl. Humanität begründetes Dasein und an die Selbstzufriedenheit der Väter. Trotz der bewußt erfahrenen geistigen und gesellschaftspolit. Krise des Bürgertums sehnte er sich nach einer verantwortungsvollen moral. Aufgabe; ein klares polit. und literar. Programm hatte er anfangs nicht; seine Romane, Novellen und Essays sind geprägt von der Unruhe der Zeit und der Unruhe und Zerrissenheit des Autors. Die bedeutendsten Romane schrieb er im Exil; ›Symphonie pathétique‹ (1935) ist eine Tschaikowski-Darstellung, in der Untergang und Zerfall, das Leben als ›Vorspiel‹ zu einem ›einsamen Tod‹ thematisiert wird; ›Mephisto‹. Roman einer Karriere‹ (1936) wird der Typus eines Karrieremachers als ›Symbol eines durchaus komödiantischen, zutiefst unwahren ... Regimes‹ gezeichnet (wegen Beleidigung von G. Gründgens ist das Buch seit 1966 in

der BR Deutschland verboten, dennoch Neudr. 1981); schließlich ›Der Vulkan‹ (1939), der die Situation der Exilanten in Westeuropa und in den USA beschreibt. In seinem letzten Buch ›Der Wendepunkt‹ (engl. 1942, dt. 1952) faßt er autobiographische, geschichtliche und philosophische Elemente seiner Zeit zusammen.

Weitere Werke: Der fromme Tanz (R., 1926), Heute und Morgen (Essay, 1927), Alexander (R., 1929), Kind dieser Zeit (Autobiogr., 1932), Treffpunkt im Unendlichen (R., 1932), Flucht in den Norden (R., 1934).

Ausgaben: K. M. Prüfungen. Schrr. zur Lit. Hg. v. M. GREGOR-DELLIN. Mchn. 1968. – K. M. Heute u. morgen. Schrr. zur Zeit. Hg. v. M. GREGOR-DELLIN. Mchn. 1969. – K. M. Mit dem Blick nach Deutschland. Essays. Hg. von M. GRUNEWALD. Mchn. 1985. – K. M. Das innere Vaterland. Literar. Essays aus dem Exil. Hg. v. M. GREGOR-DELLIN. Mchn. 1986. – K. M. Briefe u. Antworten 1922–1949. Hg. v. M. GREGOR-DELLIN. Neuausg. Mchn. 1987. – K. M. Das Wunder von Madrid. Aufss., Reden, Kritiken. Hg. v. U. NAUMANN u. M. TÖTEBERG. Rbk. 1993.

Literatur: K. M. Schrr.-R. Hg. v. F. KROLL. Wsb. 1976 ff. Auf 6 Bde. berechnet. – GRUNEWALD, M.: K. M. 1906–49. Eine Bibliogr. Mchn. 1984. – K. M. Werk u. Wirkung. Hg. v. R. WOLFF. Bonn 1984. – SPANGENBERG, E.: Karriere eines Romans. Mephisto, K. M. u. Gustaf Gründgens. Neuausg. Rbk. 1986. – NAUMANN, U.: K. M. Rbk. 29.–31. Tsd. 1994.

Mann, Thomas, * Lübeck 6. Juni 1875, † Zürich 12. Aug. 1955, dt. Schriftsteller. – Stammte aus einer wohlhabenden Lübecker Kaufmannsfamilie, die Mutter war portugiesisch-kreol. Herkunft; Bruder von Heinrich M.; lebte ab 1893 in München, zunächst als Volontär bei einer Versicherungsgesellschaft; begann zu schriftstellern. Tätigkeit 1894 als Mitarbeiter des ›Simplicissimus‹, dort 1898/99 Redakteur; hörte Vorlesungen an der Techn. Univ. München. Seit 1905 ∞ mit Katja, geb. Pringsheim (* 1883, † 1980). 1929 erhielt M. den Nobelpreis für Literatur. Kehrte im Febr. 1933 von einer Vortragsreise nicht nach Deutschland zurück, ließ sich in der Schweiz nieder. Unternahm zahlreiche Reisen, u. a. in die USA. 1936 erwarb er nach der offiziellen Ausbürgerung die tschechoslowak. Staatsbürgerschaft, blieb aber bis 1939 in der Schweiz (1937–39 Mit-Hg. der Zeitschrift ›Maß und Wert‹). 1939

ging er in die USA; 1944 wurde er amerikan. Staatsbürger. 1952 kehrte M. nach
Europa zurück und lebte ab 1954 in
Kilchberg (ZH).
M., der zu den bedeutendsten Erzählern
dt. Sprache im 20.Jh. zählt, setzte die Erzähltechnik der großen realist. Erzähler
des 19.Jh. fort. Mit Skepsis und Ironie,
die sich in einem syntaktisch komplizierten, von Hypotaxe geprägten Stil spiegeln, schildert er die verwickelten geistigen, kulturellen und gesellschaftl. Strömungen und Zustände sowie deren Wandel im Laufe des 20.Jh., auch in jenen
Werken, denen er einen histor. Hintergrund gibt. M. ist nach Ch. M. Wieland
und H. Heine der bedeutendste Vertreter
einer skeptisch-komplizierten Prosa, in
der sich die vielfältige Wirklichkeit der
Erscheinungen und Zustände nieder-
schlägt. In seinem ersten Roman ›Buddenbrooks. Verfall einer Familie‹ (1901),
der ihn sofort weltberühmt machte, beschreibt er, z.T. autobiographisch, den
Verfall einer Lübecker Kaufmannsfamilie. Die neue gesellschaftl. Wirklichkeit,
neue moral. Vorstellungen und die Le-
bensuntüchtigkeit des künstlerisch ver-
anlagten jüngsten Sprosses führen zum
Niedergang der Familie. Die Polarität
Bürger – Künstler, Leben – Geist, an der
er wohl selbst litt, wird zum beherrschen-
den Thema und der frühen Erzählungen
M.s (z.B. ›Tristan‹, Nov.n, 1903; darin
u.a. auch ›Tonio Kröger‹). Die Vielfalt
der geistigen Erscheinungen des 20.Jh.
spiegelt sich v.a. in dem großen Roman
›Der Zauberberg‹ (1924), in dem der Je-
suitenschüler Naphta und der liberal-

Thomas
Mann

humane Freigeist Settembrini alle großen Themen und Probleme der Zeit im
dialog. Streit diskutieren. Unmittelbar
zeitbezogen ist auch der Künstlerroman
›Doktor Faustus. Das Leben des dt. Ton-
setzers Adrian Leverkühn, erzählt von
einem Freunde‹ (1947), eine Transponierung des Faust-Stoffes auf moderne Verhältnisse, mit den Themenkreisen dt.
Mentalität, Entwicklung der modernen
Musik, Zeitgeschichte. Auf drei zeitl.
Ebenen sich bewegend durchbricht M.
hier die bislang durchgehaltene Form
des realistischen Erzählens. Die Rede
›Deutschland und die Deutschen‹ (1945)
und ›Die Entstehung des Doktor Faustus. Roman eines Romans‹ (1949) sind
Ergänzungen zu diesem Werk. In dem
Roman ›Königl. Hoheit‹ (1909), in dem
die Zeit der vergehenden Monarchie den
Hintergrund bildet, sind Stil und Seh-
weise weniger skeptisch. Mit ›Lotte in
Weimar‹ (R., 1939) geht M. durch die
Schilderung der Zustände am Weimarer
Hof zur Zeit Goethes in die Geschichte
zurück, und mit der Romantetralogie
›Joseph und seine Brüder‹ (›Die Geschichten Jaakobs‹, 1933; ›Der junge Joseph‹, 1934; ›Joseph in Ägypten‹, 1936;
›Joseph, der Ernährer‹, 1943) versuchte
er den Stoff des AT in ein großes mytholog. Prosaepos zu kleiden, in einem der
rhythm. Kunstprosa angenäherten, oft
breiten und archaisierenden Stil. Auf
derselben Linie liegt die Nacherzählung
der Geschichte des Gregorius nach Hartmann von Aue u.d.T. ›Der Erwählte‹
(1951). Ein Gegenstück dazu bildet der
Roman ›Bekenntnisse des Hochstaplers
Felix Krull‹ (Teildruck 1922, erweitert
1937, endgültige Ausgabe 1954).
Daneben hat M. in zahlreichen Essays zu
literar., philosoph. und polit. Fragen
Stellung genommen. Er sah sich zunächst
als einen nat. gesinnten Bürger des Kaiserreichs, der sich nicht unmittelbar in
das polit. Leben mischt (›Betrachtungen
eines Unpolitischen‹, 1918), ganz im Gegensatz zu seinem Bruder Heinrich, zu
dem er längere Zeit in einem konfliktbe-
ladenen Verhältnis stand. Nach der Er-
richtung der Weimarer Republik änderte
sich seine Einstellung. In den offenen
Kampf mischte er sich jedoch erst in
seiem Engagement gegen den National-

sozialismus, wobei er von einer bürgerlich-humanist. Position aus argumentierte. In einem offenen Brief an den Dekan der Philosoph. Fakultät der Univ. Bonn (1937), die ihm die Ehrendoktorwürde entzogen hatte, nahm er, wie dann auch in zahlreichen Rundfunkansprachen und auf Vortragsreisen, gegen die Machthaber des Dritten Reiches Stellung. Auch nach dem Krieg hatte er als Mahner zur Humanität großen Einfluß.

Weitere Werke: Der kleine Herr Friedemann (Nov.n, 1898), Fiorenza (Dr., 1906), Der Tod in Venedig (Nov., 1912), Friedrich und die große Koalition (Essay, 1915), Herr und Hund. Gesang vom Kindchen (Idyllen, 1919), Wälsungenblut (E., 1921), Rede und Antwort. Gesammelte Abhandlungen und kleine Aufsätze (1922), Von dt. Republik (Rede, 1923), Unordnung und frühes Leid (Nov., 1926), Die Forderung des Tages. Reden und Aufsätze aus den Jahren 1925–1929 (1930), Mario und der Zauberer (Nov., 1930), Achtung, Europa! Aufsätze zur Zeit (1938), Die vertauschten Köpfe (Legende, 1940), Das Gesetz (E., 1944), Adel des Geistes (Essays, 1945), Die Betrogene (E., 1953).

Ausgaben: Th. M. Stockholmer Gesamtausg. der Werke. Ffm. 1.–1188. Tsd. 1956–67. 18 Bde. – Th. M. Das essayist. Werk. Hg. v. H. BÜRGIN. Ffm. 1968. 8 Bde. – Th. M. Ges. Werke. Ffm. 1-2 1974–75. 13 Bde. Suppl.-Bd.: Th. M. Ton- u. Filmaufnahmen. Ffm. 1974. – Die Briefe Th. M.s. Bearb. u. hg. v. H. BÜRGIN u. H.-O. MAYER. Ffm. 1977–82. 3 Bde. – Th. M. Briefe. Hg. v. E. MANN. Neuaufl. Ffm. 1979. 3 Bde. – Th. M. Ges. Werke in Einzelbden. Hg. v. P. DE MENDELSSOHN (Frankfurter Ausg.). Ffm. 1980–86. – Th. M. Tagebücher. Hg. v. P. DE MENDELSSOHN u. I. JENS. Ffm. 1977 ff. Auf 10 Bde. berechnet. – Aufss., Reden, Essays. Hg. v. H. MATTER. Bln. 1983 ff.

Literatur: LUKÁCS, G.: Th. M. Bln. 5 1957. – Bll. der Th. M.-Gesellschaft. 1 (1958) ff. – BÜRGIN, H., u. a.: Das Werk Th. M.s. Eine Bibliogr. Ffm. u. Bln. 1959. Nachdr. Morsum 1984. – BERENDSOHN, W. A.: Th. M. Künstler u. Kämpfer in bewegter Zeit. Lübeck 1965. – LEHNERT, H.: Th. M. Fiktion, Mythos, Religion. Stg. u. a. 1965. – SCHERRER, P./WYSLING, H.: Quellenkrit. Studien zum Werk Th. M.s. Bern u. Mchn. 1967. – Th.-M.-Studien. Hg. v. Th.-M.-Arch. Zürich. Bern u. Mchn. 1967–82. 5 Bde. – BANULS, A.: Th. M. u. sein Bruder Heinr. Stg. u. a. 1968. – HAMBURGER, K.: Der Humor bei Th. M. Mchn. 2 1969. – JONAS, K. W.: Die Th.-M.-Lit. Bibliogr. der Kritik 1896–1975. Bln. 1972–79. 2 Bde. – MATTER, H.: Die Lit. über Th. M. Eine Bibliogr. 1898–1969. Bln. u. Weimar 1972. 2 Bde. – Th. M. Eine Chronik seines Lebens. Hg. v. H. BÜRGIN u. H.-O. MAYER. Neu-

ausg. Ffm. 1974. – HELLER, E.: Th. M. Der iron. Deutsche. Neuausg. Ffm. 1975. – MENDELSSOHN, P. DE: Der Zauberer. Das Leben des dt. Schriftstellers Th. M. Tl. 1: 1875–1918. Ffm. 1975. – KURZKE, H.: Th.-M.-Forschung: 1969–76. Ffm. 1977. – HILSCHER, E.: Th. M. Leben u. Werk. Bln. 9 1983. – HANSEN, V.: Th. M. Stg. 1984. – MAYER, HANS: Th. M. Neuausg. Ffm. 1984. – VAGET, H. R.: Th. M. Komm. zu sämtl. Erzählungen. Mchn. 1984. – KURZKE, H.: Th. M. Epoche, Werk, Wirkung. Mchn. 1985. – POTEMPA, G.: T.-M.-Bibl. Das Werk. Morsum 1992. – SPRECHER, T.: T. M. in Zürich. Zü. 1992. – SCHRÖTER, K.: T. M. Rbk. 206–209. Tsd. 1993. – Heinrich u. T. M. Ihr Leben u. Werk in Text u. Bild. Hg. v. E. HEFTRICH. Lübeck 1994. – REICH-RANICKI, M.: T. M. u. die Seinen. Neuausg. Ffm. 18.–21. Tsd. 1994. – T. M. Ein Leben in Bildern. Hg. v. H. WYSLING u. Y. SCHMIDLIN. Zü. 1994. – TILLMANN, C.: Das Frauenbild bei T. M. Wuppertal 3 1994. – ↑ auch Mann, Heinrich.

Manner, Eeva-Liisa, * Helsinki 5. Dez. 1921, finn. Schriftstellerin. – Eine der bedeutendsten Vertreterinnen der finn. Nachkriegszeit, deren gesamtes Werk von fernöstl. Denken geprägt ist und die Einsamkeit des Menschen zum Inhalt hat.

Werke: Tämä matka (= Die Reise, Ged., 1956), Eros jag Psykhe (= Eros und Psyche, Vers-Dr., 1959), Orfiset laulut (= Die orph. Gesänge, 1960, dt. Teilübers. 1973 in: Finn. Lyrik aus hundert Jahren), Varokaa, voittajat (= Hütet euch, Sieger!, Prosa, 1972), Hevonen minun veljeni (= Das Pferd mein Bruder, Ged., 1988).

Manninen, Otto, * Kangasniemi 13. Aug. 1872, † Helsinki 6. April 1950, finn. Lyriker. – Neben dem befreundeten E. Leino der bedeutendste finn. Lyriker seiner Zeit; schrieb sensible Naturlyrik und distanziert-iron., altersweise Gedankenlyrik, sprachlich dicht und gedankenvirtuos in Reim und Metrum. M. übersetzte u. a. Homer, Sophokles, Molière, Goethe, H. Heine und S. Petőfi. Einige seiner Gedichte sind in dt. Übersetzung erschienen, u. a. in: ›Der Ruf des Menschen‹ (1953) und ›Finn. Lyrik aus hundert Jahren‹ (1973).

Werke: Säkeitä (= Strophen, Ged., 2 Tle., 1905 und 1910), Virrantyven (= Ruhigwasser, Ged., 1925), Matkamies (= Der Reisende, Ged., 1938; dt. Ausw. in: H. Fromm, O. M., 1952), Muistojen tie (= Weg der Erinnerungen, Ged., hg. 1951).

Literatur: FROMM, H.: O. M. Baden-Baden 1952.

Manning, Robert [engl. ˈmænɪŋ], engl. Dichter, ↑ Mannyng, Robert.

männlicher Reim, einsilbiger, auf eine Hebung endender Reim: Tanz–Kranz. – Ggs. ↑ weiblicher Reim.

männlicher Versschluß ↑ Kadenz.

Mannyng (Manning), Robert [engl. 'mænɪŋ], auch Robert of Brunne, * Brunne (heute Bourne, Lincolnshire) 1283 (1264 ?), † 1338 (?), engl. Dichter. – Seine freie Übertragung des ›Manuel des péchiez‹ von William of Wadington mit eigenen Zusätzen, ›Handlyng synne‹ (entst. 1303 ?), enthält didaktische Verserzählungen um die Sieben Todsünden; sein Hauptwerk, ›The story of England‹ (entst. 1338 ?), ist eine auf Waces ›Brut‹ und einer frz. Vorlage aufbauende Reimchronik; beide sind bed. kulturhistor. Denkmäler.
Ausgabe: Robert of Brunne's ›Handlyng synne‹, A. D. 1303. Hg. v. F. J. FURNIVALL. London 1901–03. 2 Tle.
Literatur: CROSBY, R.: R. M. of Brunne, a new biography. In: Publications of the modern language Association of America 57 (1942).

Manoello Giudeo [italien. mano'εllo dʒu'dε:o], italien. Dichter jüd. Abkunft, ↑ Immanuel Ben Salomo.

Manrique, Gómez [span. man'rrike], * Amusco (Prov. Palencia) um 1412, † Toledo um 1490, span. Dichter. – Onkel von Jorge M.; an den polit. Auseinandersetzungen seiner Zeit beteiligt; bed. Lyriker und Dramatiker; der ›Cancionero de Gómez M.‹ (hg. 1885) enthält über 100 Gedichte, seine ›Representación del nacimiento de Nuestro Señor‹ (entst. um 1467) ist eines der frühesten erhaltenen span. Mysterienspiele.

Manrique, Jorge [span. man'rrike], * Paredes de Nava um 1440, ✕ vor Schloß Garci-Muñoz bei Calatrava 27. März 1479, span. Dichter. – Schrieb neben formal und thematisch konventioneller Lyrik ein allegor. Gedicht in 40 Strophen auf den Tod seines Vaters Rodrigo (›Coplas por la muerte de su padre Don Rodrigo‹, entst. 1476, hg. 1494, dt. ›Verse anläßlich des Todes seines Vaters‹), ein Meisterwerk spätmittelalterl. Dichtung.
Ausgabe: J. M. Poesías. Hg. v. M. A. PÉREZ PRIEGO. Madrid ¹⁵1990. – J. M. Poesía. Hg. v. V. BELTRÁN. Barcelona 1993.
Literatur: CARRIÓN GUTIÉZ, M.: Bibliografía de J. M. Palencia 1979. – DOMÍNGUEZ, F. A.: Love

and remembrance. The poetry of J. M. Lexington (Ky.) 1988.

Mansfield, Katherine [engl. 'mænsfiːld], eigentl. Kathleen Murry, geb. Beauchamp, * Wellington (Neuseeland) 14. Okt. 1888, † Fontainebleau 9. Jan. 1923, engl. Schriftstellerin neuseeländ. Herkunft. – Heiratete in 2. Ehe 1918 den Literaturkritiker J. Middleton Murry; befreundet mit D. H. Lawrence und A. Huxley; lebte wegen einer Lungenkrankheit viel in Sanatorien. Meisterin der Kurzgeschichte, die sie zur sensibel impressionist. Darstellung von Stimmungen und scheinbar bedeutungslosen Situationen des Alltagslebens nutzte. Auch lyr. Gedichte.
Werke: Für 6 Pence Erziehung und andere Geschichten (1920, dt. 1937, 1952 u. d. T. Seligkeit und andere Erzählungen), Das Gartenfest (Kurzgeschichten, 1922, dt. 1938), The dove's nest and other stories (1923), Tagebuch (hg. 1927, dt. 1975), Letters (2 Bde., hg. 1928).
Ausgaben: K. M. Miss Brill u. a. Erzählungen. Dt. v. H. u. M. HERLITSCHKA. Hg. v. H. SPIEL. Ffm. 1981. – The collected stories of K. M. Harmondsworth 1981. – K. M. Das erzähler. Werk in fünf Bden. Dt. Übers. v. E. SCHNACK. Ffm. 1982–83. Tb.-Ausg. – The critical writings of K. M. Hg. u. eingel. v. C. HANSON. London 1986. – K. M. Eine Ehe in Briefen. Dt. Übers. Hg. v. M. A. SCHWENDIMANN. Neuausg. Mchn. 1988. – Poems of K. M. Hg. v. V. O'SULLIVAN. Auckland 1988. – K. M. Briefe. Hg. v. V. O'SULLIVAN. Dt. Übers. Ffm. u. Lpz. 1992.
Literatur: BERKMAN, S.: K. M. A critical study. New Haven (Conn.) 1951. Neuaufl. Hamden (Conn.) 1971. – SCHWENDIMANN, M. A.: K. M. Ihr Leben in Darst. u. Dokumenten. Mchn. 1967. – ALPERS, A.: The life of K. M. London 1980. Neuausg. 1982. – HANSON, C./GURR, A.: K. M. London 1981. – CITATI, P.: K. M. Beschreibung eines Lebens. Dt. Übers. v. D. WINK-

Katherine
Mansfield
(Zeichnung
von Aenny
Loewenstein)

LER. Ffm. 1982. – KIRKPATRICK, B. J.: A biblio-
graphy of K. M. Oxford 1989. – TOMALIN, C.:
K. M. Eine Lebensgesch. Dt. Übers. Neuausg.
Ffm. 1992.

Månsson, Karl Fabian [schwed.
'mo:nsɔn, 'mɔnsɔn], * Hasslö (Blekinge)
20. Jan. 1872, † Stockholm 4. Jan. 1938,
schwed. Schriftsteller. – Gruben- und
Eisenbahnarbeiter, sozialdemokrat. Politiker (Reichstagsabgeordneter ab 1912);
Geschichtsforscher. Als sein wichtigstes
Werk gilt der große Roman ›Rättfärdig-
görelsen genom tron‹ (1916), der die Bedeutung freikirchl. Strömungen für die
schwed. Gesellschaft zum Thema hat;
daneben histor. Romane.
Weitere Werke: Sancte Eriks gård (R., 3 Bde.,
1922–26), Gustav Vasa och Nils Dacke (R.,
3 Bde., 1928–48).

Mantel-und-Degen-Stück (span.
comedia de capa y espada), im 17. Jh.
verbreitete Sonderform der span. ↑ Comedia; span. Variante des europ. ↑ Sitten-
stücks, dessen Personen Angehörige der
obersten Gesellschaftsschicht (Caballe-
ros) sind, nach deren Kleidung das Stück
benannt ist. Aus dem Gegenüber zwischen diesen Personen und der Kontrastfigur des Dieners (↑ Gracioso) bezieht das
M.-u.-D.-S. sein kom. und satir. Element.

Manto, Saadat Hasan, * Sumbrala
11. Mai 1912, † Lahore 18. Jan. 1955, pa-
kistan. Erzähler. – Schrieb in Urdu; zuerst im Pandschab, dann in Bombay,
nach der Teilung Indiens von 1947 in Pa-
kistan; orientierte sich anfänglich an
russ. Erzählern, v. a. an Gorki, die er
übersetzte und in einer Anthologie bekannt machte; schilderte die Schicksale
von sozialen Außenseitern (Prostituierten und Verstoßenen) vor dem Hintergrund der Scheinheiligkeit der ind. Mittelklasse. Später wurde er zum Chronisten der Teilung, indem er deren Auswirkungen auf das Leben der einfachen
Leute in schlichtem, unsentimentalem
Stil schilderte.

Mantovano, Battista, italien. Dichter, ↑ Spagnoli, Giovan Battista.

Mantovanus, Giovan Baptista, italien. Dichter, ↑ Spagnoli, Giovan Battista.

Manuel, Infante Don Juan, span.
Schriftsteller, ↑ Juan Manuel, Infante
Don.

Manuel, Niklaus, eigtl. N. Alleman,
* Bern um 1484, † ebd. 28. April 1530,
schweizer. Maler, Schriftsteller und
Staatsmann. – Nach der Künstlersigna-
tur NMD irrtümlich N. M. Deutsch genannt; nach neueren Forschungen wird
das D als [Schweizer]degen erklärt; war
seit 1512 Mitglied des Großen Rats von
Bern, 1522 im frz. Kriegsdienst in Italien,
1523 Landvogt von Erlach, 1528 Mitglied
des Kleinen Rates. M. förderte eifrig
die Reformation durch satir. Schriften
und drastisch-volkstümliche Fastnachtsspiele, u. a. ›Vom Pabst, und siner Prie-
sterschaft‹ (UA 1523, gedr. 1524, Neuausg. 1968), ›Underscheid zwischen dem
Papst und Jesum Christum‹ (UA 1523,
gedr. 1524). Seine Malwerke weisen ihn
als hervorragendsten Maler der schweizer. Renaissance aus.
Weitere Werke: Der Ablaßkrämer (Satire, entst.
1525, gedr. 1878, Neuausg. 1960), Von dem
Elszlin Trag Den Knaben und von dem Uly Re-
chenzan ... (Fastnachtspiel, UA 1528, gedr.
1530).
Ausgabe: N. M. Hg. v. J. BAECHTHOLD. Frauenfeld 1878.
Literatur: TARDENT, J.-P.: N. M. als Staatsmann. Diss. Bern 1968. – N. M. Deutsch. Ausstellungskat. Kunstmuseum. Bern 1979. – DREI-
FUSS, E.: N. M. Zeichner, Maler, Dichter, Erneuerer u. Staatsmann. In: Berner Jb. Bern
1980.

Manuel do Nascimento, Francisco
[portugies. mə'nuɛl du nəʃsi'mentu], portugies. Dichter, ↑ Nascimento, Francisco
Manuel do.

Manuskript [mlat.; zu lat. manus =
Hand und scribere (2. Partizip: scriptum)
= schreiben],
1. handschriftl. Buch der Antike und des
MA, oft illuminiert (Buchmalerei) und
mit kostbarem Bucheinband versehen.
2. i. e. S. handgeschriebener Text; i. w. S.
jede Art Druckvorlage, ob handschrift-
lich, maschinengeschrieben oder ein frü-
herer (meist korrigierter) Druck. Eigen-
händige M.e berühmter Persönlichkeiten
bezeichnet man als **Autographen.**

Manx-Literatur [engl. 'mæŋks], von
allen inselkelt. Sprachen hat das Manx,
die Sprache der Einwohner der Insel
Man, die wenigste Literatur hervorgebracht. Von der traditionellen Helden-
sage ist nur ein Fragment in einer Handschrift aus dem Jahre 1789 erhalten. Es

gehört dem Themenkreis um Finn an.
Die übrige einheim. Literatur besteht aus
volkstüml. Balladen und Weihnachtslie-
dern (›carvalyn‹). Die Übersetzungslite-
ratur ist hpts. religiösen Inhalts. Bischof
Phillips übersetzte um 1620 das engl. Ge-
betbuch (veröffentlicht 1895). Die voll-
ständige Bibelübersetzung der Bischöfe
Wilson und Hildesley erschien 1775, ein
Predigtbuch von Bischof Wilson 1783.
Außerdem gibt es Übersetzungen von
J. Miltons ›Paradise lost‹ (1794) und den
Äsopischen Fabeln (1901).

Man'yōshū ↑ Manioschu.

Manzini, Gianna, * Pistoia 24. März
1896, † Rom 31. Aug. 1974, italien.
Schriftstellerin. – Zeichnete in psycholog. Romanen und Erzählungen bes. das
Bild der einsamen Frau.
Werke: Tempo innamorato (R., 1928), Incontro
col falco (E., 1929), Lettera all'editore (R.,
1945), Forte come un leone (E., 1947), La spar-
viera (R., 1956; Premio Viareggio 1956), Arca di
Noè (E., 1960), Un'altra cosa (R., 1961), Allegro
con disperazione (R., 1965), Ritratto in piedi
(R., 1971), Sulla soglia (R., 1973).
Literatur: FAVA GUZZETTA, L.: M. Florenz 1974.

Manzoli, Pier Angelo, nlat. Schriftsteller, ↑ Palingenius Stellatus.

Manzoni, Alessandro, * Mailand
7. März 1785, † ebd. 22. Mai 1873, italien.
Dichter. – Adliger Abkunft; wurde von
Geistlichen unterrichtet, kam 1805 nach
Paris, wo er sich aufklärer. Kreisen anschloß und in Verbindung mit dem Philologen Claude Fauriel (* 1772, † 1844)
trat, der ihn u. a. mit den Werken Shakespeares bekannt machte. Nach seiner
Heirat (1808) mit Henriette Blondel
(* 1792, † 1833) fand der Freidenker zum
kath. Glauben zurück. 1810 Rückkehr
nach Mailand, 1860 Senator. – Bedeutendster italien. Romantiker. Religiöse
Ehrfurcht spiegelt sich in den fünf ›Heiligen Hymnen‹ (1815–22, dt. 1889), die die
christl. Feste und deren Gehalt preisen.
In seinen weniger dynamisch-dramat. als
lyr. Trauerspielen ›Der Graf von Carma-
gnola‹ (1820, dt. 1824) und ›Adelgis‹
(1822, dt. 1827) durchbrach M. die star-
ren Formen (drei Einheiten u. a.) der frz.
Schule und gab der Dramentheorie der
Romantik poet. Gestalt. Europ. Einfluß
hatte sein histor., auf Anregung von
W. Scott entstandener, in der Lombardei

Alessandro
Manzoni

im 17. Jh. spielender Roman ›I promessi
sposi‹ (begonnen 1821, vollendet 1823
u. d. T. ›Fermo e Lucia‹, Neufassung abgeschlossen 1825, veröffentlicht 1827 in
3 Bden., dt. 1827 u. d. T. ›Die Verlobten‹;
endgültige, von Lombardismen gerei-
nigte Fassung 1840–42), der in seiner
Geschlossenheit und bildhaft-frischen
Schilderung des italien. Volkslebens von
maßgebl. Bedeutung für die Entwicklung
der modernen italien. Prosa war. Mit diesem Werk bestärkte M. auch das erwachende Nationalbewußtsein des italien.
Volkes.
Weitere Werke: Der fünfte Mai (Ode auf den
Tod Napoleons, 1822, dt. von Goethe 1823),
Del romanzo e in genere de' componimenti
misti di storia e d'invenzione (Abh., 1845),
Dell'invenzione (Dialog, 1845).
Ausgaben: A. M. Werke. Dt. Übers. Hg. v.
H. BAHR u. E. KAMNITZER. Bd. 3–6. Mchn. 1923
(m. n. e.). – A. M. Opere. Edizione nazionale.
Hg. v. I. SANESI. Florenz 1942–61. 3 Bde. in
5 Tlen. – A. M. Tutte le opere. Hg. v. A. CHIARI
u. G. GHISALBERTO. Mailand ¹⁻⁵1957 ff. (bisher
5 Bde. erschienen). – A. M. Lettere. Hg. v.
C. ARIETI. Verona 1970. 3 Bde.
Literatur: HUDIG-FREY, M.: M. Dichter, Den-
ker, Patriot. Bern 1958. – LEONE DE CASTRIS, A.:
A. M. tra ideologia e stoicismo. Bari 1962. –
GOFFIS, C. F.: La lirica di A. M. Florenz 1964. –
M. e la critica. Hg. v. L. CARETTI. Bari ⁴1973. –
BRUSAMOLINO ISELLA, S./USUELLI CASTEL-
LANI, S.: Bibliografia manzoniana. 1949–1973.
Mailand 1974. – CASERTA, E. G.: M.'s christian
realism. Florenz 1977. – PUPINO, A.: ›Il vero
solo è bello‹. M. tra retorica e logica. Bologna
1982. – CARETTI, L.: M. Ideologia e stile. Turin
⁷1983. – TROMBATORE, G.: Saggio sul M. Vicenzo
1983 ff. – BOTTONI, L.: Drammaturgia roman-
tica. Il sistema letterario manzoniano. Pisa
1984. – CHANDLER, B. S., u. a.: A. M. Rassegna
bibliografica essenziale 1980–1985. In: Rivista

di Studi Italiani, Jg. 3 (Toronto 1985), H. 2. –
SANSONE, M.: L'opera poetica di A. M. Neuausg. Mailand 1986. – GINZBURG, N.: Die Familie M. Dt. Übers. Düss. 1988. – MARCHESE, A.:
Guida alla lettura di M. Neuausg. Mailand
1990.

Mao Dun, chin. Schriftsteller, ↑ Mao
Tun.

Mao Tun (Mao Dun) [chin. mau-
duən], eigtl. Shen Te-hung, *im Kreis
T'unghsiang (Tschekiang) 4. Juli 1896,
† Peking 27. März 1981, chin. Schriftsteller. – War in den 20er Jahren ein führender Akteur der literar. Szene; setzte sich
bis zur Gründung der VR China für die
Kulturpolitik der Kuomintang ein; war
nach 1949 in leitenden Funktionen in der
VR China tätig, u. a. als Kulturminister
(1949–64). Seine frühen Werke wie
›Ch'un-ts'an‹ (= Seidenraupen im Frühling, 1932, dt. Ausw. 1953), ›Lin-chia
p'u-tzu‹ (= Der Laden der Familie Lin,
1932, dt. 1953) und ›Tzu-ye‹ (= Mitter-
nacht, 1937, dt. u. d. T. ›Shanghai im
Zwielicht‹, 1938) sind durch den realist.
Roman des 19. Jh. beeinflußt. Sie schildern soziale Auseinandersetzungen in
niederen sozialen Schichten und Bürgertum. Zeitweise galten sie als ›revisioni-
stisch‹.
Literatur: GÁLIK, J. M.: Mao Tun and modern
Chinese literary criticism. Wsb. 1969.

Map, Walter [engl. mæp], latinisiert
Gualterus Mapes, * in Herefordshire um
1140, † Westbury 1209, engl. Schriftsteller. – War Archidiakon in Oxford; Verfasser zahlreicher Vagantenlieder sowie
der satir. Miszellen ›De nugis curialium‹
(= Über die Flausen der Hofleute; entst.
zwischen 1181 und 1193), die in brillan-
tem Stil in lat. Sprache unterhaltsame, oft
anekdotenhafte Geschichten über hohe
Würdenträger darstellen; die verschiedentlich überlieferte These, die Verbindung zwischen Artus- und Gralssage
gehe auf M. zurück, wird bezweifelt.
Ausgabe: W. M. De nugis curialium. Engl.
Übers. Mit Anmerkungen v. J. E. LLOYD. Hg. v.
E. S. HARTLAND. London 1923.

Mapu, Abraham, *bei Kaunas
30. Dez. 1808, † Königsberg (Pr) 10. Okt.
1867, hebr. Schriftsteller. – War Lehrer;
Begründer des modernen hebr. Romans.
V. a. in seinem Werk ›Ahavät Zijon‹
(= Zionsliebe, 1853, dt. 1885 u. d. T.

›Thamar. Roman aus dem bibl. Alter-
thum‹), das in vielen Auflagen erschien
und in mehrere Sprachen übersetzt
wurde, verband er romant. Schilderungen aus der bibl. Welt mit zeitgemäßen
literar. Vorstellungen.
Ausgabe: A. M. Kol kitve. Tel Aviv ¹⁰1955.
Literatur: PATTERSON, D.: A. M., the creator of
the modern Hebrew novel. London 1964.

Maragall i Gorina, Joan [katalan.
mərə'ɣaʎ i ɣu'rinə], * Barcelona 10. Okt.
1860, † ebd. 20. Dez. 1911, katalan. Dichter. – War journalistisch tätig; trat als
kath. Konservativer für die katalan. Autonomie ein; als Lyriker, Essayist und
Übersetzer (Goethe, Novalis, Nietzsche)
eine der bedeutendsten Gestalten der
modernen katalan. Literatur.
Werke: Poesies (1895), Visions i cants (Ged.,
1900), Enllà (Ged., 1906), Seqüències (Ged.,
1911).
Ausgabe: Obres completes de J. M. Hg. v.
J. ESTELRICH. Barcelona 1929–39. 24 Bde.
Literatur: ARIMANY, M.: M., 1860–1911–1961.
Barcelona 1963. – TUR, J.: M. i Goethe. Les tra-
duccions del Faust. Barcelona 1974.

Márai, Sándor [ungar. 'maːrɔi],
* Kassa (dt. Kaschau, slowak. Košice)
11. April 1900, † San Diego (Calif.)
21. Febr. 1989, ungar. Schriftsteller. –
War in den 20er Jahren Zeitungskorrespondent in Paris, ging 1948 ins Exil,
lebte in den USA. Erzähler, Essayist und
Dramatiker. Seine Werke, in denen er
Themen wie Flucht, Rebellion, Auflah-
nung gegen Konvention verarbeitete,
aber auch Gesellschaftsromane aus der
Welt des Bürgertums waren sehr erfolgreich. Seine Tagebücher (5 Bde.,
1945–85), die z. T. dt. erschienen (›Geist
im Exil. Tagebücher 1945–1957‹, 1958,
dt. 1960), umfassen die Zeit von 1943 bis
1983.
Weitere Werke: Doch blieb er ein Fremder (R.,
1930, dt. 1935), Die Nacht vor der Scheidung
(R., 1935, dt. 1951), Schule der Armen (Essay,
1939, dt. 1947), Wandlungen der Ehe (R., 1941,
dt. 1949), Die Kerzen brennen ab (R., 1942, dt.
1950), Verzauberung in Ithaka (R., 1951, dt.
1952), Harminc ezüstpénz (= Dreißig Silber-
linge, R., 1983), A Garrenek müve (= Das Werk
der Garren, R., 2 Bde., 1988).

Maraini, Dacia, * Florenz 13. Nov.
1936, italien. Schriftstellerin. – Während
des 2. Weltkrieges in Japan; studierte in
Florenz, Palermo und Rom; lebt als
Journalistin in Rom; Mitbegründerin

(1973) und Leiterin des Teatro della Maddalena, einer Frauentheatergruppe. Verfasserin von Romanen, Erzählungen, Theaterstücken, Essays und Gedichten. Sie stellt in ihren Werken kritisch und engagiert v. a. Situation und Probleme der Frau in der zeitgenöss. Gesellschaft dar. Auch als Drehbuchautorin (u. a. ›Geschichte der Piera‹, 1983; ›Die Zukunft heißt Frau‹, 1984) und Filmregisseurin tätig.
Weitere Werke: Tage im August (R., 1962, dt. 1964), Zeit des Unbehagens (R., 1963, dt. 1963), Crudeltà all'aria aperta (Ged., 1966), A memoria (R., 1967), Winterschlaf (En., 1968, dt. 1985), Il ricatto a teatro e altre commedie (Kom.n, 1970), Memoiren einer Diebin (R., 1972, dt. 1977), Viva l'Italia (Stück, 1973), Donne mie (Ged., 1974), Donna in guerra (R., 1975), Don Juan (Stück, 1976), Mangiami pure (Ged., 1978), I sogni di Clitennestra (Stück, 1981), Dimenticato di dimenticare (Ged., 1982), Zug nach Helsinki (R., 1984, dt. 1985), Isolina. Die zerstückelte Frau (R., 1985, dt. 1988), Der Junge Alberto (Gespräche mit A. Moravia, 1986, dt. 1987), Stravaganza (Stück, 1987), Die stumme Herzogin (R., 1990, dt. 1991; Premio Campiello 1990), Bagheria. Eine Kindheit auf Sizilien (Erinnerungen, 1993, dt. 1994).
Literatur: MONTINI, I.: Parlare con D. M. Verona 1977.

Marais, Eugène Nielen [afrikaans məˈrɛ:], * Pretoria 9. Jan. 1871, † Pelindaba bei Pretoria 30. März 1936 (Selbstmord), südafrikan. Schriftsteller. – Journalist, später Anwalt; schrieb Gedichte (bed. v. a. ›Winternag‹, 1904, das erste afrikaanse Kunstgedicht, und freie Verse, ›Boesmangedigte‹, 1921) und Erzählungen mit guter psycholog. Beobachtung. Aus genauer Kenntnis des Tierlebens, der Natur Afrikas und der Eingeborenen entstanden populärwiss. Schriften, von denen v. a. ›Die Seele der weißen Ameise‹ (1934, dt. 1939) weithin bekannt und bereits 1926 von M. Maeterlinck u. d. T. ›Das Leben der Termiten‹ (dt. 1927) als Plagiat veröffentlicht wurde. Sein Werk, das an die romant. Tradition Europas anschließt, ist inhaltlich bereits der ›Zweiten Afrikaansen Bewegung‹ zuzuordnen.
Weitere Werke: Lied van Suidafrika (1926), Dwaalstories en ander vertellings (En., 1927), Die huis van die vier winde (E., 1933), Burgers van die berge (Schr., hg. 1938), My friends the Baboons (Studie, hg. 1939), The soul of the ape (Studie, hg. 1969).

Ausgaben: LINDENBERG, E.: Onsydige toets. Kapstadt 1965. – ROUSSEAU, L.: Die groot verlange. Kapstadt 1974.

Maramsin (tl.: Maramzin), Wladimir Rafailowitsch [russ. mɐramˈzin], * Leningrad (heute Petersburg) 5. Aug. 1934, russ. Schriftsteller. – Ingenieur; 1974 Verhaftung; 1975 Emigration nach Paris; Schilderer des sowjet. Alltags in iron., z. T. nichtrealist. Geschichten.
Werke: Ich, mit einer Ohrfeige in der Hand (En., dt. Auswahl 1977), Der Natschalnik (E., 1980, dt. 1982), Tjani-tolkaj (= Das Stoßmich-Ziehdich, En., 1981).

Maran, René [frz. maˈrã], * Fort-de-France (Martinique) 5. Nov. 1887, † Paris 9. Mai 1959, frz. Schriftsteller. – War lange im frz. Kolonialdienst in Afrika tätig; trat mit realist. Romanen und Erzählungen über die Probleme der Schwarzen in Äquatorialafrika hervor; schrieb auch Tiergeschichten.
Werke: Batuala (R., 1921, dt. 1922; Prix Goncourt 1921), Dschuma. Ein Negerhund (R., 1927, dt. 1928), Le livre de la brousse (En., 1934), Mbala, l'éléphant (R., 1943).
Literatur: Hommage à R. M. Paris 1965.

Marañón y Posadillo, Gregorio [span. maraˈɲon i posaˈðiʎo], * Madrid 19. Mai 1887, † ebd. 27. März 1960, span. Schriftsteller. – Prof. für Medizin in Madrid; Mitglied der Span. Akademie; schrieb neben medizin. Werken (Endokrinologie) auch bed. histor. und literarhistor. Essays und Biographien, u. a. ›Olivares. Der Niedergang Spaniens als Weltmacht‹ (Biogr., 1936, dt. 1939), ›Tiberius. Geschichte eines Ressentiments‹ (Biogr., 1939, dt. 1952), ›Don Juan. Legende und Wirklichkeit‹ (Essay, 1942, dt. 1954).
Literatur: SÁNCHEZ GRANJEL, L.: G. M., su vida y su obra. Madrid 1960. – KELLER, G. D.: The significance and impact of G. M. New York 1977.

Maráṭhī-Literatur [maˈra:...] ↑ indische Literaturen.

Marcabru (Marcabrun) [frz. markaˈbry, markaˈbrœ], einer der ältesten bekannten provenzal. Troubadoure der 1. Hälfte des 12. Jahrhunderts. – Vermutlich aus der Gascogne; angeblich Findelkind, wurde vom Troubadour Cercamon unterwiesen und lebte an frz. und span. Höfen. Erhalten sind etwa 50 Texte, z. T. mit musikal. Notierung, in denen M. die Spannweite seiner lyr. Möglichkeiten demonstriert. Sie reichen formal von der schlichten Pastourelle über die Canso bis zum Sirventes und inhaltlich vom anmutigen Preis der Liebe über die Verurteilung von dessen höf. Spielarten im strengen ›trobar clus‹ bis hin zur Aufforderung, sich moralisch und sozial für die Restituierung einer Welt des Glaubens zu engagieren.

Ausgabe: Poésies complètes du troubadour M. Mit frz. Übers., Anmerkungen u. Glossar v. J. M. L. DEJEANNE. Toulouse 1909. Nachdr. New York 1971.
Literatur: MÖLK, U.: Trobar clus, trobar leu. Studien zur Dichtungstheorie der Trobadors. Mchn. 1968. – KÖHLER, E.: M. u. die beiden ›Schulen‹. In: Cultura neolatina, 30 (1970), S. 300. – NELSON, D. H.: M., prophet of fin'amors. High Wycombe 1970. – SCHWEIKARD, C.: ›Sobre il vieill trobar e i novel‹. 2 Jahrhunderte Troubadourlyrik. Ffm. 1984.

Marceau, Félicien [frz. marˈso], eigtl. Louis Carette, * Kortenberg bei Brüssel 16. Sept. 1913, frz. Schriftsteller belg. Herkunft. – War Rundfunkredakteur, lebte wegen Kollaboration 1945–52 im Exil, dann in Paris; 1959 frz. Staatsbürger. Zeigt sich in seinen Romanen als distanzierter, kühler Beobachter, in seinen erfolgreichen Boulevardstücken auch als geistvoller, alles in Frage stellender Parodist. Schrieb auch literaturkrit. Essays. Wurde 1975 in die Académie française aufgenommen, die P. Emmanuel daraufhin unter Protest verließ.

Werke: Chair et cuir (R., 1951), Kleine Insel Capri (R., 1951, dt. 1963), Vielgeliebte Gespielin (R., 1953, dt. 1956), Denise (R., 1955, dt. 1957), Dramen (Das Ei, 1956, Der Nerz, 1958, Nero, 1960; alle zus. dt. 1961), Creezy (R., 1969, dt. 1970; Prix Goncourt 1969), L'homme en question (Stück, 1974), Le corps de mon ennemi (R., 1975), Le roman en liberté (Essay, 1977), À nous de jouer (R., 1978), Casanova. Sein Leben, seine Abenteuer (Biogr., 1983, dt. 1985), Appelez-moi Mademoiselle (R., 1984), Les passions partagées (R., 1987), Un oiseau dans le ciel (R., 1989), La terrasse de Lucrezia (R., 1993), Le voyage de noce de Figaro (R., 1994).
Literatur: NETZER, K.: F. M. In: Frz. Lit. der Gegenwart in Einzeldarstellungen. Hg. v. W.-D. LANGE. Stg. 1971. S. 462. – HOFFMANN, S.: F. M. Paris 1994.

Marcel, Eugène [frz. marˈsɛl], frz. Schriftsteller, ↑ Prévost, Marcel.

Marcel, Gabriel [frz. marˈsɛl], * Paris 7. Dez. 1889, † ebd. 8. Okt. 1973, frz. Philosoph, Dramatiker und Kritiker. – 1912

Prof. in Vendôme, 1915 in Paris, 1919 in Sens. Ab 1922 im Verlagswesen (Hg., Theaterkritiker). 1929 Konversion zum Katholizismus. 1939/40 Prof. in Paris, 1941 in Montpellier. 1964 Friedenspreis des Dt. Buchhandels. Hauptvertreter der frz. Existenzphilosophie, der sich allerdings ab 1950 als ›Neo-Sokratiker‹ verstanden wissen wollte, beeinflußt von K. Jaspers und M. Heidegger, von M. Proust, Ch. Péguy, F. Mauriac, R. M. Rilke, G. Bernanos. Die Denkbewegung seiner Philosophie setzt ein bei der Grunderfahrung einer ›zerbrochenen Welt‹, die nicht wie etwa im atheist. Existentialismus Sartres durch Absurdität, sondern v. a. durch Sinnlosigkeit gekennzeichnet ist. Als Ursache erkennt M. das neuzeitliche vergegenständlichende [natur]wiss. Denken, die Verabsolutierung autonomer Subjektivität und das Haben- und Verfügen-Wollen, das Streben nach Besitz und Macht, und – damit einhergehend – den Verlust des Bezugs zum Du, das nur noch als Objekt gesehen und behandelt wird. Demgegenüber will M. in seiner sog. ›konkreten Ontologie‹ den Bezug zum Sein wiederherstellen. In dem rationales wie emotionales Bewußtsein transzendierenden ›Akt der Sammlung‹ (›recueillement‹) wird das Sein offenbar und erfahren als ›Geheimnis‹, an dem der Mensch teilhat. Diese ›Teilhabe‹ (›participation‹) am Sein ist wesentl. Teilhabe am personalen Du des Mitmenschen. Die Bühnenwerke M.s (handlungs- und personenarme Lesedramen) sollen Anruf, nicht Botschaft sein.

Werke: Ein Mann Gottes (Dr., 1925, dt. 1951), Metaphys. Tagebuch (1927, dt. 1955), Zerbrochene Welt (Dr., 1933, dt. 1953), Sein und Haben (Essay, 1935, dt. 1954), Der Stachel (Dr., 1936, dt. 1953), Philosophie der Hoffnung (Essay, 1945, dt. 1949), Das Geheimnis des Seins (Essay, 1951, dt. 2 Bde., 1952), Rom nicht mehr in Rom (Dr., 1951, dt. 1953), Der Untergang der Weisheit. Die Verfinsterung des Verstandes (Essay, 1954, dt. 1960), Der Mensch als Problem (Essay, 1955, dt. 1956), Die Menschenwürde als existentieller Grund (Essay, engl. 1963, dt. 1965).
Ausgaben: G. M. Schauspiele. Dt. Übers. Nbg. 1962–64. 2 Bde. – G. M. Werkauswahl. Hg. v. P. GROTZER u. a. Dt. Übers. Paderborn u. a. 1992. 3 Bde.
Literatur: HOEFELD, F.: Der christl. Existentialismus G. M.s. Zü. 1956. – LAPOINTE, F. H.:

G. M. and his critics. An international bibliography (1928–1976). New York u. London 1977. – Cahiers G. M. Paris 1979 ff. – BELAY, M.: La mort dans le théâtre de G. M. Paris 1980.

March, Ausias [katalan. mark], *Gandía um 1397, † Valencia 3. März 1459, katalan. Dichter. – Lebte am Hof Alfons' V. von Aragonien, den er auf seinem Italienfeldzug begleitete; einer der bedeutendsten Vertreter der provenzalisch und italienisch (F. Petrarca) beeinflußten Dichtung auf der Pyrenäenhalbinsel; seine bilderreiche Lyrik (›Cants de mort‹, ›Cants d'amor‹, ›Cant espirutual‹) ist trotz der Festlegung durch die Sprache der objektiven lyr. Genera des MA auch Ausdruck tiefen menschl. Gefühls.
Ausgaben: A. M. Poesies. Hg. v. B. BOHIGAS. Barcelona 1952–59. 5 Bde. – A. M. Gedichte. Altkatalan. u. dt. Hg. v. H.-I. RADATZ. Ffm. 1993.
Literatur: FULLANA, L.: El poeta A. M. su ilustre ascendencia, su vida y sus escritos. Valencia 1945. – MCNERNEY, K.: The influence of A. M. on early Golden Age Castilian poetry. Amsterdam 1982. – SATTEL, S.: A. M. Katalan. Lyrik im 15. Jh. Ffm. 1993.

Marchbanks, Samuel [engl. ˈmɑːtʃbæŋks], Pseudonym des kanad. Schriftstellers Robertson † Davies.

Märchen, durch die Sammlung der Brüder Grimm populär gewordener, auch in andere Sprachen übernommener Begriff für ursprünglich mündlich überliefertes Erzählgut. Eingebürgert hat sich auch **Volksmärchen** im Unterschied zum **Kunstmärchen.** – Gegenüber dem in den ›Kinder- und Hausmärchen‹ der Brüder Grimm lebendiger Tradition entsprechend weitgefaßten Begriff, der auch Tiergeschichten, Fabeln, Legenden, Novellenstoffe, Schwänke, Lügengeschichten usw. einbezog, gibt es in der Forschung auch einen enger gefaßten Begriff des M.s als **Zaubermärchen.** Dieser Auffassung steht die Position gegenüber, daß weder formale noch inhaltl. Kriterien eine präzise Beschreibung des Gattungscharakters erlauben, da vielfach zu Unrecht nur von der mitteleurop. Situation ausgegangen wird. Das Volksmärchen begegnet nur in der mündl. Tradition, selbst ein wortgetreuer Abdruck eines erzählten Textes kann lediglich eine erstarrte Form des aus der Improvi-

sation lebenden Inhalts bieten; zudem fehlen Gestik und Mimik des Erzählers, die Bestandteile des M.s sind. Beim Volksmärchen ist ferner von erhebl. Bedeutung, wo es und wem es erzählt wird, in welcher histor. Welt, in welcher sozialen Situation es lebt. Die Erzählsituation ist nicht nur dafür bestimmend, welche Mischform (Legende, Sage, Schwank, Novelle) entsteht, sondern auch für den unterschiedl. Grad der gestaltenden Intention, je nachdem ob sich das M. an Kinder oder Erwachsene, an einen nur aus Männern oder nur aus Frauen bestehenden Kreis richtete. Das mündlich extemporierte Volksmärchen trat nie ohne die ihm eigene Intention des Erzählers auf, aber eine Vielzahl von Intentionen ist gleichzeitig möglich. Die Erzählsituation ist jedoch für den Leser eines gedruckten M.s nicht rekonstruierbar; sie ist dort, wo sie unmittelbar erlebt wird, nur begrenzt deutbar. Das bringt mit sich, daß das Volksmärchen in seiner gedruckt vorliegenden Fassung sich nur bis zu einer gewissen Grenze interpretieren läßt. Nur vom lebendigen Vorgang des Erzählens scheint daher ein Ansatz für eine einheitl. Blickweise auf das Volksmärchen sinnvoll und möglich. – Jedes spontan improvisierte M. ist ein ›Individualmärchen‹ – der Gegensatz hierzu wäre ein wörtlich nacherzähltes M. –, doch kann ein Individualmärchen auch schriftlich formuliert werden. Die Abgrenzung zwischen Buchmärchen und Kunstmärchen bleibt schwierig und problematisch. ›Unter Kunstmärchen ist eine Gattung von Märchenerzählungen zu verstehen, die im Unterschied zum Volksmärchen nicht in mündl. Überlieferung anonym tradiert, sondern als individuelle Erfindung eines bestimmten, namentlich bekannten Autors meist schriftlich festgehalten und verbreitet werden. Während ein Volksmärchen als ‚Allgemeinbesitz' angesehen wird, ... gilt ein Kunstmärchen als ‚Eigentum' seines Verfassers, dessen Rechte zu achten sind, z. B. indem man sich hütet, ein Plagiat zu begehen‹ (J. Tismar). Präziser kann man den Unterschied auch so charakterisieren: Individualmärchen können M. bekannter Autoren sein, die sich jedoch streng an die Gesetze des Volksmärchens halten; im Kunstmärchen hingegen folgt der Autor anderen Gesetzen und strebt eine vom Volksmärchen deutlich differierende Funktion an. Bes. scharf treten die Abweichungen in den Jenseitsvorstellungen und Jenseitsdarstellungen zutage. Sowohl die jenseitige Welt mit ihren Orten, Figuren und Requisiten wie die Rolle des Wunderbaren folgen anderen Gesetzen. Im Kunstmärchen dominiert ausschließlich der Text, an dem nichts verändert werden darf, und alle Nebenelemente des Volksmärchens (Gestik, Mimik, Geräusche und Requisiten des Erzählers) entfallen. Das M. ist ›eine der am wenigsten exklusiven, schichtenspezif. Formen von Literatur, von Anfang an hatte es eine ausgeprägte soziale Funktion, ... daneben eignen ihm sehr bestimmte typolog. Identitätskriterien, die wiederum zu seiner sozialen Funktion in enger Beziehung stehen‹ (P. Dienstbier). So gesehen ist das M. ein literaturgeschichtl. Sonderfall.

Geschichte: Märchenhafte Züge finden sich in Schriftzeugnissen aller frühen Hochkulturen, so etwa in den Epen von Gilgamesch und Etana aus dem babylonisch-assyr. Bereich. Motive des bekannten Zwei-Brüder-M.s wurden auf einem ägypt. Papyrus des 13. Jh. v. Chr. entdeckt, wie Ägypten überhaupt reich an Zauber- und Tiergeschichten war; aus der Spätzeit überlieferte Herodot die Erzählung vom ›Schatzhaus des Rhampsinit‹. Vom M.besitz der Griechen zeugen die homer. Epen und die Sagen von Herakles und den Argonauten. Röm. Schriftsteller wie Apuleius, Ovid und Petronius bearbeiteten M.stoffe. Eine vermittelnde Rolle zwischen den sehr alten Erzähltraditionen des Fernen Ostens und des Vorderen Orient wird Indien zugeschrieben. Als wichtigste Quellen gelten das im 3. Jh. n. Chr. entstandene ›Pañcatantra‹ und das auf älterer Überlieferung beruhende ›Kathāsaritsāgara‹ (= Ozean der Märchenströme) des Somadewa. Von größter Bedeutung für die europ. M.tradition wurden die über Byzanz im Osten und über Nordafrika und Spanien im Westen bestehenden Beziehungen zum Orient. Sowohl im jüd. wie im arabisch-islamischen Schrifttum ist eine Fülle von M.motiven nachweisbar. See-

fahrer, Kaufleute, Pilger und Kreuzfahrer brachten M.stoffe nach Europa, Spielleute sorgten für weitere Verbreitung. Die älteste profane Sammlung sind die ›Gesta Romanorum‹ (14. Jh.); geistl. Exempelbücher brachten vielfach M.- und Novellenstoffe, Fabeln und Schwänke. Märchenzyklen aus z. T. mündl. Quellen schufen im 16. und 17. Jh. die Italiener G. Straparola (›Die ergötzl. Nächte‹, 1550–53, dt. 1791) und G. Basile (›Das Pentamerone‹ hg. 1634–36, dt. 1674). Im Gefolge von A. Gallands frz. Übersetzung (1704–17) der arab. Erzählungssammlung ›Tausendundeine Nacht‹ erwachte in Frankreich und Deutschland großes Interesse am Märchen. Dabei wurde die dt. Tradition stark von Frankreich beeinflußt: die bekanntesten dt. Märchen wie etwa ›Dornröschen‹, ›Rotkäppchen‹ oder ›Der gestiefelte Kater‹ gehen nachweislich auf Ch. Perraults ›Feenmärchen für die Jugend‹ (1697, dt. 1822) zurück, eine Sammlung, deren Stoffe aus dem überlieferten Volksgut stammen. Die ›Volksmärchen der Deutschen‹ (1782–86) von J. K. A. Musäus enthielten nur z. T. aus mündl. Überlieferung geschöpfte Märchen, die dem galanten Stil des 18. Jh. angepaßt waren. Das außergewöhnl. Interesse der Romantiker am Volksmärchen erklärt sich daraus, daß es am vollkommensten den romant. Vorstellungen von Ursprung und Wesen der Dichtung entsprach. Man sah im M. die schöpfer. Kräfte des Volkes und sah in der Verquickung des Realen mit dem Irrealen eine bewußte Poetisierung der Welt. Aufgrund dieser hohen Einschätzung des M.s erscheint es nur konsequent, daß in dieser Zeit eine systemat. Sammlung von Volksmärchen betrieben wurde: Die ›Kinder- und Hausmärchen‹ (1812–15) der Brüder Grimm gelten als erste wissenschaftlich fundierte Sammlung. Nach dem Vorbild der Brüder Grimm erschienen in der Folgezeit zahlreiche M.sammlungen, in denen z. B. die M. einer bestimmten Region zusammengestellt waren.

Forschung: Die wiss. Beschäftigung mit dem M., zu der die Brüder Grimm im Anmerkungsband zu den ›Kinder- und Hausmärchen‹ wichtige Anstöße gegeben hatten, führte zu einer Reihe verschiedener Entstehungstheorien: Die mytholog. Theorie, vertreten von J. G. Herder und den Brüdern Grimm, sah im Volksmärchen Überreste von indogerman. Mythen und german. Heldensagen. Th. Benfey, der die gesamte europ. M.tradition auf ind. Vorbilder zurückführen wollte, gilt als Begründer der sog. Wandertheorie. Die Auffassung der Polygenese (Vielfachursprungstheorie) wurde u. a. von dem Ethnologen A. Bastian vertreten, der die Theorie des Elementargedankens entwarf, wonach bei allen Völkern gleicher Veranlagung und vergleichbarer Erlebniswelt gleiche Erzählungen entstehen. Auch die Tiefenpsychologie befaßte sich mit dem M.; so versuchten C. G. Jung und seine Schule aus M. und Mythos Einsichten in die seel. Grundkonzeption und das ›kollektive Unbewußte‹ des Menschen zu gewinnen. Die sog. Finnische Schule (K. Krohn, A. A. Aarne, W. Anderson) entwickelte die historisch-geograph. Methode, mit deren Hilfe Urform, Herkunft und Verbreitungswege einzelner M.typen ermittelt werden. Dieser Einfachursprungstheorie (Monogenese) zufolge ist jedes M. einem bestimmten Herkunftsland zuzuordnen, von dem aus es weitergewandert ist und Änderungen erfahren hat. Die volkskundl. M.forschung befaßt sich v. a. mit den Wechselwirkungen zwischen mündl. und literar. Überlieferung, mit Erzählern und Erzählsituationen, Struktur-, Form- und Stilfragen sowie mit dem Realitätsbezug des Märchens. Russ. und amerikan. Forscher (W. J. Propp, A. Dundes) haben sich intensiv mit Strukturproblemen des M.s auseinandergesetzt. Wichtige Ergebnisse brachten Untersuchungen zu Form- und Stilfragen (A. Jolles), zur Phänomenologie (M. Lüthi), zum Realitätsbezug (L. Röhrich) und zum sozialgeschichtl. Aussagewert des Märchens. Eine Zusammenfassung internat. Forschungsresultate bringt ab 1975 die von K. Ranke in Göttingen begründete und unter Mitarbeit zahlreicher Gelehrter des In- und Auslands seit 1977 herausgegebene, auf zwölf Bände projektierte ›Enzyklopädie des Märchens‹ (bisher 5 Bde. erschienen).

Literatur: WESSELSKI, A.: Versuch einer Theorie des M.s. Reichenberg 1931. Nachdr. Hildes-

heim 1974. – THOMPSON, S.: Motif-index of folk-literature. Kopenhagen ²1955–58. 6 Bde. – LEYEN, F. VON DER: Das M. Hdbg. ⁴1958. – AARNE, A. A.: The types of the folktale. Engl. Übers. Helsinki ²1961. – M.forschung u. Tiefenpsychologie. Hg. v. W. LAIBLIN. Darmst. 1969. Nachdr. 1975. – Wege der M.forschung. Hg. v. F. KARLINGER. Darmst. 1973. – PROPP, V.: Morphologie des M.s. Dt. Übers. Neuausg. Ffm. 1975. – NITSCHKE, A.: Soziale Ordnungen im Spiegel des M.s. Stg. 1976–77. 2 Bde. – Das M. u. die Phantasie des Kindes. Hg. v. CH. BÜHLER u. J. BILZ. Bln. u. a. ⁴1977. – TISMAR, J.: Kunstmärchen. Stg. 1977. – APEL, F.: Die Zaubergärten der Phantasie. Zur Theorie u. Gesch. des Kunstmärchens. Hdbg. 1978. – DUNDA, A.: Varia Folklorica. Bln. u. New York 1978. – LÜTHI, M.: M. Stg. ⁷1979. – CHANG, CH.-G.: Der Held in europ. und korean. M. Bonn 1981. – SCHERF, W.: Lex. der Zaubermärchen. Stg. 1982. – KLOTZ, V.: Das europ. Kunstmärchen. Stg. 1985. – LÜTHI, M.: Das europ. Volksmärchen. Bern u. Mchn. ⁸1985. – JOLLES, A.: Einfache Formen. Tüb. ⁶1986. – PROPP, V.: Die histor. Wurzeln des Zaubermärchens. Mchn. 1987. – KARLINGER, F.: Gesch. des M.s im dt. Sprachraum. Darmst. ²1988. – FRITSCH, S.: M. u. Sagen. Versuch einer Deutung. Wuppertal 1992. – M. u. M.-Forschung in Europa. Ein Hdb. Hg. v. D. RÖTH u. a. Ffm. 1993. – Phantasie u. Phantastik. Neuere Studien zum Kunst-M. u. zur phantast. Erzählung. Hg. v. H. SCHUMACHER. Ffm. 1993. – SZONN, G.: Die Weisheit unserer M. Bln. 1993. – Die Volks-M. in unserer Kultur. Hg. v. W. KAHN. Ffm. 1993.

Marchwitza, Hans [marçʹvɪtsa, ʹmar...], * Scharley bei Beuthen O. S. 25. Juni 1890, † Potsdam 17. Jan. 1965, dt. Schriftsteller. – Bergarbeiter, 1920 KPD-Mitglied. Emigrierte 1933 (Schweiz, Frankreich, Spanien), nahm am Span. Bürgerkrieg auf republikan. Seite teil; lebte 1941–46 in den USA. 1946 Rückkehr nach Deutschland, zunächst in Stuttgart, dann in der DDR; 1950/51 Botschaftsrat der DDR in Prag. Schrieb v. a. polit. und sozialkrit. Romane sowie Erzählungen und Reportagen.

Werke: Sturm auf Essen (R., 1930), Schlacht vor Kohle (R., 1931), Die Kumiaks (R., 1934), Meine Jugend (Autobiogr., 1947), Unter uns (En., 1950), Die Heimkehr der Kumiaks (R., 1952), Roheisen (R., 1955), Die Kumiaks und ihre Kinder (R., 1959).
Literatur: Kamst zu uns aus dem Schacht. Erinnerungen an H. M. Hg. v. F. MATKE. Bln. 1980.

Marcinkevičius, Justinas [litauisch martsɪnʹkæːvɪtʃjʊs], * im Kreis Prienai 30. März 1930, litauischer Schriftsteller. – Wurde v. a. durch sein Poem ›Kraujas ir

pelenai‹ (= Blut und Asche, 1961) bekannt, das die Zeit der dt. Okkupation im
2. Weltkrieg schildert; daneben Erzählungen und eine Dramentrilogie, ›Mindaugas‹ (1968), ›Mažvydas‹ (1977) und
›Katedra‹ (= Die Kathedrale, 1971), aus
der litauischen Vergangenheit. Dt. erschienen die Erzählung ›Die Fichte, die
gelacht hat‹ (1961, dt. 1965), das Poem
›Donelaitis‹ (1964, dt. 1967) und die Gedichtsammlung ›Auf der Erde geht ein
Vogel‹ (litauisch und dt. 1969). M. wurde
zum Wegbereiter der litauischen Selb-
ständigkeitsbestrebungen gegen Ende
der 80er Jahre im Rahmen der Perestroika.
Ausgabe: J. M. Raštai. Wilna 1982–83. 5 Bde.

Marco Polo, venezian. Reisender,
↑ Polo, Marco.

Marcus, Eduard [rumän. 'markus],
rumän. Lyriker, ↑ Voronca, Ilarie.

Marcus, Frank Ulrich [engl. 'mɑːkəs],
* Breslau 30. Juni 1928, engl. Dramatiker. – Schreibt Stücke über das Ineinandergreifen von Realität und Illusion bzw.
literar. Fiktion (›Schwester George muß
sterben‹, 1965, dt. 1969; ›Notizen über
eine Liebesgeschichte‹, 1972, dt. 1972);
in neuerer Zeit auch Adaptationen von
Werken A. Schnitzlers, F. Molnárs und
G. Kaisers (›Anatol‹, 1976; ›The ballad
of Wilfred II‹, UA 1978; ›The guards-
man‹, 1978; ›La ronde‹, 1982; ›From
morning to midnight‹, UA 1987).

Marcus Aurelius Antonius, röm.
Kaiser, ↑ Mark Aurel.

Mare, Walter John de la, engl. Schriftsteller, ↑ de la Mare, Walter John.

Märe (Mär), im MA Begriff, der Heldenepos, höf. Roman sowie deren Stoffe
oder Überlieferungen umfaßt, auch für
andere Formen des ep. Erzählens. In der
neueren Forschung ist M. Gattungsbez.
für mhd. Schwankerzählungen, aus der
Zeit zwischen 1250 und 1500 (von dem
Stricker bis hin zu H. Folz) überlieferten
weltl. Erzählungen schwankhaften, hö-
fisch-galanten oder exemplar. Inhalts.
Die Stoffe finden sich u. a. in den lateini-
schen ›ridicula‹ wie in den altfranzösi-
schen Fabliaux (↑ Fabliau), in den Vers-
schwänken der Meistersinger, teilweise
auch in den ↑ Fastnachtspielen des
16. Jahrhunderts.

Literatur: FISCHER, H.: Studien zur dt. M.ndich-
tung. Tüb. 1968. – KÖPF, G.: M.ndichtung. Stg.
1978. – Das M., die mhd. Versnov. des späteren
MA. Hg. v. K. H. SCHIRMER. Darmst. 1983.

Marechal, Leopoldo [span. mare-
'tʃal], * Buenos Aires 11. Juni 1900, † ebd.
27. Juni 1970, argentin. Schriftsteller. –
Gehörte zur Lyrikergruppe um die ul-
traist. Zeitschriften ›Martín Fierro‹ und
‹Proa‹; wandelte sich später einer religiös-
humanitären Dichtung zu; schrieb auch
Theaterstücke, Essays und Erzählungen.
V. a. sein erster Roman ›Adán Buenos-
ayres‹ (1948) gilt als eines der bedeutendsten Werke der modernen argentin. Literatur. Sein Kern ist M.s eigene Selbstver-
wirklichung als Dichter in der Identifikation mit Buenos Aires, wobei sich Realität (v. a. die Zeit des Ultraismo) und Mythologie (Bibel, Homer), philosoph. Spekulation und humorist. Burleske ständig
durchdringen.
Weitere Werke: Los aguiluchos (Ged., 1922),
Odas para el hombre y la mujer (Ged., 1929),
Laberinto de amor (Ged., 1936), Historia de la
calle Corrientes (Essay, 1937), El banquete de
Severo Arcángelo (R., 1965), Antígona Vélez
(Dr., 1965), Megafón; o, La guerra (R., 1970).
Literatur: BARROS, D.: L. M., poeta argentino.
Buenos Aires 1971. – L. M. El autor y su obra.
Hg. v. J. MATURO. Buenos Aires 1986.

Marechera, Dambudzo [engl. mɑːrɛɪ-
'tʃɛrɑ:], * Vengere bei Rusape (Sim-
babwe) 4. Juni 1952, † Harare 18. Aug.
1987, simbabw. Schriftsteller. – Be-
schreibt die Auswirkungen von Gewalt,
Verfolgung und Unterdrückung auf die
menschl. Psyche in seiner Heimat.
Werke: Haus des Hungers (R., 1978, dt. 1981),
Black sunlight (R., 1980), Die Haut der Zeit
(Prosa und Ged., 1984, dt. 1989).
Literatur: D. M. 1952–1987. Hg. v. F. VEIT-
WILD u. a. Harare 1988.

Marek, Kurt W., dt. Schriftsteller,
↑ Ceram, C. W.

Margarete von Navarra (Marguerite
de Navarre), auch genannt M. von Angoulême, M. von Valois, * Angoulême
11. April 1492, † Odos (Hautes-Pyrénées)
21. Dez. 1549, frz. Schriftstellerin. –
Tochter Karls von Orléans, Schwester
Franz’ I., Großmutter Heinrichs IV.;
1509 ∞ mit Herzog Karl von Alençon
(† 1525), ab 1527 mit Henri d’Albret, König von Navarra († 1555). M. hatte eine
hervorragende gelehrte Ausbildung er-

halten, sie förderte Dichter und Künstler und protegierte verfolgte Hugenotten; ihr literar. Hauptwerk ist die berühmte, gleichermaßen von Platon und von G. Boccaccios ›Decamerone‹ inspirierte Sammlung von 72 durch eine Rahmenhandlung verbundenen Novellen u. d. T. ›Das Heptameron‹ (hg. 1559, dt. 1909, 1791 u. d. T. ›Margaritha, der Königin von Navarra, romant. Erzählungen‹); sie war auch Lyrikerin (›Le miroir de l'âme pécheresse‹, 1531; ›Les marguerites de la Marguerite des princesses‹, 1547).

Ausgaben: M. v. N. Das Heptameron. Dt. Übers. Nachw. v. P. AMELUNG. Mchn. u. a. 1960. – Marguerite de Navarre. L'Heptaméron. Hg. v. M. FRANÇOIS. Paris 1960. – Marguerite de Navarre. Œuvres choisies. Hg. v. H. P. CLIVE. New York 1968. – Marguerite de Navarre. Le théâtre profane. Hg. v. V. L. SAULNIER. Neuausg. Genf 1978.

Literatur: JOURDA, P.: Marguerite d'Angoulême. Paris ²1941. 2 Bde. – CAZAURAN, N.: L'Heptaméron de Marguerite de Navarre. Paris 1977. – SCKOMMODAU, H.: Die spätfeudale Novelle bei M. v. N. Wsb. 1977. – CLIVE, H. P.: Marguerite de Navarre. An annotated bibliography. London 1983. – DÉJEAN, J. L.: Marguerite de Navarre. Paris 1987.

Margarete von Navarra (Ausschnitt aus einem zeitgenössischen anonymen Ölgemälde nach einer Kreidezeichnung von Jean Clouet)

Marginalglosse ↑ Glosse, ↑ Marginalien.

Marginalien [mlat.; zu lat. margo = Rand], Randbemerkungen; handschriftl. Glossen, krit. Anmerkungen usw. in Handschriften, Akten, Büchern; auch auf den Rand einer Buchseite (marginal) gedruckte Verweise (Quellen, Zahlen, Inhaltsangaben zum Text).

Marginter, Peter, * Wien 26. Okt. 1934, österr. Schriftsteller. – Diplomat; war Kulturattaché in Ankara und London, lebt in Wien. Schreibt hintergründige Romane und Erzählungen, die seine Vorliebe für phantastisch-skurrile und surrealist. Stoffe zeigen; auch Essays, Jugendbücher, Hörspiele, Übersetzungen.

Werke: Der Baron und die Fische (R., 1966), Der tote Onkel (R., 1967), Leichenschmaus (En., 1969), Königrufen (R., 1973), Wolkenreiter & Sohn (Jugendb., 1977), Die drei Botschafter (Märchen, 1980), Das Rettungslos (R., 1983), Der Kopfstand des Antipoden (R., 1985).

Margites (tl.: Margítēs), fragmentarisch erhaltene Parodie auf die Homerische ›Odyssee‹; bis ins 3. Jh. v. Chr. Homer, später Pigres von Halikarnassos (1. Hälfte des 5. Jh. v. Chr.) zugeschrieben. Inhalt: Geschichten eines Tölpels; Versmaß: Hexameter und jamb. Trimeter; Entstehungszeit: wohl 6. Jh. v. Chr., erkennbare Nachwirkung bis ins 2. Jh.; nach Aristoteles (›Poetik‹, Kap. 4) erster Ansatz zur Komödie.

Margueritte, Victor [frz. margə'rit], * Blida (Algerien) 1. Dez. 1866, † Monestier (Isère) 23. März 1942, frz. Schriftsteller. – Gab 1896 seine Militärlaufbahn auf und schrieb bis 1908 gemeinsam mit seinem Bruder Paul M. (* 1860, † 1918) eine Reihe von Werken, u. a. den Romanzyklus ›Der große Krieg‹ (1898–1904, dt. 8 Bde., 1902–04) und das erfolgreiche Kinderbuch ›Poum‹ (1897, dt. 1924). Nach dem Tod seines Bruders erregte er Aufsehen durch seine Romane, in denen sich die Situation der Frau in der Nachkriegszeit widerspiegelt (›La femme en chemin‹, R.-Trilogie, 1922–24; ›Die Junggesellin‹, 1924, dt. 1924; ›Vers le bonheur‹, R.-Trilogie, 1925–30); setzte sich für Frieden und Völkerfreundschaft ein.

Margul-Sperber, Alfred, * Storoschinez bei Tschernowzy 23. Sept. 1898, † Bukarest 4. Jan. 1967, rumäniendt. Schriftsteller und Publizist. – Begann als expressionist. Dichter, v. a. mit Großstadtlyrik, die seine Jahre der Wanderschaft in Wien, Paris und New York beschreibt. Aus enttäuschter polit. Hoffnung 1924 Rückkehr in die Bukowina. Warnte in einigen Gedichten vor der Gefahr des Faschismus; bekannte sich gleichzeitig zu einem ahistor., symbolist. Poesiebegriff: Thema wird die mythisch gesehene Landschaft der Bukowina. Seit den 30er Jahren unermüdl. Einsatz für die rumäniendt. Literatur, auch als Förderer und Mentor literar. Talente (u. a. P. Celans); Übersetzer.

Werke: Gleichnisse der Landschaft (Ged., 1934), Geheimnis und Verzicht (Ged., 1939), Zeuge der Zeit (Ged., 1951), Mit offenen Augen (Ged., 1956), Sternstunden der Liebe (Ged., 1963), Aus der Vorgeschichte (Ged., 1964), Das verzauberte Wort. Der poet. Nachlaß 1914–65 (hg., 1969). **Ausgabe:** A. M.-S. Geheimnis u. Verzicht. Das lyr. Werk in Auswahl. Hg. v. A. KITTNER. Bukarest 1975.

Marías, Javier [span. ma'rias], * Madrid 20. Sept. 1951, span. Schriftsteller. – War 1983–85 Lektor in Oxford; gehört zu den Autoren der Ära nach Franco, die sich um die Erneuerung der span. Prosa bemühen. In delikaten psycholog. Skizzen lotet er die Empfindungen seiner Protagonisten aus und gibt dem Lebensgefühl des modernen Menschen Ausdruck. Dabei greift er auch auf eigene Erfahrungen zurück, z. B. in ›Alle Seelen oder Die Irren von Oxford‹ (R., 1989, dt. 1991).

Weitere Werke: Los dominios del lobo (R., 1971), Travesía del horizonte (R., 1972), El monarca del tiempo (R., 1978), Der Gefühlsmensch (Essays, 1991), Vidas escritas (Biographien, 1992), Corazón tan blanco (R., 1992), Mañana en la batalla piensa en mí (R., 1994).

Mariátegui, José Carlos [span. ma-'riateγi], * Moquegua 14. Juni 1894, † Lima 16. April 1930, peruan. Essayist. – Sohn eines Angestellten; Druckereiarbeiter; Journalist; 1928 Mitgründer der KP Perus; gab 1926–30 die bed. Zeitschrift ›Amauta‹ heraus, in der die meisten seiner literaturkrit. und soziolog. Essays und Artikel erschienen. Sein Hauptwerk sind die ›Siete ensayos de interpretación de la realidad peruana‹ (1928), in denen er, im Ansatz marxistisch, die Analyse der aktuellen Verhältnisse Perus mit einer Entwicklungsplanung verbindet, die die teilweise noch erhaltenen Organisationsformen des Inkareichs einbezieht.

Ausgabe: J. C. M. Obras completas. Lima 1979–81. 20 Bde. **Literatur:** PRADO, J. DEL: M. y su obra. Lima 1946. – CARNERO CHECA, G.: La acción escrita; J. C. M., periodista. Lima 1964. – GARGUREVICH, J.: ›La Razón‹ del joven M. Lima 1978. –

CHANG-RODRÍGUEZ, E.: Poética e istología en J. C. M. Madrid 1983.

Marie de France [frz. marid'frã:s], frz. Dichterin der 2. Hälfte des 12. Jahrhunderts. – Älteste bekannte frz. Dichterin; ihre Identität ist umstritten. Sie stammte wahrscheinlich aus Frankreich und lebte am Hof Heinrichs II. von England, dem sie zwölf zwischen 1160 und 1189 entstandene Versnovellen, sog. ↑ Lais (u. a. ›Bisclavret‹, ›Lanval‹, ›Chievrefueil‹, ›Éliduc‹), widmete, die Stoffe der breton. Spielmannsepik verwenden sowie Wunderbares und Traumhaftes gestalten; u. a. ist im ›Chievrefueil‹ ein sonst nicht belegtes Tristan-Abenteuer überliefert. M. de F. verfaßte auch die erste frz. Fabelsammlung (›Ésope‹, entst. vermutlich zwischen 1170 und 1190) nach einer verlorengegangenen engl. Sammlung vom Beginn des 12. Jh., der wiederum eine anglolat. Fassung des sog. ›Romulus Nilantii‹ (11. Jh.) zugrunde lag, und eine Heiligenlegende, ›L'espurgatoire Seint Patriz‹ (entst. um 1190), nach der lat. Legende des engl. Mönchs Henry of Saltrey (um 1160).

Ausgaben: Das Buch vom Espurgatoire S. Patrice der M. de F. u. seine Quelle. Hg. v. K. WARNKE. Halle/Saale 1938. Nachdr. 1976. – M. de F. Ésope (Äsop). Hg. v. H.-U. GUMPRECHT. Altfrz. u. dt. Mchn. 1973. – M. de F. Novellen u. Fabeln. Dt. Übers. v. R. SCHIRMER. Ausw. u. Nachwort v. K. RINGGER. Zü. 1977. – M. de F. Die Lais. Dt. Übers. v. D. RIEGER u. R. KROLL. Mchn. 1980. **Literatur:** RINGGER, K.: Die Lais. Tüb. 1973. – MICKEL, E. J.: M. de F. New York 1974. – BURGESS, G. S.: M. de F. An analytical bibliography. London 1977. – SIENAERT, E.: Les lais de M. de F. Paris 1978. – CLIFFORD, P.: M. de F. Lais. London 1982.

Mariendichtung, poet. Darstellungen um Maria, die Mutter Jesu, in allen ep., lyr. und dramat. Gattungen, Stilen und Tendenzen. Die Stoffe entstammen hpts. den Apokryphen des NT, die Bilder und Symbole der mariolog. Dogmenauslegung (Augustinus, 5. Jh.), der Marienpredigt und -mystik (insbes. seit dem 12. Jahrhundert). – Früheste M. ist aus dem byzant. Raum bezeugt. Raum setzt sie nach Vorläufern (Sedulius, Ennodius, 5. Jh.) mit der Einrichtung der Marienfeste (7. Jh.) ein, zunächst mit lat. Hymnen (Hrabanus Maurus) und Sequenzen (Notker Balbulus; Hermann von Reichenau, 11. Jh.), von denen einige bis heute lebendig geblieben sind, z. B. ›Ave maris stella‹, ›Salve Regina‹ oder ›Stabat mater‹, auch mit lat. ep. Marienviten (Hrotsvit von Gandersheim). Die Voraussetzung für eine volkssprachl. M. schuf im 12. Jh. die kluniazens. Reform durch die Erweiterung des Marienkultes: deutschsprachige *ep. M.* ist das bed. ›Marienleben‹ (1172) des Priesters Wernher; weitere ep. M. en (u. a. von Bruder Philipp, Anfang des 14. Jh., oder von Konrad von Heimesfurt, ›Von unser vrouwen hinvart‹) basieren mehr oder weniger auf der weitverbreiteten lat. ›Vita beate virginis Marie et Salvatoris rhythmica‹ (13. Jh.), ebenso die zahlreichen Marienwunder oder -legenden in Reim und Prosa seit dem Anfang des 13. Jahrhunderts.

Die *Marienlyrik* ist noch enger an lat. Vorbildern orientiert, so die dt. ↑ Sequenzen, ↑ Leiche und ↑ Hymnen (Lieder) des 12. Jh., wie das ›Melker Marienlied‹, die Mariensequenzen aus Muri oder Walthers Marienleich. Seit dem 13. Jh. entstanden im Gefolge religiöser Massenbewegungen (Marienbruderschaften, Geißler) volkstüml. Marienlieder, oft nur Eindeutschungen lat. Hymnen oder Kontrafakturen; daneben vom späthöf. Minnesang beeinflußte, spekulative mariolog. Spruchlyrik (Reinmar von Zweter, der Marner, Friedrich von Sonnenburg), oft im Stil des Manierismus (Frauenlob, Heinrich von Mügeln); sie wird im ↑ Meistersang allegorisch bis ins 16. Jh. weitergepflegt (Muskatplüt, H. Folz, Hans Sachs). Umfangreiche Sonderformen innerhalb der Marienlyrik sind kunstvolle Reihungen des internat. mariolog., insbes. myst. Formel- und Bilderschatzes, wie z. B. die ›Goldene Schmiede‹ (1275) Konrads von Würzburg, oder die aus den Ave-Maria-Gebeten (Marienpsalter, Rosarien) entwickelten Mariengrüße, die noch von den Humanisten in antiken Strophen gepflegt wurden (S. Brant, 1498). – Eine weitere Sonderform ist die dramatisch-lyr. Marienklage, Anfang des 13. Jh. aus den lat. Karfreitagssequenzen mehr oder weniger frei entwickelte Klagemonologe Marias am Fuße des Kreuzes (bes. ostmitteldt. Zeugnisse), die jedoch bald zu Dialogen mit Christus und

Johannes ausgebaut (u. a. ›Königsberger Klage‹, 13. Jh.; ›Bordesholmer Klage‹, 15. Jh.; ›Prager Klage‹, 16. Jh.) und vom liturg. Ort in das ↑ geistliche Spiel übernommen wurden, wie auch die mittelalterl. ↑ Legendenspiele und ↑ Mirakelspiele Wundertaten Marias dramatisch gestalteten, eine Tradition, die bis ins Barock (↑ Jesuitendrama) lebendig blieb. – Mit dem Ende des MA endet zugleich die Blütezeit der M., deren Entwicklung in den anderen westeurop. Kulturen ähnlich verlief: In Frankreich ragen u. a. die ep. Marienviten des Anglonormannen R. Wace, die Legendensammlungen Gautiers de Coinci (›Les miracles de la sainte Vierge‹, um 1220), die Mirakelspiele Rutebeufs sowie die Marienlyrik der Troubadours (Peire Cardenal) und der Trouvères heraus, in Spanien die bed., von König Alfons X. von Kastilien u. a. verfaßten ›Cantigas de Santa María‹ (um 1250) und die Legendensammlung Gonzalos de Berceo ›Milagros de Nuestra Señora‹; in den Niederlanden entstanden im 13. Jh. die schönsten Gestaltungen der weitverbreiteten Marienlegenden ›Theophilus‹ und ›Beatrijs‹. Nach der Reformation wurde die Tradition der M., abgesehen von volkstüml. Überlieferungen (Volksbücher), nur im ↑ Kirchenlied und in den barocken Kunstliedformen der Jesuiten: F. von Spee, Angelus Silesius (neulat.) von J. Balde und N. Avancini fortgeführt. Erst seit dem Ende des 18. Jh. erfuhr die M. eine auch von Protestanten getragene Neubelebung durch die frühromant. Rückwendung zum MA (J. G. von Herder, F. und A. W. Schlegel, Novalis, C. Brentano, J. von Eichendorff). Bei A. von Droste-Hülshoff, R. M. Rilke, R. A. Schröder, R. J. Sorge, R. Schaumann, G. von Le Fort, R. Schneider, F. Werfel und im Rahmen des Renouveau catholique bei P. Claudel erscheint M. nur noch als Ausdruck individueller Glaubenserfahrung.

Literatur: FROMM, H.: M. In: Reallex. der dt. Literaturgesch. Begr. v. P. MERKER u. W. STAMMLER. Hg. v. W. KOHLSCHMIDT u. W. MOHR. Bd. 2. Bln. ²1965. – SCHÄFER, G. M.: Unterss. zur dtsprachigen Marienlyrik des 12. u. 13. Jh. Göppingen 1971. – EDELMANN-GINKEL, A.: Das Lobelied auf Maria im Meistersang. Göppingen 1978.

Marijengof (tl.: Mariengof), Anatoli Borissowitsch [russ. mɐrijɪn'gɔf], * Nischni Nowgorod 6. Juli 1897, † Leningrad (heute Petersburg) 24. Juni 1962, russ.-sowjet. Schriftsteller. – Einfluß des Ego-futurismus; bed. Vertreter des Imaginismus um S. A. Jessenin; Lyriker, auch Dramatiker.
Werke: Roman ohne Lüge (1927, dt. 1984), Zyniker (R., 1928, dt. 1929), Roman mit Freunden (1965, dt. 1993).

Mariken van Nieumeghen [niederl. mɑ'ri:kə vɑn 'nɪmwe:xə], mittelniederl. dramatisiertes Marienmirakel eines anonymen Verfassers, entstanden zu Beginn des 16. Jh.; ältester bekannter Druck von 1514 oder 1515. M. van N. lebt sieben Jahre mit einem Teufel in Menschengestalt zusammen, wird dann bekehrt und geht ins Kloster, wo nach einer Anzahl von Jahren ein Engel erscheint und ihr mitteilt, daß ihr vergeben sei. Das Spiel wurde mehrmals ins Engl., Frz. und Dt. übersetzt.
Ausgabe: M. v. N. Faksimiledruck. Hg. v. A. L. VERHOFSTEDE. Antwerpen ²1951.
Literatur: JANSSEN, W. A. F.: Studies over M. v. N. In: Leuvense Bijdragen 56 (1967). – Naar de letter 1. M. v. N. Utrecht 1969.

Marín, Juan [span. ma'rin], * Constitución 23. März 1900, † Viña del Mar 10. Febr. 1963, chilen. Schriftsteller. – Schrieb Gedichte, die dem Creacionismo V. Huidobros verpflichtet sind (›Looping‹, 1929), medizin., psycholog. und kulturkrit. Essays sowie Erzählungen und Romane, die z.T. phantast., utop. Themen, z.T. – wie sein bedeutendster Roman ›Paralelo 53° sur‹ (1936) – die konkreten sozialen Verhältnisse Südchiles behandeln.
Literatur: TERRY, M. L.: The prose fiction of J. M. Knoxville (Tenn.) 1964.

Marinescu, Iancu-Leonte, rumän. Schriftsteller, † Sadoveanu, Ion Marin.

Marinetti, [Emilio] Filippo Tommaso, * Alexandria 22. Dez. 1876, † Bellagio 2. Dez. 1944, italien. Schriftsteller. – Wuchs in Frankreich auf, studierte in Paris, Pavia und Genua, lebte dann in Mailand, wo er 1905 die literar. Zeitschrift ›Poesia‹ gründete. Veröffentlichte am 20. Febr. 1909 im ›Figaro‹ sein erstes futurist. Manifest, mit dem er zum Begründer des Futurismus wurde. M. forderte

Filippo
Tommaso
Marinetti

den Bruch mit allen Stil- und Denkformen der Vergangenheit, zumal mit dem literar. Ästhetizismus. Er suchte, aggressiv gegen alle traditionellen Sprachbindungen, eine neue Syntax und ein der Entwicklung von Technik und Zivilisation angemessenes Vokabular zu schaffen. Während der Zeit des Faschismus wurde er von B. Mussolini gefördert und hatte bed. öffentl. Ämter inne. Er schrieb in italien. und frz. Sprache.
Werke: La conquête des étoiles (Ged., 1902), Destruction (Ged., 1904), Manifesti del futurismo (4 Bde., 1909–15), Mafarka le futuriste (R., 1910), Le futurisme (Schr., 1911), Futurismo e fascismo (Schr., 1924), Tamburo di fuoco (Dr., 1932).
Ausgaben: Opere di F. T. M. Mailand 1968. 4 Bde. – F. T. M. Futurist. Dichtungen. Hg. v. J. BLEICHER. Siegen ³1987.
Literatur: LISTA, G.: M. Paris 1976. – Prétence de F. T. M. Actes du colloque international tenu à l'UNESCO. Hg. v. J.-C. MARCADÉ. Lausanne 1982. – BLUMENKRANZ-ONIMUS, N.: La poésie futuriste italienne. Essai d'analyse esthétique. Paris 1984. – SACCONE, A.: M. e il futurismo. Neapel 1984. – Futurismo e futurismi. Hg. v. P. HULTON. Mailand 1986. – HESSE, E.: Die Achse Avantgarde – Faschismus. Reflexionen über F. T. M. u. Ezra Pound. Zü. 1991. – SCHMIDT-BERGMANN, H.: Futurismus. Gesch., Ästhetik, Dokumente. Rbk. 1993.

Marini, Giambattista, italien. Dichter, † Marino, Giambattista.

Marinismus [nlat.], nach G. Marino benannte literar. Variante des † Manierismus in Italien. Die lyr. und ep. Werke Marinos (u. a. ›Adone‹, 1623) fanden eine große Zahl von Nachahmern (bes. C. Achillini und Giacomo Lubrano [* 1619, † 1693]) und waren von gesamteurop. Einfluß.

Marinković, Ranko [serbokroat. ma-
‚riːŋkɔvitɕ], * auf Vis 22. Febr. 1913, kroat.
Schriftsteller. – Gehörte zum linksorientierten literar. Kreis um M. Krleža, dessen Dramatik ihn beeinflußte; weiteres
Vorbild für M.s episch-dramat. Werk
wurde Pirandello. In seinen realist. Erzählungen, die oft satirisch gefärbt sind,
gestaltet er bes. die Motive der Lebensangst und des Todes.
Werke: Hände (En., 1953, dt. 1961), Glorija
(Dr., 1955), Poniženje Sokrata (= Die Erniedrigung des Sokrates, En., 1959), Kiklop (= Der
Zyklop, R., 1965), Karneval (En., dt. Auswahl
1973), Zajednička kupka (= Gemeinschafts-
bad, 1980).

Marino (Marini), Giambattista,
* Neapel 18. Okt. 1569, † ebd. 25. März
1625, italien. Dichter. – Zunächst in
Schutz und Dienst des Kardinals Aldo-
brandini (* 1571, † 1621) in Rom, Ravenna und Turin; ab 1608 am Hof des
Herzogs von Savoyen in Turin, ab 1615
in Paris, eingeladen von Maria de' Medici. 1623 nach Italien zurückgekehrt,
lebte er, geehrt und gefeiert, in Rom. Sein
Hauptwerk, das allegor. Epos ›L'Adone‹
(1623), schildert in 20 Gesängen (45000
Verse) mit vielen Abschweifungen die
Geschichte von Venus und Adonis; dieses Werk beeindruckte durch das virtuose Spiel mit Antithesen, Assonanzen,
mit reichen Metaphern, raffinierten
Klangfiguren, mit der Bevorzugung des
Dunkeln, Schockierenden, des Preziösen
und Alogischen und fand in ganz Europa
Nachahmung (Marinismus).
Weitere Werke: La lira (Ged., 3 Tle., 1608–14),
La galleria (Ged., 1620), Der bethlehemit. Kin-
dermord (Epos, hg. 1632, dt. 1715).
Ausgaben: Giam Battista Marini. L'Adone. Hg.
v. G. BALSAMO-CRIVELLI. Turin 1922. – M. e i
marinisti. Opere. Hg. v. G. G. FERRERO. Mailand
1954. – G. M. Lettere. Hg. v. M. GUGLIELMI-
NETTI. Turin 1966.
Literatur: GUGLIELMINETTI, M.: Tecnica e inven-
zione nell'opera di G. M. Messina u. Florenz
1964. – PIERI, M.: Per M. Padua 1976. –
SCHULZE, J.: Formale Themen in Gian Battista
M.s ›Lira‹. Amsterdam 1978.

Marionettentheater, Puppenspiel
mit bewegl. Gliederpuppen, die an Fäden (früher auch an Drähten) befestigt
sind, wobei die einfachsten Figuren einen Führungsfaden im Rücken, zwei an
den Kopfseiten, je einen an Hand- und
Kniegelenken haben. Die Fäden sind an

einem Führungskreuz befestigt. Im Ggs.
zum † Handpuppenspiel wird die Marionette mit Hilfe des Führungskreuzes von
oben geführt. Der unsichtbare Spieler
steht hinter bzw. über der Marionette. –
Das M. ist im asiat. und europ. Raum bereits sehr früh bezeugt. Es wurde im MA
in Deutschland von Gauklern häufig
auf Jahrmärkten dargeboten. Nach dem
Dreißigjährigen Krieg nahmen sich die
Wanderbühnen seiner an und führten
Spektakel-, Rühr- und Heimatstücke,
v. a. jedoch Komödien auf; auch Opern
und Operetten gehörten zum Repertoire
(so komponierte Josef Haydn mehrere
Opern für die Puppenbühne). H. von
Kleist (›Über das M.‹, 1810) und auch
die Romantiker zeigten reges Interesse
am Marionettentheater. 1858 wurde in
München durch J. L. Schmid und F. Graf
Pocci das erste seßhafte M. gegründet.
Im 19. und 20. Jh. entstanden in vielen
Städten Europas weitere M. (Wien, Mos-
kau, Rom, Salzburg, Augsburg). Während des 2. Weltkrieges war das M. des
Tschechen J. Skupa (mit den Figuren
›Spejbl‹ und ›Hurvínek‹) eine wirkungs-
volle, mit den Möglichkeiten der Satire
arbeitende Opposition gegen den Nationalsozialismus.
Literatur: CHESNAIS, J.: Histoire générale des
marionettes. Paris 1947. Nachdr. Paris 1981. –
WITTKOP-MÉNARDEAU, G.: Von Puppen u. Marionetten. Dt. Übers. Zü. 1962. – MIGNON, P.-L.:
M. Dt. Übers. Lausanne 1963. – BATY, G./
CHAVANCE, R.: Histoire des marionettes. Paris
²1972.

Marivaux, Pierre Carlet de Cham-
blain de [frz. mari'vo], * Paris 4. Febr.
1688, † ebd. 12. Febr. 1763, frz. Schriftsteller. – War ständiger Gast in den angesehensten Salons; u. a. Hg. der Wochen-
zeitschrift ›Le Spectateur français‹
(1722). Seine Komödien (v. a. psychologisch fein motivierte Liebeskomödien,
die das Entstehen der Liebe in immer
neuen Versionen behandeln), u. a. ›Das
Spiel von Liebe und Zufall‹ (1730, dt.
1961, erstmals dt. 1747), ›Le legs‹ (1730),
›Die falschen Vertraulichkeiten‹ (1738,
dt. 1798, 1756 u. d. T. ›Die falschen Bedienten‹ und ›Der bestrafte Betrüger‹), geschrieben v. a. für die italien. Komödianten wie auch für die Comédie-Française,
fesseln durch witzigen, sprachlich ausge-

feilten Dialog. Diese Art Konversation, inhaltlich Belangloses elegant-graziös in gewähltem, nuanciertem Stil zu sagen, wurde (oft auch leicht abwertend) als *Marivaudage* bezeichnet. Bes. M.' unvollendete Romane ›Das Leben der Marianne‹ (11 Tle., 1731–42, dt. 1968, 1764 u. d. T. ›Der Marianne Leben‹) und ›Der Bauer im Glück‹ (5 Tle., 1734/35, dt. 1968, 1747/48 u. d. T. ›Der emporgekommene Landmann‹), die ein realistisches Bild der Gesellschaft des 18. Jh. zeichnen, entwerfen zugleich umrißhaft eine Kritik an der bestehenden sozialen Ordnung und deren utop. Überwindung; 1742 Mitglied der Académie française.

Weitere Werke: Der Betrug der Liebe (Kom., 1723, dt. 1747), Unbeständigkeit auf beiden Seiten (Kom., 1723, dt. 1968, 1749 u. d. T. Die beyderseitige Unbeständigkeit), Der andere Betrug der Liebe (Kom., 1728, dt. 1747), Die Mütter-Schule (Kom., 1732, dt. 1753), Der Versuch (Kom., 1740, dt. 1783).

Ausgaben: M. Romans, suvis de récits, contes et nouvelles, extraits des essais et des journaux. Hg. v. M. ARLAND. Paris 1949. – M. Leben u. Werk. Dt. Übers. Hg. v. G. SCHRICKE u. P. LOTSCHAK. Düss. 1968. – P. C. de Ch. de M. Théâtre complet. Hg. v. S. CHEVALLEY. Paris 1969. 3 Bde. – P. C. de Ch. de M. Œuvres de jeunesse. Hg. v. F. DELOFFRE u. C. RIGAULT. Paris 1972. – M. Théâtre complet. Hg. v. H. COULET u. M. GILOT. Paris 1993 ff. (bisher 2 Bde. erschienen).

Literatur: ARLAND, M.: M. Paris 1950. – GREENE, E. J. H.: M. Toronto 1965. – GILOT, M.: Les journaux de M. Lille 1975. 2 Bde. – JUGAN, A.: Les variations du récit dans ›La vie de Marianne‹ de M. Paris 1978. – MIETHING, CH.: M. Darmst. 1979. – SPENCER, S. I.: Le dilemme du roman marivaudien. Sherbrooke 1984. – WOLF, W.: Ursprünge u. Formen der Empfindsamkeit im frz. Drama des 18. Jh. (M. u. Beaumarchais). Ffm. 1984. – PAVIS, P.: M. à l'épreuve de la scène. Paris 1985. – DELOFFRE, F.: M. et le marivaudage. Genf ³1993.

Marjoram, J. [engl. 'mɑ:dʒərəm], Pseudonym des engl. Schriftstellers Ralph Hale ↑ Mottram.

Markandaya, Kamala [engl. mɑ:kən-'daɪə], eigtl. Kamala Purnaiya Taylor, * in Südindien 1924, ind. Schriftstellerin. – Lebt seit den 60er Jahren in England. Schildert in ihren Romanen auf subtile Weise menschl. Beziehungen vor dem Hintergrund der ökonom. und polit. Veränderungen der ind. Gesellschaft.

Werke: Nektar in einem Sieb (R., 1954, dt. 1956), Silence of desire (R., 1960), Possession

(R., 1963), Eine Handvoll Reis (R., 1966, dt. 1983), The nowhere man (R., 1972), Two virgins (R., 1972), The golden honeycomb (R., 1977), Pleasure city (R., 1982).

Mark Aurel (Marcus Aurelius Antonius), * Rom 26. April 121, † Vindobona (Wien) 17. März 180 (im Feldlager), seit 161 röm. Kaiser. – Ein ausgezeichneter Unterricht förderte bereits in früher Jugend sein Interesse für Philosophie, insbes. für stoische Autoren (Epiktet), deren Ethik nachhaltigen Einfluß auf sein Denken ausübte. In der Zeit seiner Regierung (zw. 170 und 180) verfaßte er die 12 Bücher philosoph. ›Gespräche mit sich selbst‹ (in griech. Sprache, um die gekünstelte lat. Literatursprache zu meiden). Das Werk belegt anschaulich, wie stark ihm die stoische Idee geistigen Rückhalt bei der Bewältigung prakt. Lebenssituationen bot. Seiner Grundrichtung nach löst sich M. A. vom materialist. Zug der älteren Stoa. Seinen Aphorismen ist eine Tendenz zu Pessimist. Weltbetrachtung nicht abzusprechen. Den Menschen begreift er aus seiner Teilhabe an der leibl., geistigen und seel. Sphäre und verlangt seine Einordnung in die größeren Ordnungszusammenhänge des Seins (z. B. unter das Gebot der Pflicht). Über den Geist hat der Mensch Anteil am Göttlichen, er schafft auch eine Verwandtschaft zwischen allen Menschen (kosmopolit. Ideal). Starke Beachtung fand M. A.s Werk wieder im 18. Jh. Erhalten sind von ihm auch einige Briefe und Bruchstücke einer Rede.

Ausgabe: M. A. Commentarii. Wege zu sich selbst. Griech. u. dt. Hg. u. übers. v. W. THEILER. Zü. u. Mchn. ³1965.

Literatur: WEBER, W.: Röm. Herrschertum u. Reich in 2. Jh. Stg. 1937. – BIRLEY, A.: M. A. Kaiser u. Philosoph. Dt. Übers. Mchn. ²1977.

Markham, Edwin [engl. 'mɑ:kəm], eigtl. Charles Edward Anson M., * Oregon City (Oreg.) 23. April 1852, † Staten Island (N.Y.) 7. März 1940, amerikan. Lyriker. – Von seiner humanitären, sozialbewußten Dichtung wurde v. a. das im Blankvers geschriebene Titelgedicht der Sammlung ›The man with the hoe and other poems‹ (1899) bekannt, das – das gleichnamige Gemälde von J.-F. Millet interpretierend – die Ausbeutung und Erniedrigung des arbeitenden Volkes darstellt. Auch in Zeitschriftenartikeln griff er sozialkrit. Themen des Muckraking movement († Muckrakers) auf, wie die Kinderarbeit in ›The children of bondage‹ (1914).

Literatur: FILLER, L.: The unknown E. M. His mystery and its significance. Yellow Springs (Ohio) 1966.

Markisch (tl.: Markiš), Dawid Perezowitsch, * Moskau 24. Sept. 1938, russ. Schriftsteller. – Sohn von Perez M.; einige Jahre bis 1955 Verbannung in Kasachstan; 1972 Ausreise nach Israel; schrieb Romane und Erzählungen, z. T. autobiographisch, z. T. Einblick in die sowjet. Gesellschaft gebend.

Werke: Von einem, der auszog (R., portugies. 1975, russ. 1978, dt. 1982), Narren des Zaren (histor. R., 1983, dt. 1985), Pes (= Der Hund, R., 1984), Granatovyj kolodec (= Der Granatbrunnen, R., 1986), Donor (= Der Blutspender, R., 1987), Poljuško-pole (= Feld, liebes gutes Feld, R., 1989), Mein Feind, die Katze (Kurzgeschichten, dt. 1991).

Markisch, Perez, * in Wolynien 1895, † Moskau 12. Aug. 1952, jidd. Schriftsteller. – Ging nach expressionist. Anfängen in Warschau (Mitbegründer der Zeitschrift ›Literarische bleter‹), die u. a. M. Chagall zur Illustrationen anregten, 1926 endgültig in die Sowjetunion, wo er durch zahlreiche ep. und lyr. Werke (u. a. ›Brider‹, 1929) zu Themen der gesellschaftl. Erneuerung, im 2. Weltkrieg dann v. a. zum Schicksal osteurop. Juden zu einem der wichtigsten Vertreter jüd. Kulturpolitik wurde. Trotzdem wurde M. 1948 verhaftet und schließlich als angebl. jüd. Nationalist liquidiert, später rehabilitiert.

Marko Kraljević [serbokroat. ˌkraːljɛvitɕ], bulgar. Krali Marko, * um 1335, ✕ bei Rovine 17. Mai 1395, serb. Fürst (seit 1371). – Held der südslaw. Volksepik; der Sage nach unbezwinglich und von grenzenloser Stärke, soll er in einer Höhle schlafen, um einst zu neuen Taten zu erwachen.

Markov, Georgij Mokeevič, russ.-sowjet. Schriftsteller, † Markow, Georgi Mokejewitsch.

Marković, Franjo [serbokroat. ˈmaːrkovitɕ], * Križevci bei Zagreb 26. Juli 1845, † Zagreb 15. Sept. 1914, kroat. Schriftsteller. – Vertreter der bürgerl. Ro-

mantik; schrieb Epen in Anlehnung an Lord Byron und A. Mickiewicz (u. a. ›Kohan i Vlasta‹, 1868), histor. Dramen (›Karlo Drački‹, 1872; ›Zvonimir‹, 1877) und Lyrik; als Ästhetiker und Literaturtheoretiker hatte er richtungweisenden Einfluß auf die kroat. Literatur.

Marković, Svetozar [serbokroat. ˈmaːrkovitɕ], * Zaječar 9. Sept. 1846, † Triest 26. Febr. 1875, serb. Schriftsteller. – Begründer des serb. Sozialismus; Hg. der ersten sozialist. Zeitschrift Serbiens (›Radenik‹, 1871/72). M., ein bed. polit. Publizist, wirkte auch auf die Literatur: nahm Stellung gegen die nat. gestimmte Romantik und förderte den Positivismus und den literar. Realismus (›Pevanje i mišljenje‹ [= Dichten und Denken], 1868; ›Realnost u poeziji‹ [= Die Wirklichkeit in der Dichtung], 1870).

Ausgabe: S. M. Sabrani spisi. Belgrad 1960–65. 4 Bde.

Markow (tl.: Markov), Georgi Mokejewitsch [russ. ˈmarkəf], * Nowokuskowo (Gebiet Tomsk) 19. April 1911, † Moskau 26. Sept. 1991, russ.-sowjet. Schriftsteller. – Ab 1971 1. Sekretär, ab 1986 Vorsitzender des sowjet. Schriftstellerverbandes. Seine breiten, in Sibirien spielenden Familienromane schildern insbes. Geschichte des 20. Jh. (›Die Strogows‹, 2 Bücher, 1939–46, dt. 1951; ›Sibirien‹, 2 Bücher, 1969–73, dt. 1974/75); auch Publizist und Literaturkritiker.

Weiteres Werk: Aufbruch (R., 1983, dt. 1984). Literatur: SMOLJANICKI, S. V.: Na zemle otcov. Očerk tvorčestva G. Markova. Moskau 1978.

Marko Wowtschok, ukrain. Schriftstellerin, † Wowtschok, Marko.

Markowytsch (tl.: Markovyč), Marija Olexandriwna [ukrain. marˈkovetʃ], ukrain. Schriftstellerin, † Wowtschok, Marko.

Mark Twain [engl. ˈmaːk ˈtwɛin], eigtl. Samuel Langhorne Clemens, * Florida (Mo.) 30. Nov. 1835, † Redding (Conn.) 21. April 1910, amerikan. Schriftsteller. – War nach Abbruch seines Schulbesuchs u. a. Setzerlehrling, Drucker, Lotse auf dem Mississippi (1856–60) und Journalist und nahm auf seiten der Konföderierten am Sezessionskrieg teil. Seinen literar. Ruhm begründete die volkstüm-

Mark Twain

lich-humorist. Skizze ›Jim Smileys berühmter Springfrosch‹ (1856, dt. 1874). Auch auf zahlreichen Studien- und Vortragsreisen, v. a. nach Europa, die ihren Niederschlag in humorist. Reisebüchern hatten (›Bummel durch Europa‹, 1880, dt. 1922), fand er zunehmende Anerkennung. M. T., der einerseits der amerikan. Tradition des ›Western humor‹ verpflichtet war, andererseits Anregungen der europ. und der europäisch orientierten amerikan. Literatur aufgriff, wurde zu einem der bedeutendsten Vertreter des amerikan. Realismus, der durch den Einsatz von Humor, Lokalkolorit und Dialekt die Mißstände im Süden und Westen der USA sowie darüber hinaus das Verhalten der Amerikaner sozialkritisch beleuchtete. Sein Hauptwerk, der ursprünglich als Jugendbuch verstandene Roman ›Abenteuer und Fahrten des Huckleberry Finn‹ (1884, dt. 1890), die Fortsetzung des Romans ›Die Abenteuer Tom Sawyers‹ (1876, dt. 1876), wird zu den hervorragendsten Werken der amerikan. Prosaliteratur des ausgehenden 19. Jh. gezählt und hat viele Schriftsteller der Moderne nachhaltig beeinflußt. Zu M. T.s Hauptwerken gehört auch der autobiographisch bestimmte Bericht ›Leben auf dem Mississippi‹ (1883, dt. 1888). Sein skept. Verhältnis zu Europa kommt in dem Roman ›Ein Yankee am Hofe des Königs Artus‹ (1889, dt. 1923) zum Ausdruck. Wachsende Vorbehalte gegenüber den amerikan. Verhältnissen zeigt der Roman ›Querkopf Wilson‹ (1894, dt. 1898). Im Spätwerk überwiegt die pessimist. Satire.

Weitere Werke: Personal recollections of Joan of Arc (erdachte Biogr., 1869), Die Arglosen auf Reisen (Reiseb., 1869, dt. 1875), Das vergoldete Zeitalter (R., 1873, dt. 1876; mit Ch. Warner), Der Prinz und der Betteljunge (E., 1881, dt. 1890), Der Mann, der Hadleyburg korrumpierte (En., 1900, dt. 1967).
Ausgaben: The writings of M. T. Hg. v. A. B. PAINE. New York. 1922–25. 37 Bde. – Autobiography of M. T. Hg. v. Ch. NEIDER. New York 1959. Tb.-Ausg. 1975. – M. T. Ausgew. Werke. Dt. Übers. Bln. u. Weimar [1-3]1961–67. 12 Bde. – Letters from the earth. Hg. v. B. DE VOTO. New York 1962. Tb.-Ausg. 1968. – Notebooks and journals. The M. T. papers. Berkeley (Calif.) 1975 ff. (bisher 3 Bde. erschienen). – Interviews with Samuel L. Clemens, 1874–1910. Hg. v. L. J. BUDD. Arlington (Tex.) 1977. – M. T. Ges. Werke in fünf Bden. Dt. Übers. Hg. v. K. J. POPP. Mchn. [2-3]1985. – M. T. Letters. Hg. v. E. M. BRANCH u. a. Berkeley (Calif.) 1988 ff. Auf 20 Bde. berechnet (bisher 3 Bde. erschienen).
Literatur: PAINE, A. B.: M. T. A biography. The personal and literary life of Samuel Langhorne Clemens. New York u. London 1912. 3 Bde. Neuaufl. 1935. 4 in 2 Bden. – BLAIR, W.: M. T. and Huck Finn. Berkeley (Calif.) 1960. – STONE, A. E.: The innocent eye. Childhood in M. T.'s fiction. New Haven (Conn.) 1961. – SMITH, H. N.: M. T. The development of a writer. Cambridge (Mass.) 1962. – M. T. A collection of critical essays. Hg. v. H. N. SMITH. Englewood Cliffs (N. J.) 1963. – COX, J. M.: M. T. The fate of humor. Princeton (N. J.) 1966. – KAPLAN, J.: Mr. Clemens and M. T. New York 1966. – WAGENKNECHT, E. CH.: M. T. Norman (Okla.) [3]1967. – M. T. A profile. Hg. v. J. KAPLAN. New York [2]1968. – HILL, H.: M. T. God's fool. New York 1973. – TENNEY, TH. A.: M. T. A reference guide. Boston (Mass.) 1977. – SLOANE, D. E. E.: M. T. as a literary comedian. Baton Rouge (La.) u. London 1979. – GRIBBEN, A.: M. T.'s library. A reconstruction. Boston (Mass.) 1980. 2 Bde. – Critical approaches to M. T.'s short stories. Hg. v. E. McMAHAN. Port Washington (N.Y.) 1981. – Critical essays on M. T. Hg. v. L. J. BUDD. Boston (Mass.) 1982–83. 2 Bde. – EMERSON, E.: The authentic M. T. Philadelphia (Pa.) 1984. – BREINIG, H.: M. T. Eine Einführung. Mchn. 1985. – LONG, E. H./LE MASTER, J. R.: The new M. T. handbook. Neuausg. New York 1985. – GERBER, J. C.: M. T. Boston (Mass.) 1988. – AYCK, TH.: M. T. Rbk. 23.–25. Tsd. 1993.

Marlinski (tl.: Marlinskij), A[lexandr], russ. Schriftsteller, ↑ Bestuschew, Alexandr Alexandrowitsch.

Marlitt, E[ugenie], eigtl. Eugenie John, * Arnstadt 5. Dez. 1825, † ebd. 22. Juni 1887, dt. Schriftstellerin. – Zunächst Sängerin, verließ wegen eines Gehörleidens das Theater und war bis 1863

Vorleserin der Fürstin von Schwarzburg-Sondershausen. Sie veröffentlichte in rascher Folge (zunächst in der Zeitschrift ›Die Gartenlaube‹) viele Unterhaltungsromane, die v.a. dank der spannenden Handlung sehr gefielen; gilt als Begründerin des Trivialromans. In jüngster Zeit fanden ihre Romane, nicht zuletzt wegen der darin enthaltenen Gesellschaftskritik, erneut Beachtung.

Werke: Goldelse (R., 1867), Das Geheimnis der alten Mamsell (R., 2 Bde., 1868), Das Haideprinzeßchen (R., 1872), Die zweite Frau (R., 2 Bde., 1874), Im Hause des Commerzienrathes (R., 2 Bde., 1877), Die Frau mit den Karfunkelsteinen (R., 2 Bde., 1885).
Ausgabe: E. M. Ges. Romane u. Novellen. Neuausg. Lpz. ²1891–94. 10 Bde.
Literatur: SCHENK, H.: Die Rache der alten Mamsell. Düss. 1986. – ARENS, H.: E. M. Eine krit. Würdigung. Trier 1994.

Marlowe, Christopher [engl. 'mɑːloʊ], *Canterbury 6. Febr. 1564, †Deptford (heute zu London) 30. Mai 1593, engl. Dramatiker und Dichter. – Sohn eines Schuhmachers; Stipendien ermöglichten ihm das Studium in Cambridge (1587 Magister); führte in London wahrscheinlich ein sehr freies Leben, u.a. in Intellektuellen- und Theaterkreisen, mit Th. Kyd und Th. Nashe bekannt; vermutlich in Spionagetätigkeit verwickelt, 1593 wegen Atheismus angeklagt; wurde bei einem Wirtshausstreit erstochen.
M. war der bedeutendste engl. Dramatiker vor Shakespeare. Im Mittelpunkt seiner Blankverstragödien stehen willensstarke, titanenhafte Helden (›Tamerlan der Große‹, 2 Tle., UA 1587, gedr. 1590, dt. 1893), deren Machtstreben nicht nur krieger. Aspekte, sondern auch ökonom. (›Der Jude von Malta‹, UA um 1589, hg. 1633, dt. 1831) und geistige (›Doktor Faustus‹, UA 1588 oder 1592, hg. in 2 Fassungen 1604 und 1612, dt. 1818; †Faustdichtung) zeigt und sich mit moralisch in Frage gestellten Realitäten auseinandersetzt. M. verfaßte außerdem lyr. Gedichte, Übersetzungen von Ovid (hg. 1595 [?]) und Lucan (hg. 1600) sowie das (unvollendete) Kleinepos ›Hero und Leander‹ (1593, 1598 von G. Chapman ergänzt).
Weitere Werke: Dido, queen of Carthage (Trag., entst. um 1591[?], hg. 1594), Eduard II.

(Trag., UA um 1592, hg. 1594, dt. 1831; 1924 von B. Brecht bearbeitet u.d.T. Leben Eduards II. von England), The massacre at Paris (Trag., entst. um 1593, hg. 1594 [?]).
Ausgaben: Ch. M. Works. Hg. v. R. H. CASE. London 1930–33. 6 Bde. (mit Biogr.). Nachdr. Staten Island (N.Y.) 1966. – The complete works of Ch. M. Hg. v. R. GRILL. Oxford 1987 ff. (bisher 3 Bde. erschienen).
Literatur: BOAS, F. S.: Ch. M. A biographical and critical study. Oxford 1940. Nachdr. 1964. – BAKELESS, J. E.: The tragical history of Ch. M. Hamden (Conn.) 1942. 2 Bde. Nachdr. Westport (Conn.) 1970. – LEVIN, H.: The overreacher. A study of Ch. M. Boston (Mass.) 1964. – STEANE, J. B.: M. A critical study. London 1964. – KNOLL, R. E.: Ch. M. New York 1969. – WEIL, J.: Ch. M. Cambridge 1977. – SHEPHERD, S.: M. and the politics of Elizabethan theatre. Brighton 1986. – SALES, R.: Ch. M. Basingstoke u.a. 1991.

Mármol, José [span. 'marmɔl], *Buenos Aires 2. Dez. 1817, †ebd. 9. Aug. 1871, argentin. Schriftsteller. – Wurde als Gegner des Diktators J. M. de Rosas verbannt, war nach dessen Sturz (1852) Abgeordneter und ab 1858 Direktor der Nationalbibliothek; romant. Lyriker, schrieb u.a. die an Lord Byrons ›Ritter Harolds Pilgerfahrt‹ erinnernde Dichtung ›Cantos del peregrino‹ (Teile 1846, 1847, 1857, vollständig 1889) und den erfolgreichen Roman ›Amalia‹ (2 Bde., 1855, dt. 3 Bde., 1873), in dem im Rahmen einer romant., tragisch endenden Liebesgeschichte ein umfassendes, z.T. dokumentarisch belegtes Bild des Terrors der Rosas-Zeit entworfen wird.
Ausgabe: J. M. Poesías completas. Hg. v. R. A. ARRIETA. Buenos Aires 1946–47. 2 Bde.
Literatur: BAUDÓN, H. R.: Echeverría, M. Buenos Aires 1918.

Marmontel, Jean-François [frz. marmõ'tɛl], *Bortles-Orgues (Corrèze) 11. Juli 1723, †Ablonville bei Saint-Aubin-sur-Gaillon (Eure) 31. Dez. 1799, frz. Schriftsteller. – Wurde berühmt durch seine Tragödien, seine kom. Opern und den philosoph. Roman ›Belisar‹ (1766, dt. 1769). Ab 1763 Mitglied, ab 1783 Sekretär der Académie française; ab 1771 Historiograph von Frankreich. Seine Intentionen kommen bes. in den ›Moral. Erzählungen‹ (3 Bde., 1761, dt. 5 Bde., 1762–70) zum Ausdruck und in der Erzählung ›Die Inkas‹ (1777, dt. 1783), in der er sich im Sinne der Aufklärung für religiöse Toleranz einsetzt. Neben den

Artikeln für D. Diderots ›Encyclopédie‹ (gesammelt u. d. T. ›Éléments de littérature‹, 6 Bde., 1787, dt. 1766–68 in 3 Tlen. u. d. T. ›Dichtkunst‹) schrieb er seine Frinnerungen (›Leben und Denkwürdigkeiten‹, 2 Bde., postum 1800–06, dt. 4 Bde., 1805/06), die zugleich eine Geschichte der berühmten frz. Salons des 18. Jh. sind.

Ausgabe: Œuvres complètes de M. Paris 1818–20. 19 Bde. **Literatur:** KNAUER, K.: J.-F. M. Ein Künstler poet. Prosa in der frz. Vorromantik. Bochum 1936. – NEUBERT, F.: Die Memoiren des M. In: NEUBERT: Frz. Literaturprobleme. Bln. 1962. – BUCHANAN, M.: Les ›Contes moraux‹ de M. Diss. University of Southern California Los Angeles (Calif.) 1965. – WAGNER, J.: M. journaliste et le Mercure de France 1725–1761. Grenoble 1975.

Marner, der, † um 1270, mhd. Lieder- und Spruchdichter. – Fahrender Sänger aus Schwaben; war klerikal gebildet. Der Name (Seefahrer) ist vielleicht symbolisch; verfaßte neben lat. Gedichten v. a. mhd. Minne-, Tage- und Tanzlieder, Sangsprüche über Religion, Politik, Kunst, Moral, Sängerarmut und Herrengeiz; seine demonstrierte Gelehrsamkeit ist Signum einer Laienemanzipation. Er bezeichnete Walther von der Vogelweide als seinen Meister. Seine Lieder sind zwischen 1230 und 1267 datierbar, sie sind in den bed. mhd. Liederhandschriften, von der Großen Heidelberger Liederhandschrift bis zur Colmarer Liederhandschrift, überliefert; wurde wohl nach 1270 als blinder Greis ermordet. Die Meistersingertradition zählte ihn zu den 12 legendären Meistern und verlieh ihm den Vornamen Konrad.

Ausgabe: Der M. Hg. v. PH. STRAUCH. Straßburg 1876. Nachdr. Bln. 1965. **Literatur:** WACHINGER, B.: Anmerkungen zum M. In: Zs. f. dt. Altertum u. dt. Lit. 114 (1985), S. 70.

Marnix, Philips van, Heer van Sint Aldegonde, * Brüssel 1540, † Leiden 15. Dez. 1598, niederl. Staatsmann und Schriftsteller. – Literarisch trat er v. a. durch eine Streitschrift gegen die kath. Kirche hervor (›De byencorf der h. Roomsche kercke‹, 1569); übersetzte Psalmen und weitere Teile der Bibel. Die niederl. Nationalhymne ›Wilhelmus van Nassouwe‹ stammt vermutlich nicht von ihm.

Literatur: M. v. Sinte Aldegonde. Officieel gedenkboek. Amsterdam 1940. – KALKEN, F. VAN/ JONCKHEERE, T.: M. de Sainte Aldegonde, 1540–1598, le politique et le pamflétaire; le pédagogue. Brüssel 1952. – STERCK, J. G.: Bronnen en samenstelling van M.'s Biënkorf der H. Roomsche Kercke. Löwen 1952. – GERLO, A.: M. v. Sint Aldegonde 1540–1598. Antwerpen 1960.

Maron, Monika, * Berlin 3. Juni 1941, dt. Schriftstellerin. – Studierte Theaterwiss., arbeitete als Regieassistentin, Reporterin, lebte als freie Schriftstellerin bis 1988 in Berlin (Ost), danach in Hamburg, seit 1992 wieder in Berlin. Ihr erster Roman ›Flugasche‹ (1981) handelt von einer Reporterin, die über die Umweltverschmutzung in einem Industrieort der DDR berichtet und deswegen von der Partei angegriffen wird. Der schon hier angedeutete Rückzug aus der Gesellschaft, aus der sozialist. Realität, als mögl. Lösung ist auch Gegenstand des Romans ›Die Überläuferin‹ (1986); erhielt 1992 den Kleist-Preis, 1994 die Roswitha-Gedenkmedaille.

Weitere Werke: Das Mißverständnis (4 En., 1 Stück, 1982), Stille Zeile sechs (R., 1991), Nach Maßgabe meiner Begreifungskraft. Artikel und Essays (1993).

Marot, Clément [frz. ma'ro], * Cahors (Lot) 23. Nov. 1496, † Turin 10. (12.?) Sept. 1544, frz. Dichter. – Lebte am Hofe Franz' I.; wurde 1526 wegen Mißachtung des Abstinenzgebotes eingekerkert (die Satire ›L'enfer‹ [entst. 1526, gedr. 1542] ist mit derb-realist. Angriffen gegen das verrottete Rechtswesen seiner Zeit eine symbol. Darstellung dieser Haft); wieder freigelassen durch Intervention Franz' I.; floh wegen seiner papstfeindl. Haltung 1534 zuerst zu Margarete von Navarra nach Nérac, dann nach Ferrara, 1536 Rückkehr, 1542 wiederum im Exil (Genf, Savoyen, Turin) wegen seiner Psalmenübersetzung (›Trente pseaulmes de David‹, 1541, 1543 erweiterte Ausgabe [50 Psalmen]), die von Calvin übernommen wurde. Literarisch bed. sind v. a. seine Epigramme und Episteln sowie seine Sonette im italien. Stil (Einfluß der Renaissance). M. dichtete in allen überkommenen Formen: Complaintes, Epitaphien, Balladen, Rondeaus u. a. (enthalten v. a. in ›L'adolescence clémentine‹,

1532, und ›Suite de l'adolescence clémentine‹, 1534).
Ausgaben: C. M. Epigramme. Dt. Übers. Hg. v. F. FRESKA. Mchn. 1908. Nachdr. 1970. – C. M. Œuvres. Hg. v. C. A. MAYER. London 1962–70. 5 Bde.
Literatur: SMITH, P. M.: C. M. Poet of the French Renaissance. London 1970. – MAYER, C. A.: C. M. Paris 1972. – CLIVE, H. P.: C. M. An annotated bibliography. London 1983. – JOSEPH, G.: C. M. Boston (Mass.) 1985.

Maróthy-Šoltésová, Elena [slowak. 'marɔːtiˈʃɔltɛːsɔva:], * Krupina 6. Jan. 1855, † Martin 11. Febr. 1939, slowak. Schriftstellerin. – Trat für die Emanzipation der Frau ein; schrieb realist. Romane (›Proti prúdu‹ [= Gegen den Strom], 1894) und Memoiren (›Moje deti‹ [= Meine Kinder], 2 Bde., 1923/24); schilderte das Leben auf dem Dorf, den Landadel; mit Tendenz.
Ausgabe: E. M.-Š. Výber. Preßburg 1978. 2 Bde.

Marotta, Giuseppe, * Neapel 5. April 1902, † ebd. 10. Okt. 1963, italien. Schriftsteller. – Journalist; schrieb realist., humorvolle Romane und Novellen über Neapel, dessen Bewohner und deren soziale Probleme; auch Drehbücher und Theaterstücke.
Werke: Das Gold von Neapel (Nov.n, 1947, dt. 1954), Die Götter des Don Federico (R., 1952, dt. 1955), Mütter (R., 1952, dt. 1955), Gruß an die Nacht (R., 1955, dt. 1957), Frauen in Mailand (En., 1963, dt. 1967).

Marquand, J[ohn] P[hillips] [engl. mɑːˈkwɔnd], * Wilmington (Del.) 10. Nov. 1893, † Newburyport (Mass.) 16. Juli 1960, amerikan. Schriftsteller. – Journalist. War Kriegsberichterstatter; schrieb Detektivgeschichten und abenteuerliche Fortsetzungsromane für die Presse, wurde aber v. a. durch seine ironisch-satir. Darstellungen der Lebensverhältnisse in Neuengland, bes. der gesellschaftl. Oberschicht, bekannt (›Der selige Mr. Apley‹, R., 1937, dt. 1937; Pulitzerpreis 1938).
Weitere Werke: Haus Wickford (R., 1939, dt. 1943), H. M. Pulham (R., 1941, dt. 1942), B. F.s Tochter (R., 1946, dt. 1948), Es gibt kein Zurück (R., 1949, dt. 1951), Ergebenst Ihr Willis Wayde (R., 1955, dt. 1960), Zwischenspiel in Tokio (R., 1957, dt. 1958).
Literatur: GROSS, J. J.: J. P. M. New York 1963. – HOLMAN, C. H.: J. P. M. Minneapolis (Minn.) 1965. – BELL, M.: M. An American life. Boston (Mass.) 1979.

Márquez, Gabriel García, kolumbian. Schriftsteller, ↑García Márquez, Gabriel.

Marquina, Eduardo [span. marˈkina], * Barcelona 21. Jan. 1879, † New York 21. Nov. 1946, span. Schriftsteller. – Hervorragender Dramatiker und Lyriker des Modernismo; wählte den Stoff für seine poet. Dramen mit Vorliebe aus der span. Vergangenheit.
Werke: Odas (Ged., 1900), Las hijas del Cid (Trag., 1908), Doña María la brava (Dr., 1910), En Flandes se ha puesto el sol (Dr., 1911), La ermita, la fuente y el río (Dr., 1927).
Literatur: MONTERO ALONSO, J.: Vida de E. M. Madrid 1965.

Marryat, Frederick [engl. ˈmærɪət], * London 10. Juli 1792, † Langham (Gft. Norfolk) 9. Aug. 1848, engl. Schriftsteller. – Diente 1806–30 in der Marine, ab 1825 als Kapitän. Schrieb in der Nachfolge T. Smolletts v. a. spannende Seeromane, die bes. von der Jugend viel gelesen wurden, so ›Sigismund Rüstig‹ (3 Bde., 1841, dt. 1843).
Weitere Werke: Peter Simpel (R., 3 Bde., 1834, dt. 1843), Mr. Midshipman Easy (R., 3 Bde., 1836), Der fliegende Holländer (R., 1839, dt. 1843).
Ausgaben: M.s Romane. Dt. Übers. Bln. 1889–90. 23 Bde. – The novels of Captain M. Hg. v. R. B. JOHNSON. London 1929–30. 26 Bde.
Literatur: WARNER, O.: Captain M., a rediscovery. London 1953.

Marschak (tl.: Maršak), Ilja Jakowlewitsch, russ.-sowjet. Schriftsteller, ↑Iljin, M.

Marschak (tl.: Maršak), Samuil Jakowlewitsch, * Woronesch 3. Nov. 1887, † Moskau 4. Juli 1964, russ.-sowjet. Schriftsteller. – Bruder von M. Iljin; Freund Gorkis; Begründer der russ. Kinderliteratur; Förderer des Jugendtheaters; auch formstrenge Lyrik und Epigramme; übersetzte u. a. Shakespeare, Lord Byron, H. Heine, S. Petőfi. Dt. erschienen u. a. ›Mister Twister‹ (Kinderb., 1933, dt. 1935), ›Die zwölf Monate‹ (Märchenspiel, 1943, dt. 1947).
Ausgabe: S. J. Maršak. Sobranie sočinenij. Moskau 1968–72. 8 Bde.
Literatur: RAZOVA, V. D.: S. J. Maršak. Leningrad 1970.

Marschall, Josef, * Wien 2. Okt. 1905, † ebd. 24. Nov. 1966, österr. Erzähler und Lyriker. – Bibliothekar; schilderte in seinen Romanen zwiespältige Charaktere sowie das Burgenland; bilderreiche, von Schwermut überschattete Lyrik.

Werke: Der Dämon (E., 1930), Die vermählten Junggesellen (R., 1931), Der Fremde (R., 1940), Herbstgesang (Ged., 1949), Die Vertreibung aus dem Paradies (E., 1956), Flöte im Lärm (Ged., 1961, erweitert 1965), Erwartungen (Nov.n, 1964), Fahrt ans Ufer (Ged., hg. 1967).

Marsé Carbo, Juan [span. mar'se 'karβo], * Barcelona 8. Jan. 1933, span. Schriftsteller. – Stammte aus einer Arbeiterfamilie; Autodidakt; Journalist. Seine pessimist., formal experimentellen Romane, von denen mehrere im Arbeiterviertel von Barcelona spielen, stellen kritisch die span. Gesellschaft der Gegenwart (v. a. die Gegensätze zw. den Klassen) dar.

Werke: Encerrados con un solo juguete (R., 1960), Letzte Tage mit Teresa (R., 1966, dt. 1988), Die obskure Liebe der Montserrat Claramunt (R., 1970, dt. 1991), Wenn man dir sagt, ich sei gefallen ... (R., 1973, dt. 1986), La muchacha de las bragas de oro (R., 1978; Premio Planeta 1978), Un dia volveré (R., 1982), Ronda del Guinardo (R., 1984, dt. 1990), Teniente Bravo (En., 1987), Der zweisprachige Liebhaber (R., 1990, dt. 1993), Der Zauber von Shanghai (R., 1993, dt. 1994).

Literatur: AMELL, S.: La narrativa de J. M., contador de aventis. Madrid 1984.

Marsh, Dame (seit 1966) Ngaio Edith [engl. mɑːʃ], * Christchurch 23. April 1899, †ebd. 18. Febr. 1982, neuseeländ. Schriftstellerin. – War Schauspielerin und Theaterleiterin; schrieb vielgelesene, häufig im Theater- und Künstlermilieu spielende Kriminalromane, meist um die Gestalt des Inspektors Alleyn, u. a. ›Das Todesspiel‹ (1934, dt. 1948), ›Tod in der Ekstase‹ (1936, dt. 1950), ›Bei Gefahr Rot‹ (1943, dt. 1962), ›Der Handschuh‹ (1966, dt. 1969), ›Im Preis ist sterben inbegriffen‹ (1970, dt. 1972), ›Der Tod eines Schneemanns‹ (1972, dt. 1974).

Literatur: MACDORMAN, K. S.: N. M. Boston (Mass.) 1991.

Marshall, Bruce [engl. 'mɑːʃəl], * Edinburgh 24. Juni 1899, †Cap d'Antibes (Alpes-Maritimes) 18. Juni 1987, schott. Schriftsteller. – Konvertierte zum Katholizismus; war 1945 Mitglied der alliierten Kontrollkommission in Wien. Seine von undogmatisch-kath. Weltsicht geprägten Romane, die Zeiterscheinungen kritisch analysieren, behandeln z. T.

mit lebensbejahendem Humor, z. T. ironisch vorzugsweise Existenzprobleme der kath. Kirche in einer rationalisierten Welt.

Werke: Das Wunder des Malachias (R., 1931, revidiert 1947, dt. 1950), Die Welt, das Glück und Father Smith (R., 1945, dt. 1947), Die rote Donau (R., 1947, dt. 1956), Du bist schön, meine Freundin (R., 1953, dt. 1953), Auf Heller und Pfennig (R., 1958, dt. 1958), Der Monat der fallenden Blätter (R., 1963, dt. 1964), Pater Hilarys Urlaub (R., 1965, dt. 1966), Silvester in Edinburgh (R., 1972, dt. 1973), Geheimoperation Ischariot (R., 1974, dt. 1976), Gebet für eine Konkubine (R., 1978, dt. 1976), Der Klan der zwölf Apostel (R., 1980, dt. 1980), Zu guter Letzt (R., nur dt. 1980).

Marshall, Paule [engl. 'mɑːʃəl], * Brooklyn (N. Y.) 9. April 1929, amerikan. Schriftstellerin. – Studierte an der Columbia University. In ihrem stark autobiograph. Werk schildert sie die Einflüsse der karibisch-afrikan. Kultur ihrer aus Barbados eingewanderten Eltern (›The chosen place, the timeless people‹, R., 1969) und betont die schwierige Identitätsfindung einer afroamerikan. Frau (›Brown girl, brownstones‹, R., 1959; ›Praisesong for the widow‹, R., 1983, American Book Award 1984). Durch den Rückgriff auf die mündl. Erzähltradition der Schwarzen bindet sie Einzelschicksale in gesellschaftl. Entwicklungen ein und läßt die Präsenz Afrikas in der Neuen Welt spürbar werden (›Soul clap hands and sing‹, Kurzgeschichten, 1961). In ›Reena and other stories‹ (1983, 1985 u. d. T. ›Merle. A novella and other stories‹) thematisiert sie die Beziehung zw. natürlicher und künstlerischer Kreativität der Frau.

Weiteres Werk: Daughters (R., 1991).

Literatur: Black women writers, 1950–1980. Hg. v. M. EVANS. Garden City (N. Y.) 1984.

Marsman, Hendrik, * Zeist 30. Sept. 1899, †im Kanal 21. Juni 1940, niederl. Schriftsteller. – Rechtsanwalt; kam nach der Besetzung des Landes durch dt. Truppen auf der Flucht von Frankreich nach Großbritannien durch Torpedierung des Schiffes ums Leben; führende Persönlichkeit des expressionistisch-vitalist. Richtung (Einfluß des dt. Expressionismus und Nietzsches); zentrales Thema seines Werkes sind der Tod und sein Bekenntnis zum Heidentum.

Werke: Verzen (1923), Paradise regained (Ged., 1927), De lamp van Diogenes (Essay, 1928), Witte vrouwen (Ged., 1930), De dood van Angèle Degroux (R., 1933), Heden ik, morgen gij (R., 1936; mit S. Vestdijk), Tempel en kruis (Ged., 1940). **Literatur:** VERBEECK, R.: De dichter H. M. Hasselt ²1960. – WISPELAERE, P. DE: H. M. Brügge 1961.

Marston, John [engl. mɑːstn], ≈ Wardington (Oxfordshire) 7. Okt. 1576, † London 25. Juni 1634, engl. Dichter und Dramatiker. – Studierte Jura, schrieb in London ab 1599 Theaterstücke, u. a. für die Knabentruppe der Chapel Royal. Seine literar. Karriere begann mit dem erot. Kleinepos ›The metamorphosis of Pygmalion's image‹ (1598) und dem Satirenband ›The scourge of villany‹ (1598), die beide 1599 als unmoralisch verbrannt wurden. Zu seinen Dramen gehören ›Antonio and Mellida‹ und dessen Fortsetzung, die blutrünstige Rachetragödie ›Antonio's revenge‹ (beide UA 1599, gedr. 1602), sowie seine besten Stücke, die Tragikomödie ›The malcontent‹ (1604) und die satir. Komödie ›The Dutch courtezan‹ (1605). M.s Kontroverse mit B. Jonson endete mit einer Versöhnung und der Zusammenarbeit beider mit G. Chapman an dem satir. Drama ›Eastward hoe!‹ (1605). 1609 wurde M. Geistlicher und gab das Schreiben auf. **Weitere Werke:** Jack Drum's entertainment (Dr., 1600), What you will (Dr., 1602), Parasitaster, or the fawn (Dr., 1604), Sophonisba (Dr., 1606). **Ausgaben:** J. M. Plays. Hg. v. H. H. WOOD. Edinburgh u. a. 1934–39. 3 Bde. – J. M. Poems. Hg. v. A. DAVENPORT. Liverpool 1961. **Literatur:** AXELRAD, A. J.: Un malcontent élizabethain. J. M. 1576–1634. Paris 1955. – CAPUTI, A.: J. M. Satirist. Ithaca (N. Y.) 1961. – FINKELPEARL, PH. J.: J. M. of the Middle Temple. Cambridge (Mass.) 1969. – SCOTT, M.: J. M.'s plays. New York 1978. – INGRAM, R. W.: J. M. Boston (Mass.) 1978. – TUCKER, K.: J. M., a reference guide. Boston (Mass.) 1985.

Martẹllo (Martelli), Pier Iacopo, * Bologna 28. April 1665, † ebd. 10. Mai 1727, italien. Dichter. – War ab 1698 Mitglied der Accademia dell'Arcadia, ab 1707 Prof. der Eloquenz in Bologna. Früher Vertreter des klassizist. Dramas nach frz. Mustern und Erfinder des ›Martellian.‹ Verses (paarweise reimende Vierzehnsilber, sog. ›italien. Alexandriner‹);

schrieb u. a. die Dramen ›Alceste‹ (1707) und ›Ifigenia in Tauride‹ (1709); bedeutender sind seine satir. Dialoge (›Il parigino italiano‹, 1719) und seine dramat. Parodie ›Femia sentenziato‹ (1724). **Ausgaben:** Opere de P. I. M. Rom u. Bologna 1715–35. 7 Bde. – P. I. M. Scritti critici e satirici. Hg. v. H. S. NOCE. Bari 1963. **Literatur:** GHISALBERTI, M.: Un letterato della prima Arcadia. Rom 1933.

Mạrtens, Adhémar, fläm. Dramatiker, ↑ Ghelderode, Michel de.

Mạrtens, Kurt, * Leipzig 21. Juli 1870, † Dresden 16. Febr. 1945, dt. Schriftsteller. – Freier Schriftsteller in Dresden und München. Schilderte mit scharfer Beobachtung und Ironie das Leben der modernen Gesellschaft; als Zeitbild ist seine Selbstbiographie ›Schonungslose Lebenschronik‹ (2 Bde., 1921–24) von Interesse. **Weitere Werke:** Roman aus der Décadence (1898), Katastrophen (Nov.n, 1904), Die alten Ideale (R.-Trilogie: Deutschland marschiert, 1913; Pia, 1913; Hier und drüben, 1915), Die junge Cosima (R., 1937), Verzicht und Vollendung (R., 1941).

Mạrti, Hugo, Pseudonym Bepp, * Basel 23. Dez. 1893, † Davos 20. April 1937, schweizer. Schriftsteller. – Ab 1922 Feuilletonredakteur an der Berner Zeitung ›Der Bund‹. Mit seinen Erzählungen und Romanen stand er anfangs unter dem Einfluß C. Spittelers, dann Lösung von der myth. Poesie; Verarbeitung eigenen Erlebnis; auch Lyriker und Dramatiker, Essayist. **Werke:** Das Haus am Haff (E., 1922), Balder (Dichtung, 1923), Ein Jahresring (R., 1925), Der Kelch (Ged., 1925), Rumän. Intermezzo (E., 1926), Davoser Stundenbuch (autobiograph. Aufzeichnungen, 1935).

Mạrti, Kurt, * Bern 31. Jan. 1921, schweizer. ref. Theologe und Schriftsteller. – Pfarrer; begann 1959, Gedichte zu veröffentlichen (›Boulevard Bikini‹, 1959), die ihre Wirkung v. a. durch Sprachwitz und Aggressivität, durch ihren konkreten Bezug der christl. Botschaft auf die herrschenden Verhältnisse erzielen; in seinem ›polit. Tagebuch‹ (›Zum Beispiel: Bern 1972‹, 1973) gibt er eine Analyse des polit. Klimas in der Schweiz und warnt vor antiliberalen Tendenzen; auch Gedichte in Berner Mundart, Essays und theolog. Werke.

Weitere Werke: republikan. gedichte (1959), gedichte am rand (1963, veränderte Neuausg. 1984 u. d. T. geduld und revolte), Leichenreden (1970), Undereinisch (Ged., 1973), Meergedichte, Alpengedichte (1975), Die Riesin (R., 1975), Zärtlichkeit und Schmerz (Notizen, 1979), Bürgerl. Geschichten (1981), Widerspruch für Gott und Menschen. Aufsätze und Notizen (1982), Ruhe und Ordnung. Aufzeichnungen, Abschweifungen 1980–1983 (1984), Tagebuch mit Bäumen (1985), Mein barfüßig Lob (Ged., 1987), Nachtgeschichten (1987), Högerland. Ein Fußgängerbuch (1990), Da geht dasein (Ged., 1993).

Martí, José [span. mar'ti], *Havanna 28. Jan. 1853, † Boca de Dos Ríos (Kuba) 19. Mai 1895, kuban. Schriftsteller. – Lebte u. a. in Spanien, Mexiko, Guatemala, New York und Venezuela; Vorkämpfer der kuban. Unabhängigkeit; starb im Kampf gegen die Spanier. Abgesehen von einigen romant. Dramen (u. a. ›Abdala‹, 1869), trat er mit sehr persönl. Gedichten (u. a. ›Ismaelillo‹, 1882; ›Versos sencillos‹, 1891) hervor, deren unrhetor., jedoch metaphorisch und rhythmisch außerordentlich nuancierte Gestaltung den Modernismo ankündigt, auf den auch Sprache und Thematik seines einzigen Romans ›Amistad funesta‹ (1885) verweisen. Der größte Teil seines Werks besteht aus journalist. Artikeln, krit. Studien und einer umfangreichen Korrespondenz, in deren Zentrum die Sorge um die Zukunft Kubas bzw. ganz Lateinamerikas steht, wobei er weitblickend die Gefahr des Imperialismus der USA erkannte.

Ausgabe: J. M. Obras completas. Havanna 1975. 27 Bde.
Literatur: MARTÍNEZ ESTRADA, E.: M. revolucionario. Havanna ²1947. – MARINELLO, J.: Once ensayos martianos. Havanna 1964. – DILL, H.-O.: El ideario literario de J. M. Havanna 1975. – ETTE, O.: J. M. Tl. 1: Apostel, Dichter, Revolutionär. Eine Gesch. seiner Rezeption. Tüb. 1991.

Martial (Marcus Valerius Martialis), *Bilbilis (Spanien) um 40, † ebd. um 103, Roms bedeutendster Epigrammdichter. – Etwa 64–98 in Rom als Klient reicher Gönner, von den Kaisern Titus und Domitian gefördert. Verfaßte durchweg Gedichte epigrammat. Charakters (in wechselnden Versmaßen): ›Liber spectaculorum‹, ein Buch über die Spiele zur Einweihung des Kolosseums; ›Xenia‹ und ›Apophoreta‹, beides Aufschriften für Saturnaliengeschenke; zwölf Bücher ›Epigrammata‹. Die Thematik ist vielfältig: Grabepigramme, Gedichte zu festl. und traurigen Anlässen, zu aktuellen Ereignissen, Bloßstellung von Lastern, Preis des Kaisers und seines Hofes. Vorherrschende Merkmale sind die satirisch-moralisierende Grundhaltung und die prägnante Pointe. Reiche Wirkung in MA und Neuzeit (G. E. Lessing, Schiller und Goethe: ›Xenien‹).

Ausgaben: Martialis. Epigrammaton libri. Hg. v. L. FRIEDLÄNDER (mit Komm.). Lpz. 1886. Nachdr. Amsterdam 1967. 2 Bde. – M. Epigramme. Übers. v. R. HELM. Zü. u. Stg. 1957.
Literatur: WEINREICH, O.: Studien zu M. Stg. 1928. – NIXON, P.: M. and the modern epigram. Neuausg. New York 1963.

Martial d'Auvergne [frz. marsjaldo-'vɛɲ] (M. de Paris), *Paris um 1430, † ebd. 13. Mai 1508, frz. Dichter. – Jurist in Paris; schrieb allegor. Mariendichtungen, eine scherzhafte Sammlung von Liebesfällen in jurist. Form, ›Les arrêts d'amour‹ (entst. 1465), und eine Geschichte Karls VII., eingeteilt in neun Psalmen und neun Lektionen, in der Art eines Stundenbuchs: ›Vigilles de Charles VII‹ (entst. 1477–83).

Ausgabe: M. d'A. Les arrêts d'amour. Hg. v. J. RYCHNER. Paris 1951.
Literatur: Études sur M. d'A. Hg. v. V. PUTTONEN. Helsinki 1943.

Martianus Capella, heidn. lat. Schriftsteller des 4./5. Jh. aus Karthago. – Verfaßte (in Prosa und Versen) eine Enzyklopädie (9 Bücher) über die Sieben Freien Künste (↑ Artes liberales). Der Titel ›De nuptiis Mercurii et Philologiae‹ (= Von der Hochzeit Merkurs mit der Philologie) bezieht sich auf den neuplatonisch-allegor. Rahmen: Merkur heiratet die Philologie; die Brautjungfern sind Personifikationen der Sieben Freien Künste; wichtig als Vermittler antiker Wiss. im MA.

Ausgabe: M. C. Hg. v. A. DICK. Lpz. 1925. Neudr. Stg. 1969.
Literatur: M. C. and the seven liberal arts. Hg. v. W. H. STAHL. New York 1971.

Martin, Hansjörg, *Leipzig 1. Nov. 1920, dt. Schriftsteller. – Ließ sich 1963 als freier Schriftsteller in Wedel (Holstein) nieder; schreibt v. a. Kriminalromane (z. T. verfilmt für die Fernsehreihe ›Tatort‹), auch Kinder- und Jugendbücher, Hör- und Fernsehspiele.

Werke: Gefährl. Neugier (R., 1965), Kein Schnaps für Tamara (R., 1966), Bei Westwind hört man keinen Schuß (R., 1973), Schwarzlay und die Folgen (R., 1974), Der Verweigerer (R., 1980), Das Zittern der Tenöre (R., 1980), Die grünen Witwen von Rothenfelde (R., 1982), Erntefest (R., 1983), Gegen den Wind (R., 1984), Hell und Dunkel (Jugendb., 1992).

Martin, Johann, dt. Dichter, † Laurentius von Schnüffis.

Martin, Sir (seit 1880) Theodore [engl. 'maːtın], * Edinburgh 16. Sept. 1816, † Bryntysilio bei Llangollen (Wales) 18. Aug. 1909, schott. Schriftsteller. – Schrieb unter dem Pseudonym Bon Gaultier und in Zusammenarbeit mit W. E. Aytoun die noch heute populären, geistreichen und humorvollen ›Bon Gaultier ballads‹ (1845); übersetzte u. a. Goethes ›Faust‹ und Lyrik von H. Heine; seinerzeit v. a. bekannt als Autor der im Auftrag der Königin Viktoria verfaßten Biographie des Prinzgemahls Albert (5 Bde., 1875–80).

Martin, Violet Florence [engl. 'maːtın], ir. Schriftstellerin, † Somerville, Edith Anna Oenone.

Martin du Gard, Roger [frz. martɛdy-'gaːr], * Neuilly-sur-Seine 23. März 1881, † Bellême (Orne) 22. Aug. 1958, frz. Schriftsteller. – Schildert bereits in seinem ersten bed. Roman, ›Jean Barois‹ (1913, dt. 1930), noch ganz in der Romantradition des 19. Jh., die er im folgenden mit modernen psycholog. Mitteln verbindet, die zum Verfall verurteilte Generation des Großbürgertums vor dem 1. Weltkrieg. M. du G. zeichnet skeptisch, nüchtern, doch nie ohne Anteilnahme, den durch freidenker. Ideen und wiss. Erkenntnisse zur Auseinandersetzung mit dem kath. Glauben gezwungenen Menschen. Sein Hauptwerk, der Romanzyklus in acht Büchern ›Die Thibaults‹ (1922–30, Bd. 1–6 dt. 1928/29, 1. vollständige dt. Übers. in 7 Bden. 1961), entwickelt mit distanzierter Objektivität ein Thema am Beispiel einer liberalen prot. und einer konservativen kath. Pariser Bürgerfamilie. 1937 erhielt M. du G. den Nobelpreis für Literatur.

Weitere Werke: Devenir! (R., 1909), La gonfle (Farce, 1928), Das Geständnis (Nov., 1931, dt.

1992), Un taciturne (Dr., 1931), Kleine Welt (R., 1933, dt. 1935), Notes sur André Gide (Erinnerungen, 1951), Le lieutenant-colonel de Maumort (R., hg. 1983).

Ausgabe: R. M. du G. Œuvres complètes. Vorwort v. A. CAMUS. Paris 1955. 2 Bde.

Literatur: BOAK, D.: R. M. du G. Oxford 1963. – SCHLOBACH, J.: Gesch. u. Fiktion in ›L'été 1914‹ v. R. M. du G. Mchn. 1965. – SCHALK, D. L.: R. M. du G. The novelist and history. Ithaca (N. Y.) 1967. – GALLANT, M.: Le thème de la mort chez R. M. du G. Paris 1971. – NEUMES, G.: Religiosität, Agnostizität, Objektivität. Studien zu Werk u. Ästhetik R. M. du G.s. Ffm. u. Bern 1981. – EMEIS, H.: L'âme prisonnière. Analyses de l'œuvre de R. M. du G. Albi 1984. – ALLUIN, B.: M. du G. romancier. Diss. Paris 1985. – Cahiers R. M. du G. Paris 1989 ff.

Martineau, Harriet [engl. 'maːtınoʊ], * Norwich 12. Juni 1802, † bei Ambleside (Gft. Cumbria) 27. Juni 1876, engl. Schriftstellerin. – Nahm in Romanen und Schriften zu polit. und menschl. Problemen Stellung, u. a. zur Sklaverei, zum Armenrecht und zum Steuerwesen (›Illustrations of political economy‹, 9 Bde., 1832–34; ›Poor laws and paupers illustrated‹, 4 Tle., 1833/34); auch Kinder- und Reiseliteratur sowie eine Autobiographie (3 Bde., hg. 1877).

Literatur: WHEATLEY, V.: The life and work of H. M. Fair Lawn (N. J.) u. London 1957. – PICHANICK, V. K.: H. M. The woman and her work. Ann Arbor (Mich.) 1980. – THOMAS, G.: H. M. Boston (Mass.) 1985.

Martínek, Vojtěch [tschech. 'martjiːnek], * Braunsberg (Ostpr.) 11. April 1887, † Ostrau 25. April 1960, tschech. Schriftsteller und Literarhistoriker. – Journalist; schrieb Gedanken- und Stimmungslyrik sowie Romane über die wirtschaftl. und sozialen Auswirkungen der Industrialisierung auf das Leben der Dorfbevölkerung des Ostrauer Gebietes.

Martínez de la Rosa, Francisco [span. mar'tineð ðe la 'rrɔsa], * Granada 10. März 1787, † Madrid 7. Febr. 1862, span. Schriftsteller und Politiker. – 1814–20 wegen liberaler Veröffentlichungen nach Afrika verbannt, 1822 Außenminister, 1823–31 in Frankreich, 1834/35 span. Regierungschef, 1852 Cortespräsident, 1858 Staatsratspräsident. Schrieb klassizist. Tragödien und von L. Moratín beeinflußte Komödien. Trat mit einem der frühesten romant. Dramen der span. Literatur hervor: ›Aben Hu-

meya‹ (frz. und span. 1830); auch Lyriker (›Poesías‹, 1833) und Romancier.
Weitere Werke: Poética (Schr., 1827), La conjuración de Venecia (Dr., 1830), Doña Isabel de Solís, reina de Granada (R., 3 Bde., 1837–46).
Ausgabe: F. M. de la R. Obras. Hg. v. C. SECO SERRANO. Madrid 1962. 8 Bde.
Literatur: SOSA, L. DE: Don F. M. de la R. Político y poeta. Madrid 1930.

Martínez de Toledo, Alfonso [span. mar'tineθ ðe to'leðo], genannt Arcipreste de Talavera, *Toledo(?) 1398(?), †ebd.(?) 1470(?), span. Schriftsteller. – Ab 1436 Erzpriester von Talavera, dann Erzdechant von Toledo; schrieb unter dem Einfluß von G. Boccaccio eine berühmte, sehr lebendige und an volkstümlichen Ausdrücken reiche, auch kulturgeschichtlich wertvolle Satire gegen die Frauen, die erst später den Titel ›El corbacho o Reprobación del amor mundano‹ (entst. 1438, gedr. 1498) erhielt.
Ausgabe: Arcipreste de Talavera. Corbacho. Hg. v. M. PENNA. Turin 1955.
Literatur: GERLI, E. M.: A. M. de T. Boston (Mass.) 1976. – GOROG, R. DE/GOROG L. S. DE: Concordancias del ›Arcipreste de Talavera‹. Madrid 1978.

Martínez Estrada, Ezequiel [span. mar'tines es'traða], *San José de la Esquina (Prov. Santa Fe) 14. Sept. 1895, †Bahía Blanca 3. Nov. 1964, argentin. Schriftsteller. – Neben sprachvirtuoser, z.T. neobarocker Lyrik, Erzählungen und Theaterstücken haben v.a. seine kultur-, gesellschafts- und literaturkrit. Essays Anerkennung gefunden und Einfluß ausgeübt. Seine Hauptwerke ›Radiografía de la pampa‹ (1933) und ›La cabeza de Goliath‹ (1940) analysieren die ungelösten soziokulturellen Probleme Argentiniens.
Weitere Werke: Sarmiento (Essay, 1946), Poesía (Ged., 1947), Muerte y transfiguración de Martín Fierro (Essay, 1948), El mundo maravilloso de Guillermo Hudson (Essay, 1951), Tres cuentos sin amor (En., 1956), En Cuba y al servicio de la revolución cubana (Essay, 1963), Martí revolucionario (Essay, hg. 1967).
Literatur: BERGDOLT, U. E.: E. M. E. u. seine Prosawerke in ihren ideolog. u. literar. Beziehungen. Diss. Hamb. 1954. – SEBRELI, J. J.: M. E., una rebelión inútil. Buenos Aires 1960.

Martínez Ruiz, José [span. mar'tiner 'rruiθ], span. Schriftsteller, †Azorín.

Martínez Sierra, Gregorio [span. mar'tinεθ 'siεrra], *Madrid 6. Mai 1881,
†ebd. 1. Okt. 1947, span. Schriftsteller. – 1915 Theaterleiter; ab 1931 bis kurz vor seinem Tod in Hollywood; begann mit lyr. Gedichten, Novellen und Romanen, wurde jedoch v.a. als Verfasser betont lyr. Dramen von großer Sensibilität (u.a. ›La sombra del padre‹, 1909; ›Canción de cuna‹, Kom., 1911; ›Don Juan de España‹, 1921) bekannt; erfolgreicher Übersetzer (u.a. M. Maeterlinck).
Ausgabe: G. M. S. Obras completas. Madrid 1921–28. 33 Bde.
Literatur: O'CONNOR, P. W.: G. and María M. S. Boston (Mass.) 1977.

Martínez Zuviría, Gustavo [span. mar'tines suβi'ria], argentin. Schriftsteller, †Wast, Hugo.

Martín Gaite, Carmen [span. mar'tiŋ 'gaite], *Salamanca 8. Dez. 1925, span. Schriftstellerin. – ∞ mit dem Schriftsteller R. Sánchez Ferlosio; Erzählerin und Essayistin, die in ihren fiktionalen Texten, evokativ und dicht, weibl. Leiden an Familie und Gesellschaft zwischen Ausbruchswunsch und Alltagstrivialität im zeitgenöss. Spanien darstellt. Auch in ihren histor. Arbeiten vertritt sie sensibel und intelligent Positionen der internat. Frauenbewegung.
Werke: El balneario (R., 1954), Entre visillos (R., 1957; Premio Nadal 1957), Las ataduras (R., 1960), Ritmo lento (R., 1963), Usos amorosos del dieciocho en España (Essay, 1972), Retahílas (R., 1974), Fragmentos de interior (R., 1976), El conde de Guadalhorce (Essay, 1977), El cuarto de atrás (R., 1978), El castillo de las tres murallas (E., 1981), El Pastel del diablo (E., 1985), Rotkäppchen in Manhattan (R., 1990, dt. 1994), Nubosidad variable (R., 1992), Agua pasada (Essays, 1993).
Literatur: From fiction to metafiction. Essays in honor of C. M. G. Hg. v. M. SERVODIDIO. Lincoln (Nebr.) 1983. – BROWN, J. L.: Secrets from the back room. The fiction of C. M. G. University (Miss.) 1987.

Martini, Fausto Maria, *Rom 14. April 1886, †ebd. 13. April 1931, italien. Dichter. – Journalist; begann mit lyr. Gedichten, die den Crepuscolari nahestehen; schrieb später jedoch vorwiegend Dramen, die manches mit denen L. Pirandellos gemeinsam haben; daneben Romane und Novellen.
Werke: Le piccole morte (Ged., 1906), Aprile (Dr., 1917), Ridi, pagliaccio (Dr., 1919), Verginità (R., 1920), Il fiore sotto gli occhi (Kom., 1921), L'altra Nanetta (Kom., 1923).

Martini, Ferdinando, * Florenz 30. Juli 1841, † Monsummano Terme (Pistoia) 24. April 1928, italien. Dramatiker. – War Lehrer, Journalist, liberaler Abgeordneter, 1892/93 Unterrichtsminister, 1897–1900 Statthalter von Eritrea, 1915–19 Kolonialminister, ab 1923 Senator. Trat mit Komödien, bes. mit Proverbes nach frz. Muster hervor (u. a. ›Chi sa il gioco non l'insegni‹, 1871); schrieb auch Romane, Erzählungen (›La marchesa‹, 1877), Essays und Erinnerungen (›Confessioni e ricordi‹, 2 Bde., 1922 bis 1928); einflußreicher Theaterkritiker.

Martinson, Harry [Edmund], * Jämshög (Blekinge) 6. Mai 1904, † Stockholm 11. Febr. 1978, schwed. Schriftsteller. – Nach einer schweren Kindheit und Jugend ging M. 16jährig zur See, kehrte nach vielen Reisen, u. a. nach Südamerika und Indien, lungenkrank nach Schweden zurück; bildete sich autodidaktisch in den Jahren der Arbeitslosigkeit; schloß sich 1929 der expressionist. Dichtergruppe ›Fem unga‹ an; ab 1949 Mitglied der Schwed. Akademie; erhielt 1974 den Nobelpreis für Literatur (zusammen mit Eyvind Johnson). – Sprachlich virtuoser Lyriker und Prosaist, Schöpfer ausdrucksvoller sprachl. Neubildungen; gilt als einer der originellsten Stilisten in der schwed. Literatur; schrieb stark autobiographisch gefärbte Naturlyrik und philosophisch geprägte sowie naturwissenschaftlich orientierte Lyrik. Er vertrat in seinen ersten Werken einen vitalen Primitivismus. Neben modernem Romantizismus steht eine tiefe Skepsis, die der richtigen Nutzung der Technik durch den Menschen gilt, so in dem Epos um das Raumschiff ›Aniara‹ (1956, dt. 1961). Hauptthemen seines Werkes sind Humanismus, Toleranz, Wahrheit, Liebe zur Natur, zum Einfachen und Alltäglichen; Ablehnung von Gewalt, Oberflächlichkeit, Lüge und Umweltzerstörung.

Weitere Werke: Spökskepp (Ged., 1929), Nomad (Ged., 1931), Reisen ohne Ziel (2 Reiseberr.: Resor utan mål, 1932; Kap Farväl!, 1933; beide dt. 1949), Natur (Ged., 1934), Die Nesseln blühen (R., 1935, dt. 1967), Der Weg hinaus (R., 1936, dt. 1969), Midsommardalen (Essays, 1938), Det enkla och det svåra (Essays, 1939), Passad (Ged., 1945), Der Weg nach Glockenreich (R., 1948, dt. 1953), Cikada (Ged., 1953), Gräsen i Thule (Ged., 1958), Vagnen (Ged., 1960), Utsikt från en grästuva (Essays, 1963), Tre knivar från Wei (Dr., 1964), Dikter om ljus och mörker (Ged., 1971), Tuvor (Ged., 1973), Die Henker des Lebenstraumes (Ged., dt. Ausw. 1973), Längs ekots stigar (Ged., hg. 1978), Doriderna (Ged., hg. 1980), Bollesagor (Nov.n, hg. 1983).

Literatur: HALLBERG, P.: Studier i H. M.s språk. Stockholm 1941. – ULVENSTAM, L.: H. M. Stockholm 1950. – HALL, T.: Vår tids stjärnsång. En naturvetenskaplig studie omkring H. M.s Aniara. Stockholm 1958. – HOLM, I.: H. M. Stockholm ?1965. – WREDE, J.: Sången om Aniara. Studier i H. M.s tankevärld. Stockholm 1965. – ESPMARK, K.: H. M. erövrar sitt språk. Stockholm 1970. – RAMNEFALK, M.-L.: Tre lärodiktare. Studier i H. M.s, Gunnar Ekelöfs och Karl Vennbergs lyrik. Staffanstorp 1974. – TIDESTRÖM, G.: Ombord på Aniara. En studie i H. M.s rymdepos. Stockholm 1975. – ERFURTH, S.: H. M.s barndomsvärld. Stockholm 1980. – SVENSSON, G.: H. M. – som jag såg honom. Stockholm 1980. – ERFURTH, S.: H. M. och vägen ut. Stockholm 1981.

Martinson, Moa, eigtl. Helga Maria M., geb. Swartz, * Vårdnäs (Östergötland) 2. Nov. 1890, † Södertälje bei Stockholm 5. Aug. 1964, schwed. Schriftstellerin. – 1929–40 in 2. Ehe ∞ mit Harry M.; Autodidaktin; Thema ihres erzähler. Werkes, das z. T. autobiograph. Züge trägt, ist v. a. die Situation der Frau in Land- und Industrieproletariat, die M. anschaulich und engagiert schildert; daneben auch histor. Romane.

Werke: Frauen und Apfelbäume (R., 1933, dt. 1937), Mutter heiratet (R., 1936, dt. 1957), Die Frauen von Kolmården (R., 1937, dt. 1942), Kirchl. Trauung (R., 1938, dt. 1959), Die Rosen des Königs (R., 1939, dt. 1959), Weg unter Sternen (R., 1940, dt. 1949), Der unsichtbare Liebhaber (R., 1943, dt. 1960), Du är den enda (R.,

Harry
Martinson

1952), Kvinnorna på Kummelsjö (R., 1955), Klocker vid sidenvägen (R., 1957), Hemligheten (R., 1959).

Martorell, Joanot [katalan. mərtu-'reʎ], *Gandia (?) (Prov. Valencia) 1413/1414 (?), †nach 1468 (?), katalan. Schriftsteller. – Schwager des katalan. Dichters A. March; führte ein abenteuerl. Ritterleben, Reisen führten ihn bis nach England; schrieb u. a. nach einer engl. Vorlage den berühmten, in viele Sprachen übersetzten katalan. Ritterroman ›Tirant lo Blanch‹ (entst. um 1455, vollendet von Martín Joan de Galba [†um 1490], zuerst veröffentlicht 1490).
Ausgaben: J. M. Tirant lo Blanc. Hg. v. M. DE RIQUER. Barcelona ²1982. – J. M. Der Roman vom Weißen Ritter Tirant lo Blanc. Dt. Übers. Ffm. 1990 ff. Auf 3 Bde. berechnet (bisher 1 Bd. erschienen).
Literatur: VAETH, J. A.: Tirant lo Blanch. A study of its authorship, principal sources and historical setting. New York 1918. – McNERNEY, K.: Tirant lo Blanc revisited. Michigan 1983. – AYLWARD, E. T.: M.'s Tirant lo Blanch. University of North Carolina Chapel Hill 1985.

Martynow (tl.: Martynov), Leonid Nikolajewitsch [russ. mar'tinɐf], *Omsk 22. Mai 1905, †Moskau 21. Juni 1980, russ.-sowjet. Schriftsteller. – Journalist; fand mit unpolit. Gedankenlyrik erst ab 1955 Anerkennung.
Werke: Der siebente Sinn (Ged.-Ausw., russ. und dt. 1968), Vozdušnye fregaty (= Luftfregatten, Autobiogr., 1974).
Literatur: RUSANOVA, N. B.: L. N. Martynov. Omsk 1980.

Marulić, Marko [serbokroat. 'marulitɕ], auch Marcus Marulus, *Split 18. Aug. 1450, †ebd. 5. Jan. 1524, kroat. Dichter. – Begründer der kroat. Renaissanceliteratur; schrieb außer lat. moralphilosoph. Arbeiten (›De institutione bene vivendi ...‹, 1506) auch volkssprachl. Werke; Verfasser des ersten religiösen Epos der kroat. Literatur, ›Judita‹ (1521).
Literatur: Zbornik u proslavu petstogodišnjice rođenja M. M.a, 1450–1950. Hg. v. J. BADALIĆ u. N. MAJNARIĆ. Zagreb 1950.

Marullo, Michele, genannt Tarcaniota (nach dem Familiennamen der Mutter), *Konstantinopel (heute Istanbul) 1453 (?), †im Fluß Cecina (Toskana) 11. April 1500 (ertrunken), italien. Humanist. – Kam als Kind nach Italien; Kriegsdienste ab 1470; vollendete seine

Bildung im Kreis der Humanisten um G. Pontano und I. Sannazaro in Neapel; ging nach der Flucht seines Dienstherrn, des Fürsten von Salerno, nach Florenz. Seine lat. Lyrik ist ein Höhepunkt der italien. Humanistendichtung; von tiefem Empfinden erfüllt sind die Liebesgedichte an seine Frau Alessandra Scala (*1475, †1506), von echter Heimatliebe zeugen die Elegien auf Italien. Ausdruck einer neuen, von Lukrez inspirierten, christentumfernen Naturverehrung sind die ›Hymni naturales‹ (hg. 1532).
Ausgaben: M. M. Carmina. Hg. v. A. PEROSA. Turin 1951. – M. M. In: Poeti latini del Quattrocento. Hg. v. F. ARNALDI u. a. Mailand u. Neapel 1964.

Marulus, Marcus, kroat. Dichter, ↑Marulić, Marko.

Marut, Ret, Schriftsteller, ↑Traven, B.

Marvell, Andrew [engl. 'mɑːvəl], *Winestead (Yorkshire) 31. März 1621, †London 18. Aug. 1678, engl. Dichter. – Studierte in Cambridge, bereiste danach Europa, wurde 1642 Privatlehrer, 1657 unter O. Cromwell Mitarbeiter J. Miltons im Staatsrat; 1659–78 Parlamentsmitglied. M. wird heute v. a. wegen seiner (frühen) Lyrik geschätzt, die konventionelle Motive der Liebes- und Naturdichtung in iron. Wendungen verrätselt, und, ebenso wie seine religiösen Gedichte, zur Richtung der ↑Metaphysical poets zählt. In seiner eigenen Zeit wirkte er mehr als polit. Dichter und Satiriker, der Oden auf Cromwell schrieb und sich patriotisch und wirklichkeitsnah in bissigen Versen gegen Intoleranz und höf. Tyrannei wandte.
Ausgaben: A. M. Gedichte. Engl. u. dt. Hg. v. W. VORDTRIEDE. Bln. 1962, Neuausg. 1982. – A. M. Poems and letters. Hg. v. H. M. MARGOLIOUTH, revidiert v. P. LEGOUIS u. E. E. DUNCAN-JONES. Oxford ³1971. 2 Bde.
Literatur: LEISHMAN, J. B.: The art of M.'s poetry. London 1966. – LEGOUIS, P.: A. M. Poet, puritan, patriot. Oxford ²1968. – COLIE, R.: My echoing song. A. M.'s poetry of criticism. Princeton (N. J.) 1970. – HUNT, J. D.: A. M. His life and writings. London 1978. – WILCHER, R.: A. M. Cambridge u. a. 1985. – ABRAHAM, L.: M. and alchemy. Aldershof 1990.

Maschtoz, armen. Mönch und Missionar, ↑Mesrop.

Masefield, John [engl. 'meɪsfiːld], *Ledbury (Herefordshire) 1. Juni 1878,

† bei Abington (Berkshire) 12. Mai 1967, engl. Schriftsteller. – Ging 13jährig zur See, kehrte nach dreijährigem Aufenthalt in Amerika 1897 nach Großbritannien zurück; Journalist, ab 1930 Poet laureate. M.s vielseitiges Werk enthält meisterhafte Darstellungen des Lebens auf dem Meer und in der engl. Provinz. Er schrieb kraftvolle, lange Zeit populäre Gedichte (u. a. ›Salzwasserballade‹, 1902, dt. 1951) und Verserzählungen (u. a. ›The everlasting mercy‹, 1911; ›Dauber‹, 1913). Neben realist. Abenteuerromanen stehen geheimnisumwobene Kindergeschichten (›Jim Davis‹, 1911). M. verfaßte auch (u. a. religiöse) Dramen, z. T. in Versen, sowie Essays und literaturkrit. Abhandlungen über Shakespeare (1911) und G. Chaucer (1931).

Weitere Werke: Captain Margaret (R., 1908), Tragedy of Nan (Dr., 1909), The widow in the Bye Street (Vers-E., 1912), Good Friday (Dr., 1916), Reynard the fox (Dichtung, 1919), Right royal (Vers.-E., 1920), Traum von Juanita (R., 1924, dt. 1948), Tee aus Futschau (R., 1933, dt. 1953, 1936 u. d. T. Der goldene Hahn), In the mill (Autobiogr., 1941), On the hill (Ged., 1949), So long to learn (Autobiogr., 1952).

Ausgaben: J. M. Collected works. London 1935–37. 5 Bde. – J. M. Selected poems. Vorw. v. J. BETJEMAN. London u. New York 1978.

Literatur: SPARK, M.: J. M. London 1953. – STERNLICHT, S.: J. M. Boston (Mass.) 1977. – BABINGTON-SMITH, C.: J. M. A life. New York 1978. – DWYER, J.: J. M. New York 1987.

Masini, Al (tl.: Al-Māzinī), Ibrahim Abd Al Kadir, * Kairo 19. Aug. 1890, † ebd. 10. Aug. 1949, ägypt. Schriftsteller. – Als Literaturkritiker verband er sich mit Al Akkad, um der modernen arab. Poesie (z. B. der Romantik) zum Durchbruch zu verhelfen; schrieb auch Romane (u. a. ›Ibrāhīm Al-Kātib‹ [= Ibrahim der Schriftsteller], 1931), polit. Abhandlungen und einen Diwan.

Literatur: BADAWI, M. M.: Al-M. the novelist. In: Journal of Arabic Literature 4 (1973), S. 112. – JAYYUSI, S. K.: Trends and movements in modern Arabic poetry. Leiden 1977. S. 152 u. 161.

Maske [italien.-frz.; wohl von arab. mashara[h] = Gegenstand des Spotts, lächerlich, drollig], sowohl Gesichtslarve wie auch Verkleidung oder kostümierte Person. Das Tragen von M.n, eine weltweit verbreitete Erscheinung, war ursprünglich religiös oder kultisch bedingt; es kann Zeichen der Identifikation des Trägers mit der durch die M. dargestellten Gestalt sein oder der Abschreckung von Dämonen und Geistern dienen. – Im Bereich des Theaters gibt es zwei Arten von M.n: 1. die **Schminkmaske**, d. h. die Veränderung des Gesichts eines darstellenden Künstlers (Schauspielers, Tänzers, Sängers usw.) mittels Schminke, Bart, Perücke, entsprechend seiner Rolle und den Bühnenbedingungen (Fernwirkung, Scheinwerferlicht). Die Tradition der Schmink-M. geht zurück bis zu den kult. Ursprüngen des Dramas; 2. die abnehmbare **Hohlformmaske** unterschiedl. Materials. Sie ist v. a. Kennzeichen der att. Tragödie und Komödie (›prósōpon‹). Auch hier werden kult. Wurzeln (Dionysoskult) angenommen (Heraushebung des myth. Geschehens aus dem Bereich des Alltäglichen). Als künstler. und, bes. bei der beschränkten Zahl von 1–3 Schauspielern, auch aus prakt. Gründen vermutlich von Aischylos eingeführtes Mittel, das aus stuckierter, helmartig geformter, bemalter Leinwand (Kork, Holz [?]) mit Augen- und Mundöffnungen und fest angefügter Perücke bestand; in klass. Zeit gab es wenige Typen mit gleichförmigen Zügen für die Tragödie, mit asymmetrisch verzerrten für die Komödie und tierähnl. für das Satyrspiel. Seit dem Hellenismus und bes. dann im röm. Theater wurden die Typen vermehrt und die Formen ins Pathetisch-Groteske übersteigert, in Rom erst seit dem 1. Jh. v. Chr. allgemein üblich; zuvor war den Schauspielern, als Unfreien, das Tragen von M.n verboten; nur in der von freien Bürgern aufgeführten Atellane waren M.n zugelassen. Ihre vier festen Typen tauchten, mit dunklen Lederhalbmasken, in der italien. Commedia dell'arte wieder auf. Sonst wurde, abgesehen von ausdrückl. M.nspielen, Balletten und Pantomimen an Renaissance- und Barockhöfen, seit dem MA die plast. M. durch die Schmink-M. vom Theater verdrängt. Nach vereinzelten Versuchen (Goethe) wurde sie erst ab etwa 1920 gelegentlich wieder verwendet bei historisierenden Aufführungen antiker Stücke, auch bei modernen Stücken als Mittel der Stilisierung oder Verfremdung (B. Brechts Inszenierung seines ›Kaukasischen Kreidekreises‹, 1954) oder der Psychologisierung, z. B. J. Genets ›Die Neger‹ (1957, dt. 1962). – Schmink- und plast. M.n sind im asiat. Theater noch heute wichtiges, aus rituellen, magisch-kult. Wurzeln tradiertes Requisit.

Literatur ↑Drama, ↑Tragödie, ↑Komödie, ↑Commedia dell'arte.

Maskenspiel, eine (wie auch der Maskenzug) aus alten Karnevalsbräuchen erwachsene und als theatral. Unterhaltung zur Zeit der Renaissance in ganz Europa verbreitete Sonderform des gestaltenden Spiels. M.e waren in Frankreich und Italien im 17. Jh. eine geläufige Gestaltungsform höf. Feste, bes denen mytholog. Stoffe durch entsprechende Kostümierung der Teilnehmer unter Einbeziehung von Pantomime, Tanz und Musik gestaltet wurden. In diesen M.en vereinigten sich Anregungen durch heim. Traditionen des Mummenschanzes mit solchen aus den prunkvollen Umzügen maskierter Gestalten (Maskenzug) der italien. Frührenaissance. Die M.e hatten entscheidenden Einfluß auf die Theaterform der ↑Masque in England.

Maskoff, Józef, Pseudonym der poln. Schriftstellerin Gabriela ↑Zapolska.

Mason, Richard [engl. mɛɪsn], * Hale (Cheshire) 16. Mai 1919, engl. Schriftsteller. – Diente im 2. Weltkrieg in der Royal Air Force in Birma und Westmalaya; schrieb erfolgreiche (exot.) Unterhaltungs-, meist Liebesromane.

Werke: ... denn der Wind kann nicht lesen (R., 1946, dt. 1948), Schatten über den blauen Bergen (R., 1949, dt. 1950), Suzie Wong (R., 1957, dt. 1958), Zweimal blüht der Fieberbaum (R., 1962, dt. 1962).

Mason, R[onald] A[lison] K[ells] [engl. mɛɪsn], * Auckland 10. Jan. 1905, † ebd. 13. Juli 1971, neuseeländ. Schriftsteller. – Erlangte bes. mit seinen Versanthologien ›The beggar‹ (1924), ›No new thing. Poems 1924–1929‹ (1934) und ›This dark will lighten‹ (1941) internat. Beachtung. Seine besten Gedichte (›Collected poems‹, 1962) spiegeln den Einfluß so unterschiedl. Quellen wie Horaz, Catull, das NT und die Sozialkritik von K. Marx, die sich v. a. in seinen stark didaktisch-agitator. Dramen niederschlug (›Squire speaks‹, 1938; ›China‹, 1943); gründete die kurzlebige, aber bedeutende Lite-

turzeitschrift ›Phoenix‹ (1932) als Plattform für viele zeitgenöss. Dichter.

Literatur: DOYLE, CH.: R. A. K. M. New York 1970.

Masque [engl. mɑːsk; frz.-engl.; eigtl. = Maske], in England im frühen 17. Jh. beliebte theatral. Mischform, in der sich Pantomime, Tanz, Musik, Bühneneffekte und Prachtausstattung mit Hilfe aufwendiger Theatermaschinerie zu einem prunkvollen Spektakel der Hoffeste der Stuarts verbanden. Die M.s waren Ausdruck einer Festkultur; allegor.-mytholog. Texte wurden von z. T. bed. Autoren wie B. Jonson, G. Chapman und Th. Middleton bis zu J. Milton beigesteuert; noch mehr freilich trugen Bühnen- und Kostümbildner wie v. a. Inigo Jones sowie die Musiker und Choreographen zur Gesamtwirkung bei, was auch zu Rivalitäten bei der Zusammenarbeit bes. zwischen Jonson und Jones führte. Als parodist. Gegenstück zur M. entstand die **Antimasque,** die die Inhalte grotesk ins Gegenteil verkehrte. Die M. blieb nicht ohne Einfluß auf die Entwicklung von Oper und Ballett.

Literatur: WELSFORD, E.: The court M. Cambridge 1927. Nachdr. New York 1962. – ORGEL, S./STRONG, R.: Inigo Jones, the theatre of the Stuart court. London 1973.

Massinger, Philip [engl. 'mæsɪndʒə], ≈ Salisbury 24. Nov. 1583, □ London 18. März 1640, engl. Dramatiker. – Studierte in Oxford, konvertierte 1604 zum Katholizismus. Von seinen etwa 55 Dramen sind 33 erhalten; 18 davon entstanden in Zusammenarbeit mit anderen Autoren, v. a. mit J. Fletcher, nach dessen Tod (1625) M. führender Dramatiker der Theatertruppe ›The King's Men‹ wurde (für die vordem Shakespeare geschrieben hatte). M. nahm in vielen Stücken, die durch glänzende Charakterisierung und meisterhafte Handlungsführung gekennzeichnet sind, kritisch zu polit. und religiösen Zeitfragen Stellung. Zu seinen besten Werken gehören die Tragödien ›The virgin martyr‹ (1622; mit Th. Dekker), ›Der Herzog von Mailand‹ (1623, dt. 1836) und ›Der röm. Mime‹ (1629, dt. 1890), die Tragikomödien ›The renegado‹ (UA um 1621, gedr. 1632) und ›The emperor of the East‹ (1632) sowie – mit dem nachhaltigsten Erfolg – die satir. Komödien ›Eine neue Weise, alte Schulden zu bezahlen‹ (1633, dt. 1836) und ›Die Bürgersfrau als Dame‹ (UA 1632[?], gedr. 1658, dt. 1836).

Ausgabe: Ph. M. Plays and poems. Hg. v. PH. EDWARDS u. C. GIBSON. Oxford 1976. 5 Bde. **Literatur:** CRUICKSHANK, A. H.: Ph. M. Oxford 1920. – DUNN, TH. A.: Ph. M. London 1957. – LAWLESS, D. S.: Ph. M. and his associates. Muncie (Ind.) 1967. – Ph. M. A critical reassessment. Hg. v. D. HOWARD. Cambridge 1985.

Massis, Henri [frz. ma'sis], * Paris 21. März 1886, † ebd. 17. April 1970, frz. Schriftsteller. – Schüler von Alain sowie von H. Bergson; bekannte sich zu Ch. Péguys kath. Nationalismus; 1920–44 Leiter des ›Revue universelle‹; griff in scharfen Polemiken (›Jugements‹, 3 Bde., 1923–29) A. France, A. Gide und R. Rolland als Vertreter einer vom Osten kommenden Anarchie an, zu der er auch den Kommunismus zählte. Diesem stellte er ein rationalistisch-kartesianisch-kath. Frankreich als den Retter Europas entgegen (›Défense de l'occident‹, 1927). Aus seiner konservativen Einstellung heraus schloß er sich dem Regime Pétains an. Ab 1960 Mitglied der Académie française.

Weitere Werke: D'André Gide à Marcel Proust (1948), Charles Maurras et notre temps (2 Bde., 1951), L'occident et son destin (1956).

Masters, Edgar Lee [engl. 'mɑːstəz], * Garnett (Kans.) 23. Aug. 1869, † Philadelphia (Pa.) 5. März 1950, amerikan. Schriftsteller. – Nach Mißerfolgen mit Gedichtbänden und Theaterstücken konventionellen Inhalts brachte ihm die Epitaphiensammlung ›Die Toten von Spoon River‹ (1915, erweitert 1916, dt. 1924) Anerkennung; in oft epigrammat. kurzen Gedichten enthüllte M. die verlogenen Lobreden auf den Grabinschriften von Bürgern einer amerikan. Kleinstadt; das Werk wurde zu einem der wichtigsten der modernen desillusionierenden amerikan. Dichtung. M. schrieb auch Romane und krit. Biographien, u. a. über A. Lincoln (1931) und V. Lindsay (1935).

Ausgabe: E. L. M. Selected poems. Hg. v. D. THOMPSON. London 1972. **Literatur:** MONROE, H.: A poet's life. New York 1938. – FLANAGAN, J. T.: E. L. M. The Spoon River poet and his critics. Metuchen (N. J.) 1974. – MASTERS, H. W.: E. L. M. A biographical sketchbook about a famous American author. Rutherford (N. J.) u. a. 1978. – PRIMEAU, R.:

Beyond ›Spoon River‹. The legacy of E. L. M. Austin (Tex.) 1981.

Masters, John [engl. 'mɑːstəz], * Kalkutta 26. Okt. 1914, † Albuquerque 7. Mai 1983, angloind. Schriftsteller. – Entstammte einer Familie der brit. Kolonialverwaltung; war bis 1948 Offizier der brit. Indienarmee, später Journalist und freier Schriftsteller; lebte in den USA. M. schrieb v. a. Unterhaltungsromane, meist über Abenteuer in Indien.

Werke: Dies ist die Nacht (R., 1951, dt. 1951), Knotenpunkt Bhowani (R., 1954, dt. 1955), Fern, fern die Gipfel (R., 1957, dt. 1957), Gericht über Monomoy (R., 1964, dt. 1966), The rock (R., 1970), The Ravi lancers (R., 1972), The Himalayan concerto (R., 1976), Now, God be thanked (R., 1979), Heart of war (R., 1980).

Masuccio Salernitano [italien. ma'zuttʃo salerni'taːno], eigtl. Tommaso Guardati, * Salerno um 1420, † ebd. vor 1476(?), italien. Schriftsteller. – Lebte am Hof König Alfons' von Neapel; er verdankt seinen Ruhm der Novellensammlung ›Il novellino‹, einer vermutlich erst postum erschienenen Sammlung von 50 Novellen (entst. gegen 1450, gedr. 1476, dt. 1905 u. d. T. ›Novellen‹), die meisterhafte Satiren in der Nachfolge G. Boccaccios enthalten.

Ausgaben: M. S. Il novellino. Hg. v. G. PETROC-CHI. Florenz 1957. – M. Novellino. Dt. Übers. Bln. 1988. 2 Bde. **Literatur:** Repatriare M. al suo lassato nido. Contributo filologico e linguistico. Atti del Convegno di studi su M. S. Hg. v. S. GENTILE. Galatina 1979. – SPINELLI, E.: M. S. Scrittura della crisi e poetica del diverso. Salerno 1980.

Masuri S. N., eigtl. M. bin Salikun, * Singapur 11. Juni 1927, indones. Dichter. – Bedeutendster malaiischer Dichter der Gegenwart und führendes Mitglied der ›Angkatan Sasterawan 50‹ (= Literar. Gruppe 1950). M., dessen poet. Werk anfangs nachhaltig von der indones. Bewegung ›Pudjangga Baru‹ (= Neuer Dichter) beeinflußt wurde, entwickelte in bewußter Ablehnung klass. literar. Traditionen einen neuen, gegenwartsbezogenen Stil.

Werke: Awan puteh (= Rote Wolken, Ged., 1958), Warna suasana (= Mannigfache Stimmungen, Ged., 1962), Bunga pahit (= Bittere Blüten, Ged., 1967), Puisi modern (= Moderne Dichtung, Vorträge und Aufsätze, 1968).

Literatur: WAN SHAMSUDDI, M. Y.: Sejarah sastera Malayu modern, sesudah tahun 1800. Kuala Lumpur ²1976. S. 168.

Matavulj, Simo [serbokroat. ma-'tavu:lj], *Šibenik 14. Sept. 1852, †Belgrad 20. Febr. 1908, serb. Schriftsteller. – Vertrat, von G. de Maupassant und É. Zola (die er übersetzte) beeinflußt, einen konsequenten Realismus; stellte in oft humorvollen Romanen (›Bakonja fra Brne‹ [= Bakonja, Frater Brne], 1892) und Erzählungen das Leben der dalmatin. Bauern und Fischer dar und übte Kritik am großstädt. Bürgertum Belgrads; auch Reiseschilderungen und eine Autobiographie.
Ausgabe: S. M. Sabrana dela. Belgrad 1953–56. 8 Bde.

materialer Text †experimentelle Dichtung.

Maternus, Iulius Firmicus, lat. Schriftsteller, †Firmicus Maternus, Iulius.

Mather, Cotton [engl. 'mæðə, *Dorchester (heute zu Boston, Mass.) 12. Febr. 1663, †Boston 13. Febr. 1728, amerikan. Schriftsteller. – Stammte als Enkel von John Cotton (*1584, †1652) und Richard Mather (*1596, †1669) von zwei der bedeutendsten Puritanerfamilien ab; gibt in seinen mehr als 450 biograph., histor., literar., theolog. und naturwiss. Publikationen ein umfassendes Bild aller Aspekte der puritan. Kultur, deren religiöse Basis zunehmend durch weltl. Einflüsse erschüttert wurde. Die wichtigsten literar. Dokumente dieser Umbruchzeit sind M.s Protokolle der Hexenprozesse von Salem (1692), ›The wonders of the invisible world‹ (1693), seine im Stil eines christl. Epos verfaßte monumentale Kirchengeschichte Neuenglands (›Magnalia Christi Americana‹, 1702) sowie die den pragmat. Aspekt des Christentums andeutende Schrift ›Bonifacius‹ (1710), die u. d. T. ›Essays to do good‹ sehr bekannt wurde und v. a. auf B. Franklin wirkte.
Weitere Werke: Memorable providences, relating to witchcrafts and possessions (Schr., 1689), The Christian philosopher (Schr., 1721), Manuducatio ad ministerium (Handb. für Geistliche, 1726), Paterna (Autobiogr., entst. zw. 1699 und 1727, hg. 1976).
Ausgabe: Selections from C. M. Hg. v. K. B. MURDOCK. New York 1926. Neudr. 1960.
Literatur: MIDDLEKAUFF, R.: The Mathers. Three generations of Puritan intellectuals, 1596–1728. New York 1971. – SILVERMAN, K.: The life and times of C. M. New York 1984. –

BREITWEISER, M. R.: C. M. and Benjamin Franklin: The price of representative personality. Cambridge 1985.

Mathieu, Noël [frz. ma'tjø], frz. Schriftsteller, †Emmanuel, Pierre.

Mathnawi [pers.], pers. Dichtform aus mittelpers. oder islam. Zeit, die durch die Türken übernommen wurde; sie besteht aus einzelnen inhaltlich und grammatikalisch in sich abgeschlossenen Reimpaaren.

Matić, Dušan [serbokroat. 'ma:titc], *Ćuprija 31. Aug. 1898, †Belgrad 12. Sept. 1980, serb. Schriftsteller. – 1924–37 Lehrer; wegen polit. Aktivität mehrmals verhaftet; Prof. an der Akademie für Theaterkunst in Belgrad; begann als Surrealist; schrieb Lyrik, Essays und Romane (u. a. ›Gluho doba‹ [= Geisterstunde], 1940; mit Aleksandar Vučo [*1897, †1985]) über die Spannung und Veränderung des Menschen in Beziehung zur sich verändernden Welt.

Matković, Marijan [serbokroat. 'matkovitc], *Karlovac 21. Sept. 1915, †Zagreb 31. Juli 1985, kroat. Dramatiker. – Intendant in Zagreb; schrieb Lyrik, Essays über Probleme des Theaters und v. a. bühnenwirksame, erfolgreiche Dramen über soziale Themen (›Na kraju puta‹ [= Am Ende des Weges], 1954; ›Heraklo‹, 1958); einer der bedeutendsten modernen kroatischen Dramatiker.

Matoš, Antun Gustav [serbokroat. 'matɔʃ], *Tovarnik 13. Juni 1873, †Zagreb 17. März 1914, kroat. Schriftsteller. – Diente im österr. Heer, desertierte und lebte bis zur Amnestie (1908) im Ausland; hatte als geistvoller, literarisch gebildeter, westeurop. (bes. frz.) orientierter Kritiker großen Einfluß auf das kroat. literar. Leben. M.' realist. Erzählkunst geriet zunehmend unter den Einfluß von E. A. Poe und E. T. A. Hoffmann (›Iverje‹ [= Splitter], En., 1899; ›Novo iverje‹ [= Neue Splitter], En., 1900); seine Lyrik ist von der frz. Dekadenz und den Symbolisten beeinflußt.
Ausgabe: A. G. M. Sabrana djela. Zagreb 1973. 20 Bde.
Literatur: JELČIĆ, D.: Literatura o M.u, 1896–1974. Zagreb 1976.

Matos Guerra, Gregório de [brasilian. 'matuz 'gɛrra], *Bahia (heute Salvador) 1623 (?), †Recife 19. Okt. 1696, brasilian. Dichter. – Studierte in Coimbra und wirkte Jahrzehnte als Advokat und Richter in Lissabon; Franziskaner; einer der bedeutendsten barocken Lyriker Brasiliens; schrieb Satiren (hg. 1882), die ihm Gefängnis und Deportation nach Angola eintrugen, religiöse Dichtungen und gongorist. Liebesgedichte.

Ausgabe: G. de M. G. Obras completas. Hg. v. J. AMADO. Salvador u. Bahia 1968. 7 Bde.
Literatur: TEIXEIRA DE SALLES, F.: Poesia e protesto en G. de M. Belo Horizonte 1975.

Matsumoto, Seitscho, eigtl. M. Kijoharu, * Kokura (heute zu Kitakiuschu) 21. Dez. 1909, jap. Schriftsteller. – Im Mittelpunkt seiner erfolgreichen Kriminalromane (viele auch verfilmt) stehen die zu einem Verbrechen führenden Tatmotive und sozialen Probleme.

Werke: Spiel mit dem Fahrplan (R., 1958, dt. 1969), Mord am Amagi-Paß (En., dt. Ausw. 1983).

Matsuo Munefusa Bascho, jap. Dichter, ↑ Bascho.

Matthaeus Vindocinensis [...'tɛːʊs], mlat. Dichter, ↑ Matthäus von Vendôme.

Matthäus von Vendôme [frz. vɑ'do:m] (Matthaeus Vindocinensis), * Vendôme, † ebd. (?) Ende des 12. Jh., mlat. Dichter. – Studierte in Tours, lebte etwa ab 1175 zehn Jahre in Paris, dann wieder in Tours und schließlich in Vendôme. Schrieb in lat. Sprache zahlreiche rhet. und rhetor. Werke, darunter die Komödie ›Milo‹ (entst. zwischen 1160 und 1170) in 128 Distichen nach griechisch-oriental. Quellen, ferner eine der frühesten Poetiken des MA, die ›Ars versificatoria‹ (entst. um 1175), einen poet. Briefsteller, Gedichte und das Bibelepos ›Tobias‹ (entst. um 1185) in 1113 Distichen.

Ausgaben: Matthieu de V. Ars versificatoria. Hg. v. E. FARAL. In: FARAL: Les arts poétiques du XIIᵉ et du XIIIᵉ siècle. Paris 1962. – Mathei Vindocinensis opera. Hg. v. F. MUNARI. Rom ²1982.

Matthews, [James] Brander [engl. 'mæθju:z], Pseudonym Arthur Penn, * New Orleans (La.) 21. Febr. 1852, † New York 31. März 1929, amerikan. Theaterwissenschaftler und Schriftsteller. – War 1892–1900 Prof. für Literatur an der Columbia University in New York und hatte dort 1900–24 die erste Profes-

sur für Theaterwiss. in den USA inne; schrieb bed. Arbeiten zu theaterwiss. Fragen (›Shakespeare as a playwright‹, 1913); auch Theaterstücke und Romane.

Weitere Werke: Margery's lovers (Kom., 1884), Actors and actresses of Great Britain and the United States from the days of David Garrick to the present time (5 Bde., 1886; Hg., mit L. Hutton), His father's son (R., 1895), The development of the drama (1903), These many years (Autobiogr., 1917).

Matthews, James [engl. 'mæθju:z], * Athlone (Kapstadt) 1929, südafrikan. Lyriker und Erzähler. – Wuchs in den Slums von Kapstadt auf; schrieb in den frühen 70er Jahren Protestgedichte, die seine Gefühle sowie Wut und Sehnsucht seiner Generation ausdrücken.

Werke: Schrei deinen Zorn hinaus, Kind der Freiheit (Ged., 1973, dt. 1977), So ist das nun mal, Baby! (En., 1974, dt. 1977), Flügel kann man stutzen. Gedanken im Gefängnis September–Dezember 1976 (1977, dt. 1981), Schattentag (R., dt. 1987), Die Träume des David Patterson (R., dt. 1987), Vergiftete Brunnen und andere Freuden (Ged., dt. Ausw. 1988).

Matthies, Frank-Wolf, * Berlin (Ost) 4. Okt. 1951, dt. Schriftsteller. – Übte verschiedene Berufe aus; seit 1977 freier Schriftsteller; seine ersten Veröffentlichungen erschienen in der BR Deutschland (›Morgen‹, Ged. und Prosa, 1979; ›Unbewohnter Raum mit Möbeln‹, Prosa, 1980). 1981 Übersiedlung nach Berlin (West). ›Tagebuch Fortunes‹ (Prosa, 1985) stellt den Versuch dar, eine dem Staat kritisch gegenüberstehende Literatenszene ironisierend zu beschreiben.

Weitere Werke: Für Patricia im Winter (Ged., 1981), Exil. Ein Briefwechsel mit Essays, Gedichten, Dokumenten (1983; mit W. Lansburgh), Stadt (Prosa, 1986), Adressen aus den Heften für Patricia. Gedichte 1981–1989 (1993).

Matthiesen, Hinrich, * Westerland (auf Sylt) 29. Jan. 1928, dt. Schriftsteller. – War Lehrer im Auslandsschuldienst in Chile und Mexiko, 1967 Rückkehr nach Sylt. Ziel seiner literar. Arbeit ist die gehobene, spannende Unterhaltung mit leichter Tendenz zum Tragischen. Bevorzugte Themenkreise: der Mensch in Grenzsituationen, das Handeln im Ausnahmezustand. Bekannt wurde M. schon durch seinen ersten Roman ›Minou‹ (1969), der von der Liebe eines verheirateten Gymnasiallehrers zu

seiner Schülerin erzählt. Sein 1984 er-
schienener Roman ›In den Fängen der
Nacht‹ greift das Thema der Kinderpro-
stitution in Hamburg auf.
Weitere Werke: Blinde Schuld (R., 1970), Tage,
die aus dem Kalender fallen (R., 1973), Aca-
pulco Royal (R., 1976), Tombola (R., 1977), Der
Mestize (R., 1979), Brandspuren (R., 1983),
Fluchtpunkt Yucatan (R., 1984), Das Gift (R.,
1986), Mein Sylt (1990), Atlantik-Transfer.
Thriller (1991).

Matthijs, Marcel [niederl. mɑˈtɛis],
*Oedelem 11. Jan. 1899, †Brügge
30. Aug. 1964, fläm. Schriftsteller. – Autodidakt; schrieb temperamentvolle dramat. Erzählungen und Romane, die v. a.
sein soziales Engagement zeigen.
Werke: Het grauwvuur (R., 1928), Herfst (R.,
1931), Der enttäuschte Sozialist (Nov., 1933, dt.
1953), Doppen (Nov., 1936), Filomene (R.,
1938, dt. 1950), Schaduw over Brugge (R., 1940),
Wer kann das begreifen? (R., 1949, dt. 1949),
Hellegat (R., 1949), Spiegel von Leben und Tod
(En., 1954, dt. 1963), De kleine Pardon (Nov.,
1954), Onder de toren (R., 1959).
Literatur: BONNEURE, F.: M. M. Brügge 1965.

Matthisson, Friedrich von (seit
1809), *Hohendodeleben bei Magdeburg 23. Jan. 1761, †Wörlitz bei Dessau
12. März 1831, dt. Dichter. – 1781–84
Lehrer am Philanthropinum in Dessau,
dann Hauslehrer; Reisebegleiter der Fürstin Luise von Anhalt-Dessau; später Intendant und Bibliothekar in Stuttgart.
Gehörte zu den beliebtesten Dichtern
seiner Zeit; seine klassizistisch-epigo-
nenhafte Lyrik wurde von Schiller und
Wieland gelobt, von den Romantikern
abgelehnt.
Ausgaben: F. v. M. Schrr. Zü. 1825–29. 8 Bde. –
F. v. M.s Gedichte. Hg. v. G. BÖLSING. Tüb.
1912–13. 2 Bde.
Literatur: HEERS, A.: Das Leben F. v. M.s. Lpz.
1913.

Maturin, Charles Robert [engl. ˈmæt-
jʊrɪn], *Dublin 1782 (1780?), †ebd.
30. Okt. 1824, ir. Schriftsteller. – Prot.
Geistlicher in Dublin; schrieb erfolgreiche Dramen (u. a. ›Bertram‹, Trag.,
1816), fand aber erst im Schauerroman
(↑Gothic novel) die ihm gemäße Gattung. Sein bekanntestes Werk ›Melmoth
der Wanderer‹ (4 Bde., 1820, dt. 3 Bde.,
1822), das Motive aus den Stoffen des
Faust und des Ewigen Juden verbindet,
gilt als der stilistisch wie inhaltlich bedeutendste Schauerroman.

Literatur: KRAMER, D.: Ch. R. M. New York
1973. – FIEROBE, C.: Ch. R. M., 1780–1824,
l'homme et l'œuvre. Paris und Lille 1974. –
LOUGY, R. E.: Ch. R. M. Lewisburg (Pa.) 1975. –
SCHOLTEN, W.: Ch. R. M., the terror novelist.
New York 1980.

Matuszewski, Ignacy [poln. matu-
ˈʃɛfski], *Wilanów 2. Juni 1858, †War-
schau 10. Juli 1919, poln. Literaturkritiker. – Vertreter des ↑Jungen Polens, mit
dessen Verhältnis zur Vergangenheit er
sich in literar. und ästhet. Abhandlungen
auseinandersetzte; u. a. bed. Beiträge zur
Słowacki-Forschung.

Matute, Ana María, *Barcelona
26. Juli 1926, span. Schriftstellerin. – Verfasserin sensibler, leicht melanchol. Romane und Erzählungen in metaphernrei-
chem Stil, v. a. aus der Zeit des Span.
Bürgerkriegs; als ihr Hauptwerk gilt der
Romanzyklus ›Los mercaderes‹ (Bd. 1:
›Erste Erinnerung‹, 1960, dt. 1965, Premio Nadal 1959; Bd. 2: ›Nachts weinen
die Soldaten‹, 1964, dt. 1965; Bd. 3: ›Die
Zeit verlieren‹, 1967, dt. 1971, 1973
u. d. T. ›Die Falle‹); auch Jugendbücher
(›Juju und die fernen Inseln‹, 1965,
dt. 1968).
Weitere Werke: Fiesta al noroeste (R., 1952),
Seltsame Kinder (En., 1956, dt. 1961), Los hijos
muertos (R., 1958), Historias de la Artámila
(En., 1961), La torre vigía (R., 1971), Solo un pie
descalzo (Kinderb., 1983), La virgen de Antioquia y otros relatos (En., 1990).
Literatur: DÍAZ, J. W.: A. M. M. New York
1971. – NORD, C.: Die verhinderte Entdeckung
der A. M. M. In: Lebende Sprachen 25 (1980),
H. 2, S. 82.

Matwejewa (tl.: Matveeva), Nowella
Nikolajewna [russ. matˈvjejɪvɐ], *Puschkin (Gebiet Petersburg) 7. Okt. 1934, russ.
Lyrikerin. – Ihre Verskunst ist klangvoll,
assoziationsreich, z. T. ironisch; schreibt
auch Lieder zur Gitarre, die sie selbst
vorträgt.
Ausgaben: N. N. M. Gedichte. Dt. Übers. Bln.
1968. – N. N. M. Izbrannoe. Moskau 1986.

Mauerschau ↑Teichoskopie (↑auch
Botenbericht).

Maugham, William Somerset [engl.
mɔːm], *Paris 25. Jan. 1874, †Saint-Jean-
Cap-Ferrat (Alpes-Maritimes) 16. Dez.
1965, engl. Schriftsteller. – Studierte in
Heidelberg und London Medizin, übte
jedoch den Arztberuf nie aus; war im 1.
Weltkrieg beim brit. Geheimdienst; un-

ternahm ausgedehnte Reisen, u. a. in den Fernen Osten, lebte ab 1929 vorwiegend an der frz. Riviera. M. schrieb außergewöhnlich erfolgreiche erzählende Werke, Dramen (meist Gesellschaftskomödien), Autobiographien und Essays. Kosmopolitisch denkend und bes. der frz. Kultur verbunden, schildert er, vom literar. Naturalismus herkommend, mit scharfer Beobachtung, desillusionierender psychologischer. Analyse und in ironisch-skept. Darstellung Probleme zwischenmenschl. Beziehungen. Zu den besten seiner – häufig von eigenem Erleben bestimmten – Werke gehören der autobiograph. Roman ›Der Menschen Hörigkeit‹ (1915, dt. 1939) und der Schriftstellerroman ›Derbe Kost‹ (1930, dt. 1952, 1953 u. d. T. ›Rosie und der Ruhm oder die Familienschande‹, 1960 u. d. T. ›Seine erste Frau‹) sowie die bes. an G. de Maupassant geschulten Kurzgeschichten.

Weitere Werke: Lady Frederick (Kom., UA 1907, gedr. 1912), Der Besessene (R., 1919, dt. 1927, 1950 u. d. T. Silbermond und Kupfermünze), Menschen der Südsee (Kurzgeschichten, 1921, dt. 1932), Der Kreis (Kom., 1921, dt. 1923), Der bunte Schleier (R., 1925, dt. 1928), Finden Sie, daß Constanze sich richtig verhält? (Kom., 1927, dt. 1927), Ashenden (Spionage-R., 1928, dt. 1940, 1967 u. d. T. Ein Abstecher nach Paris), Für geleistete Dienste (Dr., 1932, dt. 1932), Ein Stück Weges (R., 1932, dt. 1934), Theater (R., 1937, dt. 1937), Rückblick auf mein Leben (Autobiogr., 1938, dt. 1948), Eine Stunde vor Tag (R., 1942, dt. 1943), Auf Messers Schneide (R., 1944, dt. 1946), Schein und Wirklichkeit (En., 1947, dt. 1959), Catilina (R., 1948, dt. 1949), Aus meinem Notizbuch (Aufzeichnungen, 1949, dt. 1954).
Ausgaben: W. S. M. Collected edition. London u. a. 1931–69. 28 Bde. – W. S. M. Collected plays. London 1952. Neudr. London u. a. 1955. 3 Bde. – W. S. M. Ges. Erzählungen. Dt. Übers. Zü. 1976. 10 Bde.
Literatur: PAPAJEWSKI, H.: Die Welt-, Lebens- u. Kunstanschauung W. S. M.s. Köln 1952. – BRANDER, L. S.: M. A guide. London u. Edingburgh 1965. – CORDELL, R. A.: S. M. Bloomington (Ind.) ²1969. – STOTT, R. T.: A bibliography of the works of W. S. M. London ²1973. – RAPHAEL, F.: W. S. M. and his world. New York 1977. – CURTIS, A.: S. M. London 1977. – MORGAN, T.: S. M. London 1981. Neudr. 1985. – BURT, F. D.: W. S. M. Boston (Mass.) 1985. – CURTIS, A./WHITEHEAD, J. W: S. M. The critical heritage. London 1987. – CALDER, R.: Willie. The life of W. S. M. Neuausg. New York 1992.

Maulawi [pers. mo̯ulæˈviː], Beiname des persischen Dichters und Mystikers † Dschalal od-Din Rumi.

Maulnier, Thierry [frz. moˈnje], eigtl. Jacques Louis Talagrand, * Alès (Gard) 1. Okt. 1909, † Marnes-la-Coquette (Hauts-de-Seine) 9. Jan. 1988, frz. Schriftsteller. – Journalist und Literaturkritiker; konservativer Nationalist, Mitarbeiter der royalistisch-chauvinist. Action française. Auch in seinen [neoklassizist.] Dramen und in seinen krit. Aufsätzen antimarxist. Traditionalist. Seit 1964 Mitglied der Académie française.
Werke: La crise est dans l'homme (Essay, 1932), Nietzsche (Essay, 1933), Racine (Essay, 1935), Mythes socialistes (Essay, 1936), Introduction à la poésie française (1939), La course des rois (Dr., 1947), Jeanne et les juges (Dr., 1949), La maison de la nuit (Dr., 1951), La défaite d'Annibal (Dr., 1968), Les vaches sacrées (Essays, 3 Bde., 1977–85).

Maupassant, Guy de [frz. mopɑˈsã], * Schloß Miromesnil bei Dieppe 5. Aug. 1850, † Paris 7. Juli 1893, frz. Schriftsteller. – Brach das Studium der Rechte ab; war 1871–80 Beamter im Marine-, danach im Unterrichtsministerium; begann in dieser Zeit unter der Anleitung des mit der Mutter befreundeten G. Flaubert zu schreiben. M. gehörte zum engeren Freundeskreis É. Zolas (›Le groupe de Médan‹) und veröffentlichte in dem von diesem Kreis verfaßten Novellenband ›Les soirées de Médan‹, dem Manifest des Naturalismus, sein erstes Meisterwerk, die Novelle ›Fettklößchen‹ (1880, dt. 1927, 1900 u. d. T. ›Dickchen‹). Im folgenden Jahrzehnt schrieb er über 250 Novellen, sechs Romane, drei Reisebeschreibungen, einen Band Gedichte, einige Dramen und eine Reihe von Zeitungsartikeln. 1891 fiel in geistige Umnachtung. – M. ist einer der bedeutendsten Novellisten der Weltliteratur. In seinem Werk, gekennzeichnet durch kühle Objektivität der Darstellung sowie klare und elegante Sprache, spiegeln sich Verachtung und Schmerz angesichts der Mittelmäßigkeit der Menschen (Provinzbürger, niedere Aristokraten und Beamte, Pariser Halbwelt, Fischer und Bauern der Normandie), die ihre Langeweile und Habsucht, ihre banalen Illusionen mit Grausamkeit und Erotik überdecken.

Guy de
Maupassant

Bed. sind auch seine Romane, v. a. ›Ein Leben‹ (1883, dt. 1894), ›Bel ami‹ (1885, dt. 1947, 1892 u. d. T. ›Der schöne Georg‹), ›Pierre und Jean‹ (1888, dt. 1956, 1889 u. d. T. ›Zwei Brüder‹). An den theoret. Auseinandersetzungen über den Naturalismus beteiligte sich M. nicht; seine Kunst steht der Flauberts und Balzacs näher als der Zolas.

Weitere Werke: Familie Tellier und andere Erzählungen (1881, dt. 1893), Fräulein Fifi (Nov.n, 1882, dt. 1898), Yvette (Nov., 1884, dt. 1894), Die Geschwister Rondoli (Nov.n, 1884, dt. 1892), Der Horla u. a. Geschichten (1887, dt. 1893), Zwecklose Schönheit (Nov.n, 1890, dt. 1899).
Ausgaben: G. de M. Ges. Werke. Dt. Übers. Bln. 1898–1903. 20 Bde. – G. de M. Œuvres complètes. Hg. v. L. CONARD. Paris 1907–10. 29 Bde. – G. de M. Œuvres complètes illustrées. Hg. v. G. SIGAUX. Lausanne 1961–62. 16 Bde. – G. de M. Gesamtausg. der Novellen u. Romane. Dt. Übers. Hg. u. eingel. v. E. SANDER. Mchn. 1963–64. 10 Bde. – G. de M. Œuvres complètes. Hg. v. P. PIA. Paris 1968. 16 Bde. – G. de M. Contes et nouvelles. Hg. v. L. FORESTIER. Paris 1974–79. 2 Bde.
Literatur: SULLIVAN, E. D.: M. the novelist. Princeton (N. J.) 1954. – VIAL, A.: G. de M. et l'art du roman. Paris 1955. – ROCH, H.: M. Ein Leben. Dreieich 1959. – KESSLER, H.: M.s Novellen. Typen u. Themen. Brsw. 1966. – LANOUX, A.: M., le ›Bel-Ami‹. Paris 1967. – COGNY, P.: M. l'homme sans Dieu. Brüssel 1968. – SCHÜLER, G.: G. de M. In: Frz. Lit. des 19. Jh. Hg. v. W.-D. LANGE. Bd. 3. Hdbg. 1980. S. 236. – GIACCHETTI, C. A.: M. L'espace du roman. Ann Arbor (Mich.) 1981. – ARTINIAN, R. W./ARTINIAN, A.: M. criticism. A centennial bibliography 1880–1979. Jefferson (Mo.) 1982. – DELAISEMENT, G.: M., le témoin, l'homme, le critique. Orléans 1984. 2 Bde. – GIACCHETTI, C.: M. Espaces du roman. Genf 1993.

Maurer, Georg, * Reghin (Siebenbürgen) 11. März 1907, † Potsdam 4. Aug. 1971, dt. Lyriker. – Studierte in Berlin und Leipzig; ab 1934 Journalist, ab 1946 freier Schriftsteller in Leipzig. Hatte als Dozent, ab 1961 als Prof. am ›Literaturinstitut Johannes R. Becher‹ in Leipzig großen Einfluß auf die Entwicklung der Literatur in der DDR.

Werke: Gesänge der Zeit (Ged., 1948), Die Elemente (Ged., 1955), Lob der Venus (Ged., 1957), Dreistrophenkalender (Ged., 1961), Gestalten der Liebe (Ged., 1964), Variationen (Ged., 1965), Gespräche (Ged., 1967), Erfahrene Welt (Ged., hg. 1973).
Ausgaben: G. M. Unterm Maulbeerbaum. Ausgew. Gedichte. Ffm. 1977. – G. M. Was vermag Lyrik. Essays, Reden, Briefe. Hg. v. H. CZECHOWSKI. Lpz. 1982.
Literatur: Dichtung ist deine Welt. Selbstaussagen u. Versuche zum Werk G. M.s. Hg. v. G. WOLF. Halle/Saale 1973.

Maurhut, Richard ['maʊərhuːt], Schriftsteller, † Traven, B.

Mauriac, Claude [frz. mɔˈrjak], * Paris 25. April 1914, frz. Schriftsteller. – Sohn von François M.; 1944–49 Privatsekretär Ch. de Gaulles; Film- und Literaturkritiker, Theoretiker des Nouveau roman (›L'alittérature contemporaine‹, 1958, [2]1969). Auch seine eigenen Romane stehen dem Nouveau roman nahe; ferner Dramen.

Weitere Werke: Jean Cocteau ou la vérité du mensonge (Essay, 1945), Malraux ou le mal du héros (Essay, 1946), Le dialogue intérieur (R.-Zyklus; Bd. 1: Keine Liebe ließ ich aus, 1957, dt. 1958; Bd. 2: Ein Abendessen in der Stadt, 1959, dt. 1960; Bd. 3: Die Marquise ging um fünf Uhr aus, 1961, dt. 1962; Bd. 4: L'agrandissement, 1964), L'oubli (R., 1966), Le temps immobile (Erinnerungen, 10 Bde., 1974–88), Radio nuit (R., 1982), Zabé (R., 1984), Le présent composé (Artikel, 1985), Trans-amour-étoiles (R., 1989), Le temps accompli. Mémoires (1991).
Literatur: FULLERTON, R. T.: Intellectualized, hermetic reality in the fiction of C. M. Ann Arbor (Mich.) 1969.

Mauriac, François [frz. mɔˈrjak], Pseudonym Forez, * Bordeaux 11. Okt. 1885, † Paris 1. Sept. 1970, frz. Schriftsteller. – Erhielt eine streng kath. Erziehung; studierte an der Univ. Bordeaux, in Paris an der École des chartes; gründete 1912 das Magazin für kath. Kunst und Literatur ›Les Cahiers‹; während des 2. Weltkriegs in der Résistance tätig; 1948 Gründer der Zeitschrift ›La Table ronde‹; übte nach dem Krieg als Politiker (Anhänger Ch. de Gaulles) und Kulturkritiker durch seine publizist. Tätigkeit einen großen Einfluß aus; mit seinen Artikeln in ›L'Express‹ (ab 1954), später mit den wöchentl. Glossen in ›Le Figaro‹ wirkte er durch den konservativen Geist seiner Aufsätze (gesammelt in ›Bloc-notes‹, 5 Bde., 1958–70). In seinen v.a. in der großbürgerl. Welt des südwestl. Frankreich spielenden Romanen und Erzählungen, die knapp konzipiert, einfach und doch plastisch erzählt sind, gestaltet M. den Konflikt zwischen Gut und Böse, himml. und ird. Liebe im Sinne der kath. Ethik. Schwache und Böse, Herrschsüchtige, Habgierige und Mörder werden grell und lebensvoll dargestellt. Der Versuch, mit seinem später geschriebenen Roman ›Galigai‹ (1952, dt. 1953) und dem unter dem Einfluß von G. Bernanos und S. Weil stehenden Roman ›Das Lamm‹ (1954, dt. 1954) als Dichter neue Wege einzuschlagen, gelang nicht. Als Dramatiker war M. nur mit ›Asmodi‹ (1938, dt. 1948) erfolgreich. 1933 wurde er Mitglied der Académie française; 1952 erhielt er den Nobelpreis für Literatur.

Weitere Werke: Les mains jointes (Ged., 1909), Fleisch und Blut (R., 1920, dt. 1949), Der Aussätzige und die Heilige (R., 1922, dt. 1928), Génitrix (R., 1923), Die Einöde der Liebe (R., 1925, dt. 1927), H. Bordeaux (Essay, 1926), Die Tat der Thérèse Desqueyroux (R., 1927, dt. 1928), Dieu et mammon (Essay, 1929), Natterngezücht (R., 1932, dt. 1936), Das Geheimnis Frontenac (R., 1933, dt. 1939), Das Ende der Nacht (R., 1935, dt. 1953), Die schwarzen Engel (R., 1935, dt. 1936), Die Pharisäerin (R., 1941, dt. 1946), Denn du kannst weinen (R., 1951, dt. 1953), Bild meines Ichs (Memoiren, 1959, dt. 1960), Was ich glaube (Schrift, 1962, dt. 1963), De Gaulle (Biogr., 1964, dt. 1965), Die verborgenen Quellen (Erinnerungen, 1965, dt. 1967), Die düsteren Jahre (polit. Memoiren, 1967, dt. 1968), Der Jüngling Alain (R., 1969, dt. 1970), Maltaverne (R., hg. 1972).
Ausgaben: F. M. Œuvres complètes. Paris 1950–56. 12 Bde. – F. M. Œuvres romanesques et théâtrales complètes. Hg. v. J. PETIT. Paris 1978–85. 4 Bde.
Literatur: SCHWARZENBACH, J.: Der Dichter des zwiespältigen Lebens F. M. Eins. 1938. – CORMEAU, N.: L'art de F. M. Paris 1951. – F. M. Hg. v. M. ALYN. Paris 1960. – GRALL, X.: F. M. journaliste. Paris 1960. – GOESCH, K.: F. M. Essai de bibliographie chronologique, 1908–1960. Paris

1965. – GLÉNISSON, É.: L'amour dans les romans de F. M. Paris 1970. – FABRÈGUES, J. DE: M. Paris 1971. – DURAND, F.: F. M. Indépendance et fidélité. Paris 1981. – LACOUTURE, J.: F. M. Paris 1980. – CHOCHON, B.: Structures du ›Nœud de vipères‹ de M. Une haine à entendre. Paris 1984. – CANÉROT, M. F.: M. après 1930. Le roman dénoué. Paris 1985. – F. M. Hg. v. J. TOUZOT. Paris 1985. – MAURIAC, C.: F. M., sa vie, son œuvre. Paris 1985.

Maurice de Craon [frz. mɔrisdə'krã], frz. Minnesänger, † Moriz von Craûn.

Maurier, Dame Daphne du, engl. Schriftstellerin, † du Maurier, Dame Daphne.

Maurina (Maurina), Zenta [lett. 'maurɪnja], * Lejasciems (Lettland) 14. Dez. 1897, † Basel 24. April 1978, lett. Schriftstellerin. – Wuchs dreisprachig auf (lett., dt., russ.); wurde v. a. durch ihr biograph. Werk ›Dostojewskij‹ (1929, dt. 1952) bekannt, schrieb daneben Erzählungen und Romane, aber auch Essays über Gestalten und Probleme der lett. Literatur und der Weltliteratur. Emigrierte 1944 nach Deutschland, 1946 nach Schweden (dort naturalisiert), lebte seit 1964 in der BR Deutschland und schrieb vorwiegend deutsch, so auch ihre Autobiographie (5 Bde., 1951–70). Ihr Werk ist von einem überkonfessionellen christl. Glauben geprägt.
Weitere Werke: Mosaik des Herzens (Essays, 1947, dt. 1947), Gestalten und Schicksale (Essays, 1949), Welteinheit und die Aufgabe des Einzelnen (Essays, 1963), Porträts von Schriftsteller (Essays, 1968), Kleines Orchester der Hoffnung (Essays, 1974).
Literatur: SCHEMPP, O.: Das Herz hat Flügel. Z. Maurina. Leben u. Werk. Memmingen 1957. – Buch der Freundschaft. Z. Maurina zum 70. Geburtstag. Memmingen 1967.

Maurois, André [frz. mɔ'rwa], ursprünglich Émile Herzog, * Elbeuf (Seine-Maritime) 26. Juli 1885, † Neuilly-sur-Seine 9. Okt. 1967, frz. Schriftsteller. – Aus elsäss., 1871 in die Normandie ausgewanderten Textilindustriellenfamilie. Sein umfangreiches Werk steht in der Tradition der frz. Moralisten und Rationalisten. Während des 1. Weltkrieges Dolmetschertätigkeit im brit. Hauptquartier; hieraus entstanden die sarkast. völkerpsycholog. Skizzen in den Erzählungen ›Das Schweigen des Obersten Bramble‹ (1918, dt. 1929) und ›Die Gespräche des Doktors O'Grady‹ (1922, dt. 1930). Mit ›Ariel oder Das Leben Shelleys‹ (1923, dt. 1928) begründete M. in Frankreich die Gattung der psychologisch pointierten ›biographie romancée‹. Bes. bekannt wurden ›Benjamin Disraeli, Lord Beaconsfield‹ (1927, dt. 1928), ›Byron‹ (1930, dt. 1930), ›Dunkle Sehnsucht. Das Leben der George Sand‹ (1952, dt. 1953), ›Olympio. Victor Hugo‹ (1954, dt. 1957). Auf persönl. Erinnerungen beruht sein Werk ›Auf den Spuren von Marcel Proust‹ (1949, dt. 1956). Seine Romane schildern in psycholog. Nuancierungen meist Ehe- und Gefühlsprobleme frz. Großbürgertums und üben ironisch Gesellschaftskritik. Er schrieb auch Essays, großangelegte histor. Darstellungen über Großbritannien, die USA u. a. Länder, literar. Studien und moralist. Schriften. 1938 wurde er Mitglied der Académie française.

André
Maurois

Weitere Werke: Bernhard Quesnay (R., 1926, dt. 1928), Wandlungen der Liebe (R., 1929), Im Kreise der Familie (R., 1932, dt. 1932), Claire oder Das Land der Verheißung (R., 1945, dt. 1947), Rosen im September (R., 1956, dt. 1958), Die drei Dumas (Biogr., 1957, dt. 1959), Prometheus oder Das Leben Balzacs (Biogr., 1965, dt. 1966), Mémoires (hg. 1970). **Ausgabe:** A. M. Œuvres complètes. Hg. v. L. LOU. Paris 1950–56. 16 Bde.
Literatur: ADELHÖFER, I.: Die Interpretation engl. u. amerikan. Geistes in A. M.' Werk. Diss. FU Berlin 1961. – SUFFEL, J.: A. M. Paris 1963. – KEATING, L. C.: A. M. New York 1969. – KAUFFMANN, J.: Aspects d'A. M. biographe. Straßburg 1980.

Maurras, Charles [frz. mɔˈraːs], * Martigues (Bouches-du-Rhône) 20. April 1868, † Saint-Symphorien bei Tours

16. Nov. 1952, frz. Schriftsteller, Journalist und Politiker. – Kam 1886 nach Paris, schloß sich A. France und M. Barrès an; war Mitglied der † École romane; gründete als Mitglied der † Félibres 1892 mit F. Amouretti (* 1863, † 1903) die ›Escolo parisenco dou Félibrige‹. Als Mitbegründer und führender Ideologe der royalistisch-chauvinist. Action française verfocht M. eine radikal antidemokrat. und antisemit. Politik. Seine profaschist. Einstellung ließ ihn 1939 einen Sonderfrieden mit Deutschland befürworten. Er unterstützte nach 1940 das Regime Pétains und wurde 1945 zu lebenslanger Haft verurteilt, 1952 begnadigt. 1938–45 war er Mitglied der Académie française. M. veröffentlichte neben politisch-philosoph. Schriften, in denen er seine antiklerikalen, atheist., antisemit. Anschauungen vertrat, auch literaturkrit. Essays (u. a. gegen die Romantik), Erzählungen und Gedichte.
Werke: Trois idées politiques. Chateaubriand, Michelet, Sainte-Beuve (Schrift, 1898), Anthinéa, d'Athènes (Schr., 1901), Les amants de Venise (Essay, 1902), La musique intérieure (Ged., 1925), Un débat sur le romantisme (Essay, 1928), L'ordre et le désordre. Les idées positives et la révolution (Essays, 1948), La balance intérieure (Ged., 1952), Lettres de prison 1944–1952 (hg. 1958), Soliloque du prisonnier (Erinnerungen, hg. 1963).
Literatur: BARKO, I. P.: L'esthétique littéraire de Ch. M. Genf u. Paris 1961. – MASSIS, H.: M. et notre temps. Paris 1961. – JOSEPH, R./FORGES, J.: Le poéte Ch. M. ou La muse intérieure. Essai, suivi d'une bibliographie poétique complète de M. Paris 1962. – FABRÈQUES, J. D'AZÉMAR DE: Ch. M. et son Action française. Un drame spirituel. Paris 1966. – VATRÉ, E.: Ch. M. Un itinéraire spirituel. Paris 1978. – JOSEPH, R./FORGES, J.: Nouvelle bibliographie de Ch. M. Paris 1982. 2 Bde. – RENOUVIN, B.: Ch. M. et la question sociale. Paris 1982. – BOUTANG, P.: M. La destinée et l'œuvre. Paris 1984.

Maurus, Hrabanus, Theologe und Erzbischof von Mainz, † Hrabanus Maurus.

Mauthner, Fritz, * Hořice (Ostböhm. Gebiet) 22. Nov. 1849, † Meersburg 29. Juni 1923, österr. Schriftsteller und Sprachphilosoph. – Jurastudium in Prag; Theaterkritiker, ab 1876 in Berlin, dort Mitarbeiter verschiedener Zeitungen. Mitbegründer der ›Freien Bühne‹; gehörte dem Kreis der Naturalisten an;

lebte ab 1909 in Meersburg. Verfasser von Gesellschafts- und histor. Romanen, auch von Dramen; bes. erfolgreich mit literar. Parodien (›Nach berühmten Mustern‹, 2 Tle., 1878–80). Als Philosoph war er Autodidakt; er vertrat einen strengen Nominalismus; Sprache war für ihn ein unvollkommenes Werkzeug des Denkens und Erkennens; er forderte eine sprachkrit. Analyse der Philosophie.

Weitere Werke: Der neue Ahasver (R., 2 Bde., 1882), Berlin W (R.-Trilogie, 1886–90), Beiträge zu einer Kritik der Sprache (3 Bde., 1901/02), Erinnerungen. Bd. 1: Prager Jugendjahre (1918), Der Atheismus und seine Geschichte im Abendland (4 Bde., 1920–23).
Ausgaben: F. M. Ausgew. Schrr. Stg. 1919. 4 Bde. – F. M. Sprache u. Leben. Ausgew. Texte aus dem philosoph. Werk. Hg. v. G. WEILER. Salzburg 1986. – †auch Landauer, Gustav.
Literatur: KÜHN, J.: Gescheiterte Sprachkritik. F. M.s Leben u. Werk. Bln. 1975. – ESCHENBACHER, W.: F. M. u. die Lit. um 1900. Bern u. Ffm. 1977. – KURZREITER, M.: Sprachkritik als Ideologiekritik bei F. M. Ffm. u. a. 1993.

Mavor, Osborne Henry [engl. 'mɛɪvə], schott. Dramatiker, †Bridie, James.

Maxime [lat.], zunächst in der Logik – von Boethius ausgehend – (im Sinne von Axiom) oberster Grundsatz oder Regel, die weder beweispflichtig noch beweiszugänglich ist und von der andere Sätze hergeleitet werden können; im lat. MA übertragen auf Lebensregel. Als literar. Kunstform zuerst bei den frz. Moralisten (z. B. La Rochefoucauld, ›Reflexionen oder moral. Sentenzen und M.n‹, 1665, dt. 1906; Vauvenargues, ›Betrachtungen und M.n‹, 1746, dt. 1906), wobei in den M.n durch zugespitzt verallgemeinernde Formulierung und gleichzeitige Sprachkürzung eine meist iron. Kritik an übl. Meinungen, Sitten und Gebräuchen formuliert wird. Bei Goethe und A. Schopenhauer wird die Tradition in gewisser Weise fortgeführt. I. Kant verwendet in seiner Ethik das Wort M. im Gegensatz zum ›Imperativ‹, dem ›objektiven Grundsatz‹ oder ›prakt. Gesetz‹, für die subjektiven prakt. Grundsätze, d. h. die Handlungs- und Willensregeln, die sich jemand aufstellt.

Maxim Grek (tl.: Maksim) [russ. 'grjɛk] (Maximos der Grieche), eigtl. Michail Triwolis, * Arta (Epirus) um 1475, †im Troize-Sergijew-Kloster (heute zu Sergijew Possad, Gebiet Moskau) 1556, altruss. Schriftsteller griech. Herkunft. – Ab 1506 Mönch auf dem Athos; wurde 1518 nach Rußland gerufen, um griech. theolog. Werke ins Russische zu übersetzen und alte Übersetzungen zu revidieren; Kritiker der Mißstände und Sonderentwicklungen der russ. Kirche; als Häretiker verurteilt und bis zum Tod eingekerkert; seit dem 18. Jh. in Rußland als Heiliger verehrt.

Maximianus, röm. Dichter der 1. Hälfte des 6. Jh. n. Chr. – Verfaßte dunkel gestimmte Elegien (Altersverfall, Erotik), die sich in Metrik und Stil v. a. an Ovid anlehnen (sechs sind erhalten).
Ausgabe: Massimiano. Elegie. Lat. u. italien. Hg. v. T. AGOZZINO. Bologna 1970.

Maximilian I., * Wiener Neustadt 22. März 1459, †Wels (Oberösterreich) 12. Jan. 1519, Römischer König (seit 1486), Kaiser (seit 1508). – Sohn Kaiser Friedrichs III., seit 1477 ∞ mit Maria von Burgund († 1482), heiratete (1493) Bianca Maria Sforza; 1508 Annahme des Titels ›Erwählter Röm. Kaiser‹; Förderer der Künste und Wissenschaften, verfaßte selbst Schriften (über Jagd, Kriegskunst u. a.) und hatte persönl. Anteil an zwei Dichtungen: ›Theuerdank‹ (Teuerdank), ein allegor. Versepos mit der Schilderung der Brautfahrt M.s zu Maria von Burgund, geht in der Anlage auf den Kaiser zurück. Es wurde von M. Pfintzing bearbeitet, durch Allegorienschlüssel ergänzt und 1517 herausgegeben. Nach M.s Anweisungen entstand auch das um 1516 abgeschlossene allegorisch-autobiograph. Prosawerk ›Weißkunig‹ (nach dem weißen Harnisch, den M. im Turnier und in der Schlacht trug), ausgeführt vom Geheimschreiber Marx Treitzsaurwein (* um 1450, † 1527). Großen Anteil hat der Kaiser v. a. am 3. Teil des Werkes, der von den Kriegen zwischen 1477 und 1513 berichtet.
Ausgaben: Kaiser M.s Weißkunig. Hg. v. H. TH. MUSPER u. a. Stg. 1956. 2 Bde. – Kaiser M. I. Teuerdank. Nach dem Erstdruck von 1517 hg. v. H. UNGER. Mchn. 1968.
Literatur: ULMANN, H.: Kaiser M. I. Auf urkundl. Grundl. dargestellt. Stg. 1884–91. Nachdr. Wien 1968. 2 Bde. – FITZ, I.: M.s Teuerdank – Spensers Feenkönigin. Diss. Wien 1951 [Masch.]. – BUCHNER, R.: M. I., Kaiser an der Zeitenwende. Gött. u. a. 1959. – M. I.

1459–1519. Bearb. v. F. UNTERKIRCHER u. a. Ausst.-Kat. Wien ²1959.

Maximos Planudes (tl.: Máximos Planoúdēs), * Nikomedia (heute İzmit) um 1260, † Konstantinopel (heute Istanbul) 1310, byzantin. Gelehrter und Dichter. – Nach Eintritt in ein Kloster widmete er sich altphilolog. Studien; beherrschte die lat. Sprache und entfaltete eine rege Übersetzertätigkeit (v. a. Cicero, Ovid, Augustinus); stellte die Anthologia Planudea (↑Anthologia Palatina) zusammen; sein an großen Vorbildern geschulter Stil wirkte sich fruchtbar auf das eigene literar. Werk aus, das neben Gedichten und wiss. (bes. sprachl. und mathemat.) Abhandlungen eine umfangreiche Briefsammlung umfaßt.

Ausgaben: Patrologiae cursus completus. Series graeca. Hg. v. J.-P. MIGNE. Bd. 147. Paris 1865. – Maximi monachi Planudis epistulae. Hg. v. M. TREU. Breslau 1890. Nachdr. Amsterdam 1960.

Maximow (tl.: Maksimov), Wladimir Jemeljanowitsch [russ. mak'simɐf], eigtl. Low Alexejewitsch Samsonow, * Moskau 27. Nov. 1930, russ. Schriftsteller. – Wurde wegen krit. Darstellung des sowjet. Alltags (Darstellung gescheiterter Menschen und gestörter sozialer Verhältnisse) 1974 aus der Sowjetunion ausgewiesen; lebt in Paris; 1974–92 Leiter der Zeitschrift ›kontinent‹.

Werke: Dennoch lebt der Mensch (E., 1962, dt. 1963), Die sieben Tage der Schöpfung (R., Frankfurt am Main 1971, dt. 1972), Die Quarantäne (R., Frankfurt am Main 1973, dt. 1974), Abschied von Nirgendwo (R., 1973, dt. 1976), Eine Arche für die nicht Geladenen (R., 1979, dt. 1980), Der Kelch des Zorns (R., 1982, dt. 1984), Sie und wir (Essays, dt. 1984), Der weiße Admiral (R., 1986, dt. 1986).

Ausgabe: V. E. Maksimov. Sobranie sočinenij. Ffm. 1973–79. 6 Bde.

Literatur: V literaturnom zerkale. O tvorčestve V. Maksimova. Paris u. New York 1986.

Maximus, Valerius, röm. Schriftsteller, ↑Valerius Maximus.

May, Karl, Pseudonym Karl Hohenthal u. a., * Ernstthal (heute zu Hohenstein-Ernstthal) 25. Febr. 1842, † Radebeul 30. März 1912, dt. Schriftsteller. – Wuchs als fünftes von 14 Kindern eines erzgebir. Webers in ärmlichsten Verhältnissen auf, war bis zum fünften Lebensjahr blind, brachte es bis zum Lehrer, mußte jedoch wegen verschiedener,

Karl May

aus finanzieller Not und pseudolog. Geltungsdrang begangener Delikte (meist Hochstapeleien) mehrere Freiheitsstrafen (insgesamt sieben Jahre) verbüßen. 1875–77 Redakteur in Dresden, dann freier Schriftsteller. Schrieb zunächst v. a. erzgebir. Dorfgeschichten, Humoreskten und (pseudonym) fünf umfangreiche Kolportageromane (u. a. ›Das Waldröschen‹, 1882; ›Der verlorene Sohn‹, 1884), trat dann aber in zunehmendem Maße als Verfasser abenteuerl. Reiseerzählungen hervor, deren Buchausgaben (in größerem Umfang ab 1891) ihn bald zu einem der bis heute meistgelesenen dt. Schriftsteller machten (Gesamtauflage etwa 80 Millionen Bände). Schauplätze dieser durch das exot. Kolorit, die glänzende Erzählbegabung und die Phantasie des Autors fesselnden, im übrigen aber (bes. sprachlich und in der psych. Zeichnung der Personen) künstlerisch anspruchslosen Romane sind v. a. der Wilde Westen Nordamerikas und der Vordere Orient (meist mit Old Shatterhand und Kara Ben Nemsi als in der Ich-form erzählenden Haupthelden). Die erzieher. Moral dieser v. a. dem jugendl. Bedürfnis nach Freiheit und ›großem Leben‹ entgegenkommenden Romane bewegt sich auf dem Boden eines bürgerl. Christentums, das teilweise gründerzeitlich gefärbt, aber auch durch das Eintreten für unterdrückte Völker (bes. die Indianer) gekennzeichnet ist. Erst nach der Veröffentlichung dieser Werke (bis 1899 mehr als 30 Bde.) hat M. den Orient (1899/1900) und Amerika (1908) besucht; frühere außereurop. Rei-

sen, die lange Zeit vermutet wurden, gelten heute als ausgeschlossen. Das im letzten Lebensjahrzehnt entstandene Spätwerk M.s (›Im Reiche des silbernen Löwen‹, Bd. 3 und 4, 1902/03 [Bd. 1 und 2, 1898]; ›Ardistan und Dschinnistan‹, 2 Bde., 1909) findet in den letzten Jahren zunehmende literar. Beachtung; es handelt sich dabei um vielschichtige, auch formal wesentlich ausgereiftere, dem Surrealismus nahestehende Symbolromane von pazifist. Tendenz (›Und Friede auf Erden!‹, 1904).
Die außergewöhnl. Breitenwirkung und Faszinationskraft der in über 25 Sprachen übersetzten Werke M.s sind auch in der Gegenwart ungebrochen. Zahlreiche Romane wurden verfilmt.
Weitere Werke: Durch die Wüste (1892, mit fünf Folgebänden, letzter Band: Der Schut, 1892), Winnetou (4 Bde., 1893–1910), Old Surehand (3 Bde., 1894–96), Der Schatz im Silbersee (1894), Im Lande des Mahdi (3 Bde., 1896), Satan und Ischariot (3 Bde., 1897), Am Jenseits (1899), Mein Leben und Streben (Autobiogr., 1910, 1916 u. d. T. Ich).
Ausgaben: K. M. Ges. Werke. Originalausg. Hg. v. EUCHAR ALBRECHT SCHMID u. a. Bamberg 1916 ff. Auf 74 Bde. ber. Zahlreiche Neuaufl. – K. M. Reiseerzählungen in Einzelausg. Herrsching 1978. 74 Bde. – K. M.s Werke. Hg. v. H. WIEDENROTH. Nördlingen; Zü. 1987 ff. Auf 99 Bde. berechnet (bisher 20 Bde. erschienen).
Literatur: BRÖNING, I.: Die Reiseerzählungen K. M.s als literaturpädagog. Problem. Ratingen u. a. 1973. – OSTWALD, TH.: K. M. Brsw. ⁴1977. – K. M. Biogr. in Dokumenten u. Bildern. Hg. v. G. KLUSSMEIER u. H. PLAUL. Hildesheim u. New York 1978. – LORENZ, CH. F.: K. M.s zeitgeschichtl. Kolportageromane. Ffm. u. Bern 1981. – DEEKEN, A.: ›Seine Majestät u. Ich‹. Zum Abenteuertourismus K. M.s. Bonn 1983. – K.-M.-Hdb. Hg. v. G. UEDING. Stg. 1987. – LOWSKY, M.: K. M. Stg. 1987. – PLAUL, H.: Illustrierte K.-M.-Bibliogr. Mchn. u. a. 1989. – WOLLSCHLÄGER, H.: K. M. Grundr. eines gebrochenen Lebens. Neuausg. Dresden 1990. – SCHMIEDT, H.: K. M. Leben, Werk u. Wirkung. Ffm. ³1992. – Exemplarisches zu K. M. Hg. v. W. ILMER u. a. Ffm. u. a. 1993. – SCHMIDT, ARNO: Sitara u. der Weg dorthin. Eine Studie über ... K. M. Neuausg. Zü. 1993. – WOHLGSCHAFT, H.: Große K.-M.-Biogr. Paderborn 1994.

Maya-Literatur, Literatur der Mayavölker in Mesoamerika, bes. in Yucatán und in Hochland-Guatemala, meist in Mayasprachen geschrieben und auf präkolumb. Quellen zurückgehend. Am bekanntesten die sog. ›Bücher des Chilam Balam‹ (18 bekannt; v. a. histor. Berichte und Prophezeiungen) aus Yucatán sowie das ›Popol Vuh‹ (mythologisch-histor. Bericht) und das ›Rabinal Achí‹ (Tanzdrama) der Quiché. Wichtig sind auch die verschiedenen ›Titel‹ (z. B. der ›Titulo Totonicapán‹, dessen in Quiché geschriebenes Original erst kürzlich aufgefunden wurde), meist in der 2. Hälfte des 16. Jh. geschriebene histor. Berichte, die den Landbesitz eines Ortes bzw. einer Sippe dokumentieren. Das ›Memorial de Sololá‹, ein histor. Bericht, ist die wichtigste literar. Quelle für die Cakchiquél. Einzelne Gedichte und Hymnen, die auf präkolumb. Zeit zurückgehen, sind bekannt.

Mayer, Anton, dt. Schriftsteller und Publizist, ↑Amery, Carl.

Mayer, Jaroslav Maria [tschech. 'majɛr], tschech. Schriftsteller, ↑Maria, Jaroslav.

Maynard (Mainard), François [frz. mɛ'na:r], *Toulouse 1582, †Saint-Céré (Lot) 28. Dez. 1646, frz. Dichter. – Gerichtspräsident in Aurillac; Lyriker in der Nachfolge F. de Malherbes, in dessen Schatten er stand, den er nach neuerer Auffassung jedoch übertraf; 1634 Mitglied der Académie française.
Ausgaben: F. M. Œuvres poétiques. Hg. v. G. GARRISSON. Paris 1885–88. 3 Bde. Nachdr. 1970. – F. M. Poésies. Hg. v. F. GOHIN. Paris 1927.
Literatur: DROUHET, CH.: Le poète F. Mainard (1583?–1646). Paris 1908. Nachdr. 1981.

Mayreder, Rosa, geb. Obermayer, Pseudonym Franz Arnold, *Wien 30. Nov. 1858, †ebd. 19. Jan. 1938, österr. Schriftstellerin und Frauenrechtlerin. – War zuerst Malerin und Kunstkritikerin, dann Schriftstellerin. In ihren Essays und Prosawerken kritisierte sie v. a. die Rollenfixierung von Männern und Frauen, Doppelmoral und die Degradierung der Frau zum Sexualobjekt (›Zur Kritik der Weiblichkeit‹, Essays, 1905; ›Geschlecht der Kultur‹, Essays, 1923). Als Pazifistin wurde sie 1919 Vorsitzende der Frauenliga für Frieden und Freiheit.
Weitere Werke: Der Corregidor (Textbuch zu H. Wolfs Oper, 1895), Aus meiner Jugend (Nov.n, 1896), Zwischen Himmel und Erde (Ged., 1908), Der typ. Verlauf sozialer Bewegungen (1917), Die Frau und der Internationalismus (1921), Die Krise der Ehe (1929).

Friederike
Mayröcker

Mayröcker, Friederike, * Wien 20. Dez. 1924, österr. Schriftstellerin. – Studium der Anglistik, bis 1969 Englischlehrerin. M. nimmt eine eigenständige und eigenwillige Position innerhalb der experimentellen Literatur der 1960er Jahre ein. Nach bildreicher Erlebnislyrik und ihr naher Prosa (›Larifari‹, 1956; ›Tod durch Musen‹, 1966) bevorzugt sie eine Schreibweise in der Tradition der automat. Niederschriften des Surrealismus (›Minimonsters Traumlexikon‹, 1968; ›Fantom Fan‹, 1971). Eine gattungsmäßige Zuordnung derartiger offener Texte zur Prosa (›Augen wie Schalajapin bevor er starb‹, 1974), zum Drama (›Arie auf tönernen Füßen‹, 1972), zur Lyrik (›In langsamen Blitzen‹, 1974) ist deshalb nur bedingt sinnvoll. In ihren neueren Erzählungen (›Die Abschiede‹, 1980) erreicht sie eine gegenseitige Annäherung von traditioneller und experimenteller Schreibweise. Einen Einblick in den Schaffensprozeß der Autorin gewähren die in ›Magische Blätter‹ (1983) vereinten Prosatexte, während ›Im Nervensaal, Himmel am zwölften Mai‹ (1983; mit Graphiken, Collagen und poet. Arbeiten) den Umfang des bildner. Ausdrucksvermögens M.s erkennen läßt. Das Prosawerk ›Reise durch die Nacht‹ (1984), ein in vierzigjähriger Kontinuität geformtes dichter. Gebilde aus Traummaterial, Schreibarbeit und Erinnerungsresten, bezeichnet eine Reise in die vergehende Zeit mit der vagen Hoffnung auf Geborgenheit im Tode. M. schrieb auch Kinderbücher und zahlreiche Hörspiele, einige zusammen mit E. Jandl. 1982 erhielt sie den Großen österr. Staatspreis.

Weitere Werke: Je ein umwölkter Gipfel (E., 1973), Das Licht in der Landschaft (R., 1975), Fast ein Frühling des Markus M. (Prosa, 1976), Heiligenanstalt (R., 1978), Schwarmgesang. Szenen für die poet. Bühne (1978), Ausgewählte Gedichte 1944–1978 (1979), Gute Nacht, guten Morgen (Ged., 1982), Das Herzzerreißende der Dinge (Prosa, 1985), Winterglück (Ged., 1986), Mein Herz, mein Zimmer, mein Name (Ged., 1988), Stilleben (Prosa, 1991), Das besessene Alter (Ged., 1992), Lection (Prosa, 1994).
Literatur: F. M. Hg. v. H. L. ARNOLD. Mchn. 1984. – F. M. Hg. v. SIEGFRIED J. SCHMIDT. Ffm. 1984. – BEYER, M.: F. M. Eine Bibliogr. 1946–1990. Ffm. u. a. 1992.

Mažuranić, Ivan [serbokroat. maˌʒuranitɕ], * Novi Vinodolski 11. Aug. 1814, † Zagreb 4. Aug. 1890, kroat. Lyriker. – Erfolgreicher Jurist und Politiker; einer der führenden Vertreter des Illyrismus; gab 1844 das Epos ›Osman‹ von I. Gundulić neu heraus und ergänzte es durch zwei barocken Stil glänzend nachmende Gesänge; sein Hauptwerk ist das Heldenepos ›Čengić Aga'ş Tod‹ (1846, dt. 1874).
Ausgabe: I. M. Sabrana dela. Zagreb 1979. 4 Bde.
Literatur: ŽIVANČEVIĆ, M.: I. M. Belgrad 1963.

McAuley, James Phillip [engl. məˈkɔːlɪ], * Lakemba (New South Wales) 12. Okt. 1917, † Hobart (Tasmanien) 15. Okt. 1976, austral. Schriftsteller. – Nach Studium in Sydney 1938–42 Lehrer und Militärdienst. Danach u. a. Hg. des Literaturmagazins ›Quadrant‹ und Prof. für Englisch an der University of Tasmania in Hobart. Schon seine erste Gedichtsammlung ›Under Aldebaran‹ (1946) zeigt die für sein Gesamtwerk charakterist. klass. Ausgewogenheit von Form und Inhalt und seine meisterhafte Technik. Als Humanist bevorzugt er histor. und mytholog. Themen, deren Bilder und Gedankenreichtum dicht und logisch miteinander verknüpft sind. Er verwendet einen klaren, einfachen Strophenbau, meist fünfhebige, alternierend gereimte Vierzeiler. Wichtige literaturkrit. Werke sind ›The end of modernity‹ (1959) und ›A map of Australian verse‹ (1975).
Weitere Werke: A vision of ceremony (Ged., 1956), Captain Quiros (Ged., 1964), Collected poems 1936–1970 (Ged., 1971), Music late at night. Poems 1970–1973 (Ged., 1976), A world of its own (Ged., hg. 1977).

McCarthy, Mary [Therese] [engl. mə-'kɑːθı], * Seattle (Wash.) 21. Juni 1912, † New York 25. Okt. 1989, amerikan. Schriftstellerin. – M., die mit sechs Jahren Vollwaise wurde, erhielt eine kath. Erziehung (›Eine kath. Kindheit‹, Erinnerungen, 1957, dt. 1966; Fortsetzungen: ›Was sich verändert, ist nur die Phantasie‹, 1987, dt. 1989; ›Intellectual memoirs. New York 1936–1938‹, hg. 1992) und studierte dann am Vassar College (N.Y.). Während ihrer literar. Rezensionstätigkeit (1933–48) festigte sich ihr polit. Denken in sozialist. Richtung. Unter dem Einfluß ihres zweiten Mannes, des bed. Literaturkritikers E. Wilson, begann sie, realist. sozialkrit. Romane und Kurzgeschichten zu schreiben, die z. T. auf eigenen Erfahrungen basieren: ›Die Oase‹ (E., 1949, dt. 1965) beleuchtet satirisch polit. Idealismus, ›The groves of Academe‹ (R., 1952) verarbeitet die Zeit ihrer Dozententätigkeit (1945–46, 1948), ›Die Clique‹ (R., 1963, dt. 1964), ihr bekanntestes Werk, verfolgt das Schicksal einiger ihrer Kommilitoninnen von Vassar; ›Ein Sohn der neuen Welt‹ (R., 1971, dt. 1972) und ›Kannibalen und Missionare‹ (R., 1979, dt. 1981) setzen sich kritisch mit der amerikan. Kultur und mit Zeiterscheinungen auseinander. Diese krit. Haltung zeigt sich auch in ihren Reiseberichten (›Florenz‹, Essay, 1959, dt. 1960) und journalist. Beiträgen: ›Vietnam-Report‹ (1967, dt. 1967), ›Medina. Die My Lai-Prozesse‹ (1972, dt. 1973), ›The mask of state. Watergate portraits‹ (1974). In den 80er Jahren veröffentlichte M. v. a. literaturkrit. Arbeiten, in denen sie u. a. ihre Konzeption des Ideenromans im Anschluß an H. James verteidigte (›Ideas and the novel‹, 1980).

Weitere Werke: Sie und die anderen (R., 1942, dt. 1965), Der Zauberkreis (R., 1955, dt. 1970, dt. 1972), Ein Blitz aus heiterem Himmel (Essays, 1970, dt. 1972), The hounds of summer and other stories (En., 1981), Occasional prose (Essays, 1985), Was sich verändert, ist nur die Phantasie (Erinnerungen 1987, dt. 1989).
Literatur: McKenzie, B.: M. M. New York 1966. Neuaufl. 1967. – Grumbach, D.: The company she kept. London u. a. 1967. – Hardy, W. S.: M. M. New York 1981. – Gelderman, C.: M. M. A life. New York 1988. – Brightman, C.: Writing dangerously. M. M. and her world. New York 1992.

McCrae, Hugh [Raymond] [engl. mə-'kreɪ], * Hawthorn (Victoria) 4. Okt. 1876, † Sydney 17. Febr. 1958, austral. Schriftsteller. – Journalist und Gelegenheitsschauspieler; lebte 1914–17 in den USA. Gilt mit seinen lyrisch-beschreibenden, ästhetisch und intellektuell anspruchsvollen Gedichten, die gelegentlich ins Dekorative, Typenhafte abgleiten, als einer der bedeutendsten austral. Dichter. Schrieb auch Versdramen wie ›The ship of heaven‹ (1951) und eine Sammlung essayistisch-anekdotenhafter Kurzgeschichten (›Storybook only‹, 1948). In seinen Gedichten schildert er in sensualist. Bilderreihen Gesamteindrücke einer farbenreichen, lichtdurchfluteten Welt. Themen und Motive entnahm M. schott. Volksballaden, in ›Satyrs and sunlight‹ (1909 und 1928) der griech. Mythologie und der Welt des MA.
Weitere Werke: Colombine (Ged., 1920), Idyllia (Ged., 1922), The Mimshi maiden (Ged., 1938), Poems (Ged., 1939), Forests of Pan (Ged., 1944), Voice of the forest (Ged., 1945).
Ausgabe: H. M. Best poems. Hg. v. R. G. Howarth. Sydney 1961.
Literatur: Chaplin, H. F.: A M. miscellany. Sydney 1967.

Carson
McCullers

McCullers, Carson [engl. mə'kʌləz], geb. Smith, * Columbus (Ga.) 19. Febr. 1917, † Nyack bei New York 29.' Sept. 1967, amerikan. Schriftstellerin. – Behandelt in ihrem von melanchol. Grundstimmung geprägten Werk traditionelle Themen der Südstaatenliteratur, wie Einsamkeit und die Perversion von Liebesbeziehungen, und gestaltet sehr einfühlsam die Atmosphäre des Südens. Im Mittelpunkt ihrer besten Werke stehen körperlich behinderte Menschen, oft Jugendliche, wie der Taubstumme in ›Das Herz ist ein einsamer Jäger‹ (R., 1940, dt. 1950), der bucklige Zwerg in der Titel-Erzählung ›Die Mär von der glücklosen Schenke‹ (En., 1951, dt. 1954, 1961 u. d. T. ›Die Ballade vom traurigen Café‹, dramatisiert von E. Albee, 1963, dt. 1964), ferner die Protagonistin in ›Das Mädchen Frankie‹ (R., 1946, dt. 1947, Dr. 1950). Die Freundschaft mit T. Williams regte sie zu dramat. Versuchen an, u. a. ›The square root of wonderful‹ (1958) über ihre schwierige Ehe, die jedoch weniger erfolgreich waren.

Weitere Werke: Der Soldat und die Lady (R., 1941, dt. 1958, 1966 u. d. T. Spiegelbild im goldenen Auge), Uhr ohne Zeiger (R., 1961, dt. 1962), The mortgaged heart (En. und Essays, hg. 1971).

Ausgaben: C. M. Gesamtausg. Dt. Übers. Zü. 1971–74. 7 Bde. – Die besten Geschichten v. C. M. Hg. v. A. FRIEDRICH. Dt. Übers. Zü. 1986.

Literatur: EVANS, O.: C. M. Leben u. Werk. Dt. Übers. Zü. 1970. – Über C. M. Hg. v. G. HOFFMANS. Dt. Übers. Zü. 1974. – CARR, V. S.: The lonely hunter. A biography of C. M. Garden City (N.Y.) 1975. – COOK, R. M.: C. M. New York 1975. – KIERNAN, R. F.: Katherine Anne Porter and C. M. A reference guide. Boston (Mass.) 1976. – McDOWELL, M. B.: C. M. Boston (Mass.) 1980.

McEwan, Ian [engl. mək'ju:ən], * Aldershot (Hampshire) 21. Juni 1948, engl. Schriftsteller. – Vielbeachtetes Erzählertalent seiner Generation. Der in Tabuzonen eindringende, ins Makabre, Magische und Symbolhafte gesteigerte Realismus seiner Kurzgeschichten und Romane legt Widersprüche zwischen sinnl. Zwangsvorstellungen und grausamer Gefühlsleere im Dasein seiner – anfangs oft jugendlichen – Figuren bloß; seine großräumigeren nachfolgenden Romane behandeln auch polit. Aspekte der Gewalt. Schrieb auch Fernsehspiele.

Werke: Erste Liebe, letzte Riten (En., 1975, dt. 1980), Zwischen den Laken (En., 1977, dt. 1982), Der Zementgarten (R., 1980, dt. 1982), Der Trost von Fremden (R., 1981, dt. 1983), The imitation game (Fsp.e, 1981), Oder müssen wir sterben. Text für ein Oratorium von Michael Berkeley (1982, UA 1983, dt. 1984), The ploughman's lunch (Fsp., 1985), Ein Kind der Zeit (R., 1987, dt. 1988), Soursweet (Drehb., 1988), Unschuldige. Eine Berliner Liebesgeschichte (R., 1990, dt. 1990), Schwarze Hunde (R., 1992, dt. 1994).

McGahern, John [engl. mə'gæhən], * Dublin 12. Nov. 1934, ir. Schriftsteller. – Lehrer, wurde nach dem Verbot (in Irland) seines international vielbeachteten Romans ›Das Dunkle‹ (1965, dt. 1969) aus dem Schuldienst entlassen, eine öffentl. Kontroverse auslöste; lebt seitdem in London; Gastprofessuren an brit. und amerikan. Universitäten. Seine meist in der ir. Provinz spielenden Romane und Erzählungen zeichnen scharfe, kompakt formulierte Bilder von existentiellen Nöten der Menschen im Konflikt zwischen traditionellen Zwängen und modernen Frustrationen.

Weitere Werke: Die Polizeiküche oder der Mensch verlöscht wie ein Licht (R., 1963, dt. 1978), Nightlines (En., 1970), The leavetaking (R., 1974), Getting through (En., 1978), Der Pornograph (R., 1979, dt. 1992), High ground (R., 1985), Unter Frauen (R., 1990, dt. 1991), The collected stories (En., 1992).

McGrath, John [Peter] [engl. mə'grɑ:θ], * Birkenhead (Cheshire) 1. Juni 1935, englisch-schott. Dramatiker. – Wurde durch das pessimist. Drama über brit. Soldaten im Nachkriegsdeutschland ›Events while guarding the Bofors gun‹ (1966) bekannt; gründete 1971 eine bekannte schott. Theatertruppe. Seine sozialistisch engagierten Dramen fangen die regionale schott. Atmosphäre ein, so die Stücke über die Geschichte der Abhängigkeit von England (›The cheviot, the stag, and the black, black oil‹, 1974), über den Nationalismus (›The game's a bogey‹, 1975; ›Little red hen‹, 1977), über die angloamerikan. Ausbeutung der Nordsee-Ölfunde (›Boom‹, 1975) oder über die Arbeiterbewegung (›Blood red roses‹, 1981).

Ausgabe: J. M. Dramen. Dt. Übers. Bln. u. Weimar 1985.

Literatur: JÄGER, A.: J. M. u. die 7:84 company Scotland. Amsterdam 1986.

Mchitar von Sebaste (tl.: Mḫit'ar; Mechitar, Mechithar), eigtl. Peter Manuk, * Sebaste (heute Sivas) 7. Febr. 1676, † Venedig 27. April 1749, armen. Ordensstifter. – Gründete 1701 den nach ihm benannten Orden der Mechitaristen; fand mit seinen Schülern 1717 auf der Insel San Lazzaro bei Venedig Asyl. Sein Ziel war es, das armen. Volk aus dem Bildungsverfall seiner Zeit herauszuführen.

In diesem Sinne war er philologisch, exegetisch und dichterisch tätig.

Literatur: INGLISIAN, V.: Der Diener Gottes Mechithar v. Sebaste ... Wien 1929. – INGLISIAN, V.: Die armen. Lit. In: Hdb. der Orientalistik. Abt. 1, Bd. 7. Leiden 1963. S. 222.

McKay (MacKay), Claude [engl. məˈkaɪ], Pseudonym Eli Edwards, * Sunny Ville (Jamaika) 15. Sept. 1890, † Chicago (Ill.) 22. Mai 1948, amerikan. Schriftsteller. – Lebte ab 1912 in den USA; zwischen 1922 und 1934 Aufenthalte in Europa (u. a. Sowjetunion) und Marokko. M. beeinflußte mit seinen gegen die Rassendiskriminierung gerichteten Dialektgedichten ›Constab ballads‹ und ›Songs of Jamaica‹ (1912, beide 1972 u. d. T. ›The dialect poetry‹) die Autoren der ›Harlem Renaissance‹ (↑ afroamerikanische Literatur). In späteren Gedichten (›Harlem shadows‹, 1922) bringt er seine polit. Überzeugung zum Ausdruck. Die Situation des Afroamerikaners in der westl. Welt behandelt er in seinen Romanen ›Home to Harlem‹ (1928), ›Banjo‹ (1929) und ›Banana bottom‹ (1933), mit denen er zum Vorläufer der westind. Schriftsteller nach dem 2. Weltkrieg wurde. Seine Autobiographie ›A long way from home‹ (1937) und die soziolog. Studie ›Harlem. Negro metropolis‹ (1940) geben ein umfassendes Bild seiner krit. Anschauungen; konvertierte 1944 zum Katholizismus und nahm eine antikommunist. Haltung ein.

Ausgabe: The passion of C. M. Selected poetry and prose 1912–1948. Hg. v. W. F. COOPER. New York 1973.
Literatur: GAYLE, A. JR.: C. M. The black poet at war. Detroit (Mich.) 1972. – GILES, J. R.: C. M. Boston (Mass.) 1976. – COOPER, W. F.: C. M. Rebel sojourner in the Harlem Renaissance. A biography. Baton Rouge (La.) 1987.

McMurtry, Larry [Jeff] [engl. məkˈmɜːtrɪ], * Wichita Falls (Tex.) 3. Juni 1936, amerikan. Schriftsteller. – Verfasser erfolgreicher Romane, in denen nostalgisch die myth. Tradition des Westens mit der Welt der Cowboys beschworen (›Horseman, pass by‹, 1961; ›Leaving Cheyenne‹, 1963), die in der Praxis des Rodeo erhaltenen Werte der Cowboys beschrieben (›Moving on‹, 1970) bzw. die psych. Verfassung frustrierter Menschen in den einsamen Städten des Südwestens aufgezeigt (›Die letzte Vorstellung‹,

1966, dt. 1990; ›Zeit der Zärtlichkeit‹, 1975, dt. 1984; ›Texasville‹, 1987) werden.

Weitere Werke: In a narrow grave. Essays on Texas (1968), All my friends are going to be strangers (R., 1972), It's always we rambled. An essay on Rodeo (1974), Somebody's darling (R., 1978), Cadillac Jack (R., 1982), Weg in die Wildnis (R., 1985, dt. 1990), Desperado (R., 1988, dt. 1990), Buffalo girls (R., 1990, dt. 1993).
Literatur: LANDESS, TH.: L. M. Austin (Tex.) 1969. – NEINSTEIN, R. L.: The ghost country. A study of the novels of L. M. Berkeley (Calif.) 1976. – PEAVY, CH. D.: L. M. Boston (Mass.) 1977.

Mębs, Gudrun, * Bad Mergentheim 8. Jan. 1944, dt. Kinderbuchautorin. – Zunächst Schauspielerin; lebt in München und in der Toskana. 1980 schrieb sie erste Kindergeschichten für den Hörfunk, die dann als Buch veröffentlicht wurden: ›Geh nur, vielleicht triffst du den Bären‹ (1981). 1984 erhielt sie den Dt. Jugendliteraturpreis für das Buch ›Sonntagskind‹, eine Geschichte, die Verständnis weckt für Kinder, die in der Gesellschaft benachteiligt sind.

Weitere Werke: Birgit. Eine Geschichte vom Sterben (1982), Wie werd ich bloß Daniela los? (1984), ›Oma!‹ schreit der Frieder (1984), Meistens geht's mir gut mit dir (1985), Und wieder schreit der Frieder ›Oma!‹ (1985), Der Mond wird dick und wieder dünn (1991), Oma und Frieder – jetzt schreien sie wieder (1992).

Męchow, Karl Benno von [...ço], * Bonn 24. Juli 1897, † Emmendingen 11. Sept. 1960, dt. Schriftsteller. – Sohn eines Offiziers; war nach dem Studium Landwirt; gab 1934–44 mit P. Alverdes die (zeitweilig verbotene) Zeitschrift ›Das Innere Reich‹ heraus, in der teils apolit., teils aristokrat. bzw. bürgerlich oppositionelle Meinungen vertreten wurden. Schrieb Romane und Erzählungen, in denen die Verbundenheit von Mensch, Natur und Landschaft geschildert wird (›Vorsommer‹, 1934). Bes. in dem Kriegsroman ›Das Abenteuer‹ (1930) erliegt er allerdings der Gefahr, den verlorenen 1. Weltkrieg in einen heroischen Mythos umzudeuten.

Weitere Werke: Das ländl. Jahr (R., 1930), Novelle auf Sizilien (1941), Glück und Glas (E., 1942), Der Mantel und die Siegerin (E., 1942), Auf dem Wege (E., 1956).

Męchtel, Angelika, * Dresden 26. Aug. 1943, dt. Schriftstellerin. –

Schreibt Gedichte (›Gegen Eis und Flut‹, 1963), Erzählungen sowie gesellschaftskrit. Romane (›Wir sind arm, wir sind reich‹, 1977; ›Die Prinzipalin‹, 1994), Reiseberichte (›Tropenzeit‹, 1993; mit G. E. Hoffmann), auch Kinderbücher (›Maxie Möchtegern‹, 1981; ›Cold Turkey. Die Drogenkarriere des Andreas B.‹, 1992). Wurde bekannt durch den Erzählband ›Die feinen Totengräber‹ (1968), der wesentl. Merkmale ihres Erzählstils aufweist: knappe, präzise und distanzierte Sprache, häufiger Wechsel der Zeitstrukturen und der Perspektive des Erzählers; vieles wird nur angedeutet, zeitlich und räumlich Getrenntes montiert sie so zusammen, daß eine Gleichzeitigkeit verschiedener Handlungsebenen erreicht wird. Verarbeitet oft authent. Stoffe zu krit. Sozialreportagen (›Ein Plädoyer für uns. Frauen und Mütter von Strafgefangenen berichten‹, 1975), in denen sie überzeugend die Empfindungen, das Denken und Leiden der Betroffenen beschreibt.

Weitere Werke: Friß, Vogel (R., 1972), Das gläserne Paradies (R., 1973), Die Blindgängerin (R., 1974), Keep Smiling (Reportagen, En., 1976), Die Träume der Füchsin (En., 1976), Das Puppengesicht (En., 1977), Wir in den Wohnsilos (Ged., 1978), Die andere Hälfte der Welt oder Frühstücksgespräche mit Paul (R., 1980), Gott und die Liedermacherin (R., 1983), Die Reise nach Tamerland (Kinderb., 1984), Das Mädchen und der Pinguin (Satiren, 1986), Jonas, Julia und die Geister (Kinderb., 1988), Jeden Tag will ich leben. Ein Krebstagebuch (1990), Ikarus. Geschichten aus der Unwirklichkeit (1994).

Mechthild von Hackeborn, hl., * 1241, † Helfta (heute zu Eisleben) 1291, dt. Mystikerin. – Ab 1258 im Kloster Helfta; ihre Schwester Gertrud von Hackeborn (* 1232, † 1292) schrieb M.s myst. Erfahrungen nieder (›Liber specialis gratiae‹).
Ausgabe: M. v. H. Das Buch vom strömenden Lob. Dt. Übers. Hg. v. H. U. VON BALTHASAR. Eins. 1955.

Mechthild von Magdeburg, * in Niedersachsen um 1210, † Helfta (heute zu Eisleben) um 1282, dt. Mystikerin. – Gründl. Bildung, mit weltl. Dichtung vertraut; lebte über 30 Jahre als Begine in Magdeburg; seit 1271 Zisterzienserin in Helfta. Legte ihre Visionen von Fegefeuer, Himmel und Hölle, ihre Gespräche mit Christus und die nach dem Vorbild des Hohenliedes als Liebesvereinigung erfahrene Gottesbegegnung 1250 bis 1280 schriftlich nieder. Sie sind ursprünglich niederdt. geschrieben und auf losen Blättern in Tagebuchform aufgezeichnet. Ihr Werk nannte sie selbst ›Das fließende Licht der Gottheit‹; überliefert ist es in einer lat. Bearbeitung (um 1290) und in der alemann. Fassung des Heinrich von Nördlingen von 1345. Das Werk ist das erste Buch der dt. Mystik in dt. Sprache, stärkste dichter. Leistung der mhd. Brautmystik, unmittelbar aus persönlich erlebter Laienfrömmigkeit gestaltet in freier, bildhafter Sprache, die Allegoriales und Elemente der höf. Dichtung integriert.
Ausgaben: Offenbarungen der Schwester M. v. M. oder Das fließende Licht der Gottheit. Hg. v. G. MOREL. Regensburg 1869. Nachdr. Darmst. 1963. – H. v. M. Das fließende Licht der Gottheit. Einf. v. MARGOT SCHMIDT. Eins. u. a. 1955.
Literatur: MOLENAAR, M.: Die Frau vom anderen Ufer. Ein Lebensbild M s v M. Dt. Übers. Hdbg. 1946. – NEUMANN, H.: Beitr. zur Textgesch. des ›Fließenden Lichts der Gottheit‹ u. zur Lebensgesch. M.s v. M. Gött. 1954. – NEUMANN, H.: M. v. M. u. die mittelniederl. Frauenmystik. In: Mediaeval German studies. Presented to Frederick Norman on the occasion of his retirement. Hg. v. A. T. HATTO u. M. O. WALSHE. London 1965. – HAAS, A. M.: Sermo mysticus. Frib. 1979. – Frauenmystik im MA. Hg. v. P. DIRZELBACHER u. D. R. BAUER. Ostfildern 1985.

Meckauer, Walter, * Breslau 13. April 1889, † München 6. Febr. 1966, dt. Schriftsteller. – Bankangestellter, 1910/11 in Peking; dann Studium in Breslau; Bibliothekar, Redakteur, Dramaturg, Lektor; 1933–53 in der Emigration (Italien, Frankreich, Schweiz, 1947–53 in den USA); Autor der erfolgreichen, in China spielenden Romane ›Die Bücher des Kaisers Wutai‹ (1928) und ›Die Sterne fallen herab‹ (1952). In die Handlung sind fremdartige Mythen und Legenden verwoben.

Weitere Werke: Die Bergschmiede (Nov.n, 1916), Genosse Fichte (Schsp., 1919), Krieg der Frauen (Kom., 1926), Mein Vater Oswald (E., 1954), Viel Wasser floß den Strom hinab (R., 1957), Gassen in fremden Städten (autobiograph. R., 1959), Das Reich hat schon begonnen (Dr., 1959), Fremde Welt (Ged., 1959), Heroisches Tagebuch (Autobiogr., 1960), Der Baum mit den goldenen Früchten (En., 1964), Schwalben über der Stadt (Ged., 1964).

Ausgabe: W. M. Blume der Erinnerung. Einl. v. C. TER HAAR. Köln 1985. **Literatur:** MECKAUER, B.: Die Zeit mit meinem Vater. Köln 1982. – W. M. Der Mensch u. das Werk. Hg. vom W.-M.-Kreis. Köln 1984.

Męckel, Christoph, * Berlin 12. Juni 1935, dt. Schriftsteller und Graphiker. – 1954–56 Graphikstudium an den Akademien Freiburg im Breisgau und München. Wiederholt ausgedehnte Reisen. Schreiben und graph. Gestalten (Zeichnung, Radierung, Holzschnitt) stehen bei M. gleichberechtigt nebeneinander, beides geht ineinander über bis hin zur Stoff- und Themenwahl; ein zeichnerisch-ep. Werk, das auch in seiner Entwicklung bewußt in einen zykl. Zusammenhang gestellt wird. Seit 1956 (›Tarnkappe‹, Ged., vier Graphiken) erscheinen Graphik-, Lyrik- und Prosabände. Auf den Spuren von H. Bosch, J. Callot und F. Goya unternimmt M. eine phantastisch-allegor. Wirklichkeitsspiegelung mit oft beklemmenden, krit. und iron. Zügen, im ganzen aber doch kämpferisch lebensbejahend im Hinblick auf eine andere Welt, worin Schönheit, Licht, Hoffnung und Paradies konkrete Formen annehmen. Die Bereiche der Kindheit (bis hin zum Kinderbuch) spielen eine wesentl. Rolle; große Teile seines – v. a. erzähler. – Werks, vom ersten Roman ›Bockshorn‹ (1973) über ›Suchbild‹ (R., 1980; hier steht sein Vater, der Lyriker und Hebel-Forscher Eberhard M. [* 1907, † 1969] im Mittelpunkt) bis hin zu ›Bericht zur Entstehung einer Weltkomödie‹ (1985) tragen autobiographische Züge.

Weitere Werke: Nebelhörner (Ged., 1959), Im Land der Umbramauten (E., 1960), Tullipan (E., 1965), Die Noticen des Feuerwerkers Christopher Magalan (Briefe, Zeichnungen, Dokumente, 1966), Der Wind, der dich weckt, der Wind im Garten (Hsp., 1967), Licht (E., 1978), Ausgewählte Gedichte 1955–1978 (1979), Säure (Ged., 1979), Nachricht für Baratynski (Prosa, 1981), Der wahre Muftoni (E., 1982), Ein roter Faden (ges. En., 1983), Die Gestalt am Ende des Grundstücks (En., 1984), Souterrain (Ged., 1984), Plunder (Prosa, 1986), Archipel ein Glas Wasser (Ged., 1987), Von den Luftgeschäften der Poesie. Frankfurter Vorlesungen (1989), Shalamuns Papiere (R., 1992), Archipel (E., 1994). **Literatur:** Ch. M. Hg. v. F. LOQUAI. Eggingen 1993.

Médan, Kreis von [frz. meˈdã] (Groupe de M.), Freundeskreis É. Zolas, der sich oft in Zolas Landhaus in Médan, einem Dorf in der Nähe von Paris, traf. Zu ihm gehörten u. a. P. Alexis, H. Céard, J.-K. Huysmans, G. de Maupassant. Der K. v. M. gab 1880 das Manifest des Naturalismus, die Novellensammlung ›Les soirées de M.‹, heraus.

Mędek, Rudolf, * Königgrätz 8. Jan. 1890, † Prag 22. Aug. 1940, tschech. Schriftsteller. – Lehrer; als Offizier 1917/18 mit der tschech. Legion in Sibirien; ab 1920 Museums- und Archivdirektor in Prag; schrieb nat. Gedichte, Novellen, Romane und Dramen im neuklassizist. Stil. Der Romanzyklus ›Anabase‹ (5 Bde., 1921–27) und das Drama ›Plukovník Švec‹ (= Oberst Švec, 1928) schildern Schicksale der tschech. Legion.

Medici, Lorenzino de' [italien. ˈmɛːditʃi], eigtl. Lorenzo di Pierfrancesco de' M., * Florenz 23. März 1514, † Venedig 26. Febr. 1548 (ermordet), italien. Schriftsteller. – Ermordete 1537 seinen Vetter, Herzog Alessandro, flüchtete u. a. nach Konstantinopel (heute Istanbul) und Paris und wurde schließlich im Auftrag von Cosimo I de' Medici ermordet; schrieb u. a. die von Plautus und Terenz inspirierte Komödie ›Aridosia‹ (1536) und die persönl. Rechtfertigungsschrift ›Apologia‹. – Titelfigur des Dramas ›Lorenzaccio‹ (1834, dt. 1925) von A. de Musset.

Medici, Lorenzo I de' [italien. ˈmɛːditʃi], genannt L. il Magnifico (= der Prächtige), * Florenz 1. Jan. 1449, † Careggi (heute Fiesole-Careggi) 8. (9.?) April 1492, italien. Herrscher und Dichter der Renaissance. – Leitete als Nachfolger seines Vaters Piero (I) († 1469) die Republik Florenz. Er machte Florenz zum Mittelpunkt der Künste und Wissenschaften, zog berühmte Humanisten und Künstler an seinen Hof (Accademia Platonica), u. a. G. Pico della Mirandola, A. Poliziano, M. Ficino, L. Pulci und Michelangelo. Seine eigene dichter. Begabung zeigte sich in Liebesgedichten im Stil F. Petrarcas, die gedanklich vom Neuplatonismus bestimmt sind, und in seinen in volkstüml. Art geschriebenen Balladen, Liedern, Burlesken und Laudi.

Ausgaben: L. de' M. il Magnifico. Opere. Hg. v. A. SIMONI. Bari ²1939. 2 Bde. – L. de' M. Opere. Hg. v. M. MARTELLI. Turin 1965 ff. – L. de' M. Scritti scelti. Hg. v. E. BIGI. Turin ²1971. Literatur: BIZZARRI, E.: Il Magnifico L. Mailand 1950. – CREMER, E.: L. de' M. Staatsmann, Mäzen, Dichter. Stg. 19/0. – STURM, S.: L. de' M. New York 1974. – ORVIETO, P.: L. de' M. Florenz 1976. – ALTOMONTE, A.: Il Magnifico. Vita di L. de' M. Mailand 1982. – CLEUGH, J.: Die M. Mchn. 1984.

Medwall, Henry [engl. 'mɛdwɔːl], engl. Dramatiker vom Ende des 15. Jahrhunderts. – War 1486–1500 Kaplan des Erzbischofs von Canterbury, Kardinal John Morton. Erster namentlich bekannter Autor engl. Dramen; schrieb für Bankettaufführungen am Hof des Kardinals neben der Moralität ›Nature‹ (um 1495, gedr. um 1530) das weltl. Interludium ›Fulgens and Lucres‹ (1497, gedr. um 1515), ein geschickt dramatisiertes Streitgespräch über Geburts- und Verdienstadel.
Ausgaben: The plays of H. M. Hg. v. A. H. NELSON. Cambridge 1980. – The plays of H. M. A critical edition. Hg. v. M. E. MOESLEIN. New York u. London 1981.

Meersch, Maxence Van der, frz. Schriftsteller, ↑Van der Meersch, Maxence.

Meged (tl.: Mēḡēḏ), Aharon, * Włocławek (Polen) 1920, israel. Schriftsteller. – Wanderte mit seiner Familie in Palästina ein; verfaßte Romane und Erzählungen aus dem israel. Milieu, die oft leicht satirisch und gesellschaftskritisch gefärbt sind; u. a. ›Ḥedwâ wa-anî‹ (= Chedwa und ich, R., 1953), ›Miqrê ha-Kesîl‹ (= Schicksal eines Narren, R., 1960, engl. 1962 u. d. T. ›Fortune of a fool‹), ›He-ḥayyîm ha-qeẓârîm‹ (= Das kurze Leben, R., 1972). Die Erzählung ›Wohltätiger Regen‹ erschien in dt. Übersetzung in der Sammlung ›Hebr. Erzähler der Gegenwart‹ (1964).
Weitere Werke: Das fliegende Kamel mit dem goldenen Höcker (R., engl. 1986, dt. 1991), Fojglman (R., dt. 1992). Literatur: WAXMAN, M.: A history of Jewish literature. Bd. 5. New York 1960. S. 41–42. – Enc. Jud. Bd. 11 (1972), S. 1221. – STEMBERGER, G.: Gesch. der jüd. Lit. Mchn. 1977. S. 214.

Megerle, Johann Ulrich, Prediger und Schriftsteller, ↑Abraham a Sancta Clara.

Mehmet Akif Ersoy [türk. mɛh'mɛt a'kif ɛr'sɔj], türk. Dichter, ↑Akif [Ersoy], Mehmet.

Mehmet Emin Yurdakul [türk. mɛh-'mɛt ɛ'min jurda'kul], früher M. E. Bey, * Beşiktaş bei Istanbul 15. Mai 1869, † Istanbul 14. Jan. 1944, türk. Lyriker. – Fischersohn, der sich bis zum Gouverneur emporarbeitete; Anhänger Atatürks. Mit seinen in volksnaher Sprache geschriebenen patriot. Gedichten förderte er den türk. Nationalismus.

Mehmet Esat, türk. Dichter, ↑Şeyh Mehmet Galip Dede.

Mehmet Fuẓûlî [türk. mɛh'mɛt fuzu'li], türk. Dichter, ↑Fuẓûlî, Mehmet.

Mehmet Galip Dede, Şeyh, türk. Dichter, ↑Şeyh Mehmet Galip Dede.

Mehren, Stein, * Oslo 16. Mai 1935, norweg. Schriftsteller. – Schreibt v. a. Lyrik sowie kulturphilosoph. Essays.
Werke: Gjennom stillheten en natt (Ged., 1960), Gobelin Europa (Ged., 1965), Aurora. Det niende mørke (Ged., 1969), Den usynlige regnbuen (Ged., 1981), Timenes time (Ged., 1983), Corona. Formørkelsen og dens lys (Ged., 1986), Det andre lyset (Ged., 1989).

Mehring, Walter, * Berlin 29. April 1896, † Zürich 3. Okt. 1981, dt. Schriftsteller. – Begann als expressionist. Lyriker (Veröffentlichungen u. a. in der Zeitschrift ›Der Sturm‹), wandte sich dem Dadaismus zu und gründete 1920 das ›Polit. Cabaret‹ in Berlin. Emigrant während des Dritten Reiches (Frankreich, 1940–53 in den USA); lebte danach in der Schweiz. In den verschiedenen Kabaretts, in denen er mitarbeitete, entwikkelte er einen eigenen Chansonstil, der

Walter Mehring

ihm den Beinamen ›Bänkelsänger von Berlin‹ einbrachte und auf den B. Brecht in seiner ›Dreigroschenoper‹ zurückgriff. Er bekämpfte in seinen Gedichten die Mißstände der Zeit und warnte in dezidiert antifaschist. Liedern schon früh vor der Gefahr des drohenden Nationalsozialismus; sein 1929 von E. Piscator aufgeführtes Drama ›Der Kaufmann von Berlin‹ provozierte einen Skandal durch die SA. Sein Hauptprosawerk ›Die verlorene Bibliothek‹ (engl. 1951, dt. 1952) ist eine krit. Betrachtung seiner Zeit.

Weitere Werke: Das Ketzerbrevier (Kabaretttexte, 1921), Paris in Brand (R., 1927), Die Gedichte, Lieder und Chansons (1929), Arche Noah S.O.S. (Lieder, 1931, erweitert 1951), Die Nacht des Tyrannen (R., 1937), Verrufene Malerei (Essays, 1958), Das neue Ketzerbrevier (Balladen und Songs, 1962), Großes Ketzerbrevier (Ged., Lieder, 1974), Wir müssen weiter. Fragmente aus dem Exil (1979), Kurt Tucholsky (Radioessay, hg. 1985).
Ausgabe: W. M. Werke. Hg. v. CH. BUCHWALD. Düss. 1978–83. 10 Bde.
Literatur: HELLBERG, F.: W. M. Schriftsteller zw. Kabarett u. Avantgarde. Bonn 1983. – W. M. Hg. v. H. L. ARNOLD. Mchn. 1983.

Meichsner, Dieter ['maɪksnər], * Berlin 14. Febr. 1928, dt. Schriftsteller. – Von 1968 bis 1990 Leiter der Hauptabteilung Fernsehspiel des Norddt. Rundfunks; Verfasser von zeitkrit. Romanen, Hör- und Fernsehspielen, die oft in Form von Tatsachenberichten gestaltet sind.
Werke: Versucht's noch mal mit uns (E., 1948), Weißt Du, warum? (R., 1952), Die Studenten von Berlin (R., 1954), Besuch aus der Zone (Hsp., 1956; Schsp., 1958), Preis der Freiheit (Fsp., 1966), Novemberverbrecher (Fsp., 1968), Alma mater (Fsp., 1969), Eintausend Milliarden (Fsp., 1974), Das Rentenspiel (Fsp., 1978), Schwarz Rot Gold (Fsp.e, 1982 ff.).

Meidner, Ludwig, * Bernstadt in Schlesien 18. April 1884, † Darmstadt 14. Mai 1966, dt. Maler, Graphiker und Schriftsteller. – Künstler. Ausbildung in Breslau und Paris; 1919–35 in Berlin tätig; Mitglied des Sturm-Kreises; lebte als ›entartet‹ gebrandmarkter Künstler in Köln bis zur Emigration nach Großbritannien (1939–53). M. ist ein bed. Vertreter des dt. Expressionismus, v. a. in seinen Bildnissen von Zeitgenossen und religiösen, apokalypt. Visionen; in seinen Dichtungen wird die Sprache hymnisch gesteigert.

Werke: Im Nacken das Sternemeer (Prosa, 1918), Septemberschrei (Prosa, 1920), Gang in die Stille (Prosa, 1929).
Literatur: HODIN, J. P.: L. M. Seine Kunst, seine Persönlichkeit, seine Zeit. Darmst. 1973. – L. M. Zeichner, Maler, Literat. Hg. v. G. BREUER. Stg. 1991. 2 Bde.

Meier, Gerhard, * Niederbipp (Kanton Bern) 20. Juni 1917, schweizer. Schriftsteller. – Veröffentlicht seit 1964 Gedichte und in ihrer Genauigkeit faszinierende lyr. Prosa, in der er versucht, Balance zu halten zwischen Verstand und Gefühl; erhielt 1983 den Petrarca-Preis.
Werke: Das Gras grünt (Ged., 1964), Einige Häuser nebenan (Ged., Ausw. 1973), Der andere Tag (Prosastück, 1974), Papierrosen (ges. Prosaskizzen, 1976), Der schnurgerade Kanal (R., 1977), Baur und Bindschädler (R.-Trilogie: Toteninsel, 1979; Borodino, 1982; Die Ballade vom Schneien, 1985), Land der Winde (R., 1990).
Literatur: HOFFMANN, FERNAND: Heimkehr ins Reich der Wörter. Versuch über den Schweizer Schriftsteller G. M. Gümligen 1982.

Meier, Herbert, * Solothurn 29. Aug. 1928, schweizer. Schriftsteller. – Begann als Schauspieler und Dramaturg, lebt in Zürich als freier Schriftsteller; schreibt Dramen, z. T. mit bibl. Sinnbildern durchsetzte Gedichte (›Siebengestirn‹, 1956), Romane und übersetzt moderne frz. Autoren.
Weitere Werke: Die Barke von Gawdos (Dr., 1954), Ende September (R., 1959), Verwandtschaften (R., 1963), Sequenzen (Ged., 1969), Rabenspiele (Dr., 1970), Stiefelchen – ein Fall (R., 1970), Anatom. Geschichten (1973), Leben des Henri Dunant (Dr., UA 1975), Stauffer-Bern (Dr., 1975), Bräker (Kom., UA 1978), Florentiner Komödie (1980), Mythenspiel. Ein großes Landschaftstheater mit Musik (1991), Über Tugenden (Vortrag, 1994).

Meilhac, Henri [frz. mɛ'jak], * Paris 21. Febr. 1831, † ebd. 6. Juli 1897, frz. Dramatiker. – Ab 1888 Mitglied der Académie française; wurde berühmt durch seine erfolgreichen Lustspiele und Vaudevilles sowie zahlreiche Opern- und Operettenlibretti, die er zusammen mit L. † Halévy schrieb (u. a. ›Die schöne Helena‹, 1864, dt. 1928, Musik von J. Offenbach; ›Carmen‹, 1875, nach P. Mérimées Novelle, Musik von G. Bizet; ›Manon‹, 1884, mit Philippe Émile François Gille [* 1831, † 1901], Musik von J. Massenet).

Meinhold, [Johannes] Wilhelm, * Netzelkow auf Usedom 27. Febr. 1797, † Charlottenburg (heute zu Berlin) 30. Nov. 1851, dt. Schriftsteller. – Ev. Pfarrer; Amtsniederlegung im Zusammenhang mit seiner Neigung zum Katholizismus; bekannt v. a. durch den Roman ›Maria Schweidler, die Bernsteinhexe‹ (1843), der Geist und Sprache der Chroniken des 17. Jh. so täuschend nachahmt, daß man an die Echtheit dieser ›Chronik‹ glaubte, bis M. selbst sich als Autor zu erkennen gab; Dramatisierung des Werkes durch H. Laube.

Weitere Werke: Vermischte Gedichte (1824), St. Otto, Bischof von Bamberg (Epos, 1826), Sidonia von Bork, die Klosterhexe (R., 3 Bde., 1847/ 1848).
Literatur: LEPPLA, R.: W. M. u. die chronikal. Erzählung. Bln. 1928. Nachdr. Nendeln 1967.

Meininger, Hoftheatertruppe Herzog Georgs II. von Sachsen-Meiningen (* 1826, † 1914), die sich unter seiner Leitung zu einem professionellen Musterensemble entwickelte, das von bed. Einfluß auf das europ. Theater war (seit 1874 Tourneen durch ganz Europa, letztes Gastspiel 1890 in Odessa). Die Bemühungen der M. um histor. Genauigkeit (Kostüm, Bühnenbild, ungekürzter Originaltext), suggestive Atmosphäre (Anfänge der Lichtregie), choreographisch gestaltete Massenszenen sowie psychologisch aufgebaute Ensemble- und Einzeldarstellung zielten auf ein stilistisch geschlossenes Bühnengesamtkunstwerk.
Literatur: HAHM, TH.: Die Gastspiele des Meininger Hoftheaters im Urteil der Zeitgenossen unter bes. Berücksichtigung der Gastspiele in Berlin u. Wien. Diss. Köln 1971. – Die M. Texte zur Rezeption. Hg. v. J. OSBORNE. Tüb. 1980. – OSBORNE, J.: The Meiningen court theatre, 1866–1890. Cambridge 1988 (mit Bibliogr.).

Meinloh von Sevelingen, mhd. Lyriker der 2. Hälfte des 12. Jahrhunderts. – Wird einem in Söflingen (bei Ulm) ansässigen schwäb. Ministerialengeschlecht zugeordnet. Dichtete sowohl Frauenstrophen im Stile des von Kürenberg als auch Werbelieder, die in Ethik (Vervollkommnung durch die Liebe) und Motivik (Fernliebe) Anklänge an Troubadour-Thematik aufweisen. Von M. sind 14 (bzw. 11) Strophen in der Großen Heidelberger Liederhandschrift und in der Stuttgarter Liederhandschrift überliefert.

Ausgabe: Des Minnesangs Frühling. Hg. v. H. MOSER u. H. TERVOOREN. Bd. 1. Stg. ³⁷1982.
Literatur: SCHIRMER, K.-H.: Die höf. Minnetheorie u. M. v. S. In: Zeiten u. Formen in Sprache u. Dichtung. Köln 1972.

Meiosis [griech. = das Verringern, Verkleinern], Stilmittel zur Umschreibung von Superlativen, oft zur iron. Untertreibung, meist in Form der ↑ Litotes; ursprünglich rhetor. Figur zum Ausdruck der Verharmlosung.

Meireles, Cecilia [brasilian. mɐiˈrɛlis], * Rio de Janeiro 7. Nov. 1901, † ebd. 9. Nov. 1964, brasilian. Lyrikerin. – Ihr lyr. Werk, das sich vom brasilian. Modernismo abhebt, kreist um eine metaphysisch gedeutete Problematik von Schuld, geistiger und vitaler Unzulänglichkeit des Menschen; im Spätwerk (ab ›Romanceiro da Inconfidência‹, 1953) bevorzugt sie Themen der nat. Geschichte.
Weitere Werke: Viagem (1939), Vaga música (1942), Mar absoluto (1945), Retrato natural (1949), Amor ou Leonoreta (1952), Metal rosicler (1960), Poemas escritos na India (1961), Solombra (1963).
Ausgabe: C. M. Poesias completas. Rio de Janeiro 1973 ff.
Literatur: AZEVEDO FILHO, A. DE: Poesia e estilo de C. M. Rio de Janeiro 1970.

Meisl, Karl, * Laibach 30. Juni 1775, † Wien 8. Okt. 1853, österr. Dramatiker. – Hauptvertreter der realist. Wiener Lokalposse. M. schrieb seine rund 200 Volksstücke, Possen, Ritterstücke, Travestien und Parodien – voller Humor und Sarkasmus – hauptsächlich für das Leopoldstädter, auch für das Josefstädter Theater.
Werke: Carolo Carolini (Volksstück, 1801), Amors Triumph (Volksstück, 1817), Der lustige Fritz oder Schlaf, Traum und Besserung (Volksstück, 1819), Das Gespenst auf der Bastei (Volksstück, 1819), Die Fee aus Frankreich (Volksstück, 1822).

Meißen, Heinrich von, mhd. Lyriker, ↑ Frauenlob.

Meißner, Alfred von (seit 1884), * Teplitz (tschech. Teplice, Nordböhm. Gebiet) 15. Okt. 1822, † Bregenz 29. Mai 1885, österr. Schriftsteller. – Enkel von August Gottlieb M.; Medizinstudium in Prag, dort Mitglied des Dichterkreises Junges Böhmen; lebte dann in Paris, London, ab 1869 in Bregenz; Bekanntschaft mit H. Heine; freiheitl. Gesinnung, stand den Ideen des Jungen Deutschland nahe; schrieb Zeit- und Unterhaltungsromane, auch Reiseberichte und Novellen; epigonenhafte Dramen und Lyrik. Ab 1851 z. T. literar. Zusammenarbeit mit dem Schriftsteller Franz Hedrich (* zw. 1823 und 1825, † 1895), bis es zu einem – über M.s Tod dauernden – Streit um die Autorschaft kam.

Werke: Gedichte (1845), Ziska (Epos, 1846), Revolutionäre Studien aus Paris (2 Bde., 1849), Das Weib des Urias (Dr., 1851), Der Prätendent von York (Dr., 1855), Heinrich Heine (Biogr., 1856), Schwarzgelb (R., 8 Bde., 1862–64), Geschichte meines Lebens (Autobiogr., 2 Bde., 1884).

Meißner, August Gottlieb, * Bautzen 3. Nov. 1753, † Fulda 18. Febr. 1807, dt. Schriftsteller. – 1785 Prof. der Ästhetik in Prag; dann Konsistorialrat und Lyzeumsdirektor in Fulda. Von Ch. M. Wieland beeinflußter Unterhaltungsschriftsteller vorwiegend histor. Romane; auch Übersetzungen, Ritterdramen, Lustspiele und Singspieltexte.

Werke: Skizzen (14 Tle., 1778–96), Johann von Schwaben (Dr., 1780), Alcibiades (R., 4 Bde., 1781–88), Bianca Capello (R., 1785), Masaniello (R., 1785), Leben des Julius Cäsar (2 Bde., 1799).

Meister, Ernst, * Hagen 3. Sept. 1911, † ebd. 15. Juni 1979, dt. Schriftsteller. – Studierte Theologie, Germanistik, Kunstgeschichte, Philosophie; Soldat im 2. Weltkrieg, danach freier Schriftsteller; Reflexion und ›Gesang‹ sind die Pole seiner Dichtung. Seine surrealistischsymbolist. Gedichte, in denen Beschreibendes vollkommen ausgeklammert ist, gelangen durch ihren Andeutungscharakter, durch die Verdichtung des Erlebnisses zur Chiffre, häufig in den Bereich des Paradoxen. Schrieb auch Dramen, Novellen, Hörspiele. 1976 erhielt er den Petrarca-Preis, 1979 postum den Georg-Büchner-Preis.

Werke: Ausstellung (Ged., 1932), Unterm schwarzen Schafspelz (Ged., 1953), Dem Spiegelkabinett gegenüber (Ged., 1954), Zahlen und Figuren (Ged., 1958), Der Bluthänfling (E., 1959), Die Formel und die Stätte (Ged., 1960), Flut und Stein (Ged., 1962), Ein Haus für meine Kinder (Dr., 1964), Es kam die Nachricht (Ged., 1970), Sage vom Ganzen den Satz (Ged., 1972), Im Zeitspalt (Ged., 1976), Ausgewählte Gedichte 1932–1979 (1979), Wandloser Raum (Ged., 1979).

Literatur: E. M. Hg. v. H. L. ARNOLD. Mchn. 1987. – E. M. Hommage, Überlegungen zum Werk, Texte aus dem Nachlaß. Hg. v. H. ARNTZEN u. J. P. WALLMANN. Münster ²1987. – E.-M.-Kolloquium. Hg. v. T. BÜCK. Aachen 1993.

Meister Eckhart, dt. Dominikaner, † Eckhart.

Meistersang, von den *Meistersingern* zunftmäßig betriebene Liedkunst des 15. und 16. Jahrhunderts. Die Meistersinger waren bürgerl., meist in Städten seßhafte Dichter-Handwerker. Vorläufer waren die fahrenden Spruchdichter des 13. und 14. Jh., die sich als ›meister‹ bezeichneten und deren Sprüche z. T. schon Merkmale des M.s aufweisen. Bekannte Meistersinger waren im 15. Jh. Muskatplüt, M. Beheim, H. Folz, im 16. Jh. v. a. H. Sachs. Bald nach dem Tod von H. Sachs (1576) setzte der Niedergang des M.s ein, sein Ende kam jedoch erst später im 19. Jh. (Meistersingervereinigungen bestanden in Ulm bis 1839, in Memmingen bis 1875). – Als Stifter verehrte der M. die ›vier gekrönten Meister‹ Frauenlob, Barthel Regenbogen, den Marner, Heinrich von Mügeln, als den Ursprungssitz Mainz, wo Frauenlob um 1315 die erste Meistersingerschule begründet haben soll. – Die Anlehnung an ↑ Minnesang und ↑ Spruchdichtung zeigt sich in der Form der Meisterlieder (↑ Meistersangstrophe, ↑ Stollenstrophe) wie im Inhalt; die Meistersinger betonten ihre gelehrte Bildung und neigten zum Lehrhaften und Erbaulichen. Die Norm wird beherrschend. Das Stoffrepertoire des M.s blieb konstant, geistl. Stoffe hatten Vorrang. Formale Neuerungen waren u. a. das Prinzip der Silbenzählung, die strenge Alternation, der jamb. Gang der Verse. Die Regeln, Praktiken und die Terminologie des M.s sind v. a. in der ↑ Tabulatur niedergelegt. Die Meistersinger einer Stadt organisierten sich in der Vereinigung der **Singschule,** eine Bez., die auch auf die einzelne Singveranstaltung angewendet wurde. Hier unterschied man zwischen dem Hauptsingen in der Kirche und dem der Unterhaltung dienenden Zechsingen im Wirtshaus. Der Vortrag der Lieder war durchweg solistisch und ohne Instrumentalbegleitung. In der Anfangsphase

Meistersang. Meistersinger beim Vortrag. Aus
Georg Hagers Meistersangbuch (16./17.
Jahrhundert)

des M.s durften die Dichter lediglich den
Tönen der ›zwölf alten Meister‹ (neben
den ›gekrönten‹ u. a. auch Walther von
der Vogelweide und Wolfram von
Eschenbach) neue Texte unterlegen, gegen 1480 vollzog H. Folz eine grundlegende Reform: Fortan konnte nur der ein
Meister werden, der einen neuen Ton
(d. h. Text und Melodie) geschaffen
hatte. Die Meistersingerzunft war streng
hierarchisch gegliedert: Auf der unter-
sten Stufe standen die nur reproduzie-
renden ›Singer‹; wer auf eine der autori-
sierten Melodien einen eigenen Text verfassen konnte, durfte sich ›Dichter‹ nennen; als ›Meister‹ galt der Schöpfer eines
neuen Tons; an der Spitze dieser Pyramide rangierten schließlich die ↑ Merker. – Die Zentren des M.s lagen in Süd-
und Südwestdeutschland. In der ersten
Phase galt Mainz als führender Ort des
M.s, später gingen die wesentl. Impulse
von Nürnberg aus, das seinen Ruhm bes.
H. Sachs verdankte. Weitere Schulen be-
fanden sich v. a. in Augsburg, Straßburg,
Freiburg im Breisgau, Colmar (J. Wick-
ram), Ulm, Memmingen, Steyr, Iglau und
Breslau. – Die bedeutendste erhaltene
Sammlung von Meisterliedern ist die
↑ Colmarer Liederhandschrift.

Literatur: NAGEL, B.: M. Stg. ²1971. – BRUN-
NER, H.: Die alten Meister. Mchn. 1975. – KUG-
LER, H.: Handwerk u. Meistergesang. Gött.
1977. – RETTELBACH, J.: Variation – Deriva-
tion – Imitation. Unterss. zu den Tönen
der Sangspruchdichter u. Meistersinger. Tüb.
1993. – Repertorium der Sangsprüche u. Meisterlieder des 12. bis 18. Jh. Hg. v. H. BRUNNER
u. B. WACHINGER. Tüb. 1994 ff.

Meistersangstrophe (altdeutsche
Strophe), dreiteilige Strophe aus zwei
gleichgebauten ↑ Stollen, die den ↑ Aufge-
sang bilden, und einem nach Metrum,
Reimen und Melodie davon unterschiedenen ↑ Abgesang. Gängigste Strophenform in MA (Kanzonenstrophe [↑ Kan-
zone], ↑ Stollenstrophe) und früher Neuzeit.

Meistersinger ↑ Meistersang.

Mejía, Pe[d]ro [span. mɛˈxia], span.
Schriftsteller, ↑ Mexía, Pe[d]ro.

Mejía Vallejo, Manuel [span. mɛˈxia
βaˈjexo], *Jericó (Antioquia) 23. April
1923, kolumbian. Schriftsteller. – Journalist, Prof. für Literatur an der Univ.
von Medellín. Seine perfekt durchkom-
ponierten Erzählungen und Romane behandeln bis zu dem Bürgerkriegsroman
›Der Stichtag‹ (1964, dt. 1967, 1981
u. d. T. ›Jahrmarkt in Tambo oder der
Stichtag‹) v. a. die sozialen und polit.
Auseinandersetzungen in Kolumbien. In
seinen späteren Werken durchdringen
sich Realität und traumbildhafte, my-
thisch-mag. Vorstellungen.

Weitere Werke: La tierra éramos nosotros (R.,
1945), Al pie de la ciudad (R., 1958), Cuentos de
zona tórrida (En., 1967), Aire de tango (R.,
1973), Las noches de la vigilia (En., 1976), Prác-
ticas para el olvido (Ged., 1977), Las muertes
ajenas (R., 1979), La tarde de verano (R., 1980),
Y el mundo sigue andando (R., 1984), La casa
de las dos palmas (R., 1988), Otras historias de
Balandú (En., 1990), Los abuelos de cara blanca
(R., 1991).

Literatur: MARINO TRONCOSO, L.: Proceso crea-
tivo y visión del mundo en M. M. V. Bogotá
1986. – VARÓN, P.: M. M. V. Bogotá 1989.

Mela, Pomponius, röm. Schriftsteller
um die Mitte des 1. Jh. n. Chr. – Stammte
aus Spanien; verfaßte eine Erdbeschrei-
bung, die das älteste erhaltene geograph.
Werk der röm. Literatur ist (›De chorographia‹ [= Über die Länderbeschrei-
bung], 3 Bücher).

Ausgaben: Pomponii Melae de chorographia libri III. Hg. v. K. FRICK. Lpz. 1880. Nachdr. Stg.
1968. – M. Geographie des Erdkreises. Übers.
u. erl. v. H. PHILIPP. Lpz. 1912. 2 Tle.

Melanchthon, Philipp, eigtl. Ph.
Schwartzerd[t], *Bretten 16. Febr. 1497,

† Wittenberg 19. April 1560, dt. Humanist und Reformator. – Sohn eines bekannten Waffenschmieds, Großneffe J. Reuchlins; in Bretten, Pforzheim (1508), Heidelberg (1509) und Tübingen (1512) umfassend humanistisch und scholastisch gebildet, 1518 Prof. für Griechisch an der Univ. Wittenberg, ab 1519 auch an der theolog. Fakultät. Unter dem Einfluß Luthers wurde M. bald für die Reformation gewonnen, die er publizistisch verteidigte. Dank seiner formalen Begabung und dialekt. Schulung wurde er der erste Systematiker des Luthertums (›Loci‹, 1521, mehrere Neubearbeitungen bis 1559). Seine Methode wurde nicht nur für die Theologie, sondern auch für die Geschichtswissenschaft und die Jurisprudenz fruchtbar. Als maßgebl. Mitgestalter der Wittenberger Universitätsreform und der kursächs. Kirchenvisitationen (ab 1527) baute er das ev. Bildungswesen und das Landeskirchensystem auf. Mit dem ›Augsburger Bekenntnis‹ (1530), der ›Apologie der Augustana‹ (1531) und dem ›Tractatus de potestate papae‹ (1537) schuf er die grundlegenden Bekenntnisschriften. Aufgrund seines humanist. Strebens nach eth. Bildung des Menschen betonte er die Autonomie des Naturrechts und der bürgerl. Gerechtigkeit. Auf den Religionsgesprächen von Worms und Regensburg (1540/1541) bemühte er sich vergeblich um eine Verständigung mit den Katholiken. M. veröffentlichte neben theolog. und pädagog. Schriften in lat. Sprache auch zahlreiche Werke in dt. Sprache; auch Kirchenlieder.

Ausgaben: Philippi M.is opera quae supersunt omnia. Hg. v. C. G. BRETSCHNEIDER u. H. E. BINDSEIL. Halle/Saale 1834–52. 28 Bde. Nachdr. Ffm. 1964. – Ph. M. Werke in Ausw. Hg. v. R. STUPPERICH u. a. Güt. ¹⁻²1955–83. 7 Bde. in 9 Tlen.
Literatur: HAMMER, W.: Die M.-Forschung im Wandel der Jahrhunderte. Güt. 1967–83. 3 Bde. – STEMPEL, H. A.: M.s pädagog. Wirken. Hamb. 1979. – URBAN, G.: Ph. M. 1497–1560. Sein Leben. Bretten 1991.

Melanippides von Melos (tl.: Melanippídēs), griech. Kitharöde des 5. Jh. v. Chr. – Soll die Zahl der Saiten der Lyra erhöht haben; seine Nachwirkung beruht auf Neuerungen in der Dithyrambusdichtung (↑ Dithyrambus).

Melas, Spyros, * Nafpaktos (Ätolien und Akarnanien) 13. Jan. 1882, † Athen 2. April 1966, neugriech. Dramatiker, Erzähler und Journalist. – Mitbegründer des neugriech. Theaters durch seine spannungsreichen Theaterstücke; verfaßte auch histor. Biographien und mehrere Literaturgeschichten.

Werke: Ho gyios tu iskiu (= Der Sohn des Schattens, Dr., 1908), To aspro kai to mavro (= Weiß und Schwarz, Dr., 1924), Mia nychta mia zoē (= Eine Nacht ein Leben, Dr., 1924), Ho geros tu Mōria (= Der Alte von Morea, biograph. R., 1931), Nauarchos Miaulis (= Admiral Miaulis, R., 1932), Matōmena rasa (= Blutige Sutane, R., 1933), Ho babas ekpaideuetai (= Der Vater wird erzogen, Kom., 1935), Ho basilias kai ho skylos (= Der König und der Hund, Kom., 1953, dt. 1960).

Meleagros von Gadara (tl.: Meléagros), * Gadara (Syrien) um 140, † um 70, griech. Dichter. – Schrieb u. a. heiter-verspielte, in Form und Sprache vollendete, meist erot. Epigramme; bed. sein ›Stéphanos‹ (= Kranz), die erste faßbare Anthologie griech. Epigramme, in die M. auch eigene Gedichte aufnahm (z. T. erhalten in der ↑ ›Anthologia Palatina‹).
Ausgabe: Der Kranz des M. v. G. Griech. u. dt. Hg. v. A. OEHLER. Bln. 1920.

Meléndez Valdés, Juan [span. me-'lendeθ βal'des], * Ribera del Fresno (Prov. Badajoz) 11. März 1754, † Montpellier 24. Mai 1817, span. Dichter. – War ab 1781 Prof. für klass. Philologie in Salamanca; ab 1789 im Verwaltungsdienst; mußte nach Frankreich emigrieren, nachdem er sich während der frz. Besatzungszeit den Franzosen angeschlossen hatte. Meister anakreontischverspielter Formen im Stil des 18. Jh., als führendes Mitglied der Dichterschule von Salamanca einer der bedeutendsten span. Lyriker seiner Zeit; schrieb später auch Oden philosoph. Inhalts.

Werke: Batilo (Ekloge, 1780), Poesías (1785).
Ausgaben: J. M. V. Obras completas. Son Juan 1963. 3 Bde. – J. M. V. Obras en verso. Hg. v. J. H. R. POLT u. a. Oviedo 1981–83. 2 Bde.
Literatur: COLFORD, W. E.: J. M. V. New York 1942. – DEMERSON, G.: Don J. M. V. et son temps. 1754–1817. Paris 1962. – COX, R. M.: J. M. V. A visionary rebel. In: Romance Notes 16, 2 (1975), S. 491.

Meli, Giovanni, * Palermo 6. März 1740, † ebd. 20. Dez. 1815, italien. Dichter. – Arzt auf dem Lande; ab 1787 Prof.

an der Univ. Palermo; schilderte in an-
mutig-schlichten Versen in sizilian. Dia-
lekt Natur und Volkstum seiner Heimat
(›Poesie siciliane‹, 5 Bde., 1787, dt.
Ausw. 1886 u. d. T. ›Lieder‹).
Ausgabe: G. M. Opere. Hg. v. G. SANTANGELO.
Mailand 1965–68. 2 Bde.
Literatur: DI GIOVANNI, A.: La vita et l'opera di
G. M. Florenz ²1938. – DE CRESZENCO, G.: G.
M. e il suo tempo. Neapel 1961. – ETNA, G.: G.
M. Rom 1963.

Melik [griech.; zu mélos = Gesang,
lyr. Gedicht] (melische Dichtung), Sammelbegriff für die gesungene Form der
griech. Lyrik, die in ihrer literar. Gestaltung in der 2. Hälfte des 7. Jh. v. Chr.
beginnt. Die M. umfaßt Chorlyrik und
monodische Lyrik (↑ Monodie) mit Ausnahme von ↑ Elegie und Jambus (↑ Jambendichtung).

Melikow, Loris [...kɔf], Pseudonym
des österr. Schriftstellers Hugo von
↑ Hofmannsthal.

melische Dichtung ↑ Melik.

Melissus, Paulus, eigtl. Paul Schede,
* Mellrichstadt 20. Dez. 1539, † Heidelberg 3. Febr. 1602, dt. Dichter und Humanist. – Studierte Literatur, wurde 1564
in Wien von Ferdinand I. zum Dichter
gekrönt und geadelt; über Prag und Wittenberg kam er an den Hof des Bischofs
von Würzburg; später wieder in Wien,
Aufenthalt in Frankreich und England,
zuletzt Bibliothekar in Heidelberg. Bed.
nlat. Lyriker, der sehr persönl. Worte
fand; wichtig ist seine in dt. Reime ge-
brachte Übersetzung der ersten 50 Psalmen (nach der frz.-hugenott. Bearbeitung
von Th. Beza und C. Marot). Trat auch
als Komponist hervor.
Werke: Cantiones (Ged., 1566), Die Psalmen
Davids (Übers., 1572), Schediasmata (Ged.,
1574), Odae Palatinae (Ged., 1588), Melemata
(Ged., 1595).
Literatur: TAUBERT, O.: Paul Schede (M.). Tor-
gau 1864. – RITTER, F.: P. M. In: Familie und
Volk 5 (1956), H. 3.

Melk, Heinrich von, mhd. Dichter,
↑ Heinrich von Melk.

Mell, Max, * Marburg (heute Maribor) 10. Nov. 1882, † Wien 12. Dez. 1971,
österr. Schriftsteller. – Studierte Germanistik in Wien, war befreundet mit H. von
Hofmannsthal und H. Carossa; volksnaher, der Heimat, Natur und österr. Tradi-

tion verbundener Dichter mit christlicher
Grundhaltung; schrieb v. a. dramatisierte
Legenden (Spiele); bevorzugte religiöse
und historische Stoffe, die er in strenge
Prosa, gelegentlich auch mundartlich ge-
färbt, faßte; auch Essayist und Überset-
zer.
Werke: Lat. Erzählungen (1904), Das bekränzte
Jahr (Ged., 1911), Barbara Naderers Viehstand
(Nov., 1914), Gedichte (1919, erweitert 1928
und 1952), Das Wiener Kripperl von 1919
(Spiel, 1921), Das Apostelspiel (1923), Das
Schutzengelspiel (1923), Das Nachfolge-Chri-
sti-Spiel (1927), Die Sieben gegen Theben (Dr.,
1932), Das Spiel von den dt. Ahnen (1935),
Steir. Lobgesang (Prosa, 1939), Verheißungen
(Nov.n, 1943), Der Nibelunge Not (Dr., 2 Tle.,
1951), Jeanne d'Arc (Schsp., 1957).
Ausgaben: M. M. Prosa, Dramen, Verse. Mchn.
1962. 4 Bde. – M. M. als Theaterkritiker. Hg. v.
M. DIETRICH. Wien 1983.
Literatur: EMICH, I.: M. M. Der Dichter u. sein
Werk. Wien 1957. – Licht aus der Stille. Dank
an M. M. Hg. v. I. EMICH. Mchn. u. Wien 1962. –
STAHEL, R.: M. M.s Tragödien. Zü. 1967. – Be-
gegnung mit M M Hg. v. M. DIETRICH u.
H. KINDERMANN. Wien 1982. – Tragik u. Har-
monie. M.-M.-Symposium 1. u. 2. Dez. 1982 in
Wien. Hg. v. CH. H. BINDER. Wien 1984.

Mellin de Saint-Gelais [frz. mɛ-
lɛ̃dsɛ̃'ʒlɛ], frz. Dichter, ↑ Saint-Gelais,
Mellin de.

Melnikow (tl.: Mel'nikov), Pawel
Iwanowitsch [russ. 'mjeljnikɐf], Pseudonym Andrei Petscherski, * Nischni
Nowgorod 6. Nov. 1818, † ebd. 13. Febr.
1883, russ. Schriftsteller. – Seine literar.
und volkskundl. Studien verwertete M.
in den Romanen ›In den Wäldern‹
(1871–74, dt. 1878) und ›Na gorach‹
(= Auf den Bergen, 1875–81), die in
dichter. Gestalt dokumentar. Material,
bes. über die Altgläubigen, enthalten. In
dt. Übersetzung erschien 1962 der Erzäh-
lungsband ›Die alten Zeiten‹.
Ausgabe: P. I. Mel'nikov-Pečerskij. Sobranie
sočinenij. Moskau 1976. 8 Bde.
Literatur: HOISINGTON, TH. H.: The early prose
works of Melnikov-Pečerskij. A critical re-
examination. Diss. Yale University New Haven
(Conn.) 1971.

Melo, Francisco Manuel de [portu-
gies. 'mɛlu], Pseudonym Clemente Libertino, * Lissabon 23. Nov. 1608, † ebd.
13. Okt. 1666, portugies. Geschichtsschreiber und Dichter. – Führte ein
abenteuerl. Leben; wurde wegen eines
Liebesabenteuers, das die Eifersucht Kö-

nig Johanns IV. erregte, eingekerkert und 1655–58 nach Brasilien verbannt; zuletzt verschiedene diplomat. Missionen in Europa. Einer der bedeutendsten portugies. Prosaisten. Unter seinen teils spanisch, teils portugiesisch geschriebenen Werken ist bes. die ›Historia de los movimientos y separación de Cataluña‹ (1645) hervorzuheben; als Lyriker steht M. in der Nachfolge von L. de Góngora y Argote (›Obras métricas‹, 1665).

Weitere Werke: Carta de guia de casados (Schrift, 1651), Epanáforas de vária história portuguesa (histor. Berichte, 1660), Cartas familiares (Briefe, 1664), Auto do fidalgo aprendiz (Kom., entst. 1646, erschienen 1665), Apólogos dialogais (gesellschaftskrit. Dialoge, hg. 1721). **Literatur:** PRESTAGE, E.: D. F. M. de Mello. Esboço biográphico. Coimbra 1914. – TEENSMA, B. N.: Don M. de M. (1608–1666). Diss. Amsterdam 1966. – AMADO, M. T./LISBOA, J. L.: A teoria da história em D. F. M. de M. Lissabon 1986.

Melodrama [griech.-frz.],
1. Schauspiel, das Text und Musik verbindet. Von J.-J. Rousseau (›Pygmalion‹, 1770) und G. A. Benda (›Medea‹, 1775) entwickelt, wurde das M. in der Romantik als Konzert-M., d. h. als Gedichtrezitation zu Klavier- oder Orchesterbegleitung, aufgeführt (z. B. R. Schumanns ›Balladen‹, 1852). Im 20. Jh. wurde das M. meist in Verbindung mit Ballett und Singstimmen (I. Strawinski, ›Perséphone‹, 1934) wiederbelebt.
2. im 19. Jh. in Frankreich und bes. in England und Amerika populäre, auf der Bühne vorherrschende Art des rührendpathet., trivialen Dramas, das Handlungen mit stereotypen Konstellationen der Hauptfiguren (gutmütiger Held, bedrängte Heroine und skrupelloser Schurke) in vordergründiger Spannung und unter Einsatz nicht nur musikal. Untermalung, sondern v. a. spektakulärer Bühneneffekte präsentierte, mit glatter Verteilung von Lohn und Strafe am Schluß. Zu den erfolgreichsten Autoren von Melodramen gehören R. C. G. de Pixérécourt, A. Dumas d. J., D. Boucicault, T. Taylor u. a. Literar. Stoffe für Melodramen wurden u. a. auch Werken von Shakespeare, Schiller (›Die Räuber‹, 1781) oder Lord Byron entnommen.
Literatur: VEEN, J. VAN DER: Le mélodrame musical de Rousseau au romantisme. Den Haag

1955. – BOOTH, M. R.: English melodrama. London 1965. – RAHILL, F.: The world of melodrama. Univerity Park (Pa.) u. London 1967. – SMITH, J. L.: M. London 1973. – SCHMIDT, JOHANN N.: Ästhetik des M.s. Hdbg. 1986. – KÜSTER, U.: Das M. Ffm. u. a. 1994.

Melo Neto, João Cabral de [brasilian. 'mɛlu 'nɛtu], brasilian. Lyriker, ↑Cabral de Melo Neto, João.

Melos [griech. = Lied, lyr. Gedicht, Gesang], Lied, lyr. Gedicht (ausgehend von der schon im Griechischen übl. weiteren Bedeutung ›Ton des Redners‹); auch im Sinne von Sprachklang, -melodie, -rhythmus gebraucht.

Melville, Herman [engl. 'mɛlvɪl], * New York 1. Aug. 1819, † ebd. 28. Sept. 1891, amerikan. Schriftsteller. – Aus verarmter Familie stammend, ging M. früh zur See, unternahm eine Reise nach England und kam auf einem Walfänger u. a. in die Südsee, wo er kurze Zeit unter Eingeborenen lebte. 1844 kehrte er auf einem Kriegsschiff in die USA zurück und lebte ab 1863 in New York; 1866–85 Zollinspektor. M. hatte mit den Schilderungen seiner Seefahrten in vier der fünf Seeromane (›Vier Monate auf den Marquesas-Inseln oder ...‹, 1846, dt. 1846, 1927 u. d. T. ›Taipi‹; ›Omoo‹, 1847, dt. 1847, 1927 u. d. T. ›Omu‹; ›Redburns erste Reise‹, 1849, dt. 1850; ›Weißjacke‹, 1850, dt. 1948) großen Erfolg, der ihm für ›Mardi‹ (R., 1849) sowie die folgenden anspruchsvollen, erst im 20. Jh. gewürdigten Romane versagt blieb. Hauptwerk M.s ist der seinem Freund N. Hawthorne gewidmete Roman ›Moby Dick oder Der weiße Wal‹ (1851, dt. 1927), der als bedeutendste Prosadichtung des amerikan.

Herman
Melville

Symbolismus gilt. Der in der Katastrophe endende Kampf des rachebesessenen Kapitäns Ahab gegen den weißen Wal Moby Dick symbolisiert die schicksalhafte Spannung zwischen Mensch und Natur. M. schrieb auch lyr. Gedichte über den Bürgerkrieg (›Battle pieces‹, 1866) sowie über seine Reise ins Heilige Land (›Clarel‹, 1876) und bedeutende Kurzgeschichten (›Piazza-Erzählungen‹, 1856, dt. 1962; darin: ›Benito Cereno‹ und ›Der Schreiber Bartleby‹). Die in seinem Todesjahr entstandene trag. Erzählung ›Billy Budd‹ (hg. 1924, dt. 1938) wird vielfach als M.s zweites Meisterwerk angesehen.

Weitere Werke: Pierre (R., 1852, dt. 1965), Israel Potters Irrfahrten und Abenteuer (R., 1855, dt. 1956), Reisefresken dreier Brüder: Dichter, Maler, Müßiggänger. Tagebuch einer Reise nach Europa und in die Levante (1856/57) (hg. 1935, dt. 1991), Ein sehr vertrauenswürdiger Herr (R., 1857, dt. 1958), John Marr and other sailors (Ged., 1888), Timoleon (Ged., 1891).
Ausgaben: The letters of H. M. Hg. v. M. R. DAVIS und W. H. GILMAN. New Haven (Conn.) 1960. – H. M. The works. Standard edition. London 1922–24. 16 Bde. Nachdr. New York 1963. – H. M. Ges. Werke in Einzelausgg. Dt. Übers. Mchn. 1964–70. 3 Bde. – The writings of H. M. Hg. v. H. HAYFORD u.a. Evanston (Ill.) 1968 ff. (bisher Bde. 1–5, 7–8 u. 10 erschienen).
Literatur: CHASE, R.: H. M. A critical study. New York 1949. – The M. log. A documentary life of H. M. 1819–1891. Hg. v. J. LEYDA. New York 1951. 2 Bde. – STERN, M. R.: The fire hammered steel of H. M. Urbana (Ill.) 1957. Nachdr. 1968. – BERTHOFF, W.: The example of M. Princeton (N.J.) 1962. – DRYDEN, E. A.: M.'s thematics of form. The great art of telling the truth. New York 1968. Tb.-Ausg. Baltimore (Md.) 1981. – O'SEELYE, J.: M. The ironic diagram. Evanston (Ill.) 1970. – ALLEN, G. W.: M. and his world. New York 1971. – HOWARD, L.: H. M. A biography. Minneapolis [2]1971. – H. M. Hg. v. P. G. BUCHLOH u. H. KRÜGER. Darmst. 1974. – BICKLEY, R. B., JR.: The method of M.'s short fiction. Durham (N.J.) 1975. – SCHUNK, F.: Das lyr. Werk H. M.s. Bonn 1976. – New perspectives on M. Hg. v. F. PULLIN. Edinburgh 1978. – HIGGINS, B.: H. M. An annotated bibliography. Boston (Mass.) 1979. – MUSHABAC, J.: M.'s humor. A critical study. Hamden (Conn.) 1981. – DUBAN, J.: M.'s major fiction. Politics, theology and imagination. Dekalb (Ill.) 1983. – ROGIN, M. P.: Subversive genealogy. Politics and art of H. M. New York 1984. – KIRBY, D. K.: H. M. New York 1993. – H. M. A collection of critical essays. Hg. v. M. JEHLEN. Englewood Cliffs (N.J.) 1994.

Memento mori [lat. = gedenke des (deines) Todes!], Titel eines alemann. Gedichtes aus der Zeit um 1090, das von kluniazens. Denken geprägt ist; Verfasser ist ein Dichter Noker, der möglicherweise mit dem 1095 verstorbenen Abt Noker des Klosters Zwiefalten identisch ist.
Ausgabe: M. m. In: BRAUNE, W.: Ahd. Leseb. Bearb. v. E. A. EBBINGHAUS. Tüb. [16]1979.
Literatur: SCHÜTZEICHEL, R.: Das alemann. M. m. Tüb. 1962 (mit Bibliogr.). – SOETEMAN, C.: Dt. geistl. Dichtung des 11. u. 12. Jh. Stg. [2]1971 (mit Bibliogr.).

Memmi, Albert [frz. mɛm'mi], * Tunis 15. Dez. 1920, frz.-tunes. Schriftsteller. – Aus jüd. Familie; war u.a. 1953–57 Direktor eines psychologisch-pädagog. Instituts in Tunis, dann u.a. Prof. an der École des hautes études commerciales in Paris, Prof. für Kultursoziologie an der Univ. Paris-X. M.s fiktionales und essayistisches, in frz. Sprache geschriebenes Werk umkreist in ständiger Reflexion polemisch und humanitär zugleich die Situation sozialer Minderheiten, deren existentielle Nöte er autobiographisch inspiriert gestaltet. Verfechter einer allmähl. Arabisierung der tunes. Literatur.
Werke: Die Salzsäule (R., 1953, dt. 1978), Die Fremde (R., 1955, dt. 1991), Der Kolonisator und der Kolonisierte. Zwei Porträts (1957, dt. 1980), Portrait d'un juif (Essay, 1962), La libération du juif (Essay, 1966), Le scorpion ou La confession imaginaire (R., 1969), Le désert (R., 1977), La dépendance (Essay, 1979), Rassismus (Essay, 1982, dt. 1987), Ce que je crois (Essay, 1985), Anthologie des écrivains francophones du Maghreb (1985; Hg.), Der Pharao (R., 1988, dt. 1990), Le mirliton du ciel (1990).
Literatur: SIMLINGER, E.: Zwischen Entfremdung u. Engagement. Studien zu den Romanen u. Essays v. A. M. Diss. Wien 1982. – DUGAS, G.: A. M. Écrivain de la déchirure. Sherbrooke (Quebec) 1984. – RUHE, E.: A. M. In: Krit. Lex. der roman. Gegenwartsliteraturen. Hg. v. W.-D. LANGE. Losebl. Tüb. 1984 ff. – ROUMANI, J.: A. M. Philadelphia (Pa.) 1987.

Memoiren [memo'a:rən; frz.; zu lat. memoria = Gedenken, Erinnerung], ungenauer Sammelbegriff für Lebenserinnerungen bes. von Politikern und Militärs (auch von Filmstars u.a. Berühmtheiten), wobei auf unterschiedlichstem literar. Niveau die Darstellung des eigenen Lebens und Wirkens meist in den Rahmen der allgemeinen Schilderung zeitgeschichtl., polit., kultureller u. a. Ereignisse gestellt wird († Autobiographie).

Memorabile [lat. = denkwürdig], Erzählung (von A. Jolles als †einfache Form definiert) eines einmaligen, historisch fixierten und realitätsbezogenen Ereignisses, das mit unverwechselbaren Einzelzügen ausgestattet ist im Unterschied zum verallgemeinernden † Kasus.

Memorialdichtung † Merkdichtung.

Mẹna, Juan de, *Córdoba 1411, † Torrelaguna (Prov. Madrid) 1456, span. Dichter. – Schrieb das von Dantes ›Göttl. Komödie‹ beeinflußte, gelehrte allegor. Gedicht ›El laberinto de Fortuna‹ (entst. 1444, gedr. um 1485), nach der Strophenzahl (297) auch [ungenau] ›Las trescientas‹ genannt, ferner u. a. lyr. Gedichte.

Ausgabe: J. de M. El laberinto de Fortuna; o Las trescientas. Hg. v. J. M. BLECUA. Madrid 1960.

Literatur: LIDA DE MALKIEL, M. R.: J. de M., poeta del prerrenacimiento español. Mexiko ²1984.

Ménage, Gilles [frz. me'na:ʒ], *Angers 5. Aug. 1613, † Paris 23. Juli 1692, frz. Dichter und Grammatiker. – Gehörte als preziöser Lyriker zum Kreis um Madame de Rambouillet; genoß großes Ansehen als Grammatiker; übte in den ›Observations sur la langue française‹ (1672, ²1675/76 in 2 Bden.) treffende Kritik an C. F. de Vaugelas; die in ›Les origines de la langue française‹ (1650, 1694 u. d. T. ›Dictionnaire étymologique‹) enthaltenen Etymologien sind wegen ihrer unhistor., phantast. Methode verspottet worden, dennoch behält das Werk hohen Quellenwert.

Literatur: SAMFIRESCO, E.: M., polémiste, philologue, poète. Diss. Paris 1902.

Menander (tl.: Ménandros), *Athen 342/341, † ebd. 291/290, griech. Dichter. – Befreundet mit Demetrios von Phaleron, Hörer und wahrscheinlich auch Schüler des Theophrastos; bedeutendster Vertreter der neuen Komödie; schrieb mindestens 105 Lustspiele (96 Titel bekannt) aus der bürgerl. Welt Athens, dramaturgisch geschickt und überlegt komponiert, mit stehenden Motiven, unter Ausschluß von Politik und Mythos, mit feiner Differenzierung der Charaktere. Die Anmut der Komödien

beruht auf M.s Anliegen, die Personen auch unter einem verwirrenden Schicksal liebenswert und gut erscheinen zu lassen, und auf der schlichten Eleganz seiner Sprache, die sich, nuancenreich und leicht, der jeweiligen Situation und Person anpaßt. Neben Fragmenten aus Grammatikern, Lexikographen, Florilegien und den Komödien des Terenz, die als Nachdichtungen guten Einblick gewähren, sind v. a. durch Papyrusfunde des 20. Jh. u. a. zwei Drittel der Komödie ›Epitrépontes‹ (= Das Schiedsgericht) bekannt, vollständig die Komödie ›Dýskolos‹ (= Der Mißvergnügte), Teile der Komödie ›Sikyónios‹ (= Der Mann von Sikyon) und etwa zwei Drittel der Komödie ›Aspís‹ (= Der Schild). Seine Nachwirkung war groß. Plautus hat fünf, Terenz fünf seiner Stücke in röm. Gewand gekleidet. Auch bei Molière und C. Goldoni ist sein Einfluß spürbar. ›M.s Gnomen‹ sind eine bis in die byzant. Zeit erweiterte und veränderte Sammlung von Sinn- und Merksprüchen, die jedoch schon älterer Herkunft sind und nur z. T. von M. stammen.

Ausgaben: Menandros. Die Komödien u. Fragmente. Dt. Übers. Hg. v. G. GOLDSCHMIDT. Zü. 1949. – Menandri quae supersunt reliquiae. Hg. v. A. KÖRTE u. a. Stg. ²⁻³1957–59. 2 Tle. – M. Dyskolos. Griech. u. dt. Hg. v. M. TREU. Mchn. 1960. – M. Der Schild oder Die Erbtochter. Dt. Übers. u. hg. v. K. GAISER. Zü. u. Stg. 1971.

Literatur: WEBSTER, T. B. L.: Studies in M. Manchester ²1960. – SCHÄFER, ARMIN: M.s Dyskolos. Meisenheim 1965. – M.s Dyskolos als Zeugnis seiner Epoche. Hg. v. F. ZUCKER. Bln. 1965. – GOLDBERG, S. M.: The making of M.'s comedy. London 1980. – †auch Terenz.

Menandros (tl.: Ménandros), überlieferter Autor einer nur in syr. Sprache erhaltenen, in röm. Zeit entstandenen Sammlung von 100/102 Sittensprüchen. Die Forschung weist die ›Sprüche des M.‹ teils der jüd. Weisheitsliteratur zu, teils nimmt sie eine griech., möglicherweise jüdisch überarbeitete Vorlage an.

Literatur: BAUMSTARK, A.: Gesch. der syr. Lit. mit Ausschluß der christl.-palästinens. Texte. Bonn 1922. S. 169. – BOUSSET, W./GRESSMANN, H.: Die Religion des Judentums im späthellenist. Zeitalter. Tüb. ⁴1966. S. 30. – Altjüd. Schrifttum außerhalb der Bibel. Dt. Übers. u. erl. v. P. RIESSLER. Freib. u. Hdbg. ⁴1979.

Menčetić, Šiško (Šišmundo) [serbokroat. ˌmɛntʃɛtitɕ], *Ragusa (Dubrovnik)

27. Febr. 1457, † ebd. 1527, ragusan. Lyriker. – Neben D. Držić der älteste belegte und zugleich bedeutendste Vertreter der ragusan. Liebeslyrik (in kroat. Sprache); Einfluß des Petrarca-Stils.

Mencius, chin. Philosoph, ↑ Meng Tzu.

Mencken, Henry Louis [engl. 'mɛŋkɪn], * Baltimore (Md.) 12. Sept. 1880, † ebd. 29. Jan. 1956, amerikan. Journalist und Schriftsteller. – Aus ursprünglich dt. Familie; war ab 1908 Literaturkritiker und 1914–23 Mit-Hg. des Kulturmagazins ›The Smart Set‹. 1924 Mitbegründer des ›American Mercury‹ und bis 1933 dessen Hg.; während des 1. Weltkriegs Korrespondent in Deutschland und Rußland; Wegbereiter F. Nietzsches und G. B. Shaws in Amerika; setzte sich für Th. Dreiser ein; beherrschte vollendet die Stilmittel geistvoller Ironie, die er gegen das Spießbürgertum anwandte; bed. ist v. a. sein Werk ›Die amerikan. Sprache‹ (1919, dt. 1927, ⁴1936, 2 Erg.-Bde. 1945–48).

Weitere Werke: G. B. Shaw – his plays (1905), The philosophy of Friedrich Nietzsche (1908), In defense of women (1918), Prejudices (Essays, 6 Bde., 1919–27), Notes on democracy (1926), A treatise on the Gods (1930), The days of H. L. M. (Autobiogr., 1947).
Ausgabe: H. L. M. The diary. Hg. v. C. A. FECHER. New York 1989.
Literatur: WILLIAMS, W. H. A.: H. L. M. Boston (Mass.) 1977. – DOUGLAS, G. H.: H. L. M. Critic of American life. Hamden (Conn.) 1978. – FECHER, CH. A.: M. A study of his thought. New York 1978. – MARTIN, E. A.: H. L. M. and the debunkers. Athens (Ga.) 1984. – SCRUGGS, CH.: The sage in Harlem. H. L. M. and the Black writers of the 1920's. Baltimore (Md.) 1984.

Mendele Moicher Sforim (= M. der Bücherverkäufer), eigtl. Scholem Jankew Brojde, genannt Schalom Jakob Abramowitsch, * Kopyl bei Minsk 20. Dez. 1835, † Odessa 8. Dez. 1917, jidd. Schriftsteller. – Wandte sich nach literar. Anfängen in Hebräisch mit dem satir. Roman ›Dos klejne mentschele‹ (1867) dem Jiddischen zu. Durch zeitnahe Thematik, realist. Gestaltung und einen Sprachstil, der das Jiddische nicht mehr als verderbtes Deutsch behandelt, arbeitete er sich aus der Beschränktheit der zeitgenöss. jüd. Aufklärungsliteratur heraus, ohne im einzelnen ihre Formen

(Fortsetzungsroman: ›Der Wunschring‹, 1865, dt. 1925; Abenteuerroman: ›Fischke der Krumme‹, 1869, dt. 1918; allegor. Roman: ›Die Mähre‹, 1873, dt. 1924), ihre didakt. Intentionen und die krit. Vorbehalte gegen religiösen Traditionalismus wie Mystizismus aufzugeben. Scholem Aleichem und J. L. Perez sahen in M. M. S. den Ahnherrn der modernen jidd. Literatur; für die hebr. Literatur war er u. a. durch Übersetzungen seiner eigenen Romane von Bedeutung.
Ausgaben: M. M. S. Ale werk. Warschau 1928. 20 Bde. – M. M. Sfurim. Werke. Übers. v. E. FRISCH u. a. Olten u. Freib. 1961–62. 2 Bde.
Literatur: WAXMAN, M.: A history of Jewish literature. Bd. 4. New York 1960. S. 124. – BEST, O. F.: Mameloschen. Jiddisch – eine Sprache u. ihre Lit. Ffm. ²1988. – ABERBACH, D.: Realism, caricature and bias. The fiction of M. Mocher Sefarim. Washington (D. C.) 1993.

Mendelssohn, Moses, * Dessau 6. Sept. 1729, † Berlin 4. Jan. 1786, jüd. Philosoph. – Kam 1743 nach Berlin; begann 1754 mit Veröffentlichungen hervorzutreten, mit denen er sich in dt. Sprache an Juden und Nichtjuden wandte. Im gleichen Jahr traf er mit G. E. Lessing zusammen, der ihm in seinem Drama ›Nathan der Weise‹ ein Denkmal setzte. 1763 wurde M. von Friedrich II., dem Großen, der Status eines ›außerordentl. Schutzjuden‹ verliehen, im gleichen Jahr erhielt er den Preis der Preuß. Akademie der Wissenschaften für seine Arbeit ›Abhandlung über Evidenz in den metaphys. Wiss.‹ (1764). Seine Auseinandersetzung mit J. K. Lavater über die Frage des Übertritts zum christl. Glauben machte ihn zu einem entschiedenen Verteidiger seiner Religion; zugleich versuchte er, das Verhältnis von Juden und Nichtjuden zu verbessern. Als Philosoph steht M. in der Tradition des krit. Rationalismus des 17./18. Jh., insbes. in der Nachfolge von G. W. Leibniz. Er identifiziert das Judentum mit der Vernunftreligion der Aufklärung. Als Philosoph der Aufklärung, der die Ideen der Toleranz und Humanität und das Menschenbild der Aufklärung mitgestaltete, hat M. entscheidend zur Herausführung der Juden aus ihrem geistigen Getto beigetragen; er wurde von einschneidender Bedeutung für die jüd. Geistes-, Religions- und Sozialgeschichte.

Weitere Werke: Philosoph. Schriften (1761),
Phaedon ... (1767), Jerusalem oder Über religiöse Macht und Judentum (1783).
Ausgaben: M. M. Ges. Schrr. Lpz. 1843–45. 7
Bde. – M. M. Schrr. zur Philosphie, Aesthetik u.
Apologetik. Hg. v. M. BRASCH. Lpz. 1880. 2 Bde.
Nachdr. Hildesheim 1968. – M. M. Ges. Schrr.
Hg. v. I. ELBOGEN u. a. Bd. 1, 2, 3, 7, 11, 14, 16.
Bln. u. Breslau 1929–38 (m.n.e.). Nachdr. u.
Forts. Stg. 1971 ff. Auf 20 Bde. berechnet. – M.
M. Ästhet. Schrr. in Ausw. Hg. v. O. F. BEST.
Darmst. 1974.
Literatur: MEYER, HERMANN M. Z.: M. M.-Bibliogr. Bln. 1967. – ALTMANN, A.: M. M., a biographical study. London 1973. – SCHOEPS, J.-H.:
M. M. Königstein i. Ts. 1979. – M. M. u. die
Kreise seiner Wirksamkeit. Hg. v. M. ALBRECHT
u. a. Tüb. 1994.

Mendelssohn, Peter de, * München
1. Juni 1908, † ebd. 10. Aug. 1982, dt.
Journalist und Schriftsteller. – Exil in
Frankreich und Großbritannien, nach
1945 Pressechef bei der brit. Kontrollkommission in Düsseldorf; später Korrespondent des Bayer. Rundfunks in London. Veröffentlichte neben zeit- und literaturkrit. Essays politisch-dokumentar.
Arbeiten, die Biographien Churchills
(1957) und Th. Manns (›Der Zauberer‹,
Bd.1, 1975), die Monographien ›Zeitungsstadt Berlin‹ (1959) und ›S. Fischer
und sein Verlag‹ (1970) sowie Romane
und Novellen; auch Übersetzungen. War
ab 1975 Präsident der Dt. Akademie für
Sprache und Dichtung.
Weitere Werke: Paris über mir (R., 1932),
Schmerzl. Arkadien (E., 1932), Von dt. Repräsentanz (Essays, 1972), Das Gedächtnis der Zeit
(R., 1974).

Mendès, Catulle [frz. mɛ'dɛs], * Bordeaux 22. Mai 1841, † bei Saint-Germain-
en-Laye 8. Febr. 1909 (Eisenbahnunglück), frz. Schriftsteller. – Gründete
1861 in Paris die ›Revue fantaisiste‹; einer der Begründer des Dichterkreises der
Parnassiens, dessen Entstehung er in ›La
légende du Parnasse contemporain‹
(1884) darstellte; gab 1866 die ersten Lieferungen des Sammelwerkes ›Le Parnasse contemporain, recueil de vers
nouveaux‹ heraus; zunächst Lyriker
(›Philomela‹, 1863; ›Hesperus‹, 1869) im
Sinne des Parnasse, dann auch Erzähler
(›Les folies amoureuses‹, R., 1877; ›Le
roi vierge‹, R., 1881; ›Première maîtresse‹, R., 1887) und Dramatiker (›La
reine Fiammette‹, Dr., 1898; ›Scarron‹,

Dr., 1905; ›Glatigny‹, Dr., 1906); einer
der ersten Wagnerverehrer Frankreichs.
Ausgabe: C. M. Œuvres complètes. Paris
1900–08. 9 Bde.
Literatur: HERLIHY, J. F.: C. M., critique dramatique et musicale. Paris 1936.

Mendes Pinto, Fernão [portugies.
'mendɪʃ 'pintu], portugies. Schriftsteller,
† Pinto, Fernão Mendes.

Mendoza, Diego Hurtado de [span.
men'doθa], span. Dichter, † Hurtado de
Mendoza, Diego.

Mendoza, Eduardo [span. men'doθa],
* Barcelona 11. Jan. 1943, span. Schriftsteller. – Schrieb sehr erfolgreiche [Kriminal]romane, die sich sowohl am amerikan. Detektivroman (R. Th. Chandler,
D. Hammett) als auch an der pikaresken
Tradition Spaniens orientieren. Vor dem
Hintergrund histor. Ereignisse entwirft
M. Fälle, für deren Lösung er häufig auf
Klisches oder phantast. Elemente zurückgreift.
Werke: Die Wahrheit über den Fall Savolta (R.,
1975, dt. 1991), Das Geheimnis der verhexten
Krypta (R., 1979, dt. 1990), El laberinto de las
aceitunas (R., 1982), Die Stadt der Wunder (R.,
1986, dt. 1989), Die unerhörte Insel (R., 1989,
dt. 1993), El año del diluvio (R., 1992).

Mendoza, Íñigo López de [span.
men'doθa], span. Dichter, † Santillana,
Íñigo López de Mendoza, Marqués de.

Menen, Aubrey [engl. 'mɛnən], eigtl.
Salvator A. Clarence Menon, * London
22. April 1912, engl. Schriftsteller indisch-ir. Abstammung. – Behandelt in
seinen Werken humorvoll-ironisch den
Gegensatz zwischen ind. und europ. Kultur und stellt in satir. Form die Einstellung moderner Menschen zu moral. Problemen dar.
Werke: ... nichts als Hexen (R., 1947, dt. 1953),
Der Stein des Anstoßes (R., 1949, dt. 1959), Anisetta, die Braut von gestern (R., 1950, dt. 1955,
1957 u. d. T. Eine unmoderne Frau), The Ramayāna retold (Übers. und Bearbeitung, 1954),
Das Liebesnest (R., 1956, dt. 1957), The fig tree
(R., 1959), The space within the heart (Autobiogr., 1970), Ruinenstädte der Antike (1972, dt.
1989), Fonthill (Komm., 1975).

Menéndez Pidal, Ramón [span. me-
'nɛndɛθ pi'ðal], * La Coruña 13. März
1869, † Madrid 14. Nov. 1968, span. Philologe und Historiker. – Ab 1899 Prof.
für roman. Philologie an der Univ. Madrid, ab 1910 Direktor des Centro de

Estudios Históricos, 1925–38 und wieder ab 1947 Direktor der Real Academia Española; Sprachwissenschaftler der historisch-vergleichenden Methode, schuf grundlegende Werke über die Geschichte der span. Sprache; zugleich bahnbrechender Forscher auf dem Gebiet der span. Literatur des MA, bes. der Epen- und Romanzendichtung. Leistete auch als Historiker Hervorragendes.

Werke: Manual de gramática histórica española (1904, ¹⁰1968), Cantar de mío Cid (3 Bde., 1908–11, ²1944/45), Poesía juglaresca y juglares (1924, ⁶1957), Orígenes del español (1926, ³1950), Das Spanien des Cid (2 Bde., 1929, dt. 2 Bde., 1936/37), Die Spanier in der Geschichte (1950, dt. 1955), La chanson de Roland y el neotradicionalismo (1959), El padre Las Casas, su doble personalidad (1963). **Ausgabe:** R. M. P. Obras completas. Madrid 1944–60. 6 Bde. **Literatur:** MARAVALL, J. A.: M. P. y la historia del pensamiento. Madrid 1960. – CONDE ABELLÁN, C.: M. P. Madrid 1969. – Actas del Coloquio hispano-alemán R. M. P. (Madrid 1978). Tüb. 1981. – HESS, S.: R, M. P. Boston (Mass.) 1982. – PÉREZ VILLANUEVA, J.: R. M. P. 1991.

Menéndez y Pelayo, Marcelino [span. me'nendeθ i pe'lajo], * Santander 3. Nov. 1856, † ebd. 19. Mai 1912, span. Literarhistoriker, Kritiker und Philosoph. – Ab 1878 Prof. für span. Literatur in Madrid, ab 1898 Direktor der Nationalbibliothek. Universal gelehrt; verfaßte bed. Arbeiten zur span. Literatur- und Geistesgeschichte; deutete die span. Literatur vom patriot., streng kath. Standpunkt (bes. in der ›Historia de los heterodoxos españoles‹, 3 Bde., 1880/81, ²1911–32); schrieb u. a. eine vergleichende Geschichte der europ. Ästhetik (›Historia de las ideas estéticas en España‹, 5 Bde., 1883–91; 9 Bde., ²1896–1912) und eine Geschichte des span. Romans von den mittelalterl. Anfängen bis zum 16. Jh. (›Orígenes de la novela‹, 4 Bde., 1905–15); bed. Übersetzer antiker Werke und Hg. v. a. mittelalterl. Dichtung (Romancero); wies als erster auf die Bedeutung der span.-amerikan. Dichtung hin.

Weitere Werke: La ciencia española (3 Bde., 1879, ³1887/88), Estudios de crítica literaria (5 Bde., 1884–1908, Neuausg. 7 Bde., 1941/42). **Ausgabe:** M. M. y P. Edición nacional de las obras completas. Hg. v. M. ARTIGAS. Santander 1940–74. 66 Bde.

Literatur: SÁNCHEZ REYES, E.: Don Marcelino. Biografía del último de nuestros humanistas. Santander 1956. – SAINZ RODRÍGUEZ, P.: Estudios sobre M. y P. Madrid 1984.

Meneses, [Francisco] Xavier de [portugies. mə'neziʃ], Graf von Ericeira, * Lissabon 1673, † ebd. 1743, portugies. Dichter und Gelehrter. – Übersetzte die ›Ars poetica‹ des Horaz (1697) und, als Verehrer des frz. Klassizismus, ›L'art poétique‹ von N. Boileau-Despréaux (1697); verfaßte ein Epos in Stanzen (›Henriqueida‹, 1741) über die Eroberung Portugals durch den Grafen Heinrich von Burgund.

Menestrel [provenzal.-frz.; von lat. ministerialis = im (kaiserl.) Dienst Stehender, Beamter], in der frz. Literatur des MA Bez. für den im Dienst eines Hofes stehenden ↑ Spielmann, seit dem 13. Jh. auch für den Spielmann überhaupt. – ↑ auch Minstrel.

Meng Tzu (Mengzi) [chin. məndzi̧], eigtl. Meng K'o (Schantung) 372 (?), † ebd. 289 (?), chin. Philosoph. – Unter seinem Namen ist eine Sammlung von Schriften erhalten, die Aufzeichnungen über Gespräche mit Staatsmännern, Philosophen und Schülern enthält. Seine Hauptlehren – die menschl. Natur sei ursprünglich gut, nur gute Erziehung könne ihre Verschlechterung durch Umwelteinflüsse verhindern; ein Herrscher erhalte seinen Herrschaftsauftrag indirekt vom Volk, das also auch eine Mandatsänderung (›ko-ming‹, unter ›Revolution‹) bewirken könne – wurden von Hsün Tzu zurückgewiesen. Nach Kanonisierung in der neokonfuzian. Tradition des 12. Jh. nahm das Werk einen bedeutenden Platz bei den Beamtenprüfungen ein.

Ausgaben: The works of Mencius. Engl. Übers. v. J. LEGGE. Oxford 1895. Nachdr. Hongkong 1960. – Mong dsi. Übers. v. R. WILHELM. Neuausg. Köln 1982.

Mengzi, chin. Philosoph, ↑ Meng Tzu.

Menippos (tl.: Meníppos; Menipp), griech. Philosoph der 1. Hälfte des 3. Jh. v. Chr. – Angeblich war er ein Sklave aus Gadara (Syrien), der sich freigekauft, als wohlhabender Bürger in Theben gelebt und Selbstmord begangen haben soll. Seine Schriften sind nicht erhalten, lediglich Titel und Themen einiger Werke bekannt. Literaturgeschichtlich muß M. allerdings beträchtl. Wirkung (auf Lukian, Seneca d. J., Petronius, Varro) zugesprochen werden. Für seine Verbreitung dürfte die von ihm konzipierte Mischform aus Prosa und Vers sowie von Elementen verschiedener literar. Gattungen ausschlaggebend gewesen sein. M. erweist sich als Vertreter des literar. Kynismos: Er sucht im Gewand heiteren Spotts die Nichtigkeit des Daseins zu enthüllen, die Torheit der Bürger anzuprangern sowie Ernst und Eifer der ›Berufsphilosophie‹ bloßzustellen.

Literatur: HELM, R.: Lucian u. Menipp. Lpz. 1906. Nachdr. Hildesheim 1967.

Menon, Salvator Aubrey Clarence [engl. 'mɛnən], engl. Schriftsteller indisch-ir. Abstammung, ↑ Menen, Aubrey.

Mentzer, Johann, dt. Satiriker und Publizist, ↑ Fischart, Johann.

Menzel, Wolfgang, * Waldenburg (Schles.) 21. Juni 1798, † Stuttgart 23. April 1873, dt. Schriftsteller. – Aktiver Burschenschafter; ab 1825 in Stuttgart, war Redakteur, Literaturkritiker und Literarhistoriker; auch Landtagsabgeordneter, Nationalist. Nach der Julirevolution 1830 ausgesprochen reaktionär, einer der Hauptgegner des Jungen Deutschland, dessen Verfolgung durch den Bundestag wesentlich auf seine Kritik zurückging; auch Gegner des ›unpolit.‹ Goethe; in seinen Dramen und Erzählungen Vertreter der späten Romantik.

Werke: Die dt. Literatur (2 Bde., 1828), Dt. Dichtung von der ältesten bis auf die neueste Zeit (3 Bde., 1858/59), Denkwürdigkeiten (hg. 1877).

Mera, Juan León, * Ambato (Prov. Tungurahua) 28. Juni 1832, † ebd. 13. Dez. 1894, ecuadorian. Dichter. – Mitbegründer der Ecuadorian. Akademie; trat v. a. mit ›Poesías‹ (1858), der Legende ›La virgen del sol‹ (1861), ›Melodías indígenas‹ (Ged., 1887) als Lyriker hervor, als Prosaschriftsteller v. a. mit dem romantisch-idealisierenden, indianist. Roman ›Cumandá o un drama entre salvajes‹ (1879).

Literatur: GUEVARA, D. C.: J. L. M. o el hombre de cimas. Quito 1944. – GARCÉS, V. M.: Vida ejemplar y obra fecunda de J. L. M. Ambato 1963.

Mercer, David [engl. 'mɔːsə], * Wakefield 27. Juni 1928, † Haifa 8. Aug. 1980, engl. Dramatiker. – Schrieb Drehbücher für Film und Fernsehen sowie Bühnenstücke, in denen er sich mit sozialen und psycholog. Zwängen befaßte. Dabei verband er die Problematik des Klassenkonflikts (›Hoppe, hoppe Reiter‹, Dr., 1966, dt. 1967; ›Belcher's luck‹, Dr., 1967; ›The governor's lady‹, Dr., 1968) häufig mit der des Generationskonflikts, so in der Fernsehtrilogie ›The generations‹ (1964), in ›After Haggerty‹ (Dr., 1970) oder in ›A rod of iron‹ (Fsp., 1980). Die bereits in den frühen Stücken deutliche psycholog. und polit. Desorientierung erhält in den Dramen ab 1970 metaphys. Ausmaße (›Flint‹, 1970, dt. 1971; ›Duck song‹, 1974; ›No limits to love‹, 1980; ›The monster of Karlovy Vary, & then and now‹, 1979).

Literatur: The quality of M. Bibliography of writings by and about the playwright M. Hg. v. F. JARMAN. Brighton 1974.

Mercier, Louis Sébastien [frz. mɛr-'sje], * Paris 6. Juni 1740, † ebd. 25. April 1814, frz. Schriftsteller. – War während der Revolution u. a. Mitglied des Rates der Fünfhundert; zunächst Lyriker, dann Prosaschriftsteller (am bekanntesten der auf die Frz. Revolution hindeutende utop. Roman ›Das Jahr 2440. Ein Traum aller Träume‹, 1771, dt. 1772) und Dramatiker (erfolgreichstes Stück ›Der Schubkarren des Essighändlers‹, 1775, dt. 1776), von D. Diderot geschätzt; wandte sich bereits 1773 mit seinem Essay ›Neuer Versuch über die Schauspielkunst‹ (dt. 1776) gegen das klassizist. Drama und wies auf Shakespeare hin; in seinen umfangreichen kulturhistor. Werken ›Paris, ein Gemälde‹ (12 Bde., 1781–88, dt. 8 Bde., 1783/84, 1967 u. d. T. ›Paris im Vorabend der Revolution‹) und ›Das neue Paris‹ (2 Bde., 1798–1800, dt. 2 Bde., 1799) gibt M. ein realist. Bild der frz. Gesellschaft gegen Ende des 18. Jh.; übersetzte u. a. Shakespeare, Schiller, A. Pope.

Literatur: CHÉDIN, R.: L. S. M.: ›Tableau de Paris‹. Eine krit. Betrachtung. Mchn. 1968. – DE-VAL, A.-M.: S. M., précurseur. Des Los Angeles (Calif.) 1968. – MAJEWSKI, H. F.: The preromantic imagination of L. S. M. New York 1971. – L.-S. M. précurseur et sa fortune. Hg. v. H. HO-FER. Mchn. 1977.

Mẹrck, Johann Heinrich, Pseudonym Johann Heinrich Reimhardt d. J., * Darmstadt 11. April 1741, † ebd. 27. Juni 1791, dt. Schriftsteller. – Lebte seit 1767 als Kanzleisekretär, seit 1774 als Kriegsrat in Darmstadt. Dort übte er auf J. G. Herder, v. a. auf den aus Straßburg zurückgekehrten Goethe, dem er 1771 zum erstenmal begegnet war, starken Einfluß aus. Er verlegte auf eigene Kosten Goethes ›Götz von Berlichingen‹. Seine umfassende Bildung und sein scharfer Intellekt machten ihn in den zeitweilig von ihm herausgegebenen ›Frankfurter Gelehrten Anzeigen‹, in Ch. M. Wielands ›Teutschem Merkur‹ und in F. Nicolais ›Allgemeiner dt. Bibliothek‹ zu einem gefürchteten Kritiker. Er förderte die Bewegung des Sturm und Drangs, stand aber dem Geniekult und jeder schwärmer. Empfindsamkeit fremd gegenüber. Die Freundschaft mit Goethe währte bis zu dessen Italienreise; Familienunglück, eine quälende Krankheit und geschäftl. Verluste trieben M. zum Selbstmord. Mit seinen lyr. und erzähler. Versuchen war M. nicht erfolgreich; seine kleinen Romane (›Geschichte des Herrn Oheims‹, 1781; ›Lindor, eine bürgerlich-dt. Geschichte‹, 1781) enthalten unverhüllte Anklagen gegen die zeitgenöss. Adelswelt, der das positiv gesehene Dorf- und Landleben gegenübergestellt ist.

Ausgaben: J. H. M. Schrr. u. Briefwechsel in Ausw. Hg. v. K. WOLFF. Lpz. 1909. 2 Bde. – J. H. M. Briefe. Hg. v. H. KRAFT. Ffm. 1968. – J. H. M. Werke. Ausgew. u. hg. v. A. HENKEL. Ffm. 1968.
Literatur: PRANG, H.: J. H. M. Ein Leben f. Andere. Wsb. 1949. – BRÄUNING-OKTAVIO, H.: Goethe u. J. H. M. Darmst. 1970.

Mercure de France [frz. mɛrkyrdə'frɑ̃:s], 1. frz. Literatur- und Kulturzeitschrift, die 1672 von Jean Donneau de Visé (* 1638, † 1710) als ›Mercure galant‹ gegründet wurde, u. a. 1724–91 als ›M. de F.‹, bis 1797 als ›Mercure français‹, dann wieder (bis zur Einstellung 1825) unter dem ursprüngl. Namen erschien. Mitarbeiter waren u. a. Voltaire, Chamfort, B. H. Constant de Rebecque. 2. frz. literar. Zeitschrift, gegr. 1889 von Alfred Vallette (* 1858, † 1935) mit J. Mo-réas, P. A. Arène, R. de Gourmont u. a.; Organ der Symbolisten; erschien vom 1. Jan. 1890 (mit Unterbrechung vom 1. Juni 1940 bis 1. Dez. 1946) bis Juli/ Aug. 1965; zu den Mitarbeitern gehörten u. a. A. Gide, P. Claudel, G. Apollinaire. – Der 1893 gegründete Verlag gleichen Namens gab u. a. die Werke von A. Rimbaud, M. Maeterlinck, Gide, Claudel und G. Duhamel heraus.

Méré, Antoine Gombaud, Chevalier de [frz. me're], * Manoir de Méré (heute zu Bouëx, Charente) Ende März oder Anfang April 1607, † Schloß Beaussais (Deux-Sèvres) 29. Dez. 1684, frz. Schriftsteller. – Trat 1644 in den Dienst der Herzogin von Lesdiguières; bekleidete nie ein Hofamt, wirkte aber durch seine Lebensführung als das Muster des Edelmannes, des Honnête homme; seine Schriften (u. a. ›Conversations‹, 1668; ›Des agréments‹, 1677; ›De l'esprit‹, 1677; ›De la conversation‹, 1677; ›Lettres‹, 1682) übten eine tiefe Wirkung als Anstandsbücher aus.
Ausgabe: Œuvres complètes du Chevalier de M. Hg. v. CH.-H. BOUDHORS. Paris 1930. 3 Bde.
Literatur: STEINER, H.: Der Chevalier de M. Diss. Zü. 1936. – HARRY, P. M.: A seventeenth-century honnête homme: Le Chevalier de M. Diss. Manchester 1958.

Mereau, Sophie [frz. me'ro], geb. Schubart, * Altenburg 28. März 1770 (?), † Heidelberg 31. Okt. 1806, dt. Schriftstellerin. – Gehörte nach ihrer Scheidung 1801 zum Jenaer Kreis um Schiller, J. G. Fichte und die Brüder Schlegel; veröffentlichte Beiträge in Schillers ›Musenalmanach‹ und in den ›Horen‹; schrieb romantisch-klassizist. ›Gedichte‹ (2 Bde., 1800–02), Romane und ›Das Blütenalter der Empfindung‹ (1794), und übersetzte aus dem Englischen, Spanischen und Italienischen; heiratete 1803 C. Brentano, folgte ihm nach Marburg und Heidelberg.
Literatur: GERSDORFF, D. VON: Dich zu lieben kann ich nicht verlernen. Das Leben der S. Brentano-M. Ffm. 1984. – HAMMERSTEIN, K. VON: S. M.-Brentano. Freiheit – Liebe – Weiblichkeit. Hdbg. 1994.

Meredith, George [engl. 'mɛrədɪθ], * Portsmouth (Hampshire) 12. Febr. 1828, † Flint Cottage bei Dorking (Surrey) 18. Mai 1909, engl. Schriftsteller. – Journalist, zeitweise Zeitungsherausgeber, Lektor, Korrespondent, dann freier Schriftsteller; einer der letzten großen Romanciers des Viktorian. Zeitalters. M. begann als Lyriker; seine frühen Gedichte sind naturnah und stehen unter dem Einfluß der Romantik, später finden die Gedankenwelt H. Spencers, A. Comtes, Ch. R. Darwins und der Schönheitskult der Präraffaeliten, denen M. auch persönlich nahestand, in seine Lyrik Eingang und gehen eine zuweilen eigenwillige Synthese ein. Das gilt auch für seine stilistisch komplexen, realistisch-psycholog. Romane, in denen er, oft ironisch-satirisch, die Selbstbewährung einzelner im Konflikt zwischen Verstand und Sinnen behandelt; Meisterwerke sind die ›ep. Komödien‹ ›Richard Feverels Prüfung‹ (R., 3 Bde., 1859, dt. 1904) und ›Der Egoist‹ (R., 3 Bde., 1879, dt. 1905). **Weitere Werke:** Poems (Ged., 1851), Evan Harrington (R., 3 Bde., 1861), Modern love (Ged., 1862), Emilia in England (R., 3 Bde., 1864, 1886 u. d. T. Sandra Belloni), Rhoda Fleming (R., 3 Bde., 1865, dt. 1905), Vittoria (R., 3 Bde., 1867), Ein Essay über die Komödie und den Nutzen des kom. Geistes (1877, dt. 1910), Poems and lyrics of the joy of earth (1883), Diana vom Kreuzweg (R., 3 Bde., 1885, dt. 1905), Ballads and poems of tragic life (1887), Lord Ormont and his Aminta (R., 3 Bde., 1894). **Ausgaben:** G. M. Ges. Romane. Dt. Übers. Bln. 1904–08. 4 Bde. – G. M. The works. Memorial edition. London 1909–11. 27 Bde. – The poems of G. M. Hg. v. P. BARTLETT. New Haven (Conn.) 1978. 2 Bde. **Literatur:** STEVENSON, L.: The ordeal of G. M. London 1954. – LINDSAY, J.: G. M. His life and work. London 1956. – BEACH, J. W.: The comic spirit in G. M. New York 1963. – BEER, G.: M. A change of masks. London 1970. – OLMSTED, J. CH.: G. M. An annotated bibliography of criticism 1925–1975. New York 1978. – BOHNE, W./SEMMELROTH, F.: Die künstler. Objektivation des psychisch deformierten Individuums bei G. M. Mchn. 1978. – BERNSTEIN, C. L.: Precarious enchantment: a reading of M.'s poetry. Washington (D.C.) 1979. – PFEIFFER, K. L.: Bilder der Realität u. die Realität der Bilder. Verbrauchte Formen in den Romanen G. M.s. Mchn. 1981. – MOSES, J.: The novelist as comedian. G. M. and the ironic sensibility. New York 1983. – MUENDEL, R.: G. M. Boston (Mass.) 1986.

Mereschkowski (tl.: Merežkovskij),

Dmitri Sergejewitsch [russ. mɪrɪʃ'kɔfskij], * Petersburg 14. Aug. 1866, † Paris 9. Dez. 1941, russ. Schriftsteller. – ∞ mit S. † Hippius, mit der er 1919 nach Paris emi-

grierte; Mitbegründer des russ. Symbolismus, wandte sich später einer betont christl., mystisch-spekulativen Schau von Mensch und Welt zu. Spiegel seiner Auffassungen sind die großangelegten Geschichtsromane, in denen sich die Menschheitsgeschichte als Antagonismus von Christ und Antichrist darstellt; bedeutende Biographien Dantes und Napoleons, Essays u. a. über L. N. Tolstoi, F. M. Dostojewski und N. W. Gogol. **Werke:** Christos i Antichrist (R.-Trilogie, 1896, 1901 und 1905, dt.: Julian Apostata, 1903; Leonardo da Vinci, 1903; Peter der Große und sein Sohn Alexei, 1905), Kaiser Pauls Tod (Dr., 1908, dt. 1910), Alexander I. (R., 1911, dt. 1913), Der vierzehnte Dezember (R., 1918, dt. 1921). **Ausgabe:** D. S. Merežkovskij. Polnoe sobranie sočinenij. Moskau 1914–15. 24 Bde. Nachdr. Hildesheim 1973. 6 Bde. **Literatur:** SPENGLER, J.: D. S. Merežkovskij als Literaturkritiker. Luzern 1972. – ROSENTHAL, B. G.: D. S. Merezhkovsky and the Silver age. Den Haag 1975. – HOLOVATY, O.: Merežkovskij, Christ and Antichrist. Diss. Vanderbilt University Nashville (Tenn.) 1977.

Meri, Veijo, * Viipuri (heute Wyborg)

31. Dez. 1928, finn. Schriftsteller. – Gilt als internat. bekanntester zeitgenöss. finn. Erzähler; Verfasser von Romanen und Erzählungen, in denen er in den extremen Situationen des Krieges das Absurde menschl. Existenz konkretisiert sieht; auch Theater, Hörspiele und Essays. Seine Sprache ist dicht, humorig und jargonsicher. **Werke:** Das Manilaseil (R., 1957, dt. 1966), Vuoden 1918 tapahtumat (= Die Ereignisse des Jahres 1918, R., 1960), Der Wortbruch (R., 1961, dt. 1969, 1988 auch u. d. T. Quitt), Die Frau auf dem Spiegel (R., 1963, dt. 1967), Sotamies Jokisen vihkiloma (= Der Hochzeitsurlaub des Soldaten Jokisen, Dr., 1965), Der Töter (En., dt. Ausw. 1967), Das Garnisonstädtchen (R., 1971, dt. 1975), Aleksis Stenvallin elämä (= Das Leben von Aleksis Kivi, Biogr., 1973), Suomen marsalkka C. G. Mannerheim (= Der Marschall Finnlands, C. G. Mannerheim, Biogr., 1988), Lasiankeriaat (= Glasaale, 1990). **Ausgabe:** V. M. Kootut novellit. Otava 1986.

Meriç, Nezihe [türk. mɛ'ritʃ], * Gem-

lik (Anatolien) 1925, türk. Erzählerin. – Ab 1953 veröffentlichte sie Erzählungen (u. a. ›Bozbulanık‹ [= Gänzlich bedeckt], 1953) und Romane, in denen die Themen traditioneller Frauenliteratur zur Sprache kommen: der Alltag junger Mädchen und Frauen aus der städt. Mittelschicht,

die den Zwängen einer immer noch patri-
archalisch strukturierten Gesellschaft
nicht entkommen können, auch wenn sie
scheinbar emanzipiert sind und einen
Beruf ausüben.

Merigarto [= meerumflossener Garten, d. h. Erde], fragmentarisch überliefertes frühmhd. Gedicht in freien Reim-
paarversen (erhalten sind rund 200
Verse), entstanden um 1090 in Bayern.
Älteste deutschsprachige Schöpfungsbe-
schreibung; enthält im Anschluß an eine
lateinische Kosmographie Merkwürdigkeiten der Meere und Gewässer und einen Augenzeugenbericht über Island.
Der Titel stammt von A. H. Hoffmann
von Fallersleben, der das Gedicht 1834
erstmals publizierte.

Ausgabe: M. In: BRAUNE, W.: Ahd. Lesebuch.
Bearb. v. E. A. EBBINGHAUS. Tüb. [16]1979.
Literatur: Die religiösen Dichtungen des 11. u.
12. Jh. Hg. v. F. MAURER. Bd. 1. Tüb. 1964. S.
65. – ENDERMANN, H.: M. – die erste geograph.
Darst. in dt. Sprache. In: Wiss. Zs. der Univ.
Rostock 27 (1978), S. 99.

Meriluoto, Aila, * Pieksämäki
10. Jan. 1924, finn. Schriftstellerin. – Erste bed. Vertreterin der neuen finn. Dichtung nach dem 2. Weltkrieg; in ihrem
Stil, in ihrer Aussage an R. M. Rilke erinnernd; schrieb in den 70er Jahren Jugendbücher und Romane; auch Übersetzungen.

Werke: Lasimaalaus (= Glasmalerei, Ged.,
1946), Sairas tyttö tanssii (= Ein krankes Mädchen tanzt, Ged., 1952), Pommorommo (Kinderbuch, 1956), Portaat (= Die Treppe, Ged.,
1961), Peter-Peter (R., 1971), Lasimaalauksen
läpi. Päiväkirjat 1944–47 (= Durch die Glasmalerei. Tagebücher 1944–47, 1986).

Mérimée, Prosper [frz. meri'me],
* Paris 28. Sept. 1803, † Cannes 23. Sept.
1870, frz. Schriftsteller. – Studium der
Kunstwiss. und Archäologie; wurde 1831
Inspektor der histor. Denkmäler Frankreichs. Weite Reisen führten ihn v. a. in
den Mittelmeerraum; in Spanien lernte
er die spätere frz. Kaiserin Eugénie kennen, er wurde ihr Berater und erhielt
durch sie Zugang zum Hof; 1844 Mitglied der Académie française; 1853 Senator. M. steht zwischen Romantik und
Realismus. 1825 veröffentlichte er eine
Reihe romantisch-sarkast. Dramen, die
er unter dem Namen Clara Gazul herausgab (›Das Theater der span. Schauspiele-

rin Clara Gazul‹, dt. 1845), dann eine
Balladensammlung unter dem Namen
eines angeblich illyr. Dichters (›La
Guzla ou Choix de poésies illyriques‹,
1826). In seinen histor. Romanen folgte
er W. Scott. Die ihm gemäße literar.
Form fand M. v. a. in den Novellen (u. a.
›Colomba‹, 1840, dt. 1841; ›Carmen‹,
1845, dt. 1846, Vorlage zu G. Bizets
Oper). Sie sind gekennzeichnet durch
realistisch-objektive, oft auch leicht iron.
Darstellung leidenschaftlicher menschl.
Gefühle und durch südländ. Lokalkolorit, das in der frz. Literatur kein Vorbild
hatte. M. schrieb auch Literaturkritiken
sowie histor. und kunsthistor. Studien; er
übersetzte u. a. N. W. Gogol und I. Turgenjew; wertvoll als Zeitdokument sind
seine Briefe.

Weitere Werke: Die Bartholomäusnacht (R.,
1829, dt. 1845), Mateo Falcone (Nov., 1829,
dt. 1872), Tamango (Nov., 1829, dt. 1923), Die
Venus von Ille (Nov., 1837, dt. 1911), Notes
d'un voyage en Corse (Reiseb., 1840), Essais sur
l'histoire romaine (1841).
Ausgaben: P. M. Ges. Werke. Dt. Übers. Hg. v.
A. SCHURIG. Mchn. u. Bln. 1924–26. 4 Bde. – P.
M. Œuvres complètes. Hg. v. P. TRAHARD u.
E. CHAMPION. Paris 1927–33. 12 Bde. – P. M.
Correspondance générale. Hg. v. M. PARTURIER
u. a. Toulouse u. Paris 1941–64. 17 Bde. – P. M.
Nouvelles complètes. Hg. v. P. JOSSERAND. Paris
1973. 2 Bde. Nachdr. 1981. – P. M. Ausgew.
Werke in Einzelausgg. Hg. v. R. W. PINSON.
Mchn. 1977 ff. – P. M. Théâtre de Clara Gazul.
Romans et nouvelles. Hg. v. J. MALLION u. P. SA-
LOMON. Paris 1978. – P. M. Sämtl. Novellen. Dt.
Übers. Anm. u. Nachwort v. W. HIRDT. Mchn.
1982.
Literatur: TRAHARD, P.: P. M. Paris 1924–30.
3 Tle. in 4 Bden. – BILLY, A.: M. Paris 1959. –
LÉON, P.: M. et son temps. Paris 1962. – RAITT,

Prosper
Mérimée
(Holzstich
um 1870
nach einem
Foto aus dem
Jahr 1868)

A. W.: P. M. London 1970. – SMITH, M. A.: P. M. New York 1972. – THIELTGES, G.: Bürger l. Klassizismus u. romant. Theater. Unterss. zu den frühen Dramen P. M.s (1803–1870). Genf 1975. – FREUSTIÉ, J.: P. M. (1803–1870). Le nerveux hautain. Paris 1982. – AUTIN, J.: P. M. Écrivain, archéologue, homme politique. Paris 1983. – CHABOT, J.: L'autre moi. Fantasmes et fantastique dans les nouvelles de M. Paris 1983.

Merkdichtung, german. Dichtungsgattung, die auch als Katalog- und Memorialdichtung bezeichnet wird. In meist stabgereimten Versen, die als Gedächtnisstütze dienten, wurde Wissenswertes aufgezählt, v. a. aus der Mythologie oder der Helden- und Fürstengeschichte; die M. wurde bes. in Island, Norwegen und England gepflegt.

Merkel, Garlieb Helwig, * Loddiger (heute Lēdurga bei Cēsis, Lettland) 1. Nov. 1769, † Depkinshof bei Riga 9. Mai 1850, dt. Schriftsteller. – Ging 1797 nach Weimar, 1800 nach Berlin, flüchtete 1806 vor den Franzosen in seine Heimat. Seine demokrat. Gesinnung äußert sich u. a. in der Schrift ›Die Letten‹ (1797), in der er für die Rechte der leibeigenen Letten gegen den dt.-balt. Adel eintrat. Bekämpfte vom Standpunkt der Aufklärung aus Goethe und die Romantiker, v. a. in den ›Briefen an ein Frauenzimmer ...‹ (4 Bde., 1801–03) und in der mit A. Kotzebue gegründeten Zeitschrift ›Der Freymüthige‹; seine Urteile über Kunst fällte er im wesentl. nach polit. Gesichtspunkten.
Weitere Werke: Skizzen aus meinem Erinnerungsbuch (4 Bde., 1812–16), Darstellungen und Charakteristiken aus meinem Leben (2 Bde., 1839/40).

Merkel, Inge, * Wien 1. Okt. 1922, österr. Schriftstellerin. – Studierte in Wien Germanistik und Geschichte; trat 1974 in den Schuldienst ein; lebt in Wien. In ihren Erzählungen und Romanen, in die sie manches Autobiographische einbringt, oft mit lokalem Bezug zu Wien und seinen Bewohnern, geht es M. allgemein um die Beschreibung einer für Täuschungen und Mystifikationen anfälligen Welt; Scharfblick, Zorn sowie Selbstironie prägen ihr Schreiben ebenso wie das Bekenntnis zur Körperlichkeit, zur Verankerung ihres kulturellen Selbstverständnisses in der Geschichte und Religion.

Werke: Das andere Gesicht (R., 1982), Zypressen (En., 1983), Die letzte Posaune (R., 1985), Eine ganz gewöhnliche Ehe (R., 1987), Das große Spektakel (R., 1990), Aus den Geleisen (R., 1994).

Merker, 1. Aufpasser, die im ↑ Minnesang die Begegnung der Liebenden verhinderten oder überwachten.
2. im ↑ Meistersang Zensoren und Schiedsrichter, die die Liedvorträge nach den Regeln der ↑ Tabulatur beurteilten und Verstöße registrierten.

Merle, Robert [frz. mɛrl], * Tébessa (Algerien) 20. Aug. 1908, frz. Schriftsteller. – Prof. für Anglistik, seit 1965 in Paris. Wurde bekannt durch seinen realist. Erstlingsroman ›Wochenende in Zuitcoote‹ (1949, dt. 1950; Prix Goncourt 1949) über die Schlacht von Dünkirchen und den Roman über einen KZ-Kommandanten ›Der Tod ist mein Beruf‹ (1953, dt. 1957); schrieb auch gesellschaftskritisch engagierte phantastisch-utop. Romane (›Der Tag der Delphine‹, 1967, dt. 1969, auch u. d. T. ›Ein vernunftbegabtes Tier‹; ›Malevil oder Die Bombe ist gefallen‹, 1972, dt. 1982; ›Die geschützten Männer‹, 1974, dt. 1977), einen Zyklus histor. Romane aus der 2. Hälfte des 16. Jh. (›Fortune de France‹, 1978; ›Et nos vertes années‹, 1979; ›Die gute Stadt Paris‹, 1980, dt. 1992; ›Le prince que voilà‹, 1982; ›La violente amour‹, 1983; ›La pique du jour‹, 1985; ›La volte des vertugadins, 1991; ›L'enfant-roi‹, 1993), Dramen (u. a. ›Sisyphus und der Tod‹, 1950, dt. 1957), Reportagen und Essays.
Weitere Werke: Die Insel (R., 1962, dt. 1964), Hinter Glas (R., 1970, dt. 1974), Madrapour (R., 1976, dt. 1979), Nachtjäger (R., 1986, dt. 1989), Das Idol (R., 1987, dt. 1991), Der Tag der Affen (R., 1989, dt. 1991).

Merlin Cocai, Pseudonym des italien. Schriftstellers Teofilo ↑ Folengo.

Mérode, Willem de [niederl. meˈroːdə], * Spijk 2. Sept. 1887, † Eerbeek 22. Mai 1939, niederl. Lyriker. – Einer der bedeutendsten Vertreter der prot.-christl. Poesie der Zeit zwischen den beiden Weltkriegen; stark von R. M. Rilke beeinflußt.
Werke: Gestalten en stemmingen (Ged., 1915), Het kostbaar bloed (Ged., 1922), De lichtstreep (Ged., 1929), Kalleidoscoop (Ged., 1938).

Merrill, James [engl. 'mɛrɪl], * New York 3. März 1926, † Tucson (Ariz.) 6. Febr. 1995, amerikan. Schriftsteller. – Gilt als einer der bedeutendsten amerikan. Dichter der Gegenwart; in seinem Werk lassen sich drei Phasen unterscheiden: 1. auf der Neubewertung metaphys. Dichter in der Moderne beruhende, Stil und Technik der modernen Lyrik praktizierende Gedichte: ›Jim's book‹ (1942), ›The black swan‹ (1946), ›First poems‹ (1951), ›Short stories‹ (Ged., 1954), ›The country of a thousand years of peace‹ (1959, revidiert 1970), ›Water Street‹ (1962); 2. die autobiograph. Hinwendung zum eigenen Leben und zur Bekenntnislyrik, die durch die Verwendung von Mythen und Fabeln narrative Elemente aufweist: ›Nights and days‹ (1966), ›The fire screen‹ (1969), ›Braving the elements‹ (1972); 3. in Zusammenarbeit mit seinem Lebensgefährten David Jackson über das Medium des Ouija Bretts gewonnenen mytholog. Einsichten in die Ordnung des Kosmos und die Stellung des Menschen. Diese ›poems of science‹ von ep. Dimension, die sich mit Molekularbiologie, genet. Evolution und der Menschheitsgeschichte befassen, stellen M.s Hauptwerk dar: ›Divine Comedies‹ (1976; Pulitzerpreis 1977); die Trilogie ›The changing light at Sandover‹ (1982), bestehend aus dem schon in ›Divine Comedies‹ abgedruckten ›The book of Ephraim‹ (1976), ›Mirabell. Books of number‹ (1978) und ›Scripts for the pageant‹ (1980) sowie der Koda ›The higher keys‹ (1982) und ›Late settings‹ (1985). Daneben schrieb M. auch Dramen und Romane, u. a. ›Tanning Junior‹ (1957, dt. 1961), ›The (Diblos) notebook‹ (1965).
Weitere Werke: The inner room (Ged., 1988), Three poems (Ged., 1988).
Literatur: LABRIE, R.: J. M. Boston (Mass.) 1982. – J. M. Essays in criticism. Hg. v. D. LEHMAN und CH. BERGER. Ithaca (N. Y.) 1983. – MOFFETT, J.: J. M. An introduction to the poetry. New York 1984. – J. M. Hg. v. H. BLOOM. New York 1985.

Merrill, Stuart Fitzrandolph [engl. 'mɛrɪl, frz. mɛ'ril], * Hempstead (N. Y.) 1. Aug. 1863, † Versailles 1. Dez. 1915, amerikanisch-frz. Lyriker. – Wuchs in Frankreich auf, wo er ab 1890 ständig lebte; Sozialist; schrieb in frz. Sprache symbolist. Lyrik und setzte sich für die Verbreitung des Symbolismus in Frankreich und in den USA ein; hervorragender Übersetzer symbolist. Texte ins Englische (›Pastels in prose‹, 1890).
Weitere Werke: Les gammes (Ged., 1887), Les fastes (Ged., 1891), Les quatre saisons (Ged., 1900), Une voix dans la foule (Ged., 1909), Prose et vers (hg. 1925).

Merseburger   Zaubersprüche, zwei ahd., auf heidnisch-german. Tradition zurückgehende Zaubersprüche in stabgereimten Langzeilen mit Gleichaufreimen; im 10. Jh. auf dem Vorsatzblatt eines wohl aus Fulda stammenden lat. Missales des 9. Jh. eingetragen; 1841 in der Merseburger Dombibliothek von Georg Waitz entdeckt, 1842 von Jacob Grimm ediert. Die M. Z. sind zweiteilig angelegt: Auf ein myth. Paradigma folgt die eigentl. Zauberformel; der 1. Spruch gilt der Gefangenenbefreiung, der 2. der Beinverrenkung bei Pferden. Die einzelnen mytholog. Bezüge sind unklar und in der Forschung umstritten.
Ausgabe: M. Z. In: BRAUNE, W.: Ahd. Lesebuch. Bearb. v. E. A. EBBINGHAUS. Tüb. ¹⁶1979.
Literatur: WOLFF, L.: Die M. Z. In: Die Wiss. von dt. Sprache u. Dichtung. Hg. v. S. GUTENBRUNNER u. a. Stg. 1963. – FULLER, S. D.: Pagan charms in 10th century Saxony. In: Monatshefte f. dt. Unterricht, dt. Sprache u. Lit. 72 (1980), S. 162.

Merz, Carl, eigtl. C. Czell, * Kronstadt (Siebenbürgen) 30. Jan. 1906, † Kirchberg (Niederösterreich) 31. Okt. 1979, österr. Schriftsteller. – War Schauspieler und Kabarettist, nach 1938 zeitweise interniert. Ab 1946 enge Zusammenarbeit mit H. † Qualtinger, mit dem er u. a. die Figur des ›Herrn Karl‹ erfand (›Der Herr Karl‹, 1962; ›Der Herr Karl und weiteres Heiteres‹, 1964) und zahlreiche weitere Kabarett-Texte verfaßte.
Weitere Werke: Eisrevue (R., 1959), Traumwagen aus zweiter Hand (R., 1961), Jenseits von Gut und Krankenkasse (En., 1968).

Merzdichtung † Dadaismus.

Meschendörfer, Adolf, * Kronstadt (Siebenbürgen) 8. Mai 1877, † ebd. 4. Juli 1963, rumäniendeutscher Schriftsteller. – Gymnasialdirektor in Kronstadt; im Mittelpunkt seiner Dramen und Romane stehen Themen und Stoffe seiner siebenbürg. Heimat; auch Lyriker.

Werke: Die Stadt im Osten (R., 1931), Zauber der Heimat (Nov., 1944), Siebenbürg. Geschichten (1947).

Meško, Ksaver [slowen. 'mɛːʃkɔ], * Ključarovci bei Ormož 28. Okt. 1874, † Slovenj Gradec 12. Jan. 1964, slowen. Schriftsteller. – Kath. Priester; als Patriot während des 1. Weltkriegs in österr. Haft; schrieb Lyrik, erzählende und dramat. Dichtungen, meist mit Themen aus der Welt der Bauern seiner Heimat; schuf mit I. Cankar einen in der slowen. Literatur neuen, auf genauer psycholog. Beobachtung beruhenden Typ der Kurzgeschichte, der sich durch die symbol. Bedeutung der Handlung und individuelle lyr. Gestaltung auszeichnet.
Ausgabe: K. M. Izbrano delo. Celje 1954–60. 4 Bde.

Mesostichon [griech. mésos = mitten, stíchos = Vers], schmückende Figur in Gedichten: Die in der Mitte der Verse stehenden Buchstaben ergeben, hintereinander gelesen, einen bestimmten Sinn. Das M. ist weitaus seltener als ↑ Akrostichon und ↑ Telestichon.

Mesrop, ursprünglich Maschtoz, * Hatsek (Armenien) um 361, † Etschmiadsin 17. Febr. 440, armen. Mönch. – Erkannte bei der Evangelisation, daß die Verkündigung nur Fuß fassen könne, wenn sie auch schriftlich in der Landessprache niedergelegt werde. Gemeinsam mit dem Katholikos Sahak und unterstützt von König Wramschapuh (401 bis 408/409) machte er Versuche insbes. mit Schreiberklassen, bis nach manchen Fehlschlägen die armen. Schrift geschaffen war. Neben reicher Übersetzertätigkeit widmete sich M. v. a. der Mission. Die bei ↑ Agatangeghos überlieferten ›Lehren Gregors‹ dürften von ihm verfaßt sein. Nach dem Tod Sahaks trat er an die Spitze der armenischen Kirche. Eine Biographie über M. schrieb sein Schüler Koriun.
Literatur: AKINIAN, N.: Der hl. Maschtotz Wardapet, sein Leben u. sein Wirken. Wien 1949 (armen. mit dt. Resümee). – INGLISIAN, V.: Die armen. Lit. In: Hdb. der Orientalistik, Abt. 1, Bd. 7. Leiden 1963. S. 157 u. S. 160.

Messager, Charles [frz. mɛsa'ʒe], frz. Schriftsteller, ↑ Vildrac, Charles.

Messenius, Johannes, * bei Vadstena um 1579, † Oulu (Finnland) 8. Nov. 1636, schwed. Dramatiker und Geschichtsschreiber. – Ausbildung am Jesuitenseminar, weite Reisen, Prof. der Rechte in Uppsala 1609; wegen angebl. Konspiration mit Polen lebenslänglich in Haft (in Finnland); Hg. histor. Quellen, Autor einer Geschichte Schwedens (›Scondia illustrata‹, hg. 1700–05), von Streitschriften gegen die Jesuiten und einer Anzahl von Schuldramen zu Themen der schwed. Geschichte und Sagenwelt.
Weitere Werke: Disa (Dr., 1611), Signill (Dr., 1612), Svanhuita (Dr., 1612).
Ausgabe: J. M. Samlade dramer. Hg. v. H. SCHÜCK u. H. LIDELL. Uppsala 1886–1955. 2 Bde.
Literatur: LIDELL, H.: Studier i J. M.s dramer. Uppsala 1935.

Messiade [hebr.], geistl. Epos über Leben und Leiden Christi. M.n sind z. B. die ↑ Evangelienharmonien; am einflußreichsten war das Hexameterepos ›Der Messias‹ (1748–73) von F. G. Klopstock.

Messianismus, polnischer, geistige Erneuerungsbewegung v. a. der 40er Jahre des 19. Jh., getragen von poln. Intellektuellen im Exil (Philosophen, Schriftsteller, Publizisten), die in der bes. Unterdrückung des Volkes die Voraussetzung dafür sahen, daß das poln. Volk die Aufgabe zu übernehmen habe, eine religiöse und geistige Erneuerung der gesamten Menschheit herbeizuführen; neben den Philosophen Józef Maria Hoene-Wroński (* 1776, † 1853) und A. Towiański zählen v. a. A. Mickiewicz und J. Słowacki zu den herausragenden Vertretern des poln. Messianismus.

Meßkatalog, gedrucktes Verzeichnis der auf den Messen im 16.–19. Jh. feilgebotenen Bücher des dt. Buchhandels; enthielt neben den nach Sachgebieten aufgeführten literar. und musikal. Neuerscheinungen auch wichtige Literatur des ausländ. Buchhandels sowie Vorankündigungen von Büchern. Begründet 1564 von G. Willer, Augsburg, erschienen M.e zunächst jährlich, seit 1574 halbjährlich zur Buchmesse in Frankfurt am Main (1598–1749 hg. vom Rat der Stadt), seit 1595 auch für die neueingerichtete Leipziger Buchmesse (hg. von H. Grosse, seit 1759 von der Weidmannschen Verlagsbuchhandlung). Die M.e verloren erst Ende des 18. Jh. ihre Bedeutung zugunsten zuverlässigerer Halbjahreskataloge und Bücherlexika. Sie erschienen zum letzten Mal 1860.

Mészöly, Miklós [ungar. 'me:søj], * Szekszárd 19. Jan. 1921, ungar. Schriftsteller. – Jurist, dann Redakteur und Dramaturg; schrieb Erzählungen und Romane, in denen extreme Situationen der menschl. Existenz in einem kühlen und abstrakten Stil dargestellt werden; auch Verfasser von Bühnenstücken (u. a. der burlesken Tragödie ›Der Fensterputzer‹, entst. 1957, UA 1963, dt. 1965), Essays und Märchen.

Weitere Werke: Sötét jelek (= Dunkle Zeichen, En., 1957), Der Bunker (Dr., UA 1964, dt. 1965), Der Tod des Athleten (R., 1966, dt. 1966), Saul (R., 1968, dt. 1970), Gestaltungen (R., 1975, dt. 1975), Landkarte mit Rissen (En., dt. Ausw. 1976), Rückblenden (R., 1976, dt. 1976), Geflügelte Pferde (En., Reportagen, 1979, dt. 1991), Hohe Schule (En., dt. Ausw. 1981), Merre a csillag jár (= Wo der Stern aufgeht, En., 1985), Sutting ezredes tündöklése (= Der Glanz des Obersten Sutting, En., 1987), Volt egyszer egy Közép-Európa (= Es war einmal ein Mitteleuropa, En., 1989), A pille magánya (= Die Einsamkeit des Falters, Essays, 1989), Wimbledoni jácint (= Die Hyazinthen von Wimbledon, En., 1990), Bolond utazás (= Närr. Reise, En., 1992).

Metabole [griech. = Veränderung, Wechsel, lat. ›variatio‹], in Stilistik, Rhetorik und Metrik der unerwartete Wechsel in Syntax (auch *Inkonzinnität* genannt), Wortwahl oder Rhythmus; z. T. auch im Sinne von ↑ Epanodos verwendet.

Metafiktion [zu griech. metá = nach und ↑ Fiktion], literaturwiss. Begriff zur Bez. von literar. Texten, die die Illusion des Textes durchbrechen und den fiktiven Charakter des ästhet. Konstrukts spielerisch thematisieren. Diese in allen Literaturformen mögliche, v. a. aber im Roman praktizierte Betonung der Fiktionalität des Kunstwerks, die sich u. a. in L. Sternes ›Das Leben und die Ansichten Tristram Shandys‹ (1759–97, dt. 1937, erstmals dt. 1774) zeigt, ist v. a. in der Gegenwartsliteratur wieder dominant geworden, die durch M. und Selbstreferenz die Stellung des Autors wie des ganzen Literaturbetriebs problematisiert und auf der Suche nach neuen Ausdrucksformen das Verhältnis von Fiktion und Realität neu zu bestimmen versucht. Metafiktionale Verfahren finden sich u. a. bei J. L. Borges, S. Beckett, T. Stoppard, D. Lessing, J. Fowles, P. Handke, A. Robbe-Grillet, J. Barth, D. Barthelme, I. Calvino. Analog haben sich Begriffe wie Metasprache, Metakommunikation, Metalinguistik, Metatext, Metatheater, Metakritik usw. gebildet.

Literatur: ABEL, L.: Metatheatre. A new view of dramatic form. New York 1963. – ROSE, M. A.: Parody, metafiction. London 1979. – SCHOLES, R.: Fabulation and metafiction. Urbana (Ill.) u. a. 1979. – Surfiction. Fiction now and tomorrow. Hg. v. R. FEDERMAN. Chicago ²1981. – McCAFFERY, L.: The metafictional muse. The works of Robert Coover, Donald Barthelme, and William Gass. Pittsburgh (Pa.) 1982. – BARTHES, R.: Die Lust am Text. Dt. Übers. Ffm. 6. Tsd. 1983. – Funktionen des Fiktiven. Hg. v. D. HENRICH u. W. ISER. Mchn. 1983.

Metalepse (Metalepsis) [griech. = Vertauschung], Tropos (zwischen ↑ Metapher und ↑ Metonymie), bei dem ein polysemant. Wort durch das Synonym zu einer im Kontext nicht gemeinten Bedeutung ersetzt wird, z. B. ›Gesandter‹ (senden, schicken) durch ›Geschickter‹ (geschickt, gewandt, fähig).

Metamorphose [griech. metamórphōsis = Umgestaltung, Verwandlung], in der Mythologie, im Märchen, in aitiolog. Sagen oder auch in Dichtungen die Verwandlung eines Menschen in ein Tier (Froschkönig), eine Pflanze (Daphne) oder einen Gegenstand. M.n gibt es in Homers ›Odyssee‹ (8. Jh. v. Chr.; die Verwandlung der Gefährten des Odysseus in Schweine durch die Zauberin Kirke). Sie sind bes. häufig in der röm. Dichtung (z. B. Ovids Sagenzyklus ›Metamorphosen‹, entst. 1–10, dt. 1545, oder Apuleius' Roman ›Der goldene Esel‹, entst. um 170, dt. 1538) und finden sich auch in der Gegenwartsliteratur, so in F. Kafkas Erzählung ›Die Verwandlung‹ (1915) oder in E. Ionescos Stück ›Die Nashörner‹ (1959, dt. 1960).

Metapher [griech. metaphorá = die Übertragung], sprachl. Ausdrucksweise, bei der die Wörter in übertragener, bildhafter Bedeutung verwendet werden. Die Sprache springt dabei, im Unterschied zur ↑ Metonymie, gleichsam von einem Vorstellungsbereich in einen anderen. Die M. wurde vom röm. Rhetoriklehrer

Quintilian als ein gekürzter Vergleich, d. h. als ein Vergleich ohne Vergleichswörter (so – wie), definiert: aus der Vorstellung z. B., daß Gedanken sich so schnell und leicht bewegen, als ob sie fliegen könnten, wird die M. ›der Flug der Gedanken‹. Man unterscheidet unbewußt verwendete M.n und bewußte Metaphern. In der Alltagssprache gibt es eine unübersehbare Fülle *unbewußter Metaphern*. Man unterscheidet hier zwischen den verblaßten, selbstverständl. M.n, auch Ex-M.n oder tote M.n genannt (z. B. schreiende Farben, faule Ausrede), und den notwendigen M.n, die zur Bezeichnung von Sachverhalten oder Gegenständen dienen, für die es in einer Sprache keine andere Benennung gibt, z. B. der Arm eines Flusses, der Fuß eines Berges, das Stuhlbein usw. (↑ Katachrese). Zur Benennung neuer Sachen und Phänomene werden neue notwendige M.n geprägt, z. B. die Glühbirne, die Motorhaube, der elektr. Strom, der Atomkern usw. Bes. großen Erfindungsreichtum entwickelt die Werbesprache. – Von den unbewußten M.n sind die *bewußten (akzidentiellen) Metaphern* zu trennen, die ihrer literar., stilist. Wirkung wegen gesetzt werden. Dadurch, daß in einer M. ein Wort (oder eine Wortgruppe) aus dem Wirklichkeitsbereich, in dem es (oder sie) gewöhnlich verwendet wird, auf einen anderen übertragen wird, werden diese beiden Wirklichkeitsbereiche in einen engen Zusammenhang gebracht; aus dieser Verbindung entsteht gewissermaßen eine neue Wirklichkeit. Wenn R. M. Rilke z. B. die M. ›ein letztes Gehöft von Gefühl‹ verwendet, wird die Bedeutung dieser bildhaften Aussage unmittelbar sinnlich erfaßbar, ohne daß intellektuell nachvollzogen werden müßte, welche Wirklichkeitsbereiche verbunden werden und worin der Vergleichspunkt, das Tertium comparationis, zu sehen ist. So kann die M. zum Ausdruck einer Wirklichkeit jenseits der alltägl. Realität werden. Dadurch, daß Wörter in einem Kontext verwendet werden, der vom gewohnten abweicht, gewinnt die Sprache Ausdrucksmöglichkeiten für Erfahrungen, Erlebnisse, Erkenntnisse, die in herkömml. Sprache nicht oder nur unzureichend formuliert werden können. Freilich können sich M.n, bes. in der Lyrik, in Bilder steigern, deren Vergleichsbezug nicht unmittelbar erkennbar ist. Damit nähert sich die M. der ↑ Chiffre an. M.n berühren sich bisweilen mit anderen Tropen wie ↑ Allegorie, ↑ Symbol, ↑ Personifikation, eine eindeutige Beschreibung ist nicht immer möglich.

Literatur: HAWKES, T.: Metaphor. London 1972. – SHIBLES, W. A.: Metaphor. An annotated bibliography and history. Whitewater (Wis.) 1972. – KÖLLER, W.: Semiotik u. M. Stg. 1975. – Kommunikative Metaphorik. Hg. v. H. A. PAUSCH. Bonn 1976. – KUBCZAK, H.: Die M. Hdbg. 1978. – KURZ, G.: M., Allegorie, Symbol. Göttingen ³1993.

Metaphrase [griech. = Umschreibung],
1. wortgetreue Übertragung einer Versdichtung in Prosa (im Ggs. zur ↑ Paraphrase).
2. erläuternde Wiederholung eines Wortes durch ein Synonym.

Metaphysical poets [engl. mɛtə'fɪzɪkl 'poʊɪts] (metaphys. Dichter), Bez. für eine Gruppe engl. manierist. Lyriker des 17. Jh. (J. Donne, G. Herbert, R. Crashaw, H. Vaughan, A. Marvell u. a.), von J. Dryden verwendet, eingebürgert durch S. Johnson. Im 18. und 19. Jh. weithin unbeachtet oder unterschätzt, wurden die M. p. in den ersten Jahrzehnten des 20. Jh. wiederentdeckt (u. a. von T. S. Eliot). Hauptcharakteristika ihrer vielfach religiös, auch mystisch getönten Gedichte sind: Ironie, Satire, Vorliebe für das Paradoxe (↑ Concetto), dialekt. Räsonnement, Verbindung des Emotionalen mit dem Intellektuellen, vielseitig ausgreifende Bildersprache. – ↑ auch Manierismus.

Literatur: WHITE, H. C.: The M. P. Study in religious experience. New York ²1962. – WILLIAMSON, G.: A reader's guide to the M. P. London 1968. – MINER, E. R.: The metaphysical mode from Donne to Cowley. Princeton (N. J.) 1969. – BEER, P.: An introduction to the M. P. London 1972. – MACKENZIE, D.: The metaphysical poets. London 1990.

Metaplasmus [griech. = Umgestaltung], Umformung von Wörtern durch Hinzufügung (z. B. ↑ Epenthese) bzw. Ausstoßung (z. B. Elision) oder im engeren Sinne Bez. für die Hinzubildung von Formen nach einem anderen Flexionstypus, z. B. lat. *locus* (= Ort) mit den beiden Pluralen *loci* (Maskulinum; = Stellen [in Büchern]) und *loca* (Neutrum; = Gegenden).

Metastasio, Pietro, eigtl. Pietro Antonio Domenico Bonaventura Trapassi, * Rom 3. Jan. 1698, † Wien 12. April 1782, italien. Dichter. – Erzogen und literarisch gefördert durch den angesehenen Juristen G. V. Gravina, dessen Vermögen er im Alter von 20 Jahren erbte. Wurde 1718 Mitglied der Accademia dell'Arcadia; ab 1719 in Neapel; die Verbindung mit der Sängerin Marianna Bulgarelli (* 1684, † 1734), deren Protektion er genoß, führte ihn zur Musik; von 1730 an war er kaiserl. Hofdichter in Wien. M. war einer der bedeutendsten Vertreter der arkad. Rokokolyrik (Kanzonetten, Liebesgedichte), der seine ihm gemäße künstler. Ausdrucksform jedoch in dem musiknahen, lyrisch-sentimentalen Melodrama, dem Singspiel und Opernlibretto nach den überkommenen klass. Stoffen fand. Seine größten Erfolge waren das frühe Melodrama ›Didone abbandonata‹ (1724; Musik von D. Sarri), ›La clemenza di Tito‹ (um 1734; Musik von Ch. W. Gluck, UA 1752, und W. A. Mozart, UA 1791) und ›Attilio Regolo‹ (entst. 1740, UA 1750; Musik von J. A. Hasse). M. verfaßte auch zahlreiche Kantaten, mehrere Oratorien, ein Drama sowie literaturkrit. Schriften; erhalten sind außerdem mehr als 2000 Briefe.

Ausgaben: P. M. Lettere disperse e inedite. Hg. v. G. CARDUCCI. Bologna 1883. – P. M. Lettere disperse e inedite. Hg. v. C. ANTONA-TRAVERSI. Rom 1886. – M. Dramen. Dt. Übers. Hg. v. M. R. SCHENCK. Halle/Saale 1910. – P. M. Opere. Hg. v. F. NICOLINI. Bari 1912–14. 4 Bde. – P. M. Tutte le opere. Hg. v. B. BRUNELLI. Mailand 1947–54. 5 Bde.
Literatur: RUSSO, L.: M. Bari ³1945. – APOLLONIO, M.: M. Brescia 1950. – VARESE, C.: Saggio sul M. Florenz 1950. – BRUNELLI, B.: M. In: Letteratura italiana. I minori. Bd 3. Mailand 1962. S. 1941. – NICASTRO, G.: M. e il teatro del primo Settecento. Rom u. Bari 1973. – ASTALDI, M. L.: M. Mailand 1979. – SALA DI FELICE, E.: M. Ideologia, drammaturgia, spettacolo. Mailand 1983.

Metge, Bernat [katalan. 'meddʒə], * Barcelona um 1350, † ebd. nach 1410, katalan. Schriftsteller. – Königl. Sekretär; abenteuerl. Leben; klass. katalan. Prosaist unter dem Einfluß G. Boccaccios und des Raimundus Lullus; führte als Übersetzer F. Petrarca in Spanien ein. Sein Hauptwerk ist der didakt. Dialog in vier Büchern ›Lo somni‹ (entst. 1398, hg. 1889).

Ausgaben: Obras de B. M. Krit. Ausg. Hg. v. M. DE RIQUER. Katalan. u. span. Barcelona 1959. – B. M. Lo somni. Barcelona ³1980.
Literatur: MONTOLIU Y DE TOGORES, M. DE: Les grans personalitats de la literatura catalana. Bd. 4: B. M. Barcelona 1960.

Methodios (Methódios; Method), Lehrer und Apostel der Slawen, ↑ Kyrillos und Methodios.

Methodios von Olympos, hl., * Olympos (Lykien) um 230, † 311, griech. Kirchenschriftsteller. – Nach der Überlieferung Bischof von Olympos; Gegner des Origenes; soll als Märtyrer gestorben sein; von seinen z. T. asket. Schriften ist das ›Gastmahl der 10 Jungfrauen oder Über die Keuschheit‹, eine ins Christliche gekehrte Nachahmung von Platons ›Gastmahl‹, erhalten.

Ausgabe: Gastmahl oder die Jungfräulichkeit. Dt. Übers. In: Bibliothek der Kirchenväter 2 (1911).

Metodi (tl.: Metodij), Lehrer und Apostel der Slawen, ↑ Kyrillos und Methodios.

Metonymie [griech. = Namensvertauschung] (Hypallage), Tropos, bei dem ein Begriff durch einen anderen ersetzt wird, der in unmittelbar räuml., zeitl. oder ursächl. Verbindung mit diesem steht, z. B. lat. *Mars* = Krieg, dt. *Eisen* = Schwert.

Metrik [griech. metrikè téchnē = Kunst des Messens], Verslehre; systemat. und histor. Erfassung der ästhetisch relevanten Regeln der Verssprache der ↑ gebundenen Rede, sowohl von rhetorisch-stilist. Einzelmomenten des Verses, wie Lautwiederholungen (u. a. ↑ Alliteration, ↑ Reim), als auch v. a. von quantitativ und eventuell qualitativ geordneten Silbenabfolgen (M. im engeren Sinn; ↑ Metrum) oder von nicht durch ein bestimmtes Metrum geordneten Versen (freie, eigenrhythm. Verse). Metr. Grundeinheiten sind der ↑ Versfuß sowie der ↑ Vers als rhythm. Ganzes; dieser kann Teil einer ungegliederten Folge formal gleicher Verse sein (↑ stichisch) oder Teil einer größeren Einheit, bestehend aus einer bestimmten Anzahl gleicher oder in der Abfolge geregelter ungleicher Verse (↑Strophe). Baustein des Verses ist die Silbe. Zu unterscheiden sind rein silbenzählende Verse, die nur die Anzahl der Silben pro Vers festlegen (z. B. in der frz. M.), von solchen, die darüber hinaus nach Dauer (↑quantitierendes Versprinzip, z. B. griechisch-lat. M.), dynam. Akzent (↑akzentuierendes Versprinzip, z. B. engl. und dt. M.) oder Ton (umstrittenes Beispiel die klass. chin. M.) zwei Silbenklassen (lang – kurz, betont – unbetont) unterscheiden und deren Abfolge regeln. Der Vers kann entweder eine feste, nicht weiter gegliederte Silbenstruktur haben oder durch feste ↑Zäsuren unterteilt und in kleinere Einheiten (Metren; ↑Takte) zerlegbar sein. Durch fixierte Klangwiederholungen (Alliteration, Binnenreim) können bestimmte Silben hervorgehoben und der Vers weiter strukturiert werden. Die Anwendung eines der vier metr. Prinzipien in einer Sprache hängt von deren phonolog. Struktur sowie von Tradition und Vorbild ab. Die Nachahmung der M. einer Einzelsprache in einer anderen ist oft nur durch Umdeutung spezif. Merkmale möglich (etwa betont für lang, unbetont für kurz bei der Nachahmung antiker Metren im Deutschen). Aussagen über die ästhet. Wirkung metr. Strukturen und das Verhältnis von Metrum und ↑Rhythmus sind, strenggenommen, jeweils nur für eine Sprache und deren Literatur möglich. Sie sind neben der Beschreibung des metr. Prinzips, des Bestandes an Vers-, Strophen- und Gedichtformen und deren Genese und Entfaltung sowie deren Auftreten in der Dichtung Gegenstand der M.en der einzelnen Sprachen und Literaturen.

Literatur: KORZENIEWSKI, D.: Griech. M. Darmst. 1968. – HEUSLER, A.: Dt. Versgesch. Bln. ²1968. 3 Bde. – ELWERT, W. TH.: Frz. M. Mchn. ⁴1978. Nachdr. 1992. – DILLER, H.-J.: M. u. Verslehre. Düss. u. a. 1978. – PAUL, O./GLIER, I.: Dt. M. Neuausg. Mchn. 1985. – DREXLER, H.: Einf. in die röm. M. Darmst. ⁴1987. – KAYSER, W.: Kleine dt. Versschule. Tüb. u. a. ²⁴1992. – WAGENKNECHT, CH.: Dt. M. Mchn. ³1993. – BREUER, D.: Dt. M. u. Versgesch. Mchn. ⁴1994.

Metrum (Metron) [griech.], im weiteren Sinn Versmaß, d. h. das abstrakte Schema der nach Anzahl und gegebenen-

falls Qualität der Silben mehr oder minder fest geordneten Silbenabfolge eines Verses (↑Metrik), z. B. ↑Dimeter, ↑Trimeter, ↑Hexameter, ↑Blankvers, ↑Vierheber, ↑Endecasillabo. Die vielfältige Variationsbreite der konkreten Realisierungen des abstrakten M.s aufgrund des Widerstreits der Sprache gegen die metr. Organisation wird vielfach (bei akzentuierenden Metriken) als Quelle des ↑Rhythmus angesehen. Im engeren Sinn Versfuß (z. B. ↑Jambus, ↑Trochäus [in der Antike dipodisch gesetzt, ↑Dipodie], ↑Daktylus), d. h. die kleinste feste Einheit aus mehreren Silben in bestimmter Anzahl und Abfolge der nach Dauer bzw. Gewicht auf zwei Klassen verteilten Silben (kurz – lang, unbetont – betont). Verschiedentlich wird in der dt. Metrik der Begriff des M.s (Versfußes) durch den der Musik entlehnten ↑Takt ersetzt, um dem prinzipiellen Unterschied zwischen antiker, quantitierender Metrik, nach der der Vers in der Regel aus einer Reihe gleich- oder verschiedenartiger Versfüße zusammengesetzt ist, und dt. akzentuierender Metrik, bei der die Anzahl der unbetonten Silben anfänglich mehr oder weniger frei war, Rechnung zu tragen.

Literatur ↑Metrik.

Meung, Jean de [frz. mœ̃], frz. Dichter, ↑Rosenroman.

Mevlânâ, in der Türkei Beiname des pers. Dichters und Mystikers ↑Dschalal od-Din Rumi.

Mew, Charlotte Mary [engl. mju:], *London 15. Nov. 1869, †ebd. 24. März 1928, engl. Dichterin. – Lebte in beengten Verhältnissen; schrieb für ihre Zeit ungewöhnl., betont subjektive, intensiv leidenschaftl., doch verhalten artikulierte Lyrik (›The farmer's bride‹, 1916; ›The rambling sailor‹, postum 1929); daneben auch Kurzgeschichten.

Ausgabe: Ch. M. Collected poems and prose. Hg. v. V. WARNER. London 1982.
Literatur: FITZGERALD, P.: Ch. M. and her friends. London 1984.

mexikanische Literatur, aus der reichen Literatur span. Chronisten, die mit den fünf Berichten des Konquistadors Hernán Cortés (* 1485, † 1547) an Kaiser Karl V. begann, ist die ›Historia verdadera de la conquista de la Nueva

España‹ (entst. 1557–62, veröffentlicht 1632) von Bernal Díaz del Castillo (* zw. 1492 und 1500, † um 1560) wegen ihrer Zuverlässigkeit und lebendigen Sprache hervorzuheben. Allerdings wird in den Werken der Geistlichen Bartolomé de Las Casas (* 1474, † 1566), Bernardino de Sahagún oder der Historiker indian. Herkunft ein tieferes Verständnis für Kultur und Geschichte der zerstörten Reiche sichtbar. Der erste in Mexiko geborene Dichter war Francisco de Terrazas (* 1525 [?], † 1600 [?]), dessen nur bruchstückhaft überliefertes Werk der italienisch-klass. Schule von Sevilla verpflichtet ist. Das lyrisch-deskriptive Epos ›La grandeza mexicana‹ (1604) von B. de Balbuena weist bereits Züge des gongorist. Barockstils auf. Die um 1530 einsetzende Entwicklung des Missions- und weltl. Theaters führte zu J. Ruiz de Alarcón y Mendoza, dem Schöpfer der span. Charakterkomödie. – Die blühende Kultur der vizekönigl. Residenz im **17. Jh.** repräsentieren v. a. der Gelehrte und Dichter Carlos de Sigüenza y Góngora (* 1645, † 1700) sowie die Nonne Juana Inés de la Cruz. – Nach dem vom wiss. Interesse beherrschten **18. Jh.** wurde das literar. Leben wieder aktiviert von einer Gruppe neoklass. Dichter – José Manuel Martínez de Navarrete (* 1768, † 1809) u. a. –, die sich um das ›Diario de México‹ (1805–17), die erste Tageszeitung des Landes, scharten. Die überragende Gestalt der Zeit der Unabhängigkeitskriege war J. J. Fernández de Lizardi. Die Bestrebungen, eine eigenständige nat. Literatur zu schaffen, führten 1836 zur Gründung der Akademie von Letrán, an der sich neoklass. Dichter sowie die Initiatoren der **Romantik** in Mexiko, Fernando Calderón (* 1809, † 1845) und Ignacio Rodríguez Galván (* 1816, † 1842), beteiligten. Mittelpunkt des 1851 gegründeten Hidalgo-Lyzeums, das die Funktionen der aufgelösten Akademie von Letrán übernahm, war der Lyriker und Romancier I. M. Altamirano. Die Überwindung der Romantik vollzog sich in der Lyrik unter dem Einfluß der frz. Parnassiens und Symbolisten. An der Schwelle zum **Modernismo** standen die Dichter S. Díaz Mirón, M. J. Othon und M. Gutiérrez Nájera. Bed. Vertreter des

Modernismo waren A. Nervo, José Juan Tablada (* 1871, † 1945) und E. González Martínez. Eine durch die analyt. Techniken des Naturalismus vertiefte Einsicht in die sozialen Probleme des Landes charakterisiert das Romanschaffen von R. Delgado und Federico Gamboa (* 1864, † 1939). Die 1910 beginnende Revolution wurde in einer Vielzahl beachtl. Romane dargestellt. Zu den großen Autoren des sog. ›mex. Revolutionsromans‹ gehören M. Azuela, J. Vasconcelos, M. L. Guzmán, J. R. Romero, J. Mancisidor (* 1894, † 1956), G. López y Fuentes, R. F. Muñoz und A. Yáñez. Neben ihnen befaßte sich eine Gruppe von Romanautoren – u. a. Artemio de Valle-Arizpe (* 1888, † 1961) – mit der kolonialen Vergangenheit. Einen weiteren wichtigen Themenkreis bilden die Lebensformen und -bedingungen der Indianer, die in den indigenist. Romanen von Ramón Rubín (* 1912), R. Castellanos u. a. behandelt werden. Die Konflikte innerhalb der nachrevolutionären Gesellschaft werden in den modern komponierten Romanen von J. Revueltas und C. Fuentes gestaltet. Großen Einfluß über Mexiko hinaus erreichten der ›mag. Realist‹ J. Rulfo und der phantast. Erzähler J. J. Arreola. Die auf die modernist. Lyrik folgenden avantgardist. Tendenzen – v. a. der Surrealismus – wurden von den Mitarbeitern der Zeitschrift ›Contemporáneos‹ (1928–31) repräsentiert: C. Pellicer, José Gorostiza (* 1901, † 1973), J. Torres Bodet, X. Villaurrutia und Salvador Novo (* 1904, † 1974). Stärkeres polit. Engagement, zeitweise aber auch eine hermetisch verschlüsselte Symbolwelt kennzeichnen die Dichter um die Zeitschriften ›Taller‹ (1938–41) und ›Tierra Nueva‹ (1940–42), von denen der auch als Essayist hervorgetretene O. Paz einen überragenden Platz einnimmt. Intensiver als in anderen lateinamerikan. Ländern konnte sich dank staatl. Förderung das mex. *Theater* entwickeln. Die Orientierung an der nat. Realität gibt dem Theaterschaffen bei aller techn. Variationsbreite ein einheitl. Gepräge. Zu den wichtigsten, auch internat. bekannten Dramatikern gehören u. a. R. Usigli, Rafael Solana (* 1915, † 1992), Elena Garro (* 1920) und Emilio Carballido

(* 1925). Große Bedeutung hat die mex. *Essayistik,* von der starke Impulse ausgegangen sind. Am Vorabend der Revolution trug die antipositivist. Philosophie von Antonio Caso (* 1883, † 1946) wesentlich zur geistigen Erneuerung des Landes bei. Casos Schüler Leopoldo Zea (* 1912) gilt als einer der führenden Philosophen Lateinamerikas. Das monumentale Werk des Philologen A. Reyes liefert die Basis für ein nat. Selbstverständnis im Rahmen universaler Zusammenhänge.

In der Literatur der **Gegenwart** ist gegenüber dem Anspruch einer totalen Erfassung der mex. Geschichte und Gesellschaft, wie er in den Werken von Fuentes, Revueltas oder auch F. del Pasos zum Tragen kommt, die Tendenz zur iron. bzw. grotesken Dramatisierung oder auch radikalen Enttabuisierung des Alltäglichen zu erkennen. Diese Thematik bedeutet gleichzeitig Abwendung von den Mythen und Enttäuschungen der Revolution und Zuwendung zu den Verhaltensweisen und Moralvorstellungen des Durchschnittsmexikaners. Zugleich werden neue Techniken der Sprachverwendung sichtbar, die sich u. a. im Einsatz von Umgangssprache und Argot bis hin zur Auflösung korrekter Schreibweise – z. B. bei Gustavo Sainz (* 1940) und J. Agustín – manifestieren. Weitere wichtige *Prosaautoren* der Gegenwart sind: Jorge Ibargüengoitia (* 1928, † 1983), Salvador Elizondo (* 1932), J. García Ponce, V. Leñero, Elena Poniatowska, René Avilés Fabila (* 1940), Guillermo Samperio (* 1948), David Ojeda (* 1950). Zu den bedeutendsten *Lyrikern,* die im Anschluß an O. Paz hervorgetreten sind, gehören: Jaime Sabines (* 1926), M. A. Montes de Oca, J. E. Pacheco, Homero Aridjis (* 1940), José de Jesús Sampedro (* 1950). Mit seinen scharfsinnigen Essays zur populären Kultur und Politik hat sich Carlos Monsiváis (* 1938) einen großen Namen erworben.

Literatur: HOWLAND BUSTAMANTE, S.: Historia de la literatura mexicana. Mexiko 1961. – MAGAÑA ESQUIVEL, A.: Medio siglo de teatro mexicano, 1900–1961. Mexiko 1964. – BRUSHWOOD, J. S.: Mexico in its novel. A nation's search for identity. Austin (Tex.) 1966. – DESSAU, A.: Der mex. Revolutionsroman. Bln. 1967. – OCAMPO DE GÓMEZ, A. M./PRADO VELÁZQUEZ, E.: Diccionario de escritores mexicanos. Mexiko 1967. – AGUIRRE, R.: Panorama de la literatura mexicana del siglo veinte. Mexiko 1968. – GONZÁLEZ PEÑA, C.: Historia de la literatura mexicana ... Mexiko ¹²1975. – PORTAL, M.: Proceso narrativo de la revolución mexicana. Madrid 1977. – GARCÍA BARRAGÁN, M. G.: El naturalismo en México. Mexiko 1979. – FOSTER, D. W.: Estudios sobre teatro mexicano contemporáneo. New York u. a. 1984. – ARGUDÍN, Y./ARGUDÍN, M. L.: Historia del teatro en México. Mexiko ²1986. – BRUSHWOOD, J. S.: La novela mexicana, 1967–1982. Mexiko 1985. – DUNCAN, J. A.: Voices, vision, and a new reality: Mexican fiction since 1970. Pittsburgh (Pa.) 1986. – Literar. Vermittlungen: Gesch. u. Identität in der m. L. Hg. v. K. HÖLZ. Tüb. 1988. – LARA VALDEZ, J.: Diccionario biobibliográfico de escritores contemporáneos de México. Mexiko 1988. – FRANCO, J.: Plotting women: Gender and representation in Mexiko. New York 1989. – CHIU OLIVARES, M. I.: La novela mexicana contemporánea: 1960–1980. Madrid 1990. – Dictionary of Mexican literature. Hg. v. E. CORTÉS. Westport (Conn.) 1992. – Mexican literature. A history. Hg. v. D. W. FOSTER. Austin (Tex.) 1994.

Meyer, Alfred Richard, Pseudonym Munkepunke u. a., * Schwerin 4. Aug. 1882, † Lübeck 9. Jan. 1956, dt. Schriftsteller und Verleger. – Jurist; war u. a. Verlagsbuchhändler, gründete 1907 einen eigenen Verlag; gab Liebhaberdrucke heraus und verlegte in seinen ›Lyr. Flugblättern‹ frühexpressionist. Lyrik, u. a. von G. Benn, E. Lasker-Schüler, R. Leonhard und P. Zech. Sein eigenes literar. Werk zeichnet sich durch Witz, Frische und formale Vollendung aus; auch Übersetzer und Herausgeber.

Werke: Vicky (Ged., 1902), Nachtsonette (1906), Würzburg im Taumel (Ged., 1911), Vor Ypern (Ged., 1916), Flandr. Etappe (Skizzen, 1917), Der große Munkepunke (ges. Werke, 1924), Die maer von der musa expressionistica (Schrift, 1948), Wenn nun wieder Frieden ist ... (Ged., 1948).

Literatur: SEIFERT, H.: Erinnerungen an den Lyriker A. R. M. In: Neue Dt. Hefte 29 (1982).

Meyer, Conrad Ferdinand, * Zürich 11. Okt. 1825, † Kilchberg (ZH) 28. Nov. 1898, schweizer. Schriftsteller. – Einer alten Züricher Patrizierfamilie angehörig und materiell unabhängig, begann M. zunächst ein Jurastudium; dem folgte der Wunsch, Maler zu werden. Depressionen, ein 1852 auch offen zutage tretendes Nervenleiden, wodurch der Aufenthalt in einer Heilanstalt nötig wurde, verhinderten jedoch die weitere Ausbildung.

Conrad
Ferdinand
Meyer

Zahlreiche Reisen, dann Aufenthalte in München und Rom führten zur Bewunderung der italien., span. und niederländ. Malerei des 16./17. Jh., insbes. Michelangelos. Die Kultur der Renaissance überhaupt, worin ihn J. Burckhardt bestärkte, wurde zu seinem Lebensideal. Erst 1860 entschied er sich definitiv für seinen Lebensweg als Schriftsteller, wobei er anfangs zwischen der dt. und frz. Sprache schwankte; seine Wahl zugunsten des Deutschen mag mit der ausgiebigen Übersetzertätigkeit während des dt.-frz. Krieges zusammenhängen, wohl auch mit der Gründung des Deutschen Reiches, die er begrüßte. Bis zum nicht mehr heilbaren Ausbruch der psych. Krankheit im Alter (ab 1891/92) schuf er in konzentrierter Produktivität ein Prosaepiker und Lyriker ein Werk, welches ihn neben J. Gotthelf und G. Keller zum bedeutendsten Vertreter der deutschsprachigen schweizer. Literatur im 19. Jh. machte. V. a. trat M. durch histor. Novellen und Erzählungen hervor; durch seine Ablehnung der Übernahme des zeitgenöss. Alltags in die Literatur ergab sich die Hinwendung zu Stoffen aus der Geschichte. Das Geschichtsbild, das er sich erarbeitete, ist dem Renaissancekult der 2. Hälfte des 19. Jh. verpflichtet: In der Renaissance wird der Inbegriff der Lebenskraft und Lebensfreude gesehen, die überlegene, außergewöhnl. Menschen hervorbringt, Helden wie Sünder: so die Gestalt des ›Georg Jenatsch‹ (R., 1876, ab 1882 u. d. T. ›Jürg Jenatsch‹) oder die der großen Sünderin in der Novelle ›Die Richterin‹ (1885). M. bildete auch einen sublimen Psychologismus aus, der Geschehen und Taten, Entwicklungen und Entscheidungen manchmal bewußt im Zwielicht ließ (so Thomas Beckett in der Novelle ›Der Heilige‹, 1880; Pescara in der Novelle ›Die Versuchung des Pescara‹, 1887; Lucrezia in der Novelle ›Angela Borgia‹, 1891). Dazu bediente er sich häufig und immer verfeinerter der Form der Rahmenerzählung (›Der Heilige‹; ›Die Hochzeit des Mönchs‹, Nov., 1884).

War M. früher in erster Linie als Prosa- und Versepiker geschätzt, dann namentlich von H. von Hofmannsthal zum Historisten der Makartzeit (Neubarock, 2. Hälfte des 19. Jh.) erklärt, wird M. heute v. a. als Vorläufer des lyr. Symbolismus gesehen. Seinen literar. Ruf zu Lebzeiten verdankte er dem Versepos ›Huttens letzte Tage‹ (1871); als Gegenstück dazu gilt das Versepos ›Engelberg‹ (1872). Unter den Renaissancenovellen finden sich zwei kom. Erzählungen: ›Der Schuß von der Kanzel‹ (1877) und ›Plautus im Nonnenkloster‹ (1882, in: Kleine Novellen, Bd. 3), im Wetteifer mit Keller entstanden, obwohl Humor im Ganzen nicht M.s Sache war. Neben den Werken mit gewalttätigen, vitalen, bedenkenlosen, doch geistig immer bed. ›Helden‹ in ihren differenzierten Konflikten wie Hutten, Jenatsch oder Rudolf Wertmüller (in der Novelle ›Der Schuß von der Kanzel‹) sollten auch M.s Erzählungen, die seinen Psychologismus auf jugendl. Gestalten übertragen, nicht unterbewertet werden (›Das Amulett‹, 1873; ›Gustav Adolfs Page‹, 1882, in: Kleine Novellen, Bd. 4; ›Das Leiden eines Knaben‹, 1883; Palma Novella in der Novelle ›Die Richterin‹). Am Drama hat M. sich erfolglos versucht, es blieb bei Fragmenten (›Petrus Vinea‹). Doch hat er eine eigene Form in der Lyrik gefunden, eine Art Gegensatz zu der seit dem Sturm und Drang und bes. der Romantik geübten Subjektivität der Inspiration. Aus harter, feilender, um jedes Wort, um die endgültige Fassung – manchmal über Jahrzehnte hin – ringender ›Arbeit‹ konnten dann so vollendete Symbolgedichte wie ›Der röm. Brunnen‹ oder ›Zwei Segel‹ hervorgehen, Kurzgedichte von scheinbar müheloser Konzentriertheit. Mühsame Entwicklungsstufen verraten die ›Balladen‹ (1867) und die ›Romanzen und Bilder‹ (1871), die noch weit entfernt sind von der Bedeutung der späteren Balladen mit antiken, mittelalterl., Renaissance- und Reformationsstoffen, die die Sammlung der ›Gedichte‹ in sich vereinigt (1882, erweitert 1892).

Ausgaben: C. F. M. Sämtl. Werke. Histor.-krit. Ausg. Hg. v. H. ZELLER u. A. ZÄCH. Bern 1958 ff. Auf 15 Bde. ber. (bisher 14 Bde. erschienen). – C. F. M. Sämtl. Werke in 2 Bden. Nach der Ausg. letzter Hand. Nachwort v. E. LAATHS. Mchn. 1976. – C. F. M. Werke in 2 Bden. Hg. v. H. ENGELHARD. Essen 1982. – C. F. M. Ges. Werke. Hg. v. W. IGNÉE. Mchn. 1985. 5 Bde. **Literatur:** BAUMGARTEN, F. F.: Das Werk C. F. M.s. Renaissance-Empfinden u. Stilkunst. Hg. v. H. SCHUHMACHER. Zü. u. Wien 1948. – BRUNET, G.: C. F. M. et la nouvelle. Paris 1967. – C. F. M. Hg. v. D. A. JACKSON. Rbk. 1975. – BURKHARD, M.: C. F. M. Boston (Mass.) 1978. – FEHR, K.: C. F. M. Stg. ²1980. – C. F. M. Hg. v. H. SCHNIERLE. Salzburg 1982. – FEHR, K.: C. F. M. Bern u. Mchn. 1983. – GERLACH, U. H.: C. F. M. Bibliogr. Tüb. 1994.

Meyer, E. Y., eigtl. Peter M., * Liestal 11. Okt. 1946, schweizer. Schriftsteller. – Studierte Philosophie und Geschichte, war Lehrer, seit 1973 freier Schriftsteller. Seine Werke zeigen Bedrohung, Verdüsterung des menschl. Individuums und deren mögl. Überwindung kommentierend auf. Bekannt wurde er durch die Erzählungen ›Ein Reisender in Sachen Umsturz‹ (1972), in denen bereits die sprachl. und formalästhet. Merkmale M.s deutlich werden: Monotonie in der Erzählstruktur, indirekte Rede, sprachl. Genauigkeit, kompliziert verschachtelte Sätze. Der Roman ›Die Rückfahrt‹ (1977) ist autobiographisch gefärbt; auch Hör- und Fernsehspiele.

Weitere Werke: In Trubschachen (R., 1973), Eine entfernte Ähnlichkeit (En., 1975), Herabsetzung des Personalbestandes (Fsp., 1976), Die Hälfte der Erfahrung. Essays und Reden (1980), Plädoyer. Für die Erhaltung der Vielfalt der Natur ... (1982), Sunday morning. Ein berndeutsches Stück (1984), Das System des Doktor Maillard oder die Welt der Maschinen (R., 1994). **Literatur:** E. Y. M. Hg. v. B. VON MATT. Ffm. 1983.

Meyer, Gustav, österr. Schriftsteller, ↑ Meyrink, Gustav.

Meyer-Clason, Curt, * Ludwigsburg 19. Sept. 1910, dt. Schriftsteller und

Übersetzer. – Kaufmänn. Ausbildung, 1923–54 in Südamerika; 1969–76 Leiter des Goethe-Instituts in Lissabon. Wurde v. a. bekannt als Hg. und Übersetzer lateinamerikan. Literatur (u. a. G. García Márquez, J. Guimarães Rosa, J. L. Borges). Schrieb Erzählungen, Hörspiele, Tagebücher sowie den autobiograph. Roman ›Äquator‹ (1986).

Weitere Werke: Erstens die Freiheit ... (Reisetagebuch, 1978), Portugies. Tagebücher (1979), Die Menschen sterben nicht, sie werden verzaubert (Abh., 1990).

Meynell, Alice Christiana Gertrude [engl. mɛnl], geb. Thompson, * Barnes (heute zum Londoner Stadtbezirk Richmond upon Thames) 22. Sept. 1847, † London 27. Nov. 1922, engl. Schriftstellerin. – Trat 1868 zum Katholizismus über, ab 1877 ⚭ mit dem Verleger und Lyriker Wilfried M. (* 1852, † 1948), befreundet mit vielen Schriftstellern ihrer Zeit, u. a. R. Browning, D. G. Rossetti, J. Ruskin und A. Tennyson. Sie schrieb neben feinsinnigen Essays (›The rhythm of life‹, 1893; ›The colour of life‹, 1896; ›The second person singular‹, 1921) v. a. konventionelle, später eigenständige religiöse Reflexionslyrik.

Ausgabe: The poems of A. M. Complete edition. Hg. v. H. PAGE. Toronto u. London 1923. Nachdr. London u. New York 1947. **Literatur:** BADENI, J.: Slender tree. The life of A. M. Padstow 1981.

Meyr, Melchior ['maɪər], * Ehringen (heute zur Gemeinde Wallerstein, Landkreis Donau-Ries) 28. Juni 1810, † München 22. April 1871, dt. Schriftsteller. – Sein Hauptwerk, ›Erzählungen aus dem Ries‹ (1856), ist ein frühes Zeugnis der Heimatkunst; schrieb auch Gedichte, Dramen und Romane sowie religionsphilosoph. Schriften.

Weitere Werke: Wilhelm und Rosina (Ged., 1835), Franz von Sickingen (Dr., 1851), Gedichte (1857), Neue Erzählungen aus dem Ries (1860), Vier Deutsche (R., 1861), Ewige Liebe (R., 1864).

Meyrink, Gustav ['maɪrɪŋk], ursprünglich (bis 1917) G. Meyer, * Wien 19. Jan. 1868, † Starnberg 4. Dez. 1932, österr. Schriftsteller. – 1889–1902 in Prag Inhaber einer Bank; 1903 Chefredakteur der humorist. Wiener Zeitschrift ›Der liebe Augustin‹, Mitarbeiter am ›Simplicissimus‹; 1927 Übertritt vom Protestantismus zum Mahajana-Buddhismus. In seinen erfolgreichen Romanen verarbeitet er religiös-messian. Ideen, myst. Vorstellungen, kabbalist. und buddhist. Traditionen sowie alte Sagen, z. B. die vom Ewigen Juden (›Das grüne Gesicht‹, 1916) oder vom Golem, der zum Symbol für das jüd. Volk wird (›Der Golem‹, 1915); wirkungsvolle parodist. Effekte und Satire, die sich in der Regel gegen das Bürgertum richtet (›Des dt. Spießers Wunderhorn‹, Nov.n, 3 Bde., 1913).

Weitere Werke: Der heiße Soldat (En., 1903), Wachsfigurenkabinett (En., 1907), Der Sanitätsrat (Kom., 1912; mit A. Roda Roda), Fledermäuse (En., 1916), Walpurgisnacht (R., 1917), Der weiße Dominikaner (R., 1921), Der violette Tod (Nov.n, 1922).
Ausgabe: G. M. Ges. Werke. Lpz. 1917. 6 Bde.
Literatur: FRANK, E.: G. M. Werk u. Wirkung. Büdingen 1957. – ASTER, E.: Personalbibliogr. v. G. M. Bern u. a. 1980. – QASIM, M.: G. M. Stg. 1981. – CERSOWSKY, P.: Phantast. Lit. im ersten Viertel des 20. Jh. Mchn ²1989. – SMIT, F.: G. M. Auf der Suche nach dem Übersinnlichen. Dt. Übers. Neuausg. Mchn. 1990.

Meysenbug, Malwida (Malvida) Freiin von (seit 1825) [...bu:k], * Kassel 28. Okt. 1816, † Rom 26. April 1903, dt. Schriftstellerin. – Entstammte einer hugenott. Emigrantenfamilie (Vater war Minister des Kurfürsten von Hessen-Kassel); wandte sich schon früh von ihrer konservativen Familie ab. Wegen ihrer demokrat. Gesinnung wurde sie 1852 aus Berlin ausgewiesen; lebte in London, Paris, Florenz, Rom und auf Ischia; war mit G. Mazzini, G. Garibaldi, R. Wagner und F. Nietzsche befreundet; Parteinahme für die Arbeiter und die Frauenemanzipation; Verfasserin aufschlußreicher Memoiren, ›Memoiren einer Idealistin‹ (3 Bde., 1876), ›Der Lebensabend einer Idealistin‹ (1898).

Ausgabe: M. v. M. Ges. Werke. Hg. v. B. SCHLEICHER. Stg. 1922. 5 Bde.
Literatur: SCHLEICHER, B.: M. v. M. Ein Lebensbild zum 100. Geburtstag der Idealistin. Bln. u. Stg. ³1922. – MEYER-HEPNER, G.: M. v. M. Bln. u. Lpz. 1948. – SANDOW, E.: Malvida-v.-M.-Bibliogr. In: Lipp. Mitt. aus Gesch. u. Landeskunde 36 (1967), S. 53. – M. v. M. Ein Portrait. Hg. v. G. TIETZ. Ffm. 1985.

Mezarentz, Missak, * Binkyan (Türkei) 1866, † Konstantinopel (heute Istanbul) 1908, armen. Lyriker. – Schrieb 70 Gedichte, die seine Ergriffenheit von der Natur ausdrücken, aber auch melanchol. Züge aufweisen.

Ausgabe: La poesia armena moderna. Italien. Übers. in Ausw. Hg. v. M. GIANASCIN. Venedig 1963.
Literatur: INGLISIAN, V.: Die armen. Lit. In: Hdb. der Orientalistik, Abt. 1, Bd. 7. Leiden 1963. S. 234.

Michael I. (M. der Syrer), * Melitene (heute Eski Malatya, Türkei) 1126, † 1199, Patriarch von Antiochia (seit 1166). – Bemüht um Kirchenreformen; unterhielt gute Beziehungen zu den Kreuzfahrern; Verfasser einer 21bändigen Chronik mit z. T. hohem Quellenwert für die Kreuzfahrerzeit.

Literatur: LÜDERS, A.: Die Kreuzzüge im Urteil syr. u. armen. Quellen. Bln. 1964. S. 5.

Michael Glykas (tl.: Michaēl Glykās; Sikidites), byzantin. Geschichtsschreiber und Dichter des 12. Jahrhunderts. – Schrieb u. a. eine zwischen 1143 und 1156 verfaßte, bis 1118 reichende Weltchronik mit z. T. hohem Quellenwert und als polit. Gefangener 1159 ein Bittgedicht an Kaiser Manuel I. Komnenos, der ihn jedoch blenden ließ. M. G. war einer der ersten, der in volkstüml. Griechisch schrieb.

Ausgabe: Patrologiae cursus completus. Series Graeca. Bd. 158. Hg. v. J.-P. MIGNE. Paris 1865.

Michaelis, Caroline, dt. Schriftstellerin, ↑ Schelling, Caroline von.

Michaëlis, Karin [dän. mika'e:lis], eigtl. Katharina M., geb. Bech-Brøndum, * Randers 20. März 1872, † Kopenhagen 11. Jan. 1950, dän. Schriftstellerin. – Heiratete 1905 Sophus M., 1912 den amerikan. Diplomaten Ch. Stangeland; betätigte sich auf sozialem Gebiet, trug während des 1. Weltkrieges für Deutschland ein, nahm während des nationalsozialist. Regimes in Deutschland dt. Flüchtlinge auf (u. a. B. Brecht); während des 2. Weltkrieges (bis 1946) im Exil in den USA. Verfasserin international bekannter Jungmädchenbücher (›Bibi‹, R.-Serie, 1929–38, dt. 1929–38), moderner Frauenromane und -novellen in impressionist. Stil, in denen sie offen mit großem Einfühlungsvermögen die weibl. Psyche schildert.

Weitere Werke: Das Kind (R., 1902, dt. 1902), Das gefährl. Alter (R., 1910, dt. 1910), Die sieben Schwestern (R., 1923, dt. 1924), Vagabun-

din des Herzens (R., 1930, dt. 1932), Nielsine, die Mutter (R., 1935, dt. 1936), Die wunderbare Welt (Autobiogr., 3 Bde., 1948–50, dt. 1950).
Literatur: IVERSEN, M.: K. M. Den farlige alder. In: Litteratur og samfund 7 (1975), S. 11.

Michaëlis, Sophus [August Berthel] [dän. mika'e:lis], *Odense 14. Mai 1865, † Kopenhagen 28. Jan. 1932, dän. Schriftsteller. – Typ. Vertreter der Epoche vor dem 1. Weltkrieg; beeinflußt von H. Ibsen, M. Maeterlinck und bes. von F. Nietzsche; Ästhetizismus, später auch Rhetorik und Pathos kennzeichnen sein Werk; meisterhafte Übersetzungen aus dem Deutschen (›Faust‹), Französischen und Portugiesischen.

Henri
Michaux

Werke: Solblomster (Ged., 1893), Aebelö (R., 1895, dt. 1900), Revolutionshochzeit (Dr., 1906, dt. 1909), Der ewige Schlaf (R., 1912, dt. 1912), Hellenen und Barbaren (R., 1914, dt. 1920).
Ausgabe: S. M. Samlede romaner. Kopenhagen 1919. 3 Bde.

Michailow (tl.: Michajlov), A. [russ. mi'xajlɐf], russ. Schriftsteller, ↑ Scheller, Alexandr Konstantinowitsch.

Michailowski (tl.: Michajlovskij), Nikolai Georgijewitsch [russ. mixaj'lɔfskij], russ. Schriftsteller, ↑ Garin, N.

Michajlov, A., russ. Schriftsteller, ↑ Scheller, Alexandr Konstantinowitsch.

Michajlovskij, Nikolaj Georgievič, russ. Schriftsteller, ↑ Garin, N.

Michalkow (tl.: Michalkov), Sergei Wladimirowitsch [russ. mixal'kɔf], *Moskau 12. März 1913, russ. Schriftsteller. – Verfasser von Jugendliteratur in Vers und Prosa; auch Schauspiele und – in der Nachfolge I. A. Krylows – Fabeln meist politisch-satir. Art; Mitautor der sowjet. Nationalhymne (1943). 1970–90 Vorsitzender des Schriftstellerverbandes der RSFSR.

Werke: Ilja Golowin und seine Wandlung (Dr., 1950, dt. 1950), Raki i krokodil (= Die Krebse und das Krokodil, Kom., 1953/1960), Der Löwe und der Hase (Fabeln, dt. Ausw. 1954), Ein Autogramm vom Elefanten (En., dt. Ausw. 1976), Literatura, vremja, žizn' (= Literatur, Zeit, Leben, publizist. Prosa, 1978).
Ausgabe: S. V. Michalkov. Sobranie sočinenij. Moskau 1981–83. 6 Bde.
Literatur: ALEKSACHINA, I. V.: S. V. Michalkov. Moskau 1976 (Bibliogr.).

Michaux, Henri [frz. mi'ʃo], *Namur 24. Mai 1899, †Paris 19. Okt. 1984, frz. Schriftsteller und Zeichner belg. Her-

kunft. – Zahlreiche Reisen nach Südamerika, später auch nach Indien, China und Afrika; ab 1923 in Paris, wo er in Maler- und Literatenkreisen verkehrte. Ab 1955 frz. Staatsbürger. Obwohl von großem Einfluß auf die zeitgenöss. Literatur, stand er abseits der literar. Strömungen. In sein literar. Werk (v. a. Lyrik, aber auch Essays) sind die Einflüsse Lautréamonts und der Surrealisten eingegangen. Daneben stehen präzise, z. T. iron. Reiseschilderungen (›Écuador‹, 1929; ›Ein Barbar in Asien‹, 1933, dt. 1992) sowie Beschreibungen von Reisen in imaginäre Länder (›Reise nach Groß-Garabannien‹, 1936, dt. 1989). 1937 begann M. regelmäßig zu zeichnen und zu tuschen, z. T. als Illustration eigener Werke. Den Erfahrungsbereich seiner Weltreisen suchte er (1956–60) durch systemat. Experimente mit Drogen, v. a. Meskalin, ins Imaginäre zu erweitern und für seine Poesie fruchtbar zu machen, ebenso für seine Tuschzeichnungen (anfänglich surrealen Charakters, später reine, Figürliches assoziierende Bewegungsabläufe).
Weitere Werke: Qui je fus (Ged., 1927), Un certain Plume (Ged., 1931, dt. Ausw. 1960 u. d. T. Plume und andere Gestalten, 1986 u. d. T. Ein gewisser Plume), Unseliges Wunder. Das Meskalin (Ged., 1956, dt. 1986), Turbulenz im Unendlichen (Ged., 1957, dt. 1961), Connaissance par les gouffres (Ged., 1957), Wind und Staub (Prosa, ein Ged. und Zeichnungen, 1962, dt. 1965), Die großen Zerreißproben (Ged., 1966, dt. 1970), Moments (Ged., 1973, dt. 1983), Face à ce qui se dérobe (Ged., 1976), Eckpfosten (Prosa, 1981, dt. 1982), Chemins cherchés, chemins perdus, transgressions (Ged. und Prosa, 1982), Par surprise (Prosa, 1983), Le jardin

exalté (Prosa, 1983), Les commencements (Prosa, 1983), Déplacements, dégagements (Prosa und Ged., hg. 1985).
Ausgabe: H. M. In der Gesellschaft der Ungeheuer. Ausgew. Dichtungen. Frz. u. dt. Übers. zusammengestellt v. C. SCHWERIN. Ffm. 1986.
Literatur: BOWIE, M.: H. M. A study of his literary works. Oxford 1973. – H. M. Hg. v. W. SCHMIED. Sankt Gallen 1973. – BERTELÉ, R.: H. M. Paris Neuausg. 1975. – BROOME, P.: H. M. London 1977. – DUBBE, D. O.: Reise, imaginäre Reise und ›Reise‹ unter Drogen. Unterss. zu H. M. Hamb. 1977. – MAULPOIX, J.-M.: H. M., passager clandestin. Seyssel 1984. – EDSON, L. D.: H. M. and the poetics of mouvement. Saratoga (Calif.) 1985. – JOUFFROY, A.: Avec H. M. Paris 1992. – TROTET, F.: H. M. ou la sagesse du vide. Paris 1992. – GEISLER, E.: H. M. Studien zum literar. Werk. Stg. 1993.

Michel, Robert, * Chabeřice (Böhmen) 24. Febr. 1876, † Wien 11. Febr. 1957, österr. Schriftsteller. – 1918 für kurze Zeit Mitglied der Direktion des Burgtheaters in Wien; schrieb realist. Romane, Novellen und Erzählungen sowie Dramen, meist mit Stoffen aus seiner böhm. Heimat; im Spätwerk zunehmendes Auftreten surrealist. Elemente.
Werke: Die Verhüllte (Nov.n, 1907), Mejrima (Dr., 1909), Der steinerne Mann (R., 1909), Geschichten von Insekten (1911), Das letzte Weinen (Nov.n, 1912), Die Häuser an der Džamija (R., 1915), Jesus im Böhmerwald (R., 1927), Die Burg der Frauen (R., 1934), Die Wila (R., 1948).

Michelangelo [italien. mikel'andʒelo], eigtl. Michelagniolo di Lodovico di Lionardo di Buonarroti Simoni, * Caprese (heute Caprese Michelangelo) bei Arezzo 6. März 1475, † Rom 18. Febr. 1564, italien. Bildhauer, Maler, Baumeister und Dichter. – Lehrzeit bei dem Maler D. Ghirlandajo; wurde 1490 von Lorenzo I de' Medici in dessen Haus aufgenommen, wo wahrscheinlich der Donatelloschüler Bertoldo di Giovanni sein Lehrer war; arbeitete ab 1496 abwechselnd in Florenz, Rom und in den Marmorbrüchen von Carrara, ehe er 1534 endgültig nach Rom übersiedelte, wo die Freundschaft zu V. Colonna (ab 1538) einen prägenden Einfluß auf ihn ausübte. Trat als universaler Renaissancekünstler auch mit tiefempfundenen, meist schwermütigen Sonetten im petrarkisierenden Stil der Zeit hervor, die z. T. V. Colonna gewidmet sind; Entstehungszeit nach 1534, erstmalig in stark überarbeiteter Ausw. hg. 1623 u. d. T. ›Rime‹, erste voll-

ständige Ausgabe erst 1863; zahlreiche Übersetzungen (dt. 1875 und öfter, u. a. 1927 von R. M. Rilke) und Nachdichtungen; M.s Briefe (hg. 1875, dt. 1957) sind für die Kenntnis seiner Person von Bedeutung.
Ausgaben: Die Dichtungen des Michelagniolo Buonarroti. Hg. v. C. FREY. Bln. ²1964. – So-nette. Italien. u. dt. Hg. v. E. REDSLOB. Hdbg. 1964. – M. Buonarroti. Lebensberichte, Briefe, Gespräche, Gedichte. Dt. Übers. Hg. v. H. HINDERBERGER. Zü. 1985.
Literatur: STEINMANN, E./WITTKOWER, R.: M.-Bibliogr. 1510–1926. Lpz. 1927. – STEINMANN, E.: M. im Spiegel seiner Zeit. Lpz. 1930. – CLEMENTS, R. J.: The poetry of M. London 1966. – KOCH, H.: M. Rbk. 1966. – M. Bildhauer, Maler, Architekt, Dichter. Mit Beitrr. v. CH. DE TOLNAY u. a. Dt. Übers. Wsb. 1966. – GRIMM, H.: M. Sein Leben in Gesch. u. Kultur seiner Zeit, der Blütezeit der Kunst in Florenz u. Rom. Hg. v. R. JASPERT. Neuaufl. Bln. 1967. – GIRARDI, E. N.: Studi su M. scrittore. Florenz 1974. – BINNI, W.: M. scrittore. Turin 1975.

Michelsen, Hans Günter, * Hamburg 21. Sept. 1920, † Dießen am Ammersee 27. Nov. 1994, dt. Dramatiker. – Soldat, bis 1949 in Kriegsgefangenschaft; Theater- und Rundfunktätigkeit, zwei Jahre Pressesprecher des Berliner Schillertheaters, ab 1962 freier Schriftsteller. Verfasser wortkarger, figurenarmer, hintergründiger, an S. Beckett erinnernder Dramen, die im Schwebezustand ohne positive Utopie ausklingen; sie schildern statisch die Absurdität des Alltags im Nachkriegsdeutschland; war auch als Übersetzer tätig.
Werke: Lappschiess (Dr., 1963), Stienz (Dr., 1963), Drei Akte (Dr., 1965), Helm (Dr., 1965), Frau L (Dr., 1967), Planspiel (Dr., 1970), Drei Hörspiele (1971), Sein Leben (Dr., UA 1977), Kindergeburtstag (Dr., UA 1981).

Michener, James A[lbert] [engl. 'mɪtʃɪnə], * New York 3. Febr. 1907, amerikan. Schriftsteller. – War 1936–41 Dozent an der University of Northern Colorado, danach bis 1949 Verlagslektor in New York. Seine vielgelesenen Romane und Erzählungen im konventionellen Erzählstil sind von persönl. Erlebnissen, histor. Ereignissen und aktuellen Zeiterscheinungen bestimmt. In ›Tales of the South Pacific‹ (En., 1947, dt. 1951 u. d. T. ›Im Korallenmeer‹, 1966 u. d. T. ›Südsee‹; Pulitzerpreis 1948), die auch Vorlage für das Musical ›South Pacific‹

(1949) von Richard Rodgers und Oscar Hammerstein waren, in ›Die Brücken von Toko-Ri‹ (R., 1953, dt. 1953), ›Sayonara‹ (R., 1954, dt. 1954) und ›Zurück ins Paradies‹ (En., 1951, dt. 1955) verarbeitet er seine Erfahrungen bei der Pazifikflotte (1944/45). Später behandelt er in grandiosen histor. Panoramen die Geschichte Hawaiis (›Hawaii‹, R., 1959, dt. 1960), Palästinas (›Die Quelle‹, R., 1965, dt. 1971), der Küste Marylands (›Die Bucht‹, R., 1978, dt. 1979), von Südafrika (›Verheißene Erde‹, R., 1980, dt. 1981) und neuerdings von Polen (›Mazurkas‹, 1983, dt. 1984), Texas (›Texas‹, R., 1985, dt. 1986), Alaska (›Alaska‹, R., 1988, dt. 1989) und der Karibik (›Karibik‹, R., 1989, dt. 1990). Gegenwartsprobleme werden in ›Die Kinder von Torremolinos‹ (R., 1971, dt. 1971) und ›Die Sternenjäger‹ (R., 1982, dt. 1983) dargestellt; auch zahlreiche Prosaschriften und zeitkrit. Studien.

Weitere Werke: Die Brücke von Andau (R., 1957, dt. 1957), Karawanen der Nacht (R., 1963, dt. 1964), Der Adler und der Rabe (R., 1990, dt. 1991), Dresden, Pennsylvania (R., 1991, dt. 1993), Mexiko (R., 1992, dt. 1994). **Literatur:** DAY, A. G.: J. M. New York ²1977. – BECKER, G. J.: J. A. M. New York 1983. – HAYES, J. P.: J. A. M. A biography. Indianapolis 1984.

Michiels, Ivo [niederl. mi'xi:ls], eigtl. Rik Ceuppens, * Mortsel (Prov. Antwerpen) 8. Jan. 1923, fläm. Schriftsteller. – Journalist; schrieb existentialist. Gedichte und Romane, in denen er bevorzugt Zeitprobleme aus kath. Sicht gestaltete.

Werke: Daar tegenover (Ged., 1947), Der Abschied (R., 1957, dt. 1960), Journal brut (R., 1958), Das Buch Alpha (R., 1963, dt. 1965), Orchis Militaris (R., 1968, dt. 1969), Exit (R., 1971), Dixi(t) (R., 1979), De vrouwen van de aartsengel (R., 1983), Het boek der nauwe relaties (R., 1985), Vlaanderen, ook een land (R., 1987), Prima materia (R., 1989), Ondergronds bovengronds (Prosa, 1991). **Literatur:** De Vlaamse Gids 57 (1973), H. 1 (M.-Heft).

Miciński, Tadeusz [poln. mi'tɕiĩski], * Łódź 9. Nov. 1873, † in Weißrußland vermutlich im Febr. 1918, poln. Schriftsteller. – Studierte Geschichte und Philosophie; 1897/98 in Spanien (Studium der Mystik); Kontakte zu S. I. Witkiewicz; kam in den Nachkriegswirren um; neigte zu verrätselnder, mystischer Darstellung.

Seine lyr., ep. und dramat. Dichtung arbeitet mit surrealistisch-expressionist. Verfahren (okkulte Symbolik, Allegorie und Groteske).

Werke: W mroku gwiazd (= In der Sternendämmerung, Ged., 1902), Kniaź Patiomkin (= Fürst Potjomkin, Dr., 1906), W mrokach złotego pałacu czyli Bazylissa Teofanu (= Im Dunkel des goldenen Palastes oder Kaiserin Theophanu, Trag., 1909), Nietota. Księga Tajemna Tatr (= Nietota. Das Geheime Buch der Tatra, R., 1910), Xiądz Faust (= Pfarrer Faust, R., 1913). **Literatur:** PROKOP, J.: Żywioł wyzwolony. Studium o poezji T. M.ego. Krakau 1978.

Mickel, Karl, * Dresden 12. Aug. 1935, dt. Schriftsteller. – War Dozent an der Hochschule für Ökonomie in Berlin (Ost), 1971–78 Dramaturg beim Berliner Ensemble; Dozent an der Staatl. Schauspielschule Berlin. Als Lyriker v. a. B. Brecht und W. W. Majakowski verpflichtet (u. a. ›Lobverse und Beschimpfungen‹, 1961; ›Vita nova mea. Mein neues Leben‹, 1966; ›Eisenzeit‹, 1975); auch Erzähler, Verfasser der Kantate ›Requiem für Patrice Lumumba‹ (1964, Musik von P. Dessau) und Dramatiker (›Nausikaa‹, 1968; ›Einstein‹, 1974, Musik von P. Dessau).

Weitere Werke: Der Sohn der Scheuerfrau (Nov., 1968), Poesiealbum (Ged., 1981), Volks Entscheid. 7 Stücke (1987). **Literatur:** HEUKENKAMP, U./HEUKENKAMP, R.: K. M. Bln. 1985.

Mickevič, Kanstancin Michajlavič, weißruss.-sowjet. Schriftsteller, ↑ Kolas, Jakub.

Mickiewicz, Adam [Bernard] [poln. mits'kjɛvitʃ], * Zaosie (heute zu Nowogrudok, Weißrußland) 24. Dez. 1798, † Konstantinopel (heute Istanbul) 26. Nov. 1855, poln. Dichter. – Studium in Wilna, wo er zum Philomatenkreis gehörte, ab 1819 Lehrer in Kaunas. 1820 schrieb M. die ›Ode an die Jugend‹ (gedr. 1827, dt. 1919), ein Gedicht in klassizist. Odenform mit den Gedanken der Aufklärung. Er verfaßte auch Balladen und Romanzen, die 1822 in dem Band ›Poezje‹ (dt. 1874 u. d. T. ›Balladen und Romanzen‹) erschienen. Diese Sammlung enthält das programmat. Gedicht ›Romantyczność‹ (= Romantik). 1823 erschien ein zweiter Band, der die romant. Seite noch stärker betont; er enthält Teil

Adam
Mickiewicz
(Holzstich
um 1840
nach einem
Kupferstich
von Louis
Croutelle
aus dem Jahr
1828)

2 und 4 des Dramas ›Dziady‹ (Teil 1 [unvollendet] erschien postum 1860). – Als 1823 die russ. Behörden gegen Geheimgesellschaften vorgingen, wurde M. verhaftet und aus Litauen ausgewiesen; Aufenthalte in Petersburg, Odessa, auf der Krim und in Moskau, wo er mit A. S. Puschkin zusammenkam. In Rußland entstanden zwei Sonettenzyklen, insbes. die ›Sonety krymskie‹ (= Krimsche Sonette, 1826, dt. 1836 u. d. T. ›Gedichte‹), und das histor. Epos ›Konrad Wallenrod‹ (1828, dt. 1834), in dem der Kampf der Litauer gegen den Dt. Orden geschildert wird. – 1829 verließ M. Rußland, war dann in Deutschland, wo er Goethe traf, und in Rom. Wegen des poln. Novemberaufstandes (1830/31) reiste er an die Grenze von Kongreßpolen; nach Niederschlagung des Aufstandes ließ er sich in Dresden nieder, wo Teil 3 der ›Dziady‹ entstand (erschienen 1832; alle 4 Teile dt. 1887 u. d. T. ›Todtenfeier‹), der die Wilnaer Ereignisse widerspiegelt und – wie auch die übrigen Teile – autobiograph. Züge trägt. 1832 ging M. in das Zentrum der poln. Emigration, nach Paris. Dort schrieb er ›Die Bücher des poln. Volkes und der poln. Pilgerschaft‹ (1832, dt. 1833), mit denen er als geistiger Führer der poln. Nation hervortrat; Einflüsse des christl. Sozialismus F. R. de La Mennais'; ab 1834 ⊕ mit Celina Szymanowska. 1834 erschien das Epos ›Herr Thaddäus ...‹ (2 Bde., dt. 1836), ein heiteres Bild des alten poln. Kleinadels mit patriot. Zügen in ausgeglichener, dem klassizist. Epos nahestehender Form. 1839/40 Lehrtätigkeit für lat. Literatur in

Lausanne; Rückkehr nach Paris, Prof. für slaw. Literaturen am Collège de France bis 1844. M. geriet mehr und mehr unter den Einfluß A. Towiańskis und dessen myst. Lehre und war in dieser Zeit vorwiegend publizistisch tätig; 1848 Reise nach Rom; Teilnahme am Krimkrieg gegen Rußland; starb an der Cholera. M. gilt als der bedeutendste poln. Dichter, insbes. der Romantik. Als glühender Patriot wurde er zum Symbol des poln. Nationalbewußtseins und zum Künder einer messian. Sendungsideologie.

Weitere Werke: Grazyna (Epos, 1823, dt. 1860), O krytykach i recenzentach warszawskich (= Über die Warschauer Kritiker und Rezensenten, Abhandlung, 1829).

Ausgaben: A. M. Poet. Werke. Dt. Übers. Hg. v. S. LIPINER. Lpz. 1882–87. 2 Bde. – A. M. Dzieła. Wydanie jubileuszowe. Warschau 1949–55. 16 Bde. – A. M. Dzieła wszystkie. Red. K. GÓRSKI. Breslau u. a. 1969 ff. – A. M. Dichtung u. Prosa. Dt. Übers. v. K. DEDECIUS. Ffm. 1994.

Literatur: JASTRUN, M.: M. Dt. Übers. Bln. 1953. – WEINTRAUB, W.: The poetry of A. M. Den Haag 1954. – Kronika życia i twórczości M.a. Warschau 1957–78. 6 Bde. – WITKOWSKA, A.: M. Warschau 1975. – STEFANOWSKA, Z.: Próba zdrowego rozumu. Studia o M.u. Warschau 1976. – ZGORZELSKI, C.: O sztuce poetyckiej M.a. Warschau 1976. – GÓRSKI, K.: M. Warschau 1977. – A. M. aux yeux des français. Bearb. v. Z. MITOSEK. Warschau 1992.

Middleton, O[sman] E[dward Gordon] [engl. 'mıdltən], *Christchurch (Neuseeland) 25. März 1925, neuseeländ. Schriftsteller. – Trotz seines umfangmäßig eher kleinen Werkes gehört M. mit seinen realist. Erzählungen aus der Arbeitswelt von Farmern, Seeleuten, Stadtbewohnern, Europäern und Maoris zu den bed. Autoren Neuseelands. Seine an Figuren, Motiven und Konflikten abwechslungsreichen Geschichten und Novellen gewinnen durch knappe Sprache und umgangssprachl. Idiome ein typ. Lokalkolorit.

Werke: Short stories (En., 1954), The stone and other stories (En., 1959), A walk on the beach (En., 1964), The loners (En., 1972), Selected stories (En., 1975), Confessions of an ocelot. Not for a seagull (En., 1978).

Middleton, Thomas [engl. 'mıdltən], ≈ London 18. April 1580, □ Newington Butts (Surrey) 4. Juli 1627, engl. Dramatiker. – Studierte in Oxford; schrieb, z. T. zus. mit Th. Dekker, J. Fletcher und William Rowley (* 1585 [?], † 1642 [?]), für Londoner Theatertruppen; ab 1620 Londoner Stadtchronist. Seine kompliziert gebauten, satirisch-realist. Intrigenkomödien, darunter ›A mad world, my masters‹ (UA um 1606, gedr. 1608), ›Michaelmas term‹ (1607) und ›A chaste maid in Cheapside‹ (UA 1611, gedr. 1630), geißeln moral. und soziale Mißstände des Londoner Stadtlebens. Nach 1615 entstanden ernstere Stücke, u. a. die Tragödien ›The changeling‹ (UA 1622, gedr. 1653; mit W. Rowley) und ›Women beware women‹ (UA zw. 1620 und 1627, gedr. 1657) sowie zahlreiche höf. Maskenspiele. Aufsehen erregte sein polit. Drama ›A game at chess‹ (1625), das wegen seiner brisanten Kritik an den englisch-span. Beziehungen verboten wurde. M. schrieb auch Dichtungen (u. a. ›The ghost of Lucrece‹, 1600) und Prosapamphlete.

Weitere Werke: Father Hubbard's tales (Prosa, 1604), A trick to catch the old one (Kom., UA 1604–06, gedr. 1608), The family of love (Kom., UA 1604–1607, gedr. 1608), The witch (Tragikom., UA um 1615, gedr. 1778), The world tossed at tennis (Maskenspiel, 1620; mit Rowley).

Ausgabe: Th. M. Works. Hg. v. A. H. BULLEN. London 1885–86. 8 Bde.

Literatur: SCHOENBAUM, S.: M.'s tragedies. A critical study. New York ²1958. – HOLMES, D. M.: The art of Th. M. Oxford 1970. – BRITTIN, N. A.: Th. M. New York 1972. – FARR, D. M.: Th. M. and the drama of realism. Edinburgh 1973. – LAKE, D. J.: The canon of Th. M.'s plays. London 1975. – HEINEMANN, M.: Puritanism and theatre. Th. M. and opposition drama under the early Stuarts. Cambridge u. a. 1980. – WOLFF, D.: Th. M. An annotated bibliography. New York 1985. – STEEN, S. J.: Ambrosia in an earthen vessel. Three centuries of audience and reader response to the works of Th. M. New York u. a. 1993.

Midrasch (Mrz. Midraschim) [hebr. = Forschung, Auslegung], eine bereits im AT ansatzweise enthaltene Methode der religiösen und aktualisierenden Schriftauslegung und für die dieser Methode folgende Predigt im Anschluß an die Thoralesung im Gottesdienst der alten Synagoge. Aus diesen Elementen entwickelte sich die M. zu einer eigenen Gattung der jüd. (rabbin.) Literatur. Man unterscheidet die sog. halach. oder tannait. M.im (Mechilta zu Exodus, Sifra zu Leviticus, Sifre zu Numeri und Deuteronomium [4./5. Jh.]), in denen Mittelpunkt gesetzl. Bestimmungen stehen (↑ Halacha), und M.im im engeren Sinne, die v. a. Homilien und haggad. Material enthalten (↑ Haggada). Unter den letzteren ragt der M. Bereschit Rabba zur Genesis hervor. Die M.im sind zwischen dem 4. und 12. Jh. entstanden. Vom 12. Jh. an liegen auch M.anthologien vor, in denen einzelne Bearbeiter das Material neu anordneten (z. B. Jalqut Schimoni, 13. Jh. in Deutschland).

Ausgaben: Bibliotheca rabbinica. Eine Slg. alter M.im. Dt. Übers. v. A. WÜNSCHE. Lpz. 1880–85. 5 Bde. Nachdr. Hildesheim 1967. – M.im rabba. Engl. Übers. Hg. v. H. FREEDMAN u. M. SIMON. London 1951. 10 Bde.

Literatur: STEMBERGER, S.: Einl. in Talmud u. M. Mchn. ⁸1992.

Międzyrzecki, Artur [poln. mjɛndzi'ʒɛtski], Pseudonym Artur Adam, * Warschau 6. Nov. 1922, poln. Literaturkritiker und Schriftsteller. – Soldat im poln. Korps; Studium in Paris; seit 1950 in Polen; Journalist. In seinen Gedichten finden sich Reflexion, Kulturkritik, Ironie; auch Erinnerungsprosa und groteskiron. Parabeln; Essayist und Übersetzer.

Werke: Kongreß der Blumenzüchter (Parabeln, 1963, dt. 1966), Złota papuga (= Der goldene Papagei, R., 1970), Wiek mentorów (= Das Zeitalter der Mentoren, Prosa, 1979), Wojna nerwów (= Nervenkrieg, Ged., 1983).

Miegel, Agnes, * Königsberg (Pr) 9. März 1879, † Bad Salzuflen 26. Okt. 1964, dt. Schriftstellerin. – 1920–26 Redakteurin an der ›Ostpreuß. Zeitung‹ in Königsberg (Pr), dann freie Schriftstellerin; lebte ab 1948 in Bad Nenndorf; beschrieb Ostpreußen, seine Menschen, die Landschaft, Sagen, Mythen und seine Geschichte; vorwiegend Erzählerin und Lyrikerin mit ausgeprägter Vorliebe für die Ballade und balladeske Wirkungen, schwermütige Stimmungen und Unheimliches, dem sie hintergründige Bedeutung verleiht. Griff Tendenzen der Heimatkunst auf und ließ gelegentlich Blut-und-Boden-Romantik erkennen; sympathisierte mit nationalsozialist. Ideen. 1916 erhielt sie den Kleist-Preis.

Werke: Gedichte (1901), Balladen und Lieder (1907), Gedichte und Spiele (1920), Geschichten aus Altpreußen (En., 1926), Die schöne Malone (E., 1926), Gesammelte Gedichte (1927), Dorothee. Heimgekehrt (En., 1931), Kirchen im Ordensland (Ged., 1933), Gang in die Dämmerung (En., 1934), Noras Schicksal (En., 1936), Das Bernsteinherz (En., 1937), Katrinchen kommt nach Hause (En., 1937), Mein Weihnachtsbuch (1959), Heimkehr (En., 1962). **Ausgaben:** A. M. Ges. Werke. Düss. u. Köln ¹⁻³1955–67. 7 Bde. – A. M. Ged. u. Prosa. Ausgew. v. I. DIEDERICHS. Düss. u. Köln ²1979. – A. M. Ged. aus dem Nachlaß. Hg. v. A. PIORRECK. Düss. u. Köln ²1979. – A. M. Es war ein Land. Ged. u. Geschichten aus Ostpreußen. Köln 1983. **Literatur:** Leben, was war ich dir gut. A. M. zum Gedächtnis. Hg. v. R. M. WAGNER. Mchn. 1965. – PIORRECK, A.: A. M. Ihr Leben u. ihre Dichtung. Neuausg. Mchn. 1990. – KOPP, M.: Kindheit u. Alter im Werk A. M.s. Bad Neundorf 1993.

Mielants, Florant, fläm. Lyriker und Dramatiker, ↑ Hensen, Herwig.

Mieželaitis, Eduardas [litauisch mi̜ɛʒæ'laːi̯tɪs], * Kareiviškiai 3. Okt. 1919, litauischer Schriftsteller. – 1959–70 Vorsitzender des litauischen Schriftstellerverbandes; trat 1935 erstmals mit Gedichten an die Öffentlichkeit; errang Anerkennung mit ›Broliška poema‹ (= Brüderl. Poem, 1954) und dem Gedichtzyklus ›Der Mensch‹ (1961, dt. 1964). M. ist auch als Übersetzer tätig und schreibt Essays über Literatur und Kunst. **Weiteres Werk:** Denn ich bin die Brücke (Ged., dt. 1980). **Ausgaben:** È. Meželajtis. Sobranie sočinenij. Russ. Übers. Moskau 1977–79. 3 Bde. – E. M. Raštai. Wilna 1982–85. 8 Bde.

Mihăescu, Gib. I. [rumän. mihə-'iesku], eigtl. Gheorghe I. M., * Drăgășani bei Craiova 5. Mai 1894, † ebd. 19. Okt. 1935, rumän. Schriftsteller. – Nach Versuchen mit Erzählungen und einem Drama wandte sich M. dem Roman zu und wurde einer der hervorragendsten Vertreter dieser Gattung in der rumän. Literatur; seine meisterhafte, subtile psycholog. Darstellung zeigt sich bes. in seinem Hauptwerk, dem Roman ›Donna Alba‹ (1935). **Literatur:** DIACONESCU, M.: G. I. M. Bukarest 1973.

Mihalić, Slavko [serbokroat. ˌmiha:-litɕ], * Karlovac 16. März 1928, kroat. Schriftsteller. – Journalist, Literaturkritiker; gehört zum Kreis um die Zeit-

schrift ›Krugovi‹ (↑ kroatische Literatur); schreibt formvollendete Lyrik mit eigener Symbolik über Lebensfragen (›Komorna muzika‹ [= Kammermusik], 1954; ›Put u nepostojanje‹ [= Der Weg ins Nichtsein], 1956; ›Stille Scheiterhaufen‹, 1985, dt. 1990, u.a.).

Mihkelson, Friedebert, estn. Schriftsteller, ↑ Tuglas, Friedebert.

Mihri Hatun [türk. mih'ri ha'tun], * Amasya (Anatolien) 1460(?), † ebd. 1506, türk. Dichterin. – Gehörte zum Poetenkreis am Hofe des Prinzengouverneurs Ahmed, Sohn des Osmanensultans Bayezid II., in Amasya (1481–1512); verfaßte einen auch von ihren männl. Zeitgenossen geschätzten Diwan, der 1967 in Moskau gedruckt wurde.

Mikeleitis, Edith, verh. Ehlers, * Posen 27. Febr. 1905, † Stuttgart 8. Juli 1964, dt. Schriftstellerin. – Lebte nach ihrer Vertreibung 1918 u.a. in Schlesien und Berlin; schrieb Lyrik, Essays, Dramen, Hörspiele, Film- und Fernsehmanuskripte, v.a. aber biograph. Romane, u.a. um die preuß. Königin Luise (›Die Königin‹, 1940), J. Böhme (›Das ewige Bildnis‹, 1942), F. Nietzsche (›Der große Mittag‹, 1954), Rembrandt (›Der Engel vor der Tür‹, 1962). **Weitere Werke:** Das andere Ufer (R., 1937), Das Herz ist heilig (En., 1947), Ehe du kamst, Gynander (Ged., 1964).

Mikkola, Maria, finn. Schriftstellerin, ↑ Talvio, Maila.

Mikkola, Marja-Leena, * Salo 18. März 1939, finn. Schriftstellerin. – Begann als engagierte Publizistin der jungen Linken und der Frauenbewegung mit Texten für Satiren und Sketche sowie Chansons; bed. wurde sie v.a. als Erzählerin und Kinderbuchautorin. **Werke:** Naisia (= Frauen, Nov.n, 1962), Tyttö kuin kitara (= Mädchen wie eine Gitarre, R., 1964), Lääkärin rouva (= Die Frau des Arztes, Nov.n, 1972), Maailman virrassa (= Im Strom der Welt, R., 1982), Malinka Kuuntytär (= Malinka Mondtochter, E., 1990).

Mikszáth, Kálmán [ungar. 'miksa:t], * Szklabonya 16. Jan. 1847, † Budapest 28. Mai 1910, ungar. Schriftsteller. – War Beamter, später Journalist; 1887 liberaler Abgeordneter; von M. Jókai, dessen Romantik er überwand, und auch von

Ch. Dickens beeinflußter humorvoller, z. T. gesellschaftskritisch-satir. Erzähler mit Vorliebe für Anekdoten.

Werke: Sankt Peters Regenschirm (R., 1895, dt. 1898), Der närr. Graf Pongrácz (R., 1895, dt. 1941), Sonderbare Ehe (R., 1900, dt. 1943), Szelistye, das Dorf ohne Männer (R., 1901, dt. 1906), Die Hochzeit des Herrn von Noszty (R., 3 Bde., 1908, dt. in 1 Bd., 1953), Die schwarze Stadt (R., 1910, dt. 1953), Der schwarze Hahn (En., dt. 1968). **Ausgabe:** M. K. Összes művei. Hg. v. G. BISZTRAY u. I. KIRÁLY. Budapest 1956 ff. (bisher 75 Bde. erschienen). **Literatur:** KIRÁLY, I.: M. K. Budapest ²1960.

Miladinov, Dimitrije [makedon. mi-'ladinɔf], * Struga 1810, † Konstantinopel (heute Istanbul) 11. Jan. 1862, makedon. Schriftsteller. – War an den Bemühungen um die kulturelle und polit. Selbständigkeit Makedoniens beteiligt; starb in türk. Haft. Die bedeutendste literar. Leistung M.s war die mit seinem Bruder Konstantin M. (* 1830, † 1862) herausgegebene Sammlung makedon. (auch bulgar.) Volkslieder, die 1861 mit Hilfe des Bischofs J. J. Strossmayer in Zagreb gedruckt wurde. **Literatur:** Kniga za M.ci 1862–1962. Hg. v. D. MITREV. Skopje 1962. – Životot i deloto na brakata M.ci. Skopje 1984.

Milarepa (Mi-la ras-pa), eigtl. T'os-pa-dga', * wahrscheinlich bei Nilam am Gaurisankar 1040, † Chubar am Gaurisankar 1123, tibet. Dichter. – Gehörte zur Sekte der bKa'-brgyud-pas, einer Schule des Vadschrayana-Buddhismus. Den Erkenntnisweg M.s, der von seinem Lehrer Marpa schwierigen Prüfungen ausgesetzt wird, schildern die Biographie (rNam-t'ar) und die ›mGur-'bum‹ (= Hunderttausend Gesänge). Von M. stammen die in letzteren enthaltenen Gedichte, unter denen sich berühmte Beispiele tibet. Naturlyrik finden. **Ausgaben:** Milaraspa. Tibetische Texte in Ausw. Dt. Übers. v. B. LAUFER. Hagen u. Mchn. 1922. – Mi-la ras-pa. 7 Legenden. Dt. Übers. v. HELMUT HOFFMANN. Mchn. 1950. – The hundred thousand songs of M. Übers. v. GARMA C. C. CHANG. New Hyde Park (N.Y.) 1962. **Literatur:** The life of M. Übers. v. L. P. LHALUNGPA. New York 1977. Tb.-Ausg. 1984.

Milew (tl.: Milev), Geo [bulgar. 'milɛf], eigtl. Georgi M. Kassabow, * Radnewo bei Stara Sagora 27. Jan. 1895, † So-

fia kurz nach dem 15. Mai 1925 (ermordet), bulgar. Lyriker. – Studien im westl. Ausland; als Sozialist von bulgar. Faschisten verfolgt und verschleppt. M., einer der bedeutendsten bulgar. Übersetzer (aus der engl., frz., russ. und dt. Literatur), leistete einen wertvollen Beitrag zur neueren bulgar. Lyrik (›Septemvri‹ [= September], Poem, 1924); auch Dramatiker und Regisseur. **Ausgabe:** G. Milev. Săčinenija. Sofia 1975–76. 3 Bde.

Milieudrama [mili'ø:; frz. = Mitte, Umgebung], Drama, in dem die Eigenschaften, die Charaktere der Menschen sowie die entsprechende Handlung als Folge von sozialen Bindungen, Moralvorstellungen und Verhaltensnormen einer gesellschaftl. Schicht dargestellt werden. Das M. ist die beherrschende Dramenform des ↑ Naturalismus (z. B. G. Hauptmann, ›Vor Sonnenaufgang‹, 1889).

Milindapañha [Pāli = Fragen des Milinda], buddhist. Lehrtext, wohl in vorchristl. Zeit in Nordindien entstanden, in Pāli und in chin. Übersetzungen erhalten. Im M. stellt der indogriech. König Milinda (Menander) dem Weisen Nāgasena Fragen über die buddhist. Lehre. **Ausgaben:** The questions of King Milinda. Engl. Übers. aus dem Pali v. T. W. RHYS DAVIDS. Oxford 1890–94. 2 Bde. – Milinda's questions. Engl. Übers. aus dem Pali v. I. B. HORNER. London 1963–64. 2 Bde. – Die Fragen des Königs Milinda. Hg. v. NYĀNAPONIKA. Dt. Übers. v. NYĀNATILOKA. Interlaken ³1985.

Miłkowski, Zygmunt [poln. miu̯-'kɔfski], poln. Schriftsteller, ↑ Jeż, Teodor Tomasz.

Millar, Kenneth [engl. 'mɪlə], amerikan. Schriftsteller, ↑ Macdonald, Ross.

Millar, Margaret [engl. 'mɪlə], * Kitchener (Ontario) 5. Febr. 1915, † Santa Barbara (Calif.) 26. März 1994, amerikan. Schriftstellerin kanad. Herkunft. – Studierte zunächst griech. Literatur in Toronto, später Psychiatrie; ab 1938 ∞ mit Kenneth M. (Pseudonym: Ross ↑ Macdonald); schrieb erfolgreiche psycholog. Kriminalromane, auch Kurzgeschichten. **Werke:** Stiller Trost (R., 1952, dt. 1994), Liebe Mutter, es geht mir gut (R., 1955, dt. 1967), Ein

Fremder liegt in meinem Grab (R., 1960, dt. 1969), Die Feindin (R., 1964, dt. 1965), Von hier an wird's gefährlich (R., 1970, dt. 1974), Fragt morgen nach mir (R., 1977, dt. 1978), Der Mord von Miranda (R., 1980, dt. 1981), Nymphen gehören ins Meer (R., 1982, dt. 1984), Banshee, die Todesfee (R., 1983, dt. 1987), Gesetze sind wie Spinnennetze (R., 1986, dt. 1989), Wie du mir (R., 1992, dt. 1992).

Millás, Juan José [span. mi'ʎas], * Valencia 1. Jan. 1946, span. Schriftsteller. – Seine Romane evozieren eine Welt, in der die Grenzen zwischen Realität und Imagination fließend verlaufen und ihre Gegenüberstellung zu einem wesentl. Element der Identitätssuche wird. Sensibel und behutsam spürt M. die psych. Probleme auf, die sich aus der Bewältigung der Francozeit und der Suche nach neuen Perspektiven ergeben.

Arthur Miller

Werke: Cerbero son los sombras (R., 1975), Visión del abogado (R., 1977), El jardín vacio (R., 1981), Papel mojado (R., 1983), Letra muerta (R., 1984), Dein verwirrender Name (R., 1988, dt. 1990), Das war die Einsamkeit (R., 1990, dt. 1991; Premio Nadal 1990), Volver a casa (R., 1990).

Millay, Edna St. Vincent [engl. 'mɪlɛɪ], Pseudonym Nancy Boyd, * Rockland (Maine) 22. Febr. 1892, † Farm Steepletop bei Austerlitz (N.Y.) 19. Okt. 1950, amerikan. Schriftstellerin. – Erntete schon während ihres Studiums am Vassar College mit ihrem bekanntesten Gedicht ›Renascence‹ (1912) frühen Ruhm, den sie mit ihren späteren, eher traditionellen Gedichten, in denen sich ihre Neigung zum romantischen Extravaganten zeigt, nicht wiederholen konnte. M. schrieb auch Short stories und verfaßte Bühnenstücke, u. a. satir. Phantasien in einem Akt, und das Opernlibretto ›The king's henchman‹ (1927).

Weitere Werke: Second april (Ged., 1921), The harp-weaver and other poems (Ged., 1923; Pulitzerpreis 1923), The buck in the snow (Ged., 1928), Collected sonnets (1941), Collected lyrics (1943), Collected poems (hg. 1956).

Literatur: ATKINS, E.: E. St. V. M. and her times. New York ²1964. – BRITTON, N. A.: E. St. V. M. New York 1967. – GOULD, J.: The poet and her book. A biography of E. St. V. M. New York 1969.

Miller, Arthur [engl. 'mɪlə], * New York 17. Okt. 1915, amerikan. Dramatiker. – Sohn eines jüd. Fabrikanten, dessen Firma in der Depression der 30er Jahre Konkurs machte; studierte Theaterwiss. an der University of Michigan, wurde 1938 Redakteur und lebte nach dem 2. Weltkrieg in Hollywood und New York; 1956–61 ⚭ mit der Filmschauspielerin Marilyn Monroe. M. ist einer der führenden Vertreter des modernen amerikan. Theaters, der in Anlehnung an europ. Vorläufer, bes. H. Ibsen, gesellschaftskrit. Themen mit neuen techn. Mitteln weitgehend realistisch auf der Bühne darstellt. Der Eindruck des finanziellen Debakels der Depression prägt seine Einstellung gegenüber dem Kapitalismus, den er als System sieht, in dem menschl. Ideale dem Profitstreben geopfert werden (›Alle meine Söhne‹, Dr., 1947, dt. 1948) und selbsttrüger. Illusionen des kleinen Mannes – wie in seinem bekanntesten Stück, ›Der Tod des Handlungsreisenden‹ (1949, dt. 1950; Pulitzerpreis 1949) – tragisch enden. Die polit. Verfolgungen der McCarthy-Ära der 50er Jahre bilden den Hintergrund zu ›Hexenjagd‹ (Dr., 1953, dt. 1954), in dem M. die puritan. Hexenprozesse von Salem (1692) mit der amerikan. Gegenwart verbindet. In diesem Drama wird die existentialist. Position der späteren Stücke deutlich, in denen M. auch mit Bezug auf bibl. und myth. Quellen die individuelle Verantwortung des Menschen betont (›Nach dem Sündenfall‹, 1964, dt. 1964; ›Der Preis‹, 1968, dt. 1968; ›Die Erschaffung der Welt und andere Geschäfte‹, 1972, dt. 1974) und das Phänomen von Schuld und Kollektivschuld behandelt (›Zwischenfall in Vichy‹, 1964, dt. 1965). M. schreibt auch Romane, Erzählungen,

Hörspiele, Drehbücher (u. a. ›Nicht gesellschaftsfähig‹, 1961, dt. 1961; für M. Monroe) und theaterkrit. Essays.

Weitere Werke: Situation normal (Dr., 1944), Brennpunkt (R., 1945, dt. 1950, 1980 u. d. T. Focus), Blick von der Brücke (Dr., 1955, dt. 1962), Theateressays (1978, dt. 1980), Die Große Depression (Dr., 1980, dt. 1982), Spiel um Zeit (Drehbuch, 1980, dt. 1981), The American clock (Dr., 1982), Der Handlungsreisende in Peking (Bericht, 1985, dt. 1985), I can't remember anything (Dr., UA 1986), Clara (Dr., UA 1986; beide 1986 hg. u. d. T. Danger. Memory), Zeitkurven (Memoiren, 1987, dt. 1987), The last yankee (Dr., 1991), Broken glass (Dr., UA 1994). **Ausgaben:** A. M. Collected plays. New York 1957–81. 2 Bde. – A. M. Dramen. Dt. Übers. Ffm. 1966 ff. Auf mehrere Bde. berechnet. – A. M. Ges. Erzählungen. Dt. Übers. Rbk. 1969. **Literatur:** LÜBBREN, R.: A. M. Velber ²1969. – NELSON, B.: A. M. Portrait of a playwright. New York ²1970. – HAYMAN, R.: A. M. London ²1973. – WELLAND, D.: A. M. A study of his plays. London 1979. – Critical essays on A. M. Hg. v. J. J. MARTINE. Boston (Mass.) 1979. – MOSS, L.: A. M. Boston (Mass.) Neuaufl. 1980. – EVANS, R. I.: Psychology and A. M. New York 1981. – CARSON, N.: A. M. London u. a. 1982. – BIGSBY, CH. W.: A. M. and company. London 1990. – KALLENBERG-SCHRÖDER, A.: Autobiographisches in A. M.s familienzentrierten Dramen. Ffm. u. a. 1993.

Miller, Dorothy [engl. ˈmɪlə], engl. Schriftstellerin, ↑Richardson, Dorothy Miller.

Miller, Henry [engl. ˈmɪlə], * New York 26. Dez. 1891, † Pacific Palisades (Calif.) 7. Juni 1980, amerikan. Schriftsteller. – Sohn eines Schneiders dt. Herkunft; verließ vorzeitig die Schule und schlug sich mit Gelegenheitsarbeiten durch; seit Mitte der 20er Jahre Schriftsteller; hielt sich 1930–40 in Europa, meist in Paris, auf, danach wieder in den USA, ab 1942 in Big Sur (Calif.). M. vertritt einen extremen Individualismus von provozierender Aggressivität, dessen Spannweite bis zum Anarchismus reicht. Sein Werk ist dementsprechend fast ausschließlich eine permanente Spiegelung seiner individuellen, romantisch inspirierten Gefühlswelt. Die Glorifizierung des Sexus in seinen autobiographisch bestimmten Romanen und Erzählungen, in denen er sich stilistisch zwischen krassem Realismus und teilweise surrealist. Visionen bewegt und Obszönität als Quelle der Kreativität benutzt, ist als Teil

seiner Bestrebungen zur Umwertung des traditionellen bürgerlich-puritan. Wertsystems der nordamerikan. Gesellschaft zu verstehen.

Werke: Wendekreis des Krebses (R., 1934, dt. 1953), Schwarzer Frühling (En., 1936, dt. 1954), Wendekreis des Steinbocks (R., 1939, dt. 1953), Die Welt des Sexus (Essay, 1940, dt. 1960), Der Koloß von Maroussi (Reiseber., 1941, dt. 1956), The rosy crucifixion (R.-Trilogie, Bd. 1: Sexus, 1945, dt. 1970; Bd. 2: Plexus, 1949, dt. 1955; Bd. 3: Nexus, 1957, dt. 1961), Das Lächeln am Fuß der Leiter (En., 1948, dt. 1954), Big Sur und die Orangen des Hieronymus Bosch (autobiograph. Idylle, 1955, dt. 1958), Lachen, Liebe, Nächte (En., 1955, dt. 1958), Ganz wild auf Harry (Dr., 1963, dt. 1963), Stille Tage in Clichy (R., 1966, dt. 1968), Insomnia oder Die schönen Torheiten des Alters (1970, dt. 1975), Jugendfreunde. Eine Huldigung an Freunde aus lang vergangenen Zeiten (1976, dt. 1977), Opus pistorum (En., hg. 1983), From your Capricorn friend (En., hg. 1984), Verrückte Lust (R., hg. 1991, dt. 1993). **Ausgaben:** H. M. Sämtl. Erzählungen. Dt. Übers. Rbk. 1968. – Letters of H. M. and W. Fowlie (1943–1972). New York 1975. – Genius and lust. A journey through the major writings of H. M. Hg. v. N. MAILER. New York 1976.

Literatur: GORDON, W. A.: The mind and art of H. M. Baton Rouge (La.) 1967. – HASSAN, I. H.: The literature of silence: H. M. and Samuel Beckett. New York 1967. – NELSON, J. A.: Form and image in the fiction of H. M. Detroit 1970. – MATHIEU, B.: Orpheus in Brooklyn. Den Haag 1976. – SCHMIDT, HENNING: Der Mythos H. M. Hdbg. 1977. – SCHMIELE, W.: H. M. Rbk. 54.–58. Tsd. 1980. – MARTIN, J.: H. M. Eine Biogr. Dt. Übers. Bergisch-Gladbach 1982. – BROWN, J. D.: H. M. New York 1986. – WINSLOW, K.: Ein Mann wie H. M. Dt. Übers. Mchn. 1988. – DEARBORN M.: H. M. Eine Biogr. Dt. Übers. Mchn. 1991. – FERGUSON, R.: H. M. Ein Leben ohne Tabus. Dt. Übers. Neuausg. Mchn. 1994.

Henry Miller

Miller, Johann Martin, * Ulm 3. Dez. 1750, † ebd. 21. Juni 1814, dt. Dichter. – Studierte in Göttingen Theologie und schloß sich dort dem Göttinger Hain an; wurde Prediger, Prof. am Gymnasium in Ulm, schließlich Dekan. Vertreter der Empfindsamkeit, von dem rührselige Briefromane und Lieder, die bald volkstümlich wurden, stammen.

Werke: Beitrag zur Geschichte der Zärtlichkeit (R., 1776), Predigten für das Landvolk (3 Bde., 1776–84), Siegwart. Eine Klostergeschichte (R., 2 Bde., 1776), Gedichte (1783), Die Geschichte Gottfried Walthers, eines Tischlers, und des Städtleins Erlenburg (R., 2 Bde., 1786).
Literatur: FAURE, A.: J. M. M., romancier sentimental. Lille 1977.

Millett, Kate [engl. mɪˈlɛt], eigtl. Katherine Murray, * Saint Paul (Minn.) 14. Sept. 1934, amerikan. Schriftstellerin. – Studierte an der University of Minnesota und in Oxford; 1961–63 Aufenthalt in Japan; Dozentin am Barnard College in New York. M. übte mit ihrer Studie ›Sexus und Herrschaft. Die Tyrannei des Mannes in unserer Gesellschaft‹ (1970, dt. 1973) sowie mit ihren autobiograph. Romanen (›Fliegen‹, 2 Bde., 1974, dt. 1982; ›Sita‹, 1977, dt. 1978) und zeitkrit. Berichten aus feminist. Sicht (›Im Iran‹, 1982, dt. 1982) entscheidenden Einfluß auf die amerikan. Frauenbewegung aus.

Weitere Werke: Das verkaufte Geschlecht (Essays, 1971, dt. 1973), Im Basement. Meditationen über ein Menschenopfer (Studie, 1979, dt. 1980), Der Klapsmühlentrip (1990, dt. 1993), Entmenschlicht. Versuch über die Folter (dt. 1993, engl. 1994).

Millin, Sarah Gertrude [engl. ˈmɪlɪn], * Žagarė (Litauen) 19. März 1888, † Johannesburg 6. Juli 1968, südafrikan. Erzählerin. – Obwohl ihre Romane in distanzierter Sprache eine exakte, oft hintergründige Milieustudie des kolonialen Südafrika darstellen, verteidigen sie dennoch die Vorurteile ihrer Zeit. In ihrem Roman ›Gottes Stiefkinder‹ (1924, dt. 1933) tritt M. für die Hegemonie der Weißen und gegen jede kulturelle oder sexuelle Verbindung zwischen den Rassen ein, eine Haltung, die sie in ›The people of South Africa‹ (Studie, 1926) modifiziert.

Weitere Werke: Men on a voyage (Essays, 1930), The night is long (Autobiogr., 1941),

King of the bastards (Nov., 1949), The burning man (R., 1952), Goodbye, dear England (R., 1965).
Literatur: SNYMAN, J. P. L.: The works of S. G. M. Johannesburg 1955. – RUBIN, M.: S. G. M. A South African life. Johannesburg u. London 1977.

Mills, Martin [engl. mɪlz], austral. Romancier, † Boyd, Martin [à Beckett].

Milne, Alan Alexander [engl. mɪln], * London 18. Jan. 1882, † Hartfield (Sussex) 31. Jan. 1956, engl. Schriftsteller und Journalist. – War 1906–14 Mit-Hg. des ›Punch‹; schrieb humorist. Essays und geistreiche Lustspiele; bes. erfolgreich waren seine Kinderbücher, so ›Pu der Bär‹ (1926, dt. 1928) und ›Wiedersehen mit Pu‹ (1928, dt. 1953, 1961 u. d. T. ›Pu baut ein Haus‹).
Literatur: THWAITE, A.: A. A. M. His life. London 1990.

Milosz, O. V. de L. [frz. miˈloʃ], eigtl. Oscar Vladislas de Lubicz-M., * Čereja bei Kaunas 28. Mai 1877, † Fontainebleau 2. März 1939, frz. Schriftsteller litauischer Herkunft. – Ab 1889 in Paris, 1919–26 litauischer Gesandter in Frankreich; 1931 frz. Staatsbürger; veröffentlichte lyr. Gedichte (›Le poème des décadences‹, 1899; ›Les sept solitudes‹, 1904; ›Les éléments‹, 1910; ›La confession de Lemuel‹, 1922; ›Le cantique de la connaissance‹, 1927; ›Poèmes 1895–1927‹, 1930, u. a.), dramat. Mysterien (›Miguel Mañara‹, 1913, dt. 1944; mit dem Don-Juan-Motiv), Märchen und Erzählungen aus seiner litauischen Heimat (›Contes et fabliaux de la vieille Lithuanie‹, 1930) sowie philosoph. Schriften und Übersetzungen; seine Dichtung ist erfüllt von tiefer Religiosität mit stark myst. Einschlag; zunächst Symbolist, später von P. Claudel beeinflußt.
Ausgabe: O. V. de L.-M. Œuvres complètes. Paris 1946–82. 12 Bde.
Literatur: ROUSSELOT, J.: O. V. de L. M. Paris 1972. – BELLEMIN-NOEL, J.: La poésie-philosophie de M. Essai sur une écriture. Paris 1977. – LUSSY, F. DE/WILLEMETZ, G.: O. V. de L. M. Ténèbres et lumières. Paris 1977. – BUGE, J.: Connaissez-vous M.? Neuaufl. Paris 1979.

Miłosz, Czesław [poln. ˈmiuɔʃ], * Seteiniai (Litauen) 30. Juni 1911, poln. Schriftsteller. – Verwandt mit O. V. de L. Milosz; studierte Jura in Wilna; gehörte zu einer avantgardist. Dichtergruppe;

1934/35 Studium in Paris; während der dt. Okkupation in Warschau (im Untergrund tätig); 1945–51 Diplomat (USA, Paris); 1951 Emigration: lebte zunächst in Paris, dann in den USA (seit 1970 amerikan. Staatsbürger); ab 1960 Prof. für Slawistik in Berkeley (Calif.); bed. als Lyriker, Erzähler, Essayist und Übersetzer. Die frühe Lyrik (ab 1930/1933) ist von pessimist. Geschichtsphilosophie durchdrungen, verkündet die Katastrophe des 2. Weltkriegs; später fanden die Erfahrungen des Krieges, des Stalinismus und das Amerikaerlebnis Eingang; in den 60er und 70er Jahren Hinwendung zu histor., philosoph. und religiösen Themen; M. hat große Wirkung auf die poln. Dichtung der Gegenwart. Er erhielt 1980 den Nobelpreis für Literatur.

Czesław
Miłosz

Werke: Verführtes Denken (Essays, 1953, dt. 1953), Tal der Issa (R., 1955, dt. 1957), West- und östl. Gelände (Essays, 1959, dt. 1961), Lied vom Weltende (Ged., dt. Ausw. 1966), Das Land Ulro (Essays, 1977, dt. 1982), Zeichen im Dunkel (Ged., dt. Ausw. 1979), Gedichte 1933–1981 (dt. Ausw. 1982), Pięć Megilot (= Die fünf Megillot, Bibel-Übers., 1982), Das Zeugnis der Poesie (Essays, dt. 1984), Nieobjęta ziemia (= Unumfaßte Erde, Ged., 1984), Kroniki (= Chroniken, Ged., 1987), Gedichte (dt. Ausw. 1988).
Ausgabe: C. M. Dzieła zbiorowe. Paris 1980–84. 10 Bde.
Literatur: ŁAPIŃSKI, Z.: Między polityką a metafizyką. O poezji C. M.a. London 1981. – CHRZANOWSKA, B.: Poezja C. M.a. Warschau 1982. – VOLYNSKA-BOGERT, R./ZALESKI, W.: C. M. An international bibliography 1930–1980. University of Michigan 1983. – Poznawanie M.a. Hg. v. J. KWIATKOWSKI. Krakau u. Breslau 1985. – WALICKI, A.: Spotkania z M.em. London 1985.

Milton, John [engl. ˈmɪltən], * London 9. Dez. 1608, † ebd. 8. Nov. 1674, engl. Dichter. – Sohn eines Notars; studierte ab 1625 in Cambridge (1632 Master of Arts), wo er, außergewöhnlich sprachbegabt, bereits lat., italien. und engl. Verse schrieb. Die Absicht, Geistlicher zu werden, gab M., der sich zum Dichter berufen fühlte, auf. 1638–39 reiste er nach Frankreich und Italien, wo er mit Hugo Grotius und G. Galilei zusammentraf. Danach ließ er sich – zunächst als Privatlehrer – in London nieder und nahm in zunehmend republikanisch-freiheitl. Sinn an den polit. Auseinandersetzungen seiner Zeit Anteil. Während des engl. Bürgerkrieges kämpfte M. auf seiten des Parlaments und wurde unter O. Cromwell 1649 zum Staatssekretär im außenpolit. Amt ernannt; er trat für die Blockbildung der europäischen prot. Staaten gegen Habsburg ein. Nach der Wiederherstellung des Königtums (1660) war er vorübergehend in Haft und zog sich dann, einsam und erblindet, auf sein dichter. Schaffen zurück.
Schon in einigen Gedichten seiner ersten Schaffensphase (bis 1639) kündet sich M.s Thema der gefallenen, erlösungsbedürftigen Welt an, zus. mit der feierl., verweisungsreichen Durchführung, bes. in der Weihnachtsdichtung ›On the morning of Christ's nativity‹ (entst. 1629). Die Gegenüberstellung heiterer und ernster Stimmungswelten in den Gedichten ›L'allegro‹ und ›Il penseroso‹ (beide entst. 1632, gedr. 1645) führte zur Entscheidung für die letztere, bes. in dem philosoph. Maskenspiel ›Comus‹ (UA 1634, gedr. 1637, dt. 1840) und in der Elegie ›Lycidas‹ (entst. 1637, gedr. 1645). – Der zweiten Schaffensphase M.s, der seines öffentl. Engagements, entstammen Streitschriften (in lat. und engl. Sprache), die sich mit Fragen der Erziehung befassen, die Ehescheidung befürworten, für die Pressefreiheit plädieren (›Areopagitica‹, 1644) und die Sache der puritan. Republik rechtfertigen (u. a. ›Eikonoklastes‹, 1649). – In der Zurückgezogenheit der dritten Phase (nach 1660) entstanden M.s dichter. Hauptwerke, bes. das religiöse Epos ›Paradise lost‹ (10 Bücher, 1667, 1674 auf 12 Bücher erweitert, dt. 1682 u. d. T. ›Das verlustigte Paradies‹,

John Milton

1822 u. d. T. ›Das verlorene Paradies‹), das den Sündenfall als Auflehnung gegen den göttl. Schöpfungsplan in weltgeschichtlich-kosm. Dimensionen deutet und als heroischen, auch den Einzelmenschen betreffenden Kampf zwischen Satan und Christus darstellt. Das Werk, das mit puritan. Bewußtsein die Tradition des heroischen Epos nochmals verwirklicht, gehört, auch dank des kräftigen Blankverses, der kühnen Satzperioden und der ausgreifenden Bild- und Anspielungsfülle, zu den bedeutendsten engl. Dichtungen. Als Gegenstück konzipierte M. das Kurzepos ›Paradise regained‹ (4 Bücher, 1671, dt. 1752 u.d. T. ›Wiedererobertes Paradies‹), dessen Mittelpunkt die Versuchung Christi in der Wüste ist. Das auch autobiographisch geprägte Versdrama ›Samson Agonistes‹ (1671, dt. 1840) lehnt sich an die Form der griech. Tragödie an. – M. kann als letzter bedeutender Renaissancedichter gelten. Sein Werk hatte internationale Ausstrahlung (in Deutschland u. a. auf F. G. Klopstock) und beeinflußte die ganze engl. Romantik.

Ausgaben: J. M. Polit. Hauptschriften. Dt. Übers. Hg. v. W. BERNHARDI. Bln. 1874–79. 3 Bde. – The works of J. M. Hg. v. F. A. PATTERSON u. a. New York 1931–38. 23 Bde. – J. M. Complete prose works. Hg. v. D. A. WOLFE u. a. New Haven (Conn.) 1953–80. 7 Bde. – J. M. Das verlorene Paradies. Dt. Übers. Bln. 1984. **Literatur:** GARDNER, H.: A reading of ›Paradise Lost‹. Oxford 1965. – RICKS, CH.: M.'s grand style. London u. a. 1967. – PARKER, W. R.: M. A biography. Oxford 1968. 2 Bde. – A variorum commentary on the poems of J. M. Hg. v. M. Y. HUGHES u. a. New York u. London 1970 ff. Auf 6 Bde. berechnet (bisher 4 Bde. erschienen). –

M. The critical heritage. Hg. v. J. T. SHAWCROSS. London 1970. – KREUDER, H.-D : M. in Deutschland. Berlin u. New York 1971. – WOLFE, D. M.: M. and his England. Princeton (N. J.) 1971. – BOUCHARD, D. F.: M. A structural reading. London 1974. – HILL, CH.: M. and the English revolution. London 1977. – FRYE, R. M.: M.'s imagery and the visual arts. Princeton (N. J.) 1978. – POTTER, L.: A preface to M. London ²1978. – HILL, J. S.: J. M. Poet, priest and prophet. London 1979. – ROSTON, M.: M. and the Baroque. London 1980. – WILSON, A. N.: The life of J. M. Oxford 1983. – SHOAF, R. A.: M., poet of duality. New Haven (Conn.) 1985. – PATRIDES, C. A.: An annotated critical bibliography of M. Brighton 1987. – BELSEY, L.: J. M. Oxford 1988. – The Cambridge companion to M. Hg. v. D. DANIELSON. Cambridge 1989. Nachdr. 1992.

Milutinović Sarajlija, Sima [serbokroat. milu,ti:nɔvitɕ], * Sarajevo 3. Okt. 1791, † Belgrad 30. Dez. 1847, serb. Schriftsteller. – Sein unstetes Wanderleben führte ihn u. a. nach Bulgarien, Rußland und Deutschland; kämpfte gegen die Türken; wurde 1827 Erzieher des späteren montenegrin. Fürstbischofs und Dichters Petar II Petrović Njegoš; erhielt 1842 einen hohen Posten im serb. Unterrichtsministerium. M. S., ein national denkender Romantiker, schrieb außer lyr. und ep. Gedichten (›Serbijanka‹ [= Die Serbin], 1826), in denen er im Stil schlichter Volksdichtung das Heldentum und die Not seines unterdrückten Volkes darstellte, histor. Dramen und Geschichtswerke; als Sammler und Hg. serb. Volkslieder Vermittler des Liedguts an den Westen.

Mime [griech.-lat.], in der Antike der Darsteller eines ↑ Mimus; heute veraltete, jedoch noch scherzhaft verwendete Bez. für Schauspieler; oft auch abwertend im Sinne von überzogener Theatralik.

Mimesis [griech. = Darstellung, Nachahmung, Abbildung], Begriff der griech. Kunsttheorie, die zwischen den Künsten, die das Auge, und denen, die das Ohr ansprechen, unterschied; auch die auf Anschauung zielende Dichtung stand unter der Forderung der M., verstanden als Nachahmung der Natur im Sinne von Wirklichkeit; Naturnachahmung bedeutete dabei nicht – wie fälschlicherweise immer wieder angenommen wurde – einfache Kopie wirkl. Verhältnisse; der griech. M.begriff begreift die

Künste als Fiktion, d. h., alles, was sie darstellen, ist erfunden, doch so, daß Fiktion Erfindung im Rahmen des Möglichen, Wahrscheinlichen, Glaubhaften bleibt. Bezogen auf die Form meint M. in der griech. Ästhetik die dramat. Darstellung von Charakteren und Handlungen auf der Bühne; Tragödie und Komödie waren für Platon wie für Aristoteles die prototyp. Formen der Mimesis.

In der Renaissance gewann der M.begriff wieder an Bedeutung, in der Aufklärung und v. a. in der Klassik spielte er in den poetolog. Auseinandersetzungen eine große Rolle. G. E. Lessing widerlegte in seiner Schrift ›Laokoon: oder Über die Grenzen der Mahlerey und Poesie‹ (1766) die als gültig erachtete Meinung des Horaz ›ut pictura poesis‹ (= wie ein Bild sei das Gedicht), indem er die durch die techn. Mittel bedingten unterschiedl. Formen der Nachahmung der Natur in Dichtung und bildender Kunst darlegte (↑ auch Laokoontheorie). – Der M.begriff ist bis heute umstritten, er wird immer wieder als einfache, ungebrochene Nachahmung (›imitatio‹) von Natur und Gesellschaft ausgelegt und entsprechend kritisiert. – In der marxist. Ästhetik (v. a. G. Lukács) wurde der M.begriff im Rahmen der Widerspiegelungstheorie erneut aufgenommen.

Literatur: KOLLER, H.: Die M. in der Antike. Bern 1954. – LUKÁCS, G.: Probleme der M. In: LUKÁCS: Werke. Bd. 11, 1. Nw. u. Bln. 1963. – TOMBERG, F.: M. der Praxis u. abstrakte Kunst. Nw. u. Bln. 1968. – MARTINSON, S. D.: On imitation, imagination and beauty. Bonn 1977. – LÜHE, I. VON DER: Natur u. Nachahmung in der ästhet. Theorie zw. Aufklärung u. Sturm u. Drang. Bonn 1979. – ZIMBRICH, U.: M. bei Platon. Unterss. zu Wortgebrauch, Theorie der dichter. Darst. u. zur dialog. Gestaltung bis zur Politeia. Ffm. 1984. – Nachahmung u. Illusion. Hg. v. H. R. JAUSS. Mchn. ³1991. – GEBAUER, G./WULF, CH.: M. Kultur–Kunst–Gesellschaft. Rbk. 1992. – AUERBACH, E.: M. Tüb. ⁹1994.

Mimiamben [griech.], Form der antiken ↑ Jambendichtung; meist dialog., kom. Gedichte im ↑ Choliambus (Hinkjambus) des Hipponax von Ephesus, die in der Art des Mimus alltägl. Leben abbildeten. In hellenist. Zeit v. a. von Herodas von Kos, in röm. Zeit von Gnaeus Matius gepflegt.

Mimnermos von Kolophon (tl.: Mímnernos), griech. Dichter um 600 v. Chr. – Wurde von den Alexandrinern für den Begründer der erzählenden Elegie gehalten; seine eleg. Dichtung, von der nur wenige Fragmente erhalten sind, erhält ihre Impulse von dem Gegensatz zwischen den Freuden der Jugend, besonders der Liebe, und den Leiden des Alters; daneben behandelt M. Themen aus der Mythologie (Helios, Iason); bekannt ist der spätere Titel ›Nanno‹ (nach einer angeblichen Geliebten des M.) für einen Band seiner Elegien.

Ausgaben: M. v. K. In: Griech. Lyrik. Griech. u. dt. Hg. v. G. WIRTH. Rbk. 1963. – M. v. K. In: Poetarum elegiacorum testimonia et fragmenta. Hg. v. B. GENTILI u. C. PRATO. Tl. 1. Lpz. 1979.

Mimodram (Mimodrama) [griech.], nur mit mim. Mitteln, ohne Worte aufgeführtes Drama; auch mit Musikbegleitung.

Mimus (Mimos; Mrz. Mimen) [griech. = Nachahmer, Nachahmung], antike Form der improvisierten Darstellung kom. Alltagsszenen mit Gebärde, Tanz und Gesang. Im Gegensatz zur Aufführungspraxis von Tragödie und Komödie traten im M. nicht nur Schauspieler, sondern auch Schauspielerinnen auf; eine weitere Besonderheit war das Spiel ohne Masken und ohne Kothurn. Vom Ursprungsland Sizilien Verbreitung in die griech. Welt und nach Rom. Als literar. Form zuerst bei Sophron (5. Jh. v. Chr.); dann bei Theokrit und Herodas von Kos (↑ auch Mimiamben): bei letzteren kleine, wohl nur rezitierte dramat. Darbietungen in Versen, mit Darstellung des Typischen, mit subtilem Witz; Themen waren u. a.: Eifersucht, Zauberei, versuchte Kuppelei, Vorkommnisse vor Gericht und in der Schule, das Erleben von Festen und Besichtigungen. In Rom ist der nichtliterar. M. seit dem Ende des 3. Jh. v. Chr. nachgewiesen, er wurde bis in die Spätantike – von der Kirche wegen seiner Verspottung des christl. Kults und seines frivolen Charakters bekämpft – äußerst populär. Literarisch wurde die Form im 1.Jh. v. Chr. von Gnaeus Matius, Decimus Laberius und Publilius Syrus aufgegriffen. – ↑ auch Pantomime.

Literatur: REICH, H.: Der M. Ein literar-entwicklungsgeschichtlicher Versuch. Bln. 1903.

Nachdr. 1974. – WIEMKEN, H.: Der griech. M. Bremen 1972.

Mináč, Vladimír [slowak. 'mina:tʃ], * Klenovec 10. Aug. 1922, slowak. Schriftsteller. – Schrieb über den Freiheitskampf der Slowaken im 2. Weltkrieg; entwirft ein Bild von der sozialist. Gesellschaft; Drehbuchautor, Publizist, Essayist.
Werke: Smrt' chodí po horách (= Der Tod geht über die Berge, R., 1948), Na rozhraní (= An der Grenze, En., 1954), Generácia (= Eine Generation, R.-Trilogie: Lange Zeit des Wartens, 1958, dt. 1964; Die Zeit wird reif, 1959, dt. 1965; Die Glocken läuten den Tag ein, 1961, dt. 1966), Du bist nie allein (R., 1962, dt. 1982), Portréty a osudy (= Porträts und Schicksale, 1979).
Literatur: MAŤOVČÍK, A./BALLOVA, J.: V. M. Martin 1981 (Bibliogr.).

Minamoto no Schitago (tl.: Minamoto no Shitagō), * Kioto 911, † ebd. 983, jap. Dichter und Gelehrter. – Vollendete um 930 das älteste (klassifizierte) chin.-jap. Wörterbuch, sprachlich und sachlich eine Quelle von unschätzbarem Wert; wird zu den 36 ›Dichtergenien‹ gezählt; war 951 an der Kompilation einer offiziellen Anthologie (↑›Tschokusenwakaschu‹) beteiligt, bearbeitete das ↑›Manioschu‹ wissenschaftlich, schrieb auch in chin. Sprache Poesie und Prosa. Ihm werden einige der besten klassischen Werke zugeschrieben.

Miniaturmalerei ↑ Buchmalerei.

Ministerialen [mlat., zu lat. ministerialis = im (kaiserl.) Dienst Stehender, Beamter], im Fränkischen Reich Bez. für die obere Schicht der unfreien Dienstmannen im Hof-, Verwaltungs- und Kriegsdienst; seit dem 11. Jh. Bez. des Standes unfreier, gegen Gewährung eines ›Dienstlehens‹ ritterl. Dienste leistender Dienstleute, der im 13./14. Jh. im niederen Adel aufging. Zahlreiche Dichter des MA waren M., so z. B. Hartmann von Aue, Wolfram von Eschenbach, Walther von der Vogelweide.

Minkow (tl.: Minkov), Swetoslaw Konstantinow [bulgar. 'miŋkof], * Radomir (Verw.-Geb. Pernik) 27. Febr. 1902, † Sofia 22. Nov. 1966, bulgar. Schriftsteller. – Stellte anfänglich unter dem Einfluß der dt. Literatur, später unter dem des sozialist. Realismus in humorist. Erzählungen, Skizzen und Feuilletons das

Verhältnis des Menschen zur Technik dar; in dt. Übersetzung erschien ›Die Dame mit den Röntgenaugen‹ (En., 1934, dt. 1959).
Ausgabe: S. K. Minkov. Săčinenija. Sofia 1972. 2 Bde.

Minneallegorie, seit dem 13. Jh. beliebte Form der Minnelehre oder der Erörterung über die Minne, in der eine Darstellung des Wesens der *Minne* (der Beziehung zwischen dem Ritter und der von ihm als Idealbild einer Frau verehrten adeligen Dame) mit der Erteilung konkreter Anweisungen und nützl. Ratschläge verbunden war. In der M. wurden Betrachtung und Lehre in eine Handlung oder in ein Bild eingekleidet, denen im Sinne einer ↑Allegorie eine tiefere Bedeutung unterlegt war. Häufig traten allegor. Figuren, wie etwa ›Frau Minne‹ oder die ›Triuwe‹ (Treue), in einem für sich verständl. Geschehen auf und erteilten ihre Lehren. Neben diesen Personifikationsdichtungen gab es aber auch reine Allegorien, in denen ein allegorisch zu verstehendes Geschehen an allegorisch gemeinten Orten (Grotte, Garten usw.) allegorisch eingekleidete Reflexionen und Lehren vermittelte. M.n waren zunächst Teil größerer Werke; am bekanntesten ist wohl die Minnegrottenszene ›in Gottfried von Straßburgs Versepos ›Tristan und Isolt‹ (nach 1200). Seit dem 13. Jh. begegneten M.n auch als selbständige Werke, z. B. der ›Roman de la rose‹ (entst. zw. 1230 und 1280, gedr. um 1480, dt. 1839 u. d. T. ›Das Gedicht von der Rose‹, 1976–79 u. d. T. ›Der Rosenroman‹) von Guillaume de Lorris und Jean de Meung, ›Die Jagd‹ (um 1335) von Hadamar von Laber, ›Das Kloster der Minne‹ und ›Die Minneburg‹, beide in der ersten Hälfte des 14. Jh. von unbekannten Autoren verfaßt.
Literatur: LEWIS, C. S.: The allegory of love. Oxford 1936. Nachdr. ebd. 1992. – BLANK, W.: Die dt. M. Stg. 1970.

Minnebrief, mhd. ↑Briefgedicht, das in unterschiedl. poet. Form erscheint, z. B. als ↑Leich (Ulrich von Gutenburg), als Minnelied bes. im Spät-MA (Hugo von Montfort), als zum Traktat ausgeweitetes Büchlein, als Handlungselement in ep. Werken (u. a. im ›König Rother‹, entst. nach 1150). M.e in Prosa enthält der ›Frauendienst‹ (1255) Ulrichs von Lichtenstein.

Minneburg, spätmittelalterl. Titel der umfangreichsten mhd. Minneallegorie (5 500 Verse), in der 1. Hälfte des 14. Jh. von einem unbekannten, wohl ostfränk. Autor verfaßt; handelt im geblümten Stil von der Geburt der Minne, ihrem Wesen und schließlich von der Gewinnung und Verteidigung der Burg. Das Motiv der M. begegnet in provenzal. und frz. Dichtung (›Castel d'amors‹, 13. Jh.; ›Castel d'amours‹ von Guillaume de Machault, 14. Jh., u. a.) und in der bildenden Kunst (bes. auf sog. Minnekästchen).
Ausgabe: Die M. Hg. v. H. PYRITZ. Bln. 1950. Nachdr. Hildesheim 1991.
Literatur: KREISSELMEIER, H.: Der Sturm der Minne auf die Burg. Meisenheim 1957.

Minnehof ↑ Cours d'amours.

Minneklage ↑ Minnesang.

Minnelehre, Minnedidaktik; sie findet sich in der mittelalterl. Literatur in verschiedenen Formen: 1. als selbständiges Werk in Form eines Prosatraktates (Andreas Capellanus, ›De amore‹, zw. 1174 und 1186, dt. 1482), als gereimtes Streitgespräch (z. B. das sog. ›Büchlein‹ Hartmanns von Aue; ↑ Minnerede) oder als ↑ Minneallegorie (z. B. die anonyme ↑ ›Minneburg‹); 2. als handlungsbedingte Unterweisung einer bestimmten Person in einem höf. Roman (z. B. die Belehrung der Lavinia in der ›Eneit‹ [1186 vollendet] Heinrichs von Veldeke) oder als erläuternder Exkurs; 3. als implizierte Quintessenz eines ep. oder lyr. Werkes (z. B. Heinrich von Veldekes ›Eneit‹ oder ›Moriz von Craûn‹ oder manche Minnelieder Reinmars des Alten und Walthers von der Vogelweide). Vorbild war oft Ovids ›Ars amatoria‹.

Minnerede, didakt. Reimpaargedichte (100–2 000 Verse), die im Unterschied zum Minnelied gesprochen, nicht gesungen vorgetragen wurden. Die M. enthält neben den aus dem Minnesang überkommenen Themen des Frauenpreises, der Liebesklagen und -grüße v. a. Erörterungen des Wesens der Minne, ihrer Gebote und Regeln (↑ Minnelehre). Begegnet in verschiedenen Formen als Streitgespräch, als Dialog zwischen Mutter und Tochter, als ↑ Minneallegorie; oft

in einen ep. Rahmen eingebunden: Begegnungen mit ›Frau Minne‹, Reflexionen auf einem Spaziergang usw. Ältestes Beispiel ist das sog. ›Büchlein‹ Hartmanns von Aue; bes. verbreitet waren M.n im 14. und 15. Jahrhundert.
Literatur: BRANDIS, T.: Mhd., mittelniederdt. u. mittelniederl. M.n. Mchn. 1968. – GLIER, I.: Artes amandi. Unters. zu Gesch., Überlieferung u. Typologie der dt. M.n. Mchn. 1971. – ZIEGELER, H.-J.: Erzählen im Spät-MA. Mären im Kontext von M.n, Bispeln u. Romanen. Mchn. 1985.

Minnesalut, provenzalisch-frz. Form des ↑ Minnebriefes; die Bez. wurde von der einleitenden Grußformel ›salut‹ abgeleitet.

Minnesang, im eigtl. Sinne die verschiedenen Formen mhd. Liebeslyrik; manchmal werden mit M. auch undifferenziert alle Arten mhd. Lyrik bezeichnet. Der M. entwickelte sich seit der 2. Hälfte des 12. Jh.; er bildete bis ins Spät-MA eine Fülle von Formen und Themen aus, die teilweise auf unterliterar. heim. Lyriktraditionen zurückgehen, teilweise von der lat. ↑ Vagantendichtung beeinflußt sind, v. a. aber auch Anregungen von den ↑ Troubadours und den ↑ Trouvères aufnehmen, gelegentlich auch von der antiken Liebeslyrik. Inwieweit die frühmittelalterl. arab. Hoflyrik für den M. von Bedeutung war, ist eine offene Frage. Der M. ist höf. Dichtung; er begleitet die Entstehung einer höfischritterl. Kultur unter den Stauferkaisern, war ↑ Gesellschaftsdichtung und wurde als solche v. a. an kulturellen Zentren z. B. bei Reichstagen, an Fürstenhöfen oder in Städten, von den **Minnesängern (Minnesingern),** die auch die Dichter und Komponisten waren, in der Regel selbst vorgetragen. Als ältester Minnesänger gilt der von Kürenberg, als einer der letzten Oswald von Wolkenstein. Die bekanntesten Minnesänger dichteten in der Zeit der stauf. Herrscher, die neben manchen Landesfürsten, wie Landgraf Hermann von Thüringen, auch ihre Mäzene waren. Über das Leben der meisten Minnesänger ist wenig bekannt. Unter ihnen finden sich Vertreter aller Stände. In der **Geschichte** des M.s zeichnen sich verschiedene Phasen ab: Die 1. Phase bildete der sog. ›donauländ. M.‹ (etwa

1150–70), zu ihm zählen hpts. an der Donau lokalisierte Dichter wie der von Kürenberg, Meinloh von Sevelingen, Dietmar von Aist. Formales Kennzeichen ihrer Lieder ist die ↑ Langzeile; sie handeln noch von wechselweisem Liebessehnen von Mann und Frau, sind noch Liebeslyrik in ungekünstelter Form. Für den eigtl., den hohen M. (2. Phase) typisch ist der höf. ↑ Frauendienst. Er erschien erstmals ausgeprägt bei den rhein., unter westl. Einfluß stehenden Minnesängern um Friedrich von Hausen und Heinrich von Veldeke (Rudolf von Fenis, Bligger von Steinach u. a.). Die Liebenden begegnen sich nicht mehr als gleichberechtigte Partner, die Frau wird vielmehr zu einem für den Ritter unerreichbaren Ideal emporstilisiert. Für die Ausbildung dieses Formenkultes werden neben romanisch-arab. Einflüssen auch Einwirkungen der in der 2. Hälfte des 12. Jh. aufkommenden Marienverehrung vermutet. Diese Art ist nicht Erlebnis-, sondern Rollenlyrik, ästhet. Spiel mit einem poet. Formelschatz. So wie das ↑ lyrische Ich keine bestimmte Person darstellt, so wendet sich diese Lyrik auch nicht an eine individuelle Herrin. Diese ist vielmehr Inbegriff des Weiblichen; das lyr. Ich ist Träger einer kollektiven Gefühlshaltung: Einer der prägenden Topoi ist die läuternde Macht der Minne als Dienst, Zentralbegriffe sind ›triuwe‹ und ›mâze‹. Der Höhepunkt dieser kollektiven Leidenserotik wurde in der 3. Phase um 1190 mit den Liedern Reinmars des Alten und Heinrichs von Morungen erreicht. Walther von der Vogelweide stellte dann, zum Teil in einer Dichterfehde mit Reinmars Minneprogramm, die ständ. Hochstilisierung des Frauenbildes in Frage und preist wiederum die nichtadlige Frau als Partnerin in der Figur des ›frouwelins‹ und der ›maget‹ (Mädchenlieder, Lieder der ›niederen Minne‹). Die ↑ Tagelieder Wolframs von Eschenbach gipfeln dagegen im Preis der ehelichen Liebe. Die Abkehr dieser beiden Dichter vom Ritual der ›hohen Minne‹ leitete zur letzten Entwicklungsstufe des M.s über, zur Phase seiner Parodierung und Persiflierung bei Neidhart (von Reuenthal) (↑ dörperliche Poesie).

Die Minnesänger des 13. und 14. Jh. beschränkten sich weitgehend darauf, die vorgegebenen Form- und Themenmuster zu variieren und zu spezifizieren. Sie führten z. T. die Tradition des hohen M.s weiter (Burkhart von Hohenfels, Gottfried von Neifen), oft durch äußerstes Formraffinement gesteigert (Gottfried von Neifen, Konrad von Würzburg), oder folgten Neidhart. Im 14. Jh. wurde mit dem Aufkommen der Städte der M. weitgehend durch den ↑ Meistersang abgelöst. Zwischen M. und Meistersang stehen Dichter wie Heinrich von Meißen (genannt Frauenlob) oder Heinrich von Mügeln; eine Sonderstellung nimmt Oswald von Wolkenstein ein.

Zur wichtigsten Strophenform wurde nach dem Beginn mit einfachen Reimpaarstrophen und durchgereimten Strophen die ↑ Stollenstrophe oder Kanzonenstrophe (↑ Kanzone). – Neben der Hauptgattung der Minne- und Werbelieder und insbes. der Minneklage finden sich am Anfang der Wechsel, Frauenklagen (↑ Frauenstrophe) und Frauenpreislieder, ↑ Tagelieder und ↑ Kreuzlieder, im 13. Jh. Tanzlieder und Mädchenlieder. Nach Anfängen im 12. Jh. (Ulrich von Gutenburg, Heinrich von Rugge) trat der ↑ Leich v. a. im 13. Jh. auf (Tannhäuser, Ulrich von Winterstetten u. a.).

Überliefert ist der M. in der Hauptsache in Handschriften aus dem Ende des 13. Jh. und dem 14. Jh., in der ↑ ›Kleinen Heidelberger Liederhandschrift‹ (A) und der ↑ ›Großen Heidelberger Liederhandschrift‹ (C), der ↑ ›Stuttgarter Liederhandschrift‹ (B), der ↑ ›Jenaer Liederhandschrift‹ (J) und der ›Würzburger Handschrift‹ (E). Melodieaufzeichnungen zum M. liegen erst seit dem 14. Jh. vor, in größerer Zahl zu Texten von Neidhart (von Reuenthal), Hugo von Montfort und Oswald von Wolkenstein. Wiederentdeckt wurde der M. im 18. Jh.; erste Ausgaben stammen von J. J. Bodmer, nachgebildet wurden Themen des M.s erstmals von J. W. L. Gleim (›Gedichte nach den Minnesingern‹, 1773), Minnelieder zuerst übersetzt von L. Tieck (1803); die wiss. Beschäftigung setzte v. a. mit der krit. Ausgabe der Werke Walthers von der Vogelweide durch K. Lachmann (1827) ein.

Ausgaben: Minnesinger. Dt. Liederdichter des 12., 13. u. 14. Jh. Hg. v. F. H. VON DER HAGEN. Lpz. u. Bln. 1838–56. 5 Tle. Nachdr. Aalen 1963. 5 Bde. – Dt. Liederdichter des 12. bis 14. Jh. Hg. v. K. BARTSCH. Bln. ⁴1906. Nachdr. Darmst. 1966. – Mhd. Lieder u. Sprüche. Hg. v. G. EIS. Mchn. ²1967. – Dt. Lieder des MA. Hg. v. H. MOSER u. J. MÜLLER-BLATTAU. Stg. 1968. – The art of the Minnesinger. Bearb. v. R. J. TAYLOR. Cardiff 1968. 2 Bde. – Des M.s Frühling. Unter Benutzung der Ausg. v. K. LACHMANN. Bearb. v. H. MOSER u. H. TERVOOREN. Bd. 1 u. 2. Stg. ³⁶⁻³⁷1977–82. Bd. 3,1 u. 3,2 Lpz. u. Zü. ¹⁻³⁰1939–50. Nachdr. Stg. 1981. – Dt. Liederdichter des 13. Jh. Hg. v. C. VON KRAUS. Tüb. ²1978. 2 Bde. – Dt. M. (1150–1300). Hg. v. F. NEUMANN. Neuausg. Stg. 1981.
Literatur: BRINKMANN, H.: Entstehungsgesch. des M.s. Halle/Saale 1926. Nachdr. Darmst. 1971. – FRINGS, TH.: Erforschung des M.s. In: Beitrr. zur Gesch. der dt. Sprache u. Lit. 87 (1965), S. 1. – DRONKE, P.: Medieval Latin and the rise of European love-lyric. London ²1968. 2 Bde. – TERVOOREN, H.: Bibliogr. zum M. u. zu den Dichtern aus ›M.s Frühling‹. Bln. 1969. – Der dt. M. Hg. v. H. FROMM. Darmst. ¹⁻⁵1972–85. 2 Bde. – WAPNEWSKI, P.: Waz ist minne. Studien zur mhd. Lyrik. Mchn. ²1979. – JANSSEN, H.: Zum Problem mittelalterl. literar. Gattungen. Das sogenannte ›genre objectif‹. Göppingen 1980. – FISCHER, KARL H.: Zw. Minne u. Gott. Die geistesgeschichtl. Voraussetzungen des M.s u. Ffm. 1985. – SCHWEIKLE, G.: Mhd. Minnelyrik. Neuausg, Stg. 1993 ff. Bisher 1 Bd. erschienen. – WEIL, R.: Der dt. M. Entstehung u. Begriffsdeutung. Ffm. 1993. – SCHWEIKLE, G.: M. in neuer Sicht. Stg. 1994.

Minnesänger (Minnesinger) ↑ Minnesang.

Minot, Laurence [engl. ˈmaɪnət], * 1300 (?), † 1352 (?), engl. Dichter. – Verfaßte (nach 1333) in kraftvollem, nordengl. Dialekt patriot. Schlachtgedichte, in denen er die erfolgreichen Kriegszüge Eduards III. darstellt; wichtige kulturhistor. Denkmäler.
Ausgabe: The poems of L. M. Hg. v. J. HALL. Oxford ³1914.

Minstrel [engl. ˈmɪnstrəl; von ↑ Menestrel],
1. berufsmäßiger Rezitator und Sänger im mittelalterl. England. Oft mit ↑ Spielmann und Jongleur gleichbedeutend gebraucht. Von der engl. Romantik wurde der M. poetisch überhöht und mit einer pittoresken Aura versehen (z. B. in W. Scotts Versromanze ›Der letzte Minstrel‹, 1805, dt. 1820).

2. In der amerikan. Pionierzeit Bez. für fahrende Musiker und Spielleute. Aus diesen M.-Gruppen (entst. um 1800) entwickelte sich eine bes. Form des Varietétheaters, die **M.show,** in der weiße Artisten mit geschwärzten Gesichtern und ein Akteur mit weißbemaltem Gesicht (›interlocuter‹) in bestimmter, gleichbleibender Abfolge der Gesangseinlagen (›chorus‹) und Einzelauftritte den Gesang sowie Tanz und Sprache der Sklaven karikierten. Obwohl diese M.shows, v. a. in der Zeit vor und nach dem amerikan. Bürgerkrieg (1861–65), wo sie bes. populär waren, der gesellschaftl. Integration der gesetzlich emanzipierten Sklaven entgegenwirkten, verdankt ihnen die amerikan. Volkskultur berühmte Figuren (z. B. ›Mr. Tambo‹ und ›Mr. Bones‹) sowie bekannte Evergreens wie ›Oh, Susanna!‹, die z. T. von S. Foster in den ›Ethiopian melodies‹ gesammelt wurden. Thomas Dartmouth Rice (* 1808, † 1860) gilt als der Begründer der M.shows.

Minturno, Antonio, eigtl. A. Sebastiani, * Traetto (heute Minturno, Prov. Latina) 1500 (?), † Crotone 1574, italien. Schriftsteller. – Ab 1526 Mitglied der Accademia pontaniana in Neapel, 1545–51 in Kalabrien im Dienste des Herzogs von Nocera, 1551 Prof. für alte Sprachen an der Univ. Pisa, dann nach Rom berufen; 1559 Bischof von Ugento, 1565 von Crotone; Teilnehmer am Konzil von Trient. Schrieb lat. Epigramme, petrarkist. Gedichte und einen Schäferroman (›Amore innamorato‹, 1559). Seine Hauptbedeutung liegt in seinem Eingreifen in die Diskussion über die Poetik des Aristoteles. In den lat. Dialogen ›De poeta‹ (1559) lehnte er eine moral. Zielsetzung der Dichtung ab und verteidigte das regelfreie Epos L. Ariostos; in der (italienisch geschriebenen) ›Arte poetica‹ (1564) entwarf er Regeln für alle Dichtungsgattungen, verwarf das Epos des Ariosto und forderte im Sinn der Gegenreformation eine moralisch bestimmte Dichtung.
Literatur: WEINBERG, B.: The poetic theories of M. In: Studies in honor of F. W. Shipley. Saint Louis (Mo.) 1942. S. 101. – BUCK, A.: Italien. Dichtungslehren vom MA bis zum Ausgang der Renaissance. Tüb. 1952.

Minucius Felix, Marcus, christl. lat. Schriftsteller um 200. – Verfaßte in sorgfältiger Stilisierung (Cicero-Imitation) den Dialog ›Octavius‹, eine Apologie des Christentums, neben Tertullians ›Apologeticum‹ die älteste in lat. Sprache.

Ausgabe: M. M. F. Octavius. Lat. u. dt. Hg. v. B. KYTZLER. Mchn. 1965.

Literatur: AXELSON, E.: Das Prioritätsproblem Tertullian – M. F. Lund 1941. – BECKER, C.: Der Octavius des M. F. Mchn. 1967. – VECCHIOTTI, I.: La filosofia politica di Minucio Felice. Urbino 1973.

Minulescu, Ion, * Bukarest 18. Jan. 1881, † ebd. 11. April 1944, rumän. Schriftsteller. – Hoher Beamter im Kultusministerium (1922–40). Führender Lyriker (›Romanțe pentru mai tîrziu‹ [= Romanzen für später], 1908, u. a.) des rumän. Symbolismus; seine lyr. Hauptmotive sind die Sehnsucht nach exot. Ländern und dem Meer sowie Liebe und Tod; in seiner Lyrik wie in seinen Romanen, Erzählungen und den barock wirkenden Komödien fehlt selten eine leicht iron. Färbung.

Ausgaben: I. M. Versuri. Hg. v. M. CĂLINESCU. Bukarest 1969. – I. M. Opere. Hg. v. E. MANU. Bukarest 1974–83. 4 Bde.

Literatur: MANU, E.: I. M. și conştiinţa simbolismului românesc. Bukarest 1981. – DIMITRIU, D.: Introducere în opera lui I. M. Bukarest 1984.

Miomandre, Francis de [frz. mjɔ-'mã:dr], eigtl. François Durand, * Tours 22. Mai 1880, † Saint-Quay-Portrieux (Côtes-du-Nord) 2. Aug. 1959, frz. Schriftsteller. – Verfasser phantasievoll-poet. Romane und Erzählungen, der † École fantaisiste nahestehend; auch Lyriker. Übersetzer zahlreicher Werke span. und südamerikan. Autoren.

Werke: Les reflets et les souvenirs (Ged., 1904), Écrit sur l'eau (R., 1908; Prix Goncourt), Das Herz und der Chinese (R., dt. 1929), Jeux de glaces (E., 1930), Samsara (E., 1931), Le cabinet chinois (E., 1936), L'âne de Buridan (R., 1949), Rencontres dans la nuit (R., 1954).

Mīrābāī ['mi:ra'ba:i], * Merta 1498, † Dvaraka 1547, ind. Dichterin. – Über ihr Leben ist nur wenig bekannt. Nach dem Tode ihres Gatten (1521) widmete sie sich ganz der Verehrung Krischnas, den sie in glühenden Versen im Hindidialekt Brāj Bhāsā und in Gujaratī preist.

Ausgabe: The devotional poems of M. B. Hg. u. übers. v. A. J. ALSTON. Neu Delhi 1980.

Mirabeau, Sybille Gabrielle Marie-Antoinette Gräfin von Martel de Janville, geb. de Riqueti de [frz. mira'bo], frz. Schriftstellerin, † Gyp.

Mira de Amescua (M. de Mescua), Antonio [span. 'mira ðe a'meskua], * Guadix um 1574, † ebd. 8. Sept. 1644, span. Dramatiker. – War Kaplan in Granada, lebte 1610–19 bei dem Grafen von Lemos in Neapel; fruchtbarer Dramatiker in der Nachfolge Lope F. de Vega Carpios; dramatisierte eine dem Faustthema verwandte portugies. Legende, ›El esclavo del demonio‹ (1612); schrieb ferner ›La fénix de Salamanca‹ (UA um 1630, hg. 1653), ›La desgraciada Raquel‹ (hg. 1726; Geschichte Alfons' VIII. und der Jüdin von Toledo) sowie u. a. ep. Gedichte, Sonette, Elegien.

Ausgabe: A. M. de A. Teatro. Hg. v. A. VALBUENA PRAT. Madrid ¹⁻⁴1971–73. 4 Bde.

Literatur: CASTANEDA, J. A.: M. de A. Boston (Mass.) 1977.

Mirakelspiel, † geistliches Spiel des MA (auch Mirakel genannt), das Leben und Wundertaten der Heiligen und der Jungfrau Maria behandelt. Die Grenzen zum † Legendenspiel, in dem das Moralische gegenüber dem Wunderbaren stärker betont ist, sind fließend. Seit dem 12. und 13. Jh. bes. in Frankreich verbreitet (›Le jeu de Saint Nicolas‹ von Jean Bodel, um 1200; ›Das M. von Theophilus‹ von Rutebeuf, entst. um 1261, hg. 1838, dt. 1955), dann auch in England, den Niederlanden und in Deutschland (im 15. Jh. das niederdt. ›Spiel von Theophilus‹; Dietrich Schernbergs ›Spiel von Frau Jutten‹, entst. 1480, gedr. 1565). Im 14. und 15. Jh. wurden Marienmirakel häufig Bearbeitungen von erzählenden Vorlagen, beliebt: z. B. die 40 ›Miracles de Nostre Dame par personnages‹ oder das in Drucken des 16. Jh. überlieferte halbdramat. Marienmirakel ›Mariken van Nieumeghen‹. Bedeutsam für die Geschichte des Dramas ist die Einführung kom. Elemente († Farce). Die Tradition des M.s wurde im 20. Jh. wieder aufgenommen. Von der engl. Forschung werden die Bezeichnungen M. (Miracle play) und † Mysterienspiel (Mystery play) oft unterschiedslos gebraucht.

Literatur: UKENA, E.: Die dt. M.e des Spät-MA. Bern 1975. 2 Bde.

Miran, Boris, slowen. Schriftsteller und Kritiker, ↑ Stritar, Josip.

Miranda, Francisco de Sá de, portugies. Dichter und Humanist, ↑ Sá de Miranda, Francisco de.

Mirandola, Giovanni Pico della, italien. Humanist und Philosoph, ↑ Pico della Mirandola, Giovanni.

Mirbeau, Octave [frz. mir'bo], *Trévières bei Bayeux 16. Febr. 1850, †Paris 16. Febr. 1917, frz. Schriftsteller. – Journalist; antimilitaristisch und antiklerikal, nahm in der Dreyfusaffäre Partei für A. Dreyfus. Gegenstand seiner vorwiegend naturalistisch beeinflußten kritisch-satir. Romane und Bühnenstücke sind meist soziale und moral. Skandale. Aufsehen erregte v. a. das Theaterstück ›Geschäft ist Geschäft‹ (1903, dt. 1903).
Weitere Werke: Ein Golgatha (R., 1886, dt. 1896), Der Abbé (R., 1888, dt. 1903), Sebastian Roch (R., 1890, dt. 1902), Der Garten der Qualen (R., 1899, dt. 1902), Tagebuch einer Kammerzofe (R., 1900, dt. 1901), Le foyer (Kom., 1908; mit Thadée Natanson [* 1868, † 1951]), Dingo (R., 1913).
Ausgabe: O. M. Œuvres illustrées. Paris 1934–36. 10 Bde.
Literatur: SCHWARZ, M.: O. M. Den Haag u. Paris 1966. – MICHEL, P.: O. M., l'imprécateur au cœur fidèle. Biogr. Paris 1990.

Miriam [poln. 'mirjam], poln. Schriftsteller, ↑ Przesmycki, Zenon.

Miró Ferrer, Gabriel [span. mi'ro fɛ-'rrɛr], *Alicante 28. Juli 1879, †Madrid 27. Mai 1930, span. Schriftsteller. – Schilderte in einem impressionist., mehr lyr. als handlungsbewegten Romanen Landschaft und Atmosphäre der span. Provinz. Meister eines impressionist., andeutenden Stils. Behandelte auch bibl. Stoffe: ›Figuras de la pasión del Señor‹ (Prosaskizzen, 2 Bde., 1916/1917).
Weitere Werke: Libro de Sigüenza (R., 1916), Nuestro padre San Daniel (R., 1921), El obispo leproso (R., 1926), Años y leguas (R., 1928).
Ausgabe: G. M. F. Obras completas. Hg. v. C. MIRÓ. Madrid ⁵1969.
Literatur: SÁNCHEZ GIMENO, C.: G. M. y su obra. Valencia 1960. – VIDAL, R.: G. M. Le style. Les moyens d'expression. Bordeaux 1964. – MILLER, Y. E.: La novelística de G. M. Madrid 1975.

mirror for magistrates, A [engl. ə 'mɪrə fə 'mædʒɪstreɪts], engl. Dichtung; nach dem Verbot des Drucks (1555) erst-
mals 1559 von William Baldwin herausgegeben, konzipiert als Ergänzung zu J. Lydgates ›The fall of princes‹ (der seinerseits auf G. Boccaccios ›De casibus virorum illustrium‹ beruht); enthält durch Prosa verbundene, von verschiedenen Autoren stammende trag. Versbiographien von historischen und. Persönlichkeiten, die jeweils dem Geist des Toten in den Mund gelegt sind. Das Werk wurde in Neuauflagen ständig erweitert; 1563 kamen als dichterisch herausragende Beiträge Th. Sackvilles Prolog (›Induction‹) und ›The complaint of the Duke of Buckingham‹ hinzu; es war, auch in seiner mittelalterlich geprägten Tragikauffassung, von nachhaltigem Einfluß auf die elisabethan. Literatur und Dramatik.
Ausgaben: M. f. m. Hg. v. J. HASLEWOOD. London 1815. 3 Bde. – Λ m. f. m. Hg. v. L. B. CAMPBELL. Cambridge 1938. Neuausg. New York 1960.

Mirza Schaffy, Pseudonym des dt. Schriftstellers Friedrich Martin von ↑ Bodenstedt.

Mischima (tl.: Mishima), Jukio, eigtl. Hiraoka Kimitake, *Tokio 14. Jan. 1925, †ebd. 25. Nov. 1970, jap. Schriftsteller. – Sohn eines Beamten, studierte Jura, war dann kurze Zeit im Finanzministerium tätig. Schon früh fiel seine außerordentl. erzähler. Begabung auf (1938 erschienen erste Erzählungen). In der Nachkriegszeit sprach die Weise, wie er Verwirrung und Sinnlosigkeit ausdrückte, bes. die ›verlorene Generation‹ an. Im Zentrum steht dabei zumeist der letztlich vergebl. Versuch einer Vermittlung von Kunst und Leben, respektive ästhet. Kontem-

Jukio Mischima in der Pose des Samurai (um 1968)

plation und (polit.) Aktion. Als Führer einer nationalist., paramilitär. Gruppe beging er rituellen Selbstmord (Seppuku). M. schrieb mehr als zehn Romane, 50 Novellen, Gedichte, No- und Kabuki-Stücke sowohl im modernen Stil als auch an klass. jap. Vorbilder angelehnt; in seinem umfangreichen Werk war er stets um neue Ausdrucksmöglichkeiten bemüht; sein Sprachstil gilt als luzid und vorbildhaft. In dt. Übersetzung liegen vor: ›Geständnis einer Maske‹ (R., 1949, dt. 1964), ›Die Brandung‹ (R., 1954, dt. 1959), ›Der Tempelbrand‹ (R., 1956, dt. 1961), ›Sechs moderne Nô-Spiele‹ (1956, dt. 1962), ›Nach dem Bankett‹ (R., 1960, dt. 1967), ›Der Seemann, der die See verriet‹ (R., 1963, dt. 1970), ›Schnee im Frühling‹ (R., 1965, dt. 1985), ›Unter dem Sturmgott‹ (R., 1969, dt. 1986), ›Tod im Hochsommer‹ (En., dt. Ausw. 1986), ›Zu einer Ethik der Tat. Einführung in das Hagakure, die Samurai-Lehre des 18.Jh.‹ (1967, dt. 1987), ›Der Tempel der Morgendämmerung‹ (R., 1969, dt. 1987).
Ausgabe: Yukio Mishima. Ges. Erzählungen. Dt. Übers. Rbk. 1971.
Literatur: SCOTT-STOKES, H.: The life and death of Yukio Mishima. New York 1974. – YOURCENAR, M.: Mishima oder die Vision der Leere. Dt. Übers. v. H. H. HENSCHEN. Mchn. [2]1985.

Mischna [hebr. = Lehre], für das Judentum normativ gewordene Sammlung des Lehrstoffes aus den Schulen der Tannaiten (jüd. Gesetzeslehre), Kernstück der ↑rabbinischen Literatur, Quelle der ↑Halacha, bestehend aus 63 Traktaten, die in den sechs Ordnungen (Sedarim): Seraim (= Saaten), Moed (= Fest), Naschim (= Frauen), Nesikin (= Schadensfälle), Kodaschim (= heilige Dinge), Toharot (= Reinheiten) vorwiegend thematisch zusammengestellt sind. – Abgesehen von einigen aram. Stücken ist die Sprache Hebräisch, das sich durch Syntax und Wortbildung, darunter viele griech. und lat. Fremdwörter, vom bibl. Hebräisch deutlich unterscheidet. Neben ↑Tosefta und ↑Midrasch wichtiges Zeugnis für das jüd. Leben in den beiden ersten nachchristl. Jahrhunderten. – Nach der Tradition hat Rabbi Jehuda Ha-Nasi die M. um 200 aufgrund der Sammlungen von Akiba Ben Joseph und Meir re-

digiert. Sie ist die schriftl. Fixierung des mit der Thora auf dem Sinai mitgegebenen mündl. Gesetzes. Der histor. Kritik erscheint sie als keineswegs einheitl. literar. Dokument, an dessen Entstehung Generationen teilhatten, auch über ihren Abschluß hinaus, da die Arbeit der späteren Gelehrten und Erklärer oft den Text beeinflußt hat. Dies erschwert auch die eindeutige Bestimmung ihres Zwecks. M. und Kommentar (Gemara) bilden den ↑Talmud.
Ausgaben: Die M. Dt. Übers. Hg. v. R. MEYER u. a. Bln. [1-2]1956–81. 17 Tle. – Mischnajot. Hebr. Text u. dt. Übers. Basel [3]1968. 6 Tle.
Literatur: ALBECK, CH.: Einf. in die M. Dt. Übers. v. P. u. T. GALEWSKI. Bln. 1971. – The modern study of the mishna. Hg. v. J. NEUSNER. Leiden 1973. – STEMBERGER, S.: Einl. in Talmud u. Midrasch. Mchn. [8]1992.

Mischprosa, eine in Übersetzungen oder in gelehrten Kommentaren v. a. des 11.Jh, verwendete Prosaform, in der lat. und dt. Wörter, Satzteile oder auch ganze Sätze vermengt wurden (z. B. bei Notker [III.] Labeo oder Williram von Ebersberg). – ↑hmackaronische Dichtung.
Literatur: GRABMEYER, B.: Die Mischsprache in Willirams Paraphrase des Hohen Liedes. Göppingen 1976.

Misirkov, Krste P. [makedon. 'misirkɔf], * Postol (Griechenland) 18. Nov. 1874, † Sofia 26. Febr. 1926, makedon. Publizist. – Hauptwerk ist sein Buch ›Za makedonckite raboti‹ (= Über makedon. Angelegenheiten, 1903), das trotz sofortiger Vernichtung durch die bulgar. Behörden einen wichtigen Meilenstein auf dem Weg der Makedonier zu nat. und kulturellem Selbstbewußtsein und zu einer eigenen Standardsprache darstellt.

Mistler, Jean [frz. mist'lɛːr], * Sorèze (Tarn) 1. Sept. 1897, † Paris 11. Nov. 1988, frz. Schriftsteller. – War u. a. 1933/34 Post-, dann Handelsminister; ab 1954 Mitarbeiter der Tageszeitung ›L'Aurore‹, 1964–68 literarischer Leiter des Verlags Hachette; seit 1966 Mitglied der Académie française, 1974–85 ihr Ständiger Sekretär, 1986 zum Ständigen Honorarsekretär ernannt. Schrieb zahlreiche Romane und Essays, u. a. ›La vie d'Hoffmann‹ (Essay, 1927), ›La maison du docteur Clifton‹ (R., 1932), ›La femme nue et le veau d'or‹ (R., 1945), ›Le bout du monde‹ (R., 1964), ›La route des étangs‹ (R., 1971), ›Gare de l'Est‹ (R., 1975), ›Faubourg Antoine‹ (R., 1982), ›Le jeune homme qui rôde‹ (Bericht, 1984).

Mistral, Frédéric [frz. mis'tral], * Maillane bei Arles 8. Sept. 1830, † ebd. 25. März 1914, neuprovenzal. Dichter. – War 1854 Mitbegründer, später Haupt des Félibrige, der Erneuerungsbewegung der provenzal. Literatur (↑ auch Félibres), und machte das Provenzalische wieder literaturfähig. Lyriker, Epiker, Lexikograph. Sein berühmtestes Werk ist das von der Académie française preisgekrönte Versepos der provenzal. Landschaft ›Mirèio‹ (1859, dt. 1880 u. d. T. ›Mireia‹), eine trag. Liebesgeschichte in zwölf Gesängen. Er verfaßte auch ein monumentales Wörterbuch der neuprovenzal. Sprache (2 Bde., 1879–86, Nachdr. 1966); zahlreiche seiner Werke übersetzte er selbst ins Französische; 1904 erhielt M. den Nobelpreis für Literatur (zus. mit J. Echegaray u. Eizaguirre).
Weitere Werke: Calendau (Epos, 1867, dt. 1909), Lis isclo d'or (Ged., 1875), Nerto (Epos, 1884, dt. 1891), La rèino Jano (Dr., 1890), Erinnerungen und Erzählungen (1906, dt. 1908), Lis oulivados (Ged., 1912).
Ausgaben: F. M. Œuvres poétiques. Hg. v. J. LAFFITTE. Paris 1884. Nachdr. Marseille 1980. 2 Bde. – F. M. Ausgew. Werke. Dt. Übers. Hg. v. A. BERTUCH. Stg. ¹⁻⁵1908–10. 2 Bde. – F. M. Œuvres poétiques. Arles 1966–81. 7 Bde. – F. M. Les îles d'or. Lis isclo d'or. Hg. v. J. BOUTIÈRE. Paris 1970. 2 Bde.
Literatur: BAYLE, L.: Grandeur de M. Essai de critique littéraire. Toulon ²1964. – SOULAIROL, J.: Introduction à M. Paris 1964. – PLACE, G. G.: F. M. Paris 1968. – DURAND, J.: La vie et l'œuvre de F. M. Nîmes 1974. – CLÉBERT, J.-P.: La Provence de M. Aix-en-Provence 1980. – CLÉBERT, J.-P.: M. ou l'empire du soleil. Première époque, 1830–1860. Paris 1983.

Mistral, Gabriela, eigtl. Lucila Godoy Alcayaga, * Vicuña (Chile) 7. April 1889, † Hempstead (N.Y.) 10. Jan. 1957, chilen. Dichterin. – Lehrerin, später Schulleiterin und maßgebende Mitarbeiterin an einer Schul- und Erziehungsreform in Chile; ab 1932 im diplomat. Dienst. Bereits ihre erste Gedichtsammlung ›Desolación‹ (1922, dt. Ausw. 1960 u. d. T. ›Spürst du meine Zärtlichkeit?‹) ist Ausdruck einer außerordentl. dichter. Gestaltungskraft, die sich kaum beein-

Gabriela
Mistral

flußt von den zeitgenöss. Tendenzen (Postmodernismus, Avantgarde) verwirklicht. Biograph. Ausgangspunkt des Werkes ist die schmerzl. Erfahrung der Liebe zu einem Mann, der durch Selbstmord endete. In den folgenden Werken wird die Intensität des persönl. Erlebens in christl. bzw. humanitäres Engagement umgesetzt, wobei bes. die Themen Mutterschaft und Liebe zu Kindern als Ausdruck erfüllten Menschseins in den Vordergrund treten. 1945 erhielt M. den Nobelpreis für Literatur.
Weitere Werke: Rondas de niños (Ged., 1923), Ternura (Ged., 1924), Tala (Ged., 1938), Lagar (Ged., 1954).
Ausgaben: G. M. Gedichte. Dt. Übers. Hg. v. A. THEILE. Darmst. u. a. 1958. – G. M. Poesías completas. Hg. v. M. BATES. Madrid ²1966. Nachdr. Madrid 1970. – G. M. Wenn du mich anblickst, werd' ich schön. Gedichte. Span. u. dt. Hg. v. W. EITEL. Mchn. u. Zü. 1991.
Literatur: RHEINFELDER, H.: G. M. Motive ihrer Lyrik. Mchn. 1955. – WAIS, K.: Zwei Dichter Südamerikas: G. M. Rómulo Gallegos. Bln. u. Nw. 1955. – FIGUEIRA, G.: De la vida y la obra de G. M. Montevideo 1959. – ARCE DE VÁZQUEZ, M.: G. M. The poet and her works. Engl. Übers. New York 1964. – SILVA, L.: Vida y obra de G. M. Buenos Aires 1967. – CONDE ABELLÁN, C.: G. M. Madrid 1970.

Miszellen [zu lat. miscellus = gemischt], meist kleinere Arbeiten oder Aufsätze verschiedenen Inhalts, v. a. kleinere Beiträge in wiss. Zeitschriften.

Mitchell, Adrian [engl. mɪtʃl], * London 24. Okt. 1932, engl. Schriftsteller. – Als Lyriker Vertreter der polit. Protestbewegung (›Underground poetry‹) der 60er Jahre. Die Verbindung von polit. Engagement und lyr. Techniken kennzeichnet auch seine collageartigen Dramen und experimentellen Romane. M. schrieb auch Kinderbücher (u. a. Nacherzählungen von Münchhausen-Geschichten), Fernsehspiele und literar. Adaptationen.

Werke: If you see me comin' (R., 1962), US (Dr., 1968; Mitverfasser), The body guard (R., 1970), Tyger (Dr., 1971), Wartime (R., 1973), Man Friday, and Mind your head (2 Dramen, 1974), For beauty Douglas. Collected poems and songs (Ged., 1982), On the beach at Cambridge (Ged., 1984), The pied piper (Dr., 1988), All my own stuff (Ged., 1991).

Mitchell, Julian [engl. mɪtʃl], * Epping (Essex) 1. Mai 1935, engl. Schriftsteller. – Gestaltet in seinen Romanen das Verhältnis von Realität und Fiktion durch multiperspektiv. Brechung des Erzählten, beispielsweise mit Hilfe von inneren Monologen, Briefen und Reflexionen (›Imaginary toys‹, 1961; ›A disturbing influence‹, 1962). In ›As far as you can go‹ (R., 1963) und ›A circle of friends‹ (R., 1966) kontrastiert er die engl. Lebenssicht mit der amerikan., in ›The white father‹ (R., 1964) mit der afrikan. Mentalität. Als M.s bester Roman gilt ›The undiscovered country‹ (1968), eine Verbindung von direkter Autobiographie und vorgebl. satir. Phantasieprodukt eines Alter ego. Seit den 70er Jahren verfaßt M. v. a. Bühnenstücke (›Half life‹, Dr., 1977; ›Another country‹, Dr., 1982) sowie Adaptationen für das Theater (u. a. von I. Compton-Burnetts Romanen) und das Fernsehen (u. a. von Werken P. Scotts und F. M. Fords).

Mitchell, Margaret [engl. mɪtʃl], * Atlanta (Ga.) 8. Nov. 1900, † ebd. 16. Aug. 1949 (Autounfall), amerikan. Schriftstellerin. – Journalistin; ihr einziges Buch, an dem sie zehn Jahre lang schrieb, ist der beispiellos erfolgreiche, nach Quellenstudien verfaßte Roman aus der Zeit des amerikan. Sezessionskrieges vom Standpunkt des Südstaatlers aus, ›Vom Winde verweht‹ (1936, dt. 1937, Pulitzerpreis 1937; 1939 unter der Regie von Victor Fleming mit Clark Gable und Vivien Leigh verfilmt).

Literatur: FARR, F.: Die M.-M.-Story u. die Gesch. des Buches Vom Winde verweht. Dt. Übers. Hamb. u. Düss. 1967.

Mitford, Mary Russell [engl. 'mɪtfəd], * Alresford (Hampshire) 16. Dez. 1787, † Swallowfield (bei Reading) 10. Jan.

1855, engl. Schriftstellerin. – Führte mit ihren stimmungsvollen, handlungsarmen Skizzen aus dem Landleben (›Our village‹, 5 Bde., 1824–32; ›Country stories‹, 1837) eine neue Gattung in die engl. Literatur ein; schrieb daneben weniger bed. Gedichte, Verstragödien und Romane.

Mitford, Nancy Freeman [engl. 'mɪtfəd], * London 28. Nov. 1904, † Versailles 30. Juni 1973, engl. Schriftstellerin. – Analysierte in ihren Romanen – stilistisch brillant – die engl. Gesellschaft; schrieb auch biograph. Studien, u. a. über Madame de Pompadour (1953, dt. 1954), Voltaire (1957), und Ludwig XIV. (1966, dt. 1966).

Weitere Werke: Heimweh nach Liebe (R., 1945, dt. 1955), Liebe eisgekühlt (R., 1949, dt. 1953), The blessing (R., 1951), Die Frau des Botschafters (R., 1960, dt. 1993), Friedrich der Große (Biogr., 1970, dt. 1973), Pudding and pie (R., hg 1986).

Literatur. HASTINGS, S.: N. M. Eine Biogr. Dt. Übers. Ffm. 1992.

Mitgutsch, Waltraud Anna, * Linz/Österreich 2. Okt. 1948, dt. Schriftstellerin. – Studierte Germanistik und Anglistik; unternahm danach zahlreiche Reisen; lehrte 1980–85 als Assistentin dt. Sprache und Literatur in Boston (Mass.). Ihre Werke zeichnen sich durch problemorientierte, psychologisierende Beschreibungen v. a. zwischenmenschl. Beziehungen aus. Während M.s erster Roman (›Die Züchtigung‹, 1985) in stark autobiograph. Zügen die Mutter-Tochter-Beziehung thematisiert, werden in ihrem zweiten Werk (›Das andere Gesicht‹, R., 1986) Motive der Frauenemanzipation und Selbstfindung verarbeitet.

Weitere Werke: Ausgrenzung (R., 1989), In fremden Städten (R., 1992).

mittelamerikanische Literatur, Bez. für die Literatur der Länder Guatemala, El Salvador, Honduras, Nicaragua, Costa Rica und Panama. Die einzige bed. Dichterpersönlichkeit während der span. Kolonialherrschaft war der Jesuit Rafael Landívar (* 1731, † 1793), der in lat. Hexametern die hymnisch-deskriptive Dichtung ›Rusticatio Mexicana‹ (1781) verfaßte. Nach dem Zerfall des mittelamerikan. Staatenbündnisses (1839) entwickelten sich Nationalliteraturen in relativer Selbständigkeit, wobei die weitgehend ident. Sozialstrukturen, die Herausbildung terrorist. Diktaturen im Zusammenhang mit den Einmischungen der USA in innenpolit. Auseinandersetzungen sowie die Machtentfaltung nordamerikan. Großunternehmen, wie der United Fruit Company, zu zahlreichen Übereinstimmungen führten. Querverbindungen ergaben sich zudem durch das Emigrantenschicksal vieler Schriftsteller, die ihre Länder entweder aus wirtschaftl. oder polit. Gründen verließen.

Guatemala: Der erste bed. Dichter des literarisch fruchtbarsten Landes Mittelamerikas war der Lyriker José Batres Montúfar (* 1809, † 1844). Die Romantik setzte sich durch in den histor. Romanen von José Milla (* 1822, † 1882). Während der Modernismo in der Lyrik nur schwach vertreten war, fand er seine perfekteste Ausprägung in der kunstvollen Prosa von E. Gómez Carrillo. Bedeutender als die spätmodernist., unrhetor., schlichte Lyrik von R. Arévalo Martínez waren dessen phantast. Novellen und Romane. Eine psychologisierende Tendenz verfolgten die Romane von Flavio Herrera (* 1895, † 1968). C. Wyld Ospina und Carlos Samayoa Chinchilla (* 1898, † 1973) unterstrichen das Pittoreske der nat. Realität. Unter dem Einfluß des Surrealismus wie auch in Anlehnung an die literar. Überlieferung der Mayas gestaltete M. Á. Asturias in ›magisch-realist.‹, z. T. antiimperialistisch akzentuierten Romanen ein komplexes Bild Guatemalas. Gleichrangig sind die indigenist. und sozialkrit. Romane von M. Monteforte Toledo. Aus dem Surrealismus ist auch der Lyriker und Essayist L. Cardoza y Aragón hervorgegangen. Ab 1940 traten verschiedene Autorengruppen u. a. um die Zeitschriften ›Acento‹, ›Saker-ti‹ und ›La Gran Flauta‹ hervor, die zunehmend sozialrevolutionäre Positionen einnahmen. Zu ihnen gehören v. a. die Lyriker Raúl Leiva (* 1916, † 1974), Otto Raúl González (* 1921), Humberto Alvarado (* 1925) und die Prosaautoren A. Monterroso, Carlos Solórzano (* 1925) und José María López Valdizón (* 1929, † 1975). Die um 1960 einsetzende Repression ließ viele Autoren ins Exil gehen; ermordet wurden u. a. die Lyriker Otto René Castillo (* 1936, † 1967) und Roberto Obregón (* 1940, † 1971). Als bed. literar. Darstellung der bürgerkriegsähnl. Situation gilt der Roman ›Los compañeros‹ (1976) von Marco Antonio Flores (* 1937). Viele jüngere Autoren haben sich in der gewerkschaftsähnl. RIN-78 zusammengeschlossen, zu deren namhaftesten Mitgliedern Dante Liano (* 1948), Max Araújo (* 1950) und Franz Galich (* 1951) zählen.

El Salvador: Die erste namhafte Persönlichkeit war der Lyriker und Epiker F. Gavidia, der durch seinen Schüler R. Darío auf den Modernismo einwirkte. Den Avantgardismus der 1920er Jahre repräsentierte die Lyrikerin Claudia Lars (* 1899, † 1974). Der poetisch-realist. Indigenismus der Erzählungen von S. Salazar Arrué setzt sich fort im Prosawerk von Napoleón Rodríguez Ruiz (* 1910). Eine christlich-metaphys. Tendenz vertritt Hugo Lindo (* 1917). Dichter wie Gilberto González y Contreras (* 1904, † 1954), Pedro Geoffroy Rivas (* 1908) und andere bis zu Claribel Alegría (* 1924) engagieren sich im Kampf für soziale Gerechtigkeit. Diese Linie wurde von R. Dalton fortgesetzt. Die oligarch. Repression im Zusammenspiel mit den Interessen der USA behandeln die Romane ›El solitario de la habitación 5–3‹ (1970) von José Roberto Cea (* 1939) und ›Caperucita en la zona roja‹ (1977) von Manlio Argueta (* 1935).

Honduras: Den Auftakt der nat. Literatur gaben die Neoklassiker José Cecilio del Valle (* 1780 [?], † 1834 [?]) und Juan José Trinidad Reyes (* 1797, † 1855). Aus der Gruppe romant. Lyriker ragten Manuel Molina Vigil (* 1853, † 1883) und José Antonio Domínguez (* 1869, † 1903) hervor. Juan Ramón Molina (* 1875, † 1908) und Froilán Turcios (* 1875, † 1943) repräsentierten den Modernismo in einer ausgeprägt persönl. Weise. Die erste Reaktion auf den Modernismo erfolgte durch die Hinwendung zu schlichten, volksliedhaften Formen bei Alfonso Guillén Zelaya (* 1888, † 1947) und Rafael Heliodoro Valle (* 1891, † 1959). Polit. und sozialkrit. Engagement trat in der Lyrik von Claudio Barrera (* 1912, † 1971), Jacobo Cárcamo (* 1914, † 1959) und Daniel Laínez (* 1914, † 1959) in den

Vordergrund. Ihre Linie wird u. a. von Oscar Acosta (* 1933) fortgesetzt. Auch die erzählende Prosa des 20. Jh. ist v. a. Ausdruck polit. Erfahrungen im nat. Rahmen. Zu den namhaftesten Schriftstellern gehören der Romanautor R. Amaya Amador und der Erzähler Victor Cáceres Lara (* 1915). Die bekanntesten jüngeren Autoren sind die Erzähler Julio Escoto (* 1944) und Rigoberto Paredes (* 1948).

Nicaragua: Vor R. Darío, dem größten Dichter des hispanoamerikan. Modernismo, findet sich keine literar. Persönlichkeit, die über die Grenzen des Landes hinaus bekannt geworden ist. Eine fruchtbare Entwicklung setzte um 1928 mit der Gründung der Zeitschrift ›Vanguardia‹ ein. Die Pronotoren einer v. a. an der zeitgenöss. nordamerikan. Literatur orientierten Avantgarde waren die Lyriker und Essayisten Luis Alberto Cabrales (* 1902, † 1974) und bes. José Coronel Urtecho (* 1906). Zu den bed. Dichtern der Gruppe zählen Pablo Antonio Cuadra (* 1912) und Joaquín Pasos (* 1914, † 1947). Die Entwicklung führte von ihnen zur ›Generation von 1940‹ – Ernesto Mejía Sánchez (* 1923, † 1985), Carlos Martínez Rivas (* 1924) und E. Cardenal –, die der Somoza-Diktatur gegenüber Stellung bezog. Bes. in der erzählenden Prosa spiegelte sich die Geschichte des durch Bürgerkriege und ausländ. Interventionen zerrissenen Landes. Als Romanautoren und Erzähler ragen v. a. H. Robleto, Manolo Cuadra (* 1907, † 1957), Fernando Silva (* 1927), Pedro Joaquín Chamorro (* 1924, †[ermordet] 1978), Luis Favilli (* 1926), Lizandro Chávez Alfaro (* 1929) und Sergio Ramírez (* 1942) hervor. Während der Somoza-Diktatur gingen viele Autoren ins Exil oder fielen der Repression zum Opfer wie P. J. Chamorro und die Lyriker Ricardo Morales (* 1939, † 1973), Leonel Rugama (* 1950, † 1970), Ernesto Castillo (* 1958, † 1978) u. a., die zumeist mit E. Cardenal in der Kommune Solentiname zusammengearbeitet hatten. Zu den bedeutendsten jüngeren Autoren zählen G. Belli und die Lyrikerin Rosario Murillo (* 1951).

Costa Rica: Der Costumbrismo (Sittenschilderung) romant. und realist. Prägung in der erzählenden Prosa bestimmte die Literatur des Landes im 19. Jahrhundert. Zu den namhaftesten Autoren gehörten Manuel Argüello Mora (* 1845, † 1902), Juan Garita (* 1859, † 1914) und Magón (eigtl. Manuel González Zeledón [* 1864, † 1936]). Die Realität ländl. Lebensformen war auch Thema der Lyrik von Aquileo J. Echeverría (* 1866, † 1909). Repräsentant eines metaphysisch ausgerichteten Modernismo war Roberto Brenes Mesén (* 1874, † 1947). Das Regionale wurde danach wieder stärker betont von den um 1960 zusammengetretenen sozialkrit. ›Poetas de Turrialba‹ (Jorge Debravo [* 1938, † 1967], Laureano Albán [* 1942] u. a.). Außerhalb dieser Strömung verfolgt Alfredo Cardona Peña (* 1917) einen virtuosen Ästhetizismus. Abgesehen von den avantgardist. Experimenten von José Marín Cañas (* 1904, † 1981) sowie den psychologisierenden Romanen von Yolanda Oreamuno (* 1916, † 1956) sind Prosaautoren wie C. L. Fallas, F. Dobles, J. Gutiérrez um die Analyse der polit. und sozialen Wirklichkeit des Landes bemüht. Namhafte jüngere Prosaautoren sind C. Naranjo, Quince Duncan (* 1940) und Alfonso Chase (* 1945), dessen von schwarzem Humor durchdrungene Romane und Erzählungen das Milieu der Jugendlichen von San José behandeln.

Panama: Die mit dem Modernismo beginnende Literatur Panamas formierte sich zunächst um die von Ricardo Miró (* 1883, † 1940) 1907 gegründete Zeitschrift ›Nuevos Ritos‹. Zu ihren wichtigsten Mitarbeitern zählte der Lyriker und Erzähler Darío Herrera (* 1870, † 1914), der eigtl. Initiator des nat. Modernismo. Demetrio Korsi (* 1899, † 1957) erreichte mit seiner intimen, unrhetor. Lyrik eine gewisse Vorstufe des Avantgardismus, der dann mit dem Gedichtband ›Onda‹ (1929) von R. Sinán zum Durchbruch kam. Demetrio Herrera Sevillano (* 1902, † 1950) beeinflußte mit seiner agitator. sozialkrit. Lyrik mehrere bed. jüngere Dichter wie T. Solarte und Demetrio J. Fábrega (* 1932). Dagegen gelangte z. B. Ricardo J. Bermúdez (* 1914) zu einer vom Surrealismus abgeleiteten hermet. Dichtung. In der Prosaliteratur herrschte zu Beginn des Jh. ein realist.

Regionalismus vor. Wieder war es dann R. Sinán, der mit z. T. surrealist. Erzählexperimenten die Modernisierung der Prosa durchsetzte. Zu den bed. Autoren, die mit modernen Erzähltechniken die sozialen und polit. Probleme des durch die Kanalzone zerrissenen Landes behandeln, gehören J. Beleño, Ramón E. Jurado (* 1922), Enrique Chuez (* 1934), Gloria Guardia (* 1940), Dimas Lidio Pitty (* 1941).

Literatur: Allgemeines: MONTALBÁN, L.: Historia de la literatura de la América Central. San Salvador 1929-31. 2 Bde. – Diccionario de la literatura centroamericana. Washington (D. C.) 1963. 2 Bde. – LUJÁN, H. D.: A Central American bibliography of works available at the University of Kansas Lawrence (Kans.) 1970. – ACEVEDO, R. L.: La novela centroamericana. Puerto Rico 1982.

Guatemala: MENTON, S.: Historia crítica de la novela guatemalteca. Guatemala 1960. – ALBIZÚREZ PALMA, F./BARRIOS Y BARRIOS, C.: Historia de la literatura guatemalteca. Guatemala 1981–87. 3 Bde. – VELA, D.: Literatura guatemalteca. Guatemala ³1985. 2 Bde.

El Salvador: TORUÑO, J. F.: Desarrollo literario de El Salvador. San Salvador 1958. – GALLEGOS VALDÉS, L.: Panorama de la literatura salvadoreña. San Salvador ³1981. – Poesía de El Salvador. Hg. v. M. ARGUETA. San José 1983.

Honduras: Índice general de la poesía hondureña. Hg. v. M. LUNA MEJÍA. Mexiko 1961. – VALLE, R. H.: Historia de la cultura hondureña. Tegucigalpa 1981. – UMAÑA, H.: Literatura hondureña contemporánea. Ensayos. Tegucigalpa 1986. – GONZÁLEZ, J.: Diccionario de autores hondureños. Tegucigalpa 1987.

Nicaragua: CERRUTI, F.: El Güegüence y otros ensayos de la literatura nicaragüense. Rom 1983. – ARELLANO, J. E.: Panorama de la literatura nicaragüense. Época anterior a Darío 1503–1881. Managua ⁵1986.

Costa Rica: BAEZA FLORES, A.: Evolución de la poesía costarricense. San José 1978. – SANDOVAL DE FONSECA, V.: Resumen de literatura costarricense. San José 1978. – VALDEPERAS, J.: Para una nueva interpretación de la literatura costarricense. San José 1979. – PICADO GÓMEZ, M.: Literatura, ideología, crítica. Notas para un estudio de la literatura costarricense. San José 1983. – QUESADA SOTO, A.: La formación de la narrativa nacional costarricense. San José 1986. – BOGANTES-ZAMORA, C.: La narrativa socialrealistica en Costa Rica 1900–1950. Århus 1990.

Panama: MIRÓ, R.: La literatura panameña de la República. Panama 1960. – GARCÍA, I.: Historia de la literatura panameña. Mexiko 1964. – PILOLLI, M.: Sociología de la literatura panameña. Panama 1984. – RODRÍGUEZ, C. H.: Primera historia del teatro en Panamá. Panama 1984. – MIRÓ, R.: La literatura panameña. Origen y proceso. Panama ⁷1987.

Mittelholzer, Edgar Austin [engl. ˈmɪtlhoʊlzə], * New Amsterdam (Guyana) 16. Dez. 1909, † Farnham (Surrey) 6. Mai 1965, karib. Schriftsteller. – Arbeitete während des 2. Weltkriegs in Trinidad; ab 1948 in England, beschäftigt beim British Council; profiliertester Romancier der anglophonen Karibik. Seine ›Kaywana‹-Trilogie (›Children of Kaywana‹, 1952, dt. 1954 u. d. T. ›Kaywana‹; ›The harrowing of Hubertus‹, 1955; ›Kaywana blood‹, 1958) stellt am Schicksal einer Familie die Geschichte Guyanas von 1611 bis 1953 dar; ›Corentyne Thunder‹ (1941) behandelt das Leben der guyanes. Bauern; in ›A morning at the office‹ (1950) setzt sich M. mit der von Rassen- und Farbunterschieden geprägten komplexen Klassenstruktur in der Karibik auseinander.

Weitere Werke: Glühende Schatten (R., 1951, dt. 1957), The life and death of Sylvia (R., 1953), My bones and my flute (R., 1955), Hurrikan ›Janet‹ (R., 1958, dt. 1959), Thunder returning (R., 1961), A swarthy boy (Autobiogr., 1963), The Jilkington drama (R., 1965).

Literatur: SEYMOUR, A. J.: M., the man and his work. Georgetown (Guyana) 1968.

mittellateinische Literatur, die lat. Literatur des MA; die Übergänge zu der vorausgehenden und nachfolgenden lat. Literatur sind fließend. Als Epochengrenzen gelten häufig die Jahre 500 und 1500; gliedert man aber die Spätantike als selbständige literar. Epoche aus, so setzt die m. L. im engeren Sinn erst in der Mitte des 8. Jh. ein. Die Abkehr von der m. L. vollzog sich in einem mehrere Jahrhunderte dauernden Ablösungsprozeß, der in den Werken der Paduaner Frühhumanisten des frühen 14. Jh. (A. Mussato) begann und bis in die ersten Jahrzehnte des 16. Jh. reichte. Bewahrung der Tradition und eigenständige Neugestaltung zugleich bestimmten auch die Mittel des literar. Ausdrucks: Zu den aus der Antike übernommenen Gattungen traten neue, die den Bedürfnissen der mittelalterl. Gesellschaft und Kultur gerecht wurden (z. B. Heiligenvita, Klostergeschichte, ↑Sequenz und ↑geistliches Spiel). Die Formen der antiken quantitierenden Metrik, Hexameter, eleg. Disti chon und die verschiedenen Metren von Horaz und Boethius, wurden intensiv gepflegt; daneben trat die in der Spätantike sich entwickelnde rhythm. Dichtung, die im 12. Jh. zu einzigartiger Formenvielfalt gelangte. Anders als in der Antike wurde der Reim in Prosa und Dichtung beliebtes und gesuchtes Schmuckmittel (↑leoninischer Hexameter). Bed. war der Einfluß der Schule und der durch sie vermittelten rhetor. Bildung. Innerhalb der sehr umfangreichen m. L. nahmen didakt. Werke einen großen Raum ein. Angesichts ihrer Verbreitung über Gebiete verschiedener histor. Entwicklung ist eine Gliederung der m. L. in Perioden nur bedingt möglich: Als Höhepunkte heben sich die sog. Renaissancen der karoling. Zeit und des 12. Jh. heraus.

In der **Karolingerzeit** (750–900) war die m. L. stärker als in anderen Perioden auf ein Zentrum ausgerichtet. Aus Italien, Irland, England und Spanien zog Karl der Große Gelehrte und Dichter an seinen Hof: Paulinus von Aquileja, Petrus von Pisa (†vor 799), Alkuin aus York, den Westgoten Theodulf von Orléans und den Langobarden Paulus Diaconus. Sammlung und Austausch der auf den engl. Inseln und in anderen Randgebieten Europas bewahrten Bildungstraditionen waren die Grundlage der kulturellen Erneuerung und Reform. In bewußter Abkehr von dem verwilderten Latein der Merowinger wurde die korrekte Einhaltung der Sprachnormen angestrebt. Diesem Ziel dienten Grammatiken und Abhandlungen über Orthographie, wie sie u. a. Alkuin verfaßte, der bedeutendste der von Karl dem Großen berufenen Gelehrten. Durch seine Einführungen in die ↑Artes liberales, seine meist auf den Werken der Kirchenväter basierenden exeget. und dogmat. Schriften und seine umfangreiche Korrespondenz trug er wesentlich zu der Verbreitung der Reformen im Fränk. Reich bei. Neben Alkuin war Theodulf von Orléans der wichtigste Dichter des Hofes; seine Gedichte zeichnen eine an Ovid geschulte Formkunst und ein ausgeprägter Sinn für Humor aus. In Epen, Eklogen und Briefgedichten wurde Karl der Große von den Literaten seines Hofes gepriesen; der Franke Einhard stellte in Anlehnung an Suetons

Kaiserviten sein Leben in der ›Vita Caroli magni‹ (um 830) dar. Die Autoren der nächsten karoling. Generation, u. a. Hrabanus Maurus, Walahfrid Strabo und Hinkmar von Reims, standen mit dem Hof noch in Verbindung; deutlich wurde aber eine Verlagerung auf einzelne literar. Zentren, unter denen Fulda, die Reichenau und Sankt Gallen hervorragten. Hrabanus, dem Vorbild seines Lehrers Alkuin am stärksten verpflichtet, formte die Enzyklopädie Isidors von Sevilla für seine Zeit um und wirkte nachhaltig durch seine Bibelkommentare. Im Streit um die Prädestinationslehre stellte er sich wie der Kanonist Hinkmar gegen Gottschalk von Orbais. Eines der größten dichter. Talente der Reichenau war Walahfrid Strabo, Autor der ›Visio Wettini‹ und von ›De cultura hortorum‹. Gegen Ende des 9. Jh. traten in Sankt Gallen Notker Balbulus als Dichter von Sequenzen und der Künstler Tutilo als Verfasser von Tropen hervor. Wahrscheinlich in Sankt Gallen entstand auch das Epos ›Waltharius‹. Die Autorschaft Ekkeharts I. ist jedoch umstritten.

Im 10. und 11. Jahrhundert traten an die Stelle der monast. Dichterschulen und literarischen Zentren Einzelgestalten und -werke von eigenwilliger Ausprägung und individuellem Charakter: der streitbare und stilistisch dunkle Rather von Verona (*um 890, †974), Widukind von Corvey, Verfasser einer an Sallust orientierten Sachsengeschichte, und der im Dienst Kaiser Ottos I. stehende Liutprand von Cremona (*920, †um 972). Die niedersächs. Stiftsdame Hrotsvit von Gandersheim verfaßte histor. Epen über Otto I. und die Gründungsgeschichte von Gandersheim; ihre sog. Komödien sind Umsetzungen von Legenden in dramat. Form, für die sie das Vorbild bei Terenz fand. In Lothringen wurde im 10. (nach neuerer Forschungsmeinung im 11. Jh.) das erste lat. Tierepos verfaßt, die ›Ecbasis captivi‹, die den Antagonismus von Wolf und Fuchs mit einer schwer zu entschlüsselnden Rahmenhandlung verbindet. Um 1045/50 entstand im Kloster Tegernsee der nur fragmentarisch überlieferte Versroman ›Ruodlieb‹. Von der otton. Zeit an gewannen die Domschulen als Ausbildungsstätten größeres Gewicht. Namentlich die Schulen von Reims unter Gerbert von Aurillac, dem späteren Papst Silvester II., und von Chartres unter Fulbert von Chartres begründeten die geistige Führung Frankreichs, das seit dem frühen 11. Jh. Ziel der Clerici vagantes (↑Vagantendichtung) wurde. Dichtungen Fulberts sind in den ›Carmina Cantabrigiensia‹ überliefert.

In den Anfängen der sog. **Renaissance des 12. Jahrhunderts** (1050–1200) zeigten die Dichter des Loirekreises, Marbod von Rennes (* 1038, † 1123), Baudri von Bourgueil (* 1046, † 1130) und Hildebert von Lavardin, bei bewußt christl. Grundhaltung eine größere Nähe zur Antike. Form und Geist der Dichtung Ovids wurden durch sie der m. L. vermittelt, die sich zunehmend weltl. Einflüssen öffnete. Die diesseitige Stimmung kulminierte in einer reichen Natur- und Liebesdichtung, die häufig anonym in Liederhandschriften wie dem Codex Buranus (↑›Carmina Burana‹) und anderen Vagantenliedersammlungen überliefert ist. Liebeslieder, Hymnen und Klagelieder verfaßte der Philosoph und Theologe P. Abälard, temperamentvolle Gelegenheitsgedichte Hugo von Orléans. Ihren Höhepunkt erreichte die rhythm. Dichtung in den Liedern des Petrus von Blois und Walthers von Châtillon, des Autors eines hexametr. Epos über Alexander den Großen. In der Umgebung Kaiser Friedrichs I. bildete sich ein an frz. Vorbildern geschulter Dichterkreis; in Panegyriken huldigte der Archipoeta dem Kanzler Rainald von Dassel und dem Kaiser. Der stauf. Reichsgedanke fand im ›Ludus de Antichristo‹ überzeitl. Verklärung. Im englisch-normann. Kulturkreis schlug sich die bes. von Chartres ausstrahlende platon. Philosophie und Naturbetrachtung in Kommentaren zu antiken Autoren und in Bernhard Silvestris ›De mundi universitate‹ nieder. Kritik am höf. Leben übten Johannes von Salisbury in der ersten Staatslehre des MA, dem ›Policraticus‹, und Walter Map, wie viele bed. Literaten dieser Epoche dem Hof Heinrichs II. von England verbunden, in der Anekdotensammlung ›De nugis curialium‹. Die seit dem Investiturstreit zunehmend gepflegte polem.

und satir. Publizistik fand in den Auseinandersetzungen der neuen Orden ein reiches Feld; sie richtete sich bes. gegen die Zisterzienser und ihren Gründer Bernhard von Clairvaux, einen der größten Stilisten der m. Literatur. Die Verweltlichung der Kirche und die Neuerungssucht der Mönche kritisierte den Benediktiner Nigellus de Longchamp[s] (* um 1130, † um 1200); Held seines ›Speculum stultorum‹ ist ein Esel, der einen neuen Orden begründet. Ein großes literar. Echo riefen die Kreuzzüge hervor: Die Ereignisse und Erfolge des 1. Kreuzzuges wurden zunächst in den schlichten ›Gesta Francorum et aliorum Hierosolymitarum‹ eines unterital. Normannen und danach häufig in Vers und Prosa dargestellt (›Gesta Dei per Francos‹). Zahlreiche Aufrufe und Kreuzzugslieder forderten zur Teilnahme auf; zugleich artikulierten sich Skepsis und Kritik, so im Tierepos ›Ysengrimus‹ nach dem 2. Kreuzzug und in mehreren Epen über die Belagerung von Akkon. Der geistige Austausch mit der arab. Welt vollzog sich bes. in Spanien, wo zahlreiche Übersetzungen meist naturwissenschaftl. Werke (Gerhard von Cremona) entstanden und Petrus Alfonsi in der ›Disciplina clericalis‹ dem Abendland oriental. Erzählgut vermittelte. Ausgangspunkt der reichen nationalsprachl. Artusliteratur war die ›Historia regum Britanniae‹ des Geoffrey of Monmouth; dän. Geschichte zeichnete in einem von Valerius Maximus beeinflußten Stil Saxo Grammaticus auf, der altnord. Dichtung in lat. Nachbildung tradiert. In Frankreich entstanden in Anlehnung an Ovid sog. eleg. Komödien, bestimmt zur Aufführung bestimmte Verserzählungen erot. Inhalts; eine Liebeslehre verfaßte zwischen 1174 und 1186 Andreas Capellanus, Rhetorik und Stillehre wurden in zahlreichen Poetiken und Briefstellern gelehrt; die ↑Ars dictandi, die das bes. in Bologna gepflegte Rechtsstudium ergänzte, verbreitete sich rasch von Italien und Frankreich aus. In der Dichtkunst wurde die ep. Großform bevorzugt: Laurentius von Durham (* nach 1100, † 1154), Petrus Riga († 1209) und Matthäus von Vendôme verfaßten Bibelepen, Walther von Châtillon und Joseph von Exeter antikisierende

(›Ylias‹, um 1190), Alanus ab Insulis und Johannes von Hanvilla allegorisch-enzyklopäd. Epen (›Architrenius‹, 1184/85) in einem reifen, fast manierierten Stil. Im **Spät-MA** (13.–15. Jh.) ging mit der wachsenden Bedeutung der Nationalliteraturen der Einfluß der m. L. zurück. Der Schwerpunkt lag bei wiss. (Scholastik) und didakt. Literatur. Für Schüler bestimmt waren die zahlreichen Morallehren, Tischzuchten, oft versifizierten Grammatiken (Alexander de Villa Dei) und Vokabularien. Einführungen in die Artes liberales und Fürstenspiegel wandten sich an die gebildeten Laien; es entstand eine reiche enzyklopäd. Literatur, darunter die ›Specula‹ des Pädagogen Vinzenz von Beauvais. Von den neuen Bettelorden wurde die religiöse Lyrik, bes. der kunstvoll variierte Hymnus (Thomas von Aquin, Thomas von Capua [* vor 1185, † 1239], Tommaso da Celano) gepflegt. Zisterzienser (Cäsarius von Heisterbach) und v. a. Dominikaner legten weitverbreitete Mirakel- und Exemplasammlungen (›Gesta Romanorum‹) an. Legenden faßte Jacobus a Voragine in seiner wirkungsreichen ›Legenda aurea‹ zusammen. Fast unübersehbar waren die Schriften auf dem Gebiet der prakt. und myst. (Meister Eckhart, Thomas a Kempis) Theologie.

Viele **Gattungen** der m. L. folgten Vorbildern der Antike, bes. der christl. Spätantike. *Weltchroniken* wurden im Anschluß an Eusebios von Caesarea (bzw. Hieronymus) verfaßt von Regino von Prüm, Hermann von Reichenau, Otto von Freising und Matthäus Paris (* um 1200, † um 1259). Die *Kirchengeschichten* des Orosius und des Ordericus Vitalis stehen gleichfalls in Eusebios' Tradition. Beda, Gregor von Tours, Paulus Diaconus und Saxo Grammaticus verfaßten für die Kenntnis der Frühgeschichte ihrer Völker wichtige *Nationalgeschichten.* Mit den ›Gesta episcoporum Mettensium‹ begründete Paulus Diaconus die Gattung der *Bistumsgeschichte,* die in Adam von Bremen einen bed. Vertreter fand. Im 9. Jh. entstand mit den ›Gesta abbatum Fontanellensium‹ die älteste *Abteigeschichte* Westeuropas. *Herrscherbiographien* verfaßten Einhard, Johannes Asser († 910), ein Vertrauter Alfreds des Gro-

ßen, und Wipo, Kaplan Konrads II., sowie Suger von Saint-Denis. *Autobiographien* sind von Guibert von Nogent, Giraldus Cambrensis und Kaiser Karl IV. überliefert. Zahlreich sind Berichte über *Pilgerreisen* nach Jerusalem, Rom und Santiago de Compostela. Mit dem 13. Jh. begannen die Aufzeichnungen von Franziskanern über ihre *Missionsreisen* in den Fernen Osten. Über die Wunder des Orients fabulierte Johannes von Mandeville in seiner vielgelesenen *Reisebeschreibung* (Mitte des 14. Jh.). Dem Heiligenkult dienten literar. Formen, die vom Leben, Leiden und Wundern der Heiligen und der Auffindung und Überführung ihrer Reliquien handeln. Großen Einfluß auf die mittelalterl. *Hagiographie* hatte die Martinsvita des Sulpicius Severus ausgeübt. Als typ. Gebrauchsliteratur war die Heiligenvita vielfältigen Eingriffen ausgesetzt, sie wurde häufig stilistisch überarbeitet oder in Verse gesetzt. In den zahlreich umlaufenden *Visionsberichten* wurde gelegentlich die Verfolgung polit. oder kirchl. Interessen sichtbar. Die *Briefe* vieler Päpste, Bischöfe, Herrscher und Gelehrter sind in eigenen Briefsammlungen erhalten; ein Briefwechsel wird Abälard und Héloïse zugeschrieben. Die *Dialogform* fand bes. in didakt. und polem. Schriften Verwendung. In der Dichtung nahmen die vielfach ohne Verfassernamen überlieferten *Hymnen* und die ihnen nahen *Sequenzen* großen Raum ein. Das *Drama* ist hpts. durch geistl. Spiele vertreten; neben Nikolausspielen waren es vor allem Weihnachts- und Osterspiele, die in den volkssprachl. †Mysterienspielen ihre Fortsetzung fanden. *Übersetzungen* aus der m. L. in die Nationalsprachen nahmen im Lauf des MA an Zahl zu. Weniger oft wurden volkssprachl. Texte in die lat. Sprache übertragen, wie es Arnold von Lübeck mit dem ›Gregorius‹ Hartmanns von Aue tat.

Literatur: MANITIUS, M.: Gesch. der lat. Lit. des MA. Mchn. 1911–31. 3 Bde. Neudr. 1964–65 (HdA IX, 2). – WALTHER, H.: Das Streitgedicht in der lat. Lit. des MA. Mchn. 1920. Nachdr. Hildesheim 1984. – WELTER, J.-TH.: L'exemplum dans la littérature religieuse et didactique du moyen âge. Paris 1927. – YOUNG, K.: The drama of the medieval church. Oxford 1933. 2 Bde. Nachdr. ebd. 1967. – MISCH, G.: Gesch.

der Autobiogr. Ffm. [1-4]1949–74. 4 Bde. in 8 Tl.-Bden. – GHELLINCK, J. DE: L'essor de la littérature latine au XIIe siècle. Brüssel [2]1955. – GRÖBER, G.: Übersicht über die lat. Lit. von der Mitte des 6. Jh. bis zur Mitte des 14. Jh. Mchn. Neuausg. 1963. – LEHMANN, PAUL: Die Parodie im MA. Stg. [2]1963. – CAENEGEM, R. C. VAN/GANSHOF, F. L.: Kurze Quellenkunde des westeurop. MA. Dt. Übers. Gött. 1964. – LANGOSCH, K.: Die dt. Lit. des lat. MA in ihrer geschichtl. Entwicklung. Bln. 1964. – SZÖVÉRFFY, J.: Die Annalen der lat. Hymnendichtung. Bln. 1964–65. 2 Bde. – BISCHOFF, B.: Mittelalterl. Studien. Stg. 1966–81. 3 Bde. – RABY, F. J. E.: A history of Christian-Latin poetry from the beginnings to the close of the Middle Ages. Oxford [2]1966. – FUHRMANN, M.: Die lat. Lit. der Spätantike. In: Antike u. Abendland 13 (1967). – DRONKE, P.: Medieval Latin and the rise of European love-lyric. London [2]1968. 2 Bde. – NORBERG, D.: Manuel pratique de latin médiéval. Paris 1968. – SZÖVÉRFFY, J.: Weltl. Dichtungen des lat. MA. Bln. 1970 ff. – DRONKE, P.: Die Lyrik des MA. Dt. Übers. Mchn. 1973. – SPRECKELMEYER, G.: Das Kreuzzugslied des lat. MA. Mchn. 1974. – BRUNHÖLZL, F.: Gesch. der lat. Lit. des MA. Bd. 1. Mchn. 1975. – BERTINI, F.: Commedie latine del XII e XIII secolo. Genua 1976–83. 3 Bde. – BERSCHIN, W.: Griech.-lat. MA. Bern 1980. – DINZELBACHER, P.: Vision u. Visionslit. im MA. Stg. 1981. – Anecdota novissima. Hg. v. B. BISCHOFF. Stg. 1984. – DRONKE, P.: Women writers of the Middle Ages. Cambridge 1984. – LANGOSCH, K.: Mittellatein u. Europa. Führung in die Hauptlit. des MA. Darmst. 1990.

mittelpersische Literatur,

die in Mittelpersisch, der Amtssprache der Sassaniden, geschriebene, in Pehlewi-Schrift aufgezeichnete, nur zum kleinen Teil erhaltene Buchliteratur der Anhänger des Zoroastrismus aus sassanid. und nachsassanid. Zeit, unter der bes. die theolog. Enzyklopädien der zoroastr. Religion, ↑Dēnkart und ↑Bundahischn (beide im 9. Jh. n. Chr. entstanden), hervorragen; auch die sonstige m. L. ist größtenteils zur Kommentierung des ↑Awesta und des zoroastr. Rituals sowie der zoroastr. Ethik und Dogmatik bestimmt; selbständigeren Charakter hat das ›Ardāy Wīrāz Nāmag‹, das Buch über die Reise des Priesters Wiras in Himmel und Hölle. Profane Werke gibt es kaum außer dem um 600 entstandenen ›Kārnāmag ī Ardašīr‹, einem Roman über den Begründer der Sassanidendynastie Ardaschir, der ↑Ferdousis ›Šāhnāma[h]‹ (= Königsbuch) stark beeinflußt hat.

Literatur: TAVADIA, J. C.: Die mittelpers. Sprache u. Lit. der Zarathustrier. Lpz./Bln. 1956. – BOYCE, M.: Middle Persian literature. In: Hdb. der Orientalistik. Abt. 1, 4, 2. Leiden 1968. S. 31.

Mitterer, Erika,

verh. Petrowsky, * Wien 30. März 1906, österr. Schriftstellerin. – Sehr früh erste literar. Versuche; sie schickte R. M. Rilke ihre Gedichte und führte in der Folge mit ihm 1924–26 einen ›Briefwechsel in Gedichten‹ (hg. 1950). Verfasserin von Romanen, Erzählungen und Gedichten, deren Themenschwerpunkte die Macht des Bösen, das Leid der Verfolgten und der Zwiespalt zwischen Lebensfreude und Lebensskepsis sind; auch religiöse Gedichte.

Weitere Werke: Dank des Lebens (Ged., 1930), Höhensonne (E., 1933), Gesang der Wandernden (Ged., 1935), Der Fürst der Welt (R., 1940), Begegnung im Süden (R., 1941), Die Seherin (E., 1942), Wir sind allein (R., 1945), Die nackte Wahrheit (R., 1951), Kleine Damengröße (R., 1953), Wasser des Lebens (R., 1953), Weihnacht der Einsamen (En., Ged., 1968), Klopfsignale (Ged., 1970), Entsühnung des Kain (Ged., 1974), Alle unsere Spiele (R., 1977), Das unverhüllte Kreuz (Ged., 1985).

Mitterer, Felix,

* Achenkirch (Tirol) 6. Febr. 1948, österr. Dramatiker. – Seit 1977 freier Schriftsteller, auch Schauspieler; lebt in Innsbruck. Als Dramatiker gehört M. zu jenen jüngeren Autoren (z. B. F. X. Kroetz, P. Turrini), die in der Nachfolge Ö. von Horváths das Volksstück als Gattung neu belebten. In mitunter derben realist. Szenen werden Lebens- und Arbeitsbedingungen auf dem Land dargestellt, insbes. die oft verzweifelte Situation des (unfreiwilligen) Außenseiters. Auch Prosatexte, Hörspiele und Drehbücher.

Werke: Superhenne Hanna (Kinderbuch, 1977), Kein Platz für Idioten (Volksstück, 1979), An den Rand des Dorfes (En., Hsp.e, 1981), Stigma. Eine Passion (1983), Besuchszeit (4 Einakter, 1985), Die Kinder des Teufels (Stück, 1989), Verkaufte Heimat (Drehb., 1989), Munde (Dr., 1990), Ein Jedermann (Dr., 1991), Krach im Hause Gott. Ein modernes Mysterienspiel (1994).

Mizkewitsch

(tl.: Mickevič), Kanstanzin Michailawitsch [weißruss. mits-'kjɛvitʃ], weißruss.-sowjet. Schriftsteller, * ↑Kolas, Jakub.

Mjedja

(Mjeda), Ndre, * Shkodër 19. Nov. 1866, † ebd. 1. Aug. 1937, alban. Lyriker. – Kath. Geistlicher, Jesuit (aus dem Orden ausgeschlossen), Dorfpfarrer und Lehrer; trieb philolog. Studien und arbeitete an einem alban. Alphabet; schrieb sozialkrit. und patriot. Verse (v. a. in ›Juvenilia‹, 1917) und historisch-reflektierende Gedichte (die Stadtchroniken ›Lissus‹, 1921, und ›Scodra‹, 1932), in denen er eine romant. Grundhaltung mit klass. Formstrenge zu einer stilistisch anspruchsvollen Lyrik verband, die den Übergang von der Literatur der Nationalbewegung Rilindja zu den folgenden literar. Strömungen markiert und die M. als Meister der neuen alban. Schriftsprache ausweist. M. war auch als Übersetzer tätig (u. a. Goethes Gedicht ›König in Thule‹).

Mladenović, Ranko [serbokroat. 'mladɛnɔvitɛ], * Pirot 28. Juni 1893, † Belgrad 6. Jan. 1943, serb. Schriftsteller. – War als Regisseur am Belgrader Nationaltheater tätig; verfaßte als Vertreter der Avantgarde expressionist. Gedichte und Dramen.

Młodożeniec, Stanisław [poln. muɔdɔ'ʒɛnjɛts], * Dobrocice bei Sandomierz 31. Jan. 1895, † Warschau 21. Jan. 1959, poln. Lyriker. – 1939–57 im Ausland. Mitschöpfer des poln. Futurismus; bevorzugte in der Lyrik das kühne (radikale) Experiment (›Kreski i futureski‹ [= Striche und Futuresken], 1921); später Versuche einer Verbindung von Futurismus und Folklore; auch Dramatiker und Erzähler.
Ausgabe: S. M. Utwory poetyckie. Warschau 1973.

Mňačko, Ladislav [slowak. 'mnjatʃkɔ], * Valašské Klobouky bei Gottwaldov 29. Jan. 1919, † Preßburg 24. Febr. 1994, slowak. Schriftsteller. – Partisan, Kommunist; später Journalist und Redakteur; 1967 Parteinahme für und Ausreise nach Israel; Rückkehr in die ČSSR; 1968 endgültige Emigration nach Österreich, veröffentlichte seitdem in dt. Sprache; schrieb Reportagen, so ›Verspätete Reportagen‹ (1963, dt. 1970) und ›Die Aggressoren‹ (dt. 1968), ein Buch über Vietnam. V. a. polit. Aufsehen erregten der Roman ›Wie die Macht schmeckt‹ (dt. 1967, slowak. 1968) und ›Die siebente Nacht‹ (dt. 1968), ein Protest gegen die sowjet. Intervention in der ČSSR. Bes.

Ladislav
Mňačko

erfolgreich war M.s Roman ›Der Tod heißt Engelchen‹ (1959, dt. 1962). M.s literar. Wirkung liegt in seinem sachl. Reportagestil; gilt als bedeutendster zeitgenöss. slowak. Schriftsteller.
Weitere Werke: Dlhá biela prerušovaná čiara (= Ein langer weißer unterbrochener Strich, E., 1965), Die Nacht von Dresden (R., 1966, dt. 1969), Der Vorgang (R., dt. 1970), Genosse Münchhausen (R., dt. 1973), Einer wird überleben (En., dt. 1973), Die Festrede (Satiren, dt. 1976), Der Gigant (R., dt. 1978), Jenseits von Intourist. Satir. Reportagen (dt. 1979).

Moberg, [Carl Artur] Vilhelm [schwed. ˌmuːbærj], * Algutsboda (heute zur Gemeinde Emmaboda, Småland) 20. Aug. 1898, † Väddö (Uppland) 8. Aug. 1973, schwed. Schriftsteller. – Schildert in seinen realist. Romanen in kraftvoller Sprache, oft mit derbem Humor, Leben und Probleme der gesellschaftl. Veränderungen in seiner Heimat. Bed. ist die Romantrilogie über Knut Toring (›Knut Torings Verwandlung‹, 1935, dt. 1936; ›Schlaflos‹, 1937, dt. 1938; ›Giv oss jorden‹, 1939). Mit dem histor. Roman ›Reit heut nacht!‹ (1941, dt. 1946) setzte er sich mit dem Nationalsozialismus auseinander. Der schwed. Auswanderung nach den USA hat M. durch eine dokumentar. Romanreihe, ›Bauern ziehen übers Meer‹ (1949, dt. 1954), ›Neue Heimat in fernem Land‹ (1952, dt. 1955), ›Die Siedler‹ (1956, dt. 1989) und ›Der letzte Brief nach Schweden‹ (1959, dt. 1990), die auch verfilmt wurde, ein literar. Denkmal gesetzt. M. schrieb auch gesellschaftskrit. Dramen.
Weitere Werke: Kamerad Wacker (R., 1927, dt. 1935), Die harten Hände (R., 1930, dt. 1935),

Alles für das Wohl der Stadt (R., 1932, dt. 1934, auch u. d. T. A. P. Rosell, Bankdirektor), Weib eines Mannes (R., 1933, dt. 1936; Dr., 1943), Das Mädchenzimmer (Dr., 1938, dt. 1940), Die Brautquelle (R., 1946, dt. 1948), Dein Augenblick (R., 1963, dt. 1992).
Literatur: MÅRTENSSON, S.: V. M. Stockholm 1956. – Perspektiv på Utvandrarromanen. Hg. v. E. u. U.-B. LAGERROTH. Stockholm 1971. – EIDEVALL, G.: V. M.s emigrantepos. Stockholm 1974. – LANNESTOCK, G.: V. M. i Amerika. Uddevalle 1977. – PLATEN, M. VON: Den unge V. M. En levnachteskning. Stockholm 1978. – HOLMES, P.: V. M. Boston (Mass.) 1980). – RYDH, S.-E.: Störtåg i V. M.'s Stenrike. Stockholm 1985.

Mockel, Albert [frz. mɔ'kɛl], * Ougrée bei Lüttich 27. Dez. 1866, † Ixelles 30. Jan. 1945, belg. Dichter. – Studierte in Brüssel und Lüttich, lebte 1890–1937 in Paris; gründete 1886 in Brüssel das Organ der belg. Symbolisten ›La Wallonie‹; symbolist. Lyriker, schrieb ›Chantefable un peu naïve‹ (1891), ›Clartés‹ (Ged., 1901), ›La flamme immortelle‹ (Ged., 1924) und wertvolle literar. Studien, u. a. über S. Mallarmé (1899) und É. Verhaeren (1933).
Ausgabe: A. M. Esthétique du symbolisme. Hg. v. M. OTTEN. Brüssel 1962.
Literatur: WARMOES, J.: A. M. Brüssel 1966. – GORCEIX, P.: La notion de symbole chez A. M. et Maeterlinck. In: GORCEIX: Le symbolisme en Belgique. Hdbg. 1982.

Moderne, der Begriff der literar. M. entzieht sich einer verbindl. Definition. Seine programmatisch poetolog. Verwendung in der Literaturkritik (z. B. in der ↑Querelle des anciens et des modernes oder im dt. Naturalismus [H. Bahr, ›Zur Kritik der M.‹, 1891]) impliziert Gegensatzbegriffe wie ›alt‹ bzw. ›antik‹ oder ›klassisch‹ und ›traditionell‹. Die Bez. M. ist seit dem 19. Jh. plakativer Ausdruck des progressiven histor. Selbstwertgefühls einer Epoche (Generation) gegenüber der Tradition unzeitgemäßer Normen und Werte, verbunden mit dem krit. Anspruch innovativer ästhet. Originalität (u. a. auch ↑Modernismo). ›Moderne‹ bzw. ›Junge‹ oder ›Neue‹ (u. a. ↑Junges Deutschland, ↑Neue Sachlichkeit, ↑Nouveau roman) proklamieren als Apologeten eines neuen literar. Bewußtseins eine aktualisierte, reformer. Neubestimmung und avantgardist. Umwertung oder auch radikale Negation bisher gülti-

ger Parameter mittels struktureller und theoret. Opposition gegenüber ›klass.‹ Autoritäten. – Neuere Typologien zur Bestimmung des Paradigmas der M. im Bereich von Literaturwiss., Philosophie, Ästhetik, Geschichtsforschung oder Soziologie postulieren einen Übergang von der ›klass. Moderne‹ zum ↑Postmodernismus.
Literatur: KOFLER, L.: Zur Theorie der modernen Lit. Nw. 1962. – DIE M.: Die Legitimität der Neuzeit. Ffm. 1966. – Die literar. M. Hg. v. G. WUNBERG. Ffm. 1971. – Zur Geschichtlichkeit der M. Hg. v. TH. ELM u. G. HEMMERICH. Mchn. 1982. – Mythos u. M. Hg. v. K. H. BOHRER. Ffm. 1983. – MÜNCH, R.: Die Struktur der M. Ffm. 1984. – ŽMEGAČ, J.: M./Modernität. In: Moderne Lit. in Grundbegriffen. Hg. v. D. BORCHMEYER u. ŽMEGAČ. Ffm. 1987. S. 250. – LOEWENSTEIN, B.: Entwurf der M. Essen 1987. – Epochenwelle u. Epochenbewußtsein. Hg. v. R. HERZOG u. R. KOSSELLECK. Mchn. 1987. – JAUSS, R.: Literaturgesch. als Provokation. Neuausg. Ffm. 1992. – CURTIUS, E. R.: Europ. Lit. u. lat. MA. Tüb. ¹¹1993. – HABERMAS, J.: Der philosoph. Diskurs der M. Neuausg. Ffm. 1993.

Modernismo [span.], lateinamerikan. und span. literarische Strömung, etwa 1890–1910, begr. von Rubén Darío. In der lateinamerikan. Literaturwiss. wird der M. als erste literar. Unabhängigkeitsbewegung bezeichnet. In der ›Ode an Roosevelt‹ von Darío heißt es u. a.: ›Seid auf der Hut: Lateinamerika lebt ...‹. Zu den Vertretern des M. gehören u. a. auch C. Vallejo, R. Blanco Fombona, G. Valencia, J. Herrera y Reissig, R. Jaimes Freyre, L. Lugones Argüello, E. Gómez Carrillo sowie u. a. die Spanier R. M. del Valle-Inclán und J. R. Jiménez. Der M. propagierte, beeinflußt von der frz. Romantikern, den Parnassiens und Symbolisten, eine poet. Erneuerung durch eine rein ästhetisch bestimmte Kunst des ↑L'art pour l'art. Der M. stand z. T. in enger Wechselbeziehung, z. T. in Widerspruch zu den ähnl. Bestrebungen der ↑Generation von 98.
Literatur: HENRÍQUEZ UREÑA, M.: Breve historia del m. Mexiko ²1962. Neudr. 1978. – Estudios críticos sobre el m. Hg. v. H. CASTILLO. Madrid 1968. – RAMA, A.: Rubén Darío y el m. Caracas 1970. – DAVISON, N.: El concepto del m. en la crítica hispánica. Buenos Aires 1971. – MARFANY, J. L.: Aspectos del m. Barcelona 1975. – FERRERES, R.: Los límites del modernismo y del 98. Madrid ²1981.

Modiano, Patrick [frz. mɔdja'no], * Paris 30. Juli 1945, frz. Schriftsteller. – Behandelt in seinen Romanen v.a. die Zeit des Ausbruchs des 2. Weltkriegs, der Besetzung Frankreichs durch die Deutschen, die Judenverfolgungen; zentrales Thema bleibt die Suche nach der Identität, v.a. der Verfolgten und Deportierten; verfaßte zus. mit Louis Malle das Drehbuch zu dessen Film ›Lacombe Lucien‹ (1974).
Weitere Werke: La place de l'Étoile (R., 1968), La ronde de nuit (R., 1969), Les boulevards de la ceinture (R., 1972; Großer Romanpreis der Académie française 1972), Villa Triste (R., 1975, dt. 1977), Familienstammbuch (R., 1977, dt. 1978), Die Gasse der dunklen Läden (R., 1978, dt. 1979; Prix Goncourt 1978), Eine Jugend (R., 1981, dt. 1985), De si braves garçons (R., 1982), Quartier perdu (R., 1984), Sonntage im August (R., 1986, dt. 1989), Straferlaß (R., 1988, dt. 1990), Vorraum der Kindheit (R., 1989, dt. 1992), Hochzeitsreise (R., 1990, dt. 1991), Fleurs de ruines (R., 1991), Un cirque passe (R., 1992), Chien de temps (R., 1993).
Literatur: COENEN-MENNEMEIER, B.: P. M. In: Krit. Lex. der roman. Gegenwartsliteratur. Hg. v. W.-D. LANGE. Losebl. Tüb. 1984 ff. – GUYOT-BENDER, M.: L'écriture plurielle de P. M. Diss. University of Oregon 1991.

Modrzewski Frycz, Andrzej, poln. polit. Schriftsteller, Publizist und Theologe, ↑ Frycz Modrzewski, Andrzej.

Moe, Jørgen Ingebretsen [norweg. mu:], * Ringerike 22. April 1813, † Kristiansand 27. März 1882, norweg. Volkskundler und Dichter. – Ab 1875 luther. Bischof von Kristiansand. Gab nach dem Vorbild der Grimmschen Märchensammlungen zusammen mit P. Ch. ↑ Asbjørnsen 1841–44 (dt. 1847) eine Sammlung norweg. Volksmärchen heraus.
Ausgabe: J. M. Samlede skrifter. Oslo ³1924. 2 Bde.
Literatur: HAGEMANN, S.: J. M., barnas dikter. Oslo 1963.

Moens, Wies [niederl. muns], * Sint-Gillis-bij-Dendermonde 28. Jan. 1898, † Geleen (Niederlande) 5. Febr. 1982, fläm. Dichter. – War ›Aktivist‹ im 1. Weltkrieg; vom Dez. 1918 bis 1922 in Haft. In seinen ›Celbrieven‹ (1923) und in mehreren Gedichtbänden vertrat er einen humanitären Expressionismus; gründete die politisch-satir. Zeitschrift ›Dietbrand‹ (1933–39); wegen Kollabo-

ration nach dem 2. Weltkrieg zum Tode verurteilt; starb im Exil.
Weitere Werke: De boodschap (Ged., 1920), De tocht (Ged., 1921), Landing (Ged., 1923), De doden leven (Essays, 1938), Het spoor (Ged., 1944), De verslagene (Ged., 1962), Proza (4 Bde., 1970–73).
Literatur: NOË, W.: W. M. Tielt 1944.

Moering, Richard, dt. Lyriker und Essayist, ↑ Gan, Peter.

Moeschlin, Felix ['mœʃli:n], * Basel 31. Juli 1882, † ebd. 4. Okt. 1969, schweizer. Schriftsteller. – Freier Schriftsteller und Journalist, zeitweise in Berlin, Schweden und Amerika. Mitarbeiter, z.T. Hg. verschiedener Zeitschriften, 1940–47 Nationalrat. Schrieb histor. und Gegenwartsromane.
Werke: Die Königschmieds (R., 1909), Der Amerika-Johann (R., 1912), Die Revolution des Herzens (Dr., 1918), Wachtmeister Vögeli (R., 1922), Eidgenöss. Glossen 1922–28 (1929), Barbar und Römer (R., 1931), Der schöne Fersen (R., 1937), Wir durchbohren den Gotthard (R., 2 Bde., 1947–49), Wie ich meinen Weg fand (Autobiogr., 1953), Morgen geht die Sonne auf (R., 1958), Das Blumenwunder (Nov.n und Skizzen, 1960).
Literatur: WAMISTER, CH.: F. M. Leben u. Werk. Diss. Basel 1981.

Mofolo, Thomas [Mokopu], * Khojane bei Mafeteng (Basutoland, heute Lesotho) * 2. Aug. 1875, † Teyateyaneng 8. Sept. 1948, südafrikan. Schriftsteller. – Schüler, dann Angestellter der frz. ev. Missionsstation in Morija; schrieb in Sotho, einer Bantusprache, den ersten historischen Roman der modernen afrikanischen Literatur, ›Chaka, der Zulu‹ (entst. vor 1910, gedr. 1925, dt. 1953), der in mehrere europäische Sprachen übersetzt wurde.
Weitere Werke: Moeti oa bochabela (R., 1907, engl. u. d. T. The traveller of the East, 1934), Pitseng (R., 1910).

Moinot, Pierre [frz. mwa'no], * Fressines (Deux-Sèvres) 29. März 1920, frz. Schriftsteller. – War 1983–86 Oberstaatsanwalt des frz. Rechnungshofes. Verfasser von Romanen sowie Novellen in klass., nuanciertem Stil; schrieb auch Fernsehspiele und ein Theaterstück; erhielt u.a. 1954 den Großen Romanpreis der Académie française, deren Mitglied er 1982 wurde.
Werke: Armes et bagages (R., 1951), Die königl. Jagd (R., 1953, dt. 1954), La blessure (Nov.n,

1956), Le sable vif (R., 1963), Héliogabale (Dr., 1971), Mazarin (Fsp., 1978), Le guetteur d'ombres (R., 1979; Prix Femina 1979), Jeanne d'Arc. Die Macht und die Unschuld (Biogr., 1988, dt. 1989), La descente du fleuve (R., 1991), Tous comptes faits. Entretiens avec Frédéric Badré et Arnaud Gaillon (1993).

Mokuami, jap. Dramatiker, ↑ Kawatake, Mokuami.

moldauische Literatur, die in Moldawien in Moldauisch (mit dem Rumänischen bis auf wenige phonet. und lexikal. Abweichungen und zahlreiche slaw. Elemente identisch, jedoch in kyrill. Schrift) erscheinende Literatur. Sie entwickelte sich auf der Grundlage reicher mündl. Volksliteratur seit den 20er Jahren des 20. Jh. und erbrachte Mitte der 50er Jahre auf den Gebieten der Lyrik (Andrei Pawlowitsch Lupan [* 1912], Anatoli Moissejewitsch Guschel; Gujel [* 1922], Grigore Pawlowitsch Wijeru; Vieru [* 1935]) und Prosa (Anna Pawlowna Lupan [* 1922], Ariadna Nikolajewna Schalar; Şalari [* 1923] und v. a. Ion Pantelejewitsch Druze; Druţa [* 1928]) auch internat. bed. Werke.

Literatur: HEITMANN, K.: Rumän. Sprache u. Lit. in Bessarabien u. Transnistrien. In: Zs. f. roman. Philologie 81 (1965), S. 102. – PIRU, A.: Istoria literaturii române. Bd. 2: Epoca premodernă. Bukarest ²1982.

Molden, Paula, österr. Schriftstellerin, ↑ Preradović, Paula [von].

Moldova, György [ungar. 'moldovɔ], * Budapest 12. März 1934, ungar. Schriftsteller. – Populärster Prosaschriftsteller Ungarns; Verfasser zahlreicher Romane und Erzählungen, in denen die junge Gesellschaft von heute und der jüngsten Vergangenheit in satir., zugleich anekdotisch aufgelockertem Stil geschildert wird; bed. sind auch seine soziograph. Reportagen aus Stadt und Land.

Werke: Der fremde Kämpfer (En., 1963, dt. 1971), Der dunkle Engel (R., 1964, dt. 1967), Der einsame Pavillon (R., 1966, dt. 1970), Unter den Gaslaternen (En., 1966, dt. 1971), Vierzig Prediger (R., 1973, dt. 1977), Akit a mozdony füstje megcsapott (= Wer einmal den Rauch der Lokomotive gerochen hat, Soziographie, 1977), A szent tehén (= Die heilige Kuh, Soziographie, 1980).

Molière [frz. mɔ'ljɛːr], eigtl. Jean-Baptiste Poquelin, ≈ Paris 15. Jan. 1622, † ebd. 17. Febr. 1673, frz. Komödiendichter und Schauspieler. – Sohn eines wohlhabenden Tapezierers, der auch königl. Hofbeamter war; erhielt eine gründl. humanist. Ausbildung am Collège de Clermont in Paris; studierte die Rechte in Orléans und erwarb dort die Lizentiatenwürde; gründete 1643 in Paris mit Madeleine (* 1618, † 1672), Geneviève und Joseph Béjart (*1616, † 1659) die Truppe des ›Illustre-Théâtre‹, bereitse nach dem Zusammenbruch dieses Unternehmens (1645) mit einer Schauspielwandertruppe unter dem Namen M. die frz. Provinz, bes. den Süden; in dieser Zeit verfaßte er seine ersten Stücke (u. a. ›Der Unbesonnene‹, UA 1653, gedr. 1663, dt. 1752; ›Der Zwist der Verliebten‹, UA 1656, gedr. 1663, dt. 1948, 1752 u. d. T. ›Der verliebte Verdruß‹). Ab 1658 spielte die Truppe unter M.s Leitung ständig in Paris. 1662 heiratete M. Armande Béjart (* 1642, † 1700), die Tochter oder Schwester der Madeleine Béjart; die Ehe wurde jedoch enttäuschend. Ab 1665 stand M.s Truppe, trotz vieler Widerstände schon bestehender Theater, als ›Troupe du roi‹ unter königl. Schutz.

Molière

M. war ein geborener Komödiant, der mit seinem Werk die abendländ. Komödie auf einen nahezu unangefochtenen Höhepunkt führte. Der Umfang des M.schen Werkes (erhalten sind insgesamt 32 Stücke) reicht, formal gesehen, von der effektsicheren Farce (in der Nachfolge des gleichnamigen spätmittelalterl. Genres und der italien. Commedia dell'arte) über die freiere [Prosa]komödie bis zur ›haute comédie‹ in Versen, die unter Beachtung der drei Einheiten in fünf Akten abläuft. Inhaltlich gesehen steht neben der reinen, vorwiegend dreiaktigen Situationskomödie (Posse, Farce), wie z. B. ›Der Arzt wider Willen‹ (1667, dt. 1867, 1694 u. d. T. ›Der widerwillige Arzt‹), ›George Dandin‹ (1669, dt. 1670), ›Scapins Streiche‹ (1671, dt. 1922, 1694 u. d. T. ›Deß Scapins Betrügereyen‹), die meist einaktige Sittenkomödie, die Modetorheiten zur Zeit Ludwigs XIV. geißelt (u. a. ›Die lächerl. Preziösen‹, 1659, dt. 1752, 1670 u. d. T. ›Die köstl. Lächerlichkeit‹) und die universalzeitlose, ›klass.‹ fünfaktige Charakterkomödie mit ihrer lebenswahren Heraushebung des Allgemeinmenschlichen und Typischen (›Der Misanthrop‹, 1667, dt. 1912, 1742 u. d. T. ›Der Menschenfeind‹; ›Der Geizige‹, UA 1668, gedr. 1682, dt. 1670; ›Tartuffe‹, 1669, dt. 1752). Für Hoffeste schrieb M. dreizehn Komödien, in denen der Dialog durch Gesangs- und Balletteinlagen, die mehr oder weniger in das Bühnengeschehen integriert sind, unterbrochen wird und zu denen ab 1664 v. a. J.-B. Lully die Musik schrieb. M. wurde damit zum Schöpfer der Gattung der ›comédie-ballet‹ (u. a. ›Die Lästigen‹, 1662, dt. 1948, 1752 u. d. T. ›Die Beschwerlichen‹; ›Der Herr von Pourceaugnac‹, 1670, dt. 1752, 1694 u. d. T. ›Der Herr von Birckenau‹; ›Der Bürger als Edelmann‹, 1672, dt. 1918, 1788 u. d. T. ›Der adelsüchtige Bürger‹; ›Der eingebildete Kranke‹, 1673, dt. 1867, 1694 u. d. T. ›Der Krancke in Einbildung‹). Alle diese Varianten der Komödie gestaltet M. mit Gefühl für das Echte, Maßvolle sowohl in der Situation, im Charakter als auch in der Sprache. Die wider die Natur, das Logisch-Vernünftige handelnde Gestalten (Grund der Komik) gibt er der Lächerlichkeit preis. Mit treffsicherem Witz prangert er Mißstände seiner Zeit und allgemein menschl. Schwächen in seinen Komödien an, die durch seine Gestaltungskunst überzeitl. Gültigkeit erhalten.

Weitere Werke: Die Schule der Ehemänner (Kom., 1661, dt. 1865, 1752 u. d. T. Die Männerschule), Die Schule der Frauen (Kom., 1663, dt. 1865, 1752 u. d. T. Die Frauenschule), Don Juan (Kom., UA 1665, gedr. 1682, dt. 1866, 1694 u. d. T. Das steinerne Gastmahl), Amphitryon (Kom., 1668, dt. 1670), Die gelehrten Frauen (Kom., 1672, dt. 1752).

Ausgaben: Œuvres de M. Hg. v. E. DESPOIS u. a. Paris 1873–1900. 13 Bde. – Œuvres complète

de M., collationnées sur les textes originaux et commentées par L. MOLAND. Paris ²1880–85. Nachdr. Nendeln 1976. 12 Bde. – M. Œuvres complètes. Hg. v. M. RAT. Paris ³1959. 2 Bde. – M. Werke. Dt. Übers. Lpz. ⁷1968. – M. Œuvres complètes. Hg. v. G. COUTON. Paris 1972. 2 Bde. Neuausg. 1976. – M. Komödien. Neu übertragen v. H. WEIGEL. Zü. 1975. 7 Bde. – M. Œuvres complètes. Hg. v. G. MONGREDIEN. Paris 1975. 4 Bde. – M. Komödien. Dt. Übers. Mit Nachwort v. V. KLEMPERER. Mchn. ²1987.

Literatur: LIVET, CH. L.: Lexique de la langue de M. Paris 1895–97. 3 Bde. Nachdr. Hildesheim 1970. – KÜCHLER, W.: M. Lpz. 1929. – ROMANO, D.: Essai sur le comique de M. Bern 1950. – BRAY, R.: M., homme de théâtre. Paris Neuaufl. 1963. – JURGENS, M./MAXFIELD-MILLER, E.: Cent ans de recherches sur M., sur sa famille et sur les comédiens de sa troupe. Paris 1963. – MEYER, JEAN L. A.: M. Paris 1963. – GUTWIRTH, M.: M., ou l'invention comique. La métamorphose des thèmes, la création des types. Paris 1966. – ROBRA, K.: J.-B. M., Philosophie u. Gesellschaftskritik. Tüb. 1969 (mit Bibliogr.). – GAXOTTE, P.: M. fameux comédien Paris 1971. Revue d'Histoire Littéraire de la France 5/6 (1972). Sonder-H. M. – HARTAU, F.: M. Rbk. 1976. – GAXOTTE, P.: M. Paris 1977. – M. Hg. v. R. BAADER. Darmst. 1980. – WERLE, R./WETZEL, C.: J.-B. M. Salzburg 1980. – CHEVALLEY, S.: M. Sa vie, son œuvre. Paris 1984. – GRIMM, J.: M. Stg. 1984. – MALLET, F.: M. Paris 1986. – STACKELBERG, J. VON: M. Eine Einf. Mchn. 1986. – HÖSLE, J.: M. Leben, sein Werk, seine Zeit. Mchn. 1987. – Über M. Hg. v. CH. STRICH u. a. Neuausg. Zü. 1988. – MAZOUER, CH.: M. et ses comédies-ballets. Paris 1993.

Molina, Tirso de, span. Dichter, ↑ Tirso de Molina.

Molinari, Ricardo E., * Buenos Aires 20. März 1898, argentin. Lyriker. – Gehörte zu den Ultraisten um die Zeitschrift ›Martín Fierro‹; lebte ab 1933 einige Jahre in Spanien. In seiner z. T. hermet. Lyrik dominiert eine religiöse Grundhaltung; vielfältig wie sein Formenrepertoire ist seine Thematik, die private Gefühle, Erinnerungen, Episoden der nat. Geschichte, Geographie und Folklore umfaßt.

Werke: El imaginero (Ged., 1927), El huésped y la melancolía (Ged., 1946), Odas a la pampa (Ged., 1956), Las sombras del pájaro tostado 1923–1973 (Ged., Gesamtausgabe, 1975), La cornisa (Ged., 1977).

Literatur: POUSE, N.: R. E. M. Buenos Aires 1961. – LACUNZA, A. B.: La dimensión temporal en algunas poemas de R. E. M. Buenos Aires 1973.

Molinet (Moulinet), Jean [frz. mɔli'nɛ, muli'nɛ], * Desvres bei Boulogne-sur-Mer 1435, † Valenciennes 23. Aug. 1507, frz.-burgund. Dichter. – Kanoniker in Valenciennes; Schüler von G. Chastellain und ab 1475 dessen Nachfolger als Hofhistoriograph Karls des Kühnen, später Bibliothekar Marias von Burgund; setzte die Chronik von Burgund für die Jahre 1474–1506 fort; seine vorwiegend allegorisch-didakt., manierierte Lyrik steht im Zeichen der burgund. Schule der ›Rhétoriqueurs‹, deren Poetik er schrieb; verfaßte 1503 eine allegorisch-myst. Prosabearbeitung des ›Rosenromans‹.

Ausgaben: J. M. Chroniques. Hg. v. G. DOUTREPONT u. O. JODOGNE. Brüssel 1935–37. 3 Bde. – J. M. Les faicts et dicts. Hg. v. N. DUPIRE. Paris 1937–39. 3 Bde.
Literatur: DUPIRE, N.: J. M. La vie, les œuvres. Paris 1932. – ZUMTHOR, P.: Le masque et la lumière. La poétique des grands rhétoriqeurs. Paris 1978.

Møllehave, Herdis [dän. 'mølǝha:vǝ], * Flensburg 26. Aug. 1936, dän. Schriftstellerin. – Setzt sich engagiert, jedoch undogmatisch v. a. dafür ein, die Belange der Frau in der Gesellschaft zu verstehen; schildert die komplexen Schwierigkeiten der Männerwelt ebenso eindringlich wie die traditionelle Unterdrückung und Benachteiligung der Frau.

Werke: Le und die Knotenmänner (R., 1977, dt. 1981), Måske bliver du gammel. En protestbog (Sachbuch, 1979), Lene (R., 1980, dt. 1983), Helene oder die Verletzung (R., 1983, dt. 1985).

Møller, Poul Martin [dän. 'mølǝr], * Uldum bei Vejle 21. März 1794, † Kopenhagen 13. März 1838, dän. Schriftsteller. – Lyriker, Novellist und Essayist zwischen Romantik und Realismus, der Humor, Frische und psycholog. Interesse zeigt. Mit seinem Hauptwerk ›En dansk students eventyr‹ (beendet 1824, postum 1843 veröffentlicht) schuf er den ersten dän. phantast. Roman.

Literatur: ANDREASEN, U.: P. M. og romantismen. Kopenhagen 1973. – JØRGENSEN, J. CH.: Den sande kunst. Kopenhagen 1980. S. 23.

Möllhausen, Balduin, * bei Bonn 27. Jan. 1825, † Berlin 28. Mai 1905, dt. Schriftsteller. – Ausgedehnte Forschungsreisen in Nordamerika, Teilnehmer an verschiedenen Expeditionen; schrieb außer zahlreichen Reiseschilderungen 45 Romane und 80 Novellen, die zum großen Teil in Amerika unter Indianern, Pionieren und Einwanderern spielen und von J. F. Cooper, Ch. Sealsfield und F. Gerstäcker beeinflußt sind.

Werke: Tagebuch einer Reise vom Mississippi nach den Küsten der Südsee (1858), Der Halbindianer (R., 4 Bde., 1861), Balduin, der Flüchtling (R., 4 Bde., 1862), Das Mormonenmädchen (R., 6 Bde., 1864), Die Mandanenwaise (R., 4 Bde., 1865), Der Hochlandpfeifer (R., 6 Bde., 1868), Die Kinder des Sträflings (R., 4 Bde., 1876).

Molnár, Albert [ungar. 'molna:r], ungar. Schriftsteller, ↑ Szenczi Molnár, Albert.

Molnár, Ferenc (Franz) [ungar. 'molna:r], * Budapest 12. Jan. 1878, † New York 1. April 1952, ungar. Schriftsteller. – Emigrierte 1940 in die USA; außerordentlich gewandter, souveräner Beherrscher der dramaturg. Möglichkeiten, publikumswirksamer Bühneneffekte und eines geistreichen Dialogs; geschult an der westeurop. Gesellschafts- und Boulevardkomödie, überschritt er deren Grenze in seinem bedeutendsten Erfolgsstück, der tragikom. Vorstadtkomödie ›Liliom‹ (1909, dt. 1912), in die Elemente des Volksstücks und des Traumspiels eingingen; auch Romancier und Novellist; internat. Erfolg brachte ihm v. a. der Jugendroman ›Die Jungens der Paulstraße‹ (1907, dt. 1910).

Weitere Werke: Der Teufel (Dr., 1907, dt. 1908), Fasching (Dr., 1917, dt. 1917), Der Schwan (Dr., 1921, dt. 1921), Spiel im Schloß (Dr., 1926, dt. 1927), Lebewohl, mein Herz (R., 1945, dt. 1947), Gefährtin im Exil (Autobiogr., 1950, dt. 1953), Die Dampfsäule (En., dt. Ausw. 1981), Die grüne Fliege (En., dt. Ausw. 1985).
Ausgabe: F. M. Összes munkái. Budapest 1928. 20 Bde.
Literatur: VÉCSEI, J.: M. F. Budapest 1966. – GYÖRGYEY, C.: F. M. Boston (Mass.) 1980.

Molo, Walter Reichsritter von, * Sternberg (heute Šternberk, Nordmähr. Gebiet) 14. Juni 1880, † Hechendorf (heute zu Murnau a. Staffelsee) 27. Okt. 1958, dt. Schriftsteller. – Aufgewachsen in Wien; studierte Elektrotechnik und Maschinenbau, 1904–13 am Patentamt in Wien; ab 1914 freier Schriftsteller in Berlin. 1928–30 Präsident der Sektion für Dichtkunst der Preuß. Akad. der Künste; Verfasser biograph. Romane; auch Dramen und Lyrik.

Werke: Klaus Tiedemann, der Kaufmann (R., 1908, 1912 u. d. T. Die Lebenswende, 1928 u. d. T. Das wahre Glück), Der Schiller-Roman (4 Tle.: Ums Menschentum, 1912; Im Titanenkampf, 1913; Die Freiheit, 1914; Den Sternen zu, 1916), Ein Volk wacht auf (R.-Trilogie: Fridericus, 1918; Luise, 1919; Das Volk wacht auf, 1922), Zwischen Tag und Traum (Reden und Essays, 1930), Ein Deutscher ohne Deutschland (R., 1931), Der kleine Held (R., 1934). **Literatur:** KÜNTZEL, G.: W. v. M. Schriftenverz. In: Jb. der Akad. der Wiss. u. der Lit. (1959), S. 47.

Molossus [griech.-lat.], antiker Versfuß aus drei Längen (– – –); begegnet in der Regel nur anstelle von Versfüßen mit einer Doppelkürze, z. B. anstelle eines ↑ Choriambus.

Momaday, N[avarre] Scott [engl. 'mɔmədɛɪ], * Lawton (Okla.) 27. Febr. 1934, amerikan. Schriftsteller. – Seit 1963 Prof. für engl. und vergleichende Literaturwiss., zuletzt an der University of Arizona in Tucson. M. etablierte mit seinem erfolgreichen Roman ›Haus aus Dämmerung‹ (1968, dt. 1971, 1988 u. d. T. ›Haus aus Morgendämmerung‹; Pulitzerpreis 1969), in dem die Suche des in der dominanten weißen Gesellschaft Amerikas lebenden Indianers nach der Wiedergewinnung seiner Stammesidentität auf der Reservation dargestellt wird, einen aus fiktionalen Elementen und Stammesmythen bestehenden Typus indianischer Gegenwartsliteratur. In ›The journey of Tai-me‹ (1967), das die Grundlage für ›The way to Rainy Mountain‹ (1969) bildet, und der Autobiographie ›The names. A memoir‹ (1976) gibt er Mythen der Kiowa-Indianer wieder, in ›Im Sternbild des Bären. Ein indian. Roman‹ (1989) die Problematik der Identitätsfindung. Schreibt auch Gedichte: ›Angle of geese and other poems‹ (1974), ›The gourd dancer‹ (1976). **Weiteres Werk:** Circle of wonder. A native American christmas story (1993; mit L. Hogan). **Literatur:** TRIMBLE, M. S.: N. S. M. Boise (Id.) 1973. – SCHUBNELL, M.: N. S. M. The cultural and literary background. Tulsa (Okla.) 1985.

Mombert, Alfred [...bɛrt], * Karlsruhe 6. Febr. 1872, † Winterthur 8. April 1942, dt. Schriftsteller. – 1899–1906 Rechtsanwalt in Heidelberg; später widmete er sich nur noch seiner Dichtung sowie naturwiss. und philosoph. Problemen; weite Reisen. Lehnte 1933, trotz Gefährdung wegen seiner jüd. Abstammung und Ausschluß aus der dt. Dichterakademie, eine Emigration ab; 1940 kam er in das Konzentrationslager Gurs in den frz. Pyrenäen, von dort durch Bemühungen von Freunden in die Schweiz. Ekstatischvisionärer Lyriker, Frühexpressionist, der in seine Dramen und Gedichte auch gnost. Elemente aufnimmt. **Werke:** Tag und Nacht (Ged., 1894), Die Schöpfung (Ged., 1897), Der Denker (Ged., 1901), Die Blüte des Chaos (Ged., 1905), Aeon (Dramentrilogie, 1907–11), Der himml. Zecher (Ged., 1909, erweiterte Ausgabe 1951), Atair (Ged., 1925), Aiglas Herabkunft (Dr., 1929), Aiglas Tempel (Dr., 1931), Sfaira der Alte (Dichtung, 2 Tle., 1936–42). **Ausgaben:** A. M. Briefe 1893–1942. Hg. v. B. J. MORSE. Hdbg. u. Darmst. 1961. – A. M. Dichtungen. Hg. v. E. HERBERG. Mchn. 1963. 3 Bde. **Literatur:** BENZ, R.: Der Dichter A. M. Hdbg. 1947. – HENNECKE, H.: A. M. Eine Einf. in sein Werk u. eine Ausw. Wsb. 1952. – HERBERG, E.: Die Sprache A. M.s. Diss. Hamb. 1960. – A. M. Hg. v. FRANZ-ANSELM SCHMITT. Ausst.-Kat. Karlsr. 1967. – A. M. (1872–1942). Hg. v. S. HIMMELHEBER u. K.-L. HOFMANN. Ausst.-Kat. Hdbg. 1993.

Mombritius, Boninus, eigtl. Bonino Mombrizio, * 1424, † Mailand um 1500, italien. Humanist. – Prof. der lat. und griech. Sprache in Mailand, übersetzte Hesiod und die Chronik des Eusebios von Caesarea. Traditionsgebunden war seine religiöse lat. Dichtung über das Leiden Christi (›De passione Domini libri IV‹, 1475). Am bedeutendsten ist seine um 1480 fertiggestellte Sammlung von 334 Heiligenlegenden u. d. T. ›Sanctuarium‹; seine Quellen sind z. T. ungeklärt. **Literatur:** EIS, G.: Die Quellen für das Sanctuarium des Mailänder Humanisten B. M. Bln. 1933. Nachdr. Nendeln 1967.

Momos [nach M., dem griech. Gott des Tadels und der Tadelsucht], Pseudonym des dt. Schriftstellers und Kritikers Walter ↑ Jens.

Mon, Franz, eigtl. F. Löffelholz, * Frankfurt am Main 6. Mai 1926, dt. Schriftsteller. – Verlagslektor in Frankfurt am Main; gehört zu den führenden Vertretern der konkreten Poesie; Mit-Hg. (mit W. Höllerer) des Sammelbandes ›movens. Dokumente und Analysen zur Dichtung, bildenden Kunst, Musik, Architektur‹ (1960); verwendet als lyr. Formen u. a. Montagen, Letterngraphiken; schrieb auch experimentelle Prosa, ein Drama, Essays, Hörspiele.

Weitere Werke: artikulationen (Ged. und Essays, 1959), Spiel Hölle (Theaterstück, 1962), Lesebuch (1967, erweitert 1972), herzzero (R., 1968), prinzip collage (1968; Mit-Hg.), Texte über Texte (Essays, 1970), Antianthologie (Ged., 1974; Hg. mit H. Heißenbüttel), Hören und sehen vergehen ... (Stück, 1978), Fallen stellen (Texte, 1981), Wenn z. B. nur einer in einem Raum ist (Hsp., 1982), hören ohne aufzuhören. 03 Arbeiten 1952–81 (1982), Es liegt noch näher. 9 Texte aus den 50ern (1984), Nach Omega undsoweiter (Prosatexte, 1992).
Literatur: F. M. Hg. v. H. L. ARNOLD. Mchn. 1978.

Mönch von Salzburg (Johann von Salzburg, Hermann von Salzburg), (mehrere?) mhd. Liederdichter vom Ende des 14. Jahrhunderts. – In den Handschriften Sammelname (›Der Mönch‹) für eine Gruppe von über 100 geistl. und weltl. Liedern, entstanden am Hof des Salzburger Erzbischofs Pilgrim II. (1365–96). Die geistl. Lieder gehen überwiegend auf lat. Vorbilder zurück, die Marienlieder stellen mit 20 die wichtigste Gruppe, darunter das Weihnachtslied ›Joseph, lieber nefe mein‹. Die weltl. Lieder stehen in der Tradition des späten Minnesangs, darunter sind Tagelieder und neue Themen wie Neujahrslied und Brief. Herausragend ist die Musik der Lieder, von volkstüml. Einstimmigkeit bis zu mehrstimmigen Formen.

Ausgabe: Ich bin du und du bist ich. Lieder des MA. Ausw., Texte, Worterklärungen. Hg. v. F. V. SPECHTLER. Mchn. 1980.
Literatur: MAYER, FRIEDRICH A./RIETSCH, H.: Die Mondsee-Wiener Liederhs. u. der M. v. S. Bln. 1894–96. 2 Bde. – ZIMMERMANN, M.: Neues zum M. v. S. In: Zs. f. dt. Altertum u. dt. Lit. 111 (1982), S. 135.

Mönch Felix, mhd. Verslegende (380 Verse), wohl noch im 13. Jh. von einem unbekannten mitteldt. Zisterzienser verfaßt; handelt von einem Mönch, den der Vogelgesang im Wald in himml. Wonnen entrückt und der erst nach 100 Jahren in sein Kloster zurückkehrt. Das Motiv des unterschiedl. ird. und göttl. Zeitmaßes findet sich seit einem frz. Predigtexempel (Ende des 12. Jh.) in mannigfachen Ausprägungen bis hin zu H. W. Longfellows Drama ›The golden legend‹ (1851).

Literatur: MAI, E.: Das mhd. Gedicht vom M. F. Bln. 1912.

mongolische Literatur, die reichhaltige Literatur der mongol. Völkerschaften; erst seit dem 19. Jh. systematisch erforscht, nachdem A. Posdnejew 1887–98 und B. Laufer 1907 die ersten Anstöße dazu gaben. Die m. L. ist in ihrer älteren Phase durch die Aufnahme und Verarbeitung indisch-tibetischer und buddhist. Motive ausgezeichnet und zeigt synkretist. Züge. Neben umfangreichen Heldenliedern (›Khan Kharangghui‹, ›Dschanggar-Epos‹, ›Geser-Khan-Epos‹), die auch heute noch von Rhapsoden vorgetragen werden, ist sie reich an ritualist., schamanistisch beeinflußter Zeremonialdichtung, Segenssprüchen und Ansprachen, Weisheitssprüchen, Rätseln, Sprichwörtern und Liedern. Bes. Raum nimmt auch die gnomisch-didakt. Dichtung ein. Ein großer Teil der früheren Literatur ist anonym; an der Erforschung der mündlich überlieferten Literatur ist in den letzten Jahrzehnten von mongol. Seite selbst Erstaunliches geleistet worden. Große Bedeutung kommt auch der in zahlreichen Handschriften erhaltenen Geschichtsliteratur zu, deren ältestes Werk die 1241 datierte ›Geheime Geschichte der Mongolen‹ darstellt.

Als einer der bedeutendsten Lyriker gilt D. Rabjai (* 1803, † 1856). Aus der Rezeption von Prosaerzählungen indischtibet. Ursprungs und chin. Romane entwickelte sich die reiche Prosaliteratur der Gegenwart. Als ›Vater‹ des mongol. Romans gilt der Ostmongole Injannasi (* 1837, † 1892). Die Hinwendung zur modernen Literatur erfolgte unter Dašdoržijn Nacagdorz (* 1906, † 1937). Als die bedeutendsten Vertreter der neuen Literatur, v. a. des Romans, gelten Cendein Damdinsüren (* 1908, † 1986), D. Senge (* 1916, † 1959), B. Rinčen (* 1905, † 1977), Lodoidamba Čadraavalyn (* 1917, † 1970), S. Erdene (* 1929) und Lodongin Tudev (* 1935).

Literatur: LAUFER, B.: Skizze der m. L. In: Keleti szemle 8 (1907). – HEISSIG, W.: M. L. In: Hb. der Orientalistik. Abt. 1, Bd. 5, 2. Leiden 1964. – GERASIMOVICH, L. K.: History of modern Mongolian literature, 1921–1964. Engl. Übers. Bloomington (Ind.) 1970. – HANGIN, J. G.: Köke sudur (The blue chronicle). A study of the first

Mongolian historical novel by Injannasi. Wsb. 1973. – HEISSIG, W.: Erzählstoffe rezenter mongol. Heldendichtung. Wsb. 1988. 2 Bde. – HEISSIG, W.: Gesch. der m. L. Darmst. ²1994. 2 Bdc.

Mongolistik [mongol.-nlat.], seit etwa 1720 entwickelter Wissenschaftszweig der Orientalistik, der sich mit Sprache, Kultur und Geschichte der mongol. Sprachen sprechenden Völkerschaften beschäftigt. Erste Forschungsgrundlagen legten im 19. Jh. russ. und dt. Gelehrte. Seit 1900 hat die M. durch die Arbeiten v. a. von P. Aalto (* 1917), C. R. Bawden (* 1924), F. W. Cleaves (* 1911), C. Damdinsüren (* 1908, † 1986), E. Haenisch (* 1880, † 1966), W. Heissig, B. Laufer (* 1874, † 1934), L. Ligeti (* 1902, † 1987), A. Mostaert (* 1881, † 1971), P. Pelliot (* 1878, † 1945), N. N. Poppe (* 1897, † 1991), G. J. Ramstedt (* 1873, † 1950), B. Rinčen (* 1905, † 1977), G. D. Sanschejew (* 1902, † 1977), B. J. Wladimirzow (* 1884, † 1931) großen Aufschwung genommen.

moniage Guillaume, Le [frz. ləmɔn-jaʒgi'jo:m], altfrz. Heldenepos, entstanden um die Mitte des 12. Jh., letztes der Epen des ↑Wilhelmszyklus; erhalten in zwei Fassungen von 934 bzw. 6 629 Versen; berichtet vom Leben des Grafen Guillaume d'Orange als Mönch und Eremit, von seiner Vasallentreue zu König Ludwig, dem er unerkannt im Kampf gegen den Heidenkönig Synagon von Palermo beisteht, und schließlich von seinem Tod in der Einsiedelei.

Ausgabe: Les deux rédactions en vers du ›Moniage G‹. Hg. v. W. CLOETTA. Paris 1906–11. 2 Bde.

Moníková, Libuše [tschech. 'mɔni:kɔ-va:], * Prag 30. Aug. 1945, tschechische Schriftstellerin. – Lebt seit 1971 in der BR Deutschland; schreibt Essays, so über F. Kafka und J. L. Borges, sowie Erzählprosa; große Beachtung fand ihr Abenteuer- und Schelmenroman ›Die Fassade‹ (dt. 1987).

Weitere Werke: Eine Schädigung (R., dt. 1981), Pavane für eine verstorbene Infantin (R., dt. 1983), Tetom und Tuba (Dr., dt. 1987), Schloß, Aleph, Wunschtorte (Essays, dt. 1990), Treibeis (R., dt. 1992), Prager Fenster (Essays, dt. 1994).

Monmouth, Geoffrey of, engl.-walis. Geschichtsschreiber, ↑Geoffrey of Monmouth.

Mönnich, Horst, * Senftenberg 8. Nov. 1918, dt. Schriftsteller. – Gehörte zur Gruppe 47; veröffentlichte zeitnahe Gedichte, Novellen, Hörspiele, Berichte und Reisebücher. Sein Industrieroman ›Die Autostadt‹ (1951) erregte Aufsehen.

Weitere Werke: Das Land ohne Träume (Bericht, 1954), Erst die Toten haben ausgelernt (E., 1956), Reise durch Rußland (Bericht, 1961), Der vierte Platz (R., 1962), Einreisegenehmigung (Bericht, 1967), Labyrinthe der Macht: Stinnes, Thyssen, Flick (1975), Am Ende des Regenbogens (Hsp.e, 1980), Vor der Schallmauer: BMW. Eine Jahrhundertgeschichte, Bd. 1 (1983), Jugenddorf. Reise in eine neue Welt (1984), Der Turm. BMW ..., Bd. 2 (1986).

Monnier, Adrienne [frz. mɔ'nje], * Paris 26. April 1892, † ebd. 19. Juni 1955, frz. Schriftstellerin. – Ab 1915 Inhaberin einer Buchhandlung und eines Verlagshauses; hier trafen sich A. Gide, P. Valéry, P. Claudel, V. Larbaud, R. M. Rilke u. a.; ihre Memoirenbücher zeichnen ein Bild der literar. Entwicklung Frankreichs nach dem 1. Weltkrieg.

Werke: La maison des amis des livres (Memoiren, 1920), La figure (Ged., 1922), Les vertus (Ged., 1926), Les gazettes d'A. M. 1925/1945 (Memoiren, 1953), Trois agendas (Memoiren, hg. 1960).

Monnier, Henri [Bonaventure] [frz. mɔ'nje], * Paris 6. Juni 1799, † ebd. 3. Jan. 1877, frz. Schriftsteller. – Autor von humorist. Dialogen, Vaudevilles und Romanen; Schöpfer der Figur des Joseph Prudhomme, des mit scharfer Beobachtungsgabe realistisch gezeichneten Typs des beschränkten, großtuer. Spießbürgers seiner Zeit. Auch Buchillustrator.

Werke: Scènes populaires dessinées à la plume (Dialoge, 1830), Nouvelles scènes populaires (1835–39), Grandeur et décadence de M. Joseph Prudhomme (Dr., 1853), Les mémoires de M. Joseph Prudhomme (R., 2 Bde., 1857).

Literatur: MELCHER, E.: The life and times of H. M., 1799–1877. Cambridge (Mass.) 1950. – PLACE, G.: H. M. Paris 1972.

Monnier, Thyde [frz. mɔ'nje], eigtl. Mathilde M., * Marseille 23. Juni 1887, † bei Nizza 18. Jan. 1967, frz. Schriftstellerin. – Gegenstand ihrer oft naturalistisch-harten Romane sind die Landschaft der Provence und die Schicksale ihrer provenzal. Landsleute, das Leben u. a. von Hirten, Fischern und Arbeitern.

Werke: Die kurze Straße (R., 1937, dt. 1947), Les Desmichels (R.-Zyklus, 7 Bde., 1937–48;

Bd. 1: Grand Cap, 1937; Bd. 2: Le pain des pauvres, 1938 [beide zus. dt. 1939 u. d. T. Liebe, Brot der Armen]; Bd. 3: Nans der Schäfer, 1942, dt. 1942, 1948 u. d. T. Nans der Hirt; Bd. 4: Unser Fräulein Lehrerin, 1944, dt. 1961; Bd. 5: Die Familie Revest, 1945, dt. 1962; Bd. 6: Der unfruchtbare Feigenbaum, 1947, dt. 1965; Bd. 7: Les forces vives, 1948), Moi (Autobiogr., 4 Bde., 1949–55; dt. gekürzt 1967 u. d. T. Moi – Ein Leben aus vollem Herzen).

Monobiblos [griech. = Einzelbuch], eine antike, aus einer einzigen Buchrolle bestehende Schrift.

Monodie [griech. = Einzelgesang], 1. moderne Bez. für die von Einzelinterpreten vorgetragene griech. Lyrik einschließlich der (schon früh nur noch rezitierten) ↑ Elegie und ↑ Jambendichtung. 2. in der Antike die melisch-monod. Lyrik, d. h. das zur Instrumentalbegleitung (Kithara, Phorminx, Lyra u. a.) vorgetragene Sololied. Die literar. Form der monodischen Lyrik entwickelte sich wie die der Chorlyrik seit der 2. Hälfte des 7. Jh. v. Chr.; bed. griech. Vertreter der mel. Art waren u. a. Alkman, Sappho, Alkaios, Anakreon, Korinna aus Tanagra. Unter den röm. Dichtern sind Catull und Horaz die bedeutendsten Lyriker. 3. in der att. Tragödie eine lyr., vom Schauspieler zum Instrument gesungene Partie. 4. in Italien entstand Ende des 16. Jh. eine neue Art der M.: ein instrumental begleiteter Sologesang, bei dem die Musik ganz dem Sinn- und Affektgehalt des Textes untergeordnet wurde. Diese M. gilt als Grundlage der Entwicklung von Rezitativ und Arie und damit auch der auf ihr beruhenden Gattungen von Kantate, Oper und Oratorium.
Literatur: GEORGIADES, TH. G.: Musik u. Rhythmus bei den Griechen. Rbk. 1958.

Monodistichon, aus einem einzelnen ↑ Distichon bestehendes Gedicht; häufig als ↑ Epigramm und didakt. oder religiöse Sentenz (D. Czepko; Angelus Silesius, ›Cherubin. Wanders-Mann‹, 1675).

Monodrama, Einpersonenstück, eine Sonderform des ↑ lyrischen Dramas. Als M. wurde im 18. Jh. (als Gegenstück zur Oper geschaffen) ein von Instrumentalmusik begleiteter Monolog einer (meist weibl.) Gestalt bezeichnet (↑ Melodrama). In neuerer Zeit bedeutet M.

soviel wie Einpersonenstück monolog. Charakters, auch in Verbindung mit Telephon (J. Cocteau, ›Geliebte Stimme‹, 1930, dt. 1933) oder auch Tonband (S. Beckett, ›Das letzte Band‹, 1959, dt. 1959) oder mit stichwortgebenden Nebenfiguren (Th. Bernhard, ›Der Präsident‹, 1976); weitere Beispiele sind ›Der Herr Karl‹ (1962) von H. Qualtinger und ›Wunschkonzert‹ (1972) von F. X. Kroetz.
Literatur: DEMMER, S.: Unterss. zu Form u. Gesch. des M.s. Köln 1982.

Monogatari [jap. mo'noga,tari], jap. Erzählprosa (↑ japanische Literatur).

Monographie [griech.], wiss. Untersuchung, die versucht, das zur Verfügung stehende Wissen, Material über ein bestimmtes Gebiet (z. B. Expressionismus, europ. Mittelalter) oder über einen einzelnen Menschen (z. B. Shakespeare, W. A. Mozart, P. Picasso, Ch. Chaplin, O. v. Bismarck) möglichst systematisch und umfassend darzustellen, wobei der Umfang meist von dem Kriterium der Übersichtlichkeit bestimmt wird.

Monolog [griech. = das Alleinreden], im Drama meist längere Rede einer einzelnen Person, die im Unterschied zum ↑ Dialog keinen unmittelbaren Adressaten hat; auf der Bühne agiert der Schauspieler bei der Darstellung des M.s in der Regel allein, wobei sich die Rede jedoch oft an einen imaginären Zuhörer richtet und fast immer an das Publikum. In der Literaturwiss. gelten als Hauptformen des M.s im Drama der *epische Monolog,* der zur Mitteilung auf der Bühne nicht dargestellter oder nicht darstellbarer Vorgänge dient, der *lyrische Monolog,* der die Gefühle und Stimmungen einer Person ausdrückt, der *Reflexionsmonolog,* in dem die Dramengestalt über bestimmte Situationen, den Gang der Handlung usw. Betrachtungen anstellt, und der eigentl. *dramatische Monolog* (Konfliktmonolog), der zu Entscheidungen in Konfliktsituationen führt und für den Fortgang der Handlung grundlegend ist. – Der M. gewann im klass. griech. Drama mit dem Zurücktreten des ↑ Chores an Bedeutung. Im Drama der Renaissance und des Barock wurde er v. a. zur Entfaltung aufwendiger Rhetorik benutzt. Nach dem Vorbild der großen M.e in Shakespeares Dramen verwendete G. E. Lessing bes. den Reflexionsmonolog. Im Sturm und Drang diente der M. in erster Linie der Selbstanalyse und der Darstellung charakterzeichnender Stimmungen und Affekte. Bes. bedeutsam ist er im Drama der Klassik, wo er (z. B. bei Goethe) Mittel psycholog. Analyse ist (›Iphigenie auf Tauris‹, 1787) oder, wie bei Schiller, vorwiegend dramat. Element in Entscheidungssituationen (›Wallenstein‹, 1800). Im 19. Jh. trat der M. zurück, v. a. im Naturalismus wurde er als unnatürlich weitgehend abgelehnt. Im Drama des 20. Jh. hat der M. bes. Bedeutung, v. a. in Form des monolog. Aneinandervorbeisprechens, als Ausdruck der Unmöglichkeit des Dialogs, wobei sich der Dialog ebenfalls in Form des Aneinandervorbeiredens dem M. nähern kann. Heute wird der M. auch in seiner ursprüngl. Funktion im polit. Volkstheater D. Foß (u. a. ›Nur Kinder, Küche, Kirche‹, 1977, dt. 1979) bevorzugt. Wesentlich ist der M. in jüngster Zeit u. a. bei Th. Bernhard, B. Strauß, beherrschend u. a. in ›Ich, Feuerbach‹ (1986) von T. Dorst, in ›Über die Dörfer‹ (1981) von P. Handke oder in ›Ella‹ (1978) von H. Achternbusch. – In der Epik findet sich der M. in Tagebuchaufzeichnungen o. ä. und v. a. im Roman in der bes. Form des ↑inneren Monologs.

Literatur: PETSCH, R.: Wesen u. Formen des Dramas. Halle/Saale 1945. – Reallex. der dt. Literaturgesch. Begr. v. P. MERKER u. W. STAMMLER. Hg. v. W. KOHLSCHMIDT u. W. MOHR. Bd. 2. Bln. ²1965. S. 418. – MATT, P. VON: Der M. In: Beitr. zur Poetik des Dramas. Hg. v. W. KELLER. Darmst. 1976. S. 71. – CLEMEN, W.: Shakespeares M.e. Mchn. 1985. – PFISTER, M.: Das Drama. Theorie u. Analyse. Mchn. ⁷1992.

Monopodie [griech.], Gegenbegriff zur ↑Dipodie; Wertung der einzelnen, nicht zur Dipodie zusammengefaßten antiken Versfüße als ↑Metrum.

monostichisch [griech.], stichische (fortlaufende) Aneinanderreihung von Versen des gleichen metr. Schemas (z. B. ↑Hexameter, ↑Blankvers), im Ggs. zum Wechsel zweier Verse verschiedenen Metrums (z. B. eleg. ↑Distichon: Hexameter + Pentameter), aber auch zur stroph. Gliederung.

monostrophisch [griech.], m. ist ein Gedicht oder Lied, das nur aus einer Strophe besteht, u. a. typisch für den frühen dt. Minnesang. Als m. bezeichnet man auch Dichtungen, die aus nur gleichen Strophen bestehen (z. B. ›Nibelungenlied‹), im Unterschied zu Dichtungen mit wechselnden Strophenformen, wie z. T. das griech. ↑Chorlied (↑auch Epode) und die pindar. ↑Ode.

Monroe, Harriet [engl. mənˈroʊ], *Chicago 23. Dez. 1860, †Arequipa (Peru) 26. Sept. 1936, amerikan. Schriftstellerin. – Gründete 1912 die Zeitschrift ›Poetry‹. A magazine of verse‹, die sie bis zu ihrem Tod herausgab und die – mit der Unterstützung von E. Pound und anderen – zum zentralen Organ der bedeutendsten anglo-amerikan. Dichter der Zeit wurde. Ihre Autobiographie ›A poet's life‹ (hg. 1937) ist ein bed. kulturhistor. Dokument.

Literatur: CAHILL, D. J.: H. M. New York 1973. – WILLIAMS, E.: H. M. and the poetry Renaissance. The first ten years of ›Poetry‹, 1912–22. Urbana (Ill.) 1977.

Monsaemon (tl.: Monzaemon), jap. Dramatiker, ↑Tschikamatsu Monsaemon.

Montage [mɔnˈtaːʒə; frz.; zu monter = hinaufbringen, anbringen, ausrüsten, aufstellen (eigtl. = aufwärtssteigen)], aus der Filmtechnik in den Bereich der Literatur übernommener Begriff, der das Zusammenfügen sprachl., stilist., inhaltl. Textteile unterschiedl., oft heterogener Herkunft bezeichnet. Die Technik der M. findet sich in allen Gattungen in der Lyrik (G. Benn, H. M. Enzensberger), der Erzählprosa (J. Dos Passos, ›Manhattan Transfer‹, 1925, dt. 1927; A. Döblin, ›Berlin Alexanderplatz‹, 1929), im Drama (F. Bruckner, ›Die Verbrecher‹, 1929; P. Weiss, ›Die Verfolgung und Ermordung Jean Paul Marats ...‹, 1964; Ch. Marowitz, ›An Othello‹, 1974) und im Hörspiel. So vielfältig wie die techn. Möglichkeiten der M., so vielfältig sind auch die Funktionen. Benn z. B. strebte mit seiner ›M.kunst‹ eine neue Totalität an, den Dadaisten diente die M. von verschiedenartigstem Material zur ästhet. Provokation, im montierten Roman sollen v. a. verschiedene Wirklichkeitsbereiche durchsichtig und durchlässig gemacht werden. Bis Mitte der 60er Jahre wurden M. und ↑ Collage etwa synonym verwendet, seither setzte sich zunehmend die Bez. Collage durch. – ↑ auch Crossreading, ↑ Literatur und Film.

Montagu, Lady Mary Wortley [engl. 'mɔntəgjuː], geb. Pierrepoint, ≈ London 26. Mai 1689, † Twickenham 21. Aug. 1762, engl. Schriftstellerin. – Lebte 1716–18 in Konstantinopel, wo ihr Mann brit. Gesandter war, später zeitweise in Italien; hinterließ in ihrer geistreichen Korrespondenz, u. a. ›Briefe aus dem Orient‹ (4 Bde., hg. 1763–67, dt. 1962, erstmals dt. 1764), mit bed. Persönlichkeiten in der Heimat wertvolle kulturhistor. Dokumente.

Ausgaben: Lady M. W. M. Complete letters. Hg. v. R. HALSBAND. London 1965–67. 3 Bde. – Lady M. W. M. Essays and poems. Hg. v. R. HALSBAND u. I. GRUNDY. Oxford 1977.

Literatur: HALSBAND, R.: The life of Lady M. W. M. Oxford 1956. Neuaufl. 1961.

Montague, Charles Edward [engl. 'mɔntəgjuː], * London 1. Jan. 1867, † Manchester 28. Mai 1928, engl. Schriftsteller. – Sohn eines ehemaligen kath. Geistlichen, war ab 1890 Mitarbeiter, später Mit-Hg. des ›Manchester Guardian‹. Sein Werk, vom Erlebnis des 1. Weltkriegs geprägt, zeigt eine pazifist. Grundhaltung; als Hauptwerk gilt der Roman ›Disenchantment‹ (1922) über die Sinnlosigkeit des Krieges. M. schrieb auch bed. Literatur- und Theaterkritiken sowie zeitkrit. Essays.

Weitere Werke: Fiery particles (Kurzgeschichten, 1923), Rough justice (R., 1926), Right off the map (R., 1927).

Montague, John [engl. 'mɔntəgjuː], * New York 28. Febr. 1929, ir. Lyriker amerikan. Herkunft. – Wuchs in Irland auf; lehrt Literatur an der Univ. Cork. Nach den frühen Gedichtbänden (u. a. ›Forms of exile‹, 1958) wandte sich seine Lyrik leidenschaftlich nordir. Themen und Problemen zu, zuerst in ›Tides‹ (Ged., 1970) und, in ep. Dimension, in ›The rough field‹ (Ged., 1972). M. schrieb auch Kurzgeschichten (›Death of a chieftain‹, 1964); Hg. von ›The Faber book of Irish verse‹ (1974).

Weitere Werke: Poisoned lands (Ged., 1961), A slow dance (Ged., 1975), The great cloak (Ged., 1978), Selected poems (Ged., 1982), Mount

Eagle (Ged., 1989), New selected poems (Ged., 1990).

Literatur: KERSNOWSKI, F.: J. M. Lewisburg (Pa.) 1975.

Montague Compton Mackenzie, Edward [engl. 'mɔntəgjuː: 'kʌmptən mə-'kɛnzi], engl. Schriftsteller, ↑ Mackenzie, Sir Compton.

Michel
Eyquem de
Montaigne

Montaigne, Michel Eyquem de [frz. mõ'tɛɲ], * Schloß Montaigne (heute zu Saint-Michel-de-Montaigne, Dordogne) 28. Febr. 1533, † ebd. 13. Sept. 1592, frz. Schriftsteller und Philosoph. – Sohn eines einflußreichen und gebildeten Kaufmanns; wurde als Kind lateinischsprachig erzogen und genoß eine sorgfältige humanist. Schulbildung; Studium der Rechtswissenschaften in Toulouse und Bordeaux; Steuerrat in Périgueux; 1557–70 Parlamentsrat und 1582–86 Bürgermeister in Bordeaux; 1580/81 Reise durch Frankreich, Deutschland, die Schweiz und Italien; lebte in den letzten Jahren seines Lebens zurückgezogen auf Schloß Montaigne. Mit seinem Hauptwerk ›Les essais‹ (1580 [94 Kapitel], erweitert 1588, 1595 [107 Kapitel], dt. 3 Bde., 1753/54 u. d. T. ›Michaels Herrn von Montaigne Versuche‹, 1908–11 [3 Bücher in 6 Bden.] u. d. T. ›Essays‹) war M. der eigtl. Begründer des Essays als eigenständiger literar. Form, die er zur Darstellung seiner Reflexionen über Literatur, Politik, Geschichte, Philosophie, Religion, Fragen der persönl. Lebensführung, der Kindererziehung u. a. verwendete. Philosophisch begründete er im Anschluß an antike Traditionen den neuzeitl. Skeptizismus. Erkenntnistheoretisch übernahm er den Zweifel Pyrrhons, daß eine sichere Erkenntnis in theoret. wie auch in prakt. Hinsicht nicht zu erlangen sei. Im Unterschied zur antiken absoluten Skepsis kann jedoch aus dem skept. Erkenntnisakt, aus dem Wissen um das Nichtwissen, eine individuelle Selbstgewißheit und Lebensorientierung resultieren. Mit der vorurteilsfreien Menschen- und Selbstbetrachtung leitet M. die Tradition der frz. Moralisten ein.

Weitere Werke: Apologie des Raimond Sebond (1580, dt. 1753), Reisen durch die Schweiz, Deutschland und Italien (hg. 1774, dt. 2 Bde., 1777–79).

Ausgaben: M. de M. Ges. Schrr. Histor.-krit. Ausg. Dt. Übers. Hg. v. O. FLAKE u. W. WEIGAND. Mchn. [1-2]1911–15. 8 Bde. – M. E. de M. Œuvres complètes. Hg. v. A. ARMAINGAUD. Paris 1924–41. 12 Bde. – M. E. de M. Œuvres complètes. Hg. v. R. BARRAL u. P. MICHEL. Paris 1967. – Œuvres complètes de M. de M. Hg. v. A. DEMAZIÈRE. Neuilly-sur-Seine 1975. – M. de M. Essais. Hg. v. R. R. WUTHENOW. Dt. Übers. Ffm. 1976.

Literatur: M. de M. Essais. Hg. v. P. MICHEL. Paris 1973. 3 Bde. – BOUTAUDOU, C.: M. Paris 1984. – BURKE, P.: M. zur Einf. Dt. Übers. v. T. SCHICKLING. Hamb. 1985. – DEMONET-LAUNAY, M.-L.: M. Les Essais. Paris 1985. – SCHULTZ, U.: M. de M. Rbk. 1989. – FRIEDRICH, H.: M. Tüb. [3]1993. – STAROBINSKI, J.: M. Denken u. Existenz. Dt. Übers. Neuausg. Ffm. 1993.

Montalbán, Juan Pérez de, span. Dramatiker, ↑ Pérez de Montalbán, Juan.

Montale, Eugenio, * Genua 12. Okt. 1896, † Mailand 12. Sept. 1981, italien. Lyriker. – Journalist; 1929–38 Direktor der Bibliothek ›Gabinetto letterario Vieusseux‹, u. a. 1948–67 Redakteur beim ›Corriere della Sera‹; ab 1967 Senator auf Lebenszeit. Maßgebl. italien. Lyriker der Moderne und ein Hauptvertreter des Hermetismus, den er mit G. Ungaretti begründete. M.s schwer zugängl. (›hermet.‹) lyr. Werk, das oft mit dem T. S. Eliots (den er neben Shakespeare, H. Melville, J. Steinbeck u. a. übersetzte) verglichen wurde, zeigt auch Elemente des Symbolismus und des Surrealismus. 1975 erhielt M. den Nobelpreis für Literatur.

Werke: Ossi di seppia (Ged., 1925, erweitert 1928), La casa dei doganieri e altri versi (Ged., 1932), Le occasioni (Ged., 1939), Nach Finisterre (Ged., 1943, dt. 1965), La bufera e altro (Ged., 1956), Farfalla di Dinard (En., 1956, dt.

Eugenio
Montale

Ausw. 1971 u. d. T. Die Straußenfeder), Glorie des Mittags (Ged., dt. Ausw. 1960), Auto da fé. Cronache in due tempi (Essays, 1966), Fuori di casa (Essays, 1969), Satura (Ged., 1971), Nel nostro tempo (Essays, 1972), Diario del '71 e del '72 (Ged., 1973, dt. Ausw. 1976 [zus. mit einer Ausw. aus Satura] u. d. T. Satura. Diario), Quaderno di quattro anni (Ged., 1977), Wer Licht abgibt, setzt sich dem Dunkel aus (Ged., italien. und dt. Ausw. 1982), Il buldog di legno (Ged., hg. 1985; mit G. Dego).

Ausgabe: E. M. Gedichte. 1920–1954. Italien. u. dt. Mchn. u. Wien 1987.

Literatur: GRECO, L.: M. commenta M. Rom 1980. – MURATORE, E.: La poesia di E. M. Ann Arbor u. London 1980. – WEST, R. J.: E. M. Poet on the edge. Cambridge (Mass.) 1981. – MARTELLI, M.: E. M. Florenz 1982. – LUPERINI, R.: Storia di M. Rom 1986. – SAVOCA, G.: Concordanza di tutte le poesie di E. M. Florenz 1987. 2 Bde. – FORTI, M.: Nuovi saggi montaliani. Mailand 1990.

Montalvo, Juan [span. mɔn'talβo], * Ambato bei Quito 13. April 1832, † Paris 17. Jan. 1889, ecuadorian. Schriftsteller. – Wiederholt im Exil; seine ausgefeilte Prosa galt in ganz Lateinamerika als vorbildlich; leidenschaftlich und brillant polemisierte er gegen die Diktatoren seiner Heimat (G. García Moreno und I. Veintemilla); nahm aus liberal demokrat. Position heraus umfassend zu allgemeinen Themen Stellung, u. a. in seinen berühmten ›Siete tratados‹ (1882) und seinen essayist. ›Capítulos que se le olvidaron a Cervantes‹ (hg. 1895).

Ausgaben: J. M. Obras escogidas. Hg. v. J. E. MORENO. Quito 1948. – J. M. Las Catilinarias. El Cosmopolita. El Regenerador. Hg. v. B. CARRIÓN. Caracas 1977.

Literatur: NARANJO, P.: J. M. Quito 1966.

Montalvo, Luis Gálvez de, span. Dichter, ↑ Gálvez de Montalvo, Luis.

Montanẹlli, Indro, * Fucecchio bei Florenz 22. April 1909, italien. Schriftsteller. – Korrespondent mehrerer Zeitungen und Zeitschriften, bis 1974 Redakteur beim ›Corriere della Sera‹, Gründer und Hg. (1974–94) der Zeitung ›Il Giornale nuovo‹; 1994 Gründer der Tageszeitung ›La Voce‹. Verfasser von geistvoll-iron., oft zeitkrit. Essays, Reisebüchern und v. a. literar. Porträts; schrieb auch Erzählungen und Komödien. Großen Erfolg hatten seine populärwiss. histor. Werke, u. a. ›Eine Geschichte Roms‹ (1957, dt. 1959), ›L'Italia giacobina e carbonara, 1789–1831‹ (1971), ›L'Italia del Risorgimento, 1831–1861‹ (1972), ›L'Italia dei notabili, 1861–1900‹ (1973), ›L'Italia di Giolitti, 1900–1920‹ (1974).

Weitere Werke: Drei Kreuze (E., 1945, dt 1946), Il buon uomo Mussolini (Biogr., 1947), Gli incontri (Porträts, 6 Bde., 1950–59, italien. u. dt. Ausw. 1963 u. d. T. Italien. Zeitgenossen), Wenn ich so meine lieben Landsleute betrachte ... (dt. Ausw. 1954), Die Träume sterben bei Sonnenaufgang (Dr., 1961, dt. 1961), Die Rolle seines Lebens (Dr., 1965, dt. 1965).
Literatur: SCURANI, A.: I. M. Contro e pro. Mai land 1971. – CESARO, G.: Dossier M. Neapel 1974. – MAURI, C.: M., l'eretico. Mailand 1982.

Montchrétien (Montchrestien), Antoine de [frz. mõkre'tjẽ], Sieur de Vasteville, * Falaise (Calvados) um 1575, ✕ bei Les Tourailles (Orne) 7. Okt. 1621, frz. Dramatiker. – Unstetes Leben; flüchtete 1605 nach einem Zweikampf nach England, von wo er mit nationalökonom. Reformideen (bed. ist die Abhandlung ›Traicté de l'œconomie politique‹, 1615) zurückkehrte; gründete Industrie- und Handelsunternehmen; als Führer eines Hugenottenaufstandes getötet. Verfasser lyrisch-eleg. Versdramen: ›L'Écossaise ou le désastre‹ (1601; Maria-Stuart-Stoff), ›Les Lacènes ou la constance‹ (1601), ›David‹ (1601), ›Hector‹ (1601) u. a.; auch lyr. Gedichte.
Ausgabe: A. de M. Les tragédies. Hg. v. L. PETIT DE JULLEVILLE. Paris 1891.
Literatur: GRIFFITH, R. M.: The dramatic technique of M. Diss. Cambridge 1962.

Montcorbier, François de [frz. mõkɔr'bje], frz. Dichter, ↑ Villon, François.

Monteforte Toledo, Mario [span. mɔnte'fɔrte to'leðo], * Guatemala 15. Sept. 1911, guatemaltek. Schriftstel- ler. – Politiker, Vizepräsident von Guatemala (1948–49), Soziologe; lebt seit 1956 im Exil in Mexiko und Ecuador; gilt neben M. Á. Asturias als einer der wichtigsten Vertreter des ›mag. Realismus‹ seines Landes; behandelt in lyrisch verdichteter, vom Surrealismus beeinflußter Sprache in den Romanen ›Entre la piedra y la cruz‹ (1948), ›Donde acaban los caminos‹ (1953) und ›Llegaron del mar‹ (1966) die histor. und aktuellen Konflikte zwischen der europ. und indian. Kultur in Mittelamerika; auch Lyriker und Essayist.
Weitere Werke: Una manera de morir (R., 1957), Cuentos de derrota y esperanza (En., 1962), Conflictos en los sectores ideológicos de América latina (Essay, 1968), Casi todos los cuentos (En., 1974), Mirada sobre Latinoamérica (Essay, 1975), Los desencontrados (R., 1976).
Literatur: ARIAS, A.: Ideologías, literatura y sociedad durante la revolución guatemalteca, 1944–1954. Havanna 1979.

Monteiro Lobato, José Bento [brasilian. mon'teiru lo'batu], * Taubaté (São Paulo) 18. April 1882, † São Paulo 4. Juli 1948, brasilian. Schriftsteller. – Kaufmann, Journalist, Kritiker; um Sozialreformen bemüht; Vertreter des brasilian. Regionalismus, trat bes. mit Erzählungen hervor: ›Urupês‹ (1918), ›Cidades mortas‹ (1919) u. a.; schrieb daneben auch populäre Kinderbücher und politische Essays (›O escândalo do petróleo‹, 1936).
Ausgabe: J. B. M. L. Obras completas. São Paulo 1964–67. 44 Bde.
Literatur: CONTE, A.: M. L., o homem e a obra. São Paulo 1948. – CAVALHEIRO, E.: M. L., vida e obra. São Paulo 1955.

Montemayor, Jorge de [span. mɔntema'jɔr] (portugies. Montemor), * Montemor-o-Velho (Coimbra) um 1520, † Turin 26. Febr. 1561, span. Dichter portugies. Herkunft. – War während der 40er und 50er Jahre des 16. Jh. als Sänger am span. Hof, wo er sich den hispanisierten Namen seines Geburtsortes zulegte; gehörte zeitweilig auch zum portugies. Hof; hielt sich in Sevilla, Valencia, in den Niederlanden und möglicherweise auch kurz in England auf; starb an den Folgen eines Duells. Schrieb nach dem Vorbild von I. Sannazaros Roman ›Arcadia‹ den ersten span. Schäferroman ›Los siete libros de la Diana‹ (1559, unvollendet, dt.

1619, 1646 u. d. T. ›Diana‹), mit dem er großen Einfluß auf die gesamte europ. Schäferdichtung (Ph. Sidney, H. d'Urfé, M. Opitz u. a.) ausübte; seine Sammlung weltl. und geistl. Lyrik ›Cancionero‹ (1554, erweitert 1558) tritt dagegen zurück.

Ausgabe: J. de M. Los siete libros de la Diana. Hg. v. F. LÓPEZ ESTRADA. Madrid ²1954.

Literatur: CREEL, B. L.: The religious poetry of J. de M. London 1982. – DAMIANI, B. M.: La Diana of M. as a social and religious teaching. Lexington (Ky.) 1984. – DAMIANI, B. M.: J. de M. Rom 1984.

Monterroso, Augusto [span. monte-'rroso], * Guatemala 21. Dez. 1921, guatemaltek. Schriftsteller. – Lebt seit 1944 in Mexiko. Sein Werk umfaßt mehrere Bände scharfsinnig-humorist. Prosa mit hintergründiger, z. T. in Tierfabeln gekleideter Sozialkritik (dt. Teilsammlung: ›Das gesamte Werk und andere Fabeln‹, 1973). Der Roman ›Reif sein ist alles und der Rest ist Schweigen‹ (1978, dt. 1992) ist eine Satire auf die lateinamerikan. Intellektuellen aus und in der Provinz.

Literatur: CORRAL, W.: Lector, sociedad y género en M. Mexiko 1985.

Montes de Oca, Marco Antonio [span. 'montez ðe 'oka], * Mexiko 3. Aug. 1932, mex. Lyriker. – Diplomat; entwikkelte seine stark bildhafte Lyrik im Rückgriff auf Creacionismo und Surrealismus, wobei der subjektive Gehalt der Aussage mythisch überhöht wird.

Werke: Ruina de la infame Babilonia (Ged., 1953), Poesía reunida, 1953–1970 (Ged., 1971), Comparecencias (Ged., 1980).

Ausgabe: M. de O. Pedir el fuego. Poesía 1953–1987. Mexiko 1987.

Montesquieu, Charles de Secondat, Baron de La Brède et de [frz. mɔ̃tɛs'kjø], * Schloß La Brède bei Bordeaux 18. Jan. 1689, † Paris 10. Febr. 1755, frz. Schriftsteller und Staatstheoretiker. – Nach dem Studium der Rechtswiss. 1714 Rat, 1726 Präsident des Parlaments in Bordeaux; 1728 Mitglied der Académie française. Studienreise durch kontinentale Staaten Europas, anschließend zweijähriger Aufenthalt in Großbritannien. Gilt als Vorläufer für die wiss. Begründung fast aller sozialwiss. Disziplinen. In den ›Pers. Briefen‹ (anonym erschienen 1721, dt. 1803, erstmals dt. 1760), einer fiktiven Korrespondenz zweier in Frankreich rei-

sender Perser, die über Institutionen, Sitten, Politik und Religion nach Hause berichten, übt M. scharfe Kritik an den gesellschaftl. und polit. Zuständen der Ludwig XIV. In der Abhandlung ›Betrachtungen über die Ursachen der Größe und des Verfalls der Römer‹ (1734, dt. 1786) versucht M., gestützt auf (das unzureichende empir. Material des) Titus Livius, die Methoden der wiss. Erklärung auf einen abgeschlossenen historisch-polit. Gesamtzusammenhang unter Ausschluß des Zufalls als eines histor. Entwicklungen determinierenden Faktors anzuwenden und sucht am Beispiel Roms nach phys. und psych. Ursachen für die großen Veränderungen im polit. System, um sie zu histor. Gesetzmäßigkeiten zu generalisieren. M. unterscheidet noch nicht zwischen den deskriptiven Gesetzen der empir. Wiss. und den Normen der Moralphilosophie. In seinem Hauptwerk ›Vom Geist der Gesetze‹ (2 Bde., 1748, 20 Auflagen in zwei Jahren, dt. 1753, 1789 u. d. T. ›Der Geist der Gesetze‹) definiert M. das Gesetz als eine sich aus der Natur der Dinge notwendig ergebende Beziehung. Bei der vergleichenden Analyse verschiedener polit. Systeme mit ihren Rechtssystemen stellt M. fest, daß bestimmten Verfassungsformen in idealtyp. Weise bestimmte polit. Kulturen mit charakterist. Grundeinstellungen entsprechen. M. betont die Rolle des Konflikts in republikanisch verfaßten polit. Systemen, deren Stabilität er durch den jeweils vorläufigen Interessenausgleich verschiedener sozialer Gruppen gewährleistet sieht, die zwischen den formellen Trägern der polit. Herrschaft und der Masse der Beherrschten stehen. Während diese Ansätze zumeist erst im 20. Jh. in den Theorien der Parteien- und Verbandsdemokratie wieder aufgenommen wurden, übte M. mit seiner Lehre von der Gewaltentrennung (Gewaltenteilung) erhebl. Einfluß aus auf die Ausbildung des modernen Verfassungsstaates, der im Anschluß an M. lange Zeit durch die Trennung von Legislative, Exekutive und Jurisdiktion definiert wurde.

Weiteres Werk: Der Tempel von Gnidus (R., 1725, dt. 1748).

Ausgaben: M. Sämtl. Werke. Dt. Übers. Stg. 1827. 3 Bde. – M. Vom glückl. u. weisen Leben.

Charles
de Secondat,
Baron de La
Brède et de
Montesquieu

Einfälle u. Meinungen. Hg. v. B. GRASSET. Dt. Übers. Stg. 1944. – M. Œuvres complètes. Hg. v. A. MASSON. Paris 1950–55. 3 Bde. – Ch. de Secondat M. Œuvres complètes. Hg. v. D. OSTER. Paris 1964. – M. Perserbriefe. Übers. u. hg. v. J. VON STACKELBERG. Ffm. 1986.
Literatur: QUONIAM, T.: M. Son humanisme, son civisme. Paris 1977. – RICHTER, M.: The political theory of M. Cambridge 1977. – MASS, E.: Lit. u. Zensur in der frühen Aufklärung. Produktion, Distribution u. Rezeption der ›Lettres persanes‹. Ffm. 1981. – CLOSTERMEYER, C.-P.: Zwei Gesichter der Aufklärung. Spannungslagen in M.s ›Esprit des lois‹. Bln. 1983. – TARRAUBE, J.: M., auteur dramatique. Paris 1983. – VOLPILHAC-AUGER, C.: Tacite et M. Oxford 1985. – DESGRAVES, L.: Répertoire des ouvrages et des articles sur M. Genf 1988. – STAROBINSKI, J.: M. Neuausg. Paris 1994.

Montesquiou-Fezensac, Robert Graf von [frz. mõteskjufəzã'sak], * Paris 19. März 1855, † Menton 11. Dez. 1921, frz. Schriftsteller. – Typ des dekadentpreziösen Pariser Salonliteraten der ›Belle époque‹, verkehrte u. a. mit S. Mallarmé, J.-K. Huysmans, M. Proust; schrieb sensible, meist gesucht-raffinierte symbolist. Lyrik: ›Les chauvessouris‹ (1892), ›Les hortensias bleus‹ (1896), ›Rote Perlen‹ (1899, dt. 1912), einen Roman, zahlreiche Essays (u. a. ›Félicité‹, 1894) und Memoiren (›Les pas effacés‹, 3 Bde., hg. 1923).
Literatur: JULLIAN, PH.: R. de Montesquiou, un prince 1900. Paris 1965.

Montfort, Hugo von, mhd. Dichter, ↑ Hugo von Montfort.

Montgomery, James [engl. mənt-'gʌmərı, ...'gɔm...], * Irvine (Ayr) 4. Nov. 1771, † Sheffield 30. April 1854, schott. Schriftsteller. – Sohn eines Geistlichen;

führte ein unstetes Wanderleben, wandte sich dann dem Journalismus zu und war, da er sich für eine Parlamentsreform einsetzte, zweimal in Haft. M. wurde bes. durch seine Kirchenlieder, die z. T., wie ›Forever with the Lord‹, noch heute gesungen werden, bekannt. Daneben schrieb er essayist. Werke, u. a. ›The wanderer of Switzerland‹ (1806).

Montherlant, Henry [Millon] de [frz. mõter'lã], Graf von Gimart, * Neuilly-sur-Seine 21. April 1896, † Paris 21. Sept. 1972, frz. Schriftsteller. – Besuchte das kath. Kolleg Sainte-Croix in Neuilly; im 1. Weltkrieg Kriegsfreiwilliger, mehrfach (1918 schwer) verwundet; lebte 1925–35 in Spanien und Nordafrika; in Spanien als Stierkämpfer verletzt; Kriegskorrespondent im 2. Weltkrieg; 1960 Mitglied der Académie française. Entscheidendes Erlebnis für M.s Persönlichkeit wurde der 1. Weltkrieg, dessen ›heroische‹ Aspekte er ebenso wie die ›männl.‹ Werte des Sportes und des Stierkampfes bereits in seinen ersten, z. T. autobiographisch gefärbten Romanen hervorhebt: ›La relève du matin‹ (1920), ›Le songe‹ (1922), ›Die Tiermenschen‹ (1926, dt. 1929) u. a.; M.s an M. Barrès' Ichkult, an F. Nietzsche und G. D'Annunzio orientierte männlich-heroische, elitär-kleinbürgerfeindl. Lebensanschauung zeigt sich auch in der abwertenden Darstellung der Frau im Romanzyklus ›Erbarmen mit den Frauen‹ (1936–39, enthält: ›Die jungen Mädchen‹, 1936; ›Erbarmen mit den Frauen‹, 1936; ›Der Dämon des Guten‹, 1937; ›Die Aussätzigen‹, 1939, alle dt. 1957). M. hatte auch großen Erfolg als Verfasser von Dramen. Sein Werk zeigt widersprüchl. Wesenszüge, heidnisch-sensualist. ebenso wie kath.-mystische.
Weitere Werke: Les olympiques (Prosa, 2 Bde., 1924), Moustique (R., entst. 1929, hg. 1986, dt. 1990), Die Junggesellen (R., 1934, dt. 1956), Die tote Königin (Dr., 1942, dt. 1947), Malatesta (Dr., 1946), Der Ordensmeister (Dr., 1947, dt. 1949), Port Royal (Dr., 1954, dt. 1956), Der Kardinal von Spanien (Dr., 1960, dt. 1960), Das Chaos und die Nacht (R., 1963, dt. 1964), Der Bürgerkrieg (Dr., 1965, dt. 1965), Geh, spiel mit diesem Staub. Tagebücher 1958–1964 (1966, dt. 1968), Les garçons (R., 1969), Ein Mörder ist mein Herr und Meister (R., 1971, dt. 1973), La marée du soir (Tagebücher 1968–71, 1972),

Tous feux éteints (Tagebücher, hg. 1975), Moustique (R., hg. 1986).
Ausgaben: H. de M. Romans et œuvres de fiction non théâtrales. Paris 1959–82. 2 Bde. – H. de M. Theaterstücke. Dt. Übers. Hg. v. F. R. WELLER. Köln 1962. – H. de M. Théâtre. Paris 1965. 5 Bde. – H. de M. Romans. Hg. v. M. RAIMOND. Paris 1982. 2 Bde.
Literatur: BATCHELOR, J.: Existence and imagination. The theatre of H. de M. Saint Lucia and Brisbane 1967. – BECKER, LUCILLE F.: H. de M. A critical biography. Carbondale (Ill.) 1970. – SIMON-SCHAEFER, B. O.: Die Romane H. de M.s. Genf 1975. – GOLSAN, R. J.: The theatre of H. de M. A rebirth of tragedy. Diss. University of North Carolina Chapel Hill (N. C.) 1981. – SIPRIOT, P.: M. sans masque. Paris 1982–90. 2 Bde. – RAIMOND, M.: Les romans de H. de M. Paris 1982. – REICHEL, N.: H. de M. In: Frz. Lit. des 20. Jh. Gestalten u. Tendenzen. Hg. v. W.-D. LANGE. Bonn 1986. S. 225.

Monthly Review, The
[engl. ðə 'mʌnθli rɪ'vju:], engl. literar. Monatszeitschrift; 1749 von dem Buchhändler Ralph Griffiths begr.; erstes engl. systemat. Rezensionsorgan; bis zur Einstellung (1845) von beträchtl. literaturkrit. Einfluß. Zu den Mitarbeitern gehörten u. a. R. B. Sheridan und O. Goldsmith.

Monti, Vincenzo
* Alfonsine bei Ravenna 19. Febr. 1754, † Mailand 13. Okt. 1828, italien. Dichter. – Ab 1778 in Rom, wo er Mitglied der Accademia dell'Arcadia wurde; nach dem Sturz der Zisalpin. Republik, in der er Ämter bekleidete, vorübergehend in Paris, 1802 von Napoléon Bonaparte zum Prof. der Eloquenz in Pavia, 1806 zum Historiographen des Königreichs Italien ernannt; huldigte später auch dem österr. Regime. Einer der bedeutendsten italien. Dichter zwischen Klassizismus und Romantik; seine opportunist. polit. Einstellung spiegelt sich in seinen Werken, u. a. in dem antirevolutionären Epos ›La Basvilliana‹ (1793; nach Dante), den prorevolutionären, antiklerikalen Gedichten und in dem den Bonapartismus verherrlichenden Epos ›La Mascheroniana‹ (1800) und dem lyrisch-ep. Gedicht ›Il bardo della selva nera‹ (1806). Neben seinen sonstigen Werken (klassizist. Tragödien und lyr. Gedichte) verdient v. a. seine meisterhafte ›Ilias‹-Übersetzung (3 Bde., 1810) Beachtung.
Weitere Werke: Aristodemus (Trag., 1786, dt. 1805), Galeotto Manfredi, principe di Faenza

(Trag., 1788), Cajus Gracchus (Trag., 1802, dt. 1974), Proposta di alcune correzioni ed aggiunte al vocabolario della Crusca (Abh., 4 Bde., 1817–26).
Ausgaben: V. M. Opere. Hg. v. G. RESNATI. Mailand 1839–42. 6 Bde. – V. M. Opere. Hg. v. M. VALGIMIGLI u. C. MUSCETTA. Mailand 1953.
Literatur: ANGELINI, C.: Carriera poetica di V. M. Mailand 1960. – BINNI, W.: M. poeta del consenso. Florenz 1981. – TANDA, N.: Il teatro di idee del M. Cultura illuministica, linguaggio neoclassico. Sassari 1982. – V. M. fra magistero e apostasia. Atti del Congresso tenuto a Alfonsine nel 1979. Hg. v. G. BARBARISI. Ravenna 1982.

Monumenta Germaniae Historica
[lat.] (Abk. MGH, MG), die zentrale und in ihren Editionsgrundsätzen weithin vorbildl. Quellenausgabe der dt. Mediävistik, die den Zeitraum von der Völkerwanderungszeit bis zum 15. Jh. umspannt. Die Gründung der für diese Texteditionen geschaffenen ›Gesellschaft für ältere dt. Geschichtskunde‹ (1819) auf Initiative des Freiherrn vom Stein ist vor dem Hintergrund der Romantik und ihres neuen MA-Bildes zu sehen und zugleich beeinflußt durch das Erlebnis der Befreiungskriege (Wahlspruch: ›Sanctus amor patriae dat animum‹ [= Die heilige Liebe zum Vaterland beseelt uns]). Die Vorarbeiten der MGH wurden im ›Archiv der Gesellschaft für ältere dt. Geschichtskunde...‹ (12 Bde., 1820–74) und seinen Nachfolgezeitschriften veröffentlicht (heute: ›Dt. Archiv für Erforschung des MA‹, 1950 ff.). 1826 erschien der erste Band der MGH. 1824–74 hatte G. H. Pertz die wiss. Leitung. 1875 wurde der bis dahin private Verein in eine öffentl.-rechtl. Körperschaft umgewandelt und seitdem vom Dt. Reich mit österr. Hilfe finanziert. Die Leitung der MGH lag bei einer Zentraldirektion mit Sitz in Berlin (1. Vorsitzender der Direktion war G. Waitz), in der die wiss. Akademien in Berlin, Wien und München vertreten waren. 1935 wurde die Auflösung der Zentraldirektion und die Umwandlung in das ›Reichsinstitut für ältere dt. Geschichtskunde‹ verfügt, dessen Leiter vom Reichsminister für Wiss., Erziehung und Volksbildung ernannt wurde. Die Neugründung nach dem 2. Weltkrieg unter dem Namen ›MGH (Dt. Institut für Erforschung des MA)‹ geschah in Anlehnung an das Statut von 1875; Sitz ist jetzt

München. Seit 1963 sind die MGH Körperschaft des öffentl. Rechts.
Nach dem ursprünglichen, inzwischen wesentlich erweiterten Editionsplan, in dessen Rahmen bislang weit über 300 Bände erschienen sind, gliedern sich die MGH in fünf Hauptabteilungen: Scriptores (erzählende Quellen, jedoch z. B. auch spätmittelalterlichen Staatsschriften), Leges (Rechtsquellen), Epistolae (Briefe), Diplomata (Königsurkunden), Antiquitates (u. a. lat. Dichtungen, Gedenk- und Totenbücher). Übersetzungen der wichtigsten erzählenden Quellen erschienen in der Reihe ›Geschichtsschreiber der dt. Vorzeit in dt. Bearbeitung‹ (³1943 ff.).

Moody, William Vaughn [engl. 'muːdı], * Spencer (Ind.) 8. Juli 1869, † Colorado Springs 17. Okt. 1910, amerikan. Schriftsteller. – Schrieb ausdrucksvolle, bildhafte Gedankenlyrik und Dramen; seine unvollendete, als Versdramentrilogie geplante Gestaltung des Prometheus-Stoffes gilt als sein dramat. Hauptwerk (The firebringer‹, 1904); behandelte Probleme und Konfliktsituationen im Leben des Amerikaners (›The Sabine woman‹, Schsp., 1906, 1909 u. d. T. ›The great divide‹; ›The faith healer‹, 1909).
Ausgabe: W. V. M. The poems and plays. Hg. v. J. M. MANLY. New York Neuaufl. 1969. 2 Bde.
Literatur: HALPERN, M.: W. V. M. New York 1964. – BROWN, M. F.: Estranging dawn. The life and works of W. V. M. Carbondale (Ill.) 1973.

Moorcock, Michael [engl. 'muəkɔk], * Mitcham (Surrey) 18. Dez. 1939, engl. Schriftsteller. – Einer der führenden Vertreter der gattungssprengenden ›New Wave‹ innerhalb der Science-fiction-Literatur, der das Phantastische mit einer psycholog. und sozialen Dimension verbindet; war 1964–71 Hg. des Magazins ›New Worlds‹. Die von ihm geschaffene Figur des Jerry Cornelius steht im Mittelpunkt einer Romantetralogie (›Die Jerry-Cornelius-Chroniken‹, 1977, dt. 1981/1982), einer Kurzgeschichtensammlung (›The lives and times of J. C.‹, 1976) sowie einer Kurzgeschichtenanthologie anderer Autoren (›The nature of the catastrophe‹, 1971). In iron. Brechung taucht diese Figur als Jherek Carnelian auch in

der Romantrilogie ›Zeitnomaden‹ (1972, 1974, 1976, dt. 1991) auf. Häufig sind M.s Geschichten nicht in der Zukunft, sondern in einer veränderten Gegenwart oder Vergangenheit angesiedelt (›INRI oder die Reise mit der Zeitmaschine‹, R., 1969, dt. 1972; ›Breakfast in the ruins‹, R., 1971; ›Der Herr der Lüfte‹, R., 1971, dt. 1982; ›Der Landleviathan‹, R., 1974, dt. 1982; ›Jerusalem commands‹, R., 1992). M. schrieb auch zahlreiche kommerzielle Science-fiction-Thriller. Außerhalb dieses Bereichs bewegt sich ›Mother London‹ (R., 1989).
Literatur: GREENLAND, C.: The entropy exhibition. M. M. and the British ›new wave‹ in science fiction. London 1983. – DAVEY, J.: M. M., a reader's guide. London ²1992.

Moore, Brian [engl. muə], * Belfast 25. Aug. 1921, ir.-kanad. Schriftsteller. – Emigrierte 1948 nach Kanada, war Journalist; lebte und lehrte ab 1959 in Kalifornien, USA. Viele seiner realist. Romane spiegeln in privaten, oft sexuellen Erfahrungen sowie in histor. Mythen die Unruhen im heutigen Nordirland und setzen sich mit dem ir. Katholizismus auseinander.
Werke: Die einsame Passion der Judith Hearne (R., 1955, dt. 1988), The feast of Lupercal (R., 1957, 1970 u. d. T. A moment of love, dt. 1964 u. d. T. Ein Sühnefest, 1971 u. d. T. Die Wölfe von Belfast), The luck of Ginger Coffey (R., 1960, dt. 1963 u. d. T. Das Blaue vom Himmel, 1970 u. d. T. Ein Optimist auf Seitenwegen, 1994 u. d. T. Ginger Coffey sucht sein Glück), Die Antwort der Hölle (R., 1962, dt. 1966), The emperor of ice-cream (R., 1965), Ich bin Mary Dunne (R., 1968, dt. 1970), Fergus (R., 1970), Catholics (R., 1972, dt. 1975 u. d. T. Insel des Glaubens, 1978 u. d. T. Katholiken), Die große viktorian. Sammlung (R., 1975, dt. 1980), Die Frau des Arztes (R., 1976, dt. 1978), The Mangan inheritance (R., 1979), The temptation of Eileen Hughes (R., 1981), Kalter Himmel (R., 1983, dt. 1992), Schwarzrock (R., 1985, dt. 1987), Die Farbe des Blutes (R., 1987, dt. 1989), Lies of silence (R., 1990, dt. 1991 u. d. T. Dillon), No other life (R., 1993).
Literatur: DAHLIE, H.: B. M. Boston (Mass.) 1981. – O'DONOGHUE, J.: B. M. A critical study. Dublin 1991.

Moore, George [Augustus] [engl. muə], * Moore Hall (Mayo, Irland) 24. Febr. 1852, † London 21. Jan. 1933, ir. Schriftsteller. – Studierte 1872–82 in Paris Malerei, wandte sich dann jedoch der Literatur zu. 1901 nach Irland zurückgekehrt, stand er zeitweise der kelt. Renaissance (W. B. Yeats u. a.) nahe; 1903 Konversion zum Protestantismus; ab 1911 in England. M. schrieb, zunächst vom frz. Naturalismus (É. Zola, E. de Goncourt) beeinflußt, den bed. naturalist. Roman eines Dienstmädchens ›Esther Waters‹ (1894, dt. 1904 u. d. T. ›Arbeite und bete‹) und unter dem Einfluß von J.-K. Huysmans den religiösen Doppelroman ›Evelyn Innes‹ (1898) und ›Sister Teresa‹ (1901, beide dt. 1905 u. d. T. ›Ird. und himml. Liebe‹); Zeugnis für M.s zunehmende Wendung zu religiösen Fragen ist der Roman ›The brook Kerith‹ (1916), eine Art Rekonstruktion des Lebens Jesu. Verfaßte auch mehrere kulturgeschichtlich aufschlußreiche autobiograph. Werke, u. a. ›Confessions of a young man‹ (1888, revidiert 1926) und ›Hail and farewell‹ (3 Bde., 1911–14, revidiert 1925).

Ausgaben: G. M. The works. London 1936–37. 20 Bde. – G. M. on Parnassus. Letters ... Hg. v. H. E. GERBER u. a. Newark (Del.) 1988. **Literatur:** NOËL, J. C.: G. M., l'homme et l'œuvre (1852–1933). Paris 1966. – ZIRKER, H.: G. M. Realismus u. autobiograph. Fiktion. Versuch zur Form der Autobiogr. Köln u. Graz 1968. – GILCHER, E.: A bibliography of G. M. Dekalb (Ill.) 1970–88. 2 Bde. – HONE, J. M.: The life of G. M. Westport (Conn.) Neuaufl. 1973. – CAVE, R. A.: A study of the novels of G. M. New York 1978. – FARROW, A.: G. M. New York 1978.

Moore, Marianne [Craig] [engl. mʊə], * Saint Louis 15. Nov. 1887, † New York 5. Febr. 1972, amerikan. Lyrikerin. – War 1925–29 leitende Redakteurin der avantgardist. Kunstzeitschrift ›The Dial‹; stand zeitweise den Imagisten nahe. M. gilt mit ihren intellektbetonten, formal disziplinierten Gedichten als eine der führenden Vertreterinnen moderner amerikan. Lyrik; übersetzte die Fabeln von J. de La Fontaine (1954).

Weitere Werke: Observations (Ged., 1924), What are years? (Ged., 1941), Nevertheless (Ged., 1944), Collected poems (Ged., 1951; Pulitzerpreis 1952), Gedichte (dt. Ausw., 1954), O to be a dragon (Ged., 1959), Tell me, tell me (Ged. u. Prosa, 1966), Unfinished poem (Ged., hg. 1972).
Ausgabe: M. M. Complete poems. New York 1981.
Literatur: NITCHIE, G. W.: M. M. An introduction to the poetry. New York u. London 1969. –

HADAS, P. W.: M. M. Poet of affection. Syracuse (N. Y.) 1977. – STAPLETON, L.: M. M. The poet's advance. Princeton (N. J.) 1978. – COSTELLO, B.: M. M. Imaginary possessions. Cambridge (Mass.) 1981. – PHILLIPS, E.: M. M. New York 1982. – ENGEL, B. E.: M. Neuausg. Boston (Mass.) 1989.

Moore, Thomas [engl. mʊə], * Dublin 28. Mai 1779, † Sloperton Cottage bei Devizes 25. Febr. 1852, ir. Dichter. – War 1803–18 Admiralitätsbeamter auf den Bermudas; bereiste bis 1822 Amerika, Italien und Frankreich. Gewann als ir. Nationaldichter europ. Ruhm durch seine ›Ir. Melodien‹ (10 Tle., 1808–34, dt. 1874), lyr. Gedichte, deren Texte alten ir. Melodien angeglichen sind. M.s beste erzählende Versdichtung ist ›Lalla Rukh‹ (1817, dt. 1822), die vier poet. Erzählungen aus der farbigen Welt des Nahen Ostens umfaßt (darunter ›Das Paradies und die Peri‹, 1843 vertont von R. Schumann). Enger Freund und Biograph Lord Byrons (›Letters and journals of Lord Byron with notices of his life‹, 2 Bde., 1830).

Ausgaben: Th. M. Poet. Werke. Dt. Übers. Hg. v. TH. OELCKERS. Lpz. ²1843. 5 Bde. – Th. M. Memoirs, journal, and correspondence. Hg. v. J. RUSSELL. London 1853–56. 8 Bde. – Th. M. The poetical works. Hg. v. A. D. GODLEY. London 1929. Nachdr. New York 1979.
Literatur: JONES, H. M.: The harp that once. A chronicle of the life of Th. M. New York 1937. Neuaufl. 1970. – JORDAN, H. H.: Bolt upright. The life of Th. M. New York 1975. 2 Bde. – TESSIER, T.: La poésie lyrique de Th. M. 1779–1852. Paris 1976.

Moosdorf, Johanna, * Leipzig 12. Juli 1911, dt. Schriftstellerin. – Schrieb vom Erlebnis des Dritten Reiches und des Krieges geprägte Romane und Erzählungen, die das Verlorensein des Menschen in dieser Welt schildern; auch Lyrik, Hörspiele, Drama.

Werke: Brennendes Leben (Ged., 1947), Flucht nach Afrika (R., 1952), Schneesturm in Worotschau (Nov., 1956), Nebenan (R., 1961), Die lange Nacht (E., 1963), Die Andermanns (R., 1969), Die Freundinnen (R., 1977), Sieben Jahr', sieben Tag'. Gedichte 1950–79 (1979), Neue Gedichte (1983), Franziska an Sophie (E., 1993).

Mora (More) [lat. = Verzögerung, Verweilen], von dem klass. Philologen G. Hermann für die antike Metrik eingeführter Begriff für die kleinste metr. Zeiteinheit, d. h. eine Kürze; eine metr.

Länge besteht aus zwei Moren; von A. Heusler für die dt. Verslehre übernommen.

Móra, Ferenc [ungar. 'moːrɔ], * Kiskunfélegyháza 17. Juli 1879, † Szeged (dt. Szegedin) 8. Febr. 1934, ungar. Schriftsteller. – Verfaßte Bauernromane, Novellen, Skizzen und Lyrik, auch Märchen und hervorragende Jugendbücher; Meister der kleinen Form, schrieb aber auch breitangelegte histor. Romane. Seine Prosa ist anekdotenhaft.
Werke: Der Wundermantel (Nov., 1918, dt. 1957), Attilas Schatz (R., 1922, dt. 1958), Lied von den Weizenfeldern (R., 1927, dt. 1936), Der einsame Kaiser (R., 1933, dt. 1942, 1961 u. d. T. Der goldene Sarg).

Moraes, Dominic [portugies. mu-'raiʃ], * Bombay 19. Juli 1938, ind. Schriftsteller. – Lebte seit seinem 16. Lebensjahr, inzwischen naturalisiert, in England, heute wieder in Bombay; versucht, alltägl. Einzelerfahrungen als universelle Lebensparadigmata in knappen Formulierungen einzufangen; u. a. ›A beginning‹ (Ged., 1957), ›Poems 1955–1965‹ (Ged., 1966), ›Beldam etcetera‹ (En., 1966), ›The open eye. A journey through Karnathaka‹ (Reiseber., 1976), ›Answered by flutes‹ (Ged., 1983), ›Collected poems 1957–1987‹ (Ged., 1987).
Literatur: SRINIVASAN IYENGAR, K. R.: Indian writing in English. London 1962.

Moraes, Vinícius de [brasilian. mo-'rais], eigtl. Marcus Vinícius Cruz de Moraes, * Rio de Janeiro 19. Okt. 1913, † ebd. 9. Juli 1980, brasilian. Lyriker. – Nach Jurastudium ab 1943 Diplomat; wandte sich nach einer ersten Phase religiös inspirierter Dichtung ab ›Poemas, sonetos e baladas‹ (1946) Themen mit stärkerem Aktualitätsbezug zu, wobei bes. seine virtuose Sprachgestaltung und die Übernahme von Elementen der populären Kultur – Folklore, Bossa Nova, Jazz, Film – großen Einfluß auf die brasilian. Lyrik ausübten. Viele seiner Gedichte wurden vertont; sein u. d. T. ›Orfeu negro‹ verfilmtes Theaterstück ›Orfeu de Conceição‹ (1960) wurde ein weltweiter Erfolg.
Weitere Werke: O caminho para a distância (Ged., 1933), Forma e exegese (Ged., 1935), Ariana, a mulher (Ged., 1936), Novos poemas (Ged., 1938), Cinco elegias (Ged., 1943), Pátria

minha (Ged., 1949), Livro de sonetos (Ged., 1957), Novos poemas II (Ged., 1959), Para viver um grande amor (Ged. und Prosa, 1962), Para uma menina com uma flor (Berichte, 1966), Saravá. Gedichte und Lieder (brasilian. und dt. Ausw. 1982).
Ausgabe: V. de M. Obra poética. Rio de Janeiro 1968.
Literatur: MARQUES TAVARES, I.: V. de M. Brasilia 1972.

Morais, Francisco de [portugies. mu-'raiʃ], * in oder in der Nähe von Lissabon um 1500, † Évora 1572, portugies. Dichter. – Schrieb die portugies. Urfassung des phantast. Ritterromans ›Palmeirim de Inglaterra‹ (das portugies. Original von 1544 ging verloren, erste erhaltene portugies. Fassung 1567), der lange als das Werk von Luis Hurtado de Toledo (* 1520/30, † 1598), seines span. Übersetzers (1547), galt.
Ausgaben: F. de Moraes. Palmeirim de Inglaterra. Hg. v. M. RODRIGUES LAPA. Lissabon 1941. – F. de M. Palmeirim. Hg. v. G. DE ULHOA CINTRA. São Paulo 1946. 3 Bde.
Literatur: GOERTZ, W.: Strukturelle u. themat. Unterss. zum ›Palmeirim de Inglaterra‹. Lissabon 1969. – GLASER, E.: Portuguese studies. Paris 1976.

moralische Wochenschriften, Zeitschriftentypus der ↑ Aufklärung. Er entstand Anfang des 18. Jh. in England aus bürgerlich-puritan. Kritik an Kultur und Lebensstil der Aristokratie; wegweisend für ganz Europa wurden die von den Essayisten R. Steele und J. Addison herausgegebenen Zeitschriften ›The Tatler‹ (1709–11), ›The Spectator‹ (1711/12 und 1714) und ›The Guardian‹ (1713). M. W. waren bes. in Deutschland außerordentlich beliebt: insgesamt sind für das 18. Jh. 511 Titel nachgewiesen; Blütezeit um 1750–80. – Die m. W. verbreiteten die Ideen der Aufklärung in Verbindung mit Beiträgen zu verschiedensten Fragen des tägl. Lebens, sie enthielten Beiträge zur Jugenderziehung, propagierten Bildung und gesellschaftl. Anerkennung der Frau und behandelten moral. und religiöse Fragen sowie Fragen des Geschmacks, sie führten in Deutschland darüber hinaus u. a. auch literar. und ästhet., in England mehr polit. Diskussionen. Verbreitete Darstellungsformen waren das Gespräch, Briefe, Tagebücher, Essays, auch Satiren, Parabeln, Allegorien, Porträts; die Beiträge erschienen anonym, stamm-

ten meist jedoch von den Herausgebern selbst; die Mitarbeit aller wichtigen Schriftsteller der Zeit an m. W. ist bezeugt. – Trotz der Beliebtheit waren die m. W. meist kurzlebig (maximal 3 Jahre), das Erscheinen unregelmäßig; Jahrgänge beliebter m. W. wurden bereits im 18. Jh. mehrmals nachgedruckt. Zentren für dt. m. W. waren Hamburg (›Der Vernünftler‹, 1713/14 von J. Mattheson; ›Der Patriot‹, 1724–26, u. a. von B. H. Brockes und Michael Richey [* 1678, † 1761]), ferner Zürich und Leipzig, wo die für die dt. Literatur bedeutendsten m. W. entstanden, die ›Discourse der Mahlern‹ (1721–23) von J. J. Bodmer und J. J. Breitinger und, als wichtige 4. Serie, 1723 ›Die Mahler oder Discourse von den Sitten der Menschen‹ sowie ›Die vernünftigen Tadlerinnen‹ (1725/26) und ›Der Biedermann‹ (1727, beide von J. Ch. Gottsched), in denen literaturtheoret. und ästhet. Fragen breiter Raum zugestanden wurde. Aus den m. W. entwickelten sich später einerseits spezielle Erziehungs- oder literar. Zeitschriften, andererseits die mehr unterhaltenden ↑Familienblätter. Eine durch Originalität und Qualität herausragende Zeitschrift war ›Der Wandsbecker Bothe‹ (1771–76) von M. Claudius. Die m. W. waren ein entscheidender Faktor bei der Entwicklung des bürgerl. Selbstverständnisses im 18. Jh. und trugen dazu bei, in breiten Kreisen des Bürgertums das Interesse an Kultur und Literatur zu wecken.
Literatur: MARTENS, W.: Die Botschaft der Tugend: die Aufklärung im Spiegel der dt. m. W. Neuausg. Stg. 1971. – RAU, F.: Zur Verbreitung u. Nachahmung des ‚Tatler‘ u. ‚Spectator‘. Hdbg. 1980.

Moralisten, Sammelbegriff für philosoph. Schriftsteller des 17. und 18. Jh. in Frankreich (u. a. Chamfort, F. Galiani, J. Joubert, J. de La Bruyère, J. de La Fontaine, F. de La Rochefoucauld, Montesquieu, B. Pascal, Ch. de Saint-Évremond, Marquis de Vauvenargues). In Fortsetzung der Reflexionen M. Eyquem de Montaignes über Literatur, Politik, Geschichte, Philosophie und Religion standen die M. als Skeptizisten in Opposition zur rationalist. Dominanz von Verstand und Vernunft in der zeitgenöss. ↑Aufklärung; den ›metaphys. Sprachverwirrun-

gen‹ des Rationalismus setzten sie, ebenfalls in Anlehnung an Montaigne, literar. Formen wie Essays, Maximen, Aphorismen, Anekdoten, Fabeln, Briefe, Dialoge u. a. entgegen, die in Kritik an ›Abstraktion‹ und ›System‹ über Analyse und Beobachtungen der einzelnen Erscheinungen in ihrer Einmaligkeit, über Gefühle und Leidenschaften der Selbsterkenntnis des einzelnen Menschen, der Vermittlung von literar., ästhet., polit., soziolog., religiösen Erkenntnissen dienen sollten. Bes. Witz und Ironie der M. fanden in den Pariser Salons großen Anklang; die M. beeinflußten u. a. J. G. Hamann, G. Ch. Lichtenberg, Goethe, A. Schopenhauer, F. Nietzsche und O. Wilde.
Ausgabe: Die frz. M. Dt. Übers. Hg. v. F. SCHALK. Bremen ⁴1962. Neuausg. Mchn. 1973–74. 2 Bde.
Literatur: LEVI, A.: French moralists. Oxford 1964. – DELFT, L. VAN: Le moraliste classique. Essai de définition et de typologie. Genf 1982. – DONNELLAN, D.: Nietzsche and the French moralists. Bonn 1982. – STACKELBERG, J. VON: Frz. Moralistik im europ. Kontext. Darmst. 1982. – STELAND, D.: Moralistik u. Erzählkunst. Mchn. 1985.

Moralität [aus frz. moralité], religiöses Drama des MA mit lehrhafter Tendenz, Personifizierung und Allegorisierung abstrakter Begriffe und Eigenschaften (Tugenden und Laster, Gerechtigkeit und Gnade usw.), die sich meist im Widerstreit um die Seele der als Typus dargestellten Zentralfigur (Jedermann) befinden. Seit dem ausgehenden 14. Jh. zuerst vertreten in Frankreich und bes. in England, wo sie die Entwicklung der elisabethan. Dramatik mitprägten, dann auch in Italien und in den Niederlanden. In Deutschland nennt ein Lübecker Titelverzeichnis mehrere M.en aus der 1. Hälfte des 15. Jh.; vor und während der Reformationszeit gewann die M. unter humanist. Einfluß weitere Verbreitung. Wichtige Vertreter waren P. Gengenbach, G. Macropedius, Th. Naogeorgus.
Literatur: HABICHT, W.: Studien zur Dramenform vor Shakespeare. M., Interlude, romaneskes Drama. Hdbg. 1968. – POTTER, R.: The English morality play. London 1975. – SCHOELL, K.: Das kom. Theater des frz. MA. Mchn. 1975. – HELMICH, W.: Die Allegorie im frz. Theater des 15. u. 16. Jh. Tüb. 1976. – KNIGHT, A. E.: Aspects of genre in late medieval French drama. Manchester 1982.

Morand, Paul [frz. mɔ'rã], * Paris
13. März 1888, † ebd. 23. Juli 1976, frz.
Schriftsteller. – Diplomat, während des
2. Weltkrieges Gesandter der Vichy-Re-
gierung in Bukarest und Bern, nach
Kriegsende vorübergehend im Exil. Vielseitiger, kosmopolitisch eingestellter,
zeitweise auch dem literar. Avantgardismus nahestehender Romancier, Reise-
schriftsteller und [polit.] Essayist; verfaßte auch Biographien, u. a. von G. de
Maupassant, M. Proust. Wurde 1969 Mitglied der Académie française.

Werke: Tendres stocks (Nov.n, 1921), Ouvert la
nuit (En., 1922), Fermé la nuit (En., 1923, beide
dt. 1926 u. d. T. Nachtbetrieb), Lewis und Irene
(R., 1924, dt. 1924), Der lebende Buddha (R.,
1927, dt. 1928), Magie noire (En., 1928), New
York (1930, dt. 1930), Londres (1933), Journal
d'un attaché d'ambassade (Autobiogr., 1948),
Flagellant von Sevilla (R., 1951, dt. 1954), Fin
de siècle (En., 1957), Bains de mer, bains de rêve
(Autobiogr., 1960), Le nouveau Londres (Studie, 1963), Venise (1971), Les écarts amoureux
(En., 1974). **Ausgaben:** P. M. Nouvelles d'une vie. Paris
1965. 2 Bde. – P. M. Œuvres. Paris 1981. – P. M.
Nouvelles complètes. Hg. v. M. COLLOMB. Paris
1992. 2 Bde. **Literatur:** SARKANY, S.: P. M. et le cosmo-
politisme littéraire. Paris 1968. – GUITARD-
AUVISTE, G.: M. Biogr. Paris 1981. – LOU-
VRIER, P./CANAL-FORGUES, E.: P. M. Le sourire
du hara-kiri. Paris 1994.

Morante, Elsa [italien. mo'rante],
* Rom 18. Aug. 1912, † ebd. 25. Nov.
1985, italien. Schriftstellerin. – Ab 1941
∞ mit A. Moravia, seit 1961 von ihm ge-
trennt lebend; Verfasserin psycholog.
[Familien]romane, die sich durch scharfe
Beobachtungsgabe und außergewöhnl.
Phantasie auszeichnen; schrieb auch Er-
zählungen, literar. und kulturkrit. Essays,
Lyrik und Kinderbücher.

Ausgabe: E. M. Opere. Hg. v. C. CECCHI u. a.
Mailand 1988 ff. Auf mehrere Bde. berechnet.
Werke: Das heiml. Spiel (En., 1941, dt. 1966,
1985 u. d. T. Der andalus. Schal), Lüge und Zauberei (R., 1948, dt. 1968; Premio Viareggio
1948), Arturos Insel (R., 1957, dt. 1959; Premio
Strega 1957), Il mondo salvato dai ragazzini e
altri poemi (En., 1968), La Storia (R., 1974, dt.
1976), Aracoeli (R., 1983, dt. 1984). **Literatur:** GRÜSSEN, I./EITEL, W.: E. M. In: Italien. Lit. der Gegenwart in Einzeldarstt. Hg. v.
J. HÖSLE u. W. EITEL. Stg. 1974. S. 332. – VEN-
TURI, G.: E. M. Florenz 1977. – RAVANELLO, D.:
Scrittura e follia nei romanzi di E. M. Venedig
1980. – KANDUTH, E.: E. M. In: Krit. Lex. der

roman. Gegenwartsliteraturen. Hg. v . W.-D.
LANGE. Losebl. Tüb. 1984 ff. (1988).

Morant und Galie, mittelrhein., zum
Karlskreis gehörende Versdichtung aus
der Zeit um 1200, deren Vorlage wahrscheinlich eine frz. Chanson de geste ist,
fragmentarisch erhalten. In einer Bearbeitung bildet sie den zweiten Teil des
↑ ›Karlmeinet‹. Sie berichtet die Geschichte von Morant, dem Vasallen
Karls, und Galie, Karls Gemahlin, die
des Ehebruchs verdächtigt werden, dann
jedoch ihre Unschuld beweisen können.
Ausgabe: M. u. G. Hg. v. TH. FRINGS u. E. LINKE.
Bln. 1976.

Moratín, Leandro Fernández de
[span. mora'tin], genannt Moratín d. J.,
* Madrid 10. März 1760, † Paris 21. Juni
1828, span. Dichter. – M., der sich in
allen literar. Bereichen betätigte, zeigt
seine eigtl. Begabung auf dramat. Gebiet.
Meister des klassizist. Lustspiels, das er
nach Molières Vorbild schuf. Die beste
seiner fünf Komödien ist ›El sí de las ni-
ñas‹ (1805). Verfaßte auch Lyrik sowie
eine bed. Abhandlung über die Ursprünge des span. Theaters, übersetzte
Molière und übertrug Shakespeares
›Hamlet‹ in span. Prosa.

Weitere Werke: El viejo y la niña (Kom., 1790),
Das neue Lustspiel oder Das Caffeehaus
(Kom., 1792, dt. 1800), El barón (Kom., 1803),
La mojigata (Kom., 1804). **Ausgabe:** L. F. de M. Teatro completo. Hg. v.
F. NIETO. Madrid 1977. **Literatur:** Coloquio internacional sobre L. F. de
M. (Bologna 1978). Abano Terme 1981. –
RIEN, H.: L. F. de M. Ffm. u. Bern 1982.

Moravia, Alberto, eigtl. A. Pincherle,
* Rom 28. Nov. 1907, † ebd. 26. Sept.
1990, italien. Schriftsteller. – Ab 1941
∞ mit E. Morante (seit 1961 getrennt);
bereiste als Zeitungskorrespondent u. a.
Amerika, China und Afrika; 1959–62
Vorsitzender des internat. PEN-Clubs.
Einer der erfolgreichsten und wegen seiner erot. Thematik auch meistumstritte-
nen italien. Schriftsteller des 20. Jh.; als
Romancier und Erzähler, in dessen Werken sich die italien. Zeitgeschichte spiegelt, bed. Vertreter des psycholog. Realismus; scharfer und zugleich ironisch-di-
stanzierter Beobachter des Verhältnisses
der Geschlechter zueinander und der
psycholog. Situation innerhalb der Familie sowie schonungsloser Kritiker des

Alberto
Moravia

Bürgertums; auch Dramatiker, Essayist und Filmkritiker (›L'Espresso‹).

Werke: Die Gleichgültigen (R., 1929, dt. 1956), Gefährl. Spiel (R., 1935, dt. 1951), Agostino (R., 1945, dt. 1948), Adriana, ein röm. Mädchen (R., 1947, dt. 1950, 1959 u. d. T. Die Römerin), Der Konformist (R., 1951, dt. 1960), Die Mädchen vom Tiber (En., 1954, dt. 1957, 1962 u. d. T. Röm. Erzählungen), Die Verachtung (R., 1954, dt. 1963), Cesira (R., 1957, dt. 1958), Teatro (Dramen, 1958), La Noia (R., 1960, dt. 1961), Inzest (R., 1965, dt. 1966), Die Kulturrevolution in China (Essay, 1968, dt. 1968), Il dio Kurt (Dr., 1968), Ich und er (R., 1971, dt. 1971), Die Streifen des Zebras. Afrikan. Impressionen (1972, dt. 1980), Ein anderes Leben (En., 1973, dt. 1974), Judith in Madrid (En., 1976, dt. 1984), Desideria (R., 1978, dt. 1979), 1934 oder Die Melancholie (R., 1981, dt. 1982), Der Zuschauer (R., 1985, dt. 1987), L'angelo dell'informazione (Dr., 1986), Die Frau im schwarzen Cape (En., dt. Ausw. 1986), Die Reise nach Rom (R., 1988, dt. 1989), La villa di venerdì (En., 1990), La donna leopardo (R., hg. 1991).
Ausgabe: M. Ges. Werke in Einzelausgg. Dt. Übers. Mchn. ¹⁻²1962 ff. Auf mehrere Bde. berechnet.
Literatur: DEGO, G.: M. Edinburgh u. London 1966. – ROSS, J./FREED, D.: The existentialism of A. M. Carbondale (Ill.) 1972. – COTTRELL, J. E.: A. M. New York 1974. – SANGUINETI, E.: A. M. Mailand ⁴1977. – ESPOSITO, R.: Il sistema dell'indifferenza. Bari 1978. – LEEKER, J.: Existentialist. Motive im Werk A. M.s. Lampertheim 1979. – SICILIANO, E.: A. M. Vita, parole e idee di un romanziere. Mailand 1982. – ZIMA, P. V.: Der gleichgültige Held. Textsoziolog. Unterss. über Camus, M. u. Sartre. Stg. 1983. – JACOBS, H. C.: A. M. In: Krit. Lex. der roman. Gegenwartsliteraturen. Hg. v. W.-D. LANGE. Losebl. Tüb. 1984 ff. (1991). – A. M. Il narratore e i suoi testi. Essays v. F. LONGOBARDI u. a. Rom 1987. – Der Junge Alberto. Gespräche mit A. M. Hg. v. D. MARAINI. Dt. Übers. Neuausg. Rbk. 1990. – MORAVIA, A./ELKAAN, A.: Vita di M. Ein Leben im Gespräch. Biogr. Dt. Übers. Freib. 1991.

Morax, René [frz. mɔ'raks], * Morges 11. Mai 1873, † ebd. 3. Jan. 1963, schweizer. Dramatiker. – Begründete 1908 (zus. mit seinem Bruder, dem Maler Jean M. [* 1869, † 1939]), das regionale westschweizer. Festspieltheater ›Théâtre du Jorat‹ in Mézières (Waadt); er schrieb in frz. Sprache das histor. Festspiel ›La dîme‹ (1903), die Schauspiele ›Aliénor‹ (1910), ›Guillaume Tell‹ (1914), ›Le roi David‹ (1921; Musik von A. Honegger), ›Judith‹ (1925; Musik von A. Honegger), ›La belle de Moudon‹ (1931), ›La terre et l'eau‹ (1933) und ›Charles le téméraire‹ (1944).

Morcinek, Gustaw [poln. mɔr'tɕinɛk], * Karwina (Schlesien) 25. Aug. 1891, † Krakau 20. Dez. 1963, poln. Schriftsteller. – Lehrer; 1939–45 im KZ; 1952–57 Sejmabgeordneter; schrieb v. a. über Gestalten und histoiisch-soziale Fragen aus dem oberschles. Kohlenrevier.
Werke: Das Mädchen von den Champs-Elysées. Erzählungen aus Dachau und Auschwitz (1946, dt. 1965), Schacht Johanna (R., 1950, dt. 1953), Räuber, Rächer und Rebell (R., 1953, dt. 1955).
Literatur: NAWROCKI, W.: O pisarstwie G. Morcinka. Kattowitz 1972.

More, Henry [engl. mɔ:], * Grantham (Lincoln) 12. Okt. 1614, † Cambridge 1. Sept. 1687, engl. Philosoph. – Vertreter der platonist. Schule von Cambridge. Lehrte in vielbeachteten Schriften eine von der Kabbala, den Neuplatonikern, M. Luther und J. Böhme beeinflußte Mystik; pflegte die philosophische Dichtung.
Werke: Philosophical poems (Ged., 1647), The mystery of godliness (Studie, 1660), The mystery of iniquity (Studie, 1664), Divine dialogues (Abh., 1668).
Literatur: HUTIN, S.: H. M. Essai sur les doctrines théosophiques chez les platoniciens de Cambridge. Hildesheim 1966.

More, Sir Thomas [engl. mɔ:], latinisiert Morus, hl., * London 7. Febr. 1478 (?), † ebd. 6. Juli 1535, engl. Politiker, Humanist und Schriftsteller. – Sohn eines Richters; wurde nach jurist., humanist. und theolog. Studien in Oxford 1504 Mitglied des Unterhauses und 1518 des King's council; 1529 Lordkanzler. M. verweigerte 1534 aus theolog. Gründen die Anerkennung des Erbfolgegesetzes, das sich auf die Ehe Heinrichs VIII. mit Anna Boleyn gründete, wie auch den Suprematseid und wurde deshalb als Hochverräter hingerichtet; 1935 von der römisch-kath. Kirche heiliggesprochen. In seinem Staatsroman ›De optimo statu reipublicae deque nova insula Utopia‹ (1516, engl. 1551, dt. 1922 u. d. T. ›Utopia‹, erstmals dt. 1612) legte er seine Gedanken über ein ideales, auf Kollektiveigentum und allgemeiner Arbeitspflicht beruhendes Gemeinwesen nieder, wobei er deutlich Kritik an den Staatswesen seiner Zeit übte. Im übrigen schrieb M. lat. Gedichte, Epigramme und Traktate sowie – in engl. Sprache – ein Leben des G. Pico della Mirandola (um 1510), eine ›History of Richard III‹ (gedr. 1543, vollständig 1557) und Streitschriften, bes. gegen W. Tyndale.

Sir Thomas More (Kreidezeichnung von Hans Holbein d. J. aus dem Jahr 1527)

Ausgaben: Th. Mori opera omnia latina. Ffm. u. Lpz. 1689. Nachdr. Ffm. 1963. – The English works of Th. M. Hg. v. W. E. CAMPBELL. London u. New York 1931. 2 Bde. – The complete works. The Yale Edition of the complete works of Saint Th. M. Hg. v. R. S. SYLVESTER u. L. MARTZ. New Haven (Conn.) u. London 1963 ff.
Literatur: CHAMBERS, R. W.: Th. Morus. Dt. Übers. Mchn. u. Kempten 1947. – MÖBUS, G.: Politik u. Menschlichkeit im Leben des Th. Morus. Mainz ²1966. – SÜSSMUTH, H.: Studien zur Utopia des Th. Morus. Münster 1967. – REYNOLDS, E. E.: The field is won. London u. New York 1968. – JONES, J. P.: Th. M. Boston (Mass.) 1979. – BERGLAR, P.: Die Stunde des Th. Morus. Freib. ³1981. – BAUMANN, U.: Die Antike in den Epigrammen u. Briefen Sir

Th. M.s. Paderborn 1984. – BAUMANN, U./HEINRICH, H. P.: Th. Morus. Humanist. Schrr. Darmst. 1986. – MARIUS, R.: Th. Morus. Dt. Übers. Köln 1987. – MARTZ, L. L.: Th. M. The search for the inner man. New Haven (Conn.) u. a. 1990.

Moréas, Jean [frz. mɔre'ɑ:s], eigtl. Ioannis Papadiamantopulos, *Athen 15. April 1856, † Paris 30. März 1910, frz. Schriftsteller griech. Herkunft. – Erhielt eine sorgfältige frz. Erziehung; verkehrte während seines Rechtsstudiums in Paris in den literar. Kreisen des Quartier latin; ab 1882 ständig in Paris; M. war v. a. Lyriker; er begann als Anhänger des Symbolismus, wandte sich dann einer an der Pléiade orientierten neuklassizist. Poesie zu und begründete mit Ch. Maurras 1891 die sog. ↑École romane; seine Versuche zur Erneuerung des klass. Versdramas blieben episodisch.
Werke: Les syrtes (Ged., 1884), Les cantilènes (Ged., 1886), Die Stanzen (Ged., 6 Bücher, 1899–1901, 7. Buch hg. 1920, dt. 1922), Iphigénie (Dr., 1903), Contes de la vieille France (Sammlung, 1904), Esquisses et souvenirs (Essays, 1908), Variations sur la vie et sur les livres (Essays, 1910).
Ausgaben: J. M. Œuvres. Paris 1923–26. 2 Bde. Neudr. Genf 1977. – J. M. Gedichte. Dt. Übers. Hg. v. G. DE BEAUCLAIR. Hamb. 1947.
Literatur: BUTLER, J. D.: J. M. A critique of his poetry and philosophy. Den Haag u. Paris 1967. – JOUANNY, R. A.: J. M., écrivain français. Paris 1969. – JOUANNY, R. A.: J. M., écrivain grec. La jeunesse de Ioannis Papadiamandopoulos en Grèce (1856–1878). Paris 1975.

Moreno, Bento [portugies. mu'rɐnu], Pseudonym des portugies. Schriftstellers Francisco ↑Teixeira de Queirós.

Moreno Villa, José [span. mo'reno 'βiʎa], *Málaga 16. Febr. 1887, † Mexiko 24. April 1955, span. Schriftsteller. – Lyriker von großer Originalität, unter dem Einfluß R. Daríos und des Surrealismus (auch als Maler) und bes. von seiner Heimat Andalusien inspiriert; schrieb: ›Garba‹ (Ged., 1913), ›El pasajero‹ (Ged., 1914), ›Luchas de pena y alegria‹ (Ged., 1915), ›Carambas‹ (Ged., 1931), ›Salón sin muros‹ (Ged., 1936) u. a.; daneben Novellen, Dramen und Essays.
Literatur: CIRRE, J. F.: La poesía de J. M. V. Madrid 1962. – MORA VALCÁRCEL, C. DE: Sobre la poesía de J. M. V. In: Andalucía en la Generación de 27. Sevilla 1978. S. 149.

Moreto y Cavana, Agustín [span. mo'reto i ka'βana] (A. M. y Cabaña),

≈ Madrid 9. April 1618, † Toledo 26. oder 27. Okt. 1669, span. Dramatiker. – Aus italien. Familie; Geistlicher in Diensten und unter Protektion des Erzbischofs von Toledo; war neben P. Calderón de la Barca, mit dem er befreundet war, der erfolgreichste span. Dramatiker des 17. Jh.; bezog seine Motive, die er durchaus selbständig verarbeitete und sorgfältig komponierte, u. a. von Lope F. de Vega Carpio, Calderón de la Barca und Tirso de Molina; seine Charakterkomödien erinnern oft an Plautus und Molière, die bekanntesten sind ›El desdén con el desdén‹ (1654, dt. Bearbeitung 1819 u. d. T. ›Donna Diana‹; Vorlage zu E. N. von Rezniceks Oper) und ›Der Unwiderstehliche‹ (1662, dt. 1925).

Ausgabe: M. Teatro. Hg. v. N. A. CORTÉS. Madrid 1916.

Literatur: CASA, F. P.: The dramatic craftmanship of M. Cambridge (Mass.) 1966. – CASTANEDA, J. A.: A. M. New York 1974.

Moretti, Marino, * Cesenatico (Forli) 18. Juli 1885, † ebd. 6. Juli 1979, italien. Schriftsteller. – Schrieb zunächst von den Crepuscolari und von G. Pascoli beeinflußte Lyrik, dann Romane und Novellen, in denen er in subtiler Darstellung das alltägl. und eintönige Leben in der Provinz, v. a. das Schicksal einfacher Frauen, zeichnet.

Werke: Poesie scritte col lapis (Ged., 1910), La voce di Dio (R., 1920), Mia madre (R., 1923), Il trono dei poveri (R., 1928), Scrivere non è necessario. Umori e segreti di uno scrittore qualunque (Erinnerungen, 1938), Das Ehepaar Allori (R., 1946, dt. 1960), Il tempo migliore (Erinnerungen, 1953), La camera degli sposi (R., 1958), Tre anni e un giorno (R., 1971).

Literatur: CASNATI, F.: M. M. In: Letteratura italiana. I contemporanei. Bd. 1. Mailand 1963. S. 649. – CINTI, I.: M. M. Bologna 1966. – TOSCANI, C.: M. Florenz 1975. – ZACCARIA, G.: Invito alla lettura di M. M. Mailand 1981.

Morgan, Charles [Langbridge] [engl. 'mɔːgən], * Bromley (Kent) 22. Jan. 1894, † London 6. Febr. 1958, engl. Schriftsteller. – War 1921–39 Theaterkritiker der ›Times‹, danach freier Schriftsteller. Wandte sich nach dem Erfolg seines Romans ›The gunroom‹ (1919) dem philosoph. Roman zu, dessen Platonismus er mit Erzähltechniken des modernen psycholog. Romans verband; seine philosoph. Dramen stehen der klassizist. frz. Formkunst nahe.

Weitere Werke: Das Bildnis (R., 1929, dt. 1936), Der Quell (R., 1932, dt. 1933), Die Flamme (R., 1936, dt. 1936), Der leuchtende Strom (Dr., 1938, dt. 1940), Die Reise (R., 1940, dt. 1949, 1943 u. d. T. Die Lebensreise), Das leere Zimmer (R., 1941, dt. 1955), Reflections in a mirror (Essays, 2 Bde., 1944–46), Der Richter (R., 1947, dt. 1952), Der Reiher (R., 1949, dt. 1954, 1957 u. d. T. Der geheime Weg; u. d. T. Die unsichtbare Kette, Dr., 1952, dt. 1953), Die Morgenbrise (R., 1951, dt. 1955), Das Brennglas (Dr., 1953, dt. 1955), Herausforderung an Venus (R., 1957, dt. 1957).

Literatur: Ch. M. Romane, Dramen, Essays. Bearb. v. O. KAULEN. Do. 1957. – PANGE, V. DE: Ch. M. Paris 1962. – DUFFIN, H. CH.: Novels and plays of Ch. M. Folcroft (Pa.) 1973.

Morgan, Stephen [engl. 'mɔːgən], Pseudonym des ir. Dramatikers Thomas C. ↑ Murray.

Morgan, William Frend De, engl. Schriftsteller, ↑ De Morgan, William Frend.

Morgenblatt für gebildete Stände, von J. F. Cotta 1807 in Tübingen gegründete, 1810 nach Stuttgart verlegte vornehmlich literar. Tages-, ab 1851 Wochenzeitung, ab 1838 bis zur Einstellung 1865 u. d. T. ›Morgenblatt für gebildete Leser‹. 1816–23 unter der Leitung von Th. Huber, 1827–65 von Hermann Hauff (* 1800, † 1865), der es zum Hauptorgan des Schwäb. Dichterbundes machte. 1819–49 erschien u. a. als Beilage ein Literaturblatt ›Übersicht der neueren Literatur‹, anfangs von A. Müllner, 1830–48 von W. Menzel redigiert.

Morgenstern, Christian, * München 6. Mai 1871, † Meran 31. März 1914, dt. Dichter. – Stammte aus einer Künstlerfamilie, studierte Volkswirtschaft und Jura,

Christian
Morgenstern

dann Philosophie und Kunstgeschichte; ab 1894 freier Schriftsteller; begann neben ernster Lyrik u.a. Kabarettexte für M. Reinhardts ›Überbrettl‹ zu schreiben; Lektor bei B. Cassirer; Reisen nach Skandinavien und Italien; erkrankte früh an Tuberkulose, häufige Aufenthalte in Sanatorien; lebte ab 1910 bis zu seinem Tod in Südtirol. Bekannt wurde er durch seine witzigen, zu skurriler Phantastik neigenden Sprachgrotesken, gesammelt v.a. in den ›Galgenliedern‹ (1905) und ›Palmström‹ (1910). Das geistreiche Spiel mit Worten, das Erkunden der Sprache mit ihren Möglichkeiten, Bildern, selbst Widersprüchen machen M. zu einem frühen Vertreter der visuellen und konkreten Poesie. Seine ernste Gedankenlyrik stand unter dem Einfluß F. Nietzsches, später des Buddhismus und der Anthroposophie seines Freundes R. Steiner; auch Aphoristiker; Einfluß auf das Theater u.a. durch Übersetzungen von Dramen skand. Schriftsteller (u.a. H. Ibsen, A. Strindberg).

Weitere Werke: In Phantas Schloß (1895), Ich und die Welt (1898), Ein Sommer (1900), Und aber ründet sich ein Kranz (1902), Einkehr (1910), Ich und Du (1911), Wir fanden einen Pfad (1914), Der Gingganz (hg. 1919).
Ausgaben: Ch. M. Sämtl. Dichtungen. Hg. v. H. O. PROSKAUER. Basel 1971 ff. Auf mehrere Bde. in 3 Abteilungen berechnet. – Ch. M. Werke. Hg. v. M. MORGENSTERN. Mchn. [11]1974. – Das große Ch. M.-Buch. Hg. v. M. SCHULTE. Mchn. 1976. – Ch. M. Werke. Jubiläumsausg. Hg. v. C. HESELHAUS. Mchn. u. Zü. [1–2]1979–82. 4 Bde. – Ch. M. Werke u. Briefe. Hg. v. R. HABEL u.a. 1987 ff. Auf 9 Bde. berechnet.
Literatur: STEFFEN, A.: Vom Geistesweg Ch. M.s. Dornach 1971. – GUMTAU, H.: Ch. M. Bln. 1971. – HOFACKER, E. P.: Ch. M. Boston (Mass.) 1978. – PALM, CH.: Greule Golch u. Geigerich: die Nabelschnur zur Sprach-Wirklichkeit in der grotesken Lyrik von Ch. M. Stockholm 1983. – BAUER, MICHAEL: Ch. M.s Leben u. Werk. Mchn. 1985. – KRETSCHMER, E.: Ch. M. Stg. 1985. – BEHEIM-SCHWARZBACH, M.: Ch. M. Rbk. 61.–63. Tsd. 1990. – PLATRITIS, C.: C. M. Dichtung u. Weltanschauung. Ffm. 1992.

Morgner, Irmtraud, * Chemnitz 22. Aug. 1933, † Berlin 6. Mai 1990, dt. Schriftstellerin. – Lebte in Berlin (Ost); wurde bekannt durch den phantastischiron. Gegenwartsroman ›Hochzeit in Konstantinopel‹ (1968); ihr Roman ›Leben und Abenteuer der Trobadora

Beatriz nach Zeugnissen ihrer Spielfrau Laura‹ (1974) greift zentrale Aspekte der Frauenthematik und Frauenemanzipation auf. 1983 erschien ›Amanda. Ein Hexenroman‹ als zweiter Band der ›Laura-Salman-Trilogie‹. Ihre Sprache ist voll sprühender Phantasie, fabulös; sie macht den Grundwiderspruch zwischen dem Polen der technisierten Arbeitswelt einerseits und der individuellen Kraft der Phantasie andererseits deutlich. 1985 erhielt sie die Roswitha-Gedenkmedaille.

Weitere Werke: Ein Haus am Rand der Stadt (R., 1962), Rumba auf einen Herbst (R., entst. 1963, hg.. 1992), Gauklerlegende. Eine Spielfraungeschichte (R., 1970), Die wundersamen Reisen Gustavs des Weltfahrers (R., 1972).
Literatur: SCHERER, G.: Zw. ›Bitterfeld‹ u. ›Orplid‹. Zum literar. Werk I. M.s. Bern u.a. 1992.

Irmtraud
Morgner

Mori, Ogai, eigtl. Mori Rintaro, * Tsuwano (Prov. Iwami, heute zur Präfektur Schimane) 19. Jan. 1862, † Tokio 9. Juli 1922, jap. Schriftsteller. – Studierte u.a. 1884–88 Medizin in Deutschland, ab 1907 Generalarzt der jap. kaiserl. Armee, ab 1919 Leiter der kaiserl. Akad. der Schönen Künste. Wirkte sowohl als antinaturalist. Schriftsteller (›Maihime‹, Nov., 1890, dt. 1994 u.d.T. ›Das Ballettmädchen‹; ›Vita sexualis‹, E., 1909, dt. 1983; ›Die Wildgans‹, E., 1911, dt. 1962), als Übersetzer (G. E. Lessing, Goethe, H. von Kleist u.a.) und auch als Kritiker stark auf die jap. Literatur. Ab etwa 1912 widmete er sich wieder der jap., v.a. konfuzian. Tradition und schrieb histor. Romane und Erzählungen (›Der Untergang des Hauses Abe‹, E., 1914, dt. 1961). Seiner Enttäuschung über die nach seiner

Meinung mißlungene Verwestlichung und Modernisierung Japans nach der Meidschireform (1868) gab er in der Erzählung ›Moso‹ (1912, dt. 1986) Ausdruck, in der er philosophisch-reflektierend mit den ›Illusionen‹ (›moso‹) abrechnet, die der Einbruch westl. Denkart und westl. Lebensstils mit sich gebracht hatte.

Ausgabe: M. Ō. Im Umbau. Ges. Erzählungen. Dt. Übers. Ffm. 1989.

Moric, Junna Petrovna, russ. Lyrikerin, † Moriz, Junna Petrowna.

Móricz, Zsigmond [ungar. 'moːrits], * Tiszacsécse 2. Juli 1879, † Budapest 4. Sept. 1942, ungar. Schriftsteller. – Studierte Theologie, dann Jura und wurde Journalist; 1929–33 Schriftleiter der Zeitschrift ›Nyugat‹, 1939 Hg. der Zeitschrift ›Kelet Népe‹. Entscheidend für M.' schriftsteller. Weg war die Förderung durch E. Ady; Romancier und Dramatiker, Verfasser von Kurzerzählungen und Novellen. Seine ersten Werke tragen naturalist. Züge, sie spielen v. a. im drükkenden, von Haß, Sexualität und Egoismus beherrschten Dorf- und Kleinstadtmilieu. Es folgten großangelegte histor. und zeitbezogene sozialkritische Gesellschaftsromane.

Werke: Gold im Kote (R., 1910, dt. 1921), Waisenmädchen (R., 1915, dt. 1923), Die Fackel (R., 1917, dt. 1924), Arme Menschen (E., 1918, dt. 1960), Siebenbürgen (histor. R.-Trilogie, 1922–34, dt. 1936), Eines Kindes Herz (R., 1922, dt. 1937), Herrengelage (R., 1928, dt. 1965), Verwandte (R., 1932, dt. 1954), Der glückl. Mensch (R., 1935, dt. 1955), An einem schwülen Sommertag (R., 1939, dt. 1968), Der Roman meines Lebens (Autobiogr., 1939, dt. 1939), Rózsa Sándor (R., 2 Bde., 1941/42).
Ausgabe: M. Z. Összegyűjtött művei. Hg. v. T. Barabás u. a. Budapest 1953–59. 7 Bde.
Literatur: Nagy, P.: M. Z. Budapest 1953. – Móricz, V.: Apám regénye. Budapest 1963. – Czine, M.: M. Z. Budapest 1970.

Mörike, Eduard [...rıkə], * Ludwigsburg 8. Sept. 1804, † Stuttgart 4. Juni 1875, dt. Lyriker und Erzähler. – Bereitete sich in Urach und im Tübinger Stift auf die theolog. Laufbahn vor. Nach langjähriger Vikariatszeit wurde er Pfarrer in Cleversulzbach (1834–43); lebte dann nach vorzeitiger Pensionierung (aus Gesundheitsgründen) seiner dichter. Arbeit an verschiedenen Orten, zuletzt vorwiegend in Stuttgart, wo er 1851–66

Eduard
Mörike

als Lehrer für Literatur am Katharinenstift tätig war. 1851 heiratete er Margarethe von Speeth. Die Eheleute lebten sich jedoch allmählich auseinander bis zur Trennung (1873), die erst an M.s Sterbebett durch eine späte Versöhnung aufgehoben wurde. M.s Leben war, abgesehen von der Zeit in Cleversulzbach, wenig idyllisch. Er stand in naher Beziehung zur ›Schwäb. Schule‹, zu L. Uhland und J. Kerner, hatte auch Beziehungen zu Th. Storm, E. Geibel, P. Heyse und zu M. von Schwind. So nahm er eine Art Zwischenstellung zwischen Spätromantik und Frührealismus ein. Das Erbe der Romantik ist an seinen Balladen, auch an den Märchen zu erkennen. M.s Lebenswerk ist nicht umfangreich: der frühe Roman ›Maler Nolten‹ (2 Bde., 1832, 2. Fassung [entst. 1853–75] unvollendet, hg. 1877), die außergewöhnl. ›Gedichte‹ (1838, ⁵1873), dazwischen und danach ein halbes Dutzend Märchen und Novellen, das Versepos ›Idylle vom Bodensee‹, oder Fischer Martin und die Glockendiebe‹ (1846), wenige dramat. Versuche und Übersetzungen aus Theokrit (1855), aus Anakreon und den ›Anakreonteia‹ (1864), einige Fragmente. Der Roman ›Maler Nolten‹, von M. selbst als ›Novelle‹ bezeichnet, ist auch in Form und Struktur ein Spätprodukt des romant. Künstlerromans, zeigt jedoch zugleich den starken Einfluß Goethes. Ein guter Teil der frühen Lyrik M.s bekam darin einen Platz, u. a. die ›Peregrina‹-Gedichte, deren Titelgestalt von Maria Meyer geprägt ist, der M. während der Tübinger Zeit sehr zugetan war. In der gewählten

Thematik spiegelt sich überdies M.s eigener Hang zur Malerei, literarisch verarbeitet, da der Wunsch, selbst Maler zu werden, keine Erfüllung finden konnte. In Briefen hat sich M. öfter zu Fragen künstler. Schaffens geäußert, insbes. in der Korrespondenz mit M. von Schwind, seinem Freund. In der Detailgenauigkeit eigener Zeichnungen verrät sich auch ein naturkundl. Interesse des Dichters. In seiner Lyrik weitete M. nicht nur das Liebes- und Naturgedicht, sondern auch das balladeske Moment in reicher Fülle aus: in zarten wie enthusiast. und schwermütigen Tönen. Auch verselbständigt sich das humorist. Element. Daneben entwickelt M. eine meisterhafte idyllisch-eleg. Dichtung in antiken Maßen. Humor, Heiterkeit finden sich gleichfalls im Erzählerischen, z. B. dem Prosamärchen ›Das Stuttgarter Hutzelmännlein‹ (1853). Die anderen Märchen und Erzählungen bauen auf der Grimmschen, klassisch-stilisierten Spätromantik auf, z. T. allerdings auch auf der neuen, von L. Tieck inaugurierten schwermütigen Variante (›Die Hand der Jezerte‹, 1853). Der absolute Höhepunkt der Prosa des reifen M. ist jedoch die Novelle ›Mozart auf der Reise nach Prag‹ (1856), heitere Anmut, gemischt mit Todesahnung und vertieft durch die Interpretation des ›Don Giovanni‹ am Schluß. Der dt. Literatur verdankt M. eine ganz eigenartige, souveräne Synthese von Anmut und Tiefe, Humor und Schwermut, Existenzbewußtsein und Spiel, klassischer Antike und gegenwärtiger Romantik, geschlossener und offener Form, Parodie und Ernst.

Ausgaben: E. M. Werke u. Briefe. Histor.-krit. Gesamtausg. Hg. v. H.-H. KRUMMACHER u. a. Stg. 1967 ff. Auf 15 Bde. berechnet. – E. M. Sämtl. Werke. Hg. v. H. GÖPFERT. Mchn. ⁵1976. – E. M. Werke. Hg. v. H. GÖPFERT. Stg. 1980. 2 Bde. – E. M. Sämtl. Werke. Hg. v. H. GÖPFERT. Mchn. u. Wien 1981. 4 Bde. – E. M. Werke. Hg. v. W. RÜCKER. Bln. ⁴1982. – E. M. Gesamtwerk. Essen 1983. 7 Bde. – E. M. Werke in 1 Bd. Hg. v. H. GÖPFERT. Neuausg. Mchn. u. Wien ⁴1993.
Literatur: WIESE, B. VON: E. M. Tüb. 1950. – KOSCHLIG, M.: M. in seiner Welt. Stg. 1954. – PRAWER, S. S.: M. u. seine Leser. Mit einer M.-Bibliogr. u. einem Verz. der wichtigsten Vertonungen. Stg. 1960. – STORZ, G.: E. M. Stg. 1967. – MEYER, HERBERT: E. M. Stg. ³1969. –

SLESSAREV, H.: E. M. New York 1970. – HOLTHUSEN, H. E.: E. M. Rbk. ²1975. – WIESE, B. VON: E. M. Ein romant. Dichter. Mchn. 1979. – SIMON, H.-U.: M.-Chronik. Stg. 1981. – E. M. 1804, 1875, 1975. Hg. v. B. ZELLER u. a. Marbach ²1990. – M.'s muses. Critical studies on E. M. Hg. v. J. ADAMS. Columbia (S. C.) 1990. – FLIEGNER, S.: Der Dichter u. die Dilettanten. E. M. u. die bürgerl. Gesellschaftsstruktur des 19. Jh. Stg. 1991. – M. in Schwaben. Bearb. v. HARTMUT MÜLLER. Stg. u. a. 1991.

Moritat, Sonderform des ↑ Bänkelsangs; wurde wie dieser als Lied mit vielen Strophen auf Jahrmärkten vor einer meist fünf bis sechs Bilder enthaltenden Leinwandtafel von berufsmäßigen M.ensängern abgesungen. Der Schluß des Liedes enthielt eine belehrende Moral. Zum Mitnehmen war ein M.enblatt mit ausführl. Prosadarstellung und dem Liedtext gedacht. Die ersten Belege für Sache und Wort stammen aus dem 17. Jahrhundert. Über die Entstehung des Namens gibt es verschiedene Theorien; danach leitet er sich her aus 1. lat. moritas (= erbaul. Geschichte, Moralität), 2. rotwelsch moores, jidd. mora (= Lärm, Schrecken), 3. der Verballhornung von Mordtat (in diesem Sinne zuerst im Lahrer Kommersbuch, 1862). Die Blütezeit des M.ensangs ist das 19. Jh., im 20. Jh. starb er aus. Sprachl. Formelhaftigkeit und Typisierung der Orte, Personen und Situationen charakterisieren die M.en, die, von der Drehorgel begleitet und auf bekannte Melodien gesungen, oft im Auftrag der Verleger von anonymen Literaten, Lehrern oder Bänkelsängern selbst verfaßt wurden, während die Bildtafeln meist bei M.enmalern bestellt wurden. Die Hauptgegenstände der M. sind sensationelle Tagesgeschehnisse sowie Verbrechen und deren Bestrafung, selten polit. Themen (u. a. wegen der Zensur). Die moral. Grundhaltung kommt im Sieg des Guten zum Ausdruck, die sich in der Obrigkeit institutionell konkretisiert. Motive des M.ensangs fanden auch Eingang in die Literatur, im 18. Jh. bei G. A. Bürger, J. W. L. Gleim, L. Ch. H. Hölty, J. F. Löwen, R. E. Raspe, Daniel Schiebeler [* 1741, † 1771], A. M. Sprickmann, F. L. zu Stolberg-Stolberg, Ch. F. Weiße. Nach Verwendung moritatenhafter Elemente in parodist. oder satir. Absicht im 19. Jh. (L. Eichrodt, F. Th. Vischer, H. Heine

u. a.) wurden um die Jahrhundertwende der Bänkelsang und die M. zum Ausgangspunkt der neuen Lyrik, insbes. der neuen Balladendichtung, die sich gegen ↑ Butzenscheibenlyrik, Jugendstil, ↑ Neuromantik und epigonale Balladenproduktion richtete. Vertreter dieser M.endichtung sind D. von Liliencron, Ch. Morgenstern, A. Holz, F. Wedekind, O. J. Bierbaum, E. Mühsam, J. Ringelnatz, G. Heym, B. Brecht, W. Mehring, Erich Kästner und H. C. Artmann.
Literatur: Bänkelsang u. M. Ausstellungskat. der Staatsgalerie Stuttgart. Hg. v. U. EICHLER. Stg. 1975. – RIHA, K.: M., Bänkelsong, Protestballade. Königstein i. Ts. ²1979.

Moritz, Karl Philipp, * Hameln 15. Sept. 1756, † Berlin 26. Juni 1793, dt. Schriftsteller. – Aus armer, streng pietist. Familie; Hutmacherlehrling, Schauspieler, studierte dann in Erfurt und Wittenberg Theologie, war Lehrer am Philanthropinum in Dessau, später in Berlin, ging 1782 nach Großbritannien, 1786 nach Italien, wo er sich mit Goethe befreundete, bei dem er sich auch 1788 nach der Rückkehr in Weimar aufhielt. 1789 Prof. für Altertumskunde in Berlin. Sein Hauptwerk, der pietistisch gefärbte autobiograph. Roman ›Anton Reiser‹ (4 Bde., 1785–90, Bd. 5 postum 1794), ist eine psychologisch und kulturgeschichtlich interessante Darstellung der geistigen Entwicklung eines jungen Menschen in der Sturm-und-Drang-Zeit; sein ›Versuch einer dt. Prosodie‹ (1786) ist von Unterhaltungen mit Goethe beeinflußt.
Weitere Werke: Blunt oder Der Gast (Dr., 1781), Reisen eines Deutschen in England, im Jahr 1782 (1783), Andreas Hartknopf (R., 1786), Über die bildende Nachahmung des Schönen (Schrift, 1788), Götterlehre oder Mythologische Dichtungen der Alten (Schrift, 1791), Reisen eines Deutschen in Italien in den Jahren 1786–88 (3 Bde., 1792/93), Die neue Cecilia (Schrift, 1794).
Ausgabe: K. Ph. M. Die Schriften in 30 Bden. Nördlingen 1987 ff. (bisher 14 Bde. erschienen). **Literatur:** LANGEN, A.: K. Ph. M.' Weg zur symbol. Dichtung. In: Zs. f. dt. Philologie 81 (1962), S. 169 u. 402. – HUBERT, U.: K. Ph. M. u. die Anfänge der Romantik. Ffm. 1971. – FÜRNKÄS, J.: Der Ursprung des psycholog. Romans. K. Ph. M.' ›Anton Reiser‹. Stg. 1977. – SCHRIMPF, H. J.: K. Ph. M. Stg. 1980. – K. P. M. Bearb. v. H. HOLLMER. Mchn. 1993.

Moriz (tl.: Moric), Junna Petrowna, * Kiew 2. Juni 1937, russ. Lyrikerin. – Steht in der Tradition M. I. Zwetajewas; gestaltete die Erfahrungen einer Eismeerreise in der Gedichtsammlung ›Mys Želanija‹ (= Kap der Sehnsucht, 1961).
Weitere Werke: Razgovor o sčast'e (= Gespräch über Glück, Ged., 1957), Tretij glaz (= Das dritte Auge, Ged., 1980), Na ètom beregu vysokom (= Auf diesem hohen Ufer, Ged., 1987).

Moriz von Craûn [kraʊn], mhd. Versnovelle von einem unbekannten, vermutlich rheinpfälz. Verfasser, um 1200 entstanden, im Ambraser Heldenbuch überliefert; das Werk behandelt – wahrscheinlich nach frz. Vorlage – eine Minnethese: darf die Dame den in Erwartung des versprochenen Minnelohns eingeschlafenen Liebhaber abweisen? Dieses Exempel wird an einer histor. Figur festgemacht, dem frz. Grafen Maurice de Craon.
Ausgabe: M. v. C. Nach der Ausg. v. U. PRETZEL. Übers. v. A. CLASSEN. Stg. 1992.
Literatur: STACKMANN, K.: Die mhd. Versnovelle ›M. v. Craun‹. Diss. Hamb. 1948 [Masch.]. – HARVEY, R.: M. v. C. and the chivalric world. Oxford 1961. – THOMAS, H.: Zur Datierung, zum Verfasser u. zur Interpretation des M. v. C. In: Zs. f. dt. Philologie 103 (1984), S. 32.

Mörne, Arvid, * Kuopio 6. Mai 1876, † Grankulla bei Helsinki 15. Juni 1946, schwedischsprachiger finn. Schriftsteller. – Volkshochschulleiter, ab 1913 Dozent für Literatur in Helsinki. Anfangs patriotisch-sozialist., seit den 20er Jahren kulturpolitisch skept. Reimlyrik, daneben Erzählungen, literarhistor. Arbeiten und eine Autobiographie.
Werke: Skärgårdens vår (Ged., 1913), Kristina Bjur (R., 1922, dt. 1949), Vandringen och vägen (Ged., 1924), Ett liv (E., 1925), Mörkret och lågan (Ged., 1926), Någon går förbi a vägon (Nov.n, 1928), Under vintergatan (Ged., 1934).

Morolfstrophe, im mhd. Spielmannsepos ›Salman und Morolf‹ (2. Hälfte des 12. Jh.) verwendete Strophenform, bei der auf ein Reimpaar eine Waisenterzine (↑ Waise) folgt (Reime: a a b w b; Kadenzen: mv mv mv wkl mv; auch Varianten kommen vor). Mit Abwandlungen (z. B. der Kadenzen der letzten drei Verse: *Lindenschmidstrophe*) und Erweiterungen (↑ Tirolstrophe) bis ins Spät-MA beliebt, bes. auch im Volkslied.

Morren, Theophil, Pseudonym des österr. Schriftstellers Hugo von ↑ Hofmannsthal.

Morriën, Adriaan [niederl. 'mɔriən], * Velsen 5. Juni 1912, niederl. Schriftsteller. – Verfasser von Gedichten, Erzählungen und Essays. In Deutschland wurde er mit der Novellensammlung ›Ein unordentlicher Mensch‹ (1951, dt. 1955) und den Skizzen ›Ein besonders schönes Bein‹ (1955, dt. 1957) bekannt. M. erhielt 1954 als erster Ausländer den Preis der Gruppe 47.

Weitere Werke: Alissa und Adrienne oder die Erziehung der Eltern (Skizzen, 1957, dt. 1957), Het gebruik van een wandspiegel (Ged., 1968), Oogappel (Ged., 1986), Plantage Muidergracht (autobiograph. Prosa, 1988).

Morris, William [engl. 'mɔrɪs], * Walthamstow (heute zu London) 24. März 1834, † Hammersmith (heute zu London) 3. Okt. 1896, engl. Kunsthandwerker und Schriftsteller. – Zunächst Architekt und Maler; gründete mit D. G. Rossetti u. a. einen kunsthandwerkl. Betrieb, dessen Produktion die Dekorationskunst des engl. Jugendstils in Anlehnung an die Formen got. Kunst mitprägte. Kunst mitprägte war M. Mitbegründer und engagierter Kämpfer der ›Socialist League‹, deren Zeitschrift ›The Commonweal‹ er herausgab. Seine z. T. von Th. Carlyle und J. Ruskin beeinflußten Vorstellungen von einer sozialist. Gesellschaft legte er u. a. in der Erzählung ›Eine königl. Lektion. – Ein Traum von John Ball‹ (1888, dt. 1904) und in der ›Kunde von Nirgendwo‹ (1890, dt. 1900) dar. 1890 gründete M. die Kelmscott Press, deren Drucke, z. T. mit Typen und Holzschnittbuchschmuck nach Entwürfen von M., im graph. Gewerbe von bed. Einfluß waren. M. verfaßte präraffaelit. Vers- und Prosaromanzen nach Stoffen mittelalterl. Ritterdichtung und der nord. Sagenwelt sowie das poet. Rahmenerzählungswerk ›The earthly paradise‹ (3 Bde., 1868–70, revidiert 1890); Übersetzer Vergils und Homers, u. a. einer neuengl. Bearbeitung des ›Beowulf‹ (1895).

Weitere Werke: The defence of Guenevere and other poems (Dichtung, 1858), Love is enough (Dichtung, 1872), The story of Sigurd the Volsung and the fall of the Nibelungs (Versepos, 1876), Chants for socialists (Ged., 1885), The house of the Wolfings (R., 1889).

Ausgaben: The collected works of W. M. Hg. v. M. MORRIS. New York 1910–15. Nachdr. 1966. 24 Bde. – The collected letters of W. M. Hg. v. N. KELVIN. Princeton (N. J.) 1984 ff. Auf mehrere Bde. berechnet.
Literatur: HENDERSON, Ph.: W. M. His life, work, and friends. London 1967. Neuaufl. 1988. – BRADLEY, I.: W. M. and his world. New York u. London 1978. – W. M. Aspects of the man and his work. Hg. v. P. E. LEWIS. Loughborough 1978. – MATHEWS, R.: World beyond the world. The fantastic vision of W. M. San Bernardino (Calif.) 1978. – LINDSAY, J.: W. M. His life and work. New York 1979. – HODGSON, A.: The romances of W. M. Cambridge 1987. – LATHAM, D./LATHAM, S.: An annotated critical bibliography of W. M. London 1991. – MACCARTHY, F.: W. M. A life for our time. London 1994.

Morris, Wright [engl. 'mɔrɪs], * Central City (Nebr.) 6. Jan. 1910, amerikan. Schriftsteller. – War 1962–75 Prof. für Englisch an der California State University in San Francisco. In seinem in präzisem Stil abgefaßten Werk (Erzählungen, Bildbände, kulturkrit. Studien) und gelegentlich aus satir. Perspektive greift M. auf das folklorist. Erbe des amerikan. Landlebens der Vergangenheit zurück, um es für die geistige Leere der Gegenwart fruchtbar zu machen. Schauplätze seiner Erzählungen sind die ländl. Gegend oder die Kleinstadt des mittleren Westens, wo seine Helden ureigene amerikan. Tugenden wie konservativen Pragmatismus und Wagemut wiederentdekken wollen. In späteren Romanen wendet sich M. aktuellen Themen wie der Raumfahrt oder der Frauenfrage zu.

Werke: Die gläserne Insel (R., 1953, dt. 1957), Die maßlose Zeit (R., 1953, dt. 1958), Liebe unter Kannibalen (R., 1957, dt. 1959), Unterwegs nach Lone Tree (R., 1960, dt. 1963), Cause for wonder (R., 1963), One day (R., 1965), In orbit (R., 1967), God's country and my people (Photobericht, 1968), A life (R., 1973), Here is Einbaum (En., 1973), The Fork River space project (En., 1977), Plains song. For female voices (R., 1980), Will's boy. A memoir (1981), Picture America (Bildband, 1982; mit J. Alinder), A cloack of light. Writing my life (Autobiogr., 1985), Collected stories 1948–1986 (En., 1986).
Literatur: MADDEN, D.: W. M. New York Neuaufl. 1965. – HOWARD, L.: W. M. Minneapolis (Minn.) 1968. – ZIRKEL, M.: Mensch und Mythos. Der Mittlere Westen im Romanwerk v. W. M. Bonn 1977. – CRUMP, G. B.: The novels of W. M. A critical interpretation. Lincoln (Nebr.) 1978. – BIRD, R. K.: W. M. Memory and imagination. New York 1985.

Morrison, Toni [engl. 'mɔrısn], eigtl. Chloe Anthony Wofford, * Lorain (Ohio) 18. Febr. 1931, amerikan. Schriftstellerin. – Lehrte an verschiedenen Universitäten, zuletzt an der Princeton University. M. gehört mit ihren Romanen, in denen sie u. a. Rassenprobleme sowie die gestörten menschlichen Beziehungen in schwarzen Familien behandelt, zu den wichtigsten Vertreterinnen der afroamerikan. Literatur. 1993 wurde sie mit dem Nobelpreis für Literatur ausgezeichnet. In Anlehnung an das ästhet. Konzept der ›Harlem Renaissance‹ (↑ afroamerikanische Literatur) lehnt M. militant-polit. Einstellungen ab und betont das kulturelle Erbe der afrikan. Vergangenheit, wie Stammesmythen und Folklore, für die Identitätsfindung in der Gegenwart. M. schreibt auch Dramen.
Werke: Sehr blaue Augen (R., 1969, dt. 1979), Sula (R., 1973, dt. 1980), Solomons Lied (R., 1977, dt. 1979), Teerbaby (R., 1981, dt. 1983), Menschenkind (R, 1987, dt. 1989), Jazz (R., 1992, dt. 1993), Im Dunkeln spielen. Weiße Kultur u. literar. Imagination (Essays, 1992, dt. 1994).
Literatur: Black women writers (1950–1980). A critical evaluation. Hg. v. M. EVANS. New York 1984. – CHRISTIAN, B.: Black feminist criticism: Perspectives on Black women writers. New York 1985. – JONES, B. W./VINSON, A. L.: The world of T. M. Explorations in literary criticism. Dubuque (Iowa) 1985.

Toni Morrison

Morsztyn, Jan Andrzej [poln. 'mɔrʃtin], * bei Krakau 24. Juni 1621, † Paris 8. Jan. 1693, poln. Lyriker. – M.s formgewandte, vom Marinismus beeinflußte Dichtung gilt als Höhepunkt des Barock in der poln. Literatur; übersetzte P. Cor-

neilles ›Cid‹, T. Tassos ›Aminta‹ und Werke G. Marinos.
Werke: Kanikuła albo psia gwiazda (= Canicula oder der Hundsstern, Ged., entst. 1647, hg. 1844), Lutnia (= Die Laute, Ged., entst. 1638–60, hg. 1874).
Ausgabe: J. A. M. Utwory zebrane. Warschau 1971.
Literatur: KOTARSKI, E.: Poezje J. A. M.a. Warschau 1972.

Morsztyn, Zbigniew [poln. 'mɔrʃtin], * in Südpolen um 1627/28, † Königsberg (Pr) 13. Dez. 1689, poln. Dichter. – Arianer; unter den Radziwiłłs Teilnahme an Feldzügen; bed. Barockdichter. Themen seiner Lyrik sind die Inhumanität des Krieges und Glaubensfragen (›Muza domowa‹ [= Hausmuse], hg. 1954, mit concettist. und emblemat. Gedichten).
Ausgabe: Z. M. Wybór wierszy. Breslau 1975.
Literatur: PELC, J.: Z. M. Breslau 1966.

Mortimer, John [Clifford] [engl. 'mɔːtımə], * London 21. April 1923, engl. Schriftsteller. – Urspr. Anwalt; schreibt für die Bühne sowie für Rundfunk, Fernsehen und Film; entnimmt die Stoffe zu seinen Dramen v. a. dem bürgerl. Mittelklassenmilieu der Gegenwart. Die konventionelle Komödienform wird bei M. zum traumhaften Abbild von Einsamkeit und Verzweiflung, z. B. in dem Drama um die Verteidigung eines geständigen Mörders (›Das Pflichtmandat‹, 1958, dt. 1961) oder in den Stücken um das Motiv der ehel. Untreue (›Wie sagen wir es Caroline?‹, 1958, dt. 1970; ›Die Mittagspause‹, 1960, dt. 1961; ›Komplizen‹, 1973, dt. 1973); farcenhafter sind seine Einakter (›Komm doch wie du bist‹, Kurzdramen, 1971, dt. 1973), Daneben wurde M. bekannt durch seine Fernsehserie über den Anwalt hoffnungsloser Fälle ›Rumpole of the Bailey‹ (1975, gedr. 1978) und durch die Bearbeitung von E. Waughs ›Wiedersehen mit Brideshead‹ (Fsp., 1981). M. verfaßte auch eine Autobiographie (›Clinging to the wreckage‹, 1982) und ein Drama über seinen Vater, einen blinden Anwalt (›A voyage round my father‹, 1971) sowie Romane und Kurzgeschichten.
Weitere Werke: Regatta-Tag (Dr., 1962, dt. 1963), Will Shakespeare. The untold story (1977), The bells of hell (Dr., 1978), Heaven and hell (2 Dramen, 1978), When that I was (Dr., 1982), Paradise postponed (R., 1985),

Charade (R., 1986), Summer's lease (R., 1988), Dunster (R., 1992).

Morungen, Heinrich von, mhd. Dichter, ↑ Heinrich von Morungen.

Morus, Thomas, engl. Politiker, Humanist und Schriftsteller, ↑ More, Sir Thomas.

Moschajew (tl.: Možaev), Boris Andrejewitsch [russ. ma'ʒajıf], *Pitelino (Gebiet Rjasan) 1. Juni 1923, russ. Schriftsteller. – Nach 1948 im Fernen Osten; Sammler und Hg. sibir. Volksmärchen; schrieb unterhaltsame Erzählungen, in denen er kritisch die Gegenwart, v. a. im russ. Dorf, beleuchtet; Satiriker; u. a. auch publizist. Prosa.

Werke: Die Abenteuer des Fjodor Kuskin (E., 1966, dt. 1979), Mužiki i baby (= Bauern und Bäucrinnen, R., ? Bücher, 1976–87), Minuvšie gody (= Vergangene Jahre, Prosa, 1981), Poltora kvadratnych metra (= Anderthalb Quadratmeter, E., 1982).

Ausgabe: B. A. Možaev. Sobranie sočinenij. Moskau 1989–90. 4 Bde.

Moscherosch, Johann Michael, Pseudonym Philander von Sittewald, *Willstädt bei Kehl 5. März 1601, †Worms 4. April 1669, dt. Satiriker. – Studierte in Straßburg, bereiste Frankreich und Deutschland, war Hofmeister, Amtmann, ab 1656 Kriegs- und Kirchenrat in Hanau, ab 1664 in hess. Diensten; 1645 wurde er als ›der Träumende‹ in die Fruchtbringende Gesellschaft aufgenommen. Sein kulturhistorisch bed. Hauptwerk ist die Zeitsatire ›Wunderl. und Warhafftige Gesichte Philanders von Sittewald‹ (2 Tle., 1650, erstmals 1640 u. d. T. ›Wunderbahre satyrische Gesichte‹), in der er, über sein Vorbild für den 1.Teil, F. G. de ↑ Quevedo y Villegas' ›Sueños‹, hinausgehend, in der Ich-form das höf. Wesen mit seiner Nachahmung ausländ. Mode und Sitte, allgemeine Eitelkeit, Heuchelei und Torheit verurteilt und dabei einen betont nat. und konservativen Standpunkt vertritt.

Weitere Werke: Sex centuriae epigrammatum (1630), Insomnis cura parentum (1643), De patientia (1643).

Ausgabe: Visiones de Don Quevedo, Wunderliche u. Warhafftige Gesichte Philanders von Sittewald. Hg. v. F. Bobertag. Darmstadt 1974. 2 Bde. in 1 Bd.

Literatur: BECHTOLD, A.: Krit. Verz. der Schrr. J. M. M.s. Nebst einem Verz. der über ihn erschie-

nenen Schrr. Mchn. 1922. – HÖFT, B.: J. M. M.s ›Gesichte Philanders von Sittewald‹. Diss. Freib. 1964. – J. M. M., Barockautor am Oberrhein. Satiriker u. Moralist. Hg. v. G. RÖMER. Ausst.-Kat. Karlsr. 1981. – SCHÄFER, W. E.: J. M. M., Staatsmann, Satiriker u. Pädagoge im Barockzeitalter. Mchn. 1982. – KÜHLMANN, W./SCHÄFER, W. E.: Frühbarocke Stadtkultur am Oberrhein. Studien zum literar. Werdegang J. M. M.s (1601–1669). Bln. 1983.

Mosen, Julius, *Marieney (Landkreis Oelsnitz) 8. Juli 1803, †Oldenburg (Oldenburg) 10. Okt. 1867, dt. Schriftsteller. – War u. a. Advokat in Dresden, später Dramaturg am Hoftheater in Oldenburg; neben rhetorisch überspitzten, epigonenhaften Dramen (›Theater‹, 1842) schrieb er Gedichte, die z. T. sehr volkstümlich wurden (›Andreas Hofer‹), Erzählungen, Versepen und den Roman ›Der Congreß von Verona‹ (2 Bde., 1842).

Weitere Werke: Das Lied vom Ritter Wahn (Epos, 1831), Ahasver (Epos, 1838).

Ausgabe: J. M. Sämtl. Werke. Old. 1863–64. 8 Bde.

Moser, Friedrich Karl Freiherr von (seit 1767), *Stuttgart 18. Dez. 1723, †Ludwigsburg 11. Nov. 1798, dt. Politiker und Schriftsteller. – Trat nach dem Studium der Rechte 1747 in hessen-homburg. Dienste, wurde 1767 Reichshofrat in Wien und war 1772–80 Minister in Hessen-Darmstadt; lebte dann wieder in Württemberg. M. verfaßte vielgelesene Schriften, in denen er Despotie und Sittenlosigkeit an den Höfen und Korruption bei den Beamten anprangerte, v. a. in seinem Fürstenspiegel ›Der Herr und der Diener‹, geschildert mit patriot. Freiheit‹ (1759).

Weitere Werke: Daniel in der Löwengrube (Epos, 1763), Reliquien (1766), Von dem dt. Nationalgeist (1766), Patriot. Archiv von und für Deutschland (12 Bde., 1784–90), Neues Patriot. Archiv von und für Deutschland (2 Bde., 1792–94).

Möser, Justus, *Osnabrück 14. Dez. 1720, †ebd. 8.Jan. 1794, dt. Schriftsteller, Historiker und Staatsmann. – Studierte Jura und Philologie in Jena und Göttingen. Wurde 1755 Ritterschaftssekretär, war 1768–83 Leiter der Verwaltung des Fürstbistums Osnabrück. Als Schriftsteller ging er von J. Ch. Gottsched aus (›Moral. Wochenschriften‹, 1746/47;

›Arminius‹, Trag., 1749), als Ästhetiker alsbald über ihn hinaus, so in der gegen Gottscheds rationalist. Bühnenreform gerichteten Schrift ›Harlekin, oder Vertheidigung des Groteske-Komischen‹ (1761). 1778 setzte er sich kritisch mit der Anakreontik auseinander (›An einen jungen Dichter‹) und 1781 mit Friedrichs II., des Großen, einseitiger Verurteilung der dt. Literatur (›Über die dt. Sprache und Litteratur‹). In dieser seiner Reifezeit war M. schon dem Sturm und Drang zugewandt. In der Vorrede zur ›Osnabrükkischen Geschichte‹ (2 Bde., 1768, Bd. 3 hg. 1824) entwickelte er seine konservative Auffassung von Geschichtsschreibung; das Werk selbst, eine sorgfältig aus den Quellen gearbeitete Landesgeschichte, hat durch die Begründung der Lehre von der Markgenossenschaft (Siedlungsverband sippenrechtl. Art zur gemeinsamen Nutzung landwirtschaftl. Bodens) eine bis in die Gegenwart anhaltende Wirkung erlangt. Sein Hauptwerk, die ›Patriotische Phantasien‹ (4 Bde., 1774–86), ist eine Sammlung von Verlautbarungen von Regent zu Volk seit den 60er Jahren des 18. Jh. in Zeitschriften und Regierungsblättern und zugleich ein bed. Staats- und Gesellschaftsspiegel: In den meist nicht umfängl. Stücken werden die verschiedenen Stände bei der Arbeit, in der Familie, im ländl. Zusammenleben dargestellt, die religiösen und weltl. Sitten und die Rechtsbräuche aufgezeichnet.

Ausgaben: J. M. Sämmtl. Werke. Hg. v. B. R. ABEKEN. Bln. 1842. 10 Bde. (mit Briefwechsel u. Biogr. v. F. NICOLAI). – J. M. Briefe. Hg. v. E. BEINS u. W. PLEISTER. Hann. u. Osnabrück 1939. – J. M. Sämtl. Werke. Histor.-krit. Ausg. Bearb. v. W. KOHLSCHMIDT u. a. Bln. u. Old. 1943–90. 14 Bde. in 16 Tlen. **Literatur:** KLASSEN, P.: J. M. Ffm. 1936. – BÄTE, L.: J. M. Advocatus patriae. Ffm. 1961. – ›Patriot. Phantasien‹. J. M., 1720–1794, Aufklärer in der Ständegesellschaft. Bearb. v. H. BUCK. Ausst.-Kat. Bramsche 1994.

Moses von Choren (tl.: Movsēs Horenac‘i), * Chorni (Prov. Taron), armen. Geschichtsschreiber. – Verfasser eines Geschichtswerks über Armenien, das von Adam bis zum Tode des Sahak und Mesrop reicht; nach eigenen Aussagen wäre er einer der Mitarbeiter des Sahak und des Mesrop gewesen, hätte also im

5. Jh. gelebt. Die philologisch-histor. Kritik hat die Glaubwürdigkeit dieser Überlieferung in Frage gestellt. Innere Kriterien (z. B. Verherrlichung der Bagratiden, Ignorierung der Mamikonier, sprachl. Indizien, die Analyse der verwendeten Quellen) lassen auf eine Abfassung des Werkes im 8./9. Jh. schließen.

Ausgaben: Storia di Mosé Lorenese. Venedig ²1850. – M. v. Chorene. Gesch. Groß-Armeniens. Dt. Übers. v. M. LAUER. Regensburg 1869. – M. v. Ch. Azgabanut‘iwn yabet‘ean. Hg. v. M. ABĒGEAN u. S. YARUT‘IWNEAN. Tiflis 1913 (krit. Ausg.). – Moses Khorenats‘i. History of the Armenians. Engl. Übers. v. R. W. THOMSON. Cambridge (Mass.) 1978. **Literatur:** INGLISIAN, V.: Die armen. Lit. In: Hdb. der Orientalistik, Abt. 1, Bd. 7. Leiden 1963. S. 177.

Moskauer Künstlertheater (Moskowski Chudoschestwenny akademitscheski teatr, tl.: Moskovskij Chudožestvennyj akademičeskij teatr [russ. mas-'kɔfskij xu'dɔʒəstvıınıɫj ɐkɐdı'mitʃıskij tı'atr], Abk. MCHAT), 1898 von K. S. Stanislawski und W. I. Nemirowitsch-Dantschenko im ehemaligen Eremitage-Theater gegründete Avantgardebühne. Ihre Ausgangskonzeption – realist. Spielstil, intensives Ensemblespiel, histor. Werktreue – richtete sich nach dem Vorbild der ↑Meininger. Das Ensemble setzte sich zusammen aus Laienspielern der Gesellschaft für Kunst und Literatur und aus Schauspielschülern der Philharmonie (z. B. O. L. Knipper-Tschechowa, W. E. Mejerchold). Seinen ersten durchschlagenden Erfolg hatte das Theater mit der Aufführung von A. P. Tschechows Drama ›Die Möwe‹ (1898). Die Möwe wurde daraufhin das Wahrzeichen des Moskauer Künstlertheaters. In den folgenden Jahren brachte es die Uraufführungen der Tschechow-Dramen ›Onkel Wanja‹ (1899), ›Drei Schwestern‹ (1901), ›Der Kirschgarten‹ (1904), daneben umfaßte der Spielplan das gesamte naturalist. Dramengut Europas. Nach seiner Übersiedlung in ein neues Theatergebäude gewann das M. K. 1902 M. Gorki als Mitarbeiter und brachte in folgenden einige Uraufführungen seiner Stücke heraus (bes. erfolgreich: ›Nachtasyl‹, 1902). Das M. K. hielt sich lange Jahre als Zentrum der europ. Theateravantgarde. Die Impulse, die von ihm ausgin-

gen, beeinflußten das gesamte zeitgenöss. Theater, z. B. die Uraufführungen von M. Maeterlincks ›Der blaue Vogel‹ (1908), von L. N. Tolstois ›Der lebende Leichnam‹ (1911), die ›Hamlet‹-Inszenierung von G. Craig (1911). Dem M. K. angeschlossen waren vier Studios (eröffnet: 1913, 1916, 1920 und 1922).
Literatur: LUTHER, A.: Das M. K. Lpz. 1947.

Mostar, Gerhart Herrmann, eigtl. G. Herrmann, *Gerbitz bei Bernburg/ Saale 8. Sept. 1901, † München 8. Sept. 1973, dt. Schriftsteller. – Zunächst Lehrer, dann Journalist; wurde bekannt durch den Roman ›Der Aufruhr des schiefen Calm‹ (1929) und bes. den Karl-Marx-Roman ›Der schwarze Ritter‹ (1933), der von den Nationalsozialisten verboten wurde. Emigrierte 1933; 1945–48 leitete er das Kabarett ›Die Hinterbliebenen‹, danach war er ein bekannter und engagierter Prozeßberichterstatter, schrieb Bühnenstücke (u. a. ›Meier Helmbrecht‹, 1946), ferner Lyrik, Hörspiele, humorvolle, geistreiche Essays und histor. Plaudereien, u. a. ›Weltgeschichte höchst privat‹ (1954), ›Liebe, Klatsch und Weltgeschichte‹ (1965).
Weitere Werke: Im Namen des Gesetzes (Reportagen, 1950), Und schenke uns allen ein fröhl. Herz (R., 1954), Nehmen Sie das Urteil an? (Reportagen, 1957).
Literatur: SAMELSON, W.: G. H. M. A critical profile. Den Haag 1966.

Moth [engl. mɔθ], Pseudonym des engl. Journalisten und Schriftstellers Peter † Fleming.

Motiv [mlat., zu lat. movere, motum = bewegen], Situation, Begebenheit, die so typisch für menschl. Beziehungen, Verhältnisse, Bedingungen ist, daß sie in ihren wesentl. Komponenten schematisiert beschrieben werden kann. Inhaltlich unterscheidet man *Situationsmotive,* z. B. das M. des Mannes zwischen zwei Frauen (Goethe, ›Stella‹, entst. 1776, gedr. 1816), der feindl. Brüder (Schiller, ›Die Räuber‹, 1781), der Liebe der Kinder verfeindeter Familien (Shakespeare, ›Romeo und Julia‹, 1597, dt. 1766) und *Typenmotive* (Einzelgänger, Bohemien, Intrigant[in]), deren Kontinuität bei allem Wandel der literar. Gestaltung auf menschl. Verhaltenskonstanten beruht.

Dagegen sind *Raum-* und *Zeitmotive* (Schlösser, Ruinen, Dämmerung, Wettlauf mit der Zeit) in stärkerem Maße vom geschichtl. Standort abhängig. – Nach der formalen Funktion unterscheidet man *primäre* und *Kern-, sekundäre* oder *Rahmenmotive* sowie *detailbildende* oder *Füllmotive* (zu letzteren gehören auch die sog. blinden oder ornamentalen Motive). – Nach der vorherrschenden Gattungszugehörigkeit unterscheidet man spezif. *Dramenmotive, lyr. Motive, Volkslied-, Märchenmotive* u. a. – ↑auch Leitmotiv.
Literatur: FRENZEL, E.: Stoff- u. M.gesch. Bln. ²1974. – SCHMITT, FRANZ A.: Stoff- u. M.gesch. der dt. Lit. Begr. v. K. BAUERHORST. Bln. ³1976 (Bibliogr.). – FRENZEL, E.: Stoff , M.- u. Symbolforschung. Stg. ⁴1983. – DAEMMRICH, H. S./DAEMMRICH, I.: Themen u. Motive in der Lit. Dt. Übers. Tüb. 1987. – Dictionary of literary themes and motifs. Hg. v. J.-CH. SEIGNEURET. New York u. a. 1988. 2 Bde. – FRENZEL, E.: M.e der Weltlit. Stg. ⁴1992.

Motte Fouqué, Friedrich [Heinrich Karl] Baron de la [dəlamɔtfu'ke:], dt. Schriftsteller, ↑Fouqué, Friedrich [Heinrich Karl] Baron de la Motte.

Motto [italien., von spätlat. muttum = Wort (eigtl. = leiser, halb unterdrückter Laut, ›Muckser‹)], Denk-, Leit-, Wahlspruch; v. a. der einer Schrift oder ihren Einzelteilen (Kapitel, Akte, Bücher) vorangestellte Leitspruch (häufig in Zitatform), z. B.: ›Gott schreibt auf krummen Zeilen gerade‹ (portugies. Sprichwort als M. zu P. Claudels Schauspiel ›Der seidene Schuh‹, 1929, dt. 1939).
Literatur: BÖHM, R.: Das M. in der engl. Literatur des 19.Jh. Mchn. 1975.

Mottram, Ralph Hale [engl. 'mɔtrəm], *Norwich 30. Okt. 1883, † King's Lynn (Norfolk) 15. April 1971, engl. Schriftsteller. – Wurde v. a. durch die Romantrilogie ›Der Span. Pachthof‹ (1924–26, dt. 3 Bde., 1929) bekannt, in der er, z. T. satirisch, die Sinnlosigkeit des Krieges entlarvt; schrieb auch Kurzgeschichten sowie – unter dem Pseudonym J. Marjoram – Gedichte (›Repose‹, 1906; ›New poems‹, 1909).
Weitere Werke: Europa's beast (R., 1930), Early morning (R., 1935), Flower pot end (R., 1936), Bowler hat (R., 1940), The gentleman of leisure (R., 1947), Over the wall (R., 1955), Young

man's fancies (R., 1959), To hell with Crabb Robinson (R., 1962), Maggie Mackenzie (R., 1965), The twentieth century. A personal record (Autobiogr., 1969).

Moulawi, Beiname des pers. Dichters und Mystikers ↑Dschlal od-Din Rumi.

Moulinet, Jean [frz. muli'nɛ], frz.-burgund. Dichter, ↑Molinet, Jean.

Mourão-Ferreira, David [portugies. mo'rɐ̃ʊfə'rrɐi̯rɐ], *Lissabon 24. Febr. 1927, portugies. Schriftsteller. – Bibliotheksdirektor der Calouste-Gulbenkian-Stiftung. Vielseitiger Lyriker, Erzähler, Übersetzer und Literaturkritiker. In seiner Lyrik eher den volkstüml. Überlieferungen seines Landes verpflichtet, nimmt er in seinen dramat. und erzählenden Texten auch Strömungen des Phantastischen und Experimentellen der zeitgenöss. Avantgarden auf. Entsprechend kennzeichnet seine Literaturkritik methodolog. Vielfalt und Offenheit.

Werke: Isolda (Dr., 1948), A secreta viagem (Ged., 1950), Tempestade de verão (Ged., 1954), Os quatro cantos do tempo (Ged., 1958), Gaivotas em terra (R., 1959), O viúvo (R., 1962), O irmão (Dr., 1965), Do tempo ao coração (Ged., 1966), Os amantes (R., 1968), Cancioneiro de natal (Ged., 1971), Matura idade (Ged., 1973), Órfico ofício (Ged., 1978), As quatro estações (R., 1980), Un amor feliz (R., 1986).
Literatur: GARCIA, J. M.: D. M.-F. narrador. Lissabon 1988. – AMARAL, F. PINTO DO: O mosaico fluido. Modernidade e pós-modernidade na poesia portuguesa mais recente. Lissabon 1991.

Mouw, Johan Andreas Dèr, niederl. Dichter, ↑Dèr Mouw, Johan Andreas.

Movement [engl. 'mu:vmənt], Gruppe engl. Dichter, die in den 50er Jahren mit empirisch-rationaler, formal traditioneller Lyrik hervortrat und sich damit von neuromant. Tendenzen (D. Thomas) ebenso betont absetzte wie von modernist. Esoterik (T. S. Eliot). Das M. wurde durch die von R. Conquest herausgegebenen Anthologien ›New lines‹ (1956,

1963) bekannt. Zu den Hauptvertretern gehören K. Amis, D. Davie, D. J. Enright, Th. Gunn, E. Jennings, Ph. Larkin und J. Wain; die meisten von ihnen schlugen jedoch im Laufe der 60er Jahre eigene künstler. Wege ein.
Literatur: MORRISON, B.: The M. Oxford 1980.

Možaev, Boris Andreevič, russ. Schriftsteller, ↑Moschajew, Boris Andrejewitsch.

Mozi, Sammlung von Schriften des Philosophen Mo Ti, ↑Mo Tzu.

Mphahlele, Ezekiel [əmpaxlɛlɛ], *Pretoria 17. Dez. 1919, südafrikan. Schriftsteller. – M.s Widerstand gegen die kulturelle Entrechtung der schwarzen Bevölkerung, sein Weg ins freiwillige Exil (1957) und sein Werk sind symptomatisch für eine ganze Generation von triebener Intellektueller in den 50er und 60er Jahren (↑Sophiatowngruppe); lehrte afrikan. Literatur in Afrika, Europa und den USA, kehrte 1977 nach Südafrika zurück, wo er 1982 den Lehrstuhl für afrikan. Literatur an der Witwatersrand Univ. (Johannesburg) übernahm. Seine Essays (u. a. ›The African image‹, 1962) machten die südafrikan. Literatur v. a. in englischsprachigen Ländern bekannt; sein Roman ›Chirundu‹ (1979, dt. 1984) bemüht sich um einen panafrikan. Dialog.

Weitere Werke: Pretoria, Zweite Avenue (autobiograph. R., 1959, dt. 1961), The living and the dead (Kurzgeschichten, 1961), In Corner B (Kurzgeschichten, 1967), The wanderers (R., 1971), Voices in the whirlwind (Essays, 1972), The unbroken song (En. u. Ged., 1981), Father come home (R., 1984), Afrika my music (Autobiogr., 1984), Renewal time (En., 1988).
Ausgabe: Bury me at the marketplace. Selected letters of E. M. 1943–80. Hg. v. N. CH. MANGANYI. Johannesburg 1984.
Literatur: MANGANYI, N. CH.: Exiles and homecomings. A biography of E. M. Johannesburg 1983.